Woeste Friedrich

Wörterbuch der Westfälischen Mundart

Woeste Friedrich

Wörterbuch der Westfälischen Mundart

ISBN/EAN: 9783337310585

Hergestellt in Europa, USA, Kanada, Australien, Japan

Cover: Foto ©Thomas Meinert / pixelio.de

Weitere Bücher finden Sie auf **www.hansebooks.com**

WÖRTERBÜCHER.

HERAUSGEGEBEN

VOM

VEREIN FÜR NIEDERDEUTSCHE SPRACHFORSCHUNG.

BAND I.

NORDEN UND LEIPZIG.
DIEDR. SOLTAU'S VERLAG.
1882.

Vorwort.

„Fr. Woeste, der bewährte Kenner des westfälischen Dialekts, namentlich der Mundart seiner Heimat, der Grafschaft Mark, hatte während einer langen Reihe von Jahren an einem märkischen Idiotikon gesammelt und die Arbeit so weit zum Abschluss gebracht, dass sie nur der letzten Feile bedurfte, um druckfertig zu werden. Dass er selbst nicht die Absicht hatte sie wesentlich umzugestalten und zu erweitern, zeigte sich an der abschliessenden Recension des Buchstabens S, welche ausgearbeitet vorlag, während die ursprüngliche Anlage, die den Charakter der ganzen hinterlassenen Arbeit trägt, gleichfalls noch vorhanden ist, so dass wir hierdurch die Intentionen des Verewigten in Bezug auf die endgültige Gestaltung des Werkes mit ziemlicher Sicherheit erkennen.

Den Grundstock des Idiotikons bildet der Wortschatz des märkischen Dialekts. Hier bewegte sich Woeste auf einem Boden, auf dem er in Hinsicht auf die Mundart, auf Kenntnis der Sitten und Anschauungen des Volkes, seiner Sagen und Märchen, seiner Ausdrucksweise und Spruchweisheit völlig zu Hause war. Gebürtig aus dem Lande hatte er von Jugend auf in dem Volke gestanden, hatte mit Ausnahme einiger Schuljahre und seiner Studienzeit dort gelebt, unausgesetzt mit dem Volke verkehrt und war so in der glücklichen Lage, nicht als Fremder sich in dasselbe hineinleben und die scheue Zurückhaltung, wie sie jeder fest ausgeprägte Volkscharakter dem Fremden gegenüber einnimmt, überwinden zu müssen; er konnte vielmehr mit jedem in seiner Mundart reden und wurde als Landsmann mit Vertrauen betrachtet. So ist denn dieser Teil des westfälischen Sprachschatzes in einer seltenen Vollständigkeit in Woeste's Idiotikon vertreten und dabei ist eine Fülle von Sprichwörtern, sprichwörtlichen Redensarten, Hinweisungen auf Volksgebräuche, Spiele u. s. w. gegeben. Schon hierdurch ist das Werk von der grössten Bedeutung, weil es zum erstenmal einen der westfälischen Dialekte in seinem Wortvorrat darstellt. Vermehrt wird sein Wert dadurch, dass auch die Nachbardialekte mit hinein gezogen werden, besonders das Südwestfälische in dem Herzogtum Arnsberg, die angrenzenden Bergischen Mundarten, welche bereits den Übergang zum Mittel- und Niederfränkischen bilden (vor allen die von Barmen, woher Woeste's Mutter stammte, Elberfeld und Velbert), endlich zum Teil auch die östlichen und nördlichen Dialekte. Das Meiste ist dem Volksmunde unmittelbar entnommen; dabei ist bei allem, was nicht allgemein im Gebrauch ist, nach Form oder Bedeutung der Worte, angegeben, woher es stammt. Aber auch handschriftliche Aufzeichnungen anderer, wie das kleine, inzwischen abgedruckte Verzeichnis Dortmunder Idiotismen von Köppen (K.), sowie die hinterlassene Sammlung des Schwelmer Konrektors Holthaus (H.) sind fleissig benutzt, ebenso was in dem Dialekt oder über denselben im Druck erschienen ist (z. B. in Firmenichs Völkerstimmen; F. W. Grimme, Schwänke und Gedichte in sauerländischer Mundart, Paderborn, 1876, — darin: Sprikeln un Spöne, Spargizen, Grain Tuig, Galanterei-Waar u. a.). Ausserdem gieng Woeste den Spuren des Dialektes in den älteren Urkunden nach, teils in den gedruckten in v. Steinens Westf. Geschichte (v. St.) und Seibertz grossem Urkundenwerke, im Westf. Magazin von Weddigen, sowie in den verschiedenen Publikationen von Fahne, teils in den noch ungedruckten. Vor allem nutzte er die Urkunden des städtischen Archivs zu Iserlohn und die des Hauses Hemer aus.

Woeste war bei Lebzeiten von persönlichen und literarischen Freunden wiederholt dringend aufgefordert worden das Idiotikon herauszugeben; aber teils genügte es ihm selbst nicht völlig (in dieser Beziehung würde er freilich bei seiner grossen Bescheidenheit niemals einen Abschluss gefunden haben), teils war er zu schüchtern und zaghaft, sich ernstlich nach einem Verleger umzusehen. Allerdings würde es ihm auch bei grösserer Energie nur schwer gelungen sein, einen solchen zur Herausgabe des Werkes willig zu machen, das immerhin ziemliche Kosten verursacht und dessen Absatz doch der Sachlage nach nur ein beschränkter sein kann. Es würde das Werk vielleicht auch nach Woeste's Tode nicht an das Licht gekommen sein, wenn nicht der inzwischen entstandene Verein für niederdeutsche Sprachforschung sich dessen angenommen und mit Aufopferung die Herausgabe ermöglicht hätte. Woeste hatte den Wunsch geäussert, dass Professor A. Birlinger in Bonn seine literarische Hinterlassenschaft übernehmen und nach Möglichkeit ausnutzen möge. Auf dessen Veranlassung wurde das Manuscript des Idiotikons an den Vorstand des niederdeutschen Vereins übersandt und dessen Bemühen ist es gelungen, das Werk, das Birlinger, der Erbe desselben, ihm zur Veröffentlichung überliess, vor dem Untergange zu retten, denn ein *delitescere in scriniis bibliothecae* ist für eine solche Arbeit dem Untergange gleich zu achten."

Obigen Worten des Prof. Dr. Crecelius habe ich meinesteils nur hinzuzufügen, dass meine Tätigkeit für das Wörterbuch bloss darin bestanden hat, dass ich dasselbe zum Druck befördert habe. Eine Änderung des Textes in irgend welcher Weise — eine s. g. Überarbeitung — habe ich nicht vornehmen wollen noch auch können. Ich wollte es nicht, weil es stets sehr misslich ist an dem literarischen Nachlass eines Forschers zu ändern — wenn es geschieht, geschieht es gewöhnlich keinem zu Danke; ich konnte es nicht, weil mir die lebendige und unmittelbare Kenntnis des westfälischen Dialectes abgeht, und ich, statt vermeintlich die Arbeit zu verbessern, dieselbe wahrscheinlich nur verschlechtert hätte. Ich habe deshalb auch zweifelhaftes ruhig stehen lassen; nur offenbar unrichtiges, dessen übrigens äusserst wenig war, und vollständig überflüssiges, das augenscheinlich Woeste nur zur eigenen Orientierung diente, habe ich mir erlaubt zu streichen.

Ich beanspruche darum auch weiter kein Verdienst um die Herausgabe des Werkes, als dass ich des Verfassers Lieblingswunsch, den er bei seinen Lebzeiten nicht erfüllt sehen sollte, doch nach seinem Tode nach Kräften zu erfüllen bestrebt gewesen bin.

Die Correctur des Druckes haben Crecelius und ich gemeinschaftlich besorgt; sie war hin und wieder schwierig, weil die Handschrift nicht immer leicht zu entziffern war. Zwar ist die zierliche Handschrift Woeste's an und für sich recht leserlich, aber durch Streichungen, Einschiebungen, Randbemerkungen, die zuweilen nur mit Blei angedeutet, nicht ausgeschrieben waren, hatte das Manuscript vielerwärts an Deutlichkeit eingebüsst.

OLDENBURG, im Mai 1882. A. Lübben.

A

Â, *interj. 1. der bewunderung:* ah! *2. der bestätigung einer aufklärung, die man erhalten hat:* â sô! *ah, so ist es! 3. des abscheus:* â fä! pfui! *als affigierte interj. in:* fi â fi! pfui!

æ, *interj. des trotzes, hohnes:* æ! du kriss et doch nitt!

â, *f. der buchstabe a. als neutrum in:* dat â es de schâpstall, 'et ô es de fossfall'. *dieses sprichwort scheint von einem literaten (nach* α et ω*) verbalhornt; ursprünglich wird es im zweiten gliede* „dat u es de wulfsfall" *gelautet haben. vgl. Bugenh. apoc. 21, 6:* ick byn de a vnde de o.

â, *interj. 1. der abweisung:* â bat! *ei was!* â wat tütteretütt! med den hennen nâm ossen! *ei was! die sache ist nicht glaublich! 2. pleonastische einleitung beim beginne der rede.*

aá, *n. unrat der kinder.* aá dauen, cacare *(ammensprache). vgl.* babá, dadá, dàdà, mamâ, papâ, pipí, hickhick, tipptipp.

ää, *interj. = æ, ää!* muttern un dat vernaitet! = *ich lasse mich nicht foppen.*

Abba-bleke, *ein kleiner bach bei Landhausen.*

abba, *grossvater. (Crombach.)*

àbbetse, *f. s.* sêkàbbetse.

abdracht, *f. für* afdracht, *abtragung,* abdracht *tun, schuld abtragen. Velb. urk. v. 1639.*

abdruft, *f. für* afdruft, *abzugsgraben. Velb. urk. aus dem 18. jh. — s.* âkeldruft.

âbê, *n. das* abc.

âbê-bank, *n. abcbuch.*

abereins, *abermals. (Iserl. limitenb.)*

æblütten, *pl. =* älberten. *(Fürstenb.)*

abûs, *berg.* **abûs**, *versehen. adject. in:* dat was abûs *(irrig). — fr.* abus.

ach *in:* med ach un krach, *mit genauer not. — aus dem hd. entlehnt.*

àch, *interj. des unwillens:* ach! *oft soviel als: lass mich in ruhe!*

achen *in:* achen und zachen. *Galant. 6.*

achen, *m. nachen. — platthd. neben* âken. *s. Scheib. d. gute a. zeit p. 870.*

acht, *erachten.* miner achts.

acht, *grundzahl acht.* acht dâge. *unverbunden:* achte. buvîəl hęste? achte.

achte, *ordnungsz. achte. — mw.* achtede.

achten, *achten.* bai dat klaine nitt-en acht', es dat grôte nitt bi macht, *wer das kleine nicht achtet, wird des grossen nicht mächtig. — alts.* ahton.

ächten, *adv. hinten.* dà ächten, *dort hinten. rätsel:* vǫr as ne süggel, midden as en klüggel *(knäuel),* ächten as ne schęr? — swalfte. — dai es ächten nitt as vǫren, süss könn hä med der fuət nüəte knappen. — *alts.* aftan.

achter, *gewöhnlich* **ächter**. *1. adv. im rätsel:* achter *(hinten)* de halwe katte, buviəl schǫken sid derâne? — twê. *(wortspiel mit* achtenhalf, $7^1/_2$*). —* ächter *wechselt mit* ächten: vǫr (vǫren) bitt hä, ächter (ächten) schitt hä, *von dem westfälischen bauer, der zwei fliegen mit einer klappe schlägt, indem er birnenessen und seinen behuf verrichten zu vereinigen weiss. —* ik well màl ächter rût gân *(durch die hintertür). 2. præpos. mit dat. und accus., hinter. rätsel:* ächter uəsem hûse, dà stêt ne kunkelfûse, dà briənet dag un nacht un briənt doch kain hûs af? — bręnniətel. — hai geng ächter den bôm stân. — nê, ächter de hand! *nein, umgekehrt!* — [ächter kau, dau't hecke tau!] — *alts.* aftar *und* ahtar; *ags.* äfter; *Tappe* 99[b] achter, *hinten.*

ächter-ân, *hintenan.*

ächterâms, *atemlos.*

ächterærs, *rücklings, rückwärts.* Dat gêt ächterærs as de hâne krasset.

ächteræs, *n. die zeit zwischen* ær *und* middag, *10 uhr morgens. s.* ær.

ächteraf, *hintenab.*

ächterbâks, *hinterrücks, rücklings. — alts.* bak, *rücken.*

ächterbedrif, *n. 1. nachgeschichte. 2. furz; s.* vǫrbedrif.

ächterbliwen, *1. zurückbleiben. 2. mit dem tone auf* bliwen: *hinterbleiben, unterlassen werden.*

ächterbollen, *m. hinterschenkel. s.* bollen.

ächterbrauk, *m. hintergeschirr bei karrenpferden; s.* brauk.
ächterdǫr, *f. hinterthür.*
ächterdǫr, *adv. hintendurch.*
ächterên, *hintereinander.*
ächterholt, *n. dickes stück holz hinter dem herdfeuer.*
ächterin, *adv. hinterdrein.* hä löpet der ächterin.
ächterkante, *rückseite.*
ächterkwartêr, *n. hinterquartier, hintere. — holl.*
ächterlåten, *1. hinterlassen, 2. hinterlåssen. so je nach dem tone.*
ächtermann, *m. hintermann.*
ächternå, *nachher.*
ächterǫwen, *m. hinterofen.*
ächterǫwermǫrgen, *am tage nach übermorgen.* jä, ächterǫwermǫrgen! = *du kannst warten! s.* atterövermorgen.
ächterpand, *n. rückenstück im kleide.*
ächterrüggen, *hinterrücks.*
ächterschǫken, *m. hinterbein.*
ächtersiele, *n. hintergeriem, geschirrstück auf dem kreuze des pferdes.*
ächterste, ächtste, ächste, *hinterste. — mnd.* echterste.
ächterstioks, *meuchlings, verräterisch; s.* stiok.
ächterüm, *hintenherum.*
ächterût, *hintenaus.*
ächtervêrdel, *n. hinterviertel.*
ächterwęgen, *hinterweges. —* låten, *unterlassen, bleiben lassen.*
ächterwęrk, *n. im ä.* sîn, *zurück sein;* int ä. kuomen, *mit der arbeit zurückbleiben.*
achtien, *grundzahl achtzehn.*
—ächtig *in zusammensetzungen, —artig, —lich:* judenächtig, *judenartig, jüdisch;* saitächtig, *süsslich;* suomerächtig, *sommerlich;* wênächtig, *weinartig;* winterächtig, *winterlich. vgl. Gr. II., 383.*
achtinge, *f. acht.* achtinge giawen, sik in achtinge nęmen. *mnd.* achtinge.
achtzig, achzig, *achtzig. statt* achtig. *im kr. Iserl. haben 70, 80, 90 hd. formen, mwestf.* achtendich, tachtendich.
acker, *m.* acker. *in compos. wurde es zuweilen* ack, *so der flurname Rummelsack bei Hemer für Rumesacker, Karnack bei Iserl. für Karnacker.*
ackerdunge, *f. der dünger, der noch im lande ist, nachdem roggen darauf gewachsen.*
ackermann, *m. landmann.* en ackermann en plackermann: Gǫd ære bai en handwęrk kann.
ackerte, *ackerwerk.*
ackes, *f. beil. (Siedlingh.)*
adam, *ein starkes bier, welches in Dortmund gebraut wird.*
adder, *natter, böses mädchen.*
Adekenbrok, *(Iserl. urk. v. 1452) ortsn. bei Iserl., heute* Akenbrauk. *grundwort* brok, bruok, *aufgebrochenes neubruchland; vgl.* bruokelant *bei Moeser urk. 277, wo es* agri novales *erklärt wird;* broktende = *neubruchzehnte in MB. IV. 488. das bestimmwort ist der m. n.* Adiko *(Frek. rolle), Moeser urk. 21:* Adika, *wie er auch in* Adikonthorp *und in einem späteren* Adikenhusen *vorkommt.*
åder, år, *oder.*
åder, *f.* ader. *ahd.* âdara.
åder, *ein teil des bauerwagens. (Fürstenb.) s.* åter.
adjüs, *adieu.*
ådrætig, *verdriesslich. vgl. ags.* âthreat, tædium; *ahd.* ardriuzan.
adriån, *1. Adrian, 2. scherzh. n. des frosches im rätsel:* uddriån un adriån wolln tehôpe in gåren gån; acht schǫken un ênen stęrt, då dat rütt de es mi wærd. *antw. maulwurf oder maus und frosch.*
adr = adl, *ags.* adul, uriu, *kot. s.* uddriån. *über* iån *vgl.* fluddriån.
ågenterigge, *f. agenderei, gerede und streit um eine unbedeutende sache. das wort wahrscheinlich seit dem agendenstreite.*
æger = ær, êr, *eher. (Deilingh., obere Lenne.) alts.* err, êr *wurde mit der comparativendung* der *(vgl. engl.* farther, *hd.* minder, *unser* dûrder) *versehen. für* êrder *trat* êder, *dann* êger, æger *ein,* æger *wie* unger *(under),* fungen *(funden).*
ägg, *selten für* ai, *häufig pl.* ägger, *(Fürstenb. b. Büren.)*
ahá, *interj.* aha. ahá, hew'k et di nitt sagt!
ahâ, *interj.* aha. ahâ, sô es de såke!
åhårn, *m. ahorn.*
ai, *n. pl.* aier (ägger), *ei.* en ai op de schüfkår un då siowene an getǫgen. *(soll den aufschneider bezeichnen.)* hai möch dat gærne fǫr'n appel un en ai *(für eine kleinigkeit)* hewen; *vgl. Theoph. (Hofm.) 67.* dat es en dick ai *(eine grosse freundschaft).* dai hęt ümmer wǫt, et sien aier åder junge. wann ik niene aier mår hewe, dann backe ik di 'et nest. du maus en ai hewen, *wird dem seltenen besucher gesagt.* se es as vam ai spliotten

(hübsch). hai smitt ęm ôk noch en ai in'n gåren, *er könnte ihm grossen schaden tun, (eigentl. durch ein leeres inwendig mit zaubersprüchen beschriebenes ei)*. — o, dat es alle ên ai un ên kauken. — bęter en half ai as en liegen dop *(leere schale), besser etwas als gar nichts*. 'et ai makęt en grôt geschrai un en klain berai *(bereitung, gericht)*. en ai es en ai, sagg de köster, dà nåm he 'et gösai. friske aier, guade aier. 't ai well klaiker sin as de henne. hä wårt 't ei, äffer lätt 't houn flaigen. dicke aier heffet dünne schålen *(? von der gesundheit dicker leute)*. Ik smôt wọt wittes oppen dåk, un gęl kwåm et wir herunner. hüppelken püppelken lag opper bank, hüppelken püppelken fell van der bank: et es kain docter in Engelland, dä hüppelken püppelken curêren kann. wibbelken wöbbelken op der bank, wibbelken wöbbelken unner der bank: et es kain snider in Bråband, dä wibbelken wöbbelken bêlen kann. *(Weitmar.)* pissewitken op der bank, pissewitken unner der bank: et es kain mensk in Bråband, dä pissewitken curêren kann. *(Brackel b. Dortm.)* ik kloppede mål an en witt klösterken, dà kàm en gęl männeken un dæ mi ọpen.

âi, *interj. des unwillens:* âi, stell di doch ọrndlik!

aibam, *purzelbaum. (Witten.) s.* maibôm.

aicheln vọr, *ekeln vor*. op de a. hacke 15.

aier-hotte, *f. eierbrei, der in der pfanne bereitet wird. s.* hotte.

aier-kæse, *m. eidottern, die im topfe gesotten, dann in eine form geschlagen, mit zimmt bestreut und mit fetter milch gegessen werden. es scheint ursprünglich eine festspeise zu sein. alte leute im Lüdensch. glaubten, man müsse auf pfingsten* aier-kæse *essen, dann gäben die kühe viel milch. zuweilen bedeutet das wort* baist, hurkebuater. — *Kerkh.* eierkæse, *der schon damals mit zimmt* (spisekrud) *bestreut wurde. vgl. engl.* custard, *was ich als festspeise verstehe.*

aier-kasten, *m. scherzh. für hintern.*

aierschåle, *f. eierschale.* dai hęt de a. noch am æse hangen.

aierwixe, *f. eierwichse.*

aikappel, *m. gallapfel. (Siedlgh., Dortm.)*

aike, *s.* êke.

aikenspiek, *derber stock von eichenholz.*

aikerken, *n. eichhörnchen. (Fürstenb.)*

ail *für* aidel *in* aile braud, *eitel brot, nichts als br. d. h. trocken. (Marsb.) platthd. für* île.

ailamm, *n. weibliches lamm, von schafen und ziegen. Grafsch. Limburg. s.* aulamm.

aisen, *grauen einflössen.* dat aiset mi. aisen = agison, egison.

aisen, *n. grauen, grausen, schrecken.*

aisig, *1. schaurig, grauenhaft, 2. von dem der leicht* aisen *empfindet.* he was so aisig un grüggelig. *ags.* egesig; *vgl.* aislik.

aisk, aisch, *hässlich* (turpis) *im phys. und moral. sinne.* nitt dat aiske hönneken, dat fine *(rechte)! wird kindern gesagt. vgl. Gesch. d. d. spr. 987;* üt schennen fọr aisk un üwel. *op de a. hacke 28.*

aisk = **aiwisk**, *ags.* æwisc, *schändlich, schmählich. man hat gemeint,* aisk *sei aus* aislik *zusammengezogen. formen auf* ig (ik) *und* lik *vertreten sich zuweilen, aber das nebeneinanderbestehen von* aisig *und* aisk *widerspricht. ebenso Osnabr.* ēsig, *furchtsam, und* ēsk, *hässlich.*

aislik *bedeutet in der grafsch. Limburg, was* aisig *zu Hemer. altx.* egislic *(schrecklich), wofür schon früh* eislik *eintrat. Teuth.* eyslyck; *v. d. H. Germ. 10. 145:* aislik = *hässlich.*

aisupen, *eine nicht ganz runde kugel. vielleicht entstellung eines hd.* eistop. *s.* îsopp.

aisupen, *n. suppe, bes. biersuppe, wozu eier genommen werden.*

aitel, *platthd. bloss, nichts als.* he maut aitel *(trockenes)* brôd ęten. *vgl.* aile *und* île.

aiwen, *zum besten haben, verspotten. Weddigen:* eifen, *vexieren. Ravensb.* ôwen. bai di wọt dritt *grobheiten sagt),* dä aiwet di nitt. *aus* uobian, *üben, im sinne von plagen, wurde* oven, *Sündenf. 704;* oeven, *Soest. fehde p. 596; Osnabr.* ôwen, *Strodtm. äffen; Aesop 81* ôven.

åk, *(zu Rheda* **åk**,*) m. attich, sambucus ebulus; syn.* stinkhöllerte. *Kil.* adik, hadick; *altwestf. wahrsch.* aduk; *ahd.* atuh; *gr.* ἀκτέα.

åke, *f. oder* keller-åke, *abzucht, bedeckter abzugsgraben; gehört wol zu* akan, *ducere.*

åkel, *f.* = åke.

åkeldraft, *f. bedeckter abzugsgraben, aquaduct. Zu Bochum:* akedrucht, *dän.* drift, *pl.* drifter *zu* drive *bedeutet* stollen; *eben so kann* druft *zu* driven *gehören. in berg. papieren (Velb. anno 1704)* abdrucht. (= *mnd.* ageducht.)

âken, *m. nachen. Kil.* aecke, naecke, cymba; *ags.* naca. *auch dieses wort wird zu* akan (ducere), *altn.* aka *(fahren), gehören.*

Âken, *Aachen.* dat werd geschaihen, wenn de Dûfel van Âken kömmt = *ich weiss nicht wann. s.* kättken. dat es so schêf as de wiäg nå Âken.

ækeu, **æker**, *m. kleiner kessel.* ækern *nach K. zu Dortmund kupferner koch- und waschkessel. Teuth.* ketel, eekeren; *Kil.* aecker *j.* aker, ahenum; *ostfr.* aker, *kleiner kessel.*

Akenbrauk, *s.* Adckenbrok.

âkermark, *achener mark, eine münze.*

ækern, *messingen.* ækern kiətel *(kessel), unterschieden von* kopern *(kupferner)* kiətel. *dies scheint zu lehren, dass in* ækern *der begrif messing steckt. entweder ist* æker = êrkar, *erzgefäss. (vgl. ags.* ârfät*), oder das ganze wort* æken *drückt* ahenum *aus, oder endlich* = aquarium. *vgl. R. A. 646.*

akes, *f.* axt. *Must. 49.*

âkesbâs, *m. kahnschiffer. (Mülh. a. d. Ruhr.) von* âk, *flusskahn, und* bâs, *herr.*

âke fi! *wird kleinen kindern zugerufen, wenn sie schmutziges angreifen wollen. s.* âks.

âks, *interj. und adj. unrein, schmutzig, wird kleinen kindern zugerufen, wenn sie etwas unreines nicht angreifen sollen.* dat es âks. âks = âkisk, âkisch. bâks *ist dasselbe. vgl.* âke, acke, aá, kacke.

âkshårn, *kommt nur vor in:* dat es so tråg *(für tåg)* as en âkshårn, *womit man grosse zähigkeit bezeichnen will; vgl. engl.* tough as an oak. *wäre* âkshårn *aus* alkshorn *(elenshorn) entstanden? ähnlich* årönken *für* alrünken, schâtel *für* schaldel.

acte, *f. gebrauch, sitte.* dat es 'ne âlle acte. *lat.* actus, actum.

âl, *mistjauche. (Balve.) ags.* adul, *n.* urina, coenum; *Teuth.* adel, sump, poil, onreyn, cenum. *Frisch 1, 39:* atel, *m.*

ål, *m. pl.* åle, *aal. zusammengezogen aus* âhal.

ålangskopp, *m. alant. (Fürstenb.)*

alått, *munter, flink. franz.* alerte = *ital.* all'erta.

aláf, *interj. vor allem.* aláf sin brôer dat was en annern kærl! aláf te Düapm *(Dortmund)* dà find me noch recht! *da lobe ich mir D., da findet man noch recht.*

all, *adj.* all. med allem, *im ganzen.* min Gǫd un alles! mîn alles! = *um gottes willen!* un alles *d. i. was man sonst noch erwarten könnte; vgl. span.:* impreso y todo = *gedruckt und eingerichtet in aller beziehung wie sich's gehört.* alle mål!

all, *adv. 1. schon, bereits.* büstu all wier då? dat hew'ik all dån. all wier geld bà mine frau nitt van wêt. *mda. II. 389.* all ær, *schon eher, früherhin; vgl. Wigg. 2 scherfl. 50:* al êr, all ens, *schon einmal, zuweilen, vgl. alts.* ênes, *mnd.* ênes; all sô, geng et guəd? no, et geng all sô *(erträglich)*; all viəl *(schon viel), oft; holl.* veel al. all ęwen: dat es et all ęwen. du küəms mi all ęwen recht. *2. nur, denn.* nu gå all! *geh nur! so geh denn. 3. doch, ich bitte.* låt ne all gån! *vgl.* als. *4. jedesmal.* all ûm den annern dag.

âlberte, *f. erdbeere.* dat es as wann de kau ne âlberte slûket. *nach ausfall des d ging r in l über; syn.* æblütte.

albrûne, *f. benennung einer weisen frau. in den höhlen bei Sundwig sollen vor zeiten* albrûnen *gewohnt haben, welche den umwohnern rat erteilten. buchstäbl.* elbraune, elfraune; *vgl.* aliorumna *(Jornandes) und ahd.* alrûna, alraune, *weissagende frau. s.* âldrûne. *Teuth.* alryn.

àld, *comp.* øller, eller; *superl.* ølst, elst, *1. alt.* dat es noch ênen van der âllen weld. de elleste grosken *(preuss. silbergr.)* hett de roiesten backen. *Gr. tüg 59.* dat âlle werd nitt verbętert.

ølde, **ölde**, **elde**, *f. alter (ætas). alts.* eldi.

âlddêl, *n. altteil, leibzucht.* ênen op 'et âlddêl stellen.

alderen, *pl. eltern. [Urk.]*

van **aldershero**, *von alters her. [Urk.]*

âldläpper, *m. schuhflicker. Kil.* oudlapper.

âldmaidig, *altmütig, d. i. am alten hangend.* âldmaidige lû, *leute von altem schlage, alten sitten, gewohnheiten und meinungen.*

âldmölkig, *altmilchend.* ne âldmölkige kau; *gegensatz:* frismölkig.

aldus, *also.*

âldrûne, **âldrûnken**, *alraun, hatte der conrector Holthaus von seiner mutter erwähnen hören.*

àldråscher, *dazu Heinzerl. s. 33. Siegensches* rusche rauschen, *tauschhandel treiben, doch nur in* dusche onn rusche.
àle, *f. mistjauche. (Hemer, auch Fürstenb.;) n.* àl. *ags.* adul, adele; *f. Frisch, s. v.* atel.
àling, *(im Lüdensch.* àlig,) *ganz, vollständig. (Eringsen bei Altena.)* giof mi de àlinge bęr *(birne)*, nitt en stücke dervan! — *alts.* alung, *mwestf.* aling. *Kerkh.* allige putte, *ganze brunnen; Velb. urk. v. 1639:* alling.
van **àlinges**, *von alter (früher) zeit her. urk. v. Weller (14. jh.)* van aldings; *urk. v. 1482:* van ayldinges; *v. 1466:* aldinge *(alte) rechte* tobehoringen *(eines hofes). auffallend die unterbliebene verlautung in* àld, àll. *s.* allinges.
àliwig, *leerleibig, mit leerem magen. ā für ar. auch im Paderb.*
alkenai *vorsprung am hause. für* arkenàr; *s.* balkenær. *vgl.* erker *zu* area *oder* arcus.
allangs, *ganz entlang. K.*
alldage, *täglich.*
fǫr **alldâges**, *an werktagen.* ik trecke den rock fǫr alldages an.
all dernå, *je nachdem.* et is all dernå.
(**all bot**, *Paderb.* oll bot, *jedesmal. Kil.* bot, botte, impulsus, ictus. *Schamb.* bot.) allebols (? allebots) *jedesmal.*
àlle, *m. f. der alte, die alte.* de àllen, *die alten, die eltern.* dà küənt de àlle van te jåren, *sagt man, wenn sich plötzlich ein windstoss oder sturm erhebt.* de àlle, *eine menschenfigur von bedeutender schwere, aus garben gebunden, kommt auf den* harkelmaiwagen *bei der roggenärnte. (Halver.) Bei Büren bindet ihn das mädchen, welches die letzte garbe macht. er wird auf den garbenhaufen gestellt.*
all eben, *eben deshalb, gerade darum. K.*
àlle grise *wird der winterriese genannt, den man am Peterstage austreibt.*
allemalk, *männiglich, jedermann.*
allêne, *allein.* he friətet allêne, *er ist mündig.*
allêne, *s.* men.
allênig, *allein.* hä was allênig.
allenengen, *überall. für: an allen enden.*
aller, præfix *beim* positiv, *sehr, ausgezeichnet.* aller gærne, *sehr gern.* dat dau ik so allergærne nitt. aller gròt, *ausserordentlich gross.* allernett, *sehr nett.* allerwitt, *sehr weiss. zuweilen noch mit* iller *verstärkt.* dat aller iller beste. *vgl. alts.* ala — *in* alahuit. *ausnehmend weiss; auch H. Sachs hat:* nit aller rein, *nicht sehr rein.*
àller, *n. alter.* dat àller es en swår màller.
allerdęglikes, *sogar. (Deilingh.) für* allerdinges.
allerdinges, *sogar. Sündenf. 1386:* allerdinge, *sogar; Bruns beitr. 349:* allerdinges, *schlechterdings.*
allerhilligen-suəmer, *m. allerheiligensommer.* de a. dûert 3 stunnen, 3 dâge àder 3 węken; *syn.* àllewîwersuəmer.
àllerte, *holunder.* àllertenblaume. *(Fürstenb.)*
allerwegen, *allerwegen, allenthalben.*
allerweldsjunge, *wunderlicher junge.*
àlle-wîwer, *pl. 1. von myth. wesen:* de àlle wîwer schüddt de schǫrten ût, *sagt man, wenn der erste schnee fällt. 2. graue erbsen.*
àlle-wîwer-mond, *m. februar.* im àllewîwer-mond dann rüəselt se de schǫrten. *(Valbert.) syn.* spǫrkel.
àlle-wîwer-suəmer, *m. allerheiligensommer.*
allhand, *bereits, nachgerade. N. l. m. 50. syn.* en hand.
allinges, *vor alters. op de à. hacke 29.*
allmann, *jedermann.* allmans-früənd. allmans-hôr.
allè, *interj. auf! wolan! in Unna gehen am samstag abend vor ostern kinder umher und sammeln stroh oder geld zum ankaufe einer teertonne. sie rufen dabei:* allèi! allàu! en schöbbeken stràu taum påschefuir taum påschefuir! allèi = allez, alló, allàu = allons.
als = all, *schon.*
alsus, *so.*
alsümmer, *wol immer,* doch alsümmer. *op de à. hacke 3.*
altår, *n. altar. lat.* altare, *n.; alts.* altàri, *m; mwestf.* altàr, altaer, *n.; märk. urk. v. 1522:* dat niggo altar. *schwed.* altare, *n.*
altegar, *f. r. 62.* = allegader, *RV.*
altemålen, *allzumal, allzusammen, alle zusammen.* dan kriffe altemåle wat. bat kann mi dat altemålen helpen!
alténs, *zuweilen. KS. 100. Muster. 68.*
alltid, *allzeit, immer.*
altiss, *allerdings. K.*
allüm, *ringsum.*
allwęg, *allerdings, auf jeden fall, immer, jedesmal.*
alfanzerigge, *aberwitz, dummes zeug. K.*

âm, *n. ahm, ohm, gemäss für getränke.*
âm, *m. atem.* verspâr di doch dinen âm, *sprich nicht, was unnötig ist. alts.* âthom *ist schon contrahiert.*
âmacht, *f. ohnmacht.* hä fell in âmacht = hä beswêgede. ik hewe viel macht, àwer 'et mêste es âmacht, *sagt der, dem zuviel zugemutet wird.*
âmætig, *(Brackel;)* **amächtig**, *(Hemer,) wer atemsnot hat, kurzatmig, engbrüstig. aus* â (af *oder* âno) *und* maht. *das holl. unterscheidet* aamachtig *(atemlos) von* aamagtig *(ohnmächtig). Bugenh.* amechtich *werden = verschmachten. ibid. Neh. 4:* amechtich = *ohnmächtig. Teuth.* amechtich, machteloys.
âme, *pl.* **amen**, *funke. s.* âmer, àmmer, àmmerte. *altn.* âma, ignis sacer.
æmen, *atmen. Teuth.* ademen. Hai æmet noch. *(Lüdensch.)*
àmentselte, *f. kleine ameisse. s.* ammete, ente. *(Valbert.)*
âmer, *m. und f. gewöhnlich mit* hêt. hête âmer, *heisse asche. zu Fürstenb.:* âmern, *glutasche. Teuth.* ameren, asch, favilla; *engl.* embers.
âmes, *n. mittagessen. im Lüdensch.* vọr-âmes, *vormittag;* achter-âmes, *nachmittag. Gr. tüg 61:* ômes, *frühstück, essen, was sich hirten mit auf das feld nehmen; daher* ômesbûl, *brotbeutel,* ommelt, ommet *(Firm. V. St. I, 418) mittagessen. Holthaus: nachmittagsmalzeit um 2 uhr,* ommelt *erinnert an* omelette, *was aus* oeufs melés *erklärt wird. — ein composit., dessen grundwort* meti *(wie* mett*) ein neutr. gewesen sein muss; vgl. alts.* mat, meti, *m. der bestimmende teil dürfte dem alts.* atômian *angehören, etwa* atômsmeti, *ausspannessen, mittagsessen. vgl. osnabr.* attemstîd, *halbj. wechselungszeit der dienstboten. Lyra s. 32. vgl.* âm *aus* âthóm.
âmesbûl, eomesbuil, *tüchtiger proviantbeutel. (Paderb.)*
âmi *in der neckfrage:* der wæren mâl twê brôers âmi un slâmi *(schlag mich).* âmi geng 'rût, bai blêf derin? — slâmi! *darauf bekommt der antwortende einen schlag.*
âmhâlen, *n. atemholen.* he hẹt 't âmhâlen vergẹten, *er ist tot.*
am lesten = antleste, *zuletzt.*
ammegraite, **ammargrete**, *Anna Margareta, 1670.*
ammelt, *amboss. aus* anbilt.
àmmer, *gewöhnl. pl.* àmmern. glainige àmmern, *glühende kohlen. (Hattingen.)*
ammeri, *Anna Maria.* ammeriken strôsack, *sogen. pudel oder fehlwurf beim kegeln.*
àmmerte, *f. feuerfunke. (Weitmar.) hd.* ammer, *f. funke in der asche. das* â *in* âmer *scheint (wie in* schrâm = schramme) *folge von vereinfachung des conson.; doch war es zuerst nur ein* à *und* mm *in* àmmer *wahrt die kürze.*
ammete, *f. ameisse. (Lüdensch.) ags.* ämette, *engl.* emmet, *ahd.* ameiza, *syn.* amtse, amtsette, obetse, àmentselte, migènte, kramäntsel, karmäntsel; ampel, ampelte, hampel, hampelte, amper, ammelte, mire, mighainken.
ampel, **ampelte**, **hampel**, **hampelte**, *f. ameisse.* pẹrre-ampelte, *grosse waldameisse,* sprick-ampelte *dass.* migampelte, *kleine ameisse, besonders die scharfstechenden gelben und roten.*
ampele, *f. lampe (veraltet).*
ampelig, **hampelig**, *1. âmsig, 2. übereilt.*
ampeln, **hampeln**, *sich bewegen; Frisch s. 23:* he ampelde darna, *er strebte darnach;* ampeln na, *greifend mit händen und füssen nach etwas trachten, Reuter H. Nüte 60.*
ampelte, *ampfer. s.* sûrampelte.
amper, *f. grosse ameisse. (Valbert.) wechsel von* l *und* r, *wie in* hämel, hamer.
amper, *m. ampfer. s.* sûramper. *vgl.* ẹmper. *Teuth.* amper. suyr, scharp, tamper. *es ist wol das wort, nach welchem der name* Ambrones *zu deuten ist.*
ampern, *sauren geschmack zeigen.*
âmsfatt, *n. ohmsfass.* he es im âmsfatt, *er ist ohnmächtig. cfr. schwed.* fattas *und* fattig.
amtse, *f. grosse ameisse. (Halver.)* t *in* ts *(z) verschoben. Aesop. 3, 1* ametse.
amtselte, *f. kleine ameisse. (Halver.)*
amfel, *m. amboss. (Solingen.) s.* anefilt.
amfen, *1. antworten, 2. erzählen.* amfe mi dat! *erzähle mir das! Iserl. es ist* = anvern *für mnd.* antwerden, *antworten. s.* anvern.
ân, *anfang.* en ân.
an, **âne**, *adv. und præpos. 1. adv.* af un ân. *besonders mit ellipse eines ptc.* bûs du âne *(angekleidet)?* 't fûr es âne *(angemacht).* de lampe es âne *(angezündet). 2. præpos. mit dativ.* de roggen es an der erde *(Helj.* an erthu). an usem hûse, *in unserm hause.* am schulten, *im schultenhause.* am munne hewen, *wie ital.* aver alla

bocca. he was am nȧkenden ærse. de rûe wiəmelt am stęrte. he es fröndskop (verwant) an us. dat hefti alle an us selwer, *wie engl.* we have all these conveniences of life within ourselves. dat *(wahre)* es nitt an dęm. he was an mi, *er suchte mich zu überreden.* se sid ümmer an ęme *(ihm d. i. mir), sie necken, plagen, bitten mich immer. mit acc.* dat geng an dûsend stücker. gȧ an dine arbêd! *mit dem pronominaladv. der:* ik wêt nitt, of der wǫt *(wahres)* âne es. se der ęm ân *(d. i. ans fell), sie wollen ihn hernehmen. mit ellipse eines objects.* nu denk màl ân! nu sûh màl ân! nu segg màl ân, nu hǣr màl an! *vgl.* bi in miss sett di bi! *pleonastisch bei* anhàllen.

anbacken, *ankleben.*

anbaien, *anbieten.* bai sik anbôd, dêm sin lôn was nitt grôt.

anbaiten, *feuer anmachen.* et es so hêt anbott, dat ęn et hiəmt vǫr der fuət biəwet.

anbęen, *anbeten.* dai hęt en guəden god ânebędt, *der hat grosses glück.*

anbiət, *m. anbiss, frühstück.*

anbiten, *anbeissen.*

anbręnen, *anbrennen. s.* ânebrand.

anbrengen, *anbringen.* kann ik dann nix *(dargebotene esswaare)* anbrengen? hai brenget alles an, *hinterbringt, petzt.*

anbęd, *n. angebot.*

anbucken, sik a., *sich anlehnen.*

anbuggen, *anbauen.* sik anbuggen, *sich anbauen.* se hett ęm de knollen med anbugget, *sie haben ihm erlaubt, seine kartoffeln auf ihren acker zu pflanzen, was oft mit der düngung bezahlt ist. vgl.* med ânsetten.

andacht, *f. 1. das verweilen mit den gedanken bei einer sache; vgl. andächtiger leser (Molesch. Forster). 2. insonderh. bei Gott und göttlichen dingen.*

andainen, *dienen.* bàmed kann ik se andainen? *womit kann ich dienen? was kann ich ihnen vorsetzen? ostfr.* sik andênen, *zur visite anmelden etc.*

andauen, *antun. 1. anziehen; vgl. Dann. altm. wb. unter* andôn. *2.* ênem wǫt andauen, *anzaubern, behexen. 3.* sik andauen, *fortschritte machen, sich gut anlassen. 4.* sik en guəden dag andauen, *vgl.* se donner du bon temps. ät giət kain grötter lêd, as dat me sik selwer andäut.

andive, endivie.

andrägen, *anerben.* dat esseme nich angewêget, dat esseme angedraget *(angeerbt), s.* andręgen.

andręgen, *antragen; in spec. anbringen = hinterbringen, petzen.*

ândfuəgel, *m.* entrich; *s.* ânnerik.

âne, *s.* an.

âne, *præp. c. acc.* ohne. dai es nitt âne *(übel); vgl. Laiendoctr. 159:* nicht ôn = *nichts übles.*

ânebilt, *m. amboss. (Fürstenb.) Teuth.* anbylt. incus.

ânebolt, *m. amboss. f. r. 95.*

ânebrandt, *ptc. von* anbręnen. *der junge sieht eine maus im kochtopfe.* môer, bat es im potte? — junge, ânebrandt. — ânebrandt, hęt dat ock faite?

anên, *aneinander, nacheinander* (continuo). se kwæmen anên, *sie kamen in streit.* dat sall us anên hàllen! *sc. ein nicht bezahlter rest.*

ânefilt, *m. amboss. ags.* anfilt, *engl.* anvil, *hängt mit* fillen, *alts.* filljan *(schlagen) zusammen; auch* filt *(filz) bezeichnet eine geschlagene masse.*

anichhere, *ahnherr. v. St. XX. 1343.*

anfün *oder* vonkenelleublatt, *geschrieb. recept gegen gicht. = epheu oder fontanellenblatt.*

anfangen, *anfangen.* bat fängeste ân? *was machst du?*

anvern, *antworten. (Deilingh.;) s.* amfeu. *mwestf.* antwerden.

anflog, *m. anflug, krankheitsanfall.* de kau hęt en anflog am nûr. *leichter fieberanfall, erkältung.*

anfören, *1. anführen, anführer sein; daher auch = anleitung geben, unterrichten, bilden.* de frau fôrd ęre döchter guəd an. *2. täuschen.*

angân, *1. angehn, insonderh. von der entwickelung einer bewegung an und in den dingen.* de plante gêt an, *zeigt wachsthum.* dat fûr gêt an, *brennt.* he es wier angân as en lecht. angân = *anbrüchig werden, anfaulen. 2. trans. anfangen.* den hûsstand angân.

änge, *n.* = ende, enne. *(gegend von Lüdensch.)*

angel, *f. 1. fischangel. 2. bienenstachel. 3. granne. alts.* angel, *f. Frck. rolle.*

angel, *engel.* de angel sitt im hiəmel.

angelbiət, *m. angelbiss, die mit insectenlarven gefüllte geschwulst auf dem rücken des rindviehs.*

angelîme, *f. arbeitsbiene.*

angeltrîne, *leichtfertiges mädchen. K.*

angelwaite, *m.* grannenwaizen, *untersch. von* klüppelwaite. *hd. könnte man* bartwaizen *sagen; vgl.* bartgerste.

angen, *klagen, sich sehnen.* med smerten nà wǫt angen. *Gr. tüg 52. s.* anken.

angesinnen, ênem wǫt, *einem etwas zumuten.*

angesinnes *oder* **ansinnes** sin, ênem wǫt, *zumuten.* ik well ęm dat nitt ansinnes sin. *es ist wahrsch. partic. præs., wie* schrîwens, schrîwes *für* schrîwend; *eben so entstand* barwes *aus* barved, barfôt, te hans *aus* te hand.

angesinnung, *f. zumutung.*

angesthaft, *ängstlich.*

ängestlik, *ängstlich.* nitt so ängestlik, hadde de hâne sagt, dà hadde opper henne sęten.

angewüenen, *angewöhnen.* sik wǫt angewüənen.

angiewen, *angeben.*

ángrîpen, *angreifen.*

ánhâlen, *anholen, herbeischaffen.*

ánhàllen, *1. anhalten = festhalten. 2. intrans. halt machen. 3. inständig bitten.* he hell mi an; *aber auch:* he hell an ęm ân, *er hält ihn an.* he häld an as en krüəpel am węge.

anhøller, *m. der bittende.* wann de anhøller nix kritt, de afhøller kritt gar nix, *d. i.: lass dich das bitten nicht verdriessen. umlaut von* à.

anhang, *m. 1. anhang. 2. verwante, familie.* anhang hewen. *so kommt das wort auch in einer märk. urk. v. 1519 vor.*

anhaugen, *anhauen. wenn am montage gemäht werden soll, so wird am samstage das feld angehauen, d. h. soviel gemäht, als für eine oder zwei garben hinreicht. (gegend von Hagen, Soester Boerde.)*

anhø̊ren, *anhören.*

anhewen, *anhaben, von kleidungsstücken.* he hęt 'ne fîne lînen büxe an.

anhissen, *anhetzen.*

anhôgen, *anhäufen, d. i. einen haufen an oder von etwas machen.* vi wedd de bônen anhôgen. *vgl. schwed.* hög, *haufen.*

ankemör, *urgrossmutter. ahd.* anichn, *mhd.* anche, avia.

anken, *ächzen, stöhnen; Grimme gebraucht es vom rehbocke, spr. u. sp. 3.* Hunne kranken, Weywer anken, Juden schweren, Do mott sik keiner an kehren. *N. l. m. 32. s.* janken *und* angen. *RV.* anken; *bei Firm. I. 327:* anken, *stöhnen, vom viehe; dän.* anke, *klagen.*

Anketrine, *Anna Katharina.*

ankevâr, *urgrossvater.*

ankîken, *ansehen.*

anklîwen, *anhängen. ahd.* klîban, adhærere.

anklîwig, *anhänglich.*

ankloppen, *1. anklopfen. 2. trans. einen durch anklopfen ans fenster auffordern hereinzukommen.*

anknallen, *zu Witten pflegen die hirtenbuben mit eigens dazu gemachten peitschen am pfingstabend durch den ort zu ziehen und* „pinksten anteknallen“.

anknicken, *anbrechen.* wann de dag anknicket; *syn.* gräu *werden. Fürstenb.*

ankrig, *m.* gar kainen ankrigg hevven un ümmer op der langen bank sitten, *von frauenzimmern, die nicht z. tanze aufgefordert werden. Gr. tüg 72. syn.* schimmeln.

Ankstîn, *Anna Christine. (Weitmar.)*

ankuəmen, *ankommen.* dat sall ęm van dâge noch spassig ankuəmen. dai es ankuəmen as de suəge im jüdenhûse. nê, dà saste ankuəmen! *zurückweisung einer irrigen ansicht.* heffen es heffen, mär ankommen es de kunst. *auf die naseweise frage:* bu kuəmet sai dà ân? *erfolgt wol die stehende antwort:* ję, bu küənt der Dêwel annen pâpen nitt!

ankûren, *anschwatzen.* ânem wǫt ankûren, *einen zu etwas bereden.*

anlâg, *verderbt aus* antlât, *ansehen.*

anlaien *für* anlaiden, *anleitung, anweisung geben.*

anlaten, *anlassen. 1. nicht ausziehn (kleidung). 2. nicht auslöschen (licht, feuer). 3.* sik guəd anlâten.

anleggen, *anlegen.* sik med ênem anleggen, *sich mit jemand einlassen, abgeben.*

anlôp, *m. anlauf.*

anlôpen, *anlaufen.*

anmâken, *anmachen.* den silât anmâken; sai es am anmaken, *beginn der schwangerschaft. K.*

anmęten, *anmessen.*

annaigen, *annähen.*

annęmen, *annehmen.* hai hęt sik (bi de saldâten) annęmen lâten. he niəmt guəd an, *er lernt gut; vgl.* apprendre. he nâm sik dat van mî ân, *er hörte auf meinen rat, meine warnung.* du mausti dat nitt so annęmen; *vgl. huspost.* sik des dodes so sere annemen, *ihn so sehr fürchten.*

anner, ander. dat es wǫt anners. dat

es en anuer kårn, sagg de müəler, dà bête in en mûsekütel. bit de annern dage! *bis wir uns wieder sehen, bis nächstens! (beim abschiednehmen); vgl. span.* hasta otro dia. *dagegen weisen* l'altro giorno, l'autre jour *auf die vergangenheit.*
ännerik, *m.* entrich; *syn.* andfuəgel. *vgl. ahd.* anetrecho *von* anut *(ente); Keller fastn. 965, 8:* antdrake.
ännerk, *m. engerling, (Lüdensch.); syn.* speckwǫrm. *ahd.* engiring, *zu* angar.
annerlü, *pl. zum folgenden. andere leute, andere.*
annermann, *ein anderer.* ût annermanns lǫer es guəd raimen snfen.
anners, *anders.*
annerthalf, *anderthalb.*
annerwęgen, annertwęgen, *anderswo.*
anpêlen, *anpfählen, z. b.* de kau. *(Elsey.)*
anpart, *anteil. v. St. XX. 1343.*
anpartêren, *betreffen.* bat dat anpartêrt. *Holth. meint, es sei* importer.
anpęken, *anpichen, ankleben.*
anplass, amplass, *præp. c. acc. anstatt; vgl.* à la place.
anprîsen, *anpreisen.*
anprûsten, *anschnauben, anfahren.*
anraupen, *anrufen; bei jemand einsprechen, um ihn mit zu nehmen.*
anręken, *anrechnen.*
anrêken, *anreichen.*
anrichte, *f. buffet.*
anriggen, *mit weiten stichen annähen.*
anrôren, *anrühren.*
anrûken, *anriechen.* wat den ênen guəd anrûket, stinket den annern an. *s.* rûk ån.
ansaihen, *ansehen.* ümmes drop ansaihen.
ansaihen, *das ansehen.*
anschicken, *anschicken.* ênem twê männer anschicken, *genugtuung fordern lassen. der beleidigte oder sonst in seinem rechte gekränkte schickte dem* unrechter *zwei ehrbare männer ins haus, welche genugtuung forderten. ward diese verweigert, dann wandte man sich an die obrigkeit oder das gericht.*
anschiten, *anführen, betrügen im handel, tausch.*
anschoette, *anweide. Teuth.* anschoet van sande of erden als van waters wegen.
anschünnen, *aufhetzen. alts.* anscundian. *s.* verschüngen.
anseggen, *ansagen. sterbefälle werden den verwanten und freunden durch den notnachbar angesagt* (ansaggt). se hęt ęm den dû ansaggt. *s.* dû.
ansegger, *m. ansager. ags.* onsaga; *vgl. mnd.* lethsage, *wegweiser.*
ansetter, *anstifter.*
ansinnen, *s.* angesinnen.
ansinnes, *s.* angesinnes.
anslag, *m. anschlag.* en anslag es kain dôdslag. Biəkemsche anslęge, *Beckumsche anschläge, d. i. Eulenspiegelstreiche.*
anslån, *anschlagen.* dà slaug ęm de hûd an, *er wurde bange, unruhig.*
anslâgen, *angebrannt, z. b. beim muskochen.*
anslęgesk, *voll anschläge.* hai hęt en anslęgesken kopp, wann he de trappe 'runner fällt.
ansliəpen, *anschleppen.*
ansmêren, *1. anschmieren. 2. anführen, betrügen.*
ansmôken, *anrauchen, einen pfeifenkopf.* he hęt sik ênen ânsmôket = *er ist angetrunken.*
ansnauen, *anschnauzen, anschnauben, anfahren; vgl. holl.*
ansnîen, *anschneiden.*
ansnurren = ansnauen. *Paderb.*
ânspråke, *f. 1. ansprache. 2. besuch.*
ânspręken, *1. ansprechen. 2. einen um etwas ansprechen. 3. besuchen, zum glückwünschen, zu beileidbezeugungen u. s. w.*
anstad, *anstatt.* de àllen dûtsken siet anstad „danke!“ làt diək wat driten'!
anstån, *anstehen.* ik well med anstån, *teilnehmen.*
anstęken, *1. anstecken. 2. anzünden,* de pîpe, de lampe. *3.* angestęken sin, *betrunken sein. 4.* sik anstęken, *anfangen zu faulen.*
anstellen, sik, *sich anstellen. sich geberden über etwas, trauer oder schmerz heftig äussern.*
ânsterven, *durch sterben zufallen. [Urk.]*
anstôt, *m. anstoss; krankheit, unpässlichkeit, welche bald vorüber geht. Keller fastn. 978[1]. vgl. Goldschm. volksmed. s. 17.*
anstôten, *anstossen.*
anstrîken, *1. anstreichen, z. b.* 'ne dǫr. *2. durch streichen anzünden.* sa'k di en fürpinnken *(reibhölzchen)* anstriken?
anstrîker, *m. anstreicher.*
anstülpe, *f. 1. anbau an einem hause. 2. beim machen eines heuhaufens, der zu klein geraten war, nannte man einen angelehnten ständer von heu:* anstülpe, *(Iserlohn.) schwed.* stolpe, *pfosten, ständer.*

ansünnig, *der sonne zugewant, gegenteil von* afsünnig.

ant ant! *lockruf für enten. (Fürstenb.)*

antaihen. *1. anziehen, kleidungsstücke.* sind di de schau nitt måte? — nê! — dann tûh holsken ån! *2.* sik wǫt, *etwas auf sich beziehen.*

antassen, *antasten, anfassen, helfen.*

antast. *m. anfassen, hülfe.*

ante, *f. ente. (Elsey. Paderb.)*

antêken, *anzeichnen, verzeichnen.*

antêkunge, *f. anzeichnung, verzeichnung.*

antenpôt, *entenpfuhl. K.*

antêrste, *zuerst.*

antefuot, *f. entenbürzel.* di gêt de mûle as 'ne antefuot. *Elsey.*

antippen. *leise berühren.*

antlât. *n. antlitz. fr. 138.*

antleste, *zuletzt.*

antliot, *n. antlitz.*

antoddeln. *lässig, unordentlich herankommen.*

antrek, *m.* entrich. *(Fürstenb.)*

åntrecken, *1. anziehen.* de kappe antrecken, *die mütze aufsetzen. (Brockh. b. Deilingh.)* sik antrecken, *sich anziehen. 2. erziehen, heranziehen. s.* vermåk. *3.* sik 'ne såke antrecken, *von einer sache schmerzlich berührt werden, affici.*

antwåren, *antworten.*

anflitzen, *einen* vlits *(pfeil) heranschiessen.* hei kamm angeflitzet = *er kam eilig heran. N. l. m. 31.* Poter Paitrus kamm richtig angeflitzet so fix ose wänn he iut em flitzebogen schoåten wöre. *ib. 39.*

anwaie, *f. anweide,* rain, *der breite nach.*

anwaigen, anwêgen, *anwehen. s.* andrågen.

anwand, anewand, *f. die ackerfurchen, welche quer gepflügt werden, was am ende des ackers geschieht.* an der anwand sin, *nicht weiter können. Seib. qu. I. 159:* anewend; *Soester urk.* anwend; *Gr. d. wb.* anwand; *vgl. nds.* wanne.

anwass, *m. anwuchs.*

anwassen, *anwachsen. 1. heranwachsen. 2. fig.* min hęrte is der mi aune wassen. *op d. ä. h. 26. 3. zur bezeichnung eines gliederschmerzes.*

anwennen, *anwenden.*

anwisen, *anweisen.* holt anwisen, *von forstbeamten.*

anwisunge, *f. anweisung.*

ånwǫsten, *ein zu enges kleidungsstück mit mühe anziehen. s.* wǫrsten.

Anzefi, *Anna Sophie.*

åpe, *f. affe.* bat werd doch nitt alle fǫrt geld måket, sagg de bûr, då såg hai 'n åpen danssen. bat es doch en åpe en spassig menske, sagg de bûr. *2. rausch.* in der nacht kamen viele bǫrgers med en recht schönen opgestutzten åpen nå hûse. *ags.* apa.

åpen, äffen, *verspotten, zum besten haben.*

åpen, *pl. spässe; syn.* risse. *? aus* apern *verderbt.*

appel, *m. pl.* appeln, *apfel.* de appeln hett nû goldne stęrtkes, *d. i. im frühjahre, wenn sie selten und teuer geworden sind.* fǫr en appel un en ai; *vgl.* pour un morceau de pain, for a song. *s.* ai. de appel fällt nit wit vam stamm, et en sî dat de bôm s hêf am auwer stêt, *diese einschränkung, welche dem bekannten spruche beigefügt wird, gründet sich auf die bemerkung, dass kinder sich auch oft, durch die fehler der eltern und deren folgen gewarnt, auf die bessere seite schlagen. auch von anderen früchten wird* appel *gebraucht:* dannenappel, fläschenappel.

appelbôm, *m. apfelbaum.*

appeldrûwe, *kuhname. (Marienh.)*

appelhǫf, *m. obstgarten. (Aplerbeck.)*

äppelken, *n. äpfelchen.* Büttken harre backen asse en åppelken.

appelkrûd, *n. äpfelmus.*

appelmilde, *mürb, weich wie ein apfel. fr. 77.*

äppeln *in* låt di wǫt äppeln = *lass dir eier backen.*

appelschimmel, *m. apfelschimmel.*

appelsmält, *n. apfelmus. (Fürstenb.)*

appelsǫrten, *pl. äpfelsorten.* audacker, gårenappel, iserappel, ossenkopp, rabône, schiweling; stękappel, suomerappel.

appeltärte, *f. apfeltorte.*

appeltiawe, *schelte für eine mit ihren äpfeln geizende frau. (Dortm.) eigentlich bezeichnet das wort eine apfelhökin.* tiawe, *hündin, ist schelte für ein leichtsinniges frauenzimmer. an alts.* thiwa (ancilla) *zu denken, erlaubt der anlaut nicht. Richey:* appelteve.

aprê, *eigens; s.* exprê. *aus franz.* exprès *verderbt.*

Apricke *bei Deilinghoven hiess 1377 noch* Apellerbeke, *d. i. Apelderbeke.* apelder *kann wasserholunder, mistel und apfelbaum sein. Kil.* appeltere, *j.* appelboom.

åpsen = äppeln. låt di wǫt åpsen. ik well di wǫt åpsen = *ich will dir was pfeifen.*

aptêke, *f. apotheke.* dat es branddûr: so kammet ock in der aptêke hewen.

år = **åder**, *oder.* üm en ûr år niogen.

âr, *n. pl.* âren, *ohr.* êuen ǫwert âr haugen. an ên âr slân *(Schwelm:* stöten), *eine sache nachlässig oder schlecht machen.* blâs mi oppet âr! *unser wort hat â wegen des folg.* r.

âr, *n. pl.* âren, *ähre.* geschioten *(ei)*, gespuggen *(honig)* un wǫt ûtem âr *(brot).* ǣr, *(Siedlingh.) schon mnd.* aar; *vgl. Kil.* adere *j.* are, spica; *berg.* ôder; *gr.* ἄθηρ. *entweder aus* ader *oder* ahar *ist unser wort zusammengezogen. alts.* âro, spicatus, *für* âraw *ist wol aus* aharaw *zusammengezogen.* aw = *ag adjectivendung; ags.* arewe *(pfeil), engl.* arrow *wird ursprünglich adj. sein.*

ær *für* eder, *gitter, zaun in* balken-ær. *alts.* edor, *ags.* eodor, *m.* sepes, domus.

ær, *(Iserl.* eir,) *comparat. eher, früher; als præp.* = *vor.* ær dâge, *vor tagwerden. Grimme. vgl. ags.* ærra *und* ær, *præpos. c. dat.*

ǣr, *n. frühstück, um 8 uhr vormittags; s.* ǣr-tîd, âchter-ǣr. *(Lüdensch.)* ǣr *aus* âri, *wie* wǣr *aus* wâri *(wäre) wird, mit* err *verwant,* frühe *bedeutet haben; vgl.* ἄριστον.

ǣr, *ähre. (Siedlingh.)*

âraud, *eigensinn. (Witten.)* ? raut, *rasch; vgl. Schamb. scheint mit ags.* hrâd *zusammenzuhangen.*

ârännig, *eigensinnig.* de blage es ârännig, *(Witten.)* âräntig, *weichlich, eigensinnig, (Recklingh.) Firm. V. St.*

ârändzig, *widerspänstig. Wedd. W. M. W. 301.*

arbêd, *f. arbeit. alten urk.:* in sinem arbeide. *goth.* arbaids; *alts.* arbêd.

arbêen, *arbeiten.* he arbedt as en pęrd.

arbêer, *m. arbeiter.*

arcisse, *f. narcisse. (Brilon.)*

ård, *f. und m. art.* de ård maut me drop låten. bat sall me seggen: et es ên mål in der ård. dat hęt ård, — niene ård. dat kainen ård. i hett oppen ård recht *(gewissermassen).*

ård. *m. pl.* ǣrde, ǣre, *1. ort, stelle, dienst. 2. anfang, ende,* van ård te bård, *von einem ende zum andern. ahd.* ort, *ags.* ord.

ård, *m. viertel mass. aus* quart, quartus.

ǣrd, *fleck unter dem absatz des stiefels, schuhs, franz.* quartier, *ahd.* ort, margo, lacinia.

ærde, *s.* erde.

ærde, *morgenmahlzeit. ?* âritha *zu* âri, *vgl.* ǣr.

ærdâges, *vor diesem, ehedem. ags.* ærdäg, *genit.* ærdäges, primum tempus, *verflossene zeit.*

ården, *arten.* â. nâ wǫt: he ardt nitt nâ sin vâr, *er tritt nicht in die fusstapfen seines vaters.* ården op, *f. r. 110.*

ǣrden, *1. einen fleck unter den absatz des stiefels setzen. 2. einen saum machen. ahd.* ôrton, confinire, terminare.

ærdenwulf, *s.* êrdenwulf.

ærdhund, *s.* êrdhund.

ærdmann, *s.* êrdmann.

ære, *s.* êre.

ǣre, *f. ähre. (Marienh.)*

æren, *s.* êren.

æren *für* êrden, *irden.* æren düppen.

æren wâr, *s.* êren wâr.

årend, *Arnold. (Paderb.)*

ârdrôge, *hinter den ohren trocken.* de junge es noch nitt ârdrôge, *noch unreif. K.* = dröde, *schwed.* trött.

âr-drôge, *faul, träge. vgl. mtl. (Zumbr. 110)* âr-drötzig, *widerspänstig. Köne 1993:* odrotig, *verdriesslich.*

arg, *adj. und adv. 1. von hautkrankheiten.* en argen kopp. *(märk.* en wêen kopp). *2. übertrieben.* dat maket se te arg, *sie sind zu freigebig. 3. versessen, begierig.* arg op wǫt. *adv. für zu.* arg lang, *zu lang.*

arg, *n. arg.* ik hadd'er nion arg in, *ich bemerkte das nicht.*

argdenkesch, *arges denkend, argwöhnisch.*

ærgistern, *vorgestern.*

ærlek, *artig, ordentlich.* = ærdlek.

ǣrling, *m. ohrfeige.*

ârm, *m. pl.* ęrme, *arm,* brachium.

ârm, *compar.* ęrmer, *superl.* ęrmest, arm, pauper. he es so ârm asse Job. he es dem ârmen manne atlôpen. ik sin God en ârmen mann schüllig, ik well ęm ock ênen liewern, *redensart der trinker. warum nennt man den Teufel* a r m? *eine frau sah eine ziege mit gebrochnem bein und sagte bedauernd:* de ârme hippe! *die nachbarin, welche das hörte und unpassend fand, fiel ein:* de hippe es nich a r m; de Dûvel es mär arm, hä hęt nich lîf noch sêle.

armaud, *f. armut.*

armborst, *f. armbrust. aus* arcubalista.

ârme, *m. der arme.* bâ de ârme sât, dâ was es alltîd kâld un nât.

ârmen, *arm machen.* sachte im bûl dat ârmet nitt.

ârmes, *f. almosen, armenkasse.* hä kritt

wọt ût der armes. *es entstand mit anlehnung an arm zunächst aus* almisse *(Tappe 88ᵃ), dieses wie ags.* älmisse, *engl.* alms *aus alts.* alamôsna.

armeskẹrf, *m. armkorb, henkelkorb.*

âra, *narbe. (Lüberhausen.) ahd.* narwa; *mnd.* nare; *altn.* ör, *schwed.* ärr, *dän.* ar. *vgl. Ma. III. 29:* arent. *vielleicht umsetzung.*

arnd, *m. ärnte. (Möhnetal.)*

arne, *f. ärnte. (Warburg.) ahd.* arn, messis. *Tappe 101.*

arnehane, *m. ärntehahn. (Warburg.) muster. 47.*

arnen, *ärnten. (Warburg.) ahd.* arnôn, metere.

arnte, *f. ärnte. (Siedlingh.)*

årönken, *n. kleiner alraun.* en årönken im hûse hewen, *auf unerklärliche weise reich werden; vgl. d. myth. als schelte für einen menschen ist das wort schwere beleidigung.* du bûs en årönken. *Soester Börde. s.* åldrûne.

arre = asse, *as.*

ärre = asse, *as. Kr. Meschede.*

ærs, æs, *m. arsch, ist minder anstössig im nd.* en sittenden ærs denket viel ût. an en grôten êrs gehǣrt ne grôte bûxe. *composita* glọræs, kippæs, lôuêrsken, nâkærs, pâlæse, verdọræsen. *alts. in ortsnamen:* hundasars, buddenarson; *bei Deilingh.* ein Hangærs.

ærsgatt, *n. arschloch.* bat ẹm gêt dọrt schullerblatt, dat gêt ẹm ock dọrt ærsgatt.

ærskẹrf, *n. arschkerbe.*

ærslecker, *m. s.* spiggebecken.

ærswisk, *n. arschwisch. s.* êrswiss.

årt, *n. träber. durch einschub eines r aus* åt *(ass, frass) entstanden. vgl. mwestf.* åt (athkuven, *träberkufe, Rud. Stat. 83); mstl.* åt; *osnabr.* aut. *s. Köne z. Helj. 2442.*

årtange, *f. ohrwurm.*

ǣrtîd, *f. die zeit um 8 uhr vormittags.*

ærtîds, ærtiges, *früher, eher, vor der zeit, zu früh.*

ärts, *erz, m. stoff.* dà es guoden ärts âne, *von töpfergeschirren.*

årfîge, *f. ohrfeige.* dat es ne rechte årfîge för dẹn.

arwe, *f. rain; vgl.* narwe, håsenarf. *in Ostfriesl.* arwe = mir.

arweggen, *arbeiten. N. l. m. 54.*

årwen, *arbeiten. Muster. 1.*

årwọrm = årtange. *(Siedlingh.)*

ærze, *f. erbse. alts.* erit.

as, asse *(weiche ss),* **at,** *conjunct. soviel als, als, wie. 1. ganz so wie, soviel als.* he lôpet as (= bat) he kann. *2. vergleichendes wie.* so nette as dat es, sûht me 't nitt fâke. *3. ein scheinbar pleonastisches* as *in ausrufen.* bu nette as dat es! bu guod at se sûngen! *vgl. span.* qué bonito que es! qué bien que cantaban. *bei anderer wortstellung würde dem* as *ein* so *entsprechen.* bu es dat so nette! *4. = nämlich,* cioè. ik soll as gistern nå em knomen. *vgl. Gr. wb. 257, 7.*

ås, åst, *n. pl.* äse, äster, *aas.* dat es en ås vam jungen, *ein verschmitzter junge. westf.* ås *und* åt *stehen zu deutlich von einander ab, als dass ersteres zu* ëtan *gehören könnte.* ås *ist jedenfalls zusammengezogen.*

äs, *n. as im kartenspiel.* schüppen-äs.

asch *oder* **ass,** *pl.* äsche, *esche, ein fisch.*

åsig, *fig. böse.*

aske, *f. asche.* un wenn se verbrannt wær, so well eck noch ere aske snûwen, *so sagt wol ein liebhaber, der entschlossen ist, von der geliebten nicht abzulassen. westf. anz. IV. 668.* dà wars du noch in der asche un frates kọlen, *d. i. ungeboren.*

äske, *f. esche. alts.* aski.

äsken, *n. oblate.*

ǣsken, *n. kleines aas. liebkosungswort:* min laiwe öösken. *Gr. tüg 83.*

askenbuək, *m. die asche, welche nach dem beuchen sich im bauchlaken findet. engl.* buckashes.

askenpûdeler, *m. aschenputtel der märchen.* askepûhler, *fuhrmann der asche fährt. das aschefahren für den bedarf der Wupperthaler bleichen war ehedem eine hauptindustrie der bauern in der gemeinde Deilinghoren, die darüber ihre äcker vernachlässigten.*

askenpûster, *m. eigentlich aschenbläser; aschenbrödel, küchenmagd. holl.* aschepoester.

äsker = askenbuek. *(Siedlingh.) cfr. Gr. wb.* äscher, *m.*

asse *mit doppeltweichem* ss *entstand aus* asso, *vgl. urk. von 1367:* asso *(ganz so)* as dat gelegen is. asso *für* also, all so = *ganz so.*

asse, *f, achse. mnd.* asse.

asse, *f. rauchbühn über dem herde. K. S. 19.* àsse, *f. der ort über dem küchenherde. (Fürstenb.)* àsse *soll auch* = holwe *sein. vgl.* hess. *àse bei Vilm. Ma. 4, 64.*

ast = aust. *(Siedlingh.)*

äster, *m. platter viereckiger stein. ital.* lastrico. *Frisch vergl.* astrum *für* atrium.

äštern, *pflastern.*
äšterwęrk, *n. pflaster. Bugenh. Ezech.* 40, 17. allstruck, *welches aus* ὄστρακον *entstellt sein soll; vgl. Koseg. s. v.* alstrak.
astrant, *scharf, anfahrend, grob. zu franz.* astreindre *und vielleicht aus dem namen einer scharfen pflanze* astrantia, *mutterwurz, meisterwurz, gebildet.*
àstûge *in* àstuge hard, *sehr hart, von holz, acker. ? entstellt aus* àstude *für* àsture; *s. d. folgende*
àstârig, àstôrig, *1. frech, widerspänstig, was sich nicht steuern (regieren) lässt.* sin hârd is àstörig, *op de à. hacke,* 49. *in Schwelm bedeutete das wort* halsstarrig, *in Hamm anspruchvoll. im Schwelmer vestenrecht (v. St. XX. s. 1353):* item wey astorighe *(frech)* sprecke in dat gerichte, dat is ein marck; *Fahne. Dortm. urk. I. p. 205:* asturlichen, *frech. 2. ? verlegen.* he kêk sik àstûrig ûm.
at = as, *als.*
at = dat, *dass.*
ät, et *adv. præp. in* ät êrste, *zuerst; — alts.* at êrist; — ät leste, *zuletzt; alts.* at lezt.
ât, *n. frass für schweine, träber.* wamme sik unnert ât menget, dann frętet ęm de sûəge; *s.* **ârt**. *ags.* æt, edulium cibus; *Teuth.* ayt; *mwestf.* ath.
âter, *n. kette, die den hinterpflug befestigt; syn.* nâter. *Mda. 6, 213* âterkette.
âterring, *m. ring um den grindelbaum.*
Athe, *weiblicher vorname. s.* fucht.
ætig, *der gern isst. ahd.* azig, edax.
atseln, *pl. raude, eine hundekrankheit. Muster.* 47.
ätsken, *n.* ärtsken, *bisschen, klein wenig. zu* ëtan, *eigentl.* offula.
Atta, *Adelheid.*
atter, *eiter. (Fürstenb.)* ätter *(Siedlingh.)* ätterpost, *eiterballen. (Siedlingh.)*
atterovermorgen, *der tag nach übermorgen,* atteratterovermorgen, *zwei tage nach übermorgen. (Velb.)*
atterpost, *1. eiterballen. 2. schelte:* du atterpost. *(Fürstenb.)*
audacker, *eine apfelsorte. der name wol von dem Benedictiner-nonnenkloster Odacker bei Hirschberg im herzogtum Westfalen. das heutige* au *ist teils* uo, *wovon* saune *für* suona *in einer urk. v. 1399 (F. Dortm. II. p. 206), teils* aw, *z. b.* aulamm, wâr schauen; *teils* ô *im köln. sauerlande; teils* ou. *Odacker enthält alts.* ôd, *m.* bonum, hereditas, *bedeutet also erbacker. vgl. Pieler, Ruhrthal s.* 123.
audi, *n. verletzung.* 'n audi krigen, *etwas wegbekommen. altm.* haudi.
auhêrde, *knabe, der dem schweinhirten unterstützt. (Siedlingh.) s.* ôr.
aulamm, *n. weibliches lamm. (Lüdensch.) ahd.* au, ovis. *s.* ailamm. *Bugenh. bib.:* de euweu, *schafmütter.*
auldrâscher, *händler mit alten sachen. Dortm. cfr. Gr. wb.* altreise.
Auland, *n. so wird ein teil des sauerlandes genannt, weil dort statt* ug *(euch)* au *gesagt wird. Gr. tüg* 94.
auler = oller. *(Solingen.)*
aust, *m. 1. ast. 2. astknorren; syn.* naust. **aust** *für* nost; *ags.* ôst; *Soest. fehde* ôst. *syn.* ast.
austhǫl, *n. loch im holze, gebildet durch ausspringen oder ausfaulen eines astknorren.*
austig, *knorrig.*
aust, *august; daher* **austkirssen**, *augustkirschen. vgl. fr.* août.
auwer, *n. 1. ufer. 2. hügel, abhang. 3. berg. mnd.* over. auver *aus dem 16. jh. bei Seib. urk. 565 im sinne von 2 oder 3. wäre hd.* ufer *richtig von* urfar, *ausfahrtsort hergeleitet, so müssten unsere bedeutungen 2. und 3. sich spät und missbräuchlich gebildet haben.*
af, awe. *1. præp. mit stellung hinter dem regierten worte.* he es de trappe af *(von der treppe)* fallen. ik sin der af, *ich bin davon (los).* bat me gaft hęt, dęs es me awe. *Grimme.* de biəke af, *den bach hinunter. 2. adverb. a.* af un an, *ab und zu, dann und wann; engl.* off and on. af un tau, *ebenso. b. pleonastisch.* hä was mi te gau *(schlau)* af. dai es dem Dûvel un siner grôtemôr te slimm *(schlau)* af. dat es mi te rund af, *das kann ich nicht begreifen.* ik wêt van nix af. *c. mit ellipse eines partic.* de bôm es awe *(gehauen).* de hiràd es wir af *(gebrochen).* vi hett den roggen af *(gemäht).* ik sin gans af *(gemüht).* half af *(gezogen),* un dann wat recht es, *regel für das handeln mit Juden. 3. adj.* he hęt sik gans af gâu; *s. 2 c.* vi drûəwet de awen bôme nitt liggen lâten, sûs hält se se us af. *4. subst.* en af, *was abgetan ist; vgl.* en ân.
áfaiken, afèiken, *platthd. für* affiken, *abstehlen.*
áfbaien, *abbieten, mehr bieten.*
áfbęen, *abbitten.* hu hęt et mi afbęen.

áfbetâlen, *abbezahlen.*
áfbidden, *abbitten.* me kann ussem Hęrgǫd vǫl afbidden, äffer kaine kau am sële.
áfbinnen, *abbinden.*
áfbîten, *abbeissen.* wann se sik so fäke en fingęr afbiøten hädde, as et ęr lêd węst es, se hädde all lange nitt ênen mær. ik hewe der hucke den kopp afbiøten. de grôte hâne bitt de annern af.
áfblâen, *abblättern.*
áfbônen, *abbasten, v. lohgerber. vgl. hd.* abbohnen (polire). *s.* bünne.
áfbręken, *abbrechen.*
áfbrengen, *abbringen.*
áfbrocken, *abbrocken.* gà nà din ôme un süh, ef he di bà *(etica)* en dâler afbrocket.
áfdauen, *1. abtun, abladen, z. b. heu. 2. ablegen, z. b. ein halstuch.*
áfdêlen, *abteilen.*
afdęrsken, *abdreschen.* hedd-i all awedorsken?
áfdraigen, *abdrehen. 1. vom drechsler. 2. durch drehen lösen. 3. sich wegmachen. ohne* afdraigen *in dieser letzten bedeutung dem* draigen *(drehen) entziehen zu wollen, bemerken wir hier beiläufig, dass noch im mwestf. (Werne Chronik) ein dem goth.* thragian, *griech.* τρέχειν *gleichbedeutiges* dragen *(gehen, laufen) vorkommt.*
áfdrîwen, *1. abtreiben. 2. einen wald abhauen.*
áfdrôgen, *trans. und intrans. abtrocknen.*
áfdrôger, *m. abtrockner, lappen oder tuch zum abtrocknen.*
áfêken, *s.* afaiken.
áfêren, *abpflügen. urk. von 1397:* affgheeirt an syme lande. *ags.* erjan (arare), *daraus* erran, *endlich* êren.
áfęten, *abessen.* **afęten**, *abéssen.* hai hęt et mi afgęten.
áfgaiten, *abgiessen.*
áfgamfen, *abstehlen; s.* gamfen.
áfgân, *1. abgehn, weggehn. 2. absatz finden. 3. von der stuhlausleerung.* ęm gêt blaud af. *4. euphem. sterben, auch:* med dôe afgân; *Seib. urk. 688. huspost.:* mid dode affgheit; *Velb. urk. v. 1585:* mit thodt abgehen. *5.* med afgân, *confirmirt werden. 6.* sik afgân, *ganz müde werden.*
áfgang, *m. 1. abgang = das abgehn oder was abgeht. 2. insbes. a. das loswerden von waaren, absatz, auch töchtern an männer. b. stuhlausleerung.* hai kann van hunger kainen afgang krîgen.
áfgiøwen, *1. abgeben.* giøf af! *gib dein geld her! 2.* sik afgiøwen med, *sich mit etwas befassen.* ik kann der mi nitt med afgiøwen. *3. in specie euphem. ausser der ehe beschlafen oder sich beschlafen lassen.* de dêrne hęt sik medm jungen afgiøwen.
áfgnäbbeln, *abnagen; deminut. zum folg.*
áfgnâgen, *abnagen.*
áfgunst, **âwegunst**, *1. misgunst; alts.* afunst. *2. abrotanum.*
áfhâlen, *abholen;* **afhâlen**, *euphem. wegnehmen, stehlen.*
áfhâllen, *1. abhalten. 2. ein kind so halten, dass es bequem seine nothdurft verrichten kann. auch bei Richey.*
áfhøller, *m. der nicht um etwas anhält. s.* anhøller.
áfhampeln, sik, *sich abarbeiten, bes. von der geschlechtsarbeit. s.* hęmpeln, hämpelken.
áfhännig, *abhändig, abwendig.* a. mâken. *mnd.* afhendig.
áfhelpen, *abnehmen helfen.* help mi màl af! *hilf mir, dass der korb von meinem kopfe auf den boden kommt!*
áfiegen, *abeggen.*
áfjacht, *f. abschlägliche antwort.* he krêg de a., *er bekam eine (harte) abschlägige antwort, einen korb. vgl. alts.* gêhan, *versichern, mhd.* jêhan.
afkappen, *abhauen, zurechtweisen. K.*
áfkæren, *ptc.* afkârt, *abkehren.*
afkâr, *zurückweisung, abschlägige antwort. K.*
áfkaûlen, *abkühlen.*
áfkippen, *die spitze abhauen.*
áfkloppen, *1. abklopfen. 2.* de hûser afkloppen *(besuchen).*
áfknappen, *einen um das verkürzen, was ihm zukommt.* hä knappet sinen arbêdern ümmer wǫt am lône af.
áfknîpen, *1. abkneifen. 2. =* áfknappen.
afköpen, *abkaufen.*
áfkrîgen, wat áfkrîgen, *schaden oder strafe bekommen.* ik hewe nix áfkriøgen, *ich habe keinen schaden genommen.* **afkrîgen**, *wegnehmen.*
áfkuømen, *1. abkommen.* ik kaun noch nitt afkuømen. *2. confirmirt werden.*
áfkûern, sik, *verabreden.*
áflacken, *abgrenzen.* abgelacket, *Iserl. urk. v. 1691. s.* lâk.
áflâen, *abladen.*
áflangen, *1. ablangen.* lang mi dat màl af! *nimm mir das mal ab! z. b. vom nagel. 2. hergeben, mitgeben.* he well nix aflangen. *mwestf.* aflangen — *erlangen. Verne chron. in Seib. qu. p. 22 und 40.*

áflåten, *1. ablassen, aufhören. 2. ablaufen lassen, z. b. das wasser eines teiches. 3. abrahmen.* de męlk áflåten. afgelåtene męlk, *milch, von der der rahm abgenommen ist.*

áflatte, *f. eisenkuchen. (Eckenhagen;) vgl.* oblate, *die dort aber nicht so heisst.*

áfleggen, *1. ablegen. 2. abtragen (schulden). 3. ausrichten.* ne buaskop *(botschaft)* áfleggen. *4.* sin exåmen afleggen.

aflênen, *entlehnen.*

áflêren, **áflæren**, *áblernen.* **aflæren**, *ablernen.*

áflęsen, *1. ablesen, z. b. eine verordnung. 2.* stêner áflęsen.

áfliawern, *abliefern.*

áflîwig, *1. dem tode nahe; vgl. mnd.* afliwig *werden = sterben. 2. abgetragen, von kleidung; abgenutzt, von sachen überhaupt. Kil.* aflijvigh, mortuus.

aflęwen, afloäwen, *abgeloben.* den branneweyn a. *N. l. m. 30.*

aflûxen, *auf schlaue weise entwenden.*

áfmåken, *abmachen.* den bård afmåken; *syn.* afnęmen, balbêren, putsen, rasêren.

áfmaigen, *abmähen.*

áfmaråkeln, sik, *sich abquälen. vgl. altm.* sik afmarachen, marachen.

áfmęten, *abmessen.*

áfmucken, *meuchlings hernehmen; prügeln oder töten.*

afmucksen, *morden.*

áfnęmen, *1. abnehmen, z. b. den hut, den bart.* en gåenden manne niamt me kain pęrd af. *(Hattingen.) 2. intrans. kleiner, schwächer werden.* de dåge nęmt af. de menske niamt af. *3.* dåvan afnęmen, *daran abnehmen, daraus schliessen.* **afnémen**, *abnéhmen.*

áfpêlen, *abpfählen.*

áfpęken, *abpechen, d. i abstehlen. (Ravensb.)* peken, *stehlen.* to pick.

áfpellen, *die schale abziehen.*

áfplaigen, *abpflügen.*

áfplengen = áfkloppen. hai plenget de hûser af. *s.* plengen.

áfplücken, *abpflücken.*

áfrackern, sik, *sich abquälen, abarbeiten.* ik rackerde mi af as 'ne schindmęr.

áframmeln, sik, immodice coeundo *seine kräfte erschöpfen.*

áfraupen, *abrufen.*

áfręken, *abrechnen.*

áfrêren, *abfallen, von kleinen leichten körpern, die in menge fallen.*

áfrîen, *abreiten.* se hau sik all bi der êrsten verpechtunge *(verpachtung)* de Isern *(hufeisen)* áfrien, *d. i. sie hatten den ersten eifer schon gekühlt, die erste lust befriedigt.*

afrikanische pipps, *grippe. (grafschaft Limburg.) s.* pipps.

áfrisen, **áfriseln**, *abrieseln.* de niawel riset af *(fällt).*

áfretsen, *auf grobe art zurechtweisen vgl.* berotsen.

áfsaiken, *1. von etwas suchen.* de åpe saiket dem jungen de lûse af. en knoken áfsaiken. *2. obsc.* en fraumenske afsaiken. *3.* ênen afsaiken, *einen prügeln. 4. durchsuchen, absuchen.* de rûe hęt den ganssen bęrg afsocht.

áfschaiten, *abmerken.* sôviel hew'k me all afschoten, bi de finen hært hai nitt. dat hew'k me áfschoten, sagg de bûr, då hadde he sin twedde kind selwer doft.

áfschampen, *abgleiten; s.* schampstên, *holl.* afschampen.

áfschiren, sik, *sich klären.* de niawel schirt sik af.

áfschraien, sik, dat kind schraiet sik den hals af, *schreit sich tot. vgl. fr.* s'égosiller.

áfschrûwen, *abschrauben.*

áfschüdden, *abschütten, abschütteln.*

áfschûwen, *1. abschieben. 2.* dat wåter afschûwen, *durch vorschieben des schutzbrettes das wasser (von der mühle, rolle) abkehren. (Altena.)*

áfsaihen, *1. absehen, ablernen.* dat hew'k ęm áfsaihen. *2.* **afsaihen**, *abwarten.* dat wefti mål afsaihen.

áfseggen, *absagen.*

áfsêpen, *abseifen.*

áfsetten, *1. absetzen,* den pot, de müske. *2. seiner stelle entsetzen. 3. ausser gebrauch setzen.* afgesatt tûg; *vgl. ital.* deporre un vestito. *4. dem kinde die brust entziehen. (Fürstenb.)*

áfsîd, *schuppen für streu. (Fürstenb.) K. S. 78.*

áfslag, *m. abschlag.* me kann lichter taum afslage as taum opslage kommen.

áfslån, *1. abschlagen, z. b. obst. 2. weniger liefern.* de kau slätt af med der męlke. *3. wohlfeiler werden.* de rogge slätt af. *4. abwenden.* dat kind slätt kain ôge van ęm af.

áfslüchten, *durch eine gehauene schluft oder schneise holzhauern die grenze bezeichnen.*

áfslûten, **afslaiten**, *abschliessen.*

áfsmęren, *abschmieren, d. i. durchprügeln.*

áfsmîten, *abwerfen.* bęren afsmiten. dat pęrd hęt ne afsmiəten. *s.* afnęmen.
áfsnîen, *abschneiden.* sik den hals afsnien. hä snêd ęm de kunden af, *entzog ihm die kunden.*
áfsocken, *abgehen.*
áfspailen, *abspülen.*
áfspenstig, *abwendig.* s. maken.
áfspiəlen, *abspielen.* ênen afspiəlen, *onanie treiben.*
áfspinnen, *abspinnen.* ik hewe afspunnen, *ich habe meine stränge fertig. Tappe* 97ª.
áfspliət, *m. absplitt.*
áfsplîten, *abspleissen, abreissen.*
áfspringen, *abspringen.*
áfstân, *1. abstehn, ablassen. 2.* = ûtstân. se konnt de kölle afstân. *3. contrastiren.*
áfstand, *m. 1. abstand, verzichtleistung. 2. contrast.*
áfstęrwen, *absterben, sterben.* **afstę̂rwen**, *abstèrben.*
áfstîgen, *absteigen.*
áfstöten, *abstossen.* 't knick afstöten, sik 'et knick afstöten.
áfstrîken, *1. abstreichen. 2. sich sachte entfernen.*
áfstrôpen, *abstreifen.* dem jungen de büxe afstrôpen. *Bugenh. Dan. 4:* afstrôpen.
áfswâden, *abprügeln.* s. swâden.
áfswêlen, sik, *sich abbrennen.* sik d. bård med strauh un fuir afswêlen. *Grimme.*
afswęmen, *abdunsten. K.*
áfswęren, *abschwören.*
áftęren, *abzehren.*
áftęrunge, *f. auszehrung.*
áftêken, *abzeichnen.*
áftellen, *abzählen.*
áftręen, *abtreten.* dai dêrne hęt (sik) en isern aftręen, *d. i. hat ihre unschuld verloren. vgl. Vilmar.*
áftrecken, *abziehen.*
affall, *m. abfall.*
affallen, *1. abfallen. 2. mager werden.*
äffententen, *pl. possen. vgl. mnd.* tant *(tand) und Laiendoctr. 108:* affenheit *(alberheit, torheit), was hd.* abenheit *lauten könnte.*
affęsen = hiemsen.
affitschen, *abgleiten. s.* titschen.
afflatschen, *abschwatzen, sich durch schmeichelreden von jemand verschaffen. s.* flatschen.
affrâgen, *abfragen.*
áfwachten, *abwarten.*
áfwackeln, *abprügeln.* s. wackeln.
áfwaigen, *abwehen.*
áfwasken, *abwaschen.*
afwesselung. afwesselung maut sin, sagg de foss, dà trock ęm de jæger 't fell öwer den kopp.
áfwîgen, *abwägen.*
âwe, *grossvater (Sieg.), grossmutter. (Crombach.)*
awekâte, *m. advocat.* et gêt jà 'rin as avvekâte in de helle.
awelgunst, *f. abgunst, neid.* **awelgünstig**, *neidisch. (l eingeschoben.)*
âwend, *m. abend.* alle âwens.
âwendrôd, *n. abendröte.* âwendrôd drôget den pôt.
âwer, *aber. s.* äffer.
âwer, *oder. (Lüdensch.) vgl. F. Dortm. II. p. 98.*
awig, *wird von verdorbenen getränken gebraucht. Wedd. w. m. IV. 301.*
âwîsig, *ärgerlich. (Paderb.)*

B

Ba, babá, bâks, *interj. und subst., womit wärterinnen den kindern das unreine bezeichnen. vgl.* aà, acke, âks *und Gr. wb. s. v.* bäbä.
bä, be, bai; wä, we, wai; *neutr.* **bat, wat;** *dat.* **bęm, węm;** *acc.* **bęn, węn,** *pron. relat. und interrogativum, derjenige welcher, wer, was. für* bat? *wird auch* batte *gesagt. ein conjunctives* bat *in* bat tîd es et? *welche zeit ist es? wie viel uhr ist es? vgl. ital.* che ora è? — *nachdrückliche umschreibung eines subjects oder objects durch relativsatz = was betrifft:* bat guode bônen sind, dä mauste an êne sîd leggen. bat swâre garwen sind, dai maût unnen liggen. *ähnlich spanisch:* lo que es leña vieja, hay en la leñera bastante. — **bat** *für warum.* ik wêt nitt, bat hä ümmer nà N. gêt. bat siət hä dann jà? — *zur kräftigen verneinung:* æ bat! à bat! *ei was!*

bä, be, bai; **wä, we, wai**; *neutr.* **wat, wọt**; *dat.* **bẹm, wẹm**; *acc.* **bẹn, wẹn**, *pron. indef. jemand.*

bå, bà; **wå, wà**, *1. adv. wo, vom orte. a. fragend:* bà es min môer? — *auch* bà ergens? im hiomde. *b. beziehend:* bà der fẹrken viel sind, wèrd de drank dünne. *c. indef. irgendwo, etwa.* dat bauk maut bå *(irgendwo)* sin. me hett kaine kau bunte, àder se hẹt bà en plack. büstu bà *(etwa)* krank? — *2. conj. als, von der zeit:* se hän de kau all, bà ik hîr kwàm. — *3. für etwas.* bà anners van; *vgl. K. fastn. 973*[36]*:* wor anders von. — *alts.* huâr, *mnd.* wôr, wàr.

Baar-bach *b. Iserl. hiess früher Barme d. i.* Barm-â, *von* barm *(busen, bogen) wegen der krümmung, die er bei Iserlohn macht.*

babbe, *m. vater.* — *vgl.* papa, *ital.* babbo.

bäbbel, *f. geschwätziger mund.* hàld de bäbbel! — *vgl. fr.* babil.

babbeln, bäbbeln, *plappern, schwatzen. K. hastig schwatzen.* — *vgl. Teuth.* babben. *Kil.* babben; *fland.* garrire, babelen, bebelen, inarticulate, confuse loqui, blaterare, garrire. *Staph.* dat du dar van dem Absalon brabbelst, haddestn billiker in der vedder beholden; *dän.* bable; *holl.* babbelen; *fr.* babiller.

bâchert, *m. vermögender mann, f. r. 117. Kil.* braggaerd, homo bullatus, elegans; *engl.* braggart *und* to brag.

back, *rücken, nur noch in* âchterbûks. *s. o.*

backalâs, *eine schelte.* du backalâs! *du stockfisch! du tölpel!* — *vgl. ital.* baccalà, *stockfisch. nach Schleiden (Studien, Leipz. 1855 s. 56) soll* baccalaos *der name sein, den die eingebornen von Neufundland dem* kabbeljau *gaben; die Deutschen und Holländer hätten ihn in* cabbeljau *umgesetzt. auffallend bleibt dabei die ähnlichkeit des wortes mit lat.* baculus, *anderseits mit schwed.* kafle *(stab) und endlich das deutsche stockfisch. (Das wort* kabeljau *war schon vor entdeckung Amerikas bekannt. s. mnd. wb.) durch consonantversetzung entstand wol aus* kabbeljawes, backeljâs, *und weiter* baccalà *mit anlehnung an lat.* baculus.

backdôs, *plumper, roher, ungeschliffener mensch. K.*

backe, *f. backe, wange. spr.* at ẹm gått de backen, so mait ẹm ock gåen de hacken. backen as en äppelken. — *ahd.* bacho. *Stynchyn a 5b* back, becksgyn, *wange.*

backeholt, *n. holz zum backen; syn.* speller, backspeller.

backen, *præt.* bock, *pl.* böcken, *neben* backede; *ptc.* backen *und* backed, *1. backen, z. b. brot.* dẹm sin brôd es backen, *der ist verloren.* nû kannste di aier backen låten, *nun magst du die sache nur verloren geben; vgl. Reuter, Reise na Belligen, p. 232:* nu sittst du dor un backst di eierkauken *(ratlosigkeit). 2. kleben, eintrocknen.* de snê backet, *der schnee ballt sich leicht;* dat es ẹm in de hosen backet *(backen) = eingetrocknet* (drôget). *vgl.* tanbacken. — *alts.* baka, frigere.

bäcker, *m. bäcker.*

bäckere, *n. korn zum mahlen. für* bäckede.

backes, *n. für* backhûs, *kleines haus auf dem gehöfte eines bauern, oft an eine arme tagelöhnerfamilie vermietet. es bedeutet eigentlich ein kleines haus, worin der bauer seinen backofen hat. (Seib. urk.)*

backfîge, *f. backenstreich.*

backfisk, *m. 1. fisch zum braten. 2. backenstreich. 3. junges mädchen.*

backọwen, *m. backofen.* et es so hêt as im b. — *dazu demin.*

backộweken, *n. 1. backöfchen. 2. nest eines zaunkönigs, vgl. bei Vilm.* backofenkrüffer.

backọwendẹrsker, *m. backofendrescher, kleiner mensch.* dat es en b.

backspeller, *m. holzscheit für den backofen.*

backstên, *m. backstein, ziegelstein.*

badebûe, *f. badewanne.* — *mwestf. Soest. Dan., 169:* badbudde. *s.* bûe.

bâen, *baden, ptc.* badt, *baden.*

bægelich, *f.* bægelik, *waghalsig, verwegen. gl. belg.* baghen, beroemen, vermeten, jactare.

bäggen = baigen.

bai, *m. boi, ein wollenes zeug.* — *holl.* baai. *Gloss. belg.* baey, pannus vilis raro et tenui textu.

baide, *pl. beide. pleon. im kinderspiele:* ik un dû un vî baide. *so gebrauchen mnd. dichter diesen pleonasm. z. b. Sündenf. 1364, 1847.*

baien, *adj. von* boi.

baien, *præt.* bôd, *pl.* bûen; *ptc.* bọen, *1. bieten.* hai büdt mi twintig dàler. *2. entbieten.* ik lait ẹm baien, *ich liess ihm melden.* — *alts.* biodan.

baiern, *eine besondere art des läutens, indem entweder der klöpfel, vermittelst* *daran gebundenen seiles, gelinde aber rasch an beide seiten der glocke geschlagen wird; oder, indem der läuter, zwischen zwei glocken stehend, mit jeder hand einen klöpfel anschlagen lässt.* s. inslåen. *wahrscheinlich ist das wort aus* baidern, *von* baide, *vgl. das folg., entstanden. fig.* hä het so lange dervan baierd *(davon gesprochen); vgl. engl.* so long harped upon. — *holl.* beyeren. *Köppen bemerkt: hier in D. wird von ostern bis jacobi an sonn- und festtagen gebeiert.*

baierwand, bierwand, bêerwand, *n.* beiderwand, *gewebe aus wolle und leinen. mwestf.* bêderwand, beyderwand; *vgl. gloss. z. Seib. westf. urk. u. d. w.*

baigen, *1.* bähen, *einen gegenstand (zumal durch wärme) erweichen. geschwulste werden durch warme aufschläge, frische stöcke, denen man die rinde abziehen will, am feuer gebäht.* 2. *ebenso Holthaus* bægen, *mit warmem wasser abwaschen z. b. hölzerne milchnäpfe. syn.* bäggen. *vgl.* bûgen. — *bemerkenswert ist das verhältniss unseres* baigen *(altwestf.* bajan, *ahd.* bajan) *zu unserem* daigen *(altwestf.* thajan, *ags.* thavan), *auftauen, da niederr.* bêen *dasselbe ausdrückt.*

baike, *f. buche.* — *s.* böcke, böckenbôm. ? *altwestf.* buoki; *ags.* bêke; *ahd.* puocha. *vgl. Gr. III. 369.*

baiken, *buchen; s.* böcken, bôken.

baikskon, *n. büchlein.* — *sobald der deminutivendung* ken *ein* g *oder* k *vorhergeht, wird zur erleichterung der aussprache ein* s *eingeschoben.*

baise, *f. binse.* — *mnd.* bêse, *holl.* biese. *vermutlich im wesentlichen eins mit hd.* pinuz. *wie aus* ganat, gant *ein nd.* gôs, *so konnte aus* binita, benta *ein* bêse, *aus* bianta (biuuita) *ein* baise, biese *entstehen.*

baisemälke, *f.* = baist.

baisenhaud, *m. binsenhut, wie ihn hirtenknaben von binsen machen. (Hemer, Fürstenberg.)*

baist, *n.* = bêst.

baist, bais, bast, *m. die erste milch einer kuh nach dem kalben. syn. im Lüdensch.:* aierkæse *und* hurkebuoter. — *ags.* beóst, bŷst; *holl.* biest; *engl.* biestings. *die form* bast *lehrt, dass aus altwestf.* ia (biast) = iu *zuweilen ein* a *entsteht, wie umgedreht altwestf.* a *im mwestf. nicht selten zu* ai *wird.*

baistkæse, *m. die dicke milch, die vom* baist *gekocht wird.*

baitel, *m. meissel.* — *ags.* biótul, bêtel; *holl.* beitel; *mhd.* bözel. *unser wort stimmt zu ags.* biótul. beótan (biutan), *das antecedens von* **beátan,** *engl.* beat *wird auch schlagen bedeutet haben, wie* biótul *eigentlich schlägel,hammer ist.*

baiten, *præt.* bodde, *ptc.* bott, *ein feuer anlegen, heizen.* vi baitet med kolen. — *es ist* buotian *(büssen)* = *verbessern, nämlich die luft wärmer machen. vgl. engl.* to beet. *Walter Sc. Jvanhoe notes:* so they began to beet *(i. e.* feed) the fire. *Teuth.* boeten. vuyrstacken. *s.* anbaiten, inbaiten. *fig.* he biät sin lüsten bott, *er hat seine sinnlichen lüste befriedigt.*

bål, *nur der plur. kommt vor im kinderreim:* æle bæle haike snaike hett de langen stęrte *(Grafsch. Limb.). da es ein altwestf.* huak *(ags.* hacod, *hecht) neben* snuak *(heute* snauk) *gegeben haben wird, so dürfen wir in* bæle *ein syn. von* æle *(aale) vermuten.* bål *wird mnd.* påling, *holl.* paling *entsprechen. es mag hier auch an mehrere wörter erinnert werden, in denen ein* b *oder* p *vorgetreten oder weggefallen ist:* babbe, båks.

balg, *pl.* bälge, *m.* balg, *leib.* hä trock bat hä män im balge konn. „tri tra trull, vi hett de bälge vull“ *singen die kinder, wenn sie beeren gesucht haben.* de balg maut sin gewichte hewwen.

balhęrig, *schlecht hörend, von dem, der nicht hören will.* — *vgl. alts.* balu, male, *mwestf.* verbalven, *verschlechtern, verderben,* balrose, balstûrig. *Lacombl. Arch. I., 193:* balhoring, *ungehorsam. Teuth.* doyff. dol. balhoerig, surdus.

balken, *m. 1. balken (stück zimmerholz, wagebalken). 2. bodenraum.* vam balken op de hille, *vom pferd auf den esel.* ik kann 't hûs nitt oppen balken dauen, *ich habe das haus verwahren müssen.* de balken werd melk, *es wird abgedroschen.* — *alts.* balco; *Soest. fehde p. 667* balken = *bodenraum; ital.* palco, palcone; *fr.* balcon. *Fahne Dortm. III. s. 244:* balken = *boden.*

balkenær, *bodentür nach aussen. (Wiblingwerde.) richtiger wol der ausstich, an welchem sie ist. auch H. verzeichnet* balkenêr = ûtstęk, *ausstich. vgl.* alkenai.

balkendûster, *dunkel wie auf dem boden.*

balkenhol, *n. die von der dehle nach dem boden führende öffnung; syn.* balkenlûke. *der platz unter der boden-*

luke auf der dehle des westfälischen bauernhauses hatte eine besondere heiligkeit. hier wurden eide abgenommen. im Lüdensch. rechte 18 heisst es: „de uthliefferen (geraide und hergeweide) sind alles mit lieflichen ayde unter des sterbhauses balckenhole stehent, dat nit mehr vorhanden, zu bewehren gehalten, wenn nemlich daran getwifelt würde, als wenn mehr vorhanden sein solle.“ *an derselben stelle steht der sarg beim abholen der leiche, eben hier wird auch getraut.*

balkenlûke, *f.* = balkenhǫl. *s.* lûke.

balkhâse, *m. wird die katze im scherze benannt.*

ball, *m. ball.*

bàlle, *1. bald. 2. beinahe, fast.* dat hä'ck bàlle vergęten. *wenn einer sagt:* ik hädde bàlle *u. s. w., wird wol erwiedert:* bàlle schütt me kainen häsen. — *der o-laut schon im mnd.* bolde *(bald) bei F. Dortm. II. p. 128.*

bàllerjân, *baldrian. (Fürstenb.)*

ballerig, *lärmend, hastig.*

ballern, *mit lärmender hast sprechen oder handeln.* dä ballert so wǫt drǫwer hęr. *stärker ist* bullern, *pollern. vgl. hamb. ostfr. schlagen, knallen.*

bällken, *n. kleiner klos für suppe; vgl. Rich.*

ballstoppen, *n. ballverstecken, ein kinderspiel. die kinder sitzen bis auf zwei. eins geht der reihe nach zu jedem und spricht:* ik stoppe di den ball int hǫl, verwàr ne mi recht wǫl. *nur eins bekommt den ball wirklich. jetzt tritt der sucher auf und sagt, wo er den ball versteckt glaubt:* hûwerût, stinkkrûd, N. N. giof den ball herût! *oder auch:* ball ball ǫwerall, dà ik ümme râen sall, lîberin, lîberût, N. N. giof den ball herût. *syn.* 't slüotelken soiken.

balrôse, *f. blatterrose, die mit blasen verbundene gesichtrose. — ostfr.* bellrose. *s.* balhærig.

ballrôse, *f.* = kaurôse, pundrôse.

balsam, *m. so nennt der landmann alle stark riechenden minzarten.*

balsmen, *m. balsam. (Marsb.) syn.* palsmen.

bälsterig, **bästerig**, *scheu, von kühen.*

balsternacke, *f.* pastinake. *schwed.* palsternacka.

balstûrig, *übel zu lenken, widerspänstig, bes. von pferden. — vgl. holl.* balsturig, *widerspänstig, hartnäckig; dän.* balstyrig, *unbändig, wild, ausgelassen. vgl.* balhærig.

bämmel, *m. klöpfel in der glocke.*

bämmeln, *s.* herümme bämmeln. *vgl.* bommeln.

bâmôme, *f. hebamme. (Warb.)* = bademôme *oder* —möne.

bann = *wann. (Hagen.)*

bân, *f. 1. bahn, nur in* îsenbân, *sonst bei Iserl.* bàr. *2. breite eines stückes zeug. 3. fig.* dat sall wir bî de bân, *das soll wieder zum vorschein kommen.*

band, *m. bindfaden. 2. n. band des fasses, der haube.* ênem wǫt üm de bänne giawen, *einen prügeln; vgl.* he gêt drüm as de büaker ümt fat.

bande, *f. wiese. (Weitmar. Mellmann.) und* **band**, *m. — Lacombl. Arch. VI., 302* bende, *435* beende, *wiese. Arch. I., 130: pl.* benden. *vgl. span.* banda, *streifen an einem flusse, seite eines berges.* banda oriental, *ostseite eines flusses. ital.* banda, *seite. der begriff wiese ergibt sich leicht. in Brachbant ist* t = d, *vgl.* Brâbant, Brâbänner, *nur urspr.* nd, nth *assimiliert sich. vgl. Gesch. d. d. spr. 594. Solinger urk. v. 1666* band[1] *m.* = *flösswiese. Kil.* bemd, beemd. pratum, ager ex quo foenum percipitur. *Schueren:* bend, wese, weyde, wyschc, mate, pasch.

bandriakel, *m. eigentlich, wie engl.* banddog, *kettenhund, ein böser hund, den man anbinden muss. ich hörte es nur fig. eine frau schalt ihre unartigen kinder* „it bandriakels“; *ein* „bandriakel vam kærl“ *wurde mir bestimmt als* „en undüoṇigen kærl“, dä aiske kniape *(böse ränke)* hęt. *vgl. altm.* bandräkel *und* bankräkel, *welche ausdrücke ursprünglich nicht gleichbedeutig sein werden. s.* riekel.

bandsêl, *n. tau. (kr. Meschede.)*

bànennen, *wo.* bànennen wuont he? *für* bà an enden *vgl.* bà van ennen.

bannen, *bannen, fig. regieren, ruhig halten. spr.* bai Dûwels bannen well, maut rain van sünden sîn. spöke bannen. vi konnt den jungen nitt bannen *(regieren).*

bänner, *m. 1. beschwörer, der geister bannt.* dûwelsbänner. *2. einer, der viel vermag. 3. ein unruhiger gast.* dat es en bänner, *sagen mütter von ihren unruhigen kindern.*

bänner = *binder, in* kärenbänner, bessembänner. de bänner *(binder der flachskauten)* maut süss maitig stân. *lied beim flachsriffeln.*

bannêr = wannær. *(Altena.)*

bange, *bange.* bange hitte. so bange as ne hitte, — as ęrften im potte. bange mâken geld nitt. *spr.* mi was nitt bange, män mi wôr bange, hadde de junge saggd.

bange, *f. bangigkeit, furcht.* — *vgl.* studentenglück.

bank, *f. bank.* dǫr de bank.

banken, sik, *eine bank bilden.* et banket sik im westen, *im westen bildet sich eine wolkenbank. (Asseln.)*

banktǫger, *bankdrahtzieher.* — *Alten. draihtordn.:* banktoeger.

bännig, *stark.* = en bännigen kærl. *RA. 570:* bendich, *stark, böse, vom hunde. mwestf.* bennich, gebannt, to banne. *Gloss. belg.* bannigh, *j.* verwaeten, *vermessen, verrucht.*

banse, *f. haufe. (Siedlingh.) schwänke 141.* bi bansen, *haufenweise. Grimme.* — *vgl. Vilmar,* bansen, *haufe.* — *vgl. goth.* bansts.

bansen, *häufen.* banseden en *(den dünger)* wier up den wagen. *N. l. m. 126.*

bännsen, bansêren, *mit anstrengung heraus arbeiten, wie es beim ausroden von baumwurzeln, beim steinebrechen der fall ist.* hä hęt wier en düchtigen stûken herûtbänset. *Gl. belg.* dinsen, trecken, bansen. trahere, tractare.

bänte, *f. gelag, lustbarkeit, ball. (Plettenb.)* — *Lübben lieder I., 148:* bant, *f. gesellschaft, verein. möglich wäre, dass alts.* benki *(convivium) sein* k *mit* t *vertauscht hätte oder unser wort mit mhd.* baneken *zusammenhinge.*

bâr, *f. bahn. 1. gangbarer, fahrbarer weg nach schneefall.* et es bâr, *die wege sind wieder gangbar. 2. freier platz, wo etwas geschehen oder hingelegt werden kann; in compos.:* kiegelbâr *(kegelbahn),* knickerbâr *(platz zum knickern),* holtbâr *(holzplatz),* slünnerbâr *(gleitbahn). das wort ist entweder ein alts.* bara *(entblössung, blosse stelle), oder es ist wechsel zwischen* n *und* r *eingetreten.*

bâr, *bloss, baar.* bâr geld, *wofür im mwestf.* reide geld *(wie engl.* ready money*) gebräuchlich war. sonst steht es in* bârfaut, bârfǫrst, bârût, bârweg, barwes. — *die formen* sich barwen *(v. d. H. Germ. X., 138),* gebarwen, berewede sich *(ibid. 147) lassen vermuten, dass es ein altwestf.* baraw, baru *(wie* garaw, garu*) gegeben hat.*

bâr, *m. bär.* dat di de bâr lûset, bat es et kâld! wachte, di sall de bâr lûsen! *scherzhafte drohung. s.* âpe. — *ags.* bëra. *unser* bâr *entstand unter dem einflusse des* r *aus* bair, *wie* wâr *(in* wârwulf) *aus* wair.

bår, *f. bahre.* — *ahd.* bâra.

bår, *n. beil.* — *Herf. R. 13. 39:* barde. *rd wirkt verlängerung des* a *in* å, *des* n *in* ö. *s.* bårre.

bær, *m. männliches schwein. spr.* junge päpen un junge bæren dä maut me ût dem hûse kæren (węren). en bunten bær verdainen, *wird von einem mädchen gesagt, welches nur 6 wochen im dienst aushält; vgl.* en kölsch jår mâken. — *ags.* bâr, *ahd.* pêr. — wille bær *ist eber.* — *ags.* vild bâr; *Soest. fehde 654:* wilde bêr, *was Witte* aper *übersetzt. Teuth.* beer dat en tam verken is.

barbuz, *m. barbier. Gr. tüg 51.*

bård, *m. pl.* bærde, *bart.* dat geng ęm te bärde, *das schmeckte ihm.* dęm gêt de bård as der hitte te Michêle *(von Michaelis an wird überall geweidet.)* dęm es en gnod lûseken an'n bård kropen, *der hat glück gehabt; vgl. die bürgermeisterwahl bei Fischart.* den bård afmâken, afnêmen, putsen, rasêren, balbêren = *den bart abmachen.* se springet sik in den bård, *sie zanken sich.* ênem wǫt um den bård smęren, *einem angenehmes sagen, einem schmeicheln.* ik sall ęm den bård afmâken *(zuweilen mit dem zusatze* âne mess), *ich werde ihn hernehmen, heruntermachen; vgl.* to beard *bei Shakesp., den bart abschneiden, eine alte beschimpfung der besiegten.*

bård, *m. 1. rand.* van ård to bård, *von ort zu end, von einem ende zum andern. Tappe 57b:* he gheit vp graues borth, *er steht am rande des grabes. 2. bes. horizont.* de sunne es opm bårde. — *ags.* bord.

bård, *n. brett.* dannen bord. — *mwestf.* bord, *auch tisch. Seib. urk. 266:* fabe tu me borde, *bohnen zum tische. keine wibbelbohnen.*

bærden, bæren, *mit einem rande versehen, einfassen, säumen.*

bårdmess, *n. bartmesser.*

bårdschräbber, *m. verächtl.* bartscherer; *syn.* putser, balbêr, barbuz.

bårdschüätel, *f. bartschüssel. syn.* putsebecken.

båre, *f. axt.* — *alts.* barda, *f. s.* bår.

bårenlaier, *m. bärenführer.* — *Kantz. 168* barenleider.

bærige = bærdige, *adv. bis an den bord.* bærige vull.

barg, *m. kruste auf der kopfhaut kleiner kinder; syn.* haidendreck. — *zu* bęrgen.

bark, *rinde, borke. — dän.* bark.

bærken, *n. junger bær.* bærken blif bi de süəge! *fig.* = wàr dine säken!

bârkës, *m.* quark, *dicke milch. (H. schreibt bartkäse. Sie heisst so, weil sie dem essenden einen bart macht; vgl.* käsbart = *milchbart.) Montan. volksfeste II. p. 101. syn.* dickemęlke, settemälk, wischemälk. *Teuth.* geronnen melck of parsmelck of proiskese. (parssen *ist pressen.)*

bârmost, *m. bärenmoos, gemeiner widerton. polytrich. commune; vgl. Jacobi gewerbswesen s. 26.*

barme = dimen. *Kil.* baerm, barm, berm, agger. *also eigentlich haufen. ostfr.* barme, berme, *grund am fusse eines deiches = unserm brink.*

barmen, *mitleid einflössen.* hä barmede mi.

barmhęrtig, *1. barmherzig. 2. kläglich.* he kîket, so barmhęrtig asse wann ęm de hanner 't bröd affręten hän. *vgl. Lessing I., 358.*

bærs, **bærsk**, *hitzig, vom mutterschwein; vgl.* röls.

bârschop, *f. barschaft.*

Bartels, *f. n. entstand aus Barthold. Bartels sc. sohn. im spr.:* dat es ne annere stie as bà Bartels den mostert hält, *entstand es aus Bartholomæus (24. Aug.).* du wês nitt bà Bartels den mostert hält. *die beziehung des spruchs auf geschlechtliche verhältnisse erinnert an Bartolt den storch, der die kleinen kinder holt.*

bartlemêbuoter, *f. bartholomæus-butter.* dat hært bi de b., *das gehört zu den unglaublichen dingen. früherhin wurde zu Deilinghoven bartholomæus-butter gekirnt. sie sollte für mancherlei heilsam, auch gut wider hexen sein. zu Reiste bei Meschede stecken die hirten am bartholomæustage die weide ab und treiben früh mit den kühen aus. in allen häusern wird bartholomæus-butter gemacht, die besonders für wunden heilsam sein soll. man bereitet nämlich aus dieser butter und einer gelben blume eine wundsalbe.*

barût, *durchaus.*

barfaut, *barfuss. spr.* bęter barfaut as âne faut.

barfęrst, *m. barfrost, blachfrost. — dän.* barfrost.

barwe, *f.* barbe cyprinus barbus, *ein fisch in der Ruhr und Lenne. — ahd.* barbo; *vgl.* jägebarwen.

barwęg, *durchaus.*

barwes, *barfuss;* hä gêt barwes, *auch* plackebarwes, *barfuss. — mnd.* barved, *steht vermutlich für* barwed, *ptc. eines alten schwachf.* barwon, *bloss machen, entblössen, gebildet aus* barn, baraw, *bloss. dieses zu einem verlornen* biriwan, baraw. *für diese entwickelung spricht mhd.* irbarwen. *dass aber* barved *bloss (im allgemeinen) bedeutet, lehrt der gebrauch in d. B. d. könige (ed. Merzdorf) 96:* mit barveden voten.

bârwulf = wàrwulf.

bâs, *adj. ohne flexion und adv., gut. 1.* en bâs mess. en bâs kærl. *2.* dat mess snitt bâs. *die eigentliche bedeutung des wortes wird ‚excellens‘ sein. es ist der positiv zu* bęter, best. *die t form scheint Laiendoctr. p. 20* (bat, bene) *zu stehen. hier wie bei* barwes, gôs *steht s für ein ursprüngliches* d, t, th. *die verlautung muss in vorgothischer zeit statt gefunden haben. ein auslautendes* d *geht häufig in s über.*

bâs, *m. ausgezeichneter.* dat es en bâs. *spöttisch:* du büs en hêlen bâs *(ein kerl und kein ende)! auch wie holl.* baas = *meister, chef, herr. so* âkesbâs, *kahnbesitzer an der unteren Ruhr,* kalwerbâs, *stückwirker. s.* kalf. *vgl. Vilmar:* bâs.

bâs = bârs, *m. barsch, perca. — ags.* bears. *pl.* bâse.

bâse, *f. bündel, z. b. vom rübstiel, alle blätter oder blattstiele einer pflanze zusammengenommen. man sagt von einem kleinen frauenzimmer:* wann se sik ne raiwe in de fuet stioket, dann kann se metter bâse de stǫwe kęren. — *hd.* bose *(s. Gr. wb.) wird sich wie mond u. a. verhalten. unsere form verlangt altes* bâsa.

bâseln, *1. blind zulaufen; laufen, ohne mass und ziel zu wissen.* hä bâselt dâhęr. hä es frô 'rut bâselt. *2. auf eine unachtsame und zerstreute art etwas tun. vgl. mstl.* bassen; *bei Shakesp. ist* base *ein wettlaufspiel. Gloss. belg.* basen, verdotlen, verkinden, delirare, repuerascere. basen, dwelen, *j.* bystren. *ostfr.* basen, *phantasieren im fieber* = rasen. *Soest. Dan. 201. 125:* verbased.

bâselrigge, *f. baselei, irres, tolles laufen. gedankenloses träumendes einhergehen.*

bâselig, *irre, zerstreut.*

bass *für* bast, *vielleicht* = bâr, *in* brummbast. *vgl.* kollbâr.

Basse, *f. n. = eber. Bielefeld:* basse, *eber.*
basselte, *f. ein gefäss von bast, wie es kinder machen, um darin beeren aus dem walde heimzutragen. syn.* hüdelte, schollerte. — ss = st.
bast, *m. 1. rinde, bast.* hä sûht ût as wann he bast knagede *(verhungert). 2. getraidehülse, pl.* bäste. *3. haut, fell.* du kriss wọt op den bast *(schläge).* hä họt den bast vull, *er ist trunken. 4. bauch,* den bast vull hevven, *betrunken sein. s.* bullerbast, brummbast. — *ein altes* baht *könnte zu* bast *geworden sein, wie* wurst *aus* wurht *entstand. da hätten wir corium, was Gr. d. spr. p. 134 sucht. Keller fastn. 983*[a]: dat bast afsplyten = *das zeug ausziehen. Vilm. „sich das bast von den händen winden.“*
bäster, *m. auch* bästert *und* bastert, *schusser, knicker. (Iserlohn.) — aus* alabaster, *vgl.* malmer, malmert.
bæster, *m. dicker langer stock, derber knittel. Müller s. 11:* aikenbähster. — *wie* plæstern: *hd. platzen (platzregen), so* bæstern: *batsen (batschen).* bæstern *vom schalle des schlagens wie des laufens; daher* bæster. *vgl. engl.* to baste *(prügeln), ital.* bastone, *franz.* bâton, *die man für eines stammes mit* βαστάζειν *hält.* (= bester.)
basterd, *m. 1.* bastard, *unechter. 2. verkrüppelte pflanze. — von uns dem altfranz. entlehnt, urspr. nordisch (hart wie bast), vgl. Gr. d. wb. M. Beitr. II., 87:* bastart, *eine art tuch; Kantz. 227: eine art wein.*
basterig, *holzig, stockicht, von sonst weichen pflanzenteilen; s.* bast.
bæstern, *laufen, von wildem, schallendem laufe. — das wort wird eins sein mit* bæstern, *schlagen, dass es schalt, s.* bæster. *vgl. Wolke s. 272:* beistern; *ostfr.* beistern, beustern; *Firm. 328a:* bastern, *blindlings zugehen; ibid. 291*[b]; *münsterl.* bassen; klabastern, *vgl.* battre la campagne.
bastig = basterig.
bästig, *s.* rôbästig, tâhbästig.
bat, *s.* bä.
bâte, *f. hülfe.* giọt mi en lück te bâte! *sagt der bettler.* te bâte nẹmen, *zu hülfe nehmen, benutzen.* rimkes te bate leggen, *s.* rimken. dat es ne guode bâte tau dannenbårds länge, *das ist eine lange person. spr.* alle bâte batt, sagg de mügge, da hadde se in'n Rhîn pisset. — *mwestf.* to bate nemen, *benutzen,* to bate komen, *gegensatz zu* komen to hinder. *ital.* bazza. *fasc. temp. 284*[b]: te baeten, *z. hülfe.*
bâten, *prœt.* badde, *ptc.* batt, *helfen, nützen, frommen. fasc. temp. 83*[a] baeten (batede), *helfen.* dat batt, *das genügt, das hilft, adfatim est. spr.* batt et nitt, et schadt ock nitt. slẹge batt an *(fruchten bei)* mensken un vaih. våer slått nich, et batt nich!
Bättken, *Elisabet.*
batse, *s.* butse.
batsemann, *m. kosewort an einen kleinen knaben. es soll vermutlich dessen dicke schinken loben. s.* batsen.
batsen, *m. hinterbacke, oberschenkel. scherzfrage:* en batsen buviol œs? — *vermutlich entstand* batse *aus* batto *(wie* hitse *aus* hitte); batto *aber ist* backo, *ahd.* baccho *(schinken), engl.* bacon.
batsig, *patzig. Must. 53. (zu* batse, masse, klumpen, *s. Gr. wb.) für* bartsig.
Bätte, *Elisabet.*
bau, *m.* = bai, boi, *ein wollenes zeug. ostfr.* baje.
baude, baud, bau, *ärnte.* roggen-baude, *f.* hâwer-baude, *f. (Grafsch. Limburg);* in der baude, *ärntezeit;* baude-tîd, *ärntezeit (Hagen);* baud, *m. ärnte (Brackel);* im baude; baud. garwe. krengeldanz; sommerbau, hâwerbau *(Stockum);* baugarwe, *dicke garbe, die bei der ärnte gemacht wird. (Stockum.) — eine urk. von 1512:* in dem bouwede; *Kerkh.* bauet; *sonst mnd. auch* boide *und* boit, *m., nl.* bouwt. *alts.* bewod, *was wahrscheinlich* beuwod = biuwod *zu lesen ist. vgl. noch* bugged, bauged, bauerd. *keine der neueren formen hat sich so organisch aus dem alts. entwickelt als* bugged. *vgl. noch:* bouwheit, *Münst. beitr. I., 139.* bouwet, *ackerland, I., 190.* bauwede, *ärnte. Schwelm. vestenrecht.*
baudhân, den, *ärntehan,* vertẹren. *ärnteschmaus.*
bauen, *von* bau *d. i.* boi.
baugen = buggen.
bauged, *m. ärnte, s.* baude.
bauhûs, *wirthschaftsgebäude eines landgutes.*
bauk, *n. pl.* baiker, *buch. — von Höv. urk. 79:* capittelsbauk.
bauk, *n. buchecker. — urk. v. 1470:* boyck. *neutr. wegen ausgelassenem* eckern (akran).
baukọlge, *n. oel aus bücheln.*
baukfinke, *f. buchfinke.*

baukwaite, *m. buchweizen.*
baumann, *ackerer, pflüger.*
baumester, *grossknecht des bauern.*
baus *drückt den knall und schall des fallenden aus.* baus dà lagg he op der èrden.
bausem, *m. kappe über dem herde. trichterförmige einfassung des schornsteins über dem herde.* du kanns dat män innen (swarten) bausem schrîwen, *du kanst es in den schornstein schreiben, d. i. es wird dir nimmer bezahlt.* — *alts.* buosam.
bå-van dann, *woher, im rätsel.*
bauwe, *m. bube.*
be, *præfix zur bildung eines rügenden ausdrucks.* wachte junge, ik well di be-oppen-bom-klœtern! *schilt der ängstliche vater, wenn das söhnchen vom klettern gesprochen hat.* bat söll hai mî be-reckelmäiern! *Must. 25.* be *steht für* bi, bi (*v. St. III. 147:* teuf, eck will di bifranzösecken), *und scheint ironisch die hülfe bei einer sache zu bezeichnen, wie wenn eine mutter zu ihrem knaben sagt:* wachte, ik well di helpen 't kind verwâren, *wenn der junge das seiner aufsicht anvertraute kleine verlässt. dieselbe ironie liegt in:* ik wolde ju so helpen doven. *Gerh. v. M. 48, 18. ein* bi *bei Reuter, Reise na Belligen, s. 150:* bi gullen ringen bringen. — *vgl. Gr. wb. I, 1203ᵃ, Fiedl. engl. gramm. s. 196.*
beädel, *ein aus weiden geflochtener tiefer runder korb mit henkel.*
beädelfälle, *f. eine ungehörige falte, wie sie beim bügeln oder zeug rollen vorkommt. K.*
bẹbaiksken, *n. gebetbüchlein.*
bẹbauk, *n. gebetbuch.*
beck, *m. mund, maul.* hàld den beck! du kriss wat üm den beck. *spr.:* speck smẹrt den beck, àwer suogefaite dai sid saite. du nioms den dreck verkært in den beck, *wenn einer etwas unrecht verstehen will. Teuth.* beck. mont. snuyt. muyl.
beckel, *m. knicker. (Velbert.) s.* bickel.
beckeln, *knickern. (Velbert.) s.* bickeln.
becker = wecker. *Müller s. 12.*
becken, *n. becken.*
becksnûte, *grossmaul, räsonnör.*
bedacht, *gedanke.* dat es di kain bedacht (nitt bedacht), *das sagst du nicht im ernste.*
bedainen, *bedienen. ptc.* bedaind, *dienlich, passend.* et es ẹm nixs bẹteres bedaind.
bedaiwen, *befriedigen, anstehen, genehm sein. spr.* ne àlle metworst un friske raiwen, dat soll den Dûwel in der Helle bedaiwen. — *aus* daban *(vgl. goth.* gadaban) *entstand ein schwaches transitivum* bidnobjan, *was zu* bedaiwen *verlautete.*
bedanken, sik, *sich bedanken. oft mit* dauen! nu dau di nette bedanken. — *in älteren quittungen regiert* sik bedanken *den genitiv, z. b.* ik bedanke mi guder betalinge, *urk. v. 1571.*
bedauen, *1. ptc.* bedån. op wat bedån sin, *darüber aus sein. 2. eingenommen.* he es van sik bedån. *3.* sik bedauen med, *sich behelfen mit. so machen, dass es geht.* ik well der mi wọl med bedauen. ik kann mi bedauen âne dat, *ich kann ohne das fertig werden; vgl.* I can do without it. *Göthe wanderj. s. 40: mit dem kleinen volke sich bethun. 4. sich verunreinigen,* dat kind hẹt sik bedån. *Schamb.* sek bedaun, cacando se maculare.
bedde, *n. 1. lage getreidehalme zum ausdreschen.* en bedde dẹrsken. *2. bett,* wà sin bedde måket des mọrgens, då es den ganzen dag âne sọrgen, *bereite dir in jungen jahren die mittel zur bequemlichkeit.*
beddebuak = beddemîger.
beddedauk, *n. betttuch. zu Meschede nennt man spinngewebe im zimmer* „bedde daike för de brûd“. *vgl.* friggers.
beddelåken, *n. betttuch.*
beddemîger, *m. bettseicher.*
bedden, sik, *sich betten. spr.* bai sik guad beddet, dai slæ̂pet guad.
beddesêker, *m. bettseicher.* he schẹmt sik as en beddesêker.
beddestie, *f. bettstelle.*
beddestrô, *n. 1. bettstroh. 2. unkraut. (Fürstenb.)*
beddjack, *n. betljacke.*
bẹdeler, *m. bettler.* wånn ên bẹdler dem annern wat gist, des freuet sik de engel im hiamel. dem ênen bẹdeler es et lêd, dat de annere vọr der dọren stêt. wann de bẹdeler nian glück hewwen sall, verlûset hä den sack med den korsten. dat es en slechten bẹdeler, dä nitt êne dọr missen kann = *ich kann wohl ohne dich fertig werden. — Tappe 77ᵃ:* es ist dem eynen betler leydt, das der ander für der thüren steydt.
bẹdelmann, *m. bettelmann, bettler.* bat verfêlt de ẹdelmann, då fọr bûsset de bẹdelmann.

bedelhinnerk, *bettelheinrich* = *bettler.* bedelhinnerk dai maut alles dregen.
bedelköp, *m. bettelkauf, bittkauf.* bedelköp es dûr köp.
bedeln, *betteln.* hai es te arm taum bedeln, hä hęt nitt màl en sack, bà he de brocken indait. — *ahd.* pëtalôn.
bedelsack, *m. bettelsack.* dęm de bedelsack wàrme op dem nacken wèrd, dai es ter arbêd verdorwen.
bedelümkær, *? bettelherberge.* ät sûht dà ût as in 'er bedelümkær.
bedenken, *bedenken.* ik well mi drop bedenken. sik wat bedenken.
beding, *n. bedingung.* med dem bedinge, *unter der bedingung.*
bedopen, *eingetaucht, mit flüssigkeit bedeckt.* — *ptc. von* bedûpen. *s.* dûpen. *ital.* tuffare.
bedraigen, *præt.* bedrôg, *ptc.* bedrogen, *betriegen.* du hęs mi bedrogen, *sagt wol eine kinderwärterin, wenn das kleine sie beschenkt hat. s.* ëns.
bedraiger, *m. betrieger.*
bedraiglik, *betriegerisch.*
bedraifft, *betrübend, traurig.* — *ptc. von* bedraiwen; *vgl. alts.* druovian. *Soest. Dan. 72:* bedrofft.
bedrælen, *durch geschwätz beschwatzen, verleiten.* làt di nitt bedrælen!
bedregen, sik, *sich betragen.*
bedrenken, sik, *?* = s. bedęnken, *d. i. sich bewirten. in einem beerenliede von Eckenhagen:* piwik piwik! zàl biär, wer sëng körfgen vàl hëät bës öwen an die henke; dà wöllemes mëd bedrënken. *sich betrinken ist dort:* sech betrènken.
bedrepen, *betreffen.* làt di nitt wier bedrepen!
bedrîf, *m. beschäftigung, geschäft, zeitvertreib.*
bedrîflik, *wer trieb dazu hat.* dat kind es bedrîflik nà der schaule. *vgl. Schamb.* bedrîb, *neigung, lust, antrieb.*
bedriftig, *eifrig. K.*
bedrîten, *1. bescheissen. 2. fig. betrügen, anführen.*
bedrîter, *betrieger. K.*
bedrîwen, *betreiben, treiben, tun.*
bedrucht, *gedrückt, niedergeschlagen.* — *ptc. von* bedrücken, *oder mit eingeschobenem* r = beducht, sollicitus, anxius. *Gloss. belg. fasc. temp.* 43[b] 312[a]. *Vilmar hält* betûcht *wol mit unrecht für judendeutsch. es kann zu* ducken *oder* duggen *gehören. man vgl. auch das folgende*
bedruft, *betrübt.* — *ptc. vgl. alts.* druovian.

beds, *beide.* alle beds. *hat sich das auslautende* s *des goth.* bajoths *erhalten?*
beducht, *bedenklich. K. Danneil* beduchten, *bedenklich werden. vgl. Reynaert de Vos (ed. Martin) s. 27.*
beduchten, *däuchten,* mi bedücht. *K. s.* duchten. *Dann.* mi bedücht.
bedûdnis, *f. bedeutung.*
bedûen, *præt.* bedudde, *ptc.* bedudd, *1. bedeuten,* bat bedüdt dat? *2. andeuten, bezeichnen.* hä bedudde et mi. — *mwestf.* beduden. *mnl. fasc. temp.* 86[b] beduden (bedude) *erklären.*
beduanerd = verduanerd. *(Brilon.)*
beduaseld, *betäubt, ohne besinnung. s.* duasel. *Hennynk* 36[a] bedusst, *betäubt. Rich. ohne besinnung. mnd.* bedusen.
bedülssen, *betäubt werden. (Paderb.)*
bedumpen, *dumpfig, finster.*
bedumpt, *trübe, vom himmel. — es ist adj. partic. von* bedumpen, *vgl. holl.* bedompt, *dumpfig, finster, beklommen. das Briloner* bedumpen, *dumpfig, finster (Firm. I., 338) führt auf* dimpen, damp, dumpen, *woran sich* damp, dempen, dümmeln *schliessen.*
bęen, *præt.* bede, *ptc.* bedt, *beten.* dà es guad bęen för, *iron: daraus wird nichts. gewöhnlich wird* sik bęen *gesagt. so schon Soest. Dan. 74:* wan de frommen sik beden. *das* sik *ist dat.* ethicus *oder mag Grimms vermutung bestätigen, dass* bidjan *ursprünglich den sinnlichen begriff von* prosterni *enthalte; für letzteres spricht auch* bedde, stratum. *wie* knęen *aus* knidan (knëdan), *so floss* bęen *aus* bidan (bëdan), *neben welchem sich ein* bidjan *einfand; aus* knidjan *ging* kniadern *(knittern) hervor.*
begaiten, *begiessen.* du büs med der selftigen braie begoten. sik de nâse begaiten, sik bedrinken.
begân, *begehen.*
begapen, *begaffen.*
begâwen, *begaben.*
begängnüs, *f. begängnis, leichenbegängnis. — mw.* begengnusse.
begiagenen, sik, *sich begegnen. spr.* berg un dàl begiagnet sik nitt, àwer ein menske dem annern. doch; wann en puckeligen in'n gràwen fällt. *vgl. das ital.:* le montagne stanno a posto, ma gli nomini s'incontrano.
begiaflik, *mutlos.*
begiawen, sik, *den mut sinken lassen.* sik en dingen begiawen, *von etwas abstehen. — Wigg. I. scherfl. 42:* hende und vote begeven sik (defecerunt).

begiowente, *f. begebenheit.*

begîne, *f. 1. weibliches verschnittenes schwein. mnd. hexenprotoc. v. 1592:* eine witte begîne. *2. als schelte: einfältiges frauenzimmer. — Seib. urk. 99b:* geynen (*f.* gynen), *castrieren.*

begînen, *verschneiden, castrieren.*

beginnen, *præt.* begann, *ptc.* begunnen, *beginnen. spr.* se hett guod anfangen, àwer schlecht begunnen. *für* begann *auch* begunte.

beglaien, *præt.* begledde, *begleiten. (Paderb.)*

begöchen, *begaukeln.*

begöcheln, *begaukeln.*

begômeln, *betriegen. — ? umsetzung von* bemôgeln.

begêsen, *1. tüchtig hernehmen. 2.* begausen, *bereden, bewegen. N. l. m. 58.*

begrabbeln, sik, *sich erholen.* he hẹt sik wier begrabbelt, *er hat sich wieder erholt, ist wieder in bessere umstände gekommen.*

begrasen, sik, = sik begrabbeln. *vgl. Schamb.* sek begrasen. *von den kühen hergenommen, welche sich erholen, wenn sie maitag aus grüne kommen.*

begrâwen, *1. begraben, einen toten. 2. (veraltet.) auf einer stelle graben, sie umgraben.*

begrẹfnis, *n. begräbnis.*
séusäi ninneken, ik waigede diok
dà kæmen drai engelkes un draigen diok
bit op den bälwesken kẹrkhọf,
dà dæn se dui int kuilken,
en stäinken oppet muilken,
en kränseken üm dat köppken
dà ligg du àrme dröppken
(Affeln bei Balwe.)

begrẹfte, *n. begräbniss. Gr. tüg. 29. — Luth. hunpost.* begreffnisse, *f.*

begrîop, *m. begriff.*

begrîp, *m. das begreifen, die begreiflichkeit.* dà es kain begrîp van, *das begreift man nicht.*

begrîpen, *1. alt: ergreifen. 2. fig. begreifen.*

begrîplik, *begreiflich.*

behaiwen, *præt.* behofte, *bedürfen, brauchen. mwestf.* behoven, behoyven.

behàldsam, *der gut behält.* hä hẹt en behàldsamen kopp. hai es nitt behàldsam med sò wọt.

behàllen, *behalten.* hûshàllen es kaine kunst, äffer hûs behàllen dat es kunst.

behâmeln, *beschmutzen, besonders von frauenzimmern, die ihre kleider unten beschmutzen.*

behǣren, sik, *sich gehören, sich geziemen. — mnd.* sik behoren. *R. V.*

behauf, *m. behuf, bedürfniss, nothdurft.* sinen behauf maken, cacare, med verlöf te seggen. *mwestf.* behoeff, behoif, behouf.

behelpen, sik, *sich behelfen.*

behelper, *m. behelfer. spr.:* der behelpers sid mær as der wọllẹwers.

behülp, *hülfe.* hai hẹt behülp hatt. — *mwestf.* behulp, *behelfen, hülfsmittel.*

bejecken, *für einen geck, narren haben. (Marienh.)* — jeck = *geck.*

béienfass, *n. bienenkorb. (Eckenhagen.)*

béimchen, *n.* = bêmer. *(Marienh.)*

bejöppeln, *anführen.* se hett ne bejöppelt. — *vgl. ags.* geáp, *krumm, trügerisch.*

bejuxen, sik, *sich beschmutzen. Stürenb.* juxe, *jauche, dünner schlamm.*

bekallen, *bereden, überreden.*

bekâren, *bekosten, beschmecken.*

bekennen, *bekennen.*

bekenntlik, *der sich leicht bekannt macht; daher: herablassend, umgänglich.* et es en bekenntliken mensken.

bekîken, *besehen.* hä bekîket sik all van binnen, *er schläft schon. vgl. fr.* il regarde déjà en dedans.

bekladdern, —**kläddern**, sik, *sich mit strassenkot beschmutzen. auch fig.* de dẹrne hẹt sik bekladdert, *sie hat sich mit einem abgegeben. — vgl. holl.* bekladden *und* kladde *(schmutzbuch).*

beklêen, *bekleiden.*

beklemmen. et es ne beklommene tîd, de eine klemmet op den annern. *(Halver.)*

beknappen, *verkürzen.* sik beknappen, *sich zu kurz tun.*

beknüppeln, sik, *sich betrinken.*

beköcheln = begöcheln, *betriegen.* hä beköchelt di dermed.

bekömms, *n. was einer bekommt, was ihm gebürt, deputat. vgl.* schrîwens, slûtens. *es sind ptc. subst., deren auslautendes* d *in* s *übergegangen ist.*

bekrempen, *abziehen, verkürzen; syn.* beknappen.

bekrîgen, sik, *sich erholen.*

bekruden, *durchsetzen. K.*

bekruen, *zusammenbringen. Wedd. WM. IV. 301.*

bekûern, *1. mit. acc. über einen sprechen, ihn tadeln; vgl. alts.* besprekan, *syn.* bekallen. dä well bekûert sin, dä maut sik bestân; dä well geloffet sin, dä maut stẹrwen. *2. bereden, durch worte bewegen. v. St. I., 243, f.*

belaiwen, *belieben.* — *mwestf.* belæyven, *bewilligen. Soest. Dan. 100:* det beleivet uns all.

belaiwen, *n. belieben.* nà erem belaiwen.

belämmern, *hintergehen, überlisten, übervorteilen, betriegen. K.* he es belämmert. *Gloss. belg.* sich belammern, s'embrouiller, s'empestrer. præpedire se, intricare se. *holl.* belemmeren *und dän.* belemrę = *belästigen, hindern; ostfr.* belemmern, *betriegen, hindern. nds.* belemmert, *dem nicht mehr zu helfen ist. aus ahd.* lam, *lahm und dumm, wovon* bilemjan, *erklärt sich die verschiedene bedeutung des wortes.*

belämmern, sik, *sich beschmutzen.* he hęt sik belämmert; *syn.* sik behâmeln. — *vgl.* lamm.

belât, *m. belass, raum.* de lû hett viel belât im hûse.

belâten, *ptc. adject. aussehend.* bu sind se belâten? *wie sehen Sie aus?* — *M. Chr. I., 169* belaten, *dargestellt,* jemerlike belaten, *beschuldigt.*

Bele, *frauenname (1670).*

belęgen, *belegen.*

belęgenhait, *f. lage.*

belęwen, *1. beleben, daher: laben. 2. erleben.*

belęwed, *ptc. adj. belebt, lebhaft, heiter, froh.*

belle, *f. 1. glöckchen; Gloss. belg.* bella dicitur campanella quae vaccis, ovibus vel volucribus solet apponi; *ostfr.* belle, *engl.* bell. *2. fleischläppchen unter dem schnabel des hahns; syn.* beffe, *lat.* palea, *holl.* lelle.

bellhâmel, *m. eigentlich glockenhammel, leithammel; daher fig. 1. ein knabe, der bei allen wilden streichen vorauf ist. 2. häufiger: schmutzhammel, schmutzfinke, der durch dick und dünn läuft. s.* behammeln. — *ostfr.* bellhamer.

belse, *pappel. (Odenthal.) aus* albele, abele.

belter, *m. ein rundes stück holz.* — *vgl. nds.* wellere, weldere, *f.*

bemenschen, *es dahin bringen, dass sich einer als mensch zeigt, ihn zum bewusstsein bringen.*

bêmer, *m. 1. böhmer, doppelter krammetsvogel, weindrossel. 2. seidenschwanz, der zuweilen auf unseren vogelherden gefangen wird.* — *Müller choragr. v. Schwelm: „man ist der meinung, die krammetsvögel kämen aus Böhmen und nennt deshalb auch die kleinere ganz vom wachholderbeergeschmack durchwürzte gattung derselben* böhmers." — *vgl. M. Chr.* Bêmer = *Böhme; Verne chr. 36:* Beemen = *Böhmen. s.* bêimchen.

bemîgen, *bepissen.* de ampelten hett ne bemiǫgen.

bemits, *mittlerweile. urk. v. 1691.*

bemôcheln, *betrügen.* — *ostfr.* bemôgeln. *nach* kôcheln = *gaukeln würde unser wort einem hd.* bemaukeln *entsprechen.*

bên, *n. bein.* te bêne, *auf den beinen.* tüsken twęlf un êne sind alle gêster te bêne. wǫt ant bên binnen maiten, *etwas lästiges übernehmen müssen.* hä kritt et am bêne, *er muss es ans bein binden.* hä hęt et am bêne, *er hat es ans bein binden müssen. Münst. beitr. I., 284* ton beenen *(auf d. b.).* den węg tusken de bêne nęmen, *vgl. ital.* mettersi la via fra le gambe. *spr.* de kęrke es van stênen, de pâpe es van bênen.

benaimen, *benennen.* — *mwestf.* benomen, benoymen. *(urk. v. 1418).*

benaud, *ptc. adj. beengt, gedrückt, von der luft.* et es hir so benaud. benaut werden, *unwohl, übel werden. K.* — *Wallr.* benaut, *gedrückt, beängstigt; holl.* benaauwd; *dän.* benauet; *mwestf. M. Chr. I., 146:* benowet.

bênen, *beinern.*

benęwen, *1. neben.* der benęwen, *auch* dà benęwen, *daneben. 2. ausgenommen;* alle benieffen Peter. *alts.* bi an eban. *Seib. qu. I., 158:* bi neven. *Drevere 159:* beneven sunnenschyne her.

bengel, *m. bändel.* — *vgl.* mange.

beniǫpen, *ptc. adj. klein, verkümmert von pflanzen.* dat es so beniǫpen tûg. *vgl. holl.* benepen, *kleinlaut, verlegen. es gab ein* benîpen (benêp, beniǫpen) = *niedrig, klein machen. ags.* nîpan *drückt eine niedergehende bewegung (sich niederwälzen) aus. unser* „nôpe tausaihen" *ist mit niedergehender bewegung, also nah und genau, zusehen. das antecedens von* nîpan *war* niupan *und dann* nipan. *dieses* nipan *mit vocalbrechung* nępen *bezeichnet zu Valbert die zeit, wo der mond am längsten niedergegangen ist, den neumond.*

beniǫwelt, *ptc. adj. benebelt, d. i. trunken.*

bennen = *binnen.*

benöchtern, sik, *sich etwas zu gute tun, besonders in geistigen getränken. der ausdruck ist nicht etwa directe ironie, sondern* be- *steht hier privative, wie im alts.* biniman.

benott, *ptc. adj. benöthigt.* ik sî der recht ümme benott. — benott *ist zusammengezogen aus* benôded, *ptc. von* benôden. *vocalverkürzung ist in ähnlichen formen häufig, z. b.* bütt = *alts.* biudid, *bietet. vgl. Gr. d. wb. unter benöten und benötigen.*

bens, *kirre. Wedd. W. M. IV. 301.*

benskeu, *spr. u. sp. 7.* dat lutt — asc wann de Rabbyners benskel.

benütten, *benutzen.*

beplæstern, *recht nass machen. s.* plæstern.

bepollhacken, sik, *sich beschmutzen; s.* pollhacke.

bepyten, *bepflanzen. — Seib. urk. 1030* bepotten. *s.* pọt.

bepunden, *nach pfunden in der hand schätzen.*

bêr, *n. bier.* te bêre gån. — *ags.* beor, *mwestf.* beyr *(urk. v. 1364). vgl. für die verlautung* vêr, *vier.*

bẹr, *f. birne. namen einiger sorten:* emkûsbẹr, gråbẹr, håwerbẹr, honigbẹr, jüttenbẹr, iæselsbẹr, goldstẹrtken, küotelbẹr, prâmbẹr, roggenbẹr, speckbẹr, trummelte, winterbẹr. *wilde:* traive, truəsel.

berâden, berån, *fertig werden. f. r. 44.*

berai, *n. das bereiten, die anstalt. spr.* 'et ai mâket en grôt geschrai un en klain berai. — berai = beraid, *zu* beraien (beraiden).

beraien, *præt.* beredde, *ptc.* berett, *bereiten.* ênem 't fell beraien, *einen prügeln. — s.* raien.

beraup, *m. beruf.*

beraupen, *berufen.*

bẹrbôm, *m. birnbaum. im mwestf. bezeichnete* bẹrbôm *auch den weissdorn, woran die* mẹlbẹren *wachsen.*

bêrbütte, *f. veraltet: gefäss, woraus bier getrunken wird, bierkanne, trinkkanne. — holl.* but, *f.*

berẹken, *berechnen.* sik wọt berẹken. beråk.

bẹren = låten, *aussehen.*

Bêrend, *Bernhard.*

bẹrenkrûd, *n. birnenmus; s.* krûd.

bẹrenstipp, *gericht aus gekochten birnen, brot und kümmel; s.* stipp, stippen.

bẹrg, *m. 1. berg. 2. wald. was Humbold ansichten der natur I., 323 vom span.* monte *bemerkt, gilt in unserem Süderlande von* bẹrg fören = *in den wald fahren. vgl. Seib. qu. I., 160:* in dem lengewelder berge. *um die grösse eines waldes zu bezeichnen, sagte jemand:* sine bẹrge sid so widlöftig, dat siəwen holthaigers op siəwen stien haugen könnt un dat doch ênen den annern nitt hærd.

bẹrgan, *bergan.*

bergaf, *bergab.*

bergin, *bergein.*

bergop, *bergauf.*

berge, *f. ein gefäss zum austragen der ladung aus den nachen. (Mülh. a. d. Ruhr.)*

bêrgûte, *trinkgefäss für bier. s.* gûte.

berichten, *1. berichten. 2.* eneu b., *einem die sterbesacramente reichen.*

berîen, *bereiten, auf einem tiere reiten. im volksreime:* den ênen *(sc.* iəsel) dẹn berêd ik.

berke, *f. birke. obstgärten pflegen eine b. zu enthalten. bei uns sagt man:* dat es fọrt frẹtwẹrk *(ungezifer), namentlich für die ameissen, im berg:* de berke es de docter för de andern bôme, *wie die schleihe* (lîwe) de docter fọr de fischdîke.

bẹrken, *birken.*

bẹrkenrauge, **bẹrkenjuffer**, *zuchtrute. husp. 16 p. trinit.:* ein barcken botter brodt.

bẹrmlik, *erbärmlich.*

berômen, sik, *sich berühmen.* sik wọt berômen.

berotsen, *1. eigentlich mit rotz besudeln. 2. schlechtes von jemand sprechen.*

berre = bedde.

berrebuuk, *bettseicher; s.* bûken.

bẹrste *im kinderreim:* un fræten us te bẹrste = *zum bersten satt.*

bẹrsten, *pr.* barst, burst, *ptc.* bọrsten, *1. bersten.* se es te frô bọrsten, *von, einer frau, die zu früh nach der hochzeit niedergekommen ist. 2. laufen, stürmen.* he küəmt an te b.

bẹrwe, *1. sanft, gutmütig. 2. kleinmütig. betrübt. bei Weddigen* = birwe, *brav. — alts.* bitherbi, utilis. *Tappe 18*[b] berwe kinder. *Lyra XI.* bedierwe, sacht, *sanftmütig. s.* unbedẹrwe. *Gl. belg.* berve, goedertieren. *Probus I. mürbe, nachgibig.*

besabbeln, sik, *sich beschmutzen; s.* sabber, saiwer. — *rothwelsch* besefeln.

besaik, *m. besuch.*

besaiken, *besuchen.*

besaihen, *besehen.* ik kann et nitt mär besaihen, *unterscheiden, erkennen.* ênem 't wâter besaihen, *einen prügeln.* ênem den puckel besaihen, *dasselbe.* ênem de næse besaihen, *einen prügeln. vgl. ital.* spianare le costure.

besalvern, sik, *sich besudeln, beschmutzen.*

beschaiten, *beschiessen, besonders mit beschuss, dielen versehen.* hai hęt en mâgen, dai es med dielen beschǫten. beschǫten, *gedielt.*

beschâten-nuot, *f. muscatnuss. aus* muscaten *entstellt.*

beschêd, *m. bescheid, nachricht, antwort.* ênem beschêd brengen. ênem beschêd seggen, *einem eine zurechtweisung geben.* dä wêt beschêd, *vgl. engl.* he is a knowing fellow. nu wêt ik beschêd, *nun weiss ich es schon.*

beschêden, *höflich. mnd.* bescheden.

beschêen, *præt.* beschedde, *ptc.* beschett, *bescheiden, antworten.* ik beschedde ne nitt drop.

beschęren, *bescheren. vgl.* giscerian.

beschîten, *1. bescheissen. 2. betriegen.* wann mi bai ênmâl beschitt un kêrt mi wier den êrs tau, dann wêt ik, bat he well.

beschîter, *betrieger.*

beschrappen, *behacken.* de knollen beschrappen. sik beschrappen, *an sich scharren, erwerben, sich bereichern.*

beschrîwen, *beschreiben.*

beschrubben, sik, *auf alle art geld erwerben. Wedd. WM. IV. 301.*

beschummeln, *betrügen.* sik beschummeln lâten, *sich betrügen lassen. s.* schummeln. *ostfr. ebenso.*

beschût, *n. zwieback. — fr.* biscuit.

beseggen, *sich über etwas aussprechen.* de kann et guəd beseggen.

besêken, *bepissen.*

besetten, sik, *pr.* besatte sik, *sich etablieren. (Paderb.)*

besingen, *besingen. — urk.* de kerke besingen, *messe lesen.*

besinnen, sik, *præt.* besann, besunn, *ptc.* besunnen *oder schw. præt.* besunnte, *sich besinnen.* ik well der mi op besinnen. — *v. St. IX. 210* darop will sich myn gnedige Her besynnen.

beslabbern, *durch fallenlassen von speisen verunreinigen.* sik beslabbern.

beslåen, *1. ein pferd, rad beschlagen. abzählreim:* mîn vâr lait ên âld rad beslân, rå' mâl bnviəl nęgel sind dâtau gân? — twęlwe. ên twê *u. s. w. 2. den glanz verlieren, trübe werden; von gläsern; anlaufen.* de rûten am finster sind beslâgen. *3. ptc.* beslâgen = *belegt:* ne beslâgene tunge.

beslaiten, *beschliessen.*

beslâpen, *1. beschlafen. 2. in der redensart:* ik well de sâke beslâpen, ik well mi derop beslâpen; *vgl. über nacht kommt rat.*

beslickern, *mit kot* (slick) *bespritzen.* sik beslickern.

beslîken, *beschleichen.*

besmaddern, *mit weichem kot* (smadder) *verunreinigen.*

besmâken, *beschmecken, kosten. — Hgb. XV., 3.*

besmęren, *beschmieren. — ags.* bismerjan, *auch verspotten, daher alts.* bismerspraca, *spott, lästerung.*

besmûdeln, *beschmutzen; s.* smûdel.

besnuoseln, *anschnauzen.* he hęt mi besnuoseld. — *vgl. osnabr.* snüssel, *schnauze.*

besǫrken = êr, *zornig, wild (Werl). s.* beswǫrken. **w** *schwindet von sw ohne den vocal zu alterieren, z. b.* säute = suoti *für* swuoti.

bespîrt, *ptc. adj. muskelkräftig.* bespîrt sin, *starke muskeln haben. (Altena.) holl.* spier, *muskel.*

bespręken, *besprechen, d. h. etwas durch einen gemurmelten spruch bewirken, beziehungsweise heilung eines übels.* hä hęt sich den brand bespręken lâten. *syn.* bewispeln, bewispern. *„eine sache besprechen" im gewöhnlichen sinne gibt man durch:* „ǫwer (van) de sâke kûern. — *mwestf.* bespreken *auch* = *streitig machen.*

bessel, *blendung. vgl. Gr. wb.* betzel, *haube; mhd.* bezel.

besseln, *blenden, z. b. eine kuh.*

bessem, *m. pl.* bessmen, bessens, *besen.* de bessem sall di ächter der dôr stân! dai maut lûter stân, bå de bessem stêt. du kûoms oppen bessem, *sagt man in Bruckel dem mädchen, welches samstag spät noch spinnt.*

bessembänner, **bessembinner**, *m. besenbinder.*

Bessem-Gehannes, *Besen-Johannes. spr.* hä es so fîn as B., hä kennt sik selwer nitt.

bessemraine, *besenrein.* de stǫwe es b., vi hän kaine tîd taum schrubben. — *vgl. ostfr.* bessenschoon.

bessemrîs, *besenreis.*

bessemstiəl, *m. besenstiel.*

bessevâr *für* bestevâder, *m. grossvater.* hai maut bessevâr tiəgen ǫm seggen, *er ist sein enkel.* min sęlge bessevâr dai nâm de gansse weld op de schûfkâr und schôf se 'ner mügge in de fuət *(zur beschämung eines aufschneiders gesagt).*

bessemôr, *für* bestemôder, *f. grossmutter.* grôtemôr *wurde von der grossmutter des Teufels gesagt.*

best, *adj. superl.* best. de beste dicke = hęrt niogene *im karnüffelspiel; s.* guad, bås, bęter.

bêst, *n. pl.* bêste, *1. stück vich. 2. viehischer mensch, säufer. — lat.* bestia.

beståen, *für* bestaden, *bestatten, d. i. in eine stelle bringen, verheiraten; vgl.* collocare filiam. hä hęt ène dochter oppen gröten bûrenhǫf bestatt. sik beståen, *heiraten.*

beståen, *bestehen.*

bestand, *m. bestand.* dat hęt kainen bestand. — *im mwestf. bedeutete* bestant *auch stillstand, urk. v. 1463.*

bestännig *(beständig), geständig.* dat blif ik bestännig, *das behaupte ich fortwährend fest.*

bestęken, *bestecken, bestechen.* då bestiaket sik grâde min spåssken inne.

bestękern = bestęken. *Grimme.*

bestellen, *1. bestellen, 2. besorgen. Soest. Dan. 43:* wan ick dat hebbe bestelt.

besteller, *m. besteller, bes. von leichen.*

bestellig = unliadig, *geschäftig. K. S. 47.*

bestevåderskeñger, *pl. die einen gemeinsamen grossvater haben,* consobrini.

bestoppen, *1. bestopfen, z. b. strümpfe. 2. fig.* ênen bestoppen, *einen bestechen.*

bestricken, *bestricken. den ball bestricken.*

bestrien, *1. beschreiten, z. b. ein reittier. volksreim:* den ênen den bestrêd ik. *2. bestreiten.* dat we'k ock nitt bestrien. — *für* bestrîden.

bestrîken, *bestreichen.*

bestålpunge, *f. asthma.*

bestûwen, *præt.* bestôf, *ptc.* bestǫwen, *bestäuben.*

besunner = besunder, *besonder, sonderbar.* dat es en besunner menske.

besunner, **besunners**, *adv. eigen, sonderbar.* et es mi so besunners.

besûpen, sik, *sich besaufen.* besǫpen, *besoffen, trunken.*

beswaien = beswaigen. *(Lüdensch.)*

beswaigen, *ohnmächtig werden. (Brackel bei Dortm., Rheda.) — goth.* svogjan = *alts.* swuogian *lieferte lautrecht* swaigen, *woraus* swaien.

beswêgen = beswaigen. *(Hemer.) præt.* beswêgede. *Teuth.* beswijgen. van sick selben comen.

beswaugen = beswaigen. *(Soest. Marsberg.) — alts.* swôgan; *ags.* swôgan.

beswauwen = beswaigen. well f mi beswauwen. *op d. a. hacke 10.*

beswôwen = beswaigen. *(Fürstenb.)*

beswemmed, *ptc. adj. trübe, vom himmel; s.* beswömmed.

beswêren, *beschweren. spr.:* jo grötter hêren, jo mêr beswêren, halde en åld wîf saggd.

beswolken, *ptc. adj. verdunkelt, bewölkt; s.* beswǫrken. — *zu* swölken (swalk). *wolke scheint darnach im anlaut s verloren zu haben.*

beswömmed, *ptc. adj. trübe.* et es so beswömmed an der locht. *s.* beswemmed.

beswǫrken, *ptc. adj. verdunkelt, bewölkt; s.* beswolken. — *zu* swërkan (swark), *alts.* giswërkan, *verdunkelt werden. über das verhältniss von* swolken *und* swǫrken *vgl.* twelk *und* twęrk, wirkelig *und* wirkerig.

bet = mit *in rheinfr. weistümern u. s.* = *ags.* vid, *engl.* with.

betaihen, *beziehen.* sik betaihen, *sich bedecken.* de hiamel betûht sik, *überzieht sich mit wolken.* betaihen låten, *mit frieden lassen. Seib. urk. 992:* sal borgermester vnde raedt mede beteyn laten.

betålen, *bezahlen.* hær, wann f dat ålle betalt, konn-f dat nigge bǫrgen. dat blitt sik glik: dem ênen mait se betålen, dem annern 't geld giowen.

betåler, *m. bezahler.*

betålunge, *f. bezahlung.*

bęter, *compar. zu* guad (bås), *besser. — goth.* batiza, *alts.* betara. ę *für* ia *ist die noch nicht in* e *verengerte, durch folgendes* i *bewirkte umlautung. im alts.* betora *ist nicht allein verdichtung des* ia, *sondern in der zweiten sylbe auch vocalassimilierung eingetreten.*

betęrmen, *bestimmen.*

bęteru, *bessern.* węge bętern. sik bętern, *sich bessern.* en gǫd ding dat sik bętert. *im mwestf. schrieb man* betern *und* bettern. *Verne bei Seib. qu.:* gebettert.

bęterunge, *f. besserung.* dat kind es op der b., blitt bi der b.

betiggen, *bezichten, eines vergehens zeihen.* hä werd dåmed betigged.

betimmern, *bezimmern. — mwestf.* betymmern.

betoppen, *etwas von jemand ausbringen. — M. Chr. I. 102.* betoppen = *beklappen, beschuldigen,* betopper, *falscher ankläger. vgl. engl.* tap, *schlag.*

betǫ̈teln, *bereden.*

betrecken, *1. überziehen. ptc.* betrocken, *bedeckt mit gewölk. 2. beziehen.* hä betrock sine wår van N. N. in Dûsburg. *3. betrügen, bestehlen.*

betündeln, *gleichsam besundern, in brand*

setzen. de dêrne hęt sik betündeln lâten; *s.* tündel.

betuppen, *anführen, betrügen. Sündenf. 2456* betucken.

bêtwǫrtel, *f. runkelrübe, bete.*

beü *(spr.* böü) *kornärnte.* em heü on beü; *s.* baude.

befailen, *befühlen.*

befęl, *m. befehl. spr.:* hæren befęl es knechten węrk.

befęlen, *præt.* befâl *oder* befaul, *pl.* befüəlen, *ptc.* befǫlen, *befehlen.* et gêt em as dem brumester te Hacheu, bat dai aunern befiəlt, maute selwer dauen. he es eu hær as en haun, wat he befiəlt, dat maut he selwer daun.

beflatschen, *beschwatzen.* sek b. lâten, *sich beschwatzen lassen.*

beföilen, *ptc.* befauld = befailen. *(gegend v. Lüdensch.)*

befǫrdern, *fordern.* ênen befǫrdern lâten, *einen zu sich fordern lassen.*

befǫren, *zuvor.* de nacht der bevǫren, *die nacht zuvor.*

befusten, *bestechen.*

bèffe, *f. geiferläppchen. 1.* = lobbe, *hemdkragen; holl.* bef. *2. läppchen, welches den kinnbart des geistlichen vertreten soll; vgl. ital.* beffi, *knebelbart. 3.* = belle, *am hahn. (Elsey.)* — *Gl. belg.* beffe, choorhoet, Almucium, malmucium, ambucius T. — beffe j. almutse. amiculum pelliceum, vulgo beffa. *K.*

bewâren, *1. bewahren, schützen. 2. verhüten.* gǫd bewâre! — *urk. v. 1441:* dat god mote bewaren!

bewennen, *bewenden.* vi wett dat bewennen lâten. *ptc.* bewant; et es der guəd âne bewant, *es ist gut bei ihm angewandt.* nâ bewanten umstânnen.

bewieten, sik, *sich bewust sein.* hai maut sik wǫl bewiəten, süss — *er muss sich seines rechtes, seiner fähigkeit, seiner mittel wohl bewust sein, sonst —.*

bewispeln, *besprechen. (Brackel.) s.* wispeln.

bewispern, *besprechen. (Asseln.) s.* wispern.

bêze, *f.* beize. *eingedrungene hd. form für* bête. — *vgl. Wig. Arch. II., 43.* bêtekuven.

bêzen, beizen. *platthd. form für* bêten. beizen *(beissen lassen) ist factitiv zum mhd.* bîzen, *beissen.*

bî, bi, *præp. bei, zu, nach. 1. c. dativ.* slęge daut wêh un batt bi *(bei)* mensken un vêh. bi *(zu)* mîner tîd. use Hęrgǫd si bî di! bit de aunern dâge! *abschiedsgruss.* bim kanthâken krîgen. et ręgent bi wolken wîse. bî dęm *(dadurch, daran, daher)* wêt ik dat he nitt te hus es. *2. c. acc.* he kwâm bi *(zu)* min vâr. gâ bi mi sitten, *setz dich zu mir.* bî *mit auslassung des objectes:* miss, sett di bî sâ den herd! *hexensage.*

bibbel, *f. bibel.*

bichte, *f. beichte. — alts.* bigihto; *ahd.* pigiht; *mhd.* bîhte.

bichten, *beichten.*

bickel, *m. knicker.*

bickeln, *1. knickern. 2.* bickeln *zu Weimar das* snäppkenspiəlen. *der dabei gebrauchte dicke knicker heisst* bickelball. *die gelenkknochen von schweinen* bickelknǫken; *jede seite derselben hat ihren besonderen namen:* büəker, gâter, männken; *in Rheda gebraucht man zum* b. *die gelenkknochen von jungen ziegen* (kâitkes). *3. tröpfeln.* de swêt hęt mi am koppe 'runner bickelt. *holl.* biggeln, *herabrinnen.*

bicken = *backen.* bai well helpen kricken, dai maut helpen bicken.

bickers = kippers. *Vademecum von Engelb. Leithäuser. Tremon. 1719. p. 67.*

bidde, *f. bitte.*

Biddehlege, *f. Bittehecke. flurname bei Sundwig. der sage nach erbat hier eine frau zehntfreiheit vom Grafen.*

bidden, *præt.* bâd, *pl.* bæten, *ptc.* bęen, *bitten, einladen.* ik bidde di ûm dusend gôsaier. — *in Paderb. lautet der præt. auch* biddede.

bidder, *m. einlader.* hochtîdsbidder.

bidderske, *f. einladerin.*

bidess, *unterdessen.*

bie, *f. biene.*

bi ên, *beisammen.* bi ên kuəmen, *die heirat vollziehen.* hâ hęt se nitt alle bi ên, *sc. seine sinne oder gedanken = er ist nicht recht klug. — Schüren chr. 21:* by eine.

bigge, *f. biene.* brandbigge, *brutbiene, drohne. (Lüdensch.)* — bigge: kligge = bîe: klîe, *ahd.* klîa, kleie. klîa = kliwa, *also* bîe, bigge = biwa, *was der ältere name der biene gewesen sein muss, die form* bèie *entspricht der form* klèie.

biggel, *n. pl.* biggeln, *beil. (Marienh.)* — *vgl. ahd.* pihal, pîl = *beil.*

bîgiəwen, *beigeben.* klain bigiəwen, *nachgeben.* hü woll wǫl klain bîgiəwen, *er wollte wol die segel streichen.*

biəke, *f. bach.* — *alts.* biki; *mwestf.* bicke, *urk. v. 1388.*

biəke af = de b. af, *bach ab, den bach hinunter.*

biəkebunge, biəkebun, *f. bachbunge.* — *vgl. Diez wb. I. 60, wo bunge = knollen genommen wird, nach Gr. wb. s. v.* bunge, *ahd.* bungo, bulbus. *Kil.* bekeboom.

biəke op = de b. op, *bach auf, den bach hinauf.*

biəker, *m. 1. becher. 2. kornmass, wovon 16 = 1 scheffel. diese einteilung im Schwelmer Vestenrecht v. St. XXI. p. 1355:* die mate met scheppelen, verdeleu offt beckeren. *es war ein kölnisches mass.* — *alts.* biker, *engl.* beaker, *ital.* bicchiere.

biəkstęrt, *m. bachstelze, motacilla alba und flava; syn.* swiəkstęrt. — *der alts. ortsname* Biresterton *darf mit sicherheit in* Bikesterton *(zu den bachstelzen) gebessert werden. in den Münst. beitr. 3, 35 wird* domus *in* Bickstert *angeführt.*

biəse, *f. kalter regenschauer.* märtebiəsen, hagelbiəse. — *ahd.* pisa, *nordwind; franz.* bise, *Gl. belg.* bijse, tempestas horrida, furens impetus aeris.

biəsekâter, *m. nebel, der sich auf einer wiese lagert; vgl. Wilh. v. Waldbrühl, die wesen der niederrhein. sagen p. 9:* nebelkater niff. *vom schnee sagt man:* dä moch noch 'rnnner, de katte hęt ne nitt fręten. *in Mecklenb.-Strelitz:* bollkater, *plötzlich aufsteigende dunkle gewitterwolke im sommer. Mda. V. 150:* kater, *gesammelte luft unter dem eise.*

biəsel, *m. für* bissel, *1. fetzen.* dat klêd es in risseln un bisseln. *2. für schwanz:* tûht de kau am biəsel. *3. für haare:* se hęt ümmer de biəseln üm den kopp hangen, *von einem unordentlichen frauenzimmer. 4. faserwurzeln. nach* triəsel = trindsel *wäre* biəsel = bindsel.

biəsen, *für* bissen, *rennen, vom vieh.* et es so hêt, dat de katten biəset. — wenn êne kau biəset, dann biəset se alle. *ahd.* bisjôn, bisôn, lascivire, consternare. *Tappe 185ᵃ zu* anus bacchatur: simile quiddam et hodie westphali dicunt, figura ducta à vaccis lascivientibus: die olde koe will byssenn.

biət, *m. biss.*

biətelu, *1. oft beissen. 2. käbbeln.*

biəteltiəwe, *f. bissige hündin.*

biəterig, *bissig. spr.* de biəterigsten rûens hett de riəterigsten felle.

biətken, *n. bisschen.* en biətken, *ein bisschen, ein wenig.*

biətsel, *n. gebiss.* — *schwed.* betsel.

biətsk, *bissig.*

biəfernelle, *beben in angst.*

biəfesche, *f. zitterpappel.*

biəwen, *beben.* — *alts.* bibon, bivon.

bîəwer, *m. biber.* — *lat.* fiber; *ahd.* pipar; *ags.* beofor.

biəwer, *zittergras; syn.* biəwerüt, goldsmiəle, häsenbrod, fmenbrod, krüəmelan-de wand, biəwermännken.

biəwerig, *bebend.* ne biəwerige hand.

biəwermännken, *n.* = biəwer. *(Elsey.)*

biəwerût = biəwer. *(Unna.)*

bîhaü, *n.* beihau, *ein knochen, den der schlächter zu einer fleischportion legt; fr.* réjouissance.

bîhaien, *verstecken. Must. 52.*

bîhęr, *beiher, vorbei.* ik konn der nitt bîhęr. du küəmst der nitt bîhęr.

bîhêen, *n. versteckenspiel. (Fürstenb.)*

bikant, *beinahe. v. St. XX. stück 1182* bykant. *lagerb. d. freih. Altena I. Kil.* bijkants, prope, ferme.

bîker, *m. bienenkorb.* — *ags.* beócere. *Gl. belg.* biecaer of een biestoc. alveare G. byencare. alveola, alveare, alvearium T. *alts.* bikar, alvear. *Gl. Arg.* kar, *gefäss.*

bîken, *m. bienenkorb. (Lüdensch.)*

bîkuomen, 1. *beikommen. 2. zum bewusstsein kommen.* hai es wir bîkuəmen.

bilâe *für* bilade, *f. seitenfach im koffer. K. S. 105. syn.* binnerkästken.

bilank, *entlang, längs. K.*

bild, *n. bild.*

bildnüs, *n. bildnis.*

bile, *f. beil.* — *alts.* bil. *F. Dortm. III., 229:* bile, *f. s.* biggel.

Bîlefeld. he gêt med as de smiəd van B. = *mitgefangen, mitgehangen. vgl. Paffenrode:* wil gij de weerd van Byleveld slachten en sleuderen mee.

bîlenhelf, *beilenstiel.*

bilk, *welch.* bilkə tîd. *Grimme.*

Bilke, *Sybille. K.*

billig, *billich.* — *Soest. fehde:* billich *und* billik. *s.* rècht.

billigkait, *f. billichkeit. spr.:* dat grötste recht es de grötste b.

bilsenkrûd, *n. bilsenkraut. syn.* dôenblaume, lechtblaume.

bîmâken, *beimachen. spr.:* et es kain gǫd bescherǫn, et es en bîmâken.

bimmeln, *öfter eine stelle schütteln.*

bîmôr, *f. bienenmutter, weisel. syn.* wiser. — *ags.* beómôdor.

bind, *n. bind.* en bind gârn. — *alts.* binithi, *n. mwestf.* bint.

bindstrump = öwerhose, *gamasche.*

bindwiage, *f. bindweide, eine weidenart, die sich zum binden eignet.*

binên, *beieinander, zusammen.* binên danen, *copulieren, trauen.*

binewen, *neben.* der binewen.

bingeln, *schellen, klingeln. s.* pingeln. — *ostfr. ebenso.*

bingen = binnen, *binden. Kr. Altena reim beim wagenbinden:*

ên twê drai,
dai bûer dai binget hai
un binget hai nitt faste,
dann küomt hä innen kasten.

binnen, *binnen, innen. von binnen, inwendig. s.* bekîken.

binnen, *praet.* band, bund; *pl.* bünnen, bünten. *ptc.* bunnen, *binden.* ümmes binnen, *einen am geburts- oder namenstage eine bandschleife um den arm binden, s.* angebinde. med wọt binnen, *von den begleitenden geschenken, die sonst wol an den arm gebunden wurden.* ênem wọt op de nâse binnen, *einem etwas aufbinden.*

binner, *m. binder, garbenbinder. in zusammensetzungen mit* binner *wird dafür auch* bönner *gebraucht.*

binnerkästken, *n. beilade, kästchen in einem koffer.*

binnerpacht, *pacht an geld, hünern und anderen kleinen naturalien.*

binnersîd, *f. binnenseite.*

bîr, *f. birne. Schwelm.* wenn de bîr rîpe es, dann fällt se so wọl vọ̈r as ächter = *wenn eine jungfer anfängt älter zu werden, dann sagt sie leicht ja. der spruch lautet wahrscheinlich* — fọ̈r de sôge as fọ̈r de menschen.

birkemeier, *bierhumpen aus birkenholz, welches noch die rinde hat. K.*

bîse, *f. nat, die der schuster mit dem biseneisen glättet.*

bîsenîsern, *n. bieseneisen, zum abschneiden der lederkanten und glätten. — ostfr.* bisen.

biser, *kurzer starker regen. Wedd. W. M. IV., 301.*

bîslag, *nebenbau, verschlag. K.*

bîslân, *beischlagen, vom verschwinden einer beule.*

bissemẹlke, *f. frischgemolkene milch. (Weitmar.)*

bissen, *vom laute der aus dem euter strömenden milch. s.* biasen.

bistân, *beistehen, helfen.* et sall di slecht bistân, *es wird dir übel gehen.* dai et slecht bistêt, *denen es übel ergeht.*

bîstand, *m. beistand.*

bister, *adj. und adv. 1. unfreundlich, vom wetter.* bister wẹer. *2. traurig.* et sûht bister ût. dat es te bister un te arg. *3. verstärkend für ausserordentlich, sehr.*

bisterbân, *f. irre.* he es op der bisterban. — *Gl. belg.* bystren, errare, deviare. *holl.* bijster, *irre, verwirrt.*

bisterig = bister. *K.*

bisterigge, *f. verwirrung, irre. Teuth.* bijstrye. bijstrynghe.

bit, *adv. und conj. bis. — aus* bî it, *vgl. Gr. d. wb. mwestf.* bit, byt, bitte.

bîten, *praet.* bêt, *pl.* biaten; *ptc.* biaten, *beissen.* et es so kâld at et bitt. hai hadde nix te bîten un te brẹken. *Bgh.* bitt, *beisst.*

bîterig, *beissig, von kleinen kindern.*

bîterken, *n. zähnchen des kindes; ebenso oldenb., ostfr., bei Richey.*

bîtrecken, *beiziehen.* de dọ̈r es man bîtrocken, *die tür ist nur angelehnt.*

bitter, *bitter.* so bitter asse galle, asse raut. nich dat bitterste, *nicht das geringste. Wedd. W. M. IV. 302. weitere bedeutung Bugh. annot. D. IIII*[b]*:* solt van syner nature maket dat water bitter vnde dat landt vnfruchtbar.

bitterbôse, *sehr schlimm.*

bitterklê, *m. fieberklee; syn.* draiblad, draigüldenblaer.

bitterfinke, *f. ein gewisser vogel, der mit krammetsvögeln auf vogelherden gefangen wird. man rechnet zwei bitterfinken gegen einen krammetsvogel.*

bitterwainig, *äusserst wenig.*

bifall, *m. beifall.* dẹm giawe ik bifall, *dem pflichte ich bei. 2. einfall.* hai hẹt bîfälle as en âld hûs (backes).

bîfallen, *1. beistimmen. 2. einfallen.* dat well mi nitt bîfallen. *3. dünner werden von einer geschwulst;* s' affaisser.

bîfaut, *m. beifuss. artemisia. — das volk deutet aus* bî *und* faut; *denn, so meint man, wer ihn in die schuhe legt, ermüdet weder, noch geht die füsse wund. im mittelalter muss auch* binkwort *westf. name dieser pflanze gewesen sein; so vermute ich aus dem in einer urk. von 1446 (Arch. der Pancr. kirche zu Iserl.) vorkommenden* Bynkworten-hove, *vgl. dän.* bynke. *eben so kommt im Werd. reg. ein* Binkhorst *vor. oder wäre es* bingelkraut? *im Gloss. belg. ist* bink = rusticus.

blå, *blau.* hai es blå anlôpen. ik hewwe

en blåen Dêwel *(nur nachteil)* dervan. so blå as ne wiowelte. en blåen wunner vertellen. sinen blåen wunder saihen. blåe mondag *heisst bei uns der montag in der charwoche, weil an diesem tage die altäre in den kirchen mit blauen decken behängt waren und nicht gearbeitet wurde, vgl. Mda. III., 355. daher wird das nichtarbeiten an andern montagen ebenfalls* en blåen mondag *oder* en blåen maken *genannt. besondere namen der tage in der charwoche sind zu Unna:* palmsundag, mergelmondag, krumme dinstag, schêwe guanstag, graine donnerstag, stillen fridag, påschåwend. *zu Hemer:* palmsundag, blåen mondag, schêwen dinstag, krummen guanstag, grainen donnerstag, stillen fridag, paschåwend.

blåbunten, *blauer dunst, flunkerei, leere ausflüchte.*

blad, *n. pl.* blåer, blęer, *1. blatt. 2. platte in* disblad. *Laiendoctr. p. 56 von der zunge:* dat beste blad wenn se (de tunge) is gud.

bläddern, *1. meckern. 2. blöken. s.* blæren.

bladsiel, *brustblatt, geschirrstück des pferdes.*

blåe *für* blåde, *f. blähung des rindviehs.*

blæe, *f. bläue, schmalte, die beim weisswaschen gebraucht wird.*

blæen, *1. die wäsche mit schmalte bläuen. 2. bei der nadelfabrication:* nâteln blæen.

blåen *für* bladen, blatten, *blätter abpflücken.*

blæer, *m. bläuer, der nadeln bläut.*

blåer, *f. 1. blatter. 2. eine kuhkrankheit, wobei die zunge geschwollen und mit blattern bedeckt ist.*

blåge, *f. kind. auch n.* dat klaine blage heww' ick ganz gären. *Brilon. (bei Grimme:* med dęm blåge); *pl.* dai blågen. hä lätt sine bl. fọr hai un fọr strô opwassen. med blågen es guod spiolen, åwer nitt guod hûs hållen. 't es ne slechte tid, de bouer maket de blån selwer. *(Lüdensch.)*

blägge = blaige.

blaie = blaige.

blaier, *bleihe, ein fisch,* alburnus. *syn.* oklen. *ags.* blæge. *Kil.* bleye, alburnus piscis. blick, id.

blaige, *f. blase an der haut, durch druck entstanden. — ags.* blêgene, *engl.* blain, *dän.* blege, *mwestf.* blaue = blawunde, beule. *F. Dortm. III, 37 (30).*

blaigen, *1. blühen.* hä blaiget; *zu Brackel:* ha blett. *2. das monatliche haben.* wann de bôm blaiget, driaget 'e noch nitt, *sagte eine mutter, als der pastor fragte: ist das wahr? man sagt, eure tochter sei schwanger. Mda. VI., 462 nr. 2. mnd.* blogen. *Sündenf. 2018* bleide, *blühte.*

blaiken = blêken.

blaikstücke = blêkstücke. *in diesen formen zeigt sich hd. einfluss. Dortm.* blaikstück *20 ellen leinwand.*

blaimken, *n. blümchen.*

blainåkend *in* blainåkende vuogel, *kahler, junger vogel. (Weitmar.) vgl.* blod.

bläker, *wandleuchter. K.*

blakerig, *farbe des blauschwarz angelaufenen messers.*

bläkerig, *brenzlich. K.*

bläkern *mit grünspan anlaufen, v. kupfer.*

Blaks, du sass Blaks im Hollande doch wọl wachten.

blæling, *bläuling, blauer schmetterling, der anfangs Mai schon fliegt.*

blamûser, *eine münze, 7½ stüber an wert. bei F. Dortm. III., 93 wird in der reductionsordnung 1 huhn zu ½* blamûser *angesetzt. Gr.* (blomeiser) *meint, es sei* = blaumeiser *(falk, der meisen fängt), weil das bild wol darauf gestanden. ?* = blafmûser, *vgl.* bläfferd *und* fûrmûser.

blank, *1. blank.* blank as imme askenlọke; *op de a. h. 48.* blank as ne mistkule. *ibid. 49. 2. bloss, baar.* en wârwulf blank måken, *offenbar machen.* so blank asset männeken am ọwen, *d. i.: ohne geld. (Fürstenb.) — im mwestf. war* blank = *weiss.* de blanke hagedorn. *Wigg. II. scherfl.*

blanke, blänke, *namen für weisse kühe.*

blankwinkel, *m. fabrikenzimmer zum aufbereiten. s.* winkel.

blåre = blaige. *(Fürstenb.)*

blæren *für* bläddern, meckern, blöken; *auch von kindern:* låt dat blæren sin! *(Marienh.) s.* blarren.

blarren = blæren. *(Marsb. Siedlingh.)*

blåse, *f. blase.* ne swinsblåse. — *ahd.* blâsa.

blåsen, *præt.* blais, blaus; *ptc.* blåsen. *1. trans. blasen. beim damenspiel:* dęn kann ick blåsen. blås mi oppet år! *feiner als* leck mi in d. f. *vgl. Mda. VI., 279. 2. intrans.* blasen, *wehen.* de wind blæset. et blæset bi ęm ut dem lesten lọke herût, *er pfeift auf dem letzten loche. — ags.* blæsan.

blåspîpe, *f. blaserohr am herde.*

blass, *fackel, eine mit werg und stroh*

umwickelte Stange. (Paderborn.) mnd. wb. s. v. blas.

blaud, *n. 1. blut.* ik woll wǫl blaud hûlen. *2. blutverwandtschaft.* bà 't blaud nitt hen gân kann, dà krûpet et hen, *von verwantenliebe.*

blaud, *f. blüte.* in der blaud sin, *in der blüte sein.* — *mhd.* bluot.

blaudkopp, *m.* = blaudfętken. *(Brilon.)*

blaudspiggen, *n. blutspeien.*

blaudstǫrtange, *f. blutsturz.*

blaudfętken, *n. poterium, eine pflanze, die auch zum weihbund genommen wird. (Warstein.) syn.* blôdkopp.

blaudwǫrst, *f. blutwurst, rotwurst.*

blaudwęrtel, *f. tormentilla. Kil.* bloedwortel.

blauen, *præs.* blaue, blöss, blött, *pl.* blauet, *præt.* blodde, *ptc.* blott, *1. bluten.* hä blött as ne suoge; *vgl. Hag. Köln reimch.:* ir etzliche bloden alse swin. *2. fig. geld geben, vgl. myth. p. 33.* du maus ęm wǫt medgiawen, süss blött ęm 'et hęrte.

blauerig, *blutig.*

blaume, *f. 1. blume. 2. das feinste mehl; engl.* flour. *Teuth.* des meels cleynlike *(feine)* bloeme. *3. das nierenfett als das beste am schlachtvieh; osnabr.* flôme. *4. froschlaich.* wann de êrste blaume *(froschlaich)* verfrûset, giət et en slecht frôjâr. *man vgl. auch* blomenwâre, *das breite holz.*

blaumen, *blühen, blumen bringen.* im august blaumet de snê, *viele wolken, die nicht regnen, deuten auf viel schnee im winter. vgl. Rochh. naturmythen p. 6. vom jacobitage.* — *mhd.* bluomen.

blaumenhęrte, blaumeshęrte, *ein ausruf der verwunderung:* he blaumenhęrte! *bei Radl. II., 279:* blomenharte! *vgl. Gr. III., 307, 15, der darin abgekürzte refrains aus liedern vermutet. berg.* blômen in der hêge! *vgl. Mont. volksf. 48ª. holl.* o blommer herten. o blommer herten ik sou in dat kas al vry wat van St. Thomas volk wesen! *sagt Joris verwundert darüber, dass eine frau* „door imaginatie" *schwanger werden könne.* de bedroge girigheyd 1675.

blafferd, *m. eine ehemalige münze, ein abgegriffener groschen. vgl. Frisch I., 103, 104, der aus einem nl. wörterb.* blaffaert, papier amble *und* un denier plat sans figure et un denier d'argent ou un sou. blaf *bedeutet nach diesem wörterbuche breit und kahl. Gl. belg.* blaf, planus, æquus et amplus. *fr.* bafard *wird aus dem nl. aufgenommen sein. wie dem* laf *ein nds.* lack *entspricht, so kann diesem* blaf *ein* black *(hd.* blach*) entsprechen, und das bedeutet eben flach. s.* blamûser.

bleck, *bloss.* de blecke êrde, *die blosse erde.* de blecke arm. hä gèt am blecken kopp. *vgl.* blicke *und* bleeken, *sehen lassen, entblössen. Mda. IV., 206.* bleck *ist das, was man sieht. aus* blikan, blak *gingen* flick, bleck, blęk, blêk, blêken, blinken, blank *hervor. s. alts.* blîkan, *glänzen.*

blęk, *n. 1. blech. 2. gartenbeet. Teuth.* bleeck, playn, anger.

blêk, *bleich, blass.* dat inket es blêk. *alts.* blêk. *Teuth.* blayck, vale, saluwe.

blêk, *n. bleichplatz.*

blêke, *f. bleiche, bleichplatz.* — *alts.* blêki, pallor.

blêken, *bleichen.*

blęken, *blechen, zahlen. K.*

blękslęger, *m. blechschläger, klempner.*

blêkstücke, *n. bleichstück.* en blêkstücke lâken. *20 ellen.*

blekwûten, *die sense schärfen.* — *vgl. alts.* huat, acer *und* wetten (huatjan).

blenken, *blinken.* dat blenket as ne panne op giəssêd.

blennen, *blenden.* — *ags.* blendian.

blesken, *n. kleine blesse. 2. name eines pferdes mit einer blesse.*

bleskesweg, *der blesse nach, der nase nach, gerade aus. Bochumer gedicht auf die vermählung des thronfolgers mit princess Victoria.*

blesse, *f. 1. weisser streif oder fleck vor dem kopfe der tiere. 2. name einer kuh, eines pferdes, welche eine blesse haben. 3. synecd. für stirn, kopf.* hai wiskede sik den swêt van der blesse. *4. lange haarlocke.* blessen, *pl. stränge ungebundener haare, auch falbfärbiger pferde. Wedd. W. M. IV. 301. holl.* bless *wie 1.; 2. auch glatze. vgl. Kantz.*

blî, *n. blei.* — *mnd.* blige.

blick, *n. hemd.* glik hǫr ik dî 't blick op.

blicke, *f. blosser hintere.* ik well di mâl de blicke besaihen. *es ist wol adjectiv mit ausgelassenem* fuət; *s.* bleck.

blicken = bliəken. *fig. in:* klumpsack blick vǫrm æse recht dick. *s.* pâlæsen.

bliəken, *bellen.* hai bliəkede sik so hêsk assene âlde tiəwe. — *mnd.* blecken.

blîern, *bleiern.*

bliks, *blitz.* blix-junge.

bliksem, *m. blitz.* dat di de blixem

slätt! — *alts.* blicsmo. (?) *Soest. Dan. 178* blixem.

blind, *adj. 1. blind, der nicht sieht.* ne blinne suoge findt ôk wannêr ne çker. *2. was nicht gesehen wird.* hûswçrk es blind, dai et saiket, dai et findt. *3. wo man nicht sieht. einer, der sich geirrt hat, sagt wol zu seiner entschuldigung:* ik sall wǫl de blinne stunde hewen. — *adv. blindlings.* hä gêt blind tau.

blinderig, blinnerig, *wie blind.* de ôgen sid mi so blinnerig. et es mi so blinnerig vǫr den ôgen.

blinge-flaige = blinne-kippe. *(Siedlingh.)*

blinge-minze *(katze) sogen. blindekuh jagen. (Siedlingh.)*

blinge-mûs, *f. blindekuh. (Marienh.)*

blinne-hâsen, *pl. excremente, weil sie nicht weglaufen, wenn man auf sie trit.*

blinne-hesse, *m. blinder Hesse, schelte.* du blinne-hesse, sû doch tau bà du hen triəs!

blinne-kau, *f. blindekuh, spiel. s.* blingemûs, blinge-minze; *vgl. Rochh. 431.*

blinne-kippe, *f. stechfliege; syn.* blinnetiəpsche, blinne-flaige. blinne-kippen sid dat lû àder flaigen? *weil sie nicht wegfliegt, wenn sie ihren saugrüssel eingeschlagen hat.*

blinne-kuckuk, *m. stechfliege. (Weitmar.)*

blinne-snîder, *m. libelle.*

blinne-tiəpsche = blinne-kippe. *(Elsey.)*

blinne-flaige, *f. dungfliege.*

blinsterblâ, *bleumourant.* et worte mi blinsterblâ te maue. dà schiəne de mâne ganz blinsterblâ. *Gr. tüg 50. Must. 27.*

blinstrig, *schlecht sehend. Spr. u. sp. 58.*

blits, *eine beteuerung im kinderreime:* gǫd blits un der wits.

blitsen, *1. blitzen. 2. blinken, stärker als blenken.*

blitsig, *aufgebracht, auffahrend.* he wôr so blitsig.

blitskærl, *m. blitzkerl.*

blîf, *n. heimat, aufenthaltsort.*

blîfer, *m. bleistift.*

bliwâken, *halbwachen.*

bliwen, *pr.* blêf, *ptc.* bliəwen, *bleiben.* drin bliwen, *in einem krankheitsanfalle sterben. alts.* bilîban.

blîwen, *n. für* bliwend, *das bleiben an einem orte, das recht dazu. übrig gebliebene subst., partic., præs. sind* schrîwes; *auch* angesinnes *steht für* angesinnend.

Blocksbęrg, *m. Brocken. syn.* Hęrtobęrg, Klockesberg.

blôdkopp, *m. blutkopf* = blaudfętken. *(Fürstenb.)*

blôe *für* blôde, *1. schwach, weich.* blôe ôgen. wann et frûset, sall de rogge wǫl blôe werden. *vgl. dän.* blöd. *2. blöde, gegensatz von* fri. ik sin nitt blôe. — *alts.* blôthi, timidus.

blüggen, *blühen. K. S. 102.*

blüggers, *pl. blüher, heissen die wollbohnen vom vielen blühen.*

blǫken = bliəken. *Teuth.* bloicken als eyn hont.

blômeshęrte = blaumeshęrte.

blôt, *adj. bloss.* he gêt am blôten kopp. — *adv. bloss, nur.*

blôte, *f. 1. blösse. 2. schafhaut, wenn sie kurz zuvor geschoren ist. vgl. Tappe 232ª* blote, *kahle junge taube.*

blǫte, *f. altes messer. syn.* blotte, àlle bluəte *(Balve)*, plǫte, plûte. uə *kann hd.* uo *entsprechen, wie* guəd = guot, *so dass* pluozan *verglichen werden darf.*

blotte = blǫte. *(Fürstenberg.)*

blotschen, *pl. holzschuhe.*

blunt, *blond, gelb, braun. (Schwelm.) — v. St. XXI., 1350* blunt off blau schlüge. *auch nl.*

bǫ *für* bǫde, *m. bote.* wenn me selwer gêit, bedrûget emme de bàue nitt. *(Weffelberg.)*

böchlich, *weichlich, dem nichts recht ist. Wedd. W. M. IV., 301. Teuth.* boegelick, swake.

bock, *m. 1. bock, ziegenbock, syn.* buck. hä fällt drǫwer hęr as de bock ǫwer ne hâwerkiste. *2. bock, kutschersitz, syn.* buck. *3. bock in* saidbock, sâgebock.

bôkærl, *m. popanz. (Reiste b. Meschede.) syn.* boukærl. bôkærl *(Siedlingh.)*

böcke, *f.* = baike. he es grǫf as ût de böeke gehauen. *K.*

bocken, *den bock begehren, ihn aufnehmen.* de hitte hęt bocked. *spr.* dat lammen gêt nitt asse't bocken, hadde de schæper saggt.

bocken, *klopfen, schlagen, s.* bǫken. — *Lacombl. Arch. III., 282:* stock bocken = *stuken herausschlagen.*

böcken = baiken.

böcken = blöcken.

böckenboum, *m. buche* (krengeldanz).

böckenfredde, *krause buche. Iserl. limitenbuch 12: eine alte* böckenfredde.

bockeshûd, *f. bockshaut.* he gong dermed ümme as de Dûwel med der bockeshûd, *d. i.: nicht säuberlich. vgl. Myth. 169.*

bockmüele, *f. eigentlich flachsbreche, s.*

bǫkmüǝle. de bockmüǝle trecken *heisst ein spiel, welches auch* sünnken âder mænken *genannt wird.* dä maut noch dǫr de bockmüǝle trocken wêren, *der muss noch tüchtig hergenommen (geprügelt) werden.*

bǫd, *n. gebot.*

böer, *handbeil. K.*

bôgen, *pr.* bochte, *ptc.* bocht, *beugen, biegen.*

bǫgen, *m. bogen.*

bǫkemüǝle, *f.* = bockmüǝle. buǝkemüǝle *zum flachsbraken. wenn jemand von hand zu hand gestossen und geprügelt wird, heisst das durch die* „buǝkemuǝle" *gehen lassen. K.*

bǫken, *klopfen, schlagen. Gl. belg.* boken, tundere, pulsare, batuere.

bǫ̈ken, *rülpsen.* he es so sad datte bǫ̈ket. — *vgl.* bocken *und* aufstossen; *engl.* to boke.

bǫ̈ker, *m. bläuel zum schlagen der wäsche.* waskeholt.

bǫl, *rundhohl, beschränkt auf hohl erscheinende früchte. — Bugenh. Genes. 23:* hol unde bol. *vgl.* bolle, hirnbolle; *alts.* bolla *(ein gefäss) in* horobolla. *Teuth.* bol, hail, ondicht, bailvate, futilia, fictilia. *Wolke plattd. ged. p. 48:* bollig, *plussig, voll, aufgedunsen, dickrund.*

Bǫlærs, *ortsn. bei Deilinghoven, bedeutet* spuk. *eben so ist Budden-arson (Werd. rolle) = zu den hohlen* ärsen, *d. i.:* spûken; *denn* budde *(auch* bude*), eigentl. hohl ist nach d. Teuth.* = hailers spoick. *und ortsn. mit* ars: Hangærs, Hundesars.

bǫle, *f. bohle, dickes brett; wol eigentlich das an einer seite runde und gewöhnlich dickere krustenbrett. dafür spricht auch, dass man die beiden stücke eines gespaltenen jungen baums bohlen nennt. Gloss. belg.* baelen, spicken, die men in qwaden weghen leghet.

bölken, *1. brüllen, vom rindvieh. blöken, von kühen. Gl. belg.* belken as koe ind ossen. mugire, boare. *T.* — bolcken oft brullen als een koe. *P. 2. schreien, vom esel. (Soest. Stadtberge.) holl.* balken, *Firm.* bälken. *3. schreien, von kindern und erwachsenen. 4. ängstlich schreien, v. Steinen. 5. schreien, vom rohen singen aus vollem halse. 6. fig.* hai es so rike atte bölket.

bölker = bulkenbôm. *K.*

bölkig, *schreiend.* bölkige blâgen.

bolle, *runder körper. im rätsel von der eichel:* holle-bolle *(die eichel)* heng, holle-bolle fell, dà kwâm ver-rûhschǫ̈ker *(schwein)* un woll holle-bolle opfrętcn. *vgl.* boll *in Gr. wb.*

bolle-kærl, *m. popanz.*

bolle-kâter, *m.* = bolle-kærl.

bölle-mann, *m.* = bollekærl. *(Bollwerk a. Volme.)*

bollen, *m. dickbein, schenkel. — Soest. fehde p. 654* bolle, *m. (Witte:* clunis*). F. Dortm. III., 227:* twe hamelsbollen *(hammelkeulen)* gebraden. wu mâket 't de bûren, wenn se vǫ̈r jêdem knai 'n lǫk hett? se legget ênen bollen ǫ̈wer den annern, op den ǫ̈wersten legget se de kappe. — bollen *ist von* boll (rotundus) *abgeleitet. Gl. belg.* bol of bolt van eyn dier. armus, scapula. *T.*

bollenflêsk, *n. fleisch aus dem schenkel.*

böller, *m.* = kattenkopp, *ein geschütz. s.* bollern.

bollern, *lärm, geräusch machen, poltern. s.* bullern. *schwed.* buller.

bollerwâgen, *m. grosser deckwagen. — holl.* bolderwagen.

bollriân, *rätsel:* vǫ̈r dem hûse bollriân, hinger dem hûse kollriân.

bollwęrken, *1. schwere stücke durcheinander werfen. 2. in erde und steinen wühlen und graben.* drin herûm bollwęrken. *s.* bolwerk, bolwerken. *3. rumoren, mit geräusch etwas ausführen. K.*

bolten, *m. 1. bolzen, zum schiessen. 2. bolzen, im bügeleisen. — ostfr.* bolte.

bolts, *m. kater. — im d. wb. s. v.* bolze *aus Tibalt abgeleitet. ostfr.* bolze, balze, *wo an* balz *erinnert wird; vgl.* paltsen, *verliebte töne hören lassen, vom auerhahn. holl.* bollen, *lüstern sein;* bollekater. *mir scheint das wort ableitung von* bollen = lollen, *welches die töne des ranzenden katers ausdrückt.*

boltse, *m.* = bolts. *(Fürstenb.)*

boltsebaunen, *pl. wollbohnen. (Fürstenb.)*

bôm, *m. pl.* bôme, *baum.* dat maut en slechten bôm sin dä op den ärsten hai fällt, *vom freien.* dà stonn ik vǫ̈r dem bôme, *da war ich fest gefahren.* — ênem den bôm hàllen, *einem die stange halten. — goth.* bagms; *alts.* bôm.

bǫm, *m. für* bǫdem, *boden. den oberboden im hause bezeichnet es nicht. — alts.* bodam.

bombam, *H.:* bumbam. *1. eine gewisse weise des läutens. an der grossen glocke zu Butzbach stand der vers:* est sua vox bombam potens depellere

Satan. *Curieuse Antiq. I., 451.* 2. *m. in der kinderspr. etwas das sich hin und her bewegt.*

bombast, *m. fig. lärm.* dat es vial bombast, àwer waiuig wulle. *vgl. engl.* bombast, bumbast. *könnte es urspr. nd. = baumbast sein? die älteren composita mit* bôm *haben das* o *verkürzt, die jüngeren nicht. dies gilt von der mundart bei Iserlohn.*

bômken, *n. bäumchen.*

bommel, *m. verächtlich: junge.*

bommel, *m. klöpfel der armensünderglocke.* dà slätt de bommel noch nå, *von streichen, auf welche strafe folgen wird.*

bömmelke, *n. in* årbömmelken, *ohrgehänge,*

bommeln, *umherlaufen, wie ein müssiger junge. — s.* bummeln.

bommelsack, *m. im rätsel vom fuhrmann; s.* pummelsack.

bômmess, *n. baummesser;* —nàter, *m. —marder (Weitmar), vgl.* stènnàter; —ǫlge, *f.* —*oel, — v. Hövel urk. 112:* boemolye; —ratte, *f. gartenschläfer,* myoxus nitela; —schaule, *f. —schule;* —side, *f. —seide;* —ûle, *f. —eule;* —wass, *n. —wachs;* —wulle, *f. —wolle;* —wullen, —*wollen.*

bône, *f. bohne.* he es innen bônen, *er ist mit den gedanken im gerstenfelde.* se sind geràde as wann se bônen in den åren hän, *sie hören nicht.* nitt ne bône wèrd, *gar nichts wert. vgl.* kaine buttelte, nitt en gedanken, nitt ne knifte, nitt en knôp, nitt en lammerstęrtken. — linen bônen, wüllen bônen, *syn.* boltsebaunen, blöggers.

bônenstrô, *n. bohnenstroh.* so grǫf as bônenstrô.

bönhasen, *auf verbotenen wegen gehen. vor der ehe mit der braut vertrauten umgang haben. K.* — bönhase, *ein nicht zur gilde gehöriger handwerker, der heimlich auf dem boden arbeitet.*

bonke, *pl.* bonken, *knochen.*

bǫnken, *grob stossen.*

bônken, *mit bohnen (vitsbohnen, zwergbohnen) spielen. sie werden, wie anderwärts knicker oder geldstücke, in ein grübchen geworfen. (Brilon.) vgl. Rochh. alem. kinderl. s. 422:* grübelein, grübli, inggis.

bonkhûs, *n. grab.* bonkhûses knechte, *totengräber. v. Steinen II., 748.*

bǫr, *n. bohrer.*

bôr, *f. 1. bürde, tracht. 2. bund reiserholz, syn.* schantse. *3. eine bürde reckstahl in der grafsch. Mark sollte halten 118 Pfd. köln., hielt aber gewöhnlich 116½. (Eversm.)* — bôr *für* bôrde. *ô wird durch das folgende rd bewirkt. ahd.* burdi, *altwestf.* burthi, *mwestf.* boyrde. *s.* Bôrde.

bǫrbôm, *m. 1. hebebaum. 2. baum zum tragen von eimern. Teuth.* boirboom. hevel.

borbôsken, *n. ein faustdicker kloss, der in einer eigens dazu bestimmten form gar gemacht wird. — ostfr.* bolbeisje.

bôrde, *f. die Soester Börde. — Seib. urk. 719* Boirde. *Gerhard v. Minden 27, 31 u. ö.*

bǫrd, *s.* raime.

bǫrdrûwe, *f. bohrtraube, der teil, in welchem das bohreisen befestigt ist. (Lüdensch.)*

bǫrdrûfel, *f. bohrtraube. (Hemer.)*

bǫren, *bohren.* dä bǫrt 't brę̄d bà et am dünnsten es.

bǫ̈ren, *1. heben.* se bǫ̈rden ęn nitt oppet pęrd, nè drǫ̈wer, *von grossem lobe. 2. tragen (selten).* dat küömt van allem hiowen un bǫ̈ren. — *ahd.* purjan; *mhd.* buren; *altwestf.* burjan; *mwestf.* boren *(erheben). s.* hûsbǫ̈ren, opbǫ̈ren, verbǫ̈ren, afbǫ̈ren. *3. gebühren. Seib. Qu. 1, 105.*

bǫrg, *m. das borgen.*

bǫrg, *f. burg.*

bǫrg, bǫrgelswîn, *m. barch, verschnittener eber.* — baerg, barg, majalis porcus castratus. *Kil.*

bǫrgemester, *m. bürgermeister.*

bǫrgen, *borgen.* bǫrgen makt sǫrgen. wat du kanns gebǫrget krigen, dat lå di nich te dûr sin. *spott. s.* kwîd.

bǫ̈rger, *m. bürger.*

bǫrke, *baumrinde. K.*

bǫ̈rken, *n. kleiner bohrer.*

born, *m. (Dortm. spricht fast* bǫdden, *K.) quelle. in häufigen ortsnamen, z. b. urk.:* dat Hövedborn, *sc.* gud, zu Oberhemer, Grevenborn bei Klusenst., Fettenborn bei Oberhemer, Kainenborn in Deilingh., Luddeborn bei Altena, Schlangenborn bei Iserlohn, Johannisborn bei Wiblingwerde, *wo eine kapelle stand und wohin am Johannistage gewalfahrtet wurde,* kattenborn bei Plettenberg; sunnenborn.

börnen, *1. pferde etc. etc. tränken. davon wol* borner *(tränker, trankquelle für's vieh) im Remlingrader weistum.* 2. büernen, *tränken (von menschen).* hadde en seo dicke büernt, dat hei nich olläne up den schoäken stohen un up dem stauble sitten kunn. *N. l. m. 35.*

bǫrssel, *f. bürste.* — *holl.* borstel.

bǫrsseln, *1. bürsten.* *2. saufen.*

bǫrst, *f. brust.* — *alts.* briost, *mnd.* borst, briost *ward in* biorst, *oder* briust *in* biurst *versetzt, die starke consonanz bewirkte verkürzung des vocals und* r *die brechung.* briust *wird aus* brist *(zu* brëstan*) verbreitert sein.*

bǫrste, *f. borste.*

bǫrstkårne, *f. euterstück einer kuh.*

bǫrstkrankhaid, *f. brustkrankheit.*

bǫrstlappen, *m. 1. brusttuch, weste.* hä es nitt raine unnerm bǫrstlappen, *es ist ihm nicht sauber unter dem brusttuche, er hegt insgeheim feindselige gesinnungen. 2. innere brust, lunge. K.*

bǫrt, *mal.* alle bǫrts. *s.* bot.

bǫrtig, *gebürtig.*

bôs, *f. gewisse teile des geschlachteten schweines. (Velbert.)*

Bösbede *bei Fröndenbg. alt.* Burstpethe, *d. i. pfad* (pathi) *nach einem erdbruch (mwestf.* erdborste, *erdspalte).*

bôse, *böse.* de bôse siawene. *1. böses weib. 2. im karnüffelspiel* = de tiawe. — *eine urk. v. Iserl. (1446) hat unter den zeugen:* dey boze Heyne eyn gesworn vrone to Lon ind mer guder lude genoich. *hier ist* boze *wol = scharf, strenge.* bose *kommt öfter im heutigen sinne im Soester Daniel vor.*

bôseke, *bauchspeicheldrüse am eingeweide der kuh. K.*

bǫseln, *gemächlich arbeiten. Gl. belg.* beuselen, nugari, tricari, nugas agere. *K.*

bôshaid, *f. zorn.* in der bôshaid sin. *vgl. Voss* de geldhapers. *Soest. Dan. 129:* des düvels bôsheit; *133:* solke bôsheit bedrîven.

bǫskop, *f. auch* burskop, *f. botschaft.* — *für* bǫdeskop; *ahd.* botascaft.

bosse, *büchse am rade einer karre.*

bossel, *hölzerner fassreif, womit die kinder spielen. K.*

bossel, *1. kreisförmiges bret, zum spiel. (Grafsch. Limburg.) 2. kegelball f. r. 28. Bugenh. Jes. 22[18]* bosselklotz *= kugel.*

bösselken, *n. kugeliger körper. so nennen wärterinnen den kindern jeden gegenstand, der sich rollen lässt.*

bôsseln, *bosseln, hinrollen; ein Spiel, welches auf dem Hellwege (Unna) mit runden brettern* (bôssel, bôsselrad) *gespielt wird. es kommt darauf an, dieses rad durch die gegenpartei zu treiben, die es mit einem klotze zu hemmen sucht. im Alten. statute ward das* bozelen *erlaubt.*

bossmen, *m. busen.*

bôten, *m. pack, vom flachs; zu Fürstenb. 120* rîsten. — *ahd.* pôzo, *Gl. belg.* bote vlasses. colligatura lini. *T. fr.* botte; *Schamb.* bâte, bôte, *hess.* bôsse, bôssen, *m.*

bott, *mal;* all bott. — *ostfr.* all bott. *Kil.* bot, botte, impulsus, ictus.

boukærl = bollekærl. *(Elsey.)*

böumen = bollekærl. *(Libberhausen.)*

bôfiost, *m. bovist.* dat es en dingen as en bôfiost. du büs ock en rechten pôfiost. — *vgl.* bubenfiest.

bǫwen, *oben.* hä stêt bǫwen erden. — *aus* bi oban. der bǫwen, *darüber, ausserdem, trotzdem. mit præp.* b. ân, — af, —dǫr, van b. dâl, —in, —op, (he es wir bowen op, *er hat sich wieder erholt. K.)* —ut.

bǫwer = bǫwen.

bǫwerst, *oberst, höchst.*

Bråband, *Brabant.* — *mhd.* Brâchbant.

bråbänner, *brabanter, brabänder. es lehrt, dass für das nd. auslautendes* d *richtig ist. es kann daher zu diesem* bant, bande *(wiese) und span.* banda, *landstrich am flusse, berge gehalten werden.* d *mag* th *sein, so stimmt es zu römischem* t *in* Tubanten.

brådbęren, *pl. gedörrte birnen.*

brådmüse, *pl. dass. (Weitmar.)*

brådwǫrst, *f. bratwurst.* de bûr es vanner kǫrten pręke un 'er langen brådwǫrst. — *Tappe 176[b].*

bracke, *f. leithund.* — *ahd.* bracco; *mlt.* braccus.

bråe, *f. s.* wadbrâe. *Teuth.* braide an en beyn.

bråen, *pr.* braid, *ptc.* brâen, *braten. Teuth.* braiden. harsten. roistren.

bråen, *m. braten. Teuth.* braide. crap. harst.

braie, *f. brühe.* du büs med der selftigen braie begǫten. — *altwestf.* bruodi, *Teuth.* broede, *ital.* broda. *s.* brôd.

braiehenne, *f. brüthenne.*

braien, *pr.* brodde, *ptc.* brott, *1. brüten. 2. auch von einer krankheit, so lange sie sich entwickelt.* hä brött de pocken. *Sündenf. 205:* broiden.

braif, *m. pl.* braiwe, *brief, urkunde.* se hęt de elsten braiwe, *sie hat die ältesten ansprüche.* du hęster noch kaine braiwe van, *du hast noch keine gewissheit.* lât dû de lû bi ęrem węsen, so blitt dine braiwe ungelęsen.

bråk, *brach; fig. ohne kind.*

brâke, *f. flachsbreche. Teuth.* brake tot vlas of hennep.

brâke, *reis, busch, K. S.; abgehauenes reis, (Marsberg;) trockenes reis, (Fürstenb.) ostfr.* bråk, *strauch; engl.* brake; *hess.* bråke, *m. dornreis zum zaunbessern.*

brâken, *flachs brechen. zu Rheda dafür* racken.

bråken, *den acker umbrechen, die brache pflügen. (Fürstenb.)* im spörkel es guəd bråken, män me kann der sik nitt op verlâten. — *alts.* gibråkôn. *ahd.* pråchôn. *Teuth.* braicken dat lant.

brâkwiəge, *f. bruchweide,* salix fragilis; *sie wird auch* braukwiəge *genannt, aber wol mit unrecht.*

bråkwigge, *f. ein weihe, der durch sein geschrei regen verkündet.*

brâm, *m. besenginster.* wann de brâm blaumet es de bûr krank un de imen. — *Dasyp.* pfrimmen. *Gl. belg.* brame, ghinster,brimmen. genesta.—*Aesop2,36.*

brammelte = brammerte. *(Remsch.)*

brammen = brausen. *Gr. tüg 42.*

brammerte, *f. brombeere.* — merte = berte, *beere. ahd.* bramo, vepres, *Teuth.* bramberc.

brâmmerte, *f. dass. (Elberf.:* brommelte).

brand, *m. pl.* bränne. *1. brand, incendium. 2 feuerbrand.* èn brand allène briənt nitt. hä sik med bränne slätt, då stûwet de funken, *oder wie es im westf. anz. II., 668 lautete:* de sik med fûerbränden slätt, mot förlaif nęmen, bu de funken stûwet, *d. i.: wenn sich ein ehepaar zankt, oder wol gar schlägt, und der eine teil sich nachher über den andern beschwert, so pflegt man wol mit diesem spruche zu antworten.* hä sittet bi den brännen. ik wêt bat ik wêt: graine brünne sind ächter hêt. *man scheint damit den zu bezeichnen, der mit der sprache nicht heraus will, durch seine verlegenheit die antwort erraten lässt.*

brandbraif, *m. 1. brandbrief, worin feueranlegen gedroht wird. 2. dringender brief überhaupt.*

branddûr, *brandteuer, sehr teuer.*

brandholt, *n. brennholz.*

brandraue, *eisengestell am herde, worauf das holz gelegt wird. vgl. das folgende Wort.*

brandrigge, *f. brandbock am herde.* de swarm es an de brandriggen trocken, *die frau im hause ist nieder gekommen. köln.* brandrichte. *Kil.* brandroede. *Teuth.* brantroide.

brandsalwe, *f. brandsalbe.*

brannerig, *brandig, nach brand riechend oder schmeckend.*

brannewîn, *m. branntwein. Teuth.* bernwyn, vinum crematum.

brannsen, bränsen, *1. eigensinnig weinen. (Lüdensch.) 2. weinen überhaupt. (Valbert.)*

bräntərig = brännerig. — t *für* d.

bræschen, *schreien, von kindern, vom esel, vom pferde (wiehern). — v. d. H. Germ. X., 127* braschen, *137* bresen un raren, *brüllen und schreien; RN.* bråschen, *lärmen. Vilmar:* breschen. *Teuth.* breeschen. luyden als eyn dyer grymt. rugire.

brast, **brass**, *menge. eigentl.* fragor, strepitus. — = *alts.* braht, *Kil.* bras, mixtio, confusio, commixtum chaos.

brauk, *m. hose, Altena. auch vom pferdegeschirr. s.* achterbrauk. — *im ganzen ein selten gewordenes wort. lat.* bracca; *ahd.* pruoh; *dän.* brog.

brauk, *m. pl.* braike, *bruch. Gl. belg.* broeck. *Teuth.* broick. venne. ollant. goir. palus. — in den Braiken, *häufige ortsbezeichnung, z. b.* Bredenbrauk, Grisenbrauk, Dassbrauk; *als n.* dat brok. *Seib. Qu. 1, 157.*

braukwiəge, *f. brûchweide, d. h.: eine weide, die gern auf bruchboden wächst, nicht zu verwechseln mit* bråkwiəge.

brâf, *adj. brav. — adv. viel.* brâf geld, brâf wat, *viel. — röm.* bravo, *aus mlt.* bravium, *gr.* βραβεῖον.

bręd, *n. pl.* bręer, *bret.* hä snidt bręer, *er schnarcht laut.* hä niəmt en bręd fϙr den kopp. *Gl. belg.* berd, asser. *V.*

brêd, *comp.* bredder, *superl.* breddest, *breit.* he hęt et ok nitt brêd. he hęt en brêen rüggen, *kann viel (schelte) vertragen.* vi wett ne brêd slån, *wir wollen ihn geneigt machen.* de es so brêd as de micke te stipel.

bredâlig, *hochfahrend. Stürenb.* bredâl, *grob, hochfahrend. ?* dàl, *strals. vocab.,* = hoverdich, elatus. *Stürenb. vermutet entstellung aus* brutal. *aber* bre *kann geschwächtes* brêd *sein, wie in* bredadig, *stolz.*

bredde, *f. 1. breite. 2. flacher landstrich, weitung. häufiger flurname. mwestf.* brede, breyde. *ahd.* breiti.

brêdkopp, *kuhname.*

bredulje, *verlegenheit, verwirrung, scheint der spielausdr.* bredouille *für* brouille *genommen zu sein; (Iserlohn, Dortm.) auch bei Stürenb. verzeichnet.*

bręken, *pr.* bråk, *pl.* bræken, *ptc.* bręken,

brechen. nöd briəket isern. sik brękcn, *sich übergeben.* et gå di wǫl, sagg en burssen tiəgen ne dérne, dęr wǫt dünne tau ęme was. sai anverde: et gå di ók wǫl, dann brûkste di ock nitt te bręken un grüss mi alle dä di van äcliter hęr begiəgent.

brękspiel, *n. zerbrechen vieler geschirre.* brekspel, interruptor lusus. *Kil.*

brękfällig, *1. zerbrechlich. 2. baufällig; auch fig.*

bręme, *f. brombeerstrauch.*

brętnenblad, *n. blatt des brombeerstrauches.* en bréd brętnenblad flütt de bęke op un af. *sprüchlein für mundfertigkeit.*

bremme, *f. brombeerstrauch.* brame, bremen. vepres. vepreculus. *T.* braeme, breme. rubus, sentis, vepres, morus vaticana. *Kil. Iserl. limitenbuch 37:* alhier ist ein stein gesetzet an einer jungen beucken heister, alwo viel bremmen vorhanden.

Bremmenstên, *m. ein isolirter kalkfels bei Iserlohn, bedeutet einen mit brombeersträuchern oder dornen bewachsenen felsen.*

bremmerte = brammerte.

bremsen, *besenpfriemen. (Remsch.)*

bręnen, *præt.* braunte, *ptc.* brannt, *brennen.* bä dai hęrgêt, dä briənt et, *sie ist nicht ehrlich.* — *mwestf.* bernen.

bręner, *m. 1. kaffeebrenner. 2. säufer.*

bręnholt, *n. brennholz.* — *urk.* berneholt *für* bernholt.

bręnniətel, *f. brennnessel.*

brensen = bransen.

bręnterich = brännerig.

brêren, *lautschreiend weinen, von kindern; s.* bræschen. — *fr.* braire. *vgl. Diez R. wb. s. v.* braire.

brî, *m. brei.* hai löpet drümme as de katte üm den héten brî. me maut den brî nitt so hêt ęten as he opschepped werd. dä hęste den brî med samten brocken. — *zu Rheda* brîg, *vgl.* bregen, *gehirn, s.* briggen.

bricke, *f. krummes holz, woran fleischer das geschlachtete vieh aufhängen. syn.* krumme. so schéf as ne bricke. — *es hängt mit* brĕkan *(brechen) zusammen. vgl. engl.* bucket = bricke *und die Norfolkphrase:* as wrong as a bucket.

briggen, *den kühen das futter kochen und als brei* (brig) *geben.*

brill, *m. 1. brille, aus* beryllus. *2. von der ähnlichkeit der gestalt: sitzbrett eines abtritts.* — *masc. auch im schwed., daneben femin. Kil.* bril, sedes latrinæ perforata.

brink, *m. 1. hügel. 2. abhang eines hügels. 3. anschwemmung im bette eines baches oder flusses, die eine pflanzendecke erhalten hat. im Allen. W.-Bl. 1835 nr. 25 las ich:* „auf der sogenannten Hauflake hat sich seit einigen jahren ein brink *(sandbank mit gras bewachsen)* gebildet, der von einigen Mühlendorfer eingesessenen seit kurzem zur bleiche gebraucht wird.“ *eben so wird das wort in der grafsch. Limburg gebraucht. 4. anger, grüner platz, quellplatz. als halbappellative ortsbezeichnung von hügeln und abhängen ist das wort bei uns häufig. — mwestf.* brink = *rand ist die grundbedeutung. Förstem. d. ortsn. 275 kennt im regierungsbezirk Arnsberg 8 namen auf* brink. *in und bei Iserlohn:* Knallenbrink, Lindenbrink, Gaylbrink, Jodenbrink; *amt Hemer:* Isenbrink, Lusebrink, Hoppenbrink.

brinksitter *heisst der, welcher ein eigenes haus auf einem in erbpacht genommenen boden besitzt. K.*

britse = britsel. *K. S. 78.*

britsel, *f. bretzel.* ik hewwe min lęwen noch nix krümmeres gęten as ne britsel. — *ahd.* brezitella. *muss der name dieses backwerks aus ital.* braccio *hergeleitet werden?* britse = britte *kann einem* bricke *entsprechen, vgl.* blits *zu* blikan, mutse = mucke, ûtse = ucke, bucke. *könnte die bretzel in der form* B *ein altheidnisches backwerk sein, welches als* rune B *an Bal erinnert?* bälweske briteeln *sind bei uns berühmt.* Balve, Balleban *mag von* Bal = Balde *benannt sein. Teuth.* brytzel. wyndeling. krekelingh.

brocken, *brocken.* hai hęt wǫt in de męlke te brocken.

brocken, *m. brocken. s.* brî.

brôd, *n. brot.* en stücke brôd in der taske es bęter as ne fęer om haue. hä gêt te brôe, *er geht bei andern in die kost.* dęm sin brôd es backen, *er ist verloren.*

brôd, *f. brühe.* — *ahd.* brôd; *ital.* brodo.

brôdblaume = rågen. *(Aplerbeck.)*

brôdękse, *f. scherzhaft für mund.* dä hett sik mål rècht in de b. hoeht, *die haben sich mal recht abgeküsst.*

brǫdel, brǫ̈del, *fehler, z. b. im stricken, weben.*

brǫdeln, *fehler machen im stricken, weben.*

Dortm. broddeln *ebenso.* brodden, inepte operari. *Kil.*

brǫddeln, *etwas langsam, bedächtig tun; beim knickern.*

brüddeler, *der langsam schiesst, beim knickern.*

brödjunge, *knaben, die den niederen kirchendienst verrichten, dafür freien schulunterricht und bei begräbnissen etc. gaben empfangen. K.*

brödschap, *n. brotschrank.* hä lôpet im hûse 'rümme un kann 't brödschap nitt finnen.

brödsack, *m. brotsack.* dat es en armen brodsack, *das ist ein armer mensch. vgl.* dicksack, pummelsack, frętsack.

brödsǫrger, *m. brotsorger, familienvater.*

brôer, *m. pl.* brôers, *in Altena richtiger* brauer, *bruder. — alts.* brôthar *für* bruothar.

bröi, *f. brücke. — schwed.* bro. *vgl.* wéi: wigge; bröi: brügge.

bröi-îmen, *pl. brütbienen, drohnen. (Lüdensch.) s.* braudbigge.

brôken, *n. brötchen.* ik kann jà nitt mär brôken saggen = *ich bin ganz athemlos.*

brötschen, *schmoren.*

brötsch-immen, *pl.* = bröi-îmen. *(Valbert.)*

brûd, *f. pl.* brûten, brûtens, *braut.* brûmer un brûd tebôpe dä drinket ût ênem pôte. de brûd hęt de katte nitt guod föert, et ręgent au çrem ârendage.

brûd, *m. last.* ek hef den brûd dervan, *ich habe die last davon = ich will nichts davon wissen. (H. ich will es gar nicht haben.) s.* brûn. — *vgl. ags.* bryrdness, cura, compunctio.

brûden, *s.* brûen.

brûddâler, *m. verlobungstaler, den der bräutigam der braut gibt.*

brûddans, *m. brauttanz.*

bruddel, *s.* buddel.

bruddeln, brǫdeln.

brûddisk, *tisch, an welchem die braut sitzt.*

brûddigam, *m. bräutigam. (Schwelm.)*

brudgail. et flas es brudgail = et es 'ne brud im huse; *wenn der flachs recht lang wird.*

brûdigamsvâer, *m. bräutigamsvater, der für den bräutigam das ist, was die brautmutter für die braut.*

brudjunge, *m. brautführer. Grimme Sauerl. 63.*

brûdloch, *trauung. (Weitmar.)*

brûdlocht, *f. hochzeitszug. K.*

brûdlöchte, *hochzeit. (Deilinghoven.)*

brûdloft, *hochzeit. Iserl. ged. v. 1670. fasc. temp.* 288b bruloft.

brûdlä, *pl. brautleute. — früher verstand man unter* brûdlüde *die zeugen des brautpaares, welche zugegen waren, wenn sich die jungen eheleute verleihungen machten. v. Hövel urk. 28.*

brûdmôer, *f. brautmutter. — Luth. huspost.:* De *(sc. Maria)* wert velichte der brudt erkaren moder op der hochtidt gewest sin.

brûdschat, *m. brautschatz, mitgift.*

brûdstücke, *n. geschenk, welches von der braut den verwanten des bräutigams gemacht wird. Grimme, Sauerl. 63.*

brûdtrissek, *m.* = timpenbrt. *(Werdohl.)*

brûdvâer = brûdigamsvâer.

brûdwâgen, *m. brautwagen.* hä sliəpet sinen brûdwâgen nâ, *sagt man, wenn jemand ein dornbusch am kleide hängen bleibt.*

brûdwîn, *m. verlöbnis.*

brüok, *m. 1. bruch, fractio.* dat gêt in de brüoke, *das ist mir zu hoch.* ik sin innen brüoken, *ich bin an der bruchrechnung. 2. leibesbruch,* hernia. hä hęt en brüok.

brüok, *m. brüchte.* dat küəmet in de brüoke, *das kostet strafgelder.*

brûen *für* brûden, *belästigen, plagen, necken.* hä brüdt sin môer üm geld. *ags.* bryrdan, pungere; *ahd.* bruttan, *mhd.* brütten.

brügge, *f. 1. brücke; mwestf.* brucge. *2. butterbrot. Rachel satyr. p. 40. Gl. belg.* brugghe; boterham. — *v. St. III. 492 (Lathen im Hannov.). scheint metapher, weil es die hauptbrücke ist, welche leib und seele verbindet.*

bruggehus, *n. brauhaus. — alts. (Werd. hebereg.)* brouhus.

bruggekiətel, *m. braukessel.*

bruggen, *brauen. vom aufsteigenden regengewölke sagt man:* dà sid se wir. düchtig am bruggen. — *ahd.* briuwan; *alts.* gibreuwan; *mwestf.* browen. *unsere form entstand aus* brûen; *die füllung des hiatus mit gg bewirkte verkürzung des vocals.*

brugger, *m. brauer.*

brüggesken, *n. 1. brückchen. 2. butterbrötchen.*

brügg-op-héi *oder* galgenschimmeln *ist zu Marienh. der name eines kinderspiels, welches dem* galgenlesken *entspricht; s* brunê.

bruhê, *lärm. Wedd. WM. IV. 301.*

brûk, *m. pl.* brûke, *brauch.*

brûken, *præt.* brôk *(ags.* breák*) und* brûkede, bruchte, *pl.* brüoken, brüchten, bröchten; *ptc.* broken *(Brackel) md.* brûked, brucht, *brauchen.*

brûme, *schw. m. bräutigam. f. r. 4. 11.* — *Soest. Dan. 107* brûm *und*

brûme, *m. (Fürstenb.)*

brûmer, *m. bräutigam. das in mer steckende* mar *steht für* mann. *vgl. ahd.* langmar *(mittelfinger) mit unserem* langmann. *Radloff II. 341:* bruthmann.

brumester = borgemester.

brummbast, *m. brümmer.* — *? für* brummbass, *worin* basse, bår *stecken könnte. vgl. Danneil,* brummbår, brummbass.

brummelke, *1. brombeere. (Siedlinghausen.) 2. brummfliege.*

brummelsse, *f. hummel. (Bremen bei Werl.) s.* brummerte.

brummelte, *f. 1. brummfliege. (Werl.) 2. bremse. (Soester Boerde.)*

brummelte, *f. brombeere. (Marienh.) ostfr.* brummelbêe.

brummen, *1. brummen.* vọr sik hen brummen, *leise mit sich selbst sprechen.* med ümmes brummen, *ihn schelten. 2. die glocke zum englischen gruss anschlagen. N. l. m. 95.*

brummerte, *f. hummel. (Balve.)*

brümmesk, *brümmisch.* hä es so br. as ne bustersoppe.

brummîsern, *n. maultrommel; syn.* mûltrumpe.

brummflaige, *f. brummfliege.*

brûn, *braun.* swart un brûn, *braun und blau.*

brûn, *m. last, plage.* ik hewwe den brûn dervan = *ich habe nichts davon. s.* brûd.

brunê, *f.* = buhê, *name eines fangspiels; s.* buhê.

brûnelle, *kuhname.* — brunelle, prunella, *eine pflanze.*

brunnen, *m. krankheit der schweine, die sich durch braunwerden gewisser körperteile verrät.* — *ostfr.* brunne, *halsbräune.*

bruntsen, *pissen.* — *aus* brunnentsen, *zu* brunnen, *dem hd. entlehnt.*

brûs, *m. braus.* sûs un brûs.

brûsen, *brausen.*

bruwẹchelnstrûk, *m. wacholderstrauch.*

bruwẹchelte, *f. wacholderzweig.*

bû, bu, *1. interrog. und relat. wie.* — *alts.* hwo; *mwestf.* wu; *fries.* hû; *engl.* how. *2. in ausrufen.* bu! *je nun!* bu jọ! *nun ja!* bu wọl! *je nun wol!* eh bien! bû nê! *ei nein! nicht doch! 3. conjunct.* buwọl, *wiewohl. das Iserl. hochzeitsged. v. 1670 hat schon* bu. *Schwelm:* bu. *Hattingen:* wu.

buchê, *grosses wesen, spectakel. K. S. 85; s.* buhê.

buck, *m. 1. bock. 2. kutschersitz. (Dortm.)*

buckebüsse, *f. knallbüchse. (Fürstenb.)*

bucken, *sich bücken. K. S. 122* ek well di wat hôge leggen, dat du nich haufes te bucken. *Soest. D. 13* buckest so pinliken over dinen staff.

bücken, *præt.* buchte, *ptc.* bucht, *bücken.*

bücking, *m. bücking.* bocksharinck, buckingh, halex infumata, halex hircina, a foedo nempe odore. *Kil.*

buckstån, *leiden, bezahlen für andere. Wedd. WM. IV. 301.*

buddek *in* engebuddek, *dicke blutwurst. (Fürstenb.)* — *vgl.* puddek *und* enddott.

buddel, *m. (Köppen schreibt* büoddel.) *masse, plunder.* — *alts.* bodal; *holl.* boedel; *ostfr.* budel, bodel; *Wesel* baul, plunder. *s.* bruddel.

buddelìersche, *f. auf adlichen häusern ein mädchen, das für bier und wäsche des gesindes sorgt. Weddigen.*

buddeln, *wühlen, vom maulwurfe; s.* buaseln.

bûe *für* budde, *f.* bütte *in der papierfabrik und sonst, bottich. s.* bûr. *Rud. Stat. p. 83:* byrbode *für* byrbodde. *vgl. Werd. hebereg.* budin getô *(hohlgeschirr)* ad coquinam et ad brouhus. budde *bez. etwas hohles; daher Teuth.* budde, spoick, mom, schoeduvel, hailers, larva, mascara.

buabel, *f. wasserblase.* — *engl.* bubble.

buabeln, *blasen zeigen.*

büag, *m. biegung.*

büagel, *m. bügel.*

buake, *f. offene kuhglocke, versch. v.* belle, *schlittenrolle, welche rund und geschlossen ist.*

buaken, (buoken, *K.*,) *schlagen, klopfen mit einem waschholze. s.* boken. *Wedd. WM. IV. 301:* bûken, *schlagen.*

büaken, *schlagen, vom böttcher.* — *zusammengezogen aus* buddeken. *holl.* beuken, *schlagen, klopfen.*

büaker, *m.* (büökker, *K.*) *böttcher.* — *zusammengezogen aus* boddeker, bödeker. *Teuth.* kuypper, boedeker.

büaker, *m. 1. waschholz, zu* buaken. *2. gerät des leinwebers. (Fürstenb.)*

büan, *n. 1. bodenraum, bühne. 2.* = gebüanste, *zimmerdecke.* — *Kerckh. pl.* bonen; *v. Hövel 74:* den mydelsten bone up dem huse, er korn darup te schudden. — (büön, *nebenkammer, vorratskammer, kornboden. K.*)

büane, *f. kammer. (Marienh.)*

buaselkatte = dilldoppken. *(Siedlingh.)*

buəseln, *1. wühlen, von bergleuten, schweinen, maulwürfen. mecstf.* boeseln *vom maulwurfe. 2. saugen. 3. gemächlich etwas tun.* ropper gebuselt. *Grimme. s.* boseln. buəseln *1 scheint = buddeln und daraus entstanden.*

buəter, *f. butter.* dà wèrd di niəne b. bî edân, *du wirst das tun ohne widerrede.* düt es kaine raine buəter med dî. *Gr. tüg 80.* hęt dai ock buəter bi de fische, *hat er auch geld?*

buəter, *n. (wegen des ausgelassenen* brôd) *butterbrot.* hä woll friggen, àwer de frau gaff me en buəter, *von jungen burschen, die wie kinder behandelt werden. (Lüdensch.) syn.* brüggesken, klaume, snacke.

buəterblaume, *f.* caltha palustris. du sass grainen un blaien as ne buəterblaume im maimond.

buəterdüppen, *n. buttertopf.* hä wèrd nitt fett, wamme ne ock int buəterdüppen stiəket.

buəterenne, *n. butterende.* dat es oppet b. fallen, *das ist fehl geschlagen.*

buəterkêrne, *f. butterkirne.*

buəterlâe, *f. butterdose. syn.* kôse.

buətermann, *m. butterkrämer. — engl.* butterman.

buəternelle, *f. kuhname.*

buəterfat, *n. butterfass.*

buəterfrau, *f. butterkrämerin.*

buəterfaəgel, *m. gelber schmetterling. (Schwelm.) — engl.* botterfly. *das ags.* nightbuttorfleôgo, tinea nocturna *entspricht unserm* molkentôwer *und bezieht sich auf den molkenzauber.* botervlieghe, papilio. *Kil.*

buətermęlke, *f. buttermilch. Gl. belg.* botermelc, balbuca. *V. G.*

buətern, *1. butter machen.* wann't sik nitt buətern well, dann buətert sik nitt un wamme ock in de kêrne schitt. *2. bildl. fruchten.* dat well nitt b., *die sache will nicht gelingen.*

buəterpiəkel, *f. butterpökel. s.* piəkel.

buəterpöste, *pl. löwenzahn, weil man glaubt, die kühe geben viel milch darnach. (Siedlingh.)*

buətersmacke, *f. schnitte butterbrot. f. r. 112.*

buətersnacke, *f. =* buətersmacke.

buətersoppe, *f. buttersuppe. s.* brümmesk.

buəterstücke, *n. butterbrot. (Fürstenb.) K. T. 20.*

buətram, *n.* (buotteram, *K.) butterbrot; syn.* brügge. — *holl.* botterham. *Kil.* boteram.

buggemann, *m. baumann, pflüger, besonders ein solcher, der das feld eines andern baut.*

buggen, *1. bauen,* ædificare. buggen hęt lust, män hat et kostet heww 'ik nitt en wust. *2. bauen, pflügen. — aus alts.* biuwôn *organisch entwickelt; mnd.* buwen.

bugged, *m. ärnte.* im roggenbuggede. de roggenbugged es te gange. *s.* baude.

bûh, *scheuchruf. andere nd. scheuchrufe sind:* pûh, brûh, prûh.

buhê, *m. durcheinanderschreien, lärm. es ist zusammengesetzt aus den beiden interjectionen* bûh *und* hê. — *holl.* boha! heda! holla! bohamaker. *s.* buchê.

bûhel, *m. hügel, nur in ortsnamen. bei Plettenb. ist ein* hirtenbûhel. *die* capella corp. dominici *daselbst ward nach der stiftungsurk.* op dem Boel *erbaut. s. Kehrein sammlung s. 40.* ossenbeul *bei Pasel.*

bûk, *m. bauch.*

bûke, *f. beuche, bauche. — engl.* buck; *ital.* bucato.

bûkelâken, *n. äschertuch.*

bûken, *1. beuchen. die wäsche in einen kübel packen und mit heiss aufgegossener lauge von buchen holzasche mehrere stunden stehen lassen. Kopp. 2. fig. seichen (ins bett).*

bûkeringel, *m. beuchfass.*

bükse, *f. hose.* hä hęt de hültene bükse anehatt, *er hat gepredigt.* hä versûpt noch sine bukse in brannewîn. hä hęt de grote bükse an, *er ist pate.* sai hęt de bükse an, *sie hält ihren mann unter dem pantoffel. holl.* bokse, *wol von* bock, *also hose von bocksleder.*

buksen, *stehlen.*

büksenblaume, *f. blaue kornblume,* centaur. cyan. *syn.* kårenblaume, engelblaume, kwast, trems. — *engl.* bottleflower.

büksenbord, *hosenbund. K.*

büksenhâgel, *m. scherzh. benennung des rübstiels. syn.* rôkesteppen, rüstepitten, rętel-dǫrt-kęrf, knisterfinken, striəpmaus.

büksenklappe, *f. hosenlatz.*

büksenknôp, *m. hosenknopf; scherzh. = kleiner junge.*

büksenfarwe, *f. tonerde.*

bukslâgen, **bükslâwen**, *wird von pferden gesagt, wenn sich der bauch nach starker arbeit ausdehnt.*

bûl, *m. für* bûdel, *1. beutel.* bim bûl dà schedt sik de fröndskop. *2.*

hodensack. — *Teuth.* budel, secklyn, bursa.

büleken, *n. beutelken.* hai küert ût me sauften b.

bulke, *f. art kleiner runder pflaumen. ahd.* bolca = bolla. *s.* bolle.

bulkenbôm, *m. wilder pflaumenbaum. (syn.* kraike *zu Siedlingh.)*

büll, *f. beule. (Marsberg.) vgl. Teuth.* uytbullen, schilt die ront uytgebullet is.

bulle, *m. stier, springochse. syn.* büllosse, brüllosse, bûrmann. — *altn.* boli, taurus.

bülle, *f. beule am menschl. körper und an geräten. (Lüdensch., Fürstenb., Siedlingh.)*

bullekærl, *m. popanz; s.* bollekærl, wullekærl.

bullemann, *m. popanz; s.* wullemann. *Kil.* bulleman, *holl. j.* bietebaw.

büllen, *m. beule. (Hemer.) syn.* düllen.

bullig, *grob.* bullig flêsk, *grobes kuhfleisch.* — *wol so, wenn es dem bullenfleische ähnlich ist. (Sieg.* **bollich**, *aufgeschwollen, dick, namentlich von personen gebraucht, deren gesicht durch trinken übermässig angeschwollen ist, von demselben weitverbreiteten stamm, wovon z. b. nhd.* bellrose *kommt. Heinzerling p. 91.)*

bullerbast, *m. 1. polterer, leicht aufbrausender, jähzorniger mensch. K. 2. der übereilt arbeitet.* — *holl.* bulderbas.

bullerig, *polternd, übereilt.* hä gêt so bullerig te wẹrke, *er überrumpelt die arbeit, macht sie unordentlich.*

bullern, *1. poltern, brausen, sausen, vom winde. 2. etwas mit übereilung tun, ungestüm arbeiten. (*kollern, *übereilen. K.)* dat küamt van bullern, sagg de snâgel, dâ hadde siawen jâr am kẹrktôren krọpen un as he bälle bọwen was un sik snellen woll, was hä 'runner fallen.

bullosse = bulle. butt ochs, *welches H. als in Dortm. gebräuchlich anführt, wird wol* bulloss *sein.*

bülster, (bulster, *K.) f. 1. fruchthaut der hülsenfrüchte. 2. hülse der nuss.* nuatebülster *(Elsey, Schwelm, Weitmar). syn.* hülse. — *ostfr.* bulster; *holl.* bolster, *auch die der eichel; altm.* bulse. bulse : hulse = bol : hol. *vgl.* bọl, polster *und* bülstern. *Gl. belg.* bolster uterst van der not. culleola. *T.* gluma, folliculus grani. *K.*

bulstern, *aus-, abschälen. K.*

bülsterig, *voll hülsen; vgl.* strammbulsterig.

bülte, *f. bülz, pilz.* et giet rẹgen dat ẹm de bülten ût dem rüggen wasset. — *lat.* boletus. *Teuth.* bulte, drieslyng, peddenstoil, peperlynck, swam, fungus, boletus.

bülte, *f. haufe.* ênem de bülten vam hẹrten schûwen, *einen von drückenden gedanken befreien.* — *ostfr.* bülte. *Teuth.* bulten, hovelen an dem lyve of anders, tuber. *Aesop. I. 80:* bult, *erdhaufen.*

bum, *schall des hammers.* de stampen hẹmers makt bum bum bum. *Turk.*

bumbam, *pauke, im Lüdensch. volksreime.*

bummelhẹrmen, *schalt ein bauer sein pferd.*

bummeln, *baumeln, hin und her schwanken, zu fallen drohen; s.* bommeln.

bummenkraus, *m. grosser trinkkrug. Gr. tüg 18. ?* bumpen, *engl.* bumper.

bund, *n. bund. ein bund sensen in der grafsch. Mark = 13 stück (Eversm.). = 12 stück (Müller).*

bünde, *pl., werden in unsern märchen die aufgebenen probestücke der helden und heldinnen genannt.*

bunge, *f. 1. ein mit leinwand umzogener lattenkasten zum aufhängen an der decke. 2. ein fischnetz mit 3 bügeln, vgl.* fiskbunge *und* fûke. *3. ofentrommel, K., sonst = trommel.* — *mnd.* bunge *für hochd.* pauke, tympanum. *Regel, goth. progr. 21 macht auf mhd.* bunge, bulbus *aufmerksam.*

bungen, *trommeln. Mend. hexenact. v. 1592.*

bunken, **buankeu**, *klopfen, schlagen, von gespenstern.*

bunkenêren, *pochen, getöse machen; schimpfworte herauspoltern.*

bünne, *f. schale, rinde.* — *ags.* bune; *vgl.* bône, afbônen. *Siegen* bing, *f. rinde. Heinz. p. 59 meint, es hänge mit* binden *zusammen und entspr. engl.* bine *in* hopbine, woodbine. *Ravensb.* „wann de rogge iut der schâtbüanen kümt."

bünsel, *m. 1. kleiner knabe, zuweilen tadelnd. 2. taube, verquienene nuss. (Lüdensch.) s.* bünselsnọtte. — *ostfr.* bünsel, knirps; *osnabr.* pünsse, *kahle vögel. Dortm.* bünzel, *windel. K. vgl. Danneil.*

bünselsnọtte, *pl. verquienene nüsse.*

bunt, *bunt.* he es bekannt as en bunten rûen. et giot mær bunte rûens asse ênen. so bunt as ne hiakster. so bunt as ne bunte molle. *(Fürstenberg.)* sik bunte vüagel *(hoffährtige gedanken)* in den kopp setten.

bunte, **bünte**, *kuhnamen.*

buntelêwe, *kuhname. (Marienheide.)*
buntenolle, *kuhname.*
buntkopp, *kuhname.*
bups = wupptig. *Grimme.*
bûr, *m. bauer.* en bûr maut twêmal de süəge haien, ênmàl as junge un ênmal as àlle. wan de bûr geld hẹt, dann es ẹm nitt te wachten. wann du den bûr lowes un biddes, dann wässet ẹm de maud. bat wêt de bûr van gurkensalâd, hä iətet ne med der mistgaffel. bat de bûr nitt kennt, dat friət hä nitt. en bûern smîten, *ein spiel, ostfr.* kei. *s.* plaug.
bûr, *m. semen virile.* kàlle bûr, *maculæ seminis virilis.* en kàllen bûren màken, *se polluere.*
bûr, *f. bauerschaft, z. b.* biokebûr. *auch im Paderbornschen. — Mbtr. IV.*, 543 buer; *vgl. Möser osn. gesch. I., 5. inbegriff sämmtlicher hofbesitzer eines dorfes oder kleinen landkreises.*
bûr = burde, budde, *grosser bottich.* waschbûr, braubûr. *K.*
bûrdîk, *m. bauerteich, brandteich.*
bûrendracht, *f. bauerntracht.* selfgewunnen, selfgespunnen es de beste bûrendracht.
bûrenhọf, *m. bauerhof.*
bûrenfuot, *f. verachtend: bauermädchen.*
burhöären, *horn, durch dessen signal die bauerschaft zusammenberufen (allarmiert) wurde. K.*
bûrmann, *m. zuchtochse, bulle. vgl. v. Steinen Benckerheiden Recht oirdell 12:* burbehr, *zuchteber.*
bûrmester *und* ratsburmester *bildeten beim burwerken den vorstand. K.*
burrê, *f. schnittlauch,* allium porrum, *L., franz.* poireau.
burrêpîpe, *f. schnittlauchpflanze.*
Burris, *Liborius.*
bûrschop, *f. 1. bauerschaft. 2. bauerwirtschaft. — Mbtr. IV., 492:* burscap.
bursse, *m. bursch. — ml.* bursarius, *v.* bursa.
burssenbaike, *f. eine alte buche zu Riemcke (kirchsp. Deilingh.), unter welcher sich sonst das jungvolk sonntags mit tanz zu belustigen pflegte.*
bürst, *m. riss.* wolkenbürst, *wolkenbruch. — zu* bërstan; *ags.* byrst, *m. vgl. d. wb. unter* borste. *mwestf.* borste. *s.* Bösbede.
bûrwerken, *arbeiten der* buren *zum gemeinen besten. (früherhin.) K.*
bûs, *interj. bauz!* bûs, dà lag hä! bûs, dà liət et! *sagte ein karrenhelfer, als er einen sack niederwarf.*

bûs, *m. 1. schall von anstossenden körpern. 2. stoss. — vgl. mhd.* gebiuze. *ital.* bussa. *s.* dûs. *Froschmäus.* allerley vnglück, plag vnd beuss. *vgl. Gr. wb., wo läuse vermutet.*
buselkatte, *f.* = diddeldöppken. ik mainte sau, de ganze weld danzere med mi rümme asse ne buselkatte oppem diske. *Grimme, galant. 22. (Siedlingh.)*
bûsen, *schallen, von anstossenden körpern. — hd.* bôzen, tundere.
busk, *m. busch, strauch.* wenn vụll hasen im buske sid, dann kommt se ock opt feld. *alliter.:* ênem folgen te buske un te bẹrge. — hä slätt dervan op de büske.
buskâse, *f.* busskäsge, *gebüsch. — fr.* bocage.
busken, *m. bund heu, stroh. ein* bûsken strôh *ist minder geordnet und grösser als ein schobben; vgl. hd.* bausch.
buss, **buts**, *m. kuss. — engl.* buss.
buss'ôm, *m. 1. buchsbaum, buxus; ahd.* buhsboum. *2. purzelbaum nach vorn, während der purzelbaum nach hinten* bẹrbôm *heisst.* en bussbôm slân *oder* schaiten; *syn.* stolterboltern — *vgl.* maibock, maibôm, aibum, trummelskopp.
büsse, *f. büchse, 1. flasche von blech der milchbauern. 2. feuerrohr. 3. dille, scheide zum einstecken des peitschenstiels, engl.* socket. *4. cunnus.*
bûsse, *f. platthd.* busse, *sollte* baute *heissen. — huspost.* bothe.
busselbîr, *f.* = tusselbîr, *dicke und runde birne.*
bussen, *auf dem stuhle sitzend ein kind in den schlaf wiegen. K.*
bûssen, *platthd., sollte* baiten *heissen. — mnd.* boten.
büssenblaume, *f. hollunderblüte.*
busshaup, *m. haufen reisich. (Siedlingh.)* flaug oppen b. *Gr. tüg.*
bussklöpper, *m. buschklepper, strauchdieb, räuber.*
bussfîschen, *durchsuchen; sachen beim suchen durcheinander wühlen und werfen. (Elsey.) unbefugter weise etwas durchsuchen. K. eigentlich wol den* busch *durchsuchen; vgl.* buscheln *und span.* buscar, *welches Diez auch auf* bosco *zurückführt.*
bustock, *m. eiserner stock, der durch die stollen der sturzkarre geht.*
bûte, *f. beute. — mwestf. Verne chr. 21* buthe. *vgl.* verbüthen.
bûten, *draussen.* van bûten, memoriter,

auswendig, bezieht sich auf das buch. ferbuten *(Dortm.)*, derbuten *(Iserl.)*, butenhọf. *K.* — *alts.* bi utan. *præp.* buten wiəten, *ohne wissen; auch mit genit.* bûten dọrps.

bûten, *tauschen. mwestf.* buten. *Gl. belg.* buyten, buten, cambire, permutare. *Teuth.* buyten, wesselen, panghlen, cuyden, tuyschen.

bûter, *præp. mit genit., dat. und acc. ausser, ausserhalb.* bûter dọrps, bûter dem hûse, bûter de pårte. bûter màten, *übermässig.* wann de håse im hẹrweste en bûter màten dicken pels hẹt, dann giət et en harden winter.

bûterlüe, *pl. fremde. auch Dortm. Weddigen* butenman, *Seib. qu. I., 105.*

bûterpårte, *f. aussenpforte.*

bûtersîd, *f. aussenseite.*

bûterst, *superl. äusserst.*

buts = buss. — *Mart. Pol.* betz, *n.* pacis osculum. *lat.* basium, *it.* bacio. *engl.* buss.

bütsen, *küssen. (Schwelm.)*

butse, *f. pl.* butsen = bükse. *(Marienh.)*

butse batse, *anfang eines kinderliedes.*

butt, *junger, geschnittener ochse. K.* (but, *ochse. Wedd. WM. IV., 301.* = bul. ?)

butt, *grob, plump.* en butten kærl. *adv.* = *sehr, ausserordentlich.* butt swart. — *ostfr.* butt.

buttelirer, *kellermeister des abts v. Werden. Syb. arch.* — *engl.* buttler.

büttelu, *den bauch aufschneiden. s.* butten, bütten.

buttelte, *f. frucht des hagebuttenstrauches* (slagdårn), *so genannt, weil sie einer flasche ähnlich sieht.* dat es kaine buttelte werd = *das ist gar nichts wert. schon Tappe 105a hat:* ich ghene nit eine bottelte darumme. — *syn.* jückæse. *Gl. belg.* botteldoren. rubus V.

butten, *m. grober ausdruck für bauch.* ik trẹ di vọr den butten.

bütten, *ausweiden, s.* ûtbütten.

buttenkrûke *oder* **buttkrûke,** *f. bauchige* krûke, *dicker als die* sûerbrunnskrûken.

buttsack, *dickbauch.*

buttangel, *n. darmfett.*

buff buff, *hundegebell.* bu siət dein hund? buff buff buff *(Siedlingh.)*.

buff, *m. puff, stoss.* dat gêt op den willen buff, *das geht aufs geratewohl oder blind zu. Teuth.* buff, *schlag. vgl. engl.* blindmans buff.

buff baff, *interj.* piff paff. dat gêt buff baff bæster af, *es geschieht oberflächlich und übereilt. subst. roher, plumper, ungehobelter mensch. K.*

büffel, *m. 1. büffel. 2. grobian.* en büffel vam kærl.

büffelig, *plump, grob.*

buffen, *puffen, schlagen.* dann hål mi use Hẹrgọd un smît mi in den hiəmel dat et bufft. *s.* buff. *syn.* bûsen. *Teuth.* buffen. insolenter sonitum facere.

D

Dā, *da! wenn man etwas hinreicht.* dā! dā hẹstene, *da! hier hast du ihn. cfr.* dott. — *unsere form spricht dafür, dass* dā, da *nicht das pronominale da ist. vgl. Gr. III., 249.*

dà, dâ, *Iserl.* dô, *als adverb. da, daselbst, darauf; als conj. als.* — *alts.* thar, *vgl.* der. — *in der relation:* du unduəcht dà du büss! du schimlige raie dà du büss! drögewäskers *(trockenwäscher, schwätzer)* dà it sind! *vgl. Gr. III., 20, wo in der stelle* „Got vater unser, dû dû bist“ *nichts zu ändern ist.* — **dà-intiəgen,** *dahingegen; Schüren chr.* darentegen. — **dà-med,** *mithin, folglich, deshalb; syn.* dẹrümme. — **dà-nà, dàr-nà, dernà,** *darauf.* — **dà-op,** *darauf.* no, dà folget noch wọt op, *sagt man, wenn jemand übermässig lustig ist.* — **dà-van,** *daraus,* dà wèrd nix van, *daraus wird nichts.* dà es kain seggen van, *man kann davon nichts sagen; vgl.* there is no living with her.

däbbel, *f. geschwätzige person. s.* dabbeln.

dabbel-bätte, däbbel-bätte, *f. geschwätziges weibsbild. s.* bätte.

dabbeln, däbbeln, *schwätzen. vgl. berg.* dàwern, *unser* babbeln, *fr.* babiller, *engl.* to gabble, *unser* verdrappeln *und* babbeln.

dacke, *f. 1. mädchen, welches viel umherläuft. 2. klatsche, K.* dorp dacke. *vgl. f. m. Dacman, Seib. qu. I., 153.*

dacken, *1. umherlaufen, verächtlich. 2. klatschen, K.* dort dọrp dacken. *vgl.*

ostfr. dackern, *rasch und hörbar gehn, unser* däkstern, *engl. mundartl.* dacker, *unbestimmt, vom wetter. Kil.* daeckeren, vet, fland, volitare, motari. *das merkmal des schalls ist hier wesentlich; daher bedeutet* sladäcken *auch schnell sprechen.*

dâd, *f. tat. alts.* dâd.

dadá, *in der kindersprache:* dadá gân, *spazieren gehn. vgl.* babà. *spr.* je möppelkendadá, siət Bętermanns junge te kalle.

dàdà, *f. wiege, kindersprache.*

dâdel, *m. tadel.*

dâdeln, *tadeln. spr.* bai lowet sin well, maot stęrwen, bai dàdelt sin well, maut sik bestâen *(heiraten).*

dag, *m. tag.* all min dâge, *in meinem ganzen leben, allezeit, (1670.)* bit düəse dâge! bit de annern dâgel *sind abschiedsgrüsse.* min dâge nitt, *niemals.* van dâge, *heute.* hä dait ęm den lechten dag te sûr an, *er behandelt ihn schlecht vor den leuten.*

dâgelinge = dageringe.

dâgelôn, *m. tagelohn.*

dâgelônen, *tagelöhnern* = gân im dâgelôn.

dâgelôner, *m. tagelöhner.*

dâgen, *tagen* = *tag werden.*

dâgerigge, *f. tagesanbruch.* in der d., *bei tagesanbruch. — mwestf.* dageringe.

dâgestîd, *f. tageszeit.* d. baien, *tageszeit bieten* = *grüssen.*

dâgewęrk, *n. tagewerk.*

dagslæper, *m. tagschläfer. syn.* nachtrâwe, *ziegenmelker. Kil.* daghslaeper, *j.* nachtraue.

dai, *nachdrückliche form für* dä, de. *1. demonstr. der, die; der da, die da, häufig angewendet, wo die hd. schriftsprache das relativum gebraucht, z. b.* ik hadde en hêren, dai gaf mi alles bat ik hewwen woll. *noch verstärkt wird das demonstrativum durch ein vorgesetztes* si, *w. m. s. 2. relativ. welcher, welche.*

dajacke, *f. schelte.* du büss ne rèchte dajacke; *nur von einem frauenzimmer.*

daigen, *tauen* = *auftauen; verschieden von* dauen. — *ags.* thavan; *ahd.* dawjan, doujan. *nds. ist* bêen *(unser* baigen) = daigen. *Hoffm. fundl. 43:* deigen, updeigen. *Brilon* döggen. *Bhg. ps. 147:* so döyet ydt vp.

daigewęer, *n. tauwetter. Brilon* doggewęer *oder* dauwęer.

daigewind, *m. tauwind.* nà dem daigewinne schraiet de sünner am galgen.

daiken *für* däuken, *von leinwand.* daiken himed, *leinen hemd. f. r. 98.*

daiksken *für* däuksken, *n. tüchlein.*

dainen, *dienen. spr.* dai mi daint fǫr't brôd, daint mi nitt in der nôd. *dienstboten vermeiden gern das wort* dainen *und sagen dafür:* ik wuəne bi N. N. — *alts.* thionon.

dainer, *m. diener. spr.* gehorsamer dainer, sagg herr Smiemann, dà lęwede hai noch. — *mwestf.* deyner.

daip, *compar.* depper, *superl.* depst; *adv.* daipe, *tief.* hai hęt te daipe int glas kiəken, *er hat zu viel getrunken. — alts.* diop, diapo. *im mwestf. lautet der compar. noch* deyper; *Th. vervem. 76.*

daipgrünnig, *tiefgrundig, tiefer, urbarer boden. K.*

daipländig, *tiefgrundig.*

daif, *m. pl.* daiwe, *dieb. spr.* jèder es en daif fǫr sine nârunge. en aisken daif, *eine schelte. von kindern hört man häufig:* du stęldaif.

daiwen, *dieberei treiben.*

daiwen *für* däuwen; *s.* bedaiwen.

daiwerigge, *f. dieberei.*

daiwesguəd, *n. diebesgut. spr.* daiwesguəd dait nümmer guəd.

daiweshǫl, *n. diebesloch.*

daiwesk, *diebisch.*

dâk, *m. pl.* dęker, *dach.* ênem op den dâk stîgen, *einen prügeln.* im dâke hâllen, *gut kleiden, z. b. seine frau.* dâk, *n. 1. dach. 2. regenschirm.*

dâkdecker, *m. dachdecker.*

dâkdrüppel, *f. dachtraufe.*

dâkhäxe, *f. schelte; gehört zu* dâk, *nebel; auch im hildesh. Seif. sagen II., 58. — ostfr.* dâk, *nebel, Kantz.* dack. *Gl. belg.* daeck, nevel, mist, nebula. *P.*

dâkschęr, *f. 1. scheere, womit das dachstroh zugeschnitten wird. 2.* = dâkhäxe.

däkstern, *laufen, dass es schallt, vgl.* dakstern *(Fürstenb.) zu* dacken. *sollte mlt.* dextrarius *daher stammen? es ist schwer zu glauben, dass dieser name des streitrosses davon rühre, dass der knappe es rechts führte. vgl. Diez. R. wb. s. v.* destriere.

dâl, *n. tal. pl.* dęler. *alts.* dal. *spr.* bęrg un dâl begiagent sik nitt, âwer ên menske dem annern.

dâler, *m. pl.* dâler *und* dâlers. *1. taler. der* „gemaine dâler“ *galt 60 stüber, so ward er 1664 durch ein kurfürstl. münzedict bei uns angesetzt; vorher galt der reichstaler 52 stüber. man unterschied davon sonst den* kassendâler *oder* prüssken dâler = *78 stüber.* en sümmersken-, en Plettenberger dåler *sind spöttische ausdrücke für eine kleinere münze.* 2. *scheibe vom apfel und dergl., entweder nach der ähnlichkeit mit einem taler, oder vom lat.* talea. *ähnlich Regel progr. 26 s. v.* negenkracht au kleynen pennyngheu.

dälmen, *qualmen. (Siedlingh.) für* dwälmen.

dåmelig, *dumm, träumerisch, schwachsinnig. syn.* håmelig. — *ostfr.* damelig. *mecklenb.* domlich. *Mda. II., 223.*

dämmen = diken. *Alten. stat.*

damp, *m. pl.* dämpe, *dampf.* hai es dọ̈r den damp, *er ist weg.* hai es im dampe, *er ist angetrunken.*

dämpen, *s.* dempen.

dämper, *m. dämpfer, eine stange mit einem wisch, um den backofen zu reinigen.*

dändel dändel dôseken, *anfang eines kinderreims.* dendelen, *tändeln, spielen. Niesert III.*

daniel, *eine art pfannkuchen.*

dank, *m. dank.* dat es dankes wẻrd, *ich danke dafür, will es aber nicht annehmen.* te danke, *gern:* dat daut se alle te danke. *Helj. 234 (Köne)* an thanke = *lieb.*

dankbår, *dankbar.*

danken *c. genit., danken für.* ik danke der nåfråge, *ich danke für die nachfrage, so sagen wir, wenn sich jemand nach dem befinden unserer angehörigen erkundigt.*

dann, 1. *dann = zu der zeit, wie im hd.* 2. *denn. a., wenn es verstärkt:* wostu denn går nitt dûəgen! *b., als correlat zu* wann *(hd. wenn), wo das hd.* so *oder gar kein bestimmendes wort anwendet:* wann he dî wọt well, dann segg mi beschẻd. — *alts.* than.

danne, *f. tanne, rottanne.*

dannenappel, *m. tannzapfen; Kil.* denneuappel; *syn.* dannenkatte, dannenföbber, wẹrwicker.

dannenbård, *n. tannenbord.* dat es ne guəde bâte tau dannenbords länge, *wird von einer langen person gesagt.*

dannenbẹrg, *m. tannenwald.*

dannenkatte, *f. tannzapfen. s.* katte.

dannenmiskatte, *f. tannzapfen. (Elsey.)*

dannenföbber, *m. tannzapfen.*

danss, *m.* 1. *tanz.* 2. *fuss des hasen, im kinderreim.*

danssen, *tanzen.* wann du danssen kannst, dann well ik di spielen, *sagt man dem verkläger.*

dänsserigge, *f. tänzerei, tanzvergnügen.*

dapper, *adj. und adv. tapfer, tüchtig.* — *ahd.* taphar, gravis; *mnd.* dapper: dappere summa.

dårkuəmen, dẹrkuomen, *ausreichen, auskommen.*

dårm, *m. pl.* dẹrme, *darm.* dä hẹt sik innen dårm stẹken, *er hat gestunken.*

dårmfett, *n. darmfett.*

dårn, *m. pl.* dærne, *dorn.* hai was ẹm en dårn im ôge, *vgl. das ital.* un pruno negli occhj.

dœren, *dornen.* en dœren stock.

dårnbusk, *m. dornbusch.* du küəmes oppen dårnbusk *ist androhung für träge spinnerinnen. der gebrauch, ein solches frauenzimmer auf einen mit einer dornwelle gefüllten kuhtrog zu setzen und durch's dorf zu schleifen, kam auf dem Hellwege vor. syn.* du küəmes oppen bessen, -kautrọg.

dårndrûst, *m. dornbusch, dichter dornzweig.*

dårnẹxter, *f. dornelster, würger. (Weitmar.)*

dårnplock, *m. dornbündel, dornwelle.*

dâseken, dâsken *(für* dwasken), *in den tag hinein schwatzen. syn.* kwätschen. *auch v. St. III., 194 (Elspe).*

dûske, *f. geschwätziges frauenzimmer. vgl. Kil.* daes, *j.* dwaes, delirus; daessen, delirare, insanire.

dat, *dass, damit.*

dat, *neutr. des artik. und demonstrat. eigentümlich ist folgender, nachdruck bezweckender gebrauch des demonstrat.* dat. mömme! ik well auk met, dat well ik. *Gr. tüg 42.* n-ä-h! dat is nitt wår, dat is et nitt. ik sin ümmer artig, dat sin ik. *ibid. 43.* ät es wår, dat esset. du sasset daun, dat saste.

dåtum, *n. datum.* ne stunne nå datum.

dau, *m. tau,* ros. — *mnd.* daw, *Studentengl. 235. Sgb.* dow.

daudissel, *f. für* dûdissel. *(Weitmar.) vgl.* dauuettel. *Kil.* dauwdistel, sonchus.

dauen, *tauen, rorare.* et hẹt vanner nacht stark dauet, 'et gras es gans nat. — *ahd.* toujan; *vgl.* daigen, *wovon es verschieden ist.*

dauen, *præs.* daue, dais, dait, daut; *præt.* dæ; *ptc.* dån. *Iserl. præt.* dê, *ptc.* dôn. *tun.* dû däut wat hä kann, es wärd dat hä liawet. *(Lüdensch.)* — *es vertritt andere zeitwörter und hilft mancherlei redensarten bilden.* dauen = *spielen, es machen wie:* he däit ock kaithûn in der nacht, *von einem der bis spät in die nacht hinein arbeitet. (Elsey.)* hai dæ perd, *er spielte pferd.* dauen = *geben, leihen.* mỏer, dau mi mine kappe! könnt î mi wol en dåler geld dauen? *herreichen.* dauen = *spielen:* söffé jupjö dauen? dauen *ist hülfszeitw.:* dau di bedanken. hai dæ sik bedanken. dauen = *schaden, zu leide tun:* dat dait mi nix, *das schadet mir nicht.* bat dait he di? — dau en striək derdǫr, *durchstreiche den schuldposten.* dat sall et wol dauen, *das wird schon gehen; vgl. engl.* that will do. dä kann't wǫl dauen, *er hat mittel.* et was so derüm te dauen, dann hädde *u. s. w. es war drauf und dran; vergl. shigtb. 50:* unde was byna to donde dat etc. — dat dæ, dat etc., *das rührte daher, dass etc.* hai es rècht drop gedån, *er ist recht drauf bedacht.* dat es wǫt gedån med *u. s. w., wir haben rechte last mit etc.* wat dau'k dermed! *ich mache mir nichts draus.* et es mi dàrümme gedån, *es geht mir darum; vgl. S. Dan. 16.* darum is et en al gedån. ik wêt ock nitt, bat der ümmer gedån es, — *was immer vorgeht.* jå, es der wǫt te dauen! *hätt' ich gedacht! kein gedanke daran!* vi mait màl saihen, bat 'et wǫr dait. bat dæ de kau derbi! *wieviel milch die kuh gab!* hett it dån mit ęten? *vgl.* have you done eating. se sind van ênem dauen, *sie sind von einem schlage.* dat es ên dauen, *das ist einerlei. spr.* sǫrte bi sǫrte, sag de Düwel, dà dæ he en påpen un en àld wif binęn. *spr.* dä et mêste dait, bet et mêste nitt, süss härr' de iəsel mær as sin hær. dôd dauen, *auslöschen ein feuer, einen schuldposten.* ǫpen dauen, *öffnen, (wie im alts.)* vull dauen, *füllen, voll füllen,* ändauen. ûtdauen, indauen. vördauen. dǫrdauen. meddauen.

dauensliəper, *m. tauschleifer. Lüdensch. pfingstgebr.*

dauf = dôf. dat lätt sik hören, saggte de dauwe Hännes. *Gr.*

dauk, *m. halstuch, taschentuch; n. tuch.* linendauk, wüllendauk. *goth. Arzeneib. 22:* enen wullendok. *ib. 10.*

dauken, *s.* schuldauken.

daunettel? *für* daufnettel, taubneszel; *oder* dau = dû, *ags.* thufe luxurians. *s.* dûdissel.

dauwêr, *tauwetter.* et es dauwęr! *sagt man im scherz, wenn es im sommer regnet.*

dåwern, *schwätzen; syn.* dabbeln. — *Kerkh.* daveren, *schwatzen. Teuth.* daveren. beven als en ollant. *Firm V.- St. III., 494 (Elbinger Höhe).* — **dallwern,** *albern schwätzen.*

dâwern, *schlagen; syn.* pælen; *vgl. Schamb. s.* dęffern.

de, *masc. und f.,* **dat,** *n. artik. der, die, das;* dem, der *(Dat.) und* den, de *(Acc.) werden zuweilen zu* tem, ter, ten, te. *wie wir die meisten flüche von hochdeutschen gelernt haben, so haben wir auch* d e r Dêwel, d e r Duəner, der Kuckuk, der Henker, der Schinner, *während sonst* d e *gebraucht wird.* dat *wird häufig zu* det, 'et, 't; *bei der zusammenziehung mit præpos. findet sich ebenfalls* t *für* d *ein:* intem Remsched, intem Krœnenberg.

decken, *decken.*

deckspån, *m. deckspahn, schindel.*

dêg, *m. teig.*

dęge, *gediegen, gut, vom brote.* dęge brôd, *(Limburg). s.* diəge, dîl. — *ostfr.* däge.

dęglik, *täglich.*

dêgtrǫg, *m. teigtrog.*

dęl, *herunter, niederwärts. spr.* me maut sik nitt tüsken twê staüle dęl setten. *s.* dål.

dęl, *f. das niedrige, untere.* ter dęl. *vielleicht nur für* te dęl.

dêl, *m. teil.* en dêl, *eine sache, ein gerät.* en dêl, *einige.* en guəd dêl, *viele.* en àld dêl, *ein altes kleidungsstück.* vǫr allen dêlen, *vor allen dingen.* ên dêl küəmet allêne nitt.

dęle, *f. dehle, dreschtenne. wahrscheinlich ist* ę *aus* a *gebrochen, wie in* dęl, *womit es zusammenhangen wird:* dęle, *der niedrigste teil des bauerhauses, weshalb auch ihre tür die* nîendǫr *heisst. dass dieses wort nicht mit mhd.* dil, *nhd.* diele *eins sein kann, ist klar, da wir* diele, diəle *von* dehle, dęle *unterscheiden. — ostfr.* däle *ist* diele *und* dehle. *gl. belg.* dele, paviment, estrick, floer, pavimentum, area. *T.*

dêlen, *teilen. — mwestf.* deilen, *gespr.* dailen, *wie wir auch heute oft sagen.*

delle, *f. niederung, seichte vertiefung, tälchen. — mwestf.* delle, *engl.* dell, *es wird mit* dål *zusammenhangen. gl. belg.* delle, dal. *convallis V.*

delsken, *niedertreten, z. b. heu, ein bett, so dass* dellen *entstehen. s.* delstern. — *vgl.* dål, dęl, delle.

delstern = delsken.

dęltucht, *f. schweine, die einer selbst (auf seiner* dehle) *zieht. Giffenig p. 202:* eigene Deelzucht. *bei Möser no. 49* intucht, *im Werd. reg.* solag tuht.

dêlunge, *f. teilung.* de ûr heww'k in der dêlunge kriəgen. use Hęrgǫd hęt dêlunge med ne hållen, *er hat ihnen ein familienglied sterben lassen.*

dêmaud, *f. demut.*

dêmaüdig, *demütig.* — *Th. vervem.* demodelik.

dempen, *1. dampfen. spr.* et dempet all; wann't briənd, dann giət't en fûr, sagg de foss, då schêt he oppet îs. *2. durch dampf vertreiben.* du dęmpes jǒ håsen un fösse ûtem berge. *3. ersticken;* dǒd dempen, *durch ersticken töten. bildlich: v. Höv. urk. 55.* den vorg. breyff to dempene. — sik dempen, *ersticken, von pferden; auch von menschen. Must. 55.*

demps, dems, *engbrüstig, von pferden.* — *Schrae no. 58* dempick. — *ostfr.* dampsch.

dengel, *s. v. a.* laulam, lûlam. — *Quickb.* dangeln, *müssig gehn. vgl.* dengeln.

dengeln, dängeln, *lästiges, langweiliges getön machen. in:* de åren dengeln. — *ags.* dencgan, *nd.* dengeln *ist klopfen* (tundere); *vgl. ahd.* tangol, malleus. *sollte unser* spiəldengel *eigentlich ein frauenzimmer bezeichnen, welches statt die sense zu klopfen, mit dem hammer spielt?* rekûnsel *ist ähnlich gebildet.*

denken, *præt.* dachte, dach, *ptc.* dacht, *denken.* wat ek denke friətet mi de katte nich af, *gedanken sind zollfrei.* sik denken, *1. sich etwas denken;* dat heww' ik mî wol dacht. *2. sich einer sache erinnern;* dat denket mi noch, *dessen erinnere ich mich noch.* mi denket noch, dat hîr niəne hûser stönnen. *zu dem verwundernden:* nu denk mål ån! *denk doch einmal! vergleiche* man ån.

denne, *weg.* hä es der denne, *er ist nicht mehr da. s.* diəne. — *ags.* thanonne, *alts.* thanan.

denst, dainst, *m. dienst.* — *alts.* thionust, *mwestf.* deynst. *in Th. vervem. kommt öfter* denst *als* deynst *vor. der schwere ausgang des wortes wird das* ai *sobald verkürzt haben. die verlautung des* io *in* ai (ey) *schon im anfange des 13. jh.:* deynstswyn. *Lacombl. Arch. VI., 117.*

depde, daipde, *f. tiefe.* — *alts.* diupitha.

der, *da. vgl. alts.* thar, *mnd.* dar, *engl.* there. *1. seltener wie engl.* there *gebraucht, wo das nd. ein* es *anwendet.* bat es der? *was ist da? was gibt's?* der was mål en bûr. der was nümmes im hûse. der es kain verlåten op kinner, *man kann sich nicht auf kinder verlassen. 2. es steht von dem dazu gehörigen worte durch die negation getrennt:* ik sî der nitt węsen, *ich bin nicht da gewesen.* ik kann der nitt bî. ik kann der nitt fǫr. ik kann der nitt åchter kuəmen. hä well der nitt af. gå der nitt an! du wês der nix af. *3. durch andere wörter davon getrennt:* blîf der mi van! ik kuəme der noch ens åchter. der es wǫt åne, *es ist wahr.* der es nix åne, *es ist nicht wahr.* et es der ock nå. ik kann der nitt tiəgen ån. *4. verbunden mit præpositionen:* **der-åchter**, *dahinter.* bai kann derfǫr, då deråchter es! *scherzhaft für: wer kann dafür!* me wêt nitt, bai deråchter sittet. — **der-ån**, *daran, dran.* bu küəmste der ån? ję bu küəmt der Dêwel annen papen nitt. hä es so nich derån, *er lässt nicht mit sich spielen.* wo wostu dran? *wohin willst du?* — **der-af**, *davon.* — **der-bî**, *dabei, zugegen.* he hęt mi derbî kriəgen, *er hat mich angeführt, betrogen.* derbî kuəmen as de kau bi't unrechte kalf. — **der-bǫwen**, *droben.* — **der-binnen**, *drinnen.* — **der-bûten**, *draussen.* — **der-in**, *darin.* — **der-med**, *damit.* — **der-nå**, *darnach.* dat es dernå, *jenachdem. fr.* c'est selon. dat es ock dernå *(tadelnd).* dernå at de mann es, brätt me de wǫrst. *soll es nachher ausdrücken, so hört man auch* ter-nå, bit ternå, *was indess vielleicht aus* to der nåh *entstanden ist.* — *Tappe 26ª:* darnae. — **der-op**, *darauf.* derop måken, derop sitten. *auch im obscœnen sinne.* drop un drop, *drauf und drauf, einmal über das andere.* drop un dran. hai bock nu drop un drop. hä es drop as de Dûwel op de sêle. — **der-tiəgen**, *dagegen.* — **der-ǫwer**, *darüber.* he es drǫwer, *er ist trunken.* — **der-tüsken**, *dazwischen.* — **der-üm**, *drum.* du krist wǫt derüm, *du bekommst schläge.* hai hęt mi derüm holpen, *er hat mich in den verlust gebracht.* se wellt ne derüm laien, *sie wollen ihn hinters licht führen.* derümme råen, *darnach raten. s.* ballstoppen. dęrümme, *darum, deshalb.* — **der-unner**, *darunter.* — **der-ût**, drût. *daraus, draus.* ik kann nitt drût kommen, *ich kann es nicht begreifen.* — **der-fan**, *davon.* — **der-fǫr**, *dafür.* — **der-vǫr**, *davor. 5. verbunden mit adverb.:* **der-denne**, *von da* *weg.* — **derfôren,** *vorher, zuvor.* — **dergâns,** *obwaltend, vorhanden.* — **der-hen,** *dahin.* — **der-hẹr,** *daher.* un sau derhẹr, *und dergleichen. Gr. tüg.* — **derlanges,** *an etwas hin.* he gêt derlanges, *er bettelt. 6. verbunden mit verben lautet es* dệr: **dệr-dauen** *(auch* dår-dauen, dådauen), *dartun, hergeben, liefern.*

dêr (däir), *mädchen. Alten-Büren* dîr, dair.

der, ter, *comparativendg.* duirder, höchter. *vgl.* œger, merder.

dệr, tệr, *eigentlich dorthin, contrah. aus* dider, deder, *wie mwestf.* wệr *aus* weder (huether). dat es hệr as dệr (hær as tær; hår as tår. *Firm. I., 365.)* dat küomt hệr as dệr, *das ist so lang wie breit, das kommt auf eins hinaus. vgl. das oldenb. bei Firm. III., 28.* hen un här es lîke wit. — *ags.* thider, *engl.* thither. *s.* hệr.

dẹrhalwen, dẹrenthalwen, dẹssenthalwen, *deshalb.*

dêrne, *f. dirne.* dêrens *oft für mägde; daher glaubt sich manches mädchen auf dem lande beleidigt, wenn man sie* dêrne *nennt und erwidert wol:* ik hewe u de koie nit hodt. *auch Teuth. scheint* derne *im verächtl. sinne zu nehmen.* maghet die eyghen is, derne.

dẹrske, *f. 1. das dreschen. 2. der ort, wo gedroschen wird.* ik moch üm 3 ûr all op der dẹrske sîn. *die brechung hängt vom folgenden r ab. s.* dẹrsken.

dẹrsken, *præt.* darsk, dursk, *pl.* dürsken; *ptc.* dọrsken. *1. dreschen. 2. prügeln.* — *ags.* thërscan.

dersker, *m.* drescher. he iətet as en dẹrsker.

dẹrskefliəgel, *m. dreschflegel.*

dẹrtîd, *derzeit, damals. s.* dẹrtîges.

dẹrtig, *dreissig.* — *alts.* thritig.

dẹrtîges, *derzeit, damals.*

der-wîle, *auch* dewîle, *adv. und conj. unterdessen, während.* — *mwestf.* dewile dat se livet un lewet. *1347.*

dẹs, dẹssen, *alts.* thes. *1. indessen, dagegen, aber, jedoch.* ik well dat dauen, dẹs mait i mi lọ̈wen, et sî dẹs *(es sei denn)* dat he krank es. *urk. v. 1465:* des *(dagegen, dafür)* solde Wilhelm Herman veir gulden in de hant geven. *Seib. Qu. II., 280:* dusses hadde dat capitel de herlycheyt, dat se mochten gan *u. s. w. 282:* dusses bat de fürste den semplyken rait vp dat wynhus. dest *Herv. R. B. p. 50.* — dẹssen at = indẹssen [d]at: dẹssen at sik de drîver besinnt, besinnt sick ock de iəsel.

despe, *f.* trespe *(Fürstenb.)*

dẹste, *desto.* — *ahd.* des diu.

defendêren, *verteidigen.* — *lat.* defendere.

dẹffern, *erschüttern. transitiv zu folgendem: Kil.* dauen; daueren, nutare. vacillare, tremere, contremiscere, vibrare, coruscare, micare. *Teuth.* daveren, beven als en ollant.

Dêwel, *m. (Iserl.)* = Dûwel. — *aus altem* Diabol *wurde zunächst* Daibal, *dann* Dêwel.

di, dî, *dir, dich. als dat. ethic.* kæel di bat en frẹten. *(Altena). s.* diək, dek.

dicke, *adj. und adv. 1. dick, stark, gross.* dat es en dick ai, *das ist eine grosse freundschaft.* hai hẹt et nitt dicke, *er hat nicht viel.* hä es dicke drin, *er hat viel einzubrocken.* dicke frönne. ne dicke stunne. ne dicke fröndskop; *vgl. engl.:* they were too thick *(zu grosse freunde), was* „abrupt and vulgar phrase" *genannt wird.* — dicke dauen, *gross tun, prahlen.* hai is der dicke dộr, *er ist ganz ausser gefahr. 2. trunken. 3. schwanger.* dicke måken, *schwängern.* — *ags.* thicce.

dicke, *m.* im karnüffel ist de beste dicke = hẹrt niəgene, de schrệwe dicke = eckstên niəgene.

dickemẹlke, *f. dickemilch.*

dickemẹlksfraide, *f. besondere freude.* bat hẹs du då fọ̈r ne d.? *auch bei H.; syn.* kêrnemẹlksfrõide *zu Wupperfeld.*

dicketunne, *f. krontaler, aus* ducaton, *engl.* ducatoon. di wäd ne dicketunne gaf, dàvan hälst döu dat jöusken af. *(Altena.)* Håmer slött dicketunnen, lått den Dûwel brummen; *so setzt man im Volmetale die hammerschläge auf worte. Müller choragr. v. Schwelm s. 67: der schall eines rohstahlhammers hat sehr viel ähnlichkeit mit dem worte* ducaton. *Wenn man mit den hammerherrn oder reidemeistern darüber scherzt, so fragen sie gemeiniglich, ob man auch acht darauf gehabt hätte, was das gebläse dazu sagte. dieses seufzte unaufhörlich:* uth huus en uth hoof.

dickhẹrig, *dickfaserig, vom flachs. vgl.* fînhẹrig.

dickkopp, *m. 1. dickkopf. schelte:* lutherske dickköppe. *2. froschlarve, die zu Rheda* piolk *(für* piərk) *heisst. 3. kaulkopf; syn.* kûling, dickkûts.

dickkûts, *m. pl.* dickkûtse, *kaulkopf. (Marienh.)*

dicks, *adv. fest, unbeweglich.* håld dicks! *weiche nicht von der stelle! halte fest!*

hâld di dicks! *rühr dich nicht! steh still!* — dicks *scheint aus* dichtes *entstanden, wie* nicks *aus* nichtes. dicht *ist fest. in Hgb. 68*[b]*:* ghelove en is nicht dicht.

dicksack, *m. dickes kind.* — sack wie bûl.

diddel diddeldai, *ein refrain. vgl.* Thidelâ, *name eines baches im Werd. register. Ztschr. d. B. G. V. II., 271.*

diddeldöppken, *n. ein kleiner kreisel, eine knopfform mit durchgestecktem stäbchen, die man zur unterhaltung der kinder rund laufen lässt. Eichw. spr. 383:* dudeldop, *ostfr.* dudelap, dudekop, *schläfriger, stumpfsinniger mensch. Vilm.* dilltop. *vgl.* dideln, dudeln, *summen, schnurren. bei Wigg. II., Scherfl. 39 heisst* dilde, *einfältig.*

diage, diager, *adv. gediegen, tüchtig, sehr.* — *goth.* digrs, spissus, *mnd.* deger, degger, diger. *s. oben* dęge.

diagel, *mit* te, *adv. tüchtig, gehörig.* ik hewwe mi te diagel derâne plâget. — *R. V.* to degen. diage, diagel *aus* digan, *ags.* digan.

diagel, *m. tiegel.*

diake, *f. decke.*

diake, *f. zehnzahl von häuten, decher. Osnabr. gesch. urk. 105:* deker grône hûde.

diakel, *m. deckel.*

diakeln, *deckeln,* enen, *einem bescheid sagen, einen zurecht weisen.*

diale, *f.* diele. — *ags.* thill.

diale, *f. oder* rûen diale, hundsdill, krottendill, cotula fœtida. *(Warstein.) syn.* rûenblaume. — *ags.* dile, *f. ahd.* tilli, hundestilli; *Teuth.* dyl. eyn cruyt.

dialsâge, *f. zweihändige* sâge *zum bretterschneiden.*

diamsterig, *dumpfig, neblig (Hamm.) Gl. belg.* demsterlic, latebrosus.

dian *für* diasen, *accus., unser* düasen, düan. *(Obere Lenne:* dian dag, *heute.) vgl.* hodie.

diane, *dannen, weg.* bâ hęste dat diane kriagen? der diane. *s.* der denne.

diansen, *stöhnen, von anstrengung.* — *alts.* thinsan, trahere, *nds.* dinsen. *Teuth.* dynsen, trecken, bansen.

digge, *das gedeihen, zunehmen.* to digge gân, *zunehmen.*

diggen, *gedeihen, bekommen. spr.* unrecht guad digget nitt. — *alts.* thîhan, *mwestf.* diggen. *Kerkh. hat das ptc.* gedegen. *aus* thîhian *entstand leicht* diggen.

dik, *m. teich.*

diken, *1. teichen d. i. flachs, der mürbe gemacht werden soll, in den teich legen. im Alten. stat.:* dämmen. *s.* rôteln. *2. wässern. Gr. tüg 28.*

dîl, *dicht, von gutem brote. wol =* digil, *goth.* digrs, *vgl.* dęge, diagel, *nds.* dellig *bezeichnet die zu grosse dichtigkeit des brotes.*

dilgen, *tilgen.* — *mwestf.* delegen.

dilldöppken, = diddeldöppken.

dille, *in* dillenfuck, *spottreim auf personen beiderlei geschlechts, die in einem anstössigen umgange leben. (Altena.) s.* dittlenfuck.

dîmen, *m. diemen, garbenhaufen. syn.* trędhôp, winterhôp. — *vermutlich =* thimbæ *von* dimmæ, *dann* dîmen *wie* fimen = fimbo *statt* fimba. *es ist einer von den fällen, wo* th *und* f *sich vertreten.*

dimpen, *s.* bedumpen.

dingen, *præt.* dang, dung. *ptc.* dungen, dingen. — *ags.* thingan, gravescere *hatte im alts. auch die bedeutung häufen, daher unser* gedungen vull, *gehäuft voll. zu diesem verb. gehört* dung *(hügel) in ortsnamen, was Förstemann als erderhöhung zwischen morästen auffasst.* — *dän.* dynge, *haufen. vgl.* dwingen.

dingen, dinges, *n. 1. ding. (Paderb.)* dingens. *das erste eigentl. infinit., das zweite ptc. für* dingend *(wie* schrîves*) werden sie urspr. eine gerichtliche handlung bezeichnet haben.* — *2. penis.*

dingesken, *n. kleines ding.*

dingeskęrken, *bezeichnung eines namens, der nicht gleich einfallen will.*

dinseling, *gewöhnl. nur plur.* dinselinge, maipiere, fischbrût. *s.* maigræse, grase.

dinstag, *m. dinstag. v. Höv. urk. p. 37:* am dengstgedage.

dippen, *eine art kartenspiel. Gr.*

dîr, *n. pl.* dîrs. *tier.* — *goth.* dius, *ags.* deor, *alts.* dier. hai es en houge dîr. *(Lüdensch).* ek hef dat arme dîr, *fühle mich so fremd und verlassen, geringerer grad von heimweh.*

dîr, *n. weib, dirne.* dat arme dîr. — *neben* thiorna *gab es wol alts. ein* thiór, *thier, was ebenfalls dirne bedeutete. Lübben XIV., 49:* hôg dîr. *im Paderb.* daire, *pl.* dirnen. *syn.* dêr.

Dîrk, Dîerk, *Dietrich.* he kûert med sik selwer as de witte Dîerk. *vgl.* Gan-Dîrk, Hinner-Dîrk, Kasper-Dîrk, Melcher-Dîrk. dirk, *Dietrich = haarbeutel. Gr. schwänke 114.*

dîrken, *n. tierchen.* hai hęt dat dîrken

saihen, *er ist trunken. der säufer sieht tiere.*
dîsen, *præt.* dês, *ptc.* diosen, *laufen, rennen. — wol für* dîhsen. *vgl. ags.* thise, *läufer (pferd, schiff) für* thihse, *dän.* deise, *hintaumeln, rennen. s. auch* kladîsen, kladîstern, eidechse, dextern, dacken.
disemensdôsken, *riechbüchschen, riechfläschchen. syn.* mannsdôsken. *zu* desem. *Lauremb.* desen.
disk, diss, *m. pl.* diske, *tisch.* hä stiəket de bêne unner annermanns disk.
dissblad, *n. tischplatte.*
dissdauk, *n. tischtuch.*
dissdecker, *m. tischdecker. s.* spiggebecken.
dissel, *f. distel.* hä biəwet as ne dissel (carduus nutans). — *ags.* thistel, *m., wie im froschm. der distel.*
dîssel, dîstel, *deichsel.*
dîsselbôm, *m. deichselbaum, deichsel. man spricht auch wol* dissel. — *ags.* thîhsl; *ahd.* dîsila.
dîsselkopp, *m. distelkopf. s.* rôse.
disslâe, *f. tischlade. syn.* dissschọt.
disslâken, *m. tischtuch.*
dissschọt, *schublade eines tisches.*
dissstâlen, *m. tischbein.*
dîsten, dîssen, *m. spinnrocken, oft mit einschluss des flachses. (auch Dortm.) ein compositum wie engl.* distaf. dîse, *eingebundener flachs (Tappe, 97ᵃ:* dyse), tain stab *(ags.* tân, *hd.* zain). *Fahne, Dortm. III., ehe- und hochzeitsordnung:* rockendiesten. *dies letztere scheint* dîsten *dem* dîse *ganz gleichzustellen.*
dittlenfuck = dillenfuck. *entstanden aus* drittelenfuck *(vgl.* Drytelenbusch), *spott auf zärtliche personen.* dittel, dritel, *zärtlich.*
Ditz, *Dietrich; wie Fritz.*
ditzken, *n. kleiner gegenstand. wohl* = titjen. — *Helgol.* ditjen, *neugebornes kind. Mda. III., 29. Montan. volksf. I., 6.*
ditzmännken, *n.* klaine d., *kleine finger. syn.* kl. kappeditzmann, klaine dimmelitzken, kl. dimmelitzmann, klaine pissewittmann, lingeling.
diewirk, *verrückt im kopfe (Paderb.).*
dobbel = dọbel.
dobbelstein, *1. eigentl. würfel, dann würfelspiel. Alten. urk. d. 16. jh. 2. zeug, worin quadrate gewebt sind.*
dọbel, *m. cubischer körper, würfel. s.* dobbel.
dọbeln, *würfeln.*
doch, dọch, *doch.* nê doch? *wirklich? — goth.* thauh, *alts.* thuoh. *unser* dọch *passt nicht zum alts. der grund der brechung wird (wie bei* nọch) *im folgenden* ch *liegen. vielleicht verhält sich* uo *im alts.* thuoh *ebenso, so dass es sonstigem* uo *gleichgestellt werden darf.*
docht, *das taugen.* kain docht gieffen, *nicht taugen. vgl.* dat giət kain dûəgen. *Kil.* doghen. doghed.
dochter, *f. tochter.* se hẹt ne junge dóchter *(ein kind weiblichen geschlechts).* jünge-dochter *ist jungfrau.*
docke, *f. schlechtes pferd.* kọldocke, *ein pferd zum kohlentragen. vgl.* dacken.
docke, *f. 1. docke, strohpuppe zur unterlage für dachziegel; in der westl. Mark heisst sie* poppe *(puppe). 2. docke, mädchen, nordwestl. Mark. — anderwärts ist* docke *eine puppe zum spielen. Teuth.* dock of pupp. docke van stro.
döckes, *oft* = dückes. *(Bergisch.)*
docter, *m. arzt.* de docter stêt am wẹge, äffer me kennt ne nich, *das heilmittel (die heilende pflanze) ist oft gesehen, aber man kennt sie nicht.*
doctern, *den arzt gebrauchen.*
dôd, *tot.* dôd dauen, *auslöschen, ausstreichen.* dôd mâken; *töten wird jetzt immer so ausgedrückt, früher galt* dœden; dai künn mi vọ̈r miner dọ̈r dôdsmîten, *der wohnt nur einen wurf weges von mir entfernt.*
dôd, *m. tod.* so gọd as de dôd. dat sin ik in den dôd vergẹten. dat kann'k innen dod *(ganz und gar)* nitt lien. spigg en dôd derop! bai lange lẹwen well, dä maut di nà me dôe schicken = *du bist äusserst langsam.* des ênen sin dôd es des annern sin brôd.
dôdbrauk, *m. morastiger boden.*
dôddrîwer, *m. plagegeist.*
dôdêrenst, *völliger ernst.* dat es mi d.
dôdguot, *herzensgut.* dat es en dôdguəden kærl. *s.* dôd.
dôdland = dôdbrauk.
dôdlännig, *morastig.*
dôdnstûten, *pl. grosse korintenstuten, welche bei begräbnissen begüterter familien an die schulkinder verteilt werden. K.*
dôdrîpe, *überreif. (Weddigen.)*
dôdrâter, *m. sehr schlechter reiter. s.* dôd.
dôdspass, *m. vorzüglicher spass. Gr. tüg 21.*
dôen = ? dôdend, *ptc. von* dôden, *sterben.* na minen (minem) dôen, *nach meinem sterben. (Deilingh.) — dän.* døe *sterben.*
dôenbọskop, *f. totenbotschaft.*

Dôenhelle, *Totenhelle bei Veserde.*
dôenhiəmd, *n. totenhemd.*
dôenschîn, *m. totenschein.* geld âder en dôenschîn!
dôenwâke, *f. totenwache. sonst üblich, des unfugs wegen abgekommen.*
dôenwęg, *m. totenweg. ist bei Unna (Friedrichshöhe) der name des notwegs. s.* nôdwęg. *in einer urk. v. 1490 (Hüser chr. v. Arnsberg) werden* „noitwege *und* d o d e n w e g e" *genannt.*
dǫer, *f. dotter.* aidâr. *(Marienh.) syn.* 't gęle vam ai.— *alts.* dodro, *engl.* dodder.
dôf, *1. taub, vom gehör.* dôf op baiden âren. *2. taub, ohne kern.* dat geschûht ock nitt ûm der dôwen nüəte willen (ce n'est pas pour des prunes, *Molière*). dôf kârn. *pleonastisch:* med dôfer kâfe lätt sik àlle mûse nich fangen. *3. taub, ohne stachel.* dôwe niətel, *taubnessel,* lamium album *und* purpureum. *4. taub, ohne bewegung. vom wasser: stillstehend, seicht:* hä arbet om dôwen wâter; *vgl.* de dowe Elbe *und dän.* doven, *stillstehend. 5. öde, tot d. h. wo niemand gehört wird.* en dôf dǫrp; *vgl.* „in die taube luft der kaiser ruft".
dôfholt, *taubes, dürres holz. K.*
dǫge *in* ter dǫgen, *gehörig. s.* dûəge.
dǫggewęr = daigewęer.
dǫle, *f. dohle.* junge dǫle, *ein kuhname. husp. Mich. 1.* talc. *Teuth.* dail.
dolle, *f. ein rohes tonwerkzeug, bestehend aus einem holzschuh, der mit saiten bespannt ist.*
döllern, *lärmen. — altm.* dellern. *Weddigen WM. IV., 302.* d ö l w e r n, lermen.
dolske, *s.* kaudolske. — *ostfr.* dolske, *puppe, närrisches weib.*
dölwen, *1. prügeln. syn.* pülwen *(westmärk.),* pölwen *(berg.). 2. werfen.* in den bôm dölwen, *mit steinen, knitteln. (Balve.) 3. würgen, die kehle zudrücken. (Marsberg). 4. zerbrechen, ein glas. (Paderb.)* — [dolle = ?dolwe *ist knittel. Wallr. s. h. v.* sy sollen ouch dat Huyss em hove met sterke dolle umbgeven. *Urk. v. 1384. vgl. Claws Bûr 440. — ags.* thol, *m.* scalmus a quo pendet ramus. *nord.* thollr, palus, *holl.* dol, *ruderzinne.] Wigg. II. scherfl. p. 48* doven *(? für* dolven). *nds.* dölben, *ostfr.* daljen, *fr.* dauber. *nach analogie von* peddik = *nds.* duddek, *scheint hier* p *mit* d *zu wechseln. altm.* deffen. *s.* dâwern.
domkasten. *auf dem Unnaer tore befindet sich der sogenante* d., *in welchen die gartendiebe eingesperrt werden (1780). zu* dômen.
dônen, *mit einer stange auf den grund des wassers stossen, um einen kahn fortzuschieben. (an der Ruhr.) vgl. ags.* dynt, ictus, percussio; dynjan, strepere.
dônig *für* dôgenig, *tüchtig, taugend. s.* dûənig.
donnerlôg, *n. donnerlauch. entweder* sedum telephium (donnerkrûd) *oder* sempervivum tectorum *(hauswurz) gemeint.*
donnersch, *in* donnersche blagen. *schelte.*
dôntken, *n. liedchen. — ostfr.* däntje. *vgl. nds.* dônen, denen, *plaudern. im Bielefeldschen ist* dônte = zech. *s. unser* gedônte.
dôpe, *f. taufe. spr.* dä binên stätt an der dôpe, kuəmet nümmermêr te hôpe, *von taufzeugen, geistlicher verwantschaft.*
dôpen, *præt.* dofte, *ptc.* doft, *taufen. — alts.* dôpian (dôpida, dôpde), *mnd.* dopen, *præt.* dopte. *vgl.* dûpen.
Dǫpm, *Dortmund. — aus alts.* Throtmenne *(Werd. reg.) wurde* Dortpmunde, Dorpmunde, *daher die Form im volksmunde. Teuth.* Dorpmund.
dopp, *m. pl.* döppe, *rundlicher, meist hohler körper. 1. eierschale.* aidopp, *K.* et es bęter en half ai, as en liəgen dopp. *2. fruchtbecher der eichel. 3. hohlkreisel, manchmal auch kreisel überhaupt. hd. topf. 4. pfeifendeckel von draht. rda.:* hä hęt döppe op den ôgen, *er sieht nicht.* hä lôpet as en dopp *(auch wol* dott). *vgl. Teuth.* dop, testa, trochus. *hd. topf, nd.* düppen, döppen.
döppen, *aushülsen, auskrullen, von bohnen und erbsen. bei Fürstenb. wird es nur von den bohnen gebraucht. — abgeleitet von* dopp. *s.* krüllen.
döpperfte, *f. erbse, die nicht mit der hülse gegessen wird.*
döppkesspieler, *taschenspieler. K.*
dôpschîn, *m. taufschein.*
dôpstên, *m. taufstein.*
dǫr, *f. pl.* dǫren, *tür.* dat mâket ęm de dǫr tau, *das hilft einem gewinnen; rda. der spieler. auch allgemein:* dat dait ęm de dǫr tau, *das hilft.*
dǫr, *n. tor. bei Iserlohn dafür* pârte.
dǫr, dür, *præp. c. acc. durch.* dǫr guədhait, *aus güte.* dǫr de langhait der tîd, *mit der zeit.*
dorant, *m. ackerlöwenmaul. reim:* dôrant dust dat hęt de häxe nitt en wust, hädd et dorant nitt en dân, dann

soll di de kopp im nacken stân. *syn.* dôrthan. *Kil.* orant *j.* knaptandekens kruyd, antirrhinum.

dọrbüttig, *morastig.* *Kil.* botten, *flandr.* *j.* stooten. *Boden, den man leicht durchstösst, durchtritt.*

dêrd, *m. trespe. syn.* drespe *(Rheda)*, dẹspe *(Marsberg).* — *alts.* durth, *ahd.* turd. *Schm. z. Helj. erklärt* durth zizania, in specie lolium temul. vel bromus secal., *aber* lolium temul. *heisst hier* twẹrk. *Teuth.* doirt is snoed sait dat onder guet koern wesset.

dọrdauen, *durchtun. 1. öffnen, ein geschwür. 2. eröffnen, verraten:* et es ẹm dọrdân wâren.

dọrein, *durcheinander.*

dọrgân, *1. durch etwas gehn.* et well nix d., *es will nichts durchgehen z. b. durch den hals. 2. aufbrechen, von geschwüren.* de swẹr es dọrgân.

dọreinjâgen, *durcheinander jagen.* hä hẹt ênen te wainig âder ênen te viel, dä de annern dọreinjaget.

dọrkrûpen, *durchkriechen.* ik sin lange genaug junge wẹst, dat hett: ik hewwe dọrkrûpen lêrt un sin nirgens hangen bliawen. dà es dem bäcker sin wîf dọrkrọpen, *wird gesagt, wenn weissbrot zu stark von der hefe aufgetrieben ist.*

dọrlappen, sik, *sich durchhelfen so gut es geht.*

dormel, *leichter schlummer. K.*

dọrnaigen, *durchtrieben, schlau.* — naigen *für* naügen *kann ptc. sein* (naügend), *dann wäre die eigentliche bedeutung: durch und durch genügend.*

dọrp, *n. pl.* dọrper, *dorf.* dann so'k bälle bûr ächterm dọrpe wæren. dat maut en slecht dọrp sin, dà nitt màl ne kẹrmisse inne is. ik woll dat Hagen in Eilpe slaipe, dann gäff et alle ên dọrp.

dọrrängeln, *durchprügeln. s.* rângeln. *die erklärungen bei Firm. zu* durengle *und bei Vilmar scheinen nicht richtig.*

dorren, *stolpern.* hême d. *N. l. m. 28. s.* durteln.

dọrriopen, *durch die riffel ziehen, durchhecheln.*

dọrslag, *m. 1. durchschlag, seihe. 2. durchbringer, verschwender. spr.:* en dọrslag un ne rîwe sid nitt guad bi me wîwe. — *in M. Btr. II., 355 steht* doirsclath, *man lese* doirsclach. *Teuth.* doirslegher. verqwister. verslœmer.

dọrslân, *1. durchschlagen. spr.:* ne junge êke slätt bẹter dọr as en sæbel. *(Lüdensch.) 2. durch ein sieb drücken.*

dọrst, *m. durst.* — *ags.* thyrst.

dọrsten, *dürsten.* — *ags.* thyrstan.

dọrsterig, *durstig.*

dọrte, *f. drohne.* — *ags.* dora. *vgl.* durteln, *etwas langsam tun, schlendern.* die dummen dutten *(f.* durten) *Myth. 511, 512;* duttelten stên; durtke môer.

dôrthan = dôrant. dôrthan un dust jagt den dûwel dọr den busk. *(Lennhausen.)*

dortke, *f. 1. drohne (Werl.) 2. geschwätziges sich überall aufhaltendes weib.*

dortken, *sich geschwätzig überall aufhalten.*

dôse, *f. dose.*

dôseken, *n. döschen.*

düssel, *kopf (tadelnd) (Velb.)* — *altm.* dä̂sl = dæts. *ostfr.* dösbartel, *dummkopf,* dôsen, *schlummern,* dôsig, *einfältig. s.* dusseln.

dọtern, *1. sich bewegen; syn.* sọtern. wann de pillen wäter saiht, dann dọterd (sọtert) ẹn de fuat. *vgl. Fisch. Garg. c. 38:* nachdem solche worte ausgestossen worden, fieng etlichen vnder ihnen dass gesäss zu tottern. *vgl.* dott. *2. schwätzen, faseln; syn.* 'et mûl schüdden. *vgl. engl.* dotard, *faselhans.*

dott, *da!* nû dott. *op d. a. hacke 27. s.* dä.

dott, *m. pl.* dötte. *1. grosser darm, dickdarm. 2. im pl. därme überhaupt. 3. kleines kind, berg.* dätz. *4. elender mensch.* — *ostfr.* dot, *holl.* dot. *Mda. III., 428:* dott hede, *zotte hede. vgl.* zaute, *röhre, was umgesetzt sein konnte, wie* pott *(topf).*

dotz, *das dicke ende des eies. Mont. I., 27.*

döüwen, *drücken.* — *mwestf.* duwen.

dôwen, *heilen.* as de pocken dôweden. — *Slüter, gb.* dôven. *vgl.* dôf, *öde, tot.*

dọwen, *toben. Gr. tüg. f. r. 102.* — *Slüter, gb.* daven, *toben, wüten.*

dôwen, *den hafer halb oder dreiviertel dreschen. (Werl.)* — *steht wol für* dölwen.

dọwer, *m. tober, windbeutel. f. r. 144.*

drâ, *adv. schnell, bald.* — *ahd.* drâto, *mnd.* drâde, *holl.* dra.

drabbe, *f. träber.* bẹr-drabbe. — *ags.* drabbe; *holl.* drab, *hefe. s.* drawe.

dracht, *f. tracht. 1. bürde, die einer trägt,* dracht holt = drẹg holt. *2.* tracht = *kleidung. 3. das tragen.* billigen-dracht. — *Schüren chr. p. 23:* dracht.

drachter, *dahinter. K.*

drachterhẹr, *hinterher. K.*

drâd, *m. pl.* dræe. *1. drat. 2. faden,*

vgl. engl. thread. en langen dråd giet ne fûle nåt. pękedråd. — *ahd.* dråt.

drådtrecker, *m. dratzieher. um 1459 schon:* evert drathögers land. *v. Hövel urk. 74.*

dræen, *draten, von drat.* ne dræen mûsefalle.

dragbôm, *m. stange zum tragen zweier eimer. (Fürstenb.) s.* lichte.

draghaftig, *tragend, fruchtbar.* d. holz. *Seib. Qu. p. 116. s.* dręghaftig.

drai, *drei.* he sûht ût as wann he kaine drai tellen könn.

draiåkel, theriak. — *mhd.* triakel; *engl.* treacle. *Teuth.* dryakel. — salwe emplastr. plumbum compositum.

draiblad, *n. fieberklee. syn.* bitterklê. *Teuth.* dryblat. cleverblat.

draidagsch, *dreitägig.* draidagsche fêwer, *tertianfieber. s.* inbellung.

draifsål, *trübsal.* sik med geduld smęren un med draifsål taudecken.

draigede, *f. drehung, stelle wo sich der weg dreht.*

draigen, *(Lüdensch.* dræegen), *drehen.*

draigen, *præt.* drôg, *ptc.* drǫgen. *1. trügen. 2.* sik draigen op, *sich verlassen auf, sich hoffnung machen auf.* bå me sik op drûget, dat ęm entflûget. *im Möhnetal:* op dui heww' iok mui drǫen. *zum ptc.* drǫgen, *Gr. tüg 45 wird erklärt: sich auf etwas trügen = sich auf etwas freuen. vgl. fr. r. 147.* — *mnd.* drêgen up, *sich verlassen auf.* dryghen uppe. *sp. v. der upst.* sik dragen up. *Slüter gb.* sik dregen up *(crux fid.). Kantz.* dragen. *vgl. Köne z. Helj. anm. 2091.*

draigüldenblåer, *pl. fiberklee. (Marsb.) s.* draiblad.

draihærig, *der schlecht hört. K. s. 74. s.* drîhærig.

draillamp, *m. dreieckiger hut, dreimaster. (Altena.)*

draimann, *drei vertreter der bürgerschaft (des vierundzwanziger standes) gegenüber den erbsassen bei den ratsversammlungen. der letzte sogenannte sprechende* draimann *war der bürger Gottfried Kaupe † 1811. K.*

draimannsstråte, *eine strasse in Iserlohn. dreimann hiess in der Dortm. verfassung einer der drei personen, welche vorsteher der fünfundzwanziger waren, teils gildenvorsteher, teils aus den gilden gewählt.*

draischråtig, *dreischrötig, stark; vgl. vierschrötig, plump.*

draise *für* draüse, *f. drüse z. b. bei jungen pferden. Teuth.* droiss. geswelle. clyere.

draisk, *m. ein zu graswuchs benutztes grundstück, ein trockener heuplatz im gegensatz zu einer flöszbaren wiese. im westf. anz. I., p. 201 fragte H.: woher kommt der name* dreisch? *die redaction antwortete: „*dreisch *heisst in gebirgsgegenden soviel als brache in ebenen. der süderländer hat unstreitig vormals die brache nur drei jahre als weide benutzt; daher der name". R. A. 525:* treisch. *man vergl. ahd.* drisk, *dreijährig. D. Spr. I., 63. so wäre* i *in* iu *verschoben und dann wie häufig das aus letzterem entstandene* ia *umgesetzt. zeitschr. d. B. GV. III., 230:* dreiss liggen *= ungebaut liegen. v. Hövel urk. 77:* liggen dreys. *mir scheint das wort aus einem alten* theorsan *(trocken, dürr sein) zu entspringen; vgl.* terra *für* tersa *(trockenland). dafür scheint auch bei Wallr.* driesch, campestria loca, campi sicci *(1301) zu sprechen. Teuth.* dryesch. ongebuwet acker. *s. d. Berg. GV. 6, 50* thriuschon *= zu den draischen.*

draitimpig, *dreieckig, vom hute.*

draitipp, *m. dreieckiger hut. Gr. tüg 26.*

dråke, *m. (Aplerbeck* dracke), *drache.*

dråle, *der aberwitzig läppisch spricht.*

drålen, *1. die worte beim sprechen ziehen. 2. schwatzen. (Altena).* — *holl.* dralen, *engl.* drawl. *das* å *lässt eine zusammenziehung wie bei* prålen *vermuten.*

drælen, *1. =* drålen. *2. langsam sein. Kil.* drœlen, cunctari. — *vgl. allm.* dræteln, *träge sein, verdrossen sein, was indessen auch an* dorte *erinnert. Eichw. spr.*

drælepinn, *ein dräliger mensch.*

drælig, *1. seine worte zerrend. 2. langsam. 3. langweilig.*

drålpitter, = drælepinn.

dramm, *von garn, welches zu stark gedreht ist. K.*

drämmeln, *drücken, schwer mit den worten herauskönnen.* se såt då sämmeln un drämmeln. *syn.* drǫkeln. — *vgl. Findl.* dremmel, obtusus ingenio. *s.* drammig.

drammig, *von garn, welches zu fest gedreht ist und darum sich kräuselt. vgl.* d r a m s i d e.

drammig, *drückend warm, schwül.* drammig hêt. *auch bei H. und bei Firm. I., 420.* — *vgl. ostfr.* drammen, *drängen.* he drammt mi mit to gan. dram men *muss* thramôn *sein, aus alts.* thriman (thram), *springen. vgl. goth.* thramstei, *heuschrecke. Kil.* drummen, drommen, premere. — *Aesop. 80:* dram.

drang, *m. drang.* en drang nà me staule.

drängel, *m. starker kaffee.*

dränger = drängel.

drangsalêren, *bedrängen. K.*

drank, *m. trank, getränk.*

dränkel, *kuhschelle.*

drankfatt, *n. fass zum spülich für das vieh.*

dränsen, *eigensinnig weinen, von kindern. — mhd.* trensen, *auch vom schreien der hirsche und anderer tiere. Teuth.* kneesten. drensen. stœnen. suchten.

dråssel, *f. drossel. — mhd.* droschel, *engl.* throstle. *in der Grafsch. Mark kommen folgende drosselarten vor: 1.* kau-dråssel, *misteldrossel,* turdus viscivorus. *2.* swarte gaidling, *amsel, schwarzdrossel,* turdus merula. *3.* grise gaidling, singedråssel, *singdrossel,* turdus musicus. *ist* gęle dråssel *derselbe vogel? (goldamsel? so heisst hier der pirol* oriolus Galbula). *4.* sê-mêrle, *meeramsel, singdrossel,* turdus torquatus. *5.* krâmesfuəgel, *wachholderdrossel,* turdus pilaris.

dråsseln, herümme dr., *nicht recht voran können, langsam, schleppend, träge sein. K. s. das syn.* fàsseln.

dråsselte, *f. drossel. (Marienh.)*

drâteln, *zögern, säumig, verdrossen sein. K.*

dratviôle, *f. ein weib, welches uns durch klagen u. geschwätz lästig wird (Elsey.) s.* viôle. *alte jungfer, alte schachtel, verschrobenes eigensinniges frauenzimmer, verblühte kokette, launenhaftes weib. K.*

draûf, *trübe.*

draûfsal, *trübsal.* smęr di med geduld un deck di med d. tau!

draf, *m. trab.*

drawe = drabbe. *(Marsberg.)*

dräwen, *traben.*

dreck, *m. dreck.* hä es bàlle ûtem drecke, *er ist bald herangewachsen.*

dreckswalfte, *f. 1. schwalbe. 2. schelte für maurer.*

dręg, *m. tracht, bürde.* en dręg holt.

dręge, *f. trage.* 'ne mist-dręge.

dręgelâken, *n. laken, worin gras, laub u. dergl. heimgetragen wird. syn.* krûdlaken. de hiəmel sâg ût as en dręgelâken.

dręgen, *præt.* draug; *ptc.* drǫgen *oder* dręgen, *tragen.*

dręghaftig, *trächtig. Alten. stat.* dreghaftig. — *s.* draghaftig *und* dracht. *Schüren chr. p. 21.*

dręgknoppe, *f. blütenknospe des obstbaumes.*

dregûner, *dragun. (Siedlingh.)*

drens, *dreimal. Weddigen W.M.*

drell, *drall, festgedreht, von garn.* et es drell, et klanket sik. *vgl.* drillen, *im kreise drehen, schwed.* drilla.

drępen, *præt.* dràp, *ptc.* drǫpen, *treffen.* et es omme drępen, *es ist auf dem punkte. spr.* bai de leste es, dęn driəpet et.

Drês, *Andreas.* Sünten-Drês-Misse.

drêf, *derbe, stark.* dręf dauk. — *alts.* derbi.

dręwel, *derb, frech. — alts.* derebi, derbi.

dręwen *in der redensart:* nu sin'k taum dręwen kuəmen, *nun bin ich zu spät gekommen (zur hochzeit, zur auction). — ags.* thearfjan, *darben.*

driət, *m. schiss.* bat soll en driət, wann he nitt stünke! en driət *(syn.* küətel) vam jungen. en driət! *ist starke negation.* ik hewwe noch schiət noch driət kriəgen, *ich habe ganz und gar nichts bekommen.* en driət un drai nüəte giət vèir hoüpe. *vgl. Claws Bur 683. — altn.* dirt, *engl.* dirt.

driəterig, *schmutzig.* se es so driəterig, me soll se nitt med der tange anpacken. dat niəmt en driəterig *(schlimmes)* ende.

Drickes, *Heinrich. s.* Drücks. en kölschen Drickes. *schelte.*

drigger, *m. dreier. Grimme.*

driggergęme, *so hiess die reihe kleiner häuser auf dem friedhof nordwärts der Reinoldikirche in Dortm.* gam, gadum, *kleines haus. nach einem alten lagerbuche über das vermögen der Reinoldikirche (1476) waren die* driggergeeme *eigentum der kirche. K.*

driggerlei, *dreierlei.*

drihârig, *der nicht hören will. s.* draihârig. — *vgl.* dreiharig (barbe à trois poils). *holl.* druiloorig, *langsam, träge.* drihârig, *störrig, widerspenstig, verwegen, durchtrieben. K.*

driəf, *m. stoss, schlag. — ags.* drif, actus, pulsus. *bei Weddigen:* drievgieven, *einem was abgeben, einen hieb geben.*

driəfweg, *weg, auf welchem vieh getrieben wird. syn.* düngelwęg. *Schwelm. Vestenrecht.* Item, ein juckweg offte dreffweg, dar men henne driven und misten sall, sall wesen 7 voet wiet.

drietsch. dai es so drietsch nitt asse krumm stêt. *(Halver.)*

driewesk, *wer sich treiben lässt, widerspenstig. Sparg. 81.*

drill, *geschäftig. (Ründeroth.)*

drill, *m. drillich. — schwed.* drell.

drillen, *eigentlich rund herum drehen; plagen. — dän.* drille, *necken, vexieren.*

drilôper, *m. ein fast ausgewachsener hase vom ersten wurf des jahres.*

dringen, *præt.* drang; *ptc.* drungen, *dringen.*

drinken, *præt.* drank; *ptc.* drunken, *trinken.* mēr gedrunken as gegęten heffen = *angetrunken.*

drinken, *n. 1. getränk 2. trinken, vom frühstück besonders.* ik well ne 't drinken oppet feld brengen. *3. dünnes bier der bauern in der ernte. Weddigen.*

drinkgeld, *n. trinkgeld.* dat kind hed mi d. giəwen; ik hewwe d. kriegen, *euphem. für: es hat mich nass gemacht. syn.* pi pi maken.

drîste, *1. dreist, furchtlos.* de hàne es driste op sinen miste. men driste! *nur zu!* it könnt mi mān driste lōwen, *ihr könnt mir nur glauben. 2. gut, schön gekleidet.*

drîte, *f. 1. kot. engl.* dirt. *fig.* nu stêt de kàr in der drite. *2.* = driət. dêrne, *sagte ein Altenaer dratzieher,* ik hewwe diek so lêif, ik woll wual en pund diner drite friəten. *sprichw.* drite ût drîte in brengt dem bûersmann gewinn.

driteklaüer, *m. der viel im dreck umher läuft. s.* dritenklûwer.

Drytelenbusch, *ortsname bei Iserl. urk. von 1446. um 1719 schon in* Drillenbusch *verderbt.* Dritele *sc.* duve *ist turteltaube, eigentlich die zärtliche taube. man vergl. holl.* dertel, dartel *und ostfr.* darten, *die wol einer und derselben wurzel mit zart sind.* dritel *ist deminutiv adj.; in der ratsversammlung der tiere heisst diese taube* Trittelduve, *in anderen mnd. schriftst.* Tertelduve, Tartelduve. *das unordentliche D neben T fällt gerade bei diesen consonanten weniger auf; vgl.* dwingen, twingen, *zwingen.*

drîten, *præt.* drêt, *ptc.* driəten. *1. seine notdurft verrichten, scheissen.* se dritt alle op ênen hôp, *sie halten alle zusammen.* se driəten all op ênen hôp un gâfen't ęm drop in den kôp, *heisst es in einem spottliede auf den fall Napoleons I. spr.:* se dritt in ênen sack un sôget an ênem kûəle (= kûətel). drît in de weld un lęwe gêstlick! *2. fürchten; vgl. engl.* dirtfear. — *ags.* dritan.

drîtenklûwer, *s.* driteklaüer.

drift, *f. 1. das austreiben. Gr. tüg 56. 2. das ausgetriebene vieh.* ne drift schâpe. *3. die trift. — vgl. Seib. Qu. 151* drifft, *berechtigung zum austreiben.*

driftig, *triftig. als ableitung von* drift *in:* tsamen dryftig sin, *zusammen ausgetrieben werden. Altenaer urk. 1574.*

drîwen, *præt.* drêf; *ptc.* driewen, *treiben.* ik węt wǫl bat ik driwe, wann'k en iəsel vǫr mi hewwe. — *alts.* drifan. *Teuth.* dryven. menen ossen, perden etc.

drîwer, *m. 1. treiber.* wannær hęt de iəsel un sin driwer ênen sinn? wann se baide im water sittet. *2. dauerhaftes kleidungsstück.* dat es en rechten driwer, *von einem rocke.*

drog, *m. betrüger.* droge und schuldener. *Altena 1574.*

drǫg, *m. trug, betrug.* dat es oppen drǫg màket. *für* drǫg *auch* drǫt: en drôm es en drǫt. — *alts.* gidruog. *Schm. fragt, ob* uo *für* ou. *unser* drǫg *ist unorganisch, wie* dǫch, *es sollte* draug *heissen, aber vielleicht liegt ein goth* draúh *zu grunde. mwestf.* droech, *urk. v. 1552.*

drôge, *trocken.* et es so dr. asse pulwer, asse waitenkliggen, *(op. d. a. h. 8),* as en knǫken. de lampe es so drôge as sünte-Klâs in der fuət. vi sittet oppem drôgen = use kau es güste. hä kritt nix oppet drôge. hä es noch nitt drôge achter den ôren. hä hęt ne drôge lęwer, *er trinkt gern.* drôge wasken *(trocken waschen) wird von frauenzimmern gesagt, welche andere durchziehen.* sid it am drôge wasken? *fragte jemand solche frauenzimmer.* jâ! *antworteten sie,* kuəmt se mâl hîr! drôge Pêter, *trockener mensch, ebenso ostfr., berg.:* drûge Pitter.

drôgedank, *m. handtuch.*

drôgede, *f.* **drôchte,** *f. trockenheit. s.* drouget.

drôgeldank, *m. handtuch. (Alberingw.).*

drôgen, *trocknen; s.* hǫse.

drôgenapp, *m. mensch der still ist, wenig spricht.*

drôgepinn, *m.* = drôgenapp.

drôgewäske, *m. s.* drôge. drôgewäskers dà it sind!

drǫglecht, *n. truglicht, irrlicht.*

drôglecht, *n. 1. trübes licht. 2. irrlicht. Kil.* droghlicht, *irrlicht.*

drôgschêren, *tuch scheren.*

drôgschêrer, *m. tuchscherer.*

drȩkeln = sämmeln un drämmeln. — *vgl. nds.* trücheln, trochen, trochtern, *holl.* troggeln.

drȩkelpinn, *m. zögerer.*

drollgast, *m. ungeladener gast.* drollgast spielen, *ungeladen zu einer zeche kommen. es scheint, dass das wort eigentlich einen spassmacher bezeichnet, (vgl. Kil.* homo facetus, drol) *der, wie Steinhausen bei Immermann (Münchhausen) auch im kreise Iserlohn sonst nicht fehlen durfte und wol auch ungeladen willkommen war. anders bei Grimm d. Wb., wo aus* trollen *(sich wegscheeren) erklärt wird. aber* trollen *lautet auch bei uns* trollen. *vgl.* tüngast. drooghgast, draelgast, umbra. *K.*

drôm, *m. traum.* ik well di ûtem drôme helpen. *ich will dir die sache aufklären, deuten.* nû was ik ûtem dr., *nun war mir die sache klar.* dat soll mi im drôme nitt infallen. en droum es en druog un en fist es en fluog, dai ovver int bedde dritt, dai fînget wat.

drômen, *träumen.*

drȩmmel, *der aus dem zettelende eines gewebes zusammengedrehte kurze faden, womit beim wursten der darm zugebunden wird. K.*

drȩnen, *brummend stöhnen, vom vieh; auch bei H., der „brummen, wie eine kuh" erklärt.* hai drȩnet as ne kau, dä melk wæren will. — *neben* thiunan, thaûn *ist wol ein* thriunan *anzusetzen. hd.* drohnen, dröhnen; *holl.* dreunen. *vgl. ostfr.* drinen, *mnld.* drœnen, gemere, *isl.* drynia, mugire, *goth.* drunjus, sonitus. *cfr. Gesch. d. d. spr. 2,756.*

drȩnert, *kaffee.*

drop, *s.* der (derop).

drȩpen, *m. tropfen.* dat was en drȩpen wâter oppen hêten stên.

drȫpken, *n. kleiner tropfen.*

dropp, *m. tropf, pinsel.*

drȩssel, *f. drossel. — ss aus st assimiliert. ags.* throstle. *s.* drässel. *Teuth.* droissel of merle.

drȩst, *m. satz von kaffee, oel. — engl.* drost. *vgl. alts.* driosan. *Teuth.* dross van œly.

droste, *m. droste. — MW.* drotsette, *später* droste, drœste.

drȩtelke, *f. schwätzerin.*

drȩteln, *schwätzen. — ostfr.* dröteln.

drouged, *f. trocknis. (Ebbegeb.)*

drubbel, *f. 1. traube. 2. dichter menschenhaufen. Firm. I., 371.*

drubbeldicke, *in menge und dicht zusammen. man hört auch* dubbeldicke. druwweldicke locken.

Drubbel-Helle, *ansiedelung in einem tale unweit Frönspert.*

drûbel, *gedränge, gewühle. K.*

drück, *sehr beschäftigt.* he es so drück in der arbêd. se hett et so drück, *sie sind in eifriger unterhaltung. — holl.* drok, druk, drokte.

drücken, *præt.* druchte, *ptc.* drucht, *1. drücken.* et es amme drücken, et küəmt ock noch ant kacken. *2. drucken. — für die verlautung des præt. und ptc. vgl. bei Th. vervem. p. 70:* opgerucht, *was wahrscheinlich aufgerückt d. i. aufgeschoben bedeuten soll. wir haben dasselbe lautgesetz, welches sich im engl. (z. b.* leave, left) *zeigt. rücken in folge der elision consonanten an einander, so verhärten sie sich,* d *wird zu* t *und die vorstehende tenuis wird aspirate. so gibt es neben* brûkede *auch ein* bruchte. sik drücken. me maut sik drücken, *druck mit geduld ertragen. Pick monatschr. 1, 580, Huseman reimspr. 121:* druck dich vnd lath wat auergahn, dat weder wil synen willen han.

Drücken, *Gertrudchen. syn.* Drüdgen.

drücker, *drucker.* baukdrücker. bat es fȫr'n unnerschêd tüsken 'me rûen un me baukdrücker. de drücker settet êrst, dann drückete; de rûe drücket êrst, dann settete.

Drücks = Drickes. dumme drüxe, *Must. 4.*

drüdde, *dritte. subst.* de drüddens, *die 3 im karnüffelspiel.*

Drüdgen = Drücken. *(Siedlingh.)*

drüədel, *f. zerrissenes kleidungsstück. syn.* hüədel, fudden.

druəm, *m. pl.* drüəme, *1. endchen garn, besonders des abgeschnittenen zettelendes. man holt sich solche von leinwebern zum einbinden der würste. 2. endchen draht.* middeldrôme, dai ruth fellen. *Alten. statut. — mhd.* drum, extremitas. *mnd.* drum, *stumpf, stummel. vgl. hd.* trumm, trümmer.

druəmel, *m. aststück, besonders trockenes. syn.* häller.

drüəmelen, *träumerisch, schläfrig zu werke gehn, säumig sein. engl.* to drumble.

drüəmeler, *m. träumer, langsamer mensch.*

drüomelig, *träumerisch, langsam.*
drüomeln, *langsam rollen, sich langsam bewegen.*
drůəwen, *præs.* draf, *pl.* drůəwet, *præt* drofte, drof; *ptc.* droft, *dürfen. mwestf. infinit.* derven, *alts.* tharf, thurbun.
drůged, *f. trocknis. (Valbert.)* s. drögede, drouged.
drüggement, *drohung. ein zwitterwort;* drüggen *mit romanischer endung* ment.
drüggen, *drohen. — ahd.* drawjan, *mhd.* dröuwen, *alts.* thra(w) *lieferte ein* thrawjan, *woraus einerseits* thrôian, *anderseits* threuin, thrûin *verlautete. aus letzterem unser* drüggen. dai van drüggen stirwet, dẹm maut me med fọrten lůen. *der umlaut rührt aus dem folgenden* i, *die vocalverkürzung aus dem eingeschobenen* gg. *schon im alts. muss für* thraw, thrawjan *eine nebenform* thrah, thrahjan *gegolten haben; letzteres lieferte das sonst rätselhafte* thregian, *wie sich* wegian *auf* wah *zurückführen lässt.*
drûks, *m. kleine untersetzte person.*
drunk, *m. 1. trunk.* en drunk water. *spr.:* es de drunk im manne, es de verstand in der kanne. *2. trunkenheit.* hai es amme drunke, *er ist dem trunke ergeben.*
drunken, *trunken, betrunken. spr.:* dä drunken stiəlt, maut nöchtern haugen.
drüppel, *m. 1. tropfen. 2. traufe. — alts.* drupil; *vgl. die diminutiva* gössel, küətel, krüəmel, schůətel. *Lauremb.:* sik drupen, *zusammensinken.*
drüppelfall, *traufe. früher wurden die bettler, selbstmörder u. s. w. unter dem* druppelfall *des kirchendachs begraben. K.*
drüppeln, *träufeln.*
drüppelstên, *m. tropfstein.*
drust, *kräftig, gesund aussehend. (Hamm.) vgl. Diez I., s. 100 s. v.* drudo.
drûst, *m. 1. fruchtbeladener voller zweig. 2. zweig, busch überhaupt. (Ebbegeb. Dahle.) 3. blumenstrauss, (in Elsey, wo* lust *nicht gebräuchlich ist; ebenso in Dortmd.) — vgl. alts.* driosan.
drût, *hinaus.* de maut drût! *der muss hinaus, der muss vor die tür gesetzt werden. K.*
drüttiən, *dreizehn. — mwestf.* druttein. — **drüttiener**, *m. dreizehner,* 13 stüberstück, *5 sgr.*
drûfel, *f. kelle. Dortm.* druffel. *(so zu Hemer, Hærde, Marsberg;* trûfel, *Lüdensch. Marienh.;* truffel, *Münster.) — altm.* druf, *engl.* trowel, *lat.* trulla. *2. bohrtraube. (Dortm.)*
drûwe, *f. 1. traube. 2. fassdaube.* s. bọrdrûwe, bârdrûwe. — *frans.* douve, *ital.* doga.
drawwele, *s.* drubbel.
dû, **du**, *du.* dat. *und acc.* dî, di. *(Iserl.) vor 1802 pflegten die kinder in der gemeinde Hemer ihren vater mit* J *anzureden. als Wulfert der ältere dort pfarrer wurde, hörten die gemeindeglieder, wie dessen kinder zu dem vater* dû *sagten. ein gewisser meister sagte damals:* mine kinner söll mi ôk nitt mär J haiten. dû dat es laifde, me siət jä ock dû tiəgen usen Hẹrgọd. *seitdem verbreitete sich die sitte des* dû*sagens.*
dû, *m. beim kartenspiel.* ênem den dû anseggen; *daher wol auch:* sai hẹt ẹm den dû âne saggt, *von einer frauensperson, die dem schwängerer ihre schwangerschaft ansagt. — mw.* duwe, *sitte, brauch. ? sollte es alts.* thau *sein? wie* glû, *zu* glau, dûdissel *zu* daudissel.
dubbedubbedupp, *im Kinderreime.*
dubbeld, *1. doppelt. 2. = gross.* de dubbelde kåtechismus. de dubbelde schûrmann *(ein rechenbuch).* de dubbelde krâmesvuəgel. *s.* êweld.
dubbeldicke = drubbeldicke. hä sûht ût, as könn he niəne drai tellen, män hä hẹt se dubbeldicke ächter den åren.
dubben, *kloppen, schlagen. gelinde auf etwas hartes stossen. ags.* dubban, *afr.* dober, douber. *Mandev. hat das ptc.* dubbed, *beschlagen, verziert. Gl. belg.* duffen, slaen. *s.* boken. *T.*
dåbekes, *eine pflanze.*
ducas. in ducas gân, *verloren gehn. Wedd. WM. IV., 37: Ravensb.* ducas, *verhaft, gefängnis. vgl. mnd. wb.* teufel; *hinterlist, betrug.*
duchten, *däuchten.* wenn di dat duchtet. *Iserl.* mi dücht.
dûchtig, *adj. und adv. adj. tüchtig, gross.* he hẹt sik en düchtigen slag opscheppet. *adv. tüchtig, viel.* sik düchtig opscheppen — ik hewwe düchtig arbedt. *Münster.* düftig, *adv. = stark.*
duckelhand, *kusshand.*
dückeln, *1. küssen. 2. sich geduckt, gebückt haben.*
ducken, *sich bücken.*
dückes, *oft. urk. v. 1522:* ducke vn vake.
ducks, *kuss. — ostfr.* dûk, dûke, *kuss.*
ducks, *milderer ausdr. für teufel.* hal mi der ducks. *K. Vgl.* ducas.

ducks = dicks. hàld ducks! *rucke nicht! beim knickern.* hàld di ducks! *halt dich still! beim verstecken spielen.*

duckhainken, *n. ein wasserhuhn. zu* dûken, *tauchen.*

dückskon, *küsschen.*

duckstên, *m. tuffstein. Kil.* duchsteen; dufsteen.

dûda, *f. wiege, in der kinderspr. — ostfr.* düdei; *vgl.* dàdà. *von fr.* faire dodo *(schlafen, kindersp r.) wird es nicht entlehnt sein,* dodo *dürfte eher aus dem deutschen, als aus* dormir *stammen.*

dâde, *tüchtig.* hei was auk en dûden kaplon wat seyne priädigen beweyset. *N. l. m. 60.*

dudeln, *dudeln, schlecht musicieren.*

dûdelsack, *m. dudelsack. syn.* polske bock. he sûht den hiamel fọr'n dûdelsack an, *er ist trunken.* ik well di slân, du sast den hiamel fọr'n dûdelsack ansaiben.

dûdissel, *f. saudistel, sonchus. s.* daudistel. *vgl.* dû. *ags.* thûfe thistel *zu* thûfe, luxurians. *syn.* suagedissel.

dûdsk, *1. deutsch.* uase Hẹrgọd verlätt kainen Dûdsken, wanne män en biatken latîn verstêt. *2. plattdeutsch und zugleich deutlich.* dat es en dûdsken mensken (brôer), *sagt der bauer von dem, der auf seine weise und in seiner mundart mit ihm verkehrt.* wann 'me dûdsk spriaket, *wenn man plattd. spricht.* de àllen dûdsken siet an stad „danke!“ lätt diak wat driten! *Bugenhagen verwendet* undûdesch *für Luth. undeutlich, obgleich ihm auch* undûdtlick *geläufig ist;* dûdesch *ist ihm also deutlich. vgl. 1 Cor. 14, 10. 11:* Twar dar ys mannigerley art der stemmen yn der Werlt, vñ dersuluē ys doch nene vndûdtlick. So ick nu nich weet der stemmen bedûdinge, werde ick v n d û d e s c h *(Luth.: undeutlich)* syn, deme de dar redet, Vnde de dar redet, wert my V n d û d e s c h *(Luth.: undeutlich)* syn.

dûdsverdẹrwer, *m. deutschverderber. bei Iserlohn, auch v. H. angeführt.*

düecht, *f. tugend. diese form, welche Burghardt in seinen gedichten anwendet, ist im kreise Iserlohn fast allgemein dem* dûgend *gewichen. — ags.* dugud. *s.* docht.

dûage, *tauglich.*

dûagen, *præs.* dôg, *pl.* dûaget; *præt.* dochte; *ptc.* docht, *taugen.* dat giat bat nitt en dôg = dat giat kain dûagen. ik daue noch, bat nitt en dôg. — *alts.* dôg, *mnd. Hoffm. findl. 15.* dogen; docht *(taugt).*

duagend, *brav, tüchtig, arbeitsam, erprobt. K.*

duane, *adj. und adv. dick, dicht, fest, eng, nahe.* de kaie knäbbelt sik noch duane. *(dick, satt).* he dait sik recht duane, *er isst sich recht satt.* duane bim hûse, *dicht, nahe beim hause. spr.:* jo düaner derbî, jo läter derin. bind et recht duane *(fest)* hä hẹt de schianpîpen duane, *er ist trunken.* hàld doch duane, *halt doch fest. Must. 21. zu Marienh.* dọne. — *Keller fastn.* duen, *974[20]. ml.* donne. dụane *für* dune. *Teuth.* doen. styf.

düanen, *sich häufen, gehäuft sein.* so vull dat et düant, gedüant vull. *zu Fürstenberg:* de kẹrke is so vull, dat et düant. — *es hängt wol mit ags.* dûn, *hügel und hd.* dûne, *sandhügel zusammen. Quickb.* dühnen, *vom ansammeln und aufsteigen der wolken. vgl. Stürenb. s. v.* dinen, *anschwellen, und unser* gedungen *unter* dingen.

duaner, *m. donner.* ik mainde des duaners te wèren. *fig.* de arme duaner, *der arme mensch, der arme teufel, von einem, den man bedauert. alts.* thunar.

duanerbessem, *m. donnerbesen.* dat di en d.! *vgl. Myth.*

duanerdag, duanerstag, *m. donnerstag. — mwestf.* donredagh, donderdach.

duanerigge jå! *eine beteuerung.*

duanerkîl, *m. donnerkeil, ein fluch.*

duanerkrûd, *n. donnerbohne,* sedum telephium. *vielfacher aberglaube. — ags.* thunorvyrt, barba jovis. *Teuth.* donrekruyt. *in Apricke hieng eine solche pfl. an der stubendecke. jeder von der familie hatte ein blatt angerührt, wessen blatt zuerst verwelkte, hiess es, der werde zuerst sterben. ähnlich fand es Linné in Schonen.*

Duanerkâle, *f. ortsbez. bei Hagen. vgl. Myth. 155.*

duanermâge! *ein fluch. vgl.* suagemâge.

duanerpâl, *m. donnerkeil (Volmetal.)* dûsend d.! *fluch. Must. 49.*

duanerslag, *m. donnerschlag.* hä màket ûtem fọrt en duanerslag.

duanerwẹer, *n. 1. donnerwetter. 2. fluch.*

düenig, *tauglich, tugendhaft.*

dûerde, *f. teuerung, teuersein. — alts.* diuritha.

duese, *f. ungehobeltes frauenzimmer.*

düese, düet (düsse, dût), *dieser, diese, dieses. — mw.* dusse. bit fan düan dågen dann! = *bis auf baldiges wiedersehen. abschiedsgruss.*

duəsel, *m. schlummer, betäubung, schwindel.* hai es im duəsel, *er ist trunken.* — *ostfr.* döse, *engl.* to doze.

duəseldüppen, *n.* d. spiəlen med ümmes, *jemand zum spielball seiner launen machen.*

duəselig, *schwindlig.*

duəseln, (*u.* **duedeln**), *dusseln, träumend gehn. s.* induəseln. dudenkop, *schlafmütze. K. fastn.* 975[24]; *ostfr.*

düəssîd, *disseits. op. d.* — *mwestf.* up dussyt.

duətkemôer, *f. riesenmutter.* op der d. *heisst eine waldstelle zwischen Hemer und Frönspert. andere formen sind* duttkemôer, durkemôer, dotkemôer. *ein Deilingh. msc. des vorigen jh. hat* dotge moher. *als reinste form darf man* duttke môer *für* durtke möder *ansehen. das bei Grimm Myth.* 495. 511. 512 *erwähnte* dutte *(riese) steht für* durte. *s. unten* dutteltenstên.

dûgend, *f. tugend. s.* düecht. jûgend es kaine dûgend.

dûgendsam, *tugendsam.* 1670.

dûgenitt, *taugenichts. (Paderb.)*

duggen = dööen. *Gl. belg.* duwen; drucken *T. zu* thiuvan.

dûk, *klebkraut. (Weitmar.) s.* tûk. — *für* dudik.

dûken, *1. tauchen. 2. ducken.*

dûkenacken, *m. ducknacken, schelte für einen, der gebückt geht.* — *ostfr.* duknakkt, duknakke. *altm.* dûknackig.

dûker, *m.* = dûwel. de dûker hale! hal't der dûker! *Dortm.* döiker. dat soll der d. wętten!

dull, *toll.* hä wèrd op ênem sinne nitt dull. *spr.:* jo duller gebrugget, jo bęter bêr. dauen as de dulle, *sich dumm stellen, tun als gehe einen etwas nicht an.* — *goth.* dvals, stultus.

dülle, *f. dille, tille.*

dullehans, *in* d. dauen, *toben, lärmen.*

dullbraüer, *in* dat es en dullbräuer (*für* dullbrugger). *s.* dull.

dullbuəter = dullbräuer, *tober, lärmmacher.*

dulldöipen, *überreden, überlisten, einschüchtern, irre machen. K. s. d. folg.*

dulldôwen, *1. einen an den kopf schlagen, dass er die besinnung verliert. 2. Weddigen W.M. IV.,* 302 *aus dem getraide durch eine art von dreschen die besten und meisten körner herausbringen. fig. gewaltsam und rauh mit jemand umgehen.*

dulle-hôwed-krankhet, *f. nervenfieber. vgl. Goldschm. p.* 17.

dullehundsblaume = hardkopp, *Centaur. cyanus. (Siedlinghausen.)*

dulle-katte, *f. ein spielzeug der kinder.*

düllen, *m. beule. s.* büllen. *vgl.* dullslag, *m. schlag der eine beule absetzt. urk. v. Wetter. Schwelm. vestenrecht:* Item, dey eine d ů l l schlôge bla und nit blodig, klaget bie dat dat iss veer schillinge dem landheren. — kůr mi kainen düllen an den kopp! *mach mich nicht irre. K.*

dullhaüer, *m. langstieliges säbelförmiges werkzeug, welches nach den westindischen plantagen verkauft wird.*

dullkrûd, *n. ? mutterkorn, lolch.* et es dullkrûd im broe. *Kil.* dullkruyd, dullebesien, solanum mortale.

dullrämes = dullbraüer. *Grimme.*

dulst, *m. dicker qualm bei einer feuersbrunst. (Balve) — für dunst s.* dûster.

dûme, *m. daumen.* hä slätt ęm wǫt unnern dûmen. du kannst oppen dûmen flaiten, *Gr. tüg* 21. *sollte* dûme *zurückgehn auf* thimma, thumma, thumba? *die engl. schreib.* thumb *mag noch eine richtige überlieferung enthalten. vgl.* wimen, dimen, fimen, imen.

dumenêren, *dominieren.*

dûmken, *n. kleiner daumen.* sühstu min dûmken, dann maustu lachen. *kinderreim* hai maint, he wær nàm dûmken de êrste.

dûmling, *m. däumling. Gl. belg.* duymelinck *j.* winterkonincksken, troglodytes.

dumm, *dumm.* so dumm as en kûken. du bûs ne dumme kuəse. he es te dumm med me iəsel te danssen, wamme ęm ock den stęrt in de hand dait. bà dai dumm es, kann ęm 't fell män węg gån. hai es so dumm nitt, dat et ęın am ęten schadt. dai es te dumm taum weglöpen. dumme lû maüt ôk sin, süss konnt de klauken de witze nitt låten. du bûss jà so dumm as uəsem Hiärgǫd sin rîdpęrd.

dummbård, *m. dummkopf.*

dümmeln, *ersticken. syn.* dempen. — *Sündenf.* dumpen, *ersticken.* dümmeln *für* dümpeln *aus* dimpan. *M.Beitr. II,* 86.

dummerjån, *m. dummkopf. vgl.* adrijån, herodriån, uədrijån, fluədriån, trampeljån; *bei Wolke:* bullerjån, pulterjån, plumperjån, satriån *p.* 28, 30. *Tappe,* 46[a]; papriån. *Aesop. (Hoffm.)*

dummert, *m.* = dummerjân. *f. r. 8.*
dummsnûte, *f.* = dummerjân.
dümpel, *m. löschhorn, dämpfer. syn.* dümpelhârn. — *holl.* domper. *mnd.* dumpen, *ersticken. Sündenf.*
Dümpel, *ortsname. bei Hemer, im Lennetal,* dümpel by die Niestatt *v. St. IX., 171. vgl. ahd.* tumphilo, *engl.* dump, *oder schweiz.* tumpf, *einbiegung.*
dümpel = endken. en d. wuhst, *ein stück wurst. (Paderb.)*
dümpen, *dämpfen, auslöschen, ersticken. K.*
dümpesk, *1. dämpfisch.* — op der borst. *fr. 119. 2. gedämpft,* dampf en d. jâ. *Galant. 29.*
dung, *butterbrot. (Crombach im Siegensch.) cfr. Vilmar, hess. idiot.*
dunge, *f. düngung.* in der dunge hâllen.
düngeldenst, *m. düngedienst, ein spanndienst. über* l *vgl.* richtelpat. *Schwelm. vestenrecht.*
düngelwagen, *mistwagen. Schwelm. vestenrecht.*
düngen, *düngen.* — *ags.* dyngan, stercorare.
dunkelrôse, *f. kuhname.*
dünken, *præt.* duchte, *ptc.* ducht, *dünken.* dat duchte mi wǫl. — *alts.* thunkian, thuhte. *engl.* methought.
dunker, *dunkel.*
dünne, *dünn.* dǫr dick un dünn gân. wǫt dünnes *(flüssiges, suppe). fig.* mi es der dünne tau. *vgl.* em es so fûl dertau. *auch Dortm. es ist mir zu einfältig, es ist der mühe nicht wert.*
dunngrundig, *mit dünner ackerkrume.*
dünninge, *f. schläfe.* — *ahd.* dunwanga. *ags.* thunvenge, *dän.* tinding. *Teuth.* dunnyng. dunegge.
dûpen, *præt.* dôp, *ptc.* dôpen, *tauchen. (Hærde.) s.* bedǫpen. *Gl. belg.* duppen, *lebes, olla T.* duppe, doppe. *olla K.*
düppen, *n. 1. topf (irdener). 2. einfaltspinsel.* — *Hoffm. findl. 18* düppel, stultus. *fr.* dupe.
düppenkræmer, *m. topfkrämer.* ik sin sin wîf un sin fell, hai kann mi slân bat he well, hadde dem d. sin wîf saggt.
düppsterken, *n. kleines kind, welches kaum gehen kann.*
dûr, *teuer. comp.* dûrder. *vgl. Fahne, Dortm. urk. 2, 284* merder *(mehr).* so dûr asse sâlt. de dûre dôd. hä sûht ût as de dûre tîd. den wyn op düren kolp setten, *den wein verteuern. Alten. stat.* kür di kür de buotter is dûr. *K. Teuth.* duyrtyd. caristia.
düringe, *f. teuerung. Alten. urk.*
dûrunge, *f.* = düringe.
dûren, *dauern.* nitt dûren können, *ungeduldig sein.*
dürchstrîken, *durchprügeln. (Meinerzagen.)*
dürpel, *m. schwelle.* se gengen ǫwer den dürpel, *sie gingen durch.* — *Tappe 9ᵇ 229ᵃ. vgl.* duropellum. *Teuth.* dorpel. sulle. *berg.* dörpel.
durteln, *schlendern, langsam und gemächlich gehn. s.* dorren.
dûs = bûs. — *ags.* thysa, strepitus. *s.* dûsen.
dûs, *teufel.* dat di der dûs. *K.*
duschen, *rauschen. (Odenthal). s.* dûsen.
dûse, *s.* hackedûse, kuckeldûse. dûse *muss caldaunen, därme, bezeichnen, was sich dehnt, aufbläht* = dunse *zu* thinsan. *vgl.* dûse. *Gr. wb. vgl. noch* dûsæs *f. n. Bgh. randnote zu Nehem. 3:* „ere geweldigen brachten eren hals nicht thom denste erer heren, de armen môten dat crûtze dragen, de ryken geuen nichtes. Dus — Es heft nicht, Sees-czinke gifft nicht, Queterdrey de helpen frey.
dûsing, *f. n.* dôsing, duysing *ist gürtel. Gl. belg.* Dusinck dat is eyn kostel gulden of silveren gordel hooch bespanght. trophium, stromacium *T.* duysinck. monile, bulla *K.*
dûsen, *einen schall hervorbringen.* — *vermutl. alts.* thiusan. *vgl. Gr. II, 50. Gl. belg.* dœsen, pulsare cum impetu et fragore *K.*
dûsend, *tausend.* der dûsend! *für* der dûs! *ausruf der verwunderung.* d. sint Velten!
dûsendgüllenkrûd, *n. tausendgüldenkraut.* dat es ênen dä kennt d., *der hat den stein der weisen gefunden. (Enneperstr.)*
dust, *m. strauss. (Fürstenberg.)* — ? = drust *für* drûst.
dûst, *m. beule, geschwulst.* — *Dortm.*
dûsten. *für* dunst *zu goth.* thinsan, *vgl.* gedunsen.
dust, *doste.* hästu nitt dust un baldriân, soll di de kopp im nacken stân. *(Fürstenb.)* dust *(Brilon) kommt in den weihbund.*
dûster, *dunkel.* et es so dûster as im sacke, — as in der katte, — as im kattenbalge, — as im kaubalge. — *alts.* thiustri. *es ist mit* dunst, *dicker dunkler qualm, eng verwandt. ahd.* dinstar *ist aus* dunstar *verdünnt.*
dütken, *diminut. von* düt *(dieses).* ümmer es der wǫt; es et kain dütken, dann es et en dätken *(jenes, das).*

Dutteltenstên, *m. auf dem Ebbegebirge ist ein haushoher von mehreren kleineren umgebener stein. der sage nach haben ihn die riesen dahingestellt. man denkt dabei natürlich gleich an den riesennamen* dutten *(Myth. 511, 512), der auch als alter hausname zu Balve vorkommt und bei Hemer in dem namen* Duttkemôer *steckt. es gilt dafür die richtige etymologie zu finden. Grimm l. c. sieht darin* dumm, *so dass das epith.* dumme *verstärkend oder nach volksweise zugesetzt wäre. er vergleicht* dod *(geck) beim Teuthon. ich glaube, die reine grundlage des wortes (bis auf eine sehr häufige versetzung des* r) *steckt in unserem* durteln *(langsam und gemächlich gehen).* dutte *wäre also assimilirt aus* durte. *der begriff des schwerfälligen, trägen passt auf riesen. Myth. 496*.* durte *steht aber für* thrute *(ags.* thryte, *welches ausser* molestus *auch* piger *bedeutet haben dürfte). so sind wir denn bei* thrutan (thraut) gravescere, pigere *angekommen. hieher gehört auch der name für Virgils* ignavum pecus: dorte, *f. drohne,* dortke *dass. und fig.* dortke, *faules geschwätziges weib,* dortken, *sich als* dortke *betragen, endlich die consonantisch reineren formen* droteln *(ostfr.* dröteln) = dortken, *und* drotelke = dortke. *Teuth.* dod. *geck. Aesop* dutte, *albernes frauenzimmer.*

dutz, *stoss,* hippendutz. *schwed.* dust, *vgl.* metz = mest.

duff, *dumpf. vgl.* stûf. *schwed.* dof, *ostfr. glanzlos, matt.*

dûwe, *f. taube.*

dûwek, *m. tauber. — für* dûwerik, *vgl.* lêwek. *Gl. belg.* duverick *T.*

Dûwel, *Teufel.* dû un der D. dat wêt der D. dûwel hâle! junge, büstu des dûwels! de D. dritt ümmer op den grötsten hôp. jo mær de D. het, jo mær at hai begert. bai med dem D. fört, maut't postgeld för ne betalen. he het de D. vull. du bûs jüst as de D. un sine grôtemôer *(zu dem der im handel übervorteilen will).* dat es 't leste, bat de D. dristen het *(sehr schlecht).* dat dôg dem D. int mans ritt.

duweldicke = dubbeldicke.

dûvelsbeeren, *pl. alpranken. (Fürstenb.)*

dûwelsbänner, *m. teufelsbanner.*

dûwelskind, *n. teufelskind.* du d.!

dûwelskirssen, *pl. 1. beeren der eberäsche (Iserl. Rheda). 2. beeren des hartriegels. (Kalthof.)*

dûwelstwang, *m. teufelszwang.* maiten es en d.

dûwelerigge, *f. teufelei.*

dûwenkerwel, *taubenkerbel,* fumaria offic. *ebenso im hort. sanit. vgl. Schiller I., 20. Kil.* duyuenkeruel, fumaria.

dûwocken, *schachtelhalme,* equisetum. — *Schamb.* dûwenwocke.

duweldicke = dubbeldicke, *gedrückt.* d. *zu* duwen, *drücken.*

dwingen, *præt.* dwang, *ptc.* dwungen, *zwingen, wofür bei Iserl.* twingen, dwingen, dringen, dingen. *der übergang von* thr *in* thw, *von* dr *in* dw *ist ein organisch leichter. manche personen können* dr *nur wie* dw *aussprechen. eben so leicht geht* thwu *oder* dwu *bei alter aussprache des* w *in* thu, du *über. in einer urk. v. 1525 (v. St. IX., 213) heisst es:* „oich die andere schlechte, die aldair von aldes gelegen hebben, also aeverhoeght *(über gebühr erhöht)* ind b e d r o n g e n werden." *dies vorausgesetzt darf angenommen werden: 1. ein altes transitiv* thringan = *beladen, beschweren, drücken ist die grundlage von* thwingan, *woher nd.* dwingen, *märk.* twingen, *nhd.* zwingen. *2. aus alts.* githwungan *ist erst* githungen, *ags.* githungen (gravis, venerabilis) *gebildet. 3. alts.* ergithwungen *(ehrbeladen) vermittelt und lehrt den übertritt in die bildliche bedeutung. 4. die sinnliche bedeutung und der hinweis auf* thringan *zeigt das nd. man vgl. Ssp. III., 41, § 3:* so me lovede gedungen. *Münst. beitr. IV., 506* mit willen und unbedungen. *5. Schmell. gloss. z. Helj. s. v.* thuingan *will ags.* thungen (gravis, venerabilis) *auf ein* thingan *zurückführen. das scheint annehmbar unter der voraussetzung, dass* thingan *aus* thringan *entstand und weiter, dass ein aus* thringan *hervorgegangenes* thwingen *vermittelt habe.*

E

ebben, *entzündung der haut verursachen.* bomwullen tûg ebbet. — *Köln.* ebbende blodige wonden. *s.* ewenen.

ebbig, *1. was entzündung verursacht. 2. entzündlich.* ik hewwe 'ne ebbige hûd. — *Schamb.* ebbig *und* ewwig. *Siegen:* ähmig. *syn. Rheda:* aire hûd, *s.* êr. *mhd.* ebic, *verkehrt, ahd.* abuh. *die begriffe umkehren, verkehren, böse werden berühren sich auch sonst, vgl. ital.* torto, *fr.* tort, *engl.* wrong. *s.* eweuig.

êbrẹker, *m. ehebrecher. scherz:* du sass van dâge noch en êbrẹker wèsen. *man schreibt auf tür und pfosten ein* E *und lässt öffnen, so dass es gebrochen wird.*

êbrẹkersche, *f. ehebrecherin.*

echelte, *f. egel. — ahd.* ekala, *f. mhd.* egele, *f. westf.* achel, ächel. — *syn.* hessebitte. *K.* ecchel.

echeltenkolk, *m. egelteich.*

echte, *f. ehe.* ter echte hewen, *zur ehe haben.* se hett sik nitt te echte giowen lâten, *sie sind nicht getraut.* te echte nẹmen, *ehelichen. K. — mwestf.* echt, *ehelich; vgl.* unecht kind, *uneheliches kind.*

echtelû, *pl. eheleute.*

ecke, *ich. K.*

ecke, *f. ecke, winkel.* an allen ecken un kanten solt stâen musekanten. *(Lüdensch.)*

eckelig *für* erkelig, *ekelig. vgl.* lêwek *f.* lewerk, dûwek *f.* dûwerk.

eckern, *n. eichhörnchen. K.*

eckernkamp, *eichengehölz. K.*

eckernschọt, *eichengehölz. K.*

eckers, **eckersch**, *nur. Firm. I, 446.* äckers. *(Remsch.) vgl. altniederd.* niet ekir — neuen ok = non solum — sed quoque *(in Essener glossen).*

eckschapp, *n. eckschrank.*

eckstên, *m. eckstein.* en âld mensche es en eckstên, woran sik jẹder stütt. — *mnd.* eggestên.

êd, *m. eid. — alts.* êth, *ags.* âdh, *goth.* aiths, *ahd.* eit.

Edelbarg, *aus* Erleborg *entstellt.*

Edelhof, *aus* Erlenhof *entstellt.*

ẹdelmann, *m. pl.* ẹdellû, *edelmann.* ẹdelmann bi ẹdelmann, bẹdelmann bi bẹdelmann; den bûr oppen ẹdelmann setten.

êdom, *m. eidam; (in Lüdensch.* êidum.) — *ahd.* eidum; *ags.* âdhum.

êe, *f. ehe.*

êergôs, *f. 1. wildgans. 2. kranich. zu Eckenhagen sagt man:* de êrkrân kommen, *und hd. nennt man sie dort* irrgänse. *diese form und die grundbedeutung des goth.* airzis *lässt annehmen, dass* êer = êr *ist. s.* êr.

êgen, *eigen. 1. eigen. 2. = seltsam.* et es mi so êgen *(sonderbar zu mute).* dat es ne êgene frau *(wunderliche, eigensinnige frau). Wedd.: 1. eigensinnig. 2.* mi is êgens, *mir ist nicht wohl.*

êgen, *verdienen. s.* aigen.

êgenhalt, *f. eigener antrieb.* dat dait he ût siner ê.

êgenschop, *f. 1. eigenschaft. 2. angemessenheit.* dat hẹt kaine ê., *das passt nicht, taugt nicht.*

Eiden, *pl. Eidberg, heute* Êen, *Ebberg darf nach Færoischem Eid gedeutet werden* „saadant et indknebet stykke land kaldes et Eid". *Landt Færoerne p. 35.*

ek, *ich. — westmärk. und berg. dat. und acc.* mek.

êkappel, *m. gallapfel. Kil.* eyckappel, galla.

êke, **aike**, *f. eiche.*

êkelbôm, *m. eichbaum. — Urk. v. 1572:* eickelbom.

êkelte, *f. eichel. (Bochum.)* aikelte, *f. (Hœrde.)*

êken, *eichen, von eichenholz. — ags.* æcen.

êken, *stehlen.*

êken, *aichen.*

êken, *n. eichhörnchen.*

êkenbæster, *m. dicker eichenstock.*

ẹker, *f. eichel. — Lud. v. Suth.* eckeren, *pl., ags.* äcern, *goth.* acran. *dass das wort bei uns sonst neutr. gewesen ist, lehrt* bauk, *n., bei welchem* ẹker *ausgelassen wurde. im mwest. (Seib. qu. I, 125) bedeutete* eykeren, *n. eichenwald.*

êkhærnken, *n. (spr.* êikhærnken) *hirschkäfer. (Canstein.)*

ẹkse, *f. axt. — alts.* acus; *ags.* eax. *v. Höv. urk. 112:* ixse. *also war 1541 die brechung* iä *geläufig.*

êkaken, *n. eichhörnchen. zu Canstein:* êiksken. *syn. im Ssp. III, 47 § 2 gl.* eckeren; *(Seib. Qu. I, 125:* eykeren, *eichwald) zu Weitmar:* katsêiker, *vgl. eichkätzchen; zu Liberhausen:* konert.

ękster, *f. elster. — ahd.* agalastra, *alts.* agastria, *später* egestre; *mhd.* agelster. *Tappe 62ᵇ:* egster. *für* ękster *wird auch* ęster *gesagt. vgl. ags.* agu, pica. *— Spr.:* ne ęxter lätt dat hüppen nitt. *so Münst. G. Qu. III, 7 von einer ehebrecherin:* „dieweil die acgester ehr huffen nicht wolte nachlaessen." — de exter un de kraige de göngen te hôpe taum naigen, de exter sagg: du swarte dir, du wost mi wǫl bedraigen.

ęksterôgen, *pl. hühneraugen. — vgl. hd.* aglosteraugen; *Kil.* exterooghe et kraeyenooghe.

ękstern, *1. peinigen, quälen. 2. milder: vexieren. — wol nicht vom vorigen, sondern aus einem verb.* akan, *ags.* acan, dolere *abgeleitet, ebenso wie* weistern *für* wagstern, *s.* wæstern. — *Heinzerl. p. 92:* äcke, *jemand ärgern, auf schelmische weise plagen. p. 93: ebenso lässt sich mit recht das neben* äcke *in gleicher bedtg. vorkommende* äksdern, *ww.* äxtern, exern *bei Schmidt 54, schles.* äxtern *bei Weinhold beitr. zu einem schles. wb. 7ᵃ hieherziehen, bei welchem wort sich ebenso wie im nhd.* axt *eine dentalis einstellt.*

ęksternnest, *n. elsternnest.* et es hir bęter, as im ęxternneste, *es ist hier behaglich.*

elde, *f. alter,* ætas. *— alts.* eldi; *ahd.* altî.

ęle, *f. elle.* ik well ęm wǫl de ęle męten. *— goth.* aleina; *ags.* eln.

ęlenbǫgen, *m. ellbogen. syn.* elltipp.

eléns *für* all-êns, *gleich. — urk. von 1479:* twe alleyns ludende *(gleichlautende)* notteln. *vgl.* glens.

ęlern, *erlen, von erlenholz.*

ęlerte, *f. erle. — ags.* alor, alr, *lat.* alnus.

élewen, *elf. — vgl. Schrae 145:* leyf. *Helj. 5723:* leva (lebha), *f. überbleibsel. s. auch Schleicher d. deutsche spr. s. 233.*

êlitsig = êwelt, *einfach. s.* vlitse.

Elke, *frauenname.*

elleken, *n. iltis. (Fürstenb.)*

éllend, *n. elend. — alts.* elilendi, *ausland, fremde.*

ellende, *armenwohnung, asyl für arme; so noch in Dortm. unter diesem namen. K.*

éllendig, *elend. — alts.* elilendig, *fremdländisch.*

eller, *compar. zu* àld, *älter;* **elst**, *ältest.*

ellern, *pl. eltern.*

elltipp, illtipp, *m. ellbogen. (Iserlohn.)*

elfen, *pl. larven von käfern, besonders des hirschkäfers. gedruckt finde ich* ailften. — *es drückt wol weisswürmer aus. vgl. Frisch s. v.* alp. (elbe, *wurmgeburten der zauberinnen).*

elft, *elft.* dat gêt an den elften twialen, *das geht über die körbe.* bu hett dat elfte gebǫd? låt di nitt verblüffen. hai sûht ût as de elfte dûwel, *er sieht ganz schwarz aus;* ? elwendûwel.

elwen, *pl. elbe, elfen.* he sûht ût as wann de elwen an em wêren, *er sieht sehr verfallen, sehr kränklich aus.*

ęm, ęme, *ihm. es vertritt auch dat. und acc. zu* me *(man), ist dann aber wol* = êuem: wamme nitt rûtgêt, dann brenget ęm de kraige kaine nuot.

Embert, *Engelbert.*

Emist, *f. ortsn. bei Iserl. für* Emi-sto? *himbeerplatz.* ambi = *hess.* ampe, *himbeere;* sto, *ort, platz.*

Emkûs, *f. n. Ebbinghaus, früher* Ewinghus, *wahrscheinlich* = Evinghusen, Evingsen.

emkûsbęr, *f. eine vorzügliche birnsorte.*

emmer, *m. eimer, gefäss mit einem griffe. — alts.* embar.

ęmper, *1. reizbar, leicht böse werdend. 2. kleinlich, sonderbar. — zu Rheda:* empen, *der es zu genau hält, dem nichts gut genug ist.* sûh watte empen es am ęten, *sieh, wie er alles zusammensucht, nichts umkommen lässt. ostfr.* emp, *genau nehmend, kleinlich geziert. vgl.* ampeln, intente et sollicite agere. *DWB.,* ampfer *(sauerampfer). das Rhed. wort in der letzten bedeutung könnte mit* amper *(ameise) zusammenhängen.*

en, *statt* ne *in verneinenden sätzen ist jetzt ziemlich selten.* et en gêt nitt, *es geht nicht. am häufigsten wird es noch dem* nitt *angehängt:* dat hädd' ik nit-en dacht. *dabei sei bemerkt, dass Bugenh. Tit. 1, 11 hat:* leren dat nichten dacht. — *schon im alth. kommt* in *für* ni *vor: Merig.* duo in liez er d' erda doh âna wazzer nieht.

en, *vorgesetzt in* en jå, *ja;* en nê, *nein;* endóch, *doch, antwort auf eine verneinende frage. frans.* si.

en, *und, in zahlenzusammensetzungen:* ńfentwintig. *es kommt schon im m.-westf. vor.*

ên, *ein*. nitt ên, nitt anner. âne ên un anner. ên twê drai = *im umsehen, schnell*. dat gêt ên twê drai. ên twê drai sin'k feddig. ên = *ander*: ik well den ênen nęmen. breng dat êne bauk! — ên = *fortwährend*: ik was in êner angst, hai möchte küəmen. — *Sprichw*.: ên mann gêt mer ênen węg. wenn êne kau bisset, dann bisset se alle.

enaug, *genug*. — *engl*. enough.

ênbômig, *von leuten, die immer voll geschäftsgedanken zu sein scheinen*.

êndauen, *einerlei*. dat es ên dauen. *vgl*. *huspost*. vast alle dondt = *fast alles*.

endken, *n*. *endchen, stückchen*. en klain endken metwǫrst.

endlik, *endlich*. am endliken enne.

endott *für* enddott, *dickdarm*. en dicken endott, *von einem kinde*.

êndrǫpken *in* Marie Êndrǫpken.

enerk, *m*. *entrich*. *(Paderb.)*

enerwęge, *irgendwo*. *K*.

êngâl, *einerlei*. *so wird* égal *durch das* ên *dem deutschen nähergerückt*.

enge, *enge*.

enge = *ende*. et gëit te enge. *(Lüdensch.)*

engebuddek = endott, *dicke wurst*.

engel, *m*. *engel*. engel in, dûwel ût, *ein kinderspiel in Hemer*.

engelblaume, *f*. *blaue kornblume, so weil am schutzengelfeste damit bekränzt wird*. *(Fürstenb.)*

enhánd, *nachgerade*. hai werd all enhánd àld. *vgl*. hand *und Schamb. Wb*.

enk, *m*. *zweiter knecht*.

enke, *m*. *dass*. *Mühlheim a. d. Ruhr*. — *ahd*. encho.

enkede, *innig, sehr*. enkede gefallen. *Wedd*. *WM*. *IV*, *302*. *sieg*. änke, *knapp, genau, sorgfältig*.

enkel, *m*. *1. knöchel am fusse*. *2*. enkel. — *ahd*. anchala *von* ancha (crus); *mhd*. enkel. *Bugenh*. *Hesek*. *47:* enckel *(knöchel)*. *engl*. ankle (talus).

enkels, *n*. *dinte*.

enkelt, *einzel, in einem stück*. en enkelten daler. *K*. — *aus* enkelt *entstanden* enkel *und* enked. *Kil*. eenckel, *simplex*. *schwed*. enkel, *einfach*. enkel *und* entel *werden den wechsel von* k *und* t *zeigen*. all enteln, *all einzeln*. *Seib*. *qu*. *I*, *151*.

ênkennig, *einkennig; von kindern, die nur zu einer person gehn wollen*.

enklich, englich, *beschränkt, enge*. — *ahd*. anglih.

ênlâtig, *vom sprechen*. ê. sprẹken, *wenn ein etwas grosses kind undeutlich spricht*.

ênmâl, *einmal*. *ellipt*. dat es ênmâl *(sc*. gesaggt) = *das versteht sich*.

enne *für ende, n*. *1. ende*. am endliken enne. dat ächtste enne: dai es so dumm as 'et ächtste enne van der kau. kœrl un kain enne! *verwunderung*. *2. stück*. ein guəd enne. *3. ort in:* hå van ennen? *woher;* bânennen, *wo? auf dem Hunsrück bedeutet* enne *ort*.

ennigen *für* endigen, *endigen, in alts*. endion *aus* endi *ward des hiatus wegen ein* g *oder* j *eingeschoben*. *vgl*. reddigen.

ênpässig, *einfältig? (hartnäckig)*. *Teuth*. eynpassich, immansivus.

êns, *einig*. twê, dä sik êns sid, dä könnt den dridden bedraigen.

ens, **es**, *einmal, einerlei, einst*. ik well ens hengân. dat es mi alle éns. *pleonast*. dà mau'k es màl hengân. *betontes* éns = *éinmal:* dat es noch éns so grôt. — *ahd*. eines, semel.

enslik, *einsig*.

ênslǣpig, *vom bette, worin nur einer schlafen kann*.

ênswèrdung, *f*. *einigung*. ne ênswerdung es en rècht.

entau, *hin*. hä laip bit nâ Menden entau. bit nû entau, *bis jetzt*. — *alts*. un-tô, *ags*. on-tô, *engl*. unto.

ente *in* mîg-ente, *ameise*. — *mnd*. emete, *woraus* emte, *dann* ente; *ebenso aus ags*. âmelte *das engl*. ant.

entekeſuot, *f*. *entenbürzel*.

entenflott, *wasserlinse (Danneil 54)*. *K*.

entgellen, *entgelten*. bat de süəge vläümet, dat maüt de fickel entgellen.

entiegen, *1. entgegen*. hä kwâm mi entiəgen. *2. dawider*. ik hewwe der nix entiegen. *3. hingegen*. dà entiəgen.

entlôpen, *entlaufen*. wenn de rîke könn dat lewen kôpen un de arme dem dôe entlôpen! hai es dem armen manne entloupen. *(Lüdensch.)*

entmôten s., *sich begegnen*.

entrinnen, *entrinnen*. sô gewunnen, sô entrunnen.

entsetten s., *sich entsetzen*.

entflaigen, *entfliegen*. bâ me sik op drûget, dat ęm entflûget.

entwê, *entzwei*. s. striək.

entwinnen, *gewinnen*. sô entwunnen, sô entrunnen, *wie gewonnen, so zerronnen*. *(Deilingh.)*

ênfâld, *1. einfalt*. *2. einfältiger mensch:* du ênfâld.

ênzäppen, *eintauchen, einweichen*. — *vgl*. *ital*. inzuppare, zuppa.

enzig, *einzig.*
enzigst, *einzigst.*
ępsken, *necken. syn.* tiopsken.
ępskerigge, *f. neckerei.*
ęr, *genit. pl. deren, ihrer, für franz.* en: hir sit ęr kaine; dat es ęr ênt. *dafür auch* der. dà gaf se mi der twê.
êr = ær, *früher, eher.*
êr, *1. heftig, zornig, unwillig. 2.* = beswǫrken, *bewölkt, neblig. (Werl.)* — *goth.* airzis, πλανώμενος, *ags.* eorre, yrre i. e. irre, iratus; *ahd.* irri, infensus, iratus; *mwestf.* eyre. *Kindl. Volm. I, 348:* Item IIII Mark vordede myn here den vastavent to Munster dar de greve van der Marke to eyre ume was in der Dorpmundeschen vede. *vgl. zu Rheda:* air, *reizbar*, irascibilis, hai es so air. aire hûd = ebbige hûd. *aus* irr *wurde* err *und weiter* êr, *vgl.* sparrjan, *sperren, heute* spêren; *geschirr* — geschir; *verworren* — verwôren. *Teuth.* eerre. tœrnich. verbolgen.
ęr, *ihr.*
êrdainig, *ehrerbietig. f. r. 71.*
erdbramen. *Verordn. v. 1669:* „e. gegen gewisse krankheiten gebrauchet".
ęrdin, *name für einen weiblichen dachshund.*
êrdmann, *n. für einen männlichen dachshund.*
êrde, *f. 1. erde.* ek segge nix bit dat Pitter in der êrde es. *2. dachs- oder fuchsbau.* süht de griawel op lechtmisse sinen schatten, dann gêt he noch 40 dâge wier in sine êrde.
êrdenne, *n. erdende. 1. wurzelstück eines baumes. 2. derber mensch.*
êrdenwulf, *m.*
êrdhund, *m. syn.* mûsehündken.
êrdmûs, *f.*
êre, *f. erde.*
êren, *irden.* — **êrenwâer**, *f. irdene waare.*
êren, **êern**, *hindern, im wege stehen. f. r. 144.* — *vgl.* erren, *irren.*
êren (æren), *geschäft, auftrag.* ik heff en êren te bestellen an. hä hęt en êren *(z. b. patenstelle).* breng ęm düt bauk, dann hęste ok en êren, ûm hen te kuomen. — *alts.* ârundi, *ags.* ærende, *engl.* errand; *dän.* ærende. *Teuth.* eerend. baitscap.
êren, *f. ehre.* wem es de êr mēr as dä se dait! — jâ, med æren!
êrenprîs, *m. ehrenpreis.* veronica offic.

ęrgens, *irgend. (entstand us aus* ud *wie in* schriwes?) bà ęrgens? *wo irgend?* — *alts.* huergin, *mwestf.* ergen.
erhalen s., *sich erholen.*
ęrk, *plur. reciprok und reflexiv, sich. K. s. 95. im kr. Meschede Firm. I, 334.* de kögge stott ürk. *(Siedlingh.)* de hönder fęrt ęrk. se kond ęrk dann gans licht an einem seile runner lâten. *(Velmede im kr. Meschede).* se hett ęrk wier, *sie haben sich wieder, sie zanken sich wieder. Galant. 25.* dai *(schindmähren)* alle de kummaudigkait an iärk harren, darr me 'ne den haut oppen hup hangen konn. *(auch Siedlingh.)*
erlôsen, *erlösen.*
ernęren s., *c. genit. von einem seine nahrung beziehen.* me kann sik wǫl ênes gǫdes ernęren, âwer nitt ênes mensken. *vgl. Tappe 6*[b]. *Bugenh. Anm. C. V*[a]. *D.* erneeret sick des roues van den Heiden.
erstaunen s., *besser* erstunen, ǫwer wǫt, *über etwas erstaunen.*
êrs, *m. (Iserl.), arsch.*
êrst, *erst.* êrst im april, *in den ersten tagen des april.* de êrste kritt et mêste. de leste kritt et beste. êrst-an, *anfangs.* te-êrst, *zuerst.* — *alts.* êrist, *superl. von* êr. *mwestf.* eirst *(urk. v. 1347),* tyrst, *zuerst (urk. v. 1367).*
êrsten, *vorhin.* — *mnd.* êrsten, *früherhin; vgl. Soest. Dan. 15.*
êrsterling, *1. erstling. 2. das weibliche tier, bis es einmal geworfen hat.*
êrswiss *für* êrswisk, *m. arschwisch, im rätsel ein kohlblatt:* geschiaten *(ein ei)* gespuggen *(honig)* un en êrswiss *(kohlblatt)* draf me brengen oppen hêrendiss *(herrentisch).*
êrstgewinn, *m. erstgewinn.* êrstgewinn es kattengewinn.
-ert *für* wort *(wurz) in:* golvert, graunert, klàpert, lunkert, mâdert, rainert.
ertreckunge, *f. erziehung.*
ęrfte, *f. erbse.* hä sûht ût, as wänn ęrften op sinem gesichte dǫrsken wæren, *er sieht blatternarbig aus.* — *Dortm. zolltar. v. 1350:* ervete; *Lud. v. Suthen:* arvete.
ęrwe, *1. erbe. 2. erbgut.* dä will verdęrwen, dä lêne geld un kôpe ęrwen. *3. erbe (person).* dä well sęlig stęrfen, dä vermâke sin gǫd annen rechten ęrwen.
ęrwen, *(Schwelm* ęrfen), *erben. abergl.:* geęrfet tûg dat hällt nich lange.
erwischen, *ptc.* erwuschen, *erwischen.*

erwörgeln, *erwürgen.* — *von* wörgel, laqueus.
esche, *f. rauchkammer. syn.* raûkbüen. — *ahd.* essa; *nhd.* esse; *Grimme, K. S.* asse; *Lippe Donop p. 238:* asse.
Eske, *frauenname.*
espe, *f. espe.*
espen, *espen, vom espenbaum.*
espenlôf, *n. espenlaub.*
esprê, *auch* aprê, *eigens.* — *fr.* exprès.
esse, in gutem esse und stande, *von äckern und häusern. Velberter urk. v. 1639.*
et *in* et êrste, et leste. — *alts.* at êrist, primo; at lezt, postremo. *die schwächung des* a *wie in* det *für* dat.
ęrle, *f. erle. versetzt aus* elira *für* elisa, alisa (else). *früher muss bei uns auch* else *gebräuchlich gewesen sein, da wir ein* Elsen-sîpen *haben. wenn die* eller *im hd. auch hin und wieder* otterbaum *heisst, so erklärt sich das aus der zerbrechlichkeit ihrer zweige, wie ags.* fulan-beám, *vgl.* otterlaige.
ęt, et, *es. 1788 (Altena):* yät. *zu Siedlgh. noch das dem* he *entsprechende* het.
ęt = it, *ihr.*
ête, *egge. (Solingen.)*
ęten, *præs.* ęte, iotes, iotet *pl.* ętet; *præt.* ât *pl.* æten; *ptc.* gęten, *essen. spr.:* ęten un drinken häldt lîf un sêle anên. hä iotet datte swettet un arbedt datte frûset. dai am längsten iotet, dai am längsten lęwet.
ętewęrk, *n. esswaare; vgl. v. Hövel. urk. 77* etelware.
ętlike, *pl. etliche, einige.* an ętliken stêen.
etsig, *jetzt.*
etter, edder, *n. eiter. die* t-*form stimmt zu ags.* ator, attor, *engl.* atter. *Rgb. hat* etter. *zu Fürstenb.* atter. *richtiger ist die* d-*form; sie stimmt zu ahd.* eitar, *dän.* edder *und unserm* hêrniotel = heddernetel, *eiternessel. ahd.* eitar: edder = leiter: ledder *(ags.* hlædder). *dem worte gebürt ein anlaut* h., *vgl.* keddernettel *(oldenb.)*
etterbietsk = iaterbiatsk. en etterbiotsken rûon.
ethwan, *einst.* ethwan grave, *einst graf. Alten. statut.* — twan = wanner, *Märk. urk. v. 1488.*
efa, *n.* evasbleere *pl. epheu. (Fürstenb.)*
efaranke, *f. dass. (Kalthof.)*
efe = of, *ob.*
evel, *aber. (Mülh. a. d. Ruhr.)*
effen, *eben, nicht gestreift, von zeugen.* — *ags.* efen, planus; *einfarbig,* effen blâ, effen grain.
effkes, *eben (Hattingen.) Firm. I, 367.*
êfersêchtig, *blöde und aus blödigkeit zum weinen geneigt.*
ęwai, ęwê, ęrwei, *n. epheu. syn.* ümmergrain. — *ags.* ifig. *unser* ęwai *setzt ein alts.* ëbhag *voraus, vgl. ahd.* ëbah. *verwandt mit* ebhan *bezeichnet der name die pflanze als eine gedrückt am boden liegende* eordifig, hedera. *das wort muss aus einem stf.* îban, ëb *entspringen. auch der eibenbaum gehört zu* îban *und ist wegen seiner flachen nadeln so benannt. das hd.* ebeheue, *wovon* epheu, *erinnert an* hartheu.
ęwen, ęwes, ęwkes, efkes, *1. eben.* dat es all ęwen guad, *es ist schon eben so gut.* ëäweken, *eben. N. l. m. 52. gleich, aber selten in dieser bedeutung, weil dafür* like *gebräuchlich ist. 2. gerade.* ik was ęwen bi me, at sin bröer kwam. *auch dies ist selten, weil dafür das fremdwort* jüst *in gebrauch gekommen ist. 3. eben vorhin (vor kurzer zeit):* ik sin ęwen bî me węsen; ek sin efkes bî äm gewest. noch ęwen, noch so ęwen. te hands *liegt schon weiter zurück. 4. für kurze zeit (ohne sich lange dabei aufzuhalten):* ik hewwet män ęwen in der hand had *(nur einen augenblick).* du kanns mäl ęwen nâ muolers hûs gân. lât mi mâl ęwen saihen! gâ ęwen *(es ist schnell abgemacht)* hen! ik well van middage ęwes *(für einige augenblicke)* wîer kuomen. *daran schliesst sich 5. ein halb pleonastisches:* du brûkes män ęwen te sęggen, *du brauchst nur zu sagen. Wenn „eben" in unserem hd. so häufig gehört wird, so ist der sinn dieses wortes meist der: man will das, was man von einem andern verlangt, als eine kurzdauernde geringfügige bemühung bezeichnen. wollen sie mir wol eben die tür aufmachen? wollen sie wol eben die tür hinter mir zumachen? lässt man das* w o l *oder* g e f ä l l i g s t *weg, wie das häufig geschieht, dann vertritt das „eben" diese höflichkeitsform. goth.* ibns, *awestf.* eban, *woneben eine form* efan, *woraus* effen. *ahd.* ëpan, *mnd.* ëven.
ęwenäller, *ebenalter, gleichalter.* hai es en ęwenäller van min bröer, *er ist meines bruders* coætaneus. — *ags.* ëfeneald, coætaneus; *vgl. ebenbild, ebenbürtig; sonst: ebenchrist, ebenmensch.*
ęwenbild, *n. ebenbild.*

êwengiəlgen, *n. evangelium.* dat es kain êwengiəlgen.

êweld, *einfach. auch osnabr.* êwelt. *der kleine luther. katechismus wird im gegensatz zum grossen* (dubbelden), *der erste teil eines rechenbuchs (für die unterklasse)* êweld *genannt; vgl. engl.* single *für* small. — *alts.* ênwald, êwald.

ewenen = ebben. dat ewenet. de kęrke ewenet, *warnt man den kranken, der die kirche besuchen will. (Siedlingh.)*

ewenig = ebbig. ewenige hûd.

ęwensô, *ebenso.* — *ags.* êfenswâ.

êwig, *ewig.* de êwige jæger, de êwige fôrmann = *der wilde jäger. (Hemer.)* hai sûht ût as 'et êwige lęwen. 2. *sternbild des wagens*, de êwige fôrmann. *(Driburg.)*

ewwer, *aber. (Hattingen.) Firm. I, 367.*

G

Gabbeln, *spass haben. mnl.* gabberen, nugari, jocari.

gabbelerigge, *spass.*

gabbelig, *spasshaft.*

gäbbeln = dabbeln. *(Elspe.)* — *engl.* to gabble.

gädderken, *altan, erker. K.*

gaddum, *kleines gemach. Velb. urk. v. 1585. s.* gam.

gaden, sik, *s. verheiraten. urk. v. 1396 v. St. stück XX. (Breckelvelde.)*

gâgel, *auch* tän-gâgel, *zahnfleisch.* — *ags.* gagul, geagl. *Bugenh. bib. klagl. 4.* gagel = *gaumen. ostfr.* gagel. *s.* gôchel.

gai, gèi, *f. 1. bahn oder gang zwischen pflanzenreihen. 2. schwaden. Schamb.* gai, *m. und n. (wald.* gehne) *reihe. Vilmar* jäne, *f. reihe, stricharbeit.* — *mhd.* jän, *m. vgl.* gähnen *und* gaine.

gaidling, *m. drossel.* grîse g., *singdrossel.* swarte g., *schwarzdrossel. in:* dat es de unrechte g. = *das ist ein mensch, vor welchem man sich in acht nehmen muss, cfr.* un joli merle, *iron.* — *holl.* gieteling, *amsel; ostfr.* geitel. *s.* gelde, gilde, jèld. ai *kann ein ausgefallenes* l *compensieren. vgl. dän.* giälde = *gellen, hallen, schallen. Kil.* ghieteling, *vetus,* merula.

gaiern, *bellen. mnl.* garren, cryten.

gail, *geil, üppig.* et es gail an der locht = *der himmel droht regen.* — *wie steil = ahd.* steigal, *so* gail, gagil, *ags.* gagol, gägl; *alts.* gêl, lascivus.

Gaylbrink, *ortsname bei Iserl. urk. v. 1448; bedeutet abhang mit üppiger vegetation.*

gailen = gilen. et gailde ęr op der borst. *K. s. 51.*

gailhucht, *s.* bucht.

gailing = gaidling. *Seib. urk. 605 f. n.* Geiliuk.

gaine, *f.* = gai.

gaiten, *præs.* ik gaite, du güss, he gütt. *præt.* gôt, *pl.* gûəten; *ptc.* goten, *giessen.* — *alts.* giotan. *Zu Büingsen bei Deilinghoven war ein grosser, sehr böser hofhund unter dem rufe* „hai gütt!" *mit siedendem wasser verbrüht worden. das hatte sich der hund so gut gemerkt, dass man nur* „hai gütt!" *zu rufen brauchte, um ihn zum laufen zu bringen.*

gaitepanne, *pfanne mit langem stiel zum begiessen der an der bleiche liegenden leinwand. (Siedlingh.)*

gaiter, *m. giesser in einer fabrik.*

gaithûs, *n. giesshaus.*

Gaitmecke, *f. für* Gaitbicke, *giessbach, name eines baches in Nieder-Hemer.*

galgen, *m. galgen. spr.:* nàm galgen es nenne île. — *alts.* galgo.

galgen-lesken, *ein dem* pinne-stęlen *sehr ähnliches spiel. der unterschied ist, dass das mahl* (mèt) *hier galgen heisst und nur einen stein oder* pinn *trägt. zu Marienheide bei Meinerzagen gibt es ein spiel, welches viel ähnlichkeit hat und* „brügg op héi" *genannt wird. die gefangenen müssen dort* „galgenschimmeln", *d. h. am galgen stehen. zu Albringw. heisst das entsprechende spiel* „pännken drîten". — lesken *wird aus* lêsten, *leisten, verderbt sein.*

galgen-holt, *n. galgenholz.* hai es so fals as galgenholt.

galgen-schimmeln, *s.* galgen-lesken *und* schimmeln.

gälk *für* gählik, *jählings. (Hülscheid.)*

gallen, *stöhnen, wird von einem gesagt, den der alp drückt. vgl. Mda. III, 28;* gailen. *hess.* gallern = *laut schreien, vom geschlagenen hunde.*

gallern, *prügeln. (Königsborn.) Schamb.:* gallern, *peitschen. Mda. 6, 208.*

gallinsen, *münzwerfen, ein spiel in der gegend von Soest. vgl.* slenseken. ?glinsen = slinsen.

gallopp, *m. schelte.* du büss mi ock en g., *zu jungen, die narrenpossen treiben. (Elsey.)*

galmen, *übel schmecken.* dat olge galmet. — *alts.* galm, *stimme; mnl.* galm, gheluyt. galm wederluit, echo. *holl.* galmen = *hallen, schallen, klingen. hd.* galm, *schall. Wallr.* galm, *klang, schall. nds.* galmen, *stinken. s.* galmerg. *der wortstamm bezieht sich also auf wahrnehmungen des geschmacks, gehörs, geruchs und gesichts.*

galmerg, *1. übelschmeckend, von speck. 2. unangenehm, übel.* en galmerg gesichte. *K. n. 27.*

galmig, *übelschmeckend, besonders von frischem oele.*

galpern, *schreien, vom hunde, auch wol vom menschen. auch* rülpsen. *K.* — *mnl.* galpen als voghel. crocitare. gannire instar vulpis. *holl.* galpen, *schreien, vom fuchse. engl.* to yelp, *heulen, vom hunde. nds.* galfern, *gellend lachen. Vilm.* galpen, galfen.

galsterig, *stark schmeckend, ranzig.* sai süht so galstrig ût, *sie hat eine kranke gelbliche gesichtsfarbe. K.* — *mnl.* garst, garstigh, rancidus, fracidus, *nds.* galstrig, *wald.* gelsterig, *oberd.* galstrig, *verdorben, schleimig. ags.* geolster, virus, tabum, pituita.

gam, *(v. Höv. urk. 74.* gadem, *pl.* gedemen.) *1. zimmer in alten bauerhäusern. in Dortm. kleine wohnung. 2. der feuersteiger ort. s.* gaddum. *aus* gadum *wurde* gam. *Soest. Dan. 187:* in der Helle *(gasse zu Soest)* is ein gam *(kleines schlechtes haus).*

Gämmerschen, *pl. Lüdensch. recht nr. 14. Glosse:* „sind einwohner in geringen hütten, so das bürgerrecht nicht haben". *wahrscheinlich sind zigeuner gemeint.* gämer *(von* gam) = *hüttenbewohner, davon weiter* Gämerschen *gebildet. Frisch, I, 312:* gädemer hausgenossen die nur in anderer inwohner zinsen wohnen, keine mitglieder der gemeine sind, inquilinus.

gamfen, *stehlen, mausen.* — *nds.* gamfen. *wahrsch. judenwelsch, nach hebr.* ganabh. *s.* hamfen.

gân, *præs.* gâe, gês, gêt *pl.* gâtt; *præt.* geng *oder* gong; *ptc.* gân, *gehn. spr.:* gân gêt bęter as krûpen. alles bat gêt un stêt. ät gêt nich ümmer: frau gätt sitten = *man kann es nicht immer bequem haben.* dat gêt = *das lässt sich tun.* dat gêt nitt = *das ist mir nicht möglich.* de wind gêt. dà gêt kain węg hęr. bu gêt et? oppen faüten am besten. bu lange gêt 'ne hitte? *wie lange ist eine ziege trächtig.* ik gâe op = *ich richte mich nach.* dat es inên gân, *das ist zusammengestürzt, niedergestürzt.* gân *mit* haben: hä hęt gân, *er ist gegangen.* gân *als auxiliar mit dem infinit.:* liggen, lôpen, sitten, slâpen, stân, flöten gân. — *mwestf. bei v. Stein. I, 245:* genk sitten. gân = *werden:* dôd gân, kapot gân. *vgl. engl.* to go mad.

gang, *m. 1. gang.* te gange, *im gange = in tätigkeit, im werke.* hä es dermed te g., *er ist damit beschäftigt, ist damit im werke.* de ǫwen es te g., *das feuer brennt im ofen.* de ûr es im gange, te g., *die uhr geht.* me mag so viel bessems te gange dauen as me well *(= in gebrauch nehmen),* se sid ümmer fudd. im gange (de ce pas): ik si im gange wîer dà. *2. mal.* dęn gang, *das mal. 3.* = gaine, gai. *(Elsey.)*

gängeln, *müssig herumgehen, zum vergnügen herumgehn.*

gängesk, *der gern geht, gern besuche macht.*

gante, *m. acc.* den ganten, *gänserich.* — *ahd.* ganzo, *ags.* gandra.

gâpen, *gähnen.* et es so wârme dat de kraigen om tûne gâpet. *syn.* gëiwen. — *engl.* to gape, *gähnen;* gap, *öffnung. holl.* gapen, *nds.* gâpen = *gaffen. Witte H. A. Pax. schreibt* capen *u. leitet davon* Capenberg, *welches er* mons speculationis *deutet. Bugenh. bib.* kapen *für luth.* gaffen. k *steht nicht selten für hd.* g: kiren, kürren = *girren,* kiken = *gucken,* kruke = *krug,* klocke = *glocke,* klucke = *glucke.*

gâpig, *unverständig.* de gâpigen blâgen. *dieser sinn des wortes, zusammengehalten mit* âpe *(narr, tor), weiset auf den zusammenhang von* âpe *und* gâpen, *affe und gaffen.*

gâpsk, **gâps**, *zum gähnen geneigt. syn.* gëiwesk. *von einem gähnenden sagt man wol:* hai es so gâpsk, wann hai so pâpsk wôr, dann könn hä pręken.

gæpsk, *unberufen, neugierig. vgl.* gâpen = *gaffen.*

gâpske = göppelsche. *(Siedlingh.)*

gâr, *zubereitet, d. i. gekocht gar.* gâr wâter un gâre męlke. dai es nitt gâr ächterm borstlappen, im balge = *er ist falsch.* de rüe es nitt går im halse = *der hund ist böse.* hai es inwennig går, *vom branntweinsäufer.* — *alts.* garo, *ahd.* garaw, *Shakesp.* yare, *fertig, bereit. s.* gęrwen.

gardenknechte, *pl. bettelnde soldaten. F. Dortm. III, 92 anno 1660.*

gåren, *n. garn.* — *ags.* gearn, *engl.* yarn. *v. Höv. urk. 41:* garenkopere, *garnhändler.*

gåren *für* garden, *m. garten.* — *alts.* gardo, *mnd.* garde.

gårenschacht, *m. ein schaft, auf welchem garn (u. anderes) getrocknet wird.*

gærling, *m. 1. ein junger lachs in der Lenne. 2. ein Ruhr-fisch. wol davon benannt, weil man ihn besonders mit der* gær *fängt.* — *zu* gær, gêr. *im Alten. WBl. 1837 wird gemeint =* jærling, *weil sie ein jahr in den flüssen bleiben. statistik d. kr. Altena 1866 s. 52 wird die junge brut des lachses* lachs-kerling *genannt.*

gærne, *Iserl.* **gêrne**, *1. gern.* — *alts.* georno, gerno; *mwestf.* gêrne. *die länge des* e *rührt vom folgenden* r, *wie bei* hêr *für* hirde; *was Koene z. Helj. vermutet, ist ohne grund. 2. leicht.* dai geeren eder ok nit geeren friuset, biu me't niemet. *spr. u. sp. 16; cfr. Laiendoctr. 37.*

gęrner, *m. gärtner.*

gęrnerske, *f. gärtnerin.* sünte-Gęrderût gêt de êrste gærnerske ût.

gęrnken, *n. gärtchen.*

garre *für* garde, *in* kättegarre.

garwe, *f. garbe.* — *alts.* garva, *mhd.* garwe.

gæse, *Iserl.* gêse, *geissfuss, girsch,* aegopod. podagr. *syn.* gæsing, gæseke, gêsselen, gêsseln-kiolen, fęrkenfaûte. *die pflanze gehört zu den neunerlei kräutern, welche das gründonnerstagsgericht bilden. nur 8 wusste man mir in Iserlohn zu nennen. vgl. Wolf beitr. p. 123.* nęgenstêrke *bei ND. s.* gêre *und* pęrre-gæse. — *wie in* hæpe, *so kann auch in* gæse *ein* r *verschluckt sein. vgl. Schiller z. tier- und kräuterb. III, 32. die dort angeführte ableitung (von E. Meyer) aus herba St. Gerardi ist auf unsere formen schwerlich anwendbar.*

gæseke = gæse. (*Weitmar.* gäseke.)

gæse-trîne = drâle, sêpenspån. *vgl.* jêselåken.

gæsing = gæse. (*Elsey.*)

gæse-męlke, *f. wolfsmilch,* euphorbia peplus. — gæse *dürfte hier geiz (ziege) bedeuten, da ziegen ohne nachteil wolfsmilcharten fressen, vgl.* lactuca caprina, *wolfsmilch.*

gast, *m. gast.* dat es mi en gast. se hett 'ne te gaste hatt = *übel behandelt.* — *mwestf. fremdling, client.*

gastrig = *garstig.* — *Vilmar bemerkt zu* garst, *dass es urspr. den ausgestank bedeute.* — *mnl.* garst, garstigh, rancidus, fracidus.

gat, *n. loch, bes.* anus. — *alts.* gat, foramen, *ags.* geat. en schubb int gatt, *ein schub vor den hintern. K.*

gâte, *f. gasse.* Hans in allen gâten. *bei Iserl. ist die form von der hd.* gasse *beinahe verdrängt.* — *goth.* gatvo, *ahd.* gazza.

gæte, *f.* = gêr. *möglich wäre* gæte = gærte *mit dem bei uns so häufigen* te (ti) *nach liquidis. auch aus* gaida *kann es entstanden sein, da* de *nicht selten (vgl.* geblaûte) *zu* te *wird.*

gau, *schlau, klug.* he es so gau as en lux, — as 'ne dǫle, — as 'ne ękster, — as wâter. hâ es so gau asse Peits. *s.* Peits. he es ęm te gau af. du woss noch ümmer nitt gau wêren. ik well di gau måken. hęt din vâer so gaue junges noch mær? *vgl.* gaudaif, *hd. gauner.* — *es kann durch ausfall des* l *aus alts.* glau *entstanden sein, doch ist auch ags.* geap *zu beachten. Teuth.* gouwe. cloick.

gau, *rasch, schnell.* — *alts.* gahun, *mnd.* ga *(Theoph. Hoffm. p. 181), holl.* gaauw. *es dürfte durch ausfall des* h *aus der alts. form entstanden sein; vgl. mhd.* gåhen, *eilen.*

gaudaif, *m. listiger dieb, gaudieb.*

gausekûnte, *dämlicher gleichgültiger mensch, der sich alles gefallen lässt. K.*

gauzen, *kläffen, von den hunden des wilden jägers. (Plettenberg.) Vilmar:* gauzen, *kurzes anbellen, klagendes bellen.*

gaffel, *f. gabel. essgabeln waren vor 150 jahren bei uns wenig bekannt, wie historische überlieferungen lehren. ein Altenaer drahtzieher wunderte sich über das werkzeug, als es ihm vorgelegt wurde. eine meierin der grafschaft Limburg forderte ihre leute auf:* kinner, wasket ink de finger, vi hett silåd. *fig.* op de gaffel springen = *schwören, mit bezug auf die ausgestreckten finger des schwörenden.* — *ahd.* gabala, *f., ags.* gafol, *m., Köln.* gafele, *f.; dass* gaffel *ein grunddeutsches wort ist, darf nicht bezweifelt* *werden. es gehört zu* gapan *(klaffen), wie* staf *zu* stapan.

gafferd, *m. gaffer.* — *zu* gàpen, *wie* gaffel.

gæwe, gêwe, *kerngesund, fest, tüchtig.* gæw holt. gæwe knollen. en gæwen çter. — *mnl.* gheeve, gave. sanus, integer, purus ab omni parte, sincerus, solidus. *holl.* gaaf, *mhd.* gæbe, acceptabilis, *mnd.* geve, *oldenb.* ungâwe, *ungesund.*

gê, *f. 1. der buchstabe* g. *2. n. für geld, wie ab für abtritt.* et kostet gê. *syn.* schuf vor den dûmen, christlike linsen.

geback *in* suckergeback. *Kil.* gheback, panis dulciarius.

gebäkse, *n. gebäck. vgl.* gedçrmse. *das so auftretende* s *ist ein* sz *und entspricht hd.* z.

gebäksel, *n. gebäck. vgl.* striapsel, *hd.* gemengsel. *sind diese* sel *aus* sli *versetzt, wie* döpsel *aus* döpisli *wurde? vgl. Gr. III, 509.*

gebäkte, *n. gebäck.* — *lautete die form awestf.* gabakithi, *mwestf.* gebekde? *oder ist sie wie* gebênte *nur nach analogie aus* gebäk *gebildet? v. St.* gebeckte.

gebæren, ? gebçren, gebêren, *in* àldgebæren mann = *vernünftiger, verständiger mann.* — *es wird ein abgeschliffenes ptc. præs. sein; vgl. ostfr.* oldbarrig, *altklug, was Stürenb.* oldbaddig *schreibt. cfr. Seib. 1001* noitgeberen, *nottragend, nötig. Crux fid. 2.* misgebere, *übelbeschaffen.*

gebęd, *n. gebet.* ênen int gebęd nęmen, *einem die leviten lesen.* — *e*a, ę *ist i-brechung. alts.* gibed, *n.*

gebelte, *n. schatten, gerippe. das wort könnte aus* gebênte *verderbt sein.* — *mwestf.* gebeelde *(Seib. urk. 983) ist vorbild.*

gebênte, *n. gebein.* — *holl.* gebeente, *leichnam, gerippe. mnd.* gebênte. *vgl. über diese mit* t, *hd.* z *gebildeten collectivwörter Gr. III, 526. ein alts. beispiel ist* holtgiweldithi, *Werd. heberegister.*

gebęren, *præt.* gebàr, *pl.* geboren, *gebären.* getogen un geboren, *erzogen und geboren.*

gebéste, *n. lärm, unruhe.* dà was màl im gebéste, *von einem, der aus furcht läuft. vielleicht für* gebreste = gebrechte, *krachen, lärm. Brandan, 480. sonst muss es zu* bisan *gehören (ostfr.* busen, *stürmen,* busig wåhr), *wie* géste *zu* gisan (gêran).

gebild, *n. damast.*

gebind, *n. fitze, stränglein garn, deren 10 auf ein stück gehn.*

geblaimte, *n. die blüten.* — *nds.* gebloimetse.

geblaüte, *n. geblüt, blut. spr.* dat geblaüte tûht, sagg de snider, dà sprang he innen dîk un trock en zienbock wier herût. — *für* geblaüde, *mwestf.* gebloide, *nds.* gebloite.

geblêr, *n. geschrei, geschwätz, klatscherei.* — *ostfr.* geblarr, *nds.* gebleie, *ostfr.* blarren, *hd.* geplärr, plärren. *möglich, dass* blarren = bladden, *woran unser* blâddern *(meckern, blöken). aus* blarrjan *konnte mhd.* blêren *entstehen.*

geblik, *n. possen.* he hęt en geblik med den kinnern. *Wedd.: geschäftigkeit.* — **geblik**, *n. augengeblinzel.*

gebręk, *n. gebrechen, schaden, fehler, von sachen:* dà es gebręk *(auch wol* gebræk) âne = *das ist schadhaft.* — *mwestf.* gebrek, *mangel, gebrechen, krankheit.*

gebrèste, *verletzung, wunde.* — *mhd.* gebreste, *mangel.*

gebrûk, *m. gebrauch, übung. spr.* gebrûk màket den mester.

gebęd, *n. 1. gebot,* præceptum. *2.* = będ, *gebot des käufers.* — *alts.* gibod.

gebüənsse, *n. zimmerdecke.* am gebüənsse in der kęrke.

gebęnte, *hölzerne decke im zimmer oder stall. K.*

gebund, *n. gebund.* en g. krâmesvüəgel = *4 stück, während zwei bitterfinken einem krammetsvogel gleich gerechnet werden. Müller topogr. v. Schwelm p. 12 (1789) sagt: „sie werden in gebunden zu 4 stück verkauft und das gebund kostet die wenigste zeit mehr als 2 ggr." von doppelten kr. gehen 2 stück, von bitterfinken 8 stück auf ein gebund.*

geck, *m. 1. geck, narr, tor. geck beim schützenfeste.* fasselâwendsgeck. kengergeck, *kindernarr, kinderfreund.* te god es sin nâbers geck. *spr.:* kinner un gecke segget de wârhait. *2. eine viehkrankheit. 3. mantelstock. Seib. urk. 904 s. 11.* — *Tappe 91[a]:* en geck perdt.

gecken, *vexiren, necken.*

geckig, *geckenhaft.* — *holl.* gekkelijk.

geckerigge, *f. narrheit.*

geeksbrêf, *m. liebesbrief. im vorigen jh. gab es im berg. eltern, welche gern sahen, wenn ihre töchter nicht viel mehr als ihren namen schreiben lernten, damit sie nicht versucht würden*, geeksbrêwe *zu schreiben.*

geekslêd, *n. leichtfertiges lied, besonders erotischen inhalts.*

gedân, *erpicht.* he es drop gedân. *K. s.* bedân.

gedâne, *n. das innere einer sache; vgl.* ingedâne.

gedanke, *m. gedanke. spr.:* med den gedanken kann 'me fâke mær arbêen as med den hännen.

gedelic, *nützlich. urk. v. 1406 v. St. stück XX. S. 1273.*

gedęrmsse, *n. gedärme.*

gedirte, *n. getier. — mnd.* dêrete, *nhd.* getierze, *holl.* gedierte.

gedöller, *lärm. K.*

gedônte, *n. geklatsch. — holl.* gedoente, *vgl. nds.* dônen, denen *= plaudern und* dôntken.

gedracht, *n. bürde, tracht.*

gedrêten ôk! *starke zurückweisung: ganz und gar nicht. zu* driten.

gedübster, *n. stossen auf den boden. zu* dubben.

gedüene, *n. lärm. — ags.* gedyne, *n.* fragor, strepitus. *vgl. alts.* dunian, sonare.

geduld, *f. geduld. — alts.* githuld.

gedüllig, *geduldig. — ags.* gethyldig.

gedüsch, *geräusch, geplauder. Hingb. 2, 91.*

gêe, *n. in einer besprechungsformel wider das rote der kühe:* gêe gâ, kaublaud stâ! *wozu noch kaffeedrost eingegeben wird. Grimme, Galanter. 117 hat* gêe, *was er durch „das* jähe, *eine krankheit beim rindvieh" erklärt. —* gêe *kann* gêde, *alts.* gêda, *ags.* gàd, *engl.* goat *=* stimulus, *sein. man denke dabei an* ylfagescot (elfshot). *Myth. 429.*

gegalper, *n. geheul, von hunden.*

gegibbel, *n. gekicher. vgl.* gibbeln.

gegÿwelsche, *n. gespei.* fǫrske-gegÿwelsche, *froschlaich. vgl.* gÿweln, göbbeln.

Gehänken, *Hänschen.* du daüs geräde as Gehänken de hær *= du bist anmassend.*

Gehannes, *Johannes. andere formen:* Gan *in compos.* Gan-Hinnerk, Gan-Dierk, Hans, Hännes, Hänse, Jôhann.

gehannes-blaume, *f. wohlverlei,* arnica. *sie wird als hausmittel gebraucht, muss dann aber auf johannistag gepflückt werden.*

gehannes-kirsse, *f. johannisbeere.*

gehannes-krûd, *n. 1. weiderich,* epilobium. *2. hartheu,* hypericum. *3. donnerkraut,* sedum telephium.

gehannes-węrm, *m. holzwurm. ein schreiner nahm einen schrank auseinander und sagte, als er das innere wurmstichig fand:* gehannes węrm es ôk deräne.

gêhe, *? jäh, plötzlich.* 'ne gehen tuck oppet hęrte. *Grimme.*

gehêl, *zusammen. Weddig.*

gehêr, *still.* et es so gehêr dabûten. *neben oder vor* hiuri *gab es ein* hiri, mitis, tranquillus, *mit welchem unser wort zusammenhängt. vgl. Frisch s. v.* heur, geheur.

gehölte, *n. gehölz.*

gehüchte, *n. gehöft. — mnl.* ghehucht, ghehuchte, mansio, suburbium, vicus.

gehüchter, *schlechtes gebäude.*

gehulwer, *n. geschluchze. f. r. 13, wo* geheul *erklärt wird.*

gehummel, *n. donner.* sêit gehummel, *leiser donner. vgl. Kil.* hommelen, murmur et confusum sonum edere. hulwern.

gêilen, *prat.* gould, *ptc.* gegoulen, *kaufen. — alts.* geldan, *mwestf.* gelden, gegulden *(bezahlt) urk. v. 1397. Wigg. 2, Scherfl. 50:* golt *(kaufte).*

gejanke, *n. hundegeheul, gewinsel; auch von menschen. — holl.* gejank *zu* janken. *Kil.* ghejanck, gannitus.

gejûche, *n. gejauchze. — holl.* gejuich, *zu* jûchen.

gejaüle, *n. 1. katzengeschrei. 2. heftiges reden. s.* jaülen.

gekäbbel, *n. wortgezänk. — zu* käbbeln.

gekakel, *gegacker. K.*

gekälkt, *bekalkt. — zu* kälken. *holl.* gekalkt.

gekäffe, *n. hundegebell. — zu* käffen.

gekêrmsse, *n. was auf einmal gekirnt wird.*

gekietel, *n. gekitzel. — holl.* gekittel.

gekîke, *n. gegucke, gucken. — zu* kiken. *holl.* gekijk.

gekǫke, *n. gekoche, kochen, gekochte. — zu* kǫken. *holl.* gekook.

gekraige, *n. hahnengekrähe; fig. von menschen. — zu* kraigen. *holl.* gekraai.

gekraiter, *n. weinen aus bösesein.*

gekralle, *n. krallen. (Paderb.)*

gekrâssel, *n. gezwitscher. s.* krâsseln.

gekrispelt, *gekräuselt.* — *lat.* crispus, *mhd.* krisp, *ags., engl.* crisp, *nds.* krispeln.

gekrûe, *n. kraut. Grimme. pl.* gekruier. *op de u. h. 16.*

gęl, *gelb.* so gęl asse gold, — ducâtengold. dat gęle vam aie = aidoer. et wôr ęm gęl un grain vǫr de ôgen. — *alts.* gelow, *engl.* yellow.

gelât, *klageruf, wehgeschrei.* dat es en gelât, *viel aufhebens von einer sache. K.*

gelât, *n. begränzter raum.* — *Thümmel reise s. 153: gelass.*

gelâte, *n. aussehen eines menschen.*

gelâten = wǫl lâten! *s.* lâten.

gęlbêm, *m.* = kattenklâwen.

geld, *n. geld. spr.:* bai g. hęt, kann dûwels danssen saihen. dat g. brengt menschen in de helle un blift selwer drût. dat geld, dat stumme es, mâket richt, dat krumm es. wâ geld es, dâ es ter Dæwel, wâ nix es, dâ es hëi twëi mâl.

gelde, gilde = gaidling, jëld.

geldmûker, *m. geizhals. Gr. tüg 17. s.* mûke. *cfr.* mörker, mirken. *vgl. Kinderl. 387* geldsmörker.

geldwǫrmken, *n. sparsames kind. erinnert an die schätzehütenden schlangen und drachen.*

gelęgen, *gelegen.*

gelęgenhaid, *f. 1. gelegenheit. 2. lage.*

gęle-gôs, *f. 1. ammerling, goldammer. syn.* gęle mätte. *2. goldstück. — Kil.* gheel gorse, gheel gheerse, amberiza flava. gorse *j.* grasmussche, curruca; *Tappe 188ᵇ:* du lohnest mir wie dem kuckuk die gorse.

gęle-mätte, *f. ammerling. (Hattingen.)* mätte, mette = *Margarete oder Mathilde.*

gelęn, *n. geländer. — zu* lęnen.

gęlerig, *gelblich.*

gelêrt, **gelært**, *gelehrt.* he es gelêrt bit an den hals, mân de kopp hęt nix mede kriagen.

gęle-rüegel, *pl. gelbe violen, goldlack.*

gęl-gâseken, *n.* = gęlegôs. *(Fürstenb.)*

gelike, *n. und f. ebene, fläche.*

gelimp, **gelimm**, *1. gelegenheit, kluge benutzung derselben:* dat maut me med gelimm krigen. — *ahd.* galimphida, occasio, *ags.* gelimp. *2.* ehr und gelimp *(guter name). Alten. stat.*

gelinde, *n. gang in der kornmühle. — zu alts.* lithan, *gehen. Vilm.* glind.

gellen, *præt.* gald, *pl.* gulten, *ptc.* gollen, *gelten.* nitt gellen, *nicht gelten, nicht gestattet sein, häufiger ausdruck bei kinderspielen, z. b.* rûseln *(den boden glätten)* dat geldt nitt! nucken geldt nitt! *s.* geilen.

gelöfte, *n. gelübde, versprechen. — mwestf.* gelofte.

gęlrîpe, *f. gelbreife.*

gelster, *f.* = gilster. *(Plettenb.) Gr. tüg 69:* terjâr hęt de gelster sau unbändig starke blögget, dann folget en fruchtbar jâr, sęt de lüe.

gelte, *f. verschnittenes weibliches schwein.* fâselgelte, *zuchtschwein. — ahd.* galza, *mnl.* ghelte, ghelubde seughe. aus castrata, porca castrata.

gelte-snîer, *m. schweinschneider. vgl. engl.* to geld, *verschneiden.*

gelûe, *n. geläute. — Köln.* geluit, *n.*

gęlunge, *f. gelbreife, vergilbung.* de rogge es in der gęlunge.

gelûte, *n. laut, ton.* he giot en gelûte van sik af. — *Wigg. 1. scherfl. 45:* gelude.

gemain, *1. gemein.* gemain geld. *2. leutselig, herablassend. — mhd. Mart. Pol.* (Theodos. I.) waz so gemeine, daz er sich niht bezzer duhte denne ander lute.

gemâk, *1. ruhe.* hâld gemâk. *2.* med gemâk. *mnd.* mid gemake, *bequem. 3.* = vermâk, *unterhaltung, scherz. spr.:* en lüog taum gemâke, kuömet nitt te fâke.

gemâl, *n. malen, v. getraide.*

gemâte, *n. gemäss.*

gemætig, *mässig. spr.:* fûl un frætig, van arbêd gemætig.

gemall, *geschmeidig, weich, vom leder.*

gemaüte, *n. gemüt.* he hęt sik dat te g. trocken. sik wǫt te g. fôren, *sich durch den genuss einer sache befriedigen; vgl. Helj. 6408 (Koene):* dem manne te gimuodie *(zur befriedigung).* — gemaüte *für* gemaüde, *alts.* gimuodi.

gember, *ingwer. Teuth.* genguer, *nl.* gengber.

gemechte, *n.* genitalia, *unterleib.*

gemörder, *n. eine art mörtel (trass), verschieden von spise. — lat.* mortarium.

genait, *n. geniess, genuss. — mhd.* geniess.

genaiten, *præs.* genaite, genûs, genût, *pl.* genaitet; *præt.* genôt, *auch* genât, *ptc.* genǫten, *geniessen. der sonst zu Hemer bräuchliche reim beim* kalwerquicken *schloss mit* „den nâmen sastu genaiten, (kǫlhenne) sastu haiten“. *man vgl. damit v. Steinen st. III, 941:* des namens so *(soll)* he geneiten,

Wulff so *(soll)* he heiten. *Dazu Helj. 445 (Koene), wo ebenfalls mit bezug auf den namen* niotan *gebraucht wird. mir scheint, die redensart, auf personen bezogen, deutet ursprünglich auf den nutzen, den ein beigelegter name dem träger bringen werde, sei es nun, dass der name eine stete erinnerung enthielt an eine eigenschaft des charakters, die der träger haben sollte, oder an eine gottheit, in deren schutz er durch den namen gestellt. man vergl. die heiligennamen in kathol. ländern. auch Helj. 445:* hie niote, ef hie moti *kann wol nicht heissen „den besitze er, wenn er darf", sondern „der bringe ihm geniess, wenn es angemessen ist". — goth.* ganiutan c. acc. *etwas fangen. alts.* niotan, niatan, *mnd.* genieten, *mnd.* geneten c. *genit. = nutzen von etwas ziehen: huspost. 26 na trinit.:* solcke lere gehöret nicht vor de verstoruene Hilligen, d e r wy hyr vp Erden nichtes g e n e t e n konnen, sunder vor vns alle etc. *Seib. urk. 106:* he dachte siner meer geneten. *in bezug auf* genât *für* genôt *ist zu bemerken, dass sich hin und wieder formen des früheren lautstandes erhalten haben; dem goth.* au *in solchen præt. war ein* a *vorhergangen.*

genæm, *1. was angenommen wird, genehm. 2. was gern (leicht) annimmt, gelähm:* de korste wèrd genæm, *sie nimmt das messer an, wird weich. — ahd.* ginâmi, idoneus, acceptus. *dem* æ *in unserm* genæm *muss* a, *nicht* â *zu grunde liegen.*

genante, *n. das bestimmte, festgesetzte.* hai kritt sin genante. — *nds.* genand, *n. deputat.*

genäüge, *n. genüge. — alts.* ginuogi, *mwestf.* genoge.

genäügen, *genügen. subst.* ose wânn 'ne dat genoigen boästen wöre.

gêne = slâde, *schwaden. s.* gaine, gai.

genebeck, *m. gähnschnabel, maulaffe. Gr. tüg 20.*

genesen, *præt.* genâs, *genesen.* as de kranke genâs, dà wor he slimmer as he was.

genkes *für* gentkes *oder* genskes. *nur in:* en menske hęt siawen felle, dat ǫwerste hett genkes *(gänsehaut). zu der meinung, dass die menschenhaut aus 7 schichten bestehe, vergleiche man, was von der blutschwäre gesagt wird. — ostfr.* nügenhûd. *bei uns „dicke schwären haben 9 häute".*

Genna, *bei Letmathe hiess mwestf.* Gendena = Gindan-â, *jenseit des flusses.* gindan = *ags.* geondan, *eigentl.* illuc, *dann* illic. *wie ags.* „fram geondan sæ" *gesagt wurde, so konnte ein Letmather oberhofsbesitzer von seinem bauern auf der andern seite der Lenne sagen:* he is fan gindan-â.

genten, gienten, *dort drüben.* te gienten, *da drüben, in der ferne. K. — goth.* jáind (illuc und illic), *ags.* geond, *dorthin. die endung* en *in* genten *wie im hd.* dorten *für* dort. *dass* genten *(für* genden) *auch præp.* (ultra, trans) *gewesen ist, ergiebt sich aus dem unter* Genna *gesagten.*

genüet, genuet, *m. genuss.*

gepæter, *n. das viele öffnen der pforte, türe. s.* pætern.

gepen, *etwas klaffen, offenstehen, von der türe. aufatmen, nach luft schnappen. K. s.* gâpen.

geplær, geplæe, *n. geplärre, geschwätz. (Elsey.)*

gepôbel, *n. pöbel. — holl.* gepeupel, *n.*

gęr = gær, gêr.

gêr, gær, *dreizinkige gabel zum fischestechen. syn.* gêr, gæte. — *lat.* gæsum, *altn.* geir, *alts.* gêr, *ahd.* fis-kêr tricuspis, *engl.* to gore, *durchstechen, alts.* gêr-thriun (gedern) = *zu den speerbäumen.*

geråen, et gerâdt, *præt.* et geraid, *ptc.* gerâen, *geraten.*

gerah, *geschwinde* = gerade.

geraiden, *pl.* = gerêden, *geräte.*

gerais, gar un gerais nit, *ganz und gar nicht, durchaus nicht. K.*

geraischop = raischop. dat es geraischop! *das ist schlechtes gesinde. K.*

geraist, *erzogen:* use kinner sind nitt geraist as de kinner in der stad. — *ptc. von* raisen, to raise = surgere facere, *erziehen.*

geräppels, *n. mit dem epith.* ornaus âld = *alter plunder, alter hausrat, alte gerätschaften. — zu* rappeln.

geräsślik, *gerast, ruhig.* geräsślike nacht. *K.*

gerást, *munter, frisch auf. — kann aus* girastod *verkürzt sein. vgl. alts.* rasta, quies. *s.* geröst.

Gęrd, *Gerhard.*

gêre, *f.* = gæse.

gęre, *f. pl.* gęren. *1. ein keilförmiges stück land. ein ungeöffnetes hünengrab, erzählte mir herr T. in Hemer,* *liege in der gegend von Balve auf einer durch zusammenlaufende* siepen *gebildeten* gehre. 2. *keilförmiges stück (zwickel) an einem hemde.* — gäre, *streifen ackerland, zu schmal, um einen* „rüggen“ *zu bilden. K.* — *ahd.* gèro, *m.* lingua maris, *mhd.* gère, *m. keilförmiges stück, zwickel in einem kleide, nds.* gêre, gēre, *f. keilförmiges stück land und zwickel am kleide, altfr.* gàre, sinus vestis, *ital.* gherone.

gerècht, *n. recht.* med gerichten un gerèchten. *(Deilinghoven.)*

gerédt, *womit man leicht fertig werden kann.* et es gerédt węrk. — *es ist wol ptc. von* geraiden *oder* geraien *(goth.* garaidjan). — gerêd *(in* gereede güiter, *mobiliar) entspricht goth.* garaids, paratus.

gerêden, *pl.* = geraiden.

geregimenter, *n. lärm. Galanter. 91.* — *nach diesem worte wäre die ableitung des* rementen *von* regiment *wahrscheinlich.*

gerẹk, *n. 1. rechnung, zu* rẹken: dà kanste g. op màken. *2. gereich, das gebürende:* jédes dir maut sin g. *(sein gebürendes an nahrung und pflege)* hewwen. — *mwestf.* gereck, *mnl.* gherék, ornatus, apparatus, cultus.

gệren *neben* **gêren**, *præs.* et gệrt *(Elsey)*, et gêrt *(Iserl.)*, *præt.* gệrde *und* gôr, *ptc.* gộren, *gähren.* so sûr at es gệrt (gêrt). — *mnd.* gêren *(geschr.* geeren), *mhd.* gisen, *gähren, schäumen.* — *das* ê *wird lautlich von* r *rühren, wie bei* gêrne; gôr, gộren *deuten dahin, dass sich neben* gisan *ein* giusan *entwickelt hat, vgl. das von Köne z. Helj. 222 angeführte* gaisen = giasan, giusan. *wir sehen also im hd. gähren, gohr, gegohren das ältere præsens mit dem jüngeren præt. und ptc.*

geringe, *leicht.* dat mag geringe, *es ist leicht.*

geriss, *n. kohlenklein.* — *hd. (falsch)* gries.

gệrkammer, *f. eigentl. gewandkammer, sacristei.* — *Findl. 42:* garvekamer, *sonst auch mnd.* gerfkamer, *Iserl. urk. v. 1448 schon* gerkamer. *zu alts.* gerwi, vestitus *aus* garaw, *ags.* gearva, amiculum, vestis, *engl.* gear *mit abgefallenem* va. *das* f *der mnd. form lehrt, dass* w *nicht bloss in* b, t, v, *sondern auch in* f *übergehen kann.*

gệrkauken, *m. pfefferkuchen, eigentlich ein kuchen, der immer bereit* (garaw) *ist, weil er sich lange hält.*

gerëst, *ruhig.*

gẹrste, *f. gerste.* hä wässet as ripe gẹrste. *Tappe 84*[b]. — *ahd.* gersta, *ags.* gerst. *man hat ags.* gärs *(gras) und lat.* hordeum *verglichen. das verbum* gẹrsten *muss von einem subst. abgeleitet sein, welches pinsel oder besen bedeutete; gerste ist somit die getraideart, welche sich durch einen grannen - pinsel bemerklich macht. ebenso benannte der Hebr. die gerste* segorah *von den borstenförmigen stacheln* (segar = *haar). ähnlich hat der angelsachse* rubus *und* juniperus *vom stechen* gorst, gorstbeam *benannt.*

gẹrsten, *brote mit einem quaste benetzen, bevor sie in den backofen kommen. dieser quast hiess im mwestf. (Rudener stat. p. 80):* gerstel; *daher in Elberfeld* gersteln. — *entstellte formen sind wald.* gestern, *altm.* gesseln.

gerüggen, *gereuen.* — *alts.* hrewan.

gerûig *für* gerauig, *ruhig.* ne gerûige nacht.

gerûmlik, *geräumig, gehörig weit, von kleidungsstücken.*

gerûschte, *n. geräusch.*

gesæ̂d, *n. gesäme, sämerei.*

gesæ̂dinge, *f.* = gesæ̂d.

gesangbauk. ik tüchtige mine frau med guden wåren, sagg de bûr, dà slaug he se med dem gesangbauk annen kopp.

gesat, *n. gesetz, festgesetztes.* dat hẹt sin gesat.

gesæt, *n. gesäss, passendsein eines kleidungsstückes.* der es en guod gesæt âne.

geschaihen, *præs.* et geschûht, *præt.* geschåg, *conj.* geschæ̂ge, *ptc.* geschaihen, *geschehen.* — *ahd.* gascehan, *goth.* skevjan *setzt ein* skivan (skav) *voraus, dies muss als zeitwort der bewegung vermittelst des præfixes* ga *den begriff* accidere *ausgedrückt haben.*

geschichte, *f. 1. geschichte. 2. nordlicht. im mwestf. wahrsch.* sêbrant.

geschicksmann, *m. mann, den man an jemand schickte, um genugtuung oder schadenersatz zu fordern.*

geschickt, *geschickt.* dä es so geschickt as en iosel omme prûmenbôme.

geschîr, *n. geschirr.* — *vereinfachung der geminate wirkt verlängerung des vocals.*

geschrötze, *n. gespött. Gr. tüg 18.*

geselle, *m. 1. geselle. 2. arme gesellen. speckschwarten in würsten.* — *ahd.* gisello, *der mit einem in demselben* sal *(hause) zusammenlebt; vgl. alts.* gibenkeo, gibeddeo.

gesichte, *n. gesicht.* he màket en gesichte, as wann de katte duonern hært. he màket en gesichte, me soll de klainen kinner dermed nà beide jàgen.

gesladder, *n. geplapper. — schwed.* sladder, slabber, *dass.*

geslàgen, *ptc. v.* slån, *voll.* ne geslàgene stunne.

geslàte, *n. verschluss. — zu* slaiten.

gesnürte, *n. gesindel, snurranten. — zu* snurren.

gesnütz, *n. verächtliches zeug. — zu* snûten.

gespann, *m. name, den sich fuhrleute unter einander geben. — mnl.* ghespan, jugalis socius, socius laboris, compar.

gespilde, *in* „dat gespilde- *oder* nachbarrechte“; *vgl. gewohnheitsrechte der stadt Iserlohn. — vgl. ahd.* spildi, effusio; gaspildan, effundere.

gespêke, *n. gespenster. — zu* spôken.

gesprækl ik, *gesprächig.*

gêsseln-kielen, *pl.* = gæse. *(Marsberg.)*

gêst, *m. geist. als n., geist der erscheint.*

gest, *m. hefe. — zu* gisan. *mhd.* gist, gest, *m. engl.* yest; *Findl.* „gest blictrum“.

gestàld, *f. gestalt.* nitt de g., *nicht das geringste.*

gestàldt, *gestaltet, beschaffen.* ik wêt nitt, bu et te hûs gestàldt es. — *zu* gestàlden, *gestalten. vgl. Verne chr. p. 61* angestalt.

gestån, *gestehen.*

geste, *f. hefe.*

gestell, *n. 1. gestell. 2. zustand.* et es en üawel gestell, wann de bäcker sall backen un hẹt kain mẹl. *3. geschick. Must. 49.*

gestelle, *n. benehmen.* bat es dat fọr en gestelle. *vgl.* sik stellen.

gesten, *gähren, auch fig. — zu* gist.

gestênsse, *n. gestein. — d. seelen troist:* gesteinze.

gestênte, *n. gestein.*

gestriens = verstriens. *K.*

gesû, *n. gesicht,* visus. — *alts.* gisiuni, *n. Teuth.* gesicht. gesuyn.

gesund, *gesund.* so gesund as en fisk im wåter.

gesundhait, *f. gesundheit.* dä ümmer nà der g. lẹwet, es altîd krank.

gesûne, *n.* = gesû.

geswîge dann, *geschweige. s.* sik vertrẹen.

get, *etwas. s.* yedt. — *alts.* gio wiht, quicquam. *Münst. beitr. I, 105:* yedt.

getalme, *n. gerede.*

getau, *f. webstuhl. — mwestf.* getou, *gerät. Ruden. stat. p. 80:* thowe. *mnl.* ghetouwe, *alts.* getô *für* getôw, *geschirr, gerät. Kil.* ghetouwe des weuers, machina, textoria fabrilia.

getradt, *betreten, gangbar, (Kierspe.)*

getrôsten s., *1. auf etwas rechnen, etwas erwarten.* hai kann sik wọl getrôsten, — op wọt getrôsten. *2. leicht entbehren. vgl. sündenf.* trosten up = *sich verlassen auf.*

getruggen s., *sich getrauen.*

getwisseld, *Iserl. Limitenb. 19:* getwisselte bocke.

gefach, *m. fach. — Schüren chr. p. 232:* gevaecken.

gefâr, *n. fuhrwerk, wagen. s.* gefær.

gefâr, *f. gefahr.*

gefær, *n. gefähr, fuhrwerk, wagen.*

gefærlik, *adj. und adv. 1. gefährlich. 2. sehr.* en gefærlik grôten bôm.

gefaül, *n. gefühl.* ik hewwe et im gefaül = *ich thue es ohne zu sehen. spr.:* nàm gefaüle hẹt de mann rècht.

gefenknüs, *n. gefängnis. — mwestf.* gefenknus, *f.*

gefitse, *n. 1.* = vlitsen. *2. bezeichnung von kleidungsstücken, mit welchen sich frauenzimmer behängen. 3. lärm, getöse von spielenden kindern.* düt gefitz met dem blàge. *Gr. tüg 82.*

geflappt, *unklug, schwachsinnig. — ptc. von* flappen.

gefårne, *iltis. (Crombach). s.* fûrn.

gewack, då es gewack im hûse *(Siedlingh.)* = gewag.

gewâg, *n. bewegung, unruhe.* dat gafte gewach in H., *da wurde es lebendig in H. Gr. tüg. das* süntevuogeljagen *muss in aller frühe geschehen, ehe noch* gewag *im hause ist. so auch zu Nieder-Ense. — ostfr.* gewag; *Münst.* gewag; *nds.* gewag, *mit* wag *(woge) zusammenhängend ist dasselbe wort. vgl.* wagen, *bewegen.*

gewaide, *n. eingeweide. — holl.* geweide. *RV.* gewåt.

gewàld, *f. 1. gewalt.* med gewàld. *2. grosse bemühung.* hä daüt gewàld (il fait rage) üm et te krîgen. — gewàlds = *sehr gross:* en gewàlds-swîn.

gewånen, *gewohnt werden.* hä es te brôe gewånt = *er wird schon wieder kommen. vgl. das sprichwort unter* trọg.

gewâr, *gewahr.* dat wärste êr gewâr as düan morgen den dag, *sagt man zu* *einem, der die verbrannte hand schnell zurückzieht.*

gewæren, *1. ruhen.* làt mi gewæren, *lass mich gewähren (= in ruhe). s. d. f.* — laet my ghewerden. *Kil.* —*Schüren chr.* lieten dat cloester gewerden. *Münst. beitr. IV*, 620 dar-mede gewerden laten. *2. fertig werden.* ik kann der nitt med gewæren, *z. b. mit der feder. 3. sein auskommen haben.* dai kann guəd gewæren. *4.* nich gewæren, *nicht recht wohl sein.*

gewelfte, *n. gewölbe.* — *Findl.* 42 gewelfe. *holl.* gewelf.

gewelwe, *n. gewölbe.*

gêwen, *gähnen. s.* jêwen. — *ahd.* gewôn, oscitare; *Fisch. Garg.* gienen *und* göwen. *holl.* geeuwen.

gewęrwe, *n. gewinde*, charnier.

gêwesk, *zum gähnen geneigt. syn.* gâpsk.

gewieten, *n. gewissen.* dai hęt en gewiəten as en mållersack.

gewinnen, *gewinnen.* en kind van ênem g. nû heffe gewunnen, *nun soll's wol gehn.*

gewitter, *n. gewitter.*

gewitter-kail, *m. donnerkeil.*

gewiffelt, *fig. gewiegt.* — *nds.* gewipt.

gewørmte, *n. gewürm.* — *holl.* gewormte.

gewösse, *n. wuchs.*

gibbeln, *heimlich versteckt lachen. schwächer als* kiəkstern, *kichern. auch v. St. III, 194 (Elspe):* dat gibbelt dat gäbbelt. — *ostfr.* giebeln, gabbeln, *holl.* gijbelen, *engl.* giggle.

gibbelig, *einer der gern* gibbelt. *(Weddigen).*

gîcheln, *mühsam atem holen. (Fürstenb.)*

gicht, *f. gicht.* de lôpende g. de slâpende gicht, *eine sucht, plötzlich in den schlaf zu fallen. abergl. dabei.*

giedling = gaidling. *(Marienh.)*

gien = giewen.

gienig, *jenig.* dat es 'et giənige, *das ist es eben.*

gien-op, *m. gelbschnabel im fig. sinne, hergenommen von hungrigen nestvögeln.* — *zu* giənen, *ags.* ginjan, *ahd.* inkinan, aperire. *H. Sachs:* gienen (vnd gienten an den galgen nauff). *Theut.* kene, *spalte. vgl.* hans-op, klemm-op, flüg-op, wipp-op, Trimp-op.

gien-sîd = gensîd, giəssîd, *jenseit. præp. und adverb.* — *Seib. urk.* 511: up gensyt. *Seib. qu. I*, 157: ginsid.

giepsche, *f.* = göppelsche. *(Halver).*

giesek, *m. sauerländ. kartoffelküchelchen. Grimme Sauerl.* 69. *vgl. im Ravensb.* pickart *und bei Vilm.* kauschel, schepperling. gêsek *(Siedlingh.)*

giəftenkorve, *gebekörbe. am tage vor der hochzeit (am* hîlink) *werden geschenke an victualien (schinken, butter, hüner, eier) dem brautpaare auf dem lande dargebracht. K.*

giəwedisk, *m. tisch, an welchem von hochzeitsgästen gegeben wird. Möller topogr. v. Schwelm* 16.

giəwehochtîd, *f. gebehochzeit.*

giəwel, *f. 1. giebel des hauses. fig.* ne guəde g. es des hûses zirde *(grosse nase).* g. vør un g. ächten, *von frauenz., die es hoch im kopfe haben. 2. schädel, wie mhd.* gebel. hä slädt ne vør de giəwel, datte rad øwer rad gêt. *3. namen von berghöhen:* de Giəwel *bei Neuenrode*, de Ho-Giəwel *bei Sundwig, der* Gevelsberg *(alt.* Givelsberg). — *goth.* gibla, *m. ahd.* gibil, *mnd.* gevel.

giəwen, *præs.* giewe, gies, giət *(gift); præt.* gafte, gaf; *ptc.* giəwen, gaft, *geben.* ick well ęm wǫt drop giəwen, *ich will ihn schlagen.* ik well ęm wǫt op de finger giəwen, *vgl. ital.* dare sulle dita. hä lôpet bat giəste bat hęste = *er läuft aus leibeskräften. J. P. was hast du, was kannst du?* — giəwen = *werden:* dat giət dine frau, *die wird deine frau.* dat giət nitt, *daraus wird nichts, das kommt nicht zu stande. s.* giəwen = *sich begeben:* he giət sik op den lôp, *er gibt sich ans laufen,* = *den mut sinken lassen; vgl. RV.* — *urk. v. 1570:* ich giebe; *v. 1554:* gegiewen; *v. 1603:* giben (datus).

giəwesk, *der gern gibt.* sai es so g. nitt. *vgl. Vilm.* gêbisch. *Bugenh. bib.* vorgevisch, *vergeblich. cfr.* cette femme n'est pas donnante = n'aime pas à donner.

gîgen, *keichen.* et gîget ęm in der bǫrst. *s.* gîcheln. — *vgl.* geigen.

gilde, gelde, *drossel.*

gîlen, *schwer und hörbar atmen, engbrüstig sein. syn.* gîgen, gîcheln, gailen, gôlen. — *RV.* gylen, anhelare, *gierig nach etwas streben; Soest. Dan.* gielsicheit. *Luth.* um seines unverschâmten geilens *(zudringlichen bettelns)* willen; *mhd.* giel, *m.* = gula.

gilpern, *schreien, von jungen hühnern.* — *Wald.* gilpern, *zwitschern. mnl. Kil.* ghilpen, pipilare.

gilster, *f.* ginster, *(Alberingw.), anderwärts* gelster. *syn.* brâme, pingstblaume. — *lat.* genista.

ginne, *jener. Grimme.*
gint jår, *künftiges jahr. syn.* tinte jår.
gipschen, gibschen, *zusehen wie ein kind, hund, wenn jemand isst, verlangen, gern haben wollen. Wald.* gibschen, *den mund offen haben.*
gîr, *1. begierig. 2. subst. gier.*
gisse, *f. menge.* se kwæmen bi der gisse herân. se nęmt se bi der gisse węg = *sie nehmen alles rein weg. — wie es neben* giutan *ein* giusan *gab, wovon* gâsen, *Laiendoctr. p. 142 und ostfr.* gusen *(strömen), altn.* giosa *so gab es auch wol neben* gitan *ein* gisen, *wovon ags.* gist (procella) *und unser* gisse, *was aus* giste *entstanden sein kann. die s-formen werden sich auf früherer lautstufe, also von* th *abgesplissen haben.*
gissen, *vermuten. — mnd.* gissen, *mhd.* gisen, *schwed.* gissa, *ostfr.* gissen, *engl.* to guess, *worin* u *der aussprache wegen zugetreten ist, wie in* guest *für ags.* gast.
gistern, *gestern.* ik sin van gistern nitt, süss wær ik mâren drai dage âld. — *goth.* gistra, *vgl. lat.* hesternus *zu* heri.
git, *westl. Mark, auch Wattensch., Essen* = it *der östl. Mark, ihr. — alts.* git = vos duo.
gitsunder = itsunder. *f. r. 103.* gitzunders, *spr. u. sp. 10.*
gift, *m. gift, bildl.: zorn.* dat mess snidt asse gift = *es ist sehr scharf. Gr. tüg 80:* en alt menske sin ik, awer gift un galle is nau in mî.
giftblaume, *f. fliegenschwamm. (Siedlingh.)*
gifte, *f. gabe, nur von hochzeitsgeschenken. — mwestf.* gifte, *gabe, datum. im Ravensb.* = *hochzeit.*
giftig, *erzürnt, böse.*
giftwęrm, *m. eine gewisse gelbe raupe, welche von den kühen gefressen dieselben aufblähen soll. (Elsey.)*
giffen = *kiffen, kläffen, von hunden. in Seiferts sagen wird* gif gaf ho ho *von der wilden jagd gebraucht.*
glas, *n. pl.* gläser *und* glęser. *glas.* hai kann kain voll un ock kain liogg glas saihen.
gläsemęker, *m. glaser.* es din vâer en gläsemeker węst? *vgl. Mda. III, 245 nr. 128.*
glâserig, *glasähnlich, von augen, kartoffeln.*
glâserschap, *n. schrank mit glastüren.*
glat, *comp.* glätter. *1. glatt. 2. schön,* splendidus. — *zu* glidan, *gleiten, oder vielmehr zu dessen antecedens. — alts.* glad. *auslautendes* d *ist also in* t *verschoben.*
glau, *scharf, munter, lebhaft, schelmisch von gesicht und gehör.* dat kind kîket so glau. ik hære nitt glau op dem luchtern âre. — *alts.* glau, *ags.* gleav, *nds.* glu.
glaüen, *glühen. — ahd.* gluojan, *ags.* glôvan, *mwestf.* glôgen, gloien, *nds.* gloien.
glaume = glûme. *(Siedlingh.)*
glaünig, *glühend.* de gleunige dûwel. *K.* dai kann nix liggen lâten as glainig îsern un müelenstêne. *für* glaüendig, *participialableitung, wie* knakenig, hûpenig, nakenige, swickenige.
glaud, *f. glut. — ahd.* gluot.
gleggen, *glänzen, f. r. 29. — vgl. goth.* glaggvuba.
glens, glensch, *gleich.* de dèirns hett glensse daüke ümme. *spr.:* glensse müenke dręget glensse kappen. — *entstand aus* el-êns = all-ens. *zu der merkwürdigen entwickelung des* g *aus* e *vgl. man ags.* gland *für* ealand, *eiland. s. das berg.* elêns.
glêpe, *f. ritze, spalte. — ostfr.* glive, glöve, *mnl.* glippe, scissura. *Teuth.* clave. reete. splete. spalde. glyppe. schram.
glêpen, *klaffen, von der tür.*
glęsern, glasern, *von glas. spr.:* bai en glęsern dâk hęt, draf nitt med stêner smîten. giaf acht, du klæters op 'me glasernen dâke herümme = *du hast einen schlimmen herrn.*
glied, *n. glied.*
glied-daipe, *gliedtief, von wunden die ein fingerglied tief sind. — eine urk. v. Wetter:* ledes dêp; *eine Plettenb. urk. v. 1397:* enes lides dip.
glias-öge, *n. glasauge, von pferden und katzen. —* glios *kann nicht aus* glas *verlautet sein, es ist* glis. *vgl. alts.* gles, vitrum, *ags.* glisjan, micare.
glik, *adj. und adv. gleich, zugleich, sogleich.* vi welt dat glîk mâken, *wir wollen abrechnen.* hä sprang med glîken faüten ǫwer de grâwen = à pieds joints. he mâket alle âwends med der weld glik. ik küame glik = *sogleich.* sines glîken. te glike *c. dativ, s.* frau. — *vgl.* like.
gliken, *præt.* glêk; *ptc.* gliaken, *gleichen.* he gliket ęm as wann he ęm ût der müle kropen wær. de daiwe maint, alle lû gliaken ęne.
glimsterig, *schimmernd, vom einbrechenden tage. — Bugenh. bib. 2 Mose 34:* glynstern, *glänzen. ostfr.* glinstern,

alts. glimo, nitor, *mnl.* glinster: scintilla. glinstren = blencken, schynen.

glint, *geländer, einfriedigung von brettern oder holzlatten. K.*

gliren, glieren. seo sültemaus un klümpe dat geiht seo glieren runner. *N. l. m. 126. vgl.* slithan, *gleiten..*

glitse, *f. ritze, riss, spalt. Gr. tüg 3. K. s. 63. auch bei Holthaus.*

glöggern, *glühen. f. r. 98.*

glǫrærseken, *n. glühärslein, glühwurm, leuchtkäfer. syn.* gehanneswǫrmken, *berg.* leuésken. glüraeken, flüræsken.

glǫren, *einen lichtschimmer verbreiten, wie faules holz, katzenhaare, glühwürmer.* he es so fett datte glǫrt. he es so rôd datte glǫrt = *fuchsrot.* — glǫren = glusjan, *wie* bören = burjan, *was auf* glëran, glisan *führt. altn.* glôra, micare, *mhd.* glosen, *lipp.* gloisen, *nds.* glosen, *glimmen, ohne flamme brennen. ostfr.* gloor, glut, glooren, *in sich glühen, von kohlen. engl.* to glare. *vgl. engl.* gloary.

glǫrholt, *faules holz.*

glöfhaft, *glaubhaft, glaubwürdig. Gr. tüg 6.*

glöwe, *m. glaube.* — *alts.* gilobo.

glöweken, *n. glaube im verächtlichen sinne.* jedwede möerken hęt ęr glöweken.

glöwen, *glauben.* bai dî glöwet un'et bedde verköpet, dai kann med der fuot omme strôe släpen. — *Tappe 19*ᵃ gelöven, *einem vertrauen, glauben. s.* löwen.

glück, *n. glück.* dat glück es rund, ät löpet dem ênen af, dem annern tau.

glückelk, *glücklich.*

glückskübbeken, *n. glücksspinne. die kleinen spinnen werden für glückverkündend gehalten.*

glücksrauge, *f. wünschelrute (Marsberg.)*

glûme, *pl.* glûmen, *funke.* glûmen in der aske. *syn.* âme. — *ags.* geliomа, *m.* lumen, *zu* leôhan. *alts.* glimo, *welches aus* gliumo *und weiter aus* glimo *hervorging.*

glûmen, *leuchten, froh aussehen, schmunzeln. f. r. 125. 128, Gr. tüg 30.*

glûmer = glûme.

glummern, *glimmen.* — *nds.* glummen.

glünsen, *neugierig, zudringlich hinschauen, glotzen. syn.* füntern.

glûræsken = glǫræsken. *K.*

glûren, *einen mit den augen scharf ansehen.*

glûrig, *scharf hinblickend.* glûrige ôgen.

gnäbbeln, *nagen, weichere teile nagen, kleinigkeiten wegnehmen. vgl.* knäbbeln *und* nibbeln. *syn.* gnaustern.

gnâgen = knâgen. — *engl.* gnaw. *Bgh. ps. 49:* gnagen.

gnappen, *s., sich schlagen, von eseln (Herzscheid.)* -- *Kantz.* ergnappen, nappen. *vgl.* noppen.

gnatschen, *unreifes obst essen.* — to gnash. *vgl.* knatschen. *Lipp.* gnastern, *vom tone, den das zerbeissen des unreifen obstes hervorbringt.*

gnatsig, *unreif, vom obste, weil es gnatscht.*

gnatsig, *geizig. Gr. tüg 27.* — *vgl. nds.* gnatz, *grind, schorf, geizhals.* gnatsig, *grindig, geizig. Vilm.* gnatz, gnatzig, *schmutzig geizig.*

gnaügen = gnûgen, gnüchen. dà gnaiget ęm dat hęrte wǫl nà. *(Elsey.)*

gnaustern = gnatschen. *Gr. tüg 3. lipp.* gnauster, *f. knorpel bei geschlachteten tieren.*

gnaustrig = gnatsig, *geizig, gierig. vgl.* knauserig.

gnêsebeck, *hohnlacher. Gr. tüg 75.*

gnêsen, *grinsen, heimlich lachen. Gr. tüg 75.* gnêsen, *höhnisch lachen.* — *Brem. wb.* gnesen. *nds.* gnisecken, *ml.* gnesen *(Zumbr. p. 27.* he gnesede vergnögt), *ostfr.* gnisen, *halb unterdrückt schadenfroh lachen. da das ostfr. wort auch bedeutet „die zähne blecken", so scheint dies die grundbedeutung zu sein. auch lipp. (mda. VI, 209) beim lachen oder lächeln die zähne zeigen, blecken.*

gniel, *m. grobian.*

gnielig, *grob, geizig.*

gnier, *m. geizhals.*

gnierig, *geizig. das reine* i *(nicht* ei) *bezeichnet im Kr. Iserl. gewöhnlich den ausfall eines consonanten. man vgl. sonach ags.* gnídan, fricare, comminuere; gnieden, gniedeln = *reiben, glätten; dän.* gnide, *reiben, schaben. dän* gnie, *knickern, knausern;* gnier, *knicker, geizhals.*

gnisterig, *wählerisch (Siedlingh.)*

gnûgeln, *vergnüglich lachen (Grimme.) lipp.* gnücheln, *ebenso Paderb.*

gnûchen, nà wǫt = hûcheln, anhelare.

gnuppen, *knuppern, z. b. bretzel.*

göbbeln, *vomieren, von kleinen kindern. s.* gǫweln. *syn.* ûtgǫrgeln. *Kil.* gheubelen, gobelen. vomere.

göbbelsmann *in:* sik med göbbelsmann slân = *den Kotzebue lesen.*

göbsche = göppelsche.

gôchel, *m. rachen,* rictus. *s.* gâgel.

gôd, *f. die pate*, godmother. wi wellen nà der gôden gân. *Kinderreim.*

gǫd, *Gott.* gâ in gǫdes nâmen, dann bitt di kain dôd schâp! gâ in gǫdes nâmen, dann kritt di ock de dêwel nitt! gǫd vergiəf mi de sûune! *ein gemeiner schwur.* — med gǫde! *eine beteuerung, durch welche die erklärung eines andern zurückgewiesen wird.* — hat der mi gǫd ümme dait, *und was nun geschieht! wenn man die Frage an sich selbst richtet; vgl. Siegfr. v. L. 4, 294:* „was that Gott drum? ich packte ihn eines abends, so lange bis er einen bissen kostete.“ *früher ward mehr gegrüsst als jetzt. traf man jemand am morgen draussen irgendwie beschäftigt, so ward ihm zugerufen:* guin mǫrgen! gǫd help u! *oder* help gǫd! *darauf wurde:* gǫd lône! *geantwortet.*

gǫdesbumbam *zur bezeichnung einer* kloppe. *N. l. m. p. 74.*

gǫdes-dracht, *f. fronleichnamsfest.*

gǫdes-grosken, *m.* = gǫdeshäller.

gǫdes-häller, *m. gottesheller. der gottesheller oder gottesgroschen wird beim verkaufe des viehes gewechselt* (den g. tûsken) *und in den armenstock oder dem ersten besten armen gegeben. (Deilinghoven.) im Altenaer statutarrechte des 16. jh. wird der gottesheller als etwas gesetzliches neben dem* wynkop *erwähnt. ging durch vernäherungsrecht ein kauf zurück, so muste* gotteshcller, wynkop *und* thailpennigk *erstattet werden. In Velberter processacten v. j. 1715 sagt ein zeuge:* „wüste sich nich anders zu erinnern, als dieses, dass ihm 2 oder 3 tage nach dem contract der Bl. den gotteshäller zurückgegeben hätte, um den Mühlers erben zu sagen, dass er den kauf nicht halten wollte.“ *auch in Frankreich war die sitte:* denier à dieu = pièce de monnaie que l'on donne pour arrhes d'un marché verbal. à la différence des arrhes, le denier à dieu ne s'impute point sur le prix.

gǫdeshand, *geissblatt.*

gǫdes-kasten, *m. armenstock. (Elsey.)*

gǫdes-kâsen, *m. einfaltspinsel.*

gǫdes-lôn, *m. pl.* gǫdeslône, *gotteslohn für fromme handlungen.*

gǫdlôs, *1. gottlos. 2. adv. im milderen und uneigentl. sinne:* ik hewwe mi gǫdlôs verbrannt.

godori, *ein fluch.*

gǫds! *potz! vgl. Myth. 14.*

gǫds-ęrbęrmlik, *gotteserbärmlich.* ik hârde ne g. schraien.

gods-hiəmel-hagel-duənerwęr, *ein fluch.*

gǫdsjamerlik, *gottesjämmerlich.*

godslästerlik, *gotteslästerlich.* ik hârde ne g. flanken.

gǫke, *f. pate. für* godeke. *ahd.* gota, admater.

gôkeln, *gaukeln. s.* kôcheln. — *holl.* goochelen, *mnd.* gôkeln.

gôkelerigge, *f. gaukelei.* — *holl.* goochelarij.

gold, *n. gold.*

goldamsel, *f. pirol. Kil.* goudmeerle.

gold-blaume, *f. 1.* calendula, *syn.* ringelblaume. *2. kuhname.*

gold-krûd, *n. schöllkraut. (Fürstenb.)*

gold-krône, *f. 1. goldkrone. 2. kuhname.*

goldlokwǫrtel, *schöllkraut (Brilon).*

gold-smiəd, *m. 1. goldschmied. ags.* goldsmidh. *2. goldkäfer.*

gold-smiəle, *f. zittergras,* briza. *(Alberingw.)*

gold-finger, *der im kinderreim auch* goldfink *heisst:* luscknäpper, pottschräpper, lange marten, goldfink, lingeling. *in einem rhein. weistume Lacombl. Arch. VI, heisst der* goldfinger „der namenlose finger“.

gold-finke, *1.* fringilla, *ags.* goldfinc. *2. der goldfinger. 3. kuhname. Kil.* goud vincke.

golfert, *m. für* gold-wort, *goldwurz, schöllkraut,* chelid. majus. *syn.* goldkrûd. *Kil.* goudwortel.

gôlen = gilen.

gômen, *m. gaume, würde goth.* gagms *lauten, ist also mit* gâgel, gôchel *wesentlich eins.*

göppelsche, *f. gäspe, was man mit beiden hohlen händen fassen kann.* — *ags.* gop, cavus; *holl.* gaps; *nds.* göpsche; *s.* göpsche, gâpske, gôspe, hauſel. *im 17. jh.* geispe.

göppsche, *für* göppelsche. *(Fürstenb.)*

gǫr, *m. duft, geruch, besonders wohlgeruch.* dat hęt en angenemen gǫr. dat wilberd maut gǫr hewwen (wilpern). — *holl.* geur, *m., ostfr.* göhr.

gördel, *m.* = wǫrgel.

gǫrgeln, *gurgeln. s.* ûtgǫrgeln.

gǫrgelse, *gespei.* huckengǫrgelske, *krötenlaich, froschlaich. (Siedlingh.)*

gǫrt, *m. maulwurf. (Dortmd. Hoerde.) s.* wandgǫr.

gǫrte, *f. grütze.* dai hęt ôk all mær dân as gǫrte ęten = *er hat grütze im kopf, er hat was gelernt.* — *ags.* grytte, furfur; *mnl.* gruyte; *holl.* gorte; *nds.* grütte. *v. Höv. urk. 112:* görte.

görte-blaame, *f. wiesenschaumkraut*, cardamine pratensis.

görten-teller, *m. grützenzähler, knicker, ein mann, der sich um jede haushaltungskleinigkeit bekümmert. K.* dat es en rèchten gortenteller. *syn.* pöttkes-kiker. — *holl.* gortentelder. *Kil.* gortenteller.

gôs, *f. pl.* gôse, *1. gans*, unser. *ein pfingstreim aus der gegend von Dortmund fängt an:* gôse gôse gise. so wid gätt sine gôse nich. siawen gôse siowen jâr giot en bedde dat es nitt swâr. *2. ein metallfluss, besonders von eisen (eisengans). V. St. I, 355:* en gôs van blî. *man hat dieses* gôs *als ein verderbtes* guss *angesehen. die goldene gans der volksüberlieferung macht es wahrscheinlich, dass unser* gôs *echt ist. Wedding, Eisenhüttenwesen p. 41 „handliche stücke, die man mit dem namen* gänze *bezeichne." dazu p. 43 die anmerk.: „ganz, weil das roheisen ein ganzes im gegensatz zu den mehr verästelten formen anderer gusswaaren bildet." 3.* gęle gôse, *goldstücke.*

gôs, *f. ohnmacht, zerstreutheit.* he was bi der gôs, *er war ohnmächtig. syn.* gôsen. he es in der gôs, *er ist zerstreut. — über die ähnlichkeit des begriffsüberganges von* giusen (gisen), *schlagen, erschüttern, zum ohnmächtig sein vgl.* beswêgen.

gôs-ai, *n. gänseei.* ik bidde di üm dûsend gôsaier.

gôse-faut, *m. gänsefuss, pflanze.*

gôse-fôer, *n. gänsefutter, morrüben in würfel geschnitten. syn.* tramp.

gôseken, *n. gänschen. syn.* gössel.

gôse-käken, *n. weibliches gänschen.*

gôse-hûd, *f. gänsehaut.* ik hewwe de gôsehûd an den armen.

gôse-hiomel, *m. gänsehimmel, ohnmacht.* hä es im gôschiomel. *Dortm.* gausehiomel.

gôsel, *m. knicker (fig.), knauser.*

gôseln, *knickern (fig.).*

gôse-melker, *m. gänsemelker, eine schelte.*

gôsen, *ohnmächtig sein.*

gôsepoten, *pl.* angelica sylvestris, *von der blattscheide so benannt. (Fürstenb.)*

gôse-wîn, *m. gänsewein d. i. wasser.*

gôs-gâr, *ein versteckenspiel. die kinder rufen:* es de gôs gâr? *was den sinn hat: darf ich suchen? habt ihr euch versteckt? Holthaus bemerkt, dass dieses spiel auch zu Schwelm den namen führt, und dass man im Ravensbergschen, wo viel kohl gebaut wird, dafür sage:* es de kôl gâr.

gössel, *f. 1. gänschen. 2. einfältiges mädchen.* ne gössel vanner dern. *3. kätzchen der weide. — engl.* gosling.

gösseln, *albern schwätzen.*

gösselte, *f.* = gössel. *(Iserlohn.)*

gęte, *f. gosse. — mnl.* gote, canalis.

gôte, *f. gosse; in Elberf. auch* graûte.

goue, *für* gǫe, gote? *pate. (Lüdensch.) — ahd.* gota, admater. *Theut.* gaede, matrina, patrina. *Köln.* goede, *m. f.* filius baptismalis.

gęweln = göbbeln.

gęwelske, *n. gespei, in* fuàrske-g., *froschlaich. cfr.* gǫrgelske.

grâ, *grau, dunkler als* gris. grâe ęrften, *graue erbsen, syn.* âlle wîwer. grisegrâ, *buttermilchsuppe.* grâschimmel, *grauschimmel. — ahd.* grâo, *mwestf.* gra, graw. grâe rock *Tappe 133ᵃ. s.* grâu.

grabbel-bûs = grubbelgrabbel. *(Driburg.)* dat gäld in g. schmeyten. *N. l. m.*

grabbeln, *raffen, hastig nach etwas greifen. — ags.* grapian. *engl.* to grab, to grabble.

grâ-bęr, *f. graubirne.* dubbelde g., *eine vorzügliche graubirne.*

gracht, *f. 1. kleiner graben. 2. jede grabenartige vertiefung, sogar eine holzrinne. (Balve.)*

grâd, *m. pl.* græe, *1. gräte. 2. der sogenannte faden an schneidenden werkzeugen.* kain grâd, *gar nichts.* ik hewwe kain grâd fangen. *es ist möglich, dass in* kain grâd *ein mwestf.* graet *(Münst. beitr. I, 290) steckt, welches karat bedeutet.*

grade, *adv.* (râd) *schnell. N. l. m. 48.*

græge, *f. kerngehäuse,* appel-græge. — grigge *(harl.)* = griebe. *unser* græge *könnte auch für* græde *stehen. syn.* mengel, krünkel.

grah, **gerah**, *geschwind. holl.* graag, *bereit; s.* katsgrâ.

grai *in* iatengrai.

grainen, *weinen. K. s.* grinen.

Graite, *1. Margareta. 2. böses weib.* wachte du Graite! et es ne rèchte G. sieven Graiten un siewen Annen könnt den Dûwel ût der helle bannen. Graite, Graite, grubbige dîr, breng din môr de appeln wir! Graite Graite grupp hęt de bęren schudt, hęt mi kaine hudt. *3. für weib überhaupt:* doch unner allen graiten driept me so 'n wif nitt an. *Volksl. in* Haus un Graite *vertritt* Hans *die männer*, Graite *die weiber.*

graiten-platz, *m. ein plattes brot von meist getraidehülsen (bäste). hier hat* graite *offenbar den sinn des ags.* grytte.

graipe, *dreizinkige mistgabel.*

graiwe, *f. griebe, grübe, überbleibsel von ausgebratenem fett oder speck. (Marienhaide.)* — *ahd.* griupo. *mhd.* griebe. *nds.* grèwe. *dän.* grever. *Vilm.* griebe. *syn.* schrôwe.

græleu, *mistönend schreien.* — *ags.* scrâl, exclamatio *(verhältnis des* sc: g *wie bei* grænert *und* schrâd); *RV.* grâl, *lärmende lustbarkeit. F. v. St. I, 17b:* grahlen. *Mda. III, 119:* kralen.

gramm, *heiser.* — *vgl.* kramme, *rauher hals.* rämsterig. *Mda. III, 120. Vilm.* grammel, *m. heiserkeit.*

grämstern, *hüsteln.*

granåten, *pl. granaten.* et flôg in düsend gr., *stücker.*

grand, *m. 1. grober sand. 2. sand überh.* so vil as grand an der sê. *3.* waiten-grand, *grobes mehl.*

grâne, *f. pl.* græner, *gräte.* — n *für* d *eingetreten, wie in* schône *für* schöde, weine *für* weide.

grænerig, *voll gräten.*

grænert, *m. rogener.* — zu grâd = schrâd.

grangeln = slindern. *(Siedlingh.)?* = grandeln, glandern.

gränneu, *1. einen bach von* grand *reinigen; urk.* grenden. *2. lehm, sand fressen, von hühnern.*

grännig, *körnig, von honig.*

gränterig, *sandig.* — *für* granderig.

gränsenlôs *in* g. węer, *sehr schlechtes wetter. (Elsey.)*

grâpe, *f. mistgabel. (Fürstenb.) s.* graipe, grêpe.

grapsen, *hastig zugreifen, raffen.* — *ahd.* raspôn. *ags.* rüps. *engl.* to grasp. *nds.* grapschen. *nd.* raffen.

gräs, *n. gras. auch hd. gras wird hier mit kurzem* a *gesprochen.*

græs *oder* maigræse, maigræseken = maipîr. *(Balve.)* græse = maipîr. *(Siedlingh.)*

gras-aike, *f. junge eiche, besonders ein starker wurzelschoss.*

gras-aiken-stock, *m. stock, von einer graseiche gemacht.*

grâse = maipîr. *(Schwarzenb.)*

grasemess, *m. grasmesser im rätsel.*

gräsen, *grasen, gras fressen.* — *ags.* grasian.

grasfillette, *f.* caryophyllus major.

gras-graün, *grasgrün.*

grasch, *rasch. für* gerasch.

gräse-läken, *n. 1. grastuch. 2. schelte für einen menschen, der immer etwas anzubringen hat.*

gräsig, *1. grasig. 2. unreif. Vilm.* gräsig.

gräs-narwe, *f. rasen.* — *ostfr.* gras-nâre. *Ssp.* nar, *stm.* = *narbe. enthaarte haut mit dem gemähten rasen verglichen. doch könnte* narwe *auch für* arwe *stehen.*

gras-paddel, *m. bärenraupe. Vgl. fr.* chenille = canicula.

grastęrf, *rasenstück. K.*

gras-wiaten, *pl. queckengras. syn.* kwiake, tairwiate. *s.* wiate.

gratsig, *gierig, geizig.*

gräu, *grau.* gräue wiwer, *graue erbsen.* gräu werden, *grauen, vom tage. (Fürstenb.)*

graumed, *grummet (Valbert), syn. (Rheda:)* idgrô, *ahd.* iteruod, *ags.* edgrôvung, *holl.* etgroen, *n.*, graunmâd, graüne mâd, graunert.

graunert, *grummet (Hemer.) für* gruonwort.

graunmâd, *grummet (Soester boerde).*

graün, grain, *1. grün.* graüne mâd = *grummet.* so grain asse gras. wǫt graines *oder* grain krûd, *suppenkraut. 2. unreif.* dat es en graineu bursseu. se is noch so grain, dat se de hitten frętet. *3. hold.* he es mi nitt grain. *vgl. ital.* sto sul libro verde. *andere fig. rda.* dęm möch wǫt graines lüsten, dai *u. s. w., der möchte gras fressen wollen d. i. nicht gescheit sein.* mâk di nitt te grain, süss frętet di de hitten! bai sik te gröin kladt, dęn freatet de zîen. *(Fürstenb.)*

graünen-donnerstag, *m. auf die grüne speise als alten gebrauch bezieht sich in Seib. qu. III. 286 v. j.* 1380 nd album panem in cena domini c u m h e r b i s ad capitolium. *Geseke husp.* gröne und gude donnerdach.

grausen, *kräuter zerquetschen, um den saft zu gewinnen.* — *mhd.* gruose, *pflanzensaft; nhd. (kräuterbb.)* grûse; *nds.* grûse, *dass.* grûsen *und* grausen, *Bugenh. bib.* thogrûsen, *zerschmettern.*

graut, *m. gruss. Helj. (Koene) 10379:* gruot, *was nicht* grôt *sein kann. bei Iserlohn hört man dafür platthd.* grûss.

graüten, *grüssen. bei Iserlohn dafür platth.* grûssen. — *alts.* gruotian, *anreden.*

grauwe, *f. 1. grube. 2. bergwerk, schacht.*

mhd. gruobe; *mwestf.* grove, *welches schon von den schachten bei Sundwig gebraucht wird. syn. Seib. qu. I, 160:* ysernkule.

graf, *n. pl.* grẹwer, *grab.* he stêt med ênem faut im grâwe.

grâf, *m. graf.* — *mwestf.* greve.

's Grævenbrück, *so nennt man an ort und stelle Grevenbrück im Köln. Süderlande. vgl.* 's Gravenhaag.

grâfschop, *f. grafschaft. mwestf.* graeschopp.

grâfte, *f. graben um schloss, stadt.*

grâwen; ik grâwe, du griowes, he griowet; *præt.* grauf, *pl.* grüowen; *ptc.* grâwen, *graben.*

grâwen, *m. pl.* grẹwens, *graben.*

grẹwer, *m. gräber.*

grâwe-schüppe, *f. spaten.*

grell, *heftig, schnell.* dat für brient grell. *2. ranzig, von speck. (Fürstenb.)*

gremmen *s., sich grämen.* — *ahd.* gramjan.

grendsel, *m.* = grennel.

grennel *für* grendel, *m. 1. riegel, syn.* schälle. *2. pflugbalken, syn.* grendsel. *ags.* grindel, *riegel; mhd. und mnd.* grindel; *schweiz.* grindel = *pflugbalken; Wald.* grengel. *Vilm.* grendel.

grense-bârd, *m. grinser, hohnlacher.*

grense-beck, *m. dass.*

grensen, *grinsen, schadenfroh oder höhnisch lachen.* — *nds.* grinen.

grense-snûte, *f.* = grensebeck.

gribbel-grabbel, *f. rappuse.* op der hochtîd smitt se prûmen un so wọt fọr de junge lû in de gribbelgrabbel; *syn.* grubbelgrabbel. — *s.* grabbeln. *vgl.* jeter à la gribouillette = *in die rappuse (nd.* rabbuse) *geben, preis geben. Luth. Ezech. 23.*

griddig, *gierig, habsüchtig.* — *alts.* grâdag; *ags.* grædig; *engl.* greedy; *Walraff* gritig, *geizig. Teuth.* gredych. *Kil.* gretigh. — *entweder stammt unser* griddig *nicht wie* grâdag *aus einer reduplicationsform, sondern aus der vorhergehenden modification, — oder es ist aus* grinnig *entstanden, — oder endlich, was am wahrscheinlichsten ist, in ähnlicher weise entstellt, wie* hillig *aus* hêlag.

griameln *für* grimmeln, *dämmern.* de dag griamelt. *s.* grimen.

griamelstunne, *f. dämmerstunde, besonders des abends.*

griamsterig, *dämmernd, bes. vom abend.* et fänget an griamsterig te wèren.

griamstern, *dämmern, vom abend.*

griap, *m. griff.* he hẹt et im griape as de bedler de lûs.

griaselik, *1. dämmernd* = tüsken dag un dunkel. *2. schaurig.* et wôr mi griaselik, et gong mi griaselik ọwer de hûd. *3. übermässig gross. im volksl.* en griaseliken bôm. *(Lüdensch.) man hört oft die unrichtige form* griaselig. — *ags.* grislik; *engl.* grisly; *Firmenich, I, 19*[a]*:* grieslik; *mwestf.* greselik.

griaseln, *grauen, schauder wecken.* et griaselt mi. *(Möhnetal.)*

griawel, *m. pl.* griawels, *gräber d. i. dachs. mnd. auch* grever = *gräber.* — *mnl.* grevel; *RV.* grevink; *dän.* grævling. *über das* ia *vergl. man* he griawet *(er gräbt), was alts.* grebhid *lauten würde, eben so* iasel, *alts.* esil, *goth.* asilus. *darnach wäre* griawel *ein altwestf.* grebil. — *diese ie-brechung ist alt, wenngleich nicht deutlich in urkunden ausgedrückt; man begnügte sich mit* i. *so um 1416 (Seib. qu. I, 150):* schipel *für* schiapel *aus* scapilus — scepil. *sie trat beim aufhören des* i *(in der folgenden silbe) ein, ist sonach eine brechung des umgelauteten* a. *Kil.* grevel. greuink, *dass.*

griawelhûs, *dachsbau. K.*

grille, *f. pl.* grillen, *wut, zorn.* de rûe hẹt de grillen, *ist wütend, vom tollen hunde.* — *vgl. mhd.* grel, *zornig, ags.* grillan, ad litem provocare; *nhd.* groll.

grimmelgri = grise graite. *(Meinerzagen.)*

grimen, *grauen, dämmern.* de dag grimet. — *s.* griemelen.

grinen, *præt.* grên, *ptc.* grianen, *weinen, fig. trübe aussehen, regen zeigen.* wann de Lippe schînt un 'et Sûerland grînt, dann giat et guat wẹer. — *ags.* grânjan; *ahd.* greinôn; *mhd.* grînen. *s.* grainen.

grinensmûte = hûlensmâte. *op d. a. h. 37.*

grinesnûte, *f. schelte für einen, der zum weinen geneigt ist. K. S. 34.*

grinke, *s.* rinke. — *mhd.* rinke.

grinnen, *grinsen.* — *ags.* grennian, ringi; *nds.* grînen; *dän.* grine.

grinnig, *gierig, geizig.* — *für* girnig; *ahd.* girnig, rapax. *s.* griddig.

grîp, *m. greif.* dat es en rèchten vuagel-grip *wird von kleinen kindern gesagt, die nach allem greifen.*

grîpen, *præt.* grêp, *ptc.* griapen, *greifen.* — *alts.* gripan.

grîs, *greis, weissgrau.* he ẹrgert sik

gris. grise hår. se es so gris as ne hucke. de ålle grise *(im reim)*. grise gôs? *wildgans, ags.* græg gôs.

grise-graite, *f. buttermilchsuppe. syn.* grimmelgri.

grise-grå, *f. dass.*

griffel, *f. etwas gabelspaltiges. — ags.* griful, capax, tenax; *ahd.* griffil, *m. es gehört zu* gripen, *wie* gaffel *zu* gåpen. *Theoph. (Ettm.) 44.*

griffig, *starr, vom sehen. ? Vilm.* grief, *hager, dürr.*

grommed, *nachheu. (Siedlingh.)*

grommed-wêer, *n. grummetwetter. fig. seltene gelegenheit, die benutzt werden muss. f. r. 134.*

gropen, *pl. 1. töpfe, geschirr.* vi wett de gropen wasken. *2. siebensachen, schlechtes gerät. rda.* de wind es im gropenbrauke *(Lüdensch.), von regnerischem westwinde. Vilm.* groppe, *m. eiserner topf mit beinen.*

Gropenbrauk, *bauerschaft nordwärts Dortm. gelegen.* grope, *pfütze, ? grosse schmutzige wasserlache. K.*

grôsen, *spr.* gräusen = grausen. *(Fürstenb.)*

grôt, *comp.* grötter, *superl.* gröttest, *gross.* ik wêt der nitt grôt *(nicht viel)* van. ik sî der nitt grôt op. — *alts.* grôt, *mwestf.* groit, groter.

grôte-môer, *f. grossmutter.* dem Düvel sin grôtemôer. *sonst gewöhnlich* bestemôer.

grôten = graûten.

grôthans, *m. grosshans, prahler, windbeutel. syn.* strüntser.

grôtkærl, *m. vornehmer herr.* he heat en wård as en groutkæl. *(Kr. Altena.)*

grôtlik, *1. vornehmtuend. 2. stolz. ahd.* grôzlih.

grôts, *sehr, besonders.* et hęt ęin nitt grôts hulpen.

grötte, *f. grösse. — mwestf.* grotede. *Rud. stat. p. 79.*

grǫf, *comp.* grǫwer, *superl.* grǫwest, *grob.* en grǫwen kærl. grǫf dank. *aus Seib. urk.:* groff vleisch. *aus märk. papieren (1780):* grobe schüszeln = *mosterstücke, schinken.* dat es so grǫf as bônenstrô. — *ahd.* grob, gravis, rudis; *engl.* gruff; *schwed.* grof.

grubb di grabb. dat gêt grubb di grabb in mînen sack, ik sin mi selwer am nagesten. *vgl.* ripps rapps.

grubbelgrabbel, *f.* gribbelgrabbel.

grud, *ein tief in den feuerherd gehendes loch für die glühende asche.* in de grud kǫken. *K.*

gruggel = grüggel. *(Fürstenb.)*

grüggel, *m. grauen, gespensterfurcht, gegenstand der furcht. spr.:* de ålle grüggel es dôd un de junge hęt noch kaine tęne. — *mnd.* gruwel; *nds.* grûel, grüel.

grüggelig, *mit gespensterfurcht behaftet. — holl.* gruwelig.

grüggeln, *furcht vor gespenstern haben. spr.:* hat nå brôd rûket, dat grüggelt *(macht furcht)* nitt, *sagt man, wenn man übeln geruch verspürt und weiss nicht, woher der kommt.* wiesen und gǽrne grüggelt = *sie verkommen, wenn sie nicht gepflegt werden.*

grålik, *gräulich. — mnd.* gruwelik.

grullen, *leise donnern, grollen.*

gruss, *m. kohlenklein, griess.*

gruseln, *gruseln, schwach schaudern. — nds.* gruseln. mi gruselt.

grummeln, *n. morgendämmerung. K.*

grummeln, *leise donnern.* Turk: verlǫren! dæ de slachtengǫd in J. åren grummeln. — *holl.* grommen; *nds.* grummen. *vgl. Myth. 153. und* rummeln.

grummeln s., *sich klümpern. — fr.* se grumeler, grumeau; *lat.* grumus.

grummelig, *schwarz, gewitterartig.* so gr. as en pöttken vull Düvels. *K. S. 64. op de ålle hacke 35.* i saiht jå hellesk g. ût imme gesichte.

grummelig, *klümperig.*

grund, *m. (f. Siedlinghaus.) pl.* grünne, *grund.* ik kann kainen grund dran krîgen, *wird von der wäsche gesagt, wenn sie nicht rein werden will. dieselbe rda. auf dem Hunsrück.*

grundel, *f. gründling. (Fürstenb.) Teuth.* grundelynck, eyn kleyn vyscken.

grundelte, *f. dass. — ahd.* grundilo.

grundhêl, *grundhail, schafgarbe. man gruset sie und legt sie auf frische wunden. syn.* schåpsgarwe, schåpsribbe, grundhêttê. *im Westf. anz. 1820 nr. 105 wird ein* grundheil *genant, dessen blätter frisch aufgelegt, frische wunden heilen. es scheint eine andere pflanze zu sein. Wegerichblatt?*

grundhêttê = grundhêl. *(Elsey.)*

grund-îs, *n. grundeis.* du dais ock as wann et g. frûre.

grundhertig, *der seines herzens grund sagt.*

grundsoppe, *f. grundsuppe,* sentina.

grungeln, *kränken, ärgern. (Kierspe.) s.* grutzen.

grappig, *gierig. auch bei Weddigen habsüchtig. Vilm.* grappig.

die **Grâne** *für* Grudene. Grude = Gruwe. *v. St. stück III s. 900. ostfr.* gröde = growa.

grauselte, *f. gründling.*

grünnen, *gründen, ergründen. spr.:* de stillen węters sind nitt te grünnen. *Teuth.* grunden. grunt raken.

Grûrmann, *f. n. aus* Grudeman *(1448), zu* grude = grüne.

grûsam, *1. grausam. 2. heftig, gewaltig:* grûsame frochten, *gewaltige furcht.*

grûsel, *m. grauen. f. v. 44.*

grûter-gâr = rûter-gar.

Grütte *hiess zu Dortm. die hinter dem rathause gelegene rathausbierbrauerei.*

gudelich, *aus* gûte. *urk. v. 1602.*

guod, *comp.* bęter, *saperl.* best, *gut.* du hęs guod kûern: et nimmt ęm an de hand un ledt ęm derbi. un dûmed guod! dat es all guod med, *das lässt sich schon mitnehmen.* dat dait kain guod, *das bringt keinen segen.* et was mi guod, *sagt man beim fortsetzen einer erzählung. — alts.* gôd, *mwestf.* god *und* gud. — gewis, guod un gêren. *op de a. h. 20.*

guod, *n. pl.* güeder, *gut.*

guodhait, *f. güte, herzensgüte.*

guod-kôp, *wohlfeil. — holl.* goed-koop.

guod-tîd, *früh, zeitig; vgl.* de bonne heure. — *Brem. qu. 103* gud tyd = *bei zeiten; Schüren chr. 173:* guts tydts.

guodwillig, *gutwillig.*

güomen *für* gümmen, *rühren:* dôrên g. — *Wald.* jümmen, *eine alte sache aufrühren. Kil.* gommen, gummi linire, inficere, miscere. *N. Westf. mag.* guömen, *umrühren.*

guonsdag, *m. mittwoche. — Seib. urk. 604:* gudensdach. *Teuth.* mydweke, guedesdach. *Remsch.* jodesdag. *v. Höv. urk. 92 (a. 1497)* des gunstages. *in* Gwodan, Guodan *verlautete* uo *nicht wie sonst zu* au, *sondern nahm den im hd. gewöhnlichen verlauf* (uo, ue, û), *blieb aber auf der mittelstufe* (ue). *vielleicht verkürzte sich das* û *und* uo *ging erst aus dem streben hervor, dieses kurze* u *zu wahren. was die form* jodesdag *betrifft, so mag bemerkt werden, dass alts.* Judinashuvil *wol den sinn von* Wudinashuvil *hat. noch ist zu erwähnen die von Holthaus aufgefundene form* Huonsdag, *so dass also* Wodans *name, abgesehen von der nord. form* Odin, *mit* W, Gw, G, J *und* H *anlauten konnte. vgl. osnabr.* hünsken = gönsken, *günseln.*

güot, *n. guss.*

güotern *in:* et blodde te güotern = *es blutete heftig. s.* gutt. — *vgl. engl.* gutter, *dachrinne, gosse,* to gutter, *strömen, ostfr.* guddern, *mit geräusch herunterfallen, strömen.*

gûl, *m. gaul.* ik swette as en gûl. kàrengûl. *Kil.* guyle, equus, *mnd.* gûl.

güllen = gülden, *golden.* en güllen plâster, *ein pflaster von menschenkot, welches auf brandwunden gelegt wird. vgl. Goldschm. volksmedicin 52.*

güllen, *m. gulden.*

gulfern *für* gehulfern = hulfern, *an der Ruhr.*

gummern, *wimmern.*

gundagstock = gohestock, *gehstock. der ins haus kommende stellt ihn in die ecke und sagt* „gundag!“ *(Paderb.)*

gunne, *f. gunst. Vilm.* gonne.

günnen, *præt.* gunte, *ptc.* gunt, *gönnen. spr.:* bat se ęm nitt günnt, dat dait ęm am besten guod. dat was mi nitt gunt, *sagt jemand, dem etwas abfällt.* dat soll ên brôer dem annern nitt günnen.

günseln, *winseln, vom hunde. — mecklenb.* günsen. *Kil.* gonsen, susurrare. *osnabr.* hünsken, *anderwärts* gönsken.

gunst, *f. gunst. spr.:* hæren gunst es bàlle ümsunst.

Gunstaf, *Gustaf. vom zurückschlagen der volkssprache in ältere formen finden sich beispiele genug in der lautlehre der mundarten. sie bestätigen den betreffenden gang der verlautung.* — Gustaf = Gundstaf.

gûr, *für* gęrt. *(Weitmar.) altnd.* giur; *mwestf.* goer, *maulwurf. Dieses Wort glaube ich im ortsn.* Giure-sto *(? maulwurfs-platz) Lac. arch. 228 wieder zu erkennen, mwestf.* goer. *Koenen 1241. ich halte dazu engl.* to gore, *durchbohren. der maulwurf durchbohrt die erde,* wandgôr, *wie er in Unna heisst, besagt dies noch deutlicher. vermutlich ist auch franz.* gorre *und* gorret *(schwein) dem deutschen entlehnt. es scheinen starke verba* giuran *und* garan *zu grunde zu liegen. auch* gêr, gàr, hasta, telum, *was auf eine wurzel* g-s *führt.*

Gurres, *Gregorius.* Sünte Gurres küomt de fęrsk int water.

gûs gûs! *scheuchruf für gänse. (Kalthof.)*

Gust, *Gustaf. der name verbreitete sich seit den schwed. königen Gustaf Wasa und Gustaf Adolf. nach Grimm (D. spr.) bedeutet er sieges- oder krieges-*

stab (gudstaf); *in der älteren nord. sprache erscheint er nirgends.*
güste, *trocken, nicht milchgebend, abgemilcht. Friedländer, codex trad. Westf. 192.* de kau stêt (gêt) güste. vi sind güste, *wir haben keine milch. — nds.* güste, gust. *holl.* gust *(vom vieh); in andern gegenden von Niederdeutschland vom ganßert, der kein weibchen gefunden hat;* giste gån, *vom acker, der brach liegt; in Ostfriesl.* güst *(vom vieh und auch vom acker, der brach liegt.) nach Vilmar ist* güste *schon im 15. jh. nachweisbar. Kil.* guste oft gustighe koe. *j.* muntighe.
güte, *f. 1. giessschaufel, gefäss zum giessen, besonders der bleicher: eine gekrümmte schmale schaufel. 2.* = düte.
güte-bêr, *m. biereinschenker, der die* bêrgüte *führt.*
güte-bêr, *schleifkanne.*
gutt *in* et rẹgent te gutte = *strömend.*
gütt, *n.* $1^1/_{16}$ *mass, kännchen. (Fürstenberg.) — so viel als* güət, *guss.*
güttern, *s.* güətern.

H

ha, *f. der buchstabe* h. dat es ne h. *meint* hôr, *hure; vgl.* a, b, g, p.
ha há, *interj. 1. = siehst du nun wohl!* ha há, heww 'k 't di nitt saggt! *2.* ha há = so só! *nun versteh ich es.*
hä, *interj. bei körperlicher anstrengung. fr.* han! hä, sagge, iək swäite as en päd.
hä = he, hai.
haar, *halbappellativer ortsname, bedeutet anhöhe. im 9. jh. wird eine* Duvelhara *genannt, 1446* hare.
hab, *n. vieh. n. Westf. mag.*
habaüke, *f. hagbuche,* carpinus betulus. et es en kærl, as wann he ût der habaüke hocht wær = *er ist ein grober kerl. ahd.* haganbuocha.
habaüken, *hainbuchen.* dat sind habaüken lü, dat giət espen kinner. du habaüken köster = du töffel, *eine schelte.* habaüken stümme, *eine kartoffelsorte.*
habbeln, *schnell und undeutlich sprechen.* hai habbelde dà wọt hẹr. *dän.* happe.
,en **habemus** heffen = *ungetrunken sein'. latein.*
håbuttke, *f. hagebutte. (Fürstenb.) syn.* jückæs, buttelte.
hack un mack, *n. 1. gesindel. Firm. I, 413:* hackemack. *mnl.* hack = negotiator mercis vilioris. *schweiz.* hag, hak = *gauner, schalk. s.* mack. *2. allerlei durcheinander geworfene wertlose geräte.*
hack un pack, *krethi und plethi, allerlei gesindel.*
hacke, *f. 1. der hintere teil des beins, dem knie gegenüber.* hai mock de hacken smẹren = *laufen.* en rüen in de hacken, en klüppel in den nacken. *2. hacke, werkzeug zum hacken. 3. hackenförmige kurze pfeife,* måtspîpe. *4. fig. art und weise.* dat gêt op de álle hacke. *op d. a. h. 4. auf die alte weise.*
-hacke, *schwanz, s.* pitthacke.
-hacke *in* kauhacke, *dirne.*
-hacke, *gehacktes, in* klòthacke.
hackefämmel, *Alter, der sich beschmutzt hat.*
hackedûse, *f. ein gericht von gehackten eingeweideteilen. s.* dûse.
häckelse, *n.* = häcksel.
hackelte molle = fêhmolle. *(Weitmar.) s.* hackemolle.
hackemai. *K. s.* harkelmai.
hackemaus, *n. hackmus, gehacktes gemüse.* hacke *hier wie in* hacke. hackeworst dûse, *passivisch = gehackt. vgl. F. Dort. II*[1] hacke-kaff *364.*
hackemolle = fêhmolle, *salamander. (Aplerbeck.)* hacke *(und* hackelte) *wird hier wie im mhd. hexe bedeuten.*
hacken, *hacken. ags.* haccjan.
hackenflüis, *n.* = wadbråe. *(Fürstenb.)*
hackensmẹr, *hiebe, die zum laufen zwingen. K.*
hackenstück, *patenstück, grösseres geldstück zum aufbewahren als angebinde. K.*
hackepîlen, *laufen. (Brilon.) s.* pilharken.
hackepîpe, *f. irdene hakenförmige pfeife. (Iserl.) s.* mutse.
häcker, *m. 1.* = hacke, *hacke mit zwei oder drei zinken.* knollenhäcker. *2. person, welche hackt.*

hackeworst, *f. wurst von gehacktem rindfleisch. (Weitmar.)*
hackstrôh, *f. n.* hack *active = der hackt. fr.* hachepaille = *schneidbank. vgl.* lecktân, lecktappe, lênecklêd, gûte bêr.
hâdârn, *m. 1. hagedorn,* crataegus, *wilder rosenstrauch. syn.* slagdârn.
hâdroise = hagedust *(Fürstenb.) ahd.* hegadruosi, *hess.* heidrüse. *Teuth.* haeghdroiss.
hag *in:* so sûr as hag. *(Deilingh.)*
hâgedûst, *m.* heckdrüse, hagdrüse, *eine geschwulst. syn.* hâdroise.
hâgel, *m. hagel.* dat di de hagel slätt!
hâgelbiose, *hagelschauer. K.*
hâgeldûr = branddûr.
hâgeln, *(Lüdensch.* **hâlen**), *hageln.*
hâgelfier, *f. hagelfeier.* fridag dann es hâgelfier, *reim. Seib. westf. urk. nr. 465 anno 1296:* hagelvire, festum celebratum in crastino ascensionis domini *(war der 4. mai, ein freitag). in Schwelm, wie in nicht wenigen umliegenden kirchorten fiel die hagelfeier sonst auf den zweiten freitag nach pfingsten, vor 1768 auf den ersten montag nach pfingsten. vgl. Holthaus p. 246.*
hâgelwitt, *hagelweiss.*
hâgen, *m. hain. im volksl.* imme hâgen stêt en bôm. *in ortsnamen häufig, z. b.* Wernshâgen, Wenhâgen, Wfhâgen. *ahd.* hagan.
hägge, *f. bett, ehebett. s.* haiâ.
haggen *in* sik haggen un taggen, *sich zanken. bei Tappe 110b:* die sick des dages haggen, die liggen des nachtes vnder den plaggen. *Kil.* hagghen, rixari. *ahd.* hakjan, pungere, mordere.
hai, *hassend.* he es mi hai tan. ai *für* ag. *s.* haggen.
hai, hä, he, *er. alts.* hia. *mwestf.* hie.
haiâ, *f. wiege (kinderspr.). s.* hägge.
-hait, -hed = -heit, *wird auch zu* te.
haide, m. *heide, zigeuner.* de haiden sid innebroken, *(Bielef.* de heiden sint int land fallen), *von der niederkunft; vgl.* haidöksken. *Kil.* heydlieden, cingari. *Fahne Dortm. III p. 92:* „die zigeuner oder sogenante heyden." *vgl.* haien.
haide *in* he arbedt dat so de haide wackelt *d. i. tüchtig. auch vom schlagen und regnen gilt der vergleich.*
haidelberen, *pl. preisselbeeren. (Brilon.) syn.* kwinkelte. (waldbeeren = *schwarze erdbeeren* = rote beeren.)
haidengeld, *n. sehr viel oder zu viel geld.* dat kostet en haidengeld.

haidenkind, *ungetauftes kind. (Siedlingh. eben so Ravensberg.)*
haidí, *fort, verloren.* et es haidí. *s. Richey, Danneil, Vilmar, Stürenb. 85, Schamb. 77.*
haidäksken, *n. ungetauftes kind, buchstäbl. wohl heidenkindchen. vgl. Wald.* heidwölfchen, *nds.* heidölweken. oke *wird kind bedeuten. vgl. Ravensb.* nake, *gewöhnl. ungezogener junge.* ake, *junger mensch. dass ein* inkan, auk, *wozu* ökan *und* ök, *ein wort mit der bedeutung kind liefern konnte, ist begreiflich.*
haidolf, *ungetauftes kind. Schamb. 77.*
haidrank, *m. herrauch. (Fürstenb.)*
haien *für* haiden, *uncultivirt, unvernünftig, roh, in zusammensetzungen grob.* en haien dîr, en haien vêh. dat es en kerl as en haien vêh. lätt den rûen gân, et es jä men en haien dîr. 't wêr es so slecht, me soll nenn haien dir därut jägen. *(Kierspe.)* du hęs nitt mær verstand as en haien dir. *(Valbert.) spr.:* me kann sick ock amme haien dir versünnegen. *(Bollwerk.)* haien, haiden, *alts.* hêthin *von* hêthi *(goth.* haithi), *muste, auf den geist übertragen, uncultivirt, dann unvernünftig bezeichnen, weshalb christen den götzendiener so nannten. die parallele mit* paganus *kann zufällig sein.*
haien *für* herden, *von* werrig *gemacht. s.* haie, hêe.
haiendriwer, *m. dicker knüttel. s.* haien. *hess.* heimtreiber.
haien pinn, *m. grober kerl. schelte.*
haigen, *heu machen, heu trocknen.*
hailf, *buchweizen. (Valbert.)* polyg. fagopyrum, *heidekorn. cfr.* hêlf, hêlof = haidelöf. *(Sieg.* hailoff.)
haime, *f. 1. hausgrille.* wan de haimen so viol spectakel mâket, dann es en faigen im hûse. *s.* mûrhaime. *syn.* haimännken, hainemännken, hainken, hærdhaun. *2. elbe.* he sûht ût, as wenn de haimen an ęm wæren *d. i. schlecht, abgezehrt. (Lüdensch.) vgl. ahd.* muchheimo. *Teuth.* heymken dat by dem vur synghet.
haimänneken = haime. *(Balve.) Kil.* heyd-manneken, cicada. *in Elberfeld:* himken.
hainemänneken = haime.
hainken, haiinken, *n.* = haime.
haipęrreken, *heuschrecke. K.*
hairniatel = hêrnietel. *(Fürstenb.)*
haiten, *praes.* haite, hess, hett; **haitet**. *praet.* hedde *(entst. zunächst aus* hette),

(Paderb. haitede); *ptc.* hett, *1. heissen.* bu hett dat? hett dat = c'est à dire. *2. gebieten.* du sass di wǫl haiten *(sagen)* lâten.

hâken, *m. pl.* hâkens, *haken.* hâken un ôse, *haken und auge. spr.:* bat en guad hâke sin well, maut sik bi der tîd krümmen.

hakǫrf, *das loch, worin auf osemundshämmern das feuer ist.*

häksch = hürksch. *(Fürstenb.)*

häkse, *f. hexe.* dà sàt noch ne häkse ächter dem tôrn.

häksel, *häckerling.* sin vâr es im h. verdrunken.

häkselbank, *f. häckerlingsbank, schneidlade.*

häksenârd, *f. hexenart. hin und wieder stehen personen im rufe von hexenart zu sein.*

häksenschüət, *m. hexenschuss, plötzlicher örtlicher schmerz.*

häksen, *hexen.* hai et häksen ênmâl kann, dai verlært et nitt wîer. dä häkset, dä tôwert.

häksensmęr, *brombeeren. hexen schmieren sich die schuhe mit brombeeren, weshalb diese von manchen nicht gegessen werden.*

hâl, *n. 1. kesselhaken am herde.* de brûd ümt hâl laien, *ein hochzeitsgebrauch. 2. lampenhaken,* lampenhâl. *ahd.* hahala, cramacula. *zu* hahan, suspendere. *mnl.* hoghel.

hæl, *trocken.* dat flass stêt hæl. *vgl.* de hâle wind, *der austrocknende wind. (Rheda.)* hæl = hali, *wie* fæl = fali. *alts.* haloian, consumere igne. *franz.* hâler. *Kil.* hael, exsuccus, siccus.

hâlbôm, *m. der baum, woran der kesselhaken hängt.* de wærde ǫwer den hâlbôm trecken, *die worte ziehen.*

häld, *n. gefäss, behälter, z. b.* waskehäld, *waschkufe.*

halden, *halten, beköstigen:* den herden halden. *Alten. stat.*

hâlen, *præt.* hell, holl, *im köln. Süderl.* hâlte; *ptc.* hâlt, *holen.* hâl ǫwer! *ruft man den Fährmann. zu Lüdensch. statt* hâlen — hǫlen, *was dann von* hâlen = hageln *unterschieden werden kann. alts.* halon, *præt.* gihaloda.

hâllen, *præs.* hâlle, hälls, hällt; hâllet; *præt.* hell, holl. *Gr. Brilon* helt; *ptc.* hâllen, *halten.* ênem de hochtîd hâllen helpen. ênem de hand ǫwern kopp hâllen = *einen schützen.* ênem 't wârd hâllen = *einen unterhalten. Seib. urk. 992* wort doyn enem, *für jemand sprechen.* wort halden *(eben so).* op de döpe hâllen = *aus der taufe heben.* ênmâl dat hällt der nitt ümme = *einmal verschlägt nichts. ags.* healdan, *præt.* heold. *alts.* haldan.

hâller, *s.* twerkhâller.

häller, *m. dürrer ast.* he stêt op me häller. dröge häller. *hier scheint nach der weise des volkes ein pleonast.* dröge *zugesetzt. läge nur der begriff zweig, ast in diesem worte, so liesse sich* θαλλός *vergleichen, da aus* th *wol mehr ein blosses* h *entstanden ist. wahrscheinlich aber enthält das wort das merkmal „trocken, dürr", und es werden seine verwanten oben unter* hæl *zu suchen sein. vgl. aus der L. Sal.:* de hallis aut de ramis cooperire, *wo Grimm dürre reiser versteht. R. A. 625. mda. 6, 211* heller (tippe).

halló, *n. rufen, lärm.*

halló, *interj. holla.*

hallöllerte, *f. wilder schneeballenstrauch,* viburnum opulus. *jedesf. zsgs. mit* höllerte *(hollunder),* ? halfhöllerte.

hals, *m. 1. hals.* he rûket ût dem halse. *2. mann, mensch.* en guoden hals. *vgl. altn.* halr, *mann. geizhals.*

halsband, *n. halsband.* dat es as wamme der snage en gülden halsband ümdaüt.

halternstrang, *m. halfterzaum. (Paderb.)*

half, *halb.* half ên un half anner, *schon Seib. qu. p. 155.* wann 't half guəd es, maut me 't gans lǫwen. half af un dann wat recht, *so muss man mit juden handeln.* halwe mâne, *f. eine art sehr grosser sichel zum abhauen von zweigen. alts.* half.

half, *m. halbwinner, pachter. — mnl.* halfwin, colonus partiarius.

halwerlai, *so halb und halb. F. R. 17.*

halwerwęges, hallweg, *halb und halb.* et gêt hallweg, *es geht eben an, ist eben zu gebrauchen.*

hälfken, *n. halbe kanne. deminutiv von* half, *wie der umlaut lehrt.*

halwe, *f. seite. (Paderb.)*

halfschêd, *f. halbscheid, hälfte.*

hamborgern, *sich plagen.*

hambutte, *hagebutte. K.*

hâmel, hâmer, *m. hammel. demnach ist ostfr.* bellhâmer *nicht glockenhammer, sondern glockenhammel, leithammel, rädelsführer. ahd.* hamal, mutilus. *den zusammenhang mit hd. verstümmeln lehrt* hümmel = sthümmel; hamal *wäre also* sthamal. *fig. auch* *schmutziger saum an frauenröcken wie mecklenb.*

håmelig, *schöpsig, zu* håmel = hamel. ein håmeliger kærl = *ein einfältiger kerl.*

hâmen, *m. 1. stossnetz. 2. pferdekummet.*

hâmer, *m. pl.* hęmers. *1. hammer. 2. hammerwerk. alts.* hamur.

hâmerasse, *f. hammerachse.* dęn kamme vǫr ne hâmerasse spannen = *der ist ein faulenzer.* dat es as wamme ne maikiåwerte vǫr ne hamerasse spant *(unmöglich). (Halver.)*

hâmerhelf, *stiel eines grossen hammers. H. s.* helf.

hâmerslag, *m. 1. schlag mit dem hammer. reim:* slätt se sik med hâmerslag. *2. hammerschlag, eisenspäne.*

de **Hamm**, *Hamm a. d. Lippe.* im Hamme. *lag einst in der gegend von Hamm das castell* Aliso, *so werden die Römer dort einen* ham van elsen (alisa) *gefunden haben. es ist verwant mit dem folgenden. vgl. Gr. wb.* kame, kampe. hamm *bezeichnet einen am flusse gelegenen, vielleicht durch zwei zusammenfallende gewässer gebildeten raum, der wiese, weide oder wald sein konnte. mnl.* hamme, ham, hammerick = pratum, pascuum. ham van wilghen = salictrum.

hamme, *f. sensengriff. so benannt, weil er mit dem sensenstiel einen winkel bildet. ags.* ham = *kniebeuge. Lacombl. arch. VI, 470:* verkenshamme. *vgl. fr.* hampe, *griff einer waffe, was Diez zu* hanthabâ *stellt.*

hämmen, *n. hemd. (Velbert.)*

hammens-müren, *pastinaken. H.*

hämmsk, *von Hamm.* dat gêt rin as hämmsk hai *d. i. es schmeckt.*

hamp, *m. hanf. altn.* hanpr. *lat.* cannabis. *Elberfeld:* hannep.

hampel, *f. s.* hampelte.

hampel, *f. handvoll. (Halver.)*

hampelig = ampelig.

hampelhannel, *m. betrügerischer handel süderländischer hausierer. vgl.* hamfen.

hämpelken, *n.* penis. *s.* afhampeln.

hampelkniffer, *m. einer der* hampelhannel *treibt und sich auf die kniffe dieses handels versteht. Grimme galant. 118. vgl.* hewerechter.

hampelte, *f. ameisse. s.* ampelte. *zu Kalthof singul.* hampelte, *aber pl.* hampeln.

hämpelte, *f. ameisse. (Weitmar.)*

hämpen, *hänfen, von hanf.*

hamplepamp *im reim:* ik måk et nitt as hamplepamp, dai ât viel laiwer as he drank. *Firm. I, 355:* happlepapp. happen = schnappen. papp = *brei.*

hampmêse, *f. graue meise. s.* handmêse.

hampsåd, *f. hanfsamen.* he lęvet as en vuægel in der hampsåd.

hamfen, *stehlen. s.* gamfen, *hebr.*

hand, *f. 1. hand.* se hält ęm ümmer de hand ǫwern kopp. *spr.* bat me nitt in hännen hęt, dat kamme nitt hällen *(entschuldigung eines f. . .). rda.* hä maut ümmer wat üm de hand hewwen *(beschäftigung). spr.:* êne hand wäsket de annere. *2. seite. 3. handgriff am zuber u. dergl. (Fürstenb.) 4. mannschaft, menge, arbeitskraft.* de vulle hand imen wæren im stocke. *redensarten:* dat küomt wier an de rechte hand = *an den rechten eigentümer.* üchter de hand, *im gegenteil.* nå der hand, *später.* vǫr der hand, *vorläufig.* unnerhands, *inzwischen, unterdessen:* he werd unnerhands åld. en hand (? = in hand). he werd enhand åld, *nachgerade alt.* ik well all enhand gån, *ich will schon jetzt gehn. vgl. Schamb.* anthand, enthand, antshand = *einstweilen, bisweilen.* te hands, *vorhin, so eben. eigentl. zur hand d. i. nahe bei. H.* te hantes, *diesen abend, auch nachher, auch vorhin, vor einer stunde. in Niederwenigen: vorhin. mwestf.* to handes = *sogleich. RV. 1216. vgl. franz.* tantôt, *welches die nahe vergangenheit wie die nahe zukunft bezeichnet.* ter êner hand sitten, *witwer, witwe sein. H.*

handbile, *f. handbeil.* ik maut gån un wann et handbilen snigget.

handdauk, *n. handtuch. mwestf. dafür* handdwele, *f.*

handdaukshûs, *n. eine vorrichtung, worin die rolle des rollhandtuchs befestigt ist.*

handgefaül, *n. handgefühl.* „dem handgefaüle nå hęt düese mann ók recht," hadde de avvekåte saggt, då hadde 'me dai ne pistolle in de hand drucht.

handhâwe, *f. stiel am dreschflegel. holl.* handhave.

Handîerk *(Brilon)* = Gandierk *(Iserlohn).*

händken, *händchen.* hä het en êgen händken dervan = en slag dervan. *H.*

handkæse, *faustkäse. (Siedlingh.)*

handmêse, *f. kohl- oder spiegelmeise.*

handslag, *m. handschlag.*

handslägtig, *mit handschlag:* h. lǫwen, *m. h. versprechen.*

handtast, *m.* = antast. *Gr. tüg p. 63.*

— handtastinge don, *durch handschlag versprechen. Alten. draihtordng. bei v. St.*
handwerk, *n. handwerk. spr.:* twelf handwęrke un drüttiǫn unglücke. *Zu Prov. 12:* veertein handwercke, vöftein vngelücke. *Tappe 8ᵇ:* eyn handtwerck hat ein gülden boden.
handwęrker, *m. handwerker. Tappe 8ᵇ:* eyn handtwercker solde thein renthener öuertheren.
hâne, *m. pl.* hânen, hânens, *1. hahn.* lästu en früǝmden hânen in din nest drîten! *spr.* en guoden hânen es selten fett. *2. bogen an der sense.* dâ flûget mi de hâne af.
hânebalken = hânenjuǝkel. *K.*
hânenblaume, *f. helmbusch,* corydalis digitata.
hânebôm, *m. hahnbalken.* dà küǝmt nix van te hânebôm = *davon kräht kein hahn, es bleibt geheim.* hâi es nümmer wier te hânebôm kuǝmen = *man hat nie wieder etwas von ihm gehört. mhd.* hanboum = *hahnbalken. nds.* lattenbaum.
hanebuttelke, *hagebutte. (Siedlingh.)*
hânenholt, *n. pl.* hânenhölter = hânenjuǝkel.
hânenjuǝkel, *f. giebeljoch, hahnenbalken, weil der hahn dort oft seinen sitz nehmen mochte. es ist der höchste querbalken, der die dachsparren verbindet. goth.* juk, jugum. *syn.* îsel.
hânenkloggen, *pl. hahnenklauen* = hânenschǫken. *Must. 25.*
hânenpęk, *n. gummi an kirsch- und pflaumenbäumen. syn.* hânensnuader, *in Elsey:* hânensnüader; — hânenseifer, kattengold.
hânenpôten, *pl.* = hânenschǫken. *(Siedlingh.)*
hânen- *auch* **hannersaifer**, *kirschbaumgummi. in Dortm., Soest* kattengold. *H.*
hânenschǫken, *pl. krähenfüsse, schlechtes gekritzel.* dat sind h. *vgl. Mda. I, 131.*
hânenschrîǝt (hânenschrai), *m. hahnenkrat.* op hilgen-drai-küöninge sind de dâge en hânenschrai lenger.
hânenstiek, *m. hagel oder hahnentritt im ei.*
hânentânen = hânenschǫken. *(Fürstenb.)* tânen = *zehen.*
Han Franz, *Johann Franz.*
Hangærs, *m. name eines bergabhangs bei Deilinghoven. andere ortsnamen mit* **ars**. *s.* Bǫlærs. *alts. in Werd. reg.* Buddenars, Hundasars.

hangen, *præt.* heng, hong, *1. hangen. 2. hängen. spr.:* dai nitt âld wêren well, maut sik jung hangen. hai taum hangen geboren es, versûpet nitt. *3. sich sehnen.* ik hango un verlange! — nà hęm? — nà N. N. *eine aufgabe beim pfandlösen.*
hannâks, *ein früherhin beliebter ländlicher Tanz. K.*
hange, *f. pl.* hangen, *etwas hangendes. s.* klopphang.
Hännes, **Hännesken**, *Johann.*
hännig, *adj. und adv. behende, zur hand gehend, dienstfertig, bequem.* hai es so hännig as en hülten näppken. *ahd.* handlih, tractabilis. *engl.* handy.
Hans, *1. Johann.* Hans in allen gâten. *2. name des esels:* hä wêt hâ Hans es, wann de hâwer wässet = *die zeit kann vieles anders bringen. 3. name für andere maultiere.* Hans wänn de kanns un nich wänn de woss *oder* un nich foss wänn de woss.
hans, *? kopfbund. vgl.* annulus bolster. hans àdder krans = *mag sein, was will.* nitt hans àder krans. *anders in Schwelm:* Hans àdder Klas. *s.* hänsen.
Hänse, *Hans.*
hansen, *vorhin,* te hansen, *vor kurzem. K.*
hänsen, *1. necken, foppen, hänseln. urspr. von gebräuchen bei der aufnahme in eine gesellschaft (hanse). mnl.* hans, socius, collega. *2. prügeln.*
hansken, *m. handschuh. vgl.* holsken. *dän.* handske. *vgl.* manske.
hanskenkatten, *handschuhkatzen. im spr.:* h. mûset nitt guǝt.
hansóp, *m. kinderkleidung, welche an einem stücke kamisol, hose und strümpfe ersetzt. vgl.* klemmóp, mûlóp, flüggóp, wippóp. *mnl.* hangop, furcifer.
hantelantant = egge, *im rätsel.*
hantêren, *handtieren, wirtschaften.*
hantêrange, *f. handtierung.*
hæpe, *f. 1. ein gerades haumesser zum abhauen von reisern und zum ausschlichten. ahd.* happa. *unsere form kann nicht aus* harpa (ἅρπη) *hervorgegangen sein, wohl aber aus* hirpa *(lett.* zirpe). *spr.:* et häldt oppen hâr nitt, wanne de kan med der hæpe schîrt. *(Bollwerk.) Kil.* kromhouwer, harpe, ensis falcatus. *Teuth.* hepe eyn krom mess dayr men den wyngart mede snydt. *2. zum roggenschneiden. (Siedlingh.) wo man andere früchte*

mit der sense mäht. krumm, *eine grössere sichel.*

håpern, *stocken.* et håpert.

happ, *m. bissen.*

happen, *schnappen, beissen.*

happig, *begierig.*

häppken, *n. bisschen.*

hâr, *ruf an die zugtiere, wenn sie nach links gehen sollen. wie es ein wärwulf neben werwulf gibt, so ist ein hâr neben hęr statthaft. bei unserm hâr wird wist (links) ausgelassen sein, wie wist hâr anderwärts noch vorkommt. da der fuhrmann links geht, so ist* hâr = hęr *ganz natürlich.* hott *dagegen muss ein rechts hin enthalten. franz.* hurhaut *kann hier licht geben. galt* hôh *für rechts und wurde ihm ein* dâr *(dort) beigegeben, so entstand leicht daraus* hôttà, *was sich weiter in* hott *verkürzte.*

Hâr, *f. die Haar. nicht mehr appellativ. eine häufige bezeichnung von anhöhen in unserer gegend. mwestf.* hara. *dass a sonst kurz war, lehrt ausser der heutigen aussprache auch die schreibung* Harr *in einer Hemerschen urkunde. in Seib. qu. I p. 416 wird schon* haer *geschrieben.* an der Hedemer haer. *mitunter findet sich der name in* Hardt *verderbt. so* rauhe hardt, *während noch im Iserl. limitenbuch p. 35:* rauhe Hahr *geschrieben steht.*

hâr, *n. haar. das â in diesem worte wird durch contraction entstanden sein.* dai hęt h. am bârd (oppen tęnen). et es en hâr in der buoter. hai hęt hâr lâten mocht. so viol as hâr opper katte. hai lätt de pręke in de hâre gân. *spr.:* frisch in de hâr giat kruse junges.

hær, *Iserl.* hêr, *m. herr.* ik sin hær op minem lanne! *ausruf bei einem kinderspiele. hin und wieder wird vorzugsweise der ortsgeistliche* hær *genannt, wie auch in unsern urkunden den namen der ritter und geistlichen* her *vorgesetzt erscheint. spr.:* hæren befęl es knechte węrk. iak hær, dû hær; bai sall de süage haüen *(von bauern, die viel überflüssiges gelernt haben, aber das ihnen nötige nicht verstehen oder nicht tun wollen).* wenn 't oppen hæren ręgent, dann drüppelt et ok oppen köster. med grôten h. es nitt guad kirssen ęten.

hârbûl, *m. haarbeutel.* dat fällt węg as dem kappeziner de hârbûl.

hard, **harde**, *adj. und adv. 1. hart.* hai hęt em am harden enne; ik wêt nitt, bu hai et ûthallen kann. *2. stark, schnell, laut, schwer.* harde lôpen, -raupen, -kûern, -kloppen. hai es hard katholsk. dat sall hard hållen. en hard junge, *von 16—20 j. herangewachsen. hexenpap. v. Rüden. alts.* hard, *adv.* hardo.

Härd, *f. die Haard, wird von bedeutenderen höhen als* Haar *gebraucht. die Sänger-Haard bei Albringswerde, Hesterhardt b. Hespe. ahd.* hart, lucus. *mwestf.* haird, *wald, gehölz. in gebirgsgegenden vertreten sich berg und wald. s.* bęrg.

hârd, hâr, *n. stählerner pfahl zum sensenschärfen. zu* hâren, *engl.* harden. *Sieg.* hâr, *f. schneide der sense.*

hærd, *m. heerd.* te hærde slân, -fallen, *von brot, kuchen, wenn sie nicht „aufgehn", sondern zu dicht werden. syn.* ręker.

hâr-dà, *zuruf an pferde, links zu wenden. spr. beim gerstesäen:* bai nà sünte-Vit siat: hâr-dà! dai maut te Michêle seggen: wâr-dà! *(wehre den kühen!).*

hardbôm, *m. hartriegel. syn.* swartbôm.

harde = hard.

hardemond, *m. und f. harremond, Januar. spr.:* in der hardemond bęter en wulf im felle, as en plaug. *s.* spörkel. — *mwestf. urk. v. 1382:* in dem hardemaynde, januarius genant zu latyne. *Hoffm. Findl. 42; mnl.* hardmaent, januarius. *Theut.* hardmaynt, *januar.*

hærdhaun, *n. hausgrille. (Valbert.)*

hardhäuke, hatt haücke. *altes recept gegen gicht.*

hardkopp, *m.* centaurea jacea, *flockenblumenart.*

hardmelkig, *hartmelkig.* de kau is h., *wenn sich die milchgänge zugesetzt haben, was beim melken einschlafende mägde veranlassen können. (Siedlingh.)*

hare, *f. eine krankheit des schweins, bei der gewisse borsten am halse nach innen wachsen und das tier ersticken.*

hæren, *præt.* hârde, hâr, *1. hören. spr.:* me kann viol hæren, ær ęm en âr affällt. *2. gehorchen. 3. zustehen, sich schicken.* nâm össen hært de kau êrst im April melk te wæren.

hæring, *m. hering. spr.:* he kann noch kainen h. van der rôster hœren. me maut nitt ær hæring raupen bit me ne am stęrte hęt, *s.* grâuert.

hær-kærl, *m. herr-kerl, ein feiner mann,* gentleman. *Firm. I, 421:* härckäl.

harke, *f. harke, rechen. aus* hraka, *vgl. engl.* rake *und das verhältnis von* hors, ors *(engl.* horse) *zu* ross. *cfr.* haskeln = rascheln, hemstern = remstern.

harkelmai = hęrkelmai. *(gegend v. Arnsb. und auch sonst noch oft.)* harkelmai hålen, *das letzte korn vom lande holen.*

hârloss, *trocken windig.* h. węer *(wetter). (Lüdensch.) vgl. ags.* haran, effundere, mingere *und hd.* harn, urina.

hårn, *n. horn. im reime beim kälberquicken:* męlk ûtem h. innen strick. *in der Mark (auch zu Rheda) sagt man von der güsten kuh, sie habe die milch in den hörnern. fig.:* hai hęt mi ümmer op den hærnen, *vgl. ital.:* mi ha sulle corna.

hårnke, *f. hornisse. (Elsey.) s.* hårnte.

hårn-ûle, *f. horneule, mittlere ohreule,* strix otus L.

harre-tarre *im Deilingh. kinderreim:* Jôstken sât op der harre-tarre (? *dreschtenne)* un kêk inter hirretirre, dà kwâm sin môer un nâm ęm sinen pummelsack af. hupp happ, hârr' ik minen pummelsack!

härrig = herdig, *von herde, flachs. s.* lang-härrig.

hårsnâ, *adv. auf ein haar:* ik hädde mi hårsnâ fallen = *bei einem haare wäre ich gefallen.*

hårtreckel, hårtreckelte, **hårtriekel,** *f. 1. hauhechel,* ononis, *so genannt weil dem hindurchlaufenden viele haare und wolle von den dornen ausgerissen werden. syn.* hårtrecker, rûtriekel. *sie wird als ziegenfutter geschätzt. 2. stachelginster,* genista anglica.

hårtreckers, *pl.* = hårtreckels. *(Elsey.)*

hårwęrm, *m. haarwurm, eine hundekrankheit.*

haschop, *f. eigentl. herrschaft, 1. hausherr. 2. der meisterknecht auf garnbleichen.*

hâse, *m. hase. spr.:* bai den hâsen fangen well, maut den rûen wâgen. he lôpet as en hâse. *spr.:* de hâse un de snâel komet like frô au maidag.

hâsel-nuot, *f. haselnuss. syn.* klaine nuss. *ags.* häsel. *um 1500 ward das* a *bei uns noch kurz gesprochen, wie die schreibung* hasselog *lehrt.*

hâsel-strûk, *m. haselstrauch. Teuth.* hasele.

hâsel-twissel, *f. haselzweig zur wünschelrute.*

hâsen-brôd, *n. 1. zittergras,* briza. *(Weitmar.) s.* imenbrôd. *2. brot, welches den kindern von der reise mitgebracht wird. Grimme galant. 66.*

hâsen-klê, *m. buchampfer,* oxalis acet. *syn.* kuckusmaus, küəningsmaus, hasenmûleken. hasenmues. *(auch Siedlingh.)*

hâsen-mûleken = hâsenklê. *(Fürstenb.)*

hâsenmûs, *n.* = hâsenklê. *(Brilon.)*

hâsen-narf, *schafsgarbe. (Weitmar). syn.* schâpsribbe, schâpsgarwe. arwe *wird von versch. pfl. gebraucht. vgl. Schiller z. thier u. kräuterb. II, 28.*

hâsen-pęper, *m. hasenpfeffer.*

hâsen-schâr, *m. hasenscharte. vgl. ags.* sceard, *n.*

hâsen-schêr, *f.* = hasenschâr.

hâsen-sprung, *m. kinderspiel: es wird über einen von stöcken errichteten galgen gesprungen. in Schwelm und Albringswerde dafür das syn.* kattensprung.

hâsen-faut, *m. 1. hasenfuss. 2. windbeutel: rda.:* dai hęt en hâsenfaut in der taske = *das ist ein windbeutel. eigentlich von jägern, die nichts geschossen haben, aber einen abgeschnittenen hasenfuss aus der jagdtasche hervorstehen lassen.*

hâsen-fell, *n. hasenfell. rda.:* dai hęt en hâsenfell vęr der fuot.

haskeln *für* harskeln, hraskeln, *rascheln. (Brilon.) syn. v.* rispeln, raspeln.

haspel, *m. 1. garnwinde. 2. drehkreuz. s.* ümlôper.

haspeln, *1. garn winden. 2. fig. sich drehen und wenden.* du laiwe wie weld, bat haspels du im dûstern. *spr.:* wamme haspelt, dann spinnt me nitt.

Hässe, *Gerhard, sonst* Gęrd.

hasselêren, *haselieren, windbeuteln. Vilm. „ursprünglich: sich wie ein hase geberden."*

hasseliscus, *m. windbeutel, flatterhafter mensch.*

hasselitcher, *m. schelte, etwa hanswurst.*

hasselitsig, *flatterhaft.* h. strêke.

hassen, *hassen. spr.:* sępers laiwet sik, fręters hasset sik.

hässig, *hassend:* se werd ęm h. tau. *platthd., wie auch bei Iserlohn gewöhnlich* hassen *für* hâten *gesagt wird.* ? hatsig *für* hatisk.

hast *für* harst, *m. eigentlich gebratenes oder zum braten bestimmtes; daher portion fleisch, speck, wurst, fleischbrei; vgl.* pottharst, pannharst. *Teuth.*

braide. crap. harst. massa. massula. *mnl.* harst, spinæ porci cet. *rda.:* in den hast lôpen = *anbrennen, vom mus (kraut), syn.* auslagen. — harst *wird aus* hardan, *härten, entsprungen sein, da es auch vom erhärteten schnee gebraucht wird, vgl.* Stalder *und* herschen. *ahd.* harstjan, herstan = *rösten; ags.* hearsting = frixio; hearstepanne = satago. — *Auch eine gewisse anzahl fussoldaten. (So bei Köppen.)*

hâst, *fast. Weddigen.*

häst, *f. hast, eile:* in aller hast. — *mhd.* haste, *eile. v. Hör. urk. 64* to der haste. *Teuth.* haist. snel. *bald. scheint kein anderes wort als das ags.* hæst (violentus), *mwestf.* heyst. *das* a *in unserm worte (also auch in* asto animo) *muss urspr. lang sein.* st *kann für* ft *eingetreten sein, dann passt goth.* haifsts. *darauf deutet auch* haftig.

hâsterich *für* harsterig, *durch räuchern, brennen verdorben, von fleisch, speck und anderem. stark riechender ranziger speck. K. zu* hast. â *wird hier, wie auch sonst wol* (plâster) *vor* st *eingetreten sein.*

hätts, hits, his *werden füllen angerufen.*

hatsbück, *für* hartsbock, *m. hirschbock.* se lôpen as de hatsbocke; *vgl. Zumbr.* du bist jâ as en hirz to bêne.

Hatzfeld *bei Barmen ist* = *alts.* Hirutfeld.

haü, hai, *n. heu. spr.:* der wässet vǫl haü, üffer nich so vǫl, dat me allen lûen de mûler stoppen kann. *syn.* högg. *mnl.* hoy. *goth.* havi. *mwestf.* hoy. *genit.* hewes. *v. St. IX, 176.* howes *177. v. Hövel urk. p. 37* hoy schlagen. *urk. 75* how (hoves). *Trosssaml. 84:* heuwass. *vgl.* holtwass.

haü, *m. hieb. mwestf.* hew, *urk. v. 1486.* hew, *n. hauwald.* Speller-Hew *beim Franzberge, auf der grenze der Iserl. waldmark.* vorm Hew.

haud, *m. 1. hut.* hä kann den haut ût den ôgen setten = *er hat ein gutes gewissen. 2. die kappe am ende der handhabe eines dreschflegels. syn.* hüppelse. — *ags.* hôd.

haud, *f. hut, obhut.* — *ags.* hôd, *f.* custodia.

haude, haue, *f.* hude, *hut.* — *mnd.* houde. *mwestf.* hoede, *1397. Alten. Stat.* hoideloss, *ohne hut, hüter.*

haudgarwe, *f. dicke garbe, die wie ein hut über mehrere zusammen gestülpt wird.*

haüdken-draiger, *m. hütchendreher. spr. s.* spiggebecken.

haudmęker, *m. hutmacher. v. Hör. urk. 41 (1452):* houtmekere.

haüen *für* haüden, *præs.* haüe, höss, hödt; *præt.* hodde; *ptc.* hodt, *hüten. fig.* he hödt ächter ümme, *er hegt heimlichen groll.* vi haüet di in den köl, *sagt man, wenn jemand zu spät zum essen kommt.* — sik haüen, *sich hüten.* he hodde sik nitt dervǫr, *er erwartete (befürchtete) das nicht.* dà hödde ik mi nitt vǫr, *das kam mir ganz unerwartet.* — *ags.* hêdan, custodire. *mnd.* hoden, hoyen. *F. Dortm. III, p. 238:* hauden.

hauer, *m. hauer, beim bergbau. (Hattingen.)*

haugen, hauen, *præt.* hochte, hoch, *in Schwelm:* haif; *ptc.* hocht, *hauen. rda.* ênen ǫwert âr haugen. *spr.* hâ me holt haiget, flaiget spâne. dai hett sik mâl recht in de brôdęxe hocht, *sie haben sich einmal gehörig abgeküsst.* — *altn.* höggva.

haujânen, *gähnen. (Fürstenb.)*

haühüpper, *m. heuschrecke.*

hauk, *m. pl.* haüke, *hecht. im kinderreim. s.* bêl. — *syn.* snauk. — *vgl. ags.* hôe, *m.* nucus. *ahd.* huoh. *das verwante ags.* hacod.

haüken, *n. eine art weibermantel, der auch den kopf bedeckt. noch in diesem jh. wurde er auf dem lande von frauen, wenn sie zur kirche oder mit der leiche gingen, getragen. dass vor 1500 frauen mit* haüken *den leichenkarren begleiteten, lehrt das Schwelmer vestenrecht. s.* kęrkweg. *rda.:* he wêt et haüken nâm winde te draigen; *vgl.* schickede den heiken na den winde, *Schevecl.* — *in der Heess. renteirechn. v. 1385:* grawe laken to heyken und kogelen, do red myn here sine bedevart to Acken. *Schüren chr. 17* houke, *f., was er im Theut. für einen zu beiden seiten offenen mantel erklärt.* mantel to beiden syden apen. heuck. *Tappe 60*[b]*:* heuke, *m. RV.* hoike, *f. ostfr.* heike. *holl.* huik. *das genus unseres* haüken *hat sich verirrt, weil man darin ein deminutiv* haüken *(hütchen) zu fühlen glaubte. das wort wird nebenform von* huok *(mantel) sein.*

haükenhanger, *mantelträger nach dem winde.*

hauler di bauler = holter di bolter. *(Solingen.)*

haun, *n. pl.* hauner. *spr.:* de hauner flaiget ǫm nitt gebrâen int mûl. dai de hauner friotet, kann ôk de fęren krigen, *wer die einträgliche arbeit bekommt, mag auch die wenig einträgliche übernehmen.*

hauner-tucht, *f. hühnerzucht. spr.:* ne groute h. un ne groute lîntucht dä brenget dem bûr sin verdęrf. *Meinerzagen.*

hauner-tunge, *f. Hühnerzunge.*

hauner-węer, *alle wetter. ein schwur, gleichbedeutend mit* duonerwęer. hauner *passt lautrecht zu altn.* hoenir.

haupîpe, *f. locheisen. ein werkzeug für sattler, schuster und schneider zum ausschlagen von löchern. — ostfr.* haupiepe. *schwed.* huggpipe.

hausten, *husten.* ik well di wǫt hausten. — *ags.* hvôstan.

hausten, *m.* **hauste**, *m. husten. — ags.* hvôsta.

haüte, *böse, gram. alts.* hnoti, infensus, iratus. *goth.* hvotjan. *Scheller* hot, *schlimm.*

hauf, *m. huf. alts.* huof, hôf.

haufîsern, *n. hufeisen.*

haufsmied, *m. hufschmied.*

hauftange, *f. hufzange.*

hauflattek, *m. huflattich. syn.* lęke.

haufte, *prœt. hob. Grimme.*

haüwen, *præs.* haue, haus, haut, *pl.* haüwet, haüt; *prœt.* hofte, *pt.* höften; *ptc.* hoft, *nötig haben, müssen.*

have, *vieh. Schwelm. vestenrecht:* die have schütten. *Teuth.* have = *vieh. eben so im Alten. statut. s.* hab.

haft, *m. hochfahrendes wesen.* dai hett en haft im koppe. *vgl. huspost. besök. Marie:* so hochdragende vnd euthafftich vnd stolt.

haftig, *hastig. à verkürzt. in Kärnten:* haftik, *rüstig, schnell.*

hafuss, *ein geistiges getränk in Altena. Alten. reimchronik bei v. St. stück XX p. 1218 ff. v. 58:* man hat hier auch woll Rienschen Wein. Die meisten trinken Brantewein. Hafuss ist hier in Abundant, Man trinkt ihn oft mit Unverstandt. *? für* hâl-fuss. *bei Kil. hat* hael *auch die bedeutung:* subtilis, tenuis, acutus, acris; hael bierken, tenuis cerevisia. *vielleicht aber ist dieses* hael *aus* half *entstanden, wie in* halöllerte. fuss *könnte* fusel *sein. ostfr.* fûsje. *vgl. ma. V, 337. ?* haarfusch *Gr. wb.*

hâwek, *m. habicht. syn.* stôthâwek, stôtbuogel. — *ags.* hafoc, *alts. engl.* hawk.

hâwer, *f. haber. fig.* drôge hâwer ûtdailen = *prügeln. — altwestf.* havoro.

hâwer-äsche, *f. eberäsche.* hâwer = after. *Kil.* haueresscbe, sorbus silvestris.

hâwer-klâwen, *pl. aberklauen, afferklauen. syn.* hâsenklâwen. hâwer = affer.

hâwern, *von haber.* hâwern męl.

hâwer-rût, *n. aberraute, eberraute,* artemisia abrotanum. *Teuth.* averuyte. aefruyt. eyn kruyt. abrotanum.

Hâwer-spânien, *neckname für einen teil des oberbergischen landes, wo der haber, der da besonders gezogen wird.*

hâwerstrô, *n. haberstroh. spr.:* hai un h. es der kalwer fôer; bai de dochter friggen well, hâll sik bi de môer.

he, *wie? was beliebt? fr.* hein?

he, *er. auch bei anreden.*

hê, *he!* hülpe hê! *hülfe!*

hęb, *schrank, v. St. I p. 419. — vgl.* hęrf *und hd.* habe.

hêbe, *f. geissfuss. für* herwe *und verwant mit* heorn. *s.* gæse.

heberei = hûsbören. *(Schwarzenb.)*

hêberte, *f. heidelbeere. (Warburg.) für* hędberte.

hechen, *hächen, keuchen. s. unten* hęgen. hä hächet at en kûlläpper. *vgl. udhess.* hechzen. *für* ch *vgl.* echelte, süchelte.

hecht, *m. hecht. fig.* en âllen hecht. *syn.* hauk, snauk. — *ags.* hacod. *Teuth.* hechte. snoick, lucius.

hecht, *n. für* heft, *heft. vgl.* locht, schacht. — *Teuth.* hechte, hefte, manubrium.

heck, *n. 1. zaunähnliches einfahrtstor an einem gehöfte. spr.:* en smiad hängt sin hecke an de wiad. *2. pferch für schweine, die nicht mit ausgetrieben werden. (Fürstenb.) Teuth.* hecke. valder. semiostium.

hecke, *f. heckkorb.*

hecke, *f. in den rda.:* he es frô bi der hecke, he es glîk bi der hecke, blif bi der hecke.

hecken, *hecken. spr.:* de hâse hüppet gęrne wier hen, bâ he hecket es.

-hed, -haid, *dafür auch* -te: begiawente.

hêd, *m. heidekraut. Teuth.* heyde. merica.

hêdappel, *m. hirschtrüffel. der abergl. meint, es wüchse darauf eine blaue blume.*

hêdhacke, *f. hacke zum aushacken des heidekrauts.*

hêdhæpe, *f. werkzeug zum abhauen des heidekrauts. (Marienh.)*

hêd hêd, *ruf des heidmännchens.*

hêdmännken, *n. ein waldspuk, der sich den leuten, die ihm seinen ruf* hêd hêd *nachmachen, auf den nacken setzt und sich von ihnen tragen lässt. Kil.* heydmanneken, cicada.
hêdmöpsgen, *n. heideblume,* gnaphalium. *(Eckenh.)*
hêdmucke, *f. heidelerche, grasmücke.*
hêdslange, *f. blindschleiche.*
hêdslîke, *f. blindschleiche.*
hêdwortel, *f. blutwurzel,* tormentill.
hêe *für* hêde, herde, *f. werg. syn.* werk. ê *aus ai. — ags.* heord, stuppa. *mnl. (Kil.)* herde, fibra lini.
hegebêren, *pl. heckenbeeren; syn.* melberen.
hegel, *m. geflappter mensch. (Schwarzenb.) verwant mit* hick.
hêgen, *streben, begehren.* he hêget nà wot. he hêget noch op wot anners. — *mnl.* hyghen, anhelare, animam celeriter ducere. *ags.* higian, tendere; *engl.* to hie. *F. Dort. urk. II, p. 151.* geheygen = *begehren.*
hegern, *lange warten. (Schwarzenb.)*
hêl, *1. ganz.* den hêlen dag. *spr.:* wan't half es, maut me't hêl lowen. *2. unverletzt, nicht zerrissen.* hêl föer. in hêler hûd es guot slâpen. *s.* klingelbûl. de pott es noch hêle bliowen. *3. geheilt.* de faut es wier hêle. *4. rein.* hêl kârn. *Weldigen.*
held, *m. held.* dat es en held in der knollenschüotel. ächter dem owen es hai en düchtigen held, âwer nitt im feld.
Helke, *iserl. familienname. Henneb.* helk, *saftlos, kraftlos; goth.* halks, κενός, πτωχός.
hell, *schnell. — mnd.* hilde. *F. Völk. St. I, 182:* hille. *köln.* hellig, *adv. schnell, plötzlich.*
helle, *f. hölle. aus* halja, *wie* schelle *aus* scalja. *spr.:* dai et in der helle gewuont es, dem es et niene pîne. bai vör der helle wuont, maut den dûwel hæ̂r haiten.
Helle, *f. ortsname bei Sundwig, bei Lüdenscheid, bezeichnet hier eine durch bergbau entstandene einsenkung des bodens* (pinge). — *ahd.* halda, declive præcipitium, *dän.* helde, *einsenkung des bodens, ags.* heald, *abschüssig, alts.* afheldit, declivis.
helle-bock, *m. höllenbock. K. S. 66. syn.* süntebock.
hellig, *geplagt, geneckt und daher wild geworden; wütend.* de hellige dûwel. *so viel als* schellig. *syn.* hellsk. — *im älteren niederrhein.* hellig, *eilig, müde;* syn zonge hinck eme uyss as eyn hellige hunde. *Köln. chr. (Wallr.)* hei hait sich hellig gearbeitet. *ib., überangestrengt. H. Sachs, St. Peter mit der geiss: machtlos,* hellig, gantz mûd vnd matt. *vgl. behelligen und nd.* helgen = *belästigen. Seib. urk. 463. mnl.* hilligen, moeyen. *Bugenh.* matt un hellig.
hells, hellsk, *wild, toll rennend, vom vieh.*
hellsk, *höllisch, ungeheuer.* de hellske jæger, *der wilde jäger. (Plettenb.) adv.* ik hewwe hellske lôpen.
helm, *m. helm.* he es med 'ne helme geboren = *er ist ein glückskind (franz. né coiffé).* helm = *häutchen, welches den kopf eines neugebornen bedeckt.*
Helmes, *Wilhelmus, Wilhelm.*
hêlo hê, *heissa! engl.* hilli-ho! Christmas carol. *mnd.* heilo = hêl o, *o heil!*
helpe, *f. 1. eine art hosenträger. 2. = lichte.*
helpen, *præt.* halp, holp, hulp, *pl.* hölpen, hülpen; *ptc.* holpen, hulpen, *helfen.* de lû könnt sik guot helpen = *sie sind wohlhabend.* ênen üm wot helpen = *einen um etwas bringen.* ik kann mi nitt helpen, ik maut u. s. w. = *ich kann nicht umhin, vgl. engl.* I could not help smiling. dat helpe ek seggen = dat segge ek med = *das sage ich auch. häufig bedrohend.* wachte, ich will di helpen prûmen plücken *(dem pflaumen stehlenden). cfr. Aesop 6, 16.* „wulde ju so helpen doren."
helstern, *sich übereilen. (Velbert.) s.* hell.
helf, *n. stiel eines beils, einer axt.* bîlenhelf. *Elsey. in den letzten 60 jahren ist es bei Iserlohn meist durch* stiol *ersetzt, handhabe am reckhammer. — Wigg. Scherfl. II, 45.*
hêlf, *s.* hailf, hêf.
hêm, *n. heimat.* nà hêm, *nach der heimat.*
hêmaad *f. heimat. — ahd.* heimoti; *mnd.* heimode.
hême *f. heimat. spr.:* ôst un west, de hême am best. — **te hême**, *daheim, zu hause:* he es van freten un süpen te hême.
hêmedrift, *f. heimtrift, heimtreiben, heimreise. Gr. tüg 40.*
hêmelik, *traulich, gemütlich.* et es hir so h., se sid so h. unner sik. — *Vgl. Seib. Urk. 516:* hemelik, *zur familie*

gehörig, vertraut, verwant; Münst. beitr. IV, 446: hemelich; *köln.* heimlich.

hêmlichkait, *f. abtritt.* — *mnl.* heimelcamere, cloaca.

hêmisk, *heimatlich.* àch God! et worte mî ganz hêmisk ümme't hęrte. *Gr. tüg 78.*

hempel, *geziertes mädchen. (Velbert.)*

hempeln, *n. ziererei.*

hęmpeln, coire. de lüninge hęmpelt op dem dàke.

hęmstern, *1. arbeiten. 2. prügeln. vgl.* hamster, *wie* hamster *aus der wurzel* ham, *am geflossen.* -stern *ist verbalbildung.*

hemstern, *räuspern. s.* rämstern.

hendàlen, *herunter. (Paderb.)*

hengel, *m. henkel.*

henger *für* hinger, *hinter.*

hengest, *m. hengst.*

hengest-kærl, *m. hurenhengst.*

hènke = *hengel. (Eckenh.)*

hęnken, *n. hühnchen.* de hęnkes, dà so frô kraiget, dä stiäket me innen pott. lät dat h. kräigen. *vgl. span.* alza el gallo. *mnl.* haen, homo imperiosus. den haen maecken, omnia pro imperio agere, cristas erigere.

henkuomen, *n. auskommen.* he hęt sin h. — *Soest. Dan. p. 25:* henkomen.

henne, *f. henne. kuhnamen mit henne zusammengesetzt:* klèhenne, kôlhenne, nęrhenne, rôdhenne, strâlhenne, fülhenne, feldhenne.

hennen-ai, *n. hühnerei.*

hennen-küken, *n. weibliches küchlein; vgl.* gösekûken, hęrgodskûken.

hêr, *m. 1. der raum über dem herde. 2. die kammer, durch welche der rauch vom herde auszieht. syn.* åsse. *dasselbe* hari, *welches in* hęrbrand *steckt.*

hęr, *her.* bà büste hęr? dat küomt hęr as dęr = *das kommt auf eins hinaus.* (hęr = *hieher,* dęr = *dorthin.*) *anderwärts:* dat es hær as tær. hai kwàm hęr un schrêf ęr en braif = *er schrieb ihr einen brief.*

hêr, *Iserl.* = hær, *herr.*

hêr, *m. hirt.* — *goth.* hairdeis, *ahd.* hirti, *mnd.* herde. *v. Höv. urk. 44* heyrde, *schweinhirte. Teuth.* herdde.

heraf, *herunter.*

hęrbęrge, *f. herberge.* — *ags.* hereberga.

hęrbęrgêren, *beherbergen.*

hęrbrand, *m. so auch bei H., feuriger drache. er zeigt die gegend an, woher eine braut kommen wird. s.* hęwenbrand. — ęr *in* hęr *kann aus* a-i *entstanden sein, so dass* hari *sich neben* hara *(anhöhe) stellen würde; also* höhenbrand, *was dem* hęwenbrand *entspricht.* hęr *in* hęrrôk *ist dasselbe.*

herchstell. *N. Westf. Mag.* herstell, *n. herstellnagel am wagen.*

hęrden, *härten. Wenn mehl von gekeimter frucht verbacken werden soll,* „hęrdet" *man das wasser oder den teig mit einem glühenden eisen oder eichenkohlen, die man darin löscht.* — hęrden = *ags.* heordian.

herdstowe, *f. feuerstübchen, gewöhnlich achteckig von messingblech gefertigt, früherhin zur winterzeit in den kirchen von den frauen benutzt.*

hêren = hęrden *(Balve).* vi wett de bîle hêren.

hêren, *ausdauern. Kil.* herdden, durare, indurare.

hêren enge, *ein schwur bei Grimme.*

hęrgod, *herr gott. spr.:* use hęrgod wêt, wann't tîd es. use hęrgod hęt ne op twê faüte stalt, hä maut nu saihen, datte futt küomt. en hûs hä use h. den arm ûtstrekket = *schenke.* he es unser h. siner lû ėner = *einfältig, blödsinnig.* du büs en kêrl as en hülten h.

hęrgods-bland, *n. 1. hartheu,* hyperic. perforatum. *syn.* jêsusblaume, christusblaume. *vgl. die span. sage (Colecc. 16, 67):* Estaba un rosal al pie de la cruz cuyas rosas eran blancas; cayo una gota da preciosa sangre des señor sobre una rosa (incarnat *oder* jerichorose) y les dió ese divino color. — *2. eine gewisse rote wiesenblume.*

hęrgods-hân, *m. ein kleiner käfer aus der familie der bockkäfer.* rhagium *oder* leptura. *(Kanstein.)*

hęrgods-haünken, *n. marienkäfer. syn.* hęrgodspęrreken *(Brackel, Schwerte),* sàmmerflüelgen *(Eckenh.),* sunnenkinken *(Rheda),* sunneuschînken *(Kierspe, Krengeldanz),* hęrgodsvüagelken *(Unna).* Hergodshainken flêig op, dann kömste wir innen hiamel *(wenn es auf die fingerspitze gesetzt ist). (Siedlingh.) Myth. 658.*

hęrgods-küken, *n. einfältiger mensch, frommer schlucker.*

hęrgodsögelkes, *pl. rainfarrn (Brilon).*

hęrgods-pęrreken, *n. marienkäfer (Aplerbeck).*

hęrgods-finger, *m. 1.* epilobium. *2. roter fingerhut (Bolwerk). syn.* knapprôse *(Weitmar),* ǫligblaume, *weil oel daraus gewonnen wird (Stephanopel),* pisspott

(Fürstenberg), suackenblaume *(köln. Sauerland)*. *3.* gentiana campestris.

hęrgods-fûel = hillige vuogel *(Volmetal)*. hęrgodsfüəle *sind:* swalfte, léiwik, biəkestęrt, roudbörstken, roudstęrtken, nachtegalle, gaidlink. *(Valbert.)* kritswalften *aber sind keine* hilligen vüəgel. *(Brackel.)*

hęrgods-vüəgelken, *n. marienkäfer. (Unna.)*

hęrk, *m. hederich, heidenrettich. heiden = campestris. Teuth.* hederick, zizania.

hêrkel-mai, *m. grüne zweige, mit welchen der letzte getraidewagen in der ärnte besteckt wird; auch das letzte getraide. s.* mai.

hęrkel-mann, *m. brunnen- oder teichgeist, der die kinder hineinzieht. syn.* wâtermann.

hęrkelsse, *n. zusammengehacktes bei der ärnte.*

hęrmel, *n. hermelin. — ahd.* harmo.

hęrmeling, *m.* = hęrmen. *(Kamen.)*

Hęrmen, *1. Hermann. ein bauer in Kesbern soll gesagt haben:* slecht węg Hęrmen salle haiten, hai sall ächter de käue. *2. Hirmin* (Airmin). *rda.:* dęm kamme wîs mâken, use hęrgǫd hedde Hęrmen. du mains ock, use hęrgǫd hedde Hęrmen; he hett nitt Hęrmen, he hett laiwe hær = *deine forderung ist eine heidnische, keine christliche.* du mains ock, use hęrgǫd hedde Hęrmen un sæte oppem appelbôme = *du forderst übertrieben.* du hęs Hęrmen op dem nacken, *sagt man zu dem, der keine lust hat zu arbeiten.* es Hęrmen bî di, *ruft man dem ermüdeten und rastenden zu. demselben auch:* Hęrmen hęt di wǫl in der plâge. *kommt uns ein bekannter entgegen und versäumt tageszeit zu sagen, so rufen wir ihm zu:* hęt di Hęrmen 't mûl tausmęrt? *3.* de starke Hęrmen, *eine märchenfigur. auch H. hatte in seiner jugend davon erzählen hören. 4. der ziegenbock, in der tierfabel.* de bock hett hęrmen. *(Iserlohn.) 5.* = schiət. *6. zur bezeichnung von etwas grossem. s.* kęrspels-hęrmen. *7. als schelte. s.* bummelhęrmen. *8. für mensch im allg.* med der tîd kümmt Hęrmen int wammes. — *Der name* Hirmin *findet sich nicht selten in ortsnamen:* Hermes-loh *bei Hagen;* Hermes- *oder* Herwesloh *bei Klusenstein;* Hermesland *bei Iserlohn. vgl.* Hearmes- *oder* Hearwes-knapp *(kamp) bei Beckum, Essellen Aliso p. 211.* Hermes-hagen *bei Plettenberg.* Irmin-lo *werd. trad. und Beda Venerab.*

hêrn, *n. gehirn.* ê *ist aus* ai *verdichtet und verlängert.*

hernâcher, *nachher.*

hernêgest, *demnächst.*

hêrnelsse, *n. gehirn.*

hêrniətel, *f. eiternessel. syn.* hairniətel *(Fürstenb.). — ahd.* heitirnezila. *chr. d. nds. st. 1, 118*[a] Ludeke Hedernettel. *mitteld. gloss.* heidirnezila. *oldenb.* keddernettel, *wo* kedder *wie* ledder = leiter, *Goldschm. V. Med. 129.* hêr = hêdir. *unsere bauern hacken dieselbe und mischen sie unter das futter für junge puter.*

hêrnkasten, *m. hirnkasten, schädel.*

hêrn-panne, *f. hirnpfanne, schädel, stirn. vgl. dän.* pande, *pfanne, stirn.*

Herodriân, *herr Urian.*

hêrôk, *m. heerrauch. (Hemer.) syn.* hęrrôk, haidrôk. — hê *mag hier* hey *(dürre) sein, wie es Brem. G. Qu. p. 106 vorkommt. Andresen sagt: „von den formen haarrauch, heerrauch (höhenrauch) bliebe die erste vielleicht besser ganz fern, den beiden andern steht der gebrauch zur seite. Aber weder heer noch höhe scheinen den ursprung zu berühren, vielmehr* hei, *das in der bedeutung heisstrocken noch in mundarten lebt." haarrauch und heerrauch sind berechtigte formen, sie bedeuten beide höhenrauch. für* ę *tritt nicht selten* â, *so steht* wârwulf *neben* węrwulf.

hęrpauke, *f. heerpauke, sonst beim Iserlohner* schüttenspiəl *gebräuchlich.*

hęr = hari.

hęr-rôk = hê-rôk.

hęrschen = rösteru, *rösten. — vgl. verharschen von wunden. Voss: der schnee erharscht durch frost. Schmeller: der* harsch = *gefrorner schnee. Stalder:* harst = *harter schnee. vgl. Teuth.* harsten. roistren. braiden. — *s.* hêsten.

hęrte, *n. herz.* wo en ander en hęrte hęt, dâ hęs du doch kainen stên. he es van hęrten gesund. dat es et im hęrten wærd. dâ hädde min hęrte *(= ich)* nitt an dacht. *wenn kinder schlucken haben, sagt man:* et wässet ęne 'et hęrte. *spr.:* bat nitt van hęrten küemt, gêt ock nitt te hęrten. sin hęrte begaiten, *sich bezechen. Grimme.*

Hęrtebęrg, *m, Harzberg, Blocksberg.*

hęrte-bock, *m. 1. hirschbock.* dat hęrte slätt ęin im liwe as en hęrtebock. se sprüngen asse hęrteböcke. he lachet as en hęrtebock, *vom teufel, der vielleicht so heisst, weil er den Brocken besucht. 2. ein fastnachtsbackwerk zu Soest.*

hęrteken, *n. herzchen.* hęrtekes *sind zu Brilon herzförmige fladen, deren 5 in einem kucheneisen gebacken werden. man bäckt sie auch von geriebenen kartoffeln.*

hęrte-lêd, *n. herzeleid. spr.:* holt un hêd un hęrtelêd dä kuamet van selwer.

hęrtens-mainunge, *f. herzensmeinung.*

hęrtlik, *1. herzlich. 2. von speisen im gegensatz zu* kwäbbelig.

herüm, *herum, umher.* so herüm: et es acht ûr âder so herüm = *ohngefär. ähnlich mnd.* dair omtrent. *vgl. engl.* about, *franz.* 8 heures ou approchant.

herût, 'rût, *heraus.* usse hęrgǫd kêk tem fenster rût un saggt': et werde nix derût.

hęrf, *gerüst über dem feuer zum holztrocknen. vgl.* hęb *und* harfe = hręf, hrif; *vgl.* ręp. *Sieg.:* hêaw, *f. der untere geräumigere teil des schornsteins, worin das fleisch gedörrt wird; vgl. Kehr. 186 (Heinz. 83).*

hęrwest, *m. herbst, eigentlich ärnte, wie noch engl.* harvest.

hęrwestrûe, *m. herbsthund, f. flachsbrache.* ik hâre laiwer de schâpeslammer bläddern as den hęrwestrûen bliaken.

hês, *heiser.* so hêsk as ne krägge. — *alts.* hês, *dän.* hæs.

hęseken, *n. 1. häschen. 2. pl.* hęsekes, *der teil am geschlachteten schweine, der an der kuh immer heisst.*

hêsk = hês, *s.* hês. — *Laiendoctr. 60:* hesch (flesch). hai bliekere sick sô hêsk as ene âile tiowe.

hêsken, *n. füllen. s* hissken

hessâpen, *stark, heftig keuchen. auch im münst. — v. St. I, 291.*

Hesse, *m. Hesse.* drop, drop! et es en Hesse, *vgl. auf ihn! er ist von Ulm.* hä slätt drop as en Hesse. en blinnen Hessen.

hesse-bitten, *pl. blutegel. (gegend von Wesel)* ss *doppelt weich.*

hesse-dä, *lockruf an ziegen. (Fürstenb.)* ss *doppelt weich.*

hesseln, *laut, toll lachen. vgl.* hisseln. ss *doppelt weich.*

hesselte, *f. haselstaude. — mnd.* hassel, *ags.* häsel. *unsere form und die ags. sprechen für* hasila; *vgl. Gr. gramm. II, p. 111.*

hessen, *hissen, hetzen, hass hass sagen. — mnd.* hyssen. *mnl.* hisschen, hitschen, hussen, hetsen, instigare. hissen *s.* reytzen.

Hessen-land, *n. Hessen. — Wigg. II scherfl. p. 41:* Hessenlant. *So Th. verrem.* Westphalenlant.

hêsten, *rösten. für* hersten.

hêstebrod, *n. geröstetes brod. mnl.* gheherstet broodt, panis tostus in pruna.

hêster, *f. junge buche, wie sie ein mann tragen kann. vgl. Vilm. 161. in einer Iserlohner urk. von 1695: eichenheistern. auch bei Richey und im Oldenb. wird es von der eiche gebraucht. das Iserlohner limitenbuch (2. hälfte des 18. jh.) verwendet es nur von buchen:* junge bencken hestergen, kleine beucken heister, böcken heister *und öfter, während es von eichen nur* telgen *gebraucht. Holthaus erklärt: baum im allgemeinen, besonders aber die dürren kleinen bäume auf den vogelherden. dass das wort ursprünglich auch eiche bedeutete, wird durch franz.* hêtre *ganz unwahrscheinlich. — mhd.* heister, *stm.* virga faginea. *alter ortsname:* Heistras. *vermutlich hängt das wort mit* heien (urere) *zusammen und bedeutet brandholz, so dass ein* tra *(baum) darin steckt. zu alten zeiten war in Westfalen gewis die buche vorzugsweise das brandholz. vgl.* telge *und Vilmar hess. idiotic.*

hesterkamp, *anpflanzung von jungen buchen. K.*

het *für* et (it) es, *(noch zu Siedlingh.)*

hêt, *1. heiss.* et es so hêt, dat de katten biaset. *s.* biasekâter. hêt hêt! *wird der blindekuh zugerufen, wenn sie sich irgendwo hin wendet, wo sie schaden nehmen kann. 2. fig.* et es noch te hêt im niggen lechte, ûm te saigen. énem de platte hêt maken *wie* échauffer les oreilles à qu. Molière.

hête-wigge, *f. heisse wecke, bei Iserl. rund und verziert, wie sie auf fastnacht gegessen wird. vgl.* koiken *(stuten auf aschermittw.) bei Seib. urk. 951.*

hêt-kölsche, *f.* = hête-wigge *(köln. Sauerland), erstes wort betont. s.* kölsche.

heuer, *m. knicker* (hauer). *vgl.* klatschheuer.

hette, *schüreisen der schmiede. (Remsch).*

hęttebuck, *hirschbock (Brilon).*

hetter, fûrhetter, *ein comfort, worauf mit holzkohlen gekocht wird. K.*

heute, hôte, *böse, gram. Shigtb. (Scheller) p. I 188:* de hoiter = *desto schlimmer. — alts.* hoti, huoti, infensus, iratus. *goth.* hvotjan.

hêf, hêlof, *buchweizen. (Ründeroth.) vgl.* hailf.

hęwe, *f. hefe.* drôge hęwe. *(Unna.) — ags.* häfe, *n.; mnl.* heffe, hevel. ę = a + i. *zu Fürstenb. heisst die eigentliche hefe* gäst, *der hefenartige bodensatz des biers* hęwe.

hęwen, *m. himmel, horizont, nur in sinnl. bedeutung. — alts.* heban, *ags.* heofon, *engl.* heaven. ę = ë. *Teuth.* heven *ebenso.*

hęwenbrand, *m. feuriger drache. syn.* hęrbrand. *vgl. zu brand in Münst. g. qu. III, 112:* sêbrandt, *wahrsch. = nordlicht.*

hewwen, *præs.* hewwe, hęs, hęt, *pl.* hett; *præt.* hadde, *pl.* hänn; *ptc.* hatt, *haben.* vi glöften, de kau hädde melk wâren. *spr.:* wamme siet: häddik! dann es et te läte. ên hewwik es bęter as twê häddik. hädde schitt int bedde, wann hädde wær opstân, hädde et kain nôd dân. — hewwen es bęter asse krîgen. me maut viel dauen bå me nix van hęt. *als hülfztw. für sein:* se möchten wir ümmekårt hewwen. ik mainede, hai hädde krank wåren. hai hädde kuamen. hai hädde gân. hęs du allêne gân. se hän węg gân. ik hewwe lopen, hęt bliəwen. *beim reflex.:* ik hewwe mi fallen. ik hewwe mi bęldt. ik hewwe mi restet, — stęrtet. hai hęt sik in de stowe lôert. *für halten:* dęn hęt me as en fisch am stęrte. *refl.* hewwen = *sich benehmen, sich verhalten:* du mausti anners hewwen. bu hęt sik dat? *wie verhält sich das? schon mnd.* sik hebben mid = *sich verhalten gegen.* bu hęstu di dâmet hatt? *refl.* hewwen = *sich zanken:* se hett sik hatt. ik hewwe mi med ęm hatt. derby hewwen = *betrügen, anführen:* ênen derby hewwen (âder krigen). hai hęt us derby hatt. *andere rda.:* dat hęt wat op sik = *ist wichtig.* dat hęt wat te seggen, *ebenso.* dat hęt nix te seggen = *das macht nichts.* hai hęt et annen tęnen, *wie das span.* haberlo de las muelas.

hewwe-rechter, *m. haberecht, rechthaber. vgl.* lâkenfeller, hampelkniffer.

hewwerechtig, *rechthaberisch, eigensinnig, störrisch.*

hêza, *heisa.* hêza sunte mêrts vüəgelken! *kinderreim.*

hî, *anruf an esel zum halten.*

hîblîwens-kęrken, *n. hierbleibens kärrchen:* du sass op h. fôren = *du sollst zu hause bleiben. auch Gr. tüg 35. —* arr *oder* âr + i = ęr.

Hick, *m. 1. einer aus dem Hickengrunde. 2. der held eines märchens. — engl.* hick = *tölpel. vgl.* hegel. Hicken, *zigeuner. K.*

hicken *im sprichw.:* bai well helpen hicken, maut ock helpen picken. *(Brackel.)*

hickeln, *wackeln, von der messerklinge. —* hicken = *hinken, engl.* hitch, *wol eigentlich: eine biegung machen.*

hick-hack *für* hacke, *wie* snick-snack *für* schnacke. *Firm. I, 352.*

hick-hick, *maden im käse, vom springen benannt. —* hickan = hippan, *wovon hüpfen.*

hiəge, *f. 1. hecke. 2. weichen, der reihen oder die linie, wo sich der bauch an den schenkel schliesst. — ahd.* hegadruosi, inguina. *Gr. gramm. II s. 417.*

hiəge-disse, hîəge-dissel, *f. eidechse. syn.* hęge-disse. — *alts.* egithassa; *mnl.* haghedisse; *Nieheim:* aidesse; *Wilge im Wald:* ägedesse; *Kil.:* haegdisse, heghdisse lacertus ab haeghe siue hegghe quod circa sepes in dumetis etc. degat.

hiəge-dûst, *m., eine geschwulst am halse oder unter den armen.*

hiəgeling, *m. geschwulst am halse, bei tieren. (Marsberg.)*

hiəgenknîpe, *f. heckenscheere. (Marienheide.)*

hîəgen-stôter, *m. heckenstösser, falsche grasmücke. vgl. Schamb. bei uns sagen die kinder:* ik well di en hiəgenstôter wîsen. *wenn der kamerad dann mit zur hecke geht, wird er hineingestossen. auch H. kennt dies.*

hiəkel, *f. hechel. statt zur erhaltung des kurzen a den cons. zu verdoppeln,* (heckel) *wurde iə gesprochen.*

hiəkel-kræmer, *m. hechelkrämer.* he spêrt sik as en hiəkelkræmer.

hiəkeln, *heckeln.* hiəkelt flass.

hiəkeltand, *m. 1. hechelzahn. 2. ein durchzieher.*

hiəkster, *f. häher,* corvus glandarius *und* nucifraga *gehen unter dem namen* hiəkster. so bunt as ne hiəkster. bai ne hiəkster ûtschicket, kritt en bunten vuogel wier. — *aus* hag-egester. *mnl.* hicstre, graculus.

hielstrâte, *f. milchstrasse. vgl.* hialwęg.

Hialwęg, *m.* hialw. *K. Hellweg. MB. III, 710* Helweg, *720* Helleweg = *heerweg. die noch unter dem volke geltende meinung, dass* hial = *hell sei und auf einen durch wald gehauenen weg gehe, wird richtig sein.*

Hialwes-loh, Hęrwes-loh, Hęrmes-loh, *ortsb., welche wechseln.*

hiamd, *n. pl.* hiamder, *1. hemd.* du büs en schelm äs wid di't hiamd gêt. *spr.:* et hiamd es mi nærger as de rok. *2. federhemd.* de henne hęt en hiamd âne, *volksreim.*

hiamdknöpken, *n. 1. hemdknöpfchen. 2. pl. römische kamille.*

hiamd-slippen, *m. hemdzipfel, schoss am hemde.*

hiamds-mauge, *f. hemdärmel.*

hiamedsnapp, *die schlitzen am mannshemde trennen den vorderen und hinteren* snapp.

hiamel, *m. himmel.*

hiamelfard. wan't in der nacht vęr h. früset, gerät 't kårn nitt. de bûr liat am âvend vęrher en naten sîden dauk derbûten hen. es dai am mǫrgen stif frǫren, dann siat 'e: nû kann 'k 'ne flasche win drinken, nû stätt 't kårn op. *gegend von Iserlohn.*

hiamelmêsen, *vögel, die noch nicht ganz flügge sind, auf einen schwebenden stab oder ein brettchen setzen und durch einen schlag auf diesen stab in die höhe schnellen. syn.* wippgalgen, kræwippen *(Alberingw.)*, wipsen *(Rheda)*, täntewippen. — *das wort scheint zu vergleichen dem engl.* skylark. skylarking *bezeichnet das auf- und niedergleiten der matrosen als belustigung. in diesem falle müsten meisen zuerst von rohen hirtenbuben so behandelt sein. vgl. das krötenemporschnellen* (to fillip) *bei Engländern. anmerk. zu Shakesp.* King Henry IV.

hiameln, *sterben. vgl. dän.* himle. *die wörter hängen wol mit* himen, spirare, *vgl. Henning de hân, zusammen.*

hiamelssiege, *f. donnerziege, heerschnepfe,* scolopax gall. *man hält sie für ein gespenst. vgl. d. myth. s. 168. — Wedd. III, 277: himmelsbock.*

hiemsen, *abfäden, z. b. erbsen. Weddigen.*

hiawe, *f. hüfte. vgl ahd.* hebî.

hiawelsche, *f. hebamme. köln.* hevelsche. *syn. mnl.* hemoeder. *köln.* hevemoeder, *westf. urk. v. 1379:* heyvemoder, hevemoder, wisemôer.

hiawen, *heben.* dat küamt van allem hiawen un bǫren. de wind, dä sik med der sunne hiawet un liat, brenget selten ręgen. — *alts.* hebbian, heffian, hevon. hir *bei anlehnung für* hirt, hiet, hiewet: *spr.:* de brannewin es en schelm: hai smitt ümmes in den dreck un hirne uitt wir derût.

hiawig, *schwerfällig.* he gêt so hiawig. he hęt en hiawigen gang. *ags.* hefig, *alts.* hebig, *engl.* heavy, *ahd.* hebig, gravis, molestus.

hilde, *f.* = hille. *(Fürstenb. b. Büren.)*

hilgen, *m. heiligenbild; bild überhaupt.*

hilgen-drai-küeninge, *pl. h. drei könige.* he sûht de h. drai küeninge fǫr spitsbauwen an = *er ist trunken.*

hîling, *m. ehegelöbnis, verlobungsfeier, polterabend auf dem lande. — mnd.* hillik *für* hiwelik.

Hilkenhǫl, *ortsname an der grenze des Iserlohner stadtgebiets. s.* tillitken. *derselbe name bez. einen grossen tiefen teich bei der kleinen burg unweit Ardey. cfr. Pieler Ruhrth. s. 94.*

hille = hilde, *f. 1. unterboden (über dem kuhstalle) für futterheu und stroh. ostfr. wie bei uns.* dat wær für op der hille = *das würde einen schlimmen zank veranlassen.* vam balken op de hille = *vom pferde auf den esel. — holl.* hild. *Ravensb.* hêle. *osnabr.* hile. *Kil.* schelf, hilde, foenile, tabulatum, pabularium. *2. emporkirche. K.*

hillesblaume, *f. gelbe wucherblume. syn.* hilligesblaume *(verlobungsblume)*, kwâe blaume.

hillig, *heilig. — alts.* helag.

hillige dage, *pl. speckwürfel in würsten.*

hilligen-fręter, *m. abergläubischer, bigotter mensch. vgl.* hiligen-biter, *scheinheiliger. Shigtbook 144.*

hilliges-blaume, *f.* = hillesblaume. *(zwischen Valbert und Meinerzagen.) die blume mag wegen ihrer gelben farbe einer ehegottheit heilig gewesen sein.*

hillige-fûr, *n. gewitter. Dortm.* dat hillige fûr es drǫwer gân, *sagte ein alter gärtner und wollte damit die ursache der kartoffelkrankheit nachweisen. vgl.* hillige wetter = *gewitter, Münst. g. qu. 3, 144.*

himmerte, *f. himbeere. syn.* himperte, immerte. — *ags.* hindberje (= hind-

berige), *dän.* hindbær, *Teuth.* hynsbere.
himmerten appel, *eine sorte süsser äpfel. (Siedlingh.)*
himperte = himmerte.
himphamp, *m. eine verwickelte, verworrene, verdrehte sache. etwas liederlich gemachtes.* dat es en himphamp op de olgekrüke = *er will mit der wahrheit nicht heraus. — Laurenb. IV, 444. vgl.* hampeln, hampelhannel.
hinger, *hinter. (Marsberg.)*
hingeröwermorgen, *tags nach übermorgen. (Fürstenb.)*
hinken, *hinken.*
hinkebûr, *ein spiel. mit gefalteten händen hinkt einer den andern nach. bis es ihm gelingt, einen zu schlagen, der dann seine stelle einnehmen muss. (Unna.)*
hinner, *hinter. Must. 1.*
hinnern, *hindern.* ęm hinnert alles, sogar de flaige an der wand.
Hinnerjettken, *Henriettchen.*
Hinnerk, *Heinrich. s.* knollenhinnerk, stinkhinnerk. *im anfange des 13. jh.* Henricus *und* Heidenricus; *ersteres scheint also nicht aus* Heidenr. *zusammengezogen.*
hipp, *m. hüfte. — ags.* hyp, hyppe; *engl.* hip. *spr.:* wann 't en unglücke sîn sall, kann me op den rügge fallen un tebręken den hipp.
hippe, *f. ziege. westl. Mark und Berg.* de hippe haüen, *ein kinderspiel. Heyne (Gr. wb.) stellt* heppe *zu* hapar, haber, *ziegenbock.*
hippe, *f. hypochondrie.*
hippenbang, *bange wie eine ziege. s.* hitte.
hippenbârd, *pfl. bocksbart?*
hippendaif, *schmetterling.*
hippendutz, *so pflegen kinder zu sagen, wenn sie die köpfe zusammengestossen haben.*
hippenbock, *m. ziegenbock; fig. schneider. (Weitmar.)*
hippken, *n. zicklein. spr.:* en âld hippken lüstet doch noch wǫl en graün blädken.
hîrâd, *f. heirat.*
hîrâen, *heiraten.*
hîrâensmâte, *heiratsfähig.*
hirts, *n. hirsch. — köln.* hirz, *n. holl.* hert, *n.*
hirtssprung, *hirschtrüffel,* cerviboletus, *wird im kr. Iserlohn gefunden. syn.* hèdappel.
hirümme, *hier in der umgegend.*

hissen, *hetzen. — mnl.* hissen, sibilare. *spr.* ik hisse dî un dû hissest mî, dann siffe van allen sien fri. — *Bugenh.* hitzen.
hissken, *n. füllen. fig. als liebkosender lockruf.* hissken kissken bit da 'k di am sêle heffe. *rda.* ik segge nitt: hissken hissken! = *ich gebe keine guten worte. — ags.* hise, mas. *Seib. urk. nr. 511:* hissecken — kamp. — *Firm. III, 89ª. Mda. IV, p. 35. s.* hessebitten.
hissperreken, *n.* = hissken. hissfülleken, *ganz junge füllen. K.*
hitt hitt! *lockruf an ziegen. syn.* hesse dà.
hitte, *f. ziege (östl. Mark).* 'ne bange hitte.
hitte, *f. 1. (selten) hitze:* de hitte brenget de witte. — *altn.* hiti; *mnd.* hitte; *holl.* hitte. *jetzt bei Iserl.* hitse. *2. stück heisses schmiedeeisen. (Lüdensch.)*
hittenbock, *m. ziegenbock. Dortm.* hittenbuck.
hittenhêr, *m. 1. ziegenhirt. 2. weberknecht (afterspinne).*
hitten-mai-ránke, *f. geissblatt. (Iserl.) syn.* honigblome. *(Solingen.)*
hitten-möer, *f. frau, die eine oder mehrere ziegen hält.* de âllen hittenmöers giot bi us noch wol den hitten nâmens. *Sundwig.*
hittenranke, *f. geissblatt. (Kalthof.)*
hittlamm, *n. ziegenlamm.*
hiwamme, *f. hebamme. (Siedlingh.)*
hiwelte, *f.* in de hiwelten springen = *aufgebracht werden. zu* hiewen. *Sparg. fäden, durch welche das zu verarbeitende garn geht, verschieden von* kamm. *cfr.* Curtze, wald. glossar. *garn, durch welches das zu verarbeitende gespinst durch geht.*
hô! *beginnen sätze, deren inhalt verwunderung erregen soll:* hô, bat was dat en zèch!
ho hê! *verwundernd.*
hobbeln, *watscheln, von der ente. s.* huobeln. to hobble, hoppeln, *hinken.*
Hôborn, *f. n. entstand aus* „dat (gud) Hovetborn" *in Oberhemer. Luth. vorr. z. Sap. Salom.:* houetborn, *hauptquelle.*
höchte, *f. höhe* = hôgede.
hochtîd, *f. 1. hauptfest:* op de vêr hochtîdsdage (h. *selten). 2. hochzeit. spr.:* van dâge es h., tin mâren krûzeserfindung.
hodde *s.* hoddelte, horre. hodde *oder* hardkopp, *fisch.* gôse, aland, cyprinus jeses.

hoddel, *hode, geile.* — *ahd.* bodo. *vgl.* hüdel *und* verhuden, *castriren.*
hoddel, *m. zerrissenes gewand, lappen, lump.* — *mhd.* hadel, hader. *ahd.* hadara. *märk.* huadel. *Frisch* hudel.
hoddelig, *zerrissen, zerlumpt.*
sek hoddeln *in* et hoddelt sek, *man „lappt" sich so hin.*
hoddelte, *f.* = grunselte, *ein kleiner fisch, der besonders hechten zur nahrung dient.*
hodder! *fuhrmannsausdruck* = jü; *Firm. V.-St. I, 418.*
hodderschaadel, *schaukel (auf dem lande). K.*
höge, *1. hoch. compar.* högger; höchter. *Grimme. superl.* höggest. ek well di wat höge leggen, dat du di nich haufes te bücken. ût dem höggesten bôme *wie* ex summa arbore. *2. östlich.* de wind es hôge. *ebenso hängt* wist *mit* winster *und* west *zusammen. steckt in* hott *ein* ho = *rechts, so muste man das gesicht nach norden wenden. auf den Färöer bezeichnet der* hoj at *den nordwind, der* lav at *den südwind. cfr. Landt. p. 159. hohe seite, niedrige seite* = *isl.* atta. *cfr. auch oben — unten. wir nennen das bergische unten.*
högg, *n. heu. (Paderb.)*
hoggen = haugen, *hauen.*
högreve, *noch zu anfang d. jh. amtstitel in Schwelm. v. St. XX, s. 1343:* amtman of hogreve. hogreve *und* schepen *besetzten das gericht, für welches Lüdenscheid der* overhoeff *war.*
hoi hoi! *ruf der schlachtviehtreiber.*
höjæger, *m. der wilde jäger (Massen, Kessebüren.) syn.* jäger Joil, êwige jäger.
höjänen, *gähnen. (Paderb.)*
höibaum, *m.* = wiesebôm. *(Fürstenb.)*
höig, *was auf einmal an getraide gehauen wird,* schwaden.
höker, *kleiner heuhaufen. vgl.* höcker, gibbus.
hǫl, *hohl.*
hǫl, *n. loch. pl.* hǫler. mûsehǫl. — *Seib. qu. I, p. 417:* leym holleren = *lehmgruben.* siupen as 'en hoähl. *N. l. m. 30.*
holängter, *holunder. (Velbert.)* — *ahd.* holuntar, holantar. *Pf. Germ. 9, p. 21:* sambucus, holenderboum. *Teuth.* holenter, vlyederen.
hold, *hohl. Iserl. limitenb.: „eine holde eiche".*
hǫl-dûwe, *f. ringeltaube. (Lüdensch.).* — *ahd.* hola tuba. *Pf. Germ. 9, p. 17:* holduua. *Kil.:* holduyve *jetzt* houtduyve. *dies* hǫl = *hohl. unser* dûbha *wird einst* thumba *gelautet haben und lat.* columba *für* colthumba *dasselbe wort sein.*
hǫlepîpe, *f. hohlpfeife. s.* flaüten.
hǫlerich, *hohl.* flaütepîpen sind hǫlerich.
Holland, *Holland.* nû was H. iu nôd un guaden râd dûr.
Hollen, *pl. für* Holden, *zwerge. sagen im kr. Altena. s.* schon hollen.
hollern fôr, *wirbelwind. s. Myth. 599 und 247.*
hǫllerte, *f. holunder. syn.* âllerte, holängter, alhôrn *(Rheda). Kil.* holdertere, sambucus. höllerte *ist zunächst* = holder.
holl ǫwer troll, *alles kraus und bunt übereinander. K.*
hölpen, *hosenträger. (Velbert.)*
holschenhinnerk, *tölpel. K.*
holske, holsken, *m. holzschuh.* lätt di nitt in dinen holsken pissen, *leide nicht, dass man sich in deine häuslichen angelegenheiten mischt, eigentlich aber wohl: leide nicht, dass dein weib einem andern zu willen ist. s.* pissen. 't es en holsken = *es ist eben nur ein weib. — das* n *stammt aus dem plur., der natürlich am meisten vorkommt vgl.* hansken.
holsken-mâken, *n. holzschuhmachen.* de hunnerdste menske verstêt 't h. nitt.
holsken-mẹker, *m. holzschuhmacher.* dä sittet sik im lechte as en h. *v. Höv. urk. 41:* holtschomekere.
holster, *f. jagdtasche* = holfter. — *altn.* hulstr, theca; *dän.* hylster; *ahd.* huluft, hulft, hulst. *Teuth.* holfter dat leder dair men en armborst mit beschuyrt. *vgl. oldenb.* holster, *kleiner junge.*
holstern, *eigentl. aus der holster packen,* cacare.
holt, *n. pl.* hölter, *1. holz.* de blagen wasset op as et holt im bẹrge. dai lû hett kain guad holt am trǫge. dâ hẹt de bûr noch ênerlai holt am diske, *wird von denen gesagt, die mit ihrem gesinde an einen tisch gehn, wie es früher allgemein war. 2. wald. im repplied:* gà lôp mi int holt. *zu Büren:* int holt gân. *mwestf.* holter = *gehölze. v. St. IX, 176.*
holtaske, *f. holzasche. im 15. jh. war noch* von aschenholt *die rede, d. i. gewisses holz wurde zur gewinnung von asche verbrannt. so wird bei v.*

St. IX, 176 bernholt, kollholt, aschenholt *und* timmerholt *unterschieden.*

holtdaif, *m. holzdieb. spr.:* en h. hẹt gọd laif; àwer he küomt nitt in 'n hiamel.

holtdûwe, *f. holztaube. (Fürstenb.)*

holter, *holder, holunder. (Odenthal.)*

holter ti polter, *hals über kopf, drunter und drüber. — dän.* hulter til bulter. ti *oder* di *auch in* klupp di klapp, grubbel di grabbel. *über* h—p *vergl.* hoppel poppel, hample pamp. *für* p *auch* b: huller buller, stolterboltern. holtern = stoltern = stolpern = holpern, *daher der beiname* Holterskoken *(dictus H. Seib. urk. 556, p. 124) stolperbein bedeutet.* stoltern *vermutlich* = stholtern.

hölting, *m. hölzing, holzhund. mit* här hölting *pflegte man, wie mir alte leute erzählt haben, den wolf anzurufen, als es deren noch dann und wann in unserer gegend gab. der glaube an* werwölfe *war damals hier recht im schwunge und man sah leicht in dem schon selten gewordenen wolfe einen* werwolf, *der durch jenen ehrentitel vermutlich begütigt werden sollte. vgl. myth.* hölzinge, *waldhunde Wodans. — v. Höv. urk. 77:* holting = *holzung.*

höltken, *n. kleines holz.* dai lôpet med 'me höltken = *er ist halb verrückt. osnabr. (Lyra 155):* de löppt met 'n dölffken.

holtmark, *f. holzmark. — alts.* holtmarka. *Werd. register.*

holtsurk, *m. holzapfel.* so suite as en h. *K. s. 64. Dortm.* holtschurk.

holtwẹg, *holzweg.* du büs oppem holtwẹge. *prov. 12 anm.* holdtwech.

holwe, *f. der frontbalken, auf welchem das strohdach ruht und der den* hänenhöltern *parallel läuft.* unner der holwe, *im winkel zwischen strohdach und grundbalken. — vgl. Frisch,* holm, *querholz.*

Holwe, *f. n. früher* Holoj *geschrieben, was aus* ho-loh, *hochwald, entstanden ist.*

hẹneke, *hornisse. K.*

hönerbẹren, *pl.* = mẹlbẹren.

hönerhörd, *f. 1.* = haonerhord, hannerfiokel. *2. die höchste empore in der alten Schwelmer kirche. Holth.*

hẹnertse, *f. hornisse. (Halver, Marienheide.)*

hẹnig, *n. honig.* dai well họnig ût allen blaümkes sûgen = *er versucht alles. — ags.* hunig, *n. huspost. trinit.* = dath honnich.

hẹnig-bẹr, *f. honigbirne.*

hẹnigblôme, *geissblatt. (Solingen.)*

hẹnsdag, = godensdag, *mittwoche. vgl.* hûdråwe, hamfen, hulfern. *Ravensb.:* jonsdag. *vgl. den Hodenjäger und dazu engl.* Hooden *bei Kuhn, westf. sagen I, s. 95.*

honschaft, *f. bauerschaft. (im Bergischen.)*

hôp, *m. 1. haufen. 2. hauf eisenstein zu Sundwig = 60 möllerkarren. Eversmann.* te hôpe, *zu hauf, zusammen.* wann't küomt, dann küomt et te hôpe. te hôpe kuemen, *sich heiraten.*

hôpen *in* en hôpen. *1. viele.* wulf wulf tûh, et kuomt en hôpen lû! se sid en hopen verfroren, *viele davon sind erfroren. 2. viel, oft, sehr.* he es en hôpen krank.

hôpen, *häufen.*

hopedôd, *todtgehofft. spr.:* hopedôd hẹt kain nôd. — hôpe = *gehofft, wie* hacke *in* hackedûse, hackemaus.

hopen, *hoffen. spr.* et beste maut me họpen, et böse küomt van selwer.

họpenunge, *f. hoffnung.*

höpken, *n. 1. häufchen. 2. fig.* en klain h. = *ein kleines kind. vgl. Vademecum Tremon. 1719: er ist und bleibt ein kleiner* h a u f f *und wächst wie reiffe gerste auf.*

hoppel, *m. dicker knicker. s.* höppel. *es ist* = hopper, höpper, *hüpfer, springer, läufer. vgl.* drängel *und* dränger.

hoppela! *ausruf, 1. wenn etwas fällt, wohin es nicht soll. 2. wenn man kindern über gossen, gräben u. s. w. hilft.*

hoppelpock, *advocatenschnapps, ein getränk von rum, eiern, rahm, zucker. (Wenigern.) vgl. Teuth.* en stemme maect men guot mit desen dranck. Fonasgum vel fonasga indeclinabiliter. *kann punsch daraus entstanden sein?*

hoppelpoppel, *m. ein getränk von bier, eier u. a. syn.* hoppelpock. — poppel *ist emphatisch zugesetzt, wie* polter *in* holter di polter. *vgl. mnl.* hobbel sobbel, hobbel tobbel, int wilt, ondereen, *ein „durcheinander“.*

höppel-tiewe, *f. läufische hündin. (Kr. Brilon.)*

hoppen, *m. hopfen. spr.:* an dẹm es hoppen un mâlt verlọren.

hoppen, *zurückgehn.*

hüppen = hüppen. *(Odenthal.)*

höppling, *m. frosch. (Odenthal.) vgl.* höpper.

höpper, *m. frosch. (Nieheim, Fürstenb.)*

höpperstöile, *pl. pilze. ibid.*

Hoppetinchen, *name eines erdmännchens.*

hopps *in* nich hopps högger kommen = *nicht bemittelter werden, nicht voran kommen.*

hoppsassa kaninenflês, *ein kinderspiel in Iserlohn.*

hôr, *f. 1. hure.* hôren lätt sik vǫrût betâlen. jo slimmer hôr, jo bęter glück; jo grötter daif, jo dünner strick. ik sin et allêne nitt, es der hôren ęr trôst. dai ne hôr sik niəmt te êren, es en schelm of well êuen wêren. *2. die dame im karnüffelspiel.* — *Schon goth.* hôrs *(ehebrecher), ahd.* huorrâ *(aus* huorja) *und* huorâ, *mhd.* huore. *f.*

hôr *für* hôrde, *f. hürde, schafhürde, flechtwerk zum trocknen.*

hôrd, hourd, *pl.* hôrden, *f. 1. heck, (Kierspe.) goth.* haurds, *die verschliessende tür. 2. gestell, namentlich* hauuerhôrd, *f. gestell, auf welchem hühner übernachten. vgl. engl.* bookhord.

hǫrdelse, *f. hornisse. (Valbert.)*

hǫrdpost, *m. heckpfosten.* dûwel oppem h.

hôren, *huren.* dä hôert, dä snôert.

hôrenblâge, *f. hurkind.*

hôrenjæger, *m. hurer.*

hôrenpack, *n. hurenpack.*

hǫrken, *horchen.*

hôrkind, *n. hurkind. spr.:* en hôrkind hęt kæn unglücke.

Hǫrkenstên, *m. (bei Hattingen) wird ags.* corcanstân, *heiliger stein entsprechen. syn.* Tiebelssteine, Düfelssteine *und* Herkensteine. *N. Westf. mag. II, 215: einer in Brunsteinshofe bei Bochum, ein anderer bei Buscheishofe am wege nach Herbede.*

hǫrker, *m. horcher. spr.:* h. an der wand, hært sine êgene schand.

hǫrnsche, *f. hornisse. (Meschede.)*

hǫrnte, *f. hornisse. (Hemer.) — ahd.* hornut, *ags.* hyrnet, *f. Teuth.* hornte.

horre, *f. kleiner fisch. syn.* hodde, hoddelte.

Horsch, *f. n. — alts.* horsc, alacer, prudens; *ags.* horsc, celer, prudens. *wird zusammenhangen mit* hors = hros *(ross) zu* hreosan, ruere.

Horst, *f. ortsn.* hurst *eigentlich staude, stengel. die brechung* uo *erscheint schon bei Cæsar. Dial. mirac. I, 71:* in castro Huorst.

hǫse, *f. strumpf. — ahd.* hosa, *f.* calza. dat es ęm in de hǫsen drôget *(backen)* = *das hat er vergessen; auch bei H.* dat es ne hillige hǫse, mär der es so'n swærenôds sock âne = *es ist scheinheiligkeit.* dai hęt saihen, dat de weld niəne hǫse es. blâe hǫsen, *die der brautwerber sonst für seine mühe bekam. (Menden.) spr.:* wǫl ân, es guat fǫr ne enge hǫse. me lôpet nitt so med hǫsen un schau in'n hiəmel. ik well ęm wǫl de hǫsen opbinnen.

hotschel, *f. getrockneter apfelschnitz. es muss den begriff „zusammenschrumpfen" enthalten; vgl. Geil. v. K.:* der buer fing an lachen, das er ineinander hotzlet. *s.* hotse, hotto.

hotse, *f. zigeunerin.* wicke-hotsen = *wahrsagende zigeunerinnen. syn.* swatte wîwer, *heiden.* — hotse = hotsel.

hotsel, *f. verschrumpfte alte.*

hott, hodd! *ruf des fuhrmanns, wenn das pferd rechts gehen soll. — ist* hâr *(links) verkürzt aus* wist hâr *(links her d. h. nach der seite, wo der fuhrmann geht), so wird* hott *oder* hodd *ein rechts hin enthalten. ich denke, dem* hôh *(rechts, s.* hôge) *wurde dar beigegeben, vgl.* hoddir, *daraus entstand leicht* hotta, *welches sich weiter in* hott *oder* hodd *verkürzte. vgl. franz.* hurhaut, *altn.* hott, equisonum clamor.

hott, *molken. (Lüdensch.). — vgl.* schotten, *ahd.* scotto. *als* sc *sein* s *verloren hatte, konnte* c *in* h *verschoben werden. vielleicht ist* scotto = scorto, scroto *und hängt mit* schrâen *zusammen.*

hotte = hott, *pl.* hotten *oder* hottenmęlk, *geronnene süsse milch. — holl.* hot, *molke. Kil.* hotte; matten.

hottekiətel, *m. kessel mit geronnener milch.* de krûne-krânen nęmet im hęrwest den hottekiətel med, im frôjâr brenget se ne wier. *(Frömern.)*

hotteln = hoppeln, wabbeln, *in zitternder bewegung sein:* et es so fett, dat et hottelt.

hotteln, *gerinnen.* det blaud sall ug imme lîwe hotteln ase de męlke bî gewitter. *op de ålle hacke 44.*

hotten, *hotten bilden, gerinnen.* de męlk hottet.

hottenstên, *m. faulschiefer* = hortenstên = hrotenstên, *dachstein, schiefer? oder denkt man an seine entstehung*

im wasser? ein gewisser fauler stein, der sich leicht spaltet. (Weitmar.) — *goth.* hrot.
hotteperd, *n. pferd in der kindersprache. von* hott, hotta.
hotteperreken, *steckenpferd.*
hottewâge, *m. im kinderreim:* sige sâge hottewâge *u. s. w.*
hottrümme, *rechtsum. Muster. 76.*
hôft, *n.* = höwed, *haupt.* ten hôften, *zu den häupten, am kopfende.*
hof, *m. pl.* höwe, *hof. in Dortm. patrizierwohnung.*
hoven, *feierlich einherziehen.*
hofmud, *m. hochmut. (Hamm.)* — *dän.* hovmod.
hôfor, *f. hochfurche.* — *mnd.* hoge foere.
hoffård, *f. hoffart. spr.:* h. maut pîne lien. = hô fard.
hoffèrig, *1. hoffärtig. 2. starr, von der butter. 3.* hoffèrig hungrig, *nach delicater speise verlangend.*
hofferen, cacare. — *Tappe 28ᵇ: du magst wol jung sein, du hoffierest aber durch eyn alten ars.*
hôwed, *n. haupt.* et stiget em int hôwed, *1. er wird stolz. 2. er wird aufgebracht. f. n.* Rôdhôwed (Rothöft), Witthôwed (Withöft). — *alts.* hôbid, *mnd.* hôvet.
hôwed-band, *n. ein teil des pfluges.*
hôwed-enne, *n. der teil des bauernhauses, der stuben und küche enthält. vgl.* nfen-enne.
hôwed-like, *f. hauptleiche, leiche eines erwachsenen.*
hôwed-krankhait, *f. s.* dull.
hôwen, *præt.* haufte, *heben. Gr. tüg 21.*
hu! *ausruf beim erschrecken.*
hü! *ausruf des fuhrmanns = sachte, sinnige.* hü-hott! = *sinnige* hott! hü-hâr! = *sinnige* hâr!
hû, hui. im hû = im hui.
hubbelich = humpelig, *hinkend.*
hubbeln, *hinken.* — *engl.* to hobble. *s.* humpeln.
hûcheln nà wot, *nach etwas verlangen. vgl.* hûchen, *hauchen,* aspirare. *syn.* nûcheln, gilen.
hucht, *m. 1. strauch, staude, auch der kartoffelstrunk.* gailhüchte *heissen bei Büren üppige stellen im getraide. 2. haufen (heu).* — *mnl.* hocht, frutetum, fruticetum. — *Wald.* huft, *m. hohes, dichtes getraide, gebüsch, haufen.*
huck, *sitzen, aufsitzen. spr.:* des âwends huck, des morgens tuck.
huck, *m. winkel, ecke.* — *ags.* hylc. *holl.* hoek. *dän.* huk. *Teuth.* hoyck.
hucke, *f. kröte.* so fals as 'ne hucke. so giftig as 'ne hucke. so swart as 'ne hucke. ick maut doch allen hucken de köppe selwer afbiten. ik hewwe der hucke den kopp afbiaten = *ich habe kurzen process mit ihm gemacht. spr.:* ne hucke un en fraumenske sitt twê glensche dîrs: se hett bai kainen stert. — *Seib. qu.* hucke-lo, *ortsname.* hucke *hängt mit* hûken, *hocken zusammen. Alts.* huc. *Mda. VI, 15:* hötsch, hutzke.
hucke-dicke, *so dick wie eine kröte.* 'ne huckedicke flês. *(Altena.)*
hucke-dôd, *mausetodt. vgl. ostfr.* poggedôd.
huckeln, *rollen. Sparg. K. s. 75. s.* hukstern. de thrônen huckelden.
huckemäigen, *mähen, aber nur vom mähen der linsen. (Fürstenb.) Wald.* hucken, *mit der sichel abhauen und dann walkweise hinlegen. (Curtze.)*
hucken-blad, *n. eine pflanze.*
hucken-krûd, *n. 1.* nasturtium amphyb. *2.* polygonum persicar. amphyb.
hucken-pål, *pilz. (Elsey.) vgl. Ravensb.* poggenpohl, *champignon.*
hucken-pol, *1.* polyg. persicaria. *2. eine in mistpfützen wachsende pfl.* polyg. hydrop.
hucken-pult, *pilz.* pult = bülte, *aus* boletus.
hucken-spigge, *f. kuckuksspeichel, saft der schaumcicade.*
hucken-staul, *m. pilz. (Hemer.)*
hucken-strôper, *m. benennung eines hirtenknaben bei den pfingstgebräuchen im kirchsp. Lüdenscheid.*
hucke-packe, *huckepack, auf dem rücken hockend wie ein pack.*
hucke-pôte, *f. krötenfuss.* 'ne huckepôte op de stêrn drücken, *vom geisterbanner.*
huckepucke, *eichel, im rätsel:* huckepucke heng, huckepucke fell, kämen vêr rûfaite, wollen huckepucke hêm saiken.
hûd, *f. pl.* hûe, *haut.* — *mnd.* hût.
hûdeappel = hûeappel, *m. apfel, der sich hält, dauerapfel wie* audacker, ossenkopp.
hûdelte, *f. flasche von weidenbast, wie sie kinder machen, um darin beeren aus dem walde mitzunehmen. syn.* basselte, rump, schollerte, schrûwe, trottelke, schelle. *gehört wie* hûd *zu* hiudan, hiuthan, tegere.
hûdrâwe, *gunderebe. (Fürstenb.)* — *holst.* schrote. *mecklenb.* schreu. *ahd.* gundereba. rave *für* rebe *hat auch L.*

v. Suthen huder, *bei Schiller (Zum Kräuterb. I, 22b), scheint doch nicht aus* hedera *verderbt. ich denke* hûd *für* hund = gund, *wie* hǫnsdag *für* gǫnsdag.

hûd-sad, *ganz satt.* Barbieux antibarb. s. v. soûl (tout son soûl, houtsatt).

huədel = hoddel, *der hudel, lappen, lumpen.*

hüəlen, *wühlen. vgl.* hol, küəl-bær.

hûen *für* **hûden**, *præt.* hudde, *ptc.* hudt, *hüten, verwahren. — ags.* hŷdan, abscondere. *vgl.* sik tauhûen, sik verhûen.

huəp, *m. 1. wiedehopf, fr.* la huppe. *2.* = huppelte. *Teuth.* huyp, eyn vogel.

huəp, *m. pl.* hüəpe, *hüfte. — goth.* hups. *ags.* hype, hup. *findl. 42.* huffe, femur. op de hûfe sitten, *zur arbeit treiben? Weddigen IV, 303.*

huəwe, *f. haube. — ahd.* hûba. *ags.* hûfe, *f. zu ags.* heófan, *woraus* hivan. *unter die haube kommen* (nubere, *sich verhüllen), uralte sitte der braut.*

hüəwel, *m. hügel. — mhd.* hübel. *köln.* hovel, *m. ags.* hofer, gibbus. *urk. v. 1278.* Huvel *j.* Hövel. *Teuth.* hoevel off cleyn berch of dat oeverste van en berch.

hüəwel, *m. hobel. — findl. 42.* hövel eft schave. *altn.* hefill. *schwed.* höfvel.

hüəweln, *hobeln.*

hüəwel-bank, *f. hobelbank.*

hüəwel-spân, *m. hobelspan.*

huffen, *stossen, schlagen. räts.:* ik huffe di, ik puffe di, ik well di pimpernellen, de bûk dâ sall di swellen. *lösung: das bett, welches gemacht wird. — Kil.* hoffen en poffen, celeusma clamare et buccas inflare. *vgl. engl.* huff *und* puff. *alts.* hiovan, *wie* plangere *eigentlich schlagen. s.* nuffen. *Teuth.* huffen, stoten.

hufl, *m.* = hucht, *strauch. (Siedlingh.)*

hufti kanufti *im rätsel v. Fürstenb.:* hufti kanufti morgen well ik up di, well di karnellen, diu bûk sall di swellen. *lösung:* stûtendêg. *verderbt aus* ik huffe di, ik knuffe di. *cfr. Sieg.* hutze, *stossen,* to hit, *vom hornvieh.*

hûge, *pl.* = hûke *in* hûge un strûke.

hûk, *pl.* = hûke, *hügel, in* hûke un strûke. *aus* ǫwer rûke *kann indes* ǫwer hûke *entstanden sein; das wäre* = rûk busch.

hûk, *m. 1. geschwollener zapfen, schlucken.* ênem den hûk trecken (schûwen). *Regel progr. s. 34 s. v.* slehhuk. *2. jede erkältung, husten. vgl. dän.* hulke, *engl.* hickup, *franz.* hoquet, *Teuth.* huyck, singultus. huyck in den halse. squinancia.

hûke, *f. hocken.* op der hûke sitten. *vgl. Minden:* in der hurke. *dän.* sidde paa hug.

hûken, *præt.* hôk, *pl.* hüəken; *ptc.* hoken, *hocken, kauern, sitzen. — fastnachtssp. 978*[30]. *Teuth.* huycken neder.

hukstern, *sich hockend fortschleichen. vgl.* huckeln *u. für die form:* kikstern.

hûldopp, *m. brummkreisel. syn. in Rheda:* brumm-küesel, *bei Schamb.* küsel.

hûlen, *weinen.* se hûlt med drôgen ôgen. hûle nich, der sid noch erften genaug im potte. *Teuth.* huylen. ululare.

hûlensmâte, *dem weinen nahe. vgl.* mündkesmâte, slachtensmâte, hirainsmâte *u. a. Seib. urk. 1001* hengemaite, *der gehängt zu werden verdient.*

hûlig, *weinerlich, der viel weint.*

hülle, *f. grosse menge:* vi kriegen knollen de hülle un de fülle. hä het de hülle un de fülle. *anders bei Luther: hülle und fülle* = victus et cultus, *aber daraus entstanden.*

hülle, *f. kindermütze, bestehend aus einem viereckigen lappen, von welchem zwei zipfel unter dem kinne gebunden wurden. weissleinene bedeckung kleiner kinder. — ahd.* hulja, hulla, velamen. *Teuth.* hulle. doickhulle.

hullen, *m. tuch, das man über den kopf zu binden pflegt. (Velbert.) — vgl. Luth. Jes. 25, 6:* hüllen.

hullerbuller, *1.* = holter di bolter. *2. name einer biersorte im märchen.*

hülpe, *f. hülfe.*

hülpe hê! *der hülferuf.*

hülper, *m. helfer.*

hüls, *f. die tülle, in welche etwas hineinpasst; auf hammerwerken. — vgl.* hülse, *f. zu hüllen.*

hülse-busk, *m. stechpalme. — alts.* hulis. hulisa; *ndl.* hulst; *fr.* houx; *vgl. ags.* hylsten, *was tortus heissen soll. das genus des wortes wechselt: ndl.* hulst *ist fem. Voss (Luise I, 536) hat:* der hulst; *ahd., mhd.* hulis, huls *ist masc., nd.* hulse *ist fem., es kömmt aber meist nur im plur. vor. Teuth.* hulse. eyn boem altyt groen. *syn.* ruddelbusk.

hülse-krabbe, *f.* = hülsebusk.

hülten, *1. hülzen, hölzern. 2. fig. linkisch.* he stellt sik hülten an. *3. fig. nicht wirklich.* 'ne hülten hochtîd, 'ne hülten kinddôpe, *die nicht wirkliche trauung und taufe haben, wo aber von den geladenen eben so geschenkt wird. s. apostel.*

hülten-apostel, *ungeschickter, steifer mensch.*

hülten-jâkob, *1. tölpel, tapps. syn.* pâpstoffel. *2. grosser hölzerner löffel.*

hulwern, *1. schluchzend weinen. (Hattingen). Gr. tüg 43. syn.* gulfern. *vgl.* zulfern *und* gehulwer. *andere synon.:* bölken, galpen, günseln, jaülen, kriten, krischen, kwęrken, hûlen, lollen, ræren, schraien, zîmpen, zuckeln, *Bielef.* hulbern. *2. laut weinen, was grinen nicht gerade besagt. (Paderb.)*

humme, *f. tonwerkzeug der kinder aus bast. vgl.* summen, sumban. h = s.

Humme, *f. n. ich habe einen Humme gekannt, der stumm war; wohl ein familiengebrechen. findl. nr. 18* erhummen, obstupescere.

hummeke, *f. hummel. (Nieheim.)*

hummel *in* âlle h. = *altes messer, besonders ein ausgeschlissenes.*

hümmel, *m. abgebrochene mutzpfeife.* h = st. *vgl.* stummel *und* hummel.

hümmelken, *verdriessliche sache.* dat giət en hümmelken. *K.*

hummeln = grummeln, *donnern.*

hümmeln, *? stroh zerbeissen.* de mûse hümmelt da rümme. *vgl.* hümmel.

hummelte, *f. hummel. — in Seib. qu. I, 404 der f. n.* Humelte. *ags.* humble. *alth.* humbal. *syn.* hummeke, *Marsb.* brummeke. *vgl.* hummeln.

hummelte, *himbeere. (Remsch.)*

hummeltenblaume, *f. taubnessel.*

hummeltenkrûd, *n. eine pflanze, wol die vorige.*

humpeln, *sich hinkend fortbewegen.*

hund, *m. pl.* hünne, *hund, selten aber in sprüchen. vgl. Tappe 149ᵇ. Teuth.* hunt. roedde.

hundenamen. *erdin, erdmann, tela (hofhund), roller, waldin, fix, wasser.*

Hûne, *m. 1. riese. für* dutte *(riese) fanden wir als grundbedeutung schwerfällig, träge; darnach dürfte Gr. vermutung (Myth. 496*) wol begründet sein.* hûni *ist für* hlumi *eingetreten und dieses bedeutet schläfrig, träge. in der volksüberl. des kr. Altona findet sich* rise *statt* hûne. *sonst kommen in der grafsch. Mark (nach Möller) die ortsnamen* Hûnenberg, Hûnenfeld, Hûnenklippe, Hûnentränke, Hûnenteich, Hûnenstein *(bei Altena* Hûnengraben), *bei Limburg die* Hûnenpforte, *an der Enneperstrasse eine bergspitze, der* Hûnentimpel, *vor. H. bemerkt, er habe ein frauenzimmer* „de grôte hûne“ *nennen hören. unter* Hûnen *versteht man die riesenhaften urbewohner des landes. im Rheingau (nach Braun) die riesenhaft gedachten deutschen vorfahren.* vinum hunicum, *hunischer wein, ist nach alten urk. der abtei Eberbach der weisse aus ursprüngl. einheimischem, aber veredeltem weinstock gezogen. gegensatz v.* francicum *(frenscher wein) d. i. roter aus eingeführten stöcken. Braun, weinbau im Rheingau. auch im Nassauschen kommen* Hûnenstein, Hünengrab *vor.*

hunger, *m. hunger.* hunger mackt rôe bônen saûte.

hungrig, *hungrig.* he es te hungrig as dat he kacken könn = *er will gross tun und es ist nichts dahinter.*

Hunne = Hûne. *(Paderb.) beruht auf einer verwechslung der spätern* Hunnen *mit den ältern* Hûnen.

hünneken, *n. hündchen. im bastlösereime:* det hæren hünneken, *wo sonst* köttken *vorkommt = eichhörnchen. vgl. Tappe 149ª:* junffern hündeken.

hunsfoet, *m. hundsfott. spr.:* all to guəd es jêdermanns h. en hunsfoet dâ sin wâd nitt hält. *(Lüdensch.)*

hûpe, *f. häufung, fr.* comble. — *ags.* hype, *m. vgl.* strîkmâte.

hûpen, *m.* = hûpe,

hûpen, *gehäuft.* en hûpen teller vull.

hûpendige, *adv. gehäuft.* h. vull, *gehäuft voll. vgl.* swickenige vull, nâkenige. *adv. aus dem ptc. gebildet.*

hupp, *m. hüfte.*

hupp *für* huck *in* nest-hupp.

hupp happ! *ausruf im kinderreim.*

huppe, *ein kinderpfeifchen, aus einem roggenhalme geschnitten. K.*

hüppe, *f. 1. erdfloh. 2. grille. (Alberingw.) 3. hüpfer, der abspringende flachsknoten im volksliede.*

huppelig, *holperig.*

huppelte, *f. tonwerkzeug aus bast, welches den ton* hupp *gibt. syn.* huəp.

huppen = **hoppen**, **suppen**, *zurückweichen. — Richey. Wald.* hufen.

huppen, *sich auf der jagd mit* hûp *zusammenrufen. — fr.* houper.

hüppen, *hüpfen.*

hûr, *f. miete, pacht. (westl. Mark.) — ags.* hŷre, *f.*

hûren, *mieten, pachten von häusern, äckern. (westl. Mark.)* — *ags.* hŷrjan. *v. Höv. urk. 67:* hûren. *41:* huirknecht. *Teuth.* hueren. myeden.

hurkebuuter = baist.

hurken, *1. brüten. 2. wärmen. 3. sich wärmen.* hä hurket bim ǫwen. *fig.* dai hurket (brödt) 'ne krankhait = dai hęt 'ne krankhait in der hûd. hurkepott. *K.*

hürker, *m. der durch hurken heilt.* de àlle hürker, *name eines volksschauspiels.*

hürksk, *1 brütig, zum brüten geneigt. 2. fröstelnd.*

hürksken, *n. schwaches geschöpf, welches gehurkt werden muss.*

hûrpęrd, *n. mietspferd.*

hûs, *pl.* hûser, *n. haus.* hai es vam giawen nitt te hûs (nitt te hême, nitt giawesk).

hûsbâks, *wirtschafterin, scherzh.*

hûsbliwen, *n. zu hause bleiben.* du sass op hûsbliwens kàr fôren = *du sollst nicht mitgehen.*

hûsdûwel, *m. hausteufel. s.* strâteuengel.

hûseken, *n. 1. häuschen. 2. abtritt, engl.* little house.

hûsgerâe, *n. hausgeräte. Teuth.* huysrayt.

hûshàllen, *haushalten.* hushàllen es kaine kunst, âffer hûsbehàllen dat es kunst.

hûshællerske, *f. haushälterin.*

hûshàllinge, *f. haushaltung.*

husk busk, *husch husch. (Brilon.)*

hûslôg, *n. hauslauch. cfr.* donnerlòg. *Teuth.* huysloick. barba jovis.

hûssittend, *haussitzende.* hûssittende lû, *hausbesitzer.*

hûste *oder* **hûsten**, *m. haufe. für* hurst. — *Teuth.* huyst van koren, koernhoip.

hûsten, *einen haufen machen.* — *auf der Eifel:* hausten.

hûswêrd, *m. hauswirt.* use hûswêrd *nennt die ehefrau den mann, früher häufig, jetzt selten. ein brief v. 1580:* mynes selligen huswerdes pytzer *(petschaft).*

hûswęrk, *n. hauswerk. spr.:* hûswęrk es blind, dai et saüket, dai et findt.

hütsel = hotschel. *(Lüdensch.)*

hütte, *f. 1. hütte, eisenhütte. 2. winkel. die form mit tt ist schon alt im nd. vgl. Seib. urk. 795 p. 540:* V° fl. de Hutten *(Hüttenwerke)* proprie et decimam proprie ysenwerk. *Teuth.* hutte. schopp. boide.

huwe, *planlaken, leinwanddecke auf frachtwagen, auch hofeigentum.* he sitt warm op sine huwe. *K.*

huzen = uzen. *K.*

I

î, *pron sg. ihr. mit* î *werden hin und wieder eltern von kindern, ältere personen geringeren standes von höherstehenden angeredet. der alte tagelöhner Kind ist am düngerhaufen beschäftigt gewesen. der arbeitsgeberin fällt es auf, dass der alte mann sich so rein gehalten hat. sie:* „Kind, bat könn-I u raine hàllen!“ — *Kind:* „Frau, bà me dû tau siat, dä mâket sik driaterig, bà me î tau siat, dä hàldt sik raine.“

ialig, *fett. (Altena.)*

iat = et, *es. (Altena.) in einem gedruckten gedichte von A. aus dem j. 1788:* yät.

ichtens, *irgend, irgendwie, eben.*

idel, *lauter, rein, unvermischt.* dat es idel geld. *K.*

iage, *f. 1. egge. alts.* eggia. dat es ęm iage un plaug = *das ist sein geschäft. s.* iget. *2. ein sternbild?* cassiopeja.

iagedisse, *f. graue eidechse. s.* hiagedissel.

iagel, *m. igel. s.* iel.

iagemæner, *m. hirschkäfer. syn.* niagenmæner, hiagenmæner, *im Paderbornschen:* niagenkniper. iege = *egge; das wort wol aus* niagenmærder *entstellt. vgl. Vilmar s. v. neuntödter und was dasselbe* niggemoere. *Aus* êke *(eiche) kann* iage *nicht verlautet sein.*

iagen, *eggen. alts.* giekkian.

iagenslien, *m. eggenschlitten.*

iagete, *f. egge. (Siedlingh.)*

iak = ik, *ich, verstärkt* ioke. *vgl. ahd.* ihha, egomet. *zu Siedlingh.* iak, mai, miak; din, dei, diak. *aber plur.* vei, us, us; ei, uch, uch.

îel, *m. igel. (Liberhausen.)*

iəsel, *m. esel.* bu siət de iəsel wanne in de müəle küəmt? — hai saüket den iəsel un ridt derop. — wenn em iəsel te wǫl es, denn gêt he oppet îs un briəket en bên. — ein iəsel maket den annern. — hä schicket sik so prächtig dertau as de iəsel taum viggeline-spiəlen. — Dat diək en lâmen iəsel slätt! — De iəsel hęt ne ût der wand slâgen (stott) = *er ist ein uneheliches kind.*

iəselbęren, *pl. saftreiche graue birnen. syn.* jüttenbęren.

iəselkirsnen, *pl. dicke kirschen. (Weitmar.)*

sik iəseln, *sich zum esel machen, eselhaft sein.*

iəselsâren, *pl. eselsohren in büchern.*

iət = it, *ihr, plur., alter dual, entstanden aus* git, *was stellenweise noch gebräuchlich ist. gedrucktes gedicht von Altena (a. 1788):* yet.

iəte, *f. egge. Lac. Arch. I:* ette. *Rich. 409:* eide, occa; eiden, occare.

iətengrai, *kette, welche die egge mit dem schwengel verbindet. syn.* koppel. ? = gerai, *gerät.*

iəterbiət, *m. eiterbiss.* en iəterbiət vam jungen = *ein frecher böser junge.*

iget, *egge. Grimme.*

îke, *marke, bleichzeichen. K.*

îke, de, *kleiner sumpfiger bach vor dem burgtore z. D. K.*

îken, *1. stehlen;* afîken, *abstehlen. 2. aichen. ostfr.* îken *und holl.* ijken = *aichen. dass es auch in Westfalen diese bedeutung hatte, lehrt Seib. W. urk. III. 316:* ikung = *aichung. bei Curtze* ikern = *beleidigen.* ? îken, æquare; *gaunerwitz* = *stehlen.*

iksen *s.* flitsen.

île, *f. eile.* dai hęt ne île as wann et int haü soll.

île, *adj. eitel.* île brôd, *trockenes brot. s.* aitel.

ilek, ileken, *immer. Wald. H.*

îlig, *adj. eilig.* dai es so îlig as en slîpstên, dä in siəwen jâr nitt smęrt es.

illekanên, *ununterbrochen. auch* illek.

illekatte, *f. iltis. (Meinerzagen, Liberhausen.) syn. märk.* ûlk, *m.; berg.* ûllekatte, *f.*

illerbest, *allerbest. eben so in der prov. Preussen, s. Firm. V. St.*

illebuttek, *m. iltis. (Siedlingh.) Schwenck führt nds.* allenbutt *an.*

illig, *immer. Schöller im berg. ags.* ealne veg, ealnig, *allewege.*

îme, *f. biene.* de îmen lâtet *(schwärmen). syn.* îmte. *vgl. Mda. VI, 45. Fürstenb.* ûmme. *cod. trad. Westf. I, 200 (nr. 25):* dat ymme.

îmen, *m. bienenschwarm, bienenstock.* de îmen es fett. — en fetten îmen snien = *grossen gewinn haben.*

îmenbîker, *m. bienenkorb.* âh, dai sittet im îmenbîker un kûrt dǫrt lâthǫl = *der führt unpassende reden. Fürstenb.* ümmenkǫrf.

îmenbrôd, *n. 1. was nach absonderung des honigs und wachses an unreinigkeiten übrig bleibt. 2. zittergras,* briza. *syn.* kröəmel-an-de-wand, biəver; *zu Unna:* biəwer-ût.

îmenfręter, *m. bienenfresser, bienenwolf.*

îmenhütte, *f. bienenhütte.*

îmenklâning, *m. der bienenverständigste eines dorfes oder einer bauerschaft.*

îmenknogel, *f. bienenkappe. vgl. mnd.* koggel, kappe, caputze.

îmentîd, *f. inbisszeit, 7—8 uhr morgens. das volk leitet von* îmen *ab, weil die bienen um diese zeit am zahlreichsten ausflögen.*

îmes, *n. inbiss, inbisszeit. Wallraf:* imbitze, îmetze, *frühstück,* jentaculum. *Teuth.* mailtijt. ympsen. prandium.

immenfât, *n. bienenkorb. (Marienheide.) s.* bêienfass.

immenküel, *f. bienenkappe. (Marienh.)*

immerte, *himbeere. K.*

immt, *frühstück (von den bienen). K.*

îmte, *f. biene. (Bochum.)*

in, *præpos. mit dat. und acc.* in der kârte spiəlen; *vgl.* jouer aux cartes. in de wâlberten gân, *heidelbeeren suchen; vgl. Mda. III, 521.* in = *an.* in de fiftig. *Husp. Mich. 1:* in de dusent ossen.

in, *præfix, durch und durch, sehr;* inbrâf, *sehr brav;* infett, *sehr fett.*

inær, *n. eingeweide der kuh; s.* inhêr. *mwestf.* innehr, *Fahne Dortm. III, s. 227. syn.* ingedömte.

inbaüten, *einheizen.*

inbellen, sik, *st. præt.* bald, *sich einbilden.* he bald sik wǫt in.

inbellung, *einbildung.* i. es slimmer as 't draidagsche fêwer.

inbestâen, sik, *einheiraten, ins haus der schwiegereltern heiraten.*

inbestędnis, *n. einheirat.* en inbestędnis dauen.

inbǫren, *erheben (abgaben).*

inboerer, *einnehmen. v. St. XX s. 1343.*

inbręken, *st. v. einbrechen.*

inbrengen, *einbringen.*

inbrocken, *einbrocken*. du hẹs dat inbrocket, du maustet ock ûtẹten. *bei Tappe 97ᵃ:* Heffestu eth in gebrocket, so moestu eth all vyth ethen.
inbucken, *sich nieder ducken. (Marsberg.)*
indâ, *ein spiel, wo in die erde gegrabene kleine löcher das ziel des balles sind. K.*
indauen, *einthun (frucht, heu, vieh).* weske väih haut me nitt intedauen? de îmen.
indẹm = in dẹm ôgenblick: indẹm kwâm he ân.
indẹm dat, *indem, da.*
indẹssen dat, *1. bis. 2. während. s.* dẹssen at.
indrögen, *eintrocknen.*
induəseln, *einschlafen.*
indurmeln, *einschlafen. vgl.* s'endormir.
inên, *ineinander, verwirrt.*
inênlôpen, *ineinanderlaufen, gerinnen.*
inênplengen, *zusammentreten.*
inênschrecken, *erschrecken.*
inêntrẹen, *zusammentreten.*
inẹwen, *den dünger in die furchen werfen. ags.* efenjan, adæquare.
infall, *m. einfall.* hä hẹt infälle as en âld hûs.
infallen, *einfallen.* et fallt ẹm in as dem rûen et migen.
infẹmen, *einfädeln.*
infọr, *voraus.* infọr betalen. *(Hamm.)*
inf̂ören, *einfahren.*
invrîwen, *einreiben.*
-ing. *auf dem Hellwege (Asseln) findet sich ein merkwürdiger wechsel dieser endung in familiennamen mit mann. Büdding und Büddemann bezeichnen dieselbe person.*
ingedœ̂ne, *n. mobilar. Osnabr.* ingedoente. *Wallr.* ingedoeme, ingedomte, *hausrat. ostfr.* ingedômte, *eingeweide, hausgeräte. Ebenso bei Richey. MBtr. II, 356:* ingedompte.
ingedömte, *eingeweide einer kuh. K.*
ingemâkse, *n. eingemachtes.*
ingerest, *n. eingeweide (herz, lunge, leber).*
ingesẹten, *eingesessen.*
ingestẹken *von haaren. H.*
inhang, *m. einhang d. i. ein knochen, der in den erbsentopf gehängt wird. die erbsen sollen sich daran zerstossen!*
inhêr, *n. eingeweide. Iserl. (Siedlingh.) ahd.* inniherdar. hêr *entstand wie* hêr *(hirte) aus* hairdi. *s.* inær.
ink, *pl. dat. und acc., euch. alts. dualis. östlich geht* ink *bis Neheim. Remsch.* önke. *s.* it.
inke, *pron. poss., euer.*
inkels, **inkelst** = inkst. *H.*
inkenkọker, *n. dintenfass. (Weitmar.)*
inket, *n. dinte. Must. 46. Theoph. (Hoffm.)* inket. *Teuth.* int, inct, vnck, black, incaustum, encaustum, sepia, atramentum. *engl.* ink. *s.* enkels, inkst.
inketfatt, *n. dintenfass. (Siedlingh.)*
inkîken, *hineinsehen.* et es kaine löchte bà me inkiken kaun! sagg de möer.
inkippen, *schwach einhauen, einkerben.*
inknicken, *einknicken.*
inknôpen, *einknöpfen, fig. von speisen.*
inkọrt, *über kurz, in kurzem. vgl. R. V.*
inkrîgen, *1. einbekommen.* vi hett et haü guod inkriagen. *2. einholen. (Möhnetal.)*
inkröppen, *einkröpfen, füllen mit speise.*
inks, **inkst**, *n.* = inket. *(Iserl.)*
inkstfrẹter, *die sogen. seele in der schreibfeder. H.*
inlichten, *einspannen. vgl. Kurtze, Schamb.*
inlûen, *einläuten.* se lüdt in; se hett all inludt.
inmẹten, *einmessen.*
innẹmen, *einnehmen.*
inne, *im hause.* is de vikarjus inne? *N. l. m. 46. vgl. d. englische.*
inplocken, *einbrocken. (Paderb.)*
inrẹken, *1. einrechen, einscharren (das feuer in die asche). 2. einrechnen.*
inremsen, *einschärfen. (Paderb.)*
inrîwen, *einreiben.* dat es fọr interîwen.
insaihen, *n. einspruch, einhalt.*
inschaiten, *1. einschieben (brot in den ofen). 2. einschiessen d. i. verlieren.*
inschünken, *eingeben (im bösen sinne).*
insêpen, *1. einseifen. 2. verklagen.* dà es insèpet, et sall rasêrt weren, *sagte einer und zeigte auf den mit nebel bedeckten wald.*
insetten, *einsetzen.* de pocken insetten kinner as 'et ingesatte gewicht.
insgelîke, *gewöhnlich.* me siot insgelike *(beim anführen eines sprichworts) alts.* is gelika, ejus initia.
inslag, *m. einschlag beim weben.*
inslân, *1. einschlagen. 2. vom gewitter. 3. = geraten.* de kau es gued inslägen.
insmẹren, *einschmieren.* sik i., *sich einschmeicheln.*
insnôren, *hineinessen.* schneren, eten int gemeyn, snollen. snueren (snorren).
instẹken, *einstecken (wäsche).*
instippen, *eintauchen.*

instivelêren, *eine sache einleiten, einfädeln. K.*
instoppen, *hineinstecken.*
insülten, *einmachen. s.* sülte.
intappen, *einzapfen, z. b. kaffee.*
inte, *præp. in. (Breckerfeld. H.)*
intêren, *einzehren, von seinem kapital verzehren.*
intsund = itsund. *urk. v. 1430* itzont.
intüsken, *inzwischen. s.* entüsken, *(Witten.)*
inungen, *unterstunde halten; vgl.* ungern, enonger.
in wärend tîd, *während:* inwærend tid ik schrêf.
inwerken, *ins werk setzen. s.* talpenning.
inwüoner, *m. einwohner, mieter.*
inzig, *einzig. Gr.*
Îpen, Îpern, *Ypern.* hai sûht ût as de Dôd van Îpen = *er sieht graunhaft elend aus. Körte (sprichw.) verzeichnet p. 29: „Er sieht aus wie der tod von Ypern" und bemerkt: In der hauptkirche daselbst sieht man in stein gehauen einen gräulich magern, wenigstens 6 fuss langen Tod.*
irrlüchte, *f. irrlicht. (Brackel.) syn.* wipplöttschen, widumlecht *(Westf. Anz. 9, 1553).*
îs, *n. eis. auch engl.* ice *erklärt sich aus scharfem* s.
îsbân, *f. eisbahn.* îsbân slân, glandern. *(Berg., Gummersbach.)*
îsdopp, *m. kreisel, weil man ihn auf glatter eisfläche laufen lässt. (Hoerde.) s.* isopp. *syn.* spinneklaud *(Rheda); vgl.* de katte spinnt = snurrt.
îsel *(esel)* = hânenjuokel. *(Siedlingh.)*
îseln, *eiseln:* et îselt, *es fällt eisregen.*
îsenbârt, *m. eisenhart; s.* isernhaud. *beim Teuth. ist* isenbart eyn vogel gebeert als golt, aurifex.
îser, *f. ein kleiner bach bei Deilinghoven, der sich in die Desel (Sundwiger bach) ergiesst. im bachgrunde finden sich eisenerze, so dass sich an verkürzung aus* Iserbiake *denken liesse.*
îserappel, *m. eisenapfel, ein etwas platter, sehr fester und haltbarer apfel. (Weitmar.)*
îserfarwe, *f. eisenfarbe, ein metallischer stoff zum anstreichen der eisernen öfen und anderer eisengeräte. syn.* pottlôd, îserswęte.
îserkauken, *m. eisenkuchen, ein backwerk aus mehl und zucker oder honig, zu Brilon auch wol von geriebenen kartoffeln, ganz dünn und von runder form. gewöhnlich werden die fladen zusammengerollt* (hohlhippe). *in der gegend von Liberhausen backt man sie auch von habermehl und geriebenen möhren. da sie vorzüglich neujahrsabend gebacken werden, so heissen sie auch* niggejårskauken. *syn.* aflatte, *f. (Eckenhagen.)*
îsern, *n. 1. eisen; alts.* îsarn. kâld îsern, *wie im Hel.* cald isarn. Hä slätt drop as op âld îsern; *span.* como si diese sobre madera. — Dat męken hęt en îsern aftręen = *es hat seine unschuld verloren. 2. pl. eisen = fesseln. spr.:* ât es bętter in den rîsern as in den îsern. *H.*
îsern, *adj. eisern.* en îsern wammes = *sicheres geleit. H.*
îsernhaud, *eisenhart, die blaublühende* verbena, *die man zum weihbusch nimmt. (Warstein.) — vgl. auch die benennungen:* îserhard, *eisenhart,* gelbblüh, rauke, sisymbrium officinale *(Siedlinghausen) und* îserharst *(Fürstenb.) und* îserkrûd.
îserrest, *pflanze z. weihbund. (Fürstenb.)*
îserswęte, *f.* = îserfarwe. *(Fürstenb.)*
îsfuegel, *syn.* waterhainken, *westf. n.* Yssvogel, *1396. Seib. urk.*
îshûs = flautkasten. *H.*
îskâld, *eiskalt.*
îskękel, *m. eiszapfen. ags.* îsgicel, *engl.* icicle. *Hoffm. Findl. 42:* yskęgel. *holl.* ijskegel. *ostfr.* isjökel. *syn.* îsstange.
îsmeken = kassmänken.
îsopp = îsdopp. *(Hemer.)*
îspe, *f. eine ulmenart. holl.* ijp, iep = *ulme. ostfr.* îper. *franz.* ypréau, *soll von* Ypern *gekommen sein. Kil.* ypenboom *j.* iepenboom.
îspert, *m. ysop. unser wort scheint aus* îsop-wurt *entstanden, vgl.* rainert.
îsstange = îskękel. *(Brilon.)*
it, iat, *pl. ihr. entstanden aus dem alten dual.* git. *vgl.* git, giat, get. *s.* ink.
Îte, *weibername in* kungelîte.
itenbrink, *name eines hügels bei Westig. dafür auch* Nitenbrink, *vgl.* Namberg *für* Amberg. t *in diesem wie in dem vorigen worte wird für* d *eingetreten sein.* Kungelîte *kann ein* Ida *enthalten, dieser name wird aber dasselbe bedeuten, was* idis. *bei* Itenbrink *ist schwerlich an Ida, viel eher an ein* ida, idis = *weib, nymphe zu denken.*
itik, *m. essig:* so sûr asse itik. *aus* etik (acetum, *alts.* etig) *entstand* ętik, *dann* itik. *ausser diesem in der gegend von*

Büren vorkommenden sprichw. wird itik nicht für essig gebraucht. s. sûr.
îwer, m. eifer, zorn. unser îwer kann ahd. îfar entsprechen, wie saiwer ahd. seifar. für f (v) wird in dieser lage w gesprochen. îber (Rheda) setzt dagegen ahd. îpar voraus. Rgb. yver.
îwerig, eifrig, zornig.

J

jà, jå, Iserl. jeàu, ja, gewiss, durchaus, wohl. Dat es jå (gewis) guəd. wann hai jå (durchaus) hengån well. niəm di àwer jå (wohl) vọr dem rûen in acht!
Jåb, Jakob.
jåbrôer, m. jabruder, einer der zu allem ja sagt.
jacht nennt das Altenaer statut den fischfang.
jächtern, sich jagen (von kindern).
jack, n. jacke. s. beddjack.
jacke, f. v. Hövel urk. 67: yacke. 41: yackenstickere.
jacke, f. = juəkel. s. hånejacke.
jacken, jagen, schnell reiten. (Schwelm.) tadelndes wort für einen menschen der öfter müssig und zwecklos ausreitet, für ein frauenzimmer das häufig ausser dem hause unterhaltung u. zeitvertreib sucht. K.
jackeln und jäckeln, reiten. (Altena. Hemer.)
jackhälse, sturmhut. syn. papenmüsche.
jacks, s. liederjacks. vgl. Jacques, Jacob.
jågen, 1. jagen; sik j. (Kinderspiel). 2. verjagen, vertreiben; süntevuagel jågen.
jågebarwen, eine art fischfang. Alten. statut: ein Altenaer meint, es bedeute „barben fangen". scholfische sind vorzugsweise barben. noch jetzt gebr. (Elsey.)
jæger, m. jäger. jæger Joil, der wilde jäger. (Asseln.) syn. hôjæger.
jaimen, gähnen. (Siedlingh.)
jaja, jaja: jaja es so guəd as twêmàl jeàu. (Kreis Altena.)
jàjå, verwundernd: jàjå bat brenk i mi då!
Jåkob, Jacob. Dat es de rechte Jåkob. Must. 26: De ware Jacob dai es da. en hülten jåkob, hölzerner löffel. Rätsel: en îsern hûs, ne îsern dôr un då en hülten jåkob vọr.
jalpern, schreien. Must. 64. s. galpern.
jåmer, m. jammer. mnd. jåmer.
jåmerkäppken, das käppchen, welches der braut am abend der hochzeit aufgesetzt wird.
jåmerlûne, f. mit nà, heimweh nach. (Grimme.)
jåmern, jammern.
jammerläppken, n. dürftiges überhemd. H.
Jan, Johann: Jan un jedermann, jedermann.
jängeln, 1. mistönend spielen; engl. to jangle, to jingle (klimpern), bei Shak. twangle. Hayward übersetzt Goethes „verdriesslich durcheinander klingt" mit „jangles out of tune and harsh". 2. eigensinnig weinen, um etwas zu erreichen (von kindern).
janken (westmärk.), heulen (von kindern und hunden). Kantz. jancken; ostfr. janken. vgl. R. V. anken (stöhnen), dän. anke (klagen).
Jann, m. (westmärk.) spalt, hiatus; hê es dör den jann = er ist ins weite gelangt, durchgegangen; he gêt dör den jann. jain bei Schamb. vgl. nwestf. jauen, gähnen. Wigg. 2 Scherfl. 40. zu jinnan = ginnan. s. jännebeck. vgl. Sprachw. 7, 143 niederrh. sich durch die cord (cordel, seil) machen.
jännebeck = giənop, gelbschnabel. K. s. 76.
jåpek in bummeljåpek, bummelndes frauenzimmer. (Siedlingh.)
japen = gåpen. Gr. tüg 3 (auch Dortm.)
japperen = gapen: ik jappere fake as ne krägge oppem tûne.
jår, n. jahr. lot lange jår gån = heiraten. nà jår = vor einem jahre, vor längerer zeit. oppet jår = künftiges jahr. te jår = voriges jahr. alts. gêr, iâr.
jærling, m. einjähriges rind u. s. w. (Siedlingh.)
jasken, schwatzen. (Elspe.) vgl. franz. jaser.
jæsper, dummer, stockfisch. s. jêsepêter.
jæsperig, schwächlich, (Schwarzenb.) H. s. jêperig.
jass, m. bequemes hauswamms, joppe. K.
Jass, s. a jass a jass; a jasses. — oldenb. (v. St. III, 17): i jarsis.
jasentant, zuweilen. entstanden aus jo and dan.

jaülen, *heulen; engl.* to jawl. *s.* jölen.
jaum, *das miauen der katzen. abzählreim.*
jaumen, *miauen. schwed.* jama. *vgl.* staul *aus stal (stahl). syn.* mauen, maumer.
je. je då! *einleitender ausruf, wenn erzählt wird, wie etwas weit über oder unter erwartung ausgefallen sei.* 'n je! *ei! wirklich! (ausruf der verwunderung).*
jêderên, *jeder; engl.* every one. en jêderên, *ein jeder.*
jeier, *euter. (Paderb.)*
jeld, *drossel.* swatte j., gris j. *(Velbert.) vgl.* gelder.
Jemmigjå, *Jesus Maria ja.*
jêperig, *schwächlich. K.*
jêselåken, *n.* = kwåtrige, drælige kærl, *eigentlich wol einer, der den ausruf* jêses jå *(Jesus ja) immer im munde führt. oder ist* jêse = *ags.* gese, *engl.* yes, *so dass eigentlich ein jabruder gemeint wäre?*
jêsemännken, *n.* = jêselåken. *kleiner, schwächlicher, zimperlicher mensch. K.*
jêsepêter, *m.* = jêselåken.
Jêses jå, *Jesus ja! beteuerung.*
jetterbiotsch, *eiterbissig, natterbissig, bösartig. K.*
jêwen, *gähnen. Grimme. syn.* gêwen.
ji, *pron. sg. ihr. (Hattingen.)*
jickjack, *im volksmärchen* = himphamp. *volksreim:* De mœle gêt de jick de jack, dat beste mel in minen sack.
jilig, *jählings. (Odenthal.)*
jippe, *jacke. (Siedlingh.) vgl. Waldeck.*
jippen, *pipen, von jungen vögeln. s.* gilpern.
jo — jo, *je — je.*
jô (jeàu), *ausruf, s.* puppjo *und* ferjeàu.
joch = jå, *ja doch.*
joch, *joch:* bai dat joch alle dage driaget, dem es et kaine last. *joch ist hd. form für* jok, juk.
johanneskrûd, *n. fette henne.* sedum telephium.
johanneswårmken, *n. leuchtkäfer. (Fürstenb.) syn.* glårwseken.
joite, *f. altes weib. (Paderb.)*
jölen, *1. jodeln, fiedeln. 2.* joilen ase de katten in der Mêrte. *Grimme.*
jöleken, joileken. *heulen (von hunden). n. l. m. 50.*
jöljagd, *wilde jagd. K.*
Jömer! *Jesus Maria! K. s. 27.*
Jömer jå, *Jesus Maria ja! K. s. 99.*
jöperreken, *steckenpferd. K.*
jösêp, *kinderkleid. H.*

jôsken, *n. ehemalige kleine silbermünze, von jôst.*
Jôst, *Jobst, Jodocus.*
ju, *euch. 1670.*
jüche, *f. dünne, schlechte brühe. Teuth.* broede, juchen. *Hort. sanit. c. 461:* honrejüche, *hühnersuppe. (Schiller, II, 30[b]). Magd. bib. judic. 6:* jieche. *Kil.* juche, jusculum. *vgl. ostfr.* jüche *und hd.* jauche.
juchen, *1. jauchzen. Bugenh.* juchen *für Luthers jauchzen. 2. keichen; s.* jûchhausten.
jüchen, jüchten, jüchtern, ächter de mannslû, *hinter den mannsleuten her sein. vgl. ostfr.* jachtern, juchtern, jüchtern.
juchhausten, *keichhusten.*
juchterig, *auf mannsleute versessen.*
jückæse, *pl. früchte des hagedorns. (Fürstenb.) syn.* buttelte. *vgl. franz.* grattecul. *osnabr. (Lyra):* jockäuse-angeln.
juckelte = judenbård. *(Fürstenberg.)*
juckern = jucksen. *(Elspe.)*
jucks, *m. scherz, spass. lat.* jocus.
jucksen, *scherzen, spassen.*
jucksorigge, *f. spassmachen.*
jucksig, *scherzhaft, spasshaft.*
Judaswęke, *woche vor ostern in betreff des wetters.*
jûde. mars mettem jûden, hai hęt speck fręten.
jûdenbård, *m. schlafapfel oder auswuchs des hagedorns. man setzt ihn wol mit brantwein an. syn.* kwast. *(Siedlingh.) ? zaunwinde.*
jûdenblåe, *pl. judenblaue, eine art kartoffeln.*
jûdendårn, berberis. *syn.* mûlholt. *(Elsey.) gekochte rinde gegen mundübel.*
jûdenêken *pl. werden zu Brackel bei Paderborn die grösten und ältesten eichen genannt.* jûden, joden *scheint ein syn. von* goden, woden *zu sein. so in alts.* judinashuvil.
jûdenviôle, *f. sinngrün,* vinca. *der name muss aus der plattd. bibel geflossen sein. Schiller I, 30[a]: „Die Magdeb. bibel v. 1578 übersetzt 2 Maccab. VI, 7:* So dwanck men de jöden dat se dem Bacho tho eeren ynn Sygrön *(Luther: Epheu)* krentzen musten herghan". *Bugenh. wird übrigens unter* sygrön *nichts anders als epheu verstanden haben. syn.* wintergrain.
Judote *soll im heidentume eine gottheit beim volke geheissen haben und im* Jüberge *(älter* Jodeberg, Jutberg) *bei Deilinghoven verehrt worden sein. der*

name erinnert an To jodute, *vgl. R. A. 877; Schiller II, 30ᵇ; Wiggert II, 37. Scheveclot p. 107; Fastnachtsp. 983ᵃ.*

jüe! *auch* jüəstå! hü! *ruf zum antreiben der pferde.*

jüok, *m. jucken.*

juokel, *joch in* hånenjuəkel. *goth.* juk. *ahd.* joh.

juokeln, juckeln, *reiten, schlecht reiten.*

jüoken, *jucken.*

juffer, *f. jungfrau. vor dem franz. kriege war* frôlen *(fräulein) eine adeliche, die töchter höheren aber bürgerlichen standes hiessen* juffer, *(H. eine vornehme benennung für jungfrau), doch auch adl. stiftsfräulein. s.* juffernsplitter. *seit 1807 mamsell, endlich fräulein, wie jetzt jede heissen will, die ein seidenes kleid erschwingen kann. um grosse verwunderung auszudrücken hatte sich vor 1807 in Hemer ein sprichwort gebildet:* Nu slätt der dêwel int drithûs; pastôrs juffer well all wier 'ne blâge! — Ne juffer smiten, *einen flachen stein so auf das wasser werfen, dass er wieder aufspringt = heiden werfen.* juffern un witte schotteldäüke dô maütet nich op alle kęrmissen gån, süs kommt se drioterig wier. *Gr. myth. 173. s.* hôr.

jüfferken-im-graünen, *n. braut in haaren,* nigella damascena.

juffernkind, *n. bastard.*

juffernpinn, *m. (schelte.)*

juffernsplitter, *splitterholz, welches von höfen an das kloster Fröndenberg geliefert werden musste.*

jufferte, *f. feldmohn. (Fürstenberg.)*

juffertittkes, *pl. jumfersitzen, jehovahblümchen* (saxifraga umbrosa). *ostfr.* jüfferke.

jukstern, *sich lustig machen. (Weddigen.)*

jümmer, *immer. (Paderb.)*

jung, *jung;* jung weren, *geboren werden.* Et sall noch jung weren dat = il est à naître que. *jüngst:* am jüngsten middage es en kauflad so guəd as ne pistolle. jûnge frau *ist anrede, junge frau = junge ehefrau.* junge dôchter, *neugebornes mädchen;* jûnge dochter *ist jungfrau.*

junge, *m. knabe, jüngling.* de junges, *die unverheirateten mannspersonen in einem hause, die knechte. mit dem pronomen* ęr *bedeutet* junge *einen liebhaber, freier.* de junge is guəd genaug, wann't de lû men wüsten.

jungen, jüngen, *gebären:* wå de håse jünget es, dåhen trachtet he ock wier.

jungmüəle, *f. jungmüle:* ik hädde wǫl nôdig, dat se mi in de j. døen = *ich werde nachgerade alt.*

junker, *m. junker.* junkers, *leere roggenähren.*

junkern = jankern, janken, *schreien wie ein hund. H.*

junkern, *1. wildern von wildpret. 2. angegangen sein, von fleisch überh. H.*

jupp! „jupp!" siət de rüe, wann se ne innen stęrt knîpet.

jupp, *m. weiberrock; franz.* jupe.

juppjågen *oder* **juppjo** *hiess in Hemer das fangen (kinderspiel). den ersten teil des ausrufs* juppjô *beim auslauf halte ich für goth.* iup (sursum); jôjåh *für eine alte partikel = goth,* jah, jau, *woraus in der folge das mhd. und nd.* â, å *als affigierte interjection geworden ist.* jeåu *auch in* ferjeåu = feur-jo. *vgl. Reuter, reise na Belligen 253.* — hophei, *rumor, trödel, anhang, gefolge. zu Albringwerde heisst dasselbe spiel:* juphéi, *in Deilinghoven:* brunèi, *welches vielleicht* = bruhèi. *vgl. franz.* brouhaha *und den scheuchruf* tpru *(Upst. 1494), unser* prru! *oder* prrr!

Jürgen, *Georg.*

jürken, *pl. eine art überröcke. (Weddigen.)*

jusch, *schwanker dünner zweig. ((Odenthal.) vgl.* duschen, *rauschen;* ginsen, *schlagen;* drûst, *zweig.*

jüst, justemente, *gerade, eben:* ik krèg jüst en braif. *vgl. engl.* just.

justêrt, *angezogen, geputzt; franz.* ajusté.

Jütte, *Judith. kinderreim:* Då kwäm de juffer Jütte un smêt et intem pütte. *Wallr.:* Jutte, Jütgen, Judith. *verachtname eines frauenz., das sich durch körpergrösse, lebhaftigkeit auszeichnet. H.*

jütte, *im riffelliede:* Du hęs so'n dicken bûk, då kîkt siəwen junge jütten 'rut.

jüttenbęr, *jüttenbirne, eine art kleiner grauer saftreicher birnen, die sich aber nicht lange halten. syn.* ioselsbęr. *(Hemer.) vgl.* sünt-jüttenbraüe, sünt-jüttendag.

jüttendag, bona dicti juttendach. *s. urk. I, 632. Seib. urk. no. 484 p. 632* juttendach *f. n.*

K

kabäcke, *f. hütte, elende wohnung. nds.* kabache, *ebenso Immerm. Münchh. III, 116; vgl. ml.* bacca, *gefäss. die tonstelle in* kabacke, kabuffe, kabuse, kafikke, kajütte *zeigt, dass* ka *præfix ist. vielleicht entstand es aus* kwåd, *schlecht, gering. die vocalverkürzung rührt dann aus der composition. ebenso möchte ich das* ca *im franz.* Cagot *(schlechter d. h. ketzerischer Gothe) verstehen.*

kabätte, *f. (für* krabätte), *faxe, posse, ausgelassenes betragen. s.* krabättsig.

käbbeln, *kabbeln, keifen.* sik käbbeln, *im wortgezänke sein.* käbbele di nitt üm kaisers bård. *zu Iserlohn gibt es eine* käbbelgasse, *die man vor ein paar jahren in mühlengang umgetauft hat. vgl. ostfr.* kibbeln, kabbeln. *osnabr.* kibbelkawweln. *dän.* kiävle *und schwed.* käbbla *werden wie so viele andere dem nd. entlehnt sein. ähnliche deminutivbildung sind* knäbbeln *zu* knappen, schräbbeln; *dass das verb. mit stf.* keifen *zusammenhängt, versteht sich. s.* kächeln.

käbbelerigge, *f. wortgezänk; dän.* kiävleri.

kâbel, *n. tau. am kabel, ort an der unteren Lenne. hd. die kabel; engl.* cable, *franz.* câble. *Teuth.* cabel, lyn, reep, seel, tow dair mede men syn schyp an dat lant vestighet ofte merret.

kabûs, **kàbûs**! *interj. baus! puff! von fall und knall. das subst.* bûs = *knall oder schall eines fallenden körpers; das præfix* ka *scheint bedeutungslos, in einem abzählreime findet sich* ki, kå, bûs. *vgl.* kawuptig.

kabûse, *f. schlechtes haus, schlechte stube. ndl.* kabuys; *schwed.* kabyssa. *Diez II, s. v.* busse. *eine alte rostige flinte, ein grosses weitbauchiges trinkgefäss (scherzweise). K.*

kabûsken, *n. häuschen, stübchen, wachtstube. Must. 4.*

kächeln, *zanken.* ch *für* ff, *wie* Rachenberg *für* Raffenberg. *es ist also* = käffeln, *was aus* käffen *und weiter aus* kîfan, kaf *geflossen ist, also mit* keifen *zusammenhängt.*

kächelerigge, *f. zänkerei.*

kacke, *f. kacke.*

kacken, *kacken:* waun kinner kacken wellt as àlle lû, dann birstet ȩn de ërs.

kackeln, *gackern, gatzen. Tappe 211*[b]*:* wer eyer will hebben, der moeth der hennen kackelen lyden. *engl.* to cackle.

kàdder, *augenbutter. (Fürstenb.) vgl.* kwädder.

käddern, *zanken. f. r. 20. ostfr.* käkeln, *schnattern, zanken, engl.* to chatter, *lärmen, spectakeln.*

kaf, *kaff, spreu.* et sittet der so vull as kaff an der wand. *s.* kåwe. *mhd.* kaf; *ags.* ceaf (tegmen frumenti, palea); *Soest. Dan. 25 und öfter:* kaf *zu* kafan *bedecken, einschliessen, wohin auch* käfter *und* küffe *gehören.*

kavêren, *bürgen für. lat.* cavere.

käferte, *käfer. H.*

kaffaibraiken, *n. kaffeebrödchen. (Fürstenb.)*

kaffen, *kläffen. (Fürstenb.)*

käffen, *husten, hüsteln. vgl. altn.* qvef (catarrhus), *engl.* cough. *aus dem stamme* kw-f *konnte* k-f *werden, wie auch* kwast *neben* kästig *zeigt.*

käffen, *1. kläffen. vgl.* böcken = *blöcken. 2. heftig gegen etwas sprechen. H.*

kaffenäse, *f. kaffeeschwester. (Fürstenb.)*

käffer, *m. keifer, zänker.*

käffert, *m. keichhusten. in manchen wörtern* er-t *neben* er.

käffhausten, *m. keichhusten.*

kaffmenger, *ein mensch der sich in allen handel mischt. K.*

kaficke, **käficke**, *zuweilen auch* **käfftke**, *f. schlechte hütte, elendes zimmer. nur der letzten form liesse sich* kaffetchen *von* kaffate *(lat.* cavaedium) *vergleichen, aber die bedeutung widerstrebt. ich verstehe* quade ficke = *schlechtes loch. da* ficke *den ton hat, so ist kein* käfich *zu vergleichen.*

kafitte = kaficke. *(Elsey.)*

käfter, *m. verschlag.. ahd.* chaftare; *es gehört mit* kaf, käfich *zu* kafen.

käggeln, *kauen und ausspucken. N. l. m. 93. cfr.* kageln, *spalten. vgl.* kaugen, kaiwen.

kailen, *platthd. für* kîlen, *keilen, schlagen. (Iserl.)*

kailen, *s.* nåkailen.

kailer, *m. platthd. 1. wildschwein. 2.* = kaimer *von anderen tieren:* en düchtigen kailer.

kaimen, *kämmen. schon mwestf. bei Tunnic. Teuth.* keymen. *ahd.* kampjan; *ags.* cemban *zu* camb *(kamm). Seib. urk. 946:* kàmed *(gekämmt.)*

kaimer, *m. in:* en düchtigen kaimer = *ein schweres, fettes tier. es entstand* *wol aus* kambar, gambar (strenuus) *und wird als subst. vorab den wilden eber (kämpe, kämpfer) bezeichnet haben.*

kain, *kein. durch hd. einfluss für* gèn *und* nèn *eingeschwärzt.*

kaipen, *rühren, um z. b. das überkochen der grütze zu verhindern. H. syn.* kaüschen. *verwant mit altn.* kefja, supprimere = knopjan *s.* kapan, knop.

Kaisberg *bei Herdecke. hier will Detmar Mülher im 17. jh. eine römische inschrift, welche sich auf die 21. legion bezog, gefunden haben; sie scheint unecht, vgl. mit den Blankenhein. inschr. in Hüpsch epigramm. Ist die angabe, dass eine 21. leg. in Deutschl. verwant worden, aus dieser inschrift, so steht es schlecht darum. „die für die vernichteten drei legionen unter Varus wieder eingereihten erhielten nicht die alten nummern, sondern 1, 21 und 22; von diesen gingen nur 1 und 21 nach Deutschland". Esselen, Aliso s. 75 anm. der* kaisberg *konnte damals* mons caesius *von den Römern genannt werden. es ist unwahrscheinlich, dass* Caes = Heis. *die lautverschiebung war damals schon eingetreten; doch sind ausnahmen möglich.*

kaischen, *s.* kaüschen.

kaisen, *ptc.* kǫren, *wählen, begehren:* he well alles hewen, bat sin hęrte man kaiset. *alts.* kiasan, kiosan; *mwestf.* keysen.

kaiserskêrls, *kaiserliche, Oestreicher.*

kaithân, (kuithan), *von leuten, die noch spät in der nacht tun, was am tage getan werden sollte:* dai daüt *(spielt)* kaithan in der nacht. *(Elsey.) Kil.* kuythaen, acer potator. *famil.-name.*

kaiwen, *kauen. s.* ûtkaiwen.

kajack, kijack, *ruf der gans. (Helden bei Attendorn.)*

kâk, *m. 1. hölzerner knebel an der tür. bedeutung und vocal weisen auf ags.* cæge. *2. halseisen, pranger, schandpfahl. ebenso kann das wort (2) etwas einschliessendes bedeuten. mhd.* kak *(wol* kâk); *von steinen:* kaek; *schwed.* kâk; *dän.* kaag; *holl.* kaakbucke, *schandpfahl. vgl. Kil.* kaecke, *der es mit* kaecke *(fass) vergleicht. ostfr. (Doornkaat)* 2. kake, kâk.

kâkelfiste, *f. ein stück holz, woraus am herde der saft treibt und pfeiset. vgl.* fisten *und* fisen, *in Gr. wb.* apfelpfeiser. kâkel *(zu* kageln, *spalten?) gespaltenes holz wird = hd.* kachel *sein, die eigentliche platte.*

käkelhans, *einer der häufig* kâkelt. *K.*

kakelig, *grell, bunt, geschmacklos. K. vgl. Stürenb.* kakelbunt, *gackernd bunt. Schamb.* kækelig, *kritzelig.*

kâkeln, *1. schwatzen. K. s. 38. 2. schnattern. Grimme. vgl.* kackeln.

kâkeln, *grelles entgegensprechen. K.*

kâl, *adj. kahl. ags.* calo.

kalaschen, *derb durchprügeln. K.*

kalberze, *f. johannisbere, verd. aus* kasberte. *(Elsey.)*

kâld, *adj., comp.* kæller, *superl.* kællst, *kalt.* et es so kâld dat et bitt. et es so kâld asse is. du büs so kâld as en fǫrsk. et es so kâld at et swart es. de kâlle hand, *ein doppelhaken zum abnehmen der kessel vom hahl, syn.* pothâken. kâld isern, *poet. waffe, mordgewehr.* dat kâlle, *das kalte fieber.* se lätt ęren sęligen manne de bêne nitt kâld weren. *alts.* cald.

kaldûnen, *pl. kaldaunen. Upst.* colûnen. *deutlich ein compositum oder fremdwort.*

kalenner, *m. kalender:* dai den kalenner mâket, dä ętet ôk brôd.

kalf, *n. pl.* kalwer, *kalb:* bat dem kalwe vǫrbî gêt, dat driəpet de kau âder den ossen. van kalf op, *scherzh. von jugend auf. mwestf.* kalf. *Tappe 177ª:* kalver.

kalf-fell, *n. 1. kalbfell. 2. trommel. Soest. Dan.* kalffell = *schurzfell.*

kalfflêsk, *n. kalbfleisch.* kalfflêsk — halfflêsk. et es noch en hôpen kalfflêsk derâne.

kälfken, *n. 1. kälbchen.* hai kritt ne kau med me kälfken. en kälfken anbinnen = *vomieren. 2. das faulichte im obste.*

kalf-lęer, *n. kalbleder.*

kalk, *m. kalk. lat.* calx; *ags.* cealc.

kälken, *mit kalk überziehen.*

kalk-lęke, *f. huflattig, der gern auf kalkboden wächst. (Meinerzagen.)*

kalk-ǫwen, *m. kalkofen.*

kalle, *o. n. Teuth.* kall, gait, canale. *vgl. mnl.* kalle, gote, canale.

kâlle, *n. kaltes fieber. Teuth.* calde, tzage, febris, cortze, recde.

kallen *(berg. und westmärk.) sprechen. ahd.* challôn; *mwestf.* kallen: *Soest. Dan. 43. 86. 195. Atten. stat.:* die op borgemeister und raidt gekallet hefft. *Tappe 157ª. Teuth.* callen, spreken, reden etc.

kalleråten, *pl. gerede, geschwätz. vom frequent.* kallern *mit roman.* ata.
källerig, *adj. etwas kalt. vgl.* fürsterig, dörsterig, brännerig.
kalwen, *kalben, auch wol von menschen:* se hęt te frô kalwet = *sie ist zu früh nach der hochzeit niedergekommen; vgl.* bęrsten. *Tappe 186*ᵃ kalven.
kalwer-bås, *m. so hiess zu Blankenstein der stückwirker im gegensatz zum unternehmer. vgl. Jacobi gewerbswesen s. 73 und 457.*
kalwer-hęf, *m. baumhof, in welchem man kälber weiden lässt.*
kalwerkrôsen, *spitzen an oberhemden. (Weddigen.)*
kalwern, *kälbern, ausgelassen sein.*
kalwersack, *m. bärmutter einer kuh.*
kalwerstråte, *f. (obsc.)* vagina.
kâm, *m. kamm. s.* kamm. *Teuth.* cam.
kåm, *m. kahm, schimmel auf flüssigkeiten. vgl.* schin, schimmel.
kåmen, *kahm zeigen.*
kâmer, *f. kammer. mwestf.* kâmer. *Teuth.* camer. kemenade.
kamesôl, *n. camisol.* en k a m e s ô l k e n kôpen = *sich betrinken.*
kâmig, *kahmig. Teuth.* camich als alt bier ind der geliken.
kåmigge, *f. kamille. gr.* χαμαίμηλον. gg *für* ll. ka *vor der tonstelle erhält oft den laut* kå. *Teuth.* camille.
kåmîse, *m. grenzzollbeamter (commis) zur zeit, wo die grafschaft Mark, zum herzogtum Berg geschlagen, unter franz. herschaft stand.*
kåmîsig, *adj. niederträchtig, verächtlich:* en kåmîsigen kêrl. *vom vorigen.*
kamm, *m. kamm.* dai sid alle ǫwer ênen kamm geschǫren. *ags.* camb.
kamp, *m. eingefriedigtes ackerland, weide, holzung. man sagt:* raüwenkamp, klôdkamp, kaukamp, pęrrekamp. *lat.* campus. *Teuth.* camp. velt.
kämpken, *kleiner kamp.* kösters kämpken, *kirchhof.*
kamucke: he slæ̂pet as de kamucken. *Iserl. der zeug kalmuck heisst engl.* bearskin, *sollt hier* kamucken *bärenhäuter bezeichnen?*
kanail, *m. kaneel, zimmt. franz.* canelle. *vgl.* panail, *holl.* paneel. *Gr. wb.* känel, kändel, *canal, röhre, rinne, und* kändelen, *rinnę im eise bilden.*
kanail-nâme, *m. spitzname. (Deilingh.) vgl.* canaille *zu* canis.
kandelung, *öffnung im eise. (Altena.) H.*
kaneggesnâme, *m. spitzname. N. l. m. 35.*
kangel, *m. dorfgefängnis ? für* kandel = *hd.* kanter, keller. pandhûsken.
kanîne, *f. kaninchen. Hoffm. Findl. 42:* kanyneken. *Lacombl. arch. 6.*
kanînken, *n. kaninchen:* he lęwet as en kaninken so saäte.
kann, *n. das können:* sett' et kann an de wand un dau et med der hand.
kanne, *f. 1. kanne, als kaffeekanne u. s. w. 2. ein mass. mhd.* kanne. *Teuth.* can.
kännken, *n. 1. kleine kanne. 2.* ¹/₁₆ *mass. engl.* canakin. *syn.* gütt.
kansseln *(berg. und westl. Mark) fractur schręiben. syn.* prempen. *vgl.* cancelli, canzelei. canzler. *im mwestf. (urk. von 1427) bedeutete* kanseleren *eine schrift auslöschen, beschädigen nach ital.* cancellare *und Pandect.* cancellare = *ausstreichen, durchstreichen.*
kansseliskeu, **kantelisken**, *n. eine art feiner bretzeln, die zusammenhängend gitterförmige tafeln bilden, daher der name. vgl.* cancelli.
kanstett, *staket, gitter; einfriedigung von holzlatten. versetzt aus* stankett.
kante, *f. pl. kanten. 1. ecke, seite.* hä settet de dâlers laiwer op de kante = *er spart sie.* hä måkede sik van kanten *(auf die seite).* selfkante. *2. spitze, ein gewebter stoff:* bråbänner kanten. *ahd.* kante, ora, latus; *altn.* kantr; *holl.* kant; *ital.* canto. *Teuth.* cant, oirt, hoyck, wynckel.
kanten, *umdrehen, widerrufen,* sik kanten, *sich umgestalten. K.*
kanthâken, *m. haken zum umkanten der ballen.* bim k. krîgen, *packen, festnehmen.*
käntken, *n. kleine kante.* mine frau was am käntken = *sie war ihrer niederkunft nahe. vgl. engl.* about; *R. V.* bykant = *ungefähr, Alten. statut:* bykant *(beinahe)* nymandt.
kantôr, *n. schreibstube eines kaufmanns. franz.* comptoir; *holl.* kantoor.
kantôrig, *adj., adv. 1. keck, stolz:* he gêt so kantôrig dâhęr = *er geht daher, wie ein lebemann. 2. freundlich, dienstgeschäftig. zu* kantôr.
käpenêren, *umbringen. H. s.* krepenêren.
kâpert = ? klâpert.
kapótt, **kåpótt**, *adj. kaput, besonders: entzwei, zerbrochen:* 'ne kåpotte büxe; de pott es kåpótt. kåpott gân = *crepieren. vgl. franz.* capot, *it.* capotto, *labeth, matsch, geschlagen, besiegt (im kartenspiele).*
kapp *in* kapp un klâr sîn = *völlig rich-*

tig, klar und ausgemacht sein. es steht vermutlich für klapp, *vgl. dän.* at være klappet og klart = *ganz in ordnung sein. engl.* to clap = *einen kauf durch handschlag bestätigen; mnd.* kôpalâgen.

Käpp *(Balve,* Kepp, *westl. Mark),* Kaspar.

kappe, *f. 1. mütze der männer* (casquette, calotte). dat küemt ęm op de kappe. wat an der kappen hewen = *einen haarbeutel haben. F. r. 24. 2. haube der weiber.* nà der kappe sin, *Gr. tüg 3* (bonnet). *3. fingerkuppe. ahd.* kappa; *ags.* cappa.

käppelse, *n. käppchen am schlägel (des dreschflegels), um diesen vermittelst des* wǫrgels *an der handhabe zu befestigen. ? altwestf.* kappisli. *s.* fliagel.

kappen, *kapiteln, den text lesen,* dęn hef ek kappet. *K.*

kappes, *m. kopfkohl. ahd.* chapuz; *engl.* cabbage; *ital.* cavoli cappuci. *syn.* kumpst.

kappeziner, *m. capuziner.* kappeziner-fröstücke, *n. prise schnupftabak.*

käpphärnn, *fischname.*

käppsel, *n. käppchen* (calotte). *syn.* pättsel.

kaputt, *n. (leinen) wamms mit ärmeln. (Fürstenb.) ebenso in Waldeck, anders nhd.* kaput. *Gr. wb.*

kâr, *f. karre, karren. R. V.* kare; *mwestf.* kair, *f.* vi maüt dat op 'ne annere kâr lâen = *wir müssen das anders anfangen.* he es van de kâr fallen = *er ist unehelich geboren.* nu stêt de kâr in der drite = *nun sind wir in verlegenheit.* hä slätt in der kâr, *ist hergenommen von einem jungen pferde, das sich zwar einspannen lässt, aber eingespannt hinten ausschlägt; figürl. gilt es von einem menschen, der sich anfangs willig, nachher aber tückisch zeigt.*

kær, **kêr**, *f. mal;* düese kær = *dieses mal. eigentlich: wendung.* êr *für* err; *ags.* kerr, *vgl. Ettm. p. 379; holl.* keer.

karanze, *f. schelte:* du âlle karanze. *so hörte ich zu Iserl. eine ziege schelten. etwa: du hässliche quälerin. vgl.* kuranzen. *Gr. d. wb.* currenzen, fuste percutere, *heute auch* curanzen.

karbätsig, *s.* krabätzig. *K.*

kâren, *n. pl.* kærner. *1. korn. 2. korn, bes. rocken.* dat kâren stêt dat me en rad dertiegen stellen kann. *Lud. v. Suchen:* korn, *von der weinbeere. alts.* corn; *mwestf.* kârn.

kâren, *beschmecken. ahd.* korôn, gustare. *vgl.* kǫren *und* kaisen. *Teuth.* cairen. smaken. proeven.

kæren, **kêren**, *præt.* kâr *für* kârde, *ptc.* kârd, *daneben præt.* kêrde, *wenden. ahd.* kêrjan, chêrên; *ags.* cerran; *alts.* kêrian, kêrôn; *mwestf.* kêren, *ptc.* gekârt *(Soest. Dan.* gekôrt).

kârenbänner, *m. karrenbinder.* bat es fǫr en unnerschêd tüsken kârenbänner N. un der mâne? kârenbänner N. es ümmer vull, de mâne mân alle vêr węken.

kârenblaume, *f. kornblume.* ôgen asse kârenblaumen. *syn.* buxenblaume, engelblaume, quast, trems. centaurea montana *170ª*, κύανος ἄγριος. *ital.* battisegola salvatica. *gall.* blaneole sauvage.

karengûl, *m. karrengaul. volksl.:* du âlle k. *(schelte).*

kârennelke, agrostemma (lychnis) githago. *Siedlingh.* ragen.

karête, *f. s.* hacken-kurête. *Gr. wb.* carrete.

karfrîdag, *m. charfreitag. syn.* stille frîdag. *ahd.* chara; *alts.* kara = *trauer, leid; ags.* cearu; *engl.* care = *lat.* cura. kara *steht Hel. 499 (Heyne) im sinnreim mit* harm. *vermutlich stammt* harm *mit* kara *aus einer wurzel, jenes verschob sich im anlaut, dieses blieb auf der stufe des lat.* cura. *ags.* cyrman (clamare) *ist süderl.* karmen, *nds.* krîmen.

kargidseln = fisekeln. kar *ist præfix, wie in* karnüffeln *u. a.* — gidseln *zu mhd.* geisel *(peitsche).*

karjölen, *i. q.* krajölen. kar *ist præfix.*

karjölen, *im wagen herumfahren mit dem nebenbegr. des müssigen, nutzlosen. K.*

Kârl, **Kârel**, *Karl.* — **Kârel-quint**, *Karl V. in der süderl. volkssage.* — Kârdel *cfr.* erdelen. *Weist. 3, 142.*

kærl, **kæl**, **kêrl**, *m. kerl. es wird auch im guten sinne gebraucht:* dat es en bâs kærl. hai es kærls *(wie* manns) genaug. *im munde der zärtlichen ehefrau* (minen kærl) *hat es den sinn des ags.* carl. kærl un kain ende! *verwunderung; vgl. Voss idyll: de winterawend.* den kærl *(oder:* den Tigges) brengen. *vgl. südwestf. gebräuche.* — *Bergische mda. zeigen die sonderbare erscheinung, dass aus dem pl.* kæls *ein neuer* kælse *gemacht ist. unser* kærl *ist* = kirl, kairl, *ags.* ceorl.

karmäntsel, *f. ameise. (Lennhausen, Stockum.)* karm = kram *(s.* kramäntsel) *bezeichnet den haufen.*

karmen, *seufzen, klagen. Koene will es zu kara stellen. s.* karfrdag. *Siegerl.:* kårme, *sich über armut, mangel beklagen ohne eigentlichen grund, sehr sparsam leben, darben. davon:* gekårm, kårmer. *(Heinz.14). Teuth.* carmen, *suchten.*

karnellen = knellen, *im rätsel. s.* hufti.

karnüffel, kanüffel, *ein kartenspiel, welches noch in Iserl. geübt wird.* karnöffel, karniffel = *landsknecht ist aus* karnuffen *abgeleitet. s.* karnüffeln. *vgl. Grimm, d. wb.*

karnüffeln, *prügeln mit faustschlägen* (med der verknufften fûst). *nds.* kärniffeln, karnüffeln; *schwed.* karnyffla. kar *ist præfix; vgl.* knüffeln, knuffen, nuffen.

kårnûte, *gewöhnlich nur im plur.* karnûten, *kameraden, genossen, meist im übeln sinne von wildfängen beiderlei geschlechts. in Bruns beitr. p. 340 wird eine* begyne: suster cornûte *angeredet; nds.* karnûte; *in mwestf. urk.* cornôten; kar, ka, cor = *zusammen.*

karsberte, *f. 1. bei Hoerde: alle ribesarten. 2. bei Iserlohn: Johannisbeere;* swatte un 'rôe kasberte (ribes nigrum *u.* rubrum). *3. stachelbeere; zu Kierspe:* k a r s b e l t e, *auch zu Siedlingh. syn.* gehanneskirsse, striəpkasberte. *aus* karsbere = *kirschbeere; vgl. Firm. V. St. I, 327:* kespern = *kirschen. zu Rheda:* sulberte.

kårte, *f. karte:* in der kårte spiəlen.

kårten, *karte spielen.*

karthaune, *f. karthaune:* dat es en dick ai, åwer et birstet noch as 'ne karthaune.

kårtken, *karte spielen. (Paderb.) nds.* kartjen.

karwai, *1. kümmelbranntwein. 2. starker branntwein. vgl.* carum carvi, *kümmel. engl.* caraway.

karwatschen, *prügeln, peitschen. ungr.* korbatsch.

kåse, *f. kotten, schlechtes haus. lat., ital.* casa; *quickb.* kæsel, *häuschen.*

kæse, kêse, *m. käse. alts.* kêse, *lat.* caseus. *vgl. Gr. g. d. d. spr. 1005.*

kæsehochtîd, *f. hochzeit, wo die gäste mit spirituosen, butter, stuten und käse bewirtet werden.*

kaséik, *eichhörnchen. (Velbert.) vgl.* katzéiker.

kåsek, *m.* = kęsek. *(Elsey.)*

kåsek, *m.* = kęsek. *(Fürstenb.)*

kæsemêse, *f. eine art kleiner meisen, blaumeise. Gr. wb.* kæsemeischen.

kæsemess, *n. käsemesser, infanteriesäbel.*

kåske, *f. kartoffelhacke. (Fürstenb.) für* karstke.

Kasper, *Kaspar.* De swarte Kasper, *der Teufel. syn.* kratzkäpp.

Käsperken, *1. Käsperchen. 2. der name des Teufels im märchen.*

kass, *geschwinde. H. hamb.* kasch, *mutwillig, frisch. für* karsk = kradisk. krad = *ags.* hrad. *s.* katzgrå. *ostfr.* krass, *rüstig. Schamb.* kasche, *hurtig, schnell.*

kassement, *n.* (ss *ist weich), schub, abschied.* He hęt ęin 't kassement giəwen = *er hat ihn verabschiedet, weggejagt. vgl. ital.* cacciamento *oder franz.* casser (cassieren).

kassendåler, *m. preussischer taler.*

kassengeld, *m. preussisch oder berliner courant. dieser ausdruck, sowie* kassendåler *und* kassmännken *entstanden in der zeit, wo preussisches geld selten bei uns war, gleichwohl aber von den steuer- und postkassen verlangt ward. man legte damals die preussische münze, die zu händen kam, sorgfältig zurück, um bei den königlichen kassen fertig zu werden.*

kassmännken, *ein $2^1/_2$ silbergroschenstück. vgl.* fettmännken. *H. sagt, er habe dieses wort vor 1770—1775 nicht gehört.*

kassmesiss, *komischer ausdruck für geld. f. r. 7.*

kasten, *m. kasten.* verstannes - kasten, *altkluger mensch.*

kastenkêrl, *hausirer.* de winterbęrger kastenkêrels. *op d. a. h. 21.*

kästig, *adj. windbeutelig, eitel, hoffärtig, hochmütig, aufgeblasen. K.* = kwästig, *vgl.* kwast.

kästig, *adj. 1. müffig, vom brot. 2. nach dem kasten schmeckend. H. Teuth.:* kestich, *verstickt.*

kasute *für* karsuchte, *1. frühkirche am weihnachtstage. 2. als ausruf in einem kinderspiel bezieht sich* kasute *auf die* rumpelmette *in der karwoche, wo von den wenigen kerzen in der kirche eine nach der andern ausgelöscht wird. Frank. System 13, s. 12.*

katholsk, *adj. katholisch.* Enen katholsk maken = *einen fügsam, willenlos machen.* schaff geld åder ik were katholsk. use ǫweken bętert sik auk; et wêrt ganz kathollesk. *Gr. tüg 85.*

Kåthrîne, *Katharine.* kå *hat den ton.*

kathrîneublaume, achillea ptarmica *(Fürstenberg.)*

katte, *f. 1. katze,* felis. so nåt as ne katte, *vgl.* uvidi tanquam mures *(Pe-*

tron.) — bind de katte vǫrt knai, bat dû nit sûhs, dat sûht sai. — et es so dûster as in der katte. — sundag mat de katte ûtem rechten lǫke un dàmed basta! = *muss die sache ins reine gebracht werden.* — dat màk der katte im drôme wis! — hä lätt sik wis màken, de katte lägte en gôseai. — dęm lôpet de katte med dem liəgen mågen nitt fudd. — dęm es de katte med dem verstanne węglôpen. — hä kiket as ne katte, dä int häckelse schitt *(verlegen).* — hä kiket as ne katte, dä duənern hærd. *s.* denken. — dai hęt en tå lęwen as ne katte, *auch schwed.* ega so många lif som en katt. 2. *geldgürtel:* geldkatte. 3. *fichtenzapfen:* dannenkatte. *schwed.* kötte. 4. *teil eines spinnrades.* 5. *maikäfer:* maikatte. 6. *vielleicht* = cattus, *kriegsmaschine zum untergraben der mauern:* dat es fǫr de katte = *das ist verloren.*

Kætte, *Käthe.*

kättegadde, kättegarre, *f.* 1. *schlechtes zimmer.* 2. *ein gefängnis zu Hemer. es fragt sich, ob* = qwåde gade (gadum), kwåde garde *(alts.* gardos), korte garde (la garde)? *s.* kǫrte garde.

kattendans, *m. schwertlanz zu Attendorn, was die Attendorner nicht gern hören, weil es an* kattenfillers *erinnert.*

kattenfillers, *pl. werden die Attendorner gescholten. die volkssage führt die schelte auf vorfälle zurück: bald, die Attendorner hätten eine katze mit blasen an den beinen vom turme geworfen, bald, sie hätten bei der belagerung einer burg eine katze im burgfenster geschossen. vielleicht ist der name ein ehrenname und das* katten *darin* = Katten, *Hessen, wie denn auch Atten in Attendorn* = Hatten, *Hessen sein könnte.*

kattengewinn, *m. katzengewinn.* êrstgewinn es kattengewinn.

kattengold, *n. kirsch-, pflaumenbaumgummi. Dortm., Soest. Teuth.* cattengold dat uyt den boemen loipt. *s.* kattenwass.

kattenkæse = pöppelkrud. *(Fürstenb.) schwed.* kattost.

kattenklâwe, *f. katzenklaue, frucht des spindelbaums,* evonym. europ. *syn.* gęlbôm.

kattenkopp, *m. böller. vgl.* katte 6.

kattenkrîg, *m. katzenkrieg.* dai es im kattenkrige west = *zerkratzt, übel zugerichtet.*

kattenlǫk, *n. katzenloch.* hai es dǫrt k. = *er ist ruiniert.*

kattenseəder = kattenwass. *(Unna.)*

kattensprung, *m.* 1. *katzensprung, kleine entfernung:* dat es mär en kattensprung. 2. = *hasensprung. (Weitmar, Albringwerde.)*

kattenstęrt, *m.* 1. *katzenzagel, schaftheu,* equisetum. *syn. nach einigen:* wåtergraün. 2. *hundsveilchen,* viola canina. 3. *ackerscabiose. K.*

kattenstaülken, *n.* = kuckukesstaul. *(auch Siedlinghausen).*

kattenwass, *n. gummi an pflaumen- und kirschbäumen. Waldeck:* kattengold. *syn.* hånenpęk. *mitteld. Pf. Germ.* 9, 22: gummi, kazzengolt vel ilens. — *nach dem Froschm. wendet Murner daumenharz an, um Reinekens wunden zu verkleben.* „mit daumenharts als wol verkleben". *kinder ziehen das gummi fadenweise über den daumnagel, so dass eine dünne scheibe entsteht.*

katthaltern, *sich zanken, zerren, katzbalgen. ostfr.* katthalsen. haltern *und* halsen *gehen auf* halan *(fr.* haler, *ziehen) zurück.* halster *aus* halsôn *zu hd.* halfter, *wie* holster *(zu* helan) *zu hd.* holfter. *nach unserem* halter (= halster, halfter) *ward* haltern, *am halfter ziehen, dann ziehen, zerren überhaupt gebildet.*

kättken, *n.* 1. *kätzchen.* 2. *in* smiəds kättken, *schloss und riegel:* et es ächter smiəds kättken. 3. kättken van Aken: du maus et gewǫnt wären üs' et kättken van Aken. *H.*

kattlux, *katzenluchs, eine luchsart. Seib. qu. 3, 386 (1669) wo auch* kalblux *erwähnt.*

kattschrå, *dumm, ängstlich, furchtsam. K.*

katsche, *f. kerbe. (Solingen), franz.* coche.

katzéiker, *eichkätzchen, eichhörnchen.* katteiker *(Reuter.)*

katzgrå, *schnellbereit, in der redensart:* he es so katzgrå nitt, *er ist so bereitwillig nicht. nds.* karsk = kardisk *von* kard, krad, *ags.* hrad, *konnte zu* kads, katz, kass *werden; grå wird holl.* graag, *bereit, sein. H. verzeichnet* gerah, *geschwinde. s.* kass.

kätzût = fǫr de katte, *verloren. (Paderb.)*

kau, *f. pl.* kaüe (kaie), *im köln. süderl.* kögge, *kuh.* et kuəmt mi vǫr as der kau de kęrmisse. wat wêt de kau vam sundage. et es as wann de kau ne älberte slûket. et werd manige âlle kau gęten, ba dû nix van med krist. biüm de kau hært, dai gripet se bim stiärte.

ahd. chuo, *ags.* cû, *alts.* kô *pl.* kôii, kôgii; *mwestf.* kô *pl.* koye, kögge; *im Dortm. zolltarif von 1350:* keye, *was man gewiss* kaie *aussprach. man wird also auch sonst* ey *wie* ai *gesprochen haben! ein etym.* aü *wird durch* ey *ausgedrückt sein!*

kau, *f. die hütte des vogelfängers beim heerde; (Ronsdorf.) darnach verstehe ich Seib. urk. nr. 484 p. 621:* infra emunitatem dictam de Gate proprie Vilekauvessunder. — *Kil.* kaue, kouwe. *vgl. d. wb. vgl. auch* kogge *in* spinnekogge.

kaubalg, *m. kuhbalg.* et es so düster as im kaubalge. *vgl. dän.* bälgmørk, bålmørk, *stockfinster.*

kaubêst, *n. kuh.*

kaublaume, *f. 1. die auf wiesen häufige weisse wucherblume* chrysanthemum leucanthemum. *syn.* morgenblaume. *2. löwenzahn,* taraxacum. *3. ein kuhname.*

kaubülte, *f. kuhpilz, den man in der gegend von Kierspe für ein gutes viehfutter hält. schwed.* koswamp.

kaudokter, *vieharzt. H.*

kaudolske, *unordentl. gem. frauenzimmer. (Siedlingh.) schwed.* dolsk, *träge, faul, hinterlistig.*

kaudrâssel, *f. misteldrossel,* turdus viscivorus, *die gröste drosselart bei uns. vgl. westf. anz. 11. juli 1800: schnarren, schnarrziemer, von den vogelstellern des Süderlandes* kuhdrosseln *genannt. zu Balve ist* swarte kaudrâssel *= schwarze amsel, woron man* grîse k. *(singdrossel) und* gęle k. *unterscheidet.*

kauert, *eichhörnchen. s.* kôerd.

kaufell, *n. kuhfell.*

kaufladd, *m. kuhfladen. s.* jung.

kaügatt (kaigatt), *n. kauloch, mund.:* glik kriste ĉnen int kaigatt! *(Iserl.)*

kaugen, *kauen. ags.* ceovan, *engl.* to chew; *holl.* kaauwen, *mnd.* kouwen. *vgl.* nåkaügeln.

kauhacke, *f. tölpeliges frauenzimmer. vgl. nhd.* bache, *dirne.*

kauken, *m. kuchen. ahd.* kuocho, *schwed.* kaka, *engl.* cake. *Seib. westf. urk. 951 wird der auf aschermittw. gebackene stuten* koiken *genannt.*

kauken, *kuchen backen. (Liberh.) — Upst. 1361* köken. *Teuth.* coicken. tortare.

kaukenîsern, *n. eisen zum backen der fladen* (îserkauken). *alts.* bakisern. *Kil.* koeckyser, wafelyser.

kaukenpanne, *f. kuchenpfanne.*

kauküppe, *pl. kühe. vgl.* beste haupt; *engl.* cattle (capitale).

kaukorf = kåwekorf. *(Iserlohn, Limburg.) s. zu* kôerd.

kaul, *adj. kühl. ahd.* chuoli, *ags.* côl. *unser wort von* kuol, *nicht von* cuoli *= ags.* cêle.

kaülen, *i. q.* kaüschen. *(Elsey.)*

kaülunge, *f. kühlung.*

kaün, kain, *adj. kühn. altes* kuoni; *Soest. Dan.* kon.

kaunâme, *m. kuhname. jede kuh führt bei uns einen namen; auf grossen gütern ist der name einer jeden kuh neben ihrer stelle im stalle zu lesen.*

kaupländerk, *m. kuhfladen. (Grimme.)*

kaurôse, *f. pfingstrose,* pæonia offic. kau *bezeichnet wie* pęrd *das grosse. syn.* makundel.

kaurôt, *dunkelrot wie eine kuh. H.*

kaüschen, kaischen, *siedende flüssigkeit durch zugiessen von kaltem wasser beruhigen. nds.* küschen. *syn.* kaülen, kaipen. *vgl. d. wb.* kauzen. *man ist geneigt es für ein transitiv verwendetes fr.* coucher *zu halten; vielleicht aber hängt es mit alts.* cusco *zusammen.*

kaustall, *m. kuhstall.* dǫr de k a u s t a l l s d ǫ r gêt ôk en węg nà Köllen *= es gibt viele wege zum ziele.* hai werd wol en kaustall im balge hewen *= er ist ein stinker.* wasket de kaustallsdôr un schüert 'et süll, (? daffe ręgen kritt).

kaustęrt, *m. kuhschwanz.* hai wässet as en kaustęrt *d. i. in die erde. vgl. engl.* he grows downward like a cow's tail *(von kindern, die nicht wachsen wollen).*

kautrappe, *f. kuhtreppe; flurname bei Iserlohn.*

kaüt, kait, *n. ungehopftes bier; dünnes bier, K. weissbier, weizenbier. Alten. stat.* keut; *v. Steinen:* koet, *wie denn auch noch jetzt* kàit, kôit *gesagt wird. das wort wird nur noch selten gehört. der name soll von dem ersten brauer dieser biersorte* Keutius *rühren. das Hammsche* keit *war berühmt; vgl. Möller, gesch. der hauptstadt Hamm, 1830. Münst. geschichtsqu. III, 77:* koit. *v. Höv. urk. 112:* koyt. *v. St. stück XX aus der Alten. reimchronik (ende des 17. jh.): v. 59:* Man braut hier auch wol ziemlich Bier — doch trinkt man Kait und Lüd allhir, — der wird von ander Ort gebracht — das Bier wird oft dadurch veracht. *auch der Breckerfelder* koet *war berühmt. v. St. stück XX p. 1257* kaüthan. *s.* dauen.

kawansch *(selten), adj. spasshaft. cfr.*

Kil. wansch *und* kalaeusch, elegans, scitus, lautus. *H. hat* karwausch, *verkehrt. zu* wan, *schön. vgl.* kawuptig.

kâwe, *f. getreidehülse, spreu.* dat es män ût der kâwe dǫrsken = *das ist nur anfang der arbeit, es muss noch besser kommen. Kantz.* kau; *nds.* kâwe; *vgl.* kaff *und* verkâwen. *Teuth.* caff. migma.

kâwekǫrf, *m. länglich-runder flacher armkorb von spänen, dessen sich die weiber bedienen, um gemüse aus den gärten zu holen.* hä küert ût dem kâwekǫrf, *er spricht einfältig. s.* kaukǫrf. *der rechte name ist* kaukorf. kâwekǫrf *ist ein grösserer korb mit zwei ohren, der gebraucht wird, um nach dem dreschen und reinigen die* kâwe *auf den boden zu bringen. (Rhee bei Elsey.) s.* köerd.

kâwesack, *m. spreusack. im rätsel von der kuh:* Vǫr as ne schüddegaffel, midden as en kâwesack, àchten as en snickdisnack.

kawupptig = wupptig: kawupptig fällt dat pęrd hen 'an tebriǫket den hals.

kefflen, *(1670) murmeln:* in dem becke kefflen; *vgl. holl.* kabbeln.

kéilen, *kegeln:* dà sind se noch es recht wier am kéilen *(vom gewitter). (Meinerzh.)*

kękel, *m. zapfen, nur in* Iskękel *(ags.* Isgicel, *engl.* icicle) *eiszapfen. Seib. urk. (c. 1659):* keckel. *offenbar liegt im worte der begriff des walzen- oder kegelförmigen und verwandschaft mit* kiǫgel *(kegel) lässt sich nicht abweisen. holl.* ijskegel.

kęle, *f. kehle. ahd.* këla; *ags.* ceole.

kelle, külle, *f. kälte. setzt awestf.* kaldi, kuldi *voraus; vgl. alts.* cólitha.

kellen, küllen, *kälten; ags.* caljan, *alts.* cólon.

keller, *m. keller.*

kellerschråt, *m. der in ein zimmer vortretende kellerhals. s.* schråt.

kellersunne, *in:* van der k. beschênen sin = *angetrunken.*

kęlwitte, *1. wasserstaar. (Lüdensch.) syn.* wåtergaidling. *2. ein kuhname. vgl. die kuhnamen:* klèwitte, nûrwitte. *darnach könnte* killefite *heissen fettkehle.*

-ken, *ableitungsendung bei verben:* sappken (sappe).

kennen, *praet.* kannte, *ptc.* kannt. *1. kennen. 2. unterscheiden:* hai kennt speck fǫr spǣne.

kennlik, *adj. kenntnisreich, erfahren.*

kennisse, *f. bekanntschaft. holl.* kennis.

-ker, *wofür auch* ken *eintritt* = *gefäss. nur in compos. s.* biker. *goth.* kas, *ags.* cere, *w.-Ztschr. d. berg. geschichtsver. I, 282:* glich wie bien na dem kare.

kêr, *f.* kęr, *f.* = kær.

kerdel, *knicker. H.*

kęrdreck, *m. kehrdreck, kehricht.*

kęren, *praet.* kęrde, *ptc.* kęrt, *kehren (mit dem besen). ahd.* kerjan, kerren; *Tappe* 239ᵇ keren.

kêren. wo kêrt mistus, dà kêrt ock kristus.

kęrf, *n. kerbe, einschnitt;* ærskęrf. *engl.* kerf; *vgl. ags.* ceorfan.

kęrke, *f. kirche:* nà kęrken gån. me maut màken, dat de kęrke im dǫrpe blitt. *ags.* cyrike; *alts.* kerika; *mw.* kyrke, kerke.

kęrkendåler, *m. pfennig.*

kęrkhǫf, *m. kirchhof, gottesacker. syn.* köstersckämpken, knokenkamp.

kęrklû, *pl. kirchleute, leute die zur kirche gehn.* Wann 't den kęrklûen ręgent innet påd, dann es et de ganze węke nåt.

kęrkmester, *m. kirchmeister, der die kirchenkasse führt; mwestf.* kerychmester.

kęrktôrn, *m. kirchthurm.*

kęrkwęg, *kirchweg. Schwelm. vestenrecht:* „der kerckweg offte notweg“ *soll so breit sein, dass eine frau zu jeder seite* „unbeschuirt orer hoecken“ *neben dem leichenkarren gehen kann.*

kęrkwigge, *f. kirchweihe; mw.* kerckwigninege.

kęrmisse, *f. 1. kirmesse, jahrmarkt.* Bà hęste dat kriogen? *(krankheit.)* Ik hewet nitt opper kęrmisse halt un ock nitt vam markede. Hai kûomet nà der kęrmisse (post festum). Dat maut en slecht dǫrp sin, dà nitt mål ne kęrmisse inne es. Dà maint âchter jêdem buske wær 'ne kęrmisse. Et es kęrmisse in der Helle *(von schnell wechselndem regen und sonnenschein). 2. kirmessgeschenk:* ne k. giowen; *vgl. Theoph. (Hoffm.)*

kęrmissjuffer, *f.*

kęrn = kêrn, *korn.*

kêrn, kærn, *m. kern. L. v. Suchen:* korn.

kêrne, *f. kern.* borstkêrne, *brustkern. im hd. wird wohl kirschkern gesagt, in unserem plattd. immer nur* kirssenstên, prûmenstên.

kêrne, *f. kirne zum absondern der butter. R. A. 580:* keerne = *butterkirne, nicht handmühle. die bearbeitung des rahms mit einem grossen löffel konnte* kirnen *genannt werden; daher das gerät zum buttermachen* kirne *und die verwandtschaft mit ags.* eveorn *(mühle), goth.* qairnus. *Teuth.* kernne tot botteren. *die butterkirne nach dem Schichtbôk d. st. Brunswik schon um 1294 in gebrauch, weil der p. n.* karnestaff *vorkommt.*

kêrnen, *kirnen. ags.* cernan, agitare butyrum. *Ettm. 380. ein altwestf.* kairnjan *würde entsprechen.*

kêrnemęlke, *f. buttermilch. engl.* kernmilk. *Teuth.* kernmelck. balbuca.

kęrs, *kresse. (Siedlingh.)*

kęrspel, *n. kirchspiel. mwestf.* kirspell, kerspell; *Th. rervem. 107:* kerkspel. *aus* kerke *und* spill = *menge(?); vgl. geldspiel, menschenspiel (Göthe, Götz). mda. III, 426 wird es aus* spill = *rede, sprache erklärt: so weit die sprache einer kirche geht.*

kęrspelshęrmen, *m. die dickste blutwurst.*

kęrsten, kersten *(Köln. Süderl., selten), zum christen machen, taufen.*

korssen, *pl. kirschen. spr.:* de ersten kerssen gelten 't geld.

kęrwel, *m. kerbel,* scandix cærefolium. *Gr.* χαιρέφυλλον, *ags.* cærfille, *engl.* chervil.

kęrwelgraûn, *n. kerbel:* dai hęt kęrwelgraûn gęten, hä sûht alles dubbeld, *wird von einem gesagt, der übertreibt, oder einen verkehrt aufgefassten vorfall berichtet. vgl. Fisch. Garg. c. 19:* „Dann ir wüsst, dass körbelkraut grosse kraft die leut zu verändern hat, also dass jene frau ihren mann, der sonst einen bei ihr fand, uberredt, er hett korbeln gessen“.

kęrwelspęne, *pl. hauspäne. vgl. zu dem euphon. l.* wiskeldauk, węrkeldag *u. a.*

kęrwen, *kerben, einschneiden. ags.* ceorfan.

kês, *m. käse.*

-kes, *diminut. adverbialendung:* nettkes, stillkes, efkes.

kêse, *m. (Iserl.) s.* kæse.

kęsek, käsek, *m. mark des kohlstrunks. syn. ostfr.* pittkôl. *Montan. p. 149 führt als westf. namen des holunders auch* k ê s k e, k a i s e k e *auf. vgl. Kil.* keest, nucleus, granum, germen; keest, medulla, cor, matrix arborum. *verwant mit* kêrn, *mda. VI,* kas, *f. (Tyrol.)*

kêserblûm, *f. käseblume. (Eckenhagen.)*

ketschen, für k., *feuer schlagen. Hingb. 2, 85.*

kęf, *von hartem holze, welches schwer zu verarbeiten ist. (Siedlingh.) cfr. ostfr.* kiffig, kiwig, kibig. *Schamb.* kiwig.

kęfergail, *adv. vorlaut, dumm gesprächig. H.*

kęwe, *f. käfer.*

kęwek, *m. käfer. s.* maikęwek. *(Altena.)*

kęwitte, *maikäfer. H.*

kî kî! *lockruf an die schweine. (Weitmar.)*

kibbese, *s.* mûsekibbese.

kick, *in* kick âder kack seggen, *sich mucken. ostfr.* kik, *mucks, leiser laut. vgl.* kicken.

kicken, *mucksen, leisen laut hören lassen.* nu kicke di es noch! *nun gib noch einen laut von dir!* = *muck dich nicht mehr!* dä hęt nitt deran kicket âder âmet, *er hat nicht das geringste davon verlauten lassen. vgl. ostfr.* kikken, *engl.* to kick.

kickes-węrdken, *das geringste wörtchen. H.*

kidse = kniffte. *vgl. alts.* kîth.

kidsken, *n. ein klein wenig.* kain kidsken, *nicht das geringste. syn.* knifftken. *diminut. mit eingeschobenem* s *von* kîd = *alts.* kîth; *hunsr.* käh, keitche; *Firm. V. St.* en kritzken.

kie, *f. kette. wie* stie = *alts.* stedi, stidi. *lat.* catena; *ahd.* ketina; *L. v. Suchen 58:* kede. *s.* kiǝge, kiǝte.

kiǝge, *f. kette. f. r. 96.* g *für* d.

kiǝk, *m. blick.*

kiǝkstern, *kichern, halbunterdrücktes lachen. vgl.* däckstern, delstern, helstern, mûstern, tękstern.

kiel, *m. kittel. mhd.* kittel; *holl.* kedel, keel, kiel; *engl.* kirtle; *altn.* kyrtill; *dän.* kjortel. *nur* d *und* th *können ausfallen, aber es kann neben ags.* cyrtel *ein nd.* kirdel *gegeben haben, woraus sich* kiddel *assimilierte. vgl.* kie, *d. i.* kede *neben* kiǝte. *Teuth.* kedel, wenckel rockt.

kiǝle, *pl.* kiǝlen *in* gêsseln-kiǝlen. *blattstengel mit dem kiel einer feder verglichen.*

kielen, *eilen.* he kielde üm noh. *Hingb. III, 84.*

kiǝlen, *schreien (von kindern); vgl.* kęle.

kielwitte, *(weisskehle), wasserstaar. s.* wâtergaidling *und* kęlwitte.

kienblaume, *f. kettenblume, löwenzahn. syn.* rôsenkrûd, rôsentöppe, busterpost, saumealke.

kiǝper, *f. 1.* keper, köpper *oder schräg durchkreuztes gewebe. für* kipper, *zu holl.* kip, keep *(kerbe) oder unserem* kippen = *picken, hauen, per conseq. rauh, uneben, wund machen. 2. kleine trockene offene wunde, schrunde. H.*

kiǝsel, *m. kiesel; vgl.* kiǝtel. *ahd.* kisil.

kioseling, *m. kiesel. Hoffm. Findl. s. 154:* keserliuk.

kiote, *f. 1. kette,* catena. *2. kette (rebhühner):* ne kiote van vėr stück. *(Bochum.)*

kiotel, *m. 1. kessel. goth.* katils; *alts.* ketil; *ags.* cetil. io *ist* a-*brechung. 2. grube beim* mutten-trecken: dat gėt kiotel ûm.

kiotel, *m. kitzel. ags.* citel; *Soest. Dan.* kettel, kittel. io *ist erweiterung von* i, *um ohne verdoppelung des* t *eine gewisse kürze festzuhalten.*

kiotelig, *adj. kitzlig.*

kioteln, *kitzeln:* med der mistgaffel kioteln. *ahd.* kizilôn; *ags.* citeljan.

kiotelläpper, *m. kesselflicker. v. Hövel. urk. 112:* kettellepper.

kiewipp, *kibitz.*

kiffe, *f. schlechtes haus. syn.* kâficke. *engl.* kip *(Vic. of Wakef.); dän.* kippe *(kneipe); berg.* kîpe; *holl.* kuf, küffe; *mhd.* keibe; *mda. III, 116:* keiche.

kiffen, *kläffen; vgl.* käffen. *(Brackel.)*

kiggeln, *1. kegeln. 2. knickern. (Siedlingh.)*

kijack, *m. 1. hals, schnabel.* ėnen am kijack krîgen. dä sorget fọr sinen kijack. *2. gans. 3.* = himphamp *(im märchen). altmärk.* kijak, *luftröhre der geschlachteten gans; Gr. d. spr. II, 864:* giguk.

kijacken, *schnattern; vgl.* gigaken, *bei Schiller* gagaken. *vgl. Froschm.:* gigack gigack flog sie daher, als wenns der römische adler wer.

kîk-dọr-den-tûn, *guck durch den zaun, gundelrebe. syn.* krûp-dọr-den-tûn, hûdrâwe.

kiken, *præt.* kėk, *ptc.* kieken, *gucken, sehen. Soest. Dan.* kiken; *holl.* kijken. *Bgh. spr. sal. 7:* kykede.

kikeswærdken, *n. nicht das geringste wörtchen.* kikes *wird genit. des partic. subst.* kîkend *für* kickend *sein; s.* kicken.

kîk-in-de-weld, *m. guck in die welt, gelbschnabel.* du bös jä män en k.

kîl, *m. keil.* duonerkil! *wofür in Iserl.* duonerkail; *vgl.* kailen. kil *ist wahrscheinlich aus* kigil = kwigil *contrahiert, so dass es dem* wigge *begegnet; vgl.* kwiogelte. *ahd.* chîl; *mhd.* kîl.

kile, *f. krug für bier:* ne kile bėr. *(Altena.) ags.* cille, *hd.* kelle. kile: kille = pile: pille.

kilen, *1. keilen, schlagen. 2. in Lüdensch.: fluchen d. i.* duonerkîl *sagen.*

killefits, *m. geizhals, knicker. vgl. Seib. westf. urk.* Killefite, *familienname. es bedeutet wol eigentlich: dickkehle, dickhals, vgl.* kiolwitte.

kilorum gân, *komischer ausdruck für fortgehn. spr. u. sp. 8.*

kim kim! *lockruf an die schweine. (Fürstenb.)*

kimmeln, *zanken. H. zu Kil.* kimpen, luctari, certare *oder für* kibbeln. *Teuth.* kyblen.

kîn, *m. pl.* kinen. *keim.*

kinbedde, *n. kindbett. syn.* krâm; de haiden sid inbroken. de fmen sid an de braudrigge trocken. sine frau es im krâme. use Hergod hed se med ner jungen dochter, med me jungen suone segent. sine frau was am käntken. se het te frô kalwet, se es te frô borsten.

kinbedderscbe, *f. kindbetterin. syn.* krâmfrau; *vgl.* krâmhær.

kind, *n. pl.* kinner, kind. klaine kinner klaine last, grôte kinner grôte last. wänn de kinner klain sind, dann tredt se em den schôt, wänn se grôt sind, dat herte *(machen herzeleid).* hai het nitt kind of kûken. et es alles noch män kinnerwerk.

kindken, kinneken, *n. kindlein. plur.* kinnerkes.

kindôpe, *f. kindtaufe.*

kînen, *præt.* kėn, *ptc.* kionen; *3 præs.* he kint *(wie* he schint, *von* schînen); *ptc.* gekenen, *keimen. goth.* keinan; *alts.* kinan; *mhd.* kinen. *Teuth.* kynen. schoeren, ryten, splyten als die erde off anders wat. *das keimen ist ein reissen, spalten des samens.*

kinkel, *f. pl.* kinkeln. *1. streifen fleisch und speck, wie dergleichen von schinken abfallen und zur bereitung der mettwürste verwendet werden. 2. speckwürfel in blutwürsten. mda. 6, 214. (Fürstenb.) ähnlich nds. 3. doppelkinn, unterkinn; vgl. Vilm.* kinken, *pl. (an der Diemel.)*

kinn, *n. kinn. alts.* kinni.

kinnerbêr, *n. in reimen* = *kindtaufe, tauffest. mwestf.* kindelbeyr.

kinnerdauk, *m. tuch, welches kleinen kindern um den leib geschlagen wird.*

kinnerkäppken, *n. kindermützchen.*

kinnerkraike, *f. eine art kriechenpflaume.*

kinners! *ausruf der verwunderung; auch* jesses kinners! *vgl. Firm. III, 147.*

kinnerzech, *m. tauffest, kindtaufschmaus.*

kiöneg, *m.* = küening. *(Altena, gedicht von 1788.)*

kîpe, *f. 1.* keipe = risp, *korb mit zwei henkeln. (Siedlingh.) ein aus rohen* *weiden geflochtener igelrunder handkorb. K. 2. tragkorb für den rücken.* dẹn kenn ik so guod, as wann ik ne in der kîpe drẹgen hädde. *3. im Berg. = schlechtes haus. 4. = nds.* kîke *in* fürkîpe, *ein messingenes oder kupfernes geschirr zur aufnahme von glühenden holzkohlen, um die füsse darauf zu wärmen.* kîpe, kuipe, *f. = klucht, spaltholz der kinder. (Lethmete). vgl. Vilm.* kippe. *Teuth.* kyppe, corff.

kipele, *hanbutte. Teuth.* hyepel, buttel.

kiperling, *fastnacht. (Altena. H.)*

kiperte, *hanbutte. (Remsch.) in Schwelm:* buttelte. *H.*

kipp, *m. n. spitze.:* rüggenkipp = rüggenkamm, *speckstück aus dem rücken des schweins.* Hâuenkipp, *name einer bergspitze bei Hemer. ags.* kipp = dentale; *holl.* kip, *f. = kerbe, einschnitt.* kipp *und* pick *sind eins, wie* kippen *und* picken.

kippærs, *m. wolf (vom reiten). von einem stumpfen messer:* dà kamme op nà Köllen rien un ridt sik doch kainen kippærs. *mhd.* kipars, *oldenb.* bikêrs; *vgl. holl.* kip *(kerbe)*, kippen *(einschneiden). Teuth.* bickers. bicken = kippen.

kippe, *f. in* bliune-kippe, *graue stechfliege.* kippen = *fr.* piquer.

kippen, *schwach anstossen, anschlagen, anhauen.* med der bîle kippen = *kerben.* med aiern kippen, *so dass, wer dem andern eine beule ins ei schlägt, das beschädigte ei gewonnen hat. Waldeck.:* keppen. *vgl.* to chip *vom picken der vögel.* ûtkippen, *ausschlagen, knospen treiben. s.* tiepschen.

kippgarwe, *f. dicke garbe, früherhin die schwere garbe, welche die mäher als lohn mitnahmen. (Dortm.) syn.* baudgarwe.

kippkâr, *f. sturzkarren.*

kipps, *(? =* kippisk), *adj. angestossen.* et es kipps! *sagen die kinder beim knickern, wenn der getroffene knicker sich ein wenig bewegt hat, ohne gerade seine stelle zu verlassen.*

kirsse, *f. kirsche.* wann usse Hẹrgọd kirssen giət, dann giət he ok kọrwe. *sorten:* iəselskirssen *u. s. w.*

kirssfuegel, *m. kirschvogel, goldamsel,* oriolus galbula, *der zur zeit der kirschenreife frühmorgens auf kirschbäumen geschossen wird.*

kirssenblaud, *f. 1. kirschenblüte. 2. zeit der kirschenblüte.* so as 'et wẹr es in der kirssenblaud, so es et ock wann de rogge blött.

kirssenbôm, *m. kirschbaum.* wann de k. tüsken twê lechtern blaumet, giət et kaine kirssen. *ahd.* kirsboum.

kiserling, *m. kiesel. K. s. 75.*

kisse, *f. ein werkzeug für den brotbäcker.* se næmen 'et brôd vọr der kisse wẹg = *so warm vom ofen weg. ahd.* kissa, tractula. *hess.* kiss. *vgl. wald.* kis, kisk. *Lacombl. arch. III, 221:* kissell, eynen isser kyssel, da men den hert mit affzuycht. *Teuth.* kyssen dat is sulken geluyt to maken. *id.* kysse in den perstal. *Sieg.* kess, *m. stange mit halbkreisförmigem brett an einem ende, um die glühenden kohlen aus dem backofen zu entfernen. vgl. Vilm.* kiss.

kistekauken, *m. pfefferkuchen.* dat es brôd asse kistekauken.

kitsche, *f. kerngehäuse des obstes. vgl. alts.* kith, germen; *Hunsr.* keit, *kleines samenkorn.*

kitschen, *das kerngehäuse ausschneiden.* den appel k. *(Solingen.)*

kitse, *in:* ik nẹm et kaine kitse *(nicht im geringsten)* üwel. *op de u. h. 8. Kil.* kritse, zierken, atomus.

kitsken, *s.* kidsken.

kitswammes, *n. weste. (Velbert.)*

kîwe, *f. pl.* kîwen, *mundwinkel, kinnlade. ahd.* kiwa; *mhd.* kîwen; *dän.* kiäve. *Teuth.* kyewe.

kîwen, *keifen. unsere väter sagten beim gewitter:* kinner, bẹd ink! use Hẹrgọd kîwet. *Soest. Dan.* kywen.

kîwig, *schelmisch, naiv.* sai sûht so kîwig ût den ôgen. *K. — Doornk.* kîfig, kîwig, kibig. *so recht wie es sich gehört und sein soll. (sd.* kiebig, *stark, heftig.) Schamb.* kîwig, *dick, stark, v. holze. s.* kẹf.

kiwwe, *f. ferkel. nds.* kiwwe.

kiwwe kiwwe! *lockruf an die ferkel. syn.* kî kî, kîm kîm. *münst.* küe küe, kür kür. *(auch Siedlingh.)*

klabastern, *laufen, dass es schallt.* se klabastert üchter en 'rin. *nds. ebenso; Schevecl.* knabestern. *offenbar ist* kla, kna, sla *præfix, da es ein* bæstern *(zu* basan) = *laufen gibt.* rût klabastern, *hinaustreiben. N. l. m. 49.*

klabustern, *unreinigkeit am after. K.*

klabûstern, *in:* herût kl. = klamûsern.

klachte, *f. klage.*

klachter, *f. klafter. Teuth.* clater, claffter; later; *Köln.* gelater. *vgl.* lachter.

klack, *in:* nitt klack noch smack = *geschmacklos. die reimhafte formel scheint mit beiden wörtern dasselbe zu sagen. beide wörter, ursprünglich den lippenschall bezeichnend, sind auf den ge-*

schmack übertragen. smack, *der stamm von schmecken, ist ursprünglich schallwort und demnächst auf das gierige hörbare essen angewendet. ostfr. ebenso:* gên klak of smak. *dem nds.:* weer lack noch smack *wird der guttural abgefallen sein; an salzlake darf nicht gedacht werden. vgl. berg.* nitt râk of smâk, *ohne wohlgeruch und wohlgeschmack,* insipidus.

klack, *m.* **klacks,** *m. fleck. ags.* clæc, vitium. *vgl.* verklicken, klunke.

kladátsche, *f. klatsche. vgl.* sladatsche.

kladátschen, *klatschen.*

kladderig, *adj. schmutzig, weich, schmierig, von teig u. a. vgl. Wallr.* kladd. *cfr. schw.* klöttra.

kladdern = kluadern.

kladisen, kledisen = kladistern.

kladistern, *laufen; vgl.* disen. *cfr. auch* klöstern.

klaffen, *1. schwatzen. (Olpe. Meinerzagen.) Soest. Dan. 166.* klaffen *für* klâpen = kâpen, gâpen, *den mund aufsperren und luft herausstossen. Upst.* lapen, *vom offenen backofen, aus welchem rauch und heisse luft fährt. Teuth.* claffen, callen. *2. ausplaudern.*

klæfken, *n. dietrich, diebesschlüssel. zu* klâwe.

klæger, *m.* de kl. hęt wǫl wat, wann de præler män wat hädde.

kläggen *s., sich krauen. (Grimme.)*

klaien, *kratzen, krauen. v. Steinen:* kleyen. *s.* klauen, kläggen.

klaimen, *schmieren.* hä klaimet de buater as wann se kain geld kostede. *(Hoerde.) ahd.* kleimjan, *ags.* clæmen. *Münst. beitr. IV. 618:* myt wasse to geklemt. *ostf.* klèmen. *s.* klaume, klaiwen. *Kil.* kleem *j.* leem argilla; kleemen *j.* leemen, incrustare argilla.

klain, *adj. compar.* kleuner, *superl.* klenst, *klein. adv.* klain, *wenig.* mène katterlisebett schannte nitt klain. *op d. a. h. 20.* et es nix klaines: 'n iasel op der buaterschuatel un 'n ai op der mistdręge. klain geld. ik kann dat nitt klain krigen = *begreifen.* de klainen sid dût jâr alle nitt grôt. hai giet klain bî = *er kriecht zu kreuze, gibt nach.* klaine vertian dage, *14 tage woran etwas fehlt. sonst = fein.* kleyne drait, *Alten. Draithordn. Teuth.* kleynlick *(fein) von leinwand.*

klainhêe, klainhaie, *f. feinere hede, die zwischen flachs und hede die mitte hält.* klain = *fein, rein; vgl. ags.* clæne, clâne, *engl.* clean.

klainigkaiten, *pl. sind im karnüffelspiele:* pâpe, twist, drüdde *und* verde.

klainlauk, *n.* = smällôk. *(Fürstenb.)*

klainnaigerske, *f. kleinnähterin, weissnähterin.*

klainrüggelken, *n. ein sternbild. (Alberingwerde.) vermutlich der gürtel des Orion, der nach Gr. myth. 689 in Scandinavien* friggjarrockr, friggerok *hiess.*

klainroggen, *m. länglichrunder stuten von ausgesiebtem roggenmehl. H.* kleinroggen, *kleine ungesäuerte feine rockenbrote. Seib. urk. 268:* cleyne rogge = panis rotundus; *Münst. beitr. II. 56:* panis de siligine qui vulgariter roggo subtilis dicitur; *v. Steinen:* klein rocken = panis siligineus a furfuribus perpurgatus. klein *hier = rein, fein. s.* rüggelken.

klaiwen, *schmieren. K. s. 98. Seib. qu. II. 346:* gecleivet. *s.* ûtklaiwen. *vom maurer. (Fürstenb.)*

klämes, *unschlüssig, z. b. im essen. H.* ? = klamend.

klamm, *adj. 1. klebrig, feucht.* min rokk es klamm nat. *K. dän.* klam; *nds.* klam; *vgl.* klaimen. *2. trocken kalt, steif kalt, was in seiner bewegung gehindert ist. vgl. ahd.* klamjan, coarctare; *alts.*antklemmian; *Theoph. (Hoffm.)* sik beklimmen, *sich fesseln anlegen; præt. conj.* beklumme, *s.* verklummen, klemmen. *Goethe, 21, 254:* klamme. *Teuth.* clam, vucht, sam, nat.

klämmen sik, *feucht werden.* de snê klämmet sik. *Hamm. H.*

klamûser, *m. grübler, ausdenker. mda. III, 426. Wallr.* kalmuiser = *karger mensch. weisheitskrämer, klugscheisser.*

klamûsern, *ausdenken, ausklügeln* (ût-klamûsern), *nachsinnen, seinen gedanken nachhängen, grübeln über* (ower, *Must. 59) etwas. nds.* klamûsern, *wald.* kalmûsern. *vgl. engl.* to muse.

klander, *f. tuchpresse, warmpresse. engl.* calender.

klandise, *kunde, kundmann. H. s.* klant.

klängen, *s.* klinke 4. *ein eisen, welches an den zugketten* (klinken) *befestigt ist.*

klanke, *f. 1. falte, starke biegung. als von jemand gesprochen ward, der an einer eingeweidekrankheit schnell gestorben war, meinte man:* de dęrme sött 'ne wǫl 'ne klanke slâgen hewen. *2. eine handvoll geheehelten flachs, diesse; vgl. ahd.* geklankjan, torquere; *engl.* to kling; *mda. III, 117:* klenken.

klanken s., *sich krümmen, falten; sich krümmen, winden (bei schmerzen). K.*

klankig, *adj. sehr gekrümmt.*

klant, *m. pl.* klanten, *bursche, gesell (verächtlich). Teuth.* clant, compaen, *gesell, socius. F. I*, 375 klanten, *holl.* kalant, klant, *kunde, gönner; franz.* chaland.

klâpert, *m. klappertopf*, rhinanthus minor. *Mda. IV*, 174: klaffer. *es ist* = klappwort; *vgl.* golfert, graunert, lunkert, mådert, rainert.

klapp, *m. schlag. engl.* clap, *ital.* colpo, *fr.* coup; *vgl.* klack *und* kapp.

klappe, *f. 1. klappe. 2. hosenlatz. dän.* klap, *engl.* flap; *vgl.* flappen = *klappen.*

klappegge = kladatsche. *(Siedlingh.)* — *Kil.* klappeye, garrula, lingulaca.

klappen, *schlagen. vgl.* kloppen, flappen.

kläppen, *die klappe am taubenschlage zuziehen;* dûwen kläppen, *tauben so fangen. K.*

klappern, *klappern:* hä laip dat ęm de klåwen klapperden.

klapps, *m. schlag.*

klappsen, *schläge geben.*

klapütt, *schlechte brühe.* sicurjen — klaputt. *N. l. m. 27.*

klâr, *adj. klar.* dà sastu klåre ôgen nà krigen = *das soll dir übel bekommen. s.* kapp.

klåre, *m. klarer, nicht gefärbter branntwein.* hä drank sik en glas klåren.

Klęr, *Clara.* Balven Clęr = *Clara Balve. der umlaut wird sich nach dem deminutivum* Klęrken *(Clärchen) eingefunden haben.*

klâr-knitter-sâlt, *durchaus nichts als:* de bueter es k.

Klås, *1. Claus. Nicolas.* Sünte-Klås, *St. Nicolas oder sein fest.* de lampe es so drôge as Sünte-Klås in der fuat. *2. (berg.) tölpel:* en rechten klås. *klotz lautet* klåtz, *märk.* kloss.

klâter, *f. klunker von augenbutter. auch berg.:* he hêd klåtern in den ôgen. *vgl. nds.* klâter. *vgl.* kolter.

klâterig, *adj. und adv. 1. schmutzig. 2. von klunkern in den augen:* klåtrige ôgen. *3. fig. schlimm, misslich:* dat es ene klatrige sake. et süht klåterig ût. *(berg.) 4.* klaterg, *schadhaft, schlecht,* klatergc feusters. *N. l. m. 46. nds.* klåterig. *vgl.* beklętert, *mit kot bespritzt,* éclaboussé; klęter-pôt, *ortsbez. in Deilinghofen* = *pfütze, wo man sich beschmutzt;* Kletterpolsche, *personenname im Soest. Dan.*

klætern, *klettern.* giaf acht, du klæters oppeme glasernen dàke herümme. *nds.* klåtern, *Fürstenb.* klåtern, *wald.* klatern. *hängt mit* kletto, *ags.* clate *zusammen.*

klatsch, *m. 1. weicher kot, der angespritzt. 2. fleck.*

klatschheüer, *m. grosser knicker, steinkugel.*

klatschig, *adj. nass, vom brote. nds.* klatschig.

klätschnât, *adj. pudelnass.*

klatschnatt, *ganz durchnässt. K.*

klatse, *f. rest. (Iserl.)*

klatsig, *kotig auf der strasse. K.*

klauen, *1. wühlen im dreck. 2. (Schwelm) gehen. Weddigen: laufen. H.* dà klaude he nàm sch. *3. treiben, betreiben,* he klaud' et. *H. Upst. 1428* klowen; *ags.* clavjan, scalpere, *engl.* to claw. *zu* klåwe. *Teuth.* clouwen. crouwen.

klauk, *adj. klug.* dat es en klauken kêrl, wann 't de lû män wüsten. hęt din vår der klauken kinner noch mær? dan kan he d'r wol driathüser met dekken. *(im spott). mwestf.* klôk *für* kluok.

klaume, *f. butterbrot. s.* klaimen.

klaute, *f. ackerwalze. (Fürstenb.) syn.* welle, klôte.

klåwe, *f. 1. klaue.* dä lôpet dat ęm de klåwen klappert. *2. handschraube. ags.* clavu; *ahd., alts.* klawa; *mnd.* klauwe. *unser å durch das folgende alte w herbeigeführt. Teuth.* cla off clawe. ungula.

klåwer, *m. klee. ags.* clâfer, *engl.* clover, *holl.* claver, *nds.* klêwer. *unser* klåwer *hängt mit klaue* (klåwe) *zusammen; die ähnlichkeit des blattes mit einer vogelklaue veranlasste die benennung.*

klawern, *kratzen in den haaren. (Weddigen.) mit den händen im schmutze herumwühlen. K.*

klåwer-vêr, *vierlappiges kleeblatt.*

klê, *m. Paderb.* klegg, *klee.*

klêblaume, *f. 1. kleeblume. 2. kuhname.*

klêd, *n. pl.* klêer, *kleid.* sô klêd, sô mann. *ags.* clâd, *engl.* cloth. *Koene z. Helj. 2846 vgl. alts.* hlidan.

kledâsche, *f. kleidung. deutsches wort mit franz. endung* (age). *vgl.* stellâsche. schenkâsche.

klędertasche, *schwatz- und klatschsüchtiges frauenzimmer. K.*

klêen, *praet.* kledde, *ptc.* kledt, *kleiden.*

klêerkasten, *m. kleiderkasten, kleiderschrank.*

klêerschapp, *n. kleiderschrank.*

klêhenne, *kuhname.*

kleinbergische anslęge *(nicht* Beckumsche) *sagt man im Paderbornschen. H.*

klemme, *f. 1. klemme.* hai es in der klemme. *2. gespaltenes holz, worin einem hunde der schwanz geklemmt wird.* hä schraiet as wann he 'ne klemme am stęrte hädde. *3. (Lüdensch.) ein spaltholz, worein kinder heidelbeerensträucher stecken. syn.* klucht, klǫe.

klemmen, *klemmen.* et es 'ne beklommene tîd, de êne klemmet op den annern.

klemmen, *prœt.* klumm, klomm, *pl.* klömmen, *ptc.* klommen. *1. klettern, klimmen,* hoge klomm ik, *volksrätsel. 2. stehlen; vgl. Laiendoctr. 53:* klemmende vogele = *raubvögel. ags.* climban, *mhd.* klimmen, *engl.* to climb.

klemm-op, *1. epheu. Doornkaat, ostfr.* klim-up. *2. indianische kresse. vgl.* giən-op, kölsch-op. wipp-op, tęrop. *Kil.* klimop, *holl. j.* klemmerboom, hedera.

klenke, *winkel. s.* klinke böwen an den klenken, dà hangen di laugen schenken. *kinderreim.*

klênlik, *adj. etwas klein. (Alberingw.) nds.* klenlig.

klênroggen, *m. (Alberingw.) s.* kleinroggen.

klęppel, *m.* = klepper. *Soest. Dan. 81:* kleppel. *Teuth.* clepel in der klocken.

klępperke, *f. klapper. (Siedlingh.)*

klęppen, *die glocke anschlagen. ags.* clipjan. *(Ettm. 392).*

klępper, *m. klöpfel in der glocke. ags.* clipur, *engl.* clapper.

klęppstûwer, *m. eine besondere einnahme des landküsters.*

klępstèrken, *rassel, klapper. (Grimme).*

klêrêse, *kuhname.*

klêstern, *so laufen, dass einem der kot anfliegt.*

klęter, *f. klatsche, geschwätziges weib. s.* klâter.

klęterdull, *adj. reintoll.*

klętern, *klatschen, klappern, rauschen. vgl. osnabr.* kletergold = *rauschgold; engl.* clatter; *ags.* clatrung *(Ettm. 391).* klęterpôt, *ortsbez. in Deilingh., wohl pfütze wo man sich beschmutzt* (beklętert, *beklatscht,* éclaboussé): *vgl. Soest. Dan.* Kletterpolsche.

klettergold, *rauschgold. H.*

klęwen, *kleben. ags.* cleofjan; *Soest. Dan.* kleven.

klęwerkǫrste, *f. 1. klebkruste, anstoss am brot. 2. fig. von einem menschen.*

klęwekrûd, aparine. *Kil.* kleefkruyd. *syn.* dûk.

klewitt, *kauz.*

klêwitte, *d. i. weissklee, kuhname. vgl.* kiəlwitte.

klicker, *tüncher. K. s. 97.* — klicken, argillare. *(Diefenbach.)*

Cliems, *Clemens. (Solingen.)*

klief, *n. abhang, hügel, klippe. halbappellativ. bei Hemer sind zwei. urk. von 1500:* op dem groten clyue, *heute:* om kliəwe. *alts.* clif, *fels. ags.* clif. *Teuth.* cleff, doil, tzyl.

Kliəfe, *Cleve.* et gèt nirgend doller hęr as in der weld un te Kliəfe.

klieweken, *n. so heisst jetzt das eine der* kliffs *bei Hemer.*

kligge, *f. pl.* kliggen, *kleie. sie wird davon benannt sein, dass sie den kern einhüllt, umwickelt, bedeckt. ahd.* kliwa, klîa, *wol* = *goth.* hlija, *m. unserm* ligge, lèie *für* hliwa *(windel). cfr.* lackklack, lachter-klachter.

klimmop, *klebkraut,* galium aparine. *K. Stürenb. 111, s.* klemmop.

klimperklain, *adj. äusserst klein. Gr. tüg 12. vgl. Vilm. hess. idiot.*

klinge, *f. 1. hirtenstab mit ringen. 2. eisen zum flachsriffeln:* de klinge dä klang. *syn.* krummelte, *ringelbengel.*

klingel, *f. klingel, schelle.*

klingelbûl, *m. klingelbeutel (in der kirche).* hai med dem klingelbûl ümgêt, maut hêl föer in der taske hewen.

klingellaie, *f. klangstein.*

klingelingeling! *zur bezeichnung des schellenklanges oder des schalles von zerschmettertem glas und porcellan. vgl. Dörr. Kalend. II.*

klingelu, *klingeln.*

klingen, *prœt. klang, ptc.* klungen, *klingen.*

klink! *bezeichnung des schalles eines klingenden körpers. im märchen:* dà sagg et klink! *Teuth.* clyncken, clyngen, luyden.

klinke, *f. 1. türklinke: ahd.* chlinka. *2. zwickel an strümpfen. 3. winkelförmiger riss. 4. zugketten an der karre, daran ein eisen,* klängen *genannt, befestigt. 5. ein eisen zum messen des drahtes; s.* klinken. *6. nasenschleim, speichel.* dęm schaitet de klinken ût der nase. *im Lüdensch.:* dä lätt de klinken schaiten = hä saiwert. *7. eine krötenart, welche den ton* klink *hören lässt:* stênklinke. bufo obstetricans, *accoucheurkröte.*

klinkefisten, *neugierig umherstreichen.*

nds. klingfisen, *osnabr.* schlinkviisen. *vgl. mda. IV, 174:* klinkenschlagen *und* unser 'ne klinke slân. *Pick, monatsschr. I, 577, 96:* im lentzen gaen klinken slaen, *sich müssig umhertreiben. unser* fisten *entstand aus* fisen, *was* ausfinsen *(schlagen) hervorgehen konnte. es bezeichnet sonach das öffnen der türklinken um zu horchen oder neuigkeiten mitzuteilen.*

klinkefister, *m. neuigkeitskrämer. das rotwelsche* klankvetzer, klangvetzer, klingenvetzer *ist wol dasselbe. mensch der alles besser wissen will. syn.* wisenase.

klinken, *draht messen. s.* kloven. *cfr.* klöfken.

klinkendonnerkîl, *neuer fluch.*

klippern, *ein deminutives klappern, heller als klappern.* me horte nix ase snorken un af un tau det klippern van den krallen an çrem rausenkranze. *Gr. tüg 82.*

klippklar, *ganz klar. K. — s. Doornkaat* 8. klip.

klippkram *(Dortm.)* knippwinkel, *wo allerlei kleine bedürfnisse zu kaufen sind.*

klippkrâmer, *kleinkrämer. K. — H. Laurenb.:* klippkrämer, *72.*

klippschaule, *winkelschule. K.*

klippschulden, *schulden für allerlei kleinigkeiten; so auch ostfr. Doornkaat.*

klipsch, krigt kainen klipsch.

klitschig, *schmierig, kotig auf der gasse. K.*

klocke, *f. glocke.* me maut dat nitt an de grôte klocke binnen *(hangen).* de hültenen klocken = *das dreschen:* de wind gêt all öwer de stoppeln un me hært de hültenen klocken gân = *es ist herbst. Soest Dan.* klocke. *vgl.* klacke *und* locken.

klocken, *geschlagen.* ik stohe hey niu ol ne klockene stunne. *N. l. m. 85.*

klöckelkes, *pl. roter fingerhut. (Siedlingh.) auch hd.* waldtglöcklin.

klockenblaume, *f. 1. glockenblume. 2. ackelei.*

klockensêl, *n. glockenseil.*

klockesberg, *blocksberg, wo die hexen tanzen. (Siedlingh.)*

klǫe, *f. spaltholz zum heimtragen der heidelbeerbüschel. (Balve). vgl.* handklǫe, *schraubkloben des schmieds.*

klöfken, *n. kerbe am wagbalken.* gerade im kl. = *genau gewogen. vgl. Heinzerl. vocal. d. Siegerl. mda. 70. Teuth.* clave, reete, splete, spalde, glyppe, kernne, schram. *vgl.* weghen int clof. *Fahne Dortm. II.*

klöftig, *adj. klug. nds.* klöftig; *dän.* klögtig. *zuweilen geht* gt, kt, cht *in* ft *über; vgl. münst. (Zumbroock):* düftig = *düchtig. Ravenb.* klüftig, *verständig.*

klompe, *f. holzschuh. s.* klumpe.

klopp, *m. pl.* klöppe, *schlag. vgl.* colpo, coup.

kloppe, *f. 1. alte nonne, bigottes frauenzimmer. 2. peitsche mit mehreren riemen. 3.* = kluppe. *4. waschholz. Kil.* klopsüster. *s.* klophengest.

kloppen, *klopfen.* he hęt ne op de finger kloppet. *Soest. Dan.* kloppen.

klöpper, *m. schlägel an der tür.*

kloppespân, *m.* = waskeholt. *(Siedlingh.)*

kloppbâmer, *m. hammer.*

klopphang, *im rätsel von der kuh:* vêr hangen *(striche am euter),* vêr stangen *(füsse),* en klopphang nå *(? schwanz)* un twê węgewisers *(hörner). z. f. d. myth. III, 4.*

kloppbengest, *m. 1. zwitter; syn.* ûterbock. *2. unvollkommen kastrierter hengst. nds.* klophengst. *vgl. mda. Kil.* kloppen, vetus castrare.

kloppthûg, *n. gerät zum sensenklopfen. (Elsey.)*

kloss, *m. klotz. ahd.* kloz. *Teuth.* closs, block. *Seib. urk. 1112:* klosachtwerk *(nr. 1322).*

klôster, *n. kloster.*

klôsterken, *n. klösterchen. rätsel vom ei:* ik kloppede mål an en witt klôsterken, dà kam en gęl männken, dat dæ mi ǫpen.

klôt, *m. runder körper. 1. rübe. (Altena). vgl.* klôtbacke, klôtkamp, klôtland, klôtsåd. *2. pl.* de klôte, *die hoden. vgl.* klôtsack. *3. Soest. fehde, s. 695:* clot, *pl.* clote, *geschützkugel; Theoph. (Hoffm.)* klôt = *kugel; dän.* klode = *kugel.*

klôtbrî, *rübenbrei (veraltet). H.*

klôte, *f. ackerwelle. (Siedlingh.) s.* klaute.

klôten, *damit bearbeiten.* vi wellt de hâwer klôten. *(Siedlingh.) vgl. wald.* klüten, *erdschollen entzwei schlagen.*

klôthacke, rübstiel *und* ‚käseke' *durcheinander gehackt. (Altena).*

klôtkamp, *m. rübenfeld.*

klôtland, *n. rübenfeld.*

klôtsåd, *rübsamen.*

klôtsack, *m. hodensack.*

klotschen, *pl. überschuhe. Hoffm. Findl. s. 153.* gallotze, *fr.* galloche *vom lat.* gallica.

klôwehâmer, *m. hammer zum holzspalten. s.* klôwen.

klǫwen, me maut dat flass nich êer lǫwen, bit dat me 't hęt im klǫwen. *im osnabr. ist ein* klǫwen = 10 rissen.

klowen, *m. 1. eine art schraubstock. 2. techn. ausdruck bei der drahtfabrikation, s.* klǫe. *vgl. Ssp. II, 13. 1 gl.* cloven, *m. zange. Seib. urk. 540*[40]*:* clouen *des wollwebers. 3. das mittelste eisen am schwengel eines wagens.*

klowen, *im Alten. stat. von der beurteilung des drahtes mit dem* cloven. *syn.* klinken.

klôwen, *præt.* klofte, klof, *ptc.* kloft, *spalten. mnl.* kloven, *Tappe 100*[a]*:* geklofft. *Teuth.* cloeven, spalden.

klucht, *f. 1. ein gespaltenes holz, zumal wie kinder es verwenden, um beerenbüschel hineinzustecken und so nach hause zu tragen. syn.* wàlbertensnaise, klemme, klǫe, klpe. *obige verwendung des* klucht *im ma. Seib. qu. I, 409:* fustes fissas repletas cum uvis maturis. *2. zange:* dat lätt as wamme 'ne klucht op de sûe hänget. *s.* kluft, *woraus es entstand. ahd.* kluft, forceps. *Teuth.* cluchttangh.

kluck, *klümpchen von etwas z. b. nasenschleim. H.*

kluck, kluck! *schall des getränkes, welches verschluckt wird.*

klucke, *f. glucke.* k *für hd.* g *im anl. auch in* klocke, kuckuk.

kluodern, *lotterig gehen, sich liederlich umhertreiben.* kluddern = luddern, *nds.* luntern.

klüeksteren, *ausklügeln.*

klüeksteren, *1. umherlaufen, von hühnern. 2. umherkramen, umherkrabbeln, von kindern.*

klüeksterer, *m. ausklügler.*

kluft, *f. pl. klüfte, zange am herde des bauern. (Lüdensch.) s.* klucht. *Pf. Germ. 9 p. 25:* forcipula, clufta.

klüggen, *n. auch* klüggel, *knäuel. ags.* clive, *mwestf.* klivede, kluede, *Tappe 74*[a]*:* kluwen, *engl.* clew. *s.* klöüen. *Teuth.* cluwen, glomus.

klump, *kloss. K. pl.* klümpe.

klumpen, *pl. holzschuhe. spr.:* wàt mode es, da gàtt se met klumpen in de kęrke. *H.*

klüngel, *m. 1. zerlumptes kleidungsstück. 2. sehr krummer weg; vgl.* klanke. *ostfr. Doornkaat, ein faules, gemeines und liederliches weibsbild.*

klüngelig, *adj. 1. sehr zerlumpt:* en klüngelig hiamd. *2. sich unzeitig und unordentlich umhertreibend:* ne klüngelige pille.

klüngeln, *gehen, aber verächtlich von lottrigem, müssigem, zwecklosem umhertreiben, fast* = kluodern, *wie* klüngel *und* klunter *zuweilen syn. gebraucht werden:* fudd klungeln. du klüngels un kruamels den gaussen dag ûm ęm herûmme. *vgl. f. r. 132. v. St. III, 198 wird Köln.* klüngeln *erklärt „etwas nicht auf dem geraden wege, sondern unter der hand mit hilfe des einflusses der verwandten, bekannten etc. betreiben und zum eigenen oder auch gegenseitigen vorteile der zusammenwirkenden personen wenden.“*

klunke(n), *m. fleck, klecks. Teuth.* luncke, *flecken, schmutz;* luncken, *besudeln,* cluncken, ontreynen. *nds.* klunker, klunter, *aber nicht gerade wie bei unserm* klunke *vorzugsweise von dinteflecken.*

klunkenpàpir, *n. löschpapier.*

klunte, *f. altes weib. H. Rich. Ditm.* kluntje, *schwerfälliges, langsames, plumpes, ungeschicktes mensch.* klunt, klumpe.

klunter, *f. 1. schmutziger klüngel. 2. schmutzige, unsaubere person:* 'ne klunter vauner dêrne.

klunterig, *adj. schmutzig, zerlumpt.*

kluntern, *das unreine im flachs. K. — cfr.* lustern, muttern. *vgl. ags.* clût, *engl.* clout; *Sündenf. 1578:* klut; *holl.* klont, sordes.

kluppe, *f. 1. zange.* ênen in de kluppe krîgen. *2. klemme, gespaltenes holz. syn.* klucht. *3. grosser schraubenschneider. ahd.* kluppa, forcipula, *nds.* kluppe; *vgl. ags.* cleôfan, *schwed.* klippa af.

klüppel, *m. 1. knüttel, was wol mit unrecht aus ml.* contulus *abgeleitet wird.* de klüppel liǝt bim rûen = *er tut es aus zwang. 2. schlägel am dreschflegel. Rüd. recht:* clupel; *Tappe 109*[a]*:* kluppel; *engl.* club. *Teuth.:* clyppel, cluppel.

klüppelrûe, *m.* = weldrûe, *gespenstiger hund.*

klüppelsoppe, *f. prügelsuppe.*

klüppelwaite, *m. eine weizenspielart, die man von* angelwaite *unterscheidet.*

klupperig, *klappernd.* klupperige schau, *dicke vollgenagelte schuhe, die beim gange laute tritte verursachen.*

kluppern, *mit dicken schuhen sehr hörbare tritte machen.*

klupp ti klapp = klipp klapp. *vgl.* holter ti polter. ti = *zu; vgl. dän.* til.

klûse, *f. häufige ortsbezeichnung, die zuweilen klause, wohnung eines klausners, meist wol nur felsen- oder berg-*

spalte meint. klûse *in der letzten bedeutung* = klunse, *wofür hd. noch jetzt* klinse *(spalte) in gebrauch ist. Mda. IV, 174 verzeichnet schles.* klunse, klunze = *höhle; Goethe 21, 254* klunse, *spalte; wald.* klus, *f. bergschlucht, durchpass. natürlich wählten klausner oft schluchten, der geschützten und verborgenen lage wegen zu ihren einsiedeleien. in einer kleinen schlucht bei Iserlohn hat wirklich einst eine einsiedelei gestanden, wie die urk. bezeichnung lehrt.*

klûsener, *m. klausner. ahd.* klôsinâri.

klûsenstên, *auf einem felsen an der Hönne, ehemals grenzburg* (slot) *des grafen von der Mark, erbaut oder wiederhergestellt 1353 und der familie Werminghûs verliehen, hat den namen von dem spalt und der höhle des felsens, auf welchem er steht.*

klûte, *f.* **klûten,** *m. 1. klumpen:* en klûten dêg. *2. erdscholle. 3. schneeball. ags.* clud, *engl.* clod, *mwestf. (Seib. urk. 912)* clude, *nds., ostfr.* klûte. *Teuth.* cluyt, massa, en cluyt loits, *bleikugel.*

klûten, klûtern, *mit schneebällen werfen.*

klûtenhûmer, *m. hölzerner hammer zum zerschlagen der erdschollen.*

klûtentrẹer, *m. schollentreter, 1. spöttische bezeichnung eines (Hellweger) bauern. 2. eines infanteristen. vgl. engl.* clodhopper.

klûter *oder* **klûtert,** *f. name einer grossen höhle bei Voerde unweit Schwelm. vgl. ags.* clûd, *fels; engl.* cloud, *wolke. Wedd. w. m. III, 271.*

klûthân, *m.* = stüopelhane.

klûthaun, *stumpfhuhn.*

klûthôner, *pl. stumpfhühner. (Fürstenb.)*

klûwer, *s.* drîte-klaüer.

knäbbeln, *nagen, knaupeln.*

knâgen, *nagen. alts.* cnagan, *engl.* gnaw.

knai, *n. 1. knie, auch fig. z. b.* knai an der ọwenpîpe. *2. (Siedlingh.) häufig in flachs. alts.* cnio, *ags.* spork (spergula arv.) *cfr. Schiller:* negen-knee.

knaibüxe, *f. kniehose, kurze hose.*

knaidalpe, *adj. knietief.*

knaien sik, *niederknien.*

knaif, *schustermesser. ags.* cnîf, *mnd.* knîf, *holl.* knijf, *engl.* knife. *vgl. Vilmar.*

knaisen, knaisten, *ächzen, stöhnen. holl.* knijzen. *mda. VI, 298.* kneiste *(Hatting.) F. I, 367. Teuth.* kneesten, drensen, stoenen, suchten.

knall, *m. pl.* knälle. *1. knall. 2. im plur. schläge. 3.* = *franz.* coup *in* beaucoup: dat was ock en knall mist = *viel mist, menge mist.* hä hẹt sik en guoden knall opscheppet. knall un fall, *plötzlich.*

knallbüsse, *f. knallbüchse.*

knalle, *f. wird (wie* snalle) *hure bedeutet haben; daher mag der* knallenbrink *in Iserlohn benannt sein.*

knallen, *1. knallen. 2.* futuare: se lätt sik knallen. *s.* snallen. *ostfr.* knallen = futuare.

knäller, *m. schlechter tabak.*

knällern, *sich als knäller erweisen.*

knallhütte, *f. schlechtes haus. Vilm., hess. idiot. erklärt: bretterne tanzhütte.* knallhütte *bei Wendgaten, wahrsch.* kanaillenhütte. *H.*

knapp, *m. 1. hügel, abhang. 2. absatz am schuh. 3. stück brot:* en knapp stuten. *mwestf. (Dorow denkm.) engl.* knap. *Hagen, Köln. Rchr. 14:* knapp, *pl.* knappen.

knapp, *adj. adv. 1. enge. 2. kaum, schwerlich*

knappbüsse, *f.* = knallbüsse. *(Weitmar.)*

knappen, *1. knacken:* nüəte knappen. ik moch mi plâgen as en mûliəsel, dat mi de knọken knappeden. ät früset dat ät knappet. *H. 2. essen; vgl.* knappsack.

knäpper, *m. knacker.*

knäpper, *knabe von 5—7 jahren.* en âllen knäpper = *ein alter knabe. syn.* âlle hecht, âlle rabaüser.

knapprôse, *f. roter fingerhut. (Weitmar.)*

knappsack, *m. schnappsack.* he spêrt sik as ne katte im knappsack. *kleiner aus holzspänen geflochtener kober für mundvorrat. K. engl.* knapsack.

knappsaite, *eine art süsser äpfel.*

knäppsk, *adj. was leicht bricht, spröde,* fragilis, de twiəlen sind k., dat is es k. *K.*

knappûle, *f. käuzlein,* strix passerina. *(Linné.) syn.* klewitt.

knappwîəge, *f. brechweide, salix fragilis.*

knappwọrst, *f. eine von schlechtern blutigen fleischteilen des geschl. schweins gemachte wurst. syn.* Hrendraigerswọrst. *(Elsey.)*

knappwọrtel, *s.* stinkhinnerk.

knaschen, *pl. kinnbacken, gebiss eines hundes. ital.* ganascia.

knatsch, knats, *adv. ganz, ganz und gar, im höchsten grade:* ek sagg ẹm dat knats fọ̈rn kopp, *auf einmal, geradezu.* et genk knats caput. *K.* knatsch kapott = *ganz entzwei, wie zermalmt. syn.* kniəder kọrt. knatsch dọ̈r de hiɔge = *unaufhaltsam durch die hecke.* s. knetsch.

knatsche, *f. 1. weicher kot. 2. halbaufgelöster schnee.*

knatschen, knarschen, *hörbar essen, bes. von unreifem obste. dän.* knaske. *vgl. engl.* to gnash the teeths.

knätschig, *adj. von nassem ungahrem brot, ungahrem kuchen.*

knattern, *1. knattern. 2. vom specht:* de specht knattert oppem drȫgen häller.

knaust, *m. knorren. holl.* knoest. *s.* knûst, naust, aust. *Rich.* knast.

knautschen = knatschen. *H.*

knecht, *m. 1. knecht. 2. knecht am spinnrade; der teil, welcher die verbindung des trittbretts* (trędspân)* *mit dem rade vermittelt.*

knęen, *præt.* knęde, *ptc.* knęd, *kneten. ags.* cnēdan, *engl.* to knead.

knęffer = kniɔwel, *stämmiger, untersetzter kräftiger mensch. K.*

knéiht, *m. knecht. engl.* knight. *so:* méiht *(macht),* néiht *(nacht),* péihten *(pachten),* schléihten *(schlachten),* wéiht *(wicht, mädchen).*

knetsch, *adv. oder interj. um die schnelle vollführung einer sache zu bezeichnen.* knetsch brak et af. *(Remsch.) H.*

knęttergold, *rauschgold, flittergold. K.*

knibbelig, *adj. wird von der arbeit an kleinen gegenständen gesagt:* 'ne knibbelige arbêd.

knibbeln, *1. abkneipen. 2. zwinkern:* knibbeln med den ôgen.

knibbelôgen = med den ôgen knibbeln.

knibschen, *wegschnellen. H.*

knick, *n. genick.* he es fallen un hęt sik dat knick afstott. *vgl.* nicken *und* nacken; *ags.* nicljan, incurvare.

knick, *m. 1. bruch, biegung, bruchstelle. 2.* = knapp, *abhang, steiler berghang. 3. in:* dat es män en knick (knack) un en stôt = *das ist schnell abgemacht. ostfr., holl.* knik; *vgl.* knicken.

knick, *m.* = krick: knick des dâges, *morgendämmerung. s.* anknicken.

knickebên, *n. schelte für einen, der mit geknickten beinen geht. vgl. ostfr.* knikbênen, *holl.* knikkebeenen = *schlotterig gehen.*

knickebêne, *im hirtenreim:* O hême knickebêne o lirgenblad! usse kaü sind sad, dann gätt se nà hûs, dat se Gọd bewart. *(Grafsch. Limburg.)*

knickel, *m. schusser, wenn grösser, bastert. (Weitmar.) altn.* hnickill, glomus.

knickelte, *f. schusser. (Balve.)*

knicken, *1. knicken, krümmen.* knicken in de knai. *2. brechen.*

knicker, *m. 1. schusser. holl.* knikker. *Rich.* knicker. *nordh.* schösse *pl.* schossen. *2. knauser. syn. für 1.* knickelte, bickel, knippstên, knipfel, bäster, bastert, heuer (kęrdel. *II.) Hunsrück.* klicker. *Rochh. Alem. kinderl. s. 421 „der name des schnellkügelchens* glucker *holl.* klicker *scheint dem schall zu gelten, den es beim anstossen macht". urspr. werden sie aus hartgebranntem ton bestanden haben; holl.* klinker *dürfte dasselbe wort sein. noch jetzt macht man sie hin und wieder aus thon. V. St. III, 470. zu Neumünster (Holstein) heisst das spiel* „lôpern", *mit* knickern, *d. i. aus thon gebrannten kügelchen spielen.*

knickerigge, *f. knauserei.*

knickern, *1. mit schussern spielen. holl.* knikkeren. *2. knausen. 3. knistern:* knickeren un knackern. *Solingen:* schibbeln. *Rheda:* knippeln. *Unna:* bickeln. *Siedlingh.:* kiggelen.

knicks, *m. kniebeugung.*

kniɔder, *m. zorn:* he es im kniɔder = *er ist aufgebracht. wie der zorn entbrennt, mag er auch knistern* (kniɔdern) *oder knirschen* (kniɔdern).

kniɔderig, *adj. aufgebracht.*

kniederkọrt, *adj. zerknittert, ganz entzwei.*

kniɔderbuckedôd, *adj. mausetot. s.* knitter.

kniɔdern, *knittern, knistern, knirschen. Märk. märchen:* dat sält hadde so ungehûr kniɔdert as hai et int für smêt. he kniɔderde oppen tęnen. kniɔdern = knidern *(hd.* knittern); *vgl. ags.* forcnîdan (comminuere), gnîdan (fricare, comminuere), knistjan (conterere).

kniɔdertenstrûk, *m. wachholderbeerstrauch. vgl. Schiller z. thier- u. kräuterb. I, 19:* knirk, knirkbusch. *die meinung, dieser name sei onomatop. (s. 20) hält wol nicht stich.* knirk *wird aus* kniderik *zusammengezogen, sein und unserm* kniɔderte, kniɔder *entsprechen. warum heisst die wachholderbeere so?*

kniɔp, *m. pl.* kniɔpe, *kniff. 1. das kneipen. 2. kneipmal. 3. die kleine vertiefung, welche nicht durch kneipen entstanden ist. 4. fig. kniff, listiger streich:* dai kêrl hęt aiske kniɔpe. kniɔp = knip, *zu* knipen.

kniɔwel, *m. pl.* kniɔwels. *1. knebel, bes. ein drehbares holz zum verschliessen einer tür. syn.* kâk. *2. ein derber kerl. ahd.* knebil, *dän.* knevel.

knifte, *abgekniffenes stückchen:* niene knifte = *gar nichts. zu* knîpen; ft *durch lautabstufung.*

kniftken, *n. deminutiv vom vorigen.*

knîne, *f. kaninchen.* kaniucken.

knîp, *1. messer. (Grimme). einschlagemesser, taschenmesser. H. Teuth.* kniif, snydmess. *Rüd. stat. 81:* knyp *(des schusters). 2. brille.*

knîpe, *f. 1. zange. (Altena.) 2. geiziges weib:* dat es ne rechte knîpe. *Aesop 81:* knype, *kneifzange, falle.*

knîpen, *præt.* knêp, *ptc.* kniopen. *1. kneifen, auch fig.:* wamme màl hîràdt hęt, *sagte jemand,* dann kann ęm usse Hęrgod recht knîpen. *2. knicken, vom froste.* et hęt vanner nacht düchtig kniopen, *weil der frost die pflanzen kneift (knickt). vgl. engl.* the frost knipped leaves. *3. sich wegmachen.* he geng knîpen. he es kniopen *(durchgebrannt).* knîpen öwert sîpen. *(Brilon.)*

knîper, *m. knicker, geizhals:* en rechten knîper.

knîpig, *adj. knickerig, filzig.*

knîpmess, *n. ein taschenmesser, weil es sich* „tauknîpen" *lässt.*

knipp, *m. taille:* im knipp. *ostfr.* knäp. *Rich.* knêp.

knippe, *f. oder* **knippbôm**, *hebel. syn.* bǫe, *(Hagen.) H. für* klippe *im reime.*

knippen, *1. schnellen:* knippen in de locht. *2. schussern. (Marienh. Gummersbach.) — nds., Rheda, Waldeck:* knippeln = *schussern. 3. schnippchen schlagen. Teuth.* knyppen, nippen, comprimere, contorquere.

knipper, *einer der häufig schnippchen schlägt. volkssage. der bekannte wiedertäufer Knipperdolling wohnte vorher zu Unna und schrieb sich* Doring, *von seinem vielen knippen erhielt er aber den namen Knipperdoring. er konnte das knippen so wenig lassen, dass er einst im trunkenen zustande von seinem weibe in den stadtgraben gestossen, noch knippte und rief:* mannshand bǫven, he ligge unner àder ǫven.

knippfalle, *f. vogelfalle. holl.* knip. *Aesop 81:* knype.

knipphalsken, *geschirrstück; syn.* koppelring.

knippken, *n. eine art börse, die zugeknippt wird, bügeltasche. holl.* knipbeugel.

knippken, *n. schnippchen:* en knippken màken med der hand. *Tappe 217*[b]*:* knipgen = *schnippchen. syn.* knibsen, knippen.

knippschær, *scheere womit die baumzweige abgeschnitten werden. K.*

knippstên, *m. (Marienh.)*, **knippestên**, *m. (Gummersbach), kleiner knicker, während der dicke basterl heisst. bei Seib. urk. III, p. 374 steht* knipfel.

knippwâge, *schnellwage. H.*

knippwerk, *aus k. und erde werden dämme gebildet.*

Knips, *märk. familienname. vgl. Vilm.* knipsch *und* knups.

knîptange, *f. kneifzange.*

knirrfix, *knauser.*

knîstâr, *schelte. H. Dortm.* knîsâr, *ein zäher schlauer patron, der's hinter den ohren hat. K.*

knîste, *f. eingetrockneter schmutz, schmier. nds.* gnîst, *m.*

knîsten, *leicht schmutz annehmen. H.*

knîster, *m. knicker, knauser. ostfr. Doornkaat* gnîser, knîser, *holl.* knijzer *(grämlicher mann).* st *für* s *(z) auch in* fîsten *für hd.* pfeisen, klinkefîsten *für nds.* klingfîsen. *dem* knîser *wird ein* kniuser *(hd.* knauser) *vorhergegangen sein.*

knîstert = *knîster. (Lennep.) H.*

knîstig, *adj. was* knîsten *hat.*

knîsterfinken, *pl. rübstiel. (Paderb.)*

knîte, *f. kreide.* knîtewitt.

knitse = knifte.

knitsken, *deminut. von* knitse.

knitte, *f. kreide, lat.* creta. *übergang von* kr *in* kn; itt = ît (krîte).

knitter, de bǫter es mà klâr knitter sàlt. *H.*

knîwe, *f. stück:* knîwe speck, knîwe brôd. *im volksliede* „Et woll en bûr in acker gân" *heisst es:* dà nàm de bûr ne knîwe speck (:beck), *wie desgleichen handlich neben dem herde aufgehängt wird.* knîwe speck (= strîpen speck) *scheint besser als* knevel spet; *vgl. Lyra, plattd. br.* knîwe *vielleicht* = klîwe *zu nds.* klîwen *(spalten, abtrennen); bei Rich.* knagge.

Knobbert, Kunibert. *v. St. III, 194.*

knǫen, *kneten, in eine weiche masse treten:* dǫr de drite knǫen. *vgl. ostfr.* knojen. knǫen = knodôn, *wie* rǫen = rodôn.

knöesel, *1. lichtschnoppe. 2. gröbs. (Solingen).*

knoken, *m. knochen.* ik kann wǫl noch med sinen knoken bęren afsmîten = *ich überlebe ihn wol noch. syn.* schǫken. *mhd.* knoche. *vgl.* nǫken.

knôken, *stossen, zerstossen, wie es die gerösteten flachsstengel auf einer breche* (knôke-brȩke) *erst werden, und dann völlig auf einer* raine-brȩke *gebrokt werden. H.*
knọkenhard, *adj. knochenhart.*
knọkenkamp, *m. totenhof. syn.* kȩrkhọf, kösterskämpken.
knökern, *knöchern.* düse kn. Hȩrgọd, *op d. a. h. 5.*
knolle, *f. 1. knollen. 2. kartoffel:* vi hett de knollen ût. *holl.* knol, *m. rübe. Kil.* knolle *j.* rape, rapa.
knollenblanerk, *m. kartoffelpfannkuchen. syn.* rîwekauken.
knöp, *m. pl.* knôpe. *1. knopf.* knôpe âne nösen = *geld.* — de kaüe hett kainen knöp mär te frȩten. *vgl.* nitt en gedanken, niəne knifte, nitt hans àder krans, niəne kreuzkrüəmel, niəne spitse, niən spîr. kain gräd, nitt ne böne, nitt en lammerstȩrtken, nitt schiət noch driət. *2. kleiner hügel. hd.* knauf.
knôpken, *n. knöpfchen.* gęle knöpkes, *gefüllter gelber hanenfuss; vgl.* hiəmdknöpkens.
knöpnâtel, *f. stecknadel.*
knoppe, *f. knospe. vgl. franz.* bouton *für knopf und knospe. das hd.* knospe *ist aus* knopse *versetzt, wie* wespe *aus* wepse. *versetzungen von* ks, ps *sind häufig:* lask = laks.
knoppeln, *pl. von hagelkorn,* dicke knoppelen. *(Siedlingh.) vgl.* knubbel.
knọrdschen = knọen. in de drite knọdschen. *K. vgl.* knatschen.
knotte, *f. flachsknoten. ags.* cnotta; *nds.* knutte, knudde. *Teuth.* knote off bolle van vlass.
knottenkaff, *n. hülse vom flachssamen.*
knöttling, *m.* 40 rîsten flachs. *(zu Siedlingh.* = stige).
knubbel, knubben, *m. 1. knoten, knorren, klumpen. ein durch knüpfen entstandener knoten heisst nie so, sondern* knüpp. *holl.* knobbel, *engl.* knot. *2. geschwulst. auch Dortm. Rich. 3. cactus. (Paderb.)*
knubbeln, *zerdrücken, faltig machen. H.*
knuck = knick. *vgl.* nucken, *nicken.*
knucks, *innere verletzung.* ek heffe enen knucks wȩg, *wenn sich jemand bei schwerer körperl. arbeit innerlich verletzt. K.*
knûdel, *f. nudel. zu* knûdan = knëdan.
knuəder = kniəder. *K.* et genk gans knuəder inên.

knuədern = kniədern.
knüəkel, *m. knöchel. ags.* cnucl, *ahd.* knuchil. *s.* nüəkel.
knüəsel, *m. 1. lichtschnuppe. 2. schmutz. ostfr.* nöse an 't lücht; *nds.* nösel, nösel. *s.* nüəsel, knöesel.
knuəseln, *drücken, knittern, faltig machen:* inên knuəseln, *zusammendrücken und zerknittern, von kleidungsstücken. vgl.* knûsen *und ags.* cnyssan, *ahd.* farknusjan, *dän.* knuse.
knüəselig, *adj. beschmutzt.*
knüəselig, *adj. verdrückt.*
knüəster-brôer = knüəsterer. *H.*
knüəsterer, *m. künstler in besonderem sinne. s.* knüəstern.
knüəstern, *künsteln, nur von dem der allerlei macht und ausbessert, wozu andere sich des handwerks bedienen müssen. Weddigen: mit mühe zu stande bringen. H. — geringe fingerarbeit tun, die langsam geht. zum zeitvertreib sich mit etwas beschäftigen; ausklügeln. K.*
knüəsterig, *adj. künstlich.*
knüəterbückse, *f. verdriessliches kind.*
knüəterig, *adj. verdriesslich, brümmisch. nds.* knörig.
knüətern, knuətern, *brummen, von verdriesslichen menschen. nds.* gnötteln, knören; *schwed.* knota *(murren), dän.* gnaddre. *Vilm.*knuttern. *schwed.*knòttra.
knûf, *pl.* knûwe, *dickes rasenstück, torfrasen, worauf torfasche zum düngen gebrannt wird. K.*
knuffel, *f. falte, wo sie nicht sein soll.*
knuffelig, *faltig.*
knuffeln, *faltig machen. s.* knubbeln.
knüffeln, *mit der geballten faust schlagen. s.* knuffen, karnüffeln.
knuffen, *1. schlagen, stossen mit der faust. ahd.* nuwu (tundo). *2. die faust ballen:* he knuffte de fûst. *K. s. 110.* hä slaug ne med der (ver)knufften fûst. *vgl. dän.* knyttet næve, *geballte faust.*
knuflok, *n. knoblauch. ahd.* klowolouh.
knüll, *adj. besoffen. vgl. mhd.* knülle, ? lolch. *Kil.* knol, ebrius.
knüpp, *m. 1. knoten, der geknüpft worden. 2. fig.* de hase mâket en knüpp *(schlägt einen haken, engl.* doubles). dat maut all en guəden rüen sin, dä den knüpp losmaket. *daher vielleicht auch:* he es in'n knüpp gerâen = *wirre, confus.*
knüppel, *m.* = *knüppel.* knüppelhageldick. *K. in* knüppeldaune, *besoffen (Must. 6) wird euphonisches* l *(wie in* wiskeldauk) *anzunehmen sein, so dass* knüppe *zu* knüppen *gehört.*

knüppen, *knüpfen. ags.* cnyttan. *wechsel von* pp *und* tt.

knurren, *1. knurren. 2. grunzen. schwed.* knòrra.

knurrpott, *m. ein irdener topf mit blase und rietpfeife, womit zwei weiber und zwei mädchen auf* Lüttkenfasselâwend *umhergingen und gaben sammelten. (Menden.)*

knûsen, *drücken. ags.* cnyssan, *alth.* chnussan, quassare.

knûst, *m.* **knûsten**, *m. 1. knorren, klumpen brot, speck:* en dicken knûsten. *2. auswuchs, geschwulst am holz, am menschlichen oder tierischen körper. 3. figürl.* dai well mi en knûst an den kop kûren = *der will mir etwas weis machen.* he het et knûstendick ächter de âren. *K.* hai kûamet an de knûste, — ächter de knûste; hai es an de knûste — *er muss büssen, herhalten. syn.* aust, naust, knûwen, knubben, kuiwe. — *vgl. Upst. 1371:* knûst, *nds.* knûst. *holl.* knoest *(knorren, höcker, auswuchs) passt zu* knaust, naust, aust. knûst *entspr. einem stc.* kniusan, *neben welchem es ein* knasan, knuos *gab, das in* nasan, nuos, asan, uos *abgekürzt ward.*

knûwen, *mit rollen backen langsam kauen, drücken d. i. essen.* kniuweden öhr fröihstücke rin. *N. l. m. 26.*

knûwen = knubben.

kō, *f. kuh.* et wērd kene kō boûte gehett, âder se hēt ock fläcken.

kobbe, *f. spinne. ostfr.* kobbe (möve), *engl.* cob *(möve, spinne in* cobweb); *ags.* âttorcoppa (aranea). *das dickwerden der kühe wird den gespinnsten der* kobbesen *(fliegende sommer) zugeschrieben (Elsey), anderwärts dem* giftworm. *der bei unsern bauern gebräuchlichste name der spinne ist* kobbe. *dieses kann für* koppa *eingetreten und ein* atter *(ehedem gift, jetzt eiter) weggefallen sein. auf die eigentliche bedeutung scheint unsere volksüberlieferung zu führen:* de kobben sûget vergift ût der locht un mâket se raine. *das liegt wol angedeutet in* âttorcoppa = âttorcopja, *welches nach ags.* coppjan *mit giftnehmerin, giftsammlerin wiederzugeben ist. Kil.* kop, koppe, *fland.* araneus. *holl.* moeskoppen, *freibeuten, könnte von* koppen *(schröpfen) hergenommen sein. — vgl.* spinne-koppe, araneus *und* orchis andrachnitis, cujus flos araneae similis. *Kil.*

köbbeken, *n. kleine spinne.* Glücksköbbeken.

kobbenjæger, *m. langstieliger borstwisch. syn.* ûle.

kobbennest, *spinngewebe.*

kobbese, *f. spinne und afterspinne. (Elsey).*

kobbesen-fęme, *pl. fliegender sommer.*

kobbenwebbe, *n. spinngewebe. engl.* cobweb. *Kil.* kopwebbe.

Köbes, **Köbes**, *Jakob.*

köcheln, *gaukeln. oft mit dem zusatze:* vǫr den ōgen. *Theoph. (Hoffm.)* köcheln. *Teuth.* cocchlen, joculari.

köcheler, *m. gaukler. Teuth.* cocchler. varende man. nette boeue. histrio. joculator.

köchelerigge, *f. gaukelei.*

kodde, *f. schweinchen. man unterscheidet* sogkodde, *saugferkel (v. Steinen:* kodde = *spanferkel) und* spænkodde, *gespäntes ferkel. (Hemer, Brackel.) nach andern heissen die saugschweinchen* fickel, *dann werden sie* kodden *und nach drei monaten* schǫter. *Kil.* kudde, (vetus), porcus. *Teuth.* coedken, pegsken, puggen, jong verckskeu, cudde. *Upst.* kudde, *vieh. ml.* kodde, *mutterschwein, mwestf.* kudde, *herde. Ettm. vermutet, dass* kudde *aus* kwihidi *entstanden, sodass es dem mnd.* queck *entspreche.*

koddendrēs = *talps. K.*

kodderig, *adj. schmutzig, unsauber.* kodderige snûte, *maulwäscher. vgl.* kàdder. *vgl. Teuth.* codde, vlecke, luncke.

Kōerd, *Kurt, Konrad.*

kōerd, kauerd, *m. unzuverlässiger, schlechter mensch:* dat es mi de unrechte kōerd. *vgl.* dat es de unrechte gaidling. *bei Kil.* cuwaerd, lepus, vulgo cuardus i. e. ignavus, imbellis, timidus. (koerd, koord, koeherde, koeherder, bubulcus *gehört nicht hierher.) Osnabr.* koord, kördken = *hase. der hase hat diesen namen nach engl.* coward, *franz.* couard, *ital.* codardo, *span.* cobardo = *feige, das man gewöhnlich nach der ital. form auf* cauda *zurückführt. jedenfalls ist die verwendung in der tierfabel älter als die in der heraldik. wie könnte eine ableitung von* cauda *auf den hasen passen? wahrscheinlich ist das wort dem Italiener und Spanier von Deutschen zugetragen, als es schon die bedeutung feige, furchtsam hatte und dann erst mit dem gedanken an einen furchtsamen hund dem lat.* cauda *angepasst. woher haben die Englän-*

der ihr cow, *bange machen, erschrecken, ihr* cower, *kauern und wir kauern? lassen diese wörter nicht ein einfaches verbum vermuten, dem die bedeutung niedrig sein, zustand, oder vielmehr ein adj. mit dieser bedeutung? ich vermute, dass unser* kawekǫrf *(Iserl.* kaukǫrf) *nichts weiter als den niedrigen korb bezeichnet.* coward *wird ducker, kauerer sein. auch auf das eichhörnchen passt die bezeichnung kauerer, ducker; daher heisst es zu Liberhausen so. nach H.* kauert; *so in Randeroth und Wald.*

koffê, *m. kaffee.*

koffêdǫte, *f. kaffeeschwester. vgl.* dǫte, dǫtke.

koffer, *n. der koffer.*

koffêtüg, *n. kaffeegeschirr.*

kǫgen = kǫsen.

koggen, *kauen. (Fürstenb.)*

köggeln, *kauen. K. s. 79.*

kǫk, *m. koch, köchin.*

kǫken, *kochen.* dai sall et ęm wǫl kǫken, *fig. vgl.* kwickel.

kǫkenig, *adj. kochend:* dat kǫkenige wâter. *aus dem ptc.* kǫkend *mit* ig *gebildet, wie* glaẗenig, glaẗendig.

kǫker, *n. köcher, in* inkstkǫker *(dintenfass),* nâtelkǫker *(nadeldose),* sandkǫker *(sandbüchse). ags.* cocor, *ahd.* kochar, *Teuth.* caicker vur eyn schriver, — vur eyn schutte.

kǫ̂kerigge, *f. köcherei, gekochtes.*

kôl, *m. kohl.* ik maine, ik sæte med ęm im kǫl, dann sitte ik med ęm in den strûnken. dai hött ęm im kôl. *vgl. Tappe 220b.*

kǫl, *n. kohlenmeiler. Vilmar:* kole, *n.*

kolbâr, *m. plump lärmender kerl. s.* kollerbast. *ostfr.* köllig, *zornig etc., ags.* collen tumidus, magnus, vanus; colla terror, horror.

kǫlbęrg, *m. kohlenbergwerk. so schon bei Lac. Arch. VI, 229 ff.* wânn de k. es gekęrt, dann es dat geld vertęrt.

kǫldrîwer, *m. kohltreiber, leute welche auf pferden oder karren steinkohlen nach den abgelegenen städten und anderen ortschaften führten.*

kǫldocke, *f. ein abgenutztes pferd, welches zum kohlentragen gebraucht wurde. s.* docke.

kǫle, *f. 1. kohle.* so swart as ne kǫle. ik stâ as op hêten kǫlen. *ags., mnd.* kole. — in der asche sin un kǫlen fręten. = *noch ungeboren. 2. lichtschnuppe.* „Dat es en comoude dingen!“ saggte de bûr, dâ sâg he en lampensnûter, knêp de kǫle af un dæ se derin.

kǫ̂len, *1. dampfen, schwelen. syn.* swælen, *verkohlen, glimmen. 2. plagen. H. s.* küllen.

Kôl-, Kǫlhenne, *f. kuhname.*

kolk, *m. 1. wassertümpfel. 2. dreck:* kölke mâken = kölken, *aber auch vom nasenschleim.* friət kolk, giəf gold, dann werd alle weld di hold. *holl.* kolk *(abgrund, loch). N. westf. Mag. I, 275. ostfr.* kolk, *tiefe in einem teiche, flusse oder bache.*

kolken, *jammern, von kranichen.*

kǫ̂lken im für, *eine zierblume,* adonis.

külken, *einen wassertümpfel machen, besonders von kindern, welche fliessende wasser abdämmen.*

Küllen, *Coeln.* ik well di mâl Küllen wisen, *d. i. bei den ohren aufheben.* dâ wiətet se te Köln nix van. — bu es de êrste flô nâ Köln kommen? — bu es de êrste nagel in Köln geslagen?

kollerâ, *f. ein ackerunkraut (ackerminze) so genannt, weil man es beim erscheinen der cholera in den dreissiger jahren dieses jh. zum thee sammelte.*

kollerbast, *m. lärmender, kollernder kerl. s.* kolbâr.

kollergęrste, *Gr. tüg 7. ? taumellolch.*

kollern, *1. rumpeln, poltern, lärmen.* et kollert mi im liwe. *2. kollern, vom truthahn; vom hahn. Gr. tüg 7.* Fritz Wilm van Hohenzollern, lât us recht düchtig kollern! staut an diən glas, drink ût bis oppen grund, dann wâtt de kranke, laiwe hâlı gesund.

kollriân, *? truthahn im rätsel.*

köllsch, *adj. kölnisch.* dat köllsche land (Sûerland), *im gegensatze zum märkischen.* en köllsch jâr mâken, *seinen dienst bald wieder verlassen. vgl. Tappe 162b:* ich wil eyn colnisch gebot thun und will die halbscheit bieten. *auch vom ellenmasse kann jene redensart herrühren: man unterschied sonst in der grafsch. Mark grosse oder brabanter und kleine oder kölnische ellen.* de köllsche strâte *wurde zu Asseln die milchstrasse genannt und dabei bemerkt, sie existiere seit der Pariser bluthochzeit.*

köllschen, *pl. in* hêt-köllschen = hêtewiggen; *so nannte man diese im kölnischen Süderlande.* kollatsche, *ein gebackenes. Frisch. vgl. Gr. d. wb.* collatsche, *vom lat.* collatio, *oder böhmisch? die aufnahme dieses wortes,* *wie die der böhmer groschen* (bemer) *als üblichste münze könnte sich aus einem lebhaften handelsverkehr im 14. jh. erklären.*

köllsch-op, *name eines fangspiels zu Altringwerde. vgl.* klemm-op.

kolpütt, *n. kohlenschacht. engl.* coalpit.

kolter, *pflugmesser. syn.* sech. *lat.* culter, *fr.* coûtre.

kolter, *augenbutter. (Siedlingh.) syn.* korren, *vgl.* klater = klâter.

koltern, *augenbutter zeigen.* de augen sollt' ne koltern vör verwunderunge. *Op de alle hacke 30.*

koltkutte, *f. espe. (Iserl. landgemeine.) syn.* espe, aspe, wiewispe. *ags.* colt, pullus. *Scheppau, pred. s. 4:* dai kolte, juvenca, *von einer dirne. engl.* colt *(füllen) bildet pflanzennamen, z. b.* coltsfoot. *so dürfte die espe den seltsamen namen:* juvencæ cunnus *führen.*

konegger, *feldkümmel, quendel. H.*

können, *præs:* ik kann, *præt.* ik konn (konde), *ptc.* konnt, können. *prægnant:* bai kann vör God! = *man muss sich ins unglück schicken;* du kanns mi nix; he kann et em = *er ist ihm überlegen;* de lü könnt et gued *(sc. stellen)* = *sie sind wohlhabend.* ik kann et guot med em = *ich werde gut mit ihm fertig, bin befreundet.* ik kan d'r nitt bî; ik kan d'r nitt in; ik kan d'r nitt för. me wêt nich èr dat me wat kann as wämme maut. dä nix kann, dat es kaine schanne, äffer dä nix lèren well, dat es schanne.

Konrâd, *Konrad.* konrâd draigen = *die karten verkehrt auf den tisch legen; im karnüffelspiele.*

konschaite, *klumpen geschmolzenes eisen am eisenstück. Osemunds fabrication.*

konstantinôpels-blaume, *f. eine rote gartenblume. auch* konstantinôpel *ohne* blaume.

kontzen, *von bienen, wenn sie anfangen einzutragen:* de imen kontzet all. *„die bienen* konzen. *was tun sie dann eigentlich? in Altena heisst* konzen *etwas (heimlich, halbheimlich) von kindtaufen, hochzeiten und dergleichen mit nach hause nehmen. man tadelt das, wenn man's so nennt.“ H.*

kôp, *m. kauf.* guad kôp, *wohlfeil.* guad kôp glawen, *klein beigeben. alts.* kâp; *Tappe 123:* coep.

kôpen, *præt.* kofte (koff), *ptc.* koft, *kaufen. alts.* côpan *ptc.* gicopot.

kôper, *m. käufer.*

koper, *n. kupfer.*

kôperbrôd, *n. bäckerbrot.* ha! sagg se, dà frât se noch en kôperbrôd.

köpern, *adj. kupfern.*

köpern, *adj. 1. wählerisch, einer der es genau hält. 2. karg. holst.* krupern, *sparsam, ordnungsliebend.*

kôplingsmann, *m. kaufmann. Iserl. 1670.*

kôpmannschop, *f. kaufmannschaft, handlung.* he lært kôpmannschop. *mittelwestf.* kôpenschop, koypenschap.

kopp, *m. pl.* köppe. *1. kopf.* da hew' ik nix van im koppe = *ich denke nicht das zu tun.* wachte, ik well di den kopp tüsken twê âren setten! vgl im koppe heffen = *viel zu behalten haben.* dem daüt de kopp nich mär wê. *s.* tene. se het et in den kopp kriagen = *ist verrückt geworden. 2. sie hat den eigensinnigen einfall.* ik kann et nitt in de kopp kr. = *nicht begreifen.* en kopp krigen as en tinshân. *H.* fensterflaigen im kopp heffen = *unnütze Dinge. s.* bunte vüagel. kauköppe = *kühe; vgl.* manahoupit (mancipium). *3. bergkuppe. 4. samennarbe* (hilum): de bônen hett all swarte köppe. *5. schröpfkopf:* köppe setten = *schröpfen, dän.* kopsätte.

koppel, *f. 1. haube bei vögeln.* koppelpille. *ahd.* kuppa, kupha, *haube. 2. syn. von* iotengrai.

koppelêren, *copulieren.* vi sid nitt koppelêrt! *sagt wol eine magd um auszudrücken, dass sie ihren dienst verlassen könne.*

koppeln, *koppeln, verknüpfen, verbinden, kuppeln. lat.* copulare.

koppelring = kniphalsken.

koppelsmann, *m. brautwerber.*

koppen, *kuppe am finger, am himmel. H.*

köppen, *1. köpfen. 2. zu kopfe steigen, von geistigen getränken. ostfr.* koppen.

köppsk, *adj. eigensinnig, störrisch. ostfr.* kopsk, *vgl.* entêtê.

köppken, *n. 1. kleiner kopf. 2. kleiner berggipfel. 3. obertasse, engl.* cup. *ags.* copp, calix, culmen.

Kôpstad, *f. ortsbez. in der grafschaft Limburg. alts.* kôpstad = telonium, emporium. *vielleicht war die stelle ein alter handelsplatz.*

kör, *f. wahl.* du sass de kör hewen. *mwestf.* kor, *m.* tot oirem kore, *urk. v. 1522. obd.* kûr *und nld.* keur, *f. ahd.* kuri; *ags.* cyre. *s.* kûr.

körbôm, *ausgewählter baum, vorzüglich guter baum.*

körbômen, *herumwählen.* hä gêt so lange

kǫrbômen, dat hâ endlik fulbômt = *er wählt so lange nach einer frau herum, bis er endlich eine schlechte bekommt. vgl. ostfr.* de kôrbôm söcht, de fûlbôm findt. *Tappe 176*[b].

kǫren, *kosten, schmecken um zu prüfen. kinderrätsel. alts.* coron; *berg.* kâren.

kǫrf, *m. pl.* kǫrwe. *1. korb.* dat gêt ǫwer de kǫrwe = *das ist übertrieben. Rollenh.: „das wasser wol über die körbe geht." 2. als milchsieb. s.* melken. *3. kohlenmass im Märk.* = 4 tain märk.

kǫrfwiege, *f. korbweide.*

kôrhengest, *m. kürhengst.*

korintenkacker, *m. (schelte). ostfr.* krintenkacker, *kleinigkeitskrämer, geizhals.*

kormandiken *(?).*

korre, *f.* = kodde.

korren, *m. trockene augenbutter. vgl.* kàdder.

körsing, *auch* kǫrsek, kǫrsak *gesprochen. m. rock, urspr. wol pelzrock. (Altena). ags.* crusene *(Ettm. s. 401); mhd.* kürsen, *vgl.* kürschner.

kǫrsk, *adj. wählerisch, eigensinnig.*

kǫrste, *f. kruste.*

kǫrt, *adj. 1. kurz.* te kǫrte kuemen. sik te kǫrte dauen. op en kǫrt. in kǫrten jâren = *in letztverflossenen jahren.* du sass med kǫrte vèrtion dâge ophæren. *2. entzwei.* kniaderkǫrt. kǫrt un klain gân.

kǫrte garde *(kurze wacht, gefängnis) ist holl. auf dem hause Witten war ein solcher behälter, der in früheren zeiten zu einer kurzen haft gedient hatte.*

kǫrtens, *urk. v. 1445:* korts. *adv. kürzlich.*

kǫrtswîle, *f. kurzweile.* mi lüstet (plâget) de kǫrtswîle sô nitt.

kôse, *f. butterdose, wie sie der hirt mitnimmt. da es ein hd.* butterhose *und ein nnl.* kous *(strumpf) gibt, so wird dieses* kôse *mit beiden zusammenhängen und in der lautverschiebung zurückgeblieben sein.*

kost, *f. kost.* giof den ôgen de kost! = *sieh wohl zu.*

kosten, *kosten. lat.* constare.

kösten, *pl. kosten.* op kösten drîwen.

köster, *m. küster.* du küomes as kösters kau, dâ was drai dâge nâm rę̂ne *(regen)* hêm kuomen = post festum.

kösterigge, *f. küsterei, küsterwohnung. Seib. qu. 1, 150:* costerigge *neben* costerie.

kösterskämpken, *n. kirchhof, weil der küster das recht hatte, seine kuh auf demselben zu weiden. als dem lehrer und küster Lamberti zu Hemer im anfange dieses jh. jenes widerrecht streitig gemacht wurde, gewann er es rechtskräftig auf grund des alten namens.*

kostgänger, *m. kostgänger.* usse Hęrgǫd hęt viəl kostgängers = *es gibt wunderliche leute in der welt.*

kostmône, *kostfräulein. v. St. II, 755.*

kôten, *pl. 1. köthen am pferdefusse. 2. verächtlich und spöttisch: füsse des menschen. 3. kothen, ein verbotenes spiel. (Altenaer statut.) ags.* ceát *(Ettm. 387).*

koten, *m. (auch in Hessen ist das wort, m. vgl. Vilmar s. v.* kode). *1. kothe, f. koth, n. kleine landwirtschaft. ahd.* chota; *ags.* cot, *n.; engl.* cot *(hütte); mwestf.* koten, koiten, koeten. *Berg. urk. v. 1039:* kath. *Kindl. Volm. II, 273:* domuncula dicta Wytsteyn que Cottin appellatur. *2.* = slîpkǫten, *schleifwerk.* et es nitt recht im kǫten = *es geht etwas übernatürliches zu. zwergsage von Albringwerde.*

kǫter, *m.* kötter, *inhaber einer kleinen ackerwirtschaft. engl.* cotter *(häusler).*

kôter, *m. schlechter hund. meklb.* kôter = *männlicher hund. Rich. Staph. 2*[1], *195:* hisse de groten hunde vp de lütken kôters.

kǫterei, *das anwesen eines kötters. K.*

kôtern *(obscen.)* coire.

kotse, *f. gespei.*

kôtse *(auch* köətse), *kiepe. Gr. tüg 48; (im Schwarzenb.) —* koetse *bei Kil.* = couche.

kotsen, *sich übergeben, erbrechen. auch von den bienen gebraucht.* kotschen, *(Dortm.)*

kotsig, *adj. zum bespeien.*

kott = kwâd. *(Düsseldorf.)*

kotten = korren.

kötte, *sing.*, **kötten**, *pl. heimatloses gesindel.*

köttenkærl. dà was en köttenkerel *(vagabundirender kesselflicker)* — bâhęr, dat wuste ik nitt, un dat wuste hai nitt; kötten hett jà kain hême. *Gr. tüg 79 s.* kottentüg. *s.* kötthochtîd *in Grimme* galanterîwâr.

köttentüg, *heimatloses gesindel, kesselflicker, zigeuner, vagabunden.*

kǫfen, *eine herrschende kleine krankheit. s.* kǫgen. *H.*

kǫwen, *m. 1. schweinekoben. 2. koben beim* mütteken-hańen. *ags.* cofa, *ahd.* chovo. *Teuth.* coeven, swynstal, suwstal, verckenstal.

krabätsig, *adj. munter, ausgelassen (von kindern). vgl. nds.* krabäte, *dän.* krabat. *auch in Mitteldeutschland als* krabate, krabat *allgemein verbreitet; vgl. Vilmar, s. 222. man leitet es von* Kroaten *(Weigand im wb.) her und erklärt es von der sprichwörtlich gewordenen ausgelassenheit dieser im 30-jährigen kriege.*

krabbe, *f. 1. kleines kind. 2. strauch, verkrüppelter baum. vgl.* hülse-krabbe *= stechpalme, bei Shakesp.* crab *= wilder apfel. ags.* crabba *(krebs), nds.* krabbe.

krabbeln, *1. kriechen. 2. krauen, kratzen. nds.* krabbeln *= kriechen, engl.* to crawl.

krabbig, *adj. verkrüppelt, von bäumen.*

kracke, *f. schlechtes pferd, auch kleiner störriger junge, K. syn.* krücke, *prov.* racca, *ebenso; nds.* krake. *vgl. isl.* kraki, *engl.* crack *(knirps). Richey, Vilmar.*

kradde, *f. kröte. Teuth.* crade, pedde, breetworm, bufo.

kraddenstoul, *pilz. Wald. II. s.* pûkrâd.

kræe, *f. krähe. (kr. Altena.)* „„Guən dag ęt hundert kræen!"" „nê!" harr ēne van dem tropp saggt, „wenn unser noch ens so viəl un noch en half mâl un noch en vērden dēl mâl soviəl wæren, un dann du kræe, dann wæren unser hundert."

krâgen, *m.* = krâuen. *(Deilingh.)*

krägge = kraige. „Et es te lâte," saggte de krägge taum forsche, dà harr se 'ne packet.

kraige, *f. krähe. alts.* crâia, *ags.* crâve, *dän.* krage.

kraigen, *krähen.* dà kraiget nitt hâne of henne nà. *ähnlich Münst. geschichtsqu. III, 143:* menden dar solte kein hund na geblecket haben. *ahd.* krâgan, *nds.* kraien. *andere märk. formen:* kræen, kräggen.

kraigenfoss, *m. frankfurter heller mit herald. adler, in Hessen fledermaus genannt.*

kraigennest, *n. 1. krähennest. 2. mistelstrauch. syn.* wispel, zupp *und d. f. w.*

kraigenkaul, *kreuzwurzel. s.* spiggewour.

kraigenkwiəken, *pl. ackerhahnenfuss. (Elsey.) s.* kwiəke.

kraigenschøken, *m. ackerhahnenfuss. (gegend v. Soest.)*

kraigensluəder, *m. mistelstrauch.* winne.

kraigensnuəder, *m. Dortm.* kraiensnüəder. *1. mistelstrauch.* viscum album. *nds.* snut, winne. *2.* nostock. *syn.* libbersê. *3.* = hanenpęk (hanensnüəder, kraigensnüəder, *Kalthof.)*

kraigentwick, *m. dürrer ast. nach der volksmeinung wird ein ast dürr, auf welchen die krähen sich oft setzen.*

kraigenwiəten, *pl. ackerhahnenfuss. s.* wiəte.

kraike, *krieche. Teuth.* pruyme, kriecke, creke.

kraikenbôm, *kriechenbaum. Pf. Germ. 9 p. 21:* cinus, krichboum.

krajölen, *schreien. ostfr.* karjolen, karjölen, kerjölen, kriölen, *laut, lärmend singen, saterl.* karijolje. *Zgs. aus* kreien *und* jolen.

kraischen *(hd. form), rufen, vom kuckuk. (Medebach.)*

kraischen, *oel sieden. vgl. Gr. wb. s. v.* kreischen. *es ist factitiv von* krischen, *um das schreien (geprassel) des oels, fettes zu bezeichnen. Köln.:* kreizen.

kraitern, *iterat. zu* kriten, *schreien. H. Dortm.: jammern, keifen.*

kraits-krüəmel *in* kaine kr. *= gar nichts. vgl. ital.* non mica *und die hd. kreuzdumm, kreuzfidel. aus alts.* crûci.

krakêlen, *1. zanken, schreien. 2. händel suchen.*

krakêler, *m. zänker, schreier.*

kräkelhans, *krakehler. K.*

kråkeln, *stets recht haben wollen und deshalb andern immer widersprechen. K.*

kræckerling = kræckling.

kræckling, krætling, *m. kringel, bretzel. (Altena.) Teuth.* crekelynck, *britzel; Fahne Dortm. III, p. 257:* krackeling; *Kil.* kraeckelingh; *ostfr.* krakeling, kräkling; *franz.* craquelin, *vom nd.* kraken.

krâkmandel, *f. knackmandel. dän.* krakmandel.

kralle, *f. pl.* krallen, *koralle, perle.* flüstkrallen, *bernsteinperlen.*

krallen, *perlen, von wein und branntwein. vgl. nds.* krall *= hell, klar.*

krâm, *m. pl.* kræme. *1. waare. 2. verächtliche, geringe sache, wie zeug:* bat es dat för krâm. *auch wol von menschen. mhd.* krâm *= kramme, kann zu* krimmen *= krimpen gehören. vgl. unser* schrâm *neben schramme.*

krâm, *m. kindbett:* sine frau es im krâm. *Teuth.* crame, gardyn; crame, kyndelbedde. *in einem artik. des westf. anz. v. j. 1804 wird es aus* karmen (lamentari) *abgeleitet, dagegen spricht der vocal. vermutlich ist* krâm *ein zusammengez.* kradam (strepitus)?; *vgl. un-*

ser: dà sid se in der unraue = *da ist eine niederkunft.*

kramäntsel, *f. grosse ameise. (Valbert.) es ist also* = sprick-ampelte. *die kleinen ameisen heissen in V.* àmantsel. *(Arnsb.)* so lebäunig as ne kramäuzele; *Wald.* kramenze, krameize = *ameise.* antsel = ênte, *engl.* ant *aus* amete. *zu* kram *vgl. nds.* krimmen, krîmen = *zusammenscharren. Vilm.* gramenzel.

kramantseln, *1. prügeln.* 2. futuere.

krambambel, *schnapps.*

kråmen, *kramen:* he kråmet der wọt derinne rümme = *er kramt darin umher.*

kråmen, *niederkommen, wochenbett halten.*

kræmer, krêmer, *m. krämer.* Ik bewe di so laif as de kræmer den daif. *auch zu Marienheide steht* kræmer *neben* kråm, *welches ein* kræmer *erwarten liesse.*

kråmfrau, *f. kindbetterin.*

kråmhær, *m. mann der kindbetterin.*

krämmeln, *murren, knurren, H. vgl.* kribbeln. *Kil.* kribbigh, morosus. *ostfr.* kremmig, krämig, *scharf, pikant. ndd.* kriemig, krimmeln; *Kil.* grimmen, fremere, *und* kriemen, querulum esse.

krampe, *f. 1. krampe. 2. krampf.*

krämpel, *m. 1. menge oder masse in bausch und bogen, das zusammengefasste. 2. kleinwaare, trödel. vgl.* gremplen, *handel treiben, trödeln. Schade, satyren I, p. 183. Kil.* grimpel, gherimpel, grempel, scruta. grimpelen, nundinari. *vgl.* kråm.

krämpen, *abzüge machen. s.* krempen.

kråmpott, *m. irdene casserolle gefüllt mit zucker und gewürzen. chemals wurde gesorgt, dass der* kråmpott *bei der niederkunft bereit stand. syn.* trisêdüppen.

kråmrôren, *n. besuch der nachbarinnen oder freundinnen bei der wöchnerin, wobei gewöhnlich eine mischung von branntwein, zucker und pfefferkuchen genossen wird.* rôren *mag hier den sinn des ahd.* karori (conventus) *haben; vgl. alts.* hrôr, hrôrian.

krâne, krûnekrâne, krûkrâne, *f. kranich. Teuth.* craen, *m. ahd.* cranuh, *ags.* cranu, *m. engl.* crane, *gr.* γέρανος, *lat.* grus. *vgl. Teuth.* cranen, roepen, arissare.

krânegôs, *f.* = êergôs.

krânek, *m. kranich. alts.* krank.

krânen, *m. 1. zapfröhre oder hahn am fasse, an der kaffeekanne. s.* krâgen. *2. hebezeug, krahn. urk. v. 1399:* leveren to Coilne an den kraenen in oir behalt.

krânen, *n., sich brüsten, eigentlich: langen hals machen.* hè krânede sik as en schrüthânen. *engl.* to crane = *langen hals machen um besser zu sehen. vgl. ital.* pavoneggiarsi.

krängel, *1. gewundene verzierung auf den* hêtewiggen. *2. kringel, bretzel. (Fürstenb.) s.* krengel. 3. = krans. *(Siedlinghausen.)*

krängeln, *n., sich winden.*

krank, *adj. 1. schwach, unfähig, unvermögend.* sik krank mâken = *sich unfähig stellen.* kranke lû mâken = *unfähigkeit vorschützen, wenn eindienst, eine gefälligkeit begehrt wird.* krank im geldbül. *2. krank.* ik sin fan dâge so krank as en hann, mag wọl te ęten un kann niks daun. *vgl.* ûtkranken *und mda. II, 38.*

kränkede, *f. krankheit. syn.* wêh. de fallende kränkde. *vgl. mda. III, 120. IV, 1. VI, 11. mnd.* krenkde. *(H.* kränkede, *fallsucht). syn.* kränker.

kränken, *n. 1. kleiner kranen. 2. bei kindern auch* membrum virile.

kränker *für* kränkere, kränkede. *syn.* raisen, raisen.

krans, *m. 1. kranz. 2. kreisrundes polster zum unterlegen, um etwas auf dem kopfe zu tragen. Teuth.* crants op dem hoifde dair men wat op dreeght. Hans àder krans = *mag sein was es will.* Nitt hans àder krans = *gar keiner, gar nichts. syn.* krängel, *zu 2.*

kränseln, *sich krümmen, rund drehen.*

kränssel, *n. ausschuss, unreinigkeit, die vom korn abgesondert wird. Kil.* krinse purgamentum frumenti. *holl.* krenselen, *ostfr.* krensseln = *mittelst der wanne oder futterschwinge getreide reinigen. span.* granzas. *Kehrein, sammlung, s. 16:* „crinzin annonæ per wannum excussæ quæ dicitur crinzin. *sw. der und die* kreinzen = *wagenkorb, der sich mit der wanne vergleichen lässt.“*

kräpps, *m. in der redensart:* bim kr. krigen, *beim kragen nehmen. ostfr.* bi de kripse krigen; *nds.* bin gripse krigen. *vgl. Vilm.* kribbes, larynx.

kråse, *f. schmutzige arbeit:* vi sid recht in der kråse.

kråsen, *sich unordentlich oder unreinlich beschäftigen. zu Marienheide:* ærpel kråsen, *kartoffeln gäten oder behacken. s.* kræser 2.

kræser, *m. 1. der sich unreinlich oder unordentlich beschäftigt. 2. kleine gäthacke.*

kråsseln, *1. dichten, von den ersten tönen der jungen singvögel. 2. von den tönen der hühner, die bald legen wollen. dän.* krasle.

krassen, *kratzen.* he niomt bat he krigen un krassen kann.

krässer, *m. 1. kratzer. 2. ein pferdename. 3. ein werkzeug.*

krätse, *abkratzen:* ät gêt in der kr. = et es fǫr de katte. *H.*

kratskäpp, *kratzender Kaspar, name des teufels, weil er mit krallen abgebildet war. (Schwelm.)*

krauen, *kratzen. syn.* krabbeln. Kraustu mi den kopp, dann füll ik di den pott! siot de mǫr *(morrübe). ahd.* chrawôn, gratitare. *Teuth.* clouwen, crouwen.

kraülen, *grob, niedrig sprechen. H.*

kraume, *f. krume. ags.* crume, *altn.* craumr, crumr. au *in unserem worte = älterem* uo. *bei Büren* kräume *wie* bläume *(unser* blaume).

kraus, *m. trinkkrug, gewöhnlich von steingut mit zinnernem deckel. ags.* cruse; *mnd.* kroes, kros, kroz.

kræwippen = hiamelmêsen.

krêgenschǫken = ? kraigenwiaten.

krempel, *trödel, rummel. Vilm.* grempel. bat kostet de ganse krempel. *K.*

krempen, *prat.* krump, *ptc.* krumpen, *sich zusammenziehen, schrumpfen.* dat lâken es all krumpen. dat flês es im potte krumpen. *ahd.* krimfan.

krempen, *krempfen, schrumpfen machen, zusammenziehen.* dat lâken maut êrst krempet weren. sik krempen, *sich krümmen, sich einschränken. Pick, monatsschr. I, 580. Huhn, reimspr. 120:* krimp dich nicht to kort, streck dich nicht to lanck.

krempfri, *adj. kein krempfen bedürfend.* dat wüllen lâken es krempfri, *das wolltuch zieht sich beim nasswerden nicht zusammen, braucht daher vor der verarbeitung nicht gekrempft zu werden.*

krengel, *pl.* krengels, *bretzel. (Siedlinghausen.)*

krǫnken, *n. 1. kleiner kranen. 2.* penis.

krente, *f. korinthe. ostfr.* krinte.

krentenbård, *m. ausschlag um den mund. ostfr.* krinte- *oder* krinten-bård.

krentenstûten, *m. stuten mit korinthen. ostfr.* krint-stute.

krentseln, *pl. johannisbeeren. s.* krontseln. *anderwärts* krêzeln.

krenzeln, *pl. ausschuss beim reinigen des korns. K. schlechte, fast taube körner. H. s.* kräussel. *Weddigen:* krenzel, drespe.

krenzeln, *s., sich krümmen bei körperl. schmerzen. K.*

krepenêren, *umbringen. vgl.* crepêren.

krepêren, *ärgern.* dat krepêrt ęm. *holst.* krippêren.

kresche, *f. kresse,* nasturtium. *ags.* cresse, *f. Seib. qu. II, 304:* keirsse. *Teuth.* kersse eyn kruyt, nasturtium. *syn.* kęrs.

kribbelig, *adj. reizbar. nds.* kriwelig.

kribbelkopp, *m. reizbarer mensch. nds.* kriwelkop.

kribbelköppsch, *adj. reizbar.*

kribbeln, *reizen.' Kantz.* kryweln, *Sündenf.* krevelu, *nds.* kriweln. *Bgh. apoc.* kreuelen *für Luth.* grimmen *(im bauche).*

kribbenbås, *m. s.* krübbenbås.

kribbmester, *m. s.* krübbenbås.

krick, *m. eigentlich = krach.* krick des dâges, *morgendämmerung, engl.* creek of the day. med krick des dâges, *in aller herrgottsfrühe. syn.* knick. *vgl.* kråken, kricken, *holl.* kricken, *zirpen, krachen, dämmern,* 't kricken van den dageraad. *Gr. myth., p. 708. Kil.* krick, krack, crepitus, fragor; *vgl.* kricken, *eben hervorbrechen, vom tage. H.*

krickännerk, *m. wasserhuhn. (Rheda:* krickhęnecken, *wasserhühnchen.) Kil.* kricke, querquedula, anas parva.

krickeln, *kränkeln. H.*

krickelplâge, *f. grillenplage, fig. Kil.* krekel, cicada. *s.* krickeln.

kricken, *krachen. im sprichw.:* Bai well med kricken, maut ock med bicken = *wer essen will, muss arbeiten. Kil.* kricken, kracken, crepare, crepitare, strepere.

krick ti krack, *im rätsel:* Bi dâge gêt et krick ti krack, des nachts stêt et in êner ecke, *auflös.:* bessem. *das* ti *wie in* holter ti polter *wird oft* di *gesprochen, ist aber = dän.* til, *zu.(?)* di krick di krack, *von der wiege, im berg. wiegenliede:* di wêg di gêt di krick di krack.

kriaderk, *in:* so sûr as kriaderk = kritsûr.

kriaft, *m. pl.* kriafte, *krebs,* cancer. vi wett kriafte löchten. *mwestf.* kreuet, *nds.* krewet. *auf dem lande brät man krebse auf der heissen ofenplatte oder in der glutasche am herde; sie sollen so besser schmecken. der krebs schreit. (Elsey.)*

kriagel, *adj. regsam, munter.* Bęter klain un kriagel as en grôten fliagel.

kriakeling = krätling. *K.*

kriame, *f. weibliches schwein. (Ecken-*

hagen.) Teuth. cryme, soegemutte. porca. *Syberger urk. v. 1651:* krieme.

kriəmelàtîn, *n. kritzliche, unleserliche schrift. syn.* hâneuschoken. *Firm. I, 18ᵃ:* kremerlatien, *holl.* kramerslatijn, *küchenlatein, holl.* kriemelschrift, *kleine kritzliche schrift. Hoffm. gloss. belg.* kraemerslatijn = lingua fictitia mendicorum et nebulonum erronum. *(aus Kil.)*

kriəmeln, *1. krimmeln, von einer sich durcheinander bewegenden masse.* kriəmeln un wiəmeln, *krimmeln und wimmeln. 2. krimmeln, von einem gefühle im menschlichen körper:* et kriəmelt mi in den bénen. *3. anfangen zu kochen:* et kriəmelt all. *syn.* krûpen. *vgl.* kriweln. de dag kriemelde. *spr. u. sp. 62.*

kriəmlig am hęweu, *dunkelnd am himmel. Grimme, s.* griəmlig.

kriəwek, *krebs als krankheit. (Siedlingh.)*

krîgen, *præt.* krêg, *ptc.* kriəgen; *præs.* ik krîge, du kriss, hä kritt. *1. greifen, nehmen.* ik krêg ne bim arme. krîg màl ęwen de bîle. *2. bekommen, erhalten.* ik krêg en braif. et gêt: bä wǫt kritt, dä wǫt hęt. hä kritt et med mî te dauen. de kau maut sik verfangen hewen, vi könnt de buəter nitt krîgen. wärs du ėr gekommen as din vâër, dann häste de möër gekriəggen = *du gehst auf widersinniges aus. prægnant:* nû krîg ik et, *nun werde ich dafür hergenommen.* he krêg et med der angest. he krêg et mettem fraisen, *er ward vom fieberfroste befallen. 3. fig. zanken, streiten:* ik hewe mi med ęm kriəgen; *vgl. ital.* prendersela c. alc. du sass der di màl med krîgen, *du sollst dich einmal damit versuchen. 4. redensarten:* ik hewe ne drân kriəgen *d. i. angeführt.* ik komm ne nitt dran krîgen *d. i. dran bringen, vgl. engl.* i could not set him upon it. ik krêg 'ne ant schriwen = *engl.* i set him upon writing. *5. im Berg. entspricht* krigen *als* auxiliar *dem engl.* to get: du kriss geschwadt = *du wirst geprügelt, bekommst schläge.* wenn ek nà hûs komm krîg-ek geschangt = *bekomme ich schelte.*

krikelig, *schwierig verwickelt, kritisch.* dat es ene kriəkelige sake. *K.*

krimisig, *adj. munter, ausgelassen. syn.* kàmisig.

krimmenällig, *lustig.* bat worten se fidäll un kr. ase de immen te gebannesdag! *Galant. 37.*

krimmenêrig, *adj. 1. bunt von gewächsen (namentlich blumen) und zeugen; gleichsam krimmelnd. 2. munter, lustig; gleichsam beweglich. es setzt ein vb.* krimmenêren *(wie* mauteuêren) *voraus. vgl. nds.* krîmig.

krimpe, *f. eckchen, z. b. des auges. H. Kil.* krimpe, locus angustus inter parietes.

krimpe, *f. 1. bachfloh, flohkrebs,* gammarus pulex, *engl.* shrimp. *gegen krämpfe bei jungen schweinen werden* krimpen *in ungerader zahl (etwa drei) lebend dem tiere eingegeben. 2. krämpfe der schweine in den füssen. so auch im Waldeckschen nach Curtze's glossar.*

krimpmâte, *f. verlust am messen, beim kornhandel. fig.: das würde mit krimpmass und mausefrass so und so viel kosten = mit allen unvorhergesehenen unkosten. v. Höv. urk. 112:* krympkarn vnd muysetzell.

kring, *m. pl.* kringe, *kreis. ahd.* hring *(ring).*

kringeln, *s., sich winden, sich krümmen. vgl.* kring, *engl.* to krinkle.

kriölen, *von rohem jubelgeschrei, kreischender musik. K.*

kripps, *m.* = kräpps.

krischen, *præt.* krêsch, *ptc.* kriəschen, *kreischen; v. Steinen:* krischen = *hell schreien. s.* krîsgen, krîsken. *2. wiehern. H.*

krîsgen, *præt.* krêsge, *ptc.* krêsgen, *weinen. (Eckenhagen).*

krisk, *schrei. Gr. tüg 23.*

krîsken, *præt.* krêsk, *schreien.* so sûr att et krîskt. *s.* kriten.

krispeln, *rispeln.* de mûse krispelt im strôh. *vgl. nds.* krispeln, kraspeln.

Krist, *Christian.*

kristag, *m. christtag.* en grûûnen kr., en witten pâschedag.

kristanie, *f. kastanie; r versetzt, weil man hd.* karstanie *sagte. von Hövel chron. (Fahne) 83:* tidige christannie.

kristen, *zum christen machen, taufen. mhd.* kristen, *mwestf.* kersten.

kristêr, *n. klystier. gr.* κλυστήρ *von* κλύζειν *(spülen).*

Kristiân, *Christian. syn.* krist.

Kristîne, *Christine.* de dicke Kristîne, *die grosse zehe. (Deilingh.)*

kristlik, *adj. christlich. s.* linse.

Kristus, *Christus. sprichw.:* Wà nitt es Kristus, dà es nitt mistus.

kristusblaume, *f. 1. hartheu,* hypericum

perforatum. *sie stand unter dem kreuze Christi, von dem darauf gefallenen blute des Herrn erhielt sie ihre roten tropfen und ihre heilkraft. (Hemer.) vgl. Hölscher, nd. geistl. lieder XVI:* et spruten gelle blomekens an gron heide. *syn.* Jesûsblaume, Hęrgǫdsblaud. *2. farnkraut.*

krite, *f. kreide. lat.* creta; *mw. Dortm. zolltarif v. 1350:* krite; *berg.* knitte. *Teuth.* crijt, knijt.

krîte, *in:* so sûr asse krite. *vgl.* kriaderk, kriten.

krîten, *præt.* krêt, *ptc.* kriaten, *schreien, weinen. fig. vom winde:* im kritenden winne *(kreischenden, rauhen). ostfr.* kriten; *mhd.* krîzen, *rufen, schreien; mnd.* krit, *streit, geräusch, hader; alts.* griotan; *goth.* gretan, *fig.* et es so sûr dat et kritt; *s.* kriaken, kritsûr. *anl.* k *für* g, *wie in* klocke, klucke, krîme, kuckuk. *das alts. reduplic. lässt auf ein* griutan, graut, *das goth. redupl. auf ein* greitan, grait *(= unserm* kriten) *schliessen. auch alts.* griotan *hat sich als* graiten *(grüssen) swv. in der Mark erhalten. Teuth.* krijten, garren, garrire.

krîtraisen, *pl. kinderkrämpfe, bei welchen sie schreien. s.* kriten, raisen.

krîtsûr, *adj. sehr sauer. ostfr.* kritesûr. *vgl. nds.* ritzeràd, *grellrot; hunsr.* ritzeroth, *grellrot,* kritzegroh, *ganz oder sehr grau.*

krîtswalwe, *f. grosse mauerschwalbe, die ausser dem hause nistet, während die* hilgenswalwe *in scheunen und auf* dehlen *ihr nest macht. die* kritswalwe *ist kein* hilgenvuagel. *(Brackel.)*

krittelig, *adj. kurz angebunden, närrisch.*

kriwek, *m. krebs. vgl.* piwik *neben* piwit. *s.* kriawek.

kriweln = kriameln. *syn.* afkraischen.

kröcheln, *husten, von anhaltend bösem husten. K.*

kröchen, *1. husten, auch von schweinen. 2. keichen:* med kröchen un zöchen. *Gr. tüg 23. Kil.* krochen, gemere. *vgl. nds.* köchen. *in unserem worte kann ein* r *eingetreten sein, wie in* grôte *für* gôte; *ahd.* rohôn *(röcheln), br.* hörcheln = hröcheln. kr = hr.

kröchert, *m. keichhusten.*

kröckeln, *schwach, locker in den fugen sein. H. vgl. Teuth.* croecklen, runtzelen, rympen, van croeckel of rymp eyne spleete.

kröcken, afkröcken, *fressen, abfressen. im Alten. stat.:* „item id sall nyemandt op eyns andern manns erve oder guede kroeken, doch mag man woll in den marken kröcken. *ibid.* nemandt sall kröcken, de gemeyne heerde hebbe dan vorhin opgedriven. wolde aver jemandt — selvest met sinen beesten erst afkröcken und weiden laten, sall nycht gestadet werden. *vgl. fr.* croquer, *engl.* to krop, *die spitzen des grases abfressen.*

kroll, *m. dichtes und krauses gewirre:* dat stêt op ênem kr. = *das steht dicht und kraus zusammen. vgl.* krolle, *gerollte locke,* krüll, krull.

krollen, s., *sich lockenförmig kräuseln. vgl.* rollen.

krollig, *adj. lockenförmig, kraus.*

krône, *f. 1. krone. 2. schädel:* he hęt wat in der krône = *er ist trunken.*

krönen, *tadeln. (Weddigen). s.* krûne.

krontseln, *pl. stachelbeeren. s.* kroscheln.

kropp, *m. 1. kropf. 2. kopf (salat). 3. schlechtes zeug* (kropptûg). *ags.* cropp, *vgl.* krûpen, kropps. *urspr. etwas geschwollenes, ahd.* kroph, struma, vesica.

kropp, *hölzernes hahl neben dem eisernen; man gebraucht es, speisen zum warmhalten daran zu hängen. ahd.* krapho, *Soest. Dan. 25, 104:* krop.

kroppen, *sich zu einem kopfe bilden, sich schliessen, von salat.*

kröppen, *den bäumen, z. b. weiden, die äste nehmen. K.*

kroppen, *vollstopfen:* wǫrste kröppen.

kröpper, *m. kropftaube.*

kröpphorn, *werkzeug zum wurstkröpfen, aus einem kuhhorn gemacht. H.*

kropps, *m. kleiner kerl; syn.* krotts, *vgl.* krotte.

kroscheln, *stachelbeeren. (Wülfr.)* grossularia.

krôse, *f. 1. ein gemisch von gehacktem fleisch (eingeweideteilen) und gerstegraupen oder hafergrütze (Siedlingh.), ohne zweifel ein altes gericht. 2. jedes andere mischmasch. altn.* krûs, pulpamentum; *ahd.* chrose.

krosseln, *schwätzen. op d. a. h. 40. vgl.* krâsseln.

krosseln, *pl. ein gewächs, welches zum gründonnerstagsgemüse genommen wird. (gegend v. Büren.) syn.* pęrrekümmel.

kröte, *f. rote runkelrübe. vgl.* carôta Apic.

krötschen, *kriechen, von kleinen kindern. engl.* crouch; *vgl.* rötschen = *rutschen.*

krotte, *f. fig. kleines kind. ahd.* kreta, krota = *kröte.*

krotts = kropps.

krottsig, *adj. krüppelig, klein. K. s. 110.*

krübbe, *f. 1. krippe. alts.* cribbia. *2. flechtwerk zur uferbefestigung.*

krübbenbâs, *m.* kribbenmeister.

krücke, *f. 1. krücke. ags.* cryce, *f.* baculus. *2.* = kracke. *(Fürstenb.)*

krucken = mechten. *(gegend v. Olpe.) vgl.* krunken, kröcken.

krucks, *kleiner unansehnlicher mensch. K.*

krûd, *n. 1. kraut:* graün krûd, *würzkräuter des gartens, wie petersilie, sellerie und dergleichen. fig.* der es wat im krûe = *im stocke, nicht richtig. H. 2. mus:* prûmenkrûd; *vgl.* zûndkraut = *schiesspulver (schwed.* krûd). te krûe gân = *kräuter, blumen pflücken auf pfingsten. (Deilingh.) Tappe 74ª:* moysen oder kruydeu. *1. und 2. sind wol zu trennen. zu 1. vgl. ags.* croda, *m.* compressio. *zu 2. wird* k *für* g *stehen; dän.* äblegröd *(äpfelmus).*

krûdbedde, *n. krautbeet, rabatte. (Weitmar.)*

krûdbuəter, *n. brot mit mus (kraut) bestrichen. s.* buəter.

krûden, *s., sich unterstehen. Teuth.* croeden, onderwynden etc. *Weddigen:* krûen, *wagen, sich unterstehen.*

krûdgâren, *m. küchenkräutergarten.*

krûdhacke, *f. gäthacke.*

krûdhof, *küchengarten. K.*

krûdhünkel. iusem Heergoât seyn kriuthünkel. *N. I. m. 88.*

krûdken-rôr-mi-nitt-ân, *n. sumpfbalsamine,* noli me tangere. *syn.* kûskenrôr-mi-nich-ân-âder-ik-berste *(Weitm.),* krûtzgen-rôr-mek-nich-ân *(Marienheide). Kil.* kruydeken roert mij niet.

krûdlâken, *n. krautlaken, syn.* dręgelâken. ik hewe 't med sack un krûdlâken gewunnen = *ich habe es ganz gewonnen.*

krûdwigge, krûdwie, *f. krautweihe, Mariæ himmelfahrt:* krûdwigge brenget 'et salt in de appeln. *Simr. myth. 543: „zur krautweihe gehören am Niederrhein neunerlei kräuter." eine frau aus Fürstenb. sagte: 24 und nannte mir folgende 19:* ślandsköppe, beddstreó, bifaut, blaudköppe, dust, duənerkrûd, wilde hoppen, iserrost, ſserharst, knuflôk, kundel, kathrineublaume, johannesbl., willen klê, nase un mûl, ôsterligge sigge, rainefân, santor valrianspîpen, węrmaud.

kruəd, *n. gefahr, risico, nachteil, verkümmerung:* bai dat guəd ęrwet, dai ęrwet ok dat kruəd. *Teuth.* crot, last, moyenisse, verdriet etc.

krûen, *krauten, d. i. gäten. für* krûden.

krüəmel, *f. krümel, bröckchen. fig.* kaine kr. = *gar nichts.*

krüəmel-an-de-wand, *zittergras. syn.* ſmenbrôd.

krüəmeln, *krümmeln, brocken.*

krüəmeln = kriəmeln: dat kind krüəmelt im hûse herümme.

krüəpel, *m. krüppel:* he hält ân as en krüppel am węge. *ags., engl.* cripple; *Tappe 30ᵇ:* krôppel.

kruəptûg, *n. verwachsene, verkümmerte, verkrümmte gewächse. vgl.* kropp, *nds.* krôp, krûp.

krüəsel, *m. gruppe:* ên krüəsel bôme. *für* krüsel, krüssel *zu* krûs. *vgl. meklenb.* küsel.

kruig, **krûg**, *adj. kümmerlich, gedrückt; adv.:* et gêt ęm kruig, *es geht ihm kümmerlich, er muss sich sehr behelfen. vgl. Teuth.* croedelick = *verdriesslich, Vilm.* kroedlich, *unzufrieden.*

krûke, *f. pl.* krûken. *krug. ags.* crocca, cruce; *alts.* cruca; *Findl. 42:* kruke.

krû-krâne, *f. kranich:* wann de kr. treckct, blitt et noch drai dâge guəd węr. *vgl.* krâne, krânck.

krüll, **krull**, *n. pl.* krüllen, *dichtes, verworrenes haupthaar. 1. scheitelhaar, stirnhaar bei tieren, bes. rindvich. 2. für kopf:* he hęt et im krüll = *er ist stolz;* bâlwisk lûll, dat stîget ęm int krüll = *h. l. macht rausch. mhd.* krülle; *engl.* curl.

krüllen, *auskrüllen (erbsen), von bohnen sagt man* döppen. *(Fürstenb.)*

krullen, *den schiebkarren führen, Weddigen. — mit der karre schieben,* krüllen. *K.*

krüllkar, *schiebkarre mit kasten. K.*

krumm, *adj. krumm.* so kr. as en pottlâken; med 'me krummen arme kuəmen = *den hochzeitern einen korb bringen. Richey.* krumme aier = *excremente. Hemer:* krumme guəustag, krumme midweke, *d. i. mittwochen vor ostern. Homeyer, stadtb. d. m. 67 und wb. s. v.* bedagen.

krumme, *m. acc.* den krummen, *hase. (Halver.)*

krumme, *f. krummes holz. syn.* krummholt, bricke.

krümme, *f. krümmung, krummweg.*

krummelte, *f. hirtenstab. (Fürstenb.) syn.* krümmel *(Waldeck.)*

krummeniəsel, *m. kellerassel. (Fürstenb.)*

krummenôd, *gicht oder lahmendes übel. K. ein schwur.*

krummhaüer, *ein grosses messer für zuckerpflanzungen. Kil.* kromhouwer, harpe, ensis falcatus. *s.* hæpe.

krummholt, *n. krummholz. (Fürstenb.) syn.* krumme.

krûne, *in:* guən ôwend, frau hucke oppem pôte! gistern ôwend dô kwâm de lankermansjunge, de libbertunge, dä sagte: guən dag, du krûne! *Seib. urk. 1067:* Elricus Crune. *vgl. Teuth.* croenen, murmureeren, moettelen, proetelen. *ders.* cruyne, plat. wyhyng. tonsura. *engl.* crône, *altes schaf, altes weib. ? für* krûde = krôde (*ags.* crux).

krûnekrâne, *f. kranich. (Brackel. Dortm.)*

krünkel, *gröbs. (Fürstenb.) vgl.* krunkel, *falte. (Waldeck.) Teuth.:* rymp, runtzel, kroeckel. *Schouwenb. chr. § 127:* krunke, rympe.

krunken = *krucken. K. vgl.* krunksen *v. St. III, 128.*

krünklich = mechtend. *spr. u. sp. 10.*

krûpen, *præt.* krôp, *ptc.* kropen, *kriechen. ahd.* crifan; *ags.* creópan. *in bewegung geraten,* de hâr krüəpen mi te bęrge = *die haare standen mir zu berge. vgl.* meck krevelt alle mine hâr, *Sündenf. 1044.* et wâter fänget an te krûpen. et krûpet = *das wasser fängt an zu sieden.*

krûp-dǫr-den-tûn, *gundelrebe. syn.* kikdǫr-den-tûn.

krûper, *m. 1. kriecher. 2. zwerghuhn. 3. zwergbohne. 4. wasserdurchlass. K.*

krûperbône, *zwergbohne.*

krûperhaünken, *zwerghühnchen:* so verlaiwet as en krûperhaünken. *Grimme.*

krûs, *adj. kraus.* so kruse hâr as en besmen.

krûsche, *pl.* krûschen. *1.* karausche *(fisch). Teuth.* cruysen dat synt visch die tot allen mayndlen schaiden. *2. eine schweinrace des Münsterlandes.*

krûse, *f. falte. zu* krûs.

krûsel, *lämpchen. N. l. m. 33.*

krûz, *n. 1. kreuz. 2. leiden. 3. der untere teil des rückgrats.* — de krûz un de quær, *kreuz und quer.*

krûzbôm, *m. 1. feldahorn. abergl.: kühe damit geschlagen geben blutige milch. 2. wilder schneeball. (im Lüdensch.)*

krûzbrôken, *n. kreuzförmiges backwerk (Fürstenb.)*

krûzdârn, *m. kreuzdorn,* rhamnus cathart. *er wächst häufig auf unserem übergangskalkgebirge; ein schönes baumartiges exemplar war in Sundern bei Iserlohn zu sehen. an manchen orten wurde es fast ausgerottet durch die benutzung seiner rinde gegen krätze.*

krûzer, *m. 1. kreuzer (münze). 2. kreuzwurzel.*

krûzwǫrtel, *f. kreuzwurz,* senecio vulgaris.

ksch ksch, *scheuchruf für hühner:* wamme ksch ksch siət, dann maint me de hauner alle.

kabbe, *schlechtes zimmer der gemeinen leute. (Weddigen.)*

kabbelik, *adj. ein wenig krank, kränkelnd, fieberfröstelnd.*

kübbelken, *s.* nestkübbelken. *cfr. engl.* cub, *das junge versch. tiere.*

kabben, *im staube (mulm) arbeiten, spielen. H. s.* kuəbeln.

kack, *1. in:* kuck un kack = *jedermann.* en pîpken tuback es guəd fǫr kuck un fǫr kack, giət et ock nitt viəl int lîf, es et doch guəd fǫr tîdverdrîf. *2. in:* smalle kuck. *vgl.* kwick âder kwack; *ostfr.* kwik *u.* kwak = *kleinigkeiten aller art; hd.* kix *und* kax.

kackel, *f. feuerherd im freien:* op der k. brâken *d. i. im freien bei einem* stûkenfeuer, *über welchem der flachs auf einem gerüste liegt. Frischbier, 1555* kuigel, *der mächtige ofen in der flachsbrachstube. mhd.* quickel = forculare, *Benecke-Müller, 893. s.* kwickelpinn.

kückel, *m. hahn. Grimme.*

kuckeldûse, *im rätsel:* ächter uesem hûse dâ stêt ne kuckeldûse; jo mær at de sunne schiunt, jo mær at kuckeldûse rinnt. (fiskękel.) kuckel = *kunkel;* dûse, *der stock* = wockenstock. *vgl. Gr. wb.* dûse.

kuckelkûseken, *n. kosewort.*

kuckelǫwen, *m. kachelofen.*

kuckhûen, *n. versteckspiel. s.* pîpstoppen.

kuckuk, *m. 1. guckuk.* so frô as en k. kuckuck nâm mai helpt mang êuem op de kąai. *zu Liberhausen fragt man den k.:* kuckuk, wu lange liev ek noch? *und zählt seine rufe. grain tüg 67:* kuckuk, kuckuck! segg mî wâr: hûviəl friggers in düsem jâr? *statt* „de kuckuk raüpet" *sagt man bei Medebach:* „de kuckuk kraisket." *2. ein kinderspielzeug, welches den guckuksruf nachahmt. 3. eine uhr, die dasselbe tut. 4. der deckstein auf rauchfängen. 5.* blinne kuckuk, *eine stechfliege. (Weimar.) 6. tannzapfen. (Fürstenb.)*

kuckuk, *ruf beim* kuckhûen.

kuckuken-staul, *m. binsenstühlchen, wie es hirtenknaben machen. (Lüdensch.) syn.* kattenstaülken.

kuckucks-blaume, *f. name für orchisarten.* witte k. = *nachtschattenkuckuk. syn.* nachtviole. *(Büren.) Kil.* kockocksbloeme, cardamine.

kuckuks-klê, *m. sauerklee. Kil.* kockocksbrood.

kuckukskrûd = ? kuckuksblaume.

kuckuks-maus, *n. sauerklee. (Elsey.)*

kuckuks-spigge, *f. guckuksspeichel, schaum der schaumcikade.*

kudden, kuen, *eine krankheit junger ziegen. s.* maikudden. *vgl. ags.* côde, *f.* = morbus; *engl.* uncouth *aus* uncôt.

kuəbeln = kubbeln, *von hühnern, welche sich im staube wälzen. (Albringw.) syn.* kuədeln, purken. *s.* kubben.

kuədeln = kuddeln, *von hühnern, die sich im staube wälzen. Z. f. d. mda. II, 38 und 221, wo richtig auf wälzen gewiesen wird.*

kuəderig = kudderig. *1. schlecht im stande, von der gesundheit. 2. struppig, wirre von haaren.*

kuədern = kuddern, *klagen, sich krank zeigen (von tieren). vgl. alts.* quithean = lamentari. *Teuth.* cudren, infirmari.

kuəgel, *f.* = kuggel. *1. kugel. 2. ein kleidungsstück:* dai verfriətet kappe un kuəgel *d. i. alles. vgl. R. V.* koggel *(kappe); Köln.* koegel, *f.* capucium. *v. Höv. urk. 67:* rûterkogele, *mantel mit kaputze. 3. besonders:* imenkuəgel, *bienenkappe. Marienh.:* immenkûel.

kuəgen, *m.* = kuggen, *kränkeln. vgl.* kûken, kagen. *es scheint, wir haben hier ein wort, worin* dd, bb, gg *wechseln. Kil.* koghe contagium vaccarum, porcorum, ovium.

küəgelken, *n. haube eines vogels. kinderreim:* Sünte Mërts küəgelken.

küəke, *f. küche.*

kûel, *f. kugel. (Marienh.)*

kûel, *m.* = küətel.

küəlbâr, *m. ? wühleber. schelte für kinder, welche das bett verwühlen.*

küəm, *m. 1. kümmel,* carum carvi, *der mitunter auf unsern wiesen wild wächst. 2. kümmelbranntwein. lat.* cuminum *aus griech.* κύμινον. *Bugenh. bibel:* kömmen, *Jes. 28, 7.*

kuəmen, *præt.* kwâm *und* kâm, *ptc.* kuəmen, *kommen, eigentlich zum vorschein kommen, erscheinen, von aufgehendem samen:* kuəmt se nitt, dann kuəmt se *(die erbsen). vgl. alts.* quiman, *Hel. (Koene u. Heyne.) aus* quiman *ging* quiman *hervor, welches hd.* keimen, *nd.* kinen *mit ihrer sippschaft lieferte.* kuəmen *mit* hewwen: wann se wacker kuəmen hân = *wenn sie schnell gekommen wären.* he küəmt te löpen = *er kommt gelaufen; (früher mit dem blossen infinitiv:* ik kom sliken. *Dan. 44.)* de buəter well nitt kuəmen. te korte kuəmen = *verkürzt werden; vgl. Wondorf. mag. V, 16:* they come short of it = *sie werden daran verkürzt, sie bleiben unter der normalzahl.* kuəmen = *helfen, nützen:* baſ̊ər küəmt mi dat lęwen. *umschreibendes* kuəmen: ik kwâm hęr un gaf ęm wot te swêten. sik kuəmen = *sich ereignen:* dat kwam sik anners.

küəmstig, *adj. künftig.*

küəning, *m. könig.* fuəgel-k., *vogelliebhaber;* imen-küəning, *kenner der bienenzucht;* hitten-küəning, kanînen-küəning *u. a. nach Braun, weinbau im Rheingau p. 20 nennt man einen im auffinden röm. altertümer besonders geschickten bauern Heidenkönig, da das volk dort unter Heiden die Römer versteht. vgl. Massmann. alts.* kuning. *s.* kiöneg.

küəningesstrâte, *alte hauptstrasse. — Schwelm. vestenrecht:* Item eine rechte koningesstrate die sall men entrumen so witt dat ein ritter heme ride met sinem vullen harnische und vôre sine gelane vûr sick twars up dem perde, die sall sien 16 voet lanck unbesperret und unbekummert in dem wege.

kûerig, *adj. gesprächig.*

kûern = kuddern, *reden, sprechen:* barum söffe nitt kûern, geldtellen heffi nitt. *der lange vocal rührt wie bei* kaudern *(vgl.* kauderwelsch) *aus dem wegfall eines* d. *es ist alts.* queddian *dessen* e *irrig für umgelautetes* a *gehalten wird, vgl. ags.* cviddjan, *goth.* quithan *(sagen, sprechen, meinen). Bruns beitr. 358:* kurre = *weder — widerspreche. vgl. Richey. eine genaue parallele zu* kûern *ist* tûern *(zaudern).*

kûersam, *gesprächig. (Weddigen).*

kuəse, *f. 1. mutterschaf, wofür sonst* möerschâp. *2. bauernschaf mit kurzem schwanze. (Marienh.) 3. altes tier überhaupt.* 'ne âlle kuəse *kann auch eine alte kuh bezeichnen.*

kuəsel, *f. unreinliches frauenzimmer.*

kuəselig, *adj. unsauber.*

kuəseln, *unsauber arbeiten, unsauber zu werke gehn. vgl.* verkęssen.

knasenkopp, *m. schafskopf, dummkopf:* schæper schæper knasenkopp. *(Hemer.)* *(Velbert:* käsekopp).

küatel, *m. 1. menschen- oder tierkot. 2. fig.* klaine küatel = *kleines kind. vgl. ags.* cvead, *n., ahd.* chot. küatel = küttel, kütel; t *steht wie oft in dieser lage für* d. *s.* köttel.

küatelber, *f. kleine birne. syn.* trummelte.

küatelhäie, *f. ein weisser kurzfasiger werg, der vom Rheine bezogen wird. (Siedlingh.)*

küateln, *kot fallen lassen,* cacare.

küatelndraiger, *m. schelte für fingerhutmacher und cigarrenarbeiter.*

kuff, *alter hut. H.*

kuff kuff, *laut des schweingrunzens.*

küffe, *f. schlechter hut, schlechte haube. nds.* küffe = *altes haus.*

kujôn, *m. schelte:* du kujôn. *fr.* colon.

kujonêren, *wie einen hund behandeln, hudeln. fr.* colonner.

kûken, *1. keuchen. 2. kränkeln:* he gêt un kûket. *Heinzerl. 31:* „sech kucheln, *niederkauern, sich auf die fersen niederlassen. demin. von* kuche, *zusammendrücken, zusammenkauern, hess.* kauchen, *Vilm. 145. wo. wie sieg. neben* kauche *ein demin.* käucheln, *wie.* kauchig, *zusammengedrückt, namentl. von schwächlichen körpern mit eingedrückter, enger brust gebraucht." vgl.* keuchen; *wie die bedeutung lehrt ist an fr.* coucher *dabei nicht zu denken.*

kûken, *(præt.* kûkede) = kiken. *(Herstelle.) vgl. hd. gucken, guckte.*

kûken, *n. küchlein.* he hęt kain kind äder kûken = *er hat niemanden, wofür er sorgen muss. vgl. engl.:* the old gentleman had neither chick nor child. *Warren, Ten thous. I.* — dumme kûken. *vgl. span.* burlado como un pollito. — *Zs.* hennenkûken, *bei Lyra:* gausekûken, ântekûken. *ags.* cicen; *Tappe:* kuyken. *Teuth.* cuycken.

kûkendaif, *m. hühnchendieb, habicht:* häwek häwek k. hęt sin vâr un môr nitt laif. *holl.* kuikendief, *hühnergeier. Kil.* hoenerdief, milvus.

kûkenkasten, *m. kasten für glucke und küchlein.*

kûkenkorf, *m. korb für gl. u. k. s.* wann.

kûksken-rôr-mi-nich-ân-âder-ik berste, *sumpfbalsamine,* impatiens noli me tangere. *(Weitmar.) syn.* krûdken-rôr-mi-nitt-ân.

kukstern, *laut lachen, laut fröhlich sein. H.*

kûlap, *ruf des raben.* kûlap kûlap âchterm bęrg dà liat âs.

kûlaps, *m.* = kûling.

külbær, *m. 1. eberschwein, welches gemästet wird. 2. soll auch für ûterbock gebraucht werden. s.* küalbær.

külde, *f. kälte. Kerkhoerde:* kulde. *s.* kelle, kölle.

kûle, *f. grube, grab, loch:* lèmkûle, mistkûle, füllkûle. *gr.* κοίλη, *lat.* caula; *Tappe 57ª:* kule.

kûlenkopp, *m. froschlarve. (Nieheim.)*

kûling, *m. kaulquabbe. hess.* kolingk = *froschlarve. Mel. jocos. II, p. 26. Teuth.* cuylynck is eyn cleyn visken.

kûlingeskopp, *m. kaulquabbe. (Fürstenb.)*

kûlken, *n. 1. grübchen. 2. kleines grab, kleine grube.* kûlken in de backen, hęt 'n schelm im nacken. *K.*

kûlkopp, *m. kaulquabbe. Gr. tüg 37. syn.* dickkopp.

kûlläpper = kûllaps. hä hächet as en kûlläpper.

küllen, *anführen, täuschen, zum narren haben. (Hagen, Dortm. und Berg.) Weddigen: umher leiten.*

küls, *m. schädel.* nin binnet ne mol en schwart dauk üm den küls. *N. l. m. 37. osnabr.* vor de köllen *(stirn).*

külshân, *im sprichwort:* dô en nöûen äs külshân. *vgl. ostfr.* külhân = *männliche ruthe,* penis.

külstern, *husten. (Paderb.)*

külter, *schlafkasten. K. s. 12. bett. N. l. m. 35.*

kûm, *kaum.*

kûm, *adj. engbrüstig. vgl. alts.* kumian = *beklagen, beweinen; altm.* = *lecker im essen. (urspr. matt, schwach?)*

kûmen, *engbrüstig sein. alts.* kumian.

cumcummer, cucummer, *f. gurke. lat.* cucumis, *fr.* concombre.

kummer, *m. kummer, mangel:* riaket den kummer int land. *vgl. alts.* kumian, *mnd.* kummer = *mangel; so Lud. v. Suthen:* waters-kummer.

kummer, *m. 1. abraum, schutt, erdreich. 2. zu Fürstenb.: der nicht fruchtbare untergrund. vgl. altn.* kuml = cumulus; *fr.* combler, décombrer; *ml.* combrus; *Lud. v. Suthen:* kummer edder brak = *schutt oder gebröckel von mauern.*

kummerkârn, *n. mutterkorn, welches sich besonders in nassen, ungünstigen jahren zeigt. man sagt, es habe seinen namen daher, weil mit ihm der kummer (mangel) ins land komme. (He-*

mer.) auch bei Büren heisst es so, man gebraucht es daselbst mit milchaufguss zum fliegentöten. syn. hungerkårn, kummert, kummertenkårn.

kummerpöttken, *s.* wiggepöttken.

kummerschop, *f. kummervolle lage:* in der kummerschop schedt sik de fröndschop. *Holth. erinnert an rheinl.* komerschaft *(handel) und* fröndschop *(verwandschaft). beim handel, bei mein und dein kommt die verwandschaft nicht in betracht.*

kummert, *m. mutterkorn. (Unna.)*

kummertenkårn, *n. mutterkorn. (Brackel.)*

kump, *m. 1. napf. Jung-Stilling:* kumpfen. *2. becken einer fontaine. 3. trog für das vieh.*

cumpåbel, *fähig. fr.* capable.

cumpån, *m. cumpan, kamerad. aus* companio *(mitbrotesser), fr.* compagnon.

kümpel, *m. tümpfel, wasser haltende vertiefung.*

cumpelment, *n. compliment:* he es so full cumpelmente as de bock full küøteln.

cumpenî, cumpenigge, *f. compagnie:* cumpeni es lumperi.

cumpîr, *m. gevatter. fr.* compère. *syn.* vadder.

cumpîrsche, *f. gevatterin.*

cumpismaus = cumst, *m. (Altena.)*

cumpst, *m. weisskohl, kopfkohl. mhd.* chumbost *(compositum).* kumst im mai *(gepflanzt)* giot köppkes as en ai.

cumpstkopp, *m. kohlkopf:* en kopp es en kopp, en cumpstkopp es ôk en kopp.

cumpstmaus, *n. i. q.* sültenmaus.

kumt, *n. stück des pferdegeschirrs, welches dem pferde um den hals geht. mhd.* kumet *zu goth.* cumbjan = κόπτειν.

kumfûr, *eiserner feuerbehälter mit einem rost, um speisen und getränke warm zu halten. H.*

kundel, *quendel. (Fürstenb.) syn.* feldkundel.

kungelite, *f. schelte für ein frauenzimmer, welches kungelt.* ite *kann hier aus* Ida *oder* idis *(weib) entstanden sein. s.* ite.

kungeln, *heimlich tauschen und verkaufen, wie von weibern ohne wissen ihrer männer, von kindern ohne wissen der eltern geschieht.* g *für* d. *Seib. urk. 805:* verkuden; *Teuth.* kuyden, wesselen; *Wallraf:* kuden, *wechseln, tauschen.* kude, kuydt, kudung, *wechsel, tausch.* kungeln *ist deminutiv verb. von* kunden = kuden. *nds.* kungeln, kunkeln; *holl.* konkelen; *Hunsr.* verkutzeln.

kunkelfûse, *f. pl.* kunkelfûsen, *ausreden, winkelzüge, wirrwar, täuschung. Weddigen: = verwirrung. im rätsel wird die brennnessel* kunkelfûse *genannt. varianten dafür:* funkelkûse *(Breckerfeld),* kuckelkûse. *vgl.* kwinkeldânse. *bei Richey = verwirrung; er meint, es sei aus* confusio *entstanden. Lyra 28:* kunkelfusert, *spielbetrüger.*

kunkelfuserigge, *unterschleife, wo es nicht mit rechten dingen zugeht. K.*

kunststück, *n. kunststück.*

kunststückskem, *n. kunststückchen:* et es en k.: viøl köppe unner ênen haud brengen.

kunte, *f. weibliche scham. bei Dortm. hörte ich jemanden in seiner erzählung sagen:* de kunte was mi bälle innefallen, wann'k dûtsk spręke = *das herz wäre mir bald in die hosen gefallen. lat.* cunnus, *engl.* cunt. *syn.* kutte, miglǫk.

kunterbunt, *bunt und kraus durcheinander. K.*

kûpe, *f. kufe. alts.* copa *(dolium), Upst.* kûpe. *mnd.* kûpe, schûpe = *mhd.* kuofe, schuofe. *s.* küppe. *Teuth.* kuyp, kuyven, boede.

kûper, *m. küfer. Teuth.* kuypper, boedeker.

küppe, *f. i. q.* kûpe.

küppkenblick, *wachtelschlag. zu Brackel:* küppkenblick küppkenblick kauwau! *ostfr. (Stürenburg 127*[b]*):* kütjenblik. *beisp. für verwechselung der* tenues, *zugleich für den zusammenhang von* kuppe (küppe) = *kufe und kutte* (cunnus). *vgl. mda. V, s. 76.*

kûr, *f. jagdausdruck.*

kûr, *f. kur.* kûren daun = *wirken, ohne rücksicht auf arznei. lat.* cura.

kûr, *f. sprechen. (Schwelm.)*

curânzen, *heftig angreifen, strafen. Voss.* koranzen = *abgerben, durchprügeln.*

kurbäksken, *art tauben, mövchen. H.*

kûre, *f. i. q.* kûr.

kûren, *s.* küern.

kûrerigge, *f. geschwätz.*

kurête, *f. ziegenname.*

kurête, *f.* = karête *in* hackenkurête = *frack.*

kûrfull, *adj. gesprächig. Grimme.*

curjôs, *sonderbar.*

kurken, *quacken, von fröschen. engl.* to croak.

kurkeln, *gurren, ruken, von tauben. engl.* to crookel, *fr.* roucouler.

kûrkunte, *redselige person. K.*

kür kür, *lockruf an schweine.*

rmel, *m. getümmel, gewühl, lärmendes durcheinander. ahd.* carmula, seditio.
rmelig, *adj., wo sich* kurmel *zeigt.*
rro, *f. schweinchen.*
rwâter, *n. wasser zum reden. H.*
rwel, *in:* en k. an der müske hewwen = *einen haarbeutel haben. Grimme.*
sch, kûsk, *adj. keusch. man wird das wort selten hören. ahd.* kiuski, *alts. adv.* kiusko. *vgl.* kaischen.
ise, *f. kolben, keule:* wulfskûse. an dem stocke es 'ne dicke kûse = *keulenförmiges ende. (Marienh.) Dan. 34, 37, 46, 55. Teuth* cuyle, cuyse, fustis.
isekopp, *m. in:* kûsekopp slân = *kopfüberschlagen, purzeln.*
isen, *m. kolben.*
isenkopp, *froschlarve. (Albringw.) syn.* kûlenkopp.
ass, *m. kuss.*
asselig, *adj.* = kunoselig. *(Fürstenb.)*
issen, *n. kissen.*
issen, *küssen.*
issentog, *m. kissenüberzug. (Rheda:* -böire.)
isskes, *pl. blühendes zittergras, der blüten wegen so genannt. (Fürstenb.)*
ût, *n. 1. zipfel in tasche, beutel, netz. 2. tiefste stelle eines baches.* im kût dà findt et sik.
kûtschen, *unpässlich sein.*
kütse, küütse, *f. 1. kiepe. (Marsberg.) 2.* cunnus.
kutte, *f.* = kunte.
kuttenkrässer, *kardendistel. K.*
kuttken, *n. deminut. von* kutte. *s.* küppkenblick.
kûwen, *n. kübel, zuber. alts. Werd. hebereg.* cuviu ad balneum; *fr.* cuve.
kûz, *m. in:* dickkûz, *kaulkopf. (Marienh.)*
kûzerê, *f. unpässlichkeit. (Remsch.)*
kwabbel, *f. fetter, hervorschwellender körperteil. altn.* qvab, pinguedo. *Richey:* kwubbel.
kwabbelig, *adj. 1. fett, hervorschwellend. 2. von weichen und fetten speisen, die einem zuwider sind* = kwäbbelig. — *schwed.* quabbig, *ostfr.* quabbelig, quabbig. *Richey:* kwubblig; *vgl.* kwabbel.
kwabbeln, *hervorschwellen und quellen, von fetten oder weichen körpern:* dat kwabbelt van fett = *strotzt von fett. s.* quebb. *vgl. 1 Matth. 9,45* gequebbe, *wo luth. Lachen gibt.*
kwabbelfett, *name der wachtel zu Albringwerde. sie ruft dort:* wack (? mack) di wack!
kwabbelfett, *adj. sehr fett.*
kwack, *m. 1. schall eines hingeworfenen, weichen körpers. 2.* = *quark d. i. weicher kot, schleim. 3. das quaken der ente, die stimme des frosches, der elster.* segg du quick àder quack.
kwäckeler, *m. stümper.*
kwackeln, *1. etwas schlecht betreiben. schwed.* quackla, *leichtsinnig handeln; a) vom betrieb in jeder art,* sin geld verquackeln, *unnütze ausgeben, besonders für kleinigkeiten. K. in specie b) vom schreiben (Paderb.* quackeln, *unordentlich schreiben) und von krankenheilungen, vgl.* quacksalber, quackbroder. *2. schwätzen, in specie auch von der schwalbe, für* kwatteln, *vgl.* λάλη, χελιδών. *Anacr. 12; s.* kwack 3.
kwackelschüllen, *pl. schulden für kleinigkeiten. vgl. ostfr.* kwik *u.* kwak, klip-schulden.
kwacken, *vom schall eines fallenden (weichen) körpers:* ik smèt 'ne dàhen, dat he kwackede.
kwackern, = kwacken.
kwâd, *adj. und subst., böse, schlecht. nur noch wenig in gebrauch:* Es màl bai węst, dęn hęt en rûe biəten; rûe, siət de mann, ik well di nix dauen, män en kwâen namen we'k di màken; hê lûl raüpet he dann, dai rûe es dull! da hett sik dann de lûe binên vergàdert un hett den rûen dôd slàgen. kwâe blaume, *gelbe wucherblume. ostfr.* krodde. kwâe rûden, *grind.* kwâd lecht, *1. irrlicht; 2. lichtstreif an der wand, der dem abergl. jemandes tod bedeutet, aber vom schleime der tausendfüsser herrühren soll.* kwâd sêr, kwâd schǫrf, *böser kopfgrind.* kwâd maut kwâd verdriwen.
kwädder, kwęder, *m. schleim. ahd.* querdar, esca, *köder; altes kräuterbuch:* koder = *schleim; vgl.* kàdder, kodderig.
kwädderig, kwęderig, *adj. 1. weich, schmierig. 2.* = kwâterig, *von weichlichen, schwächlichen kindern, denen leicht etwas fehlt.*
kwäddern, *vom hervordringen der flüssigkeiten, in specie des eiters aus geschwüren, des saftes aus bäumen.*
kwaif, *m. ausflucht:* mak mi kainen kwaif. *nds.* queif; *vgl. ags.* væfan (obvolvere, tegere).
kwâken, *1. quaken vom frosche; vgl. Tappe 118b:* qwaken. *2. von der stimme der elster und ente. Bgh. vorr. z. Apoc.* quarcken.
kwæken, *von der stimme der hasen und mancher vögel.*

kwæl, *1. docht. 2.* = **kwærel**, *borte, besatz, an einer schürze. altm.* quärl, büxenquårl. *s.* kwærel. *(aus* **kwardel**.*)*
kwällen, *in aufquällen, aufstauen.* „das wasser zur flosszeit auffquellen. die bach soll nicht anffgequället werden." *urk. von 1704. (Velbert.)*
kwalm, *m. qualm, dampf. ags.* vealm, fervor, æstus, ignis.
kwalmen, *dampfen.*
kwalster, *f. 1. grüngelbe baumwanze:* so gęl as 'ne kwalster. *Richey. 2. zungenkrebs. (Weddigen.) engl.* knolster; *hd.* qualster, *zäher schleim. Teuth. wie hd. Kil.* qualster, pituita.
kwalstern, *schleim auswerfen. (Paderb.) Teuth.* qwalstren, screare.
kwängel, *f. verzogener, verwöhnter, verweichlichter mensch. was Schambach unter* quengelær *als bedeutung angibt, trifft auch bei uns ein hauptmerkmal und zwar wol das ursprüngliche, erschöpft aber die bedeutung nicht, die das wort bei uns hat.* eine kwängel *zu heiraten ist ein grosses unglück, denn sie ist das schnurgerade gegenteil von* githwungan wff. *die* kwängel *ist genau ahd.* dwengil, *sie will überall aus blossem eigensinn andere leute also auch ihren mann zwingen.* kwingan = thwingan; *vgl. holl.* kwengeln = *mit wasser besprengen, unausgesetzt begiessen.*
kwängelig, *adj. und adv., von den eigenschaften einer* kwängel.
kwångelkunte, *person die immer* quångelt. *K.*
kwängeln, *sich als* kwängel *zeigen, nörgeln, mäkeln, mit nichts zufrieden sein. nds.* quengeln.
kwant, kwants, *in:* fǫr quans, verkwans = *zum schein. vgl.* fǫr ends, fǫr häups. *holl.* kwant *und* kwint. fǫr kwant = *für gleichviel, für nichts und wieder nichts.* kwant, *schein, schelm, windbeutel. f. r. 65.*
kwappål, *m. quappe, aalraupe. Teuth.* qwapp, eyn vysch: allota.
kwærel, *n.* buxenqueerel *(Gr. tüg 40) erklärt durch* quernat. *es bedeutet besatz,* (quarder, *Richey; borte, Fürstenb.) s.* qwæl. *Kil.* querdel, segmen corii; *ostfr.* queder.
kwås, *in:* kwåsbuoter *ist brot mit butter und darüber mit mus oder käse bedeckt. statt hier von* kwåsen *(unnützes tun) abzuleiten, möchte ich lieber in* kwås *ein wort für* kæse *sehn. vgl. Eichw. spr. 671:* quas = *käse oder molken. mda. V, 476. d. spr. II, s. 1005.*
kwâs, *m. f. schwer befriedigt. engl.* queasy, *ekel.*
kwâse, *f. 1. reis, rute. (Hemer und gegend von Unna.) dän.* quas, *reisholz, reisich; hd.* wasen, *m. reisbündel. 2. dicker knüttelstock. syn.* kwâsel.
kwâsel, *f. rute. vgl. schwed.* quast.
kwâseln, *matschen.*
kwâsen, *schlagen, prügeln.*
kwâsen, *unnützes, albernes tun, vergeuden:* das kind kwâst im köppken = *matscht in der tasse, verschüttet das getränk. v. Steinen hat* quatern *in dieser bedeutung.* kwâsen = dwâsen. *zu mnd.* dwas, *narr. vgl. Firm. V. St. I. Paderborn:* quasen = *unserm* kwatern, *einfältig schwatzen.*
kwâserigge, *f. eigenschaft dessen der* kwâset, *handlung des* kwâsens.
kwæsken, *n. deminut. von* kwås.
kwast, *m. 1. quaste. 2. pinsel des tünchers* (wittelkwast). *3. blaue kornblume. (Marsberg.) 4. schlafdorn. (Elsey.) 5. verkehrter, eigensinniger mensch, querkopf. 6. windbeutel; vgl.* freluquet *mit* freluche. 7. ut dem kwaste = *gehörig. K. s. 22. f. r. 24:* gönnt sik einen ut dem quaste. *Must. 94. spr. u. sp. 21.*
kwastig, *adj. 1. verkehrt, eigensinnig. 2. windbeutelig. vgl.* kästig.
kwâterfuət, *f. person, welche* kwâtert.
kwâterig, *adj. wer* kwâtert, *weichlich, verwöhnt.*
kwâterkunte, *f.* = kwâterfuət.
kwâtern, *1.* = kwängeln, *verwöhnt und verweichlicht sein. 2. albern schwatzen. 3.* = kwâsen.
kwatsch, *albernes geschwätz. K.*
kwatsche, *f. kot, halbaufgelöster schnee. vgl. nds.* patsch.
kwatschen, *durch kot und dergl. gehen. nds.* patschen.
kwätschen, *albern schwatzen. auch berg.*
kwatschmichel, *alberner schwätzer. K.*
kwatteln, *schwatzen, von der schwalbe. ahd.* quatilôn.
quebb, *sumpfiger boden. K.*
quebbich, *sumpfig, feucht, nass auf wiesen und weiden. K.*
kwele, *handtuch.*
kwęle, *f. strieme, beule. aus* kwadila, *nds.* quadel, *f. aus* kwidila *(ags.* cvidele) *würde es wol* kwiəle *lauten; engl.* weal, *strieme, narbe.*
kwęlen, *in qual sein, leiden:* de planten kwęlt un kuəmet nitt vǫran. *Upst. 174:*

quelen = *schmerz empfinden. vergl. engl.* to quail = to languish, to sink into dejection. *Teuth.* qwelen, suycklen, languere.

kwęlen, *quälen.* sik kwęlen as en rûen. *alts.* quellian; *Upst. 640:* quellen. *Teuth.* qwellen, pynygen.

kwêlen, *schwelen, verkohlt werden.* de lampe kwêlt = *die lampe brennt nicht hell. nds.* quêlen.

kwęlkig, kwęrkig, *widrig, unangenehm.* kwęlkig saûte. *H.*

kwell, *adj. quellend, schwellend, voll.* kwell flêsk, *fleisch von jungem schlachtvieh, welches quillt, nicht einschrumpft, wenn es gekocht wird.* en kwell mękeu. *K. s. 26.* quell miäckskeu. *spr. u. sp. 27.*

kwellen, *1. quillen. 2. dicker werden. Teuth.* quellen. dynden. dick werden. *ibid.* qwellen, qwicken, opspryngen als water uter erden of berghe.

kwêmelig, *adj., was* kwîmt, kwînt.

kwęrken, *widerlich schreien. ahd.* querca = gurgula; *hd.* quarren, quarre; *ags.* cearkjan stridere.

kwęrken = mechten. *(Velbert.)*

kwęrksack, *m. schelte für ein* kwęrkendes *kind.*

kwesten, *drücken. f. r. 53;* ik mot kwesten, da 'k de stiəweln. ankrîge. *(Fürstenb.) s.* kwetten *und* rûtkwestern.

kwetsche, *f. zwetsche. holl.* kwets; *ostfr.* quidse. *vgl.* quehle — zwehle, quâsen — dwâsen; querxe — *zwerge.* kwiək, twiək, *zweig. Schwenck denkt an* quitte, *von gelben pflaumen auf andere übertragen. vielleicht ist* kwetsche *dem goth.* makka *analog, sodass es weiches obst bezeichnet.*

kwetsche, *f. ein im hammerwerke zu fasern zerschlagenes birkenholz, welches beim nächtlichen fischfange als fackel diente. (Meinerzagen.) vgl.* kwetschen, kwetten, kwetsen. *Mont. volksfeste, 2, 1: „starke birkenart, die in vollsaftigem zustande mit schwerem hammer zu fasern zerklopft und mehre wochen hindurch ausgeklopft ist. es wurde als fackel bei der Tyrjagd gebraucht."*

kwetscher, *verschnittener bulle.*

kwetten, *1. drücken, quetschen. 2. klagen. H. Teuth.* qwettzen.

kwick, *in:* segg du kwick àder kwack = *sag was du willst.*

kwick kwack, *im rätsel = ferkel.*

kwickelpinn, *m., i. q.* kwâterkunte. *vgl.* wîsepinn.

kwickenfetten, *pl. vogelkirschbaum,* sorbus aucup. *(Kanstein, Warburg.)*

kwicksilwer, *n. quecksilber.*

kwickspring, *m. lebendiger, nichtversiegender quell. cfr. ags.* cvic, Lankashwick = *lebendig.*

kwiəgel, *f.* kwiəgelte, *f. federkiel. für* kwiggel, kwigel; *engl.* quill; *oberd.* kengel. *syn.* kwiəle. g *könnte hier für* d *eingetreten sein.*

kwiək, *m. das quiken des schweines.*

kwiək, *im segenspruch beim* kalwerkwiəken.

kwiək, *m.* = twiək, twick, *zweig:* en kwiək kirssen, *ein zweig mit kirschen, syn.* drûst. kwik *ist wol älter als* twik, twig, twaug. *vgl.* querxe, twęrke, *zwerge; quetsche, zwetsche.*

kwiəke, *f. vogelkirschbaum,* sorb. aucup. *ags.* vice; *altm.* quitz. *syn.* kwickenfetten, kwiəkesche, hawoeresche; *die früchte heissen* dûwelskirssen, kwiəkkerssen.

kwiəke, *f. 1. queckenweizen,* triticum repens. *syn.* taierwiəte. med kwiəken dęrsken = *dem kalbe* kwiəken-wiəten (triticum repens) *auf den rücken legen und diese mit einem stocke klopfen, was zum gedeihen des kalbes dienen soll. (Ohle a. d. Ruhr.) 2. jedes üppig wuchernde unkraut, besonders* ranunculus, kraigenwiəten.

kwiəken, *mit dem zweige vom vogelbeerbaum unter segenspruch ein kalb weihen, was am 1. mai geschieht.*

kwiək-kêrssen, *pl. vogelbeeren.*

kwiəkésche, *f. vogelbeerbaum,* sorb. aucup. *(Weitmar.)*

kwiəksken, *n. kleiner zweig.*

kwiəle, *f. federkiel. für* kwiggel, kwiddel. *engl.* quill. *vgl.* kailen *und* kaigelen.

kwiəsel, *f.* kwissel, *f. nonne. holl.* kwezel, *scheinheilige, heuchlerin. Köln.* quissel, *betschwester. in V. St. III, 202 erklärt* „quæ sola".

kwiəseligge, *f. frömmelei. holl.* kwezeling.

kwiəssel? *so viel als* drâle. *H.*

kwîken, *prat.* kwêk, *ptc.* kwiəken. *1. quieken von schwein, stute, esel:* dat âs *(eine stute ist gemeint)* sprung un kwêk di as en iəsel. *2. schreien, v. vogel. H.*

kwîmelig, *adj.* = kwängelig, *verweichlicht, der dessen körper leicht nachteilige einflüsse erhält.*

kwîmen = kwînen, *kränklich, schwächlich sein.*

kwîne, *f. ein rindvieh, das weder männl.*

noch weibl., so ist mir von viehkennern gesagt. H. Kil. queue, vacca taura, vacca sterilis. *Rich.* quene, *p. 201.*

kwînen, *præt.* kwên, *ptc.* kwienen, *kränkeln, hinsiechen, vergehen. ags.* thvînan, decrescere, minui. *Bugenh. Jes. 10, 3:* quinende sûke = darre. *s.* kînen.

kwinke *(quinke), f. n.*

kwinkeldans, *m. winkelzug:* mâk mi kaine kwinkeldänse. he mâket mi so kwinkeldänse dàtûsken. de awekâten wietet de kwinkeldänse (chicanen) sô te mâken, dà kann kain menske ût klauk weren. *syn.* kunkelfûsen, *weshalb zu glauben, dass dieses* kunkel *aus* kwinkel *entstanden ist. ostfr.* quinken = *winken; vgl.* twink = *wink. vgl. ags.* vince, trochlea, gyrgillus. kwinkeldans *wird die bewegung eines runden körpers ausdrücken,* kwinkel *einen runden körper, daher* kwinkelte = *beere.*

kwinkelte, *f. 1. preisselbeere, heidelbere. (Volmetal, Kierspe.) 2. beere des wilden schneeballs. (Halver, Aplerbeck.) ähnlichkeit mit* kalinkenbeere *(d. wb.) liegt auf der hand; slavisch ist unser wort aber nicht.*

kwinkwänke, *winkelzüge, seitensprünge, ausflüchte. K.*

kwintken, *n. quentchen.* hęs du kainen stûwer fǫr en frönd, kainen stûwer in der nôd, un kainen stûwer fǫr den dôd, dann wigestu kain kwintken noch wainiger en lôd.

kwirlefix, *unstäter unruhiger mensch. K.*

kwît, *los, frei:* ik sin de snûwen kwît. bat me fudd giet, es me kwît. kwît weren, *los werden, bestohlen werden. Dan.* quit; *Scherecl.* quid (: tîd). — lange bǫrgen es kain kwîd te giefen. *aus lat.* quietus.

kwît âder ens so wît, *eine art loos. H.*

kwîtung, *f. quittung.*

kwitipsche, *f. dortm.* kwidipsche, cunnus. *Siegfr. v. Lindenb.:* en alten quidipps. *Vilm.* quintipse, *f. V. St. VI, 461.* — *(Itzehoe):* den lütjen quidips. *ahd.* quiti, vulva.

L

labêt, *erschöpft, entkräftet. der ton kennzeichnet das wort als ein fremdes. es ist franz.* la bête *und dem kartenspiele entlehnt, wo der, welcher keinen stich hat,* bêt (bête) *heisst. s.* bête.

laberdân, *m. laberdan, eingesalzener kabeljau:* prickæle un l. — *engl.* Aberdeen fish. *Kil.* abberdaen, asellus salitus; *engl.* habberdyne.

läbdesdag, *m. lebenstag;* min l. nitt = *in meinem leben nicht.* — läbdes (läptes) *für* levendes, *lebendes von* levend, *lebend* = *leben.*

lachen, *1. lachen.* hai kann wǫl lachen. dà (dat) saste lachen as en bûr, dà tânpîne hęt. lachen un hûlen sittet bi kinnęr in ênen sack. lachen un zimpen hanget an eme timpen. hai lachet hinnen im halse. *op d. o. hacke 52.* et es noch wît vam lachen, harr' de brûd saggt, dà harr se hûlt. *2. wiehern.* — *goth.* hlahjan; *alts.* hlahan.

lachsnûte, *f. der gern lacht.*

lachter, *f. klafter. eine klafter holz im Märk. 6 fuss lang und weit, 4 fuss hoch, im Kölnischen* miete *genannt. (Eversmann).* — *s.* klachter. ch = f.

lachterholt, *n. klafterholz.*

lack, *n. lack, z. b. siegellack.* — *Kil.* lacke, lacca Arabum.

lack, *n. flecken, fehler, schimpf.* dai hęt en lack am æse. dai hęt sik en lack mâket, dat klęwet ęm tidlęwens an. — *Teuth.:* lack, ghebreck; *Kil.:* lack, vituperium, vitium; *Sündenf.:* lak, *n. fehler; Tappe 180*ᵇ *:* idt is ghein mensch sonder eyn lack. *Aesop. 81:* lac, vitium.

lacke, *f. lache. Altena 1592.* — *Kil.* lack *j.* laeck, lacus; *Bugh. Hes. 47:* lake, *lache.*

lacken, *mit lack zumachen.*

läcker, *spassvogel. (Paderb.)*

lacks, *m.* = *lapps. Muster. 12.* — *Vilmar:* lacks, *fauler mensch. Theoph. 1:* lak = slack, laxus, remissus.

lacksig = *lappsig. Muster. 7.*

laderitt, *hin, verloren.* — *fremdwort.* ? à la déroute. *cfr.* ridderitt, pissewitt.

lâe, *f. lade. s.* buoterlâe. — *Kil.* lade *j.* laede, arca. *vgl. alts.* hladan, condere, reponere. *Teuth.:* lade, dose, schrijn.

lâen, *pr.* laud, *pl.* lûen *oder* ladde, *ptc.* lâen *oder* ladt, *laden,* onerare. de rogge ladt. de îmen hett düchtig ladt. bat es fǫr'n unnerschêd tüsken 'me jæger un 'me roggenhalme? de jæger ladt êrst, dann schütt he; de halm schütt êrst, dann ladt he. *s.* wâterlâen. — *goth.* hlathan; *alts.* hladan; *v. Hövel urk. 112:* dey den mystwagen ladden.

lâen, *pr.* ladde, *ptc.* ladt, *laden*, invitare. he ladt gêrne geste, he wêt âwer, dat se ęm nix kostet; he lätt vėr schüəteln opsetten, drai sind lieg un in der vėrden es nix inne.

lâestock, *m. ladstock.* vedder richtop! he gêt so strack as wenn he en lâestock ('ne pilhacke) sloken hädde.

lager, *n. pl.* legers, *stellen des feldes, wo sich das korn gelegt hat.*

Läger, *f. ein tal südlich von Iserlohn. wahrscheinlich hat sie das genus von einem abgefallenen* â = auc. Läger, Leger *wird der alte name des baches sein und zusammenhängen mit* leke *(ags.* hleke), *leck, rinnend; es bezeichnet also, gerade wie kelt.* Liger (Loire), *nichts anders als fliessendes wasser, hier bach, dort fluss. bei der deutung von fluss- und bachnamen wird oft auf vordeutschen lautstand zurückgegriffen werden müssen.*

lägge = laige, *laie.*

-lai, *hd.* lei *in* allerlai, twêerlai *u. s. f.* — *mwestf.* leyge. *nach Gr. vom altfr.* ley, *fr.* loi = *art, weise. Gr. III, 79.*

laid, *n. pl.* laier, *lied.* me maut alle guorren laier nitt ûtsingen.

laie, *f.* = laige.

laien *(für* leden), *pr.* ledde, *ptc.* ledt, *leiten.* he well mi drüm laien, *er will mich drum helfen.* ümt hål laien *(braut, magd).* de maged ledde med der kau nàm ossen. *im mwestf. ist* leden *vielleicht* = ledden: doe leden daer coeplude mid camels. *vgl.* he fôrt med lèmen. dai wêt, batte ledt, wann he ne lûs am sêl hęt. et es bęter en blinnen laien, as en lâmen dręgen, *sagt man beim pferdekauf.* — *alts.* lêdian.

laige = lêge. bu laige es et mi! *wie traurig sieht es mit mir aus.*

laige, *f. 1. steiles felsgehänge. 2. schiefer, schiefertafel.* — *goth.* hlaiv, *n. ags.* hlâv. *alts.* hlêo. *ahd.* leia. *engl.* lay. *holl.* lei. *Teuth.:* leye.

laigen, *pr.* lôg, lüəgen, *ptc.* lọgen, *lügen.* bä lûget, dä drûget. he lûget, as wenn't gedrucht wær. hä lûget in sinen êgenen sack. nu lûg dû un der Dûwel! — *alts.* liogan, liagan.

laigendecker, *m. schieferdecker. quittungsrolle d. Pancr.-brüderschaft (Iserl.) 1508:* leyendecker.

laillâken, *betttuch, leichentuch. K.*

laise, *n. geleise. (Fürstenb.)* — *ahd.* leisa. *auch f.* de laise *(Siedlingh.)*

laisk, **lais**, *n. liesch. s.* lindlaisk. — *ahd.* lisca; *altnd.* lesc; *mhd.* liesch; *mnd.* liesc, *m.* lêsk; *Kil.* lisch *j.* schelp. carex; *fr.* laiche; *v. St.* lûsch. *vgl. Gr. III, 370; Diez, I, 252 zu ital.* lisca. lisk *ist jedenfalls ältere form als* liusk, *woraus* liesk, laisk *und* lûsch. *ich denke, das wort stammt aus* lisan, liusan *für* wlisan = *spalten, einschneiden, wohin auch fliese (gespaltener stein) und geleise (einschnitt des wagens) gehören.*

laitüəgel, *m. leitzügel beim fuhrwerk.*

laif, *lieb.* ik hewe dięk so laif, as de rûe den daif. wä laif heffen well, dä maut ock laif fâren lâten. *alts.* liof.

laifde, *f. liebe.* âlle l. rostert nitt un wann se siəwen jâr im schọtstên hänget. — *altwestf.* liubitha; *Seib. qu. II, 353:* levede; *Köln.* leifde; *M. chr.* lefte.

laifhewer, *m. liebhaber.* — *M. chr. I:* leffhebber.

laifhewerigge, *f. liebhaberei.*

laiflik, *lieblich.* — *alts.* lioflic.

laiwen, *lieb sein, gefallen.* dat laiwede ęne. — *alts.* giliovon, delectare.

laiwe beddstrô, *n. unser lieben frauen bettstroh,* galium verum.

laiwe fingerkes, *pl. schotenklee,* lotus cornic. *hier wie bei dem vorigen wird* frauen *oder* fruggen *zuweilen zugesetzt.*

lâk, *m. pl.* læke, *grenze, grenzstein.* de bęrg es in lâk un pæle = *die grenzen des waldes sind gehörig bestimmt. die bei dem* lâk *eingeschlagenen kleinern steine heissen zeugen* (tûgen). — *die alts. form* hlâc (incisio arborum) *steckt in* hlâcbergon *(Freckenh.); mnd.* de laecke; *eine urk. von 1572:* lack, *m. s.* aflacken. *Iserl. limit. 28ª:* scheid *oder* lackstein.

lâkbôm, *m. grenzbaum.* — *ahd.* lâhboum; *mnd.* laeckbôm.

lâken, *n. 1. gewebe:* wüllen l., linen l. *2. tuch:* bedde-, bûke-, dręge-, krûdlaken. *fig.* en lâken spraien = *gähnen.*

lâkenfeller, *kuh oder huhn, vorn und hinten schwarz, in der mitte und grösstenteils weiss. das weisse scheint mit einem übergehängten weissen betttuche verglichen zu sein.* — *man denke sich* lâkenfell *entstanden aus* lâken op dem fell, *dann aber wie* hewerechter *mit der endung* er *versehen.*

lâkse, *f. lection, aufgabe.* jède lâxe hęt twê sîen. brüm daüt de hâne de ôgen tau, wann hê kraigen well? — will at he sine lexe van bûten kann. — *lat.* lectio; *alts.* leccia; *mnd.* lectie; *M. chr.* lexe.

lällebeck, *m. lallemund, fader schwatzhafter junger mensch. vgl.* lallen *und* beck.

lâm, *lahm.* — *alts.* lamo.

lamm, *n. pl.* lammer, *lamm.* — *alts.* lamb.

lämmel, **lämmer**, *klinge. lat.* lamina, lamella.

lammen, *ein lamm werfen.* dat lammen gêt nitt as 'et bocken, hadde de schæper saggt.

lammern, *schlecht behandeln.* lammerste mi, dann pêtre ik di. „*behandelst du mich schlecht, dann geh ich auf petritag (wenn sich die arbeit mehrt) aus deinem "dienste" sagt der bauernknecht.*

lammerstertken, *n. 1. lammschwänzchen.* nitt en l. = *gar nichts. vgl.* nitt ne bône, nitt schiət noch driət. *2. träger mensch* = lôlamm.

Lammert, *ochsenname.*

Lammert = Landemert, *dorf bei Plettenberg, ein süderländisches Beckum. syn.* dullen Lanmecke. *Gr. tüg 6.*

lammertsche strêke, *landemertsche streiche.*

lampe, *f. lampe.* de lampe briənt as en geborstenen jûden.

lampenhâken, *m.* = lampenhâl. *(Fürstenb.)*

lampenhâl, *n.* lampenhahl. *es ist von holz oder messing und an einem beweglichen arme befestigt. nds.* krûselhâke.

lampenkwæl, *n. lampendocht. s.* kwæl.

lampenlecht, *n. lampenlicht.*

lampenschicht, *f. pause (ruhe) vor dem lampenanzünden.* bä sätersdag nå l. spinnt, då kritt en swarten brûmer. *(Hemer.)*

lampensnäter, *m. lichtscheerchen zum putzen der lampe.*

lampenfett, *n. oel.*

land, *pl.* länner. *1. land. kinderspiel:* ik sin hær in minem lanne! *2. acker.* — *Soest. schrae:* lant hyr en buten upme velde. *Seib. qu. 153:* twe lender in der twerbecke; dat ene is eyn weze. *(anno 1416.)*

landgetaüer, *m. landfuhrmann.*

landhawe, *Schwelm. vestenrecht. (v. St. XXI, 1355)* Item, die Landhawe to halden, und wüive to jagen, und Landwere to macken, dat mogen die Vronen doin, off sie mogen idt bestellen met dem Burrichter.

Landkrône, *kuhname.*

landskinner, *pl. kartoffeln.*

landtaier, *m. landfuhrmann. K.*

lang, *comp.* länger, *superl.* längst, *adv.* lange. he mâket lange finger. he het lange finger. bai lang het, lätt lang hangen. bat lange dûert, werd guəd.

lange-martin, *m. mittelfinger. (kinderreim).*

langen, *reichen.* — *aus* langôn. *vgl.* lengen.

langewile, *f. langweile.* langewîle nitt = *bei weitem nicht, weit entfernt.*

langhernigt, *langfaserig, vom flachs. (Weitmar.)* — *vgl.* dickherrig *und nhd.* kleinhärig.

langmann, *m. mittelfinger (kinderreim). syn.* lange-martin; *vgl. Gr. III, 404.*

langs, *c. acc. entlang, vorbei.* he gêt langs de dören, *er bettelt.* he gêt der langs. — *Köln. mnd.* langes.

langsam, *langsam.* l. nert sik ôk.

lanke, *f. weiche. (Marsberg.) syn.* hiege. — *ahd.* lancha; *Kil.* lancke; *Teuth.* lancke. sijde. *fr.* flanc; *nhd.* flanke, *f. altwestf. folglich* wlanca.

lankermansjunge = *junge schlange im volksreim.*

Lanmecke = Lammert.

länneken, *m. ländchen, äckerchen.* — *M. chr. 1:* lendeken.

läntern, *in:* herümme l., *sich müssig umhertreiben.* — *Kil.* lenteren, lente et ignave agere. *vgl. Kil.* landtrefant, vagabundus, landtrefanten. *Wolke:* lanterfaut; *nachtgedanken:* lendern. *mhd.* lenderen, *nebenform zu* slenderen. *vgl. Diez s. v.* landra, slandra, *metze.*

lantsam, *langsam. (Düsseldorf.)*

lanfer, *f. stiel, der den hinterwagen mit dem vorderwagen verbindet; bei lastwagen mit dem spannagel befestigt. K. mda. II, 32:* lâmfer, *unterer teil an einem mistwagen; Wald.* lamper; *ags.* langfere, continuus.

lanfer, *f. landwehr, ein erdwall als grenze.*

Lanfer, *f. name eines kleinen baches bei Sundwig.*

Lanzen, *dorf Landhausen.* — *urk.* Lantensel.

lapîne, *f. lupine.*

lappe, *m. in:* smachtlappe, schandlappe, smerlappe. — *V. St. I, 389:* gizlappe. *vgl. hd.* laffe, *unser* lapps, lûlapp, *berg.* lipplapp.

lappen, *flicken.* he lappet (sik) fan ênem dâge taum annern = *er hilft sich mit mühe fort.* van dage süllt jey den sack lappen = *heute sollt ihr dafür* *büssen. N. l. m. 26.* — *ahd.* lapôn. *Soest. Dan. 43:* 'thosammen lappen, *zusammenflicken. Hagen 142: von schuhen. s.* knapp.

lappen, *m. 1. lappen. 2. schuhsohle* (schaulappen). he mâket sik op de l. ik well ne jâgen, dat ẹm de lappen affallt.

läpper, *m. flicker, pfuscher.* wann de künstler küəmt med der kunst, dann es de läpper all med dem gelle fudd. *s.* kiətelläpper.

läppken, *n. läppchen.*

läppken, *n. kleiner laffe.* ümmes fọr en l. brûken = *einen zum besten haben. s.* lappe.

lapps, *m. laffe, pinsel.* — *Hoffm. fundl. 18:* lapp, obtusus in ingenio; *holl.* lobbes; *dän.* laps. *vgl.* lacks.

lappsack, *m.* = lapps. *K. s. 109.*

lappsig, *pinselhaft, erbärmlich.*

lâre, *f. lehre. Grimme.* — *vgl. engl.* lore.

læren, *1. lehren. 2. lernen.* ik lære katholsk = *ich werde im katholischen glauben unterwiesen.* he lært oppen docter. lær wọt, den kannste wọt; stiəl wọt, dann hẹste wọt, àwer lätt dem annern dat sîne. nümmes es te âld üm noch wọt te læren. me werd nitt so âld, me maut noch ümmer læren. *alts.* lêrian.

lâren = læren. *Muster. 5.* — *also auch altwestf.* lâron. *vgl. Gr. I[a] 253.*

lârifâri, *leeres geschwätz.* dat es men lârifâri.

lasch, lask, *m. pl.* lesche, *lachs. in den jahren 1730 und 1735 wurden in der Lenne bei Limburg zwei lachse gefangen, wovon der eine 39, der andere 50 pfund wog. eine abbildung hievon ist noch in einem nebengebäude des fürstl. schl. Hohen-Limburg zu sehen. Alten. wbl. jg. 1837.* — *Br. chr.* las, *pl.* lasse.

lasche, *f. einsatzstück zwischen arm und rumpf eines hemdes.* — *Kil.* lasche, immissura panni aut vestis; *schwed.* laska; *engl.* lask. *syn.* spile. *s.* windlasche, binnerlasche.

last, *last.* dat sall last hewen = *das wird schwer halten.*

lästerlik, *adv. schändlich, abscheulich.* ik hewe mi lästerlik verbrannt. he hẹt mi lästerlik anefört. — *mnd.* laster, *schande, schimpf; Köln.:* lasterlichen, *schändlich.*

lastermale, *pl. verletzungen, beschädigungen einer urkunde.*

lastkindken, *lachsforelle, weil sie die lachse begleitet.*

lât, *m. bienenschwarm, sofern er auszieht.*

lâte, *adj. und adv., comp.* lâter, læter; *superl.* lâtest, lætest, *spät.* bai te lâte küəmt, maut üəwel sitten (ẹten). — *alts.* lat, latoro, letisto.

lâten, *pr.* lait, *ptc.* lâten. *1. lassen. sowol mit acc. c. infinit. als mit nom. c. infinit.* lätt 'ne (eum) küəmen! lätt hai (ille) men hengân! läffi (vi = nos, *nominat.)* nà bedde gân! lâ 'k et em al giəwen, *lass mich es ihm geben.* lât he mi mâl kuemen! *lass ihn mir einmal kommen. auch die Engländer haben bei* let *die constr. mit nominat. c. inf. z. b.* let you and I endeavour *(Southey).* let he that looks after them, look on his hand *(Scott).* lätt et di guəd gân! *möge es dir gut gehn (gewöhnlicher abschiedsgruss).* datt lätt sik saihen, *das ist ansehnlich.* dat flês lätt sik bîten, *das fleisch ist hart.* de ẹrften latt sik guəd kọken. dat lâ 'k lûen, sagg de köster, dà was sine frau stọrwen. lâ en annern *(sc.* sîn) wat he es, dann blîfes du ock, wat du büss. *2. von sich lassen, absondern, verlieren.* hâr lâten, *haare lassen, d. i. schaden leiden.* batt de rûe lätt, dat friət he ock, *2 Petr. 2, 22.* — *3. ausziehen, schwärmen (von bienen).* — *Kil.* laeten, *fland.* examinare, vernare more apum; *vgl.* lât. *4. unterlassen.* lätt dat *(sc.* sîn)! proberen es 'et genauste, lâten 'et klaikste. wọl lâten! gelâten ôk! = *mit nichten, nicht doch. 5. aussehen, scheinen.* bu lätt dat! dat lätt nitt guəd = *das schickt sich nicht.* dat lätt di guəd = *das steht dir gut.* dat kind lätt *(scheint)* recht gau te sîn. *6. sichtbar werden, erscheinen. s.* ûtlâten, nâlâten. — *alts.* lâtan, liet *steht für* wlâtan *und ist verwandt mit goth.* vleitan. *es bedeutet auch im Helj. zuweilen: erscheinen, sichtbar werden:* so liet thie luft an tue = *so erschien die luft gespalten. Helj. (Koene) 6284; oder betrachten, ansehn:* lât ina thi an thinon hugie lethan = *sieh ihn für einen leidigen an in deinem sinne. ibid. 6473.*

lâter, *1. eingeschobene abweichende färbung, z. b. die weisslichen streifen und flecken in den blättern der mariendistel. 2. eingeschobener abweichender stoff. spalte, die sich mit etwas fremdartigem füllt. vgl. ahd.* lâz, *intervallum.*

låthǫl, *n. flugloch der bienen. syn.* tûhlǫk.
lau, *lau. — Teuth.* lawe dat is tuschen heyt ind kalt. tepidus.
lauerig, *langsam, träge. — platthd. für* lûerig.
lauermann, *m. langsamer, träger mensch. — platthd.*
lauern, *langsam, träge sein.* herûmme lauern, *sich faulenzend umhertreiben.* intem dǫrpe l. bå woste hen lauern. *— platthd. — holl.* luijeren.
laulam, *träger, schlottriger mensch. K.*
laut, lout, *f. luft.*
laut, *links. (Remscheid.) — s.* lucht.
läute, *ein gerät der bäcker. (Fürstenb.)*
laüwering, *m. lerche. (Marsberg.)*
laff, *fade, geschmacklos. fig.:* ik mag dat laffe tûg nitt anhåren. — *Kil.* laf van smaecke, fatuus, insipidus; *nds.* lack; *vgl. alts.* lef, infirmus. *Teuth.* lack, ongesalten.
läffel, *m. löffel. (Eckenh.) — ahd.* lafil.
lâweg = lâwer.
lâwek, *m. lerche. (Fürstenb.)*
lâwen, *laben, erquicken. Teuth.* laven.
lâwer, *gallertartig weich, dickflüssig.* l. drite, *weicher kot.* he fell in de l. drite. — *vgl. altm.* dôdläwr, dôdlägr = *unserm* dôdbrauk. *scheint mit* lau *zusammenzuhängen; ags.* wlawan, liquescere, dilui. *s.* vlau.
lâwerig = lâwer. *schmierig, breiig.* lawrige drite. *K.*
läwerkrûd, *n. leberkraut.*
lebännig, labännig, *selten* lęwendig, *lebendig.* so lebännig as ne kramänzele.
lebbese, *lefze. K.*
lecht, *n. licht. —* liuht, lecht *setzt ein älteres* liht *voraus, woraus unser* lecht. — dat schwarte lecht, *peitsche. (Paderb.)*
lecht, *hell.* miwintermǫrgen lecht, dann werd de bûr en knecht.
lechtdümpel, *m. löschhorn; fig. als schelte. — Kil.* dompen, dempen, suffocare, extinguere; domphoren, demphoren.
lechtmisse, *f. lichtmesse.* es l. hell un klår, dann giat et en guad flassjår; es l. dunker, dann word de bûr en junker. *fig.:* sai harren det ganze jår l. in der tasken *(leere taschen). Gr. tüg 71.*
lechtputse, *f. lichtputze, lichtscheere.*
lechtstunne, *f. abenddämmerung. (Lüdensch.)*
leck, *m. schlag, wunde.* dai hęt en leck kriagen. — *engl.* lick. *vgl. ags.* slfcan, percutere; *mnd.* slíken, percutere. *oder ist es* leck, rima?

leckedrôpe, *f. lecktropfen. fig.:* dä hęt ne nette leckedrôpe krien = *der hat etwas abgekriegt. (Lüdensch.) — s. das vorige.*
lecken, *lecken.* dat es men wǫt te lecken. vam lecken küamt me ant ęten.
lecken, *flecken, vom fleck kommen = glücken.* dat sall wǫl lecken. *vgl.* lanke.
lecker, *lecker, schmackhaft. fig. und iron.* en leckern jungen.
leckerigge, *f. leckerei, leckerbissen.*
leckersk, *leckerhaft.*
lecktân, *m. leckermaul. compositum wie ital.* conciatetti. *s. d. folg.*
lecktappe, *m. näscher, eigentlich zapfenlecker oder tatzenlecker. — vgl. Kil.* leckplatteel, catillo, liguritor. *im sp. f. d. upst. heisst einer der teufel* lecktappe.
lêd, *leid, bange.* mi es l. du kannst et nitt dręgen. — *vgl. RV. 520; Dan. 50. 130. Bugh. annot. c. 1*[b]*:* Josua was vor solckem valle lede.
lêd, *n. 1. leid, schmerz.* he hęt l. annen ôgen. dat daût ęm l. *(weh)* an den ôgen. bå oppen annern wǫt wêt, hęt selwer grôt lêd. dä wêt van Gǫd kain lêd. dat daût mi lêd = *das tut mir leid. 2. fallende sucht. — alts.* lêth.
ledden = letten. *K.*
ledder, *f. leiter. — ahd.* hleitar; *ags.* hlæder; *Keller fastn.* ladder; *mwestf.* ledder; *engl.* ladder. ledder: *leiter* = edder: *eiter.*
leddiggang, *m. müssiggang. Alten. stat. — vgl.* liadig.
lêder, *leider.* lêder Gǫdes!
lęer, *n. leder.* he gêt af as wanne lęer fręten hädde. he flicket ęm wǫt am lęer. ênem wǫt ûmt lęer giawen. *s.* ribbenlęer, rûhlęer, stiflęer.
lęerbęrg, *m. im märchen für glasberg. — vgl. dän.* glarbjarg, *oder ags.* leadhur, *engl.* lather, *seife.*
lęeren, *ledern.* dat ludt gerade as wann de kau innen l. emmer schitt.
lęerhâmer, *m. lederhammer der schuster.*
lęerspecht, *m. fledermaus. (Soest.) vgl. schwed.* lärlap. *2. in:* he schraiet as en l. *mhd.* lederswale.
lêge, læge, laige, *1. schwach, mager, krank.* lêge ôgen, *schwache augen.* lêge kau, *magere kuh.* he es so lêg, *er ist so krank.* Hęrmen Lêg es an ęme, *vgl. d. f. 2. böse, schlimm. — ags.* læge; *Teuth.* leghe, syde; *Aesop 81:* lêch, *schlecht; Kil.* leegh, humilis, depressus; *Rich.* leeg *1. niedrig,*

flach. 2. *schlimm, böse.* *besser wol* = lêdig, *leidig.*
lẹger, *liegend.* dẹm liət Hẹrmen Lẹger op der hûd = *der ist ein faulenzer.* — *ags.* leger, jacens.
lẹgersk, *matt, etwas unwohl.* et es mí so l. = *es ist mir, als ob ich mich hinlegen müste.*
leggehenne, *f. henne, die am eierlegen ist.* se sûht so rôd ût as ne leggehenne.
leggen = liggen.
leggen, *pr.* laggte, *ptc.* laggt, *legen.* — *alts.* leggian, lagda, gilegid.
léiweling, *m. lerche.* *(Marienh.)*
lẹk, *leck, rinnend.*
lẹke, *f. huflattich.* *ahd.* buofletticha. *syn.* puppelẹke.
lêken, *s.* wệerlêken.
lêlik, *für* lêdlik, *hässlich.* de lêlike Dûwel. — *alts.* lêthlic, odiosus; *M. chr. I:* lelik, *hässlich; Kil.* leelick q. d. leedelick, fastidiosus, turpis.
lêmen, *m. lehm.* — *alts.* lêms *für* hlêmo; *ags.* clâm.
lêmenkûle, *f. lehmgrube.*
lênekléd, *m. kleidleiher.* lênekléd hême gêt, nâkenæs allêne stêt.
lênen, *pr.* lende, *ptc.* lent. 1. *leihen,* commodare. 2. *entlehnen.* — *ags.* lænan *zu* lîhan, *wie* (ent)wenen. *(M. chr. I) zu* wîhan.
lengede, *f. länge.* — *aus* langitha.
lengehâl, *n. kesselhaken.* *(Fürstenb.) Teuth.* lengelhail, pendulum, prolongale.
lengelang, *nach der ganzen länge.* hä fell lengelang hen.
lengelanges = lengelang.
lengen, 1. *verlängern.* 2. *sich verlängern.* *Teuth.* lengen, ·lanck maken. — *aus* langian. *s.* strengen.
lenghaid, *f. länge.* med l. der tid. — *Köln.* lankheit, *f.* longitudo.
lênkọten, *m. lehnkotten.*
lenne, lende, *f. lende.*
Lente, *Lorenz.* — *Frisch: Lenz* = Landolt.
lente, *f.* 1. *lenz.* 2. *zeit des ackerbestellens im lenz.* et gêt op de lente = *man lässt lange warten.* dat küəmet op de lange lente = *das wird verschleppt.* *lehrte nicht ags.* lengten, *dass* lenz *zu* lang *gehört, so würde unser gebrauch es vermuten lassen.* — *vgl. engl.* to lenghten. *im Schwelm. vestenrecht ist* lent *masc.:* buten dem lenten und bauwede.
lenten, *den acker im lenze bestellen.* *(Herscheid.)*
lentefôr, *n.* 1. *futter für die lentezeit, wo man anderes zu tun hat.* 2. *futter zum vorrat überhaupt.*
lenz, *in:* nu hang mek de lenz nitt an = *mache mir nichts weiss.*
leplen, *löffeln, erotisch. hochzeitscarmen v. 1670.* *s.* liəpeln.
Lêpold, *Leopold.*
leppen, *mit der nassen hand reiben.* ik well ug leppen med wâter. *up d. a. hacke 10.*
leppern = löppen.
lẹrbeck, *m. gelbschnabel, junger laffe.* — *zu* lẹr *vgl.* lier *in* lierwêk.
lẹrm, *m. lärm.* *syn.* spektakel.
lẹrmen, *lärmen.*
lẹsebauk, *n. lesebuch.*
lẹsen, *pr.* lâs, laus *(Grimme:* lauste), *pl.* lesen, laûsen, lûəsen, *ptc.* lẹsen, lọsen, *lesen.*
lẹserigge, *f. leserei.*
lesken, *löschen.* — *mnd.* leschen.
lesken, *in:* galgenlesken *für* letten.
'**lest**, *letzt.* bai de leste es, dẹn driəpet et. — *alts.* lezt *für* letst, *wie* bezt *für* betst; *altwestf.* latist.
lêste, *f. leisten.*
lesten, *letzthin, neulich.* — *RV.* latesten.
letten, *c. acc. aufhalten.* sik letten, *sich aufhalten, verweilen.* — *goth.* latjan; *alts.* lettian; *ahd.* lezjan. *Teuth.* letten, vertueven.
lètter, *m. chorstuhl der kirche, der lettner.* — *ml.* lectorium, *der erhöhte platz zum lesen.* *v. St. II, 763:* lessner.
lẹfenig, *lebendig.*
lẹvleng, *m. lerche.* — léiweling, *m.* *(Marienheide.)*
lệwedâge, *pl. tage des wollebens. f. r. 6.*
lệwen, *leben.* me maut l. un l. lâten. et es wọl en klain hûs, men me kann der sik dôd inne l. nê, sô wọt lệwet nitt!
lệwen, *n.* 1. *leben.* sin l. nitt = *niemals. Gr. III, 140.* 2. pudenda. du dais mi wêh: du küəms mi ant lẹwen.
lệwendig, *lebendig.*
lệwensârd, *f. lebensart.* dai es te Basel op der ossenschaule wẹst, dâ hẹt hai lệwensârd lært.
lẹwer, *f. leber.* he hẹt ne drôge l. = *er trinkt gern.* — *ahd.* libara; *ags.* lifer; *Teuth.* lever.
lêwerk, lêwek, lêwering, *m. lerche. syn.* lâwek, léiweling, lẹvleng, laûwering. — *ahd.* lewerche; *Sch.* lerich, lewerick; *ags.* lâverk; *schott.* laverock. *vgl.* dûwek *für* dûwerk.
lẹwerkrûd, *n. habichtskraut,* hieracium pilosella.
libberig, 1. *gallertartig weich.* *syn.* kwẹ-

derig. — *altm.* glibberig. 2. *widerlich süss.* — *ostfr.* libbe, libber, libbrig. — *ahd.* sleffar, sleprag, lubricus; *Schevecl.* slippern; *Kil.* libbe *j.* lebbe, coagulum; *nd.* slibberig; *wald.* gelibbert, *geronnen. Kil.* klibberigh, tenax. *Bgh.* glypperich, *schlüpfrig. Siegen:* lewweren, *gerinnen. vgl.* lieferblut *bei Andr. Scultetus (Lessing 2, 299.) Heinzerling 63.*

libberigge, *f. Kil.* librije, libraria, bibliotheca; *ebenso M. chr. I:* liberie; *auch in einem Soester br. (Vorwerk, Dan. v. Soest): „*an ere liberie schetende*" wird die bibliothek eines klosters gemeint sein.*

libbersê, *f. (Lüdensch.:)* liəwersê, *(Breckerf.:)* liəffersê, *gemeines nostock,* tremella meteorica, *die gallertartige dem froschlaich ähnliche masse, die das volk für erloschene sternschnuppen hält. der name* sêwâter *(Lüdenscheid) dürfte andeuten, dass man glaubte, diese masse werde aus der lebersee hergeführt. Benzenberg (westf. anz. 2. mai 1800) sagt, dass es zu Schöller* leversee *heisse. bei Fahne, Dortm. urk. I, 281 eine ortsbezeichnung* leversoe. *vgl. ahd.* lebarmeri, *Brandan 226:* levermêr, *nl.* leverzee. *syn.* wetterglitt; *vgl. ostfr.* poggeglidder. gliddcrglatter *ist = gallert. syn. in der grafsch. Limburg:* kraigensnuader, *womit man sonst mistel bezeichnet.*

libbertunge, *f. sich bewegende zunge. s.* krûne. — *Kil.* klibbertonghe, *fland.* lingua præcipitante hæsitans seu titubans; *vdH. Germ. 10, 162:* lepezungen = *züngeln, vom skorpion; Froschm. æsop. hist. d. III b.:* muss nicht ein hundt mit seiner zungen lippern; *vgl. Luth. 2 Mos. 11, 7:* soll nicht ein hund mucken, *wofür Bugenh.:* schal nicht eyn hundt syne tungen rôgen. *Frisch* klippchen, klippern.

lîbe, lîwe, *f. eine schleihenart in der Ruhr. im berg. hat man gern eine schleihe in fischteichen. man sagt, sie sei der doctor für die andern fische. natürlich, weil sie den karpfen löcher in den schlamm bohrt.* — *Teuth:* lywe, luwe, slye; *ahd.* slîo; *ags.* sleove, *f.*, slîv, *m.*

liberälsch, *freundschaftlich.*

lîberin, lîberût, *verderbt aus* ligge binnen, ligge bûten. *reim beim ballverstecken:* ball ball ọwerall, dâ ik ûmme râen sall, lîberin, lîberût, N. N. giəf den ball herût! *ein engl. reim, der dieselbe bestimmung hat, lautet in der dritten zeile deutlicher:* lie butt, lie ben.

lîchem, *n. leichnam. s.* lîkem. — *alts.* lic-hamo.

lîchemslû, *pl. leichengeleit. s.* lîkemslû.

licht, *leicht.* — *goth.* leihts, *ahd.* lîhti.

lichte, *adv. leicht.* dat mag lichte.

lichte, *f. tragband; syn. rheinl.* helpe. — *ags.* lîhtan, levare; *Kil.* lichte, halsband, helcium, collare bajulorum aut vectorum, quo onera levius ferunt et subvectant.

lichtêken, *n. s.* lîkteken.

lichten, *leichtmachen, erleichtern.* alle frachten lichtet, sagg de schiəper, dâ smêt he sine frau ọwer bârd.

lichten, *heben.* — *ags.* lîhtan; *Kil.* lichten, tollere, asportare; *hd.* lichten *(d. anker). s.* inlichten, ûtlichten.

lichtsinnige, *adv. leichtlich, gewöhnlich. auch bei Holthaus.*

lichtslag, *m. leichtsinniger mensch.*

lichtslęgesk, *leichtsinnig.*

lichtfeddig *für* lichtferdig, *leicht,* facilis.

lichtfeddige, *adv. leicht.*

lichtfinke, *f. leichtsinniger mensch. s.* mistfinke.

licker, *leider.*

lid, *pl.* lîe *in* ougenlîe, *augenlider. (Elsey.)*

lidârn, *m. (Fürstenb.: pl.* lîdârn*), leichdorn; auch K. s. 110. syn.* çxterôge. — *Kil.* lickdoren.

lîderlik, *leidlich.* themelyke lyderlicke termyne setten. *Alten. stat.*

liəd, *n. glied.* alle liəd lang, *jeden augenblick. Grimme.* — *goth.* lithus; *ags.* lidhu; *ahd.* lid; *mnd.* lit; *Kil.* lid, led.

liəderjacks, *lüderlicher Jakob. (schelte). Must. 25.*

liəderlik, *lüderlich.*

liədig, liəg, *ledig, leer.* bim liəgen potte es guəd hungern. — *ags.* lidbig; *Lud. v. Suth.* leddeg.

liədwâter, *n. gliedwasser, nahrungssaft eines gliedes.* — *Kil.* lidwater, aquosus humor membrorum; *holl.* ledwater.

liəgstriəper, *m. müssiggänger, faulenzer. s.* striəpen.

lîen = leggen. ik lîe di ouk es wier en stéin innen wéäg, *wird dem ungefälligen gesagt.*

lîen = lîden, *præt.* lèd; *ptc.* lien, *gehen. davon nur das ptc. in* verlîen = *vergangen, übrig.* — *alts.* lîthan, farlîthan; *Kil.* verleden.

lîen = lîden, *pr.* lêd; *ptc.* lien, *leiden* sik lîen, *sich gedulden.* sik lîen med *sich gedulden, sich genügen lassen mit*

— *Dan. 172:* mit sinem wîve he sik nitt lîden kunt. *ohne* sik, *Thiersch, verv. 62.*

liepel, *m. pl.* liepels, *löffel.* ik wêt dem l. kainen stiel; *vgl. der hacke keinen stiel finden. s.* snûoderliapel. — *ahd.* lafil; *mhd.* leffel; *s.* läffel. *v. Hör. urk. 41:* leppelmeker. *vgl.* schiapel. *wie hd.* löffel *verhalten sich unsere wörter* mömme, pöppelkrûd.

liepeln, *s.* lepeln.

lierwêk, *1. biegsam, schwach. 2.* liewêk, *liederlich gemacht. ahd.* liduweich; *ags.* lidhuvác; *mhd.* lîdeweich; *Hoffm. Findl. 18:* lidweich, flaccidus. *vgl. engl.* lither, *biegsam und Göthe's* lederweich.

liawern, *liefern.* — *urk. v. 1550:* lievern.

ligge, *pl.* liggen, leihe *d. i. windel.* — *nach* kligge = kliwa, klia *führt es auf ahd.* liwa, *was sonst* impluvium *bedeutet, aber den begriff des schützenden, wärmenden enthält. goth.* hlija, *m. zelt, weicht nur im genus ab. vgl. ags.* hleov, umbraculum; hleovjan, calere, calescere. *alts.* hlea *ein* hlôh *in ags. schreibung. vgl. engl.* to sley, *winden, wickeln.* kligge *(als umhüllung des korns) ist vermutlich eins mit* ligge.

liggen, lag (lagte), legen, *liegen.* he liat ümmer im wêrdshûse. dat fûr lag te swêlen un woll nitt brȩnen.

lîk, *gerade, eben.* op lîker êrde.

like, *adv. gerade.*

lîke, *f. leiche.* et es ne l. = *es wird jemand beerdigt.* — *alts.* lîk, *n. Kil.* lijck.

lîkede, *f. 1. gerade richtung. 2. ebene.*

likem = lîchem. — *ahd.* lîhhamo; *M. chr. I:* likem, licham = *leib, körper.*

lîkemslû = lîchemslû.

lîken, *1. zielen, die richtung treffen. 2. einfädeln.*

lîkenprȩke, *f. leichenpredigt.*

likentreckes, *lineal. K.*

lîkenzêch, *m. leichenschmaus.*

lîkeswâr, *gleichschwer.*

lîkeviel, *gleichviel, einerlei. auf ein* „dat es mi lîkevial“ *wird wol verweisend geantwortet:* lîkevial es lîkeswâr. ät es ne lîkevöl, of de gôs op den aiern oder der binȩffen sittet. *syn.* êndauen.

lîkefîn, *eine blume.* wille l. *s.* lîkefriss.

lîkefriss, *name einer niedrigen zierblume, welche sich gut hält (gleich frisch bleibt). (Weitmar.)*

lîktêken, *n. zeichen.* — *eigentlich wol* = liklawe *(Dorow denkm.* lyklae), cicatrix (lawe = vlawe, *engl.* flaw), *wie auch nl.* lijckteecken *sowol* cicatrix, *als* signum *bedeutet; Teuth.* lycktecken = wairtecken, intersignum; *Dorow denkm.* lyckteken, *zeichen.*

lîktêknen, *1. zeichnen. 2. schildern. s.* lichtêken, liftêken.

lilge, *f. lilie. s.* lirge.

lîm, *m. leim.* — *Kil.* lijm, viscus, gluten, colla.

lîmen, *leimen.* — *Kil.* lijmen, glutinare.

lîmkietel, *m. leimkessel.*

limmesgen, *n. lämmchen. (Marienheide.)*

lîmpott, *m. leimtopf.*

limstange, *f.* lînstange, *f. streichgarn zum fischen. syn.* strikgåren. — *der name vom vogelfang auf den fischfang übertragen.*

lîn, *m. leinsaat.*

lind, *n. band, pl. bänder, besonders leinenes.* — *ags.* linde, *n.* balteus, zona; *ml.* linta; *Kil.* lint, *n. urspr. wol lindenbast.*

linde, **linne**, *f. linde,* tilia.

lindgetau, *f. bandwebstuhl.*

lindkrêmer, *m. bandkrämer.* he hȩt en wârd as en lindkrêmer.

lindlaisk, *n. bandgras.*

lîne, *f. langer strick.* tûglîne. — *M. chr.* lyne.

linen, *leinen.* lînen bônen; *vgl.* wüllen bônen.

linendäntser, *m. seiltänzer.* — *M. chr. III, 91:* linendenzer.

linendauk, *n. leinwand.*

lînewȩwer, *m. 1. leinweber. 2. mehlkuchen, worin kartoffelscheiben.*

lingeling, *m. kleiner finger. kinderspruch.*

link, *link.* ȯwer de linke schuller = *im gegenteil. syn.* lucht.

linken, *sich bewegen aus schwäche, schwach sein.* du maus nitt linken = *du must steif halten.* he lätt et linken = *er hält nicht fest.* — *für die alte sprache sind gleichbed. ablautende* linkan *und* limpan *anzunehmen. von jenem stammt* links, *von diesem* lucht *(luft) und* laf. *die linke hand* (mano manca) *ist die schwache.*

linkerwȩg, *links.* linkerwȩg nà Bilefald. *(Fürstenb.) s.* rachterwȩg.

linse, *f. linse. fig.* christlike linsen = *geld.* „*in Menden haben blos die Juden christliche linsen?*“ *Grimme Sauerl. 38.* — *ahd.* linsi *vom lat.* lens. *vgl.* knôpe, *knöpfe* = *geld, und* galinsen, slensekcn.

lîntucht, *f. flachsbau.* ne groute hauner-tucht un ne groute lintucht dä brenget dem bûer sin verdęrf. (*Meinerz.*)

lipp = slippen, *rockzipfel. Grimme.*

lippe, *f. lippe.* — *Kil.* lippe, labrum.

lippen, *schlitzen.* (*Valbert.*) *vgl.* lübben; *Teuth.* glyppe, claeve; slyp, reete, claeve.

lippisch (*lippstädter*) **rècht**, *darunter verstand man, dass derjenige, der die neige vom bier ausgetrunken, aus der vollen kanne zu trinken wieder anfangen muste. vgl.* curiens. antiquar. *I*, 578.

Lipps, **Lippes**, *1. Philippus. 2. katername.*

Lîpsik, *Leipzig.* richtig med L. wann ek L. krige, dann sastu ock Danzig hewen.

lîren, *leiern. Gr. tüg 7.*

lîrendraiger, *m. 1. leiermann. 2. eine schelte.*

lîrendraigers wǫrst, *f.* = knappwǫrst.

lirge, *f.* = lilge.

lischen = fösskon stęken, *ein spiel mit geld.*

lisseninge, *f. linderung.* (*Altena.*) *vgl. Kil.* lijns, lins, lentus, mitis, placidus. lijs = lijns. *alth.* lisi, *leise, sanft; fr.* lisse, *glatt.*

liste, *f. leiste.* — *Liliencr. h. volksl. II, nr. 184, 8:* liste, *swf. Teuth.* lyst, rant, soym, boird.

lîster, *m. singdrossel.* (*Lüdensch. und berg.*) — *ahd.* listera; *Kil.* lister, turdus; *holl.* lijster, *f. krametsvogel.*

litse, *f. litze. lat.* licium. *Kil.* litse, letse *j.* lace.

litter, *f. buchstab. s.* tèlitterken. *zaser des holzes. vgl.* flitter, vlinder. *lat.* littera.

litter, *n. kirchenbank am chore. könnte urspr. gepolsterte bank bedeuten. vgl. engl.* litter, *vom lat.* lectuaria. *doch s.* letter.

lîf, *n. leib.* dem kinne gêt et lîf ût = *ihm tritt der mastdarm vor.* dat lagg mi wǫl om lîwe = *ich ahnte, befürchtete das.*

lîfken, *n. 1. leibchen. 2. schnürleib.*

lîfpîne, *f. leibschmerz. s.* pîne.

lîftêken, *n. s.* liktêken.

lîftucht, *f. leibzucht.* de àllen lû wellt sik op de lîftucht setten. *urk. von 1484:* liftucht.

liftüchter, *m. leibzüchter.*

lîwen, *leiben. in der allit. formel:* as he lîwet un lęwet. — *mwestf.* liven un leven. *Z. d. b. G. V. 8.*

lô, **lôh**, *n. wald, ein halbappellatives wort.* — hleon (*Frekenh.*) *ist gewis späteres* lôn, lâ *heutiges* lôh. lôh *für älteres* hlauh *wird einem ablautenden* hliuvan, hliuhan = *bedecken entstammen. ortsnamen mit* lôh *zsgs. sind im südlichen westfalen überaus häufig. beispielsweise aus dem amte Hemer:* Pretinholo *um 1072, zuletzt* Brehlen; Hellingklo (*1611*), *heute* Rosenhof; Jahloh, Bardeloh, Hasselloy (*c. 1500*); Dudeloh *j.* Dulloh; Bockeloh; Langeloh; Siggeloh; Osterloh; Rinssloh.

lobbe, *f. 1. hemdkragen zum überschlagen, wie ihn sonst die frauenzimmer trugen. 2. manchette. Kil.* lobbe; *engl.* lobe; *vgl. lat.* labium, *rand.*

Löbbeke, *f. n. Lac. arch. I, 143:* Joh. de lobeke, *also eigentl. ortsname, etwa* lohbiki; *vgl. das Werd. heberegister. Seib. qu. I, 397:* Kerstian Lobbeke. *M. btr. II, 325:* lutteken Lobeke.

locht, *f. luft.* — *alts.* luft, *m.; mnd.* lucht. *s.* lucht.

locht, *f. licht. man sagt dem, der jemand im lichte steht:* was din vàr en gläsemęker, dattu mi sö in der locht stês?

löcht, *luftig, los.* de nüste sind löcht, *sie lassen sich leicht aus den hülsen ziehen.* — *vgl. altm.* ütluchten, *nüsse von der sie einhüllenden schale befreien. ? altwestf.* hlufti.

lochte, *fensteröffnung. K.*

löchte, *f. leuchte.* — *mwestf.* luchte.

löchten, *1. leuchten.* kriafte l., *krebse mit der l. fangen. 2. fig. müssiger, unberufener zuschauer sein; vgl. Shakesp.* candleholder. *3. lichten.* en bęrg l., *einen wald durch aushauen lichten.* — *alts.* lichtian *und* lûhtian. *aus* liht *vergröberte sich* liuht, *woraus* liuhtian, liohtian *und* lûhtian. *das letzte lieferte nach einem lautgesetze (verkürzung des vocals vor* cht) luhtian, *woraus allmählich* lohtian, lochten, löchten *wurde.*

löchter, *m. leuchter.*

lochtig, *1. luftig. 2. munter, aufgelegt.* hä was so lochtig as ne àlle. — *es ist jüngere bildung, daher kein umlaut. Kantz.: luftig, leicht, lebendig.*

lock, *n. pl.* löcke, *büschel gras, wolle, haar.* — *ags.* locc, *m.* cirrus; *Kil.* locke, vlocke; *nds.* lock, *m.; dän.* lok; *ags.* loca, *m.* floccus lanæ evulsæ; *vgl.* plock, *plücken nebst ags.* pluccjan.

locke, *f. locke.*

locken, *locken.*

lockfinke, *f. lockfinke, lockvogel.* — *Seib. urk. 1001.*

lockvuegel, *m. lockvogel.*

lôd, *n. lot.* — *ags.* leád. *v. St. I, 5*[b]*:*

luad = *blei. M. chr. I.:* krud un lod, *kraut und lot, pulver und blei. s.* pottlöd.

lǫdern, *üppig wachsen.* et es so gail dat et lǫdert. — *vgl. alts.* liothan.

lǫ̈dken, *n. kleine lote.* lǫ̈dken slân, *ein kinderspiel.*

lǫ̂e, *f. für* lode, lote, *schössling.*

löe, *f. lohe zum gärben.*

loë, *im süderl. hirtenrufe:* hē loë loë loë loë!

lôen, *gärben.*

lôen, *löten. — Teuth.* loeden, tzolderen, consolidare.

lôer, *m. gärber.* de l. un de schinner sind süster- un brôer kinner. — *M. chr. I.* loer.

lǫ̈er, *pl.* lǫ̈ern, *fig. magen, därme.* he hęt de lǫ̈ern vull. — *ahd.* lûdara, *altn.* lûdr, culeus, saccus; *Vilm. s. v.* liere *(ranzen) führt ein älteres* lûre, lore *(schlauch) an.*

lôern, *den hirtenruf* he loë *hören lassen.* dä junge lôert nich gǫd.

lôge, *f lauge.* bûkelôge, sêplôge. *auch* löwe. *(Siedlinghausen).*

loggen, *lugen. s.* tauloggen. *(Möhnetal.)*

lôgnen, *leugnen. — ahd.* loucnen; *alts.* lôgnian, *eigentlich verbergen, verhüllen, da das verbum aus* laugns *(vgl. goth.* analaugns, κρυπτός*) stammt. man spricht* lôchnen. *schwierigkeit ein solches* g *vor* n *auszusprechen.*

lôhken, *buschwerk, schattiges anmutiges wäldchen. K.*

lôk, *n. lauch.* smållôk, knuflôk, hûslôg, donnerlôg.

lǫk, *n. pl.* lǫ̈ker. *1. loch.* se lätt sik fǫ̈r en halwen pänni en lǫk dǫ̈rt knai bǫ̈ren. *Grimme.* et es bęter en lǫk as en lǫk. en lǫk innen dag brẹnen. ek saih der kain l. dǫ̈r = *kein durchkommen. 2. höle.* et Sünteker lǫk. *in fuhrmannsherbergen zeichnete der wirt mit kreide einen kreis auf den tisch, in welchen das trinkgeld für die magd gelegt wurde, das hiess* int lǫk.

lǫkebǫ̈ren, *faulenzen.* hä gêt dä rümme l.

lǫ̈kern, *schreien, vom specht. (Weitmar.) schallwort wie* tǫ̈kstern.

lǫlepęper, *m. mus von heidelbeeren. (Altena.) Kil.* lulle peyre, pyrum fracidum.

Lollakûle, *bergwerk im kr. Altena. — vgl. alts.* Lullanburnan.

lollekâter, *m. fig. weiner, heuler.*

lollekêrl, *m. popanz zum bangemachen der kinder.* dä küamt de lollekêrl. *syn.* bollekêrl. *Petersen (Weitmar) bezieht dies auf den römischen feldherrn* Lollius!

lollen, *1. laut weinen. 2. ein gewisses miauen* (felire), *welches dem lauten weinen ähnelt. — Kil.* lollen, mussitare, mutire, numeros non verba canere, sonum imitari; *vgl. nhd.* einlullen.

löllen, *schreien. (Weitmar.)*

lollerigge, *f. schreien. — bei Seib. qu. I, 295 ist* loleric *spöttische bezeichnung der* horen, messen *u. dgl.*

lômüale, *f. lohmühle.*

lôn, *m. lohn. — alts.* lôn.

Lôn, *Iserlohn.* nä Lône gån. — Lôn *dat. pl. für* hlôhon, *älter* hlauhun, ad sylvas; *vgl.* Hadolaun (Hadeln) = Hadohlauhun. *die älteste urk. form ist* Loon *(zu entnehmen aus* Loonensis moneta *des 11. jh.) für* Lohon.

Lonekenrode, *ortsn. bei Iserl., urk. von 1448, wurde allmählich in* Lünkerode, Lünkerohl *entstellt.* Loneken *ist genit. von* Loneke *für alts.* Luniko, *deminutivname von* lun *(pflock), wozu* lunisa (lünse) *gehört.*

lônen, *1. lohnen. 2. erwidern. die letztere bedeutung rührt von dem antwortgruss „*Gǫd lône!*" auf den gruss „*Gǫd help!*" vgl.* kennen of lonen myt rechte dat is ja off neyn seggen. *Alten. stat.*

lünken, *lauern. (Weddigen).*

lünkorn, *zielen. (Düsseldorf.) — Kil.* loncken, leviter obliquare oculos, retortis oculis tueri.

Lǫnschedt, *f. n.* giat L. *(ehemals reicher bauer bei Hüllscheid)* wǫt, he hęt wǫt wier te giawen.

lôp, *m. lauf. reimhaft:* lôp un kôp. ik will darvor geven wat loip un koip iss. *Alten. stat. s.* lôpen.

lǫ̂p, *m. lauf.* he gaf sik oppen lǫ̂p. he hęt et imme lǫ̂pe låten.

lôpen, *pr.* laip, *ptc.* lôpen, *laufen, gehen.* he lǫ̂pet bat giaste bat hęste. he laip hęste nitt saihen. he lǫ̂pet dat ęm de kläwen klappert. *s.* snien. he laip so harde at he im balge konn. bai lǫ̂pet hęt schuld. lât lôpen! sagg de âlle, *wird beim trinken gesagt.* he maut lôpen, *er hat den durchfall.* et lǫ̂pet alles med mi ümme, *es wird mir drehend vor den augen.* hai lôp mi int holt, *er kann mir gestohlen werden, ich mag ihn nicht. (lied.)* di lôpet se wǫl den rüggen heran, *wird zu einem müssig sitzenden gesagt, um ihn anzutreiben.* et es bęter en verdǫrwen lôpen as en verdǫrwen kôpen. dat kind lôpet all, *das kind geht schon.* — *goth.* hlaupan; *alts.* hlôpan, *pr.* hliop, hliep; *Tappe 23ᵃ:* lopen vnd kopen will nicht tho samen.

lôpen, *n. handfass.* kaulôpen, sâdlôpen. — *ags.* leáp, corbis; *v. Höv. urk. 112:* eyn loepen.

lôper, *m. 1. läufer. 2. rad am spinnrade.* — *Kil.* looper, cursor; *Teuth.* loeper, baide.

lôperigge, *f. vieles hin- und herlaufen.*

lôpkes, *laufen, gehen. diminutivverbum der ammensprache.*

löppen = leppen, *ein kind, ein junges ohne mutterbrust, euter aufziehen. vgl.* liəpel.

löpper-swîn, *schwein, welches einer mit milch aufzieht, wenn die mutte nicht so viel zitzen hat.*

lôpsk, *1. läufisch, von tieren.* lôpske tiəwe. *2. von menschen, die zusammenlaufen.* dat gansse dorp wôr lôpsk. — *Teuth.* loipsch, tuchtich, spelich; tuchtich = en dyer dat wynnen wil, speelich.

lork, *m. lurch, kröte; nur als schelte. der ortsname* Lurxel *(1448) heute* Lössel *bei Iserlohn mag krötenwohnung bedeuten.*

lǫs, *los. (Hersch.) s.* loss. *urk. v. 1337 (Z. d. B. G. V. 8, 210)* loas.

lôs, *n. Loos. platthd. s.* lott, lǫt.

lôse, *in:* Bǫrkenlôse, *wüstung zwischen Iserlohn und Landhausen.* — *urk.* Berkenloese.

lôse, *f. 1. lauge, schaum beim waschen. 2. schaum bei heissgerittenen pferden. 3. speise von rahm, die mit einem besen gemacht wurde, geschlagene sahne; ehedem eine neujahrs- oder christtagsspeise. vgl. Teuth.* loiss. ondycht als kese. broit, swam, porosus, rarus.

lôsen, *loosen. platthd.*

loss, *los.* he lôpet am lossen sêle. loss am stiəl sin = *leichtfertig sein.* — *M. chr. I:* lose = *leichtfertig.*

lossdrîver, *herumtreiber, vagabund. K.*

losskǫrstig, *loskrustig, vom brote.*

lösslik, *auf eine lose, lockere weise.* me maut den silât nitt in de sigge drücken, me maut ne lösslik 'rin schüdden. — *Kinderl. gesch. d. nds. spr. 348:* losliken, *sanft.*

lossrock, *m. losrock, fig. leichter, lustiger vogel.*

lôsunge, *f. loosung, musterung.* he es in der lôsung. *platthd.*

lǫt, *n. loos. (Albringw.)*

lǫten, *loosen. (Albringw.)*

lott, *n. loos.* — *goth.* hlautr; *ahd.* hlôz; *alts.* hlôt; *Teuth.* lott; *Kantz.* lot.

lottsen, *m. lumpen.* — *lat.* lacinia.

lôf, *n. laub.* — *ags.* leáf; *mnd.* lof, *pl.* lovere = *blatt.*

lǫf, *n. und m. lob.*

lôfblad, *n. pl.* lôfblęer, *baumblatt. auch zur bezeichnung eines kleinen masses, im kinderreim:* en lôfbladd vull. — *altn.* laufblad. *Gr. III, 411.*

lôfschobben, *m. laubschuppen.*

lôfstruddek, *m. strauch, an welchem das trockene laub hängen geblieben.*

lǫfte, *f. gelöbnis. (Lüdensch.)* — *mwestf.* lovede, loffte, loeffte.

lôffǫrsk, *m. laubfrosch.*

lôwe, *f. offene halle unter einem überbaue. Freytag. n. bilder:* löben, *bedeckte gänge, welche einst in einem grossen teile Deutschlands durch das unterstock der markthäuser führten, die gehenden in der regenzeit schützten und das leben des hauses mit der strasse verbanden. Kil.* looue, umbraculum frondium; projecta, compluvium, pergula vulgo lobia; looue, pand, porticus. *Teuth.* boide, hutte, schop, leuve.

lôwe, *m. und f. löwe,* leo.

lǫwen, *1. versprechen. vgl.* geloben. blâgen un bǫdelers maut me nix lǫwen. lǫwen un hâllen dat dæn de âllen. me maut nitt mær lǫwen as me hâllen kann. *2. loben.* — *Kil.* louen, laudare; vetus *j.* belouen, promittere.

lôwen, *pr.* lofte, *ptc.* loft, *glauben.* dat we 'k lôwen. dat kannste men driste lôwen. bai nitt lôwen well, dai lôpe med dem kopp tiəgen den dǫrenpost, dann faûlt he 't.

Lowis, *Luise.*

lû, *pl. leute.* bai med sösken lûen te bedde gêt, dâ stêt med sösken lûen op. *reimhafte formel:* dâ sin ik bi l u i e n un r u i e n bekannt. *Gr. tüg 54.* sô lû, sô rêskop = *wie der mann, so sein kram. als ausruf* jâ lû! — *mwestf. 1555:* luyde; *Teuth.* luyde, volck.

lû, *aufmerksam, verwundert.* ich hâr lui op.

lû = lût, *dünn.* lû sæget, clair semé. *(Lüdensch.)* — *Regel progr. 30 s. v.* *rogge:* dat lude.

lübbeling, *m. castrirter ochse.*

lübben, *castriren.* bai de kunst verstêt, dâ kann den bock med der hæpe lübben. *s.* lippen. *Teuth.* lubben, boeten, heylen; lubber, castrator.

lübbestiək, *m. liebstöckel,* ligusticum. — *ahd.* luberstical; *Teuth.* levestock, lubstecke.

lübbosse, *m. castrirter ochse.*

lûber = lûdbar, *klar*.
lucht, *f.* = locht. dai kiket in de lucht as en vuəgelfänger.
lucht = lecht, *subst. N. l. m. 29.*
lucht, *f. link, linkisch, ungeschickt.* dai es nitt lucht = *der schlägt tüchtig zu.* — lucht = *luft, welchem ein ags.* lyft *entsprechen wird, woraus altengl.* lift, *engl.* left, *mnd.* luchter; *vgl. Gesch. d. d. spr. 992. Teuth.* luchtes, loirtz, lyncks.
luchten, lüchten, *lüften, aufheben z. b. das heu. fraglich, ob zu* lucht *(luft) oder zu* lichten, to lift.
lück = lüttk, luttik, *wenig.* giəf mi en lück med! — *alts.* luttic; *M. chr.* luttick. *s.* lütteken.
lûd, *laut.* — *M. chr.* lude; *Teuth.* luyde, helle.
lûddâge, *pl. lauttage.* — *Bugenh. 3 Mose 25 gibt halljahr durch* lutyar. *s. aber* lûtdâge.
lûder, *n. 1. luder, aas. 2. eine schelte. s.* schindlûder.
lûderk, ? lọrk, kellerlọrk.
luəderhans, *m. lotterbube, vagabund.* — *ags.* loddere; *Wigg. Scherfl. II, 14:* loder; *Teuth.* lodder, boeve.
luədern, herûmme l., *müssig umherstreifen, liederlich leben. s.* kluədern.
lüəge, *f. lüge.* dai es ôk van der êrsten lüəge nitt bọrsten. en lüəg taum gemâke küəmet nitt te fâke.
lüəgen, *m. lüge.* dat es en dicken lüəgen. — *alts.* lugina.
lüəgenbûl, *m. lügner. s.* prâlbûl, smệrbûl, windbûl.
lûen, *für* lûden, *pr.* ludde, *ptc.* ludt, *lauten.* bu ludt dat! et ludt nitt alle guəd, bat me siət.
lüen, *für* lûden, *pr.* ludde, *ptc.* ludt, *läuten.* et lüdt, *es wird geläutet. mwestf.* luden, *præt.* ludde.
lûer, *f. lauer.* he stêt op der lûer.
lûerbass, en, *einer der im stillen auf seinen vorteil sinnt, heimtückisch ist.*
lûerbiətsk, *lauerbissig, heimtückisch; auch bei Holthaus.*
lûerig, *träumerisch, langsam, matt, verdrossen.*
lûern, *1. lauern. 2. horchen, lauschen. 3. langsam sein. 4. schleichen.* he lûert sik wẹg = *er macht sich leise (unvermerkt) weg.* he lûert sik herin, *er schleicht sich hinein.* dat fûr lûert = *es glimmt nur, brennt schlecht. s.* lûrfûr. — *ahd.* hlôsen; *Teuth.* lupen, luren, observare, insidiari. *vgl.* sik verlûern = sik verwilen.
lûerschau, *m. pantoffel.*
lûerfiks, *m. aufpasser, kundschafter.* — *v. St. (Meurs):* Luer Viet; *vgl.* viskebônen *für* vitsbônen.
lûerfûr, *n. glimmfeuer.*
lûhọrken, *aufmerksam horchen, lauschen.* he lûhọrket as ne sûe dä sichten hært. *(Lüdensch.) — Vilm. aus d. westf. Hessen:* schlûhorken = *die heimlichkeiten anderer auszuforschen suchen; vgl.* slûbiətsch *und* glûbiətsk, slû *und* glau. *nds.* glû, *ostfr.* gloo. *ostfr.* glûren = lûren; lû.
lûk, *halboffen.*
lûke, *f. luke.* op de lûke stân lâten, *halb offen lassen.*
lûke, *f. luke.* — *altn.* lûca, janua. *M. chr. I:* luke, *loch, kellertür. Kil.* luycke, fenestra foci.
lûken, *halb offen stehen lassen.*
lûken, *ziehen, d. i. den heber oben zudrücken, mittelst eines hebers abzapfen.* — *ags.* lûcan, leócan, claudere; *Kil.* luycken, claudere, occludere, operire, operculare, sepire.
lûker, *m. heber.*
lûlamm, lôlamm, *faulenzer.*
lûlapp, *faulenzer.* — *Kil.* luy, piger; *holl.* luilak, luilap; *altn.* lû, lassitudo. *s.* dodendanz *(Bruns 344).* Sunte Loye (Eligius): du holdest sunte loye vor einen patrôn, dat is eyn teken, dat du nicht gerne vele machst don. *nd.* loi, *träge, faul.*
lûlappig, *träge, faul.* — *münst.* lulaksig.
lûlau, *adv. von geschäften, die flau gehn.*
lûlêmen, *in:* jä lûlêmen! *Galanteriewaar 75.*
lûling, *m.* **lûning**, *m. sperling.* en lûling draf nitt so lange slâpen as ne ûle. dà hẹt kain lûling sad âne, *von einem magern menschen.* — *Teuth.* luynink. *vgl.* lütse, *was auf* lütt *(klein) weiset und ags.* lytling. *darnach* lûling *für* lütling = *kleines geschöpf. Lübben, tiern. im R. V. meint,* lüne, lüning, lünke *weise auf einen menschlichen eigennamen und sei wahrscheinlich verkürzte form von* Lunfrid; Luningus *findet sich in urkunden mehrfach als mannsname. syn.* müsche, mösche.
lûlingesspenker, *spatzenscheuche. Gr. tüg 43. Kil.* speuen, continere, abstinere. *nds.* spenkeren, *wegjagen.*
lüll, *n. 1. berauschendes bier zu Balve.* Bälwisk lüll dat stîget ẹm an den krüll. — *in W. Brauns lat. hexam.:* bibulis est lullia Balvis, *wozu Kampschulte bemerkt:* lüll *hiess das ehemals in Balve gebraute weissbier. 2. schlechtes, trü-*

bes, dünnes getränk. K. Fischart (Gargant.) lüllzäpflein. *der name vielleicht von der einschläfernden (einlullenden) oder betäubenden kraft; vgl. ahd.* lolli, lolium; *Kil.* lollebancke *j.* slaepbancke.

lumbum, *schelm.*

lummer, *f. lende vom rinde. — holl.* lumme, *f. hinterstück vom rinde. ahd.* lumbal *vom lat.* lumbus.

lummerbräken, *n. lendenbraten. — Vilm.* lummer, *f. syn.* mọrbräken.

lummerig, *matt. Gr. tüg 59. — Wald.* lumm, *locker, schlaff. Vilm.* lumm, lummer.

lummern, *1. langsam gehen.* de hund lummerde dann langsam wier ter dọr 'rut. *Gr. tüg 60. 2. langsam spielen mit spielsteinen und dabei doch auch zielen.*

lump, *m. 1. pl. lumpen. 2. eine schelte.*

lumpen, *zerrissen.* de hänne werd ẹm lumpen = *die haut an den händen zerreisst.* lumpen kærl, lumpen hûs, lumpen mess.

lumpen, *matt, steif von kälte.* de hänne sind mi so lumpen. *syn.* verklumpen. — *verwaistes ptc. von* limpan, lamp, *zu welchem engl.* limp *(schwach, matt, lahm) und* lumm *(s. oben* lummerig) *gehören.*

lumpen, *plump, gross.* ät es en miserabel lumpen dîr, *von einer grossen schweren kuh. (Rade.)*

lumpen, *nur negat.* sik nitt lumpen läten, *z. b. sich durch übertriebene sparsamkeit und sonst in den augen anderer nicht zum lump machen.* klaine wẹr di, grôte lätt di nitt lumpen! *sagt man, wenn sich zwei jungen von verschiedener grösse in den haaren liegen.*

lumpenbüən, *m. lumpenboden in der papiermühle.*

lumpensämmler, *m. lumpensammler.*

lumpensnier, *m. lumpenschneider.*

lumperî, *f.* **lumperigge,** *f. lumperei. s.* cumpeuî.

lûne, *f. laune.* med lûnen fechten, *launisch sein. s.* mòerlûnen. — *zu ahd.* lûne, *erscheinungen des mondlichtes; vgl. d. spr. 1026.*

lûnenköster, *m. launenhafter mensch.*

lûnenfechter, *m. der mit launen ficht, arbeitet.*

lunge, *f. lunge.* et was as wann ik lunge un lẹwer hädde van mi giəwen sollt.

lungen, *verlangen, schmachten nach.* et hẹrte lunget ẹm derna. — *vgl.* to long, *hd.* lungern. *eine volksetym. liegt vielleicht in Münst. chr. III, 78:* diessen biedeu henck die lunge na dem gelde.

lünken, *hinüber schielen, mit den augen winken. K. Kil.* loncken limis obtueri, leviter obliquare oculos, retortis oculis tueri.

lunkert, *für* lungwort, *lungenwurz, lungenkraut, eine an buchen wachsende flechte, die zum thee gegen husten dient. — vgl.* golfert, *goldwurz.*

lüns, *schlechte tabakspfeife.* æren lüns *irdene pfeife. s.* lünse.

Lünsche, Lünsched, *Lüdenscheid.* — *1072:* Luidolfessceide. *eine der vielen örtlichkeiten, welche scheide hiessen, erhielt einen* Luidolf *oder* Ludolf *zum ersten bewohner. dies war zu Altenlüdenscheid, von wo ein spross sich nach Lüdenscheid übersiedelte und den namen mitbrachte.*

lünsk, *in:* l. kiken. *vgl.* lünssenkiker.

lünsken, *n. pfeifchen. Grimme. — Wald.* lunze, *irdene pfeife.*

lünsse, *f. achsnagel. — ags.* lynis, *f.; Teuth.* lunse van en rade.

lünssenkiker, *schelte für den ackerbaulehrling, der eine zu genaue controlle über die feldarbeit führt. allgem.:* du bûss mi ock en lünssenkiker.

lûpert, *m. verschmitzter bösewicht. — Teuth.* lûpen, luren, observare, insidiari; luypper, observator, insidiator; *Vilm. s. v.* lüppert. *vgl.* lûbbe, *riese.*

luppe, *f. klumpen glühenden eisens auf hammerwerken. vgl. Diez II. s. v.* loupe.

lûrbitsig. *Hinz. 2, 93:* he makden en luhrbitssig gesich.

lûrig, *laurig.*

lurks, *schieler, eine schelte.*

lurksen, *pl. augbrauen.* he kiket unner de lurksen hẹr = *er sieht seitwärts. vgl. gesch. d. spr. 991:* lirk; *Kil.* lurts, slinck, sinister.

lûs, *f. pl.* lûse, *laus.* 'ne lûs im potte es bẹter as gar kain flês. *(Altena.)* he es nitt lûse werd = *er ist gar nichts wert (vgl. Tappe 105ᵇ).* — dai wêt batte ledt, wann he ne lûs am sêl hẹt. hä lẹwet as ne lûs im schọrwed. dẹn frẹtet de lûse noch op. dà sa'k wọl nix van krigen, dai sall mi wọl im êwigen lẹwen derfọr lûsen mäuten. *zu* lûsen. — *zu* liusan, perdere, consumere, *wie* φθείρ *zu* φθείρειν.

lûsche, *f. meist pl.* lûschen, *weisskohl der sich nicht zum kopf gebildet hat. — aus* wlûsch, *vgl. thüring.* fusche.

sprachw. I. 300; vgl. flûsch, flausch. *syn.* bastert.

lûschenmaus, *n. kohlgemüse von* lûschen. *syn.* sluaderkappes.

Lûsebrink, *m. mehrfach vorkommende halbappell. ortsbezeichnung. so bei Hemer, im kirchsp. Gevelsberg.*

lûsebusk, *m. lausebusch. kindern, die sich nicht gern kämmen lassen, wird gesagt:* du küəmst in den lûsebusk. *zu Fürstenb. sagt man:* wann du di nit kämmen läss, dann kummt de lûse un drçget di int holt. — *Kil.* luysbosch, caput pediculosum. *vgl. Rochh. alem. kinderl. s. 318.*

lûseken, *n. läuschen.* dçm es en guəd lûseken an den bârd krçpen = *der hat glück gehabt; vgl. Fischart, flohhatz: die bürgermeisterwahl. J. P. ausw. aus d. Teufels papieren nach Hommel nennt eine bürgermeisterwahl zu Hardenburg in Westfalen.*

lûseknäpper, *lauseknacker, daumen. syn.* dûmen, dûmeling.

lûsekrûd, *n. herbstzeitlose. (Meinerzagen.)*

lûsemelle, *f. lausemelde, ein unkraut.*

lûsen, *lausen.*

lûsepängel, *m. lausiger junge. lausejunge, unreinlicher junge. s.* püngel.

lûsepürk, *m. lausiger junge. — Fürstenb.* lûseprûk. *syn.* lûsefuddek.

lûsefuddek, *schelte. (Siedlinghausen.)*

lûsefiks, *m. eine schelte. s.* lûerfiks.

lûsig, *lausig. — Teuth.* luysych, vol luyse. pediculosus.

laspern = lustern. *Gr. tüg 9.*

lust, *f. lust. dat. pl.* lusten; med lusten sîn = *ein gelüste haben.*

lust, *m. strauss blumen; syn.* dust. — *nach Vilm. s. v.* luststiel *scheint es aus diesem compos. gekürzt zu sein. auch Siedlingh.* lust.

lüsten, *behagen.* dat lüstet mi nitt = *ich mag das nicht.* dem soll wçt graûnes lüsten.

lustern, *1. horchen, lauschen. 2. flüstern.* lustern int âr es nümmer nich wâr. *3. gehorchen.* ênem lustern. — *altn.* hlustar, *er lauscht; ags.* hlystan, *engl.* to listen. *Teuth.* luystern *wie 1. und 2.; Fischart* laustern. *im hd.* flüstern *ist altes* w *zu* f *verhärtet.*

lustern, *pl. ohren, gehör.* du kriss wçt ûm de lüstern. ik well di de lustern besaihen, *ich will dich ohrfeigen. — alts.* hlust, *f.* auricula, auditio. *vgl.* kluntern, *pl. f. zu* klunt *wie* lustern *zu* hlust.

lusthûs, *n. gartenhaus, laube.*

lût, luit, *pl.* luiters, *mädchen, tochter. (Paderb.)*

lût, *dünn.* lût saiget. dat gras stêt lût. *(Hemer.) — vgl.* lû *und Köne Helj. 3565.*

lût, *verwundert.* ek word lût. ek hârde lût op. lûhd, lîke lûhd, *sehr betroffen. vgl. Köne Helj. 3565:* lüten, *verlegen. syn.* nî, lui.

lûtdâge, *pl. heissen die zwölften, weil sie das wetter für das ganze jahr bestimmen. = losstage, schicksalstage. (Voswinkel bei Menden.) — zu* hleótan, sortiri; *vgl. jedoch* lûddage *und ags.* hlydamoudh *(märz)* = strepens mensis.

lûte, *f. flaches fischnetz. Seib. urk. 1039:* laute. *syn.* tûtebelle.

lûter, *nur (lauter). für diese verwendung vgl. ital.* pure. — *alts.* hluttro, sincere.

lüttken fasselâwend, *m. kleine fassnacht.*

lûterweg, *immerfort.*

lutter = lûter.

Lüttekens dik, *teich der kleinen (kinder) auf der Sümmerhaide.*

lûtterlichen, *adv. lauter, rein. urk. v. 1307.*

lütsling, *süss-bitterer holzapfel. (Ründeroth.)*

lüttse, *f. sperling (Hattingen.) — vgl.* lutsich. *Köne Helj. 759 und* struthio.

Lutse, *Ludwig.*

M

mä, *für* mâr, *aber. (westliche Mark.)*

machochel, *f. altes weib.* ne âlle m., ne dicke m. — *vgl. ags.* maca, *woraus wie in* lachachen (cachinnari) *aus* lachen *durch einschiebung von* ca (cha) *ein neues wort mit modificirtem begriffe gebildet sein kann; vgl. noch* kladatsche *für* klatsche. *Kil.* machache, machachel, mulier ignava, sordida, deformis. *Schamb.* machukele. *unser epitheton* „âlle“ *kann reines ornans sein und hässlich ausdrücken, wie das volk dergleichen oft anwendet.*

machelle, *hinfällig. judensprache.*

macholler, *m. wacholder. — vgl. altm.* machaldel, machandelbôm. w *und* m *tauschen zuweilen; vgl.* män — wän, mispel — wispelte, maikâm — maikâwe.

machsachte, *der vordere ungefaltene gewöhnlich aus grauer leinwand gefertigte einsatz des weiberrocks, den die schürze bedeckt. K.*

macht, *f. macht, kraft.* macht hewen, *kraft haben.* dai heat m a c h t. *macht ist der echt nd. ausdruck für kraft, dies zeigt sich auch bei Jud. 8, 21: (darnach der mann ist, ist auch seine k r a f t), wo die Magd. bibel hat:* darna alse de mann ys, dar na ys ock syne m a c h t. van macht sin, *verfügen können; vgl. Seib. qu. II, 272:* se weren des nicht van macht. bi macht sin, *in seiner gewalt haben, berechtigt sein:* bai dat klaine nitt en acht', es dat grôte nitt bi macht; *vgl.* de geste sind bi macht ungewrogete kannen platt te slan. *Lüdensch. recht.* nich wârdes macht heffen, *nicht sprechen dürfen, keinen grund dazu haben.* macht an wat hebben, *recht an etwas haben.*

mächtig, *1. mächtig. 2. kräftig, leicht sättigend.*

mack, *n. 1. mischmasch.* es et dâ ock raine? = *wie ist es da im hause?* so hack un mack. *2. gesindel.* et es so hack un mack. *s.* mecke.

macke, *f. schlag mit der hand. (Altena.) (aus hebr.* maccàh, *schlag.)*

mackelshiemd, *n. hemd als lohn für heiratsmäkler. Grimme Sauerl. 63.*

mackelslôn, *m. mäklerlohn. f. r. 98.*

mackelsmann, *m. heiratsmäkler. Teuth.* mekeler, oudercoeper.

mackelsmôr, *f. mäklerin, kupplerin. f. r. 72.*

mackemente, *verdriessliche umstände. K.*

mackes, *pl. schläge. (aus hebr.* maccôt) *f. r. 64.*

mackolwe, *f. häher.* marcolfus. *Kil.* markolf *j.* roetaerd.

mädepalme, *f. immergrün,* vinca. *(Odenthal.)*

mâdert, *m. für* môderwort, *m. mutterkamille,* matricaria. — *engl.* motherwort. *Teuth.* mater.

Maes, **Mais**, *Matthias.*

mâge, *m. magen.* dẹm hänget de mâge op êner sîd, *er ist hungrig.* en mâgen heffen as en saldôten ranzen. den hew'k im mâgen, *den mag ich nicht leiden. s.* beschaiten. — *Tappe 113ᵇ:* mawe; *Kil.* moeghe. *s.* saumâge, duonermâge. *Teuth.* maghe, *schw. f.*

mâged, *f. magd.* es de mâged brûd, dann es de denst ût. bai hẹt im hîemel den swöggesten denst? de mâged allêne (Magdalêne.)

mâger, *mager.* en mâger jâr maut noch kainen annen auwer smiten. so mâger dat ẹm de hûd oppen knọken faste wassen es. dà kuamt de magere van te jâren, *von einem starken kalten winde.*

mâgermännken, *n. ?* mẹgerling, *ein kraut.*

mäggen = maigen. — *urk. v. 1512:* megen.

mäggerske = mêsche. *(Fürstenb.)*

mägkâwel, *m. maikäfer. (Lennhausen.)* — *zu* mäg *(mai), vgl. ital.* maggio. *syn.* maikâwel *(Werl),* maikẹwe, maikâm *(Schwerte),* maikatte *(Iserlohn),* waukẹwe *(Hagen),* aiksnâwel *(Nicheim),* eckernschewek *(Lippe).*

maglichte. *so hiess sonst der unter der schürze verborgene (oft linnene) schlechtere teil des frauenrockes. entstanden aus:* et mag lichte, dat et dâ guad genaug es. — *vgl.* machsachte.

mai, *m. 1. mai.* hîr nà mai, sagg et schâp, dà slaug ẹm de hâgel vọr de fuot. „hîr nà mai“ *drückt die stimme des vom hagel gepeitschten tieres aus. sinn des ganzen ist: nach diesen aprilschauern kommt der mai. der spruch ging vor 300 jahren schon in einer verderbten form um und ward von Evert Tappe (126ᵃ) aufgezeichnet, wie folgt:* hier nae mey, sagte die sugge, do sloich se der hagel vor den ers. *2. grüner zweig* (maibusk). bẹrkenmai. wann de mai den mai brenget, dat es bẹter, as wann he ne findt. *im engl. gilt* may *speciell vom weissdorn.*

mai, *miete, mietgeld, das denen, die man mietet voraus gegeben wird. für* maide. *Kil.* miede.

maiâwend, *m. maiabend, walpurgisabend. (Stockum.)*

maiblaume, *f. 1. maiblume. 2. kuhname.*

maibôm, *m. 1. abgehauener, grüner baum, der bei einem hause aufgepflanzt wird. frühlingsgebrauch. Neues westf. mag. II, s. 131 von abholung des maibaums zu Bochum. 2.* maibôm, *auch* maibock, *purzelbaum.* en maibôm schaiten. *syn.* albom, aibum, bussbôm, bẹrbôm, trummelskopp; *vgl.* stolterboltern.

maibrûd, *f. ein geschmücktes mädchen, welches pfingsten umhergeführt wird. pfingstbrauch zu Albringwerde; vgl.* pingstbrûd, ôsterbrûd.

maibusk, *m. grüner zweig.*

maidag, *m. maitag, erster mai.* op maidag. ûm maidag. bat kann mi maidag helpen, wann de kau kapot es. wânn ek un mine frau dôd sind, dann mag maidag kommen, wänn he well. *(Hagen.)*

maidgeld, *n. mietgeld. s.* mai.

maidrank, *m. würzwein von maikräutern: waldmeister u. a.*

maien *für* maiden, *praes.* maie, mess, medt, *praet.* medde, *ptc.* medt, *mieten.* — *mnd.* meyden, meden; *Kil.* mieden.

maienstrieper, *m. der erste beim wettlauf. pfingstgebr. zu Liberhausen.*

maier *s.* flassmaier. *wie* maier *wird auch* majôr *für composita verwendet.*

maigen, *mähen. s.* mäggen, mægen, mân.

maiger, *m. mäher.*

maihęnken, *ein leichter junger bursch mit den besten anlagen ein taugenichts zu werden.*

maikâm, *m. maikäfer. (Schwerte, Kalthof.)*

maikatte, *1. im mai junggewordene katze. 2. maikäfer.*

maikâwel, *m. maikäfer (Werl.)* maikâwel *(Fürstenb.)*

maikęrw *?* maikęwe. *K.*

mainen, *pr.* mainde, mende, *meinen.* jå, saggte Henrik Halfmann, hal mainere (mainde) àwer nê. dat ju Gott met trügge mein, *dass Gott es treu mit euch meine, 1670.* sik wǫt mainen, *viel von sich halten; vgl. sich etwas einbilden.* — *mnd.* menen.

maipîr, *pl.* maipîrs, *fischbrut, welche in krügen eingemacht wird.*

mairęgen, *m. mairegen.*

mairôse, *f. kuhname.*

Maismecke, *name eines kleinen baches bei Iserl.* -mecke *häufige entstellung aus* -becke. mais = *alts.* magathis; *vgl. holl.* meisje.

maiwǫrm, *m. maiwurm,* meloe proscarabæus.

mâke, *f. mache.* de rock es in der mâke. *fig.* in der mâke hewen = *prügeln.* — *holl.* maak, *bearbeitung.*

mâken, *pr.* mâkede *(Hamm:* mock, *Paderb.:* maik, *Marienh.:* matte; *pl. Witten:* se mocken, *Dortm.:* se möcken), *ptc.* mâket *(Marienh.* matt), *machen.* mâk nitt da'k di wǫt ûm de âren giawe! sik mâken, *sich ereignen.* mâken = mâket *oder* mâkend *in* selfmâken linen dauk.

mæken, *vom schrei des hasen.*

makûndel, *pæonie (Brilon.)* macken, *besänftigen, vgl. nd.* mack *und* wundel, *ags.* vundel, *wunde.*

mâl, *n. mal.* fǫr düat mâl. twê mâl. — *eine berg. urk. v. 1639:* jahrmahlen = *jahrgänge. syn.* raise, bot.

màl, *adv. mal.* gêste màl nà hûs! kuəm mi màl wier!

malderbroit *r. St. XXI s. 1355:* dat m. sall wigen 8 punt.

mâlen, *mahlen,* molere.

mâlen, *malen,* pingere. làtt di wǫt mâlen, dann bęste ock wǫt buntes; *für* mâlen *auch* flaüten, backen, äppeln, äpsen. ik kann et di nitt mâlen *wird gesagt, wenn z. b. dem kinde ein butterbrot nicht gut genug ist.* en kind as en gemâlet bild; *vgl. span.* como pintado, *ital.* par fatto col pennello.

mâler, *m. maler.*

malk, *jeder.* — malk = manlik, *männiglich.*

malliken, *männiglich. (Wald im Berg.)*

malkander, *einander.* laten by malckanderen kommen = *zusammen kommen lassen. Alten. Stat.*

Mälle, *Melchior.*

màller *für* malder, *n. malter. malter = 32; daher auch = 32 spind. — im 16. jh.* molder. *s.* àller.

màllersack, *m. maltersack. s.* gewiaten.

màllersse, *n. malter land. — urk.* maldersede, malderze = *maltersaat. Wallr.:* ein mallderseth of anderthalue morgen goed lantz. *Urk. 1566.*

malmert, *m. schnellkäulchen von marmor. mascul. auf* r *nehmen gerne noch ein* t *an; vgl.* melchert. drinckert *für* drinker, *Ztschr. d. berg. geschichtsvereins I, 373.*

màls, *gewöhnlich.* he kömmt màls, *er pflegt zu kommen.*

màlt, *n. malz.* en ędelmann âne màlt es en puddek âne smàlt.

mâlum, *trunken.* he es mâlum.

män, *s.* men.

mâne, *f. mähne. — ahd.* mana, *f.* juba.

mâne, *f. mond. — ahd.* mano, *m.* luna. *s.* möne. de lui sid achter der mâne her *(von Warburg etc.) bezeichnet leute die in der aufklärung noch sehr zurück.*

mâne, *f. mohn.* lutherske, katholske un refermêrde mânen. — *ahd.* mâgo, *m. Kil.* maen; *syn.* jufferte.

mânen, *mahnen. vgl. Koene z. Helj. 4478.*

mânenschîn, *m. mondschein.* hai hęt sine frau bim m. frigget.

mang, **mank**, *zwischen.* midden mank, *mitten dazwischen.* mank de annern, *unter den andern. — v. Höv. urk. 54:* mang anderen worden; *55:* manck andern.

mange, *f. für* mande, *zweihenkliger grosser korb. [langer tiefer korb.] ags.* mande, *f. Kil.* mande, corbis. *vgl.*

mengel *für* mandel; ungen *für* unden; ungern *zu* undarn.
mangel, *m. 1. mangel. 2. gebrechen.* m. an den ôgen.
mangelkęrf, *m.* = mange. *(Brilon.)*
manges, mangest, mangst, *1. mitunter, zuweilen, manchmal. 2. bald, nachgerade.* he werd mangst àld. *vgl.* middens, enhand.
mangesten, *mittlerweile.*
mank, *art fischotter.*
mênken, *n. möndchen. s.* sünnken.
mankgarn, *garn zum fange der* mänke. *Iserl. bürgerbuch v. 1670 fol. 1ª.*
mankse *für* manske. *s.* mans.
mann, *pl.* männer. *1. mann. auch anrede an einen fremden, bettler:* mann, i maût dütmàl vǫrbi gân! *an vornamen gehängt für kleine knaben:* Fritzemann, Karlemann. *2. ehemann.* en gnoden mann, en netten mann: sett ne oppen diss un friǝt dervan! *3. redensarten.* te mann, te manne = *jeder,* à personne. des mannes sîn, *gross sein (auch von sachen).* se es manns *(gross, tüchtig)* genaug dertau.
manneken, *n. irgend ein lebendiges ding.* — *Kil.* manneken, mas, homunculus.
männeken, *n. 1. männchen. 2. pl.* männekes, *männchen, possierliche bewegungen.* männekes màken, *vom hasen. 3.* männerkes = hilgen, *bilder. vgl. Gr. III, 680*.*
mannsmenske, *männliche person. pl.* mannslû, *mannsleute. vgl.* frau-menske.
mans, manske, mans kau, *f. ein kuh die nicht kalbt, die fęr geht. Kil.* manskoe, mansekoe *j.* guste koe. *vgl. die analogie bei Diez s. v.* bréhaigne *für* baraigne, *mannweib, unfruchtbares weib.*
mäns = men, *nur.*
mænsch, *von einer krankheit bei pferden.* — *mwestf.* mensch. *Kil.* maene oft vel op de ooge; maenoogigh peerd, equus pterygio siue vngue laborans. *Teuth.* meensch. luynsch. mayusieck. *Frisch.* monäugig, *ein mangel einiger pf. in den augen, der mit dem monde ab- und zunimmt.*
manschen, *rühren, plattschen, mengen, mischen, mit dem nebenbegriff des unpassenden.*
mänt = men, *nur. (Paderb.)*
mantel, *f. mantel.*
mantelstock, *m. ist nicht das unter diesem namen bei Frisch verzeichnete, sondern ein gestell (mit vorhang), um kleider aufzuhängen.*
mappe, *f. mund (selten).* glik kriste ēnen op de mappe. — *vgl. thüring.* bappe, bäppe, *ferner unser* mǫpen *und* mopp, möppel. *umgedreht heisst eine* mappe *bei uns* papp.
mâr, *f.* [mâr, *n.], alp.* — *s.* mard. *Teuth.* maer eyn gedwesniss nachts dye luyde in den slayp qwellende.
mär, *aber.* mär, mä *westmärk.* men, män *ostmärk. mnl.* maer *aus* ne wàri, *Gr. III, 245. 280.* mar *in einer märk. urk. v. 1429; sie mischt hd. mit nd. formen. Verne chr. (Seib. qu. I, 36) hat ‚mehr'.*
mær, mêr, *1. mehr. 2. öfter.* dat hew'k mær saihen. all mær, *sonst schon.*
màràkel, *lärm.* màràkel màken. — *lat.* miraculum; *altm.* maràkel. *syn.* spektakel.
mære *(in* semære) *ist* merula. *Teuth.* merle.
mârd, mâd, *n. 1. marder,* martes. *syn.* stênnâter, mâter. *2. alp, nachtmahr.* 't mârd ridt ęn. *syn.* mâr, nachtmarre. — *engl.* mare. *Shakesp.:* I'll ride thee o'nights like the mare. *Kil.* maere, nachtmerie, incubus ephialtes.
mâren, mârne, *morgen (demain).* tin mârne. jâ, tin mâren! *iron.* = *nein, niemals.*
mærenmîge, *f. eine pflanze.*
margenblaume = męrgenblaume. *(Fürstenb.)*
marjauh, *ausruf* = *Maria Joseph. s.* jêses marjôsęp.
mark, *n. mark. Teuth.* march of pyt.
mark, *f. 1. gehölz.* holtmark. *2. feld, flur, feldmark. vgl. myth. 60.*
mark, *f. münze.* êkener mark. *1 mark Dortm.* = *12 schill. 2 mark Dortm.* = *2 thlr. 1 Dortm. schilling aus der ersten hälfte des 17 jh. hatte den silberwert eines silbergroschen.*
marked, *n. markt.* — *Rud. stat.* yarmarket, *n.*
marketgeve, *marktgäbe, korn wie es zu markt gebracht werden kann.*
márkol, *m. häher. (Breckerf.)*
markólwe, makólwe, *f. häher (Hemer.) d. i.* Marcolfus, marklof *(Elberfeld).*
marolwe, *f. häher. (Marienh.) s.* makolwe, mackolwe.
mars, *marsch.* mars mettem jûden, hai hęt speck fręten.
marschop *für* matschop, *gesellschaft.*
märsch, *n. marschland, viehweide.*
mart, *p.* mätte, *alp.* 't mart ridt. *(Liberhausen.)*
mærte, *f. märz. Teuth.* merte.
mærtebiase, *f. märzschauer.*

mærteblaume, *f. knotenblume*, leucojum vernum. — *Kil.* meerts bloeme, hyacinthus bifolius; *ostfr.* märtenblôme, *schneeglöckchen*, nakend wiefken.
mærtegaidling, *m. märzdrossel.*
mærtegeck, *m. knotenblume.*
mærtenlocht, *f. märzluft.* du mausti wâren vǫr m. un aprillenwind, dann blistu en schôn kind *(zu mädchen gesagt). (Brackel.)*
Mærten, Mært, *Martin. s.* Mêrt.
mærterôse, *f.*, **mærterôseken**, *n. edelleberkraut*, hepatica nobilis.
Martin, *Martin. langer Martin, zeigefinger.*
màsch, *moos. s.* most.
masematte, *f. eigentlich entwendung, profit; pl.* masematten, *geschäftchen. gaunerspr., fr.* détourne, *ostfr.* musematten, *allerlei kleine beschäftigungen.*
mâserk, *m. holzmaser. (Marsberg.)* — *ahd.* masar. *s.* vermâsert. *Kil.* maeser, tuberculum aceris arboris.
mâst, *f. frucht der eiche und buche.* wostu in de maste? *sagt man zu dem, der sich befleckt hat. dies wol darum, weil mastschweine gezeichnet wurden.* — *engl.* mast. *Shakesp.* the oaks bear mast. *mwestf.* mast.
mästig, *mastig, eigentlich fett, dick, dann grob, ungeschliffen.* sik m. benęmen. — *nds.* astig; *engl.* nasty; *ostfr.* mastig, *ungeheuer.*
mâte, *f. mass.* mâte es tau allen dingen guəd, àwer mǫlke op de gǫrte kamme nitt te viəl dauen.
mâte, *passend, fähig, geschickt zu, einer sache nahe.* dat tûg was ęr mâte. sind di de schau nitt mâte? — nê! — dann tûh bolsken an! — hirânsmâte, hûlensmâte, mûndkesmâte, schûətmâte, slachtensmâte, sterwensmâte. — *Schueren chr. 235:* sydensmate, *dem siedepunkt nahe, siedend. Seib. 1001:* hengemaite, *hängenswert.*
mâten, *mass nehmen. s.* opmâten.
mâdhäken, *m. werkzeug zum wetzen der sense.*
mâter, *m. marder. (Fürstenb.)*
matirge, *f. materie, eiter.* — *lat.* materia.
matkǫrf, *m. waarenkorb.* — *dän.* madkurv, *esskorb, speisekorb.*
matsche, *f. koth und andere unsaubere weiche massen.*
matschen, *i. q.* manschen.
matsfuətse, *f. verächtliche dirne, vgl.* bûrenfuət. — *holl.* mats vot, *bauernflegel, tölpel; ostfr.* matzfott, *tölpel. in Pens. d'Oxenstirn I, 17:* matsfotsen von Dresden; *vgl. Berckenmeyer cur. antiq. I, 526: unter derselben (elbbrücke zu Dresden) ist signor Mattheus Fotius das wahrzeichen der stadt. s.* fuətse. — Matzfuətz, *schwacher, unschlüssiger mensch. K.*
matt, mart, *markt.* — *vgl. engl.* mart *für* market.
mätte, *f.* in gęle mätte, *emmerling. (Hattingen.)* — mätte, mette = *Mathilde.*
mattêr, mörser. — *lat.* mortarium; *ahd.* mortâri; *engl.* mortar.
mattêr, *eine münze, deren 2 = 1 mgr., 3 = 1 ggr.*
mau, *f. ärmel.* de mau striken = *schmeicheln. s.* mauge.
maud, *m. mut.* maud hęt kraft. ik sin ûəwel te maue. hä es ûəwel te maue (te passe) kuəmen. et es ęm nitt wǫl derbi te maue. hëi wëit nitt bu dem armen manne te maue es.
maüdig, *mütig in* àldmaüdig, guədmaüdig, öwermaüdig, wêhmaüdig *u. a.*
maudsack, *im Gimborn-Neustädt.*
maudwille, *m. mutwillen.* — *alts.* muodwillio. *Urk. v. 1418:* moitwillen = voluntas.
maue = mauge.
maüe, *f. mühe.* et giət wǫl en biətken maüe, men et giət ock viəl beddens un kaüe. — *ahd.* muohi; *Kell. fastn. 971*[17] möye.
maüe, *müde.* mann, i sid doch maie im gesichte, *sagte jemand zu einem trunkenen.* — *ahd.* muodi; *mnd.* mode, *später* meude; *Dan.* mude.
mauen, *1. miauen*, felire. *2. lächerlich jammern, schreien.* — *Tappe 32*[b]*:* mauwen; *Halbsuter:* mauen, *kläglich brüllen. Teuth.* mouwen als eyn katt.
maüen, *s.* möggen.
mauer, *f. mutterkatze. (Lüdensch.) syn.* mouer.
mauge, *f. ärmel.* du hęs wǫl wâter in den maugen = *es scheint dir nicht geraten zu wollen. wol zunächst vom feueranmachen.* — *Kil.* mouwe, manica; *mhd.* mouwe. *s.* mowwe.
maumen = mauen.
maus, *n. gemüse.* en stück flês es et beste maus. maus es ôk kost. flês wat un maus satt. dat dôg dem dûwel int maus nitt. se lätt sik et maus oppem koppe hacken. hä lätt raüwen guəd maus sin; *vgl. vorlorn son 566:* laten roven beren sin. *2.* mûs, *d. i. kraut. (Siedlingh.)* — *alts.* muos; *mwestf.* moys; *Seib. urk. 992:* an schoden vnd anderem moyse.

maüte, *f. begegnung.* in de maüte kuomen, *begegnen.* dat liat mi in der m., *das ist mir im wege, hinderlich.* — *alts.* muoti; *mwestf.* mote. *Verne 27:* to moethe getogen; *engl.* mote. *s.* maüten.

maüten, *præs.* maut, *auch* **mat** *(Brilon);* mauste *(musst du) auch* maste; *præt.* mochte, moch; *ptc.* mocht; *auch zu Marienh. gilt dieses* mochte, mocht, *1. müssen.* maüten es en düvelstwang. *2. prægnant für haben müssen, nötig haben.* ik maut neu kalf, siat de jüde. *so sagt man, wenn man nicht handels einig werden kann.* — *alts.* muot, mòt; *præt.* mòsta. *schon im Helj. scheint* mohti *für* müste *zu stehen, vgl. Koene 1445, wie umgedreht* muosta *(9897) konnte = durfte bedeutet. mnd.* mogen *hat häufig die bedeutung dürfen, müssen, z. b. Herf. RB. p. 25:* zo he des nicht gheuen ne mochte. *wiederum kommt heute* maüten *für* müagen *vor. bei Büren:* se möston't *(sie möchten es)* my verfüren.

maüten, *pr.* modde, motte, *plur.* mötten, *ptc.* mott, *begegnen.* — *alts.* muotean (muotta), *mnd.* mōten; *Kil.* ghemoeten, teghenkomen; *engl.* to meet.

maütig, *1. müssig.* dat kind hęt en maütigen menskon nödig. *2. fertig.* ik kann nitt maütig weren. — *ahd.* muozig; *Teuth.* muetich. moite *(musse.)*

me *für* mi. me Gọd! = sall mi Gọd helpen! *eine beteuerung, auch bei Holthaus.* — *Theoph. (Hoffm.) 62:* me Got.

me *für* eme, ęm, *ihm.*

me *für* men = man. — *mnd.* men, *zuweilen auch* mo; *vgl. Seherecl.* — *dat. und accus. dazu* ęm *(einem, einen):* hä slätt ęm ümmer.

mechten, *keuchen, stöhnen, mit dem leibe drücken, macht anwenden. die handlung ist hörbar.* mechten es de halwe arbêd; *vgl. ostfr.* good stennen *(stöhnen)* is 't halwe wark. — *Tunnic. no. 1142:* se sint nicht al krank, de wol mechten, *wo offenbar die lesart B bessern sinn gibt, als* amechten *bei A. wie* vrechten *ein altes* wrahtian *voraussetzt, so* mechten *ein* mahtian; *es ist also verwandt mit* muohi, *mühe.*

sick **mechtigen,** *sich ermächtigen, sich erlouben. Alten. stat.*

mecke, *schelte für kesselflicker im südlichsten westfalen.*

med, mede, *mit.* med Gọde! med verlöf, *mit erlaubnis.* he krêg et med der ungeduld, *er ward ungeduldig.* he brummet med ęr. he es guad med dem kinne, *er behandelt es gut.* med röyers vull, *voll räuber.* he fört med lêmen, *er fährt lehm.* hä ledt med der kau nàm ossen, *s.* laien. lätt mi med frieu! *lass mich in ruhe; s.* wæren. med us draien, *selbdritter. ellipt.* dat segg ek med, *das sage auch ich.* dat dau 'k haut med. dau 't mål med! *trink mal mit, tu mir bescheid!* hä daüt et nitt lange mär med, *er lebt nicht lange mehr.* ik well med sin, *ich will teil nehmen. Teuth.* mede wesen, interesse. du büss med! *sagt der spieler, welcher dem mèt am nächsten gekommen ist und den ersten schuss hat, zu dem andern, der später schiesst.* ik well med anstån, *teilnehmen.* dat es all guad med, *das lässt sich schon gebrauchen.* dat hært der med tau, *das gehört ebenfalls dazu.* sine lü was he guad med.

medbrengen, *mitbringen.*

meddauen, *mittun, mitgeben.* dat sall ęm wọl mededån weren, *das wird man ihm schon zeigen.* dau ęm dat rẹgenschirm med.

med dẹm, *mittlerweile.*

med dem êrsten, *zuerst.*

med dem lesten, *zuletzt.*

meddêlen, *mitteilen.*

meddrinken, *mittrinken.*

med ens, *auf einmal. Gr. III, 26.*

mẹder, *m. mäher. (Hagen.)* — *ahd.* màdari.

medgån, *mitgehen.*

medgiewen, *mitgeben.* du maust ęm wọt medg., süss blödt ęm 't hẹrte.

medknamen, *mitkommen.*

medküern, *mitsprechen.*

medlappen, *sich weiter schleppen, von ablebigen leuten. Gr. tüg 59.*

medlien, *n. mitleiden.* — *Kil.* medlijden.

medlôpen, *mitlaufen.* dai lôpet ôk med as et hiamd im æse *(von einem unliebsamen gesellschafter).*

medmâken, *mitmachen.* me maut nitt alles m.

mednẹmen, *mitnehmen.*

medsamd, *zugleich.* bai de gęrste saiget op Sünte-Vit, dai es se medsamd dem sacke kwit.

medslọern, *mitschlendern.*

medspielen, *mitspielen.*

medspieler, *m. mitspieler.*

medtellen, *mitzählen.*

medtrecken, *mitziehen.*

medfrẹten, *mitfressen.* he friatet med as Florins hån. he friatet med as Braükers rüe, *er bringt beim falle seines* *geschäftes noch etwas auf seite. Braüker hatte seinen hund zum holen von fleisch u. dgl. abgerichtet. einst von einem grössern hunde angefallen, gibt er sich mit diesem ans fressen.*

męgerling, *m. ein kraut. — vgl. Kil.* megherkruyd, galium.

męgesken, *n. kleiner magen.*

Meinerzagen. *um 1067:* Meginhardeshagen *d. i.* Meinhards hain.

mêken, *n. pl.* mękes, *mädchen.* et es lichter en sack med flöe verwåren as en jung męken. en męken op allen festen un en hiəmd in allen wesken, dà es nitt viəl ånegelęgen. — *mnd.* megedeken.

męl, *n. mehl.*

męlberen, *pl. früchte des weissdorns (mwestf.* berbôm); *syn.* hônerberen. *bei Bodelswingh wurde das freigericht unter einem alten weissdorn* (berbom) *gehegt.*

mẹlbûlken, *n. pl.* męlbûlkes, *früchte des weissdorns.*

męldau, *m. mehltau. — engl.* mildew.

męldüppen, *n. mehltopf.* he sittet as ne mûs im męldüppen.

mêle, *f. kornschaufel.*

melessîn, *f. medicin. — l für d wie im span.* melecina; *vgl.* milliges *für* middiges.

melk, *milchen, milchgebend geworden. fig.:* de balken werd melk, *es wird abgedroschen.*

męlkblaume, *f. eine pflanze.*

męlke, *f. milch.* hai sall wol wachten, he giət kaine męlke. — *Tappe 62ᵃ:* melck, *f.* bä hęt wat in de męlk te brocken.

melkemmer, *f. milcheimer.*

melken, *pr.* molk; *ptc.* molken, *melken.* me melket in kain fatt, et maut en bom driune sin. he melket in kainen korf, *sieb,* oder he wêt, dat he 't fatt drunner hęt. *mnd.* melken, *præt.* malk. *Keller fastn. 972*[30].

męlker (mälchert, *berg.), m. milcher (hering). — Kil.* melcker, melckerlinck, milte van den visch, lactes, lacteum intestinum, insigne piscium marium.

melkkrûd, *m. eine pflanze. — vgl. Kil.* melckkruyd, polygala, glaux.

melkstaul, *m. melkstuhl.*

męlkstrålen, *pl. milchstrasse. — vgl.* strâle, *landstrasse. (gaunersprache.)*

męlkstråte, *f. milchstrasse.* wann de m. guəd stêt, blitt et węer ock guəd. *syn.* węerrauge, węerstråte, męlkstrålen, hiəlstråte.

melle *für* melde, *f. melde. — ahd.* malta, melda; *Kil.* melde. *s.* lûsemelle.

mellenblaume, *f. marienblümchen,* bellis. *syn.* męrgenbl., margenbl., *zu Albringw.:* mälgenblaume.

mellen *für* melden, *1. melden. 2. befehlen.* du hęs nix te mellen, du slæpes ächten. — *ahd.* meldên; *Teuth.* melden. apenbaeren. *für die doppelte bedeutung vgl. lat.* mandare.

melm, *m. staub, mulm.* de melm stûwet. vam melm oppen forst, dat es nitt guəd. — *ahd.* melm; *mhd.* melm; *ital.* melmo.

melodî, melodigge, *f. melodie.* dà gêt ne hôge (swåre) m. op, *das ist schwierig.*

męlpott = męldüppen.

męlsack, *m. mehlsack.*

memme, *f. frauenbrust. — Vilm.* memme, *f. mutter. Teuth.* memme-borst.

men, män; *1. aber; auch* men àwer. men allêne *(allein):* men allêne dat passede mi nitt. *2. nur.* men twê kuammen! men dat, *nur dass, ausser dass, als dass.* ik hewe ęm nix dån, men dat ik ęm saggte *u. s. w. F. Dortm. urk. no. 444 (anno 1388):* wen *(sondern)* he sal sich snellen. *Gr. III, 66, 3. bekräftigend.* dat segg 'k di men. — *in der bedeutung ‚nur' ist* men *überaus häufig im mnd.; in der bedeutung ‚aber' haben es manche schriftsteller gar nicht. bei R. V. kommt es für ‚aber, nur und als' vor.* m *tritt zuweilen für* w *ein, wie umgedreht* w *für* m; *vgl.* Meisner *für* Wiesener *(Hessen),* wispelte *für* mispel. *so ist* men *wahrsch. aus* wen = wan *entstanden. dieses* wan *war aber* newan, ni huan. *vgl. Gr. III, 280, der es anders erklärt.*

mener, *m. mahner.* ‚helder *(inhaber)* vnd mener' *eines briefes. urk. v. 1453.*

mengel, *f. griebs. — aus* mendel *(Rheda)* = mandil, *wie franz.* amande *die kerne mit dem gehäuse bezeichnet. syn.* kitsche *(berg.) Frisch* butze. *teile des griebs sind a.* skärsen, *kerngehäuse, b.* kêrne. krünkel, stängel, græge knösel.

mengel, *n. ¼ mass. — Emminghaus memorab. 407:* vier mengelen weins; *Fahne Dortm. III, p. 218:* so gelden sie malch ein mengeln; *Wallr. wörterb.* minckel, *der vierte teil einer mass; Kil.* menghel *j.* pinte; *Frisch* mingel, *ein mass beim trankochen; ostfr.* mengel, *¼ kanne. Teuth.* vat van en echtel of menghlen, dat is en halve quarte. menglinum. vat van eynre pynten dat is eyn half menghlen.

mengelenpott, *m. topf, welcher ein mengel fasst.*

mengemaus, *n. gemengsel von speisen.* — *Kil.* menghmoes.

mengen, *pr.* mong, *ptc.* mongen, mungen, *1. mengen. 2. brotteig machen, kneten. Teuth.* mengen, myschen, plengen; *engl.* to ming (mung; mong).

menske, *m. und n. mensch.* menske *ist noch ehrende anrede an den fremden, wie: mein freund.* dat menske, en arm menske, mannsmenske, fraumenske *sind nicht gerade verachtende ausdrücke. vgl. Riehl, familie p. 28.*

menskenmüogelik, *menschenmöglich.* dat es nitt m. = *das ist schlechterdings unmöglich, fr.* c'est humainement impossible.

ments = men, *nur. Muster. 1 und öfter.*

mępelte, acer campestr. *(Fürstenb.) ags.* mapolder, mapeltreó. *engl.* maple. *Münst. btr. IV, 683:* miepelen baum, *worin* ie *ein* iä *ausdrücken soll.*

mer, **mär**, *aber, nur.* — *Kerkh.* mar, mer. *Dortm. eben, nur. K.*

mę̂r, *f. 1. stute. 2. pferd überh.* — *ahd.* meriha; *engl.* mare.

mêr, *f. märe.* stråten- un möllen-mêr, *eine überall bekannt gewordene sache.* — *Verne 19:* mehre.

mære: dat es ue gemokede mære *(abgemachte sache). (Deilingh.)*

mêrsk *in* niggemêrsk.

merdel, *f. schwarzdrossel.* — *lat.* merula; *fr.* merle; *Kil.* merle; *vgl.* sêmêle. *Teuth.* merle.

męriggen-münte, *marienmünze, ein suppenkraut. (Siedlingh.)*

męrgel, *m. mergel.* — *lat.* marga; *ahd.* mergil; *Kil.* mergh, merghel.

męrgelmondag = blåemondag, *montag der charwoche.*

męrgenblaume, *f. gänseblume,* bellis perennis (? *Teuth.* medesuete of marienbloemken, solsequium helitropium.

męrkedag, *m. merktag, wonach die beschaffenheit der witterung bestimmt wird, anderwärts* notteldage *genannt. Wedd. W. M. III, 719.*

męrken, *ptc.* męrket, *auch* morken, *merken.*

Mêrt, *Martinus.* — *vgl.* op sunte merte dach des hilgen bisschops. *urk. v. 1188.*

sünte Mêrts flüegelken, *n. ? rotspecht. kinderreim.* — *mhd.* sant Martins vögalin.

mêse, *f. meise.* s. fisten. — *alts.* mêsa.

mese, *f. korb. eine* mese *stahl wog 140 pfund nach Müller chorag. v. Schwelm s. 68. 1 karre rotstahl im Märk.* = *7* mesen = *980 pfund Kölnisch.*

mêseken, *n. kleine meise.* tittmêseken, pittmêseken, *von kleinen kindern. vgl.* titmouse.

mêske, **mesche**, *f. 1. frau eines meiers, schulten. 2. wohlgenährtes frauenzimmer; auch* dicke m. *3.* kaumêske, *viehmagd.* — mêske *für* maierske, villica. *urk. v. 1603* schon mesche. *s.* mäggerske.

mess, *n. messer.* dat mess snidt so scharp as en dôd rûe bitt. — *mwestf.* messed, *woraus* messt, mess. *Dan. 34:* mit messen steken; *v. Höv. urk. 109:* mesz. *41:* mesmeker. *Teuth.* mess.

messing, *1. messing. 2. mischsprache.* — *v. d. H. Germ. X, 150:* messinc; *Kil.* messingh. *zu mhd.* messe = *lat.* massa, *metallklumpen. no. 2 im sprach- und sittenanzeiger von 1817 p. 44 vom franz.* messin *(der unreine franz. dialect der stadt Metz) hergeleitet.*

messinges, *von messing.* ne messinges lampe. *(genitiv statt adject.)*

mêst, *meist.* de hâne kraiget sin mêste un sin beste = *er kräht aus leibeskräften.*

mêst all, *beinahe, gröstenteils.* he hęt et mêst all gęten. — *vgl. engl.* almost.

mestbåre, *f. misttrage. (Fürstenb.)*

meste, *f. ein kohlenmass,* 1/25 tain. — *vgl.* salzmeste.

mesten, *1. mästen. 2. sich mästen, fett werden.*

mester, *m. meister.* he werd em mester, *er bekommt die oberhand.*

mêster, *f. schulmeister.*

mestern, *gut wirken.* dat mestert guod, *das lässt sich spüren.*

mesterschop, *f. meisterschaft.* etwas in de m. dauen = à qui mieux.

mêstlik, *meistens.*

mêt, *n. maal, ziel, bei kinderspielen, oft ein über den boden gezogener strich.* — *Kil.* meete, *kerbe; ostfr.* meet; *dän.* meed, öiemeed. *vgl. auch ags.* mætian, fines ponere.

męten, *pr.* mât, *ptc.* męten, *messen.* dat hęt de foss męten un den stęrt tau giowen. med dem knairaimen den rüggestrang męten.

męter, *m. 1. messer. 2. eine raupe.*

mett, *n. fleisch, um mettwürste zu machen.* — *goth.* mats; *alts.* meti, m. cibus; *engl.* meat.

mette. ne läte mette.

mettens = middens. so mettens, *so nach und nach.*

mettwǫrst, *f. mettwurst, schlackwurst.*

metz, *n. messer. (Schwelm. Köln ebenso) schon schwelm. vestenrecht:* metz.

męwe, *s.* sêmęwe.

Mewes, Meves, *Bartholomæus. syn.* Meis, Mees, Meus.

mi, *mir, mich. pleonast.* bat es mi dat! ek mi op, *ich stand schnell auf.* hä mi nich fûl, *er nicht faul, er frisch drauf los. s.* miək.

middag, *m. mittag. neben dem jüngsten tage kennt unser sprichwort auch einen jüngsten* middag. *s.* jüngst.

middages, *n. mittagsessen. ellipt.*

midde, *f. mitte.*

middel, *n. 1. mittel. 2. mitte.*

middel, *n. geschwür am zweiten gliede des fingers. — vgl.* medel, vermiculus.

middel, middelst, middelerwîle, *mittlerweile, unterdess, derweilen.*

middelband = wörgel.

myddeldrôme, *pl. s.* mutten, *eine drahtsorte. Alten. drahtordnung.*

middelîmet, middlîmet, middlîmen, *n. frühstück gegen 10 uhr morgens (zwischen* imes *und* middag).

middelmâte, *f. mittelmass.* en męken van der m. dat allêne zirt de strâte.

middelmorgens, *n.* = middelîmet. — *ahd.* der mittimorgen, *gegen 9 uhr vormittags;* middenmorgenstid, *Lud. v. Suthen.*

midden, *mitten.* midden-in, midden-ût.

middens, *mit der zeit, nachgerade, bald, beinahe.* et werd middens tid. *s.* mettens.

middewinter, *m. zeit des kürzesten tages. — urk. v. 1505:* op dat hylge hochtyt mydwynter.

middig allêne, *ganz allein. (Altena.)* minnig allên. ik was blûts milliges allêne, *ich war mutterseelen allein. (Hemer.)* vi kwæmen so plötz milliges te hôpe, *wir kamen so ganz unerwartet zusammen.* middig *und* milliges *können aus* middiges *entstanden sein, einer genitivform, welche mit* allêne *uneigentliche composition bildet, in der weise wie* alters-eine *(Gr. II, 356). es hat auch die urspr. bedeutung dieses* altares eino, *nämlich die: in der welt allein; denn* middiges *wird wol nichts anders sein, als ein stark contrahirtes* middilgardes, *von* middilgard, *welt.*

middsaəmer, *m. die zeit der längsten tage.*

mîdigen, *meiden. — aus* mithian; *vgl.* reddigen (redian), endigen (endian).

miək. *v. St. stück XX, s. 1210 in Altena vor 1500 die brechungen* myeck *(mir),* yeck *(ich),* verwielkeden Sara *(verwelkten Sara).*

miəle, *f. milbe. — ahd.* miliwa; *Kil.* miluwe, meluwe.

miəlek, *m. eine krankheit, welche hühner in den flügeln bekommen, wenn sie in einen stall gesperrt werden.*

mige, *f. urin. — Kil.* mijghe. *Teuth.* myghe, seycke, harne.

mîgen, *pr.* mêg, *ptc.* miəgen, *harn lassen. fig.:* et ręgende at et mêg. *Teuth.* myghen. seycken. streulen.

migampelte, *f. ameise; vgl.* pismire.

mîgenkîker, *m. harnbeschauer, harndoctor.* guən dag herr docter mîgenkîker! *s.* pissekiker.

mîgénte, *f. ameise. (Warburg.) —* ênte = *engl.* ant *für ags.* ämette.

mîghainken, *n. ameise. (Nieheim.)*

miglǫk = kunte.

mijämeken, *n. ameise. N. l. m. 29.*

micke, *f. wecke, semmel. (Iserl., Unna, Krengeldanz, Weitmar). —* rüggemicke, *rockensemmel. K. — Fahne Dortm. III, p. 250 (no. 1700):* micke; *v. Hövel urk. 67:* myckenslûter, *bäckergesell; Kil.* micke parvus panis *j.* witbroot; *ostfr.* mikk; *lat.* mica; *vgl. ein westf.* micke *unter* waike. *Teuth.* mycke, wytbroyt.

micke, *name der ziege.* micke dutz! *vgl.* metke. *R. V.*

Micken, *Marie Catharina.*

mickenpadd, *galgenpfad. (Paderb.) — Kil.* micke, furca.

Micks, *Maria Catharina. (Weitmar.)*

Mîke, *Marie.*

milddędig, *mildtätig.* de milddędige giət sik rike un de gîzige niəmt sik arm.

mille, *f. milde, mild.*

milte, *f. milz.*

miltekûle, *f. stelle wo die milz liegt (von der kuh).*

mîn, min, *mein.* min Pêter = *der Peter, in drolligen erzählungen.*

mîne, *Mina.*

Minn, *verächtlich, gering.* dat es mi te minn. *compar.* minner. minner âder mær, *mehr oder weniger. superl.* minnest. te minnesten, *zum mindesten. — Verne p. 22:* minner, *geringer. hd.* minder *ist eine comparativform wie* dûrder *(teurer), wie engl.* farther.

minnachtig, *geringschätzig.*

minnachtung, *geringschätzung. K.*

minnern, *mindern, vermindern. ausdruck beim stricken.*

minnig allêne, *mutterseelen allein. s.* middig allêne.

minze, *katze. (Siedlingh.) s.* blinge minze.

mir, *n.*, **mire**, *f.* *meiern, ein unkraut.* — *Kil.* muyr *j.* muer, muer-kruyd. alsine offic., morsus gallinae. gal. mouron.
mîre, *f.* *ameise.* — *ags.* mira, *Kil.* miere.
mîrenaier, *pl.* *ameiseneier.* — *schwed.* myrægg.
mirrak, *m.* = mirręk. (*Fürstenb.*)
mirręk, *m.* *meerrettig.* — męr = meriha (*pferd*) *und* ręk = radik (*rettig*).
mis, *übel, fehl.* t' is nich ganz mis = *es ist noch kein unglück, es ist noch nicht ganz gefehlt.* ek daue et mis = *ich tue es ungern.* *K.*
misdallen, *verdacht haben.* (*Weldigen.*)
mîsekatte, *f.* *katze.* — ? = mûsękatte; *vgl. ital.* miccia.
mîseken, **misskeu**, *n.* *kätzchen.*
mispel, *f.* *mistel.* — *mnd.* eken myspel; *vgl. Schiller z. tier- und kräuterb, III,* 37. *s.* wispelte.
miss, *f.* *katze.* *s.* minze.
miss, **miss!** *lockruf an katzen.*
myssdanken, *argwöhnen.* gesneden drait, waran ehn myssdüchte nycht recht gesmedet were. *Alten. stat.*
misse, *f.* *messe.* dat düert niane Francfurter m. mær. *s.* hômisse, kęrmisse, frômisse.
missen, *entbehren.* he kann nix missen, *er gibt nicht gern.* — *ahd.* missjan.
missgellen lâten. *für ein erlittenes unrecht einen unschuldigen büssen lassen.*
missfalle, *f.* *düngerplatz.* — *Dan.* 168 mistfal; *Seib. qu. I, p. 110:* faldt, *m.* *hofplatz.* *Teuth.* myststede, vaelt, fimarium.
misstruggen, *mistrauen.* dat fell ęu int m., *das machte sie besorgt.*
mist, *m.* *1. mist.* ik well dinen mist ök nitt kęren. bà nitt es mistus, dà es nitt kristus. *jedenfalls gelehrten ursprungs und doppelsinnig: 1. wo nicht gehörig gedüngt wird, da krigst du keinen ernteertrag. 2. wo nicht ist* μισθός, *da ist nicht* χριστός. = köppern gelt, köppern selemissen. *3. nebel.* so nât asse mist. *4.* = missfalle. — *Tappe* 52[b]: eyn hane ist vff seinem miste seer küne. *jetzt* miste *als fem.*
mistdręge, *f.* *misttrage.* et es nix klaines, en iosel opper buoterschüotel un eu ai opper mistdręge. dà unneu sind mi en par fęrske begiagent, dà hän 't opper mistdręge. *syn.* meatbäre.
misten, *misten.* — *Keller fastn.* messen.
mistfinke, *f.* *unreinliches frauenzimmer.* *vgl. Immerm. Münchh. I, 131:* der mistfink.
mistfûl, *faul wie mist.*
mistgrępe, *f.* *misthaken.*
mistgaffel, *f.* *mistgabel.*
mistjöche, *f.* *mistjauche.* (*Siedlingh.*)
mistkûle, *f.* *mistgrube.* du liss geràde as en prins in der mistküle.
mistklûte, **mistklüwer**, *stallmagd.*
mistnatt, *mistnass.* (*auch Paderb.*)
mistus *s.* mist.
mîte, *f.* *haufe gespaltenen und nett aufeinander gelegten holzes.* *Kil.* mijte, meta, strues in altum, iu conum subducta. mijte houts, meta strues lignorum. mite (miete) *hiess im Köln.* *das klafter holz.*
mîte, *f.* *milbe.* — *Kil.* mijte *j.* meluwe, *vgl. ahd.* miza culex; *Keller fastn.* 984[a]: myeth. *ostfr.* mite. — *Aesop.* 4, 71: mitse.
mödder, *f.* *1. tante.* (*Deilingh.*) *2. nichte.* —*R. V.* medder, *muhme, mutterschwester.* *Fahne Dortm. I, p. 106: pl.* modderen. *vgl.* fader : fedder = moder : mödder, *zu Marsb.* vedder = *oheim.* *Teuth.* moeye, moddere, moyne, wase.
môder, *gewöhnl.* môr, môer, *mutter.* — *alts.* muodar, *mwestf.* môder. *die ausspr.* môr, *nicht* maur (uo *sonst* au) *rührt vom folgenden* r, *wie auch* wuorth *zu* wòrd, fuorth *zu* fòrd, fòr *wird.*
môder-sęlig-allên, *mutterseelen allein.* *vgl.* môder-wint-allên. *V. St.*
môdi, *mode, sitte.* bà et môdi is, dà gàtt se med holsken in de kęrke. môdi *eigentl. genitiv von* modus.
môerkrûd, *f.* *mutterkraut.* ik hew' et am môerwęrk. dann dau môerkrûd un mâdert in de panne un slâ der en ai op un dat niom!
môerlûnen, *pl.* *mutterlaunen, von kindern; davon*
môerlûnsk, *mutterlaunig.*
môerschôt, *m.* *mutterschoss.* môerschôt es warm, he si rike àder arm.
môerwęrk, *n.* *gebärmutter.* se hęt et am môerwęrk.
môerwęrk, *n.* *magenkrampf. frauenkrankheit bei abnahme der fruchtbarkeit.* *K.* — *ahd.* muodar, alvus. węrk = *alts.* werk, *ags.* veorc, värk, *schmerz; schwed.* värk.
môersk, *vom kinde, das immer von der mutter verwahrt sein will.*
môers fiûlen *s.* rien.
mogge, *f.* = mauge.
mögge, *f.* *mühe.* giot et ock viol mögge, et giot doch viol beddens un kögge. *s.* maüe. möi (*Altenbüren*).
möggen *für* maüten. (*Essen.*)

möggen, *gereuen.* et mögget mi. *(Möhnetal.)*

mocken, *m. brocken.* en dicken mocken. — *mhd.* mocke; *Kil.* mockeye offa, bolus; *holl.* mockel; *mwestf. beiname* Moc.

molberte, **molwerte**, *f. stachelbeere. (Unna.)* o *rührt von der composition her. name der maulbeere auf* ribes *übertragen. Vilmar führt* mülbern *aus einem weihnachtsspiele (ende des 15. jh.) an, wo stachelbeere gemeint sein kann.*

mol, *stück.* süss möhle laken *(gröbere leinwand). Gr. tüg 79. — Mda. VI, 356 aus Lippe:* mòl, *n. linnen, 12 ellen; = 17 ellen. (Siedlingh.)*

moll, *1. locker. 2. weich. vgl.* mull. — *Teuth.* moll, morwe, weeck.

moll, *m. maulwurf. (Schwelm.) — Kil.* mol, talpa; *mwestf.* mol, *m.; engl.* mole. *bei* moll *von* molde *(erde) könnte* worm *oder* worp *ausgelassen sein; vgl. Teuth.* mollworm, moiltworm, ghoere.

molle, *f. 1. = moll. 2. bunter molch. (Fürstenb.) — md.* mol, stellio; *Teuth.* moll, unck, eyn feuyn dyer.

molle, *f. 1. mulde, becken.* et rẹgent as wann et med mollen güate; *vgl. lat.* urceatim pluit; *ital.* fa acqua a catinelle. *2. muldenförmige vertiefung des bodens. — mhd.* mulde, *f.; Teuth.:* molde, back.

mollshôp, *m. maulwurfhügel. rätsel vom herdfeuer:* bi dâge as en gülden knôp, des nachts as en mollshôp. — *Kil.* molhoop.

mollfellken, *n. maulwurf-fell.* so wêk as en mollfellken.

mölleken, *n. kleine mulde.* du sühst ût as en mölleken vull strâtenmüll. *Op de ålle hacke 32.*

molke, *f. milch die gemolken wird.* middagesmolke, âwendmolke. *es bezeichnet nicht* molken = serum lactis.

molken, *milch erzeugen.* düt hau molket nitt guod. de kau molket dör den hals. *vgl. fries. (V. St. III, 5):* ham skal a kû troch a hals molki (molken).

molkentôvener, *m. nachtschmetterling. (Eversb. bei Meschede.) syn.* hippendaif.

molkentẹwer, *m. schmetterling überh. (Hemer.)* dat es en kêrl as en m. *es sollte nur die sog. molkendiebe bezeichnen, die man nicht selten bei den milchnäpfen findet. so zu Marsberg, wo man andere schmetterlinge* smaudlecker *nennt.*

molkenfatt, *n. molkenfass.*

mölkig *in* åldmölkig, frissmölkig.

mollmûs = *erdhund. K.*

molm, *m. mulm. — Kil.* molm *j.* mul, gemul, molm, olm, caries; pulvis ligni cariosi. *Teuth.* olm, olmich holt, caries, verolmen, cariare.

molmen, *trocken faul sein, bes. vom faulenden kern des eichenholzes.* dat holt molmet. — *Kil.* molsemen, cariem contrahere.

mölmen, *staub werden, modern.*

molmerig, *zu staub zerfressen, vom holze.*

molmig, *trocken faul, vom holze.*

moltworm, *m. maulwurf. (Fürstenb.) — Teuth.* moltworm, moiltworm, goere.

môme, *f. mutter. (Paderb.)* en krummen vâr, ne ûtgehöĺte moime un drai stracke stäne = pott med hengeln un stâlen. *(Fürstenb.)*

mömme, *mutter. — wohl aus* mammi, *wie* pöppelkrait *aus* pappila. *sp. f. d. upst. (Ettm.) 108:* mome; *Keller fastn. 971[11] 973[22]:* moeme; *Hoffm. findl. 70:* mome; *Kil.* mome, matertera.

mond, *f. monat.* in der maimond, in der christmond.

mondag, *m. montag.* mondags wẹer werd nitt wẹken âld. *s.* mundag.

mondûwe, *f. monatstaube. — Tappe 232 :* maendtduve.

mondnâren = nûren. *(Elsey.)*

möne, *f. mond. (Iserl.)* dat sind so lui van genseld der möne hẹr = *wildfremde.* et es so gewis as vọr de Wẹrmingser pôte *(pforte)* de möne opgêt.

möne, *f. tante. — Seib. westf. urk. 516:* moyne = *nichte. Teuth.* moyne, wase, moeye, moddere; *Bgh. 2 mos.:* bademöne, *wehemutter. Kil.* muyne *j.* mueme, matertera. *ibid.* mome *j.* moeme, matertera, muyne.

möne, *f. elritze, ein fisch, der in der Volme vorkommt. — ags.* meane, mine, myne; *engl.* minnow. *Teuth.* moyne, eyn visch.

mönkeskappe, *f. sturmhut, pflanze.*

mönfisk, *m. mundfisch. s.* mundfisch.

möpen, *1. gesichter schneiden. 2. nicht recht einbeissen wollen. 3. geziert essen.* du möpest as ne brûd. *s.* nöpen.

möpp *in* ik well di drücken datte möpp siüst.

möppel, *m. mops; vgl.* mappe.

möppeln, *ohrfeigen geben; vgl. altm.* moppe, *ohrfeige.*

moppen, *kleines gebäck, wovon 20 für einen stüber. pfeffernüsse.*

môr, *? sau. in* mûs as môr, stẹrte hett

se alle. — *Kil.* mor *j.* morre scropha. *vgl. Mar. 218:* weder mus noch muore; *Lessing I, 28:* maus wie mutter; *altm.* mus as moen; *Froschm.:* gruntzten wie die wilden morn. môr *wird mhd.* muore, môre, *zuchtsau; das hd.* mutter *wie* saumutter, *unser* mutte *zu verstehen.*

mǫr, *f. 1. schwanz von kühen und pferden.* et pęrd hęt men de bleeke *(blosse)* mǫr. wamme de mǫr trecken kann bit op de backen, dann gêt de kau nitt güste. *fig.* vi sittet ęm doch nitt op der mǫr, *wir hindern ihn doch nicht. 2. möhre; ahd.* moraha; *ags.* vealdmôra; *Kil.* moore *j.* partinake. *Teuth.* moren, wortelen.

môr, *n. in* einem oppet môr hállen, *einen prügeln.*

mǫ̂r, *mürbe, reif.* de appeln sind mǫ̂r. — *ahd.* muruwi; *mnd.* morwe; *Kil.* morwe, mitis, mollis, tener. *Teuth.* morwe, weecke, moll. *s.* vǫrhewen.

morast, *m. morast.* — *Kil.* morasch.

morast, *m. morast.* ëut allen morasten (kasten). *(Reiste bei Meschede.)*

mǫrbrâken, *schmorbraten. K.*

môrbrækes, *pl. stücke schweinfleisch, die der schlächter, nachdem er das nierenfett weggenommen, vom rückgrat reisst. syn.* hęsekes. *bei der kuh heissen sie* lummer *oder* lummerbrækes.

mǫrensâd, *mohrrübensamen. (Paderb.)*

mǫrgen, *m. morgen.*

morgenblaume, *marienblümchen. (Siedlingh.)*

mǫrgenrôd, *m. morgenrot.* mǫrgenrôd dat füllt den pôt, âwendrôd drôget den pôt.

mǫrgenstærn, *m. 1. morgenstern. 2. weisse narcisse,* narc. poet. *syn.* pinkstblaume *(Lüdensch.);* tillôse.

môrhâse, *mutterhase.* drop drop et es en môrhâse!

mormet, *frühstück. in Remsch. = mittagsessen. s.* âmes.

morsch *für* mordsch, *tüchtig, kräftig.* en m. jong. *(Odental.)*

mösche, *f. sperling. (Liberh., berg.) — Köln.* musche; *Teuth.* luyninck, sperlinck, musch. *s.* müsche.

môse, cunnus, vulva. *K. Kil.* mose, *abzug am spülstein. Dann.* mês, cunnus. *ostfr.* mêsken.

most, **moss**, *m. moos.* most am bârde *= flaumhaar. — altn.* mosi, *m. mhd.* mos, *n.* so sûr ässe most. *(Siedlingh.)*

mosterd, *m. senf. — mhd.* musthart, mostert; *Teuth.* mostart, senep; *engl.* mustard; *fr.* moutarde. *soll vom wein-most benannt sein, weil der senf damit angemacht wurde.*

mosterdsâd, *senfsamen, der in bratwürste getan wird. Teuth.* mostart sayt.

mosterdstücke, *n. stück fleisch, welches mit senf gegessen wird. Fahne Dortm. III, 83:* senffleisch. *vgl. Immerm. Münchh. III, 17. s.* stücke.

mǫtig *für* mortig, *mürbe, vom holze; syn.* fûl, sprock, mǫ̂r. — *ags.* myrten, morticinus, corruptus.

mott, *sumpferde. in* mottgrund, mottkarpen, *vgl. v. Hövel urk. 112:* mütvysche. — *engl.* moat; *ndl.* mot; *ital.* motta. *s.* mudd.

motte, *f. 1. motte. 2. fig.: umstände.* mak mi kaine motten! — *ags.* modhdhe, mogdhe, mohdhe; *Kil.* motte; *nds.* mutte.

mottenkopp, *m. eine schelte. — Münst. Zumbr. p. 26.*

mottke, *f. mit epith. ornans:* dicke m., *dickes plumpes frauenzimmer. Auerb. dorfgesch.* mockig, *von einem kurzen und dicken mädchen. s.* mocken.

mottkêrl *für* mordkêrl.

mottske, **mottsche**, **motts**, *adj. und adv. für* mordske, *stark, tüchtig, gross, sehr. eig. mörderisch.* (mòrt *personificirt = Teufel, mnd. wb.) Teufels-, verteufelt.* en mottsken kêrl. et was mottske hôge, — kâld. mottske viel. et hęt mottske ręgent. — *nds.* mordsch. *s.* mursch, murz.

mottwainig, *mordwenig, überaus wenig.*

mowwe, *f. =* mouge. *(Fürstenb.)*

mùætig, *schwächlich. (Weddigen.)*

mudd, *moder. — engl.* mud. *s.* muoder.

muddekarpe, *karausche.*

müdde, *n. mütte, fruchtmass von 4 scheffel. — Fahne Dortm. III:* 12 müdde Soest = 1 malter Soest = *4 malter Dortm., also 1 malter = 3 müdde. — lat.* modius; *mwestf.* mudde.

muddeze, *acker für 1 müdde aussaat.*

muddig, *moderig, müffig, mulstrig. — engl.* muddy, mouldy.

muəder, *m. moder, schlamm. — Kil.* modder, moeyer, moeder, grondsoppe.

müəgelik, *möglich.* dat es nitt ær müəgelik bit ôstern un pinksten op ênen dag fallet.

müəgen, *pr.* mochte, *ptc.* mocht; *præs.* mag, müəget, *1. mögen. 2. gern essen.* hä knoken sind dä düəget, dà sind ock rüens dä se müəget.

müəle, *f. mühle.* hä maut noch dǫr de hültene müəle.

müəlenrad, *n. mühlenrad.* der gêt mær rüm as en müəlęnrad.

müəler, *m. müller.*

müəne, *f. s.* möne.

müənek, *m. 1. mönch.* de müənke treeket, et giət noch kain beständig węer, *sagt man, wenn es an den bergen hin regnet.* de müənke jaget sik. *2. bohnenkäfer; vgl. Kil.* munck, curculio; *s.* wibbelböne. — *mhd.* munich, münche; *Kil.* munck, moninck.

müer *s.* mür.

müer, *f., pl.* müren, *mauer.*

müerhalme, *f. heimchen. (Deilingh.)*

müerhainken, *n. heimchen. (Hemer.)*

müerhęnken, *heimchen, grille. K.*

müermann, *m. pl.* müerlü, *mauermann.* müermanns swêt es dür. — *v. Hör. urk. 112:* muyrlüde.

müern, *mauern.*

müerviöle, *f. mauerviole, gelbe viole, goldlack; eigentl. die wilde (fr. prov.* muret); *engl.* wall-flower. müe = müer.

muəts = mottske, *sofort, augenblicklich, reinweg.* he was muəts dôd. et genk muəts entwê.

mügge, *f. mücke.* de müggen pisset = *es fällt staubregen. — ags.* mucge. *Kil.* mugghe.

müggenstiək, *f. mückenstich.* ik fråge nitt mær dernà, as nà me müggenstiək.

müggentôme, *pl. mückenzäume.* bà hannelt i med? med müggentômen, kuttenhauffsern un ôgentwiəlen.

müggenfett, *n. mückenfett, welches man am 1. april holen lässt.*

mu God! = me God. *Müller bettelmann p. 13.*

Müchęr, *f. n. eigentlich bewohner von Much. vgl.* Mucken.

muck, *m. pl.* mucken, *launen, tücke.* muck hewen op.

mucke, *f. s.* hêdmucke, grasmucke. *dass es nicht = hd.* mücke, *lehrt unser* mügge.

Mucken, *pl. bewohner von Much. sie machten jährlich die weite bittfahrt nach Werl z. t. barfuss und wurden deswegen selbst von katholiken belächelt.*

mucken, *s., sich rühren, sich bewegen.*

mucken, *einen einfachen ton von sich geben, von hunden.* sik nitt mucken, *nichts sagen.*

muckhaus, *m. einspänner, der nur in der gegend hin und her fährt im gegensatz zu den* landgetaiern. *Müller choragr. v. Schwelm p. 65.*

muckel, *f. mark in pflanzen, zu* muck = mük, *weich. ein geschrieb. recept gegen alte schäden aus thüringen hat:* das macks von kuhbeinen.

muckelholt, *n. holunder. (kr. Altena.)*

mückelken, *n. herzchen (liebkosend oder spottend).*

Muckenland, *n. gegend, in welcher das dorf Much liegt.*

mucksig *für* muckisk, *muckisch, der mucken hat. — vgl.* politsig.

mûk, *zu Fürstenb.* muck, *mürbe, mulschig, malsch, vom obste. (Marsberg.) — Kil.* muyck, mollis, lenis, mitis; *vgl. goth.* muks, *schwed.* mjuk.

mûke, *f.* mọke *(andere formen:* muəke, murke, *zu Fürstenb.:* müke), *versteck für obst, welches kinder in heu oder stroh anlegen. — mnd. Hoffm. hor. belg. 7, 19.* mudeke, pomarium, dicitur locus, ubi poma reservantur. *Kil.* muyck, muydick, locus ubi poma asservantur; *Auerb. dorfgesch.* maunkel; *nds.* modek, môk, mork; *Vilm.* muttich, mutch, *m. offenbar liegt die form* muddak, muddeke *zu grund. Vilm. will es zu* mutt *(schlamm) stellen.*

mûl, *n. 1. maul.* hai es nitt oppet mûl fallen. dai hält et mûl open, as wann et bri rẹgent *(ist verwundert, neugierig). — mhd.* mûl, *n. s.* mûle.

mûlâpen, *pl. 1. maulaffen.* mûlâpen fœle hewen; *vgl. nds. übersetz. von Luth. pred. 8 p. trinit.:* mundtapen de nichtes konnen alse de mundt apen holden *(der dialect hat hier* apen *für* open). *2. blaue iris; vgl.* hêsâpen. — *der sg.* âpe *ist hier kein anderer als* âpe *(affe), ein wort, welches mit* âpen, *offen sein, zusammenhängt. davon auch* gâpen *(für* giapan), *gaffen, den mund offen halten. s.* âpe.

mûle, *f. maul.* hai hẹt et grôt in der mûle, âwer klain in der fuət. wat sall sik de mûle freuen, wann et âwend es *(von einem schwätzer).* ik hewe ẹn de mûle ọpen hâllen *(ich habe sie am brote gehalten).* bä lätt de mûle hangen bit op de schau *(Lüdensch.) — ahd.* mûla, *f.*

muldwọrm, *m. maulwurf. (Warburg.) — ags.* molde. *s.* moltwọrm.

muldwọrp, *m. maulwurf. (Brackel.) — Kil.* mulworp. miulworp *(Siedlingh.)*

mûlen, *maulen.*

mûlenhọnig, *n. mundhonig d. i. küsse. hochzeitscarmen v. 1670.*

mûlholt, *n. berberitzenstrauch, dessen rinde aufgesprungene lippen heilen soll. — bei Kil. ist* mondhout *der liguster.*

mûliəsel, *m. maulesel.*

mûlken, *n. 1. mäulchen. 2. kuss, vgl.* osculum. *syn.* snûtken.

mûlopp, *m. maulaffe.* he stêt dà as en mûlopp. *syn.* gianopp. *vgl.* hansopp, flüggop, wippop.
mûloppig, *maulaffig.*
müll, *n. 1. staub, trockene erde. 2. der ort vor der hoftür* (nïendọr). *(Herscheid.) Teuth.* mul, stubbe, stoff.
müllen, *stauben, müll zeigen.*
mullshôp, *m.* = mollshôp. *(Arnsberg.)*
mûlrîten, *n. maulreissen.* dat mûlrîten ǫwer wọt hewen. *syn.* mûlwasken.
müls, *spitze am schuh.*
mülsen, *vom vorigen. schusterausdruck.*
mulster, *müllerlohn in getreide. K.*
multer, *n. mahllohn. — mnd.* multer; *Kil.* molster, molter, pretium molarium.
multern, *metzen, vom müller.*
mûltrumme, *f. maultrommel.*
mûlfechten = käbbeln.
mûlfechterigge, *f. wortgezänk.*
mûlwaschen, *n. maulgeschwätz.* ein m. ǫwer wọt hewen.
mummel, *trockener nasenschleim. (Fürstenb.) vgl.* mulm.
Mummelke, Mummelbecke, Mûmelbecke *(Murmelbach), name eines kleinen baches bei Iserlohn, urk. v. 1446. heute* Mummelke. *entweder* = *murmelbach, oder von der* mummel (iris pseudac., nymphæa lutea) *benannt, oder endlich von einer* mummel = *nixe (Grimm, d. myth. 457).*
mummeln, *murmeln. — alts.* murmulon; *Bugenh. Jes. 29:* mummeln; *Kil.* mummelen *j.* mommelen.
mümmeln, *1. ohne zähne kauen, langsam essen, von zahnlosen leuten. 2. so essen, dass es scheint, man sei satt. 3. fressen, von hasen, kaninchen.*
mund, *m. und f. pl.* münde, münne, *mund.* dat es men den mund getęrgt. de mund es en schalk: bat me ęr anbütt, dat se genütt. — *Tappe 157ª: plur.* munde; *hospost.:* münde. *Synonyme:* kaûgatt, mûle, snûte, fręte.
mund *in* ôsemund = muth *(in* muthspelli), *erz, materie.* ôsemund *wäre ein hd.* ausemut = *stab- oder stangenerz. so ist* wissmut = *weisserz.* mund *kann material überhaupt bezeichnen, so* füllmund = *mörtel. vielleicht ist lat.* mundus = muth *in* muthspelli *(weltzerstörung).*
mund *in* vǫrmund *(vormund)* = *schutz. — ahd.* munt.
munder, *munter. — ahd.* munter; *mhd.* munder. *s.* munter.
Munden, *Siegmund. Gr. tüg 13.*
mundfisch *s.* mônfisk. *Statist. v. Altena 1866 s. 53:* rothaugen hier mundfische genant.
mündken, *n. mündchen.*
mündkesmâte, *mundrecht.*
mundopp *in* van mundopp in den hiamel kuamen. *f. r. 44.*
mundstücke, *n. mundwerk.* se hęt en guod m., *sie hat eine geläufige zunge.*
münte, *f. münze.*
münten, *münzen. fig.:* wat münten, *etwas sehr genau machen. s.* stûrer.
munter = munder.
munterwâter, *scherzhafte benennung des kaffees.*
mûr, *f. grossmutter. (Weilmar.) — ? ags.* mŷr, tenellus.
murjân, *unreinlicher mensch. K.*
muriæner, *m. mohr (schelte). — Kil.* mooriaen, æthiops; *dän.* morian.
murk, *m. in* swarte murk *(schelte). — ags.* myrce; *engl.* murk; *alts.* mirki; *vgl. Seib. qu. I, 160:* morkeskule.
murken, *mengen.* dǫrên murken. — *altm.* murksen, *durcheinanderwühlen, wobei beschmutzt wird.*
mûrker, *m. maurer. K. s. 97. — altm.* mûrker.
murksen, *saures gesicht machen, mürrisch sein. — nds.* murken, *murren, brummen; altm.* murksen. *s.* murken.
murmlig, *wurmstichig. Must. 86. — versetzt aus* mulmerig.
murf, in den murf werfen = in den iəsel flicken. *(Remsch.)*
murzkâld, *sehr kalt. s.* mottske.
mûs, *pl.* mûse, *f. 1. maus.* he rûket mûse = *er merkt unrat.* ne versǫpene mûs es lichte te wâgen, *sagt der tierarzt, wenn er einen letzten versuch macht. 2. muskel.*
mûs, *f. in* blinge mûs = *blinde kuh. (Marienh.) — Vilmar führt* mäus, maus *als schmeichelwort und lockruf für die kuh an und bezieht darauf den namen des blindekuhspiels:* blinzelmäus. *anno 1525 in der Schweiz:* blindermans, *s. pasquille I, 42. vgl. Rochh. alem. kinderl. 431.*
mûs, *panzer.*
mûs *s.* rûkemûseken.
müsche, *f. sperling. — mhd.* musche; *Kil.* mussche. *s.* mütsche, mösche.
muscheln, *stöbern. — altm.* ein muscheln = buscheln, fuscheln.
mûseâr, *n. mausohr, pflanze.*
mûsebickeler, *m. mäusehabicht.*
mûsehündken = *erdhund. (Siedlingh.)*
mûsekibbese, *mäusehabicht* (falco lagopus).

(Hörde. Dortm.) — kippen, kibben = *picken, bicken; ags.* cippan.

müseküätel, *m. mäusedreck.* dat es en auper kårn, sagg de müöler, dä bêt he dör en müseküätel.

müsen, *1. mausen.* waun de katten müset, jaumet se nitt. *2. kleinigkeiten entwenden.*

musgurt. *panzerschurz. Iserl. bürgerbuch 1670 fol. 1*[a].

müsig, *mäusig, keck.* sik müsig mäken.

müske, *f. 1. mütze, haube.* et es çm går nitt nà der müske *(gar nicht recht).* se hęt de guəte müske nitt op. dau dat! jà med der müske *(stehende antwort). 2. cunnus.* du brükest mi de müske nitt te tôern *(abweisung eines freiers).* — *mlt.* almuzium, *chorkappe, woraus mhd.* mutz, mutsche *und* mütze. mutse *(Kil.) wurde zu* mutske, *woraus weiter* müske. *für 2. vgl.* mützken, müsken.

müsken, *n. kühchen als lockruf. (Brilon.) kälbchen. (Balve.)* = prüts. *(Siedlingh.) auch Ravensb.* müsken. *s.* mütsken.

musklige megge, *waldmeister. (Brilon.)* — megge = *maikraut*, musklig = *nach moschus riechend. Voss:* môserich. *cf.* rükemüseken.

mussel, *f. muschel.* — *ahd.* muscula. *Teuth.* moschel, schoelpe.

müstern, *kosen.* im düstern es guəd müstern, åwer nitt guəd müggen tômen; *s.* smüstern. — *Wigg. grammat.* sik smeustern, *kosen.* düster: thinstar = müstern: minstrian *(? liebeln). Kil.* muysteren. *fland.* perscrutari, inquirere, indagare *ist* mustern.

müten, *muthen, vom bergbau.* — *Wallr.* sie sullen dat leen zur zyt muten *(begehren). urk. v. 1473.*

müten, *sich trocken waschen.*

müter, *m. kater. (Lüdensch. Marienh.) aber wol ein schwarzer; vgl.* so swart as en müter. en swarten müter. en dreckmüter. *auch bei Holthaus.*

mütern, *1. mausern, federn verlieren. 2. fig.: zurückgehn in seinen vermögensverhältnissen.—lat.* mutare; *ahd.* mûzôn; *mhd.* mûzen; *Kil.* muyten, muyteren, plumas in aviariis amittere; *fr.* muer; *Teuth.* muyten, caveare, explumare, mutare.

muts, *gestutzt, verkürzt, kurz.* mutspîpe. — *Kil.* moetse, mutilus, truncatus membro aliquo; *ital.* mozzo; *Kil.* mutsen, moetsen, mutilare, truncare; *ital.* mozzare.

muts, *m. sauertopf, murrkopf. s.* mutsig *und* mucksig. *für* smuts, *vgl.* hä kiket swart. *doch kann es auch für* muks *stehen, vgl.* muck *(laune)*, mucksig, *launisch.*

muts, mütsken. kühsęch, *lockruf an kühe. s.* mütsken.

mutse, *f.* = mutspîpe. *(Unna.)*

mütsche = müsche, *sperling. Kil.* mussche, passer. *gal.* moisson.

mutsig, *sauer, mürrisch.* — *dän.* muit, mut.

mütsken, *n. junges kalb. syn.* prüts, prütsken. — *lieft. idiotic.* muzze, *kleine dirne. Mda. IV, 310* muz, vulva, vacca (pars pro toto *wie in* fuətse). *hess.* mutz, vulva. *mhd.* muzze, *hure. bair.* musch, meretrix. *vgl. Kil.* mutse, amoris oestrum.

mutte, *f. sau, weibl. schwein.* — *Kil.* motte. *fries.* j. sogh; *Teuth.* mutte, soghe, cryeme. tt = kk. *mhd.* mocke; *nhd.* mucke.

mutte, *f. klaue des hornviehs. weil man beim* muttkenhauen *eine rindsklaue als* müttken *verwendet.*

müttken, *n. 1. kleine sau. 2. hornklaue am schweinefuss.* müttken hauen *oder* mutte hauen *heisst das kolben* (maille) *spiel, welches hier meist nur bei hirtenknaben vorkommt und jetzt im ganzen schon selten geworden ist. wenn die knaben die* muttenküsen *(kolben, knittel) in den* kǫven *(das grosse loch) halten, singen sie dreimal:* rôr ümme, rôr ümme! dat sûpen werd dünne, *oder:* müttken rund ümme! dat sûpen werd dünne. *der italiener G. Bruno nennt das spiel:* stracquare a palla e maglio. *im drama sagt der wirt:* questo è gioco da facchini, bifolchi *(ochsenbauern)* e guardaporci.

mutten, *pl. abfall, schrot. Alten. stat.:* wan aver ein banktöger solcke myddeldrome aff anders wat in den drait aff mutten steecke, welcke men wol theyn und tho guden maken könde, so sal dieselvige banktöger derdenhalven schyllink gebroken hebn und dann noch gelycke woll dieselvige myddeldrome off anders dat ungeschickt ys tho gude und nütt maken.

mutter = *unserm* nuət. *osnabr.* büsse *am spinnrade. (Siedlingh.)*

muttern *in* ää muttern un dai vernaitet = *ich lasse mich nicht foppen.*

muff, *m. 1. schimmliger, übler geruch. 2. schlechtes gebräu, schlechter kaffee. Kil.* muf, mucidus, redolens situm; *ital.* muffa.

muffeln, *mit vollem munde essen.* herin muffeln. — *Kil.* muffelen *j.* maffelen. buccas movere. *vgl. hunsrück.:* munfel, *mundvoll. Teuth.* muffen, sluycken, doemen.

müffen, *schimmligen, übeln geruch verbreiten.* — *Teuth.* muffen, styncken.

müffig, *von dingen, die nach schimmel riechen.*

N

nà, *præpos. c. dat. nach:* nà der hand, nà der tîd = *späterhin.* nà dẹm dat = *je nach dem.* — *zu:* nà der hochtîd gân. nà bedde gân. nà kẹrken gân. — *vor:* nà jâren. — *gemäss:* wann et nà mî *(nach meinem willen)* gêt.

nà, *adverb, nachgesetzt mit vorausgehendem* op = *bis auf, ausgenommen.* op twintig dâler nà. op düot nà. op ên nà de leste. op min süster nà.

nâ (nâge), *comp.* næger (nægor), *superl.* nægest (nægest), *nah.* dat es siner ere te nâ. *spr.:* jo næger bi Röm, jo slechter christ. hai es am nægesten dertau. hârsnâ = *um ein haar.*

nâ, *adv. beinah, ziemlich.* nâ schütt me kainen hâsen.

nâbẹen, *nachbeten.* se sött di kain guod gebẹd nâbẹen.

näbbeln, *nagen, kleinigkeiten entwenden. K. cf.* nibbeln.

nâbel, *nabe am rade. (Fürstenb.) syn.* nâwe.

nâbel *für* snâbel *in* rodnabel, erodium. *vgl. ahd.* kranichesnabel.

nâber, *m. (Iserl.* nôber), *nachbar.*

nâbêr, *n. nachbier, der zweite hochzeitstag.*

nâbern, *besuche bei den nachbarn machen.*

nâberske, *f. nachbarin.* de nâberske schütt et bedde ût = *schneeflocken fallen.*

nâberskop, *f. nachbarschaft.*

nâbliwen, *zurückbleiben.* de mâne blitt nâ.

nâbölken, *nachbrüllen.* de kaüe, dä den kalwern am mêsten nâbölket, vergẹtet se am ẹrsten.

nâbrengen, *nachbringen; deutlich angeben, beweisen.*

nacht, *f. nacht.*

nachtigalle, *f. 1. nachtigall.* en ding gebrûken, worop de nachtigall en par jâr gesungen hẹt = *rute. 2. ein tonwerkzeug, welches kinder aus einem weidenast bereiten.*

nachtmarre, *f. nachtmahr. (Fürstenb.)*

nachtmess, *n. abendessen. (auch Ravensb.) Lippisch:* nachtmisse. *in compositis konnte, wie* barwes (barved, *barfuss) lehrt, ein* t *in* s *übergehen.* mess *wird daher* mett *(engl.* meat) *sein. vgl. bei Firm. I, 418* nüimet, *ausserdem:* ommet, mormet. *wie* nachtmess *ist auch unser* âmes *zu beurteilen.*

nachtrâwe, *m. 1. ziegenmelker. syn.* dagslẹper. *2. schelte in pfingstgebräuchen. ags.* nihtràfn, *m.*

nachtspâke, *flecken, die sich in feucht gefaltener und eingelegter wäsche bilden. (Fürstenb.)*

nachtspôk = nachtspâke. *(Iserlohn).*

nachtwächter, *m. nachtwächter.* wo de wẹge unner allem nachwächter sind = *wo die wege überaus schlecht sind. (Witten.)*

näcken, *entzwei machen, töten. Kil.* necken, necare.

nâd, *f. pl.* næe, *naht.* ênem op de næe kuomen = *einem auf die jacke steigen.* sitt mi nitt sô op der nâd! dâ dôg inner nâd nitt = *der taugt ganz und gar nicht.* ênen dọr de næe gaiten = *ein glas trinken. Must. 28.*

nâdächtig, *nachdenkend. Grimme op d. a. h. 16.*

nâdenken, *nachdenken.*

nâdenklich, *nachdenkend.*

nâel, *m. nagel. (Altena.)*

nâfrâge, *f. nachfrage.* danke der nâfrâge, *wenn nach jemandes befinden gefragt wird.*

nâgân, *1. nachgehen. 2. leid tun.* dat gêt ẹm nâ. dat hẹt ẹm en hôpen *(viel, sehr)* nâgân.

nâgâns, *nachgẹhends, später.*

nâge, *nah. Must. 3.*

nâgedanken, *pl. nachgedanken d. i. überlegung, vorsicht.* du hẹs ok gâr kaine nâgedanken.

nægede (næchte), *f. nähe.*

nâgel, *m. nagel.* nẹgel un köppe mâken, *von gerichtlichen acten.*

nâgelblaume, *f. syringa, phlox. syn.* sirêne.

nägelken, *n. nelke. (Paderb.)*

næger *s.* nâ.

nâgrass, *n. nachgrass.*

nâhaü, *n. nachheu. — mwestf.* nae hoy. *v. St. IX, 176.*

naigen, *nähen*. dat hęt de snider med der hêten nâtel naiget = *das genähte ist bald entzwei. ahd.* nâhan, nâwan, *nähen (eigentlich stechen). dahin wird alts.* nesso *für* nehso (naihso) *gehören und stecher bedeuten. dass fränk. auch* nesso *steht, liegt am übersetzer, der das sächsische wort nicht begriff und darum seine form beibehielt. syn.* süggeln.

naigerske, *f. näherin. mnl.* naeyersse.

naimert, *n. nachtessen. (Solingen.) es steht für* naihtmet.

naiten, *nieten.*

nâkailen, **nâkaülen**, *verunstaltend nachsprechen. s.* nâkraülen.

nâkalgelen, *dasselbe. beide wörter hängen wol nicht mit* kallen, *sondern mit* kauen *zusammen.*

nâkæs, *nackt-arsch.*

nâkend, *nackt.*

nâkenig *für* nakendig, *nackt. adv.* nâkenige. *vgl.* glaientig.

nâkig, *nackt.*

nâkraülen, *auf eine grobe art nachreden.*

nâkuəmen, *nachkommen.*

nâküəmling, *m. nachkömmling.*

nâkûren, *hinterher schlecht von jemand sprechen.* ik well mi nitt nâkûren lâten = ik well mi nitt bekûren lâten.

nâkûrerigge, *f. nachrede im übeln sinne.*

nâlât, *nachschwarm bei bienen. K.*

nâlâten, *nachlassen.* de mâne lett nâ = *nimmt ab, geht später auf.*

nælen, *1. säumen, nergeln, zögern. dän.* nøle. *H. hat* nælen *das verzögern einer niederkunft, während sich die vorzeichen zeigen. 2. unsinn schwatzen. das nds.* netelkutte *(langsames weibsbild) zeigt, dass in* nælen *ein d ausgefallen ist. die alte form war etwa* nâdaljan (? nädeln). *vgl. mnl.* neutelen.

nâmât, *grummet. K.*

Nambęrg, *name eines hügels bei Oberhemer. es ist* amberg *mit angewachsenem* n *aus:* vi welt op den amberg gân. *vgl.* nâwend.

nâme, *m. name.* he hęt den nâmen = *er steht in dem rufe.* he well den nâmen nitt hewwen. se hęt den nâmen, dat se gîzig es. *vgl. schwed.* han har namn för at vara girig.

nâmes *in* alle nâmes, *alle abende.*

næmlik, *1. nämlich. v. Höv. urk.* 55 nemelyke. *2. adj.* dat es næmlik = *das ist gerade so.* et es sô næmlik. *vgl. Helj.* endi thin word so self. *3. sicher, gewiss, ja. H. v. Höv. urk.* 55 einen nemelichen *(genannten, bestimmten)* dach.

napp, *m. pl.* näppe, *napf. alts.* hnap.

nappen *für* knappen, knacken, *vom gewehrfeuer in einer sage vom Hüllok:* hærstu ock dat nappen wǫl?

nârksack, *weinerliches kind. bergischer wiegenreim:* slôp du klêne nârksack. *s.* nǫrker.

narr, *m. narr.* he hęt recht den narren an em frę̄ten. wenn usse Hęrgǫd en narren heffen well, dann lätt hä âm âllen kêrl dat wîf afstę̄rwen.

närrisk, *1. närrisch. 2. leicht beleidigt, zu reizbar.*

narwe, *f. narbe. s.* grassnarwe. *Bugenh.* nare.

nâse, *f. nase.* he spêrde nâse un mûle ǫpen. he hęt ümmer wǫt an der nâse = *er ist naseweis.* tûh di selwer bi der nâse. treck di selwer an der nâse, du möchtes süs op den rüggen fallen. *vgl. R. A. 143.*

nâse un mûl, *name einer pflanze, die in den weihbund kommt. (Fürstenb.)*

nâselang, *sehr kleines mass von raum und zeit.* alle nâselang = *jeden augenblick. vgl. Gottschall nationallit. II, 40:* „jeder fühlte sich als sieger, der den andern nur um eine nâsenlänge schlug."

nâsen, *naseweis sein.*

nâstân, *nach etwas stehen = streben.*

nât, **natt**, *1. nass.* so nât as ne katte. nitt nât of drôge = *weder trank noch speise. 2. trunken.*

nât nât, *ruf der enten.*

nâtel, *f. nadel. Herv. R. B. p. 43:* nâtele. *ahd.* nâdala. *das* t *in* nâtel *deutet auf die verwandtschaft mit* niətel *(nessel). wörter derselben wurzel zeigen teils* d, *teils* t.

nâtelenôge, *n. nadelöhr. huspost.* natelenoge.

næteler, *m. nadler. Herv. R. B. 42:* neteler.

nâtelkǫker, *n. nadelbüchse.*

nâtelpîr = stiəkling.

nâter = âter.

nâter, *m. marder. (Weitmar.)* n *für* m.

nâtę̄rer, *m. nachzehrer. man schneidet den namen aus dem totenhemde, damit der tote kein nachzehrer werde d. i. einen überlebenden nachhole.*

nau, *noch. Must. 3.*

nau, *genau.* et hâlt ęm nitt nau.

naüge, *adj. genau.* naüge lû. *(Deilinghoven.)*

naüle, *m. tadelsüchtiger, schelte für leute,*

die tadeln, wo es sie nicht angeht. (Hörde.) vgl. holl. naûl, *genau.*
naûlen *(Weddigen:* neulen), *unwillig sein, weil man etwas nicht bekommen hat (von kindern).*
naûlig, *der dem es genau hält.* he es so naûlig. *Firm. I, 423:* jauz neulich = *ganz genau.*
naümen, *nennen. mwestf.* nomen = nuomian. *Teuth.* noemen, *nennen.*
naune, *f. unterstunde.* he hält sine naune. *lat.* nona, *eigentlich die neunte stunde, 3 uhr nachmittags. Teuth.* none, myddach. nona, meridies.
naunen, *unterstunde, mittagsschläfchen halten.* he naunet. *syn.* ungern.
naust, *m. knorren, überrest eines astes. apocopirt aus* knaust, *holl.* knoest. *da* aust *und* ast *aus einer wurzel sind, so könnte sich in mundarten ein* knast *finden, wie es im dän. und schwed.* (knast = *knorren) wirklich der fall ist.*
naustig, *knorrig. Firm. I, 386:* nusteg, *vgl. ahd.* nusta; *fig.:* naistig, *von der gemütsart.*
nâfolgen, *nachfolgen.* bat di nâfolget, dat slätt di de hacken kapott.
nâwâren, *mit den augen verfolgen.*
nâwe, *f.* **nâwel**, *m. nabe am rade.*
nâwend, *m. abend.* fan nâwend.
nê, *nein.* nê bat! *ei was! = nein!* nê! *wirklich! verwundernd.* nê doch? *wirklich?* nê! ja! *bekräftigung zu anfang eines bejahenden satzes.* nê nix dà! *nein nein! alts.* nên. *negation verstärkt:* nain grâd *s.* knôp. nitt en lammerstertken. nitt ne bône. nitt schiot noch driot.
negeln, *nageln. alts.* neglian.
neggen, *neun.* neggen vnd neggentich. *1590.*
neyst, *nächst.*
neyderst, *niedrigst.*
néit, *f. nacht. ags.* niht. *engl.* night. *die verlautung des* aht *zu* éit *ist im berg. schon alt. in der ersten hälfte des 13. jh. kommen die namen* Rupreit, Herbreit *vor. Lacombl. arch. VI, 122.*
néiten, *nächten, nachts.*
néitigal, *f. nachtigall.*
nelle? *(scheint vulva, dann femina zu bezeichnen?) glocke in den kuhnamen* Silwernelle, Rinnernelle, Buoternelle, Wackernelle, Buntenelle, Rainnelle. — *vgl.* nellen *s.* karnellen, knëllan. *Kil.* quackernellekeu, puella venusta, lepida, lasciva.
nẹmen (nâm, nọmen), *nehmen.* se nẹmt sik nitt vial = *sie unterscheiden sich nicht sehr (in der grösse, im alter).*
nẹmer, *m. nehmer.* alle friggers sid kaine nẹmers.
nêmet, *m. nachlessen.* = néihtmet.
neynerlegge wys, *keinerlei weise.*
nene, -en, *keine.*
nẹpen. im nẹpen, *im interlunium. (Valbert.)* nẹpen *ist infinitiv wie* drẹpen. *für* nipan, *woraus sich erst ein* nipan *entwickelt hat. ags.* nipan, obscurare, nip, caligo, nubes. *ags.* hnipan, se molinare.
nẹren, *nähren.* sik nọren *c. gen.*
nẹrgens, *nirgends.* he wêt nẹrgens van = *er weiss von nichts. vgl. r. Hör. urk. 65:* nerghen ane = *an nichts, Bgh. act. 19:* nergen vôr *(für nichts).*
nêrhenne, *f. kuhname.*
nẹrje, *f. nahrung. (Paderb.)*
nẹrig, *der sich fleissig nahrung sucht, auf erwerb bedacht.*
nesselkack, *m. nesthuck, nestling. engl.* nestlecock, *ital.* cacanidolo. *vgl. Gr. d. spr. I, 21.*
nest, *n. 1. nest.* lât di nitt in din nest ẹmen (schiten) = *lass dich nicht bei deiner braut, deiner frau ausstechen. 2. schelte:* du nest vanner dêrne, *naseweises mädchen. (Düsseldorf.)*
neste, *vorrathskammer, hüterkammer (für obst). ahd.* nest, cibaria.
nestekübbelken = *nesthuck. (Brilon.)*
nesten, *nisten. Aesop 81.*
nesteu, *zögern, langsam sein.*
nesterig, *langsam, träge.*
nẹstig, *nährig. H. vgl.* nẹrig. *ahd.* nest, cibaria.
nesthupp *für nesthuck, m. der schwächste vogel einer brut. (Marienheide.)*
nesthurk, nesthuaderk, *m.* = nesthupp.
nett, *1. schön. 2. rein.* dat well ek di nett seggen. *H.*
Nètte, Nèttken, *Antoinette.*
netten, *netzen, nass machen.*
nettkes, *hübsch.* du sass nettkes hîr bliwen. *vgl.* stillkes, efkes.
nẹwen, *neben.* der nẹwen, *daneben.*
ni, *nicht.* worûmme ni? *(Paderb.)*
nî, *verwundert. Mülh. a. Ruhr: Hingb. 2, 76* si keeke ne i op; *3, 30* hoard ne i op. *syn.* lût.
nibbeln, nippeln, *1. das äusserste abbeissen, von ziegen. 2. kleinigkeiten entwenden. engl.* to nibble. *vgl.* knibbeln, nippen.
nibbeln, nubbeln = niaweln.
nichte, *f. 1. nichte,* niftel. *2. tante, wie* vedder — *oheim. (Fürstenb.)* — *ags.*

nifte *gehört zu* nipan, *wie* knifte *zu* knipan.

nîdsgiəwig, *neidisch.*

niods, niodsch, *neidisch, falsch, boshaft. K. vgl.* niəts.

niədsig, *1. neidisch.* sig — isk, *wie in* politsig. *2. der andere gern beleidigt. ags.* nid, odium, zelus.

niəgen, *neun. ags.* nigon.

niəgenhûe, *pl. neunhäute, dicke schwären. vgl. Teuth.* negen oghe, eyn qwait swere.

niəgenmørder (niəgenmæner, *Dortm.*), *1. neuntöter, würger,* lanius. *nach dem volksglauben muss er alle tage 9 insecten morden. 2. hornisse. syn.* dårnęxter.

niən, *kein. aus* ni-ên. *in der grafsch. Mark ist* niən *das ältere wort,* kain *das durch das hd. eingebrachte. im Volmetale lautet es* nen, *zu Valbert* nain. *vgl. Grimm III, 66**.*

nîen *für* niden, *nieder, z. b.* Nien-Hemer. *alts. Werd. register:* in nitharrun Embrikni.

nîendør, nierendør, *f. niedertür, die zur* dehle *führende grosse tür. s.* ǫwerdǫr. med der nierendǫr wenken = *einen sehr deutlichen wink geben, mit dem zaunpfahl winken. K.*

nîendǫr slüətel, *ein beweglicher pfosten, der vermittelst eines zapfenloches in der schwelle und eines andern oben befindlichen senkrecht eingefügt ist. er kommt da zu stehen, wo die beiden flügel der niedertür zusammenstossen, so dass diese tür dadurch geschlossen wird. zu Rheda:* rängel.

nîen enne, *n. niedere ende ist der teil des bauernhauses, welcher tenne und stallungen enthält. s.* hǫwedenne, küəkenenne.

niəpentüksch, *heimtückisch. s.* nępen

nîest *für* nidest, *niedrigst, unterst.* op der niesten Oese.

nîerdrächtig, *demütig, bescheiden. Hoffm. findl. 18* niderträchtig = humilis. *Seb. Frank.* n. = *bescheiden.*

niəte, *f. nisse. engl.* nit.

niətel, *f. nessel.* giəf pass, dai kacket noch màl in de niəteln = *er geht zu grunde, macht bankerott. ags.* netele, *ahd.* nezzila.

niətelküənink, *m. zaunkönig. Hoffm. findl. 42* nettelkönink.

niəterbiətsk, *natterbissig.* iə *brechung eines aus* a + i *entstandenen e. vgl.* iəterbiət. *in diesem wie in folgendem wird ein* n *vom artikel angewachsen sein.*

niəterig, *wer sich leicht beleidigt fühlt. H.*

niəterkopp, *m. eiter(?)kopf, hitzkopf.*

niəts, *sehr.* dat dait mi niəts wêh. *münst.* nitske, *sehr.* niətsch, *tückisch. H. ganz, radical, durchaus.* et genk niəts entwê. *K.*

niəwel, *m. nebel.* dai gèt der dǫr as de kau dǫr den niəwel. iə *brechung eines aus* i *entstandenen e. alts.* nebhal.

niəwelkappe, *f. nachthaube der weiber.*

niəwelkâr, *f. nebelkarre.* op der niəwelkâr fören = *im dunkeln auf stehlen ausgehen. Kil.* nevelkarre, carrus tenebrosus.

niəweln, nibbeln, *nebeln, ein wenig regnen. s.* nubbeln.

nigge, *1. neu. 2. neugierig, begierig.* ik sî gar nitt nigge drop. *alts.* niwi, nigi.

niggelik, *1. neugierig. 2. eigen, sonderbar.*

niggelikait, *f. neugierde.*

niggemêr, *f. neugierde. Gr. tüg 68. neuigkeit. Spr. u. sp. 60.*

niggemêrsk, *neugierig.* niggemêrske hitte, *neugierige ziege. schelte. F. R. 108.*

niggetîd, *m. neugieriger, neuigkeitskrämer. vgl.* tyden to, *nach etwas hineilen.*

nigirig, *neugierig.*

nickel, *m. nichtsnutz.* suəgenickel, flütsnickel. *münst.:* du füle nickel.

nickelken, *n. verächtliches frauenzimmer.* et es mi so'n nickelken.

nicks, *nichts. für* nihtes *(ein genitiv, wobei* niht *ausgelassen ist. Gr. III, 68). auffallend ist der übergang des* ht *in* ck, *während* wiht *zu* wicht, wacht *wird, man vergl. aber* wickse, wicksen. nicks *ist zuweilen verstärktes* nitt, *also gar nicht:* ik sin nicks maüe. *vgl. lat.* nihil *für* non *und engl.* nothing loath. se han nit kęrd u n n i c k s = *und sonst nichts getan, was zur reinlichkeit gehört. hasp.* nichtes. *Heinzerl. p. 98 meint, wegen häufung der conson. sei* t *ausgefallen.*

nicksen, *nichts. F. R. 26 und öfter; auch märk. Hans Sachs:* nichtsen. *es scheint aus* nicks-en (ne) *zusammengesetzt, wie auch* nitten (= nitt-en), *nicht, zuweilen vorkommt.* dä nix es un üt sik selfs nix màket, dä es fortens nix.

nilât, *m. 1. neugieriger. 2. neugierde.* ni *ist hier negation,* lât = *ruhe, befriedigung. vgl.* gelassen. *3. einer, der es mit dem essen zu genau hält. (Siedlingh.) Weddigen:* nichlut = *neugier.*

nilâtig, *der, den die langweile plagt.*

nillnå, *peitsche. ein kinderwort. (Fürstenb.) vgl. altm.* nill, penis.

ninne, *kind, im wiegenliede. ital.* ninna,

kleines mädchen. ninna nanna, *wiegenlied.* ninnare, *in den schlaf singen. span.* niño, niña, *kind. Teuth.* nynnen, als dye kynder dryncken.
ninneken, *n. kindlein. im wiegenliede:* süse, ninneken, süse.
nîpe, *genau.* nîpe tau saihen.
nîpen. *Teuth.* nypen = knypen. *s.* beniepen. *vgl.* nępen.
nîre, *f. niere.* hai es ęm üm de nîren as de katte üm den hêten brî. *ahd.* nioro, niero, *m. vgl.* dir *(tier).*
nîrenkäuen, *wiederkäuen. H. Kil.* erkauwen, ruminare.
nîrücken *oder* **nîrrucken,** *wiederkäuen (Siedlingh.) Vilm. (s. v.* niederrucken) *meint, es sei entstellung aus* itrucken, idarukjan, *abermals aufstossen. vgl.* nîrenkäuen. *Kil.* edericken *j.* ericken; *ags.* ëdrocjan; *ahd.* itaruchjan, ruminare.
nîschen, *niesen. ahd.* niusan. *Hoffm. findl. 18:* neuschen. ? nîsigen. *Teuth.* nyesen, pruysten, hoisten.
nîsgirig, *neugierig. (Marienh.)*
nismännken, *n. junges kalb. (Weitmar.) vgl.* nûseken.
nîterig, *strebsam, begierig, eifrig. vgl. alts.* niud, *studium.* t *wie öfter aus* d *verschoben.*
nitt, *nachdrücklich* **nitte,** *nicht. (östl. Mark.) vgl.* nich. *zuweilen ist* nitt *noch von* en (ne) *begleitet, z. b.* dat heww' ik nitt en wust. *mwestf. 1347:* neit-en. *1429:* nyet.
nitsch, *schnell, geschwind. (Wald.) H.*
nîwer, *genau.* nîwer taukîken. *vgl. ags.* neovol, pronus, prostratus.
no, *nun! wohlan! (antrieb).* no dann! *ei! (verwunderung).* no! *lass mich in ruhe! (unwille).* no no! *lass das (unwille u. abwehr).* no? *nun? (erwartung).*
nô, *noch. (kreis Meschede.)*
nô = nôd.
nô, *verlangend, begierig.* ek sin nit nôe drop, et es mi nit nôe drum, *ich bin nicht neugierig darauf, habe just kein verlangen darnach.*
noch, nǫch, *noch.* dat si'k ok nóch! *(wirklich).* dat es ok nóch wâr! wat der dûsend noch oh! *(verwunderung).* God nâch oh!
nöchtern, *nüchtern.* nöchtern spigge *gilt kranken augen heilsam.*
nöchtern, *n. frühstück. (Lüdensch.)* 't nöchtern brękcn, *frühstück geniessen. vgl. engl.* breakfast.
nôd, *f. not.* dat hęt kain nôd. hai küomet van nôd te brôd.
nôd, nô, *compar.* nôer, *ungern.* hai gêt nôd hen. *alts.* otho, facile, unotho, difficile. *mwestf.* node, *schwerlich, ungern. Wallr.* noede. hei lies ihn gar noede van sich. *urk. v. 1410. vgl.* unnô. *Teuth.* noede, ongern.
nôdig, *nötig.*
nôdigen, *nötigen, einladen. mnl. fasc. temp. 241ᵇ:* noden = *einladen. Teuth.* noeden, bydden, invitare, *während* noedigen = benauwen.
nôdnäber, *m. notnachbar, der unter anderem verpflichtet ist, den verstorbenen auszukleiden, daher bei Bielefeld auch* kleenaber *genannt.*
nôdlik, *not habend, unwohl, von kindern. Teuth.* noitlick, wunderlick, ghemelick (= verdrietlick).
nôdrîpen, *zu schnell reifen.*
nôdwęg, *weg für leiche und kirchgänger. s.* kęrkwęg.
noken, *m. knorren, harte erdscholle, felsstück. vgl. ital.* nocca *und* knoken.
nöckes, *beinahe.*
nôlik, *schlimm. (Weddigen.)*
Nölke, = Nöllcke, Nolkin, Noldekinus *d. i. Arnold.*
Nölle ? = *Arnold.*
Nolte = *Arnold. in Iserl.* der Nolten *sc. durchlass. vgl. Woeste, Iserlohn (1871), s. 15.*
nomes, *abend. (Hattingen.)*
nôpen, *den mund verziehen. H. vgl.* môpen.
noppe, *f. klunker im flachs. ags.* hnoppa. villus. *mnl.* noppe of vlo op den doeck, lanugo; tumentum, illud quod in filo vel in tela tumet nec subtilitatem habet. villus, floccus. *Fahne Dortm. III, 235:* laken ovel genoppet.
noppen, sik, *sich stossen, sich schlagen.* wann de iosels sik noppet, dann gist et anner węr. *mnl.* nappen, taggen, vetschen, nipschen. *dän.* nappes, *sich zanken, raufen. vgl.* nuffen, gnappen.
nǫrk, *m. 1. verkrüppelter alter stamm. 2.* = naust. *fig.:* dat es en fasten nǫrk *(von einem langlebigen alten).*
nǫrk, *m.* = nörker.
nǫrken, *weinen, verdriesslich sein (von kindern).*
nǫrker, *m. verdriessliches, weinerliges kind. s.* närksack.
nǫrkig, nǫrkerig, *verdriesslich, weinerig.*
nôse, *f. 1. schlinge, schleife, öhr. vgl.* ôse *und engl.* noose. *2. beim strumpfstricken* = *masche. H.*
nörre *am Hülsenbusche im Oberberg. der dünnländige acker, der auf der „faulen ley" liegt. H. — Vilmar hess. idiot.* nürn, norn, *f. felsen, felsblock.*

Kehrein volksspr. in Nassau: nörr, norr, *unfruchtbare, besonders nasse stelle im acker. ostfr.* uur, *eisenschüssige harte erde.*

nûte, *f. nuth, rinne. tischlerausdr. syn.* fier.

nôtfûr, *n. ein durch holzreiben angemachtes feuer, wodurch das vieh dreimal getrieben wurde, um eine seuche abzuwenden. Wallr.* nootbrand.

nôthûəwel, *m. nuthenhobel.*

nötter = nütter.

nû, nu, *1. nun, jetzt. 2. so eben. vgl. K. fastn. 964[31].* nu guəd! *(concessiv).* nu süh! *(verwundert).* nu help mi! *hilf mir doch! (ungeduldig, ungehalten).* nu help mi doch! *(mehr bittend); vgl. ital.* or m'ajutate.

nâ, *nie. 1603 ausgespr.* nuy, *wie heute. Lud. v. Suthen* nê = *ags.* nâ.

nû ens (es), *neulich.*

nû mær, *nimmer, niemals.*

nû un dann, *dann und wann. engl.* now and then.

nubbeln, *knuppern. s.* nibbeln.

nubbeln, *nebeln, fein regnen. s.* niəweln.

nûcheln, na wǫt, *schielen nach etwas. vgl.* nückels. *H. nickend schlafen.* ek slâ di dattu nûchelst = wankst. *vgl.* nucken. *auch hier = einnicken, in schlaf fallen.*

nücke, *pl. tücke, mucken, eigenheit, launen, hintergedanken. holl.* nuk. he hęt nücke im kopp. *K.*

nückels, *pl. augenknochen.* he kiket unner de nückels hęr = he knibbelöget.

nucken, *1. mit dem kopfe nicken. Must. 45:* jâ nucken. *2.* rucken = nicht dicks hàllen, *beim knickern. engl.* nudge. *Hoffm. findl. 15* nucken.

nûdlik, *niedlich. alts.* niudlik.

nüəkel, *m. hügel, unebenheit.*

nüəsel, *m. 1. lichtschnuppe. 2. nasenschleim. 3. nase.* he hęt ênen am nüəsel = *er ist trunken.* ne àlle nüəsel. *engl.* nozel, nosle. *Siedlingh.* nüsel. *mwestf.* ösel, *tote asche. Hoffm. findl. 43.*

nüəseln, *näseln. K.*

nuət, *f. 1. nuss. als sinnbild des glücks:* du sass dà lange sitten (liggen), ær dat di de kraige ne nuət brenget. *als sinnbild der heirat:* wamme nitt berüt gêt, brenget ęm de kraige kaine nuət. dai hęt noch ne nuət te knappen. *2. am spinnrad syn.* spille.

nuətebicke, *f.* = rämmeklæter.

nuətebûlster, *f. nusshülse. Teuth.* van eynre not dye uterste bolster of schale. *Kil.* notbolster.

nuəte knäpper, *1. nussknacker. 2. häher.*

nuəten, *nüsse pflücken. nds.* nöten.

nuətkap, *m. der gemeine nussknacker, spechtmeise* (sitta europæa); *„sie verengt die löcher der hohlen bäume durch mauerwerk von koth, frisst haselnüsse, die sie geschickt mit dem schnabel zu bearbeiten versteht.“ Tschudi p. 84.*

nülle *in* viscnülle *scheint wie* nelle muliebria *zu bedeuten.*

nummer, *f. zahl.*

nümmerken, *fig.:* bî dęr hält hai sik en gutt nümmerken. *op de a. h. 6.*

nümmes, *niemand. 1547:* nümmandes. *vgl. Mda. I, p. 259. Gr. III, 772. s.* ümmes.

nûpeln = môpen. *(Siedlingh.)*

nuppe, *f. laune. F. R. 106. nds.* nupen, *tücke. s.* noppe.

nûr, *n. euter. vorgesetztes* n *kann nicht vom artikel rühren. Wald.* nûder, *n. und* nûdern.

nûren, *vom schwellen des euters. auch holl. ostfr.* ûren. *bei einer trächtigen kuh heisst es, wenn die milch eintritt:* se es vullens nûrens. *K.*

nuren = knuəteru, *knurren. Sp. u. sp. 32. F. R. 9. Soest. Dan. 55:* nurren.

nuren, *brummen. (Paderb.) Teuth.* norren, twisten, hamplen.

nûse, *f. kuh.*

nûseken, *f. kühchen, kälbchen, ungehörntes rind. bei Schamb.* nûseken *schmeichelwort zu kindern. er führt mit ?* tûseken = *kälbchen an. s.* mûsken, nismännken.

nuseln, *summen, undeutlich sprechen, durch die nase schnarren. K. S. 75. Must. 13, 27.* nuselde tüsker den tęnen. *Gr. tüg 9.* nuselde in den bort. *N. l. m. 33.*

nüskeln oppem hǫve 'rüm. *K. S. 78.*

nuts, *m. grösseres kalb. (Velbert.)* = muts.

nuts, *nütze.* dat es nitt nuts. dat hęste nitt nuts màket.

nütte, *nütze. ahd.* nuzzi.

nutsen, *m. nutzen. platthd. mnd.* nutt.

nütten, *nützen.*

nütter, *nützer, lieber, vielmehr.*

nûsgirig, *neugierig. dän.* nysgierrig.

nuff, *m. stoss (gelinder).*

nuffen, *stossen mit der faust. s.* noppen.

nûwerlde, *nimmer. Alten. stat.*

O

O, *f. und n., der buchstabe* o. *fig.: ende, ausgang. spr.:* dat å es de **schåpstall**, dat ô es de fossfall.

ô, oh, *interj.* oh! *ausdr. der verwunderung.*

ê, êe, *interj.* o weh! au! *ausdr. des schmerzes.*

obacht, *f. beachtung, acht.* in obacht nęmen, *beachten. Müller 22:* betrachten. giəf obacht! *merk auf! jetzt häufiger:* giəf oppass! pass op!

obdâk, *n. obdach.*

obsternâtsch, *hartnäckig.*

ödenskopp, *m. alant,* inula helenium. d *für* l; *vgl.* ålangskopp.

öder, *1. ader. 2. ähre. (Velbert.)*

ôge, *n. auge.* he gaf mi en ôge. du maust den ôgen de kost giəwen. ôgen asse kårenblaumen. *spr.:* de ôgen ǫpen àder den bûl. *ags.* eáge. *alts.* ôga.

ôgeln, *äugeln.* he ôgelt ęın, *er gibt ihm ein auge.* he ôgelt dernà, *er zielt darnach.*

ôgen = ôgeln. *s.* knibbelôgen.

ôgenbrune, *f. augenbraue. Teuth.* ogbraden. *Hoffm. findl. 42:* ogenbrane, palpebra.

ôgendainer, *m. augendiener. spr.:* ôgendainer hett hæren leif, stęlt noch slimmer as en daif.

ôgenmâte, *f. augenmass.*

ôgenschîn, *m. augenschein. spr.:* de ôgenschîn es der weld tûge.

ôgesken, *n. äuglein.*

ögge, *f. mutterschaf. (Fürstenb.) vgl.* kögge *(kühe). mnl.* oye, ouwe.

öggelamm, *n.* = aülamm. *Fr. 105.*

ohâ, *interj. ausdr. des unerwarteten.* ohâ! *tausend! das wäre beinahe nicht gut gegangen. H.*

ôhairde = ôr. *(Siedlingh.)*

ohó, *interj. ausdr. der verwunderung, des zweifels.*

ohâ, *interj. des fuhrmanns, wenn das pferd stehen soll.*

ôk, ock, *auch. ags.* eác, *alts.* ok. *mwestf.* ôk, oyk, ouck. ik danke ock = *ich danke.*

ôkern, sik, *sich äussern, sich zeigen. vgl. Wallr.* oepern.

ökskes *in* haidökskes. *alts.* ôkan *(vermehren) wird auch erzeugen bedeutet haben, so dass aus dem ptc.* ôkan *ein subst.* ôke = *kind entspringen konnte.* ǫke = *(ungezogener) junge (Firm. 1, 278) findet sich im Ravensbergischen. kann wie* blage *erst nachher den übeln sinn erhalten haben.*

öl, *n. häufig vorkommende halbappellative ortsbezeichnung, womit gewöhnlich die besten striche der feldmark gemeint sind. vgl.* ölsse. *gehört es zu* alan, nutrire? *ist es ahd.* sol, *n. urbares land. Gr. gr. III, 415*?* s *könnte abgefallen sein, wie bei* oller. *man vgl. auch lat.* olea, olcha = campus tellure foecundus. tales enim incolæ (Campani) olcas vocant. *Greg. v. T. altfr.* ouche, oche. *in zgs. ortsnamen ist* öl *mitunter aus* ho loh *entstellt.*

ölf, oulf, *trocken, vom wetter. cf.* bǫwen. et es ölf. *(Lüdensch.)* hölolt.

ǫlge, *n. oel. lat.* oleum. *N. Schrae 19:* oilge.

ǫlgeblaume, *f. roter fingerhut wegen seines ölreichen samens. zu Stephanopel liessen leute aus diesem samen öl schlagen und rühmten dasselbe als ein gutes speiseöl. syn.* knapprôse, hęrgǫdsfinger, rôe fingerhaud, snakkenblaume.

ǫlgekauken, *m. ölkuchen, der beim schlagen des öls übrig bleibt.*

ǫlgemüəle, *f. ölmühle.*

ölig = ǫlge. *alts.* olig.

olk, *m. zwiebel. lat.* allium. *ahd.* clovoloch. *fr.* aulx.

oller, *m. 1. feuerfeste bodendecke von lehm.* en ollern opsmiten. *(Lüdensch.) 2. boden. syn.* äller, ouler. *entstanden vielleicht aus* soller, *lat.* solarium. *vgl. osnabr.* oul, *aufgewühlter schmutz. Teuth.* ollant, broyck.

ollern, *einen oller machen.*

olmes, *bier mit honigkuchen. vormittags zum willkomm auf hochz. gegeben. H. (Remlingrade.)*

ölsse, *der teil der feldmark, der (bei vierjährigem wechsel) für roggen bestimmt ist. (Balve.) s.* öl.

ôm, ôme, *m. pl.* ômens, *1. oheim. 2. kindern bezeichnet man gute freunde als* ôme *oder onkel. in einer urk. bei Seib. von 1360 kommt* oeme *bald für oheim, bald für* neve *oder* vedder *vor.*

ommeln = söchten, *ächzen, stöhnen. (Wald.) H.*

ommelt, *n. mittagsessen.*

ommet, *n. mittagsessen. s.* âmes.

op, *1) præpos. mit dat. und accus. 1. auf. 2. an, wie franz.* sur, *mit dem nebenbegriffe des höherliegens:* op dem sprunge, *an der quelle;* op der fôr, *an der furt.* wann de buren op den stöcken stàt, dann daut se et mëiste supen. *vgl. Mart. Pol.* X[d]*:* uf dem mere *(von der stadt Ostia). 3. nach:* en vêrdel op siowen, *ein viertel nach 7, was anderwärts durch „ein viertel auf acht" ausgedrückt wird. redensarten:* op affekote leren = *jura studieren. Must. 26.* he studêrt oppeu pastôr. opper stund, *zur stunde, jetzt.* se hàldt oppên, *sie halten zusammen. spr.:* bai de kan kôpen well, dai knome oppen stall. op de dôpe hàllen. op sin lîf sin. op glôwen. op en kort, *über. kurz.* sik op sik selwer setten = *sich etabliren. H.* en wẹg op fîf vêrdel = *umweg.* hai spielt oppem klavêr. hai blåset opper flaite. blås mi oppet år. op düot nà, *bis auf dieses,* à cela près. op ênt nà, *bis auf eins.* op 'ne ärd, *gewissermassen.* op gion sîd, *auf jener seite, jenseits, dort.* op düssîd Rhins, *diesseits des Rheins.* op sik (à la) Elberfeldsch, *in Elberfelder mundart.* op den muk *(strich)* hevven. *K.* op den stipp, *sofort, auf der stelle.* du kömst op de stipp nå hûs. *K. 2) hinauf.* wan de fiskeraiger 'et water-op flûget, dan hält he water.

opbẹrsten, *aufbersten, aufspringen.*

opbinnen, *aufbinden. fig.:* ik well ẹm màl de hosen opbinnen.

opblîwen, *aufbleiben.*

opbọ̈ken, *aufstossen, von speisen. s.* bọ̈ken.

opbôren, *aufheben.*

opbrẹken, *aufbrechen.*

opbuggen, *aufbauen.*

opdåk, *n. obdach.*

opdauen, *1. auftun.* vi wellt den roggen opdauen. *2. erhalten, erlangen, auffinden. so schon Th. vervem. p. 58:* opgedaen = *aufgedeckt, aufgefunden. 3.* sik opdauen, *sich aufheitern:* et wẹr dait sik op. *syn.* sik opschîren.

opdraigen, *1. aufdrehen, z. b.* de ûr. *2. fig.:* dẹm weffe màl ênen opdraigen = *den wollen wir zum narren haben.*

opdrîwen, *auftreiben, z. b.* dat vêh.

opduonern, sik, *sich putzen. sich aufdonnern vgl. Gr. Wb.*

öpen, *pl. für opern, narrenspossen:* dat sind öpen.

ọpen, *offen.* dau de dọ̈r ọpen; *vgl. den gebrauch des alts.* opan. hai dæ' mûl un nàse ọpen, *er machte grosse augen.*

ọpen dauen, sik, *einen streichen lassen.* „me kann sik selwer nitt truggen!" hadde de bûr saggt, dà wol sik ọpen dauen un drêt in de bûxe.

opgån, *aufgehen.* de sunne gêt op. de dêg gêt op. dat geld es mi opgån.

opgiowen, *aufgeben.*

opgråwen, *aufgraben.* et hält der nitt ümme, de weg es jà nitt opgråwen.

ophàllen, *1. aufhalten.* hàld ne op! *2. einhalten, aufhören. 3. beherbergen:* früomde lû ophàllen; *vgl. N. Schrae 56.*

ophangen, *aufhängen. fig.:* ênem wọt ophangen. sik ophangen, *sich aufhängen.*

ophæren, *1. aufhören.* dat hært sik op. *2. erkunden.* ik hewwe ẹm saggt, hä soll mi ne måged ophæren.

ophiowen, *aufheben. Gr. tüg 79.*

opkẹren, *aufkehren. spr.:* wann de bessem opkẹrt es, dann wêt me êrst, bu guod atte wẹst es.

opkippen, *in die hǫhe schlagen, von karren.*

opknẹen, *aufkneten, aufbürden:* he woll mi dat ôk noch opknẹen, men ik flodde ẹm wọt.

opkọken, *aufkochen.*

opkomyngen, *pl. einkünfte. in urkk.*

opkôpen, *aufkaufen.*

opkôper, *m. aufkäufer, vorkäufer.*

opkrassen, *aufkratzen.* sik opkrassen, *sich herausputzen.*

opkrempen, *aufkrempen.*

opkrîgen, *aufkriegen. 1. aufessen. fig.:* he kann sine fraûde dà wọl opkrîgen. *2. durchbringen:* he sall sin geld wọl opkrîgen. *3. von seinem erstaunen über etwas zurückkommen:* ik kann et noch ümmer nitt opkrîgen.

opknomen, *aufkommen.*

opkumst, *einkünfte. in urkk.*

opkwaddern, *nass u. schmutzig werden durch aufquellendes wasser, von sumpfigem boden.*

opläen, *aufladen.*

oplåge, *f. auflage.* he was in der oplåge, nu he stọrwen es, kritt sine frau 60 dåler.

oplaten, *überlassen, auflassen.*

oplatinge, *auflassung.*

opleggen, *1. auflegen, vom unvermeidlichen schicksale. spr.:* bå et ẹm åne oppelaggt es, då kritt et ẹm åne. *2. zurücklegen, sparen.*

opleppern, *auffüttern, von kleinen kindern.* sik leppern, lœppern.

oplẹsen, *auflesen.*

oplüchten *für* oplichten, *s. b.* en bên. *(Mda. II, s. 28* auflauchen). *vgl. die anker lichten, engl.* to lift.

oplûern, *auflauern.*
opmâken = versliten.
opmâten, *aufmessen:* ik well den haud opmâten un saihen, of he mi mâte es.
opnâme, *f. aufnahme.*
opnęmen, *1. aufnehmen. 2. empfangen, bei der begattung. 3.* de stǫwe opnęmen = *mit einem nassen tuche den staub von den dielen wischen.* sik opnęmen, *1. sich aufschürzen. 2. auffliegen. 3. sich bäumen.*
oppacken, *1. aufpacken, aufladen. 2. aufbrechen, sich weg machen.*
oppassen, *1. auflauern. 2. einen bedienen:* ik danke ock, ik well di màl wier oppassen, wennste brûd büss. vi wellt se màl wier oppassen. *wir wollen sie mal wieder bewirten, oder: wir wollen ihnen mal wieder dienen. vgl. schwed.* uppassa.
oppässer, *m. 1. aufpasser, laurer. 2. aufwärter. schwed.* uppassare.
oppässerske, *f. aufwärterin. schwed.* uppasserska.
oppe, *adv. auf.* hai es noch nitt oppe *sc.* stân *(aufgestanden).* hai es oppe *(verbraucht,* decrepitus). he es so rain oppe as ne stripe speck. *spr.:* soppe un dâ nix oppe.
opperstund, *gegenwärtig, jetzt. s.* opstunds.
oppicken, *aufpicken.* nitt so lange as en haun en kårn oppicket.
oppütten, *wasser aus dem brunnen* (pütte) *ziehen.*
opraien, *aufbereiten, zurechtmachen.*
opraier, *m. haarkamm. auch Gr. tüg 43.*
oprappeln, sik, *sich aufraffen.*
opraupen, *aufrufen.*
oprêken, *hinauf reichen.*
oprispeln, sik, *sich aufraffen. K. S. 38.*
opriffeln, *gestricktes, gewebtes auflösen. K.*
oprütschen, *aufrücken. fig.: bekommen:* dat sall di üowel oprütschen.
oprütsig, *aufsätzig:* ênen oprütsig mâken = *einen aufhetzen. vgl. nhd.* aufrütten.
opsättig, *aufsätzig. Schüren chr. p. 58.*
opsaüken, *aufsuchen.*
opschällen, *aufschalten.* 't hål opschällen. *syn.* opschǫrten.
opscheppen = opfüllen, *speisen aufgeben.*
opschiren, sik, *sich aufklären, schön werden, vom wetter. vgl. engl.* to cheer up. *ahd.* sciaran, rectificare. *mnd.* schyren. *Ztschr. d. berg. geschichtsv. I, 307.*
opschǫrten, *aufschürzen.* 't hål upschǫrten, *den kesselhaken höher stellen.*
opschûwen, *aufschieben.*
opseggen, *1. aufsagen, kündigen. 2. hersagen.*
opslâen, *1. aufschlagen, teurer werden. spr.:* waun de kuckuk nâ dem halwen april raüpet, slätt de rogge op. *2. aufwachsen.*
opslag, *m. 1. verteuerung. 2. nachwuchs, wurzelsprossen. 3. nachkommen. 4. aufschlag am rocke. fig.:* dat es en fînen meil grǫwen opslęgen.
opsnappen, *auffangen.*
opspîken, *aufstauen, eine stauung* (spik) *machen.*
opspilern, *einen speiler* (spiler) *untersetzen.* ne falle opspilern.
opstân, *1. aufstehn. spr.:* opstêt, de stie vergêt. *2. aufgehn, von der sonne.* düt krûts banne dęn dâ hir ǫwer gêt, so lange hir hen, bit de sunne op stêt.
opstęken, *1. aufstecken. 2. gewinnen bei etwas:* he sall der wǫl nitt viel bi opstęken.
opsternâtsk, *obstinat. (Möhnetal.)*
opstippeln, *stapeln, aufsetzen.*
opstǫkern, *aufstochern, aufhetzen.*
opstunds, *gegenwärtig, jetzt.*
opstûwen, *aufwärmen, fleisch u. dergl. s.* stûwen.
optaihen, *aufziehen, in die höhe ziehen.* tûh op, du hęs der ênen âne *wird scherzend zu jemand gesagt, dem der schleim aus der nase hängt.*
optîlen, *aufthielen, die garben in reihen setzen. N. Westf. mag.*
optömen, *aufzäumen.*
optômen, sik, *sich aufzäumen, sich aufputzen.*
optrecken, *1. aufziehen, erziehen. 2. aufziehen, etwas gestricktes. 3. hänseln, zum narren haben.*
opfaien, *aufziehen, auffüttern. spr.:* et wær schade, waun dai nitt opfott wær, *von einem tüchtigen esser. Husp. brudl. pred.* ere kinderken in Gades fruchte vpfôden.
opfall, *m. auffallen, aufsehen.* dat was en opfall.
opflaigen, *auffliegen. fig.:* du maus dermede opflaigen, *du musst dir damit genügen lassen. vgl.* to put up with.
opfolgen, *auffolgen, einer aufforderung folgen.*
opfören, *aufführen.*
opfören, sik, *sich aufführen.*
opfręten, *auffressen.*
opwasken, *aufwaschen.*
opwippen, *aufwippen.*
opwǫcken, *aufstossen aus dem magen. K. cf.* opbǫken.
ôr, *m. beihirte. um im frühjahr beim ersten austreiben die schweine zu ge-*

wöhnen (wennen), *stellt jeder beteiligte dem hirten für bestimmte tage (je nach der zahl der schweine) einen gehülfen. das ist der* ôr. *von diesem sagt man:* he gèt ôr. *durch die teilung der gemeindewaldungen ist an vielen orten der dorfhirt weggefallen und das wort* ôr *in vergessenheit geraten. in den Altenaer statuten wird der dem hirten beigegebene* oiherde *mehrmals erwähnt. er kommt da sowohl beim* herden *(kuhhirten), als beim* swênen *(schweinhirten) vor.* ôr *ist stark zusammengezogen aus* ôherde, *worin* ô = *mhd.* ou *secundarius bedeutet; vgl.* oumet, foenum secundarium. *andere westf. formen für* ôr *sind* ouhèr, *bei Firm. I, 182:* auheere.

ör, *ihnen. (Dorsten.) Firm. I, 374.*

orbere, *ertrag. mhd.* urbor.

ọrdel, *n. urteil. auch* urdêl *wird jetzt gesagt.*

ôrden, *einen* ôr *mitgeben. in einer Wetterschen urkunde des 14. jh. heisst es:* It. van einer koe und twe swinen sall men enen dach voden, lonen und orden. *man sieht daraus, dass die zusammenziehung des wortes schon alt ist.*

ọ̈rgel, *n. orgel.* hai es so fett as de kærl am örgel.

ọ̈rgeln, *orgel spielen, orgel drehen.*

ọ̈rgelister, *orgelspieler. K.*

ôrhâne, *m. auerhahn,* urogallus. drop drop, et es en ôrhâne.

ôrkunde, *f. urkunde.* oirkunde, *gebür an gelde, die ein beamter bekommt. Alten. statut.*

ôrlof, *urlaub.*

erloven, *beurlauben:* georlevet. *Alten. stat.* oirloven.

ọ̈rndlik, *1. ordentlich. 2. als adverb auch = wirklich:* ik hewwe mi ọ̈rndlik schẹmt.

ôrosse, *m. auerochse,* urus. dẹn drafste nitt schônen, dat es en ôrosse. *Teuth.* vyross.

ôrsâke, *f. ursache.*

orthe, *f. überbleibsel vom viehfutter. N. Westf. mag.*

ọrtswerk, *n. obst allerlei art. für* owetswerk. *Teuth.* ovet, sift, vrucht.

öschel, *ärger, kummer. (Düsseldorf.)*

ôse, *f. öhr.* hâken un ôsen. *D. spr. 215.*

Oese, *bach im amt Hemer.*

Oesemes-kopp, *eine anhöhe am Oese-tal.* ôsemes *kann hier nur aus* Oesemanns *entstanden sein.*

ôsemund, *m. eine art stangeneisen. auch* ôsemoth. *in einem holl. zollregister von 1326:* sutländ. osemund *oder* osemoth, *der nach* vaten *taxirt wurde.* ôse = ausa, *stange.* muud, moth = *erz. der* wismuth *(für* wizmuth) *enthält eben dieses* muth; *auch* muth *in* muthspelli *wird dasselbe wort sein.*

osse, *m. ochse.* et küamt sik as dem ossen de mẹlke. *spr.:* bat kamme vam ossen mær verlangen, as en stücke rindflêsk. *alts.* ohso.

Össel, *Ursula.*

össen, *den ochsen begehren, von der kuh.*

ossenbẹr, *f. pfund- od. speckbirne.*

ossenkopp, *m. eine sehr haltbare apfelsorte.*

ossenpiäderk, *ochsenziemer. K.*

ossenschaule, *f. in:* du sass nå Basel op de ossenschaule.

ossentunge, *f. eine pflanze, ochsenzunge benannt.*

össig, *den ochsen begehrend:* de kau es össig.

ôst = aust. *(Büren.) mnl.* oyst, oest.

ôsten, *n. osten.*

ôstenwind, *m. ostwind. Bgh. ps. 78:* ostenwindt, südenwindt.

ôsterbrûd, *f. ein geschmücktes mädchen, welches von seinen genossen am 1. ostertage unter absingung eines reimes umhergeführt wurde. man beschenkte sie mit eiern. (Brackel bei Dortm. vor 50 jahren.)*

ôsterhâse, *m. auf ostern werden buntgemalte eier in die hecken gelegt und von kindern gesucht. man sagt ihnen, der osterhase habe sie gebracht. (Büren.)*

ôsterlecht, *n. osterlicht, osterkerze.* strack as en ôsterlecht. *Gr. tüg 20.*

ôsterlike sigge, *f. osterlucei.*

ôsterwẹke, *woche vor ostern.*

ostôrig = âstûrig.

otlich *für* itlich, *jeder.* eyn otlich.

ôtlich, *langsam. alts.* otho, *leicht.*

otte, *f. kuh. (Warburg.)*

ötteken, *n. kühchen.* strô weffe dem öttken giowen, öttken sall us mẹlk giowen, *Ringelreigen.*

otter, *m. fischotter. ags.* oter. *lat.* lutra.

otter, *f. eine schlange,* hûsotter. stinket as ne otter.

otterlaie, *f. fauler tonschiefer.*

of, **ef**, *1. ob. 2. oder, noch:* he kann nitt lẹsen of schriwen. *bei zahlbestimmungen* of = *oder für das ungefähre:* en jâr of twẹlwe = *etwa 12 jahr. vgl.* âwwer. *alts.* oftha. *mnd.* ofte, offt, ift, icht. *engl.* gif, if.

ọ̈fel, *s.* üawel. kainer hẹt so ọ̈fel gedân, hâ woll, hâ hädde wọl gedân.

ọ̈ferkommen, *s.* strâfe.

ọ̈ferfaringe, *f.* = ọ̈wergang.

offermann, *m. opfermann, küster. Lac. arch. VI, 403:* opferman = küster. *Sch. shigtb. 34, 250 und Upst. 1125:* opperman. *Schamb.* oppermann.

ǫwen, ǫwe, *m. ofen. ags.* ofen.

ǫwen, *oben.* he es nu ǫwen drop. *vgl.* è a cavallo, ha vinto.

åwen = oiwen, aüwen. *(Fürstenb.) impf.* owwte.

ǫwendǫr, *f. ofentür.*

ǫwendǫr, *f. die obere tür am bauernhause. sie führt aus der küche in den hof oder garten.* wind vǫr der ǫwendǫr.

ǫweniasel, *m. ofenesel, ein gestell zum holztrocknen.*

ǫwenpîpe, *f. ofenröhre.*

öwer, *præpos. mit dat. und acc., über.* so lange atte *(sc. der leichnam)* öwer êrden stêt. hai es öwer de sorgen *(trunken). H. alts.* obar.

öwer, *adj. übrig.* hai hęt alles för mi öwer.

öwerall, *überall. alts.* obarall.

öwerêrds, *über der erde.*

öwerbâk, *rücklings.*

öwerbên, *n. überbein.*

öwerblîwen, *überbleiben.*

öwerblüffen, ênen, *einen überhauen = verblüffen.* protelare dictis. *einen so anfahren, dass er aus der fassung kommt. engl.* bluff, *grob.*

öwerbullern, *eine sache unordentlich und übereilt besorgen.*

öwerdrag, *m. übertrag.*

öwerdręgen, *1. übertragen. 2. mit sich umhertragen:* de kranke hęt dat lange öwerdręgen.

öwerdrîwen, *übertreiben.*

öwerdûwel, *m. grösserer teufel. spr.:* et es kainen so slimmen dûwel, he hęt sinen öwerdûwel.

öwerdûweln, ênen, *1. einem schlauen einen streich spielen. 2. überfordern, betrügen.*

öwerên, *übereinander.* öwerên smiten, *über den haufen werfen.* öwerên kuomen, *in streit geraten.*

öwerens, *übereinstimmend.*

öwerentsig, *übrigens. eine urk. v. 1651:* das überentzige = *das übrige.*

öwerfalle, *zur befestigung eines hongschlosses.*

öwergân, *übergehn.* se bedraiget ęm, dat ęm de ôgen öwergâtt.

öwergang, *m. leichte krankheit, welche gleichzeitig viele befällt.* et es so en öwergang. *spr.:* et es men en öwergang, sagg de fose, dâ tröcken se ęm 'et fell öwer de âren.

öwerhâlen, *herüber holen.* hâl öwer! *anruf an den fährmann.*

öwerhęr, *allgemein, überhaupt, ganz und gar. F. R. 126 u. öfter. Op de âlle h. 6.*

öwerhiamd, *n. vorhemd.*

öwerhôp (? öwerhôps), *überhaupt. oft hört man das falsche* öwerhaupt.

öwerhǫsen, *pl. gamaschen. syn.* bindstrümpe.

öwerîlen, *übereilen.*

öwerkopps, *bis über den kopf. Müller 21.*

öwerköpsch, *mit den augen spielend. K.*

öwerkuomen, *überkommen, zustossen.*

öwerlagg, *m. überlegung.* dat was en slechten öwerlagg.

öwerlast, *f. überlast. mnl. und R. V.* overlast.

öwerleggen, *überlegen.*

öwerlęsen, *1. überlesen. 2.* de kęrke öwerlęsen = öwer de kęrke lęsen, *eine bekanntmachung in der kirche ablesen, wie sonst geschah. 3.* en kind üäwerliäsen *(dem etwas angethan ist). (Paderborn.)*

öwerlocht, *f. überluft.* vi hett hir öwerlocht, *wir sind hier vor dem winde geschützt.*

öwerlochtig, *vor dem winde geschützt.*

öwerlôpen, *überlaufen.*

öwermâren, *übermorgen.*

öwernęmen, *überwältigen.* dat öwerniomt den mensken gans. sik wǫt öwernęmen, *etwas unternehmen.*

öwerrîpe, *überreif.*

öwerschaiten, *überschiessen, überbleiben.*

öwersêtten, *überstehen:* dat kann ik nitt öwersêtten. *vgl.* je ne traverserai pas cette crise.

öwerslân, *überschlagen.* vi wett mâl öwerslân med flês. en kind öwerslân lâten, *von einem kinde, das auf dem arme getragen wird.*

öwerspênig, *1. knorrig, vom holze. 2. querköpfig, zanksüchtig.*

öwerspraien, *überspreiten.*

öwerstân, *überstehen.*

öwerstellig, *übermässig.*

öwerstülpen, *überrumpeln.*

öwerstülpunge, *f. krankhafter zufall, ohnmacht.*

öwertog, *m. überzug.*

öwertûgen, *überführen.*

öwertûginge, *f. überzeugung.*

öwerût, *überaus.* he es der med öwerût.

öwerfallen, *überfallen.*

öwerflaigen, *überfliegen.*

öwerflaiger, *m. überflieger, ausbund von kopf.*

öwerflaiten, *überfliessen.*

ǫwerflaut, *m. überfluss.* taum ǫwerflaute. *spr.:* et es bętter ênmal in ǫwerflaut, as alle dâge in armaud.

ǫwerflaütig, *überflüssig.*

ǫwerwęg, *überweg.* hai konn nitt med ǫwerwęg.

ǫwerwinnen. wann ǫwerwunnen es de nôd, dann küöiset de dôd.

ǫwerwitteln, *überweissen, übertünchen.*

ǫwes, *n. obst. ahd.* obaz, obez. *mnd.* ovet. *mnl.* oeft, ovet.

owwen = aüwen. *N. l. m. 28.*

P

P. ne p, ne harde p dropsetten, (poena?) *Tappe 84ᵇ:* ich will ein p für das hauss schreiben; *auf schlechte wirte bezüglich. T. nennt es ein westf. sprichw. Danneil:* toef man, dâ will eck di 'n p vâr schriwn. *Eichw. nd. sprichw. 1467:* dar hebb ik en p vör schrewen. *cf. sprachw. 2, 381.*

pâampeten, *rossameisen.* pâ *für* page, *pferd.*

pack, *n. 1. pack, packet. 2. gesindel. syn.* hack, mack.

päckeläck, *pflaumenmus. (Fürstenb.)*

packen, *præt.* pock, packede, *bei Grimme* peck, *ptc.* packet, *1. packen, fassen. spr.:* sorte bi sorte, sagg de dûwel, un pock en schotstênfeger. he hęt ênen packet *(getrunken). 2. packen, zusammenlegen. 3. umarmen, s.* pipen. packen *ist vielleicht syn. von* pipen, *vgl. Teuth.:* packen, cussen. *reflex. 1. sich fassen. 2. sich wegmachen.*

packen, *m. pack, packet.*

päckerigge, *f. gepäck.*

packgârn, *n. bindfaden.*

packhûs, *n. packhaus.*

packnâtel, *f. packnadel.*

päckskeu, *n. 1. packetchen:* en päckskeu tuback. *spr.:* jêderên hęt sin päckskeu te dręgen. *2. windeln:* dat kind es noch im päckskeu.

packstǫwe, *f. packstube.*

packsfâm, *m. bindfaden.*

pâd, *m. pfad. ags.* pädh; *mwestf.* pad.

padde, *f. ? dickwerden der kühe (z. b. auf jungem klee).*

pâderbǫrner, *m. paderborner:* et knem mi mâl wier en pâderbörner int hûs.

padhucke, *f. kröte. (Elsey.)*

pâe, *m. und f. pl.* pâens, *1. taufzeuge. 2. täufling.*

pâenstück, *n. patengeschenk, besonders medaille oder grosse münze.*

pâenwiomel, *m. (Elsey:* pâwiomel), *rosskäfer, H.* pâwioffel, *scarab. stercor. L.* Hänse hett de slèerten ock schoken, fraug de bûr, dâ hadde 'n pâenwiomel sloken. — *für* pagenwibel. *syn. hannöv.* pagelworm, *bei Bevergungen:* päenfist, *bei Grimm, myth.:* powimmel. *vgl.* perrewimmel, perremêner, wâgenpümmel, schitefreater.

pâge, *pferd. (Siedlingh.)*

pâgelôn, *pfau. (Paderborn.)* pagelûne. *(Fürstenb.)*

pâgenknoken, *m. pferdeknochen.*

pâgenkopp, *m. pferdekopf.*

paigen, *kraftlos, erschöpft sein. (Fürstenb.) s.* pêgen.

paisak, *m. bauer, besonders schulte; soll auf dem Hellwege vorkommen; H. sieht darin ein entstelltes* paysan.

Paits, *s.* Peits.

paitsig, *schlau. s.* Peits.

pajas, *m. hanswurst. ital.* bajazzo.

pâl, *m. pl.* pâele, *1. pfahl, 2. keil:* ein pâl driwet den annern. *vgl.* pâlęxe. *3. fig.:* en düchtigen pâl brôd, *ein tüchtiges stück brot. — lat.* palus; *ags.* pal; *ahd.* phal.

pâl, *steif, unbeweglich, fest.* pâl hâllen, *stand halten, stich halten. — ostfr.* pall, *was zu* pâl *und weiter zu* pâl *werden konnte.*

pâlærse, *pl. schläge auf den vor den hintern gehaltenen dreschflegel; eine strafe, welche die zu spät auf die dresche kommende person trifft.*

pâlærsen, pâlærse *geben. — vgl.* pfanarsen *bei Dasyp. s. v.* ars. *Hoffm. findl. 43:* panersen, fuliginea patella nates verberare.

pâlbǫrger, *m. spiessbürger.* bu mâket et de Mendeschen pâlbǫrgers, wann ęu de bûxe op baiden knaien kapott es? se legget ên knai ǫwert annere un oppet hǫwerste settet se den bèrkrans. — *ehemals die ausserhalb der stadt in einer umpfählten vorstadt lebenden bürger; nach andern: diejenigen, welche keine eigenen häuser haben und doch das bürgerrecht geniessen. Fahne dortm. urk. I p. 211:* day pailborgere buten Dortmunde der mochte man wall entberen in der staidt to D. want sey schedelick syn dem gerichte. *Wallr.*

aus einer urk. v. 1103: einge darbie woren landsinsasse veele andere auer palburger, die hie imme lande *(Berg)* geynen heymet hadden.

pælen, pêlen, *1. schwere schallende hiebe austeilen:* he pælde drop. *2. laufen:* he pælde węg. *æl kann hier aus ell entstanden sein.*

pêlen, *pfähle einschlagen.*

pâlęxe, *f. eine grosse axt, welche beim holzspalten den keil* (pâl) *vertreten kann. schwed.* pâlyxa, *grosse axt zum einschlagen der pfähle.*

palm, *m. buchsbaum; vgl.* stechpalme. — *Kil.* palmboom *j.* busboom.

palmappel, *m. apfel, der auf palmsonntag gegessen wird.*

palme, *f. weidenzweig mit kätzchen. (Hemer, Fürstenb.) ostern werden die felder damit gepalmt.*

palmen, *durch geweihte palmen ein feld schützen. die am palmsonntage geweihten palmen werden auf die ecken der äcker gesteckt. (Büderich.)*

palmwiage, *f. weide, welche grosse kätzchen trägt.*

palsken, *durch wasser laufen. Gr. tüg 36. s.* plasken.

palsmen, *m. balsam, minze. (Siedlingh.) ags.* balsminte.

paltsen, *balzen, vom auerhahn.*

pammelig, *lose, nicht geschnürt, schlotterig. — nds.* bammelig; *vgl.* bammeln, bummeln. *syn.* toddelig.

pand, *n. pl.* pänner. *1. pfand:* en pand giewen. *2. einsatz beim spiel, beim kniekern mit bohnen.* en pand bônen *sind zwei bohnen, die nebeneinander aufgepflanzt werden. fig.:* sin lęwen te panne *(aufs spiel)* setten; alles te panne setten. *Sassenchr. 3. teil, stück eines kleides:* vǫrpand, ächterpand. — *mnd.* pant; pand *nr. 3 könnte zu* pannus *gehören; s.* unnerpand, vǫrderpand, ächterpand. rockpand, *rockschoss. K.*

pandeljüde, *m. schacherjude.*

pandeln, *schachern:* te hôpe handeln un pandeln. — *Teuth.* panglen, cuyden, buytten. *ostfr.* pangeln, *trödeln, schachern; hier* g *für* d. *vgl. engl.* pander, *kuppler. ableitung von* pand; *eigentlich tauschhandel treiben.*

pandhûsken, *n. dorfgefängniss. syn.* kanzel. *(Siedlingh.)*

pandlôsen, *n. pfandlösen. reime:* eck stâ hir unner dem balken un löchte as en falken un schine as en swert, si 'k nich en brâven junggesellen werd?

pandschau, *m. pantoffel, von tuchkanten geflochten. —* pannus.

pannsil, *türeneinsatz. — dän.* paneel, *engl.* pannel, *fr.* panneau, *zu* pan, *fläche, stück.*

panne, *f. 1. pfanne. 2. hohlziegel:* dai hęt rôe pannen oppem dâke, *von einem rothaarigen.* he hęt de unrechten pannen oppem dâke. *3. schädel in* hèrnpanne; *vgl. dän.* pande *(stirn), mnd.:* slogen se up ere pande *(schädel, köpfe), vom blutbade in Lüneburg. — lat.* patina.

pannegǫrte, *f. 1. pfannengrütze; uneigentlich für* pannharst. *(Weitmar.) syn.* krôse. *2. in Elsey versteht man unter* pannengǫrte *ein anderes bauerngericht: dickgekochte hafergrütze, die man für den jedesmaligen gebrauch mit schmalz in der pfanne aufwärmt.*

pannekauken, *m. pfannkuchen.* pannekôken. dat verstêt sek am rañk, dat de p. roñk es.

pannekauken-sundag, *m. der erste sonntag nach ostern. (Werdohl.)*

pänneken, *n. pfännchen. fig.:* en pänneken maken, *den mund zum weinen verziehen; von kleinen kindern. vgl. altm.:* dat kind mâkt en schüppken.

pännekenfett, *pfännchenfett.* hä lęwet pännekenfett *= er hat ein gutes kosthaus. vgl. Vilmar:* pännchenfett.

pännen, *pfänden.*

pannenbäcker, *m. ziegelbrenner.*

pannenstert = pannenstiel *im rätsel v. d. elster.*

pannenstiel, *m. pfannenstiel, scherzh. benennung eines kleinen kindes.*

pannharst, *m. (oft gespr.* pannhass), *ein brei aus gehackten fleisch- und eingeweideteilen mit buchweizen- oder weizenmehl vermengt, der in der pfanne geröstet wird. s.* harst.

pänning, *m. pfennig.* wann en pänning am däler fælt, es hai nitt full. *pl.* pänninge *= geld, wie schwed.* penninger. — *ags.* pending; *alts.* penning, *von* pand *(gegenwert).*

pänningblęer, *pl. eine pflanze.* lysim. numul. ? *(Büren.)*

pänningestellen, *n. geldzählen:* guenstag es 't pänningestellen. *vgl. volksüberl. p. 34.*

pännschen, *n. s.* pänneken. *(Berg.)*

pänse, *f. schmerbauch. — holl.* pens. *vgl.* pansen.

pansen, *m. 1. bansen der wiederkäuer. 2. wanst, schmerbauch.* med liegem pansen es nitt guod danssen. hä hęt den pansen full, *er ist trunken. — lat.* pantex, *fr.* panse, *ital.* pancia.

pantel, *unsaubere, unmoralische weibsperson (schlunze), die heimlich sachen verschleppt, vertrödelt, klatscherei und kuppelei treibt. K. vgl.* pandeln.

pantûfel, *m.* (ûf = uff), *pantoffel. syn.* tûfel, lüerschau, pandschau. — *ital.* pantofola, pantufola. *vielleicht entstanden aus* patt, *fuss (vgl.* patte) *und* tufola = tuber *(für* suber, *korkholz), wie* tufola *(diminut. v.* tufo = tuber, *knollen) in* tartufola, *kartoffel steckt.*

pâpe, *m. 1. pfaffe.* bu küamste dà ân? jç, bu küamt der dêwel annen pâpen nitt! bat uase pâpe nitt wêt, dat wêt uose köster. pâpe un hund verdaint çr brôd med der mund. junge pâpen un junge bæren, dä maut me ûtem hûse kæren. *2. die 6 im karnüffelspiel.*

papenkatte = papenpitten, pipenpapen, arum maculatum. *K.*

pâpenmûsche, *f. 1. frucht des spindelbaums,* evonym. europ. *syn.* kattenklâwe, rôkopp. *das holz des baums:* pinnholt. *2. ein viereckiges gebäck mit einem kreuze darauf. (Fürstenb.)*

pâpenpitten, *pl., auch* pittenpatten, *zehrwurz, besonders die blüte,* arum maculatum. *syn.* pittenpâpenpüppkes. — *nds.* pâpenkind *ist entstellt aus* pâpenpint, *hd.* pfaffenbint, *altfr.* vit de prebstre. pint = pitt, pitten *bezeichnet was fr.* vit (vita); 't lçwen, *hier penis. (auch zu Fürstenb.)*

pàpîr, *n. papier.*

pàpîren, *papieren.* he hçt 'ne pàpîrne büxe an. *Paderb.:* wäun einer wo sitt un nich wiäg kumen kann, dann seget me wal: hei hiät en papeyrnen rock anc. *N. l. m. 87.*

pàpîrmçker, *m. papiermacher.* en àllen pàpîrmçker giet en niggen lumpensämler.

pàpîrmüale, *f. papiermühle.*

papp, *m. eine aus papier oder pappdeckel zusammengeklebte mappe. vgl.* pappen.

pappe, *f. kleister, mehlbrei.*

päppe, poppe, *f. brustwarze des weibes.* dat hçt he ût der päppe nitt sogen. behàld se, bit di de päppen ût der fuot 'rutwasset, *an einen verkäufer, der zu viel forderte. — engl.* pap, *ital.* poppa. *Teuth.* borste, bruste, memmen, peppen.

päppel *ein emphat.* äppel *im kinderreim:* äppel päppel *u. s. w. vgl.* ûtpäppeln, täppeln. *zu Usedom:* wan de rauen eppel up dem bome peppeln.

pappen, *kleben mit kleister.*

pappendiekel, *m. pappendeckel.*

päppensucker, *m. zucker, den eine wöchnerin eine zeitlang bei den brüsten zu tragen pflegte, weil man glaubte, dadurch werde entzündung der brüste verhütet. Er wurde nachher bei der taufe dem pastor geschenkt. auch sonst steckten gemeine frauen die zuckerdüte unter das brusttuch und reichten daraus ihren kaffeegästen.*

päppentêmer, *m. der schnürriemen für das mieder. (Soester Boerde.)* — corsett. *(Dortm.)*

pappçrmen, *n. pergament. — mnd.* parment.

pappig, *breiig, kleisterig. auch von schlecht ausgebackenem brote.*

pâpsk, *pfäffisch.* hai es so gâpsk, waun hai so pâpsk wær, dann könn hai prçken.

pâpstoffel, *m. tölpel, tapps. syn.* hültenjàkop.

par, pâr, *n. paar.* en par stiəweln. *bei hochzeitsgästen verstand man unter* pâr: *mann, frau und kind.* pâr àder unpâr, *gerade oder ungerade.*

parchem, *m. park, pferch. — mlt.* parricum, parcum, *ags.* pearruc. *s.* meddelparchem.

pàrêr, *n. schlagbaum.* — barrière.

pærle, pêrle, *f. perle. — ahd.* perala. æ *oder* ei *steht für goth.* ai; *vgl.* mèrle.

part *in* half part, *halb mit! — lat.* pars, *fr.* part.

pàrte, *f. Iserl.* **pôrte**, *f. pforte.* pàrte-in. pàrte-ût. — *lat.* porta.

pàrtern, *oft ein- und ausgehen. — zu* pàrte.

partû, *schlechterdings, durchaus. — fr.* partout.

partûre, *f. teil, mal.* ok drai partûren, *auf drei mal. — anders* partuere *bei Kil.*

pâs, pâst, *m. kleiner knabe von 3—4 jahren.* en pâs vam jungen. *s.* pôst. — *Teuth.* paeds, jong, fent; *ags.* fete, pedes.

pàsch, *m. strauss, blumenstrauss. wäre es hd.* busch, *so fiele auf, dass* busch *sonst* bosch *lautet. — vgl. engl.* posy.

Paschedag, *f. n. gespr.* Pâschedag, Pâskedag = *ostertag. namen der wochentage vor ostern: zu Unna:* palmsundag, mçrgelmondag, krumme dinstag, schêwe guənstag, graine donnerstag, stille frîdag, pàschâwend. — *Hemer:* oldenmondag, schêwen dinstag, krummen guənstag, gr. d., st. frîd., pàschâwent.

pâskai, *n. osterei. — Tappe 146*[b]*:* paeschcyer.

pâsken, *ostern. sonst häufiger als* ôstern. — *Tappe 221*[b]*:* paschen.

päsken, *der wollige pfirsich. K.*

pâskefûr, *n. osterfeuer.*

pass, *m. 1. schritt.* sinen pass gân. *2. wo man hergeht, gang. s.* passgänger. *3. mal:* dat pass. *vgl. Dan. 161. 181. Kerkh.* umb dat pass. *lat.* passus. *holl.* pas. *Teuth.* dit pass, dit mail.

pass, *adj. u. adv. passend, mass.*

pass, *n. was passt. 1. rechtes mass:* dat es van pass. *2. rechter ort, veraltet:* te passe brengen, *zu grabe tragen. v. Steinen II, p. 748:* wird zum dritten male geleutet, dasz man den körper zu passe bringt. *3. rechte zeit.* dat kümmt mi te passe = *gelegen. vgl. dän.* komme til pas *und Mda. III, 431. daraus ging hervor:* äowel (slecht) te passe kuomen, *übel anlaufen und ironisch* te passe kuomen *in demselben sinne. 4. acht, achtung:* giof pass = pass op.

passelain, *n. porcellan.*

passelainen, *porcellanen.* he hęt -'ne passelainen büxe an.

passeläcken, *auch berg., mit weichem ss, 1. laufen, besonders von kindern. 2. stolpern.* se paselackeden rup na 'm klauster. *N. l. m. 27. — Die weichen ss könnten, wie bei* passelatánt *durch die tonstellung hervorgerufen sein, so dass* passe *aus* passare *zu leiten wäre. mir scheint aber ein* baselbacke, paselbacke *verbalisirt; vgl. nds.* pasen, paseln, *unser* baseln *und* sladacken.

passelatánt *in:* för passelatánt *(weiche ss), zum zeitvertreib.* pour passer le temps.

passen, *præt.* poss, *1. passen, anstehen:* dat passet mi nitt. *2. abmessen; vgl.* pässer. *3. warten:* ik passe der op. ik passe, *im kartenspiel. 4. in acht nehmen:* du maus op diu stück passen; *vgl.* oppassen, *aufmerken, acht geben. — ital.* passare, *zu* passus.

passenigge, *f. partie, abteilung, familie:* in düəm hûse wuont 3 passeniggen. — *mnd.* partenie, *M. chr. III, 154:* passenie. *es scheint zu* st *und weiter zu* ss *geworden zu sein.*

pässer, *m. zirkel als instrument, weil er zum massnehmen* (passen) *dient. — holl.* passer, *m. vgl. Mda. I, 95.*

passêren, *begegnen, sich zutragen.* dat kann 'me manne passêren, dä frau un kinner hęt.

passgänger, *im abergl. ein graues tier, welches dreimal um den nächtlichen wanderer geht, der dann bewustlos hinfällt. (Alberingw.) ein gespenstiger schwarzer kerl, der den nächtlichen wanderer auf die ferse tritt. (Breckerf.) ein gespenstiger hund. (Berg.) Holth. bemerkt: „der irgendwo seinen* pass *(gang) hat.“*

passpertánt, *für gleichviel. Grimme. —* passe pour tant.

pastôr, *m. pastor:* wann't oppen pastôr ręant, drüppet eat oppen köster.

padenstücke, pâenstucke, *patengeschenk. vgl.* brûdstücke.

pâter, *m. 1. pater.* pâter giət mi 'n hilgen, ik lêr im èvangilgen! *riefen protestantische kinder dem bettelmönche zu. 2.* = hilgen, *heiligenbild.*

Pâterbǫrn. hä es nà Pâterbǫrn un hǫlt morensâd.

pàtrize, *einfältiges, eigensinniges und dabei nicht hübsches mädchen. K.*

patrône, *f. muster, modell. — mlt.* patronus; *engl.* pattern.

pätsel, *kappe ohne schirm, käppsel. Grimme. — Vilm.* betzel, *f.*

patsig, *anmassend, frech in antworten. — für* parzig, *zu ahd.* parzjan, *wüten.*

pattken, *fuss.* gausepatken. *N. l. m. 33. vgl. fr.* patte.

paul, *m. pfuhl. heute nur als ortsname:* de Paul, *ein trinkbrunnen bei Wiblingwerde, woraus auch die kleinen kinder kommen sollen.* Swartpaul *an der Giebel.* Pragpaul *(im 15. jh.* Prachtepaul) *bei Altena. — ags.* pôl, pûl; *mhd.* pfuol; *die alts. form wird* puol *gewesen sein. Seib. qu. I, 160:* sægepoel.

pâf, *paff, puff.*

paffe, *m. pfaffe. — lat.* papa.

paffen, *dampf hervorstossen beim rauchen.*

pâwe, *f. pfau. — lat.* pavo; *ags.* pâva; *mnd.* pawe.

pâwest, *m. papst. — lat.* papa; *mnd.* paves.

pâwiaffel *i. q.* päeuwiəmel.

pechnen (pechtnen), *pachten.*

pechner (pechtner), *m. pächter. vgl.* pläntner.

pechten, *pachten.*

pedde, *f. kröte. (Hörde, Dortm., Weitmar, Schwelm.) syn.* hucke. — *ags.* padde; *holl.* padda.

peddebûk *nannte man zu Benninghausen den hirtenjungen, der pfingsten zuletzt auf die weide kam. — verderbt aus* beddebûk, bettbauche *d. i. bettseicher.*

peddemęlke, *f. krötenmilch für wolfsmilch,* euphorbia. *(Lünern.)*

peddenbräüer, *m. krötenbrüter, ein vogel, der auf der erde nistet. (Weitmar.) es ist wohl die haidelerche* (hêdmucke), *von der die meinung ging, sie würde nachts zur kröte.*

peddenstaul, *m. pilz. (Hörde, Dortm.) syn.* buckenstaul, bülte. — *holl.* paddestoel.

pêgen, *kraftlos, in agonie sein, sterben wollen.* he pêget bälle, *er stirbt bald.* dann we 'k pêgen! *ein schwur.* — *vgl. alts.* pagan, *Kil.* pooghen, contendere.

pêik, *m. mark im holze. (Paderb.)* — *ags.* pidha; *Teuth.* march of pyt; *engl.* pith (mark); *königsb.* peddik; *altm.* peddik, petk; *oldenb.* peddik; *Kil.* peddick int hont *j.* marck, pit.

pêirk, *m. 1.* = perk. *2. kleiner fisch. s.* pîr. *Z. d. berg. geschichtsv. 6, 23:* villa Perricbeci in pago Boretra (h. Pierbecke).

pek, *n. pech.*

pekedrâd, *m. pechdrat.*

pekedûster, *pechfinster.*

pekfister, *m. schuster (schelte).* — *münst.* pickfister.

pelle, *f. schale, haut z. b. von kartoffeln.* — *lat.* pellis.

pellemelke, *f.* = peddemelke. *s.* pillemelke, pillestand.

pellen, *schälen, die haut abziehen z. b. von gekochten kartoffeln; auch* = schrabben, *von ganz frischen, jungen kartoffeln;* walnüöte pellen, *die grüne schale abmachen. vgl.* schellen *und* fillen. — *engl.* to pill.

peper, *m. 1. pfeffer.* ik hälle so guod minen peper as du dinen sафferân. *2. ein gericht in* hâsenpeper, lolepeper, waulepeper. *3. mus von äpfeln, birnen. 4. fig.: unter* peper un sâlt *versteht man einen schwarz und weiss melirten stoff (engl.* thunder and lightning). *Freytag, n. bilder: die gewöhnlichste farbe ist seit den pietisten pfeffer und salz, wie man schon damals (1750) sagte.* — *lat.* piper, *ags.* peoper.

peperbôm, *m. seidelbast,* daphne mezer.

peperholt, *n. seidelbast.*

pepermüöle, *f. pfeffermühle.* ik hâr 'ne pepermüöle snûwen *u. s. w. lied beim flachsriffeln.*

peperpotthast, *ragout von fettem rindfleisch, Dortmunder leibessen. K.*

perd, *n. pferd.* he arbeidt as en perd. he swettet as en perd. en guod perd blitt oppem stalle. et kuomt te perre un gêt te faute *(von krankheiten).* de perre dä de hâwer verdainet, dä kritt se nitt. hä het sik vam perre oppen iasel hannelt. dà treeket mi kaine hunnerd perre wfer hen. en perd med vêr faiten vertriot sik wol, geswige dann en menske med twêen. me maut de perre nitt ächter de plaug spannen. me maut de willen perre nitt te wit int mûl saihen. hai hor 'ne nitt oppet perd, nè drower = *er rühmte ihn ausserordentlich.* — *mlat.* paraveredus. *pl.* perre, *reiterei.* he het bi de perre dainet.

perk, *pferch.* swîneperk. *(Lennhausen.) syn.* swîneckowen.

perk, pierk, *m. 1. kernwurzel, pfahlwurzel. 2. eiterstock, bündel abgestorbenen zellgewebes in geschwüren; syn.* atterpost.

perreampelte, *f. grosse waldameise.*

perredissel, *f. nickende distel,* carduus nutans.

perrekamp, *m. pferdekamp.*

perrekrûd, *n. wolfsmilch. (Marsb.)* perre — pedde; *s.* peddemelke.

perreküötel, *m. rossapfel, pferdemist.*

perrekümmel = krosselte. *(Forstenb.)*

perremæner, *m. 1. rosskäfer. 2. hirschkäfer.* mæner *für* mærder.

perremærder, *m. 1. hirschkäfer. N. westf. mag. I, 279: „ich weiss nicht mehr, ob* pagensteker *eine hornisse oder einen hirschkäfer bedeutet." 2. grüner laufkäfer. (Kierspe.) 3. mistkäfer. (Halver.) man sagte zu Bollwerk a. V., der laufkäfer heisse* perremærder, *weil er täglich 9 maikäfer umbringe. 9 ist dann runde zahl und* perremærder = *grosser mörder. vgl.* perrenuat.

perrenamen: *Lise.*

perrenuat, *f. grosse walnuss; vgl.* ossenber.

perrestall, *m. pferdestall.*

perrewiamel, *m. rosskäfer. (Hattingen.) vgl.* pâenwiamel.

perrewiapske, *f. hornisse. sieben, meint man, können ein pferd totstechen. (Werl.)*

perât, *fertig.* hai es perât = *er ist trunken.* — *lat.* paratus.

perfors, *mit gewalt, durchaus. schon im 15. jh. war fr.* parforce *fremdwort bei uns, vgl. Seib. qu. II, 306.*

Peits *schrieb sich um 1802 der torschreiber am Wermingser tor zu Iserlohn; daher:* he es so gau asse Peits. *War der mann wirklich schlau? und wenn, so mochte er seinem vorfahr ehre machen, den man der schlauheit wegen so nannte. vgl. ags.* pät, astutia; pätig, callidus; *und.* peit.

Pêter, *1. Peter. 2. penis. vgl.* pêtern 2 *und ostfr.* Peter-Christian.

Pêterken, *n. 1. Peterchen. 2. name für kater.*
pêtermännken, *n. eine alte Trier. münze.* dä es wol so völl as en dubbelt p.
pêtern, *1. am st. Peterstage aus dem dienste gehen. 2. beschlafen. s.* lammern.
pi pi, *lockruf an schweine.*
pi pi, *urin.* pi pi måken. *kinderspr. vgl.* aá, ba bá, da dá.
picheln, *trinken.*
pîdske, *f. peitsche.*
piegel, *m. pfahl, pegel.*
piekel, *f. pökel. — engl.* pickle. *Teuth.* peeckel, solper. *Barmer weist.* pikelherinch. — *Lüb. chron. I, 253 z. 1342:* de tid dat men scholde den haring solten to Schonen.
pielefant, *m. eiserner plattfussleisten der schuster.*
piemmel, *penis.*
piesek, *m. penis. gewöhnlich nur in* ossenpiesek, *ochsenziemer. Seib. urk. III, 370:* ochsenpieszerig, *vgl.* lêwek, lêwerik. *Kil.* peserick, penis.
pick, *m. 1. stich, schlag.* dat es en pick op min bessemôr = *du stichelst. 2. groll, heimlicher widerwille:* en pick op ümmes hewwen. — *fr.* pique.
pickelschen, *n. kleiner besonders runder körper, z. b. kleine kartoffel. — ital.* piccolo.
picken, *1. picken, von vögeln. 2. schwaches schlagen; syn.* kippen. — *nach alts.* stênbikil *(steinhauer) wird es ein alts.* bikon *gegeben haben.*
pickert, *m. ein backwerk von kartoffeln, welches auf der ofenplatte gar gemacht wird. syn.* owenkouke *(Miste) und* gêsek, giosek. *zu* pick, *pech, also küchlein, welches anklebt, anbäckt, vgl. ostfr.* pickerig, *anbackend.*
pil, *m. pfeil.*
pîl, *pfeilgerade.* pil in de lucht. *(Ebbegeb.)* pil in de högte. *(Hattingen.)* pil richtop.
pîle, *f.* = pille, *ente, hängt mit dem lockruf* pill pill *zusammen, nicht mit* peel, *sumpf, pfuhl, so dass etwa* ente *ausgelassen wäre.* pîle : pille = kîle (kelle) : kille. *vgl. Vilm.* bile.
pîler, *m. pfeiler. — mlat.* pilare, *von* pila.
pîlhacke, *f. spitzhacke.* he gêt so strack as wänn he 'ne pilhacke sloken hädde.
pîlhacken, *laufen.* he pilhackede derdör, *er lief durch dick und dünn. s.* backepilen.
pille, *f.* = pile.
pillente, *f. ente, bes. in der kindersprache.* hä kann swämmen as ne bliene p.
pillôse, *f. gelbe narcisse,* narc. pseudonarc. *für* tillöse = tidlöse.
pill pill, *lockruf an die enten; syn.* ant ant!
pillekan, *m.* vogel pillekan, *pelican.*
pîlop, *bolzgerade in die höhe.* pilop schaiten, pilop flaigen.
pîlricht, *bolzgerade.*
piltern, *peinigen, quälen. — ? für* tiltern, *vgl.* to tilt *(stechen), oder mit* foltern *aus* poledrus.
pimpergicht *in:* ik woll datte de pimpergicht kriegest! hęste de pimpergicht? *sagt man, wenn einem eine kleinigkeit fehlt; vgl.* pimpeln, *klagen, nds.* pimpelig = pæpelig, *weichlich.* pimpen = pipen, *leiden, winseln, weinen.*
pimpernelle, *bibernelle. ital.* pimpinella, *ahd.* bibinella.
pimpernellen, *obscoen. im volksrätsel:* ik buffe di, ik puffe di, ik well di pimpernellen, de bûk dä sall di swellen. *auflös.: das bett.*
pimpernnot, *f. pfeffernuss. wol übertragen von der pimpernuss. für* piperoder pepernuat. *vgl. die vorigen.*
pîne, *f. pein, schmerz, weh.* hoffàrd maut pine lien. hä woll wol vör pine de wänne 'rop lôpen. alle weld het sine pine, àwer jèder tassèt de sine. *in zusammensetzungen nicht* smert, *sondern* pine: kopppine, lifpine, tànpine *u. s. f.*
pingel, *f. 1. kleiner gegenstand, z. b. kartoffel; vgl.* pickelschen. *2. kleinlicher mensch:* 'ne pingel = *quängeliges frauenzimmer.*
pingelig, *kleinlich, engherzig; syn.* kwängelig.
pingeln, *läuten. (Paderb.) s.* bingeln. *schwed.* pingla.
pingelte, *f.* = pingel 2.
pînig, *versessen.* he es der pinig op. — *vgl. mnd.* sik pinen, *engl.* to pine for. *Koene Helj. zu* pina.
pînigen, *peinigen.* gepinegde erdäppel, *in der pfanne gebratene erdäpfel. — ags.* pinjan.
pinken, *geld in die höhe werfen; ein spiel.* = picken, *von dem tone der anschlagenden münze. bei Schamb.* pinken = picken.
pinkenlęer, *n. leder von starken kälbern. — Kil.* pinck, juvencus; *holl.* pink, *junges rind; ostfr.* pinkefelle; — hê handelt mit pinkefellen un aalshûden = *er treibt einen trödelhandel.*
pinkeren = picken, *feuer schlagen. (Paderb.)*

pinkestbessem, *m. pfingstbesen. sie werden von den hirten im Lüdensch. zu pfingsten den kühen am horn und am hause befestigt.*

pinkestblaume, *f. besenginster, wird zum bekränzen der kuh gebraucht, welche am ersten auf der weide ist.*

pinkestbrûd, *f. pfingstbraut, ein geschmücktes mädchen, welches auf pfingsten von andern umhergeführt wird; vgl.* österbrûd, maibrûd.

pinkestbund, *n. eine tracht grünfutter, die man am ersten pfingsttage vor sonnenaufgang holt. (Marsberg.)*

pinksten, *pfingsten.* me konn ẹm pinksten nu pâschen saihen = *er war ganz nackt. — alts.* pinkeston *aus πεντηκοστή.*

pinkstfoss, *m. pfingstfuchs, spottname für den, der pfingsten zuletzt aufsteht; früher wol benennung eines fuchses, der pfingsten umhergetragen wurde.* hä schraiede as en pinkstfoss. ik lachede as en pinkstfoss.

pinn, *m. pl.* pinne, *1. pflock.* dat passet as en pinn för 'n suegetrọg. wachte, dà we 'k di wọl en pinn vọ̈r stẹken. *2. pinne, womit der zimmermann die pfosten und balken, der schuster die lederstücke aneinander befestigt.* ût den pinnen sin = *zerrüttet, fig. 3. dorn:* wọrstepinn. *4.* = pint, penis. pinn *geht wie dän.* pind *(z. b.* gniepind) *verbindungen ein, durch welche menschliche eigenschaften bezeichnet werden:* drälepinn, drögepinn, haienpinn, juffernpinn, twiaskepinn, wiatkepinn, wîsepinn. *ostfr.* pinn.

pinn *in:* dat es mi gans pinn, *das ist mir einerlei, das ist mir wurst.*

pinnefull, *ganz voll. — vgl.* to pin up the basket. *schwed.* pinfull af.

pinnen, *mit pflöcken, zwecken befestigen.*

pinnestẹlen, *n. ein kinderspiel.*

pinnholt, *n. gemeiner spindelbaum,* evonym. europ., *so genannt, weil die schuster das holz zu pinnen benutzen.*

pinnken, *n. 1. kleiner pflock.* fürpinnken, *reibhölzchen. 2. gläschen, schnaps; holl.* pintje.

pinnkenspiel, *n. ein kinderspiel: ein bündel pinne wird auf den tisch geworfen; dann gilt es, jeden einzelnen pinn wegzuheben, ohne andere zu erschüttern.*

pinnnägel, *m. nagel zum pinnen.*

pinnsüggel, *f. ahle.*

pinnswẹr, *f. blutschwäre.* pinn = pẹrk.

pinôgeln, *scharf ins auge fassen, visieren, genau besehen. K.*

pinsel, *m. 1. pinsel. 2. penis; vgl. die jägersprache, wo* pinsel *den penis der wildschweine, rehböcke u. s. w. bezeichnet. s.* visitenpinsel. — *lat.* penicillus.

pîp, *m. kuss.*

pîpe, *f. 1. röhre überhaupt. 2. ofenröhre,* ọ̈wenpipe. *3. tabakspfeife. 4. flötpfeife,* flaitepipe. *5. beinröhre an der hose. zusammensetzungen:* markpîpe, *markröhre;* olkpipe, *das röhrige blatt der zwiebel;* ọ̈wenpipe; schallpipe, *angelica, wegen ihres hohlen stengels;* schianpipe; flaûtepipe.

pîpen, *gucken:* bit de häwer pip siat = *bis er sagt: schau, hier bin ich! vgl. fries. (Firm. III, 2):* wan a raagh rippet, wan a berri *(gerste)* pîpet. s. pîp stoppen. pîpen = kîken, p = k; *vgl.* piwit = kîwit. *engl.* to peep.

pîpen, pêp, piapen, *1. pipen, von mäusen, jungen vögeln. 2. pfeifen. 3. leiden, ausstehen, wobei man winselt;* dà hẹt se wir 'ne tîdlang an te pîpen. — *mnd.* pypen, *winseln.*

pîpen, pêp, piapen, *küssen:* he hẹt se piapen *(geküsst).* hat dervọ̈ren es en pîpen un packen, dat giat dernå en biten un krassen. pîpen *(küssen) in einem hiesigen gedichte von 1670. auch bei H.*

pîpendopp, *m. pfeifendeckel.*

pipenkopp, *m. pfeifenkopf.*

pipenpâpen, *pl. zehrkraut. (Elsey.)*

pipenpraüker, *pfeifenräumer, schwächling, kleinlicher mensch. K.*

pîpenprọ̈keler, *m. pfeifenräumer.*

pipenrôr, *n. pfeifenrohr.*

pipenspitze, *f. pfeifenspitze.*

pîpenstial, *m. pfeifenstiel.*

pîper, *m. pfeifer.*

pîperig, *jammerig, vgl.* pîpen.

pîperlings, piplings, *1. strömend, statt tropfenweise in dünnem strahle hervordringend. 2. gerade zu.* 't wâter lôpet ẹm piperlings ût der näse. de swêt es mi pîperlings langs den kopp lôpen.

pîphand, *f. kusshand.*

pîpling, *m. kleiner finger.*

pipp, *m. verhärtung der zungenspitze, pfips der hühner. — K. fastn. 965, 12:* pip. *Kil.* pipse *j.* pippe morbus gallinarum; *vgl. Diez II^c:* pepin.

pipps, *m. 1. pfips. 2. grippe* (influenza), *syn.* russiske pipps, afrikanische pipps. *vgl. Schiller z. tier- u. kräuterb. III, 15^a, wo der* spansche pipp *aus d. j. 1580 erwähnt wird. die gute alte zeit* *p. 920:* „anno 1580 starben binnen 8 wochen an die 134 personen von einer neuen krankheit, da sie heischer und ganz wund worden, darbei kopfwehe und bangigkeit des herzens gehabt. Man nannte dieses übel den spanischen zips." *(Dresden.) von dem berühmten Anton. Scarpa, prof. der anatomie, sagt Maffei (IV. c. XII. p. 231), dass derselbe 1782 England besuchte und als er sich anschickte London zu verlassen:* „fu sorpreso dal così detto catarro russo, malattia contagiosa che desolò tutta l'Europa e che miso in presentissimo pericolo una vita così preziosa."

pippel, *m. penis; vgl. helgol.* pik, pip.

pippmêseken, *n. schwächliches, zartes geschöpf. — Kil.* pimpelmeese, parus minor, parus caeruleus: & metaph. homuncio debilis, imbellis, imbecillis.

pippmêsig, *schwächlich, verzärtelt.*

pip stoppen = kuck hûen.

pipvüagelken, *n, vögelchen, kinderspr.*

pir, pirek, *m. 1. kleiner fisch, fischbrut. 2. elritze; syn.* maipir graes. *an der Burg im Berg.* rümpcher, *im Schwarzenburgschen* grahse. dai es so wise, hä hêrt de pire im wâter hausten un sûht 'et gras wassen. — *Mda. VI, 120:* gräsel, *f. ukelei, schusslauben, der kleine weissfisch* (cyprinus alburnus), *der gemeinste fisch im Bodensee. s.* blaier. *Teuth.* pyr, lumbricus; *Theoph. (Hoffm.)* perink, *wurm; holl.* pier, *wurm; ostfr.* pier, *wurm; Clev.* pier, *wurm zum fischfange. cf.* pëirk.

piren nà wọt, *suchen nach etwas, z. b. fischen nach guten bissen in der schüssel. — braunschw.* piren, *gucken; engl.* to peer; *osnabr.* pirken, *suchen,* pirkejannöckel.

pirk, *m. pferch; syn.* parchem. *(Marienh.)*

pirken, *n. pferchen. (Marienh.)*

pirken, *n. pl.* pirkes, *wurm.*

pirkesland, *n. totenhof.* int pirkesland gån, *sterben. — Clev.* pierekûle = *grab.*

pirsek, *m. pfirsich. — Seib. qu. I, 409:* peyrsek.

pisakken, *1. quälen. 2. in Lüdensch.: prügeln.*

piss, *m. penis.*

pisse, *f. urin; syn.* mige.

pissekiker, *m. scherzh. bezeichnung eines arztes. schon in einem Iserl. hochzeitscarmen von 1670 wird der bräutigam (arzt und apotheker Hartunk zu Siegen)* dei koorte pissekiker *genannt; syn* migenkiker.

pissen, *harn lassen.* ik maut hir màl êrst pissen, dat gêt vọrt danssen. se hẹt im ståen pissen lært = *das fräulein ist in pension gewesen.* sünte Magdalène pisset in de nüate. sik wẹg pissen, *sich weg machen.* êner in den bûk pessen, *eine schwängern. euphemismen für* pissen: pipi maken. dat kind hẹt mi drinkgeld giawen, ik hewe drinkgeld kriagen. *syn.* migen, strullen, bruntsen.

pisserig, *der pissen muss; vgl.* kackerig.

pissewitt, *lockruf für hunde.* bu schriwet sik de rûens? pissewitt (ss *ist weich). das wort könnte compositum sein und ein* pise *(hund, vgl. slav.* pies) *und* wita = allons *enthalten.*

pissewittken, *n. kleiner finger.*

pissmann, *m.*, **pissmännken**, *n. penis.*

pisspott, *m. nachttopf.* pisspötte, *pl. roter fingerhut. (Fürstenb.)*

pistolle, *f. pistol und pistole.* ênem ne sümmersche pistolle wesseln = *einem einen pfennig wechseln.*

pitt, *penis.*

pitten, *prügeln (gelinde). K.*

pittenpåpenpüppkes, *pl. blüten des gefleckten aron. die kinder zu Iserl. hatten einen reim, den sie sprachen, wenn sie diese blüten fanden. s.* påpenpitten *u. d. f.*

pittenpatten, *pl. zehrwurz, besonders die blüte. s.* pîpenpåpen.

Pitter, *Peter.* en drûgen Pitter.

pittmêse(ken) = pippmêseken, *kleiner schwächlicher mensch.*

pîwik, *m. kibitz. (Lüdensch.) vgl.* kriawek *für* kriawet.

pîwip = pîwik. *vgl.* kîwip.

pîwit, *m. kibitz.* du sast op der sümmer haie pîwitte haüen, *wird zu leuten gesagt, die nicht voran kommen, weil sie zu ungeschickt oder zu faul sind. es gilt auch von alten jungfern. vgl. nds.* de bîfitteke *(gänse mit lahmen flügeln)* hoien. — *Kil.* piewitvoghel *fl. j.* kieuit vanellus; *engl.* peewit; *nds.* kliwit *und* tîfittik *(engl.* lapwing). *da nd. auch* tivit *vorkommt, so geht der anlaut durch* p, k *und* t. *das wort ist nach der stimme des vogels gebildet. syn.* kiewip.

plack, *m. pl.* placke, *1. fleck:* en swarten plack. me hett kaine kau bunte âder se hẹt bå en plack. *2. ackerfläche:* en plack klåwer. *3.* = rûenring. *(Siedlingh.)*

plack, *flach:* he fell so plack op de êrde. *vgl.* planus *für* placnus. *s. Gr. Gesch. d. d. spr. s. 397.*

placke (*Dortm.* plaike), *f.* *1.* = plack, *fleck.* (*Fürstenb.*) *2.* = *kluuke.* *3.* = pläcke, *klappe, klatsche. fig.:* ne àlle placke, *ein klatschweib, frauenzimmer von schlechtem rufe.*

pläcke, *f. fliegenklappe; vgl. ags.* plätte, alapa. *s.* pläcken. twê flaigen med êner pläcke slâen.

plackebarwes, *barfuss.*

placken, *plagen;* sik placken.

pläcken, *mit etwas flachem gegen oder auf etwas schlagen.*

pläcker, *platter holzschlägel, waschholz. K.*

plackerig, *wechselnd, vom wetter.* plackerig węer = plackwęer.

plackermann, *m. mann, der sich plagt:* en ackermann en plackermann; God sęre, bai en handwęrk kann, sagg de bessembinner.

plackern, *1. wechseln, vom wetter:* et plackert. *2. plätschern:* he plackert im wâter.

plackert, *m. versehen, fehler. — altm.* placker; *Vilmar:* blacker.

pläckig, *fleckig.*

plackschüllen, *pl. kleine schulden.*

placksniggen, *schneien mit abwechselndem regen und sonnenschein.*

plackwęer, *n. wechselndes wetter, strichwetter (hier regen, schnee, dort sonnenschein).*

pladâks, *platsch, bezeichnet den schall fallender körper:* pladâks stęrtede he hen. — *schwed.* pladask, *osnabr.* kladâts.

pladd, *tuch. (oberes köln. Sauerland.)*

pladden, *m. tuch, lappen.* schüatelpladden. *vgl.* plaggen, ? *engl.* plaid.

pladder, *m. weiche masse, kot. syn.* knatsche, kwatsche. — *dän.* pladder.

pläddérig, *weich.*

plåden, *falten.* geplådt. *fr.* ployer.

plâdern, *flattern. s.* plâren.

plæel, *m. bläuel, waschholz. (Ohle.) syn.* waskebolt. *ahd.* pluel *zu* pliuwan, tundere.

plaggen, *m. 1. lappen. 2. tuch, besonders halstuch:* plaggen giat slünsse. *compos.:* halsplaggen, schüatelplaggen, taskenplaggen. — *Teuth.:* plaggen, vestes attritæ; *Kil.* plagghe *j.* vodde; *Tappe 110*[b]*:* plaggen, *tücher, betttücher; nds.* plagge. *vgl. hd.* flagge.

plâks, *knall und fall.* plâks lag he dâ. ek slaug em plâks int gesicht. *K. s.* pladâks.

plämpen, *verschütten, von flüssigkeiten. — ostfr.* plempen, *ins wasser werfen. vgl.* sik verplämpern.

pländerk, *m. fladen:* kaupländerk. *Grimme.*

plante, *f. pflanze. — lat.* planta.

planten, *pflanzen.*

plänter, *m. 1. setzling. s.* wiegenplänter. wenn de plänter (bôm) es grôt, es de pläntner dôd. *2. pflanzstock, stock zum pflanzen.*

pläntner, *m. pflanzer.*

plâren, plęren, *1. flattern. 2. platschen, flüssigkeiten verschütten. K. — aus* plâdern, pladdern.

plârmûs, *f.* = plęrmûs. *zu* plâren 1.

plass, *m. pl.* plässe. *1. platz, ort, stelle. 2. herrenhaus, herrenhof. — vgl. fr.* place, *für 2 vielleicht lat.* palatium, *mnd.* pallas.

plass, *m. pl.* plässe, *auch* **plats,** *m. pl.* plätse, *ein plattes gebäck, brotkuchen. compos.:* sâltplass, suckerplass. — *für* plattes *von* platt, *oder aus lat.* placenta. *Teuth.* plass gebacken, placenta.

plass *in* te plasse (passe) kuamen: *übel anlaufen:* dai es te plasse kuamen as de rûe te Kalle *(bei Iserlohn). dem hunde, der zu Kalle eine hündin besuchte, ging es ungefähr wie Isegrim R. V. 4, 9. — vgl. R. V.* to plasse bringen; plass *dürfte aus* pass *entstellt und die redensart ironisch sein. sonst sagt man* üawel te passe kuamen.

plassken, *platschen, plätschern. — Kil.* plasschen, palpare aquas, motare aquas. *Schevecl.* plasken; *ostfr.* plassken.

plässken, *n. plätzchen, plattes rundes backwerk. — ostfr.* plettaken.

plåster, *n. pl.* plæsters. *1. pflaster zum heilen. 2. fig.: schlechtes frauenzimmer. — lat.* emplastrum.

plæster, *f. sturzregen; schlechtes weibsbild:* ne liaderlike plæster. *vgl.* plåster 2.

plæster, *m. knittel:* en dicken plæster. — *aus* bæster, *so dass* p *durch eingeschobenes* l *hervorgerufen ward.*

plæstern, plęstern, *1. stark regnen, vom platzregen.* et plæstert. et os am plæstern. et ręgent dat et plæstert. *offenbar ein schallwort. 2. sich herumtreiben, von einem frauenzimmer. K.*

plâte, *f. pl.* plâten, *platte.*

plâtsche, *f. gewöhnlich* grôte plâtsche, *grosses flaches stück. (Marienh.) — vgl.* flâtsche.

plätt, *s.* plett.

plättschen, *plätschern. vgl.* plassken.

plättschnât, *ganz nass. nds.* platschenat.

platt, *flach. ahd.* flaz. *Gesch. d. d. spr. I, 397. vgl.* plack.

platte, *f. stirn, scheitel, kopf:* kâle platte,

glatze. før de platte. måk mi de platte nitt hêt = *mach mir den kopf nicht warm.* es de platte schøren, es ne howedaünne gehøren.

plattlûs, *f. filzlaus.* — *Kil.* platluys.

plattfaut, *m. 1. plattfuss. 2. fusssohle.*

plaug, *m. und f. pl.* pläuge, *1. pflug.* me maut de pęrre nitt àchter den plaug spannen. hai hir den plaug nitt hållen well, dä maut ne in Holland trecken. *auch* plau, *pl.* plaü: wann de hûr wüste, bu guad dat węrmen dæ im mai, hai verbrännte ìagen un plaü. *2. sternbild des pfluges. man sagt, jemand der seinem nachbar abgepflügt, sei an den himmel versetzt, um da ewig zu pflügen. 3. in der redensart:* he slätt twê pläuge med ênem lappen. *? verderbt:* pläuge *für* flaigen, lappen *für* klappe.

plaügen, *1. pflügen; fig.:* med dęm es nitt guad plaügen = *nicht gut auskommen. 2. eine sache stark betreiben.*

plaugline, *f. pflugleine.*

plaugrad *oder* **plairad,** *eine vorrichtung auf dem dachboden eines hauses zum aufziehen schwerer lasten. K.*

plaugstęrt, *m. 1. pflugsterz. 2. ein sternbild.*

plęddern, *1. zerquetschen. 2. flüssigkeiten aus unachtsamkeit verschütten. K.*

plęddrig, *breiartig.* pleddrige soppe. *K.*

plęddernat, *ganz durchnässt. K.*

plęge, *f. pflege.*

plęgedochter, *f. pflegetochter.*

plęgeellern, *pl. pflegeeltern.*

plęgemôr, *f. pflegemutter.*

plęgen; *pr.* plåg, plochte, ploch; *ptc.* plǫgen, *1. gewohnt sein. 2. leiden:* dat kann he plęgen.

plęgen; *pr.* plęgede; *ptc.* plęget, *pflegen, für etwas sorgen.*

plęgevâr, *m. pflegevater.*

plęke, *f. s.* mistplęke.

plengen, *treten, laufen:* herümme plengen. *comp.:* afplengen, inènplengen, verplengen. — *Teuth.* menghen, myschen, plenghen, conficere etc. *Scheveel.* plengen; *nds.* plengen.

plenger, *m. einer der* plengt.

plêr, *kaffeegeschlapp. Gr. tüg 28.* — *nds.* plôr, *m. s.* slǫr.

plęrmûs, *f. fledermaus. syn.* flàdermûs, lęrspecht.

plête, *verloren, weg:* dat es plête. — *aus dem jüdisch-deutschen* pleite *entstanden.*

plêten, *1. processen:* plêten gån. *2. streiten. Iserl. hochzeitscarmen von 1670:* kivet nit, wan tegen avent sik dei brüegam na ju pleite *(sich eure nähe erstreite).* — *Kerkh.* pleit, *rechtsklage;* plêtheden, *processten. Kil.* pleyten, hol. *j.* plaederen, litigare etc.; *mnd.* pleiten, *processiren. man weist es auf* placitum *zurück; aber* pleiten *ist ableitung vom stv.* pliten *(vgl.* verpliaten), *worin* p *sich der lautverschiebung entzog* = *ags.* flitan, certare. *wahrscheinlich ist auch fr.* plaider *ein altfr.* plaidan, *von* plidan *abgeleitet. gab es doch wohl ein alts. adv.* plido *(eifrig, aufmerksam), welches sich verstümmelt in* plîwåren *erhalten hat.*

plett, *pl.* plettern, *tuch. Muster. 65. K. S. 21.* — *s.* snûteplått. *Kil.* plets, segmen, commissura panni.

Plettenbęrger: hat geldt en Plettenbęrger dàler? fiftian stüwer.

pliandrik, *m. dicker brei. (Olpe.)* — *vgl.* plädder, pländerk.

plicht, *f. pflicht. Alten. stat.:* by plicht eres eydes = by vorbuntnisse eres eydes.

plichtig, *c. acc. unterworfen, viel ausgesetzt:* he es dat plichtig, *er bekommt das (übel) leicht.* he es den anflog (den hausten) plichtig. — *mnd.* plichtich *c. genit.*

plinge, *f. mondförmiges backwerk, auch von roggen. syn.* halwe måne. *(Brilon.)* = slinge, *etwas gedrehtes, vgl.* pluaderfett.

plinken, *blinzeln. (Elsey.)* — *Dann.* plinken; *nds.* plinkǫgen; *Reuter II. Nüte.*

plîr, *n. pl.* plîrs, plîren, *augenlid.* — *die aussprache* plîren, *nicht* pliren, *weiset die identität mit* flîren *(hd.* flieder) *ab.* plîr *ist* = plirr, *wie* geschîr = *geschirr, verwandt mit hd.* flirren. *ich denke, das wort bedeutet eigentlich blende, vgl. Gr. d. wb. zu* blerr. *schott.* blear = something that obscures the eye. *vgl. das folgende.*

plîrǫgen, *blinzeln. Wolke 210:* plîrǫgen; *dän.* plire, *blinzeln.*

plîsterhölter, *über die man die zimmerdecke* plistert.

plîstern, *die zimmerdecke mit lehm, mörtel und kalk überziehen.* — *Kil.* plijsteren *j.* placken, crustare, gypsare. *holl.* pleister *(fr.* plâtre) *ist mörtel, gyps, kalk, von griech.* πλάστος.

plîsternägel, *m. nagel, wie er zum befestigen der* plîsterhölter *gebraucht wird.*

plîsterwęrk, *n. deckenputz, wandputz.*

plîwåren, *verderbt* plîwåden, *1. jemanden im auge haben, beobachten. 2. warten (?).* — *vgl.* plêten.

plock, *m. flocke, häufchen:* en plock gras,

wulle, une touffe d'herbe. *syn.* lock. — *holl.* plok *und* pluk, *handvoll; ostfr.* plukk; *engl.* flock.

ploden, pluaden, *pl. siebensachen, kleidungsstücke.*

plöts milliges, *unvermutet.* — *Kantz.* up de plutz, plutzig, *plötzlich. über das verstärkende* milliges *s.* middig allêne.

plotte, *f. stumpfes messer. s.* blote.

pluddern, *von der stimme der gans. Grimme.*

plüdern, *plaudern.*

plücken, *pr.* pluchte, *ptc.* plucht, *pflücken.*

pluederfett = kwabbelfett. *(Deilingh.)* — pluader *für* pludder, *zu* pluddern, *schlottern. anlautende* pl, fl, l *(für* bl), sl *wechseln; vgl.* lęrspecht *für* plęrspecht, plock = lock.

Pluone, *Apollonia.* — *Wallr.* Plöyne, Plönige.

plüone, *f. faules bettelndes weib. vgl.* Pluone.

plûme, *f. pflaume. s.* prûme.

plûme, *f. weiche feder, flaumfeder. (Lüdensch.)* — *lat.* pluma; *fr.* plume; *ags.* plûmfedher; *Kantz.* plume; *Kil.* pluyme.

plümpelings, *plötzlich. vgl.* plumps.

plûne, *tuch. (Miste.)*

plunnermęlke, *f. geronnene saure milch.*

plunnern *für* plundern, *gerinnen, von der milch.*

plünnern, *plündern.* — *Kil.* plunderen, plonderen, *von* plunder, plonder, supellex. *mnd.* plunde, *lappen; olde* plunde, schoplunde. *Brem. chron.* plunderware. plündern *zu* plithan, plinthan, *wie* slündern *zu* slithan, slindan.

plunnerwêk, *breiig, weich, wie plundermilch.*

plunschen, *m. flüssigkeit fallen lassen. (Dortm.)* — *fr.* plonger = plumbicare.

pluntsen = plunschen.

pluntser, *m. ein gerät, um fische zu treiben.*

plurren (pluren), *pl. lumpen, alte kleidungsstücke, alter hausrat.* — *s.* ploden, pluaden, plûten.

plûse, *f. 1. federchen, flitter. 2. quast, troddel, klunker.* — *vgl. span.* pelusa; *fr.* pelouse. *s. Diez s. v.* peluche.

plüssig, *dick, aufgedunsen, vom menschl. körper.* — *vgl.* blasen, blasig, *blouse. Mda. IV, 4. ostfr.* plussig, pluss.

plüstern, *zerzausen, abpflücken und dabei beschädigen.*

plüstrig, *was federchen, fesen verliert.* — *Kantz.* plustern, *zerzausen. ostfr.* plustrig, *zerzaust. s.* verplûstert.

plûte, *f.* = plotte, blote.

plûten, *pl. habseligkeiten, kleidungsstücke.* — *s.* ploden, plurren.

pôbel, *n. pöbel. s.* gepôbel.

poche, *f. pocke, kleine schwäre.* — *ags.* poce, pustula.

pochelrôse, *pæonie. (Siedlingh.)*

pocken, *fig.:* dä hęt gepocket un geriappelt = *der hat viele gefährlichkeiten überstanden.*

pogge, *f. pfau. syn.* pâwe.

poken, pôken, *schlagen, s.* bocken.

pǫl, *s.* huckenpǫl.

pöllhacke, *f. dickes kind.* — *ostfr.* poll, *fett, wohlgenährt, fleischig rund;* hacke, *schwein; vgl.* hagk, haksch, verres. *s.* sik bepollhakken, *sich beschmutzen (wie ein schwein).*

pöllhâmel, *m. eigentlich fetthammel; gewöhnlich* dicke pöllhâmel, *feister mensch.*

politsig, *schlau, verschmitzt, pfiffig.* — *versetzt aus* politisk. *vgl.* mucksig, niadsig, krabüttsig.

politsigkait, *f. pfiffigkeit.*

pǫllen, pǫddeln, *handhaben, betasten, befühlen. s.* pûdeln.

pölsk, *polnisch.*

pölskebock, *m. dudelsack.* — *Kantz. s. 168:* edder mit einer gantzen zegenhut, de alse eine sackpipe was. *von Polen ist in dieser stelle die rede.*

pÿlwen, *stinken.*

pülwen = dölwen; *vgl.* prall, drall.

pommel, *m. 1. rundes ding. 2. oft:* dicke pommel, *von wohlgenährten kindern.* — *zu* pomum, *apfel. s.* pummel.

pöngel, *m.* = püngel.

pöntäckel, *gewöhnlich* dicke pöntäckel, *dicker junge.* — *für* pölltäckel; *vgl.* pöllhacke.

pöppelkrûd, *n. malve.* kattenkæse. — *alts.* pappila.

pöppelwiege, *f. pappelweide.* — *lat.* populus. *Teuth.* popel willighe.

pôse, *f. gänsekiel, pose.*

pôse, *f. 1. pause. 2. eine gewisse arbeitszeit bis zur ruhe:* ik well ink ne pôse helpen. hä werd med drai pôsen beludt. — *lat.* pausa. *syn.* ûtspann. *Teuth.* mail, reyse of pose.

pôsen, *pause machen, ruhen.* — *Teuth.* posen, resten, ruwen.

pôseln, *spielend trinken.* — *vgl. engl.* bezzle, *zechen.*

post, *m. 1. pfosten.* hä smitt ûm de pôste, *er predigt mit nachdruck. 2.* = piark. *s.* etterpost, atterpost.

postelain, *porcellan. Grimme.*

pǫt, *n. 1. setzling. 2. stämmchen, junger*

baum, z. b. prûmenpǫt, rôsenpǫt. — *v. Hövel urk. 29:* pote, *baumpflänzlinge; Kil.* poote, pote, surculus. *s.* pǫten.

pôt, *m. pfütze.* hä vergêt as en pôt wâter, *er schwindet dahin wie eine wasserpfütze, er zehrt zusehends ab.* in Pillinges pôt kamme sik nitt raine waskeu. oppem Pôte *(stadtteil von Iserlohn) hat den namen von einer pferdeschwemme, welche ehemals dort war. — Im ma. galt bei uns die dem hd.* pfütze *lautlich genau entsprechende form* putte; *so urk. ein* hundeputte *in der Hemerschen feldmark; vgl.* kattenpôt *in Iserlohn.*

pôte, *f. pfote. — Kil.* poot, poote, palma pedis; *fr.* patte.

pǫten, *1. setzen, stellen:* ik pǫte mi, *ich stelle mich auf, wird beim königsspiel gesagt, wenn einer sich hinstellt und den letzten wurf abwartet. 2. setzen = pflanzen. — holl.* poten; *engl.* to put; *mnd. nds.* pôten, *pfropfen.*

pǫter, *m. setzer, holz zum pflanzen.*

potit *und diminut.* potitken *hatten sich in der sogen. franzosenzeit eingebürgert, sind aber ziemlich verschwunden. — fr.* petit.

pôtken, poitken, *schwimmfuss der gänse und enten. (Siedlingh.)*

pôts *(auch* pôls) *in:* hai sagg mi kain pôts wârd *= kein sterbenswort.*

Potsdämmer, *m. grosser mann. veraltet.*

pott, *m. topf.* et es kain pott so schêf, et passet en diakel derop. vam âllen potte küamt me annen niggen. et es guad dat se te potte küamt *= dass sie einen mann bekommt.* hä lätt nix te potte brǫnen, *er lässt nichts umkommen.* oppen pott setten, *eine strafe für faule spinnerinnen (auf dem Hellwege). man sagt dafür auch:* oppen dârnbusk, oppen trǫg. — pott *ist hd.* topf *umgesetzt, wie* zote, zante *vielleicht das umgesetzte* dott *ist.* pott *scheint verwandt mit* puteus, putte, *ital.* potta.

pottbäcker, *m. töpfer.*

pottbrẹd, *n. schüsselbrett.*

pottgebûdel, *n. gericht aus graupen und pflaumen. — holl.* potzebeuling, *beutelbrei.*

potthâken, *m. =* kâlle hand. so krumm as en potthâken.

pottharst, *m. auch* potthast, potthass, *stück fleisch, wurst.* en guaden pottharst hært oppet sûrmaus dattet gâr werd. *(Fürstenb.) anderwärts bezeichnet es pökelstücke vom schweine, z. b. schnauze, ohren, füsse. Gr. tüg zu s. 23. — v. Hövel urk. 30:* to eme potharste; *Kil.* potharst *j.* hutspot, caro jusculenta. *Soest. Dan. 99:* potharst. *Schmitz anmerk. dazu. vgl.* harst, hast.

pöttken, *n. 1. töpfchen.* he sûht ût as en pöttken vull mûse. *2. gläschen:* en pöttken fuasel. *3. samenkapsel oder becher bei pflanzen. s.* wiggepöttken.

pöttkesbûl = pottgebûdel.

pöttkeskiker, *m. topfgucker, knicker, geizhals:* dat es en rèchten pöttkeskiker. — *syn.* gǫrtenteller.

pottkęrf ? = pottscherwen. *K.*

pòttlod, *n. reissblei zum schwärzen der öfen. syn.* iserfarwe. — *holl.* potlood, *reissblei.*

pòttloên, *mit eisenfarbe schwärzen. — holl.* potlooden.

pöttschen, *n. kleiner ziehbrunnen:* de klenen kenger kommen ûtem pöttschen.

pottschęrwen, *topfscherben.*

pottschrappen, *n. ausschrappen eines topfes:* et gêt ümme as 'et pottschrappen.

pottschräpper, *m.* **pottschräbber,** *m. 1. einer der den topf ausschrappt. 2. der zeigefinger:* de pottschräbber küamt nitt in den hiamel.

pûllast = bôllast *(Siedlingh.), schwächlicher mensch. K.*

pracher, *m. bettler.*

prachervǫgt, *bettelvogt. K.*

prachern, *geld scharren.*

prachern, *betteln, zudringlich fordern, abdringen beim handel.*

prackesêren, *nachsinnen:* prackesêren es de kunst, sagg de frau, dà satte se den lappen binęwen 't lǫk.

präravêren, *bürgen, haften.* ek präavere dà fǫr, *ich stehe dafür ein. K.*

prain, *m. gerader pfriem. — ags.* preón; *mnd.* preen, *pl.* prene. *Bgh.* preen *für Luth.* stachel.

prâl, *m. geschwätz. K. S. 52.*

prâlbûl, *m. prahlbeutel, schwätzer, prahler. — vgl.* lüagenbûl, windbûl.

prâlen, *1. schwätzen:* prâlen es kain geld. *2. prahlen.* prâl sachte, hett et bier rücken. *(Halver.) — Teuth.* pralen, proten, coeyeren, callen. *Zeller fastn. II. 972[18]* pralen. *wie* drâlen *wol aus* dragalôn, *so mag* prâlen *aus* pragalôn *contrahiert sein; vgl. altn.* bragr, *kymr.* bragal *(Diez s. v.* braire). *vielleicht aber hängt das wort mit* sprâle *(spreche) und so mit sprechen zusammen.*

prǣler, *m. 1. schwätzer. 2. prahler.*

prǣlken, *n. gespräch, geschwätz.*

prall, *gespannt. vgl.* abprallen. prall :

drall = prängen : drängen = prålen : drålen = pölwen : dölwen.

pråme, *f. presse.* olgepråme.

pråmen, *pressen, besonders um obstmus zu bereiten:* bęren pråmen. — *lat.* premere.

prange = prängel: de kaiser well kuəmen med stangen un prangen. *volksr.*

prängel, *m. dicker knittel.* — *Vilm.* brangel. *vgl.* rängeln.

prangen, *drängen:* med prangen un prossen, *mit drängen und trotzen.* — *goth.* anapraggan; *Teuth.* prangen, wrangen, rangen, wrasselen, rasselen, worstelen, ryngen; *holl.* prangen, *drücken, pressen. Theoph. (Hoffm.)* bringen in prank *(drangsal).* prachen *hängt mit* prangen *zusammen. vgl. den wechsel von anlautendem* pr *und* thr.

prängesk, *prunkend. Gr. tüg 19.*

pråteln, *1. von der stimme der hühner, die bald legen werden. 2. von gänsen. 3. plappern, schwatzen. vgl.* schråteln.

pratten, *1. trotzen, maulen, aus trotz nicht essen. fig.: unstätig sein, im rätsel vom besen:* bi dage gėt et fick di fack, des nachts stėt 't in der eck' un pratt. *(Elsey.) 2. frech, unartig werden. Muster. 51.* — *Teuth.* pratten, pruylen, mussitare. *Kil.* pratten, ferocire, tollere animos, superbire. *Kolln. kron.* pradden up, *unzufrieden sein mit. Wallr. s. h. v. vgl. hd.* protzen, trotzen. rotzen. tratten *für* thratten = pratten. *Coln. Herb. d. 14. u. 15. jh. p. 146:* prattede der buschof Dederich op de stat Collen.

prättsch, *trotzend, maulend.* — *nds.* pröttsch. *s.* pratten.

prattwinkel, *m. ort wohin der schmollende gehört. spott oder spass.*

prê, *n. vorzug:* en prė derüt måken, *besondern wert darauf legen, hervorheben, rühmen.* — *lat.* præ.

prê *in:* op min prė, *auf ehre, auf mein wort.* — *zum vorigen?*

prê, *n. aas:* bä tüsket dä hęt en prė åder kritt en prė *(vom pferdehandel hergenommen).* — prė *für* pri. *Teuth.* ayss, prijde, vuylick, cadaver. *Kil.* prije, cadaver, tetrum cadaver; *mnd.* pride; *holl.* prij.

pręke, *f. predigt:* dem bûr es et vanner korten pręke un 'er langen metworst. — *lat.* prædicatio.

pręken, *predigen.*

prękstaul, *m. predigtstuhl, kanzel.*

prempen, *1. fractur schreiben. 2. zierlich schreiben. 3. langsam schreiben. 4. sich zieren, aufschneiden, grosstun.* de mule prempen, *das maul verziehen. K.* — *lat.* premere; *mnd. ostfr.* prenten; *engl.* to print.

prempeln, **prenten** = prempen.

prenken, **priənken**, *prickeln, von geschwüren, unangenehmen mitteilungen. vgl.* prain.

prick, *geschniegelt, schmuck.* 'ne pricke dėrne. *K.* — *Kil.* prijcken holl. *j.* proncken, dare se spectandum. *vgl. engl.* to prik up; *holl.* prijken, *prangen. Weddigen:* brik.

prickål, *m. pl.* prickåle, pricke, petromyzon fluviatilis. — *Kil.* prick, lampreye. *vgl. ostfr.* pricke, *gabel zum aalstechen* (pricken). *Teuth.* negenoghe, eyn vysch geheyten en prick.

pricken, *m.* = sprick. — *vgl.* pracken.

priəkel, *m. 1. zwinge, metallne spitze eines stabes. 2. der mit solcher spitze versehene stab beim fahren auf handschlitten.* — *ags.* prica, *m.* stimulus, punctum; *ags.* pricele, *f.* aculeus, apex; *engl.* prickle; *Teuth.* preeckel; *Kil.* prickel. *huspost. Paul. bekehr. 22 p. Trin. und am guden donnerd.:* prekel.

priəkel, *gefahr. aus* periculum *wurde im nd.* perickel *gemacht, und dieses ward zu* priəkel, preckel, *nicht blos bei jenem knechte, der seines herrn* „periculum in mora“ *zu einem* „de priəkel stäke in der mûr“ *machte, sondern auch in dem Iserlohner localnamen* Preckelort.

priəkeln, *1. mit einem spitzen instrumente stechen. 2. kitzeln, z. b. in der nase:* et priəkelt mi. *3. fig.: beleidigen.* et priəkelt ęm, *er fühlt sich beleidigt. 4. aufreizen.* — *Kil.* prickelen, pricken, stimulare, pungere. *dän.* prikke.

priəmel, *m. 1. kater. 2. eine pflanze,* equisetum; *syn.* kattenstęrt.

prisen, *pr.* prės, *ptc.* priəsen; *preisen.*

prister, *m. priester.*

pristerjehannesland, *n. priester-Johannes-land:* hä maint, he wær im pr. hä lęwet as im pr.

probêren, *probieren, versuchen:* probėren es 'et genauste un låten *(sein lassen)* 'et klaükste un gerå'en 'et beste.

prǫkeler, *m. stocher.* tänprǫkeler, pipenprǫkeler.

prǫkelisern, *n. schüreisen.* — *engl.* poker.

prǫken, *stochern, schüren. K.*

prǫkeln, *1. stochern in den zähnen, im ofen. 2. wühlen in der erde. 3. heimlich hetzen, aufreizen. K.*

prôl, *wort:* opt manus prôl. — *fr.* parole.

propper, *sauber.* — *fr.* propre; *engl.* proper.
pröpperlik, **pröpperlich**, *eigentümlich, eigen.*
prossen, *trotzig von jemand begehren.* — *Kil.* prossen, bullire, ebullire, bulliendo bombum edere. *vgl.* prutzen, trotzen *und* prû.
prostewêren = prossen. — *lat.* prostituere.
prött, *kaffeedrost. V. St. I, 412:* koffeprött, *schlechter kaffee. Frisch:* prut. *s.* prütt.
pröttelig, *brummig.* — *holl.* preutelig. *s.* prüətelig.
prötteln, *1. brodeln, den ton der kochenden speisen hervorbringen. 2.* = prossen, *brummen.* — *holl.* preutelen. *s.* prüəteln.
profentêren, *profitieren, nutzen von etwas ziehen.* — *fr.* profiter.
proffnkeln, *preisselbeeren. syn.* wintergraün, kwinkelte, heidelbeere. *aus lat.* pervinca *entstellt; die preissel bewahrt „siegreich“ ihr grün, wie die* vinca.
profitken, *n. leuchterknecht.* — *fr.* profit.
proffen, *m. pfropf. syn.* stoppen.
prôwe, *f. probe.*
prôwen, *probieren, prüfen, versuchen.* — *lat.* probare; *mnd.* proven.
prrr, *scheuchruf.*
prû, *scheuchruf.* — **tprû**. *Spiel f. d. upst. 1494. vgl.* brunê.
prûdeln, *eine arbeit schlecht verrichten, pfuschen.*
prûdelî, *pfuscherei. K.*
prüəmel, bünsel, *kleines mädchen. K.*
prüətelig, *protzelnd, brummig. s.* pröttelig.
prüəteln, *1. protzeln, brodeln. 2. brummen. s.* prötteln. — *vgl. d. myth. p. 1174. Teuth.* pratten, pruylen.
prüllen, *pl. siebensachen, plunder, allerlei von geringem werte. alliter.:* pötte un prüllen. — *holl.* prul, *f. V. St. I, 412:* pröll, *plunder. nd.* prullen, *pl.*
prûme, *f. pflaume, pfraume.* den prûmen es et ênerlai, bai se iətet, *communist. scherz eines mannes, der sich pflaumen aneignete.* — *ahd.* prûma *vom lat.* prunum; *ags.* plûme; *Tappe 197ᵇ:* prume.
prûmen, *tabak kauen.* — *holl.* pruimen.
prûmenbôm, *m. pflaumenbaum.*
prûmenköter, *m. pflaumenkötter, kleiner kötter.*
prûmenpot, *n. pflaumenbäumchen.*
prûmken, *n. mundvoll tabak:* tidlings en prûmken hẹt me lange wọt vam pund. dä sûht ût, as wänn he nitt prûmken seggen könn = *dumm, einfältig. (Dortm.)*

prünsel, *f. vor der reife vertrocknete oder beim dörren verbrannte pflaumen.*
Prûssen, *Preussen:* dat fällt ôk noch nitt ût Prûssen.
prûst, *f. nase:* glîk slà 'k di med der füst an de prûst, dat di de frẹte im kaustall liət.
prûsten, *1. niesen. 2.* = hausten, flaiten: ik well di wọt prûsten. — *Kil.* pruysten, *sax. sicamb.* sternutare; *köln.* pruisten. *Bgh.* prussen.
pruts, *n. kalb ohne namen. auch* prüts. — *alts.* pruz, burdo; *siebenb. (V. St. II, 814):* prutsch. *vgl.* mütsken, mûsken, zuckkälveken.
prütt = prött. *spr. u. sp. 28. (Dortm.)*
puckel, *m. buckel.* dai hẹt ôk all fiftig oppem puckel. *dasselbe bild im piemontesischen, so dass ein inhumaner arzt einem alten kranken das recept gibt:* feve gavè des ani d'au sul gheub = *lasst euch zehn jahre aus dem buckel schneiden.*
puckeln, *mühsam tragen.*
puckelrôse, *f. centfolienrose. (Balve.) vgl.* pochelrôse.
pucken, *m.* = püngel.
puckern, *pochen, schlagen, vom herzen.* — *ags.* pyccan, pungere.
pucksen, *plumpen, vom schalle, den ein niederfallender körper verursacht. (Soest.)*
puddek, *m. (Dortm.* pûdderk), *1. klump, kloss, pudding:* ẹdelmann âne màlt es en puddek âne smàlt. *2. wurst. (Altena.)* — *vgl.* buddek, engebuddek *und fr.* boudin.
puddeln, *lärmend waschen.* sik puddeln.
pûdel, *m. 1. pudel. 2. fehlwurf beim kegeln.*
pûdeln, **pọllen**, *pudeln:* du maust de katte nitt pûdeln.
puəden, *rühren:* dọrên puəden. = pudden *für* purren.
pûdelnât, *pudelnass.*
püək, *sicher, haltbar:* hai es nit püək, *ihm ist nicht zu trauen. K.*
pülke, **pülken**, *sanft, leise:* pülke antassen. pülken gân. *v. Steinen:* pulke, *sachte.* — *vgl. ags.* pilce. *ostfr.* püske, *pelz, könnte sich zu* pilce *verhalten, wie unser* söske, weske *zu* sölke, welke.
pulle, *f. flasche.* — *lat.* ampulla, *fr.* ampoule.
püllken, *n. fläschchen.*
püllunge, *f. unterlage, ausfüllung, beim zimmerwerke.*
paltern, *pl. lumpen. (Fürstenb.)*
palterig, *unordentlich, lumpig.*

pülterken, *n. ein gespenst (Brilon) = unserm gespenstigen schafe. — vgl. Z. f. d. myth. I, 6:* pulczen.

pülf, *n. pfühl. — lat.* pulvinar; *Teuth.* polw; *ahd.* phulwi; *engl.* pillow; *Wallr.* pulv, *pl.* pulve, *kissen:* einge sieck luike hadden goude pulue, darop sye ihre heufte leggen en konden. *urk. v. 1403.*

pûk, *m. 1. schweinchen. 2. kind:* dicke pûk *(vgl.* dicke pollhacke). *zu Marienh. neben* pûk *auch* purk *und* pûts. — *Teuth.* puggen, ioug vercksken. *im sp. f. d. upst. heisst ein teufel* pûk; *altn.* pûki; *Mörs:* pok = *schwein; dän.* pog; *altm.* polk; *nds.* pôk; *hildesh.* pôk = *kind. s.* lûsepurk.

pûk, *schlecht genähtes. (Siedlingh.)*

pûken, *schlecht nähen.* pûken = pucken = tucken.

pûkrad, *für* pulkrad, *kröte. s.* kradde.

pûl, *sumpf, pfuhl, möglicher weise* puk = *teufel. für* pûk-krad.

pûksad, *ganz satt. —* pûk *ist wol = gespannt, eng; vgl. das verwandte* spucht *und hd.* pauke.

puks = puts. *Grimme K. S.* pux! dà legg! sau pux = *sofort. Op de àlle hacke 24.*

pummel = pommel. *hamb.* pummel, *kleines rundes ding oder mensch.*

pummelsack, *im kinderreim.*

pumpen, *1. wasser pumpen. 2. farzen. s.* puppen. *Kil.* poepen, submisse pedere.

pund, *n. pfund. — lat.* pondo; *ags.* pund.

püngel, *m. 1. pack, bürde. 2. kind, sofern es getragen wird. 3. dicker kleiner mensch. — ahd.* phung; *ags.* pung (sacculus), *nach gesch. d. d. spr. I, 428 aus byzant.* πουγγί; *dän. schwed.* pung; *hist. ged. v. Niederrhein:* leufspung = *unserm* lüsepüngel. *Z.d.berg.g.-v. II, 96.*

püngeln, *mühsam forttragen.*

püngelschen, **püntelke**, *leise, sachte, z. b. reden. ersteres scheint eigentlich mühsam, schwerfällig zu bedeuten, das andere sich an* pülke *zu lehnen. vgl.* pülke.

punk, *stück.* en punken fleisk. *(Paderb.)*

pupen, *küssen.* puphand, *kusshand. K.*

pupp, *m. furz.*

puppe, *f. puppe. — Keller fastn. II, 971[13]:* poppe.

puppelęke, *huflattich. (Siedlingh.)*

puppen, *farzen. s.* pumpen.

puppen, *mit der puppe spielen.*

puppenstrump, *m. stutzer, von Holthaus als Iserlohner ausdruck angeführt, jetzt nicht mehr gebräuchlich.*

puppern, *schlagen vom herzen.* mi puppert dat herte vǫr freude. *K.*

puppert, *m. podex. — holl.* poeperd.

püppken, *n. fürzchen.*

püppken, *n. püppchen:* jeder hęt sin püppken, bà he med dansset.

purk, *m. kleiner junge:* lûsepurk. — *dän.* purk; *ostfr.* purks; *Driburg:* purre, *kleines kind.*

purken, *im staube wühlen, von hühnern.*

purren, *stören, stochern. — Teuth.* porren, reytzen. *Kil.* porren, movere, tendere, moliri, niti, conari, conferre vires, urgere, cogere, compellere. *ostfr.* purren. *vgl.* pudden, pullen, pûlen.

pûseken, *n. im kinderreime:* mûseken pûseken, rättken kättken *und in einem Altenaer* dillenfuck, *wo eine junge dirne so genannt wird. eigentlich kätzchen (vgl. engl.* puss, *holl.* poes), *dann wie engl.* chitten = *junges mädchen. — übrigens ostfr.* pûs, pûske *bedeutet auch cunnus, wie hd.* pusekätzchen. *Wieland II p. 24:* pusschen. *Kil.* poesele, puella, pusa.

pusselen, mingere, *von kindern.*

pûst, *m. hauch:* dat es men pûst in de fûst.

pûsten, *hauchen, blasen.*

pûstentręer, *m. balgetreter der orgel.*

pûster, *m. 1. blasebalg. 2. flinte. Gr. tüg 45. 3. fig.:* dat es en dicken pûster. *Der alte götze Püster wurde als ein dicker jäger dargestellt. Teuth.* puyster, balch.

pûsterdręger, *jäger. Grimme.*

pûstig, *aufgedunsen, gebläht.*

pûte, *f. säuisches weibsbild.* dicke pûte. — *Keller fastn. II, 976[21]:* böse pute. *ital.* putta, *mädchen, liederliche dirne; span.* puta, *altfr.* pute, *liederliche dirne.*

puthai, *schmand, der sich auf gekochter milch sammelt. (Hamm.)*

puts, *1. sofort.* he was puts stille. *2. rein, ganz und gar. — lat.* purus putus. *R. V.* pûr stille; *hamb.* boots, *sofort. s.* pux.

putse, *f. posse, schnake. vgl.* butze.

putsekærl, *m. barbier.*

putsemess, *n. rasiermesser.*

putsen, *1. putzen. 2. reinigen. 3. rasieren. s.* ûtputsen, węgputzen.

putsenmęker, *m. lustigmacher.*

putsig, *possierlich, drollig. — holl.* potsig.

pütt, *n. 1. ziehbrunnen:* dat es en slecht pütt dà me 't wàter ingaiten maut. de wisemoer hęt en brôerken ût dem pütte hàlt. *2. schacht:* kǫlpütt. —

alts. putte; *ags.* pytt, *m. Teuth.* putte. *vom lat.* puteus.

pütten, *wasser aus dem brunnen ziehen:* wâter pütten.

pütthâken, *m. brunnenhaken. — Kil. dafür* putswengel, putsel.

pütthof, *m. hof der einen pütt hat; daher hof- und familienname.* Potthof *ist dasselbe.*

Püttmann, *f. n. — mnd.* Potman, *engl.* Pitman.

püttwâter, *n. brunnenwasser.*

puff, *m. 1. puff, schlag. 2. fig. wie* coup *in* beaucoup: he hęt sik en düchtigen puff slâpen.

puffen, *1. puffen; vgl.* buffen, huffen. *2. prahlen. Kil.* poffen, turgere, grande loqui.

puffert, *m. 1. hefenkuchen. 2. taschenpistol. — holl.* poffertje; *vgl.* puffen 2.

püffertken, *n. kleiner hefenkuchen. syn.* borböskeu.

puffmauge, *f. weit aufgedunsener ärmel. — vgl. fr.* bouffer, *Kil.* poffeu, turgere, *engl.* puffed.

pfaiteka = fitâne. *N. l. m. 26.*

R

Rabaue, *f. graue renette (apfelsorte); syn.* râbône. *holl.* rabauw; *fr.* pomme de rambour, rampo.

rabauenkopp *in:* Nassauer rabauenkopp, *schelte.*

rabaüser, *m.* âlle rabaüser, *altes stück vieh.*

räbbe, *m. rabbi, rabbiner.*

râbône = rabaue.

rabûse, *f. rappuse.* bai sik tüsken de rabûse giәt, dai maut lien datte dertüsken ümkümmt. *vgl. nd.* räpen, rappen, raffen.

rachailen, *c. acc. inire feminam. judendeutsch?*

rachailer, *rachen. vgl. holl.* ragchel, *dicker schleim, auswurf.*

rachterwęg, *rechts.* rachterwęg nâ Büren. *(Fürstenb.)*

racker, *m. quäler; böser, gefährlicher mensch. eigentlich scharfrichter, folterer. holl.* rakker, *zu* recken, torquere; *vgl. engl.* rack, *folter.*

rackern, *plagen, quälen; vgl.* sik afrackern.

rackertüg, *n. rackerzeug (schelte); vgl.* köttentüg.

rad, *n. pl.* râer, *rad.* rad ǫwer rad gân, *kopfüber gehn.* men iak pock int rad, *aber ich brachte ihn zum schweigen. (Altena.)* dem lôpet en rad im koppe 'rüm. dęm es en gued rad vam wâgen flǫgen. dai es 'et fifte rad amme wâgen. *teile des rades:* nâwel, spiken, felgen, ring.

râd, *m. 1. rat. 2. mittel, heilmittel.* ik wêt minem liwe kainen râd, *ich weiss mir nicht zu helfen.* dai wêt râd, *der weiss heilmittel.* tau allen dêlen es râd, wänn ne ëiner män wüste. *(Lüdenscheid.) alts.* râd, commodum.

rader ort, *eine münze der rhein. kurfürsten, albus. V. St. stück XXI s. 1347.*

radde, *f. schweinchen. Ravensb.* ragge, *mageres schwein. vgl.* raiger.

râdhûs, *n. rathaus.* wamme vam râdhûse küәmt, es me altid klaüker, as wanme derheu gêt.

radnâgel, *m. radnagel.* he hęt en rûen mâgen, he kaun radnęgel verdręgen.

radénkauken, *m. (Holthaus) napfkuchen.* rodommkuchen. *fr.* raton. *Barbieux antib. s. v.* raton *leitet das deutsche* ratonkuchen *von* rotunda.

râdsam, *sparsam, vorteilhaft.* dat lecht brient râdsam. *s.* râd.

râe, *f. wabe.* hǫnigrâe. *(Marienh.) vgl.* râte.

râe = rǫne.

râen, *præs.* râe, räs, räd, *pl.* râd; *præt.* raid; *ptc.* râen; *imp.* râ, râd, *raten.* wǫt te râen *vertritt oft das subst. rätsel.* râen ümme, *nach etwas raten. kinderreim:* dâ ik ümme râen sall. — *alts.* râdan (red, ried, rod); *ags.* rædan (reórd, rêd); *mwestf.* râden (reyd).

râgen, *m. 1. raden,* lychnis githago. *2. der same desselben. zu Rheda heisst er* râl = râdel *(pommersch). das* g *in unserer form ist nach ausfall des* d *eingetreten; vgl.* rauge, *ungern. ahd.* rato. *die pflanze hat ihren namen wol davon, dass die in den reifen kapseln enthaltenen samen geschüttelt rasseln. syn.* brôdblaume *(Unna),* viglette.

rai *für* raide, *1. zubereitet, fertig. 2. leicht zu bereiten.* dat es rai sâke. rai, *adv. für* raide, *schnell, rasch. (Herstelle.) 3. trocken.* dat hau es rai. *syn.* rêd. *Seib. 484 s. 627:* reyde maken, *vom heu. ags.* ræde, râd; *mwestf.* reyde. rai *und somit auch* raien *entspringen aus* ridan; *der grundbegriff der be-*

wegung tritt besonders in sik raien *hervor.*

raid, *n. riet. ahd.* hriot; *alts.* hriad *in orten.*, ried; *ags.* hreód; *engl.* reed.

raidstock, *m. rohrstock.*

raielse, *n. die beim einmachen des rübstiels abgestreiften blattteile. vgl.* rendelse. isli = esle = else.

raien, *præt.* redde, *ptc.* red, *bereiten, zurüsten.* vi wellt striəpmaus *(rübstiel)* raien *(abstreifen). mit verschwiegenem objecte:* te potte raien, *kochwerk für den topf zurecht machen, in den topf tun; den topf besorgen. bildlich: in die pfanne hauen.* sess rôwers, dai he te potte red *(3 sg. præs.)* an striəmeln un straimeln. *fig.: aus einander reissen. cf. Vilm.* reien. sik raien, *sich fertig machen, sich beeilen, eilen.* rai di! hai redde sik fudd, *er machte sich eilig weg.* hai redde sik üm de ecke as wanne der Dêwel fręten woll. et red sik nàm middage, *es ist nahe mittag. vgl.* opraien, opraier.

raiger, *m. 1. reiher.* so schręf as en raiger. he befft raigers (geraisede) bêne. wenn de raiger nitt schwemmen kann, dann sall 't wàter de schuld heffen. *vgl.* radde. *2. stock, um die kohlen im backofen auseinander zu scharren; vgl.* ragel *bei Vilmar. ags.* hràgra; *ahd.* reigir; *Tunnic. 880:* reiger.

raigig, *dünnbalgig, von pferden. vgl. das vorige und Keisersb.* ragen. *Vilm.* ràn mager.

raimen, *m. riemen.* vam raimentrecken küəmt de rûe ant lęerfręten. hai trecket am fûlen raimen = *er kann leicht sein brot verlieren.* raimen te bǫrde leggen, *sparen, vorkehrungen treffen. s.* rimken. *das ai schon in einem Mendener hexenprot. vom 1592:* midt ghelen raimen. *alts.* riomo; *Tappe 104*[b]*:* reimen.

raine, *comp.* renner, *superl.* renst, *rein.* dat maut mi raine sin, sagg de frau, dà trock se ne katte ût der kêrne. so raine as en fisk. den strid int raine setten, *den streit schlichten.* êner dau batte dau: raine hand gêt dǫrt gansse land. *alts.* hrêni.

Rainelle, *kuhname.*

rainert, *m. reinfarn, der zum weihbund gehört. syn.* wǫrmkrûd. rainefân, *reinfarn. (Fürstenb.) ahd.* reinefano, *worin* rein *aus* hragin, hregin = eximius *entstand; Kil.* reynvaeren. *vgl. für unsere form die pflanzennamen* golfert, graunert, lunkert, mâdert, *worin* ert = wurt. *alts.* wurt *ist sonst femin.*

rainige, *gemüse. (Paderb.)*

rainsse, *n. was die geburt begleitet.*

rais, *fort.* màk di rais! gå rais! *zu* raisen.

raise, *f. 1. reise. 2 mal.* de erste raise. *Kil.* reyse *j.* mael; *v. Hörel urk. 67:* to twen reyssen *(malen); auch schwed.*

raisen, *1. reisen. 2. sich weg scheren.* rais! *packe dich!* woste raisen! *willst du dich wol scheren!*

raisen, *pl. krämpfe der kinder. vgl. ags.* vràsen, catena, vinculum, *eigentlich was gedreht worden, aus* vrìthan, torquere; *ähnlich lat.* torques *und* tormentum. *daher die hd. formen* freise, freisig, gefraiw, *worin* fr *ein verhärtetes* wr.

raisewęer, *n.* de h. 3 kiənige hett schlecht raisewęer, *wenn in den zwölften schlechtes wetter eintritt.*

raister, *das streichbrett am pfluge. lat.* raster; *ahd.* riostar; *ags.* reóst; *nhd.* rüster, riester, *pflugsterz;* rüsterbrett.

ràk, *m. treffer, zufall.* dat was màl en ràk, datte dęn dràp. *zu* ràken. *vgl. Vilm.* gerach, *n.*

râk, *geruch.* et es nitt ràk of smàk deràne, *die speise hat weder geruch noch geschmack; vgl. ostfr.* gên klak of smak; *berg.* gen kràk of smàk. *dieses* ràk *(altn.* rak) *bietet die nackte wurzel für* rûken *(præt.* rôk), *riechen. diesem wie alts.* ruckian, curare, *liegt ein præt.-præsens* rak *zu grunde.*

ràken, *m. 1. rachen. ahd.* hracho; *ags.* hraca. *2. gaumen. Teuth.* rake in den monde.

ràken, *1. reichen.* ràken nà wǫt, *K. S. 2. erreichen, in seine gewalt bekommen.* ik ràke di doch noch màl; *vgl.* rake ik di enes, du bist dot, *Wigg. 2. scherfl. 49. 3. anrühren. (Paderb.)*

rålen, *aus der substantivendung* rål *gemacht.* „min mann es wat wåren!" sagg et wîf, „et rålt sik so, ik wêt nitt of generål àdder kapperål." *vgl. Fr. Bremer Dalarna p. 72:* „Ja," sa' Käringen, någonting på „ral" var det, och var det inte amiral, så var det korporal.

ràmbôm, *m. baum zur grenzbestimmung.* hramjan *(baumen) bedeutete: durch einen baum oder pfahl die grenze bestimmen, im goth. auch: jemanden an einen baum hängen; vgl. mlt.* adhramire; *mnd.* ramen; *nhd.* anberaumen = *bestimmen; dän.* beramme.

ràme *oder* **ràm,** *m. krampf.* de ràme trecket et, *von kleinen kindern, die im schlafe lachen oder das gesicht ver-*

ziehen. de râm es mi in den arm trocken, *der arm ist mir eingeschlafen.* ik krég den râm in de finger. dat râmentrecken, *krämpfe. ags.* hramma, spasmus; *hort. sanit.* de ramme. *den wörtern* ramp, râme, râmen, rämster, rämstern *liegt* hrimpa, hramp = krimpa, kramp = krimme, *fasse, ergreife zu grunde.*

râmen, *m. ramen. dass dem worte ein anlautendes* h *oder* w *für die ältere form gebürt, lehrt engl.* frame. *Frisch zieht zu diesem* râmen *auch* ramme, *krampf.*

ramm, *m. pl.* rämme, *1. widder. 2. männlicher hase. ein seltenes wort.* alle rämme hett de stiwesten hârne. *ags.* ramm; *alts.* ramm *in* Rammashuvil; *mhd. pl.* remme.

rammbast, *m. 1. die haut eines groben menschen, dann die menschenhaut überhaupt:* du krist wǫt üm den rammbast, *du bekommst prügel. 2. grober mensch:* dat es en rammbast. *eigentlich widderfell; vgl.* bast.

rammeln, *bespringen, von hasen, kaninchen.*

rämmler, *m. rammler, männl. hase oder kaninchen.*

rammsnâse, *f. widdernase, gebogene nase, von pferden. vgl. Vilm.*

rammspank, *ein im schlafe unruhiger mensch.*

ramp, *m. das raffen, rummel.* im rampe kôpen, *in bausch und bogen kaufen. holl.* ramp; *Stinchen von der krone,* ramp = *schicksal, zufall, unglück* b 5[a]: id is eyn ramp; b 6[a]: got geue v rampe dar to.

rampen, *in bausch und bogen kaufen.*

rämsterig, *rauh in der kehle. vgl. ags.* hremman, impedire; *nhd.* remmen.

rämstern, remstern, riamstern, *räuspern. vgl.* rämsterig *und* hemstern.

rämsters, *pl. eisenstangen vor den fenstern. s.* rämsterig.

rand, *m. rand.* ût rand un band gân. ût rand un riogel. *f. r.*

randâl, *m. lärm.*

range, *f. reihe. engl.* range.

rängel, *m.* = prängel, *prügel. im volksreim. der familienname* Wrangel *wird prügel, knüttel bedeuten.*

rängeln, *prügeln; vgl.* dǫr rängeln. *dass das wort einst mit* wr *anlautete, lehrt das Driburgische:* et giwt anner weader, de Isel frangelt *(balgen)* sik.

rängelade, *f. prügeln, prügelsitte, prügelregiment. dieses hybride wort im westf. anz. 1819 sp. 1432:* rengellade.

rank, *m. rank. nur pl.* ränke: ränke un slänke, *fig.: krumme wege. vgl. ags.* vrincau, *woher* vrence, *list, trug.*

ranke, *f. 1. ranke, wie in Bugenh. bibel von der weinrebe. 2. horn, im kinderrätsel:* twê rûe ranken. *von* wrincan, *sich krümmen.*

ranken, *pl.* rangen, *d. i. mutwillige buben. V. St. I, 376.*

ranken, *ranken.*

ranken, *lärmen, geräusch machen, von kindern, die sich balgen. Holth. erklärt: mutwillen treiben. vgl. nhd.* rangen, *herumtoben, lärmen. s.* ranken, *pl.*

ränksterigge, *f. balgerei, lärm, geräusch.*

ränkstern, *1. geräusch, lärm machen. vgl. Zumbr.:* de musik ranksterde daobi. *2. wollust pflegen. 3. rennen.* bei ränksterde ut hius. *(Paderb.) vgl. altm.* reistern : rengstern = feistern : fenstern.

rannen, *laufen.* kann van hir bit nâ England rannen, *kinderrätsel. Kil.:* rannen, vetus fland. *j.* runnen, rannen, currere, fluere.

rant, *m. lippe, maul.* hâld den rant! *schweig. vgl. ahd.* ramft, *nhd.* ranft. *Kil.* rand, boord; *engl.* rant, *wortschwall. vgl.* rantern.

rante, *rad, im rätsel:* twê rôe (rûe) ranten. *anders:* vêr rôe ranten, sâss cummedanten, suick snack, gǫrtesack, râ râ wat is dat. *antw.: fuhrmann mit wagen und pferd. vgl. Kil.* rand van't rad.

rantekante, *radical, ganz. Gr. tüg 56.*

rantern, *schwatzen. K. S. 39. sich herumtummeln, balgen. K.*

räntsel, ränsel, *m. ränzel, bauch.*

rantsen, ransen, *m. ranzen, bauch.*

ransenêren, *laut reden, eifern. fr.* raisonner.

rapp *oder* **rappsâd,** *m. reps. lat.* rapus; *Kil.* raepe; *engl.* rape-seed.

rappel, *m. halbverrücktes betragen.* dai hęt den rappel. *vgl.* rappeln.

rappeldrôge, *so trocken, dass es rappelt, ganz trocken. wenn Heinzerling s. 30 das Siegensche* rôassedrij *als trocken wie eine wabe nimmt, so ist das irrtum; es ist rasseltrocken.*

rappelig, *1. was leicht klappert, weil es niet- und nagellos ist. 2. polternd, albern, halbverrückt. s.* rappeln. rappelig im koppe. *K.*

rappelköpsk, *reizbar, toll.*

rappeln, *1. kloppern; getöse, geräusch machen.* hai rappelt an der dǫr. *engl.* to rap at the door. *2. halbverrückt sein:* dęm rappelt et im koppe. *Teuth.* rappen, ruyschen, insolere, turbulentare. rappen, kerren (strepere) als en doere. sik rappeln, *sich beeilen, hurtig arbeiten. K. cf.* rippeln.

rappschüotel, *f. raffschüssel, schelte für einen gierigen menschen.* rappen, ràpen =*raffen. Soest. Dan. 43:* to hope rappen.

rappeltasche, *schelte.* gousthäir rappeltaske, most den göusen den snabel iutwasken. *(Altenbüren.)*

rår, *1. rar, selten. 2. ironisch: schlecht, wertlos.*

ræren, *1. blöken, selten; ahd.* rêrên, balare. *2. brüllen, vom ochsen (Meinerzh.), von der kuh (Hemer.) 3.* ræren, *schreien, vom esel (Lüdensch.) Aes. 15, 24. R. V.* ràren. *4. weinen, von kindern (Hemer.) ags.* ràrjan; *engl.* roar, rear; *Teuth.* reren, balare, belken als koe, kalver, ossen; crijten. *vgl.* rèren.

råsen, *1. rasen, toben.* bat nitt jung råset, råset àld. *Teuth.* raisen, ontsynnen, doeven. *2. lärmen, von fröhlichen kindern. ags.* ræsan, proruere.

råseln *(Fürstenb.* **råseln***), im delirium sein, phantasieren. Grimm hält* rasen, delirare *für mehr niederdeutsch. Kil.* raselen, somniare ineptias; *Teuth.* raselen, akallen.

råserigge, *f. toben, lärm. Teuth.* raserye, onsynnicheit.

raskeln, *rascheln. (Brilon.) s.* riakeln.

raspe, *f. gitter, welches den grabhügel umschliesst und bedeckt; syn.* raste. *ahd.* raspôn, colligere; *vgl. unser* grapsen *und* respel.

raspel, *f. art feile. Kil.* raspe.

raspeln, *mit einer* raspel *feilen. fig.:* woll op Prûssen 'rümme raspeln. *Kil.* raspen, radere.

rassel = *klinge. (Paderb.)*

rässelk, gerässelk *für* rästlik, *ruhig.*

raste = raspe. *(Dortm.)*

raste, *f. rast.* de rau' un de raste dat es de halwe maste. *alts.* rasta.

råte, råtel, *f. wabe.* ime du maust mi nitt verlåten, ik maut brûken dine råten. *alts.* ràta; *vgl.* råe; *Kil.* ratel *j.* rate, favus.

råtel, *f. klapper, rassel; s.* ręteln. *Kil.* ratel, crotalum, crepitaculum; *Ilich.* råtelding; *engl.* rattle.

rats, *m. rascher schnitt, riss.* in ènem ratse, *auf einmal, in einem zuge. Schamb.* ratsch.

rats af, *rein ab, ganz ab.* rats vǫr dem æse af, *volksreim. Schamb.* ratsch. *offenbar ist* rats *aus* ratt, *schnell (ostfr.), bei Pfeifer Germ. IX:* rad, *entstanden; vgl. ital.* ratto *u. g. d. deutsch. spr. I, 400. der übergang des* t *zu* s *erscheint schon im mnd. Schüren chr. 206:* verrassen, *was er im Teuth.* versnallen, voircomen *erklärt; vgl. auch* rissen, krassen.

ratte, *f. ratte.*

rattenkål, *ganz kahl. Vilm.*

rattenkål, *radical. Vilm.*

rattenkrûd, *n. arsenik. Kil.* rattenkruyd, arsenicum. krûd = *pulver.*

rattenstappen, *m. rattenfalle.*

raue, *f. für* raude, *rute; syn.* rauge.

raue, *f. ruhe.* de rau' un de raste, dat es de halwe maste. se niamt den kinnern de raue, *von einer alten, die für eine hexe gehalten wird. bei Iserl. gilt platth.* rühe. *mnd.* rouwe. *Teuth.* rouw, rast, gemack. *huspost.* ruwe.

raüęten, *n. traueressen, leichenschmaus. (Schwelm.) syn.* raüzech. *Teuth.* rouw, contritio, dolor, penitudo.

rauge, *f. rute; syn.* raue. *alts.* ruoda; *Tappe 18*[b]: rode; *Seib. qu. I, 417:* raude.

rauk, *pl.* röike, *1. mantelkrähe (Lüdensch.) 2. als neckname:* dat es en rauk = *ein* Kiersper; *s.* rǫke. *ahd.* hruoh, graculus; *engl.* rook, *dohle.*

raulüe, *pl. trauerleute, leichengefolge. (Schwelm.) s.* raüęten.

raupen *(alts.* hruopan), *præt.* raip, *ptc.* raupen, *rufen.* raipet de kuckuk alltîd? nè, he raipet kuckuk. so at me iut holt raipet, so raipet et wier herût. he röipet as wenne oppem Breloh stöune. *(Albringw.)* de specht raipet. de stènklinken raupet. raupen üawer, *laut loben:* raupen üawer de węldage. raupen van der kanzel, *proclamieren. spr. u. sp. 27. K. S. 26. alts.* hruopan; *mnd.* ropen.

raut, *m. russ.* so bitter asse raut. et is raut in der küake, *der herr oder die frau des hauses ist übel gelaunt; syn.* räut *(Fürstenb.) ahd.* ruoz; *ags.* hrôt; *Teuth.* ruet.

raute, *f. das mürbemachen des flachses im wasser.* flass in de raute leggen. *(Siedlingh.) s.* rôtelen.

rauterig, *russig.* 'ne rauterige stemme. *f. r. 12.*

raüwe, *f. rübe. Fürstenb.* röiwe. he lett raiwen guəd maus sin, *er drückt ein auge zu. B. W. verlorne son 55:* unde laten rowen beren sin, *und lassen rüben birnen sein. warum steht die* *rübe in diesem rufe? weil sie die wurzel des streits oder weil, wie der kinderreim sagt:* rüben die tun mich betrüben, hätte meine mutter fleisch gekocht, das wäre mir viel lieber. *man s. jedoch den reim s. r.* bedaûwen. in de raiwen bîten, *ins gras beissen.* in de raiwen gân, dǫr de roiben gân, *weglaufen. vgl. ital.* andare ai cavoli. in de raiwen sin. *ahd.* ruoba.

raûwenkamp, *m. rübenfeld. syn.* klödkamp.

raûwesâd, *f. rübsamen.* wîwerrâd un raûwesâd dä geràtt selten. *r. Höv. urk. 112:* roivesaid.

raûzech, *m. leichenschmaus. (Lüdensch.) vgl. ags.* hreóvan, ejulare, dolere. *dafür spricht die Schwelmer form* rîefen. hreóvan *und* hraiv *werden aus derselben wurzel stammen.*

ràwe, *f. rabe. ahd.* hraban; *ags.* hräfen.

rebäll, *lärm.* rebäll slân, *op de àlle hacke 18. fr.* reveille.

recht, *n. recht.* 't recht blitt owen.

recht, *recht.* tem rechten saihen. bat dem ênen recht es, es dem andern billich. wann mi recht es, *wenn ich recht sehe.* dat gêt nitt med rechten dingen tau. recht as of he, *gerade als wenn er; vgl. M. chr. I, 100.*

rechtschàpen, *adv. sehr, recht, tüchtig.* et es rechtschàpen kàld.

reck, *n. 1. entfernung von einer fingerspitze zur andern, von einem pfosten des plankenzauns zum andern. 2. stange, welche eine zaunöffnung schliesst.*

reckdràd, *m. reckdrat.*

recken, *1. reichen.* dat kind recket med baiden hännen dernâ. *2. strecken, z. b. von der wäsche, die man reckt, ehe sie gebügelt wird. goth.* rakjan, extendere.

recken, *m. stange, z. b.* bônenrecken. *vgl. mnd.* rick, *n. stützende stange.*

reckhâmer, *m. streckhammer, eisenhammer.*

reckisern, *n. reckeisen.*

rêd = rai. *(Herscheid.)*

reddigen, *retten.* igen *aus* ien, *altes* jan, *wie nhd.* endigen (entjan) *unser* sędigen (satjan). *ags.* hreddan, eripere.

rede, ratio. myt reden, *mit grunde. Alten. stat.*

redêern, *reden. (Grimme.) holl.* redeneeren, *raisonniren.*

rêdsel, *n. sage, erzählung, besonders solche, die dunkles und unbegreifliches enthält. hd.* rätsel *dagegen* = wǫt te râen. *ags.* rædelse.

regeldétri, *f. regel de tri. præpos.* de *betont und gedehnt.*

rêgen, *m. regen. goth.* rign; *alts.* regan, regin.

rêgenisk, *regnerisch.*

rêgnen, *regnen.* et dait as wann et de gansse weld vull rêgnen woll. wann 't rêgent, werd de süage raine un de mensken driaterig.

rêh, *n. reh. alts.* rê *in* Rêasford.

rêh, *rech, steif, von pferden.* wrig, worig *kann es nicht sein. es gehört zu ags.* rîhan, jungere, *bedeutet also eigentlich gebunden. im 17. jh. die form* rehe. *vgl. Vilm. ? = alts.* hrê *(Köne 4865). aus dem begriffe „steif" erklärt sich das abgeleitete* hrêv. *goth.* hraiv, cadaver.

réids *in:* réids of mân, *bald oder morgen.* bis réids, *bis bald.' in Schwelm dafür:* bis stracks. *nds.* reids.

réiht, *n. recht.* ens werden es en réiht. *(Barmen.)*

rek, *real, repositorium.* schüatelrek, pîpenrek etc. *K.*

rȩk = *ags.* rädic, *wurzel,* radix, *in* mirrȩk.

rȩke, *f. reche, feuerherd. vgl. mnd.* beraken, *zuscharren. dass diesen wörtern ein h gebürt, lehrt* barke = *ags.* race. *vgl.* rȩken.

rȩken, *m.* = rȩke, *herd.* oppem rȩken. *(Siedlingh.)*

rȩken, *1 rechen.* hai ràk (störte) in der aske rümme. du riakes den kummer int land, *fig. für: du rechnest unrichtig. 2. rechnen. imperat.* riak, *præt.* ik ràk. *3. glauben, meinen. vgl. goth.* rika, rak; *ags.* racian; *engl.* to rake up, *zurechen; alts.* rekkjan, exponere. *neben dem st. v* rȩken *hat sich aus dem hd. auch ein schw. v.* rȩkenen *eingebürgert. s.* aurȩken, inrȩken, taurȩken, ûtrȩken, vǫrrȩken.

rêken, *1. reichen. fig.:* he kann wîd rêken, *er ist diebisch. 2. ausreichen, auskommen. 3. c. acc. erreichen.* bà de klainen nitt birêken kunt, dà springet se bi. *ags.* ræcan; *Tappe 91*[b]*:* reicken.

rȩkenbauk, *n. rechenbuch.*

rȩkenmester, *m. rechenmeister.*

rȩkenschop, *f. rechenschaft.*

rȩkenstên, *m. rechenstein, griffel.*

rȩkentâfel, *f. rechentafel; syn.* laige, laie.

rȩkenunge, *f. rechnung.*

rekûnsel, *niere bei kühen und schweinen. (Weitmar.) die tonstelle lehrt, dass entweder ein fremdwort vorliegt, oder composition stattfindet. letzteres ist der fall und könnte das wort durch ein hd.* reiche fett *wiedergegeben werden.* rek *ist sonach stamm von* rêken, *der* *durch seine stellung vor der tonsylbe verkürzten vocal erhalten hat.* unsel *muss fett, talg bedeuten und dürfte die brücke schlagen zwischen goth.* hunsl *und* insel, inselt, *unschlitt. Kil.* unsel, unschlit.

rẹmel, *m. kater;* s. riamelsk. *syn.* priamel *für* primil. *da auch sonst wol* (prängel, rängel, wrangel, vrangeln) pr *für* hr, wr, vr *anlautet, so wird diesem mit* ramm *(bock) zusammenhangenden worte ein* w (h) *abgefallen sein.*

remeltat, *viel lärm um nichts.* dat es ne remeltat! *K.*

remeltüt, *wischi waschi, albernes geschwätz;* s. riameltåtri. *vgl. Kil.* remelen holl. *j.* reven, delirare, ineptire.

reménten, *lärmen, poltern. Vilm., osnabr., Quickb., ebenso ostfr., altm.: nds., Richey* raménten. *' die betonung deutet auf entlehnung; man hat es aus* regiment *herleiten wollen.*

remmeklæter, *m. baumkletterer, baumläufer, baumspecht. wahrscheinlich aus* renneklæter *entstellt, was man sehe.*

remmel, *männliches kaninchen.*

remmeln, *rammeln. K.*

remmen, *die bewegung eines rades hemmen. ags.* hremman, impedire; *nds.* rêmen; *holl.* stremmen. *Teuth.* remmen, stil doen staen.

remmkîe, *f. remmkette.*

rèmpeln, *stossen.*

remster, *m. 1. gitter;* s. råmster. *Teuth.* rempts, gerempt. *2. gallerie in einer kirche. (Weddigen.)*

remter, remster, *gallerie, empore. K.*

rẹmter, *n. refectorium eines klosters. N. l. m. 28.*

rend, *n. rind.*

rendelse, *n. käselab. ahd.* rennisal; *engl.* rennet. *Teuth.* renssel, coagulum. nn *zu* nd *geworden, ein vorgang, der bei der bildung unserer starken verba auf* -nden *statt gefunden haben muss. wie es eine sprachperiode des assimilierens gibt, so hat es auch einmal eine des dissimilierens gegeben.*

rengen, *anderwärts* rangen, *laufen, sich umher tummeln, nur in der redensart* rengen un plengen, *von wilden kindern, die durch dick und dünn rennen. das laufen durch den kot. vielleicht hat sich* rennen *dem* plengen *assimiliert. es mag das wort aber auch mit mhd.* rangen, *engl.* to range *und* rangen *(wilde kinder) zusammenhangen.*

renlik, *adj. und adv. reinlich.*

renlikait, *f. reinlichkeit.* renlikait es dat halwe lẹwen.

renne, *f. rinne.*

rènneklæter, *m. baumkletterer, baumspecht. (Lüdensch.) Holth. verzeichnet* renneukläter. s. remmeklæter. renne *ist assim. aus* rende, *rinde. im ags. (Ettm. p. 257) heisst der apiaster oder picus* rindecliffe.

rennen, *1. laufen. 2. rinnen.*

rentern, *reiten. 1. vom stiere. 2. von kindern auf liegendem holze. vgl.* rauten, *hd.* ranzen, *springen, von der begattung. Frisch glaubt,* ranzen *sei aus* rennen, *holl.* rannen *entsprungen.*

rêp, *1. reif an fässern. 2. seil, nicht so dick als eine toge. 3. ein gewisses ellenmass bei der leinwand. mwestf.* en rep dar men laken mede striket off meitet. *alts.* rêp; *Teuth.* repe; *ags.* râp; *engl.* raip, *messschnur.*

rẹp, *n. 1. traggestell, kiepe, korb; nhd.* reff *(Göthe); Kantz.* reff. *2. hölzerner eselsattel. (Fürstenb.) 3. fig.:* en rẹp vam wîwe.

rêpe, *f. seil. vgl.* rêp, *engl.* rope.

rêpe, *raufe, heuraufe in pferdeställen. K.*

rêpelen, *pl.* röteln, *eine hautkrankheit.* s. rüselen.

rêpen, *flachs raufen, riffeln. K.*

reppen, *eilen. (Weddigen.)*

reppschale, *f. schweberiemen, ein breiter riemen, der die zugketten verbindet und emporhält; er geht über das* sielküssen *hin, auf welches der fuhrmann sich setzt.*

rêpslẹger, *seiler. K.*

rêren, *in menge fallen; syn.* risen, *rieseln.* se rêrt asse brådbẹren. wo wat es då well wat rêren. he es so fromm datte rêrt. *Tappe 145ª* reeren. *unser verbum entstand aus* hrês, *præt. von* hrisan, *verwandt mit ags.* hreosan, ruere, cadere; *vgl. Laiendoctr. p. 79:* resen.

rêschop, *f. gerätschaft. mwestf.* reschap, raschap, ratschap. *Bugenh. act. 27, 19 überträgt Luth.* bereitschaft *mit* reedtschop; *dän.* redskab.

resp, *n. kohlenmass. (kr. Altena.)*

respe, *f. kohlenmass* = ¼ tain. *(im Homburgischen.)*

respel, *f. ein flacher wannähnlicher korb. (Elsey.)* s. risp. *Vilm.* rispe, *f. (im sächsischen Hessen.)*

resten, *1. ruhen.* nå gedån wẹrk es guad resten. *2. mit einem ethischen dativ* sik resten, *ausruhen. alts.* restian, *rasten.*

rẹtel dǫr't kẹrf, *rübstiel. (Iserl.)*

rętelen, *1. rasseln. 2. plappern. mnd.* rettelen; *Rich.* râtelen; *nds.* rætern; *Kil.* ratelen ende snateren, garrire.

rętte lappel, *schlotterapfel.*

rêvebank, *f. die bank, worauf die leiche gelegt wird. vgl. mag. f. Westf. jahrg. 1798, s. 481 ff.*

revêr, *n. revier, bezirk. mnd.* revêr; *ital.* riviera.

reffel, *material zum wandgeflecht, Mont. II, 98b. vgl.* steffel.

rêwe, *f. rebe. Lud. v. Suth.* winravene. *mnd.* ... *deutet zuweilen auf vorhandene brechung ea, so auch in barg, warder. vgl.* riwe *und* hûdrâwe.

rêwestrû, *n. stroh, auf welchem die leiche liegt. goth.* hraiv, *n. leiche; ags.* hræv; *mwestf.* ree *in* reerouf, *leichenberaubung, raubmord. s.* ûtrêwen.

rîbak, rîvebak, *n. der sogen. holländer in papiermühlen zum zerkleinern* (riven) *des stoffes.* bak, *fr.* bac = *gefäss, trog, fähre.*

ribbe, *f. rippe.* ik kann et mi nitt ût den ribben suen.

ribbenlęer, *n. rippenleder, d. i. seite.* int ribbenlęer stôten.

ribbensmâlt, *n. rippenschmalz.*

richt, *gerade; comp.* richter, *superl.* richtest.

richte, *f. gerade richtung.* in de richte. *ahd.* rihte, rectitudo.

richtelpat, *richtpfad. V. St. stück XXI, s. 1356.*

richten, *1. richten.* strenge hærens dâ richtet nitt lange. *2. ersetzen.* schaden richten.

richtop, *gerade auf.* vedder richtop! he gêt so strack, as wenn he en lâestock sloken hädde.

richttau, *gerade zu.*

richtût, *gerade aus.*

richtfâms, *nach der holzfaser, nach der faser.*

Rickes, *Heinrich. aus* Henricus. *vgl.* kölsche Drickes, *worin* d *aus dem* d *von* Henderik. *V. St. III, 194:* Riks.

ridbulle, *m. zuchtochse. (Paderb.) syn.* bûrmann.

ridder, *m. ritter.*

ridderit *im kinderrätsel: wiege.* ridderit hęt lôf edrêgen, driaget nû kain lôf mær, driaget lîf un sêlé. *zu* hrîdan, *schütteln, vgl.* riadern.

riddergaud, *n. rittergut.*

ridderschop, *f. ritterschaft.*

rîdhengst, *m. reithengst.*

ridpęrd, *n. reitpferd.*

rîdûsche, *pl. s.* riadûske.

riad, *m. ritt. fig.:* en riad vǫr hewen, *eine partie vorhaben.* se es oppen riad, *sie ist weg, um mit männern zusammen zu kommen; vgl. ostfr.* ritt, tüveritt.

riadern, *zittern.* he riadert un biawet an allen gliadern. — *ahd.* ridôn, tremere; *ags.* hrithjan, febricitare; *helgol.* reddelken *Ma. III, 28; schwed.* rädas, *sich fürchten. Mda. VI, 1.*

riadûske, *pl. rutfische, besonders die sogen. mundfische, welche zum laichen ziehn und dann scharenweise gefangen werden; s.* ridfische. *vgl. ostfr.* ritt, *laich, froschlaich.*

riagel, *f., auch m. regel.* et es kaine riagel âne ûtnâme.

riegen, *regen.* he kann sik nitt riegen off wiegen. *ahd.* regan; *nds.* rêgen.

riakel, *m. männlicher hund,* rekel. *nach* liapel = lapil *aus* rakil. *altn.* raki; *ags.* räcc. *vgl. fr.* racaille.

riakeln, sik, *sich wie ein hund hinstrecken,* rekeln. *nds.* rækeln.

riamelsk, *brünstig, von der katze, die nach dem kater* (ręmel) *begehrt.* ia *ist weitere durch folgendes* isk *bewirkte brechung; vgl.* priamel.

riameltâtri, *wischi waschi, geschwätz; s.* remeltût.

riamsterig = rǫsterig *2; s.* râmsterig.

rîen, *præt.* rêd, *ptc.* rien, *1. reiten.* he ridt op môers fûalen, *er geht zu fusse. 2. belegen, vom ochsen. ags.* rîdan; *mnd.* rîden.

riape, *f. aus* reppe, riffe, riffel, *raufe, um die flachsknoten vom flachse zu reissen. Teuth.* repe; *nds.* rêpe; *engl.* ripple.

riapen, *1. riffeln, raufen, vom flachse. 2. fig.: riffeln, tadeln. mwestf.* reppen, *F., Dortm. urk. II, p. 207; Teuth.* repen; *holl.* repelen; *engl.* to ripple.

riaper, *m. riffler; syn.* striaper.

riapert, *?* rîpert, *tasche.*

rias, *n. abgefallene ähren; zu* risen. *altn.* ress; *nds.* rêr.

riasel, *m.* = rissel.

riat, *m. riss; zu* rîten.

riaterig, *rissig, zerrissen.* de biaterigsten rûens hett de riaterigsten felle. *Rich.* reterig.

rîge, *f. reihe, zeile.* ad rigas, *der reihe nach, bauernlatein. Gr. tüg.* wier in de rîge brengen, *wieder in ordnung bringen, ausgleichen. ahd.* riga; *ital.* riga.

rîgen, sik, *sich reihen, sich ordnen.*

rigge, *f. 1. brett als teil eines bretterzauns; syn.* schligge. *2. messlatte für*

handwerker. altm. rick. *3. querholz beim fachwerkbaue. K.*
riggen, *reihen, mit weiten, losen stichen nähen. der lange voc. wird durch verdoppelung des conson. compensiert und umgedreht; vgl.* pîle — pille, kîle — kille *(kelle).*
riggelîf, *n. schnürbrust.* hai hẹt en riggelîf.
riggenâtel, *f. nadel zum reihen, zum schnüren.*
riggesken, *n. schmale latte.*
riglèt, *n. lineal. engl.* riglet.
rik, *endung zur bezeichnung des männchens ist mehr oder wenig unkenntlich geworden. beisp.:* ännerk, dûwek.
rîk, rîke, *n. reich.*
rîkdum, *m. reichtum.* rîkdum küemt nitt an den drödden ẹrwen.
rîke, *reich.* rîke lû hett fette katten. rîker lûe kinner un armer lûe rinner dä werd am besten verplẹget. wann de rîken sik können kôpen un de armen verlôpen, dann stürwe nümmes. rîke vâer, rîke möer, rîke blâgen.
Rîke, *Friederike.*
riken, *reich machen. Bugenh. bib. summ.* unrecht gudt ryket nicht. *Tunnic. 154:* ryken, *reich werden.*
rillern = rüaseln, *von erbsen. (Siedlingh.)* to rill, *rinnen, rieseln, laufen.*
rîm, *m. reim. ags.* rîm, numerus.
rîmken, *n.* in rîmkes te bate leggen, *sich für einen zweck vorbereiten, s.* raimen.
Rîn, *m. Rhein.* dat kann us de Rîn nitt afwasken *(blutsverwandtschaft, rechte). satyren u. pasq. I, s. 51:* das wird im nicht abwaschen der Rein. wann dai kain geld hẹt, dann hẹt de Rîn kain wâter.
rind, *n. pl.* rinner, *rind. ags.* hridh.
rindlẹer, *n. rindleder.* dat es so tâh asse rindlẹer.
ring, *m. ring.*
ringel, *m. 1. grosses waschfass, so genannt, weil es rund ist. s.* bûkeringel. *2. steinkohlenmass im Märk.,* 6 ringel = $^1/_3$ *scheffel = 1 einspännige pferdekarre. (Wersmann). V. St. stück XXII, 1525:* wasche ryngell.
ringelbaum, *stange zum tragen des ringels. K.*
ringelbengel = klinge, *hirtenstab mit ringen. N. l. m. 68.*
ringelblaume, *f. 1. ringelblume; syn.* goldblaume, ringelrôse. *2. kuhname.*
ringeldûwe, *f. 1. ringeltaube. 2. etwas seltenes.* dat sid ringeldûwen dä schütt me alle dâge nitt. *3. kuhname. Keller fastn. 957, 10.*
ringeln (en hôm).
ringelrôse = *gefüllte ranunkel. (Siedlingh.)*
rinke, *pl.* rinken, *gewisse drahtsorten:* grọwe rinke, fîne rinke. *s.* grinke *und* rinklẹer.
rinkendrâd, *m. rinkendraht.* ryncken-drait, *Alten. draithordnung.*
rinklẹer, renklêder, *n. riemen mit schnalle als strumpfband dienend. mnd.* rinken, *m. schnalle am gürtel; mhd.* rinke.
rinner, *hinein.*
Rinnernelle = Rindernelle, *kuhname.*
rîp, *m. reif,* pruina. *ahd.* hrîfo.
rîpe, *reif,* maturus. de beste tîd taum haugen es de novembermond, dann es dat holt rîpe.
rîpe, *f. reife,* maturitas. *s.* gẹlrîpe.
rîpen, *præt.* rêp, *ptc.* riapen, *reifen,* de pruina. *im westf. hd. hört man zuweilen:* es hat diese nacht geriffen. *in Lüdensch. hörte ich* rîpet *als ptc. von* rîpen.
rîpen, *reifen,* maturescere. *alts.* rîpon.
rippeln, *eine hautkrankheit; syn.* rêpelen, rüalen, *röteln.*
rippeln, *die röteln haben.* gerippelt un gepocket heffen.
rippeln, sik, *sich schnell fortmachen, sich beeilen. Rich.* sik reppen; *holl.* zich reppen.
ripprapp, *m. necklied auf die einzelnen familien eines dorfes. Grimme, Sauerl. 36. vgl. Firm. V. St. III. ablautende wortbildungen:* gribbel grabbel, harre tarre, hirre tirre. himp hamp, kik kak, klipp klapp, krik di krak, kwik kwak, lipp lapp, pinke pank, pitten patten, pif paf, puf, ripp rapp, sing sang, sip sap sunne, snîder wipp snîder wapp, stimm stamm *(name eines berges im kr. Meschede),* stripp strapp strull, tri tra trull, fixe faxen, fikfackerigge.
ripsk, ripsch, rips, *entzwei, verloren.* et es rips. *in einem kindersp. bezeichnet* rips *den büttel oder stockmeister. man leitet es ab von den buchstaben* R. J. P. S. — Hẹrmen Tüdderholt was bî de saldâten wẹst un kọrtens wier nà hûs kuamen. dà gête màl med siner fröndskop oppen kẹrkhof. se bekîket de likenstêner un Hẹrmen baukstavêrt wat droppe stêt. se kuamet ok an ênen med dem namen Pêtrus Fix un derunner stêt R. J. P. S. (requiescat in pace sanctorum). sûh, siat he, köster Pêtrus Fix is ôk r i p s, dat

lęse 'k bir oppem stêne. dai is also storwen, der wile at ik in Potsdam węsen sin.

rîs, *m. reis*, oryza.

rîs, *n. 1. reis. ahd.* hris. *2. ries (unrichtig riess) = 20 buch papier. eben so führen fr.* rame, *engl.* ream, *ital.* risma *auf zweig, reis. vgl.* hrisan, *sinken. Tappe* 9ᵃ: ryser = *wald.*

rîsbrî, *m. reisbrei.* rîsbrî un dà nix bî, dat mag der swęrder ęten.

rische = vrasen. *vgl. ags.* risk, *binse.*

rîsen, *præt.* rês, *ptc.* riasen, *niederfallen, rieseln.* de niawel riset; *vgl. nhd.* das laub es wird bald riesen. *ahd.* risan, cadere, pluere; *Teuth.* rijsen, afvallen, *aber auch* rijsen, verrijsen, opstaen. *spr. u. sp. 3:* hör y uit rysen sprink an sprink. *die wurzel* hras *drückt bewegung aus, welche auf- und niedergehn kann, wie ähnlich* sigan (sêg) *im Helj. nicht blos niedergehn, sondern auch gehn überhaupt bedeutet. ich meine auch einmal bei uns* ,dat rês in de locht' *gehört zu haben.*

rîsen, *præt.* rês, *ptc.* riasen, *pfropfen. hier ist einmal ein denominativum (von* hris, *reis) zur starken conjugation gezogen.*

riskeln = rispeln. *(Brilon.) s.* raskeln, baskeln.

rispeln, *rascheln.* im strô rispeln.

risp, *n. flacher, länglicher korb für wäsche. (Brilon.) s.* respe.

risse, *pl. schläge. vgl. Vilm.*

risse, *pl. spässe; syn.* âpen. *vgl. witze reissen, zoten reissen. auch thüring.* risse = *witze, sprachw. I, s. 362.*

risseln, *rieseln, fein regnen. (Siedlingh.)*

rissen, *ritzen. vgl.* stênrisse *(für* stênritse), spelunca, spisse *(für* spitse).

rissel, *m. mit doppelt weichem s, zerrissenes, fetzen. gewöhnlich sind verbunden* risseln un bisseln (riaseln un biaseln). *nach* triasel *ist* biasel *wol* = rindsel; *vgl. engl.* to rend; *ags.* hrendan.

rîsten, *m. reiste, bündel (handvoll) flachs. zu Fürstenb. machen 120 einen* bôten (bauten). *Teuth.* rijst, henneps off vlasses, roca; *ahd.* rista (?); *nds.* riste, *m.*

rîten, *præt.* rêt, *ptc.* riaten, *reissen.* dat ritt int gelt, *das kostet viel. alt.* writan.

riterigge, *f. reissen.* riterigge am krâgen. *(Turk.)*

ritmoll = êrdhund.

ritmûs = êrdhund. *(Kalthof.)*

ritse, *f. ritze. vgl.* bitse *für* bitte.

rifhännig = rîwe. *Grimme.*

rîwe, *adj. und adv. flott, verschwenderisch. mit anspielung darauf:* en dǫrslag un 'ne rîwe es nitt guad bi ne wîwe. en rîfen klaüer. *ags.* ryf, frequens; *engl.* rife, *häufig, herrschend; über die schott. endung* rife *Fiedl. engl. gr. s. 198; schwed.* rifwa; *Claws Bûr:* rive. *v. Hövel urk. grabschr. auf Peter Wiese zu Dobberan:* dat hefft he rieve in sinem dode bewesen; *Detm. I, 30:* he vorgaf rive prelaten unde vorsten. *Kil.* rijve *j.* rijf, largus.

rîwe, *f. reibeisen. Teuth.* ryve dair men wat op ryft.

rîwe, *f. 1. same vom hederich. 2. vogelwicke, welche um das getreide rankt. vgl. ags.* ræfan, fasciis involvere; *ital.* refe *(zwirn) und hd.* rebe.

rîwen, *præt.* rêf, *ptc.* riawen, *reiben. s.* vrîwen. *Teuth.* ryven.

rô, *roh. alts.* hra, *das* a *dieser form ist ein* â, *wie in* la, brad, kap = lô, brôd, kôp; *ags.* breáv; *Teuth.* roe, ongare, woest, rap.

rôbestig, *rohbalgig oder rohbestig (von* bestia), *von kühen* (kaubêsten), *die sich schwer behandeln und melken lassen.*

röchel, *n. amtskleid des kath. priesters. Teuth.* rochlen, choyrcleit.

röchtern, *rufen. Teuth.* rochlen, roepen, cryten.

rock, *m. pl.* röcke, *rock.* et sött wol röcke giawen, wann ik lange dôd sin. *s.* kàld. *ags.* rocc; *fr.* froc *weiset auf* wrok; *Teuth.* rock, eyn cleyt.

röckelken, *n. kleiner spinnrocken.*

rockeltenstock, *m.* = disten. *(Asseln.)*

rocken, *m. spinnrocken.* flassrocken, wergrocken. *(Marienheide.)*

rockenklüppel = disten, disselstock. *engl.* distaf.

rockenfaut, *pfaffenhütchen.* evonymus europ. *der name* rockenfaut *wird* = spindel, spille *sein.*

röcksken, *n. deminut. von* rock.

rôd, *rot.* rôe hâr un ęrlenholt dä waset selten op guadem grunne. rôe foss om loke med sinem schêwen schoken, med sinem krummen finger bat kan de dûwel springen. so rôd as en kriaft. so rôd as en backǫwen. *Grimme.* ik sin im rôen lanne geboren, *auf der roten erde, in Westfalen.* dat rôe wêh, *die rote ruhr. Vilmar s. v.* rûre: die krankheit (dysenteria) biess das rote *(sc.* scheissen). *noch jetzt hört man diese bezeichnung, wie sie schon bei Alberus vorkommt:* „dysenteria, das blut, das rot." de rôe soppe = *das blut. alts.* rôd.

rôdbörstken, *n. rotkehlchen.*
rôde, *(hässlicher, ruppiger) hund. (Elberfeld.)*
rôdhenne, *f. kuhname, rote kuh.*
rôdleke, *f. sauerampfer. s.* leke.
rôdlich, *rote schafsgarbe,* achillea millef. rödlich *(besser* rödlik) *ist compositum mit* lik *für* leke, *was jede saftreiche pflanze bezeichnen kann. Rich.* röhlke, millefolium; *helgol.* rölk; *dän.* röllike; *Goldschm. volksmedic. 146:* rohlei *oder* rohlegge (achill. millef.) *so genannt, weil die blätter am rande etwas umgerollt sind? im altm.* rêlitz *entspricht* itz *unserm* ik, *vgl.* quitz *für* quicke.
rôdlôwerk *(rotlerche), eine schelte.* du stive rôdlôwerk. *(Arnsberg.)*
rôdmod, *nasser eisenschüssiger tonboden. ahd.* rôtmulti.
rôdnâbel, *m. roter storchschnabel,* geran. Robert. nâbel *oder* nâwel = snâwel. *schwed.* storknäf.
rodöge, *n. rotauge, ein fisch. in folge der compos. ist der vocal von* rôd *verkürzt. Teuth.* roitoghe, voern eyn visch.
rôdsâd, *f. 1. eine rumexart. 2. leindotter. Grimme.*
rôdschimmel, *m. 1. rotschimmel. 2. kuhname.*
rôdstrunk, *m.* = rôdsâd.
rôdwämmsken, *n. rotwämmschen = teufel. (Paderb.)*
rôe, *n. das rote, blutharnen der kühe. s.* gôe.
rôen, *roden, reuten.* ærappeln rôen, *kartoffeln ausmachen. (Weitmar.)*
rôgelken, *n. eine art weissbrot. vgl.* rogen, *fischrogen, rogenstein. berg.* röuelsches, *pl.*
rôgen = riogen. he kann sik nitt rôgen of wiogen. *R. V.* rogen, *regen, rühren; Keller fastn. 967, 22:* rögen = *rühren; Bgb.* syck rügen.
rogge, roggen, *m. rocken.* de rogge es all so höge, dat sik de kraigen drin verhûen könnt. *alts.* roggo; *Tappe* 31[b]: rogge. *von Westfalen, die ein wenig sprachgefühl haben, hört man oft das richtige hd.* rocken *statt des gebräuchlichen* roggen.
roggenblaume, *f. kornblume.*
roggenniotel, *bl. kornblume. (Siedlingh.)*
roggenschiop, *n. roggenschiff.* gêt en roggenschiop af, dann kümmt en waitenschiop wier.
rôk, *m. rauch.* 't flês hänget im rôk. *alts.* rôk; *mnd.* rôk.
rôkbüon, *n. kammer zum fleischräuchern über oder an der küche. syn.* esche.
rôke, *f. pl.* rôken = rauk.
rûkels, *unreinlich, garstig. (Remsch.)*
rôken, *rauchen. ags.* rêcan.
rôkerig, *räucherig, rauchicht.*
rôkern, *räuchern. alts. wohl auch* rôkelen, *vgl.* rôkelwide.
rôkesteppen, *pl. stielmus. (Altena.)* rôke = röiweke, *rübchen;* stepp = *stengel, stiel. syn. von* steppen *ist* kiole. *(Marsberg.) s.* rüstepitten.
rôkhâne, *m. hahn, der den brautwagen ziert. (Deilinghoven.) es ist wol aus* rôdhâne *(roter hahn) entstellt, weil man vermutlich für den brautwagen einen roten wählte. der zinshahn* (rôkhâne) *veranlasste den umtausch. vgl.* en kopp krîgen as en tinshan *(roter hahn).*
rôkopp = rôdkopp, *frucht des spindelbaums,* evonymus europ., pinnholt; *syn.* kattenklâwe, pâpenmütsche, rockenfant.
Rôks, *Rochus.* Sünte Rôks.
rôlink, *ausschlag am munde.*
rolle, *f. 1. rolle. 2. eine art wurst, rollsülze. 3. kleines wasserwerk für drahtzieher* (drâdrolle) *und schleifer. 4. rad im rätsel:* vêr rollen, vêr stollen, in der midde en dicksack *vom wagen.*
rollen, *1. rollen.* en rollenden stên settet kain moss. *2. in brunst sein, von sauen. vgl. Ma. IV, 118. Vilm.* rollen.
Roller, *name eines hundes. s.* rollen 2.
rollert, *m. dicker knicker beim* küningesspiel. *(Deilingh.)*
rülls, rüllsk, *brünstig, von sauen; syn.* bærsk.
rôm, *m. ruhm. alts.* hrôm.
rômen, *rühmen.* dat kann 'et rômen verdrêgen. *alts.* hrômian.
rômer, *pl.* rômers, *eine art weinglas. im anf. des 16. jh. lautete zu Soest der pl.* romeren. *engl.* rummer.
rönd, *n. rind. (Marienh.) holl.* rund; *s.* rind. *alts.* runth *in* Runthesbornan.
rone, *f. dürrer ast oder stamm. (Marienh.) syn.* râe. *vgl.* done = duone, woueu = wuonen. *?* roue = rode, rodde *und dies für unser* rotte *(zu* rotten, *mürbe werden). auch* râe *entspricht unserm* râte; *vgl.* schânen *für* schâden.
ronke, *rabe.*
ronken, *balgen, lärmen.* de blâgen sid wier im bedde am ronken. *vgl. schwed.* runka, *rütteln, schütteln, wackeln; belg.* runken, *schnarchen. Teuth.* runcken, snarcken.
ronkern, *geräusch machen im stalle, von pferden und kühen; s.* ronken *u.* ranken.
ronkerigge, *f. die beiden vorigen verba substantivisch aufgefasst.*

'rop = herop.

rôpe, *f. raufe.* dä well noch en biotken dọr de rôpe trecken, *noch etwas aus dem eigenen fallimente für sich retten.* *s.* rõpen.

rôpen, *ptc.* roft, *raufen; s.* uterõpen. *goth.* raupjan, vellere; *mnd.* rõpen; *husp. Mich. 1:* rõpede syne hare uth; *Teuth.* roppen, uyttrecken, playcken; *Tunnic.* roppen. *vgl.* strõpen. sthr *zu* str, hr, r. *Soest. Dan.* 85 roppen.

rüppen, *n. lustbarkeit, gelag. (Plettenb.) syn.* bänte. rüppen *wol* = rõpen *und zunächst von den lustbarkeiten nach dem flachsriffeln zu verstehen.*

rôr, *n. rohr, röhre.* pipeurõr. *unser wort bezeichnet nicht die pflanze. altn.* reyr.

rôren, *præt.* rôrde, rõr; *ptc.* rôrt, *rühren. alts.* hrôrian; *Teuth.* roeren, movere. *vgl.* krâmrõren.

rôrig, *rührig.*

rôrkæse, *m. dicke milch. (Marienh.)*

rôrsnâ, *zum anrühren nah, sehr nahe; syn.* hârsnâ. *vgl. Diez s. v.* rez.

rôrüm, *m. steifer roggenmehlbrei mit milch. vgl. engl.* stirabout.

rôse, *f. 1. rose.* dä plücket anuere rôsen as disselköppe = *das mädchen ist ihm nicht gut genug. 2. rotlauf. 3. rose in kuhnamen:* dunkelrôse, klêrôse, mairôse, sprenkelrôse; rôsenblaume.

rôsenblaume, *f. 1. rose. Teuth.* roesenbloem. *2. kuhname.*

rôsenkrûd, *n. löwenzahn, von der rosettenform; syn.* rôsentopp, kaublaume, kienblaume, rûenblaume.

rôsenpọt, *n. rosenstock.*

rôsentopp, *m. löwenzahn.*

rôsse, alle roisse, *schlechte kuh. (Paderb.) s.* rõze.

rọst, *m. rost. ags.* rust.

rôster, *f. rost im ofen, bratrost. s.* hæring. *ags.* brost; *Teuth.* roist, roister; *köln.* roister, *f.; engl.* roaster.

rọstern, *rosten.*

rọsterig, *1. rostig. 2. rauh in der kehle; syn.* riamsterig.

rôstern, *1. rösten. 2. ein wenig gefrieren. 3. prügeln. ahd.* rôstjan; *vgl. Vilm. s. v.* roesten. *vgl.* hẹrschen. *Teuth.* harsten, roistren, braiden. *also zwei ausdrücke im nd. zugleich vom hartwerden durch feuer und durch kälte.*

roststẹrtken, *n. für* rödstẹrtken, *rotschwänzchen.*

rôte, *f. 1. das mürbemachen des flachses im teiche. 2. flachsteich.* in de rôtedauen; *syn.* rõteldik, flassdik. *Vilm.* rösse, *f.*

rôteke, *deminut. von* rôt, *russ. (Warburg.)*

rôtel, *m. rötel.*

rôteldik, *m. flachsteich zum mürbemachen* (rõteln) *des flachses. syn.* raute.

rôteln, *den flachs im wasser mürbe machen. vgl. ags.* rotjan, putrescere; *schwed.* lägga lin i röta *(röste für flachs).*

rọ̈ts, *zernagt, morsch. vgl. alts.* roton, corrumpi; *nds.* röt *in:* frõ rip, frõ röt.

rotsen, *s.* afrotsen.

rotsliəpel, *m. rotzlöffel, schelte; syn.* snuuderliəpel.

rotte, *rotte. nach mlat.* rupta *von* rumpere.

Rottenbom, *ortsn. bei Iserl. urk. v. 1506.* rotten *ptc. setzt ein st. v.* rintan *voraus.*

rottefûl, *morsch, durch u. durch faul. Muster. Vilm.* rotzfaul.

rôf, *m. raub.*

rôwen, *1. rauben. 2. schlagen, stechen im karnüffelspiel.*

rôwer, *m. räuber.*

rôze, ne olle roize, *alte schlechte kuh, ziege.*

rûbard, *frauenzimmer, das haare am kinn (lippe) hat. K.*

rûbästig, *rauhrindig, von kartoffeln.*

rubbel, *f. unebenheit, holper. für* ruppel, rumpel. *ags.* hrympel, *f.* ruga; *mnd.* rumpel.

rubbelig, *uneben, holperig. ostfr.* rubbrig.

rûbutsig, *rauh.* en rûbutsigen jungen.

rûch, *krätze.* ch *für* f *(althd.* hruf). *ags.* hreóf, scabies.

rückæsen, *rückwärts gehn; syn.* suppen. *von* rückærs = suppærs; rück *ist imperat. von* rücken. *Kil.* ruckaersen, clunes movere; *vgl. ital.* rinculare, *fr.* reculer.

ruckeldûwe, *f. girrende taube, ringeltaube.*

rucken, **ruckern**, *girren, von wilden tauben. nds.* rukûken, *fr.* roucouler.

rücken, *rücken.* dai wọl sittet, dai lâte sin rücken. *ahd.* rucchan.

ruddek, *m. 1. jedes unansehnliche tier. 2. besonders ein räudiger hund. 3. als schelte:* du rark = ruddek. *(Lüdensch.)* dei ruddek vam kellnerjungen. *N. l. m.* 97. *vgl.* stênruddek.

ruddelbusch = *hülsebusch. (Siedlingh.)* ? ruddel = *rote beere zu ags.* rud, ruber. *vgl. nhd.* rötel. *oder: Mda. VI, 196* roudel, *m. rührstab; nd.* rüddeln, *rütteln.*

rudder = rûder, rûder, *pflugstock. R. A. 57:* rûderstock; *syn.* stọke, rûe. *vgl.* pflugreitel, -reute, -rödel. *Frisch:* pflug-rodel, pflug-schorrer, rulla.

rûde, *pl.* rûden, *räude. ahd.* hrûda.

rûe, *f. pflugstock. (Fürstenb.) wird etwas*

anders ausgesprochen als rûe *(hund).* rûden *würde ahd.* riutjan *entsprechen.* rûe, rûde *wäre* riuti = riutel.

rûe, *pl.* rûens, *hund. im märk. nd. wird hund fast nur in sprichwörtern gebraucht. daher sagt man im Berg. (Velbert), um die gebirgigen gegenden der Mark zu bezeichnen:* dä es dähěr, wà de hongd rûe hett. *doch wird von Holth.* rôd(e) *als Elberfeldisch angegeben.* hä hält den rûen un hisset 'ne. wann et en rûe wær, häddet di all lange bioten. dai kann kainen rûen ût dem pütte taiben, wann hai en brôd unner dem arme hęt. hä gêt dähęr as de rûe nà der hochtîd. smächtrig as en rûe. me ledt kainen rûen dǫr de drîte àder me maut med derdǫr. kuom ik ǫwer den rûen, dann kuom ik ock ǫwer den stęrt. jo schrę̂wer de rûe, dęsto mær flôe. en swarten rûen an der kie hewen, *kohleubergwerke besitzen.* et giat mær bunte rûens asse êuen. as de rûe wässet, wässet ock de klüppel. de rûens dä so harde bliaket, sid selten de slimmsten. de unseligsten rûens hett de mêsten flôe. wamme en rûen smiten well, kamme lichte en klüppel finnen. hai mâket et ock as de rûe, dä sliapet 't stück flês êrst dǫr de drîte, ær hai et friotet. *zum hunde, wenn er geister sieht, soll man sagen:* rûe gà dà węg, là mi mäl kîken, *dann wird man über die rechte schulter des hundes schauend die geister erblicken.* hä pläget sik as en rûe, *passte für unsere gegend seit nicht gar langer zeit; in Belgien wurden schon im anf. des vorigen jh. die hunde zum lastenziehen benutzt. ahd.* hrudeo; *ags.* hrydhdha; *Teuth.* roede; *Pf. Germ. 9, 19* molossus, rudo. *sollte das wort nicht ursprünglich eine hunderasse mit struppigem haare bezeichnen?*

rüək, *m. geruch.*

rüəklos, rüəklôs, *sorglos, unbekümmert.* hä gêt rüaklos med dem für üm. *ein altwestf.* rukilaus; *mwestf. adv.* rokelose, *Dorow denkm. 1, 37; ahd.* ruahhalôs, negligens; *engl.* reckless. *vgl. alts.* rokian, curare, cogitare, sollicitum esse.

rûenblaume, *f. 1. käseblume. 2. hundskamille,* anthemis cotula. *3. zu Elsey syn. von* kwâe blaume. *4. löwenzahn. (Lüdensch.)*

rüəlen, *pl. röteleu, masern. vgl. ags.* rud, ruber.

rûendiəle, *f. 1. hundskamille,* anth. cot. *ahd.* hundestilli. *(Warstein.) 2. käseblume. (Fürstenb.) s.* diəle.

rûenhâr, *abergl.: heilt den biss des hundes.* Cervant. Gitanilla: Tomò algunos pelos de los perros friólos en aceite — le puso los pelos con el aceite en ellas *(sc.* mordeduras).

rûeniəgel, *m. igel. das volk unterscheidet* rûeniogels *und* swîneiagels *je nach der hunde- od. schweineähnlichen schnauze. nur die* swîniagels *hält man für essbar. Kil.* hondsegel, erinaceus caninus.

rûenküster, *m. hundeküster, hundevogt, schelte. vgl. ital.* scacciacani, *span.* perrero.

rûenlaier, *m. hundeführer, schelte.*

rûeling, *m. ein fingergeschwür; s.* rûenring.

rûenmâgen, *m. hundemagen; s.* radnägel.

rûenmâger, *hundemager, sehr mager.*

rûennamen, *hundenamen. Hofhund:* Tela, roller.

rûenring, *m. hundering, eine ringförmige hautentzündung. wer seinem hunde ein stück brot vorhält und gibt es ihm dann nicht, der bekommt den hundering. (Deilingh.)*

rûenstall, *m. hundestall.* me soll di in den rûenstall te Lüəssel (Lössel, *s.* Lurxel) schicken. *vor zeiten liess wahrscheinlich der graf von der Mark seine jagdhunde von den bauern zu Lössel füttern. nach v. St. IX, 173 hatte der graf in der Lessel marcke nicht allein die hohe jagd, sondern auch schweinrechte. vgl.* hondelager, *v. St. IX, 209.*

rüəselig, *locker, von der erde. nds.* rieselig.

rüəseln, *rütteln, schütteln; rütteln z. b. erbsen, um sie zu reinigen, wozu ein mit einem handtuche bedeckter topfdeckel gebraucht wird.* im ållewiwermond dann rüaselt se de schorten. *(Valbert.) vgl. goth.* hrisjan; *alts.* hrisian; *berg.* rüsseln *mit weichem* ss.

ruətelig, *was nicht fest steht.* en ruateligen disk.

ruətelkasten, *m.* = rappelkasten. en ållen ruatelkasten vam wâgen.

ruəteln, *intrans. 1. leicht in bewegung geraten.* de disk ruatelt. *trans. 2. an* wǫt ruateln, *an etwas rütteln, schütteln.*

rûęlen, *n. traueressen, leichenmahl. Müller topogr. v. Schwelm, 17.*

rüəf, *n. kruste auf wunden, geschwüren. ahd.* hruf.

rugge, *f. ruhe. K. S. 73. F. R. 142.*

rügge, rüggen, *m. 1. rücken.* hai hęt en brêen rüggen. op den rüggen binnen. *zu anf. dieses jh. war es noch sitte,* *dem diebe das gestohlene auf den rücken zu binden und ihn so umher zu führen; vgl. Dortm. stat. (Fahne) no. 103. alts.* bruggi; *s.* stênbrügge. *2. langgestrecktes ackerstück, gewöhnlich 1 morgen gross. K.*

rüggebläud, *eine krankheit des rindviehs. (Fürstenb.)*

rüggekamm, *m. rückenstück vom schwein.*

rüggekemken, *n. rückenstückchen.* kemmekin, *sündenf. 1220.*

rüggekipp = rüggekamm; *s.* kipp.

rüggelk, *ruhig. K. S. s.* rugge.

rüggen, *gerenen. alts.* hrewan; *ahd.* hriuwên.

rüggenbri, *m. roggenbrei, ein steifer brei, der mit süsser milch gegessen wird. er war aus frischem roggen besonders beliebt. jetzt wird dieses gericht selbst auf dem lande immer seltener. ein ähnliches gericht wird in Meklenburg aus buchweizen bereitet. Schiller III, 27.* rüggen *ist adj., alts.* rukkin (? ruggin), secalinus.

rüggentüogel, *m. rückenriemen bei karrenpferden; er geht vom* hamen *über den rücken zum schweife.*

rüggestrang, *m. rückgrat.* woste mi ęwen den rüggestrang rop krûpen un biten mi 'et hęrte af? — blâs mi oppet âr! *(Iserl.)* den rüggestrang sniten — cacare. *s.* męten.

rûh, *rauh.* dat rûhe bûten kęren. rûh binnen, rûh bûten, so sind de flnen van Strûten. *Iserl. sprichwort. ags.* hreóh; *ahd.* rûh; *Tappe 232ᵃ:* ruw.

rûhbast, *m.* = rûhlęer. *s.* bast.

rûhguss, *m. platthd. für* rûhgüöt, *rauhguss.* bat küert dai mann, rûhguss *(plattdeutsch)* âder polêrt messing *(hochdeutsch)? Iserl. redensart.*

rûhig, *ruhig. platth. nach* rûhe *für rauc.*

rûhlęer, *n. u. m. rauhleder, rauher ungehobelter mensch; auch ein solcher, der viel ertragen kann; vgl.* stiflęer.

rûhpipe, *f. heilkraut,* heracleum.

rûhrim, *m. rauhfrost.* wenn de rûhrim wêrd drai dâge âld, dann blitt et noch drai węken kâld. *(Albringw.) ags.* hrim, pruina.

rûhrimen, *rauhfrosten. syn. am Niederrhein* dôrrimeln.

ruhrip = ruhrim. *K.*

rûhswimel, *m. rauher od. roher, ungezogener mensch; s.* swimel.

rûhtüg = ruhföer. *Grimme.*

rûhföer, *n. rauhfutter.* klâr wâter un rûhföer giat hard flês. *Seib. urk. 813:* rufuder; *932:* rufoder.

rûkân, *riech an.* hä hęt nitt rûkân kriegen = *nicht den geruch daron, nicht das mindeste. vgl. altm.* nich rôran = *keineswegs, durchaus nicht.*

rûke, *pl. in:* dat gêt ǫwer rûke un strûke, *über rusch und busch; syn.* ǫwer hûke un strûke *(Hemer), über erdhöcker und sträucher,* ǫwer hûge un strûke. rûke *hat sein* r *wol von* ǫwer *erhalten. s.* hûk *und* hûge.

rûkemûseken, *n. waldmeister, wird von kindern in bücher gelegt, weil es trocken gut riecht. (Fürstenb.) zu* mûs, *moos.*

rûken, *prät.* rôk, *ptc.* rǫken, *riechen.* hä rûket mûse, *er riecht unrat, er merkt etwas.* dat rûket nà geld. dà rûk derân, siöt Büddemann, *so sagt man, wenn jemand übel angelaufen ist. (Iserl.)* dà rûk op! *das fühle! mhd.* riuchen.

rulli-bulli, *rummel.* vi hett gistern màl en rulli bulli hatt. *(Elsey.)*

rülps, *m.* en rülps vam kêrl, *ein schmutziger kleiner tölpel. vgl.* rülpsen.

rûm, *m. raum. alts.* rûm.

rûm, *geraum.*

'rûm = herüm, *herum.*

rûmen, *1. räumen. 2. von der hand gehn.* dat rûmet guod. dà kamme nitt an rûmen, *damit kann man nicht voran kommen. alts.* rûmian.

rümlik, *geräumig, weit. dän.* rummelig.

rümlöper, *m. drehkreuz auf fusspfaden zum abhalten des viehes und der reiter; syn.* haspel.

rumme, *f.* = rugge.

'rümmedraigen, *herumdrehen.*

'rümmegân, *herumgehn, umgehn.*

rummel, *m. 1. lärm, unruhe.* im rummel es sęgen, *wahlspruch der wirte. 2. masse, plunder.* de ganse rummel. *holl.* rommel; *nds.* rummel.

rummelke, *f. runkelrübe. (Balve.) syn.* runkelte, rummesket.

rummeln, *1. geräusch machen.* de kêrne rummelt. *2. geschwind etwas tun. hd.* rumpeln.

rummesket, *runkelrübe. (Siedlingh.)*

rump, *m. pl.* rümpe, *1. rumpf. 2. weste. 3. ein gefäss von bast, bastflasche. (Lüdensch.); syn.* hûdelte. *eben so Holth.:* walbern rump, sprâtenrump. *4.* med rump un stump, *alles ohne ausnahme; vgl. dän.* rub og stub. *vgl. mwestf.* saltrump = saltmeste; *Vilmar:* rump, *hölzernes gemäss für getreide. mnd. wb.* bênrump, *bienenkorb.*

rumps *in:* dat gêt rumps slumps, *sehr*

schnell. vgl. Rich. ,rumpslump, *ungemessen, ungewogen.*

rûmstrâte, *reine bahn.* se hett rûmstrâte maket med de franzausen. *K.*

'rûm uut ûm, *ringsum.* t *für* d *aus* nude, *und.*

rûn (**rûne,** *v. Steinen*), *wallach. (Brackel.) alts.* wrenno; *holl.* ruin; *Teuth.* ruyn, pert sonder kullen, gelubt pert.

rund, *rund.* rund gâu, *eine kreisbewegung machen.* dat es mi te rund af, *unbegreiflich.* wọt rund mâken, *z. b.* 'ne hîrâd, *in ordnung, zu stande bringen.*

randêl, rundeil, *n. etwas rundes, rundbeet. vgl. M. chr. I, 336:* rundeel, *rundes bollwerk an der festung.*

rûnen, *castrieren.*

runge, *f. stange, besonders die am wagen als widerhalt der leitern.* dat es en karl, me könn ẹm 'ne runge in der fuot tebrẹken = *ein baumstarker kerl. goth.* hrugga; *ahd.* runga; *ags.* hrung, trabs; *engl.* rung. *Aesop 81:* runge.

runkelte, *f. runkelrübe; syn.* rummelke.

'runner *für* herunner, *herunter.*

rûnsch, *runisch, geheimnisvoll, zum zauber dienend.* rûnsche wọrtel, *grüne nieswurz, die man ehedem als amulet am halse trug und hin und wieder noch jetzt bei schweinen anwendet; s.* vrengwọrtel. *ahd.* rûna, mysterium, character magicus; *alts.* girûni.

runt, *rind. v. St. XX, s. 1346. s.* rönd.

runtselkuntsel, *f. im rätsel für wiese, aber mit anspielung auf* kunte. *vgl. Vilm. s. v.* runkunkel. *Ravensb.* kunkel, *altes weib.*

rûpe, *f. raupe. mnd.* rûpe. *mit Wolke's meinung (düdsge sinnged. s. 20), dass* krûpen *zu grunde liege, wird es seine richtigkeit haben. auch dem lat.* repere *ist die gutturalis abgefallen. im hd.* raupe *ist die lautverschiebung nicht durchgedrungen.*

ruppen, *rupfen, raufen.*

rüppeln = rippeln.

ruppig, *zerrauft, krätzig.* ruppige junge, *schelte.*

Rûhr, *f. Ruhr.* wann de Rîn klâr es un de Rûr swart, dann es et mârn guod wẹr. *(Valbert.)*

rûscher *in:* ouldrûscher, *händler, trödler mit alten sachen. vgl.* oldrûse, altreis, *altflicker, antiquar. zu* rûschen, tumultuari, *von krämern. Kil.* ruyscher, grassator. *Teuth.* ruyschen, boldern. *Heinzerl. 33. 34:* rusche, *rauschen, auch tauschhandel treiben, in letzterer bedeutung aber immer nur in verbindung mit* dusche, *tauschen, vorkommend, womit dann zugleich das tadelhafte, trügerische ausgedrückt wird, z. b.* dæ duscht onn rușcht. *vgl.* altrûscher, *trödler.*

rûse, *f. 1. brotklumpen, wie solche von loskrustigen broten abfallen. 2. hartgefrorene erde. 3. anfall. ags.* hreósan, ruere. *Eichw. nd. sprichw. 1612* rusje, *streit.*

rûseken, *n. brotklumpen. anecd.* o de rûsekes! âch hä kuert fan lûsekes.

rûsel, *frostknorren. Teuth.* scharp, ruysch, ruwe. *vgl. Ravensb.* rusig, *höckerig.*

rûseln, *den boden glätten, die kleinen unebenheiten mit dem fusse wegscharren. ein ausdruck der kinder beim knickern.*

rûsen, *m. 1. felsstück, erdscholle. 2. frostknorren. 3. klumpen brot. ags.* hruse, rupes, terra. *mwestf.* rôse *in:* kalcrosen = *kalkfelsen; nds.* rûse, *frostknorren, wie unser* rûsel. *zu* hriusan, *ags.* hreósan = dreósan. *das nds.* kalkrêse *zeigt, dass* brisan *dieselbe bedeutung bewahrte.*

rûsken, *rauschen.* wemme in der harremond *(januar)* 'et wâter hûrt rûschen, dann kamme den roggen dẹrschen as bûschen *(leere garben). (Alberingw.) weiterbildung von* hriusan, ruere.

ruspeln, *vom boden, der etwas gefriert.* et ruspelt. *(Fürstenb.)*

rûstepitten un vriomelmaus dat mag der Döiwel frẹten, *sagt man, wenn stielmus (rübstiel) gegessen wird.*

rüstern, *reinigen. ahd.* rustjan, ornare; *ostfr.* rössen, *mit der kratzbürste reinigen.*

rûstern *in:* verrûstern un verplûstern.

rûstrô, *n. roggenstroh. ags.* ryge, *roggen.*

'rût = herût.

rûte, *f. raute, fensterscheibe; berg.* rutte.

rûter, *m. reiter. schon Lipsius:* ,a rûta sive turma militari.' *dafür spricht ausser der form auch der ausdruck* „rûter te pẹrre" *und zwar nicht bloss im kinderreim, sondern auch sonst, z. b. M. chr. I, 289:* rueteren tho perde. *Teuth.* ruter; *berg.* rütter *stimmt zu* rutte, *viereckiger haufe krieger.*

rûtergâr, *halbgar, ziemlich gar. vgl. H. Sachs landsknechtsp.:* „frassens fleisch hinein gar, wans kaum halb gesotten war." *oder wäre daran zu denken, dass fleisch unter dem sattel mürbe geritten wurde? s.* grûtergâr. *? osnabr.* rôtegâr *vom flachse.*

rûtern, *reiten. (Paderb.) vgl. Rich.*
rûtersalwe, *f. quecksilbersalbe zur vertreibung der filzläuse. vgl. Rich.*
rûtkwestern, *worte heraus quetschen. Grimme.*
rûtriokel, *hauhechel*, ononis. *für* 'rûttreckel, *zum heranziehen von steinkot und harn. syn.* hârtreckelte, hârtriokelte.
ruts. im ruts, *im hui, schnell.*
ruts, *interjection, schnelle bewegung bezeichnend.* ruts! es de Bart weg. *(Witten.) von sachen, die schnell entzwei sind. angeblich glitt ein gewisser Bart ins wasser und ertrank.*
rûts, *kiepe. (Schwarzenbergisch.)*
rütschen, *rutschen, gleiten, von statten gehn. s.* ruts.

S

sabbeln, *regnerisch sein.* et sabbelt. *(Fürstenb.) vgl.* sabbeln *bei Rich. u. ostfr. s.* sabbern.
sabbelwęer, *n. regnerisches wetter. (Fürstenb.)*
sabber, *m. geifer, speichel; syn.* saiwer.
sabbern, *geifern. Frisch 2, 139:* sabbern, salivare.
sachte, *adj. u. adv. langsam, leise, leicht.* ën sachten gang. et es mi gans sachte *(leicht)* dernà wâren; *vgl.* unsachte. dat mag sachte = lichte. — ik geng sachte. ft *zu eht geworden. alts.* safto. *Fastnachtsp. 983, 16:* sachte doen = *lindęrung verschaffen.*
sächten, *lindern.* dat sall di sächten. *Fasc. temp. 108ª:* sachten = *sanft werden. ostfr.* sachten = *lindern, besänftigen. engl.* to soften.
sack, *m. sack.* hai verkôpet di twê mâl in den sack un wir derût = *er ist dir weit überlegen.* de sack es des bannes nitt wërd. bęn me imme sack findt, dęn schütt me derin ût = *wer betroffen wird, muss herhalten.* hä dañt di in den sack = *er ist dir überlegen.* ät mag van sack àder van banne kommen. *II. compos.* dicksack, dritsack, klôtsack, kwęrksack, nęrksack, frętsack.
sackdüster, *dunkel wie im sacke. K.*
sackgręf, *grob wie sackleinwand. K.*
sacken, sik, *sich senken, zusammenschmelzen.* de snê sacket sik.
sackerblits, *m. (scherzh.) säbel. (Schwelm.) auch bei Grimme.*
sackerlôt, *ein fluch.* ? sacra lotio.
sackerment, *ein fluch.* sacramentum.
sackhaüer, *m. säbelförmiges werkzeug zum abhauen des zuckerrohrs; es musste dazu eine scheide geliefert werden. sie gehen nach den pflanzungen Amerikas.*
sâd, sadd, *satt.* he es so sadd datte bǫket.
sâd, *f. 1. samen, saat. fig.:* dann es 'ne guode sâd an der ërden. 2. = pand, *zwei bohnen beim knickern. (Unna.)* — *alts.* sâd, *n. ags.* sæd, *n. mwestf.* saet, *n. ahd.* sât, *f.*
sædinge, *f. sämerei. — mnd.* sâdinge.
sädkraige, *f. saatkrähe. (Unna.)*
sädlôpen, *n. samenkorb, aus welchem gesäet wird; syn.* säggeschiopel. — *ags.* sædleáp; *engl.* seedlop.
saël *(für* sadel), *n. sattel.*
saëln *(für* sadeln), *satteln.* bai frô saelt, ridt late.
sage, *f. säge. — ags.* sage, *f.*
sagebock, *m. sägebock, gestell, auf welchem gesägt wird.*
sagemęl, *n. sägemehl.*
sagemüäle, *f. sägemühle.*
sagen, *sägen; syn.* sænen.
sægen = saigen.
sagesnier, *m. sägemüller. — v. Hör. urk. 112:* zagensnyder, *ib. 41:* segensnyder, sagenschnyder. *Seib. urk. 921:* segensnider.
säggen = saigen.
säggeschiopel, *n.* = sädlôpen. *(Fürstenb.) anderwärts:* saigeschiopel.
saigen, *säen. — alts.* saian. *F. Dortm. 2ª, s. 199:* seygen.
saihen *(praes.* saihe, sûhs, sûht *pl.* saihet; *praet.* sâg *pl.* sægen; *ptc.* saihen; *imperat.* sûh, saiht), *sehen. — alts.* sehan. *das g des praet. trat schon im alts. für h auf. wie in dem genau entsprechenden* geschaihen *ergriff das â des plur. auch den singular.*
saik *(selten), siech. umgesetzt aus alts.* siok, siak.
saike *(selten)* = sûke. *s.* sêke.
saiken *(praet.* sochte, *ptc.* socht), *suchen.* hä saiket dat an mi = *er macht mich dafür verantwortlich. — alts.* suokian.
sail = sele. min sail! *meiner seele! — goth.* saivala; *alts.* seola. *Iserl. gedicht von 1670:* seil *(sprich:* sail).
Sailer, *f. ein berg zwischen Iserl. und Landhausen. urk. des 17. jh. nennen ihn* ‚der Saüler' *oder* ‚Sauler'. ? = Suolari.

sainig, *adj. und adv., weich, sanft.* sau sainig ase syde. *Grimme.* sainig an'n bård gån. *ders.* sainig un sanfte. *ders.* ? sainig = saimig. *vgl. Mda. 6, 483:* seimig. *aber südwestf.* sêmig.
saisse, *f. sense. — ahd.* segansa; *ags.* sägese, *f.* (ensis). *gloss. belg.* seyssen, falx foenaria *P. Bruns beitr. 326:* sêtze.
saite, *1. süss.* so saite asse honig, — as en nuotekêrn, — asse swinefaite. *2. angenehm, s.* kanineken. — *alts.* suoti *für* swoti. *mnd.* soete.
saitächtig, *süsslich.*
saiwer, *m. abfliessender speichel, geifer. — ahd.* seifar, spuma. *Teuth.* seyver, saliva. *Magd. bib. 1. Sam. 21, 13:* seyver *(geifer).*
saiwerläppken, *n. geifertüchlein.*
saiwern *(Siedlingh.:* saiwern), *geifern. —* dat kind saiwert. — *Magd. bib.:* seyvern.
saiwersack, *m. abguss an pfeifen.*
sake, *f. sache.*
säks *in der beteuerung:* min säks! *s.* sexken. *vgl. Mda. 2, 506.*
Sakser, *Sachse, bewohner des heutigen königreichs. — schwed.* Sachsare; *vgl. den unterschied von* Swaver *und* Swaf *(Schwabe) in der lüneburger chronik.*
säl; *n. saal. — ahd.* sal, *m. ags.* sal, *n.*
salappdauk, *grosses umschlagetuch für frauenzimmer.*
sæling, *m. (für* sædling), *sämling. — engl.* seedling.
sall, *soll. s.* söllen.
salm, *m. (pl.* sälme), *1. psalm. (Lüdensch.) 2. langweiliger sermon. K.*
Salmen, *Salomon. Iserl. ged. r. 1670.*
salstadt, sailstadt, *f. salstätte. Velb. urk. v. 1639.*
sält, *n. 1. salz. 2. würze, geschmack.* Sünte-Jâkob brenget 't sält in de bęren.
sälten *(præt.* sältede, *ptc.* sälten), *salzen.*
sälterig, *1. salzig. 2. teuer. vgl.* il volgersi agli avvocati costa carne salata *(etwa schinken). Carlambr.*
sältlöpen, *n. salzkasten am herde. (Fürstenb.) — Vilm. s. v.* laupe: 1 loupe salcz. *s.* sältfat.
sältsür *(für* sältsuder), *salzsieder. so rief früherhin der salzkrämer seine waare aus. K.*
sältfat, *n. 1. salzfässchen. 2. salzkasten am herde. (Deilingh.) syn.* meste, sältlöpen.
salwe, *f. salbe.* salwe aller dêwel, emplastrum oxyroceum. *(Iserl.)*
samd *in:* med samd *c. dat., zugleich mit. alts.* samad mid.
sand, *m. sand. — Magd. bib.:* dat sandt.

Sander, Zander, *Alexander.*
sandkøker, *n. sandbüchse.*
sandlöper, *m. 1. sanduhr zum eierkochen. Kil.* sandlooper, clepsydra. *2. totenuhr. syn.* urmänneken.
sandmänneken, *n. sandmännchen, d. i. schlaf.* et sandmänneken küømt.
sante = sünte. *(Meschede.)*
santór, *tausendgüldenkraut,* erythraea. *(Fürstenb.) — aus* centaureum.
sanft, *sammet. —* sammit *ward* sampt *und weiter durch lautabstufung* samft, sanft, *wie* kopede, koped *zu* kofte, koft.
sanften, *von sammet.* ne sanften büxe.
säp, *m. und n. saft. — ahd.* saf, *n.*
sappe, *f. brühe.* de rôe sappe = *blut.*
sappken, *vom laute des getretenen wassers.* dat water sappket ęm in den schauen. — *deminutivverb wie* kartken, *w. m. s. vgl.* sappen *bei Schamb.*
sær, sêr, *sehr.*
sark, *n. (pl.* sęrke), *sarg. — ahd.* saruh, sarch.
særnå, *beinahe.*
særnægest, *auf ein haar.*
sässen, *nachgiebig, geschmeidig.* he wurde so sässen = *er gab klein bei. K.* ? = schassen, *vgl.* flessen.
säterdag, *m. samstag.* säterdag es nitt so klain äder de sunne lätt sik saihn. säterdag es guod węer, dat de arme man sin hiømd drögen kann. — *für die entlehnung aus* dies Saturni *ist der lange vocal kein hindernis, aber die verwendung des* säter *für ortsnamen, so wie ags.* sætere, *scheinen für ein germanisches* sätari (insidiator), *vielleicht beiname Loki's, zu sprechen; vgl.* miles v. Saterslo. *Z. d. berg. g.-v. VII, 39.*
saul, *schmutzig, russig. — entweder wie* staul *für* stal, *oder für* suol, swal *(zu* swiliwan). *ahd.* salaw, salo, fuscus, ater; *mhd.* sal, ater; *alts.* salu *in* Salu-beki; *franz.* sale.
säumęlke, *f. kettenblume. (Eckenhagen.) syn.* kleublaume.
saur kold, *trocken kalt, scharf kalt. (Fürstenb.) — s.* sôr.
Saust, *Soest.* du büs en kærl as de grote gọd van Saust *(spöttisch).* o du grote gọd van Saust! *(ausruf der verwunderung). — alt* Suosat = Swasat, *vgl.* saul = suol, swal.
saweln, *säbeln. op de älle hacke 3.*
schâ (= schade), *m. schaden.*
schabbau, *schnaps.* kęnschabbau, *kirschenschnaps. (Bergisch.)*
schabbelünter, *m. 1. der schabbet, abdringt, subtil raubt. H. 2. hinterlistiger*

schlauer patron, schuft, betrüger. K. 3. *schlaukopf. Grimme K. S. 104.* 4. *schäbiger (geiziger) mensch. Niu lustert 26.* 5. *spüher, spürer, sykophant.* — lüüter *wird wie* lunterus *(Schamb.) lotterbube sein; adj.* schabbe = *räuberisch. vgl. übrigens Mda. IV, 504.*

schabben, *etwas durch betrug erlangen. H.*

schäbbig, *hässlich im physischen und moralischen sinne, letzteres namentlich von überstrengen beamten, welche leute in schaden bringen. — Verne chr. s. 28:* schabbe vnd slymme *(hinterlistige)* boven; *Teuth.* schebbich, *grindig; engl.* shabby; *hd.* schäbig.

schabrack, *andorn,* herba marrubii. *Niu lust. 90. — wie andorn zugleich ein hautübel der kinder bezeichnet, so wird* schabrack *eine art grind oder flechte sein, welche durch das kraut gl. n. vertrieben werden soll.* ack *erinnert an ags.* ace, dolor.

schacht *(für* schaft), *m.* 1. *stange, z. b.* gârenschacht. 2. *senkrechte grube, vgl. engl.* to sink a shaft. 3. *der obere teil eines stiefels, pl.* stiawelschächte. 4. *ein quadrat.* schachtrauge. *fig. zu 1:* en schacht vam jungen, *ein langer junge.*

schachtân, *m. ein gewisser zahn bei hengsten.*

schachtrange, *f. schachtrute, ein quadrat gebrochener steine u. dgl. vgl.* schichten.

schâd, *laich. s.* schrâd *und* schânen. *Teuth.* cruysen dat synt visch die tot allen mayndeu schaiden *(laichen). zu Bielefeld:* poggenschot, *froschlaich. in Cornwall heissen die zinnadern* lode, *die zinngraupen* shoad *oder* shode. *Wonderful mag. V, 20.*

schade, *m. schade.* et wær schade, wann dai nitt opfodt wær, *sagt man von einem tüchtigen esser und trinker.*

schaden, schäen *(prœt.* schadde; *ptc.* schadt), *schaden. eigentümlich die redensart:* dat schadt eam nix = *das hat er verdient. — ags.* scathan.

Schaholden, Schanholden, Schonholden, *myth. wesen, meist zwerge, zuweilen riesen. — das bestimmwort ist vermutlich* scau = *klein. s.* schember.

schaie *(f.* schaide), *f. scheide.* schai' iu karren, stühlen. *H. alts.* scethia.

schaiken *(pl.* schaikes), *n. schühchen.*

schaiten *(prœt.* schôt *pl.* schüaten; *ptc.* schoten), 1. *schiessen.* 2. *von einer bewegung, schiessen:* en maibôm *oder* maibock schaiten = *einen purzelbaum schlagen; schieben, vgl.* inschaiten. 3. *schossen, von pflanzen, welche blütenstengel treiben. rätselfr.:* bat før en unnerschêd es tüsken eme jæger un 'me waitenhalme? de jæger ladt, dann schütt he; de waite schütt, dann ladt he. 4. *anstossen, angrenzen.* min land schütt deran, — schütt dertüsken. — *alts.* sciotan; *mnd.* scheten.

schaldbôm, *m. scheidebaum, grenzbaum. — mnd.* schaltbom; *alts.* scaldan, *scheiden, trennen.*

schale, *f. schale. — eine* schale *ist hart, z. b.* aierschale, musselschale, nuateschale. *eine* schelle *weich, z. b.* knollenschelle, appelschelle. *anders im ags.* appelscealu *und beim Teuth.:* schael van appel of beren, van en ey, van der not.

schâle, *f. tasse. —* â *verrät zusammenziehung, etwa aus* atha *oder* ada, *vgl.* schädel. — *ahd.* scâla; *ags.* scâlu; *Teuth.* schaile uyt to drincken; *alts.* scala.

schalk, *m. schalk.* he hêt en schalk im herten. — *alts.* skalk.

schâlken, *tasse, besonders untertasse; vgl.* köppken.

schall, *m. schall.*

schälle *(für* schalde), *f. stange, riegel, schalter; syn.* schaller, schällere, grendel. — *ahd.* scalta, contus, scalmus; sceltel, repagulum.

schälle, *f. dickes brett, bohle. K. es ist wol* = schale, schâlbrett.

schallen, *schallen.*

schallen, *s.* verschallen.

schällen, *s.* opschällen.

schaller = schälle, grendel. *(Siedlingh.)*

schällere = schälle, grendel. *(Fürstenb.)*

schällern = schellern. *Grimme K. S.*

schalllok, *n. schallloch am glockenturm.*

schallop *in:* Røsęken schallop, *refrain eines volksliedes.*

schallpipe, *f. waldangelik,* angelica sylvestris.

schalmaineken, schamaineken, *n. kleine schalmeie, rohrflöte. — franz.* chalumeau *von* calamus.

schaluusk, *eifersüchtig, neidisch. — franz.* jaloux *mit anlehnung an* lune, *laune.*

schalfern, *abblatten, von sandsteinen. H.* schâlwern, *sich abschuppen.*

schâlwer, *haut, die sich abschält; vgl.* schorwel. — à *für* o. *Dann.:* schelwr, schülwr. *Schamb.:* schilwer. *hd.* schelfer.

schampen, *streifen, leicht verletzen, z. b. die haut. K. gloss. belg.* schampen, afschampen, fallere.

schamper, *scharf, von scharfem abstossenden wesen; syn.* schîr. — *gloss. belg.* schamper, contumeliosus, petulans, procax. *Teuth.* schymps, schamper, spoetsch. *holl.* schamper, *scharf, arrogant. Hunsr.*: schamber, *unverträglich.*

schampschüt, *m. streifschuss. H. — s.* schampeu.

schampstên, *m. prallstein, eckstein, grenzstein, weil er abstösst, abhält. s.* afschampeu.

schân, schâen *für* schâden *(præt.* schaid, *ptc.* schâen), *ertrag geben.* 'et kârn schâdt guod. et schaid düese tid guod. et hęt guod schâen; *vgl.* schânen, *laichen. mnd.* schâden, *nutzen, zinsen.*

schandlappe, *m. eine schelte. (Weitmar.)* lappe, *laffe; vgl.* smachtlappe, smęrlappe.

schandpläster, *n. eine schelte.* schandpläster vam wiwe, *abscheuliches weib. Grimme. —* pläster, *pflaster.*

schânen *(für* schâden), *laichen. —* n *für* d, *wie* bekronen = bekroden, schonen = schoden. *s. oben* schâd *und* schân *und des Teuth.* schaiden.

schænert, *m. milcher; vgl.* grænert.

schanne *(für* schande), *f. schande.* süun' un schanne. schannen hulwer = *um mir keine schande zu machen,* par honneur. te schannen maken, *verderben.*

schännen (schänden), *beschimpfen; s.* schenuen.

schannickel, schannickelken, *schlechtes frauenzimmer, oft so gebraucht, dass es nicht gerade eine hure bezeichnen soll. — vermutlich aus* schaden-nickel *entstanden; s.* nickel. *die betonung des grundworts spricht dafür, dass das compositum schon lange umläuft. vgl.* schanäkl *bei Danneil.*

schännickel, sanicula europ., *woraus es verderbt wurde.* węgebrêd, schännickel un ęrenprîs, dat maket de Düwel dem bûren wîs, *so soll ein arzt geklagt haben, weil sich die bauern mit kräutern heilten. — anderwärts* scharnickel, *Goth. arzn. 34:* syneckel *nebst andern stoffen* weder dat vallende ouel.

schännig (schändig), *verdorben.* ne schännige frucht. *(Halver.) — husp. Mich.*: schendich wordt, *schändliches wort.*

schantse, *f. holzbündel, reiswelle. — ostfr.* schantze; *mhd.* schantz.

schantsenlöper, *sprachw. 9, 144: mantel mit langabfallendem kragen und silberkrampe. holl.*schansslooper, *schifferfrack.*

schâp *(pl.* schâpe), *n. schaf.* mainstu ik wær vam schâpe gebioten, *d. i. dumm. H. alts.* scâp; *ags.* scęp.

schæper, schâper, *m. schäfer.* de schæper böüt, *von lämmerwolken.*

schæperskâr, *f. schäferkarren.*

schâpesgar, *f. schafsgarbe. H.*

schâpesgarwe, *f. schafsgarbe,* achillea millefol. *syn.* schâpesgar, schâpsribben, hasenarf. — *ags.* gearve.

schæpkes, *pl. schäfchen, lämmerwolken.* des morgens schæpkes, des âwends dröpkes.

schâpkölle, *f. schafkälte, ein paar rauhe tage zu der zeit, wo die schafe geschoren werden. (Fürstenb.)*

schâpsribben, *pl. schafgarbe.*

schâpsschinken, *m. (scherzh.) violine. H. vgl. franz.* gigot *vom veralteten* gigue *(geige).*

schâpstall, *m. schafstall.*

schapp *(pl.* schepe), *m. schrank. — alts.* scap, dolium. *gl. belg.* scap, armarium, *K. dän.* skab.

schâr, *n. pflugschar. — ags.* scär.

schær, *f. scheere.*

schær, *f. scharte. (Fürstenb.) — ahd.* scarti.

scharbile, *f. scharbeil. — mnd.* schaerbile; *ahd.* scara, portio; scario (dispensator), *mnd.* schare, *m. ist der inhaber einer* scharbile, *ein waldberechtigter, der zugleich andern ihren teil anweiset.*

schârd, *m. scharte; s.* schær.

schâre *(für* scharde), *waare, ein wort der sauerländischen hausierer bei Grimme. eigentlich bezeichnet es trümmerhafte, beschädigte waare, wie sie solche hausierer oft führen. — ags.* sceard, *n.* fragmen; *adj.* fractus, laceratus; *alts.* scard; *köln.* schart, *f. stück, trümmer. huspost. Mich. 1:* schanede sick mit pothscharden *(topfscherben).*

schare *(pl.* scharen), *m. waldberechtigter. Iserl. limitenbuch. — ahd.* scario. *M. btr. 2, 202:* schara, jus nemoris. *v. Höv. urk. 27:* scarren = scherherren.

scharjolen, *lärm machen, schreien. (Büren.) syn.* krajölen. — schar, scher *sind verstärkende präfixe und gleichbedeutend mit* kar, kor, kra; *man vgl. ital.* co *(für* con). *ähnlich und sinnverwandt dem* scharjolen *sind auch* scharwauen *und* scharwaulen.

scharp *(compar.* schęrper), *scharf.* dat mess snidt so scharp as en dôd rüe bitt. all te scharp snidt ôk nitt. de foss bitt um schęrpsten ût sinem lęke.

scharperhase, *m. igel. (Paderb.) — Ravensb.*: scharphase, *zaunigel.*

schartse, schâtse, *f. friesdecke, zotteldecke. (Berg.) —* scrat, pilosus.

scharwank, *m. schabernack.* enem scharwank andauen, *einem einen streich spielen, verdruss machen, schaden. syn.* en tort andauen. *H.*

schassen *für* scharsen, *von* sarsche. en schassen rock. — *umstellung. Frisch 2, 150:* sarsche vulg. scharse. *doppeltweiches s.*

schåtel, *werkzeug zum einschieben des brotes in den backofen. — mwestf.* schâtel. *vgl.* nâtel, râtel. **å** *für* **al**, *wie in* åkshåru, åronken, *also* = schaltel *für* schaldel, *hd.* scheitel. d *durch anlehnung verhärtet; vgl.* scalta, scaltan.

schatt, *m. 1. abgabe.* koppschatt. 2. *schatz, geld.* brûdschatt. — *schwed.* skatt; *hd.* schatz; *engl.* scot. *zur bezeichnung eines geliebten wird die hd. form schatz verwendet.*

schattbår, *ergiebig.*

schatten, *ertrag geben.* dat kårn schätt guad. *K. s.* schåu.

schattrike, *schatzreich, sehr reich.*

schättsken, *n. schätzchen.*

schattung, *besteuerung. K. mnd.* schattinge.

schattendaler, *steuerthaler, d. i. kassenmässige münze, zur unterscheidung vom alten brabanter thaler und sonstigem nicht kassenmässigen gelde.* (schatten *ist* = schadden, *steuern nehmen).*

schau (*pl.* schau), *m. schuh. fig.:* sid di de schau nitt mâte? se willt in den schauhen stiärwen. *N. l. m. 26.* dem wuar et hatten in di schuhn gefallen. *Hingb. 3, 57.*

schauen, *schuhe machen.*

schäuläuken = schauldauken. *(Fürstenb.)*

schauldauken, *schule schwänzen. (Altena.) H. s.* schaullaiken.

schaule, *f. schule.*

schaulappe, *m. 1. schuhlappen, schuhsohle. 2. ein backwerk.*

schaul-vörbi-löper, *m. schulschwänzer.*

schaunagel, *m. schuhnagel.* dat hęt sinen kopp as en schaunagel.

schauraimen, *m. schuhriemen.*

schausker, *m. schuster. (Paderb.)*

schauster, *m. schuster.*

schauf, *leichenstroh.* he stêt om schauf. *H.*

schaufretten, *n. schaugericht. Iserl. ged. v. 1670. — vgl.* au *in* warschauen.

schaffaien, *suchen, schnobern, von kühen gebraucht.* allerwęgen rüm schaffaien. *syn.* schęwen.

schaffen, *1. zur stelle bringen. 2. arbeiten, klopfen im bergwerke, von den erdmännchen gesagt. (Valbert.)*

schaffauen, *pl. savoyerkohl, wirsingkohl.*

schawe, *f. 1. schabeisen. 2. hobel. (Weitmar.) — ahd.* scaba; *Teuth.* schave.

schawen, *1. schaben. 2. hobeln. 3.* schawen med ener, inire aliquam. — *Teuth.* scharven als koil, *aber auch* schaven *(hobeln). Goth. arzn. 31:* scharven.

schawig = schäbbig. *(Fürstenb.)*

schæwigge, *scherweihe, scherschwanz,* falco cauda.

schäwik, *habicht. bei Büren rufen die kinder den habicht an:* schäwik schäwik din hûs dat brant, dine kinner dä ligget derin.

sche, *dir. (Mülh. a. d. Ruhr.) ? aus* the *entstanden.*

-sche, -ske = *-in, um weibliche namen abzuleiten, z. b.* de Brûnske, *die frau Braun,* de kösterske, de mesche. — isca *schon alts. z. b.* abdisca, *abtissin; mwestf. um 1320 bei Seib. urk. 579:* vidua Ludolvesce.

-sche *oder* **sched** *in ortsnamen.* Mestersche *(Mesterscheid),* de Hamersche *(Hamerscheid bei Hemer),* Lünsche *(Lüdenscheid). vgl.* scheid *und engl.* shed.

Schê, Schee, *kloster Scheda.* du bells di so völl in as wenn du de propst van Schee wärs. *H.*

scheden, schêen (*præt.* schedde, *ptc.* schedt), *scheiden.* et duenert: nu schedt sik winter un suomer, *von gewittern sehr früh oder sehr spät im jahre.* bim bûl dä schedt sik de fröndskop. vi sind geschedde *(geschiedene)* lû. — *got. reduplic. verb.* skaidan.

schędlik, *schädlich. — mwestf.* schedelik.

schéimer, *dünnbier. (berg.) s.* schember.

schéimersbrock, *biersuppe.* brock = brôd.

schéimpen, *spassen. (berg.) s.* schimpen.

schęl, *1. scheel, schielend. 2. schief.* schęl un schéf. med dinem schewen schęlen kopp. *volksreim. — ags.* sceolh; *ahd.* scelah, scelh. *Fasc. temp. 11ᵃ: Lea hatte* ‚scheel oghen'.

Schęlaike, *eine verrufene alte eiche zwischen Iserlohn und Hemer. sie wurde oft vom blitze getroffen und mag schief gewesen sein.*

schęlen, *schielen. Muster. 67. — ahd.* scelahan, lippare.

schelle, *f. 1. weiche schale von obst, kartoffeln. 2.* = hudelte. *(Siedlingh.) — es ist merkwürdig, dass der unterschied, den wir zwischen* schelle *und* schale *machen, das umgekehrte ist von dem, was bei den alten galt, noch merkwürdiger, dass der bei uns gemachte unterschied das ursprüngliche enthalten muss, da das verbum* schellen = sculjan *von* scalja *rührt. — goth.* scalja = κέραμος, *ziegel; ags.* scelle, concha testa; *gloss. belg.* schelle, squama.

schellegerste, *f. geschälte gerste, gerstegraupen.*

schellen (*præt.* schalte, *ptc.* schalt), *1. schälen. 2. entblössen.* de tęne schellen, *die zähne zeigen, fletschen. 3. reinigen oder fegen der gerste zu graupen; syn.* fęgen. *ahd.* scaljan; *ags.* sceljan, decorticare; *Teuth.* schellen, die schale afdoin.

schellen, *unterschied machen, differieren.* et schelt en pennink. *(Hamm.) H.*

schellern = schällern, *schallen.*

schellerfinster, *n. schallfenster an einem glockenturme.*

schelltân, *m. ein aus dem munde hervorstehender zahn, eberzahn; s.* schellen.

schelm, *m. schelm.* de schelm stûk 'ne. *Grimme K. S. 16.* dat was dem schelme verdungen.

schelpen = gilpern, *vom tone der küchlein, vögel. — engl.* to chilp, *zirpen.*

schem, *m. schemen, schatten.* dat kanste an dinem scheme wǫl saihen, buviol ûr dat et es. *s.* schiom. — *alts.* scimo, umbra; *Teuth.* scheme, umbra; *Slüter gesangb.* schem, scheme, *schatten.*

schember, schemmer, *eine art dünnbier. H. bei Lac. Arch. III, 282 wird* schember *von* beer *unterschieden. vermutlich ist es altes* scan- *oder* scambior, *kleinbier. möglich wäre auch entstehung aus* scheukeber *oder* scherber *(Teuth.)*

schęmde, *f. scham. Tappe 184*[b]*:* schembde.

schęmel, *teil des wagens, leiste über der achse. (Fürstenb.)*

schęmen, sik, *sich schämen.* schęm di nitt! — ik hewwe mi ênmàl oppen fridag schęmt, dà krêg ik kain flês. *fig.:* de snê schęmt sik, *er schwindet. — ags.* sceamian.

schęmlik, *dessen man sich zu schämen hat.* et lätt wǫl schęmlik, àwer et giot doch tęmlik. — schemelik, *schändlich. N. Schrae 53.*

schemm, *n. steg über bach, graben. — M. btr. 3, 691:* scemm. *Teuth.* schym, stech, vonderen.

schemmel, *ehrbar, rechtschaffen.* eyn arme schemmel man. *Alten. stat. — Teuth.* schemell, hoefsch, seedich, honestus, moderatus; *Kil.* schamel, verecundus, inops verecunde et demisse se gerens. *Tappe 39*[b]*:* schemmel schoe.

schenkâsge, *bestechung durch geschenke, doch in etwas milderem sinne. H.*

schenken (*præt.* schonk, *ptc.* schonken), *1. schenken.* eme geschonkenen gule sûht me nitt in de mule. *2. säugen. 3. eingiessen.*

schenken = *schinken.*

schennen = schenden (*præt.* schante, *ptc.* schandt), a. *transitiv. 1. schänden, beschimpfen. 2. schimpfen, ausschelten.* hai hęt mi schandt, *er hat mich geschimpft, für etwas ausgescholten.* b. *intrans. schimpfen, schelten.* hai schennt us en kiotelläpper. sai hęt-med der maged schandt.

scheppe, *f. schöpfgefäss. — Teuth.* scheppe dair men mede schept, hausorium.

scheppen, *schöpfen. — ahd.* scefjan; *alts.* sceppian; *Teuth.* scheppen, putten.

schepper, *m. gefäss zum schöpfen; syn.* fülle.

schêr, schær, *f. scheere.*

schęr *in* dûkschęr, *schelte für hexen.*

schęren (*præt.* schǫr, schör, schęrre, *pl.* schören, *ptc.* schǫren, *imperat.* schęr), *scheren.* sik schęren, *1. sich kümmern.* schęr di üm dine saken! *2. sich wegmachen. — ahd.* sceran; *ags.* sceran. *Verne chr. p. 26:* schore he se te rechte.

scherenoge, schærenoge, *f. scheerenauge.* dat es dǫrt schærenoge gân, dat küomt in de helle.

schêrling, *m. schierling und ähnliche doldenpflanzen. — eine Iserl. urk. v. 1508 hat den familiennamen* Scherlynck.

scherre (*pl.* scherren) = scherne, schare, *berechtigter in der holzmark. — Iserl. limitenbuch 20:* in beyseyn der Hemer marcken scherren. *ib. 25:* in beyseyn des hern holtzrichtern Romberg und andern scherren. — *das wort kann aus dem in urk. vorkommenden* scherne *angeglichen sein.*

schërse *für* scherze, *anderwärts* **skürse**, *1. kerngehäuse ohne die kerne, also die abteilenden fächer. 2. zeitpunkt. H. mhd.* schërzerinne, *abteilerin zu schirzen, abschneiden; mhd.* schërze, *m. abgeschnittenes baumstämmchen; bair.* scherz, *m. stück, abschnitt, z. b. brot, zeit.*

schęrwe, *f. 1. scherbe. 2. fig.: kopf, vgl.* testa. he is nitt ganz helle mär in der schęrve. *Gr. tüg 18. — ahd.* scirbi, *f.* ç *für* ai.

schęrwel, *m. scherben, bruchstück, z. b. vom zahn.*

schęrwelig, *zerbrochen, schadhaft.*

scherwenzel, *speichellecker, kriecher. K. bair.* allerweltsdiener.

scherwenzeln, *schweifwedeln. K. bei Schamb. ist* scharwenzel *ein mensch, der sich zu allem gebrauchen lässt, ein aschenbrödel; bei Regel ist* schärwänzel *eine lockere überall herumstreichende person oder anderwärts ein sehr beweglicher, übermässig höflicher* *mensch, ein dienstbeflissener leichtfuss, der sich überall angenehm zu machen sucht, auch ein kleiner beweglicher hund, der freundlich wedelnd seinen herrn umkreist. mit recht sieht Regel darin keinen mannsnamen* Wenzel. *man vgl. nd.* wenteln (*Teuth.* wentelen, weltren), *sich drehen und wenden. das vorgesetzte* schar *wird verstärkende partikel sein wie in* scharjolen.

schêt = schiət. hä sagg nitt schêt noch drêt, *d. i. gar nichts. — vgl. Cl. Bür 682 f.:* enen buren van arden de nicht en wêt van decreto efte codice schêt efte drêt.

schêwen berümme, *diebisch umhersuchen, umhersuchen um wegzunehmen, von katzen und weidenden kühen. — engl.* to shave. *s. d. f.*

schȩwesk, *diebisch; syn.* snaigesk. — *Chron. slav. 142:* scheuesche vorreders, pessimi traditores.

schêf, *1. schief.* de mage hänget mi schêf. *so schon Fastnachtsp. 974[a]:* myn mage is so rechte scheff. schȩl un schêf, *ganz schief.* du schaiwe naud! bat was hai nöchtern woren. *Gr. tüg 65.* schêwe dinstag. *(Hemer.)* schêwe guənstag. *(Unna); s.* karwȩke. *2. trunken.* hai es schêf. *3. angegangen, sauer, von der milch. (Marienh.) — Tappe 127[b]:* scheiff. *Teuth.* scheyff, slym, to warss, obliquus etc. *Gr. d. spr. 993.*

schȩfschichtig, *schlau stehlend.*

schibbeln, *1. körper von geringem gewichte rollend fortbewegen. (berg.) daher 2. speciell in Solingen* = knickern.

schicht (*für* schift), *1. pause. 2. wie* pôse = *arbeitszeit. — ags.* scift, *f.* divisio; *engl.* shift. *s.* lampenschicht.

schichten (*für* schiften), *1. teilen, bei erbschaften. N. Schrae 65. 2. geister, vorgeschichten sehen. (Menden, Scheidingen.) — ags.* sciftan, dividere, ordinare.

schichtern = schichten *2.* hai kann schichtern = hai es en spȏkenkiker. *(Hemer.)*

schichtig, *1. ausspähend, schlau; syn.* gau. *2. scheu, vorsichtig zurückhaltend. K. engl.* shifty, *ränkevoll.*

schick, *n. schick.* dat hȩt schick. hä es dermed oppem schick, *er ist damit zufrieden.*

schicken, *1. senden. 2. passen, geziemen.* dat sall sik wȩl schicken.

schickskeu, *n. weiblein, frauenzimmer.* dat es en nett schickskeu. — *gaunerspr.:* kochemer schicks, *eingeweihtes weib.*

schiəlwippop, *schieler. K. vgl. im volksreime* ‚schele wipp, schele wapp'.

schiəm, *m. schatten; s.* schem, schim, schin. — *Kil.* schimme *j.* scheme, umbra. *Teuth.* scheeme off schade.

schiəmern, *schimmern, vom tagesanbruch.* et schiəmert so ȩwen. — *vgl. alts.* dagscimo.

schiəne, *f. schiene. — ahd.* schina; *ags.* scine, *f.* cruris pars anterior; *Teuth.* schene, tibia.

schiənenstrȏper, *I. halber feiertag wie brandbettag, hagelfeier. II.* schiənstrȏper, *ebenso K. 2.* schiənstrȏper, *oberteil eines strumpfes. K.*

schiənlȩer, *n. schienleder.* Bartlemês verbütt de schiənlȩrs un de linen (witten) hȩsen. schienleder *werden beim roggenmähen getragen; zu Bartholomäus muss der roggen eingeerntet sein.*

schiənpipe, *f. röhrenknochen vom knie bis zum fusse* = schienen. hai hȩt de schiənpipen vull, *er ist trunken.*

schiənstȏter, *m. runder stuhl ohne lehne. (Fürstenb.)*

schiəpel, *n. scheffel. schon im 16. jh. in der grafsch. Mark 1 malter = 4 scheffel, 1 scheffel = 4 viertel. — ml.* scapilus; *ahd.* scefil. *Seib. Qu. 1, 150:* schipel (*sprich* schiəpel); *um 1416 musste also die brechung* iə = e + i *schon eingetreten sein.*

schiəpelsâd = schiəpelse *F. r. 121. — Seib. Qu. 1, 153:* schepelsad *und* schepelsed. *urk. v. 1566:* scheppelseth.

schiəpelse, *n. scheffelsaat.* en schiəpelse land, *ein acker der mit einem scheffel korn etc. besäet wird. — urk. von 1520:* schepelzede. *Wallr.* scheppelseth. *vgl. märk. urk. v. 1622:* moldersede.

schiət, *m. schiss.* ik hewwe noch schiət noch driət (*gar nichts*) kriəgen. *s.* schêt.

schiəterig, *1. kot absondernd.* schiəterige maikȩwe. *2. schmutzig, vom strassenkot. (Siedlingh.) 3. schlecht.*

schiəwe, *f. schäbe, splitter vom flachsstengel. — verwandt mit schiefer. Teuth.* scheve, vese, festuca; *dän.* skiäve, *splitter.*

schiəwerstên, *m. schiefer; syn.* laige, laie. — *Kantz.* schiver = *schindel. Teuth.* scheversteyn, leye.

schild, *n. 1. schild. 2. schildförmige bodenerhebung. rätsel von der eichel:* ik geng mâl ȩwer en schild dâ mi de laiwe gȩd helpet, dâ fand ik en klain mesterstücke (*eichel*), dâ konn ik ût maken twê mollen (*mulden, durch-*

schnittene fruchthaut), twê syen speck *(kernblätter)* un en klain pipendöppken *(becherhülle).* — *M. chr. 3, 37:* schild. *s.* schildken.

schildken, *n. 1. schildchen. 2.* = schild 2. *eine ortsbezeichnung in Iserlohn, bei Höcklingsen.* — *v. Hörel urk. 75:* by den 5 morgen eyn schildeken 3 schepell. eyn schildeken dar men vnse vlas seget.

schillerigge, *f. schilderei, bild oder gemälde, welches an der wand hängt.* — *schwed. dän.* schilderi; *holl.* schilderij, *gemälde.*

schillerhûs, *n. schilderhaus.*

schillern, *schildern. 1. schildwache halten. 2. wartend nach jemand aussehen.* — *holl.* schilderen, *schildwache halten, warten, harren.*

schîmbârlik, *offenbar. alts.* scin, evidens.

schimmel, *m. pferd und* cryptogam. en witten schimmel. *pl.* de schimmels, *die weissen haare.* — *ahd.* scimbal.

schimmelig, *schimmlig. schelte:* du schimmelige rüe dà du büs!

schimmeln, *1. schimmlig werden. 2. ohne tänzer bleiben.* se moch schimmeln. *syn. Gr. tüg 72:* kainen ankriag hewwen un ümmer op der langen bank sitten; *zu Büren:* twêrn verkopen; *bei Schambach:* stästoffel sin; *in Meklenb. (Holtrevol.):* petersilie plücken; *in der Neumark (V. St. 3, 125):* de bank drücken; *in Ditmarsen (Rich. 406):* se hett block seten; *Frischbier 602ᵃ:* sie hat die dranktonn' scheuren müssen; *im engl. frauenzimmer, die nicht zum tanzen aufgefordert werden:* wallflowers *(mauerviolen). vgl.* galgen-schimmeln.

schimp, *m. 1. schimpf. 2. spott.* hai den schaden hęt, bruket fọr schimp nitt te sorgen. *s.* schèimpen.

schimpen, *spotten.* schimpe du der nich med = *spasse, spotte nicht, es möchte dein spass verwirklicht werden. H.*

schin, *m. schein.*

schin = schim, schimm, *schatten. (Siedlingh.) vgl. Z. f. d. phil. Gr. Weist. 3, 136:* schyn = *schatten.*

schindâs, *n. ein schimpfwort.*

schindknọke, *m. ein schimpfwort.*

schindluder, *n. ein schimpfwort.*

schîned *für* schinend, *ptc. v.* schinen, *scheinend.* op schineder dâd, *auf frischer tat.* — *andere ptc. mit ed für end erhielten schliesslich die endung* es.

schinen *(præt.* schên, *ptc.* schienen), *1. scheinen, hell sein, leuchten, glänzen.* he süht gern dat de sunne üt water schint. *H.* et es nitt alles gold bat schint. *2. scheinen,* videri. *3. glühen.* de owen schint. — *alts.* scinan, lucere.

schînhelle, *lichthell.* schinhelle juffern *(myth.) (Plettenb.)*

schinken, schenken, *m. 1. schinken. 2. schenkel.*

schinne, *f. schüpfchen, die sich von der kopfhaut absondern.* — *man denkt an* scinn, cutis, *aber* schim *(Kil.* schim *j.* schin, furfures capitis) *und die analogie von* vinne = vimba *weisen auf ein urspr.* scimba, *verwandt mit* scimbal, *schimmel.*

schinnen, *1. die haut abziehen. 2. quälen.* sik schinnen, *1. sich die haut verletzen. 2. sich plagen.*

schinner, *m. abdecker.* holt der schinner! *ein fluch. unsere flüche zeigen mehr oder minder oft eine hd. form manche dürften durch junge leute aus den garnisonen in die heimat gebracht sein. ein alter mann versicherte mir,* donnermage *z. b. sei zu anf. dieses jahrh. aus Wesel in die gegend von Iserlohn gebracht.*

schîr, *adj. 1. lauter, rein.* schire męlke. hä ist et schîr herin, *z. b. fleisch ohne gemüse. (Marienh.) 2. scharf.* schire locht, *kalte schneidende luft.* de frau es schîr. *adv. schnell.* he mochte so schîr futt. nu gå so schîr as du kanus. he lôpet schîr. — *alts.* sciri, clarus; *ahd.* scioro, cito, impetuose.

schirm, *n. schirm.* regenschirm. — i *für* ę, *hd. einfluss.*

schirpen, *zirpen, von küchlein.* — *engl.* to chirp.

schite, *f. kot, sowol* merda *als* lutum viarum

schiten *(præt.* schêt, *ptc.* schieten), *scheissen.* glücklik de mensche dä im slâpe schitt, hä bruket nitt te drücken *(von glücksfällen, weil ohne mühe).*

schitefręter, *m. mistkäfer. (Fürstenb.)*

schiffen, *1. ein wenig gerinnen, von der milch; syn.* schräen. — *Kil.* schiften, schiffen, densari sine mutari in lac xyston. *ostfr.* schiffen. *2. urinieren. M. chr. 3, 22:* daer lagen sie also offenbaer, das sie ein ieder beschiffede, dan sie liebeden noch biede.

schiwe, *f. scheibe.* nà der schiwe schaiten. schiwen, *kartoffelscheiben.* — *ahd.* sciba; *vgl. alts.* Scivon-huvil.

schiwe = schiowe. *(Siedlingh.)*

schiwegârn, *n. bindfaden, wohl weil er zu einer scheibe aufgewickelt wird.*

schiweling, *m. zwiebelapfel, plattrunder apfel.* — *Kil.* schijuert, schijuelinck, malum orbiculatum. *ostfr.* schieveling. *Cod. Trad. Westf. 1, 94:* pomi qui dicuntur siboldinge.

schléiwern, *schmieren. (Velbert.) „das wort* schleveren *gilt für die ausfüllung des holzwandgerippes mit lehmen, nachdem die durch balken gebildeten fache mit holzstäben und reisiggeflechten zur befestigung der lehmwand vorbereitet sind." vgl. Montan. II, 2, 98. — verwandt:* slein, slavan *Theoph. 1; altn.* kleiwen, *kleiben.*

Schlömer, *f. n. = hd. schlemmer. vgl. Magd. bib. Amos 2, 8:* schloemen = *schlemmen. ähnlich mnd.* doemen = *dämmen.*

schobben, *m. schuppen.* lôfschobben; *syn.* schoppen. — *ags.* scypen; *Teuth.* schop, hutte, boide; *engl.* shop.

schobben, *m. bund glattes stroh, verschieden von* büschen, *worin die halme unordentlich durcheinander liegen. zu Lüdenscheid dagegen:* schobben *ungeordnetes roggenstroh,* büschen *glattes haferstroh. — v. Hör. urk. 68:* schobben = *leere garben. Teuth.* schub, garve. *s. die wörter* schôf, schôf, schauf.

schockeln, *1. bewegen. im rätsel von der wannemühle:* den mrs schockeln. *2. schaukeln (berg.) — entstanden aus* skakan, skuok, *engl.* to shake.

schockelpêrd, *n. schaukelpferd.*

schôde, *f. schote. — got.* scaudo, *wo es aber balg oder haut eines tieres bedeutet; daher* skaudaraip, *strick aus einer tierhaut gemacht, also riemen,* ἱμάς. *Seib. urk. 992:* schote. *Teuth.* critschoden, polen. *s.* schone. *gehört zu* scêthan, *scheiden.*

schọken, *m. fuss, bein, knochen. — vgl. alts.* scakan, *gehen.*

schọkendicke, *sehr dick.* schọkendicke saigen. *(Unna.)*

schọ̈kern, *beinern.* en schọ̈kern inkskọker.

schọ̈kern, *laufen.*

schollerte, *f. =.*hudelte, *flasche aus abgeschälter baumrinde. (Biebertal.) zu* scëlan.

schollete = schollerte. *(Balve.)*

scholfische, *pl. treibfische. — Werd. Heber.* scoffischas *ist angeglichen aus* scolfischas.

scholfischen, *treibfischen zwischen zwei netzen. — vgl. ags.* sceolu, scolu, caterva, schola; *alts.* scola, *s. Köne z. Helj. 1502. engl.* shoal, *menge, zugfische.*

schôn, *1. schön. 2. fein dünn. H.*

schone, *f. schote.* n = th, d; *vgl.* grâne *(gräte); wald.* lone (lote), *Fallersl. Mda. 5, 154:* lone; *mwestf.* weyne *(weide). man beachte indess auch altn.* skân, cortex.

Schonhólden, *pl. albische wesen. (Valbert.) riesen (unpassend). (Lüdensch.) andere formen sind* schânhollen, schanhollen, schahollen, scharhollen. *im Herscheidschen gab es ein spiel:* den schonhollen smiten. *s.* schaholden.

schộr, *f. 1. schur, von schafen, klee. 2. kette in der weberei. 3. zeitabschnitt, weile.* dai kann noch ne dûchtige schộr wachten. — *ags.* score, *f. zu* scëran.

schộrstên, *grenzstein, prellstein. K.*

schọ̈rte, *f. schürze. — ahd.* scurz; *mwestf.* scorthe *für* scorte; *schwed.* skjorta, *hemd.*

schọ̈rteldauk, *m. schürze.* dä es nà me schọ̈rteldauk doft. — *Magd. bib.:* schörteldock.

schọrf, *m. krätze, grind. — ags.* scurf *zu* sceorfan, radere.

schọrwed, *m. = schorf.* hä lẹwet as de lûs im schọrwed. — *Teuth.* schorft, gryndich.

schọrwel = schọrf.

schọrwelig, schọrwig, *krätzig, grindig.*

schössel, *f. schote. — Kil.* schosse; *fr.* écosse, cosse.

schôt, *m. schoss. — Teuth.* schoit, slyp, sinus, gremium.

schọt, *n. 1. schuss, schiessen der pflanzen.* de rogge es im schọte = *in den ähren. 2. schublade, verschlag.* duwen-schọt, diss-schọt, *in einem Altenaer carmen:* kerken-schọt. — *mnd.* schapeschoet. *vgl.* schaiten, *schiessen, schieben.*

schọ̈tegaffel = schọtgaffel. *(Lüdensch.)*

schọten, *schossen, ähren zeigen.* de waite schọtet all.

schọ̈ter, *m. 1. schössling von 14—16 jahren. 2. schwein von 3/4 jahren.*

schọtgaffel, *f. halblangstielige heugabel.*

schọtkrûd, *n. eine gewisse pflanze.*

schọ̈tken, *n. schublade. K.*

schôtmöppel, *m. mops, schosshündchen.*

schôtrüeken, *n. schosshündchen.*

schọtschûr, *f. 1. schutzdach an gebäuden. 2. schutzdach für heu und korngarben, welches sich auf- und abschieben lässt.*

schọtsipen, *n. ein kleines siepen, welches quer vor ein grösseres stösst. Iserlohner limitenbuch s. 55:* „in den schott siepen".

schọtspaule, *f. weberschifflein. — schwed.* skottspole.

schotstên, *m. schornstein.* — *V. St. I, 247 aus* schat *erklärt, es bedeutet aber eigentlich schiebstein, vgl. Z. d. berg. g.-v.*

schötteln, *mit einer hölzernen schüssel* (schöttel) *und füchsen (münze = ¼ stüber) spielen. H.*

schötter, *m. strohwisch zum zeichen, dass der weg verboten ist. (Fürstenb.)*

schötfell, *n. schurzfell.*

schöf, *stroh, auf welchem die leiche liegt.*

schôf, *m. ausgedroschene, geordnete, glatte garbe zum dachdecken. — Werd. Reg. pl.* scoefe. *ags.* sceaf; *ahd.* scoup; *mhd.* schoup; *gloss. belg.* schoof, garba; *nhd.* schaub.

schǫ̈f = schüǫf. *H.*

schǫ̈fen, *mit schauern regnen. H. s.* schûǫf.

schöwe, *f. schote.* — d *zu* w.

schôwen, *stroh von dem kurzen reinigen; zum dachdecken. s.* schôf.

schrå, *1. elend, dürr, mager, in höherem grade als* schrę̂f; *vgl. das rätsel vom bach und der gemähten wiese.* god jå, hat was min sęlge mann so schrå. de schråe iasel, *vgl. pfingstgebräuche. 2. dünn, scharf, schneidend.* schråe locht. *K. 3. moral.: schlecht.* et es en schråen kærl. — *Teuth.* schrae *j.* dorre. *Kantz. 53* schrag. *engl.* scrag, *dünn, mager. ? ags.* screav.

schrähbeler, *m. lärmmacher, lärmendes kind, kläffendes hündchen.*

schrähbelig, *lärmend, schreiend, kläffend.*

schrähbeln, *lärm machen, von kindern, kleinen hunden, vögeln.*

schrähbelse, *n. schabsel; s.* schräppelse.

schrabben, *schaben; s.* schrappen. — *versetzt aus* scharben.

schrähber, *m. schaber, kratzer.* pottschrähber.

schrähbig, *räudig, mager, elend.* en schrähbigen rûen. *K.*

schråd, *laich.* fischschråd. foscheschråd. *(Weitmar.) s.* schåd, schåuen.

schråd, *schräg.*

schråd, *m. s.* kellerschråd.

schräen *(3. præs.* schrädt, *præt.* schraid, *ptc.* schråen), *1. schroten, grob mahlen. 2. gerinnen.* de męlke schrädt. — *Koker S. 350:* schret wer wethen edder roggen. *Vilmar:* schråen, *durch frost rauh werden.*

schragen, *m. gestell.* bûkschragen, *untergestell für den* bûkeringel. *Teuth.* schraghe, carpenta. *Seib. Urk. I, p. 624:* procurabit schragen sub tabulas.

schrai = schraiwe, schraûwe, *m. geschmolzene eisenmasse auf osemundhämmern. Müller chorogr. v. Schwelm 69.*

schraien, *sw. v. schreien.* hä schraiet as wann ęm en mess im halse stæke. hä schraiet sik den hals af. et es węer, dà schraiet de arme sünner am galgen nà = *es geht ein kalter tauwind.* de rock schraiet nàm niggen.

schraien = schraûen, *s.* schraigeln.

schraigeln = schraûgeln, *versengen.* — *es setzt* schraigen, schraien, schraûgen, schraûen, scruojan, scruowan *voraus; aus letzterem stammt das subst.* schraiwe *oder* schraûwe. *s.* schröggen, verschraien, verschraigeln. *man vgl. auch* blaigen *(blühen).*

schrailen, schraûlen, *schrillend sprechen. H. s.* geschraile. *syn.* schrähbeln.

schrain, *m. kiste.* — *M. chr. 1, 104 übersetzt* scrinium *mit* screyn. *osnabr.* schrên.

schræken, *schreien, von hühnern. — alts.* scricon.

schråm, *m. schramme. man spielt das karnüffelspiel um drei* schrǣme. *Tappe 167ᵃ:* schraym. *schwed.* skråma, *f.*

schrǣmen, *eine schramme machen.*

schramp, *m. schranke, einschränkung, mangel.* dà werd di en schramp op folgen, *du wirst das gegenteil erleben. wer z. b. etwas in überfluss hat und es missbraucht, dem folgt leicht ein* schramp *darauf. H. vgl.* schrempen.

schrängel, *m. 1. mageres stück vieh. 2. langer und dürrer junger mensch. K. s.* schringel.

schrannig, *scharf im behandeln seiner untergebenen. s.* schrionig *u.* schrianen.

schrantsen, *fressen. — eigentlich zerreissen;* schranz, *riss. Kil.* schrantsen, mandere, popinari.

schræpen, *schreien, weinen.*

schrappen, *1. schaben, z. b. frische kartoffeln, die haut abschaben. 2. zerschaben.*

schräppelse, *n. schabsel.*

schräpper, *schaber, habgieriger mensch. K.*

schråprig, *mager. K. S. 95.*

schrätel, *abfall, abschnitzel von holz, leder u. dergl. — t in dieser lage wie öfter aus d entstanden. vgl. ags.* screadan, *schwed.* skråda, *und oben* schråen.

schratelen, *von tönen, welche die hühner hervorbringen; syn.* prâtelen.

schrecken, *1. springen machen.* de ęrften im potte schrecken, *d. h. kaltes wasser hinzugiessen, wenn sie kochen, damit sie weich werden. man vgl. dazu:* so bange as ęrften im potte. den heten stål im water schrecken, *technischer ausdruck der schmiede. f. r. 96. 2. schrecken.*

schreckhaftig, *einer der leicht erschrickt.*

schrempen, *schrumpfen machen.* sik schrempen, *sich sehr einschränken.* — *vgl.* schramp *und engl.* shrimp (*flohkrebs*) = *unserem* krimpe. scrimpan *ist ein verstärktes* krimpan.

schrępen, *stark scharren. II. vgl.* schrappen.

schrętelu, *gellend sprechen. II. vgl.* schratelen.

schręf, *mager.* so schręf as en tûn, as en rûe, as ne spiolmus. — *das wort ist gebildet wie* dręf = thërbi, *somit würde ags.* scirfi *passen, welches in* scirfemus, sorex *vorliegt. es muss verwandt sein mit* scarp *in* scirbhau, scarab. *der begriffsentwickelung vergleicht sich ital.* affilare (*schleifen*), *woron* volto affilato, *hageres gesicht. vgl. Teuth.* schrepel, dun, mager *und im westf. Hessen:* grief, *hager, mager.*

schriad, *m.* (*pl.* schrie), *1. schritt. 2. teil am ackerwagen, der die laufer mit der hinterachse verbindet. 3. teil am vorderpfluge, woran der schwengel befestigt wird.*

schriauen = schrinnen, schrinden, *st. und schw. v., brennen, jucken bei hautverletzungen.* dat schriaut mi. *bei Seib. urk. III, p. 372:* hätte sie genûbelt und gekratzet, dass es ihr geschrungen (= geschrunden). — *Kil.* schrinden, agere rimas, findi.

schriauig, *was schrindet.* schriaug kâld, *schneidend kalt.*

schrîk *für* schrink. schręwe schrik, *sehr mageres geschöpf; syn.* schringel, schripps. — *vgl. ags.* scrinkan.

schrîk, *m. 1. wachtelkönig. 2. krammetsvogel.* — *ags.* scrik, *m.* turdus; *alts.* scricondi, garrula (avis). *vgl.* schraeken *und* to shriek.

schringel, *m. mageres geschöpf, von kühen und pferden; syn.* schrängel.

schrippen, *zirpen.* — *engl.* to chirp.

schripphann, *n. heimchen.* (*Elsey.*)

schripphainken, *n. heimchen; syn.* müerhainken. — *vgl. engl.* to cherup, to chirp.

schripps, *m. kleiner magerer mensch.* — *nds.* ripps.

schrippsig, *dünn, mager.* 'ne schrippsige smiale vam fruggensmenske. (*Arnsb.*)

schrîfisch, *schreibselig. II.*

schriwen (*prt.* schrêf, *ptc.* schriawen), *schreiben.* hà söffe dat hen schriwen, *wie sollen wir uns das erklären.* dat pęrd schriwet, *es ist lahm am vorderfusse und setzt beim stehen diesen voraus.*

schriwes, *n. für* schriwend, *geschriebenes.* — *vgl.* slutens.

schrǫd, *n. 1. schrot. allerlei wenig brauchbare sachen. 2. halbgute körner von rocken und gerste.* (*Hellweg.*) *II. syn.* schrâd.

Schrôr *für* Schröder, *familienname.* — *Teuth.* schroeder, snijder.

schrôerslǫk *oder* **hǫl**, *n. schlitz am frauenrocke.* (*Hemer, Schwelm.*)

schröggen, *sengen, anbrennen.* en pannkäuken schröggen. (*Fürstenb.*) — *s.* schraigen.

schröggeln, *sengen.*

schroiwe = schrowe. (*Siedlingh.*)

schrompen, *fiedeln.* (*berg.*) — *köln.* schrumpen.

schrömpen *oder* **schrempen, sik**, *zurückweichen, sich scheuen, sich fürchten* (*vor*). sik schrömpen vǫr der arbêd, — vǫr der kelle (*kälte*). — *Fasc. temp.* 14[a]: scroemen voer. *Kil.* schroom, horror. *s.* schrempen, schramp.

schrotsen, *spotten. K. S.*

schrôwe, *f. 1. griebe von ausgebratenem fette. 2. steinkohlenschlacke.* — *engl.* shruff.

schrubben, *scheuern, vom fussboden.* — *gloss. belg.* schrobben, gratter, frotter, fricare, scabere. *Teuth.* scharren, schrubben, scalpere. *engl.* to shrub. *verwandt mit* schrabben.

schrübber, *m. bürste zum* schrubben.

schruggeln, *schauder verursachen.* et schruggelde mi dǫr de hûd.

schrull *oder* **schrüll**, *m. plötzlicher anfall oder einfall.* dat es mär en schrull, *das wird bald vorüber sein.* in ênem schrüll, *auf einmal.* — *mnd.* schrull, *grillenhaftes gelüste.*

schrumm, *schall des feilens.* makt alle files schrumm schrumm schrumm. *Turk.*

schrumpel, *runzel.* (*Siedlingh.*) — *Kil.* schrompe, schrompele.

schrumpelig, *runzelig.* (*Siedlingh.*)

schrünte, *f. in:* schręwe schrünte, *mageres geschöpf.* — *norw.* skrind; *schwed.* skrin, *dünn, mager. ostfr.* strint.

schruntsel, *f. etwas eingeschrumpftes, runzel.* — *zu* scrintan = scrinkan. *vgl.* runzel, vrunzel (wrunzel), schrunzel, schrumpel, krünkel, vrinkel.

schrute, *f. 1. truthenne. 2.* wille schruten, *kraniche.* (*Brackel.*) *3. böses weib.* — *das wort muss vorhanden gewesen sein, ehe man* trûthûner *kannte. die anlaute* sc, st *und* t *können wechseln. vgl. ags.* struta, *strauss. engl.* to strut = *unserm* sik kranen. *Christmas carol:*

Fowls clucked and strutted *(stolzierten)* in the stables. *mhd.* striuzen, *sträuben. schwed.* skryta, *prahlen.*

schrüf, *rausch. K. S. 12.* schrûf ant nest. *F. r. 89.*

schrawe, *f. 1. schraube. 2. = hudelte, weil der bast dazu schraubenförmig abgeschnitten wurde. (Fürstenb.)*

schrawen *(præt.* schrôf, *ptc.* schrọwen), *schrauben.*

schu schu, *interject. algentis; auch* schuk.

schubbejack, *m. schuft, lump. — ein lausekerl, der sich beständig schubbt; vgl.* sik schubbeln 1. *ostfr. (Doornk.)* schubben, *holl.* schobbejak. *Scherr Bl. III, 272 hält* schubiak *für ein russisches wort.*

schubben, *schuppen, schieben.* sik schubben lâten.

sik schubbeln, *1. sich scheuern, von einem den das ungeziefer plagt; s.* schubbejak. *2. sich schieben.* wä schûllig es dä maut sik schubbeln. *II.*

schûbût, schûwût, *m. uhu. — Magd. bib.* schuffut.

Schûbûtlaige, *f. Uhusfelsen bei Klusenstein, eine felswand in der sonst uhus horsteten.*

schucht, schuft, *f. schulter.*

schücht, *scheu. (Weitmar.) — vgl.* schüchtern. *Lac. Arch. 3, 278:* schuchten.

schuck = schu. schuck! wat es et kould.

schüddegaffel, *f. eine gabel von holz zum aufschütten des strohes.*

schüdden, *schütten, schütteln.* vi hett de appeln schudt. 't mûl schüdden, *schwätzen, raisonnieren.* sik schüdden, *sich schütteln vor frost, fieberschauer.*

schuabeln *für* schubbeln, *schütteln.* hä schuabelt et van sik af. sik schuabeln, *1. sich schütteln. 2. sich scheuern, kratzen, reiben wo es juckt. K.*

schuaderig, *fröstelnd.*

schuadern *für* schuddern, *schaudern, frösteln, etwas frieren, fieberschauer haben.* mi schuadert! *syn.* schruggeln. *— Teuth.* schuyveren, schaideren van kaltheit.

schûer, *m. regenschauer; syn.* schûl. — *ags.* scûr, *die verdunkelnde regenwolke, nicht der fallende regen. Teuth.* regenschuyr.

schûer, *gesichert vor regen;* dà es me schûer; *syn.* schûl. — *mnd.* schoer, *schutz. Teuth.:* to schuyr lopen.

schûr, *f. scheune.* wann de schûren liag sind, gêt de wind derdọr = *den hungrigen friert. — mhd.* schiure *und* schiune. *Teuth.* schuyre. *Vgl. alts.* scurilingesmeri. scuriling, *scheuerling ist häusler.*

schûern, *1. sich vor regen sichern, untertreten.* wann de hauner schûert hært de rẹgen bàlle op. *2. schutz geben.* sûnte Vît verännert sik de tîd, dann gêt 't blad op de kante stân, dann hẹt de bôm 't schûern dån. — *vgl.* beschûren = *beschützen. Seib. urk. 982.*

schûern, schüern, *reiben, scheuern.*

schüat, *m.* schûat *(Altena), 1. schuss. 2. zahnkrampf.* ik hewwe en schûat. ik krêg en schüat innen tân; *vgl. hd.* die schüss der hohlen zän. *(Altes Kräuterb.) 3.* schüat ant nûr, *euterentzündung; vgl. D. Myth. 4. guss.* en schûat rẹgen, *s.* schüaf. *5. ein stück weges.* dä schûat es noch ne stunne lank. *(Altena.) 6. grille, einfall.* kristu en schûat?

schüatel, *f. schüssel.* et gêt van der schûatel oppen küetel.

schüateldreier, *töpfer. K.*

schüatelken, *n. 1. schüsselchen. 2. untertasse.*

schüatelplaggen, *m. lappen zum abwischen der schüsseln. — Teuth.* schottelplattel.

schüatelfudden, *m.* = schüatelplaggen. — schotelvodde *j.* schoteldoeck. *Kil.*

schüatelwater, *n. schüsselwasser. — Kil.* schotelwater. *Teuth.* schottelwater.

schüatmâte, *schussrecht, à la portée.*

schüaf, *m. eigentlich* schub, *regenguss, schauer. s.* schûf, schọ̈f. — *die form wie* tüag, flûag.

schügge, *scheu. — mwestf.* schû.

schüggen, *scheuen.*

schûl = schûer *(pl.* schûle), *schauer, regenguss.*

schûlâren, *vb. von pferden, welche die ohren an den kopf legen.*

schûlârig, *tückisch, von pferden. Vgl. mnd. wb.:* schûloret.

schuld, *f. schuld.* hai hẹt an der bôsen weld kain schuld. bai lôpet hẹt schuld.

schuld, *schuldig.* hai es schuld.

schûldaiker, *m. schulschwänzer.*

schûldauken = schûllauken.

Schûlenstên, *m. die Klusensteiner höhle. — Teuth.* schuylen, stoppen, verbargen. *Schouwenb. chr. § 122* sik schulen = sik vorbergen. *schwed.* skyla, *bedecken.*

schûllaiker, *m. schulschwänzer.*

schûllauken, schûllaiken, *die schule schwänzen. — das wort kann bedeuten: versteckt spielen, vgl. got.* laikan, *spielen. syn. dafür sind im südl. Westfalen:* schûldauken, schauldauken, schäulänken; *anderwärts:* schûlen, schûlken, schûllôpen; *dän.* skulke af skole; *engl.* to skulk.

schuller, *f. schulter.*

schuller, *f.* = schollerte. — *vgl. Teuth.* schulle, slynger.

schullerblad, *n. schulterblatt.*

schüllig, *schuldig.* ik sin Gọd en armen mann schüllig.

schülliger, *m. schuldiger.* de schülliger schügget. *H.*

schulte, *m. besitzer eines grösseren bauernhofes.* lätt den armen ök lẹwen, hadde de schulte sagt. — *mwestf.* schuldbete, schultete *(schuldheiss) bezeichnete den, der die gefälle für den gutsherrn einzog. Teuth.:* scholtiss is so vele als en richter, scultetus.

schülwern, schölvern *(Dortm.) wird von der bei hautkrankheiten sich ablösenden haut gesagt, sich abschuppen. s.* schâlfer, schâlfern. *verwandt* scholpe *(schuppe)* van en vysch. *Teuth.*

schûm, *m. schaum.* dat vergêt as schûm oppem water. — *Tappe 180*[b]*:* schuym.

schûmen, *schäumen.*

schûmliopel, *m. schaumlöffel.* dai hẹt den verstand med dem schûmliəpel frẹten = *er hat keinen mitbekommen.*

sik schummeln = sik schubbeln, *sich scheuern, schütteln, reiben.*

schummern, *dämmern. N. l. m. 39.*

schund, *m. schund.*

schundsfigen *in:* möer, bat heddi kọket? schundsfigen med prickæle.

schüngen *für* schünden, *anreizen. s.* opschüngen, verschüngen.

schüngelbrôd, *n. ein brot, welches sonst denen gegeben wurde, die eine magd in dienst brachten. fig.* dai verdaint sik ök wier en schüngelbrôd. *s.* schüngeln.

schüngeln, *langsam gehen, schieben. auch F. r. 132.* — *Kil.:* schongelen, motitari. *auch unser* schüngeln *bezeichnet eigentlich ein gehen mit rudernder seitenbewegung wie* schrumpeln *im Quickborn; ostfr.* schummeln *und* schuffeln.

schüngelsse, *f. 1. vogelscheuche. 2. nachlässig gekleidetes frauenzimmer. — vgl.* verschüngen.

schuppe, *f. schuppe.* — *Teuth.* schuebe van vyschen.

schüppe, *f. 1. spaten. 2. fingernagel, der lange nicht geschnitten.* he hẹt schüppen an den fingern, hä könn wọl sin bessevâr ût der erde krassen. *3. schüppen* = pique *im kartenspiel.*

schuppen = schubben. recht geschuppt, *recht belästigt, angeführt.*

sik schüppen, *stolpern.* — *Muster. 49. K. S. 117.* sik deröver schüppen, *daran anstoss nehmen K. S. 59.* dat sik de aine üwer den andern schüppede *Spr. u. sp. 13.*

schürgen, *schieben auf der schiebkarre. (Odental.)* — *ahd.* scurkan, scurgan, *stossen; vgl. alts.* bescurgian, præcipitare.

schussê, *f. chaussée, kunststrasse.*

schute, *f. schaufel, wurfschaufel. K.*

schütt, *n. 1. schutzbrett an schleusen; vgl. Teuth.:* waterschutte, sluyse. *2. das hintere brett am karren, wagen; syn.* schüddebrẹd; *vgl.* flẹke. *3. fig.:* dọrt schütt gân = dọrt siəf gân.

schütte, *m. schütze.*

schütten, *das schutzbrett einsetzen.* stouwen als men water stouwet. *Teuth.*

schütten, *pfänden vom vieh, das auf fremdem boden oder unberechtigt weidet. K.*

schüttenblaume, = flodamme. *(Fürstenb.)*

schüttenspiəl, *n. schützenfest.*

schüttgeld, *strafe für geschüttetes vieh. K.*

schüttstall, *local für gepfändetes vieh. K.*

schûf, *regenguss (berg.); s.* schüəf.

schufel, *f. schaufel.*

schûfeln, *mit der schüppe ebenen, gras und unkraut aus gartenwegen entfernen.*

schûfkâr, *f. schiebkarren.* hai lag dâ as en kawelêr in der schûfkâr *d. i. auf der erde.*

schuft, *m. schuft.*

schuftig, *schuftig.*

schûfût, *m.* = schûwer, *ein kind oder knecht, die immer zurückgesetzt, aber zu aller arbeit vorgeschoben werden. ein solcher sagt wol:* ik sal luter vọr dem stalle stân. — *holl.* schoveling.

schufîg, *1. abgetragen, von der kleidung. 2. filzig, knickerig, niederträchtig.*

schûf-vọr-den-dumen, *geld.* hai hẹt schûfvọr-den-dumen.

schûwe, *f. schaube.*

schûwen *(prœt.* schôf, *ptc.* schọwen), *schieben.* hä schûwet et op de lange bank. jâ glik schöuwe iək dat water af, *ich lasse das wasser frei laufen, ohne es für meine rolle zu benutzen. (Altena.)*

schûwer, *m. 1. schieber, riegel. 2.* = schûfût.

sik schuwwen = sik schüggen, *sich scheuen, nicht daran wollen.*

sech, *pflugmesser; syn.* kolter. — *ahd.* seh. *mhd.* sech. *franz.* soc.

segen, *m. segen.*

sẹgen, *n. netz.* treeksegen, *schleppnetz.* — *Helj.* segina. *Teuth.* seghen, vischers nett, sagena. *Fasc. temp. 244*[b] zeghene. *Kil.:* seghene, saghene, segne, sagena. *v. Steinen:* seghen.

segge, *f. sage.*

seggen (*præt.* seggte *oder* sagg, *ptc.* sagd), *sagen*. nu segg' ik àwer nix mær! *verwundernd*. dà siət me wǫl van stràtenrôwers. dà sind se! segg men, ik hädde 't di sagd! segget màl! *wenn man ruft*. *eben so ital.*: signore zio, dica signore zio! jà, dà segge bai van! hai sagg ümmer N. tiəgen ęn = *er nannte ihn immer N*. nû, heww'k et di nitt sagd! = *habe ich nicht recht gehabt! elliptisch*: dat (*sc.* sik dat anners hęt) well ik ock nitt seggen = *es ist wol möglich*. dat hęt wǫt te seggen = dat hęt wǫt op sik = *das hat seine schwierigkeiten*. sai maut ôme tiəgen (*oder* tau) ęm seggen (*umschreibung des substantivs bei verwandschaftsverhältnissen, hier: nichte; vgl. ostfr.* ômsegger = *neffe*). glücke seggen = *glück wünschen*. (*Schwelm.*) wǫt seggen op ümmes, *jemand tadeln*. — *alts.* seggian.

seggenswêrd, *was des sagens wert ist, bedeutend, viel*. hä hęt nitt seggenswêrd gęten.

séien, *säen*. dat kamme wal sáien, äwer nitt pöten. (*berg.*)

sêke, *f. urin*.

sêken, *1. seichen*. *2. flüssiges absondern, wie ameisen, kröten*. dà hęt ne pedde geseckt, *hier ist eine unglückliche stelle*. *H*. *Teuth.* seycken, myghen.

sêkobbetse, *f.* = mìgampelte. (*Marienh.*)

sêl, *n. seil*. me hęt dat węer nitt am sêl.

sêle, *f.* daneben min sail, *1. seele*. *2. fig. das innere, z. b.: mark der feder, vgl. das rätsel von der feder*. — *got.* saivala. *alts.* sêola.

sęlig, *1. selig*. *2. trunken*. — *alts.* sâlig.

selschop, *f. gesellschaft*.

sêlspinner, *m. seiler*. — *v. Höv. urk. 41*: selemekere.

seltsen, *1. sonderbar*. du bûs jà seltsen! *2. übel*. is ug selten? *Grimme*. — *ahd.* seltsâni. *Fastnachtsp. 975*[b]: selsen.

selfanner, *selbander, zu zweien*.

selfenne, *n. sahlband*. — *Kil.*: selfende, selfegghe, selfkant, ora panni vel telæ. *engl.* selvage (*für* selfedge). self, *im Helj.* selbo, *muss stoff, zeug, material bedeuten*. selve *bei Wigg. 2, 45 ist material, holz*. selvar *in* grisei coloris qui selvar dicitur (*Seib. urk. 531*) *wird* self var, *ursprüngliche farbe des materials, naturfarbe der wolle bezeichnen*; selbo *als rock Christi daher ungefärbter rock sein*. selbo, *selbst, ist das nämliche wort*. — *Dortm. wandschneiderbuch s. 23*: selffende.

selfkante, *f. 1.* = selfenne. *2. rand, klebekruste des brotes*.

selfsǫrger, *m. selbstsorger*. dat es en selfsǫrger, dä sǫrget men fǫr sinen kijak (*schnabel*).

selwe, *f. salbei*. *wortspiel*: self (selwe) es 'n guət krûd, àwer et wässet in allen gærens nitt. et wässet men dâ, bâ me frôe opstêt; *vgl. Tappe 138*[a].

selwer, **selwest**, *selbst*.

sêmære, *f.* (*für* sêmerle *oder* sêmerbe), *meeramsel*. (*Marienh.*) — merle *ist* merula.

sêmêle, *f.* (*für* sêmerle), *meeramsel, ringamsel*.

sêmesbûl, *m. beutel zum auspressen des honigseims*. *F. r. 63*.

sêmęwe, *f.* (*für* sêmerwe), *meeramsel*. — *vgl. Westf. anz. V. 1368*: seemerbe.

sęne, *f. säge*. (*Lüdensch.*) — *aus* segene.

sęne, *f. sehne*. — *ags.* sinu.

sęnen, *sägen*. (*Lüdensch.*)

senen, *segnen*. (*Paderb.*) — *vgl.* renen.

sêpe, *f. seife*. — *ags.* sâpe.

sêpen, *1. mit seife beschmieren*. *2. fig. weinen*. *F. r. 25*. (= sipen?)

sêpenspân, *eine schelte*. *H*.

sêpsluəder, *seifenschaum*. *K*.

sêr, *n. übel, krankheit*. kwâd sêr.

sêr, *krank, böse*. au sin sêr bên binnen. *H*. dat hęt hai op dat sêr bên nǫmen = *das hat er ans bein gebunden*.

sęrge, *selig*.

sęrgen (*für* sędigen), *sättigen*.

sęrje, *f. sättigung*. (*Paderb.*)

seszig, *n. sechzig*. *ackermass von 60 fuss länge und 60 fuss breite im Bergischen*.

sêtsôt, *süsssprecher*. (*berg.*)

setten (*præt.* satte, *ptc.* satt), *setzen*. enen drop setten = *anführen*. — *got.* satjan.

sêwâter, *n. 1. seewasser*. *2. nostock, syn.* libbersê.

sêwen, *sieben*. min sêwen! *meiner seele*.

sexken *in der beteuerung*: min sexken! *vgl.* säks.

si, *sich* (*dativ*). *Grimme*.

sicht, *f. rücksicht*. kaine sicht fǫr ümmes hewwen.

sicht = sieged. — *Teuth.* sychte mit to meyen, runco. *Bielefeld*: plaggen sift, *plaggensense*.

sichtebûl, *m. sichtebeutel*.

sichthaken, *ein haken der zur bildung der garben dient*. *K*.

sichten, *1. sieben*. hä hęt en gestell dertau, as wann de sûəge sichten well. *2. ganz fein regnen*. (*Unna.*) — ch *für* f. *engl.* to sift.

sick, *sech am pfluge*. *Kanstein*.

sickse, *f. ziege.* de frau het nitt sickse noch bock = *gar nichts.* — *Wald.* zickse.
ssi-då, *dort,*
ssi-dai, *der da.*
ssi-dat, *das da, jenes da.*
ssi-dät, *dies hier.*
ssi-sô, *so.*
sid = sidder.
sîd, *f. seite.* sîd-af, *seit ab, seitwärts.*
sîd, *breit.* van wîd un sîd. *ags.* side and vide. *ahd.* sîto, laxe.
ssid-hîr, *hier.* — ssid = ssi.
sid-nû, *1. so eben.* ik sin sid-nû noch då wçst. *2. sogleich.*
sid-sô, *1. so eben. 2. sogleich.* ik kuome sid-sô. — *s.* ssi-sô.
sidder, *seit; s.* sinder, sir. — *alts.* sithor. *mwestf. auch* sodder.
side, *f. seide.* hai sall då niane side spinnen.
siden, *seiden.*
sidenhiamken, *n. seidenhemdchen, eine apfelsorte.*
ssiage, *Lüdensch.:* ssie, *f. ziege. ein hirt bei Altena äusserte, man nenne das tier* hitte, *wenn man sich aber ‚butt' ausdrücken wolle, sage man auch* ssiage. — *Dortm. zolltarif v. 1350:* schege. *Teuth.:* sege, tzeghe, gheyte. *Alten. statut:* ziege.
siaged, *m. sense zum roggenmähen, s.* sicht. — *ags.* side *für* sigdhe.
siagedsnåd, *griff an einer solchen sense.* — *engl.* sneed.
ssiagenkümmel, *? kümmelblättriger harstrang.* peucedanum carvifolium. *(Siedlingh.)*
ssiagenhiamel, *m. ohnmacht.* in den ssiagenhiamel kuamen. — *vgl. das synon.* gôschiamel *und aus Cleve:* mössenhimmel.
ssiagenranke, *f. geissblatt. syn.* hittenmairanke, ssiagensluck, süchelte.
ssiagensluck, *m. geissblatt.*
ssiagenstert, *m. eine schelte.*
siakel, *f. sichel.* — *engl.* sickle.
siaker, *adj. 1. sicher. 2. gewisser,* quidam. min siaker = min säks, *eine beteuerung. (Schwelm.) adv. vielleicht, wol.* hai es siaker krank.
siakern, *sichern.* dai et hçt, då maut sik siakern, *wird meist spöttisch von reichen leuten gesagt, die nicht viel verzehren.*
siel, *sattel.* — *alts.* sedel.
sik sielen op, *sich setzen auf.*
sielküssen, *n. sattelküssen.*
siemel, *f. semmel.* — *lat.* simila, *feinstes semmelmehl. mhd.* simile. *Teuth.:* semele, wegge, wytbroit.
siamern, *sickern.* et siamert ût dem bçrge herût. — *vgl. fries.* siame *und* sêm *(seim). wahrscheinlich ist es das wort für hervorquellen des dickflüssigen bergöls.*
siampel, *simpel, am kindisch werden.*
siasen = sisen.
ssièt, ziêt, *m. sayet, feineres wollgarn.*
siaf, *n. sieb. zu Siedlingh. unterschied man das grobe:* ærsîf *und das feine:* mçlsîf, hai es dört siaf = *er ist bankerott.* — *ein starkf.* siban *wird durchgehn, hinübergehn bedeutet haben; vgl.* siawen, *jenseits und* Marien sif.
siafen-jår-like-fin, *eine gewisse blume. vgl.* like-friss.
siawen, *sieben, zahl.* op siawen hår. — *alts.* sibun. *mwestf.* siven.
siawen, *jenseits.* he es half siawen = *er ist toll und voll.* — *bedeutet eigentlich er ist halb jenseits sc. im totenreiche, welches sich die alten jenseits des grossen wassers dachten. die Engländer sagen dasselbe deutlicher mit* ‚he is half seas over' = *er ist halb see über, vgl. kopfüber. auch im namen Siebenbirgen steckt sieben* = trans; *es ist nichts als übersetzung von* erdely orszag, *transsylvania, (land) jenseit des waldgebirges.*
siawen-jårs-mçgede, *kriechender hahnenfuss,* ranunculus repens. — *heisst so, weil er schwer auszurotten ist, siebenjährige (vieljährige) mägdearbeit in anspruch nimmt.*
siawenôgel, *gewisse blutschwären. (Elsey.)* — *man glaubt, sie hätten sieben häute und öfneten sich an sieben stellen.*
siawenstærn, *siebengestirn.* — *Teuth.:* sevenstern, pleyades.
siawentian, *siebzehn.* då siffe jå alle siawentian *(alle zusammen).*
siawentig, *siebenzig. bei Iserlohn* siawenzig (achzig, niagenzig). *vielleicht sind diese formen mit hd.* zig *an die stelle von* antsibunta, deças septima *u. s. w. getreten.*
-sig, *adjectivendung für* isk *in* mucksig, niadsig, politsig.
Ssigæner, *zigeuner.* — *schwed.* zigenare. *ital.* zingano. *von dem ersten auftreten der zigeuner in Deutschland berichtet M. chr. 1, 89. 154. syn.* heiden.
sige *(compar.* sigger, *superl.* siggest), *seicht, niedrig.* bai sige stêt, fällt nitt hoge. *neben* sige *wird auch* sigge *gegolten haben, wie der ortsname Siggeloh (bei Sundwig) lehrt.* sige *hängt zusammen mit alts.* sigan, *welches eine bewegung niederwärts ausdrückt.*
sigede, *f. niederung.*

sigge, *f. seihe.*
siggen, *seihen.*
sik, *sich. pleonast.* sik *in:* dat hært sik op = *das geschieht nicht mehr, daran ist nicht mehr zu denken.* hä word sik verbost. *(Hattingen.)* — op sik kölsch, *in seiner kölnischen mundart.*
ssilåt, *m. salat.* — *nach ital.* insalata.
ssilåtbönen, *salatbohnen.*
ssilåtęrften, *salaterbsen.*
silwer, *n. silber.*
silwern, *silbern.* silwerne hochtîd.
silwernelle, *kuhname.*
silwertriad, *kuhname.*
sîmeken, *katze. (Paderb.)* — *versetzt aus* miseken.
simmelêren, *nachsinnen.* — simulare.
sîn, sine, sinet, *pron. poss. sein. für das femin.* sine *oft* sîn, *z. b.* sin möer, sîn dochter, *aber immer* sine frau, sine maged, sine dêrne. *es dient zur umschreibung des genetivs, z. b.* min ôme sîn gåren. bå dem fulen sinet liadig stêt. *vgl. engl.* the prince his house. *Herrig arch. 23 s. 408.*
sîn, *vb. (præs.* sî *oder* sin, büss *oder* büst, is *oder* es, *pl.* sîd *oder* sind; *præt.* was, wærs *oder* wærs, was, *pl.* wæren *oder* wæren; *ptc.* węsen *oder* węst; *imper.* sî, *pl.* sîd), *sein.* ik sî mi fallen, *ich bin gefallen (für älteres:* ik hewwe mi fallen). ik sin dat vergęten hai es bî mi węst. bu es et? = *wie geht es?* bat es di? = *was fehlt dir?* bat sall dat sin? = *was soll das heissen?* hai es gar nitt op sin lîf = *er hält sich nicht ordentlich, sauber.* sò anmakens es et mi nitt = *so viel lust zum anmachen habe ich nicht.* hai es nitt pastòrs = *er ist kein freund vom pastor.* et es mi nitt der van = *ich mag nichts damit zu tun haben.* ęr vår was un hoggte holt, *ihr vater war am holzhauen, vgl. engl.* she's been and robbed five hundred ladies, *wie Dickens einen porter sprechen lässt.* då es kein seggen van = *man kan davon nichts sagen; vgl. das engl.* — nê, der es kain ûtkuomen med ęm. vi sind us te verwachten. ik was mi dat nitt te verwachten. dat was he sik nitt vermott; *vgl. R. V. 654. Ellipsen:* du büss! bai es *(sc.* fänger), *sagen kinder beim fangspiele.*
sindęs, sindęssen, *seitdem.* — sind, sidder *regiert sonst wie hd. seit den dativ.*
ssindöert, ssindau, *tausendgüldenkraut. syn.* santòr, sinögge. — *entstellt aus* Centaureum.
singen *(præt.* sang, sung, *pl.* süngen; *ptc.* sungen), *1. singen. 2. singen, von der mücke. 3. zischen (fr.* frémir) *vom wasser, ehe es kocht.*
singsang, *m. singsang.*
sinken *(præt.* sank, sunk, *pl.* sünken; *ptc.* sunken), *sinken.*
sinn, *m. 1. sinn. 2. gedanke.* ik dachte in minem sinne. *3. wille, lust.* bå tau hęs du sinn? ik hewwe niən sinn dertau. hai hęt der nitt vial van im sinn. êner hęt sinn tau der möer, de andere tau der dochter. *H. 4. ahnung.* de sinne sachten 't mi = *ich hatte ahnung davon. H.*
sinnen *(præt.* sann, sunte; *ptc.* sunnen), *sinnen, nachdenken.* so vǫl sunte he nich. *H.*
sinner, *f. Iserl.:* zinder, *schlacke. bei Hemer ein* Sinnerauwer. — *ahd.* sintar. *ags.* sinder, *n. mhd.* sinter.
ssinner, *m. centner.* — *Dortm. zolltarif v. 1350:* cintener.
sinnig, *sinnig, besonnen.*
sinnige, *adv. mit besonnenheit, daher sachte, leise.* sinnige gån. — *Teuth.:* synlyck, gemeeklick, sachte; *vgl Magd. schöppenchr.:* med sinnen = *sachte, gelinde.*
sinögge, *tausendgüldenkraut. (Werl.) s.* ssindöert.
ssipel, *f. zwiebel.* — *Tappe 196*[a]*:* sypel.
sipen *(præt.* sêp; *ptc.* siopen), *triefen, sickern.* — *ags.* sîpan, sâp, sipen. *fries.* sipa, madeo. *Kil.:* sijpen, stillare, fluere. *Teuth.:* syppen, leycken, druyppen.
sipen, *n. und m., quellenreiches engtal mit einem bächlein.* — *Seib. urk. 940:* sypen dey vord flutet to dem Aschove. *also bächlein. Urk. des 14. jh. von Wetter:* sypen. *v. Höv. urk. 37:* eyne sype *(aus Curland 1483). Iserl. limitenbuch 15:* biss an den katersiepen. *ib.* den siepen. *ib. 20:* das siepen.
sippelsåd, *f. wurmsame, same des rainfarn* (rainert). — *verderbt aus* zitwersåd, cinna, *vgl. altm.* säwersåd, *ostfr.* sêfkesåd.
sippsapp, sipp un sapp, *alles.* Jan Sippsapp. hai es med sipp un sapp węg gån. hai hęt alles med sipp un sapp. *vgl. folgende ähnliche ablaute:* himp hamp, kijack kajack, kix kax, krick krack, lipp lapp, pinke pank, pitten patten, sipp sapp sunne, sing sang, slipp slapp, snick snack, stimm stamm, stripp strapp strull, swick swack, tick tack, tri tra trull, fick fack.
siseblous-warst *(in Hemer dafür* ssisbulons-wǫrst *oder* zisbulons-wǫrst), *eine*

feine wurst zum auflegen auf butterbrod. Op de àlle hacke.

sisekentrẹt = kwengeler. *N. l. m. 88.*

sisemänneken, *n. ein aus schiesspulver gekneteter kegel, der zum spiel angezündet wird.*

sisen, *zischen, von angezündetem schiesspulver. — gr.* σίζειν.

si-sô, *1. nun gut! 2. sogleich. 3. so eben.* — si *wird* = sich *sein. vgl. schwed.* se så.

sisseln, *1. säuseln. 2. zischen.*

sitten (*præt.* sàt, *pl.* sæten; *ptc.* sẹten), *sitzen.* dai wọl sittet, dä làte sin rücken. hä lätt en drop sitten = *er hält ihm sein versprechen nicht. H.*

skärsen, *kerngehäuse. H. s.* scherse.

slabberjux, *dünner kot. K.*

släbberken = slabberläppken *könte aus mnd.* slappbartken (*meklenb.* slappbärtchen) *entstanden sein. — vgl. mnd. wb. s. v.* bartken.

slabberläppken, *n. tüchlein, welches man kindern vorbindet, wenn sie essen sollen.*

slabbern, *beim essen und trinken etwas verschütten. — Kil.:* slabben, fundere inter sorbendum. *engl.* to slabber.

slâbrẹd, *n. brett um den dünger auf der karre festzuschlagen; syn.* mistbrẹd. (*Fürstenb. Siedlingh.*)

slacht, *f. 1. schlacht. 2. holzdamm am oder im wasser. — Kindl. Volm. 2, 220 (urk. v. 1299):* que obstructio (*mühlendamm in der Lippe*) vulgariter appellatur slacht. *Seib. urk. 245:* sclacht. *Schüren chr. 72:* slachte, *f.*

slachten, *schlachten.* guəd slachten es men in 'r mond dä med 'ner r aufänget.

slächten, *einen holzdamm aufführen. — M. Beitr. 3, 419:* schlachten.

slachtensmâte, *schlachtbar, fett.*

slächter, *schlächter.*

slackerbênig, *schlenkerbeinig, wackelbeinig. K. S. 12.*

slackergêse, *pl. kraniche. (Warburg.)*

slackergôse, *pl. wildgänse. (Fürstenb. Brilon.) syn.* sleggergöise.

slackerig. ne slackerige tîd. *K. S. 10.*

slackern, *schneien, wenn regen dabei. K. S. 35.*

slackern, *1. zappeln, von fischen. 2. schlenkern.* slackern med wọt, *z. b. mit den beinen um etwas abzuschütteln. K. 3. taumelnd, wackelnd gehn.* sai slackerden knick- un knackebenig hinner dem G. hẹr. *Galant. 38.*

slackert, slacker, *m. schlanker, lang und schmächtig aufgeschossener mensch.* lange slackert.

slacks, *m.* = schlackert. en langen slacks. *Must. 49.* ne lax un slax. *Must. 25.*

sladacke, *klatschsüchtiges frauenzimmer, das sich viel ausser dem hause umhertreibt. K. die betonung lehrt, dass* dacke *der hauptbegriff und* sla *præfix oder bestimmungswort ist. s.* sladacken.

sladácken, *1, schnell laufen. 2. schnell sprechen. — syn. osnabr.* jadackern. *vgl. unser* dacken.

sladátsche, *f. schwatzhaftes weibsbild. — syn.* kladatsche; *vgl.* datschen = ? daseken, delirare *und Teuth.* sladern.

sladátschen, *plaudern, schwätzen.*

slade, *f. talung, bergschlucht. — slade wird auch heute noch zuweilen als masc. gebraucht. alts.* slada. *ags.* släd, vallis. *mnd.* slade. *f und m.*

sladder, *f. schwatzhaftes frauenzimmer. K.*

sladderig, *lose, nachlässig, von kleidungsstücken. K. vgl.* sluəderig.

slâe, *f.* = slade.

slâe, *f.* = slade, *schwaden beim mähen. — es wird altwestf.* sladhu, *f.* = *ags.* svadhu *gelautet haben und liefert einen der fälle, wo* sl *mit* sw *wechselt.* sladen *und* swaden *werden verwandt sein mit schlagen, dessen bedeutung sie ursprünglich haben. vgl. mhd.* slage.

slâen (*præs.* slâe, slâss, slätt, *pl.* slâtt; *præt.* slaug, *pl.* slûəgen; *ptc.* slagen), *1. schlagen.* de swâm slätt ẹm op de borst. hä slätt dernà as de blinne nàm düppen (*bezieht sich auf das topfschlagen*). hä slätt dernà as de blinne nà der flaige. hä slätt drop as op àld isern. hä slätt et an ẹn år. nu slätt der Dûwel int drîthûs: pastôrs juffer well all wier ne blage. *derber ausdruck der verwunderung aus dem vorigen jh. (Hemer.)* hä slätt sik dọr ne strâte, wo kaine lû sind. *H.* ût der ård slân. wild slân = *wilde streiche machen.* de faite in den nacken slân = *laufen.* îsbån slân = *slündern.* sik med Göbbelsmann slân = *romieren.* ẹr slân es verbån, äffer wier slân nich. *H. 2. schlachten.* en swîn slân. (*Iserl. aussterbend.*)

slag, *m. 1. schlag.* hä hẹt mær slẹge kriəgen, as en iəsel te Unna. *2. stückchen.* en slag swanm. *3. portion.* hä hẹt sik en guəden slag oppescheppet. *vgl.* beaucoup. *4. geschick.* dat hẹt ẹm en slag. he hẹt slag dertau. he es vam slage af. *K.* nu sin 'k dermed op'm slage. te slage kuəmen = *fertig werden.*

slagdårn, *m. wilder rosenstrauch*, rosa canina. *andere westf. namen sind* biefe (*besser* hiepe, *alts.* hiopa), wiepe, kippelter. *s.* kippele.

sik **slagen** (*præt.* slagede), *1. sich treffen, eräugnen.* bu sik dat slaget. *2. sich machen, sich schicken; syn.* slag hewwen. — *vgl. holl.* slagen, *einschlagen, glücken.*

sik **slågen** = sik smiten.

slagregen, *m. platzregen.* — *Magd. bib. Jes. 32:* slachregen.

slaite, *f. runde stange. pl.* slaiten, *so heissen die stangen, welche statt der sparren dienen, um darauf das dachstroh zu befestigen.* — *meklenb.* slète. *gehört wol zu* slaiten, *schliessen, ein latte mit vorgesetztem* s *ist es nicht.*

slaken, *abschlagen, sich vermindern, nachlassen. H. vgl. alts.* slac. *Kil.:* slaeck. laxus, remissus. *engl.* to slacken.

slampamp, *m. 1. schlamm. 2. widerlicher brei.*

slampampe, *unreinliche wirtin. K.*

slampampelte, *f.* = slampämper.

slampampen, *schlemmen, durchbringen.* — *Kil.:* slampampen, slampen, slempen *j.* slemmen, ligurire. *Note zur Magd. bibel:* dar in den hagenen konde men schlampampen vnde schwermen alse by vns in den steden, dar Maria in den velden gnedich ys.

slampämper, *m. schlampeizger.*

slampe, *f. nachlässiges liederliches frauenzimmer.*

slampel, *schlämpe, schlechter wässeriger trank.*

slamsack, *m. schwätzer.* — *für* slampsack.

slamsacken, *schwätzen.*

slander, *holzgleitbahn, gleitbahn.* — *sollte damit engl.* slander, *verläumdung, zusammenhängen? vgl.* glandern *und* slündern.

slänke, *gewöhnlich nur dieser plur. von* slank, *krumme wege.* ränke und slänke. *vgl.* slenke.

slänkern, *die beine schwengeln, vom nachlässigen, affectierten gehen. K. vgl.* slenkern *und* dọrslänkern, *sich durchwinden, durchhelfen.*

slåp, *m. 1. schlaf. 2. schläfe. (Siedlingh.)*

slåpen (*præt.* slaip, *ptc.* slåpen), *schlafen.* hai slæ̊pet as en foss. *(Iserl.)* hä slæ̊pet as en post. *H.* de slåpende gicht.

slåpen *für* slåpend, *tot, wenig brauchbar, vom buchenholze, welches lange gelegen hat.*

slaper, *m. schläfer.*

slæ̊perig, *schläfrig.*

slåpesfoss, *vgl. Lüdensch. pfingstgebr. und unser:* hä slæ̊pet as en foss.

slåpinge, **slåpunge**, *f. schlafstätte.* — *verhochdeutscht schlafung.*

slåpkabuse, *f. bettkasten.*

slæ̊pken, *n. schläfchen.*

slæ̊pken, *verb. deminut. von* slåpen, *im munde der ammen.*

slåplüse, *pl. schlafläuse.* bitt di de slåplüse = *bist du schläfrig.* — *auch nds.*

slåprock, *m. schlafrock.* en hülten slåprock antrecken = *zu bett gehen.*

slapp, *schlaff.*

slapp, *m. schlechte brühe, dünner brei.* — *altn.* lap, sorbillum.

slappen, *watscheln.* slappede up seynen gausepatken wier int reämter. *N. l. m. 33.*

slappermann *im reime* knudeln un slappermann.

slappermüøle, *f.* = klappermüøle. *K. S. 19.*

slappern, *auflecken.* opslappern. — *vgl. ahd.* laffan.

slappholt, *n. löffel.*

slåpfinster, *n. fenster am schlafzimmer.*

slatt, *altes kleidungsstück. es ist* slaht *in* slachternutt. *s. d. folg.*

slätt, *n. stück.* slätt fọr slätt, *stück für stück, von kleidungsstücken, hemden u. dgl. gesagt.* — *Teuth.:* slett, doick, hulle. *ahd.* slaht, genus. *mnd.* slacht *wurde zu* slat (*urk. v. 1488:* in allen slaten nüt).

slättken, *n. stückchen.* jêdes slättken.

slauten, *pl. schlossen. (Fürstenberg.)*

slaffitik, *m. flügel.* bi de slaffitken krigen. — *für* slagfittik, *vgl. ahd.* slagifedara. *nach nds.* klafitg *kann* sla *præfix sein. Magd. bib.* fitk = *fittig.*

slawe, *m. sklave.*

slawen, *sklavisch arbeiten.* — *Kil.:* slaven, officia servilia facere.

slawicke *im kinderspiele?* = *schlachthexe. vgl. Z. d. berg. g.-v. X. s. 33.*

slê, *1. stumpf von schneidewerkzeugen und zähnen. 2. fig.* et wôr ẹm so slê. hä wôr so slê, *er verstumte, ward verlegen.* hä wôr so slê as wann hä lẹer frẹten hädde. hä küømt so slê (*langsam, zögernd*) heran. gått mi wẹg med sau sleen blagen, dai sick't maus oppem koppe hacken lått. *Galant. 28.* — *Teuth.* slee, plump of stump, onscharp. *vgl. Helj. (Köne) 9919:* thuo warth Simon Petrus san sleu au is muode.

slecht, *1. schlecht. 2. krank. 3. simpel, schwachköpfig, blödsinnig. 4.* = slê, *verlegen.*

slèck, *f. schnecke. (Velbert.)* — *Pf. Germ.*

9, 19: slecco, limax. *Kil.* slecke, slacke, limax, cochlea. *Teuth.* snecke, slecke.

sledde, *f. ein durch aushauen gemachter weg im walde, den man aber gern in die senkungen verlegt; daher wohl =* slade. — *engl.* glade.

slêe, **slêerte**, *f. schlehe. frucht des schwarzdorns.*

sleggergöise, *pl. wildgänse. (Siedlingh.)*

slêkvull, *gestrichen voll; syn.* slêpvull. *auch berg.* slĕkvàll: minen kàrf es slĕkvàll. — *engl.* sleek, *glatt.*

slemm, *ausdruck beim kartenspiel.* grôt slemm wêren. *Grimme.*

slêmaüdig, *zaghaft. H. vgl.* slê *und des Helj.* sléu an is mode.

sik slẹnen, sik sliənen, *sich strecken und dehnen, sich lehnen.* — *alts.* hlinon.

slenke, *f. ein sich krümmendes bruchiges engtal.* — *vgl.* slenken, *sich einkrümmen. hd.* schlinke. *ags.* slinkan. *Heinzerl. s. 92:* ‚schlonk, *m. 1. der schlund, die kehle. 2. ein enges quellenreiches tal.*'

slenseken, *mit knöpfen spielen. (Fürstenb.)* — *vgl.* galinsen *und* linse.

slẹnsk, *einer der sich streckt und dehnt, sich lehnt.*

slensse, *abendschule, ehed. in Breckerfeld.* — *lat.* silentium.

slêp, *adj. und adv. schief, schräg.* slêp den bẹrg runner. — *vgl. ags.* slîpau, labi, *wozu engl.* slope *und* to slope. *ahd.* gleif, obliquus. *zu* gl = sl *vgl.* slade, sledde : *engl.* glade; slander, slündern : glandern; slyp : glyppe; sleàu (slò) : glau.

slêpe, *f. diagonale.* ne slêpe ləgen.

slepedrait, *m. eine drahtsorte. Alten. draithordn.*

slêpen, *eine diagonale machen.* — to slope.

slêps = slêp. *H.*

slêpvull = slêkvull. minen kọrf es slêpvull. *(Gevelsberg.)*

slēwerlüd, *pl. mauerleute. (berg.)*

slēwern, *beim hausbau das holzwandgerippe mit lehm ausfüllen; schmieren. (berg.)* — *s.* schleiwern.

slich, *m.* = slike. *(Eckenh.)*

slichte, *f. kleister der weber.*

slichten, *1. mit slichte herrichten, bei leinwebern. 2. glatt machen, z. b. eine stange, s.* ûtslichtern. — *Ludolf 5:* pomes dar de scrivere parment mede slichtern.

slick, *m. schlamm.* — *ahd.* slih, coenum. *Fasc. temp. 1ᵇ:* slijk = *thon, lehm. Bruns beitr. 358:* slyck.

slick, *m. schlucken. man sagt von dem, der ihn hat, er habe gestohlen. H.*

sik slicken, **sik slickern**, *langsam gehn, stocken.* dà slicket (slickert) et sik. — *vgl. engl.* to slacken *und oben* slaken.

slickern, *1. kot spritzen. 2. etwas abschütteln.*

slickerig, *1. schmierig, fett. K. 2. glattzüngig. K. 3. wählerisch.* dat es en slickerigen kærl = dẹm stêt nitt alles an. *wird auch von wählerischen tieren gebraucht.* — *vgl. ostfr.* slick, *leckerer bissen.*

slîe, *f. eine krankheit (geschwulst) am euter, wol was in Niederhessen* hünsche *genannt wird, vgl. Myth. 1115.* — slie *wird hier einem* hlia, ligge *(windel) entsprechen; aus dem begriffe des einhüllenden konnte sich der einer geschwulst ergeben. ursprünglich eins sind* hlia, ligge; klia, kligge; wlia, lie; slia, slie.

slîen, *auf dem eise gleiten. (Weitmar.) syn.* slündern. — *ags.* slîdan. *engl.* to slide, to slither. *s.* slündern.

slîen, **slien**, *m. schlitten.*

sliəp, *m. schleppe, überhaupt was geschleppt wird, z. b.:* en sliəp holt.

sliəpelse, *n.* = sliəp. *H.*

sliəpen, *schleppen. fig. in:* hä sliəpede den stẹrt un gong af *(von einem hunde hergenommen).*

sliəper, *m. schlepper, beim bergbau.*

sliəphacke, *f. nachlässige person; vgl.* kauhacke, pollhacke.

sliəpharke, *f.* = smachtharke. *(Fürstenb. Dortm.)*

sliəpkunte, *träge, säumige, nachlässige person. K.*

sliəp-mi-nå, *schlepp-mich-nach.* sliəp-mineàu küəmt eàuk noch beàu, àwer stille steàun kritt nix gedeàun. *(Iserl.)*

sliəpsack = sliəpkunte. *K.*

sliəthaftig, *verschlissen. Grimme.*

sliewẹrk, *n. ineinander verschränktes zimmerwerk auf den böden, um das dach zu befestigen. H.*

sligge, *f. planke am* sliggeutûn; *syn.* rigge. — *1452:* dat sling an der landwer. *1486:* slyghe, frechtung. *Rud. Recht:* slingen. *1376:* slyngen. *R. V. 725:* holten slinger. *im 18. jh.:* schliggen.

sliggentûn, *m. zaun aus planken, welche horizontal in die pfosten gefügt sind.*

slike, *f. 1. regenwurm. 2. schlange, im kinderreim.*

sliken *(prät.* slêk, *ptc.* sliəken), *schleichen. reda.:* dai kann sliken un wenden; *vgl. R. V. und Scheveel.*

slimm, *1. böse.* jo slimmer schelm, jo grötter glücke; jo krümmer holt, jo bęter krücke. *2. schlau.* en slimmen jungen. — *Teuth.* scheyff, slym, to warss, obliquus. *holl.* slimb, obliquus. *Vernc chron.* sclymme kleder, *schlechte kleider, durch die man täuscht. Völk. St. 3, 651 (Löwen):* slim = *schlau.*

slimp, *schlauheit.* med slimp; *vgl. Gr. Gr. 3, 605.*

slingdarm, *m. schlingdarm.* de junge hęt en slingdarm, *der junge ist ein vielfrass.*

slingen *(prœt.* slang, *pl.* slüngen; *ptc.* slungen), *schlingen.* — *vgl. Aesop. 82:* slingen = *sich winden, kriechen.*

slingerig, *zum schlingen geneigt. (Paderb.)*

slipen *(prœt.* slêp, *ptc.* slipen), *schleifen, Teuth.:* slijpen, wetten.

sliper, *m. schleifer.*

slîpkǫten, *m. schleifkotten.*

slippe, *f. schoss am frauenkleide.* ne frau kann mær in der slippe ût dem huse dręgen, as de mann med vêr pęrren 'rinfôren. op der slippe = *auf dem schosse. — Teuth.:* slyp, scheit.

slippen, *m. rockschoss. — Teuth.:* slyp, gheer. *Magd. bib. Sach. 8:* by der schlippen, *beim zipfel.*

slippen, *schlitzen.* de hase *(hexe)* slippede der kau 'et nûr. *der tierarzt* slippt *das pferd = schneidet ihm ein geschwür auf. — nebenform ist* lippen. pp = tt; slippen = slitten *(schlitzen). vgl. Teuth.:* slyp, recte, clave. *Seib. qu. 2, 279: fig.* slippen = *schneiden, schinden; ebenso Theoph. 1 (Hoffm.) 221.*

slippendręgen, *welches am zweiten proclamationstage geschieht; vgl. märk. hochzeitsgebräuche.*

slippete, *pl.* slippeten. *schlippenwurz,* polygonum bistorta, *wiesenknöterich oder lauche. die blätter desselben werden gegessen. (Lüdenscheid.)*

slippslapp, *m. dünnes, schlechtes getränk, dünne suppe. — engl.* slipslop.

slû *(spr.* sleàu) = glau, *vom gesichte. (Siedlingh.)*

slobber, *schmutzige brühe, trank für schweine. K.*

slocks, *nachlässiger, schlottriger mensch, bornierter mensch. K.*

slocksen, *nachlässig gehen. K.*

sloddern, *verschütten, von trockenen sachen. H. vgl.* slabbern.

slǫker, *n. gerät des mähers; syn.* slǫkerfat, sluaderfat.

slǫkern, *schlottern, von schuhen; vgl.* locker, sluck, *bei Dasyp.* luck.

slǫkerfat, *n.* = slǫker.

slôpe, *f. schlaufe an der tür; s.* torhaken. — *vgl. Helj.* slopian. *engl.* loop.

slǫ̂r, *f. schlotteriges frauenzimmer.* ne slǫ̂r vanner dêrne. — *Kil.:* sloore, sordida ancilla, serva vilis, ignava. *nds.* slurtje. *mnd.* slor, *m.* = *schlendrian. Hoffm. findl. 43:* den olden slor waren, servare vetusti moris superstitionem. *Staph. 2[1], 225:* de olde slôr. *vgl.* slǫren. *mnd.* slâr, *faules geschöpf.*

slǫ̂r, *schwacher kaffee, viehtrank. — nds.* plôr, *m.*

slǫ̂ren, *schlendern, langsam sein* ik hewwe derinne 'rüm slǫ̂rt. ik slǫ̂rte lanksam der hinner hęr. *Gr. Tüg 89.* — *Kil.:* sleuren, sloren, trahere, verrere, humi protrahere. *wie* hǫ̂ren *auf altes* burjan, *so weiset* slǫren *auf* slurjan.

slörp, slǫrpen, slǫrps, *m. tiefe schnittwunde. — vgl. mhd.* slurk *und schwed.* slarrig.

slǫrren, slǫrwen, *m. abgetragener, niedergetretener schuh; vgl.* slurren, sluffen.

slǫrwig, *schlotterig, von schuhen. — vgl. schwed.* slarrig, *zerlumpt.*

slôt, *m. kleine pfütze mit schmutzigem wasser, mit wasser gefülltes loch im fahrgeleise.* êrst enen ân un dann de męr utem slôte, sagg de bûr. — *Teuth.:* sloit, poil. *Hoffm. findl. 43:* ein diepe slôt, profundioris luti volutabrum, coenosa vorago. *ahd.* slôte. *Völk. St. 1, 18b:* schloot, graben.

slǫt, *n. schloss. pl.* slǫter. — *Teuth.:* slot.

slötenträmper, *m. pfuhltreter, einfältiger mensch. K. S. 96.*

slöwitt, *schlossenweiss. K. — nds.* slotewit.

slubbermęlke, *f.* = plunnermęlke. *(Marienh.)*

slubbern, *schlürfen, auflecken, vom vieh. — ostfr.* slubbern, *mit geräusch schlürfen. isl.* slupra. *dän.* slubre.

slubbert, *m. schlucker.* en guoden slubbert. — *dän.* slubbert, *flegel, esel, bärenhäuter. engl.* lubber, lobber, *tölpel; vgl. Myth. 492. zu auslautendem* t *vgl.* malmert.

slûbietsk, *heimtückisch bissig. — Schichtb.* slubetsche wulve. *osnabr.* glûbietsk, *lauerbissig.* slû = glû, *s.* slêp.

slucht, *f. (für* sluft), *schlucht.*

slüchten, *im walde eine grenzschlucht hauen,* den bęrg afslüchten.

slüchtern *(für* slichten), *die dürren überflüssigen zweige von den bäumen hauen. K.*

sluck, *m. 1. schluck,* haustus. *Kil.:* slock. *2. schlucken,* singultus; *syn.* slick, sluckup.

sluck, *m. mark, in pflanzen; „in knochen. H.“ vgl.* luck, locker.

slucker, *n.* = sloker, slokerfatt. *(Siedlingh.)*

sluckerig, *naschhaft, auf leckerei versessen,* s. slickerig. — *Kil.:* slokerigh, gulosus.

sluckërn, *schluchzen. (Elsey.)*.

sluckern, *naschen.* ût der taske sluckern.

sluckertaske, *f. näscher, näscherin; vgl.* plûdertaske.

sluckup, sluckuppen, *m. schlucken,* singultus. *(Balve.)*

sluader, *m. zu schaum geschlagene seife,* sëpensluader. — *hd.* schlotter.

sluader *in* kraigensluader, *mistel; vgl.* sluadermaus.

sluaderbrauk, *m. schlotterhose. schelte.*

sluaderbûkse, *f.* = sluaderbrauk.

sluaderkappes, *m. weisskohl der keine festen köpfe gebildet hat.*

sluadermaus, *n. die eingemachten losen blätter des weisskohls.*

sluaderig, *schlotterig, nachlässig.*

sluadern, *1. schlottern, 2. schlotterig gehen. 3. schlendern, vgl.* kluadern.

slüätel, *m. schlüssel.*

slüätelken, *n. schlüsselchen.* 't schlüätelken soiken = ballstoppen, *ein kinderspiel. (Siedlingh.)*

slûg, *mager wie ein hund, hager. H. es scheint* = slûdig, *kob.* schlüttig, *schlank.*

slûk, *m. 1. speiseröhre, Kil.:* sloke, gula. 2. = sluck, schluck, haustus *und* = sluck, *mark. — vgl. hd. schlauch. 3.* slûk, *der letzte im spiel. H.*

slûk, *m.* (? = sluddik), *weisskohl, der nicht zum kopfe geworden ist.*

slûken *(præt.* slôk, *pl.* slüaken; *ptc.* sloken), *schlucken. — Tappe 101ª:* geslocken.

slump, *m. zufall, glück.* rump slump, *mit schnelligkeit, im nu. — Tappe 117ᵇ:* slump.

slundern = slûndern. *(Fürstenb.)*

slûndern, slûnnern, *gleiten auf dem eise. — entstanden aus* slindern; *syn.* slien. *synonyma: berg.* îsbân slân. *waldek.* glängeln, glundern, glüngeln. *hess.* glanern, glängeln, glanzern, riden, riten, reideln, schaweiten, schuben. *ostfr.* glandern, glinsen, schliddern, schlidderken. *nds.* schurren. *altm.* schurren, sliddern. *schles.* kascheln, schliddern. *preuss.* schlendern, schurren. *hd. (Frisch)* schleifen, vulg. schlittern. *engl.* to slide, to slither. *holl.* sulle. *schwed.* slå kana.

slûne, *n. (berg.)* slûn, schlûn, *f. missratenes stück arbeit, ausschuss, abfall.* de beste mester maket ne slûne. *(Lüdensch.) — vielleicht = mhd.* sliune, *f. eile.*

slüngel, *m. schlingel. — schwed.* slyngel.

slûnnerbân, *f. gleitbahn.*

slunts, *m. pl.* slüntse, *schmutziges, zerrissenes kleidungsstück, lappen. — Teuth.:* slunt, sump, adelpoil. *nordfr.* slont, *lumpen.*

sluntse, *f. schlumpe, nachlässiges frauenzimmer.*

sluntsig, *nachlässig, schmutzig.*

slupp, *pl.* slüppe. *haken am hamen des pferdes.*

slurig, *mutlos. — ostfr.* slurig, *traurig, niedergeschlagen, von tieren welche die ohren hängen lassen.*

slurk (? = sludderk), *zerrissenes zeug, lumpen. H.*

slûsâr, *schelte.* en slûsâr vam kærl, *ein kopfhänger. — vgl.* slurig.

sluse, *f. schleuse. — lat.* exclusa.

slusekolk, *m. wasserloch unterhalb einer schleuse.*

slute, *f. steinerner krug. — Vilmar:* schlutte.

sluten = slaiten, *schliessen.*

slutens, *was man schliessen kann.* wat slutens. *H.*

slûter, *m. 1. schliesser. 2. brauer- oder bäckerknecht. — Teuth.:* sluyter, sloeteldreger. *Cod. trad. westf. 1. 134:* sluter.

sluff, *m. alberner mensch. 2. schlucker.* arme sluff. — *Kil.:* sloef, homo sordido sive horrido cultu.

sluffen, *m. ein hinten ausgeschnittener leichter pantoffel; verschieden von* slorwen, *der schlechter und schwerer. — mhd.* sliufe.

sluffen, *1. auf schluffen gehn. 2. saumselig sein. H.*

slüffken, *n. kleiner pantoffel.*

slüffkenjagen, *n. ein altes spiel, welches ganz mit dem engl.* slipperhunting *(Vic. of Wakef.) übereinstimt (Grafsch. Limburg.)*

smacht, *m. hunger.*

smachtedag, *m. fasttag.* de fule hęt alle dage sundag, âwer siowen mâl in der węke smachtedag.

smachten, *m. hungern.* et es bęter drop te wachten as te smachten.

smächterig, *hungrig.* so smächterig as en wulf, — as en rüe. et es 'ne smächterige tîd.

smächterigge, *f. hungerleiden.*

smachtharke, *f. hungerrechen; syn.* sliaphärke.
smachtlappe, *hungerleider. schelte; vgl.* schandlappe, smęrlappe. brôdschap wàr di, smachtlappe kritt di.
smachtraimen, *m. hungerriemen. Gr. gesch. d. d. spr. 1, 152.*
smacke, *f. 1. backenstreich. s.* macke. — *Teuth.* smack, slach. *Kil.:* smacke, concussus, plaga. *engl.* smack, *schmatz. ? got.* smakka, *feige. 2. butterbrot, schnitte.* buatersmacke.
smacken, *hörbar essen.*
smâd, *schmach. K. S. 56. 81.*
smadder, *weicher schmutz, kot. — lat.* mador.
smadderig, *schmierig.*
smaddern, *mit schmierigen sachen hantieren.*
smâk, *m. geschmack.* et es nitt ràk of smâk derane.
smâken, *schmecken.* dat smâket nà mær, *davon mag ich mehr essen.*
smâl, *schmal.*
smâlächler, *m. einer der überall mitessen will. Grimme.*
smâlhans *im spr.:* dà es smâlhans küakenmester.
smallekuck, *dünne, magere speise. — vgl. engl.* small-beer.
smâllûk, *n. schmallauch; syn.* męriggenzipeln.
smàlt, *n. schmalz.* he es noch guad bi smàlte. *mnd.* smolt.
smàltbuater, *n. brot mit schmalz.* geduld un en smàltbuater.
smàltstücke, *n.* = smàltbuater.
smand, *m. rahm.* bà me vǫrhęr te vial van küert, dà gêt de ganze smand van. *Op de àlle hacke 34. — Teuth.:* smant, rome, vet van der melk. *vgl. alts.* mad, mitis. *d. spr. 1002 wird es vom böhm.* smant *hergeleitet.*
smandbâl, *schelte. Grimme.*
smandlecker, *m. 1. eine art schmetterling. (Marsb.), vgl.* molkentôwer. *2. wiesel. (Siedlingh.)*
smandmelk = àldmölkig. *(Siedlingh.)*
smâs *(? =* süssmâls), *früher, ehemals. (Siedlingh.)*
smêke = smicke, *rute, dünne gerte.*
smękig, *übelschmeckend, anrüchig, vom fleische. — vgl. engl.* smatch, *nachgeschmack. vielleicht* sm *für* sw, *so dass ags.* svecc, *m.* odor, sapor *und alts.* swek *damit zusammenhängt.*
smelten *(præt.* smolt, *ptc.* smolten), *schmelzen.*
smengen = smenden, smennen.
smengedüppen, *n. topf zur sahne. Grimme.*
smennen = smenden, *1. rahm gewinnen. 2. rahm abnehmen.* bai med dem mule smennet, kêrnt med dem ®se.
smęr, *n. schmeer.* dà es kain smęr bi te lecken. sik bi ümmes int smęr leggen. — *ags.* smeru, *n. alts.* smer. *altn.* smiör. *Teuth.:* smalt, smeer, vet. *köln.* smeer, *m.*
smęrbâl, *m. schmeichler; vgl.* smęren *und* lüagenbûl.
smęren, *1. schmieren.* en buater smęren. ênem wǫt oppet buater smęren = *einem eine pille geben.* ênem wǫt üm den bård smęren = *einem den bart streicheln.* dat gêt asse gesmęrt. de backen smęren = *den reissaus nehmen, vgl. dän.* smöre haser. *2. schmeicheln.* an ümmes smęren. üm ênen smęren; *vgl. mhd.* smieren, *lächeln; engl.* to smile. — *ags.* smervjan, smerjan. *ahd.* smerwan, smiran. *köln.* smeren, *lächeln.*
smęrig, *1. schmierig.* se es so smęrig, wamme se an de wand smitt, blitt se derane hangen. *2. vorteilhaft.* en smęrigen hannel; *vgl.* smęrkôp. *3. schmeichlerisch. adv.* smęrig küern.
smęrkättken, *n. schmeichelkätzchen.*
smęrkôp, *m. vorteilhafter kauf.* hä hęt en smęrkôp dån.
smęrlappe, *m. schmieriger, unreinlicher mensch; vgl.* smachtlappe.
smęrlęke, *f. wiesenampfer,* rumex pratensis.
smęrspån, *m. kelle der maurer; syn.* trûfel.
smert, *m.* smęrte, *f. schmerz. — ahd.* smërza, *f.*
smęrtaske, *f. schmeichler, schmeichlerin.*
smęrten, *schmerzen.*
smęrfinke, *f. unreinlicher mensch. K.*
smęrfix = smęrfinke. *K.*
smêrwinkel, *m. specereiladen.*
smicke, *f. rute. (Lüdensch., berg.) — Teuth.:* geyssel, sweepe, smycke. *köln.* smicke, *f.* flagellum. *engl.* switch. *es hängt wol mit* smacken, *klatschen, dän.* smække, *klatschen, schlagen zusammen.*
smickelbrocken, *pl. das von einem gastmahle übrig gebliebene. H. Kil.:* mickelbrocke, bolus qui deglutitur uno haustu, bolus lautus.
smirken, *mit einer rute schlagen. H.*
smidig, *schmeidig, geschmeidig.* smidigen brf. smidigen sinn. hä es so smidig, me kann ne üm en fingerken draigen. — *Teuth.:* smydich, morwe.
smiad, *m. schmied.* hä gêt med as de smiad van Bilefeld.

smiader, *m. dünner, magerer mensch.* — *Kil.:* smeer. *fland. j.* teer, tenuis exilis. — *wol für* smirder, *vgl. schwed.* smärt, *schlank, schmächtig, dünn; engl.* smart.

smiaderig, *(Schwelm:* smietterig), *dünn, schwach.* ne smiaderige dêrne.

smiadskättken, *n. schloss.* dat sall ächter smiadskättken. vi wellt smiadskättken dervǫr hangen.

smiale, *f. schmiele,* aira. dat es jüst as wamme ne smiale int balkenlǫk hänget. ik well mi nione smiale dǫr de nase trecken lâten, *vgl. franz.* passer à qn. la plume par le bec. — *ahd.* smaliha, myrica. *mhd.* smelehe.

smialenstriaper, *m. grasmücke.*

smialentrecker, *m. grasmücke. (Weitmar.)*

smien, *schmieden.*

smige, *schmeichelnd. Grimme, Galant. 5.*

smiat, *m. schmiss, wurf.* en smiat węges, *ein steinwurf weit.* en smiat ût der hand es dem Düwel befǫlen.

smiralien, *pl. stoffe zum schmieren. H.* — *? Teuth.* smerille. *hybride bildung nach materialien, naturalien, victualien.*

smît-den-kærl, *name einer biersorte im märchen.*

smite, *f. 1. schleuder. 2. stock mit spalt, worin ein stein zum werfen gesteckt wird, syn.* smîtraue.

smiten *(præt.* smêt, *ptc.* smiaten), *schmeissen, werfen.* smiten gân *oder* biakstêrte smiten gân, *vom arbeiter, der zur strafe einige zeit unbeschäftigt gehen muss, vgl. westf.* libberkenfänger, *lerchenfänger, müssiggänger, aber auch mutwilliger mensch.* ênem wǫt in den węg smiten, *einem hindernisse in den weg legen.* de schǫken smiten, *beim gehen die beine werfen. (Altena.)* ansmiten, *rasch anziehen.* smiffi ock unsen kñasikân. *(Altena.)* ne juffer smiten, *einen stein so werfen, dass er wenigstens an zwei stellen die wasseroberfläche berürt; anders heisst es:* ne hôr smiten; *vgl.* dä gêt int water = *das ist eine hure.*

smîtlęer, *n. schleuder; syn.* smite.

smit mi nitt, *wachtelruf.*

smîtraue, *f. wurfstock.*

smitte, *f. schmiede.*

smô *für* smôde, *weich, geschmeidig, von leder, händen, charakter.* he wôr gans smô, *er bequemte sich.* — *ags.* smêdhe, smoedhe. *Regel progr. Goth. Arzn. 11:* smode vothe. *Völk. St. 1, 238:* smoede, *engl.* smooth. *Vgl. mnd.* swoede *und den wechsel von* sm *und* sw.

sik smôkeln, *diebisch schleichen, von der katze. (Siedlingh.)* — *vgl. ostfr.* smuckeln *und unser* snaigen = smuogian.

smôken, *schmauchen, rauchen.* — *engl.* to smoke.

smôker, *m. berauchtes, beschmutztes buch.*

smôksk, *der gern raucht.*

smǫren, **smǫrren**, *m. schmarre, wunde.* — *Verne chr. 19:* smarche.

smuck, *m. schmatz, kuss.* — *vgl. Soest. Dan. 88, 107:* drucken und smucken. *Völk. St. 3, 35:* smuck, *kuss. Tappe 142*[b].

smuckel, *m. schelte.* en âllen smuckel. *Muster. 58.*

smückelken, *n. küssenswertes kind. kosewort.*

smuckeln, *anhaltend küssen.*

smucken, *klatschen.* — *vgl. Halbsuter:* smucken sinen wadel, *vom löwen.*

smûdel, *m. schmutzige person.*

smudelig, *unreinlich.*

smuden, **smuren**, *1. schmoren. K. S. 92. 2. von der drückenden wärme, die in einer stube durch kochen erzeugt wird.* — *vgl. ags.* smorjan, suffocare; *engl.* smother.

smuaderig, *adj. u. adv. drückend warm.* smuaderig warm. — *hd.* schmutig. *an der Mosel:* schmudie, *drückend heiss.*

smuaderlachen, *schmunzeln; syn.* smûskern. — *Teuth.* smuytzlachen. *engl.* smooth.

smunzer, *adv. schmunzelnd.* lachere smunzer. *Grimme.*

smûskern, *schmunzeln. (Paderb.)*

smûstern *s.* mûstern.

snäbbel, *f. 1. mund.* dęm gêt de snäbbel as wann hä en stück van der entekefuat frętten hädde. *2. vorlautes junges mädchen.* — *das wort ist wol aus* snäbbeln *gebildet.*

snäbbelig, *geschwätzig, vorlaut.*

snäbbeln, *schwätzen.* — *zu* snabel.

snack, *m. pl.* snäcke, *schlag.* — *für* smack.

snack, *1. schlank.* so snack un so snâr, *Reim. 2. schnell.*

snacke, *f. 1. peitsche. 2. schnitte.* — *für* smacke.

snacken, *1. klatschen mit der peitsche. auch sonst* in de hänne snacken. *2. schlagen. Gr. tüg 83; vgl.* tausnacken (de dǫr). — *für* smacken.

snackenblaume, *f. roter fingerhut. (Volmetal.)*

snacker, *m. mensch der seinem vergnügen nachgeht.*

snäckling, *heranwachsender jüngling von 15—19 jahren. K.*

snackrose, *f. 1. roter fingerhut. 2. königskerze. H.*

snäcksken = snückskeu.

snåd, *n. eingeweide des hasen. — ags.* snædel.

snåd, *f. 1. grenze, gehauene schlucht; syn.* snaise. *2. linie.* 't mott timmert sin nå måt un snåd. *Muster. 24. — Urk. v. 1612:* snade *und* snode; *ältere urk.* snêde; *vgl.* snêd.

snåd *in* siøged-snåd, *sensengriff. = ags.* snæd, falcis ansa. *engl.* sneed.

snadern, snatern, *1. schnattern, von gänsen. 2. von dem laute, welchen die ente macht, wenn sie mit dem schnabel im wasser sucht. 3. schwatzen. Völk. St. 3, 194.*

snådstên, *m. grenzstein.*

snåe, *f. (zu Fürstenb.* snåe), *rispe des hafers. — für* snage, *vgl. ahd.* snaga, navis rostrata.

snåel, *m. pl.* snåele, *schnecke. (Lüdensch., Attendorn.)* de hase un de snål kuomet like frô an maidag. *— für* snagel; *vgl. engl.* snail.

snåellecker, *m. vgl. Lüdensch. pfingstgebräuche.*

snagel, *m. schnecke.*

snagelfett, *schneckenfett.*

snäggen = snaigen. *(Fürstenb.)*

snaien = snaigen. katten då nitt snaiet, då muset ock nitt.

snaigen, *mausen, kleinigkeiten z. b. esswaaren stehlen, von menschen, katzen, hunden.* sn = sm, *wie schweiz.* schmäugen *(doch auch* schnäuggen, *alem. kinderl. p. 291) lehrt. es hängt also mit* smiugen, *schmiegen, zusammen und bezeichnet eigentlich das sich schmiegende schleichen der katzen, wenn sie stehlen wollen. — dän.* snage.

snaigesk, *diebisch, von dem, der hang hat, kleinigkeiten zu mausen.* snaigeske katte.

snaise, *f. 1. stange, woran fleisch zum räuchern aufgehängt wird.* siəwen es ne snaise vull, *vgl.* siəwen es en galgen vull. *2. ausgehauener gang im walde,* schneuse, *franz.* laie. *3. dohne, syn.* strick. *(Fürstenb.) 4. lang und schmächtig aufgewachsener junger mensch. K. — vgl. ags.* snåse, veru, *was zu* snithan *gehört, mnd.* snese, *z. b.* snese anguillarum, *Münst. beitr. 2, 113. aus dem begriffe* ramus *entwickelte sich der der zahl von gegenständen, die daran gereiht wurden, im norden 20. vgl.* wålbertensnaise, *mhd.* sneise = *schnur und* sneisseln.

snaisebôm, *m. grenzbaum.*

snaisseln = ûtslichten.

snåk, *m. pl.* snåken *und* snäcke, *1. spass.* he maket allerhand snåken. *N. l. m. 49:* schnäcke. *2. spassmacher.*

snalle, *f. 1. schnalle. 2. hure.* ne ålle snalle.

snallen, *obscön.* dä lätt sik snallen.

Snapp, *ortsbez.* am Snappe. *— Kil.:* snap, raptus, interceptio.

snapp *in* hiəmedssnapp, *eins der beiden stücke eines hemds.*

snappband, *ernte in der der häufige regen nötigt das getreide zu schnappen. K.*

snappen, *1. fangen, z. b. einen ball; engl.* to snatch. *2. zu beissen suchen.* de rûe snappet di in de bêne; *engl.* to snap. *3. von atemsnot.* hå snappet nå me åm.

snäppken, *1. vorlautes kind: vgl.* sik versnappen, vǫrsnappen. *2. ein spiel, welches kleine mädchen mit drei steinen und einem knicker spielen. in dem augenblick, wo der knicker in die höhe fliegt, müssen die kleeblattförmig gelegten steinchen vom boden aufgenommen sein und der zurückfallende knicker mit derselben hand aufgefangen werden. (Brilon.) syn.* kippen. *3. der kleine finger, im kinderreime:* ‚klain snäppken well et seggen‘, *was sich an die bedeutung 1 schliesst.*

snår, *f. schwiegertochter. (Eckenh.)*

snår, *schnell, als adj. veraltet:* so snack un so snår. *volksr. als adv. noch sehr gebräuchlich.*

snarre, *f. schnarre, schnarrwerkzeug, welches rund gedreht wird und von* klęperke *unterschieden werden muss. (Siedlingh.) syn.* ratel.

snarre, *f. doppelter krammetsvogel.* grote snarre. *(Balve.)*

snarren, *beissen wollen, um sich schnappen.* hå snarrede ûm sik as ne biəteltiəwe. *syn.* snappen, snawwen.

snarren, *s.* ansnarren. *— Teuth.:* snarren, snawen, wretlik callen. *Kil.:* snarren, fremere, strepere, murmurare.

snateln = schellen, *z. b. kartoffeln. (Miste.) vgl.* snêtelen.

snauk, *m. pl.* snaike. *1. hecht.* en snauk fangen = *ins wasser fallen. H. 2. ohrfeige.* sik en snauk fangen = *eine ohrfeige bekommen. 3. begieriger mensch. H. Tappe 41ᵇ:* snoeck.

snawel, *m. pl.* snęwel. *1. schnabel. 2. haferrispe.*

snê, *m. schnee.* de fine snê es fǫr de riken. christag im snê, ostern im klê.

snêbôm, *m. grenzbaum. (Deilingh.) syn.* schaldbôm. — snêd.

snêd, *grense.* — *mnd.* snede.
sneggern = klûten. *(Siedlingh.)*
snêhöp, *m. schneehaufen.* de wind waiget wǫl snêhöpe binén, âwer kainen dicken nacken.
snêkærl, *m. schneemann.*
snêkiker, *m. schlüsselblume.* *(Lüdensch.)* *? schneeglöckchen.*
snêklocke, *f.* galanthus nivalis. *(Brilon.)*
snell, *schnell.* snelle Peter = snelle Kàtrine, *durchfall.*
sik snellen *(præt.* snalte, *ptc.* snald), *sich beeilen.* — *Magd. bib.:* snelde sick.
sneppe, *f. schnepfe.*
snêplocke, *f. schneeflocke.* — *Teuth.:* sneeplock, floccus.
sik sneppen, *sich mausern.*
snęrken = ansnauen, *von kindern.*
snęrkerigge, *f. das anschnauen.*
snêteln, *schälen.* *(Unna.)*
snęter, *f. schnabel, mund.* hàld de snęter. — snętern. *Kil.:* snater, garrulitas.
snęterig, *schwatzhaft, vorlaut.*
snętern, *1. schnattern, von der gans. (Elsey.) 2. schwatzen, „mit einem widrigen gellenden tone vieles und unbedeutendes sprechen. H.“*
snêwater, *n. schneewasser.*
snibank, *f. für* snidbank, *schneidlade zum futterschneiden.*
snickeln, *gelinde klatschen mit der peitsche. deminut. zu* snacken.
snicksnack *im rätsel = schwanz.*
snicksnack, *m. ein variirendes schnacken mit der peitsche.* dai kann en snicksnack maken.
snick un snack, *alles.*
snidbüen, *n. boden, wo häckerling geschnitten wird.*
snider, *m. 1. schneider. 2. libelle. (Elsey.)* blinne snider. *(Weitmar.) 3. ein junger fisch. (Limburg.)*
snidercourage, *f. bohnensuppe. (Witten.)* — *anderwärts krätze.*
sniderstündken, *n. dämmerung.*
snîdholt, *n. schneidholz.*
sniəd, *m. 1. schnitt. 2. schneide. 3. gewinn.* en sniəd maken.
snîen *(prät.* snêd, *ptc.* snien), *1. schneiden. 2. verschneiden.* hä lôpet as ne gesniene tiəfe. *H. 3. aufschneiden, grosstun. 4.* in de locht snien, *vergebliche arbeit tun, arbeiten und nichts verdienen, vgl.* auras verberare. sik snien, *sich irren.* du sasti suien! *berg.* jo, snîd dek! *daraus wird nichts!*
snien, sniggen, *schneien.* dat was mi in de hand snien, *das kam mir ganz gelegen.* dat was mi in de hand sniggen.
(Arnsberg.) ik lâte mi wǫl op'n kopp, äffer nich int hęrte sniggen. *H.*
sniggelgôs, *f. schneegans, wildgans.*
snippel, *m. schnitzchen, stückchen.* — *altn.* snepill, segmen; *vgl.* schniepel = *frack.*
snippeln, *schnitzen.* de klaine junge snippelde an me stücke holt. bonen snippeln; *syn.* sniben. — *Kil.:* snippen, snipperen, resecare, secare, incidere. *engl.* to snip.
snirpsch, *scharf, vom winde. H.* — *wie ein* r *zu* ə *werden kann, so sind meine landsleute geneigt, ein* ə *durch* r *wiederzugeben. dies wird auch im vorliegenden falle geschehen sein.* sniəpsch *ist schneidend, vgl. Kil.:* sneppen, vrere, sive adurere frigore. sneppende wint, aura vrens, ventus gelidus. *vgl. noch* schnippisch.
snitseln, *pl.* = sniffelten.
snittler, *m. schnitzler. kinderreim.*
sniffeln, *schneiden, z. b. bohnen. (berg.)*
sniffelte, *f.* = hutsel.
snô, snoi, *schnöde. K. S. 50.*
snobberliəpel, *m.* = snuəderliepel.
snode, *comparat.* snoeder, *schlecht, von einem pfandstücke. Alten. statut.*
snǫe, *f.* = snǫr, *sohnesfrau. H.*
snöggelig, *leckermäulig. K. S. 46.*
snöggen = snaigen, *wie* kögge = kaie.
snökern, *schnuppern.* herümme snökern, *lüstern umher schnuppern oder suchen.* — *Frisch 2, 216:* schnökern, investigare, odoratu quærere.
snôr, *f. schnur.* — *ahd.* snuor. *das* r *bewirkt, dass hier aus* uor *ein* ôr *wird.*
snǫr, *f. schwiegertochter; syn.* snâr. — *lat.* nurus.
snôren, *? in wilder ehe leben.* bai lûget, dai stiəlt; bai hôrt, dai snôrt. de pastôr lait kainen taum âwendmâle, dai med hôren un snôren te dauen hadde. „hôren un schnôren = *alles schlechte tun. H.“ vgl.* snorre, snurre, *vetus,* pellex. *Kil.*
snôren, *schnüren.* — *zu* snôr, *also* = snuorjan. *s.* insnôren.
snǫrgel, *m. unreine tabackspfeife, vom tone.*
snǫrgeln, *vom tone, den eine unreine pfeife hervorbringt. — vgl. Frisch 2, 216:* schnorgeln, *durch die nase reden.*
snǫrken, *schnarchen. — vgl.* smǫrre = smarre.
snôrken, *n. liebchen. — deminut. von* snôr.
snôrlîf, *schnürleib.*
snott, *rotz. (Paderb.) — Kil.:* snot, mucus, pituita nasi.

snöff, *m. pfipps der hühner. (Fürstenb.)* — *Kil.:* snof, singultus, rheuma, catarrhus.
snowen, *lust.* dà heww' ik slechteu snowen tau. *Grimme.*
snowwen, *vb. von einem, dem der rotz aus der nase hängt.*
snöwwer, *m.* = snuəderliəpel.
snubben, *m.* = snûwen, *schnupfen.*
snuck, *m. pl.* snücke, *schnurre, anekdote.* — *vgl.* snack.
snuckeler, *m. leckermaul.*
snuckern = sluckern. *F. r. 46.*
snückskeu, *n. schnurre, anekdote.*
snuəder, *für* snudder, *m. nasenschleim.* — *ahd.* snûder.
snuəderig, *rotzig, auch fig.*
snuəderhân, *m. wird der truthahn in einem Schwelmer kinderreime genant.* — *vgl. Schiller z. tier- und kräuterb.* 3, 18.
snuəderliəpel, *m. rotzlöffel.*
snuədern, *rotz aus der nase lassen.*
snüəkel, *m.* = snürkel.
snupp, *hui, nu.* im snuppe. *H. vgl. Hans Sachs:* in einem schnipp vnd augenblick.
snuppdig, *im nu, auf der stelle.* sò snuppdig.
snuppdifuck, *auf der stelle, plötzlich und ohne mühe.* sô snuppdifuck. snuppdifuck drai kännkes. snuppdifuck dà was he feddig.
snuppen, *naschen. K.* — *Kil.:* snoepen, catillare, lignrire.
snupps, = snuppdig.
snürkel, *m. schnörkel.* schrutensnürtel, *die schnabelhaut des puters.*
snürkeln, *schnörkeln.* sik inên snürkeln, *sich zusammenziehen.* — *vgl. ahd.* snerfan.
snurre, *f. ein spielwerk der kinder, bestehend aus einer ausgehöhlten grossen haselnuss, einem festen zwirnfaden, einem stäbchen und einem apfel. im Alten. stat. heisst so ein verbotenes spiel, vielleicht* = snurrmess. — *Kil.: belg.* drille, drilleken, drillnot. *Frisch:* 2, 218: schuurre, *f.* trochus, *eine hohle kugel mit einem loche an der seite, welche in geschwindem herumdrehen einen schnurrenden laut macht.*
snurren, *1. schnurren.* de katte, dat spinnrad, de kęwe suurrt. *2.* sik wǫt schnurren, *sich etwas erbetteln.*
snurrkater, *m. 1. brummkreisel. 2.* dilldöppken.
snurrkatte, *f. brummkreisel, syn.* hûldopp.
snurrkopp, *m. schweinskopf. N. l. m.* 54.
snurrmess, *n. schnurrmesser, ein hazardsp.*
snurrwix, suurrwitz, *m. schnurrbart. Grimme.*
snüssel, *m. rüssel des schweins. (Fürstenb.)*
snute, *f. schnauze.* hâld de snute! du kriss wǫt üm·de snute.
snûte, *f. schnauze am gefäss.*
snûtebûl, *schnäuzbeutel, einer der andere stets zu übervorteilen sucht. K.* — *Kil.:* snutten, emungere pecuniis, deplumare.
snûten, *schnäuzen.* et snütt sik en stęrn. — *Teuth.:* snutten, *putzen.*
snûteplätt, *taschentuch. (Siedlingh.)*
snûtken, *n. 1. schnäuzchen. 2. kuss.*
snûtschęr, *f. lichtscheere.* — *Kil.:* snutter, kerssnutter.
snütte = snuədcr. *(Fürstenb.)*
snütte, *f. verweis, wischer.* ne snütte krigen. *(berg.)*
snufdauk, *m. schnupftuch.*
snüffel, *nase. K. der* Snüffel *bei Meinerzhagen.*
snüffeln, *spähen. K.* — *Kil.:* snoffelen, snuffelen, indagare canum more, sagire.
snüffler, *späher. K.*
snuwen *(præt.* snôf, *ptc.* snǫwen), *schnauben.* de wind snûwet recht ümt hûs. et gêt dat et snûwet.
snûwen, *m. schnupfen.*
snûwer, *eine art schornstein.*
snûwesk, *der andere anschnaubt, anfährt.*
so, *adv. 1. verstärkend.* sin smacht was so grôt. dat kind es joch so klain. *2. zurückweisend auf früheres.* ik hewwe 't sô funnen. *3. zustimmend.* sô, dat es guəd. *4. verwundernd.* sô, es hai krank? *5. unwillig klagend.* ik hewwe 't nitt dân, sô! *6.* = *so beschaffen, in dieser art, solch.* dai prôwe was àwer sô. sô es et dann vake geschnihen, dat usw. sô ne antwàrd; dat sal wǫl sô wǫt sin. sô wecke = *solche. 7.* = *so eben.* ik sin sô bime węst. *8.* = *sogleich.* ik sin sô feddig. *9.* = *ohne das.* hai küəmet sô *(ohne aufforderung, ohne einladung). 10. ohne umstände.* dem liət he dann so fam pęrre raf de ęre ût. *11. pleonastisch.* dà was mâl en mann, dà hadde so en klainen jungen. dä küərden ock so van gespôke. *12.* so wat, *reda.:* dat sall mär so wat sin = *es ist ziererei. H. 13. correlates* so — so = *wie — so. conj. zu anfang des nachsatzes* wil — so = *weil — so.*
sô, sôd, *m. 1. brunnen.* med me tuwer

nà me sôe gân. 2. *waschbank.* — *ags.* scâdh. *köln.* sôt, *m. n.* puteus.

sôbrennen, *sodbrennen. (Siedlingh.)*

ssüch, zöch, *m. seufzer.* — *vgl.* ssöcht, ssöchten.

süchel, *f. einfältiges mädchen.*

ssücht, *seufzer.*

ssüchten, ssöchtern, ssöchen, zöchen, *seufzen.* — *ags.* seofjan. *holl.* zuchten. *mnd.* süften. *unseren formen liegen* suftjan, sufjan *zu grunde.*

ssochtepipsch. sik kwęlen am ssochtepipsch.

ssöchterig, *der oft seufzt.*

sock, *m.* **socke**, *f. socke. kurzer strumpf.*

sock, *m. dummer mensch. schelte. F. r. 134. Must. 94. s.* ssocks.

söcke = sölke. *schon Helj. cod. cott. v. 6401 (Köne):* succan. *s.* söske.

socken, sockeln, *gehen; s.* afsocken. — *entw. (wie* stiaweln) *von* socke = sik op de socken maken, *oder von* scakan, *wie* soll *von* scall.

ssocks, zocks, *m. dummer mensch; s.* sock.

sǫg, *m. euter.* wǫt vam sǫg, *ein euterstück.* — *Aesop 11, 34:* soch, suctus.

sôge, *f. jauche.* mistsôge. — *ahd.* souwe, *f.* succus. *ags.* seáv. *Kil.:* socuwe, sentina.

sǫge, *f. sau, schwein.* ik hau de sǫge nich för de kǫteln = *so wohlfeil thu ich das nicht. H. s.* sûage.

sôgen, *säugen.* dä maut en mengelen mær bewwen; dä hęt en lang lif un sôget nitt, *sagt man, um jemand zu entschuldigen, der ein grösseres mass speise zu sich nimt.*

sǫle, *f. 1. sohle. 2. hauptgut. H.*

sǫler, *m. besitzer eines hauptguts. H.*

Sǫlingen, *Solingen. fig.* nà Sǫlingen gân, *einen mittagsschlaf halten. H.*

söllen *(præs.* ik sall, du sass, he sall, vi söllt; *præt.* ik soll (salde); *ptc.* sold), *1. sollen 2. werden.* ik sall ęm den bård afmaken (âne mess). ik sall mi nitt vergęten. ik sall mi wǫl waren. et stêt ümmer nitt bim rûen, bat he fręten sall. bat soll dat! = *das schadet nicht!*

söllvuagel. *Verordn. v. 1669:* „auf Petri Tag der Söllvogel ausgetrieben.“ söllvuagel = süntevuagel. söll *aus* sôl *(sonne) entstellt.*

sôm, *m. saum.* — *ags.* seám.

sômen, *säumen, einen saum machen. fig.* enem de âren sômen, *ohrfeigen geben.*

sômer, *m. 1. dicker balken. 2. grober mensch. H.*

sôn = sô en.

soppe, *f. suppe.* ne âlle henne gi̇̂t de fettste soppe.

söppken, *n. süppchen.*

sôr, *1. dürr.* en sôren twik. *2. kalt trocken.* sôre locht. sôr węer. sôren wind. — *Ludolf:* sore rosen = *rosen von Jericho. Dorow 1, 36:* sâr, *dürr (von bäumen). ags.* seár; *engl.* sear. *vgl.* saurkold.

sören, *austrocknen.* et læren sört. *ags.* seárjan; *ahd.* sôrên. *vgl. Sündenf. 1439:* versoren.

sǫrge, *f. sorge.*

sǫrgen, *sorgen.*

sǫrger, *m. sorger, sorgestuhl.*

sôrig = sôr. *K.*

sǫrkstamm = surkstamm. *(Elsey.)*

sǫrte, *f. sorte.* sǫrte bi sǫrte, sagg de Dûwel, dà pock he en schǫtstênfęger.

sǫrtêren, *sortieren.* sǫrte bi sǫrte, sagg de Dûwel, dà sǫrteirde he hucken un fǫrske.

sösk, *solch. das s fand sich wol erst mit der form* söck *ein.* — *got.* svaleiks; *ags.* svelic; *engl.* such.

sötern = dǫtern.

souge = sôge, *jauche. (Lüdensch.)*

spacheln = spatteln. *K. S. 65. 110.*

spâd *(Iserl.* spôd), *spät. mnd.* spâde.

spai, *1. zurückhaltend. 2. schen, auch von pferden.* dä lätt sik gar nitt saihen, hä es so spai. *3. abgeneigt, feindselig.* ênem spai sin. — *Teuth.* spee, smelick, hoenlick. *v. Steinen 1, 246:* spê, *spöttisch.*

spaigel, *m. spiegel.* so blank as en spaigel.

spail, *n. m. spülicht. Grimme.*

spailen, *spülen.*

spailstên, *m. spülstein.*

spâke, *f. speiche. (Fürstenb.)* — *ags.* spâca; *engl.* spake. *s.* spêke.

spâke *in* nachtspâke. *(Fürstenb.)* — *ags.* specca, macula.

spalken, *sich unruhig bewegen, lärm machen.* et spalket as en hittenlamm, *sagt man von einem unruhigen kinde.* med für spalken. *K. vgl. Laurenb. 2. anh. 4, 153:* spalk. *schwed.* sparka; *dän.* sparke, *mit dem fusse stossen.*

spalkerigge, *f. das* spalken.

spalkern = spalken. hai spalkert *(spaltelt)* as en kranken hanen, dä sik in der hêe vertüadert hęt.

spaller = speller *(Siedlingh.) starker langer holzsplitter. K. zu* spaldan, spällen, *spalten.*

spân, *m. span.* hä kennt speck vǫr spâne.

spænen, *entwöhnen. Teuth.* spenen die kinder van der borst. *Kil.* spenen, ablactare. *hd.* entspenen. *ostfr.* spene, *brustwarze.*

spanisk, *spanisch.* dat küamt mi gans spanisk vǫr, *das sind mir böhmische dörfer.*

spanisk gras, *? bandgras, syn.* lindlaisk.

spaniske selwe, *eine melissenart der bauergärten.*

spanke, *f. spange, schnalle.*

spann, *n. gespann.* siawen spann pęrre.

spanne, *f. spanne.*

spannen *(præt.* spannede, spon; *ptc.* spannen), *spannen. das præt.* spon *entspricht ags.* speón, *ahd.* spian. *es gab wol auch ein mnd. subst.* spon = *gespanntes; daher Claws B.:* over den spon treden = *über die stränge schlagen.*

spannig, *gespant, von der haut.*

spâr, *trocken, spröde, von lippen. H. s.* spôr.

spârbüsse, *f. sparbüchse.*

sparen, *sparen.* me kann vǫl sparen, dat nich schadt un vǫl vertæren dat nich batt. *(Schwelm.)*

sparer, *sparer.*

spârhaft, *sparsam.* ‚me maut sparhaft sin,' hadde de âlle Pipenstock saggt.

sparrbenig, *sperrbeinig.* sparrbenige gedanken. *Sparg. 83.*

sparrgitsen, *pl. spässe, possen. — köln.* spriegitzger, *tolle spässe. Völkerst. 3, 204.*

sparrgitsenmęker, *m. possenreisser.*

sparrwagen, *m. kinderwagen von haselruten. Grimme.*

spârside, *f. sparseide.*

spass, *m. spass.* hä verstêt kainen spass, *er nimt die sache gleich ernst und handelt dem gemäss. — der vocal ist bei uns kurz, auch wenn wir hd.* spass *aussprechen.*

spassen, *spassen.*

spassig, *spasshaft.*

spatt, *m. hühnertritt des pferdes, spath. — Kil.:* spat.

spatteln *für* sparteln, *zappeln; syn.* spratteln, spachteln, spacheln. — *ahd.* spratalôn, palpitare, micare. *mwestf.* sportelen, *Köne Helj. 11344. Teuth.:* spalteren, spertelen, palpitare, calcitrare. *Kil.:* spertelen, agitare manus pedesque.

spaule, *f. spule. — ahd.* spuola.

spaulen, *spulen.*

spê = spai. *K. S. 35.*

speck, *n. fett zwischen haut und fleisch, nicht blos der schweine.* speck smęrt den beck. hä kent wǫl speck vǫr spêne, *vgl. mhd.* speck under erbeiss kennen. de schaumęker stiəket sine süggel in speck = *er hört auf zu arbeiten.* bà hęt de jude 't speck sitten?

speckkamer. hai mott häime! süss schennet de frugge un schlütt iären Thommes acht dage op de speckkamer. — *s.* fettkamer.

speckmüənek, *m. fetter mönch; fig.*

speckfett, *sehr fett.*

speckwǫrm, *m. engerling; syn.* ännerk. — *Westf. anz. V. 1440:* ellinger *in der volkspr.* ailften *(?).*

spèis, *f. mörtel. (Schwarzenb.) s.* spîse.

spêke, *f. speiche. — ags.* spâca. *s.* spâke.

spektakel, *n. lärm. — lat.* spectaculum.

spektakeln, **spettakeln**, **spittakeln**, *lärm machen.*

speller, *m. pl.* spellern. *1. gespaltenes holz.* speller-holt. *2. spelzen, schalen des haferkorns; s.* spaller. — *Seib. qu. 1, 104:* speldern. *v. Hör. urk. 112:* spellern = *splittern.*

spellerig, *voll schalen, von der nicht gehörig gereinigten hafergrütze.* dä gǫrte es spellerig.

spenker *in* luilingesspenker, *spatzenscheuche. Gr. tüg 43. — Rich.* spenkern, *wegjagen.*

spennewibbe, *n. spinngewebe. (Fürstenb.)*

spêr, *n. pl.* spêrs, *sparre, pfosten.* ‚vęr spêrs stätt der all!' sagg de foss, dà lagg he sik oppen rüggen un holl de schǫken in de locht. — *Teuth.:* sparre an eyn getymmer.

sik spêren, *sich sperren, sich breit machen.* hai spêrt sik as ne hucke opper mistgaffel, — as ne katte im knappsacke. hä spêrt sik, as wann kaisers katte sine nichte wær. — *ags.* sparrjan. *Upst. 229:* speren.

sperenzen, *umschweife, weitläufigkeiten, ausflüchte. K. — Schamb.:* sperenzjen.

sperrangelwid, *weitaufgesperrt. K.*

spicken, *spicken.*

spicknâtel, *f. spicknadel.*

spîd, *n.* = spind, *flachs zum spinnen.* et es guəd spîd derane. — *Seib. urk. 916:* alle spyt ungespunnen. *Lüdensch. R.:* spiet.

spiəl, *n. 1. handlung des spielens. 2. was zum spiele gebraucht wird.* en spiəl kârten. *3. eine anzahl gegenstände, die für den gebrauch zusammengehören.* en spiəl strickstöcke, *4 bis 5 nadeln; vgl. engl.* set, *hd.* satz.

spiəl, *n. menge.* en spiəl geld. bat en spiəl mensken dà wæren! kęrspel, *kirchspiel. — vgl. Völkerst. (Rheinsberg):* minsse spööl. *Göthe:* geldspiel.

spiəlbank, *f. spielbank.* ik hewwe 't opper spiəlbank nitt kriogen.

spiəlblaume, *kuhname. — ? die mit blumen spielt, oder blumen verzehrt* (spildian).

spiəldengel, *ein faules frauenzimmer, eigentlich wol ein solches, welches statt die sense zu dengeln mit dem hammer (ahd.* tangol) *spielt.*

spiəlen, *spielen.* se hęt te frô melk spiəlt, *sie ist zu früh nach der hochzeit niedergekommen.*

spiəlmann, *m. pl.* spiəllû, *spielmann.* et giət allerlei lû in der weld: spiəllû un mussekanten.

spiəlratte, *f. leidenschaftlicher spieler.*

spiəlwitt, spiəlwittken, *schwächlicher mensch.*

spiəndel, *nadel. (Paderb.)*; *s.* spindel. — *lat.* spinula.

spiət, *n. spiess. — ahd.* spiz, veru.

spiətmûs, *f. spitzmaus.*

spigge, *f. speichel.*

spiggebecken, *n. spucknapf,* haûdkendraigers, dissdeckers sid groter heren èrsleckers, kuəmet âwer lichte int spiggebecken.

spiggen *(præt.* spuchte, spêg; *ptc.* spuggen), *speien.* de stərne spigget. *(Siedlingh.)* dà hęt de kuckuk op spuggen, *von sogenantem kuckucksspeichel, mit welchem die schaumcicade bedeckt ist. — aus alts.* spiwan *wurde* spien *und weiter* spiggen, *daher dann auch* spêg *für altes* spêw, *späteres* spê. *aus* spiwan *bildete sich auch* spiuen, *was* spuggen *und weiter præt.* spuchte *und ptc.* spuggen *lieferte.*

spiggewitt, *speikind. — wol imperat. spei weiss!*

spiggewour *für* spiggewourd, *kreuzwurzel,* senecio vulgaris. *(gegend von Lippstadt.) — alts.* speiwurz.

spîk, *tümpfel, den gestautes wasser bildet. im Alten. stat.* spyk, *stauung des wassers durch hineingesetzte bretter. — Kehrein saml. 26:* piscatio quæ dicitur spike. Spîkauwer *bei Hemer.* spîken, *stauen.*

spike, *f. speiche.*

spiken, *1. aufstauen. 2. anhäufen.* vull spiken.

spiker, *m. speicher.* vam spiker blâsen, *potent sein. — ahd.* spichari.

spile = lasche. *(Fürstenb.)*

spiler, *m. ein stäbchen zu allerlei gebrauch, z. b. im vogelbauer, zum aufspeilern einer falle.*

spille = nuət, *am spinnrade. (Siedlingh.)*

spinase, *f. spinat. — holl.* spinazie.

spind, *n. flachsfaser, gespinst, s.* spid.

spind, *m. splint.*

spind, *n. ein getreidemass.* ¼ *scheffel. Gr. tüg 19. in Dortm. war sonst 1 malt = 4 scheffel, 1 scheffel = 4 spind. zu Rheda ist* spéind = ¼ müdde, *ohngefähr* ¼ *berl. scheffel. Rheda spricht* spéind, kéind, féinnen *(finden), vgl. die engl. aussprache von* -ind. nd *ist zu schwach, um das* i *kurz und rein zu erhalten.*

spindel, spinnel, *f. stecknadel. (Siedlingh.)*

spinkel, *kuhname, kuh von gespinkelter farbe. — nnl.* spikkel, macula. *Bugenh. Summar.:* spinkelt, *von Labans schafen.*

spinkelig, *mit kleinen flecken, gesprenkelt.*

spinne, *f.* **spinnte**, *f. spinne; syn.* kobbe.

spinnedull, *spinnentoll. K. S. 65; vgl.* spinnefeind.

spinnekobbe, *f. 1. spinne. 2. spinngewebe.*

spinnekogge, *f. spinngewebe. (Balve.) — ?* kogge = kau, *hütte, korb, wohnung.*

spinnen, *spinnen.* spinn dicke! spinn dicke! alle dage drai stücke. *Meisenschlag. syn.* swipp int feld.

spinnewebbe, *n. spinngewebe. — ahd.* spinnawëppi.

spinnrad, *n. spinnrad. teile:* nuət, flucht, lôper, trędspân, knecht.

spinnstowe, *f. spinnstube.*

spinûffen, *pl. geld.* dai hęt spinûffen.

spir, *n. 1. spitzchen, hälmchen,* grasspir. *2. körnchen; vgl. dän.* sædspire. *3. ein klein wenig.* niən spîr. — *vgl. hd.* spirre. *aus* irr *wird* ir.

spirig, *in* finspirig, *feinstengelig;* grofspirig, *grobstengelig, vom flachse.*

spirken, *n. deminut. von* spir.

spise, *f. 1. speise. 2. mörtel.*

spit, *1. ärger, verdruss.* wǫt te spite dauen. *2. schlechtes.* et es kain spit derane, *vom flachse, der ganz gut ist. — lat.* despectus. *fr.* dépit. *Teuth.:* spyt, versmaitheit, hoen. *der vocal* y *(nicht* ij) *fällt auf.*

spiten, *verdriessen, gereuen.* dat spitt mi. *H.*

spitig, *1. gehässig. 2. neidisch. H. Seib. urk. 1001:* spitige, *adv.*

spits, *m. spitz (hund).* spits kuəm! he stichelt.

spits, *genau.* dat kann 'k spits wiəten. dat kann 'k so spits nitt seggen.

spitsbauwe, *m. spitzbube.* me siət wol ens: du glikes ær me spitsbauwen as me krâmesvuəgel. *scherz.*

spitsen, *spitzen.* sik spitsen op, *sich gefasst machen auf.* du kanns di derop spitsen.

spitsig, *spitz.*
spits-in, *genau.* — *vgl.* par appoint, at point.
spitsmûlen, *den mund spitzen.* spitsmûlen geldt der nitt, et maut flott wēren = fissematenten geldt der nitt. *der ausdruck komt ohne figürlichen sinn bei einer sage des kreises Altena vor, die sich auch unter Hebels erzählungen findet. sie haftet bei uns an einer örtlichkeit und kann nicht aus Hebel unter die landleute gekommen sein.*
spitsraugen, *pl. spiessruten.*
splåter, *splitter. K.*
splåterig, *eigenschaft des holzes, absplisse zu machen. K.*
splędern, *s.* verspledern.
splentenslǫt, *n. vorhangeschloss. H.*
splenterbüsse, *f. spritzbüchse.*
splentern, *spritzen, sprengen.* — splintan = sprintan, sprittan.
splenternaked, *splitternackt.* — *Sündenf. 803:* splitternaket. *dän.* splinterny. splinter, splitter *zu* splintan = sprintan, findere.
splenternakig, *splitternackt.*
spliet, *m. 1. spliss, riss. 2. abgesplissenes, ableger; daher* en spliet van 'er blage, *ein kleines schwächliches kind.* — kuck dör de splieteu. *Spr. u. sp. 27.*
spliete, *f. gesplissenes stück holz. K. S. 26.*
splite, *f. pl.* spliten, *splitterholz.*
spliten *(præt.* splêt, *ptc.* splieten), *spleissen, spalten, reissen.* — *engl.* to split.
splitplante, *f. kohlpflanze, weil man blätter von ihr abspleisst.*
splitter, *m. pl.* splittern, *splitter.*
spôk, *m. pl.* spôke. *1. spuk, gespenst. 2. lärmendes spiel. 3.* spôk im keller, *ein kinderspiel. (Iserlohn.)* — *in Balve sagt man* spauk *neben* rôk, *dieses au (= alt.* uo) *wird lautrecht sein, so dass ein stv.* spakan *zu grunde liegt. mnd.* pok *(spiel) im Theoph.* ' *ist dasselbe wort. R. V.* spôk. *dän.* spôg.
spôken, **spôken**, *1. spuken; gewöhnlich* spoken gån. *2. in böser absicht umhergehen,* herümme spoken. *3. spielen.* spoken med dem fûr. — *gleich ist mnd.* poiken *(spielen), s. Stinchin.*
spöken = spalken. *(berg.)* — *vgl.* spalk *bei Schamb.*
spôkenkiker, *m. geisterseher.*
spôkeplack, *m. ein fleck, der sich in zu feucht gefaltener, eingelegter leinwand zeigt; syn.* nachtspôk.
spǫndel, *euter. H. syn.* spund.
spǫr, *n. auch f. spur.* en ållen fôrmann dä wårt sik vǫr nigge wērdshûser un ålle spǫrs. ik sin ǫm op der spǫr. — *Teuth.* spair, orbita.
spôr, **spær**, *spröde, von brot, flachs, haut, wozu der gegensatz* genæm *heisst. flachs ist* spôr, *wenn man ihn brechen kann.* — *wie* smô *aus* smôde, *so* spôr *aus* spôrde *für* sprôde. *vgl. alts.* brôdi, fragilis, *ags.* breothan, frangere.
spǫren, *spüren. præt.* ik spǫr, *ptc.* spǫrt. — *ahd.* spurjan; *ags.* spyrjan.
Spǫrke, *kuhname.*
spǫrkel, *februar.* de spǫrkel siet: wann ik de macht hädde as min brôer harremond, dann soll de pott vǫr kǫken un åchten fraisen. *in Schwelm ist* spǫrkel *nicht gebräuchlich, aber* ålle-wiwermond. — *Teuth.* sporkel. *Cod. Trad. Westf. 1, 174:* spurkel. *Heinzerling p. 29: dass dieses* (sbirkel) *jetzt schon seltene wort eine weibliche person bezeichnet, beweist sein vorkommen in dem ausdrucke:* de sbirkel dê scherrelt sach = *die Sporkel die schüttelt sich, was man sagt, wenn es im februar schneit. bei Wesel heisst der faulbaum* spôrkel, *vgl. Kil.:* sporck, sporckenhout, frangula.
Spörkel Elsken *hat Petersen, Weitmar, Essen 1823 s. 69.*
spǫrkelsche, *f. februar.* in der spǫrkelsche es guəd bråken, men me draf der sik nitt op verlåten. *(Deilingh.)* de spǫrkelsche es in dęm huse un maket 'et węer. *(Halingen.)*
spǫröppig, *spürend.* de ganze tropp s. juden stond spǫröppig oppem bånhǫwe. *Grimme.* — *ableitung von* spǫrop.
sik spoten, *sich sputen.*
spraddeln, *sich spreizen, breit machen.*
sprai, *f. 1. das ausgebreitete.* et liet anner sprai. *2. decke zum überspreiten.* — *holl.* sprei.
sprai = sprûwe, *welche kranke zuletzt im munde bekommen.* — *Teuth.:* sprey, eyn sericheit bynne monda.
spraien *oder* **sprien** *(præt.* spredde, *ptc.* spredt), *spreiten, breiten.* ' wai gait int holt un spredt tällers? de kåu. — *vgl.* laien, raien. *holl.* spreiden, spreijen. *spreiten : breiten = sprechen : brechen.*
spraitenhûsken. *Völkerst. 1, 372.*
språle, *f. staar, sprehe.*
språlenrump, *m. hohler ast für staare, um darin zu nisten. H.*
språlskasten = språlenrump.
sprattelu = spatteln. *(Odenthal.)* — *es ist die reinere form.*
sprantelen, *pl. sommersprossen. H.*
språwe, *f. sprehe, staar.* — *ahd.* spra

für sprâwa. sprâwe *ist auch bei Dortm. gebräuchlich.*

sprenger, *m. springer im schachspiel.* — *Teuth.:* sprengher, saltator.

sprẹken *(præt.* sprak, *ptc.* sprọken), *sprechen.* de statuten sprẹket men, *die statuten bestimmen nur.*

Sprenkelrose, *gesprenkelte rose. kuhname.*

sprenzelbüsse = splenterbüsse. *K. S. 57.*

sprenzeln = splentern, *spritzen mit der spritzbüchse. K. S. 57.* — sprinzen = *sprengen.*

sprick, *reis, stückchen holz.* — *vgl.* pricken. *engl.* sprig.

sprickampelte, *f.* = sprockampelte, pẹrreampelte.

spring, *n. quellsprung, quelle.*

springen *(præt.* sprang, sprung; *ptc.* sprungen), *springen.* van der kanzel springen, *proclamiert werden.*

springer, *m. quelle. (Marienh.) so gab es ein börner neben born.*

springwọrtel, *springwurzel zum öffnen der schlösser; s. abergl.*

spriwe, *f.* = sprüwe.

sprock, *spröde, zerbrechlich.* — *Kil.:* sporck *j.* sprock, fragilis.

sprock, *trockenes, gebrochenes holz. (Elsey.)* — *Aesop 82:* sprock, *dürres reis.*

sprockampelte, *f.* = pẹrreampelte.

sprockel, *m. pl.* sprockeln, *trockenes, gebrochenes holz.*

Sprockhọ̈vel, *Sprockhövel bei Schwelm.* dat es franco Sprockhọ̈vel = *das ist nicht weit her, nicht viel werth. H.* — *alts.* Spurghufil. *Z. d. berg. g.-v. 11, 307; VI, 53, 63. vgl. ahd.* spurcha, juniperus.

sprọ̈cksken, *deminut. von* sprock. *(Elsey.)*

sprôkelholt = sprockeln. *(Weitmar.)*

sprọte, *f. sprosse an der leiter.* — *Teuth.:* spraite.

sprüọk, *m. spruch.* hä smitt dermed üm sik as Sirach med den sprüọken.

sprüọkwârd, *n. sprichwort.* et es en sprüọkwârd, âwer ock en wâr wârd.

sprung, *m. sprung, tanz.* en lustigen sprung. ik well di op de sprünge helpen. ik kann nitt op de sprünge kuọmen.

sprûte, *f. 1. jeder spross, besonders kohlspross. aus dem kartoffelkeim entwickelt sich die* sprute, *die dann zum* bucht *heranwächst. 2. sommersprosse.* — *ags.* sprote. *engl.* sprout, sprouts, *kohlsprossen. Goth. arzn. 11:* spruten vnde placken in deme angesichte. *Teuth.:* spruytte, laide.

spruten *(præt.* sprôt, *ptc.* sproten), *hervorspriessen.* et sprûtt all. — *ags.* spreótan. *mhd.* brozzen. *Teuth.:* spruyten. spruten *ist urspr.* = *schwed.* bryta *(brechen), die sprossen brechen aus dem stamme und den zweigen hervor.*

sprûwe, *f. häutchen am finger. pl.* sprûwen, *verhärteter schleim auf der zunge bei kleinen kindern und kranken; s.* sprai. — *ahd.* spriu, *n.* palea.

sprûwentrecker, *m. zängelchen zum ausreissen der fingersprûwen.*

spucht, *m. schmächtiger mensch.*

spuchtig, *gespannt, eng, von kleidungsstücken.* — *holl.* spichtig.

spüotern, *spützen, wenig und oft speien.* — *vgl. ital.* sputare.

spund, *m. 1. zapfenloch. 2. euter.* — *Teuth.:* spont op en ton.

spunder, spunner, *f. euterstück; s.* spọndel.

stabelgeck, *m. erzgeck; vgl.* stapeldoll.

stad, *f. stadt.* über âlle stad *vgl. Möller Hohensyb. s. 51.*

stâd, *m. pracht, putz.* — *lat.* status.

stadkau, *f. stadtkuh.* hä gẹt strarktau as ne stadkau.

stệdig, stệrig, *prächtig, stattlich. H.*

stâds, *geputzt, prachtvoll. (berg.)*

stadsgâren, *m. stadtgarten, ein mass. der Iserl. betrug* 1/16 *Magdeb. morgen* = 1/16 *Köln. morgen oder 12 ruten kölnisch.*

stair, *m. stier. (Weitmar.)* — *got.* stiurs. *ags.* steor; *vgl. Gr. 3, 325.* steir *in den gl. trev. wol nicht verschrieben.*

staiersch = össig.

staifbröer, *m. stiefbruder.* — *Kil.:* stiefbroder *j.* halfbroeder.

staifdochter, *f. stieftochter.* — *Kil.:* stiefdochter. *Teuth.:* styfdochter. *Rolle der Pancrat.-brüdersch. zu Iserl. (15. jh.):* steyffdochter.

staifkind, *n. stiefkind.* — *Kil.:* stiefkind.

staifmöer, *f. stiefmutter.* — *Kil.:* stiefmoder. *Teuth.:* styfmoeder.

staifsuen, *m. stiefsohn.* — *Teuth.:* styfsoen.

staifsüster, *f. stiefschwester; vgl.* halfsüster.

staifvâer, *m. stiefvater.* — *Teuth.:* styfvader. *vgl.* starfvâer.

staken, *m. dicker stock, pfahl.* — *ags.* staca, sudes. *Aesop 20, 31:* stake.

staken, *gehen.* op de kammer tau gestaket. *Grimme.*

stâkisen, *n. brecheisen. H.*

stalen, *m. 1. stahlen, bein am tische u. a.* — *Teuth.:* stympel, stoll, pes. *2. muster, probe jeder art, patrone.* tekenstalen. en stalen vamme buọter; *besonders tuchproben.* — *Teuth.:* stale wat nae to maken. *Seib. urk. 401:* que dicitur in vulgari stale, *von einer kölner probe-*

münze, die dem kaiser eingeschickt werden sollte. Fahne Dortm. urk. 2, 198: **stale** = *probemünze. Cl. Bür 438:* effe ik ok gelt hebbe vor stalen gegeven. *3. ironisch von einem ungestalteten frauenzimmer. H.*

stall, *m. stall.* sò stall sò vaih; *auch bei Tuppe 168ª:* so stall so vieh. ne hochtîd oppen stall slån *oder* dauen, *eine hochzeit nicht besuchen* (hàllen).

stallbüen, *m.* = hille. se daut et hûs oppen stallbûon un de ledder in 'n pött.

stamm, *m. pl.* stämme, *stamm.*

stammeln = stuppeln, *stümpern, vom ersten gehen kleiner kinder. — vgl. engl.* to stammer.

stämmig, *stämmig.*

stån *(præs.* ståe, stês, stêt, *pl.* stått; *præt.* stond, *pl.* stöunen; *ptc.* stån), *stehn. spruch beim pfandlösen:* ik stå hir as en stock un stinke as en bock. *vgl. Husp. weihn. 1:* stan alse ein stoch. dat stêt sò vaste asse Balve, *das steht fest, wird gewiss geschehen. Gr. tüg 89.* dat stêt bi de ribben, *das ist eine derbe, sättigende speise.* hä stêt op sinen kop. hai stêt çm, *er ist für ihn, unterstützt ihn.* wä sik des annern unglücks freuet, dem stêt et sine un blaûet. *H.* hä hçt et guod op mi stån. nå wçt stån = *nach etwas streben.* bat stått it då kiken? du hçs so vòl vam sitten as vam stån, *wird zu dem stehenden besucher gesagt.* wä well rike sin, dem maûtet de perde stån un de frauens vergån. lått stån = *geschweige. H.* sik stån = *sich stellen.* stå dik mål hî mirren in de stçwe. *Galant. 84.*

stand, *m. stand.* im stanne sin, *in brauchbarem zustande sein.* nitt im stande sin, *nicht in brauchbarem zustande sein; sich nicht wohl befinden.* hä es im stanne un küämt nitt, *es ist möglich, dass er ausbleibt.* sik te stanne setten, *sich verheiraten,* sik beståen.

stängel, *kerngehäuse. H.*

stankètt, *n. stackett.*

stankèttenflicker, *m. eine schelte.*

stanne *für* stande, *f. ein fass unten weiter als oben.* sültenmaus-stanne, *sauerkrautfass. — Teuth.:* stande en holten vat.

stapel, *m. stapel.* dråd-stapel. — *Teuth.:* stapelstede dair men alreley guet verstapeln moit. *F. Dortm. urk. 1, 152:* super truncum dictum stapel. *Cod. Trad. Westf. 1, 88:* 1 stapel butiri.

stapeldoll, *rein toll. (berg.)*

stapeln, *1. aufhäufen, syn.* timpeln. *2. langsam einher gehn.* se knomet 'ran gestapelt, *sie kommen angestiegen. — alts.* stapan, incedere.

stappen, *m. falle für füchse u. dergl.*

stark, *1. stark. fig.:* dat es en stark stücke. *2. ranzig.* de buoter es stark.

stærnblaume, *f. 1. sternblume. 2. kuhname.*

stærne, *f. 1. stern. 2. kuhname. — got.* stairno, *f.*

stærnkiker, *m. 1. sternseher. 2. schelte. — Magd. bib.:* sternekyker.

stærnschot, *m. sternschuss, sternschnuppe.*

stærnsnuader, *m. sternschnuppe.*

starfdochter, *f. stieftochter, durch einen sterbfall tochter gewordene. eben so* starf-möer, -suon *und* starf-våer, *nicht aber* starf-bröer, starf-süster, *wie auch Teuth. kein* styfbroeder, styfsüster *verzeichnet. s.* halfbröer, halfsüster.

starfmöer, *f. stiefmutter.*

starfsuon, *m. stiefsohn.*

starfvåer, *m. stiefvater.*

statiös, *geputzt. H. vgl.* ståds.

staul, *m. stuhl.*

staulgank, *m. stuhlgang. — mnd.* stolganck. *vgl.* sik verhàllen.

stå up un gå weg *soll* herb. chamaedr. *sein. N. l. m. 90.*

staüten, *prallen, zurückprallen, vom ball. H.*

staff, *m. stab.*

stawen, *1. am stabe gehn, sich stützend gehn.* hä stawede daher. *2. auf stelzen gehn. 3. gehn überhaupt. Muster 93.* sik stawen, *sich auf einen stab stützen.*

steckelschen, *n. kleiner stich.* steckelschen botter. *(berg.)*

stçkappel, *eine apfelsorte.*

stçkebçren, *pl. 1. stachelbeeren; syn.* stekkasberten, mulberten *(Unna),* stîbberten = stikberten *(Rheda). 2. fig. stichelreden.* stçkebçren sid noch nitt ripe, *das sticheln ist nicht angebracht.*

stçken *(præt.* ståk, *ptc.* stçken *und* stçken), *1. stechen. 2. stecken.* hä hçt sik innen darm stçken, *er hat gestunken.* sik stçken, *unentschieden sein, beim spiel, syn.* brçnen. *H.*

stçker, *m. stecher im karnüffelspiel.* twê buren sind de drüdden stçkers.

stçkkasberte, *stachelbeere. K.*

stekse, *steil, vgl.* stickel. *(berg.)*

stçkfillette, *f. stechnelke,* lychnis coronaria.

stçldaif, *m. dieb, so sagen kinder; vgl. diebstahl.*

stçlen *(præt.* stål, staul, *ptc.* stçlen), *stehlen.* hä stiolt as en rawe, me maut çm de hänne waren. hä stiolt as ne bigge. stiolt min brôer, dann hängt min brôer. *H.*

stell, *stille.* hàld es stell! saggte mester Neideck. *(berg.)*

stellâsge, *f. gerüst zum bauen.*

stelle, *n. webstuhl der leineweber; R. St. 87:* stelle. *2. karrengabel.*

stellen *(ptc.* stollen) = stollen.

stellen *(præt.* stallte, *ptc.* stald), *stellen.* usse hęrgod hęt ne op twê fatte stallt, hä maut saihen, datte fudd kūomd. dat stellt guod, *das macht die speise gut.* hai kann et guod stellen, *er ist wohlhabend,* hä es guod im węrke. hai hęt et guod gestald. hai hęt sine saken stald as en schærenslîper âne stên. hä stellt sik guod, *er beträgt sich gut.* bu hęste di nu wier stald, *wie hast du das nun wieder angefangen.* hä lätt sik stellen, *er lässt sich beeinflussen (im tadelnden sinne).* sik stellen op wot, *sich auf etwas vorbereiten.*

stellperd, *n. pferd, welches in der karrengabel zieht.*

stelte, *f. stelze.* op stelten gân. — *Schichtb.:* stelte.

stemme, *f. stimme.* dä hęt ne guode stemme rindflês te ęten *sagt man von einem schlechten sänger.* — *got.* stibna.

stemmen, *stimmen.* dat stemmet, *das ist richtig.*

stên, *m. pl.* stener, *stein.* ik sin et so lêd as stêner dręgen. en stên soll sik drǫwer erbarmen; *vgl. Fastnachtsp. 972:* dat mach men dem harden stene klagen. ik well di màl wier en stên in den węg leggen, dattu den hals tebriokes *(so sagt man scherzend dem, der eine gefälligkeit erweisen soll oder erwiesen hat.)*

stenen, *steinern, von stein, steinig.* stenen wâr, *steingut.* stenen bęrg, *steiniger berg.*

stengel, *m. 1. stengel. 2. schelte:* gnaustrige, gizige, alle stengel. *Grimme.*

stênklinke, *f. kröte, welche* klink *ruft.*

stênklippe, *f. steinklippe.*

stênknippe, *f. steinklippe. (Reiste bei Meschede.)*

stênkǫle, *f. steinkohle.* — *vgl. Seib. qu. 2, 380 vom j. 1446.*

stênkule, *f. steingrube, steinbruch.*

stênnater, *m. steinmarder. (Weitmar.)* — *vgl.* bômnater *und* mard.

stênrüddek, *m. marder. (kreis Brilon.) s.* ruddek.

stensse, *f. grosses ungeschicktes frauenzimmer. H.*

stênswalfte, *f. felsenschwalbe.*

stentsen, *wegjagen.* — *Gr. 2, 35:* stenzen, truncare, decernere.

stênule, *f. käuzchen.*

stênwęg, *m. steinpflaster vor häusern.* — *alts.* stênweg.

stepp = stipp. op der stepp, *auf der stelle. (berg.)*

-ster *an substantiven.* flǫkster.

stęrke, *f. stärke zum steifmachen der wäsche.* — *vgl. alts.* stark = starr.

stęrke, *f. junge kuh.* — *ags.* styrk.

stęrkenhannel, *m. stärkenhandel, brautwerbung.* hä gêt oppen stęrkenhannel = *er freit.* — *auch in Holstein wird unter dem scheine des ochsenhandels die braut geworben; vgl. Völkerst. 3, 469.*

-stern *an verben:* dükstern, delstern, düpstern, ekstern, helstern, hemstern, kiokstern, kladistern, klüokstern, müstern, rämstern, ränkstern, tǫkstern, wæstern.

-stern *an adjectiven:* verniomstern.

stęrt, *m. 1. sterz.* hä sliopede den stęrt (as en rüe) un geng af. *2. penis. rda.:* se hett ne oppen stęrt tręen = *sie haben ihn beleidigt.* ne hucke un en frauenzimmer sind twê glensche dirs; se hett bai' kéinen stęrt.

stęrtgeld, *n. sterzgeld, trinkgeld für die magd, wenn ein stück vieh verkauft wird.*

stęrtken, *n. schwänzchen. von dingen die selten und darum teuer sind, sagt man, sie hätten goldne* stęrtkes, *z. b. je nach der jahrzeit:* de bęren hett nu goldne stęrtkes. *rätselfr.:* wannêr hett de hasen goldne stęrtkes? wann de jagd sloten es, *weil dann der geschossene hase mit golde gebüsst wurde.*

stęrtpâe, *m. nebenpate, geldpate.*

stęrtpastôr, *m. nebenpastor,* vicarius.

stęrwen *(præt.* starf, *ptc.* stǫrwen), *sterben.* we'k stęrwen, *ein schwur.*

stęrwensmate, *dem tode nahe.*

stęrwede, stervde, *f. sterben.* ne grote stervde. — *Kerkh.* sterfte.

steuffbeuche, *Velberter urk. v. 1639.*

steffel, *stäbe zum wandgeflechte. (berg.)*

steffson, *stiefsohn. (Herstelle.)*

stibüogel, *m. steigbügel; s.* stifbüogel.

stichelken, *stachelbeeren, auch wol johannisbeeren. (Siedlingh.)*

stick, *s.* stiok.

sticke, *f. pl.* sticken, *reibholz; syn.* fürpinken. *(Fürstenb.)*

stickel, *m. kleiner staken, stecken.*

stickel, *steil. (berg.)*

stie, *f. stelle.* opstêt de stie vergêt. dat küomet an êne stie = *das bleibt sich gleich.* — *alts.* stidi, stedi.

stie, *f.* = stige. ne half stie dage.

stiəg, *m.* *1. steige, zauntritt, stelle die zum übersteigen eines zaunes eingerichtet ist; vgl. engl.* stile *und Teuth.:* stapp aver to clymmen, transcensorium. *s.* stēch. *2. steigung, anhöhe.*

stiəgel, *steil.* et gêt stiəgel tiəgen den bęrg an. *s.* stickel, stiəkel, stekse. — *ags.* sticol, arduus. *ahd.* stecchal.

stiək, **stick**, *n. hohe brautmütze. (veraltet.)*

stiək, *m. 1. stich. 2. abgestochenes, ausgestochenes.* en stiək buəter. *3. satyre.*

stiəkedüster, *stockfinster, auch bei Holth. — H. Sachs:* stickfinster; *holl.* stikdonker. *vgl. ags.* sticca, *engl.* stick *= stock.*

stiəken, *n. stellchen. euphem.:* dat es en klain stiəken, dat kamme lichte waren, *so sagte eine dirne zum Deilinghover pastor, der ihr vorhaltungen machte.*

stiəkling, *m. 1. stichling, ein fisch. 2. barsch, im zweiten jahre. syn. für 1 ist* nâtelpîr. — *Tappe 41*[b]*:* stickelinck, *sonst mnd.* stekeling.

stiəksken, *n. kleiner stich.* op dat stiəksken *(sonnenstich)* folget wier en biəksken. *deminutivbildungen:* baiksken (bauk), böcksken (bock), bûksken (bûk), daiksken (dauk), hürksken (hurk), krûksken (kruke), kaiksken (kauken), kûksken (kûken), löcksken (lock), lǫksken (lǫk), röcksken (rock), stöcksken (stock), strûksken (strûk), tücksken (tuckhainken), fęrksken (fęrken), fissken (fisk), fǫrsken (fǫrsk). — ôgesken (ôge), tängesken (tange), węgesken (wagen).

stiəl, *m. stiel.* ênen in den stiəl stôten, *einen derbe zurecht weisen.* dai es so 'n biətken loss am stiəle, *der ist ein wenig liederlich.*

stiəlen, *mit einem stiele versehen. wortspiel:* bai en bessem stiəlt (stiəlt *und stiehlt)* es dat en daif?

stiəpel = stippel, *m. stütze.*

stiəpeln = stippeln, *1. stützen. 2.* = timpeln.

stier, *m. widder.* 't schâp es bim stieren. *fig.:* hä bringet en stieren an = hä prattet. — *mhd.* ster, *genet.* sterren. *R. A. 592. Gr. III, 326.*

stiəwel, *m. pl.* stiəwelen, *stiefel.*

stiəweln, *gehen (ironisch).*

stiəwelschacht, *m. stiefelschaft.* hä sûpet, as wänn hä en stiəwelschacht im halse hädde.

stiəwerig, *dauerhaft, gesteift, stämmig, kräftig. — steif, starr, untersetzt. K.*

stiəwig, *stämmig. (Hagen). — Teuth.:* stevich, stiff, strack.

stîge, *f. 1. zahl von zwanzig, stiege.* ne stîge garwen, aier. ne half stîge daler = *10 taler. 2. ein gewisses mass.* stîge dauk = *30 ellen.* stîge flass = *40 risten. (Siedlingh.) — M. btr. 2, 112:* stigas ovorum. *Urk. v. 1547:* sess stige goldne gulden. *s.* stic.

stîge, *f. wehr im flusse — Alten. stat.:* styge.

stîkel, *steil. (Paderb.)*

still, *still.* de stille trumme slân. de stille fridag, *charfreitag.* — up den stillen fridach n° 1416. *Seib. qu. II, 153.*

stille, *adv., still.* swîg stille.

stillen, *1. stillen. 2. befriedigen. s.* willen.

stillkes, *adv., in der stille; vgl.* nettkes. — *Schrae 24*[a]*:* stillike, *heimlich. ib. 150*[a]*. Gr. III, 888.*

stillkesdrîwer, *scheinfrommer. K.*

stinken *(prœt.* stank, stunk, *ptc.* stunken), *stinken.* dai kann richtop stân un stinken, dat et nümmes sûht. — *Das wort scheint früher nur stark riechen bedeutet zu haben; vgl. die pflanzennamen.*

stinkepalsmen, *stinkbalsam, ackerminze. (Siedlingh.)*

stinkhinnerk, *m. ackerminze. syn.* stinkepalsmen, knappwǫrtel, collerà.

stinkhǫlerte, *f. zwerghollunder. syn.* âk.

stinkkrûd, *n. stinkkraut. die eberraute wird im kinderreim beim ballstopfen* hawerûd stinkkrûd *genant.*

stinkniətel, *eine pflanze, vermutlich* ballota foetida.

stinkfister, *m. mensch, der einen übeln geruch verbreitet. K.*

stinkwie, *f. ahlbeerbaum,* prunus padus.

stîpel, *m. stütze, zaunstange. H.*

stîpeln, *stützen. K.*

stipp, *m. 1. stupf, punkt.* op en stipp, *augenblicklich.* ik well sô oppen stipp dâ sin. flaigen stippen. *2. mus, tunke.* bęrenstipp. *s.* stepp.

stippen, *1. mit der spitze hineintauchen.* med der fear int inkst stippen. *spruch der hexen:* stipp in stipp ût taum schotstên herût, ǫwer alle hiəgen un tûne! *2. mit der nadel in etwas stechen, z. b. in eine wurst. K. S. 79. — Magd. bib. Luc. 16:* int water stippen *(tauchen). Tappe 57*[b]*:* stippen nae synem grave. *Seib. qu. I 404:* in den ring stippen, *vgl. Daniel 28. es scheint ein heidnischer gebrauch beim schwören. R. A. 895. s.* tippen.

stîf, *1. steif.* so stîf as en bock, kloss

stamm, stock. *2. stark.* ne stiwen kåffe. *Op de ålle hacke 9. 3. hart.* de stifsten bårne. *4. trunken.* hai es stif. *fig.:* stifstådig.

stîfbüagel, *m. steigbügel.* ût dem stifbüagel = *aus dem stegreif. s.* stibüagel.

stîfenigge, *f. steifheit. H.*

stîfleer, *n. steifleder. als m. steifer mensch (schelte). neutr. und femin. auf männliche personen angewandt werden masc., vgl.* unduacht, unård.

stîfstådig, *steif im staat, prächtig gekleidet. H.*

stiwe, *f. steife, stärke zum steifen der wäsche.*

stîwelske, *f. steife, stärke. (Siedlingh.)*

stock, *m. stock.* sik op de stöcker giawen. en stock bi wat stęken, *verpönen. H.*

stockerig, *stöckerig, holzig.*

stocklang, *2 ellen (leinwand). Weddigen.*

stöckskeu, *n. stöckchen.* węr di män med ne klainen stöckskeu! då well ik ęm en stöckskeu vǫr stęken (setten), *daran will ich ihn schon hindern. — vgl. engl.* to put a stop.

stockfarwe, *f. glaserkitt aus bleiweiss und leinöl.*

stǫke, *f. pflugstock.*

stǫkebrand, *m. anschürer, anstifter (schelte). — Tappe 228b:* ,is qui malis artibus inter amicos dissidium serere molitur vulgo Stockebrant a Westphalis nominatur. metaphora ab excitatoribus foculi desumpta qui tedas tam diu in ignem protrudunt, donec exardescant. *holl.* stookebrand.

stǫken, *schüren, feuer und licht verbessern; heizen.* den ǫwen stǫken. vi hett düchtig stǫket, *wir haben tüchtig eingeheizt.* de lampe klain stǫken. bu heww' i dat maket, dat i so åld sind wåren? dat es uasem Hęrgǫd sin wille węst un iake hewwe dat mine der tau dån: iak hewwe de lampe ümmer klain stǫket, so konn dat ǫlge lange vǫr hållen. brannewin stǫken, *brantwein brennen.* kǫken un stǫken, *fig.: hausarbeit verrichten. — Magd. bib.:* staken, schûren.

stǫken, verstǫken, *verhetzen. H. vgl.* verstuakern.

stǫker, *m. stocher, brenner. in* branwinstǫker.

stǫkerigge, *f. hetzerei.*

stǫkern, *stochern, aufhetzen.*

stǫkîsern, *n. schüreisen. (Fürstenb.) syn.* prǫkelîsern.

stollen, *starr werden.* de buoter es stollt. *(zu Siedlingh.) st. ptc.* stollen blaud, *geronnenes blut. — vgl. ags.* twelan, torpere. *adj.* stolt. — *könte* stoll *steil bedeuten in* Stollpåd *(Grüne)?*

stollen, *m. 1. stollen beim bergbau. 2. runge im rätsel vom wagen.*

stollen, *m. haufen.* då liat en gannsen stollen. en haistollen. *im karnüffelspiel ein haufen karten:* oppen stollen lęggen.

stolt, *stolz, oft im guten sinne für schön. — vgl. Daniel 82. 85.*

stolterboltern = trummelskopp slån.

stolterjån *im märchen* Gehannes Stolterjån *oder* stolperjån. stoltern *ist* = stolpern. — *vgl. den familiennamen* Stolterfoth=*Stolperfuss, Strauchelfuss.*

stǫp = stüapel. *H.*

stǫpen, *dreijähriges füllen, junges pferd. (Hilbeck.) H.*

stoppen, *m. pfropf.* et was as wamme en stoppen int fat stiaket. *H. — Seib. qu. II 303:* stoppe.

stoppen, *1. stopfen, etwas hohles füllen. fig.:* dåmed kann hä wier en lǫk stoppen *(eine alte schuld bezahlen). 2. strümpfe und dergl. wiedermachen. 3. bestechen, s.* bestoppen. — *ags.* stoppjan.

stöppsel, *n. propf; syn.* proffen. *fig.:* wǫt im stöppsel hewwen = *angetrunken sein.*

stǫr, *f. in* ne gröte stǫr, *ein grosses und starkes frauenzimmer. — vgl. schwed.* stor.

stǫren, *steuern.* dä kann recht dǫr den snê stǫren. sau stǫr ik dǫr den baikenslag, *so eile ich mit geräusch durch den buchenschlag. Gr. tüg 62.* — stǫren = sturjan, *wie* bǫren = burjan. *es gab also wol auch ein* stêrau, star, sturans, *wovon* stiuran *weiter gebildet ist. ags.* styrjan, movere, agitare.

stǫrk, *m. storch.* wä stǫrke te gaste biddet, dä maut sik op fische stellen. *H. — ags.* store.

stǫrkeln, *straucheln, stolpern. — mnd.* strukeln. *vgl.* tǫrkeln, stǫrpeln, stulkeln.

stǫrpeln, *straucheln, stolpern.*

stǫrtedicke, *betrunken zum fallen.*

stǫrtekâr, *f. sturzkarren, karre zum aufwippen. — Kindl. Hörigk. 414 (a. 1338):* biga vulgariter stortcare.

stǫrten, *stürzen.* ik hewwe mi stǫrtet, *ich bin gefallen.* et stǫrtet, *es stürzt (vom platzregen).*

stǫrtręgen, *m. platzregen; syn.* slagręgen.

stǫrwåld, *einer der überall bahn bricht. — Witte hist. antiq. sax. 535:* bombarda maxima quam vulgari suo ,Stûrwalt' nominabant. *s.* stûrwåld.

stôt, *m. 1. stoss, eine kurze weile.* ênen stôt helpen; *syn.* pôse. *2. ein fleck unter dem schuhabsatz. 3. ortsbezeichnung z. b.* Holtser stôt *bei Balve; syn.* knapp. stut, *was Förstem., die deutschen ortsnamen, p. 46, aus der oberen Wuppergegend als appellativum für hügel anfügt, wird dasselbe wort sein; dazu passt auch die hd. form stoss.*

stôt, *m. 1. stoss. 2. kurze zeit.* oppen stôt, oppen korten stôt.

stôten *(præt.* stodde, *ptc.* stott), *stossen.* ik hewwe 't stott, ik hewwe 't vrîəwen, bat 'r nitt af es gân, es drane blîəwen, *sagen die wäscherinnen.* dà stodde ne mâl de bûr innen nacken, *da kam seine bäurische sprache zum vorschein.*

stôten, *flecke unter schuhabsätze setzen.* — *engl.* to stud.

stôter, *m. 1. stösser. 2. stössel. 3. kuchen von gestossenen kartoffeln.*

stôthake, *m. habicht. K.*

stôthawek, *m. habicht.*

stôthęvek, *m. habicht. (Fürstenb.)*

stôtken, *n.* = stôt, *dessen deminutiv es ist.* dà hett se noch dat stôtken (węges), daun sidd se fàrtens dâ.

stôtfuəgel, *m. stossvogel, habicht. abergl.: was im frühjahr kuckuk ist, ist im herbst stossvogel. (Marienh.)*

stôtwind, *m. windstoss.* — *vgl.* tèkrûder, *kräuterthee;* tittentêwen, *zehenspitzen;* wisenase, *naseweis.*

stǫf, *m. 1. stoff. 2. staub.* — *Magd. bib.* stoff, *staub. nach mhd.* stoup *sollte es* stôf *lauten; vgl. Gr. I*[3], *259.*

stôfen, *pl. streiche. (Odenthal.)*

stǫfern, *wegschicken, forttreiben. H.*

stôwen, *staub ausfegen. K.*

stǫfschau, *stofschuhe.*

stoffel, *m. dummer töffel. — aus Christoffel, vgl.* pappstoffel.

stǫwe, *f. 1. stube. 2. feuerkieke. — ags.* stofe, sudatorium. *ahd.* stupa, stuba. *vgl. Diez I:* stufa.

stowen, *dämpfend kochen, schmoren.* — *holl.* stoven. *dän.* stuve. *engl.* to stew. *es wird mit* stowe *zusammenhangen.*

stôwen, *1. ausstäuben, von staub reinigen. 2. wegjagen. s.* stǫf, stǫfern, stuwen.

stôwer, *m. 1. stäuber, staubbesen, borstwisch. 2. kind das schon laufen kann. (knabe von 8—10 jahren. K.) syn.* stüppken. — *Seib. qu. 2, 352:* stover *(stöberhund); Frisch II, 322:* stäuber.

strack, *adj. u. adv. gerade.* de krummen sidd düt jâr alle nitt strack. strack af, strack op, strack tau, strack ût.

sträckede, *f. gerade richtung.* ik nâm de sträckede, *ich ging den geradesten weg.*

stracks, *nachher, später.* bit stracks. *(Lüdensch.) — das wort bedeutet nicht ‚sofort, sogleich' wie im hochdeutschen.*

straimel, *s.* striəmel.

strâl, *m. strahl. — entstanden aus* stradal, *wie* scrâl *(dolch) aus* scradal, schâle *aus* scadala. *wahrscheinlich ist* strâl = scrâl, *so dass es mit* scradan *(schneiden) zusammenhängt, seine urspr. bedeutung wird pfeil sein.*

strâle = strâte *in* męlkstrâle, *milchstrasse.*

strâlheane, *f. strahlhenne. kuhname.*

stramm, *adj. und adv. 1. straff, gespant, enge.* bå de rike mêg un drêt, dà was 'et beste stramm un vrêd. *2. rasch, schnell.* stramm gân. *3. anstrengend.* stramm arbêen. — *vgl. holl.* stremmen. stramm : thramm = strǫte : throte.

strammbulstrig, *spannhäutig, in enger kleidung.* de strammbulstrigen blåen, *die spannhäutigen blauröcke (soldaten). (Altena.) —* strammbulstrig *bei Schambach und* strabulstrig *bei Seifart, sagen II, 56. Schambach:* stramen, *spannen.*

strang, *m. 1. strang.* en strang gârn. *2. strecke.* Haarstrang, müəlenstrang *(flussstrecke, mühlengraben),* rüggenstrang. *3. fig.: von menschen gebraucht.* lange strang, *langer mensch.* fule strang, *fauler mensch. Muster. 52. wie* strick (garnement): en undüənigen strang. ǫwer de stränge slân. — *Zu 2. Teuth.:* stranck, en uytvloet van en water. *Kantz:* stranck, schestranck = *canal, sund.*

strappezêren, *sehr anstrengen. — zunächst aus ital.* strappazare; *dieses aber aus* extra *(übermässig) und* pazziare *(narren).* pazziare *vom deutschen* barzen, *wüten, wozu auch* barzig, batzig *und* patzig *gehört.*

strâte, *f. strasse.* frie strâte, küəningesstrâte, *öffentliche landstrasse.* hole strâte, *hohlweg.* strâte-op, strâte-af

strâtenengel, *m. strassenengel.* en strâtenengel, mân en hûsdûwel.

strâfe, *f. strafe.* strâfe maut sin, sagg de magister, dà frât hä dem jungen 'et buəter af. strâfe maut sin, mä wê dęm se ǫferkǫmt. *H.*

strâfen, *strafen. fluch:* gǫd strâf mi. — *mnd.* straffen.

strêk, **strêch**, *m. 1. streich. fig.:* Lammertsche *(Landemert, dorf bei Plettenberg)* streke *sind ein gegenstück zu* Bìəkemsche *(Beckumsche)* anslęge.

dumme streke. 2. *strecke weges.* einen goiden streich weges. *Cöln. jb. 492.* 3. *wetzstein zum sensenschärfen, syn.* strikstên. — te strêke (strêche) kuamen, *zu stande kommen.*

strecken, *1. gerade machen. 2. kürzen.* dat strecket ne halwe stunne.

strenge, *1. strenge.* strenge hærens dâ richtet nitt lange *(vom wetter). 2. stark, fig.: von der butter, vom brote.* strenge buoter. strenge brôt. — *alts.* strengi, fortis. *engl.* strong. *Cöln. jb. 534:* in eime strengen wasser.

strengen, *strenge (kalt) werden.* wann de dage anfanget te lengen, dann fanget se ock an te strengen.

strẹf, *1. derb, stämmig, kräftig.* en strẹwen jungen. *2. was entgegen strebt, rauh. H.* — strẹf *wol ursprünglich* = drẹf. s-tiriban = thuriban; *nach abgelöstem* s *verschob sich* t *in* th.

strẹwen, *streben, sich bemühen. F. r. 117.* — *Thiersch verrem.:* sik streven tegen, *sich stemmen gegen.*

strick, *n. 1. strick.* hä es 'et strick nitt wêrd, dà me ne mede ophänget. *2. schleife. 3. schlinge zum vogelfange, syn.* snaise. *4. durchtriebener mensch. fig.:* et rehnde *(regnete)* stricke. *(Paderb.)* — *engl.* trick.

strickbûl, *m. strickbeutel.*

stricken, *stricken d. i. stricke oder schleifen machen.* — *fr.* tricoter.

strickhose, *f. strickstrumpf. s.* sik widden.

strickrûter, *m. strickreiter.* de ène strickrûter well den annern ök int strick laien. — *Vilm. hess. idiot.: strickreiter ist bezeichnung der westfäl. gensdarmes von 1808—1813, welche arrestanten mit stricken ans pferd banden.*

strickstock, *m. stricknadel. s.* hangen bliwen. — *ursprünglich wol nur von holz, vgl.* spilla, épingle *von* spina *(dorn) und engl.* pin.

strîd, *m. streit.*

strîdbüəgel, *m. steigbügel. s.* strien 2.

stried, *m. schritt.* struie *für* strie, *schritte. (Paderb.)*

striək, *m. 1. strich.* dai hẹt den striək entwê lopen, *der ist auf einer bösen stelle gewesen. so sagt man, wenn jemand ausgefahrene lippen hat. 2. strich am euter der kuh.*

striəmel, *f. streif, schnitz.* an striəmeln un straimeln. — *ahd.* strimul, linea. *altn.* strimill. *dän.* strimmel.

striəmelken, *n. streifchen, z. b. landes.*

striəmelmaus, *s.* rüstepitten.

strien = striden *(præt.* strêd, *ptc.* strien), *streiten.*

strien = striden *(præt.* strêd, *ptc.* strien), *schreiten, steigen.* hä strêd ọwer den grawen. *dieses zeitw. hat seit anfang des laufenden jahrhunderts mehr und mehr dem* schrien *platz machen müssen.* — *vgl.* bestrien, te striens, verstriens. *Thiersch verrem. 58:* stryten = *schreiten. engl.* to stride.

striəpe, *f. eine klucht (spaltholz) a. für heidelbeersträucher u. dgl. (Halver.)* b. *zum machen von pfingstbesen. (Lüdensch.)*

striəpen, *streifen. 1. abstreifen, vom rübstiel.* raiwen striəpen *sagt man zu Weitmar statt* striəpmaus raien. *von der flachsbereitung. 2. saugen.* de junge striəpet de gansse nacht. *3.* = striken, *streicheln. 4.* liəg striəpen, *müssig gehn.* — *engl.* to strip. *franz.* étripper.

striəper, *m. abstreifer, riffler. zu* striəpen 1.

strîpig, *streifig, gestreift.* süh màl, hat es dat feld strîpig! bai heät dat saigen dàn?

striəpkasberte, *f. johannisbeere (die man abstreift).*

striəpmaus, *n. rübstiel. syn.* striəmelmaus, knisterfinken, rẹtel-dọrt-kẹrf, rôkesteppen, rüstepitten.

striəpmausraien, *n. abstreifen des rübstiels.*

striəpsel, *n. das von den blattrippen des rübenstrunkes abgestreifte. syn.* raielse.

strike, *f. 1.* = strîkstên. *(Fürstenb.) 2. fidelbogen. Sprickeln u. sp. 8.*

strikebrẹd, *n. streichbrett.*

striken *(præt.* strèk, *ptc.* striəken), *1. streichen, streicheln, schmeicheln, liebkosen.* bai de dochter friggen well, maut de môer striken. *2. wetzen.* 't mess striken. *3. bügeln, plätten. 4. seicht pflügen, so dass die stoppeln in die erde kommen. 5. sich bewegen, gehen, ziehen (von zugvögeln).* herümme striken.

strîkenig, *gestrichen.* strikenig vull. *(Siedlingh.)*

striker, *m.* = strike. *H.*

strîkîsern, *n. bügeleisen.*

strîkmåte, *f. gestrichenes mass.* hä wær gêrne med strîkmåte te frien wẹst, hä hadde àwer en hupen drop kriəgen = *er war gehörig geprügelt worden.*

strîkraimen, *m. streichriemen.*

strîkstên, *m. wetzstein.*

strîlings, *schrittlings. syn.* te striens,

verstriens. *für* stridlings *zu* striden, *schreiten.*
stripe, *f. 1. streife. 2. gestreifte kuh. kuhname.*
stripelgras, *n. bandgras. (Siedlingh.)*
stripen, *m. streif.* en stripen speck. *ein längliches acker- oder waldstück. ein längliches stück gewebe.*
stripp strapp strall *bezeichnet im märchen den ton des melkens. — Andere ablautende formen:* gribbelgrabbel; himphamp; hick hack; kick kack; klipp klapp; krick krack; kwick kwack; pinkepank; pittenpatten; piff paff puff; lipp lapp; sipp sapp sunne; snider wipp snider wapp; Stimmstamm, *ein berg im kreise Meschede.*
stripse, *schläge; vgl.* wiksc. — *engl.* stripe. *holl.* strips, *peitschenhieb.*
strê, *n. stroh.* hä hęt noch nix utem strôe, *er ist noch nicht bei cassa.*
strêdâk, *n. strohdach.*
strêdick, *strohdick, ein paar linien dick. H.*
strêern, *von stroh.* et was ock män en strôern kind, *sagte Johann van Dünschede.*
strêhalm, *m. strohhalm.*
strêkrans, *m. strohkranz.*
strêken, *n. unterlage von geflochtenem stroh für schüsseln. H.*
strôm, *m. strom.*
strop, *m. strupf, schlinge. — ags.* stropp. *Cöln. jb. 50:* strop, *schlinge. Selentr. 105b:* storp.
strôpen, *streifen.* hä hęt de hûd stroft. — *mnd.* strôpen.
strôper, *s.* huckenstrôper.
strôsack, *m. strohsack.*
strǫte, *f. kehle.* de strǫte es kainen wiasebôm lang; et es män en klain endken bà et guad smaket = *gib nicht unnötig geld für gaumenkitzel aus.* mi es wǫt in de unrechte strǫte *(luftröhre)* kuamen. — *ital.* strozza. *ahd.* droza, *woron erdrosseln. ags.* throte. *engl.* throat. *unsere form stamt aus einer zeit, wo* t *noch nicht in* th *und* d *verschoben war; bleibendes* s *schützte das* t. *die Longobarden werden auch* strota *gehabt haben, wie das italiänische vermuten lässt. vgl.* strenge *und* drengel.
sik strǫten, *sich würgen. — ital.* strozzarsi.
strǫtebęr, *f. würgebirn, stickbirn,* poire d'angoisse.
strubbeck, *m. der mit zerzaustem haare geht. H.*
strubbel, *m. struppiger mensch.*
strubbelig, *struppig, sträubig, von haaren. — Teuth.:* strubbelich, hoevelich, oneven; *vgl. holl.* struwel *und mhd.* gestrüpp.
strubbelkopp, *m.* = strubbeck.
strubbenickel, *m. unreinliches, unordentliches frauenzimmer,* wil dat se de hår ûm de tęne hangen hęt. — *s.* nickel.
struddek, *m. strauch.* lôfstrûdecke, *sträucher an denen das laub den winter über hängen blieb. — v. Steinen XX, 1182:* Joh. Hermen v. Strauch gen. Strudigh. *mhd.* strot, *strauch.* strûk *muss aus* strudak *zusammengezogen sein.*
strüope, strôpe, *f. strupf, ohr, band an stiefeln. — dän.* stroppe.
strüggen, *streuen.* wan 'k strüggen sall, dann we 'k ock misten, *sagte einer und zog sein taschentuch hervor, indem er eine angebotene prise annahm. — alts.* stroian; *vgl.* drüggen.
strüggen, *n. streu.*
strûk, *m. strauch.* de strûke. *s.* struddek.
sik strûkeln, *straucheln.* hä gaf me ênen, datte sik strûkelde. — *Teuth.:* sneven, struycklen. *Huspost. St. Johansdag:* struken. *Cöln. jb. 534:* struchelen.
strûkrôver, *m. strauchräuber, strassenräuber. H.*
strûkskeu, *n. sträuchlein.*
strull, *das strullen.* et giət de męlk te strulle. *kinderreim.*
strullen, *vom laute auslaufender flüssigkeit aus fässern, des melkens, pissens, regnens.* et blêf am strullen asse wann de hiəmel smulten wær. *K. S. vom schweiss. Muster. 1. — vgl. Teuth.:* streulen *und* streule *als synon. von harn.*
strulltappen, *m. krahnen. (Soest. Boerde).*
strump, *m. pl.* strümpe, *strumpf. syn.* hose.
strunk, *m. strunk.* sik uten strünken maken. *(Brilon.))* sek dör de strünke maken. *Gr. tüg 27.*
strunkeln, *1. straucheln, stolpern. N. l. m. 29. 2. purzeln.* he was runner strunkelt, *er war vom wagen gefallen.*
struntsel, *f. schlunze, schmutzige weibsperson. K. — Kil:* stront, stercus, merda.
strüntseler, *m. eingebildeter pinsel. N. l. m. 62.*
struntsen, *prahlen.* struntsen op wǫt, *rühmen, loben. s.* bestruntsen. — *vgl. Mda. 6, 19. engl.* to strut.

strantser, *m. prahler, windbeutel. syn.* grôthans.
strantsmichel, *m. prahlhans. K.*
strapp, *m. schlinge von leder am pferdegeschirre.* kainen strupp rôren, *gar nichts angreifen. H. s.* stropp.
sträppels, *pl. wirre haare.* de grisen strüppels. *Grimme.*
strûf, *sträubig. — alts.* strûf. *Teuth.:* struyff.
sik strâwen, *sich sträuben.*
strâwesk, *sträubig.* sik strûwesk stellen, *widerstand entgegensetzen.*
stübbe, *staub, holzstaub.* sik utem stübbe raien, *sich aus dem staube machen; s.* stübbels. — *Sündenf. 1091:* stubbe, *staub.*
stübbels, *n. staubiger abfall beim holzhauen. — die endung* els = *alts.* isli *in* dôpisli. *nicht selten wird* else *gesprochen. — andere beisp.:* kernelse, kräuselse, kröppelse, herkelse, rendelse, raielse, schräbbelse, stripelse.
stübben, *wegjagen.*
stücke, *n. 1. stück, pl.* stücker. stücke brôd, flês. buaterstücke, *butterbrot,* honigstücke, kæsestücke, smâltstücke. mostertstücke, *fleisch mit senf. stück land:* gârenstücke, feldstücke. *2. ein drahtgewicht, zu Lüdenscheid und Altena 9³/₄ pfd. köln., zu Iserlohn 10 pfd. köln. 3. obliegenheit.* du maus beter op din stücke passen.
stucken. *1.* tesamen stucken, *zusammenlegen, steuern. (berg.) 2. ins loch werfen, ein kinderspiel. (Velbert.) —* stucken = stuken. *Sündenf.:* gestuket = *gestossen.*
stückern, *flicken; s.* ûtstückern.
stuckert, *stockung, einhalt, pause. H.*
stücklings, *adv. starr.* stücklings sehen. *H. s.* stûk.
stückskeu, *n. 1. stückchen. 2. geschichtchen, schnurre.*
studente, *m. student, schüler.*
studentenvilette, *f. studentennelke.*
studs, *m. prunk.* rechten studs maken. — *vgl. alts.* stud, opes.
studsrock, *m. prächtiger rock. im rätsel: das kuhfell.*
stuop, *m. hintergesäss. K.*
stüopel, *m. kluthahn; s.* stuapen.
stuapelhær, *windiger commis. (Altena.)*
stuapen, *m. junges pferd, von der zeit an, wo es brauchbar wird bis zum zweiten jahre. (Brackel.) anderwärts bis zum dritten jahre.* hai sprang ächter un vôr inter lucht as en stuapen; *s.* stopen, stüppken. — *ahd.* stofin.

stuapen *für* **stappen,** *stumpfen, abhauen, abstutzen.* de bûr es as en wienstump: jo mær me 'ne stuapet, jo kruser atte werd.
stüer, *f. steuer.*
stüern, *steuern, einhalt tun.* geduld un en smâltbuater stüert den hunger un den iver.
stuaterbeck, *stotterer.*
stuaterig, *stotternd.*
stuatern, *stottern. vgl.* stoten.
stûk, *steif, hartnäckig, widerspenstig. an der Ruhr: ungeschliffen, ungefällig, grob; s.* stûknacke. — *ostfr.* stûksk. *Teuth.:* stugge, wreet, struyff. *holl.* stug, *starrköpfig.*
stuken, *1. stauchen. 2. verkürzen beim schneiden. — Sündenf.:* stuken, *stossen. Münst.:* stuakvetter, *fassbinder.*
stuken, *m. stammrest eines baums. — Aesop. 82:* stuke. *Claws B.:* stukken *(v. 191 lesart A). vgl. hd.* stauche.
stülpe, *f. 1. trommel zum zudecken des herdfeuers. 2. deckel einer terrine. 3. stulpe am stiefel. 4. eine art deckziegel. s.* anstülpe. — *Teuth.:* stolpe. *holl.* stolp. *Kil.:* stolpe, stulpe, sax. sicamb. operculum. stolpe. vetus. tignum. *ostfr.* deksel, *zum zudecken.*
stülpeln, *stolpern.*
stülpen, *1. umkehren, z. b. tassen. 2. hinunterstürzen.* ter trappen herunder stülpen. *K. S. 29. — mwestf.* stolpen. *Teuth.:* stolpen, umkieren. *holl.* stolpen. *ostfr.* stülpen.
stulpern, *stolpern.*
stummel, *m. in* pipenstummel.
stümmel *für* **stümpel,** *m. 1. stammstück eines baumes; syn.* stuken. *2. rest eines armes, beins. —* st = sth, *wie* hümmel *lehrt.*
stump, *m. 1. stumpf. 2.* klaine stump. *vgl. schwed.* min lilla stumpa.
stumpawe, *kurzab.*
stumpax, *unwissender knabe. K.*
stümpken, *n. kleines kind; s.* stump 2.
stunde, stunne, *f. stunde.* use hergod lätt et mi inner glückelken stunde seggen. H. — *Ludolf:* stunde, *aufschub, stillstand.*
stündel, *teil des wagens. (Fürstenb.)*
stundse, *f. ein gefäss, halbes fass; syn.* lôpen. *(Köln. Sauerl.) — nhd.* stotz.
stupe, *m. junges pferd. acc.* den stupen. *s.* stuapen. *F. r. 100.*
stupp, *1. stumpf.* stupp af, *stumpf ab. 2. stumm.* stuppe weren, *verstummen, betroffen sein.* stupp, *still. H. 3. auf der stelle.* sô stupp, *sofort.* hä blêf

so stupp stån. — *Kil.:* stup *j.* stip, punctus. *engl.* to stop, to stop short.

stappeln, *unsicher gehen, vom ersten gehen kleiner kinder.*

stäppken, *n. 1. kleines kind, s.* stümpken. *2. kluthähnchen. (Wiblingw.) s.* stüəpel.

stappstert, *m. stumpfsterz; s.* stüəpel.

stûr, *starr, stark, steif, anhaltend.* hai es stûr im rüggen. *2. mürrisch. Weddigen. adv. fortwährend.* stûr dọr, *fortwährend durch.* — *ahd.* stiuri *würde* stûr *geben; vgl. ags.* steóran, *dessen grundbedeutung* valere, vigere, pollere *sein muss. unser* stûr *könte aus* sturr *entstanden sein. Teuth.:* stuyr, wreet, struyff.

stûren, *steuern.* stûren nà. *Völkerst. I, 196. — Seib. urk. 996.*

sturm, *m. 1. sturm. 2. rausch.* im sturme sin.

sturm, *adv. stürmisch, sehr schnell.* et gêt sturm. hä arbedt sturm.

stürmen, *stürmen.* hä stürmet op sine gesundhed loss.

stürmer, *m. grosser hut; eigentlich wol sturmhut.*

stûrwàld, *pl.* stûrwäller, à tout, *ass im karnüffelspiel. s.* stọrwàld.

stuten, *m. ein backwerk, wol ursprünglich rund mit einer kerbe, wie unsere bauerstuten.* roggenstuten. witte stuten, *weissbrod. — der name hängt mit ahd.* stiuz *zusammen, vgl.* stûting. *Teuth.:* wytbroit, wegge, semele, stuten, mycken; stuyt, wegge, cuneus. *Kil.:* stoete *j.* stuyte, panis triticus quadratus; stuyte *holl. j.* stiete, uropygium.

stutenbrôd, *weissbrod. (Werdohl.)*

stutenbuəter, *butterbrod von stuten.*

stutenmond, *m. honigmonat, flitterwochen. H. Köppen bemerkt dazu: passt für Westfalen, wo schwarzbrot das gewöhnliche nahrungsmittel war, stuten (weissbrot) dagegen festkost.*

stûting, *m. steiss, bürzel; syn.* enneckenfuət. — *ahd.* stiuz. *holl.* stuit.

Stûtner, *familienname, stutenbäcker. urk. v. 1520:* Stutenar.

stütte, *f. stütze. — Teuth.:* stutte, schairpost. *Kil.:* stutte *j.* schoorhout, fulcimentum, fulcrum.

stütten, *stützen. — Kil.:* stutten, ondersetten, fulcire.

stûf, *stumpf.* dat mess es stûf. stuwe bessems kẹrt guəd. stuve baike, *geköpfte* (gestûvede) *hainbuche.* — stûf : *stumpf* = trûf : *trumpf* = dûster : dinstar.

stûven, *den bäumen die zweige abhauen. K.*

stuwen *(præt.* stôf, *ptc.* stọwen), *1. stieben.* et stûwet, *es staubt.* et es am stuwen, *von staubregen, schneegestöber. 2. zerstieben, verschwinden.* ik wêt nitt, bà he stọwen of flọgen es; *vgl. M. btr. 3, 628:* stoven vnd verflogen. hai sin geld well saihen stuwen, dä maut et leggen an imen un duwen. *3. laufen, jagen.* nû lätt stüwen! *lass die pferde laufen. vgl. v. Steinen I, 244:* stuven = *jagen, von pferden. redensart:* drop stufen läten, *es darauf ankommen lassen, sich um den ausgang nicht bekümmern. — ahd.* stiuban. *R. V.* stuven.

stuwen, *m. ein wenig, eigentlich ein stück.* hai hẹt en stuwen van der bọrstkrankhed. — *vgl.* stuve, *stück. Dortm. Wandschn. 23.* stuwe : stumba = duve : dumba. *s. oben* stûven.

stûwer, *m. stüber, eine münze.* amme stûwer kamme saihen, bu de daler gemüntet es. *H. — Kil.:* stuyuer, nummus sic dictus a puluerea leuitate: quod hæc moneta noua multo leuior et deterior vetere cuderetur. *(?)*

suber, suwer, *sauber. — alts.* sûbari. *Teuth.:* suver, cuysch.

süchelte, *f. geissblatt. (Hemer. Dortm.) so genant, weil kinder den honigsaft aus den blüten saugen. — ags.* hunigsucle. *engl.* honey-suckle. *über* ch *vergl.* echelte, söchel.

suckeln, *saugen. (Paderb.)*

sucker, *m. zucker.*

suckerranke, *f. geissblatt. (Weitmar.)*

suden, *m. süden. — ags.* sûdh.

sudenwind, *m. südwind.* sudenwind kàld werd selden drai dage àld.

süe, *f. (kreis Altena.) s.* süəge.

suəder *für* **surder,** *m. unreine flüssigkeit.* de suəder ût der pipe — *vgl. Theoph. (Hoffm.)* serden, besorden *u. lat.* sordes.

suəd, *m. sud, ausgepresster saft beim pramen (vor dem einkochen); vgl.* sọd. — sod, jusculum. *ahd.* sut.

süedriwer, *m. eine art peitsche.*

süəge, *f. pl.* süəge, *1. sau, schwein. abergl.:* ne süəge kann den wind saihen. dat lätt cam gerade as 'ner suəge, dä sichten well. ne guəde süəge friətet alles *(von dem der nicht wählerisch ist).* hai dû de süəge, ik de fẹrken, dann könt et ock de lû nitt mẹrken. eck heu de suəge nich fọr de köttelu *(so wohlfeil thu ich das nicht). H.* drif män fudd un de süe gätt nitt med! *2. weibl. schwein.* dai taum fẹrken gebọren es, giet 'ne süe àder en bær.

sûəgedissel, *f. saudistel; syn.* sûdissel, dûdissel, daudissel, buəterpost.
sûəgeķkern, *pl. eicheln, zum unterschiede von* baukęķern. *(Balve.)*
sûəgehǫf, *m. schweinepferch.*
sûəgemage *in* sûəgemage sûegemige es dem bûer guəd genau.
sûəgemige, *f. sauharn. s.* sûəgemage.
sûəgenickel, *m. schweinigel; s.* nickel.
sûəgesk, *1. säuisch. 2. von der sau.* en biətken sûəgesk *(vom schweine)* dat smaket guəd.
sûəgestall. wan 't vǫr allen dǫren węsen es, kęrt et vǫrm sûəgestalle wier üm.
sûəl, *schmutzig; s.* saul.
suəmer, *m. sommer.* de laiwe-frauen-suəmer, *fliegender sommer; engl.* gossumer. *vgl. Z. f. deutsche phil. eine alte zweiteilung des jahrs liegt in:* nu schedt sik suəmer un winter, *wenn es spät im herbste ein gewitter gibt.*
suəmerbuggen, en land, *im sommer einen acker zum dungroggen sorgfältig bearbeiten. man verhütet dadurch das aufkommen zu vielen unkrauts.*
suəmerdag, *m. sommerzeit.* bi suəmerdag.
suəmerkante, *f. sonnenseite eines berges; vgl.* winterkante.
suəmerlǫe, *f. 1. sommerlote, sommerzweig, jähriger zweig. 2. kuhname.*
suəmerpläcke, *pl. sommersprossen. (Siedlingh.)*
suəmerfuəgel, *m. 1. schmetterling. (Kierspe.) vgl.* sàmmervûelgen. *(Eckenhagen.) 2. fig.: sommersprosse.*
suən, *m. pl.* süəne; *in Schwelm:* sǫn, *sohn. — alts.* sunu. *mwestf.* sûn.
süəp, *m. soff, saufen.* hä es am süəp.
süəper, *m. säufer.* süəpers laiwet sik, fręters hasset sik.
sûer, *1. sauer, vom geschmack.* so sûer at et kritt (kritsûer). *2. sauer, vom sumpfigen boden. — ags.* sûr. *Mda. 6, 19.*
sûer, *n. essig.* du makes en gesichte as wann de katte sûer lecket hęt. — *Teuth.:* edick, etick, essich, suyr. *s.* itik.
sûerbrunnskruke, *f. krug, in welchem sauerwasser gewesen ist.*
Sûerland *für* **Suderland**, *n. Sauerland. Süderland. nach Schüren chr. 161 verglichen mit 168 gehörte Iserlohn damals nicht zum Süderlande. auf s. 75 wird unterschieden* „land van der Marke" *und* Suyderland; *s. 33 wird* nye stad in Suyderland *erwähnt. noch heute rechnen sich die Iserlohner und Hemerschen nicht zu den Sauerländern.*
Sûerlänner, *m. Sauerländer, bewohner des westf. Süderlandes.* de Sûerlänner tût, *der wilde (ewige) jäger zieht,* Kàrel-Quint tût. *(Nieder-Ense). auch von wolken, die von west nach ost ziehen. (Deilingh., Rheda.) — urk. von 1603:* Sauerlender.
sûerling, *m. sauerampfer; syn.* sûerte, sûermaus, sûrampert. *(Iserlohn, Unna.) — ags.* sŷring. *Kil.:* suerkruyd, suerckel, suerick, suerampel, suyringh.
sûermaus, *n. 1. sauerampfer. (Elsey.) 2. sauerkraut. (Unna.)*
sûerte, *f. sauerampfer. (Hemer.)*
sûesnider, sûesnier, *m. schweinschneider; syn.* beginer.
sugen *(præt.* sǫg, *ptc.* sǫgen), *saugen.*
süggel, *f. schusterpfrieme.* as ne süggel *(rätsel).* nitt ne süggel. pinn-süggel *für* pinne, *nägel.* de schaumęker stiəket sine süggel in speck *(er hört auf zu arbeiten).* wà de süggel in es, dà stiəket se herût. *H. — ahd.* suila *wol aus* suwila, *zu* siujan (suere); *Wigg. II, 43:* suwele. *dän.* syl. *s.* süll, suggele.
suggele, *f. stopfnadel. (Paderb.)*
süggeln, *1. mit der* süggel *arbeiten. K. S. 14. 2. vom schneider: nähen. (Dortm.) auch Gr. tüg 74.*
sûh, *sieh, zu* saihen.
sûke, *f. seuche.* stęrtsûke, *eine viehkrankheit.*
sûkede, *f. seuche. im jahre 1529 raffte eine neue krankheit, die sich* „erbaven" *und die* „swetende suckede" *genant wurde, die menschen binnen 10 stunden weg; sie wütete auch in Altena. Alten. stat. vgl. Kantz. 176. — Tappe 104[a]:* suckede. *Staph. 2[1], 84.*
sûlen, *1. schmutzen.* et sûlt lichte. *2. im schmutze herumwühlen. — alts.* sulian, immergere luto, contaminare. *ahd.* solôn, inquinare. *Fastnachtsp. 972[20]:* sölen, *schmutzige arbeit verrichten, schmutzig werden und sein. Sündenf. 820 f.:* gelik einem wunderliken queke dat sek solet in deme dreke.
sûlęxe, *f. schwere axt der zimmerleute zum einhauen der zapflöcher.*
süll, *f. ahle. (Solingen.) s.* süggel.
süll, *n. schwelle.* dat süll es ümmer de höggeste bęrg *(ital.* il passo più difficile è quel della porta). smitt de molle ût dem süll *(an der schwelle),* dat bedüdt en likem. — *ahd.* swelli. *Tappe 243[a]:* die schwelle, der dürpel, der süll ist der höchste berg.
sülte, *f. sülze. — dän.* sylte, *salzfleisch;* sylte, *einmachen.*
sülten, *eingemacht.* sülten appeln. sülten

maus, *sauerkraut.* sülten raiwen, *eingemachte rüben.* *s.* insülten.
sulfern, *s.* zulfern *und* hulfern.
sûmen, *1. zögern, zaudern. 2. versäumen.* — *vgl. ahd.* farsûman.
sund *für* sind, *seit.* (*Mönetal.*)
sundag, *m. sonntag.* — *alts.* sunnundag. *mwestf.* sunnendag.
sunne, *f. sonne.* — *alts.* sunna.
sünne, sünde, *f. sünde.* et es sünne un schanne (*ital.* è peccato).
sunnenschîn, *m. sonnenschein.*
sunnenschînken, *n. marienkäfer.* (*Weitmar.*) sunnenschiencken, *dass. Limb., Volmetal.*
sunnenvuegel, *m. 1. tagschmetterling.* (*Balve.*) *gegensatz:* molkentôver, *nachtfalter. 2. gelber und weisser schmetterling.* (*Lüberhausen.*) *3. schmetterling überhaupt.* (*Werl, Fürstenb., Siedlinghausen.*) *vermutlich komt der name eigentlich nur dem citronenfalter* (buatervuogel) *zu. vielleicht hängt das* ‚sunnenvuogel ûtdriven' *ursprünglich mit dem mythus von vogel Phœnix* (*Kil.:* sonnenvoghel) *zusammen, der aus einem wurm neugeboren wird; vgl. westf.* sünteworm.
sunner, sunder, *præpos. c. acc. sonder.*
sünner, sünder, *m. sünder.*
sunnerlik, sunderlik, *besonder.*
sunnenvûelgen, *n. marienkäfer.* (*Lüberhausen.*)
sunnenvûeljagen = süntevuogeljagen. (*Reiste bei Meschede.*)
sunnevûelken, *n. marienkäfer.* (*Werdohl.*)
Sunnern, Sundern, *m. häufiger waldname. oft scheint damit die südliche lage bezeichnet, dann von* sund = sûd; *andere* Sundern *werden abgesonderte, ehemals für bauholz vorbehaltene waldstriche sein.*
sünnigen, sündigen, *sündigen.*
sünnken, *n. kleine sonne.* sünnken âder mânnken (*ein spiel*).
sünt, sünte, *sanct.* sünt-Pêter. süntenTigges. sünte-Klâs. *s.* sante.
süntebock, *m. teufel* (*in einer besprechungsformel*). *vgl.* hellebock.
Sunteck, *Sundwig.* — *mwestf.* sutwic, *süddorf mit bezug auf Hemer.*
sünte-Mêrts, *s. Martinus.* sünte-Mêrts vüegelken (*? specht*) dat het so'n rôd rôd küegelken, dat flûget all so hôge, all ower den Rhîn.
sünten-Tigges, *s. Matthias.*
süntevuegeljagen, *n. so hiess im ersten viertel dieses jahrhunderts zu Hemer ein alter gebrauch am Peterstage im februar. unter hersagung des reimes* ‚rût rût süntevuegel *usw.' wurde frühmorgens an die pfosten der häuser und ställe geklopft. näheres darüber in zeitschr. d. berg. g.-v. XI, 85 f.*
sünteworm = süntevuegel. ‚*wer gern bauholz vor dem holzwurm sichern will, schlägt am st. Peterstage vor sonnenaufgang mit einem stück eichenholz an dasselbe und spricht dabei:* sunteworm wut du herut! sunte Peter is kuemen.' *Weddigen, W. M. III, 716. s.* söllvogel *und zeitschr. d. berg. g.-v.*
süntjüttenbrale, *f. schlechte brühe, schlechtes getränk, z. b. cichorienkaffee. s. d. f.*
süntjüttendag, *m. nimmermehrstag,* calendae græcæ. dat betald he di op süntjüttendag. *vgl.* St. Judtmisse. *Kronick der stad Roermond.* — *jedenfalls ist hier eine* Jutte *gemeint, welche nicht als heilige im kalender steht. Sonst bedeutet* Jutte, *Judith, wie es scheint auch Johanna, wenigstens wird in Koelhoffs chronik die päpstin Johanna* Jutte *genant.*
supen (*præt.* sôp, *ptc.* sopen), *saufen.* hai sôp as en dorposse. *Gr. tüg 65.* supen as en hûrperd, *welches vom hellwege kommend, wo das wasser schlecht ist, im Süderlande gutes findet. H.*
supen, *n. 1. saufen. 2. suppe, z. b.* en bêrsupen. — *v. Steinen XX, 1525:* ‚cynen degell dar men cyn supen inne seyde.'
sûper, *m. säufer.*
superlative *gebildet mit* bitter, bland, brand, nagel, swart.
sûpmämme, *f. mutterbrust.*
sûpnickel, *m. säufer.*
supp, *adv. verkehrt.* den halsdauk supp ümbinnen. *adj.* de bauske es supp (*Altena.*)
suppæs, *adv. zurück, rückwärts.* suppæs gân. — *in Solingen:* zuppæs. *H.* — *vgl. fr.* à reculons *von* cul.
suppeln = zöppeln. (*Altena.*) *H.*
suppen, *rückwärts gehen; s.* zuppen *und* hoppen. — *Wigg. gram. 101:* zoppen.
sûpût, *m. saufaus, säufer.* — *vgl. Gr. II, 961. s.* packân, krassefout, trimpopp, wippopp. *auch schwed.* suput.
sûrampelt, *m. sauerampfer.* (*Brilon.*)
sûrämpelte, *f. sauerampfer.* (*Fürstenb.*) — *der ton wie bei* migénten, sûrämpert.
sûrampert, *m. sauerampfer.* (*Marienh.*)
sûrämpert, *m. sauerampfer.* (*Siedlingh.*)
sûren, *säuern.* — *Tappe 106ª:* suyren.
surk, schurk, *m. holzapfel, holzbirne; syn.* holtsurk. — *altwestf. wahrscheinlich* sûrak *zu* sûr (*sauer*), *vgl. franz.*

provinz. uigrasse. *mwestf. urk. v. 1446 (der Pancratiuskirche zu Iserlohn):* zûrickbom. *aus dem 14. jh. bei Lacombl. arch. VI, 143:* domina de holtsurike. *vgl. Vilm. aus dem westl. Hessen:* soetek, *süsser apfel;* bitek, *saurer apfel.*

sûrk *für* **sûwerk,** *hübsch. 1670.*

surkappel, *m. holzapfel.* so sûer as en surkappel.

surkstamm, *m. holzapfelstamm.*

sûsa, *f. wiege, urspr. ein an stricken aufgehängter korb, vgl. Vilmar s. v.* sause.

sûsà, *m. saus, trunkenheit, rausch.* im sûsà sin.

susen, *1. sausen. 2. schlafen. im wiegenliede:* suse, ninneken, suse; *vgl. Vilmar s. v.* sausen. *3. summen, von bienen. (Marienh.)*

süsk = sölk, sösk, *solch. — engl.* such.

süss, *1. so.* süss àder sô, *so oder anders.* de êne dæ çm süss, de andere sô. jèderên hçt sine last: de êne süss, de andere sô. — *mwestf.* sus *und* dus. *2. sonst,* olim *und* aliter. — *mwestf.* sus, aliter. *M. btr. IV. 484. vgl.* sunst, sust. *Gr. III, 63, 92, 196. Mda. I, 261.*

süster, *f. schwester.* dat es unner süstern un brôers en daler wêrd. süster un brôer in ênem jâr giat stçrwen àder verdçrwen *(vom heiraten). — mnd.* suster, *alts.* swestar. *Dieselbe artigkeit gegen das weibliche geschlecht liegt im hd. geschwister. vgl. aus Holstein:* de (kaht) is unner brôder noch twintig dahler werth.

swabbeln, *hin und her bewegen.* swabbel nitt sô. geswibbelt un geswabbelt vull *(aus einem alten trinkliede). K. s.* swampen.

swaden, *stark prügeln; s.* swaren. — *vgl.* afswaden *und ags.* svadhul.

swâger, *m. 1. schwager. 2. kutscher. — Tappe 69a:* swager.

swäggel, *m.* = swçwel. *(Hattingen.) — Koelhoffs chr.:* swegel.

swaimel, *m. hirnkrankheit. alte bäuerinnen in der gegend von Menden leiden nicht, dass in den zwölften etwas auf dem hofe ‚rund geht.' wenn das geschehe, meinen sie, würden die jungen zuchtkälber* (faikalwer) ‚den swaimel' *bekommen, d. i. hirnkrank werden.*

swaimeln, *hin und her bewegen, fackeln.* hä swaimelt med der lampe so herümme. — *ags.* swâmjan, motitari, circumferri; *mhd.* sweimen.

swâk, *schwach.*

swacken, swackeln, *schwanken, wackeln.* de bôm swackelt. *H. bemerkt zu diesem verbum: ‚wie die milch in einer ungeöffneten cocosnuss.' — Magd. bib. ps. 108, 27:* tûmelden vnde schwekeden *(wankten).*

swâl, *m.* = swalk.

swale, *f. schwalbe. Spr. u. Sp. 26. — Wigg. II, 42:* swale. *dän.* svale.

swælen = drâlen. *(Schwarzenb., Oberberg.)*

swælen, *1. schwelen, verbrennen ohne flamme, verkohlen.* de lampe es am swælen. *(Albringw.)* 't für laggte swælen un woll nitt brçnen. *(Hemer.) 2. schwarz anlaufen. H.*

swalenstert, *m. schwalbenschwanz. — Grimme.*

swalk, *m. dampf, dicker rauch; s.* swark.

swalken, *dampfen, rauchen; s.* swarken, swerken. *vgl.* beswolken.

swalfte, *f. schwalbe. — mwestf.* swaluwe, *zu* swiliwan (sûlen), *im kote wühlen, meint Köne z. Helj. 3446; eher wol im zusammenhange mit mwestf.* swel, *mnd.* swal *und* swelgen, *engl.* to swallow; *also vom verschlucken der insecten benant.*

swalftenblaume, *f. veilchen. (Lüdensch.) weil frühlingsbote wie die schwalbe.*

swâm *für* swadem, *m. wasserdampf.* im swame sin, *trunken sein.*

swameln, *faseln. Op de àlle hacke 41.*

swamelg, *faselig. Op de àlle hacke 4.*

swamm, *m. 1. schwamm. 2. plunder.* de ganse schwamm. et wässet as en swamm. — *got.* svamms. *ags.* svamm. *mnd.* swamp.

swampen, *schwappen, schwanken, sich bewegen.* de erdbçen swampet, *er bewegt sich, von sumpfigem, morastigem grunde. — vgl. engl.* swamp, *sumpf.*

swân *für* swaden, *gras, klee mähen. (Weitmar.)*

swâne, *f. schwan; s.* swickle.

swâne, *f. schwaden. (Fürstenb.)*

swânen, *vorahnen.* et swânt mi wat. *K.*

swanke, *adj. elastisch, gewandt, hurtig.* wann 't likem swanke blitt, dann folget bàlle ênen ûtem huse nâ. — *ags.* svanc, flexibilis *zu* svincan.

swanke, *adv. hurtig, schnell.*

swankmann, *m. goldfinger; syn.* swantmann, *sandmann, goldfinger.*

swankrange, *f. schlagbaumartige vorrichtung um wasser zu pütten.*

swâr, *f. sense. (Weitmar.) — v. d. H., Germ. X, 178:* swade.

swâr, *1. schwer. compar.* swögger, swærder; *superl.* swöggest. *fluche häufig in hd. form:* swère menge! swèrnôter!

du sass de swère jacke krigen. *2. trübe.* es de Lippe klår un 'et Süerland swår, dann folget guəd węer snår. — *alts.* swåri.

swærdblaume, *f. gemeine schwertlilie,* iris pseudacorus. — *Teuth.:* swerdel, luess.

swærtdans, *m. schwerttanz. ein solcher tanz war zu ende des vorigen jh. noch in der herschaft Bühren gebräuchlich. N. westf. mag. 1, 206. ebenso früher zu Attendorn. auch ein fechttanz kam in der gegend von Bühren vor. l. c. 207.*

swårens, *zwar. — einfluss des hd. zwar auf nd.* twårens.

swark, *m. 1.* = swalk. *2. dunkles gewölk.* et es en swark an der locht. *3. nebel.* et es en swark im grunne. — *alts.* giswerk.

swart, swatt, *adj. 1. schwarz.* so swatt asse kǫlen, — as en pott, — as en müter. *2. schmutzig.* swatte hänne. swatte hiemder. *3. trunken.* hai es swatt. *fig. rda.:* ock nitt so viəl as dat swatte vam nagel (ne hilum quidem). du küəmes int swatte bauk. *Tappe 74b:* nimirum significans non impune futurum; eo quod facinus ac scelus in Hipparchorum tabulas (quas Agrippinensis Colonia vulgo librum sanguinis, blůtbuch, aut pellem vitulinum, kalbfel, Saxones nigrum librum, schwartzbůch, vocant) relatum sit. *adv.* hä kiket swart *(mürrisch).* et es swart kåld *(sehr kalt).*

swartbęren, *pl. heidelbeeren. (Brilon.)*

swartbôm, *m. hartriegel.*

swartdårn, *m. schwarzdorn. (Hemer.) die rinde wird gegen scorbut gekaut. (Marienh.)*

swartdårnewinter, *m. kälte die zur zeit der schlehenblüte eintritt.*

swärte, swätte, *f. 1. schwärze, kienruss. 2. kuhname; s.* swęrte.

swårtel, *f. schwarte.*

swartkrûd, *n. ein pflanzenname, ?* = swartwǫrtel.

swartwǫrtel, *f. 1. grindwurzel,* lapathum acutum, *die vom volke auch gegen grind gebraucht wird. 2. wallwurz,* symphytum.

swatertrine, *f. schwätzerin.* du àlle swatertrine *(schelte). Op de àlle hacke 31.* — sw = kw.

swätschen, *pl. zwetschen. Gr. tüg. syn.* kwetschen, prumen.

sweb, *n.* = swęwe.

swechte, *f. menge, z. b. vögel.* swecht, *f. (Fürstenb.) s.* swickede. — *vielleicht steckt das wort schon im ortsnamen* Suihtenhuvil *der Frek. rolle (H. 71[188]).*

Swêd, *Schwede. in der schelte:* jå du büst ouk ne rechten Swêd! *(Altena.) im fluche:* hål mi de Swêd. *letzteres könte indessen auch* swêt *(schweiss) sein.*

swēlebrand, *einfältiger mensch, pinsel.* bat is dat ne àllen swēlebrand. *Grimme.*

swēlen, *schwelen.* en pannekauken går swēlen. *Muster. 2.*

sik swelgen, *sich würgen, von einem pferde, das den hals im hamen so dreht, dass es keinen atem bekommen kann. H.*

swęmen, *schwaden verbreiten.*

swęmig, *von speisen, in welche der schwaden gezogen ist.*

swêne, *m. hirt, gewöhnlich schweinhirt, wie schon im Altenaer statutenbuche* sweene *ohne zusatz den schweinhirt bezeichnet. man sagt sonst auch* süəgeswêne. *auch zu Siedlingh. gilt einfaches* swêne *für schweinhirt. — got.* sven. *ags.* svân. *engl.* swain. *dän.* svend. *Teuth.:* swene, verkensherdde.

swengel, *m. schwengel am wagen, brunnen. — Teuth.:* putswyngel. *syn.* swangrauge.

swęrder, *henker, teufel.* dat wær der swęrder! risbri un då nix bi dat mag der swęrder ęten. *(gegend von Hagen.)* ai, nàme twiəlen un nàme swęrder dermed! *(Hemer.) — v. Steinen VI anhang s. 1832:* na des schwerders klagt. *in Seib. urk. komt ein* Johan de Swerther *vor. vermutlich ist* swerder *zunächst scharfrichter.*

swęre, *f. schwäre.*

swęren *(præs.* swôr, *Unna:* swǫr; *ptc.* swǫren; *präs.* et swirt), *schwären. — ahd.* swiran.

swęren *(præs.* hai swęrt, swirt; *præt.* swôr, *pl.* swüəren; *ptc.* swǫren), *schwören.* hai swęrt dem Dûwel en bên af *(er schwört leichtsinnig). beteuerung:* we'k swęren! — *das ô des præt. (für* uo) *wegen* r.

swęrken, *dampfen; s.* swark.

swęrmen, *schwärmen.* de imen swęrmet. *auch fig. von der niederkunft.*

swernix, *beteuerung: s.* swår. *H.*

swêt, *m. 1. schweiss. 2. blut.* swêtwǫrst, *blutwurst. — Aesop 82:* swêt *(blut). Sündenf. 1087:* in dinem swêtigen blode.

swęte *für* swerte, *f. 1. schwärze. 2. kienruss.*

sweten, swetten, *schwitzen.* hä swettet as en pęrd.

swetenshêt, *zum schwitzen heiss. Gr. tüg 49.*

swêtwǫrst, *f. blutwurst.*
swęwe, swęf, *f. deckbrettchen auf einer gemüsetonne.* — *vgl. ags.* svefan.
swęwel, *m. schwefel.* — *got.* svibls. *ags.* svefel.
swicke, *f. menge.* ne gansse swicke.
swicke, *f. zwecke.* sadelswicken. *F. r. 96.*
swickede, *f. menge; s.* swechte.
swickede vall = swicke vull. *(Paderb.)*
swicken, *voran können.* dai kann swicken, *der kann mit der arbeit fertig werden. (Elsey, Marsberg).* — *Hist. ged. v. Niederrhein:* offt suickt auch den hasen patt. *Z. d. berg. g.-v. II, 100.*
swickel, *m. zwickel, ziegenbart.* — *vgl.* bim wickel krigen.
swickenige vall = swicke vull. *vgl.* hüpendige vull, strîkening vull.
swicke vall = swippe vull, *voll zum überlaufen.* — *vgl. alts.* swîkan.
swickle, *weiss. nur berg. im kinderreim:* krune krane swickle swane, *wo der achener reim* swickle *mit* wisse *übersetzt.* — *alts.* suigli.
swickmüele, *zwickmühle.* — *Husp. 23 na Trinit.:* zwick.
swickswack *im storchlied v. Warburg:* med dinem langen swickswack.
swiel, *n. 1. schwiele. Alten. ged. v. 1788:* schwiel, *m.* — *Teuth.:* sweele. *2. hals.* du kriss wǫt oppet swiel = ik slå di annen hals.
swielår, *der schwiel in den ohren hat.* hai es swielår, *es hält schwer ihn zu bestimmen.*
swielærig, *harthörig. figürl. s.* welhærig, balhærig.
swieltunge, *f. eisen woran das ater befestigt wird.*
swiepe, *f. peitsche.* — *ags.* svip. *engl.* whip. *mhd.* swippe. *Magd. bib.:* schwepe *für Luth.* geissel.
swigen *(præt.* swêg, *ptc.* swiegen), *1. schweigen. 2. verschweigen.* hai kann sin egen lêd nitt swigen.

swimel, *m. 1. schwindel. 2. drehkrankheit der schafe, s.* swaimel. *3. taumel, rausch.* im swimel sin; *s.* rûhswimel. — *ags.* svima, vertigo. *Teuth.:* swymel, vertigo.
swîmelig, *schwindlich, taumelnd.*
swîmelen, *sich in wirtshäusern herum treiben.* — *altn.* svamb, vagatio. *mhd.* swaimen, *schweben, fliegen. Teuth.:* swymelen, vertiginari. swymen, sweven in der lucht, volitare.
swîmslagen, *taumeln in der trunkenheit. H.*
swîn, *pl.* swine, *n. schwein.* bå hęt 't swîn 't beste flês? ächter den åren. *lockruf:* ssîe ssîe. — *alts.* swîn.
swind, swinne, *geschwind.* — *alts.* swîth.
swinehǫf, *m. schweinekoben. (Elsey.)*
swinefaut, *m. schweinefuss.* frau, kôp du us swinefaite! o, bu smaket dai so saite!
swingelhêe, *f. werg, welches beim schwingen abfällt.*
swingelbręd, *n. werkzeug beim flachsschwingen.* — *Kil.:* swinghelberd. *zu dem euphon.* l *vergl.:* hęrkelmai, suiggelgôse, wǫrkeldag, wiskeldauk, *v. Höv. urk. 77:* ętelwaare.
swingen *(præt.* swang, *ptc.* swungen), *1. schwingen. 2. flachs bläuen.* — *ags.* svingan, verberare. *engl.* to swingle. *Kil.:* swinghen, swinghelen.
swîniegel, *m. 1. igel. das volk unterscheidet* swîniegels *von* rûeniegels. *Magd. bib.:* swinigel *für* igel. *2. fig.: schweinigel.*
swipp int feld! swipp int feld! *ruft die meise dem bauer zu. (Siedlingh.)*
swipp, schwipp, *verkehrte falte; vgl.* zwick.
swippevall = swickevull.
swirken, *rundum absägen. (bei küfern).* — *vgl. dän.* svire.
swödde, *f. schwere.*
swögede, *f. schwere.*
swûl, *schwül.*

T

tabbel, *m. langer rock, besonders ein zu weiter und zu langer* (toddeligen), *meist mit dem epithet. ornans „lang", in kinderreimen. syn.* tabbert. — *Kil.:* tabbaerd, penula. *engl.* tabard. *ital.* tabarro. *münst.* tawwerd.
sik tabbeln, *sich zanken. (Siedlingh.)*
tabbert, *s. v. a.* tabbel.
tacke, *f. 1. zacke. 2. reis, zweig (selten).*

tackel, *f. zacke.*
täckel, *m. dachshund.*
täckelbêne, *pl. kurze säbelbeine.*
tackelig, *adj. gezackt.*
täckelig, *adj. kurzbeinig, trippelnd.*
täckeln, *1. trippelnd gehen. 2. nachlaufen wie ein hund.* ächter ęm hęr täckeln = to dog one.
tacken, *m. zacken.*

tacken, *m. 1. eine gegossene platte hinter dem herde; Mda. 6, 19:* taken. *(Eifel). 2. ein loch hinter dem ofen. 3. das ende des karrenbaums. rda.:* dęm es en tacken sprungen = *er ist verrückt.* dat kind es vam tacken fallen = *es ist unehelich, nach der schürze getauft.* — *vgl. Simr. d. myth. 478:* taggen, zaggen.

sik tacken, *sich zanken. (Solingen.)* — *mittelglied zwischen* taggen *und* zanken.

tadeln, *von der stimme der gänse, wenn sie guter dinge sind. syn.* tateln, dadern, tätern.

tåteln, *langsam sprechen oder arbeiten. K.*

tåg, tåh, *adj. zäh.* 'ne katte hęt en tåg lęwen. — *ahd.* zâhi.

tagge, *f. zänkerin.*

sik taggen, *sich zanken; syn.* sik tacken. *zu Rheda:* sik tarren, *was sich durch dd vermittelt.* — *mnd.* tergen, targen.

täggerigge, *f. zänkerei.*

täggesk, *f. zänkisch.*

tåhbast, *m. zährinde, fig. F. r. 32* = tåhbästigen kærl.

tåhbästig, *adj. zährindig, zäh; auch fig.:* en tåhbästigen kærl. *auch Paderb. N. l. m. 26.*

tåhter = tåster.

tai tai, *scheuchruf, um ziegen von dem orte zu entfernen, wo sie nicht fressen sollen. (Iserl.) ein volksreim lautet:* hittken hattai, im gåren sprang sai, sai hinkere, sai stinkere, sai harre 'n låm knai.

taigeligge, *ziegelei.*

taigelstên, *m. ziegelstein.* — *lat.* tegula.

taihen *(præt.* tôg, *ptc.* tǫgen), *ziehen, zeugen.* wulf wulf tûh, et kuəmt en hôpen lû! *aus dem tiermärchen: der wolf fängt fische.* et tûht hîr = *hier ist zugluft.* getǫgen un gebǫren = *gezeugt und geboren.* — *vgl. Hel j. 1461:* gitogan. gethogen ind geboren, *Seib. urk. nr. 435. Velb. processacten v. c. 1715:* gezogen und geboren. *sonst wird ziehen gewöhnlich durch* trecken *ausgedrückt.*

taimen = tamjan, *ziemen, berechtigen. vgl.* untaimig, *unberechtigt.*

tain, *m.* **taine**, *f.* **tainde**, *m. zain, ein holzkohlenmass, wovon 5 = 1 fuder. im Westf. anzeiger I, 440 wird über* tain, tainde *in der grafsch. Mark, im herzogth. Westfalen, im Siegenschen, im Berg. gesprochen und von* tainde *(zehnte) abgeleitet.* — *goth.* tainjo, *korb aus zweigen. ahd.* zainja, *f.*

tairwiəten, *pl. queckenweizen.*

taita, *Holth.:* taŭta gån = dada gån. *ammenspr. spazieren gehen.*

taiwen, *s.* taŭwen.

tåks, *m. hintere. s.* tôkus.

tâl, *f. zahl.* lang un smal hęt kaine tâl, kǫrt un dick hęt kain geschick, en męken van der middelmâte dat gêt wacker ǫ̈wer de strâte.

talge, *f. untersatz eines bienenkorbs. syn.* targe.

talge, *f. ast, starker zweig. (Fürstenb.) syn.* telge, bråke.

täller, *m. teller.* — *ital.* tagliare *(schneidbrett von lat.* talea.) *auf dem lande wurden den hochzeitsgästen runde brettchen vorgelegt, um darauf das fleisch zu schneiden.*

talmen, *1. schlagen.* de isels talmen. sik talmen. dä talmet ęrk, *sich schlagen, ringen.* — *nds.* dalmern, talmern. *Vilmar:* dalmen manibus contrectare, *meist im tadelnden sinne. 2. plagen,* kwęlen. me maut sik plågen, kwęlen un talmen. *(Herscheid.)*

sik talmern med, *sich schlagen mit. (Paderb.)*

talören, *gehen, laufen.*

talpenning, *das zu zahlende geld.* wer den neheren kauf einwerken will, soll binnen monats zeit nach beschehenen kauf angeben und den wynkop nebst dem gottsheller erlegen und bezalen und volgens alsdann den Thailpfennigk nach Altenaeschem gebruche. *Alten. statut.*

talps, *dämlicher ungeschliffener mensch.* — *Schamb.:* taps.

tâm, *adj. zahm.*

tämlek, *ziemlich.* et es wal schämlek, åwer et gött doch tämlek. *s.* tęmlik.

tamper, *säuerlich scharf, vom bier. (Dortm.)* — *Teuth.:* tamper, acer, acrimoniosus.

tân, *m. pl.* tęne, **tand**, *m.* dat es men op ênen tân. dat es men den tân getęrgt. de tęne werd ęm lang, wamme dat anhœren maut. då sall 'me lange tęne nå krigen. he maut sik nû den flêstân ûttrecken. guad ære viəl hänge, åwer schänge viəl tänge. *(Halver.)* I maŭt et oppem tân wier holen, *sagt man wol, wenn man irgendwo bewirtet worden. in der reimhaften formel:* et gêt van hand oppen tand = *er lebt von der hand in den mund, erhielt sich die ältere form.* — *vgl. berg.* tâng = tand. *Tappe 90ᵇ; 193ᵇ.*

tâne, *f. zehe. (Fürstenb.)* — *holl. pl.* tenen *(wie* schoenen). *ags.* tâh.

tânebrękcr, *m. zahnbrecher, marktschreier.* hai raüpet as en tâuebrękcr, *(Attendorn.)*

tângâgel, *zahnfleisch.*

tange, *f. 1. zange. 2. fig.:* dat es 'ne rechte tange.

tangesbrôer, *kamerad. H.*

tanger, *adv. scharf, hitzig; von menschen: flink, hurtig, regsam. (Gütersloh.) — Teuth.:* tangher, acris, asper, alacer, gnavus.

tânpîne, *f. zahnschmerz.*

tänten *in:* ik well di wǫt tänten. *syn.* flaüten. — *vgl.* tant. *Husp.:* volget jümmers dem olden tante. *osnabr.* tanten, *kniffe, künste.*

täntewippen = himmelmêsen.

täppeln, *s.* üttäppeln.

tappen, *zapfen. — Teuth.:* tappen.

tappen, *m. 1. zapfen, hahn. — dän.* tap. *fr.* tampon. *2. schlag.* bim Bęrkenbôme dà kritt se ęren tappen. dà sall he sinen tappen wǫl wier fǫr krigen. — *engl.* tap = *schlag, klapps.*

tapps, *m. tapps. s.* talps.

tappsen, *sich täppisch benehmen.*

tappwǫrtel, *f. art mohrrübe. vgl. zapfwurzel = haupt- oder pfahlwurzel.*

targe, *f. 1. untersatz (viereckiger) für den bienenkorb. (Halver.) syn.* talge. *2. kasten um den mühlstein. — vgl. ags.* targe *(schild). ital.* targa. *hd.* zarge.

tarre, *f. dreschtenne. (Meinerzhagen.) s.* harre-tarre.

tarre, *f. drohne. (Valbert.)*

târt, *adj. zart (selten).*

târte, *f. torte. — fr.* tarte.

täsche, *f. tasche, (Marienh.)*

taske, *f. 1. tasche. 2. fig. in:* plüdertaske, rappeltaske, sluckertaske, smęrtaske. *das vorletzte wort erinnert daran, dass aus einem mnd. (afränk.)* nasca = *tasche sich das verbum naschen (also eigentlich aus der tasche essen) bildete.*

tassen, tasten, *tasten, fühlen, greifen.* alle weld hęt sine pine, âwer jêder tasset *(fühlt)* de sine. dat kann hai tassen *(fühlen).* he friatet so lange, bit dat me 't med dem finger tassen kann. tass tau! *greif zu! nimm dir!* he tasset med den haunern int nest = *er greift dreist zu.*

tâster, *f. sehne im fleische.* dat sind jâ men tâstern. — *hd.* zaser. *nds.* tader. *unsere nebenform* tâhter *und nds.* tader *(wol* tâhter) *lassen vermuten, dass* st *(wie sonst wol:* brast *für* braht, laster *für* lahter) *für* ht *eingetreten ist.*

tâte, tatte, *m. vater (selten). — ital. (C. Cantu)* tata. *engl.* dad, daddy. *got.* atta *muss daraus umgestellt sein. ein rechtes kinderwort, wie* papa, baba, mama. *andere kinder- und ammenwörter, welche verdoppelung ohne ablaut enthalten, sind:* ba bá, a â, da dá, pi pí, po pô, we wê, wau wau, mä mæ, tuck tuck, tai tai; *im kinderreim:* na nä, sa sâ, ho hó.

tättel, *f. 1. geschwätz, schwätzender mund. 2. geschnatter der gänse, wenn sie guter dinge sind. 3. schwätzerin =* tettelkunte. *K.*

tätteln, *1. schwätzen. — engl.* to tattle. *2. schnattern. — hess.* dattern, daddern, dâdern. *s.* tadeln.

tau, *zu. — alts.* tuo. *mwestf.* to, toe, toy. a. *præp. c. dat.* dat hœrt tau der kęrke. b. *adv.* ik kann der nitt tau = *ich kann nicht dafür.* dat lôwe ik di gærne tau = *das glaube ich dir gern.* hai es ęm nitt guad tau = *er ist ihm nicht gut.* c. *adj. durch ellipse: verschlossen.* de dǫr es tau *sc.* slǫten. he kwâm fǫr de taue dǫr. *die umgangssprache bei uns wagt ein hd.:* die zue tür. de tauen gærne.

taubacken, *zubacken, zukleben.* de ôgen sind ęm taubacket. — *vgl. mnd. hort. sanit. c. 65:* weme de ôgen tho backen. *Wigg. scherfl. I, 39:* dyne togebackenden wunden.

taubinnen, *zubinden.* me bindt manigen sack tau dà nitt vull es. — *H. Sachs:* „den sack zu halbem theil zu bind."

taudauen, *zumachen, zuschliessen.* dau de dǫr tau!

taudiken, *zubinden, zuerkennen, bestimmen.* wey het au (= iu) düt taugedyket? *wer hat euch dazu bewogen? Iserl. hochzeitsged. aus dem 17. jh. — vgl. mhd.* tichen. *Gr. wb.:* deichen.

sik tauen, *sich zauen, sich beeilen. — got.* taujan. *mhd.* zouwen. *Teuth.:* touwen, ijlen, haisten.

tauerhandsk, *adj. zur hand d. h. wo der fuhrmann geht, link.* de tauerhandsche sîd = *die linke seite.* dat tauerhandske pęrd = *das linke pferd. — vgl D. spr. 996. s.* tausiksk, fannerhandsk.

taufall, *m. zufall.*

taufallen, *zufallen.*

taufraisen, *zufrieren.*

taugân, *zugehn.*

taugang, *m. zugang.* ik wêt nitt, bu dat

sinen taugang hęt = *wie das zugegangen ist.*
taugiowen, *1. zugeben. 2. gestatten. s.* męten.
taugrendeln, *zuriegeln.*
taugrîpen, *zugreifen. syn.* tautassen.
tauhœren, *1. zuhören. 2. gehören, angehören. 3. sich erkundigen.* du kanns màl tauhœren, wann se backet.
tauhûen, *1. zudecken.* dû maus dat kind bęter tauhûen. *2. verstecken.*
taukîken, *zusehen.*
taukuomen, *1. zukommen. 2. zukünftig sein.* taukuomende węke. *3. angehören.* ik wüste nitt bęmm' I dà taukemen. *Gr. tüg 76. 4. anlaufen* = te passe (plasse) kuomen. hu si ik taukuomen.
taukuomst, *f. zukunft.*
taukûomst, *adj. zukünftig.* de taukûomste, *die zukünftige (braut). F. Dortm. urk.* kümste *für* künfte.
tauknîpen, *zukneifen.* he knęp de ògen tau.
taukrîgen, *zukriegen.* ik kann de dǫr nitt taukrigen.
taulacken, *mit siegellack zumachen.* ik well den braif taulacken.
sik tauleggen, *sich zulegen* = *anschaffen.*
taulǫwen, *zugeloben, zusichern.* ik well ęm dat taulǫwen.
taulöwen, *glauben.* ik well di dat taulöwen.
taumâken, *zumachen.*
tauręken, *zurecken.*
taurichten, *zurichten.*
taurüstern, *zurichten (im üblen sinne).*
tausaihen, *zusehen.*
tausiksk, *adj. link.*
tausikst, *adj. link.*
tauslaiten, *zuschliessen.*
tausmîten, *zuwerfen.*
taustoppen, *zustopfen.*
tauswęren, *zuschwören.*
tautaihen, *zuziehen.* dat tüht sik tau as en släperig ǫge.
taüte, *mass von 15 kannen in Witten. — Teuth.:* teute, gelte, hyermaite.
taüte, *f. grosses frauenzimmer.* gròte taüte. *H.*
taüwen, taiwen, *trans. aufhalten; intrans. warten, zögern. — altwestf.* tuovian. *westf. fchmurk. (Hermann. märz 8, 1816):* worden gevangen, getovet *(festgehalten),* geslagen ind myshandelt. a° 1441. *Verne chron. p. 24:* sunder toveu = *ohne verzug.*
te, *præp. mit dat.; mit artikel* tem, ter, ten, *gewöhnlich aber ohne artikel.* a. *raum.* te hêm, *in der heimat, daheim.* te hûs, *zu hause.* te kęrken, *zur kirche.* te hǫve gân, *auf den hof gehn um seine notdurft zu verrichten. fig.:* te brôe, he gêt te brôe. — b. *zeit.* te jâr, *voriges jahr.* te pingsten, *auf pfingsten.* — c. *ausserdem.* te danke, *zu dank.* te frönne, *zu freunde.* te lône, *zu lohne.* — d. *adv. rda.:* te dęm mâl, *für damals. Gr. tüg. 13.* ter dęl, *zu boden, nieder. spr.:* we ênmàl in de knai liat, dęn ritt se fàrtens gans terdęl. ter dǫgen, *gehörig. (Hagen.)* te frîen, *zufrieden.* te gange, *zu gange.* te hands (hans), *vorhin. R. V.:* tohands. *mhd.* ze hant. te hope, *zu hauf, zusammen.* ter næegest, *nächstens;* bit ternæegest, *formel beim abschiednehmen.* te rügge, *zurück.* terechte, *zurecht, fertig; fig.:* hai es terechte, *er ist berauscht.* te strîens, *schrittlings.* te bêne, *auf den beinen;* tüsken twęlf un ênc sid alle gêster te bêne. *(Iserl.)* te wansten, *wenigstens.* ter wîlen, *zuweilen.* — e. *der præpositionale infinitiv mit* te *komt zuweilen vor, wo ihn das hd. nicht hat, z. b.:* hä sagte krank te sîn. dat lätt guod te sîn. is der wat te schwartenpêtern. *Op de àlle hacke 36.* der es wat te rîke = *von reichtum kann keine rede sein.*
te, *adv.* = *übermässig.* te viol, *zu viel;* he hęt ênen te viol àder te wainig. te frǒ. *zu früh.* te làte, *zu spät.* te rîwe, *verschwenderisch.* te nâh, *zu nahe.*
tê, *m. thee.*
tebręken (terbręken), *zerbrechen. das præfix* te *weicht durch einfluss des hd. in* ter *aus.*
têbusk, *m. gebräuchlicher steinsame,* lithospermum officin. *man zieht ihn in gärten, übergiesst die jungen blätter mit heissem wasser, trocknet dieselben und benutzt sie wie chinesischen thee. (kreis Iserlohn, wo die pflanze auch wild vorkommt.)*
teck, *aufgabe, ziel. H.*
tęke, *f. zecke.* hei es seo dicke ose ne täcke. *N. l. m. 31. — engl.* tick. *fr.* tique. *figürl. soll es einen falschen menschen bezeichnen.*
têke, *f. ladentisch. — gr.* θήκη.
têke, taike, *f. 1. zieche, überzug. 2. gewebe, die dazu verwendet werden: zwillich, drillich. — ahd.* ziecha. *engl.* tick. *fr.* taie *(aus* theca). *Teuth.:* bed tyeck, culcitra.
têken, *n. 1. zeichen überhaupt.* ik well mi en têken mâken. *2. das zeichen des färbers oder gerbers für tuch oder häute, die von jemand in arbeit gegeben*

sind. 3. schriftseite (revers) einer münze. 4. figürl.: dat es mi recht nà me têken *= nach dem sinn; vgl.* tekin *für* anegane, *Myth. 1076. auch engl.* by the some token *und ital.* sul segno *= wie sich's gehört,* comme il faut. wir int têken kuamen *= wieder einig werden. F. r. 63. — alts.* têkan. *ags.* tâcen. *mnd.* têken.

têkenstâlen, *m. muster zum märken.*

têknen, *1. zeichnen. 2. märken.*

têkrûd, *m. pl.* têkrûder, *kraut zu kräuterthee.*

telge, *f. junge schlanke eiche. Seib. urk. 573:* longae arbores quæ vulgariter Thelgen vocantur. *das Iserl. Limitenbuch verwendet das wort nur von eichen:* eichentelge. *— Rich.:* telge, *zweig. Bugenh. bib. Jes. 9, 14:* tellich *und* twych, *wo Luther „ast und strumpf" übersetzt. mhd.* zelge, *zweig, ast. Schwelm. vestenrecht verwendet* telgen *für zweige. Teuth.:* telgh of laide van en boem, rijs, tellich.

telgen, *m. ast, zweig. (Marsberg.)*

telgenkamp, *anpflanzung von jungen eichen. K.*

têllepel, *m. theelöffel.*

têlitterken, *pl. backwerk zum thee, eine conditorwaare, ehemals in buchstabenform. — vgl.* by letters, *Vic. of Wakef. c. 12.*

tellen. [talte, talt; *urk. von 1347:* men talte], *zählen.*

telt, *n. zelt.*

telte, *f. zurüstung zum flachsrösten. syn.* kuckel.

tęmen, *gebrauchen, was man besitzt oder worüber man gewalt hat. beisp.:* du soss màl ne tian dâler tęmen *= aufwenden, ausgeben.* hä tęmt den rock nitt, dat he ne antûht *= er schont den rock ganz und gar.* dai kann et geld med schiapeln męten un tęmet et doch nitt sik satt te ęten. ik mâg 'ne nitt dertau tęmen *= ich verschone ihn damit. —* tęmen *ist* tamjan *(hd. zähmen) aus* tam *(zahm), dessen eigentliche bedeutung sein muss: gebunden, unfrei, beherrscht. vgl. fr.* entamer. *span.* tomare.

tęmlik, *ziemlich.*

tempel, *s. v. a.* timpel.

tend, *m. zehnte.*

tendloss, *zehntfrei.*

tęnken, *n. zähnchen.*

tenner, *m. zehntner.*

tente = tinte, *künftig.* tente jahr, *urk. von 1670.*

tente, *f. zelt. — mnl.* tente. *Fasc. temp. 288ᵇ:* tenten ende pauwelyoenen. *Teuth:* tente, pauluyn.

tenterk, *m. magen, leib.* du bęs den tenterk vull. *s.* tötерk.

du tenterke ås, *adj. schelte für ein sich herumtreibendes mädchen. (Siedlingh.)*

tenterling *im rätsel = gekrümmte finger. — vgl. engl.* tenter *= spannhaken. — Das rätsel lautet:* Tian tian tenterlinge dä tröcken ênen tęrsack bi fęrtemanns huse de bęrg heraf *— hd.* zeuterling *= stück rauchfleisch.*

têpott, *m. theetopf.*

têr, *m. theer. — altn.* tiara. *ags.* têru teor. *engl.* tar. *— vgl.* smêr.

terechte, *zurecht.* ik sin ganz gutt terechte, *ich befinde mich ganz wohl. Op de àlle hacke 10.*

têren, *zehren.*

tęren, *n. auszehrung.*

têrer, *m. zehrer. spr.:* op en spârer küamd en tęrer.

tęrgeld, *m. zehrgeld. v. Höv. urk. 47:* tergeld.

tęrgen, *reizen, necken.* dat es men de mund getęrgt. *— ahd.* terjan, laedere. *ags.* tyrian. *engl.* to tarre. *Rich.:* targen, tarren. *mnl.* terghen, irritare. *Teuth.:* tergen, kreitzen, bedroeven.

terîten, *zerreissen.*

tęrop, *m. pl.* tęröppe, *aufzehrer. K. S. 42. Gr. tüg 21.*

tęrunge, *f. 1. zehrung. 2. auszehrung.*

têt, *zart. II. — Teuth.:* teder, kleynlick. *altn.* teitr. *mhd.* zeiz. *ahd.* zeiz, tener. *— vgl.* titmêscken.

tête (täite), *vater, nur von kleinen kindern so genant. (Siedlingh.)*

têtüg, *n. kaffee- und theegeschirr.*

têwe, taiwe, *f. zehe.* ingwertaiwe, *ingwerzehe, stück ingwer.* he lätt siner frau de têwen nitt kàld wêren. *von dem nährenden gehalt des salats und grünen hackmuses sagt man:* wamme an de têwe stött, dan es et wyer węg.

têwen, *fingern.* he têwet sik dà wier wot, *er langt etwas hervor, er angelt sich etwas.*

Têwes, *Tobias.* jò, wann Têwes bäcket, saste ok ne mikke hewwen *= niemals. (Iserlohn) in Unna:* jà, morgen bäcket Têwes, dann kriste en plässken. *— hess.* Dêbes, Dêwes.

ti, di, *zu. in* holter ti bolter, klupp di klapp, grubbel di grabbel.

ticken, *ticken von der uhr.*

tick tack, *uhr in der kindersprache.*

tid, *f. 1. zeit.* kömmt de tîd, dann kömmt ock de nôd. gued tîd, *zeitig, früh, de bonne heure. 2. uhr.* bat tîd es et? *3. fig.:* nu wêt ik bu tîd et es *= nun weiss ich bescheid.*

tîdig, *zeitig, auch zusammengezogen in* tîge; *dahin gehört* artîges.

tîdlings, *zu zeiten, dann und wann.* tîdlings en prûmken, hęt me lange wǫt vam pund. *vgl. oldenb. (V. St. III, 26):* tiedolks wat is en ärlick henkamen.

tîdunge, *f. zeitung.*

tiegen, *præp. c. acc., gegen. aus* tigegen, *F. Dortm. II, 122:* tyegen.

tiegen-an, *dagegen an.* tiegen an lôpen. ik kann der nitt tiegen an.

tiegen dat, *conj., um die zeit dass.* tiegen dat hai wierkûomt, sin ik feddig; *vgl.* against the time that, *wofür auch* against.

tiegen ŷwer, *gegenüber.*

tiegenpart, *n. gegenstück.*

tiegenpartî, *f. gegenpartei.*

tiemsche, *haarsieb.* — *Teuth.:* seve, temes, tempse.

tiemschen, *sieben.*

tien, tain, *zehn. eine urk. von 1484 hat* t e y n *und gleich nachher* t i e n.

tiente, *zehnte.*

tiepske, *f. 1. hornisse. 2.* blinne tiepsche = blinne kippe. *(Elsey.) 3. fig.:* ne tiepsche trecken = *einen utsen. H.*

tiertey, *zeug halb von leinen, halb von wolle. (Velbert.) H.* — *fr.* tiretaine.

tiete = tiewe. *s.* snien.

tiewe, *f.*, **tiffe**, *f. 1. hündin.* — *and.* tefja, tifa. *R. V.:* teve. *engl.* tib = *liederliches mädchen. 2. schelte in* uppeltiewe.

tifte, *f. hündin. (Obere Lenne.)*

tîge, *für* tîdige, *bald.* so tîge as.

tiggen, *trachten.* dä tigget dà ümmer hen. *spr.:* bà de hâse hecket es, dà tigget he wir hen. — *vgl. Mnd. wb.:* tiden.

tiggen, *zeihen, zeigen.* op dęn werd tigget. — *alts.* tîhan *und mwestf.* tigen *sind st. v. Tross saml. 43:* thien.

Tigges, *Matthias.* — *epheu (?)* (hedera helix). *K.*

tiggetaggen = taggen. *(Fürstenb.)* — *vgl. osnabr.* kibbelkawweln.

tih, *n. versammlungsplatz, wo die bauersprache gehalten wurde.* Omme tih, *heute flurname in Oberhemer.* — *ahd.* zieh. *mwestf.* ty, tigge, tegeding.

tile, *f. zeile, stiege = 20 garben. — schon bei Lacombl. arch. II, 250:* ad decimam XXX tilas frumenti. *mwestf. urk. von 1572:* dey thilen. *Syb. A. vgl.* ümtilen *= die stiege umsetzen.*

tillitken. *Iserlohner reim:* Tillitken, tillitken im Hilkenhǫl, schelme un daiwe kennt sik wǫl.

tillôse *(für* tidlôse*), f. 1. zeitlose. 2. gelbe narcisse,* narcissus pseudo-narcissus, *woraus bei Iserlohn* pillôse *geworden ist. in Jüngst Flora von Westfalen ist die bauerschaft Tielosen als standort der gelben narcisse aufgeführt, sie muss also dort wol ursprünglich wild sein.* — *Schamb.:* tîdlösekea = *gelbe narcisse. 3.* witte pillôse, narcissus poeticus. *(Werl.) 4. anemone.* — *vgl. Vilmar s. v.* zeitlose. *wenn zeitlose in ältern gedichten vorkommt, wird es nicht* colchicum autumnale, *sondern* narcissus *bedeuten. Bruns, lob der frauen v. 98:* de leve sittelose *(für* zitelose). *Lübben, lieder.*

tillföitken, *die beine strecken, mit den beinen zucken, von sterbenden jungen gänsen. (Fürstenb.)* — *Rich.:* talpoten. *Schamb.;* tillfoitjen.

timitê (= thymi thee), *m. thymian, quendel. (Elsey.)*

timmer, *m. 1. werkstube der schreiner und böttcher. 2. kleines haus.* — *Firm. I, 368. (Hattingen.)*

timmermann, *m. zimmermann.*

timmern, *zimmern.*

timpel, tempel, *m. runder hügel, besonders künstlicher. kommt vor bei Arnsberg, bei Plettenberg, zu Meinerzhagen. es fanden sich deren welche im Jahloh und beim Rotenhofe (Hemer). an der Enneperstrasse wird eine höhe der* Hünentimpel *genannt. die erstgenannten müssen heidengräber oder opferplätze gewesen sein.*

timpeln, *sorgfältig aufhäufen, aufeinanderlegen. vgl.* tippeln, stippeln.

timpen, *m. zipfel. — anderorts bezeichnet* timpen, *holl.* timp *eine spitze wecke. Höfer zu Burch. W. 996:* de wegge is geten up den timpen. timpen = stuten. *(Enger in Westf.) Teuth:* tymp. tzep.

timpenbrî, *m.*, **tippenbrî**, *m. eine kaltschale aus branntwein, zucker und pfefferkuchen, welche auf hochzeiten gereicht wird. sie hat noch andere namen:* tintenbrî, tüntenbrî; *zu Werdohl:* brüttriesek; *zu Deilinghoven:* Waisthofs näppken, kümpken; *im berg.:* kömpkesbrêi.

tin = tint. tin nàmmerdag, *diesen nachmittag.* tin mâren, *morgen.*

tin, *nächst, künftig.* tinne wȩke. — *Gr. tüg 83.*

tink tink tällerink, *ein kinderspiel. (Iserl.)* — *vgl. Simrock K. b., s. 165.*

tinn, *n. zinn.*

tinne, *f. zinne, zinke.* et es so klår as 'ne tinne *(? eggenzahn).* blanker osse tinen. *(Paderb.)* — *schwed.* tinne = *eggenzahn.*

tinnen, *zinnern.* en tinnen liəpel.

tinngaiter, *m. zinngiesser.*

tinntåg, *n. zinnernes geschirr.*

tinshân, *m. zinshahn.* *s.* kopp.

tinte = ginte. tinte jår, *künftiges jahr.* tinte wȩke. — tinte = ti inti *(zu bis).* inti, hinti *entstand wie got.* unte, *ahd.* unzi *aus* wanti, *welches ausserdem* wente *(bis) lieferte. ebenso ward* un *und lat.* in *aus* wan *(mnd.* wanschicht *neben* unschicht). *dem* wente *entsprechend ein mwestf.* hente, *woraus mit* ti *ein* thente. — *dem* inti *entsprach* winte.

tinternå, *hernach, nachher. urk. mwestf.* tyn dar na *für* tint dar na = *bis nachher.*

tipp, *m. pl.* tippe, *punkt, spitze, gipfel, wipfel.* hôge im tipp vam bôme. tipp hållen, *stich halten, stand halten, den fuss beim mahle halten (vom spiel). auch bei Richey. syn.* dicks hållen.

tippelmüske, *f. zipfelmütze.*

tippen, *tüpfeln, leise berühren.*

tipp tipp, *ein kinderspiel mit nüssen oder anderem. von einem der vorher „blind gemacht" ist, wird eine nuss oder desgleichen angetippt. er darf nur scharren, bis er an die nuss kommt, dann wird* tipp tipp *gerufen.*

tipsch, tiepsk, *m. stoss zum necken.*

tipschen, tiəpsken, *necken.* — *ahd.* zispjan, trudere, pellere. *vgl.* wiəpske, wefsa *neben* wespe, vespa. *wie* togian *aus* ti-ogian, *so* tipsjan *aus* ti-ipsjan. *osnabr.* tiepken.

tirêle *im hirtenreim:* Michêle tirêle! tin måren es michêle *(michaelistag)*, dann krîg ik ok min suəmergeld, dann kann ik kôpen, bat ik well.

tîren, *zieren. spr.:* en ållen tûnståken kann sik ok noch tiren.

tirfeln, *wirbeln. (Odendahl.)* — *köln.* tirveln, *sich herumwälzen. V. St. III, 205. Mda. 6, 21:* zwirweln. *(Eifel.) Sieg.:* zwirweln, *wirbelnd umdrehen.*

Tyrol, *n. anhöhe bei Iserlohn wird* Tirholoh, *zierhain bedeuten.*

Tisenberg, *wüstung bei Deilinghofen.*

titte, *f.*, **tette**, *f. zitze.* — *ags.* tit.

tittentêwen, *pl. zehenspitzen.* op den tittentêwen gån — *engl.* tip-toe. *mhd.* zipfelzehen. *das wort zeigt die eigentliche bedeutung von* titte.

tittern, *kichern (Fürstenb.). ebenso Waldeck.* — *engl.* titter.

tittiken, *n. kindlein. vgl.* titi, *Rochh. sagen I, 357. s. das folgende:*

tittmêseken, *n. zartes geschöpf.* — *ags.* tit. *ahd.* zeiz, tener, tenellus. *vgl.* pittmêseken. pippmêseken.

tô, *f. trupp, schwarm, anzahl. (Dortmund.) H.*

tobbeln, tuəbeln, *zupfen, zerren. spr.:* bai sik unner de sûoge menget, dai maut lien, dat se ne tuəbelt. — *Richey:* tobben, *zupfen, an sich ziehn. Lüb. chr. I, 185:* tobben mit, *sich zerren mit.*

Tôbold *in:* Tôbolds katte. *möglich, dass* Tôbold = *kobolt; der kobolt heisst auch* katermann. *Myth. 471.* — *vgl.* Tîbald, *name des katers in der fabel. D. wb. unter* bolze.

tocken, *locken.* — *Teuth.:* tocken, locken, anhalen.

tockern, *locken, vom hahn.* — *Gr. tüg 7.*

toddelbuxe, *eine art langer hose, die vor zeiten wenigstens bei landleuten gebräuchlich gewesen sein mag. ich habe sie oft (1768—1775) nennen hören. H.*

toddelig, *schlotternd, schlotterig angezogen.*

toddeln, *schleppend, schleppend gehn.* — *Fisch. Garg.* „zottelten heim." *vgl.* loddern.

tog, *m. überzug.* küssentog.

togbrämmen, *pl. brombeerranken. (Osthemmerde.)*

toge, *f. dickes seil.* — *dän.* toug, tau. *vgl.* lîne, rêpe.

tôgen, *zeigen.* tôget! *zeigt!* tôg et mål! *untersteh dich einmal! (Balve.)* — *alts.* togian.

tôger, *m. zieher, drahtzieher.* — *urk. der Pancr.-kirche zu Iserlohn, anfang des 16. jh.:* geske draettoger.

tok, *m. verwirrung.* et es im tok, *der faden ist verworren. spr.:* et es bęter en tok as en lok. *vgl.* tuck.

token, *schlecht, grob nähen. vgl.* zucken.

tôkstern, *vom laute der gejagten amseln.*

tôkus, *m. gesäss.* — *gr.* θῶκος. *Vilmar verzeichnet* dôkes *und meint, es sei aus der judensprache entlehnt. wahrscheinl. aus den schulen.*

tôkus mallôkus = tôkus. du kriss wat för den tôkus mallôkus.

toll, *m. zoll (steuer).*

toll, *m. 1. reis. (Lüdenscheid.) 2. zoll (mass).*

tolle, *f. pl.* tölle, *zweig, z. b. vom heidelbeerstrauch. (Halver.) — ahd.* tola, racemus.

tölleken, *n.* = drûst. ålberten-tölleken, kirssen-tölleken. *(Deilinghoven.)*

tölpelig, *tölpelig.*

tôm, *m. pl.* tôme, *zaum. — alts.* tâm.

tômen, *zäumen,* müggen tômen. *s.* mûstern. *1670:* getômet = *ins ehejoch gespannt.*

tômer, *m. brautführer. (Köln. Sauerland.)*

tömme = tüht me. *(Werdohl.)*

Tommes, *Thomas.*

tommes-lesel, *m. Thomasesel wird der gescholten, der auf Thomastag der letzte in der fabrik oder schule ist.*

tomsblatt, *quartblatt papier. K.*

tône, *f. ladentisch. — holl. und Rich.:* toonbank. *vgl. mwestf. und Rich.:* tonen, toonen = *zeigen.* tonen *für* togen. *Teuth.:* wijsen, thoenen.

topp, *m. schlag, handschlag, wie bei kauf und tausch geschah, zum teil noch geschieht. vgl.* köp slagen. topp ûm topp! *einen tausch eingehen, ohne dass dabei zugegeben wird. vgl.* betoppen.

topp, *m. 1. wipfel, gipfel.* wann de sunne *(die untergehende sonne)* schint oppen topp *(berggipfel),* dann giət et acht dage rẹgen drop. *2. die ganze pflanze. — ags., engl.* top. *hd.* zopf.

toppen, *tauschen, ohne dass zugegeben wird.*

töppen, *den wipfel aushauen. (Siedlingh.)*

toppholt, *n. zopfholz.*

tôrhâken, *m.,* **tọrhâken**, *m.,* **tọrre**, *f. türangel, der in der „slôpe“ geht. — Teuth.:* doirhack, hespe, cardo. *syn.* hespe, hespenhaken.

tọrk, *m. kork. wechsel von* t *und* k, *vgl.* twiək = kwiək, krane *und dän.* trane, kartoffel *und früheres* tartoffel *aus ital.* tartufo, kwetsche *und* zwetsche, querx *und* twẹrk.

torn, *m. zorn. — alts.* torn.

tôrn, *m. pl.* tôrne, *turm. — mnd.* torn, *pl.* torne.

tọrsack, *m. quersack. s. das rätsel unter* tenterling, *wo die hose gemeint ist.* tọr = twar. — *dän.* tværsak.

tọrt, in de tọrte dauen, *mit etwas in die quere kommen. — vielleicht stimmt das wort nur zufällig mit ital.* torto, *fr.* tort. tọrt *kann* twart *sein.*

tọrf, *m. pl.* tọrwe, *rasen. — isl.* torf = gleba. *ags.* turf. *mwestf.* torf. *hd.* torf *ist aus dem nd. entlehnt.*

tọrwen, *durch verbrennen des rasens düngen.*

tôs, *läufisch, von hunden. K.*

tôschanzen, **ênem wat**, *einem etwas zuwenden. Eichwald, spr. 1688:* toschranzen = *heimlich zustecken.*

tọterk, *m.* = tenterk. *vgl.* tọtern *und* trọttelke.

tọtern, *viel trinken.*

tôwe, *m. zauberer.*

tôwen, **tôwern**, *zaubern.*

tâwen = taûwen.

tọwen, *stark rauchen, z. b. von einer stube, die mit dampf erfüllt wird.*

tôwener, *m. zauberer, während das weib* häkse *heisst. — Teuth.:* toevener, boiter.

tọwer, *m. zuber. (Fürstenb.)*

tôwesk, *sich überall aufhaltend.* tôweske tiəwe.

trabant, *m. trabant. scherzh.:* de klainen trabanten. — *nd. sollte es* drabanten *oder* drawanten *heissen.*

tractêren, *tractieren. schon 1444 in Seib. qu. II, 315.*

træbrẹd, *n.* = trẹdspân. *(Fürstenb.)*

trætter, *m. geschmetter einer trompete.* im trætter sin = *trunken sein. — vgl.* trôte *bei Schamb.*

trættern, **trætern**, *trompeten. — vgl.* trôtjen *bei Schamb.*

trâg, *1. träge. 2. steif* = tâg. et es so trâg as en åkshårn. — *ahd.* trâgi.

traisen, *wilde birne, holzbirne. (kreis Altena.) II. syn.* truəseln.

traisenbôm, *holzbirnbaum.*

tralje, *f. gitterwerk. — mlat.* trichila. *fr.* treillis, treille.

trallig, *uneben, von metallplatten.*

trämling = träppling. *(Altena.) — vgl. nds.* treme, *leitersprosse.*

trampeljân, *ein gericht, sog. gänsefutter. (Fürstenb.)*

trampeln, *strampfeln, mit den füssen stampfen. — engl.* to trample.

trampelfest, *ländliches tanzvergnügen. K.*

trampen, *treten. — K. S. 81. Bugenh. bib. Hos. 6, 11:* trampen *für Luth.* strampeln.

trämps, *kurz angebunden, widerspänstig. verdriesslich, träge.*

trân, *m. 1. tropfen geistiges getränk.* he es im trâne = *er ist berauscht. 2. trähne. F. r. 87. 3. tran. — â rührt von der syncope,* trân = trahan. *v. Höv. urk. 77:* drei vate traens. *Rich.* trahn, trähnken = *tröpfchen.*

tran *für* **trâden**, *m. geleise. — vgl. alts.* trâda. *osnabr.* trọne, *f. geleise. v. St.*

XXI s. 1359: sall in einem traue mit dem düngelwagen blieven. *Hoffm. findl. 42:* wagentrade, orbita.

trant, *m. gang, weise, schlendrian, schlendergang. H.* he gait sinen trant fort. *K.* — *holl.* trant, *schlendernder gang.*

träntelu, *trändeln, schlendern.* ben un hẹr tränteln. *K. S. 38.*

trappe, *f. treppe.* Kautrappe *bei Iserlohn wird wol ursprünglich kuhtreppe sein und die steile* twite *bezeichnen, welche aus der* Trift *nach der* Steunert *führt.* de trappe in. de trappe op un af. wer dat geschûht kritt hä en kind opper stênen trappe = *die sache ist höchst unwahrscheinlich.*

träppling, *m. treppenstufe.*

trasâken, tresâken, *piltern, plagen, quälen.* — *fr.* tracasser. *vgl. Gr. wb.:* drischaken.

trawaljen = delschen. *(Fürstenb.)* — *fr.* travailler. *vgl. Diez I, 420 s. v.* travaglis.

trebbelêren = prossen. — *lat.* tribulare, *plagen, quälen. vgl. Diez I, 421 s. v.* trebbia.

trechter, *m. 1. trichter. 2. fig.: hals.* hai hẹt et dọr den trechter jaget = *es ist versoffen.*

trecke, *schublade. K.*

trecken [trock, trocken], *ziehen.* treck di selwer an der nâse, du möchtes süss op den ruggen fallen. he trock sik innen schullern = *er zuckte die achseln.* et trecket hîr = *hier ist zugluft.* de ǫwe trecket guəd. sik trecken *von brettern, holz* = *sich werfen, krumm werden.*

treckharke, *f.* = smachtharke, sliəpharke.

treckpott, *m. theetopf im kinderreim.* — *Rich.:* treckputt.

treckwinkel = smîge. *(Köln. Süderl.)*

trẹdhôp, *m. haufen garben. syn.* winterhôp, dîmen.

trẹdspân, *m. tretbrettchen, durch welches ein spinnrad in bewegung gesetzt wird. (Siedlingh.)*

trẹen *für* treden [trad, trẹen], *treten.* triəne fọr de schiənen bà de jûde et speck sitten hẹt. *wenn jemand tritt, sagt man:* triə op dîne faûte, op de mînen wèrste nitt rîke.

triâter, *n. theater.* — *vgl.* trisê *für* thesaurus.

tribelêren, *s.* trebbelêren.

tried, *m. tritt.*

triesek, *m., ? für* triəselk, *suppe von brot (und buttermilch).* dat es so sûr as en triəsek. brûdtriəsek. *syn.* grîsegraite. triəsek *wird eigentlich etwas gerührtes bezeichnen; vgl. das folgende.* — *die endung* ek, ik *auch in* giəsek, kriəderk, pliandrik.

triəsel, *m. 1. kreisel. 2.* = dilldöpken. *3. drillhäuschen, drehkasten in welchen delinquenten gesteckt wurden.* — triəsel = trissel = trindsel, *zu* trind, *rund, walzenförmig. ags.* tryndel, *kreis. altm.* trissel, trisseln.

triəselk, *m. knopfform, weil sie von kindern zur bereitung eines* dilldöpkens *benutzt wird.*

triəseln, *kreiseln.* ik slâ di, du sass di triəseln.

trijakel, *vagabund. N. l. m. 63.*

trile, *f., Siedlingh.:* trille, *1. durchlöcherte scheibe in der butterkirne. 2. rollenzug.* — *dän.* trille, trilde, *scheibe, rolle. Schamb.:* trîle. *Teuth.:* trille, schyve.

trîlen, *vermittelst des rollenzuges in die höhe ziehen.* — *dän.* trille, *rollen, wälzen. mhd.* drillen, *drehen.*

Trimpop, *ein märk. familienname. in einem reime beim bastlösen von Evingsen heisst es:* Trimpop trimpop hang den langen daif op. — *vgl. engl.* to trip up.

trippe, *f. eine art holzsohle für schuhe. Soest. Dan. 43.* — *mnl.* tryp, holsch.

trippenholt, *n. holz, woraus trippen gemacht wurden. unter den Iserlohner familiennamen v. 1500 kommt* Trypenheuwer *vor, in Soest* Trippenmeker.

trisêdüppen, *n. gewürztopf.* — trisê *ist alts.* treau, *ahd.* treso, thesaurus. *vgl. hd.* treseney.

trisörken, *n. schatz.* — *fr.* trésor.

tritsche-büsse = splenterbüsse. *(Marienh.)*

tritschen, *spritzen. (Marienh.)*

tröchtern, *zögern. F. R. 25.* ik maut drop tröchtern *(warten). (Fürstenb.)* — *vgl. mnl.* trugghelen. *Schamb:* tröcheln, trüchelu. *Gr.:* trachten.

trọg, *m. 1. trog. 2. kump bei einem brunnen.* oppem trọe. — *Werd. reg.:* thia troga ad brouhus.

sik **trọgen,** *sich zanken.* dä trọget sik ûm kaisers bârd. — trọgen = trugian *(wie* bọren = burian) *führt auf st. v.* trẹgan = *schwer sein; daher* trugian = *beschweren, belästigen. vgl.* trâg *und alts.* trẹgan *(drücken) (?* = tregian).

troll *in:* dann gêt et troll ǫwerall.

tröll, *schlechte brühe.* koffêtröll. *(Fürstenb.)* — *Schamb.:* trül, *m. altm.* trüll.

trollen *mit* af, *abtrollen, sich trollen.*

tropp, *m. trupp.*
sik troppen, sik troppern, *sich versammeln, schaaren. K. S. 33.*
trossen, ? *gerollt.* getrosset gelt, *v. St. XXII s. 1525. — Teuth.:* tross, pack. trossen, packen. *fr.* trousser.
trosseln, *rollen. s.* trûseln, truəseln. — ? trundseln *zu* trund, trind. trund = ti-rund.
trôst, *m. trost. — für* trôft, *got.* thrafst.
trôsten, *trösten.*
trôster, *m. tröster.*
trottelke = hûdelte. *(Siedlingh.)*
trotten, *trotzen.*
trû, trügge, *treu.*
trûdeln, *1. sich im kreise drehen, tanzen, besonders sich langsam und ungeschickt herum bewegen. volksreim:* trûdel mine Graite, wenn ik sing un flaite, wenn ik sing un flaite nitt, trûdelt mine Graite nitt. *(Affeln.) 2. beim knickern: einem knicker eine langsam rollende bewegung mitteilen, im gegensatz zu schiessen. 3. schlecht spinnen. (Siedlingh.) 4. obsc.:* dai lätt sik ok-trûdeln. — *ostfr.* trudeln = *liebkosen, zärtlich drücken und zausen.* trûdeln *ist* = trundeln, *cf.* trind, trund. *Richey:* tröndeln, *rollen, purzeln. vgl. hd.* strudeln.
truəsel, *f. wilde birne. syn.* trummelte, traise.
truəselbôm, *m. wilder birnbaum.*
truəseln = trûseln.
trûer, *f. trauer.* in der trûer sin.
trügge = trû.
trügge, *f. treue.*
trüggering, *m. treuring. N. Schrae 77.*
truggen, *trauen.*
trumme, *f. 1. trommel. fig.:* de stille trumme slân. *2. ofentrommel.*
trummelskopp, *m. purzelbaum.* trummelskopp slân. *syn.* aibum. — *vgl. ital.* capitombolo.
trummelsucht, *i. q.* bungen.
trummelte, *f. wilde birne.* so dick as ne trummelte.
trummen, *1. trommeln. 2. sich wälzen, herunterfallen. — vgl. ital.* tombolare.
trump, *m. trumpf im kartenspiel.*
trumpen, *trumpfen.*
trompetter, *m. trompete.*
trûren, *trauern.*
trûrig, *traurig.*
trûseln, *langsam rollen. vgl.* truəseln, trûdeln.
trûfel, *f. maurerkelle. (Lüdensch.) — Kil.:* truffel. *holl.* troffel. *Teuth.:* truyffel. *s.* drûfel.
trûfel, *pantoffel. (Remsch.) H.*
tsamendryftig sin, *zusammen ausgetrieben werden. Alten. stat.*
tucht, *f. 1. zucht. 2. was man zieht.* ne tucht hauner. — *altnd.* tuht.
tüchtern, *züchten, erzeugen.*
tüchtling, *m. züchtling.*
Tückwinkel, *flurname bei Iserlohn, bedeutet hurenwinkel. — vgl. Teuth.:* tuyck *(zu* tucken, *ziehen, an sich locken),* boevynne, huyre, meyn wyf.
tüdderhault, *n. pfahl, woran kühe auf der weide festgemacht werden. (Solingen.) s.* vertüədern. — *Teuth.:* tyeren, anleggen. *osnabr.* tüdderig, *verwirrt.*
tuddik, *geschwulst. (Paderb.)*
tüəg, *m. zug.* nu siffe im tüəge, *nun sind wir im zuge.* op ênen tüəg, *auf einen zug. fig.:* en tüəg, *eine zeitlang.* nû es et tüəg, *nun ist es zeit.* et es noch nitt tüəg, *es ist noch nicht zeit.*
tüəgel, *m. zügel. — ahd.* zuhil.
tuəle *für* tulle (turle), *f. in:* âlle tuəle, *alte vettel. — nds.* olde turre. *dän.* twetulle = *zwitter. Mda. 5, 299:* ole trulle. tulle *ist benennung, wie* âlle knute, pars pro toto. trülle = *metze bei Frisch wird dasselbe sein. F. führt holl.* trul = mentula *an.*
tüelen = tügeln, *eine weidende kuh an einem pfahle befestigen.*
Tüəns, *Anton.* en lossen Tüəns, *ein leichter vogel. (Unna.)* Sünten-Tüəns, *st. Antonius.* wann Sünten-Tüəns ne brügge slätt un Sünte-Pêter se afbriekt, dann giət et en guəd frôjâr. Kauken-Tüəns, *weil an seinem tage (17. jan.) eisenkuchen gebacken werden. (Halingen.)*
tüern *für* tûdern, *eigentlich zaudern, zögern.* herümme tüern, *herum schlendern.* ênen dermed herümme tüern, *einen damit aufhalten.* tüern : küern = *zaudern : kaudern. s.* vertuədern *und Firm. Völkerst. III, 167.*
tuəseln *für* tusseln, *zerren, zausen, schütteln. — Sp. v. d. upst.:* tosen. *engl.* to toss, to towze. *mhd.* zousen.
tuəteldûwe *für* turtelduwe, *turteltaube. — lat.* turtur. *K. fastn. Teuth.:* torttelduyve.
tuəteler, *m. der undeutlich spricht, schwätzer. — Teuth.:* totteler, stameler.
tuətelig *für* tuttelig, *geschwätzig.*
tuəteln *für* tutteln, *undeutlich sprechen,*

schwätzen. — *engl.* to twattle. *Teuth.:* tottelen, stamelen. *s.* vǫrtuateln.

tûg, *n.* *1. zeug, gemachtes. daher in specie: 2. kleidungsstück. 3. geschirr.* tétûg, koffêtûg. *4. früchte.* graintûg, *unreifes obst.* dat me junge leckers un schnurreburszen, schǫtters un bakfiske un ander klain vêh metunner met dem namen „grain tûg“ behänget — dat kümmert mi nitt. *Grain tûg 5. 5. gesindel.* undûonig tûg. haidentûg. kattentûg. *vgl. im wald.* heckentûg = *vagabunden. 6. in fig. redensarten:* de daut ęm wǫt am tûge. dä hęt et wǫl am tûge.

tûge, *m. zeuge.*

tûgelken, *n. deminut. von* tûg, *zeug.* dat es ok so tûgelken, hadde de Dûvel saggt, dà hadde ne kâr fǫrske oppeladt.

tûgen, *zeugen.* dat broidt tugen = *backen, bereiten. Alten. stat.*

tûhlǫk, *n.* = lûthol. *(Halver.)*

tuichbar, *fähig ein zeugnis abzulegen.* fromme tuichbare mannen. *Alten. stat.*

tuck, *m. 1. zuck.* he krég ne gehen tuck oppet herte. *Grimme. 2. hastige bewegung.* des âwends buck des morgens tuck. *3. verwirrung, verwirrter faden.* dat gären es im tuck (*westf.* tǫk). — *Tappe 142b:* sonder thuck, sonder smuck, sonder bard te wischen drincken = ἀμυστὶ πίνειν.

tuckeln, *vom fallen einzelner tropfen, wenn es zu regnen anfängt oder aufhört.* et tucket.

tucken, *1. zucken. 2. ziehen. 3. fäden wirren.*

tücken = tuckeln. et tückt. et tückde. et tücket med regnen. *H.*

tuckhainken, *n. hühnchen (kindersprache).*

tuckrâmen, *m. krampfhafte spannung der muskeln.* ik hewwe den tuckrâmen im arme, — im bêne. *s.* râme.

tücksken, *n. pl.* tückskes, *hühnchen (kindersprache.)*

tuck tuck, *lockruf an die hühner.*

tûk, *m. flachsseide. vgl.* tuck 3.

tummelkasten = *bettkasten. H.*

tummel op'n misten, *branntwein.*

tûn, *m. zaun. fig.:* sik am tûne her laien. *F. R. 100.* — *mwestf.* tûn.

tündel, *m. zunder.* — *mhd.* zundel.

tündeldôse, *f. zunderdose.*

tunder, *m. zunder. Gr.*

tûnen, *zäunen.*

tûneraugen, *pl. flechtwerk in lehmwänden.*

tûngast, *m. zaungast, der sich in der nähe einer hochzeit hinter den zaun steckt, um sich etwas zubringen zu lassen.*

tunge, *f. zunge.*

tüngesken, *n. zünglein.*

tûnigel, *m. igel.*

tunne, *f. tonne.*

tûnrigge, *f. klebkraut. (Fürstenb. Siedlingh.)* — *vgl. Schamb.:* tûuré. *Danneil:* tunrît. *syn.* dûk. *nach Schiller zum heil- und kräuterb. II, 33 älter* tuenride. *aus* ride *scheint* rie, *dann* rigge *gebildet.*

tûnstâken, *m. zaunpfahl.*

tünt, *m. ärger.* hadden se nau keinen tünt up St. hatt, dann krägen se ne niu. *N. l. m. 29.*

tünte, *f. 1. müssiggängerisches frauenzimmer. 2. albernes frauenzimmer.* — *Schamb.:* tüntje. *Lyra:* tunt, *klex, nichtsnutziger mensch. ostfr.* tünteln, *zaudern, zögern. Richey:* tünteln = delicate et cum mora agere. *H.: hoffärtiges frauenzimmer.*

tüntenbrî = tintenbrî. *durch den leichten übergang von* i *zu* ü *ist ein passendes wortspiel gewonnen: brei (trank) für müssige weiber.*

tüppen = fęsen. bounen tüppen = bônen fęsen. *s.* tippen.

tûrflaige *für* tarrflaige, *f. 1. brummfliege. 2. eine braune fliege, die sich an pferde und kühe setzt. (Weitmar. Aplerbeck.)* — *vgl. nds.* turren, *brausen, sausen, brummen. osnabr.* turren. *holl.* tor, *käfer. Aesop. 4, 173:* turren. *Mda. 5, 300:* turren, *surrend fliegen.*

turkflaige, *f. lausfliege.*

tûsk, *m. tausch.*

tûsken, *tauschen. spr.:* bä lust hęt te tûsken, hęt lust te bedraigen, *so sagt man beim pferdetausch.*

tüsken, *præp. c. dat. und acc. zwischen.* tüsken dag un dûster. tüsken dǫr, *zwischen durch.* he gêt tüsken dem docter. he gêt tüsken der stadt. se hett ne tüsken kriegen, *sie haben ihn zwischen sich bekommen.* he sagg tüsken *(in)* der vullen gesellskop. — *eine mwestf. urk. von 1430 hat schon* tüschen *für* twischen.

tüssen = tüsken. *spr.:* bà twéerlai glôwen ligget op ênem küssen, dà liet de dûvel midden tüssen.

tüssen, *zum schweigen bringen wollen.* he driegt op twê schullern: he hisset un tüsset. dat es ênen, dai te gliker tid den rüen hisset un tisset.

tustern, *flüstern. (Paderb.)*

tûte, *f. düte des krämers. — dän.* tut. *hier und beim folgenden worte ist das anlautende* t *zu beachten.*

tûte, *f. 1. giessröhre, dille, schneppe.* bêrtûte. *2.* toite, *hölzernes bierfässchen mit griff. (Paderb.) — ags.* thóte, *f.* canalis, fistula. *Münst. gesch.-qu. 3, 165:* toite koites. *Richey:* teute, *bauernkanne. dän.* tud. *vgl.* tüttek. *3.* pars pro toto: *schelte für ein frauenzimmer. K. fastnachtsp. 981[14]:* thöte. *Richey:* tôte, *stute. Teuth.:* teute, gelte, byermaite.

tûtebelle, *f. eine art zugnetz, teils gehalten, teils nur gesetzt, letzteres Schwelm. H. syn.* lûte. — *vielleicht* = tuckberl *(Gr. III, 467). vgl. Diez, R. wb. I u. d. w.* bertovello.

tûtel, **tintel**, *schneppe an geschirren. (Siedlingh.)*

tûten, *tuten, ins horn stossen.* hä wêt nitt van tûten âder blåsen. *zweideutig, da* tûten *und* blåsen *auch als düten und blasen genommen werden können. —schon Tappe 95[a]:* he kan thüytten noch blasen. — *got.* thiutan, ululare.

tûthårn, *n. horn. — got.* thuthaúrn, tuba.

tütt *in* remmeltütt.

tüttek, *m. giessröhre, dille, schneppe. (Fürstenb.)*

tütterütt *in* âh bat tütterütt med den hennen nâm ossen = *das sind unglaubliche dinge.*

tütterüttü, *ton der trompete. — fr.* turlututu. *ital., Egeria p. 40:* si suoni la tromba turlu lù tù tù tù.

tütterüttüt *in* tütterüttütt! wä nitt düagen well küemt nâ Neuwied.

tûfel, *f. kartoffel. — noch im vorigen jh.* tartoffel *(übersetz. v. Linné's reisen), was nach* tartufo (tartufo bianco), tartufaro, tartufolo *gebildet ist. ital.* tartufa *ist trüffel.* tartufo *zerlege man in* tar *(von* terra) *und* tufo *(von* tuber).

tuffel, *pantoffel. — ital.* pantofola.

tüffelken, *n. pantöffelchen.*

tüffelken-jâgen = slüffken-jâgen.

tûwer, *m. zuber. — Seib. urk. 992:* tuwer. *Herf. R. B. 43:* tower. *Teuth.:* tover, eyn water touwe, tina.

twang, *m. 1. zwang. 2. druck. spr.:* hoffârt maut twang lien, *wird von engem schuhwerk gesagt. — bei Wiggert, scherfl. II, 24 wird* dwingen *(drücken) von stiefeln gebraucht:* Isset dat du over velt rist mit enem de de groter ist, dwinget on *(ihn)* de stevel dan, mit dinem denste bewise dek daran, *d. h. zieh ihm den stiefel aus.*

twangnagel, *m. nietnagel. — normand.:* petites pellicules nommées envies.

twaug, *m. zweig. (Soest.) — Helj.:* twôg.

twê, *zwei.* der gehärt twê tem kôpe. — *1367:* twej.

twele, *f. handtuch, zwehle. — ahd.* dwahila *(waschtuch), wozu ital.* tovaglia, *fr.* touaille, *engl.* towel *gehören.*

twelung, *f. zweiung.*

twęlf, *zwölf.* in den twęlf nächten rammelt de bôme. *(Alberingw.)*

twêmâl, *zweimal.* eme âllen wîwe siot me twêmâl wǫt, âwer dî flött me wǫt.

twęrk, *n. zwerg.*

twęrk, *m. lolch,* lolium temulentum. — *Rheda:* twëlk. *Kil.:* twalck, lolium.

twęrkhâller, *m. verworrenes mähnenhaar, was man den zwergen zuschrieb.* — hâller *kann nur* = halder *sein, was den sinn des ahd.* halta *(fessel), verstrickung haben muss. vgl. Shakesp. Rom. I, 4:* This is that very Mab that plats the manes of horses in the night and bakes the elf-loks in foul sluttish hairs.

twęrn, *m. 1. zwirn. 2.* blâe twêrn, *branntwein. Grimme.* twêrn verkôpen = *schimmeln. (Fürstenb.)*

twęrs, **twęss**, *quer.* en twęssen spôn, *querstrich, hindernis. Muster 27.* iut twęss, *in die quere. (Paderb.) — Alten. stat.:* thwersch.

twęrsbrâke, *querkopf.* un bi aller dummhait is dai junge en twęrsbrâke, so stark as en pęrd lôpen kann.

twęrsdrîver, *m. 1. querkopf. 2. ein backwerk, nach der form benannt.*

twęrskopp, *m. querkopf.*

twęrsfâms, *gegen die holzfaser, bei brettern. fig. münst. Zumbr.:* twiäsfamige buer.

twęrwind, *m. wirbelwind. (auch zu Fürstenb.) — Bugenh. bib. Jes. 17, 13:* dwerwind. *Stald.:* twärwind. *Gr. III, 390. Seib. urk. 1051 p. 374:* werwind *(= wirrwind). berg. Montan. II, 102, 103:* wiwind *oder* wittwind.

twêtebeck, *m. zwitter. (Balve.) —* twêdebock, *halbbock nach alts.* twêdi, *halb.*

twîback, *m. zwieback. (Fürstenb.) syn.* beschût.

twich, **twick**, *m. zweig.*

twicken, *zwicken.*

twisk, *f. für* twick, *zweig. vgl.* kwisk.

twiele, *m. für* twille, *zweig.*

twieskepinn, *m. unschlüssiger mensch. vgl.* pinn, wistkepinn.

twiggerlai, twêerlai, *zweierlei. — vgl. Seib. urk. 956:* twygge, *zweimal. urk. von 1388:* twiger = *beider, zweier.*
twygynghe, *halbbürtigkeit. — v. St. XXII, s. 1526:* kynder ân twygynghe van vader und moeder gebôren, dey stayn an eynem lede und dat kyndt dar twygynghe anne isz, dat verstrecket eyns ledes vorder dan dar men dey manbort scûcket an gefelle *(ohne fehl, deutlich). Ssp. I, 3, 3.*
twilling, twiling, *m. zwilling.*
twilstern, *sich verzweigen, vom getreide. — Schamb.:* quilstern, *ebenso lippisch.*
twinen, *flechten. — ags.* twinan, duplicare.
twingen [twang, twungen], *zwingen. — mwestf. 1470:* dwingen.
twintig, *zwanzig.*
twintigste, *zwanzigste.*
twisack, *quersack. H. in der mitte durch einen schlitz geöffnet und auf beiden seiten gefüllt über die schulter gehängt.*
twischen, *zwischen.* twischen den jâren *bezeichnet bei Hallenberg die zeit der zwölften; man spinnt dann nicht. syn.* lüddage.
twyspennyge sake. *v. St. XVIII, s. 1070.*
twiss. de twiss un de twęrs. *H.*
twissel, *f. zweig, eigentlich gabelzweig. Iserl. limit. 31. — ahd.* zuisala, furca, zwiesel.
twisseln, *spalten.*
twist, *m. zwist.*
twîst, *n. im karnüffelspiel eine zwei.*
twîte, *f. gasse. K. S. 15. gang zwischen gärten. F. R. 17.*
twîfel, twîwel, *m. zweifel. — got.* tveifls. *ahd.* zuival.

U

U, û, *euch.*
ü, *je. (Kierspe.) — alts.* io. *vgl.* ümmer. nümmer.
ueb, ug, *euch.*
uchte, *f. 1. morgenfrühe vor tage, an wintertagen bis acht uhr. 2. daher der frühgottesdienst, die frühmesse.* uchtemesse. *K.* in de uchte lûen. *3. das frühdreschen.* de uchten dęrsken, *eine gewisse anzahl* bedde *vor tagwerden dreschen. 4. fig.:* ne uchte vam hûse, *eine wohnung von primitiver einfachheit, eine hütte. 5. anstrengung in der arbeit. — got.* uhtrô. *alts.* uhta. *ahd.* uhta. *altn.* ôtta, *nach Biörn von 3—6 uhr. ags.* uhte. *Seib. qu. I, 149:* die uchten von swinen, kalueren vnd schapen; *ibid. 156; wird =* primitiæ *sein. Seib. urk. 1021:* ucht theynde; *ibid. 1080:* decimæ que ochtume dici solent, *sogen. blutzehnte. Kil.:* ochtenmael, prandium, jentaculum.
uchten, *bei licht arbeiten, abends oder morgens. (Paderb.)*
uchtewęrk, *n. früharbeit.* uchtewęrk afsmiten, *die* bedde *zum frühdreschen abwerfen.*
uchtlampe, *f. morgenlampe.*
udag = utdag, *maitag, als dienstantritt der knechte und mägde. K.*
ûderên = jêderên.
udriân, *im rätsel wol die maus. wie im Bremer rätsel den frosch ein* schraderjân *(maus) begleitet, so geht neben unserm* adriân *ein* udriân = udderjân, *was sich aus* udder (ûder), *euter deuten lässt, also säugetier im gegensatz zum frosch. die uralte gesellschaft von frosch und maus lässt die bei uns gänge auflösung: frosch und maulwurf als unrichtig erscheinen. Simr. no. 415 hat die poetischen tiernamen nicht, dafür aber andere:* hüppop *(aufhüpfer) und* happop *(aufschnapper), wo wieder der frosch am deutlichsten bezeichnet ist. für die form vgl. man:* adriân, dummerjân. *H. R. p. 51:* drosiân. *Pf. Germ. IX, 283:* estriân, *ein zwergname,* herodriân, trampeljân. *Seib. urk. 387 u. 1082 der familienname* vlacriân, fludriân. *Aesop. 5, 81:* papriân.
ûe, û, *euer,* es de hand û? es dat ûe hand?
ueteriggo, *abrackern. K.*
ûewel, *übel. — ags.* yfel. *mwestf.* ovel.
Ûewelgünne, *f. Übelgönne, ein haus zwischen Oberh. und Westig:* an der Ûewelgunne; *bei Hennen u. s.*
ügge = ûe.
üggel, *scheusal. F. r. 105.* so swart as ne üggel. *(Siedlingh.) — wald.* uwwel, *hässlicher, ungezogener mensch (schelle). vgl. engl.* ougly, ugly. *holl.* ooglijk. *ostfr.* ôlk. *vielleicht gehört auch ital.* uggia, *nachteiliger schatten, hass hierher.*
ûh, *ausruf des fuhrmanns, wenn das pferd stehen soll.*

ûle, *f. 1. eule.* hai was as de ûle tüsken den kraigen. hai kwam herût as de ûle ût den stûken. dû hẹt ne ûle sẹten = *da war nichts (von getäuschter hoffnung). dies hängt zusammen mit dem märchen von der königswahl der vögel.* „bûer kêk de ûle an, ûle kêk den bûer an," *sagt man, wenn ein paar leute, die sich nicht gut sind, zusammen sitzen und sich kein wort sagen. 2. krug mit dickem halse. — alts.* ûla. *s.* ûlendüppen. *3. eine art haarbesen. (gegend von Büren.) — vgl. bei Schamb.:* bårule. *syn.* kobbenjæger. *ahd.* iuwila. *altn.* ûgla. *ags* ûle. *s.* bårnûle, knappûle, stênûle.

ûlenbård, *m. 1. eine hühnerart. 2.* = rûhtriakel.

ûlendüppen, *n.* = ûle 2. *(Albringw.)*

ûlenkopp, *m. tagschläfer (schelte).*

ûlenkûken = ûlfuatskûken. *K.*

ûlenlọk, *n. ein loch am scheunengiebel, damit die eulen hereinkommen und mausen können. — Firm. I, 418:* üllenlok.

ûlenpingsten *in der redensart:* ûlenpingsten, wann de kraigen oppem ise dansset, sasset hewwen.

ûlenspaigel, *m. eulenspiegel, possenhafter mensch.*

ûlenflucht, *f. abenddämmerung.* in der ûlenflucht. — *Schamb.:* ûlenflucht. *holl.* uilenvlugt.

ûlik *im reime beim* kalwerquicken: im namen der uiliken Graiten Goldblaume sass du haiten. — *vgl. engl.* ugly.

ûling, *m. dummer mensch, narr.* du büss en ûling, *du bist ein dummer mensch, du begreifst nicht. (Hoerde.) — holl.* uil, *narr.*

ulk, *m.*, **ülk**, *m. pl.* ülke, *eigentl. narrenpossen, spass, lärm. pl. dumme witze. — schwäb.* ul, uol, *spass. Kil. wb.:* ulula, *metaph.* homo stolidus et improbus. *holl.* uil, *eule, narr.*

ülk, *m. pl.* ülke, *iltis.* hä stinket as en ülk. u *für* i. — *Hildesh.* ilk. *syn.* ûllerk.

ûlkatte, *f. eule.*

üllerk, *m. iltis. Gr. tüg 84.*

ülm, *dampf. Weddigen.*

ulme, *f. ulme, rüster. — ags.* ulmtreov *für* elmtreov.

ülmen, *1. stark rauchen, so dass es belästigt (vom feuer, von der lampe). 2. sehr nach menschen riechen. — altn.* ilma, fragrare. *ostfr.* ulm, *fäule im holze.*

ülmig, *stark rauchend.* de lampe briant ülmig.

ûlfuatskûken, *beschränktes und hässliches frauenzimmer. K.*

üm, *præpos. c. acc. um, wegen. 1. räumlich.* he gêt derümme as de katte üm den hêten brî. *fig.:* bat hẹste üm de hand? *was hast du zu tun? räumlich und ursächlich.* se gêt üm de aier, *die magd des pastors oder küsters hält den eier-umgang. s.* ümgang. vi settet alle um de annere fọr *(furche). 2. zeitlich.* üm vêr ûr. üm tîd, *mit der zeit, bald, nächstens. vgl. dän.* om *bei zeitbestimmungen.* üm anners, *von neuem. 3. ursächlich.* üm ẹn, *seinetwegen.* üm dat, *damit.* üm-willen: ik hell ne üm Gọdes willen an. üm willen dat, *weil. 4. preis.* vi spielt üm nix. — *mnl.* om niet, frustra.

üm, *adv. um.* de wẹg es ne stunne üm, *es ist ein umweg von einer stunde.* der-üm: et hält der nitt ümme. et sull mi der gar nitt ümme kuamen. der-üm diane: et es der üm diene, *es ist nicht mehr darum.* üm diane dauen, *abtun, ablegen.*

ümbinnen, *umbinden.*

ümbrẹken, *umbrechen, z. b.* en draisch.

ümbrengen, *umbringen.*

ümdauen, *umtun, umlegen, umbinden, von kleidungsstücken.* sik ümdauen, sik dernâ ümdauen, *sich umhören, erkundigen.*

ümdraigen, *umdrehen.*

ümgån, *1. umgehn.* he gêt dermed ümme as de suage med dem bẹdelsacke. *2. einen umgang halten. s.* klingelbûl.

ümgang, *m. 1. umgang. 2. das zusammenholen von naturallieferungen für pastor und küster.*

ümgrâwen, *umgraben.*

ümhewwen, *umhaben.* dai hẹt nix üm un an.

ümkæren, *umkehren.* so as me ne hand ümkært. hä hẹt sik ümmekård as en nûten sack, *er ist ganz anders geworden.*

sik ümkîken, *sich umsehen. vgl.* ankîken, bekîken, verkîken.

ümkîker, *m. der sich umsieht.*

ümkippen, *umschlagen. vgl.* ankippen, opkippen.

ümklappen, *umklappen. vgl.* opklappen.

ümkuamen, *verlieren.* ik sin der ümkuamen. lât nix ümkuamen.

ümlaien, *umleiten.* se hett ne der üm ledt = se hett ne der üm holpen.

ümlôper, *m. 1. haspel zum wickeln. 2. wasserwirbel.*
ummaie *für* unmaüe, *f. mühe.* mâket ink kaine ummaie. *vgl.* unkösten.
ümmelôp, *m. ein geschwür am nagel.*
ümmelöpen, *umlaufen, rund laufen.* et lôpet alles med mi ümme, *es wird mir drehend vor den augen.*
ümmer, *immer.* — *mwestf.* ümmers.
ümmerwęg, *immerfort.*
ümmes, *jemand.* — *Teuth.:* ymands.
ümössen, *umochsen, von einer kuh, die wiederholt zum ochsen geführt werden muss.*
ümplaigen, *umpflügen.*
ümrôren, *umrühren.*
ümsaihen, *umsehen.* sô im ümsaihen, *so im augenblick.*
ümslåen, *umschlagen.* de wâgen es ümslâgen *(umgestürzt).*
ümslag, *m. umschlag. spr.:* de ümslag födt den mann. — *Br. beitr. 331:* ummeslach holden.
ümsmîten, *1. umwerfen. 2. zur unzeit niederkommen.*
ümspanken, *umschnallen.* sik den sæbel ümspanken.
ümstån. bå me med ümmegêt dat ęm ock ümstêt = *arbeit macht schmutzig.*
ümstand, *umstand.*
ümstǫrten, *umstürzen.*
ümstöten, *umstossen.*
ümstülpen, *umkehren. spr.:* wann de sûəge satt sind, dann stülpet se den trǫg ümme. — *M. chr. I:* umstolpen.
ümsunst, *umsonst. spr.:* hærengunst es bålle ümsunst.
ümsüss, *umsonst. spr.:* ümsüss es de dôd, un dai kostet ęm noch 't lęwen. — *mwestf.* umbsus.
ümtassen, *umtasten, etwas anderes zum ersatze nehmen.* ik hewwe mi vertasset, ik well ümtassen.
ümtilen, *die stiege* (tîle) *umsetzen. s.* tîle.
umtrent, *beinahe.*
ümwellen = ümkippen. dat węr well üm, *das wetter ändert sich.*
ümwennen, *umwenden.*
ümwillen, *denn, weil.* ümwillen dat, *weil.*
un *in der compos. ist aus* wan *entstanden; vgl.* wanschicht *neben* unschicht. *vgl.* unböse, undîr, unmann, unmaüe, unart, unkrûd, unwęer, unkösten.
un, *und.* hai es im stande un küəmt nitt. strill strall strull, min kǫrf un dai es vull. — *mwestf.* ande, ende, inde, unde, un.
unard, *f. unart.*
unard, *m. unartiges kind. vgl.* unduəcht, unrast.
unband, *mutwilliger ausgelassener junge.*
unbändig, *unbändig.* hä wôrd so unbännig as en willen bæren, *es liess sich mit ihm gar nicht auskommen.*
unbändige, *ungemein, sehr.*
unbänsk, *unbändig. (Paderb.)*
unbedęrwe, *1. der sich nicht zu helfen weiss, dumm, einfältig, thöricht. 2. unrein. F. r. 29.* — *alts.* umbitharbi, inutilis, vanus. *Laiendoct.: unbetriebsam. Mons. gl.:* unpiderba, *abergläubig. vgl. Reuter, olle kam. IV, 60.*
unbeholpen, *von sachen, die sich nicht gut handhaben lassen.*
unberaupen, *unberufen.* med Gǫde unberaupen! *sagt man, wenn jemand etwas lobt.*
unbeschufft, *unverschämt.* — *ostfr. ebenso. holl.* onbeschoft.
unbefangen, *ungehindert.*
unbewand, *nicht der mühe wert.*
under, *s.* unner.
undîr, *untier, böses tier.*
undǫcht, *s.* unduəcht.
undǫ̈chtig, *s.* undüəchtig.
unduəcht, *f. 1. untugend. fig.:* då küəmt de unduəcht herût. *2. ungezogenheit.* — *schwed.* odygd.
unduəcht, *m. 1. unartiger junge. 2. taugenichts.*
unduechtig, *unartig.*
undüənig, *1. unartig. 2. moralisch schlecht. 3. schlecht von dingen, die nicht taugen.* unduənig geld *ist falsches geld. spr.:* dem gêt et as dem undüənigen gelle, dat es ümmer då. *s.* undônig.
unęwen, *uneben, unpassend, übel.*
ungebęen, *ungebeten.* wä ungebęen kömmt, maut ungedankt wiër gån.
ungedüllig, *ungeduldig.*
ungel, *n. talg.* — *Dortm. zolltarif von 1350:* vet, smalt, ungel, smer. *vgl. lat.* unguentum.
ungel-bêr-brôd, *brei von talg, bier (gewöhnlich wasser) und brot ist ein altes und hin und wieder noch gebräuchliches mittel gegen husten, grippe u. dgl.*
ungelücke, *n. unglück.*
ungenûtig, *ungenügsam.* — tig *für* dig. *alts.* giniudon, se satiare. *ags.* ungnŷde (abundans) *lässt ein* gnŷde *mit der bedeutung von* gneád, frugalis, modestus *erwarten, dem muss unser wort entsprechen.*

ungern *für* undern, *unterstündchen halten. Herscheid:* ungeu; *Halver:* iuungen. — *alts.* undarn. *ahd.* untaru, meridies. *vgl. berg.* enonger.
ungerüstert, *ungesäubert. spr.:* bai wäsket de hâsen un de fösse, sagg de frau, dà lait se çre blâgen ungerüstert lôpen.
ungestàld, *unvorbereitet.* et es hir so ungestàld wçrk, *man ist nicht darauf eingerichtet, hat sich nicht vorgesehen.*
ungetald, *ungezählt.*
ungetrôst, *ungemütlich.* et was dà so ungetrôst.
ungnad, *ungut.* nix fçr ungnad!
unhännig, *ungeschickt.*
unke, *f. grössere schlange, natter. (Lüdensch.)* — *mhd.* unke.
unkösten, *pl. unkosten.* dat gèt op regements unkösten. hê lçwet op regements unkösten.
unkrûd, *n. unkraut. spr.:* unkrûd es ouk fouer *(futter).*
unliedig, *unledig, beschäftigt.* unlçdig in der arbêd.
unliag = unliadig. hai es so unliag, as wänn hai en hittken slachtet hädde.
unmaitig, *unmüssig, beschäftigt.*
unmann, *schlechter kerl. Alten. draithordnung (wol aus dem 15. jh.) bei v. St., stück XX, p. 1241 ff.:* „wer aver ymands dei anders befunden werde, sall voer eynen unman gehalden werden." — *Schamb.:* unman, *der sein wort nicht hält.*
unmüegelik, *1. unmöglich.* dat es so unmüagelik as dat me eme âllen iosel kann 't danssen lęren. *2. anzüglich.* kain unmüagelik wârd.
unmünner — halwsinner, unweyse kerel. *N. l. m. 65.*
unnen, *unten.* dà unnen, *da unten. von der Mark aus wird das Bergische* „dà unnen" *genannt. bezieht sich das auf die niederung des Rheins, wohin unsere gewässer laufen, oder hängt das „unten" und „oben" mit einer andern vorstellung zusammen, welche die ostseite die hohe nennt? s.* höge. hai hęt unnen ût drunken, *er ist trunken.*
unnerbaiten, *feuer darunter machen. fig.:* guad unnerbaiten, *tüchtig düngen.*
unnerbalken, *m. unterboden.*
unnerdâks, *unter dach. fig.: in sicherheit. vgl.* achterbâks.
unnerdân, *m. untertan.* miue unnerdânen, *meine beine.*
unnerdenne, *darunter weg.* et fällt der ümmer unnerdenne.
unnerdęssen, *unterdessen.* män unnerdęssen.
unnerên, *untereinander, durcheinander.*
unnergân, ênen, *jemanden zu behandeln, willig und tätig zu machen wissen.*
unnergrund, *m. untergrund.*
unnerhęr, *unterwärts.*
unnerhewwen, *unter haben, in gebrauch haben.* hai hęt dat land unner *(in pacht, gebrauch). fig.:* hä hęt ne kraukhed unner. hä hęt wçt unner dat nitt en dôg. — *vgl. alts.* habda barn under irn.
unnerjacke, *f. unterjacke.*
unnerkârn, *n. mutterkorn.*
unnerkçrtig flass, *kurzer und langer flachs untereinander.*
unnerlîf, *n. corsett.*
unnermûle, *f. unterkiefer.* hai wiamelde an der unnermûle, *von einem besprechenden, der nur murmelt.*
unnermûxel, *unbrauchbarer mensch. N. l. m. 106.*
unnerpand, *n. 1. unterpfand. 2. futterstück; s.* achterpaud.
unnerplaigen, *unterpflügen.*
unnerschêd, *m. unterschied.*
unnerschêdlik, *verschieden.*
unnersetten, *untersetzen, vom vergrössern der bienenstöcke. F. r. 149.*
ünnerst, *unterst.* dat ünnerste sall te çwen gân.
sik unnerstân, *sich unterstehen.* unnerstâ di nitt!
unnerstunne, *mittagsfreistunde der dienstboten und arbeiter. K.*
unnertüsken, *inzwischen.* män unnertüsken, *indessen, aber.*
unnerfôer, *n. unterfutter.*
unnerwçgen, *unterwegs.* unnerwęgen lâten, *bleiben lassen. — der seelen troist 24:* do leis hei si uuderwegen, *er besuchte sie nicht mehr.*
unnerwîlen, *bisweilen, unterdessen.*
unnô, unô, *ungern.* hä woll unnô węg. — *alts.* un-nodho, difficulter, graviter. *Voss, winterab.:* unnode. *Schamb.:* unnâe.
unnüetig, *unnütz.* sik unnüatig maken, *sich über etwas ereifern, schimpfen. — Keller, fastn. 981[11]:* unnütte wesen. *Shigtb. 142. Rückert: was sich unnütz macht, macht sich verdruss.*
unpâr, *ungerade.*
unrâdsgeld, *n. nebenkosten.*
unrast, *unruhiger mensch. mnd. ged. 1, 320. — Teuth.:* onrast, ongemack.
unraue, *f. unruhe.*

unrecht, *unrecht.* hai kritt et am unrechten enne. *spr.:* unrecht guod küəmt an den drüdden erwen nitt (dat digget nitt). de unrechte strote, *die luftröhre;* ik hewwe wot in de unrechte strote kriəgen. et es mi so unrecht *(unangenehm).*
unsachte, *unsanft, unrecht, unangenehm.* et es mi gans unsachte, datte nitt küəmt.
unschüllig, *unschuldig.* hai es so unschüllig as borgræwen hippe, dä was ens siəwen mål nån bocke wesen.
unsel, *elender mensch im moral. und phys. sinne.*
unselerigge, *f. unreinlichkeit. (Paderb.)*
unselig, usselig. *1. unansehnlich, schmutzig, schmierig; syn.* smerlapps. *2. unwohl, unpässlich, unmutig, unbehaglich. — schwed.* usel, *elend.*
unsûne, *unsauber, unrein. — vgl. alts.* gasiuni. *mnl.* onsiene, deformis, invisus.
untaimig, *ungeziemend, unschön.*
untâlbar, *ausserordentlich, gross.*
untertruvenen, *beglaubigen. v. St. stück XX, p. 1313.*
untid, *f. unzeit.* biäter ter untid, asse nümmermæ.
unverboddens, *unversehens.*
unvertogen, *ungezogen, unartig, beleidigend.* hä sagg mi kain unvertogen wård.
unverwôren, *partic. adj. nicht verworren. spr.:* unverwôren es am besten, badde de Ifrendraiger spiəlt. — *aus* vorwirren, vorwerren *(alts.* wirran, *ptc.* giworran) *wurde schon im mnd.* vorwôren. *Bugenh. bib. Genes. 11.*
unfrie, *m. unfriede.*
unfrom wysen den draith = van ungewerde wysen, *den draht für nicht preiswürdig, für wertlos erklären. Alten. draithordn. bei v. St. ebenda:* from wysen, *vom drahte.*
unweer, *n. unwetter.*
unwise, *schwachsinnig. (Siedlingh.)*
ûr, *f. uhr, stunde.* en vêrdel ûr, *eine viertelstunde. fig.:* nu wêt ik, bu viəl ûr et es. *s.* tîd.
ûrmännken, *totenuhr. s.* sandlôper.
ûrmeker, *m. uhrmacher.*
urmelig, *schwach leuchtend.* dat lecht brent so urmelig. *s* ülmen. — olm, ulm, urm, *glimmender gegenstand, daher faules holz.* ülmen, *dampfen, von glimmendem faulen holze.*
ürmelken, *n. ein schlecht brennendes licht. —* ölmeken *ist im Hildesheimschen bezeichnung des irrlichts.*
ûrwerk, *n. uhrwerk.*
usten, *pl. überbleibsel beim tuchmachen. s.* verurten.
ûrten, *pl. launen. (Odenthal.)*
use, **use**, *unser.*
ûsse, *f. kröte. (Nieheim.) — ags.* ŷce, *f. rana wird dasselbe wort sein.* ŷce = hûke, hucke. ûtse, ûsse *entstand aus* ûte *für* ûke, *da* t *und* k *sich vertreten können.*
ûselig, *schmutzig. (Siedlingh.) vgl.* unselig.
ûselig, *unsauber.* sau ûselig im gesichte as en wixenüppken. *Op de âlle hacke 36. — vgl.* nûselig, knûəselig. *ags.* ŷsle, favilla. *Findl. 43:* ösel, *tote asche.*
Ussel, *Ursula. Must. 28.*
ût, *præp. mit dativ, aus.*
ût, *ellipt. adv. aus.* dat fûr es ût *oder* ûte *(sc. gegangen).* ik sin all ûte *(sc. gezogen).* hai es ute. *(Lüdensch.)* jår in jår ût, *jahr ein jahr aus. — auch schwed.:* dag ut och dag in.
ûtbehâld, *m. vorbehalt.* med ûtbehâld.
sik ûtbehâllen, **sik ûthâllen**, *sich vorbehalten, sich ausbedingen.*
ûtblaumen, *verblühen.*
ûtbliwen, *1. ausbleiben. 2. verscheiden.*
ûtbörsseln, *ausbürsten.*
ûtbråen, *ausbraten.*
ûtbraien, *ausbrüten.*
ûtbrenen, *ausbrennen.* dat fûr es ûtebrannd.
ûtbrengen, *ausbringen.* hai viel nigges inbrenget, brenget viel ût.
ûtbund, *m. ausbund.*
ûtbütten, *ausweiden.*
ûtdage, *die letzten 8—14 tage des winters. um St. Peter ist es schon in den aussentagen.*
ûtdauen, *1. auslöschen,* to do out. *2. austun = ergeben.* ik wêt nitt, bu viel dat ûtdait. *3. erfüllen, von vorgeschichten.* dat es noch nitt ûtedån.
ûtdêlen, *austeilen.*
ûtdenken, *ausdenken.*
ûtdersken, *ausdreschen.*
ûtdüppen, *auskrüllen.*
ûtdregen, *1. austragen. 2. ausmachen.* bu viəl driəget dat ût?
ûtdriwen, *austreiben.*
ûtdrücken, *ausdrücken.*
ûtên, *auseinander.*
ûtern, *von aussen auf der wollseite nähen, um einen riss durch eine nicht bemerkbare naht zu stopfen.*
ûtgaiten, *ausgiessen.*
ûtgån, *1. ausgehen. 2. verschwinden.*
ûtgang, *m. ausgang.*

ûtgåwe, *f. 1. ausgabe. 2. vortrag, rednergabe.*
ûtgiəwen, *1. ausgeben. 2. vorbringen.*
ûtgörgeln, *vomieren, von kleinen kindern. syn.* göweln. — *s.* görgeln.
ûter, *n. euter.*
ûterbock, *m. zwitter. syn.* twêtebock. *beim spiele:* „bu gefällt di din nåber?" *war eine gewöhnliche antwort:* nitt guəd; hä stinket as ein ûterbock! *N. westf. mag. I, 276:* he stinket as en owweriisk (owwe, *mutterschaf.*)
ûterweld ass, küəning, hôr, *was nicht à tout im karnüffelspiele ist.*
ûthàllen, *aushalten.* ek hàlle ût med wat, *ich bin dafür.*
ûtharken, *ausharken.*
ûtharken, *räuspern, schleim auswerfen. — altn.* hraki, sputum. *schwed.* rackla ut. *dän.* harke, *räuspern. Hennynk d. Han. vgl. Diez II^c:* racher.
ûthûsig, *aushäusig.* sik ûthûsig måken, *ausziehen.*
ûtkaiwen, *kauend aussondern.*
ûtkilen, *laufen. (Brilon.)*
ûtkippen, *knospen zeigen.* de swartdårn kippet ût, *er zeigt weisse knospen. mit* ûtlåten *wird ein weiterer fortschritt der blütenentwicklung bezeichnet.*
ûtklaiwen, *s.* klaiwen.
ûtkleppen, kleppen *beim schlusse des gottesdienstes. K.*
ûtkloppen, *ausklopfen.*
ûtknipen, *weglaufen.*
ûtknüəstern, *auskünsteln, aussinnen.*
ûtkranken, *durch krankheit ausgemärgelt werden.* en ûtkranked meuske.
ûtkuəmen, *auskommen. sagt jemand:* ik kuəme nitt ût, *so wird wol scherzweise geantwortet:* de ûle is jà ûtkuəmen un hęt doch sô en dicken kopp.
ûtkunsen, *auskundschaften. K.*
ûtlæren, *auslernen.* me kann nitt ûtlæren.
ûtlåten, *1. auslassen. 2. nicht anziehen. 3. nicht anzünden. 4. erblühen. — ähnlich mnd. Schauenb. chr. 18:* dar is utgelaten *(entsprossen)* dit wort. *s.* ûtkippen.
ûtlecken, *auslecken.* dat heww' ik noch ær dån as sik de katte 't ôge ûtlecket, wann se ock all op der fuət sittet un well derân.
ûtleggen, *auslegen. iron.:* ênem de ære ûtleggen, *einen schlecht machen.*
ûtlichten, *ausspannen.* en perd ûtlichten. *es aus der lichte führen, d. i. ausspannen.* ênen ûtlichten. *vgl.* lichten.
ûtlöchten, *fig.:* enen ûtlöchten, *heimleuchten.*
ûtlösen, *auslösen.*
ûtlucht, *raum im hause vor der stubentür; vorbau am wohnhause. K.*
ûtlûen, *ausläuten.*
ûtmåken, *1. ausmachen.* de knollen ûtmåken. *2. heruntermachen, ausschelten.* ênen ûtmåken dat kain rûe dat brôd dervan friətet. — *holl.* uitmaken.
ûtmęrken, *ausmerken, bemerken.*
ûtnaigen, *ausmähen, d. i. laufen gehn. s.* ûtneggen. — *ahd.* nâhjan, properare.
ûtnęmen, *ausnehmen.*
ûtpacken, *auspacken.* de haiden heffet dä ûtgepackt, *von einem wochenbette.*
ûtplücken, *auspflücken. fig.:* se hęt de besten fęern ûtplucht.
ûtpöppeln, *abzählen, beim kinderspiel.*
ûtprękeln, *ausprockeln, ausstochern.*
ûtpûsten, *auspusten, ausblasen. Gr. tüg 58:* det lecht intepuasten hiäst. *Sündenf. 550.*
ûtputsen, *1. ausputzen. 2. ausschelten. — vgl. fr.* accoûtrer de la belle manière.
ûtraiper, *m. ausrufer.*
ûtraupen, *ausrufen.*
ûtręken, *ausrechnen.*
ûtrêren, *ausfallen, von samen, korn.*
ûtrêwen, **ûtrêweln**, *1. einen leichnam (got.* hraiv) *auskleiden. 2. ausziehen, von executoren.*
ûtrichten, *ausrichten.*
ûtriggen, *das fachwerk der wände herausnehmen, so dass das blosse zimmerwerk steht.* dat hûs was ûtrigget.
ûtrîten, *ausreissen.*
ûtrọen, *ausroden, ausreuten.*
ûtroppen, *ausraufen.* dęm de hår ûteroft sind.
ûtrüstern, *ausschelten.*
ûtsaihen, *aussehn.* he sûht ût, me soll 'ne nitt med der tange anpacken. — *span.* aparect que no se le podia agarrar ni con unas tenazas. *Cuentos p. 59.*
ûtsaiken, *aussuchen.*
ûtschennen, *ausschimpfen.*
ûtschôwen, *ausschütten, stroh, klee.*
ûtschrappen, *auskratzen.*
ûtschüdden, *ausschütten.*
ûtschüət, *m. ausschuss, auswurf. — holl.* uitschot, *n.*
ûtse, *f. kröte. s.* ûsse.
ûtsegge, *f. aussage, erklärung.*
ûtsen, *foppen. s.* aiwen.
ûtser, *m. fopper. Gr. tüg. 22.*
ûtsetten, *aussetzen.*
ûtsichten, *aussichten.*
ûtslåen, *1. ausschlagen. 2. ausschlagen, von gewächsen. 3. schwitzen von wänden*

und steinen. — *Tappe 98b:* he scleyt nit vyth, dann stoess vnd schlege.

ûtslag, *m. 1. ausschlag. 2. nach dem westf. anz. 1804 p. 479 war* kęrspels ûtslag *der teil der landessteuer, der auf dem sogenannten* erfentage *in der grafsch. Mark auf diejenigen districte fiel, die den namen kirchspiel führten. manchen landleuten war dieser ausschlag zu hoch. so kam es, dass die liebhaber von schwarzgerauchten tonpfeifen den schwarzen ausschlag ihrer pfeifen, wenn er grösser war als sie ihn wünschten oder für schön hielten,* kęrspels ûtslag *nannten.*

ûtslipen, *ausmachen durch fingerstreichen.*

ûtsmiten, *auswerfen.* en grâwen ûtsmiten.

ûtsnaisseln, *eine stange glätten durch abhauen der zweige. s.* snaise.

ûtsôern, *austrocknen.* de erdbǫen es ûtsôerd.

ûtspann = pôse. *(Fürstenb.)*

ûtspannen, *ausspannen.*

ûtspialen, *ausspielen.*

ûtspoilen, *ausspülen.*

ûtstân, *1. ausstehn. 2.* sik ûtstân lâten, *sich merken lassen.* hä lätt sik wǫt darvan ûtstân, *er lässt ein wörtchen davon fallen.*

ûtstand, *m. ausstand.*

ûtstafferen, *ausstatten.*

ûtstęken, *ausstechen.* de ûtgestękenen biller sind am dûrsten. *scherz über eine pockengrübige person.*

ûtstiak, *m. vorbau, balcon. (Altena, Berg.) syn.* arkenêr. — *holl.* uitstik, *n.*

ûtstiakskammer, *f. kammer in einem ausbau.*

ûtstiaweln, *waaren zum verkauf ausstellen. vgl.* stippeln, timpeln.

ûtstiffelêren, *ausdenken, ausklügeln. K.*

ûtstriapen, *1. ausstreifen, berauben. 2. ausmelken.*

ûtstrôpen, *ausstreifen, ausziehen.* — *holl.* uitstroopen.

ûtstückern, *flicken.*

ûttäppeln = ûtpäppeln. *(Elsey.)* — *vgl.* to tap.

ûttęren, *abzehren.*

ûttęrunge, *f. auszehrung.*

ûttǫg, *m. schublade.* — *fr.* le tiroir.

ûttrecke, *f.* = ûttǫg.

ûttrecken, *1. ausziehen. 2.* = ûtstrôpen. sik ûttrecken, *sich berauben für einen anderen.* de lû hett sik ûttrecken, ûm den suan wǫt lęren te lâten.

ûttwillen, *pl. aussenzweige, zweige die am meisten abstehen.*

ûtfaien, *ausfüttern.* ęre kinner sind all bâlle ûtefodt *(erwachsen).* sünte-péter sid de imen un schâpe ûtefodt.

ûtverbai, *verbitten.* med ûtverbai! *ich verbitte mir. ausdruck beim spiele.*

ûtverbrot, *ausdruck beim spiele, wenn ein spieler erklärt, dass er für eine zeitlang austreten wolle. vgl.* ik verbai mi.

ûtfęgen, *1. ausfegen. 2. laufen. (Brilon.)*

ûtflaigen, *ausfliegen.* de vüagel sind alle ûteflogen. *fig.:* de vüagel flaiget ût, *hier gibt's ein wochenbett.*

ûtfrâgen, *ausfragen.*

ûtfręten, *ausfressen.*

ûtvringen, *ausringen, z. b. wäsche.*

ûtwasken, *auswaschen.*

ûtwassen, *auswachsen.*

ûtwîsen, *ausweisen.*

ûtwisken, *auswischen. fig.:* dai hęt ęm de ôgen ûtewisket.

ûtwuanen, *ausdienen.*

F V

fä, *pfui!*

fackel, *f. 1. fackel. 2. grosse lichtflamme.*

fackeln, *1.* = fäggeln. *2. zögern.* fackel nitt lange. *K.*

facken, *sich müssig herumtreiben. K.*

fackschötte *(laufschürze).* sai hęt de fackschötte an, *heisst es von einem frauenzimmer, das sich viel ausser dem hause umhertreibt. K.*

vadder, *m. gevatter.* vadder stân, *gevatter stehn.* — *mwestf.* vaddere.

vadderkirsse, *f. doppelkirsche.* — *volksabergl.: wenn man eine doppelfrucht findet, wird man gevatter; daher wol der name. auch zu Siedlingh. dieser gebrauch des* vadder *bei doppelfrüchten.*

vaddernuat, *f. doppelnuss, zwillingsnuss.*

vadderprûme, *f. doppelpflaume, zwillingspflaume.*

vadderschop, *gevatterschaft.*

vadderske, *f. gevatterin.*

vâder, *m., häufiger* vâr, *vater.* — *alts.* fader.

fäggelen, *1. umherlaufen. 2. umherborgen.* — *vgl. engl.* fay *(laufjunge),* fayged out *(ermüdet).*

fäggeler, *m. wer von einem zum andern borgt; wer mit handwerkern wechselt;*

ein saumseliger. diese von H. angegebene bedeutung wird, genauer bestimmt, einen schlechten zahler bezeichnen, der darum in andere läden, zu anderen handwerkern läuft.

faggelig, *unbeständig in dem unter faggeler angegebenen sinne.*

faggeln, *n. wortstreit, rechthaberei. K.*

faige, *1. dem tode nah oder verfallen. 2. der todesahnung hat, mutlos. von dem, der besser handelt, als man von ihm gewohnt ist, sagt man:* ik lôwe, hä es faige. — *gerade so sagt in Gold. locand. II, 4 der diener:* il mio padrone vuol morire, non ha mai fatto altrettanto. *ebenso das schott.* to be fey, *Walt. Scott, pirate, p. 60 (Tauchn.):* „when a person changes his condition suddenly, as when a miser becomes liberal, or a churl goodhumoured, he is said, in Scotch to be fey; that is, predestined to speedy death, of which such mutations of humour are received as a sure indication." — *ahd.* feigi. *alts.* fêgi. *ags.* fæge. *mhd.* veige.

vaih, vêh, *n. vieh.* — *got.* faihu. *ahd.* fihu. *alts.* fehu. *ags.* feoh. *mwestf.* voy, voh. *Urk. des Iserl. st.-arch. v. 1336:* voweyde *u. sonst.*

fâke, *oft.* — *holl.* vaak. *es entstand aus dem dat. plur.* faken, *vgl. Seif. sagen p. 140:* des sondages avends spisenden wy tho 80 vaken.

fakse, *f. pl.* faksen, *faxen, possen, bewegungen, die lachen erregen sollen.* — *vgl. lat.* facetiæ.

fâl, *fahl, falb.* hä ridt op me fâlen pęrre = *1. er ist auf verkehrtem wege, fig. 2. er macht wind, er macht grossen aufwand und hat nichts dazu.* — *ags.* fealu. *mhd.* falw.

fæl, *fehlerhaft.* en fæl stück roggen. — — *ags.* fell, malus, crudelis.

fæl, *fehler, gebrechen.* hä hęt fæl an den ôgen. — *holl.* feil. *dän.* feil.

fæl, *Iserl.:* fêl, *feil.* — *altn.* falr. *ags.* fâle.

faldbône, *f.* = wibbelbohne. *(Fürstenb.)* — fald = feld.

valdriânspîpe, *baldrian. (Fürstenb.)*

fælen, *Iserl.:* fêlen, *fehlen.* bat eäme fælt, dat kann hai missen. — *Husp.:* feilen.

falge, *f. trauermantel. Grimme.* — *Sch.:* fale als die vrouwen dragen, palla. *Frisch:* falien.

fâlhenne, *f. name einer fahlen kuh.*

falke, *f. falke.* et es biäter bi der ûle sat friäten as bi der falke smachten.

falken, *herumlaufen. Weddigen.* — *vgl.* fackeln.

falle, *f. 1. falle zum fangen.* mûsefalle, fossfalle. — *ags.* fealle. *2. einfall drohendes haus.* et es 'ne âlle falle. *3. in* mistfalle. falle *ist urspr. grube, in welche das tier fällt und gefangen wird; daher auch* falle *in* mistfalle = *grube, in welche der mist fällt. anderwärts ist dafür* fald, *m. gebräuchlich, so Seib. qu. I, 110:* valdt, *m.; v. St. VI, 1811:* falt, *m.; z. d. berg. g.-v. I, 347. dies bezeichnet wie ags.* faled *eigentlich einen umzäunten raum, hofraum, einen pferch, daher auch schafhürde. vgl. Lacombl. arch. VI, 266. 433:* valder; *352. 301:* falder, *n.; 386:* felder; *III, 361:* valder.

fâlle, *f. falte.* — *für* falde. *ags.* fealde.

fallen *(præt.* fell *und* foll, *pl.* fellen *und* föllen; *ptc.* fallen), *fallen.* dat foll mi so dick int lachen. he hęt sik fallen = *er ist gefallen. H. bemerkt, es sei nur von menschen, nicht von tieren gebräuchlich.* — *ags.* feallan, feoll.

fâllen *(præt.* fâlde, *ptc.* fâllen), *falten.* — *für* falden. *ags.* fealdan.

fallend, *ptc. von* fallen, *adj.* de fallende kränkde, *die fallende sucht.*

fallhaut, *m. fallhut für kinder.*

fällig, *fällig; vgl.* brękfällig, heufällig.

fals, falsk, falsch, *1. falsch, unrichtig, unecht.* falsche staifmörkes, *wilde stiefmütterchen. (Elsey.) 2. böse, ärgerlich.* he wôr fals, *er nahm es übel.* he wôr mi fals, *er wurde mir böse.*

fâm, *m. pl.* fęme, *faden.* je länger de dag, je kǫrter de fâm. *(Fürstenb.)* — *für* faden, *ags.* fâdhen.

fâmelerigge, *f. faselei, unsinn.* van dęr fammelerigge wiəte-vi hir nix van, *sagte auf dem Hellwege eine frau, die nach volksgebräuchen gefragt wurde.* ik lôwe an de gansse fâmelerigge nitt, *wurde gesagt, als einer erzählte, dass er brandwunden durch besprechen geheilt habe.* — fâmeln, fammeln *wird nicht aus* fabulari *zu leiten sein, sondern urspünglich eine abergläubische manipulation bezeichnen.* — *vgl.* fämmeln.

fameln, *im fieber phantasieren. K. syn.* raseln.

fämmeln, *manipulieren.* — *altn.* fâlma, palpare. *schwed.* famla, tappen. *vgl.* fummeln.

van, *von. 1. räumlich, eigentlich und figürlich.* vam balken op de hille. wann de hâwer dûr es, bindt me de perre wid van der krübbe. bat van katten küəmt, well müsen. me lôpet wǫl vam hǫwe, àwer nitt vam trǫge. vam àllen pott küəmt me annen niggen. vam raimentrecken küəmt de rûe aut lęerfręten. wamme vam rädhûse küəmt, es me alltid klaûker, as wanne derhen gêt. wid van der hand es en guəden schüət. bai kann noch kainen hæring van der rôster hǫren. et gêt van der hand oppen tand. hä sûht ût as de dôd van Ypen. dai es fan der kâr fallen *(unehelich)*. dat gêt van der schüətel oppen küətel. *in adverb. rda. auf die frage wo:* van allen sien = de tous côtés. van binnen, *inwendig* van bûten, *auswendig*. van denne. van færinges. — *vgl. mnd.* van ferninges, van nies. *2. zeitlich, ausgangspunkt.* van ôstern bit pingsten. van twęlf ûr bit middag. dat häldt van vespertid bit de hauner opflaiget. *adverb. rda. die ein adj. vertreten:* dat es roggen van te jâr = *vorjähriger roggen.* dat es de àlle van te jâren = *der wind. adverb. rda. auf die frage wann:* van ær *oder* van æren, *neulich.* van dâge, *heute.* van morgen, *diesen morgen.* van middage, *heute mittag.* vanner nacht, *vorige nacht.* van tiens, *früherhin.* van frôjâr, *dieses frühjahr.* vanner węke, *diese woche. auf die nächste zukunft gehend:* bit van düən dâgen, *bis nächstens (abschiedsgruss). 3. räumlich, figürlich, mit dem ausdruck der trennung.* dä maut ęm de bülten vam hęrten schüwen. dä van nôd te brôd kuəmet, dä sid de slimmsten. ard lätt van ard nitt. *mit dem ausdrucke des ursprunges:* dęm gêt de snäbbel as wann he en stück van der entekefuət fręten hädde. bat kamme mær vam ossen verlangen assen stücke rindflês. *4. ausdruck der beschaffenheit zur vertretung eines adj.* kinner van willen *(die immer ihren willen bekommen haben und deshalb eigensinnig sind)* sind üəwel te stillen. en męken van der middelmâte. *5. ausdruck der beschaffenheit zur vertretung eines adj., aber so, dass dieses adj. einem appositionalen subst. entsprechen würde.* en daif vam wulfe *ist zunächst ein wölfischer dieb, dann aber ein dieb der wolf ist oder ein räuberischer wolf.* so en lümmel vam jungen. en spitsbauwe vam kærl. *6. ursächliches* van, *welchem zuweilen noch* af *beigefügt wird.* van schęmde af. de fraulû *(welche durch den genuss der birnen eine fusslange nase bekommen hatten)* geugen van schęmde af nitt anners rût as med me wiskeldauke vǫr de nâse. *(märchen.) 7. teilvorstellung.* de wulf friətet ock van getalten schâpen. *8.* van = *über.* wamme vam wulwe küert dann sûht me den stęrt. dä wêt nitt van tûten àder blâsen. *9.* sin van = *freund sein von.* dem bûr es et vanner korten pręke un 'er langen metwǫrst. dàvan es et mi nitt — *das mag ich nicht.* wà 't dem vǫggelken van es, dà flôtet et van.

fâne, *f. fahne.*

fang, *m. fang.* êrdfang, *erdfang. Iserl. urk. von 1448:* garden an dem vnnar wege dar dey ertvanck ynne is.

fangen *(præt.* feng, fong, *pl.* fengen, föngen; *ptc.* fangen), *1. fangen.* dat es ênen bà me de annern mede fänget. en kind fangen, *wird von der hebamme gesagt; vgl.* kinnerfangst, *Eichw. spr. nr. 1018. 2.* wǫt fangen, *angesteckt werden, z. b. von der krätze; vgl.* attrapper, to catch. *3. ungeziefer von jemand bekommen. 4. anstecken.* dat fängt, *die krankheit steckt an.*

vannerhandsk, *ein fuhrmannsausdruck: rechts, weil der fuhrmann an der linken seite geht.* de tausikste vǫrbên am vannerhandsken pęrre, *der linke vorderfuss des sattelpferdes. — vgl. Eothen p. 179:* the near legs. the off shoulder. *s.* tausikst.

fänte, *m. bursch, knabe. junger windiger leichtsinniger bursch. — ags.* fêda *fur* fandja, pedes. *fr.* fando. *mnd.* vente. *ital.* fante, *bursche, soldat.*

fänterküttken, *n.* ranunculus ficaria. *(Warstein.)*

fäntern, *1. gehen, streichen.* herumme fäntern. *syn. von* läntern. — *fr.* flaner. *2. spielen. Grimme.*

fantsen = faxen. *F. r. 43.*

fantsen, *phantasieren* = raseln. *(Siedlingh.)*

vâr, *m. pl.* vęrs = vâder.

fær, fêr *(comp.* födder, *superl.* föddest), *adj. und adv. fern.* en færen węg. færer. færst. so fær, *so fern. — ags.* feorr. *alts.* ferr, procul. *got.* fairra. *Sp. f. d. upst. 1102:* to fêre. *alts.* err *wurde unser* êr.

fâren *(præt.* fôr, *ptc.* fâren), *fahren.* wu du smers, so du færs. *das præs. ist bei Iserlohn fast ganz durch fôren verdrängt. der vocal des præt.* ô *für* au *ist wie bei* hôr *(hure) durch* r *bedingt.*

fâren, *m. farnkraut.* — *ags.* fearn. *syn.* christusblaume. *Kil.:* vaeren, vaerenkruyd.

færenkiker, *m. fernrohr.* — *holl.* verrekijker.

fæ̣ringe *in* van fæ̣ringe, *von weitem.*

vârkrûd, *n. angeblich hirtentasche. kinder halten dieses kraut einander hin und sagen:* treck ènt *(ein* schötchen) af! — nu bęste din vàr un mör den kopp aftrocken. *(Iserl.)*

fæ̣rste, fêrste, *f. ferse.* de fèirsten wisen, *fersengeld geben.* — *got.* fairzna. *ags.* fierṣn. *ahd.* fersna. æ, ê *ist verdichtetes* ai; st *für* s *hat analoga in* fisten = pfeisen, kuisten = knisen.

farwe, *f. farbe.* ik hewwe dat linendauk in de farwe dån = *zum färber gebracht.* — *mhd.* farwe.

fasch = frisk. — *Lud. v. Suthen:* fersch.

fâsel, *f. 1. zucht, fortpflanzung.* he es ter fâsel verdǫrwen = *er kommt nicht wieder auf (von seiner krankheit). (wol richtiger: er ist zur zucht, zur fortpflanzung verdorben = ist zu fett.) 2. junger anwachs. K.*

fâselstark, *weder fett, noch mager.*

fâselswîn, *n. zuchtschwein.* — *v. St. s. 1265:* vaselosse, vaselbehr.

fâselfęrken, *n. zuchtschwein.* bai med de hauner nà bedde gêt un med de fâselfęrken opstêt, dai kann et wǫl ûthâllen.

faselfîsche, *junge fische. K.*

fâsseln, *nicht recht voran können.* bat fâssels du dâran herümme. *syn.* drâsseln. — *? altwestf.* fràston = thràston.

fasselâwend, *m. fastnacht.* — *mwestf.* fastavend. *Bruns beitr. 343:* vasteldach. *Kil.:* vastenauond et euphoniæ gratia vastelauond. *nicht selten entsteht* ss *aus* st. *syn.* kiperling.

faste, *adj. und adv. fest.* so faste asse Dǫpm *(Dortmund)*, — asse Balve. faste im hèrn *(gehirn).* hàld faste, *halte fest.*

fat, *n. pl.* fęte, *fass.*

fatbänner, *m. fassbinder.* — *Kil.:* vatbinder *j.* kuyper.

fatkæse, *m. viereckiger käse.*

fättens, färts, fätters, *sofort, gleich, rollends.* — *alts.* forth. à *hängt von* r *ab, wie in* wârd *für* word; t *für* d (th).

vatter-unser. me kann saihen, dat de lû hir noch et vatter-unser będt, *sagt man, wo weisse lilien im garten blühen.*

fätterstands, *auf der stelle* = fârd ter stund.

vatterunserlęk *für mund. N. l. m. 54.*

vatterunsersteuer, *almosen.* hai sammelde de vatterunsersteuer. *Spr. u. sp. 60.*

faüde, *f. weidegemeinheit in der Soester boerde.* — *mwestf.* voede.

faüen, faien *(præt.* fodde, *ptc.* fodt), *füttern, nähren, mästen.* se faiet alle jâr en par swîne. he födt wâter = *er hat die wassersucht.* — *got.* fodjan. *ahd.* fuotjan. *alts.* fodian. *ags.* fêdan. *engl.* to feed.

faüer, faier, *n. fuder. 1 fuder eisenstein = 5 tain märkisch. Eversmann.* — *alts.* fother = fuothir. *mwestf.* voeder.

fauge, *f. recht, befugnis.*

faügen, *fügen.* gefeuget. *1670.*

faükalf, faikalf, *n. kuhkalb, zuchtkalb, während die stierkälber meist geschlachtet werden.*

faülen *(præt.* follte. *Gr.), fühlen.* — *mnd.* gevoelen. fuolian. *s.* foilen.

faut, *m. pl.* faite, *fuss.* ǫver faut kuamen, *uneins werden. F. r. 78.* de faite in de hänne nęmen, *laufen. (Brilon.)* — *goth.* fotus. *ahd.* fuoz. *alts.* fôt.

fautbank, *f. fussbank.*

faütken, *n. füsschen.* faütken fǫr faütken.

fautpâd, *m. fusspfad.* op 'me fautpâe kann kain gras wassen *(von huren, von geschäftsconcurrenz).*

fautstappe, *m. fussstapfen. Seib. urk. 1099:* voetstappe.

fautvolk, *n. fussvolk.* unnert fautvolk kuamen, *von sachen, die in die hände des gesindes oder der kinder kommen und so leicht verdorben werden.*

fazûn, *gestalt, aussehen.* — *fr.* façon.

fazûnlik, *von gutem aussehen.*

ve, fe, *angelehntes* vi, vî, *wir.* gistern heffe (= hewwet vi) den waiten införd.

fechten *(præt.* focht, *ptc.* fochten). *fechten.* se fechtt med lûnen, *sie ist launenhaft.* sik fechten, *streiten.* de drai fechtet sik üm den hǫf. op liager strâte es guad fechten, *kann auch vom fechten der handwerksburschen verstanden werden.*

vedder, *m. pl.* veddern. *1. vetter. 2. oheim. (Marsberg. Siedlingh.)* — *ahd.* vaturjo, patruus. *Kil.:* vedder, patruus, avunculus et consanguineus.

veddern, *vetter nennen. spr.:* vedder mi hî, vedder mi dâ, blîf mi vam kirsenbôme.

feddig *für* ferdig, *1. fertig. 2. trunken.* hai es feddig. hai was so raine ferrig, datte nitt wuste offe Hinnerk oder Stoffel hette. *Gr. tüg 55.*

sik fędern, *sich federn, die federn verlieren, vom geflügel. (Fürstenb.)*

fęgen, *1. fegen, reinigen.* de owenpipe es kortens noch fęget. *2. schälen, in der mühle.* vi well häwer fęgen låten, daffe gǫrte kritt. *syn.* schelleu. *3. schlagen.* kuəm mål hęr ik well di fęgen. *(volksl.) 4. hernehmen, heruntermachen.* min möder hęt se mål düchtig fęget, se hęt kain êrlik hår an ęr låten. *5.* = snaigen. *6.* = fogen.

fęger, *m.,* **fæger,** *m. 1. am häufigsten von tieren, die verhältnismässig gross und stark sind, besonders mit dem zusatz* düchtig. *syn.* kaimer. *2. seltener von personen. — Kil.:* vegher, vaegher qui ad quidvis cum alacritate expediendum est idoneus; expeditus ad quidvis prompte peragendum.

vêh = vaih.

fêhmolle, *f. molch. syn.* bunte molle. *ags.* fâh. *ahd.* fêh, varius. *Kil.:* veemol, buprestis. *s.* molle. *in* fêh *(bunt) und* vêh *(vieh) fällt also got.* âi *und* ai *zusammen, vgl. Gr. I[a] p. 54.*

vehsûke, vehsaike, *viehseuche.*

fęl, *falb, gelblichweiss, von pferden.* en fęllen.

feld, *n. pl.* feller, *feld. — ags.* fild.

felddǫr, *tür welche aus einem oberen und einem unteren flügel besteht. da sie sich häufig der niendǫr eingefügt findet, so mag der name „tür durch welche es nach dem felde geht" ausdrücken. wol richtiger aus* falddǫr (fald = *düngerplatz, mwestf.* feldoer) *entstanden (= nd.* messeldör).

feldhaun, *n. rebhuhn. — alts.* feldhon.

feldhenne, *f. ein kuhname.*

feldhosen, *pl. in der rda.:* de feldhosen antrecken = *die flucht ergreifen, ausreissen. — vgl. fr.* tirer ses chausses.

feldkundel, *quendel. (Siedlingh.)*

feldschęr, *m. wundarzt. — Kil.:* veldscherer.

feldschęrschiəmel, *m. in der rda.:* im feldschęrschiəmel sien = *ohnmächtig sein. syn.* beswęgen.

feldsilât, *m. feldsalat,* valerianella.

feldflüchter, *m. feldtaube.*

fęle, *f. name einer fahlen kuh. s.* fęl.

fęle, *m. fahles pferd.* en fęlen.

fêlen, *foppen. Gr. tüg. 20.*

felge, *f. radfelge. — ags.* felge.

felge, *f. geleertes roggenfeld. (Warburg.) — ags.* fealu. *engl.* fallow.

felgen, *ein stoppelfeld aufpflügen. (Warburg.) syn.* bråken. *— alts.* felgian, *bereiten. ostfr.* falgen. *Kil.:* velgheu, versare.

fell, *n. pl.* felle, *fell. in Westf. und Berg wird man oft* fell *(wie im Helj. 305:* fel unsconi) *für* hûd *verwenden hören, was dann auch leicht in die hd. rede übergeht. fig.:* hai hęt en hard fell. op dem felle rappeln, *sich betrinken. einen durchhauen. (Velbert.)*

fellken, *fellchen, häutchen.*

felllôer, *m. lohgerber.*

fêmarked, *n. viehmarkt. ebenso Cod. trad. westf. 1, 201 (no. 28):* dat erste veemarkt.

fęmen, *fehmen. soll bei Bochum in gebrauch sein. ich meine es auch gehört zu haben. H.*

fęmen, *prügeln. — zu* fäm. *nds.* fæmen.

fęmken, *n. fädchen. — zu* fåm.

fęnsterflaigen, *pl. 1. fensterfliegen. 2. fig.: unnütze dinge.* fęnsterflaigen im koppe heffen. *vgl.* bunte vüəgel.

vêr, *vier. subst.* de vêr, *pl.* de vêren, *im karnüffelspiel, die vier. — got.* fidvor. *alts.* fiwar, fior, fiar. *aus umstellung von* fiar *wurde mwestf.* vair *(geschr.* veir), *dann* vêr; *die berg. mundart stellt nicht um, daher* viär.

fęr *adj. und adv. übers jahr oder länger ohne kalb,* åldmölkig. ne fęre kau. de kau gêt fęr. *— ostfr.* får, får = *nicht trächtig, jedoch milchgebend. nordfr.* feer, *unfruchtbar, selbst von heunen, die keine eier legen. holl.* vaarkoe. *engl.* farrow kow. *Kil.:* verre-koe, taura. *— nach* węr *(in* węrwulf) = *got.* vair *enthält* fęr *ein* i, *so dass* fęre = *got.* fairo. *dies könnte got.* thairo *entsprechen, got.* stairo *(unfruchtbar) kann ein* st = sth *enthalten, woraus ein* thairo *hervorgehen konnte. mit* stairo *mag stier (vielleicht verschnittenes und daher unfruchtbares tier),* stęrke (= stirke), *junge kuh, die noch nicht* berhaft, *zusammen hängen.* — „v e h r e i c h e n gebûget", *verordn. von 1669. Natorp hat* vehseichen *drucken lassen, könnte es viehseuche sein, oder* gebûget *statt* vǫr gebûget *(von* gebǫget)? *Gr. myth. 572: vom notfeuer oder wilden feuer, „u m v i e h s e u c h e n v o r z u b e u g e n."* tho vaer gaen *(Nies. 3, 225) = zum farren gehn.* „ock soe solt sie gyu ründer slaen dat tho vaer hefft gegaen dan bynnen vierteyn nachten darnae." *sollte dieses vẹr überhaupt aus* tho vaer *entstanden sein?* — *syn.* manse, manske, manskau, *auch wol versetzt* maukse, *vgl.* mausen = mannsmensk, *eigentlich männliche kuh, weil die* fẹr *gehende kuh öfter den ochsen begehrt.*

fẹr, fẹer, *f. 1. feder des vogels.* vögel van ènerlai færen. dann konnt se di de fẹren nåblåsen, *dann bist du ihren händen entronnen. 2. die zugeschärfte kante eines brettes, welche in die nuth* (nòte) *passt.* — *engl.* feather-edge. *ags.* fider.

veralimentêren, *für verarbeiten, besorgen gebraucht. (Deilingh.)*

verällen, *veralten, alt werden.* bẹn God well erhällen, dä kan nitt verkümmern noch verällen. — *köln.* veralden.

veränderunge, *f. 1. veränderung. 2. erholung.* he måket sik ne feränderunge. — *dän.* forandring.

verännern, *verändern.* sik verännern, *1. heiraten. 2. erholung suchen.*

verbåg, *m. vermessenheit, prahlen.* dat es en verbåg. dai hẹt en verbåg. daistu dat oppen verbåg? *willst du damit dem ungeheuerlichen (der geisterwelt) trotz bieten?* — *Teuth.:* verbaging, verboch, roeme, beroeming, boich, roim, vermetelheit. *köln.* verbaicht, *f. vgl. alts.* båg *und unser* bægelik.

verbai, *n. verbot.* med verbai! *sagen die kinder in Deilinghoven beim knickern, d. h. ich verbiete vom* mète (*s.* mèt) *zu schiessen.*

verbaien *für* verbaiden (*præt.* verbòd, *ptc.* verbọen), *verbieten. zu* sik verbaien *gehört* ik verbai mi, *was die kinder zu Deilinghoven rufen, wenn sie beim fangspiel den sicherplatz wählen.*

verballen, *verstauchen. syn.* verbällen. — *got.* balvjan, torquere. *mwestf.* vorbalwen. *eine Osnabr. urk. von 1395:* de huse eder erwe vorbalweden vnd ergherden. *nds.* verballen. *ags.* bealu, malum.

sik verballern, *sich versprechen, d. h. aus übereilung sagen, was man nicht sagen sollte oder wollte; daher: geheimnisse verraten.* — all *ist hier nicht* = ald, *was* àll *geben würde. Stürenb.: „im Saterlande heisst* balle *reden, sprechen." ostfr.* ballern, *knallen, lärmen;* ballerbüx, *vielsprecher, raisonneur;* verballern, *durch poltern, toben, babbeln einen verwirren, betäuben. nds.* ballern, *durch schlagen, durch eine peitsche schall hervorbringen.*

verbåselt, *adj. ptc. verwirrt.* — *Firm. I, 327:* verbaselt = *verdutzt. holst.* verbast un verbiestert. *nds.* verbåseln. *vgl.* båseln, *blind zulaufen.*

verbaset, *erschrocken. (Altena.)*

verbistern, *verwirren, irre machen, irre führen.* du maus ne nitt verbistern = *irre machen.* ik was verbistert, *ich war verwirrt, zu Brackel auch* = *ich war irre gegangen. ein Iserl. gedicht von 1670 verwendet es als intrans.* verbistern = *verlegen werden.* — sik verbistern, *irre werden.*

verbîten, *verbeissen.* hä hẹt sik dat verbiaten, *er hat den ärger nicht ausgelassen, er hat ihn in sich gefressen.* verbiaten, *verbissen, erpicht.*

verblauen (*præt.* verblodde, *ptc.* verblodt), *verbluten.*

verblennern, *verblenden.* hä verblennert sino ọgen.

verblîf, *m. verbleib.*

verblüffen, *verblüffen.* wèste bu et elfte gebọd hett? lätt di nitt verblüffen = *lass dich nicht verdutzt machen.* — *engl.* to bluff, *die augen verbinden. Kil.:* verbluffen med woorden, obruere verbis, protelare dictis. *Koelhoffs chr. 586, 32:* verblüfft.

verbọd, *n. verbot.*

sik verbọren, *sich durch heben schaden.*

verbôst, *adj. ptc. erbost.* he wòr sik verbôst.

verbrẹnen (*præt.* verbrannte, *ptc.* verbrannt), *verbrennen.* ik hewwe mi verbrannt. *fig.:* hä hẹt sik de finger deråue verbrannt.

verbroddeln = verbruədeln. *(berg. und westmärk.)*

verbrott, *ptc. verbrochen.* bat hẹt dai verbrott? — *ags.* breótan, bryttan, frangere. *schwed.* brott, *verbrechen. s.* ûtverbrott.

verbruədeln *für* verbruddeln, *1. verwirren, besonders fäden. 2. durch sorglosigkeit in unordnung bringen, verderben.* — *ags.* breóthan, *verderben. fr.* brouiller.

verbrûen *für* verbrûden, verbrürden, *aufbringen, böse machen. s.* brûen.

verbuəseln, *verwühlen, durch bergbau. s.* buəseln.

verbuggen, *verbauen, auf den bau verwenden.* — *Seib. urk. 1121:* verbouwen.

verbuiten, *vertauschen.*

verbündnis, *n. bündnis, bund.* en verbündnis med dem dûvel.

verdainen, *verdienen*.
verdammen, *verdammen*. Gǫd verdamm! *(ein fluch.)*
verdauen *(prœt.* verdæ, *ptc.* verdån), *vertun, durchbringen*. sik verdauen, *sich irren, etwas verkehrt tun*. ik hewwe mi verdån *(geirrt)*. hä hęt sik med 'me ęten verdån *(geschadet)*. — *alts.* farduan, delinquere, crimen committere. *Tappe 134*b: wer froe vpstheyt, der vil verdheyt, *wir:* bai frô opstêt, sin guəd vertęrt.
verdausam, *der viel drauf gehen lässt.* et es en verdausamen winter węsen, *das rindvieh hat viel verzehrt*. en verdausam węer, *wetter, bei welchem man scharfen appetit hat. (Iserl.)*
vêrde, *vierte*.
verdeck *in* Gǫd verdeck! = *Gott straf mich. (Hagen und berg.) entstellt, um nicht zu sagen:* Gǫd verdamm!
vêrdel, **vêrel**, *n. viertel*.
verdelsken = verdelstern.
verdelstern, *zertreten, durch niedertreten oder sich wälzen in unordnung bringen*. se verdelstert dat bedde, — de blęke *(gartenbeete)*. *s.* delstern.
verdenst, *n. verdienst* = *verdientes*. hä niəmt sin verdenst alle åwens med unner de diəke.
verdęrf, *m. verderb, verderben*.
verdęrwen *(prœt.* verdarf, *ptc.* verdǫrwen), *verderben*.
verdilgen, *vertilgen*. — *alts.* fardiligon.
verdingen, *verdingen*. dat was dem schelm verdungen!
verdoggen, *verdauen*. *(Paderb.)*
verdǫræsen, dǫr den æs jagen, *durchbringen*.
verdǫrgen *für* verdedigen, *verteidigen*.
verdǫrweling, *m. (H.:* verdǫrferling), *verdorbene sache, z. b. misratenes backwerk. bei H. auch* = slûne.
verdrag, *m. 1. vertrag. 2. verträglichkeit*. he es van guədem verdrag. — *Kil.:* verdragh, pactum, concordia, tolerantia.
verdraigen, *1. verdrehen*. he verdraiget ęm de wårde in der mûle. *2. durch drehen verderben*. du hęs 't slǫt verdraiget. *3. verbrauchen, durch drehen*. ik hewwe am sonndage en pund koffi verdraiget *(vermalen)*.
verdrait, *m. verdruss*. int verdrait gerâen, *verdruss bekommen*.
verdraiten *(prœt.* verdrôt, *ptc.* verdrǫten), *verdriessen*. dat verdrütt mi.
verdraitlik, *verdriesslich*. *rda.:* hä kiket so verdraitlik as ne buətersoppe.

verdrappelt *für* verdabbelt, *adj. ptc. versprochen, geirrt*. *s.* dabbeln.
verdręgen *(prœt.* verdraug, *ptc.* verdręgen *und* verdrǫgen), *1 ertragen*. hai kann nitt viel verdręgen. *2. an einen ungehörigen ort tragen*. de henne verdriəget de aier. *3.* sik verdręgen, *sich vertragen*.
verdrinken *(prœt.* verdrank, *ptc.* verdrunken), *1. vertrinken, für getränk hingeben. 2. ertrinken*. hai es in der Ruhr verdrunken. *rda.:* sin vår es im häksel verdrunken, *er ist unehelich geboren. Myth. 538. 3.* sik verdrinken, *sich durch kalten trunk schaden*.
verdriwen, *vertreiben*. dai den annern verdriwet, dai selwer nitt bliwet.
verdrôgen, *vertrocknen*.
verdrücken, *unterdrücken*.
verduənert, *adj. ptc. verdonnert. 1. verwünscht. 2. erstaunt. 3. verurteilt.*
verdüəteln *für* verdürteln, *im schwalbenliede* = *verfaulenzen*. *s.* dǫrte.
verdûkert, *adj. ptc. verteufelt*. — *vgl.* Dûker *für* Dûwel.
verdulldôwen, *einen verwirrt machen. 1.* ênem 'et wård im munne verdraigen. *2.* ênem wǫt unner den dûmen slån.
verdümmeln, *ersticken*. — *holl.* verdommelen, *entstellen;* dompen, *dämpfen, auslöschen*. *nds.* verdumpen, *durch mangel an licht und sonne verkommen lassen*.
verdümpeln, *vertuschen, zum schweigen bringen*.
verdünken *(prœt.* verduchte), *vermuten*. mi verduchte dat wǫl, *ich vermutete das wol*. *s.* dunken.
verduzt, *adj. ptc. verdutzt*. — *Münst., Zumbr.:* verduətelt.
vêreckig, *viereckig*. — *mwestf* vêregged.
sik fęren, *sich mausern*. de hönder fęrt ęrk. *(Siedlingh.)*
vęrenvêh, *n. federvieh*. *ein junge hatte gestohlen. nach dem tode kam er wieder und klagte:* o wass! o flass! o fęrrenvêh! dat dait miner armen sêle so wêh. *Westig.*
vergån, *vergehn*. hä vergęng as en kǫlstrunk, — as en pôt wâter, — asse snê vǫr der sunne, — asse schûm oppen wâter. sî män stille, et sall wǫl wier vergån. de tîd vergêt un me kritt nix gedån.
vergang, *m. 1. vergänglichkeit*. dat es låken, då es gar kainen vergang âne. *2. ausgang zur erholung, vgl sich ergehen.*

vergangen, *adj. ptc. verflossen.* vergangen fridag. *adv. neulich.* ik sin vergangen bi ęm węst.

vergeckt, *adj. ptc. vernarrt.* vergeckt sin in.

vergellen *für* vergelden, *vergelten.*

vergęten *(wie* ęten), *vergessen.* ik si dat vergęten. mi es vergęten. — *Cl. B. v. 41:* is di dat vorgeten? *alts.* fargetan.

vergęten, *wahrscheinlich ein ptc. præs. mit abgeschliffenem* d *vom vorigen, vergessen.* si doch nitt ümmer so vergęten.

vergett, *vergessenheit.* in vergett stellen, *in vergessenheit bringen.* *(Alten. stat.)*

vergiawen, *1. vergeben, verzeihen.* Gǫd vergiawe mi mine sünne, *ein fluch, wie fr.* Dieu me pardonne. *2. vergiften. 3. weggeben.*

vergiawens, *vergebens.* et es ock as wann alles vergiawen wær, *es will nichts gelingen.*

vergift, *n. gift. ein besserer ausdruck als* gift *(gabe), denn* vergift *ist verderbliche gabe. zu* vergiawen 2. — *mhd.* vergift, *f.*

vergiftig, *giftig.*

verglik, *m. vergleich.*

vergliken, *vergleichen.* sik vergliken, *sich vergleichen.*

vergnaügen, **vergnaigen**, *vergnügen.* — *mwestf.* vernoigen, vernogen, *befriedigen, bezahlen.*

vergnaügen, *n. vergnügen.*

sik vergripen, *sich vergreifen.* ik hewwe mi vergriapen.

vergrosken, *in groschen umsetzen und ausgeben. Gr. tüg 66.*

vergûset, *adj. ptc. verstört, bestürzt.* — *setzt ein altniederd.* fargusian = *heftig erschrecken voraus. das Laiendoctr. (Scheller) p. 142 hat ein transitives* gûsen = *bange machen:* schepen de sik gusen lat. *einem von Grimm angesetzten got.* geisan (ferire) *musste* giusan *vorhergehen. aus dem præt. desselben dürften unsere* gôs *(ohnmacht) und* gôsen *genommen sein. auch im ags. scheint ein* geásen *neben* gæsen *zu gelten. vgl. ags.* gæsen (agitatus), gæsan (percellere). *got.* usgaisjan *(erschrecken). dän.* gyse, *grausen, schaudern. Kil.:* verguysen, deridere, contemnere.

sik verhaiten, *beteuern, durch berufung auf Gott. Op de ålle hacke.* — *ostfr.* sük verhêten, *sich verschwören. Schwänke und ged. 106:* verhaiten un nit verkuiern, dat is de kunst dervan.

verhakstocken, *verhandeln.* — *holl.* verbakstukken, *neues hackenleder an schuhwerk setzen. fig.: zu machen sein, zu tun stehn.*

verhàld, *m. 1. aufenthalt. 2. dauerhaftigkeit.* dä es kain verhàld ane. — *mwestf.* verhalden eynen, *einen zu hause lassen, nicht vorladen.*

verhàldsam, *dauerhaft.*

sik verhâlen, *1. sich erholen. 2. im kaufmännischen sinne:* sik verhalen an. *Urk. von 1547.* — *holst.* sik verhalen. *Seib. urk. 983.*

verhàllen, *zurückhalten,* sin water. *cf. Pick monatsschr. 1, 580. Husem reimspr. 122, gesundheitsregel aus dem regimen sanitatis salernitanum:* woltu bliuen gesundt, so lath dyn water so offt als ein hundt, kein stolganck verhalt, de winde lath flegen, darmits nicht stincke do ein wenich entflehen *(auf seite gehen).*

sik verhàllen *(s.* hàllen = halden), *1. sich verhalten, bewandt sein.* ik well doch wiaten, hu sik dat verhäldt. *2. durch halten sich beschädigen, sich verstauchen, lähmen.* ik hewwe mi de hand verhàllen.

verhanzig, *wahrhaftig, eine beteuerung.*

verharren, *verharren. spr.:* irren es menslik, àwer verharren des düwels.

sik verhaspeln, *sich verwickeln in der rede.*

verhaüen *(ptc.* verhodt), *verhüten. M. btr. IV, 645.*

verhâftig *für* wàrhaftig, *adj. und adv., wahrhaftig.* verhâftig es Gǫd, *ein schwur. auch zu Ratingen.*

verhęg, *m. pflege.* — *Sündenf. 1616:* vorhech, *schutz.*

sik verhęgen, *sich bergen.* — *Herf. R. B. p. 10:* forheghen. *schützen, pflegen.*

verhelpen, *verhelfen.* ik well ęm dertau verhelpen.

verhêmen, *verheimlichen.*

verhêren, *verheeren, verderben. schwalbenlied.* — farherjan, *durch ein kriegsheer zu grunde richten.*

verhiaven, *verheben. Must. 1.*

verhylicken, *verloben.* verhylicket vnnd bestadet. *Urk. von 1538.*

verhiràen, *verheiraten.*

verhǫpen, *hoffen.*

verhottelt, *geronnen. F. r. 13.*

verhuadeln, *hudeln, übel behandeln.*

verhüolen, *1. verwühlen 2. schlecht beackern.*

verhûen *(præt.* verhudde, *ptc.* verhudt), *verbergen, verstecken.* sik verhûen, *sich verstecken.*

sik verîlen, *sich übereilen.* in dem warmen frôjâr 1868 hett sik manige früchte verîlet. *spr.:* me kann sik so guəd verîlen as verwîlen.

vêring, *eine scheidemünze des mittelalters. nach dem Alten. stat. scheinen 6 vêringe = $1^1/_2$ pfennige.* — *Dan. 25:* verinck.

verjagen, *verjagen.*

ferjeän, *feuer! (Siedlingh.) worin das alte fûr-jô.*

verjnckeln, *fig.: durchbringen.* hä hęt sin geld verjuckelt.

verkaicheln, *vergaukeln.* de ôgen verkaicheln, *die augen verblenden. vgl.* kôcheln.

verkâllen, *durch kälte zu grunde gehn. spr.:* bat use Hęrgod well erhâllen, dat kann nitt verripen noch verkâllen.

vêrkäntig, *vierkantig, viereckig.*

verkârt *(in Hagen* verkârt), *verkehrt.* verkârt wârd, *böses wort. vielleicht entstand es aus* verkorn wort. — verkorne wort, verba contumeliosa, *schellworte. F. Dortm. III.*

verkauken, *verfilzen, zusammenbacken, von haaren. syn.* inênkauken.

sik verkaülen, *sich erkälten.* — *vgl. alts.* côlon, frigescere.

verkâwen, *zur blossen hülse* (kâwe) *werden.* de hâwer was oppem lanne verkâwet.

sik verkellen *(ptc.* verkullen), *sich erkälten.* hai hęt sik verkullen. *Must. 1. K. S. 76.*

fęrken, *n. schwein, besonders das jüngere. spr.:* bâ der fęrken viəl sind, wêrd de drank dünne. *grabschrift:* Hîr liət begrâwen Pêter âchter der kęrken, in siner jûgend was he en fęrken, in sinem âller was he on swin, min Gǫd, bat mag he nû wǫl sin! — *ein deminutivum wie hd. ferkel ist das wort nicht. ags.* fearh. *ahd.* varah. *nds.* farken.

ferkenfaüte, *pl.* = gæsc. *(Iserl.) wird wie nordamerik.* pigweed *als spinat gegessen.*

sik verkîken, *1. sich versehen. 2. sich verlieben.*

verklagen, *verklagen.*

verklaffen, *anschwärzen.*

sik verklêen, *sich verkleiden.*

verklicken, *1. verraten, ausbringen.* he hęt ęm dat verklicked. *2. mit dem acc. der person: jemand anschwärzen. 3. verachten. Weddigen.* — *holl.* verklikken, *verraten. Soest. Dan.:* klickster, *verräter. Kil.:* verklicken, insidiari, speculari, indagare secreta alterius.

verklimmen *(nur ptc.* verklummen *oder* verklommen), *vor kälte starr werden.* de hänne sîd mi verklummen, *erstarrt. steifkalt.* — *vgl. ags.* clamm, vinculum, clumjan comprimere. *nds.* verklômen, *verklommen. holl.* verkleumd, *vor kälte starr geworden.*

verknûsen *(schlechtere form* verknausen), *fig.: verdauen, verwinden, vertragen.* dat kann he nitt verknausen. ik kann ne nitt verknausen. — *alts.* farknussjan, conterere. *nds.* verknûsen. *Mda. III, 427.*

verknuffe, *zurechtstellen, verarbeiten.* verknuffe de köpp. *(Düsseldorf.)*

verknuffeln, *faltig machen. s.* knuffel.

verkǫken, *verkochen.*

verköp, *m. verkauf.*

verköpen, *verkaufen.* he verkôpet ne twêmal in den sack un wier derût.

verköper, *m. verkäufer.*

verkǫrten, *verkürzen.*

verkǫsseln, *verderben, verunreinigen, z. b. wäsche.*

verkǫssen, *gelb werden, von wäsche, deren weisse sich nicht gut wieder herstellen lässt. vgl.* kuəsel, kuəseln.

sik verkrûpen, *sich verkriechen.*

fęrksken, *n. ferkel. deminut. von* fęrken.

verküern, *versprechen, d. h. sagen, was man nicht wollte oder sollte.* verkûr den hals nitt! *wurde einem ultraliberalen sprecher vom freunde zugeraunt.* sik de tîd verkûern, *sich durch gespräch die zeit vertreiben.*

verkümmeln, **verkimmeln**, *verkaufen.* — *rothwelsch* kimmern, *kaufen.*

sik vercumpetêren, *sich vertragen.*

verkungeln, *heimlich verkaufen oder hingeben.* — *holl.* verkonkelen, *sein geld auf nichtigkeiten verwenden. Seib. urk. 805:* verkuden, *verwechseln. s.* kungeln.

verkwackeln, *liederlich durchbringen, verschleudern. schwalbenlied.* — *Kil.:* verquackelen, dissipare.

verkwasen, *unnütz verbrauchen.*

verkwesten, *durchbringen, verschleudern.* — *Kil.:* verquisten, absumere, dilapidare. *Teuth.:* verqwysten, verdelighen, verstoeren.

verkwickeln = verkwackeln. *schwalbenlied. eigentlich wol in der küche durchbringen.* — *mhd.* quickel = *unser* kuckel, *herd.*

verlaisen *(prœt.* verlôs, *ptc.* verlǫren), *verlieren.* — *mnd.* vorlesen.

verlaif, *fürlieb.* se meit sô med me klainen verlaif nęmen *(ein compliment).* — verlaif *für* fųrlaif.

verlangen, *1. verlangen, fordern. 2. wünschen.* ik verlange nitt inner kęrke te slâpen = *ich mag nicht, ich würde nicht gern. — engl.* I would not care to sleep in a church. *syn.* mi lüstet nitt. *3. wundern.* mi sall màl verlangen of = *es soll mich wundern, ob.*

verlängen, *verlängern.* de soppe verlängen, *die suppe durch wasser verdünnen, so dass sie weiter reicht.*

verlåt, *verlass.* dà es verlåt op, *das ist zuverlässig.* op ęm es kaiu verlåt, *man kann sich nicht auf ihn verlassen.*

sik verlâten, *sich verspäten.*

verlåten, *verlassen.* sik verlåten op, *sich verlassen auf.*

verlęgen, *verlegen.* ik sin der nitt verlęgen üm.

verleggen, *verlegen.*

verlęsen, *1. ablesen. 2. verkehrt lesen. 3. auslesen.* den silåt verlęsen. — *K. fastnachtsp. 981, 15:* de haer verlesen.

verletten, *verspäten. Gr. tüg 14.* — *Kil.:* verletten, differre, procrastinare.

verlīen, *adj. ptc. vergangen, verflossen.* verlīene węke. verlīen, *neulich. — das* ī *ist, wie gewöhnlich bei ausfall des* d, *rein, nicht* eī. *alts.* farlithan, abire, decedere, transire. *mwestf., 1465:* in vorgeledenen tyden; *1465:* in geleden jaren; *1564:* vorleyden; *1588:* vorlidden. *Soest. Dan.:* verleyden. *schwed.* lida, *verlaufen. Kil.:* verleden, præteritus.

verliggen *(ptc.* verlęgen), *verlegen.* he wôr gans verlęgen. verlęgene wâr; *vgl. urk. von 1505:* dat gut verlege.

verlôchen, *verleugnen.* — *Kil.:* verloochenen.

verlęgen, *adj. ptc. verlogen, lügenhaft.*

verlôp, *m. verlauf.*

sik verlôpen, *1. irre gehen.* me kann sik dà lichte verlôpen. *2. sich durch laufen schaden, sich übereilen. s.* versitten. *3. weglaufen. Iserl. gedicht von 1670.* en verlôpenen kêrl. *4. seinen verlauf haben.* nu we'k di vertellen, bu sik dat widder verlaip.

verlôsen, *verlosen. — vgl. platthd.* lôs.

verlôsunge, *f. verlosung.*

verlöf, *m. 1. verlaub, erlaubnis.* med verlöf te seggen, salva venia. — *Keller, fastn. 978, 6:* mit orlave. *2. urlaub, ferien.*

verlǫwen, *verloben.* sik verlǫwen, *sich verloben.* sik te hope verlafen. *1670.* sik verlǫwen nà, *geloben, eine walfahrt nach — zu machen.*

verlûern, *durch lauern (d. i. warten) verfehlen, versäumen.*

verlûs, *verlust.* in verlûs gân, *verloren gehen.*

sik verlustêren, *sich erlustigen.*

vermag, *n. 1. vermögen.* nà siu vermag. *2. speciell vom tüchtigen esser.* he hęt en guod vermag.

vermaien, *vermieten. — Kil.:* vermieden.

vermâk, *unterhaltung.* wann'k en fiksstock antreck *(anziehe),* dà es geràde so viol vermâk âne asse an der ênfolligen hitte vam męken. — *Kil.:* vermaeck, recreatio.

vermaken, enen in wat, *einen in etwas hindern.* I het der mik inne vermacht. *Op de ülle hacke 47.*

vermämpeln, *bemänteln, vermummen. — Teuth.:* vermaken, vermonplen, bergen.

vermâserd, *verschworen, vernarbt. (Marsberg.) — vgl.* mâserk. *mhd.* mâse, cicatrix. *ahd.* masaron, extuberare.

vêrmât, *quadrat.* int vêrmât. *F. r. 121.*

sik vermanen *(præt.* vermodde, *ptc.* vermodt), *vermuten.* dat was he sik nitt vermodt, *das vermutete er nicht. — Verne chron. p. 24:* de sich vermoden, *welche vermuteten. Seib. urk. 979:* sik vermoeden.

vermęten, *vermessen.*

vermęten, *adj. ptc. vermessen.* kûr nitt so vermęten.

vermids, *præpos. vermittels. — Kil.:* vermids *j.* ouermids.

vermissen, *vermissen.*

vermolmen, *zu mulm werden.* vermolmed, *in mulm zerfallen, wurmfrässig, faul, vom holze.*

sik vernægern, *sich nähern. vgl.* næger. — *Kil.:* vernaederen.

vernaiten, *vernieten.*

vernatterd, *adj. ptc. böse wie eine natter.*

vernęmen, *1. vernehmen. 2. erfahren, erleben.* hai vernâm wǫt.

verniemstern, *aufmerksam.*

vernig, *entzündet, schwärend. wer eine „ebbige“ haut hat, dem wird die wunde leicht* vernig.

verniggen, *erneuern.*

vernîn, *n. gift, zorn.* — venenum.

vernînig, *giftig, erbost, zornig.*

vernitsig = vernînig.

vernüs, *n. kunstherd. — fr.* fournaise.

vernuts, *n. benutzung.*

vernutsen, *benutzen.*

verǫ̈wern, *erübrigen.*

verpassen, *1. vertragen.* ik kann dat nitt verpassen, *ich kann das nicht vertragen, oder: das passt mir nicht. 2. versäumen; syn.* verlüern.

verpechnen, *verpachten.*

sik verpecken, *sich packen.*

verplämpern, *verschleudern.* sik verplämpern, *sich verführen lassen, sich in eine unpassende verbindung einlassen, von einem frauenzimmer.*

verplęg, *m. verpflegung, pflege.*

verplęgen, *verpflegen. — Herf. R. B. 16:* sik verplegen, *sich verpflichten.*

verplengen, *durch treten in unordnung bringen.* de junge verplenget 'et bedde. de rüe verplenget de blęke. *syn.* verdelstern.

verplexeren, *verbrechen, sich etwas zu schulden kommen lassen.* bat hęt dai verplexèrd.

verpliaten, *adj. ptc., mit* op wǫt, *auf etwas versessen, verpicht, beflissen.*

verplûstern, *verschwenden, durchbringen.* he verplûstert hûs un hǫf. — *eigentl. sinn: die federn verlieren; zu* pluse, *federchen.*

verpræsen, *sich überessen.* de kau es verpræsed, *die kuh hat zuviel gefressen, sie ist verstopft. — Mda. VI, 361:* sik verpeisen, *sich mit speisen vollstopfen. (Ravensb.)*

sik verpûsten, *sich verschnaufen.*

verquans, **verkwans** *(H. schreibt:* verquanst), *quantsweise, 1. unter der hand,* tecte, obscure. *2. zum schein,* per speciem. — *Teuth.:* verqwantzes, so to seggen. *vgl.* verkwås, tǫr kwans. *3. vorläufig, einstweilen.* ik geng dà sô verkwans hęr, dà såg ik etc. *wird einer sagen, der seinen weg machte, um etwas zu erspähen, ihn aber so machte, dass andere glaubten, sein zweck sei nicht der. — nds.* quantswîse, *zum schein, angeblich. holl.* kwanswijs. — *durch angehängtes* s, es *(genitivendung) werden mit* fǫr *adverbia gebildet, bei denen das von der præpos. gebildete subst. ausgelassen ist.* fǫr alldages *z. b. verlangt* gebrûk, fǫr haupts *(besser* hôps) sc. spitse. *so fordert* fǫr kwants *das subst.* wîse. *holl.* kwant *(schelm) und* kwint *(schelmstück, kniff) lehren, dass unser* kwant, *welches in* kwans *steckt, auf ein starkes* kwintan (kwant) *zurückführt. dieses wird* = kwinkan (kwank), *einen winkel machen, um die ecke gehn, sich durch eine wendung verstecken, bedeuten.* fǫr kwants wîse, verkwans *ist also: nach der weise eines schelms.*

verquînen, *verkümmern, besonders aus mangel an licht und luft, von pflanzen. H.: nach und nach vergehn. — s.* kwînen.

verrædlik, *1. sehr gefährlich. 2. aufgebracht, zornig.* dat es en verrædliken kærl. — *Verne chr. 28:* verreitlichen, *verräterisch. Seib. qu. I, 66:* verräthliche fewerpfeile.

verråen, *verraten.*

verrecken, *verrecken, crepieren.*

verrichten, *verrichten.*

verrichtunge, *f. verrichtung, geschäft.*

verrîpen, *durch reif zu grunde gehen. spr.: s.* verkållen.

verrîten, *zerreissen, durch reissen zu grunde richten. s.* versplîten.

verrüekelôsen, *verwahrlosen, vernachlässigen. s.* rüoklôs. — *Kil.:* verroeckeloosen, negligentia et temeritate in periculum pertrahere.

verrüoteln, *zerrütten. s. schwalbenlied von Werl.*

verrungenêrd, *ruiniert.*

versaihen, *n. versehen.*

sik versaihen, *1. sich versehen, irren.* me versûht sik nich mær as an den lûen. *2.* sik wǫt versaihen, *sich einer sache schämen.* wann ik et mi nitt versåge.

versaken, *abschwören, verleugnen.* „habe Gott, seinen h. aposteln und dienern versaket." *Mend. hexenprotoc. v. 1592.*

versålten, *versalzen.*

versaük, **versaik**, *m. versuch.*

versaüken, *versuchen.*

verschåden, *verzinsen. Urk. von 1522:* „dat wy der twehondert goltgulden dem gedachten rectori verschaden vnd yn der losse betalen sullen."

verschaiten, *1. die munition verbrauchen. 2. verschiessen, d. i. knötchen von den papierbogen kratzen. 3. die farbe verlieren.* sik verschaiten, *1. fehl gehn. (Kierspe.) 2. sich verlieben.*

verschaitstowe, *f. stube, in welcher papier verschossen wird.*

verschallen, *verschalen, schal werden. — holl.* verschalen. *zerstreuung und schwinden der töne übertragen auf das, was die geruchs- und geschmacksnerven aufregt (?).*

verschengelêren, *schenden, entstellen. — vgl.* schengen *für* schenden.

verschînen, *durch sonnenglut verderben.* alles es im gåren verschienen, *die pflanzen sind durch sonnenglut welk geworden.*

verschråen, *aus altem metall neue gerätschaften machen.*

verschraien, *versengen*. verschraid, *versengt*. — *Sündenf. 2023:* vorschreie.

verschraigeln = verschraien. *s.* schraigeln.

sik verschreeken, *erschrecken*.

verschrif, *verschreibung*. he hęt et in verschrif, *es ist ihm verschrieben, durch schriftliches document zugesichert*.

verschriwen, *1. schriftlich zusichern. 2. verordnen, vom arzte. 3.* sik verschriwen, *fehler im schreiben machen*.

verschüdden, *verschütten. fig.: verderben*.

verschüngen, *1. aufhetzen. 2. zu etwas verführen.* — d *geht in* g, k *über*. *ahd.* farscuntan, allicere, illicere. *alts.* farscundian. *Verne chr. 21:* verschuedt *(angereizt) mit ausgefallenem* n *und verlängertem* u. *nds.* verschünnen.

verschünken = verschüngen.

verschûwen, *verschieben*.

verseggen, *versagen*. sik verseggen, *sich anderswohin versprechen*. he hęt sik all versaggt.

versetten, *versetzen*.

versgerime, *n. reimerei. Iserl. ged. von 1670*.

versichten, *sicht haben, aufmerken*. dà maut ik doch màl op versichten, *darauf muss ich doch einmal aufmerksam sein*.

versitten, *durch sitzen versäumen*. me kann sik so guad versitten as verlôpen.

vęrsk, *vers. syn.* geversch.

vęrsken, *verschen, zeile*.

verslån, *1. verschlagen, sich abkühlen, von heissen flüssigkeiten, von der sonne.* de sunne verslätt, *wenn gewölk vor dieselbe tritt. 2. einen unterschied machen*. dat verslätt nix. — *Kil.:* verslaen, refrigerari aliquantulum.

verslaiten, *verschliessen*.

verslåpen, *verschlafen*. sik verslåpen. ik hewwe mi verslåpen.

verslickern, *1. umherschlickern. 2. verschleudern. schwalbenlied von Hamm:* as ik wäg trock, wår küaske un schüer vull, as ik wier kåm, wår alles verslickerd un vertęrd. — *Kil.:* verslicken, absorbere, deglutire.

verslît, *m. verschleiss*. dà es kain verslît àne, *von starkem zeuge*.

verslîten, *1. verschleissen, abtragen, abnutzen.* de rock es versliaten. *2 dulden*. me maut ne sô verslîten. ik kann ne nitt verslîten. *3.* verschlieten, *dafür halten. Weddigen.* — *alts.* farslîtan, frui, consumere. *schwed.* slita, *erdulden. Kil.:* verslijten.

verslückern, *in leckereien verzehren. syn.* versnucken.

verslüdern, *verschleudern, durch unordnung umkommen lassen*. verslǫddern, *verzetteln*.

verslût, **verslait**, *verschluss*.

versmachten, *verschmachten*.

versmåen, *verschmähen.* — *ahd.* farsmàhjan. *mnd.* versmàden.

sik versnappen, *sagen was man nicht sagen wollte oder sollte.* — *nds.* sek versnaweln.

versnappsen, *für schnaps ausgeben*.

versnippeln, *durch schneiden in kleine stücke zu grunde richten. s.* snippel, snippeln. — *Kil.:* versnippern, minutim conscindere.

versnucken = verslückern. — *Hunsrück:* versnuckeln.

versǫlen, *1. besohlen. 2. prügeln*.

versôpen, *ersäufen*. sik versôpen, *sich ersäufen*.

vêrspann, *quadrat, welches die mündung eines schachtes bildet*.

verspâren, *versparen. spr.:* bat me verspårt fǫr de mund, dat friatet de katte åder de hund.

verspêren, *versperren*.

verspialen, *verspielen, durch spiel verlieren.* — *ahd.* spilôn.

verspialen, *verlieren*. de franzôsen hett verspialt *(die schlacht)*. hai hęt verspiald *(den process)*. de kau hęt an der męlke verspiald *(gibt nicht mehr so viel)*. ik hewwe an der wår de hälfte verspiald. *flüssigkeiten, welche stehen und verdunsten*, „verspialen".

verspledern, *verwickeln*. de hàne hęt sik de schǫken in der hêe versplęderd. — *vgl. dän.* splitse, *verflechten*.

verspliten, *versplittern, verspleissen*. alles es verriaten un verspliaten. — *urk.:* versplieten *für* versplîten.

verspręken, *1. zusagen. spr.:* verspręken un hållen dat dæn de ållen. sik verspręken, *sich verloben. 2. verkehrt sagen*, sik verspręken.

verspringen, *durch springen schaden*. use stupe hęt sik den faut versprungen. *Gr. tüg 78.*

verstån, *verstehen*. dat verstêt sik, *das versteht sich*. män dat verstond he unrècht, *das nahm er übel auf, da kam man an den unrechten*.

verstand, *m. verstand*. dà stêt mi de verstand bî stille. dat gêt ǫwer minen verstand as de lûse. sai hęt den verstand mettem schûmliapel fręten.

verstanneskasten, *m. verstandeskasten (schelte).*
verstännig, *verständig.*
sik verstellen, *1. sich verstellen.* he es so bôse nitt, hä verstellt sik män. *2. sich verändern, von sachen.* et wẹr verstellt sik. de mẹlke hẹt sik verstallt, *die milch ist sauer geworden. — vgl. fr.* le lait tourne. *3. in unordnung geraten.* dat für hẹt sich verstallt, *bei hammerwerken.*
verstellunge, *f. verstellung.*
verstẹrwen, *die eltern durch den tod verlieren.* dat es en verstọrwen kind. — *urk. von 1554:* durch versteruent.
verstêstemi, *n. (eigentl. frage), verstand.* dà bẹste kain verstêstemi van.
verstoppen, *verstecken.*
verstôren, *stören.*
verstöten, *stossen.*
verstricken, *einkerkern. Alten. stat. — Kil.:* verstricken, obstringere, obnectere, illaqueare.
verstrien, *abstreiten, bestreiten.* dat we'k nitt verstrîen.
verstriens, *schrittlings, rittlings, beschreitend. s.* testrîens.
vertüəkern, *aufreizen, verhetzen. vgl.* stọken.
verstûken, *verstauchen.*
verstûwern, *in stüber umwechseln und ausgeben.* sîne halwe krannne was lengest vergrosket un verstûwert. *Gr. tüg 66.*
versûmen, *versäumen.*
versûmlik, *säumig.*
versûmnisse, *f. versäumnis.*
versûpen, *1. ertrinken. spr.:* ne versọpene mûs es lichte te wâgen, *so sagt wol der arzt bei kranken tieren, die man schon verloren gibt, wenn noch ein versuch gemacht werden soll.* et rẹgnede as wann de weld versûpen woll. *K. S. 2. durch saufen vergeuden.* de buxe in wat versûpen. *durch trunk herunter kommen. ptc.* versọpen. en versọpenen kærl.
verswẹren, *verschwören, abschwören.* hä hẹt den brannewîn verswọren. sik verswẹren, *mit einem schwure beteuern. — Kil.:* versweren, jurare, abjurare, pejerare.
verswêren, *verschwären.* de dûmen es em gans verswọren. — *Kil.:* suppurare, in pus converti, exulcerari.
verswigen, *verschweigen.*
verswinnen, *verschwinden.*
verswîmen, *durchbringen.* sin geld verswîmen *(kinderreim).*

vertaggen, *verzanken, sich durch zanken jemand abgeneigt machen.* se hett ẹm den kopp vertagget, *anders:* dat es män de mund vertagget.
vertaihen, *verziehen.* sik vertaihen, *sich entfernen, sich verlieren, wird von schmerzen gesagt. — ags.* fartiohan.
vertappen, *verzapfen.*
sik vertassen, *fehl oder verkehrt tasten (greifen). —* ss = st.
vêrte, vêrde, *vierte.*
vertelle, *f. erzählung.*
vertellen, *1. erzählen. 2. falsch zählen.*
vertellken, *n. erzählung.*
vertellsehen, *n.* = vertellken. *(berg.)*
vertẹren, *verzehren. spr.:* bai alles vertẹrt vọr sinem end, dai mâket en richtig testament.
vertẹrgen, *aufbringen, böse machen.* ênem den kopp vertẹrgen.
vertẹrsam, *viel verzehrend.* en vertẹrsamen winter.
vertestewêren, *vertun, verschwenden. — wol für* verdestruêren, *Schüren chron. p. 25.*
vêrtien, *vierzehn.*
vêrtiende, *vierzehnte.*
vertiërung, *f. auszehrung. (Hattingen.)*
vertiggen, *entfremden, besonders vögel dem neste. — osnabr.* vertiggen. *berg.* verteien. *vgl. mwestf.* vertien, *ptc.* vertegen, vertiegen. *urk. von 1554:* vertiegen. *Kil.:* vertijden, vertijgen, abnegare, renuntiare juri et actioni, vulgo resignare.
vertinnen, *verzinnen.*
vertobbeln, *verwickeln. (Siedlingh.)*
vertoddeln, *verschleppen.*
vertôgen *in:* ênem den kopp vertôgen, *einen böse machen. s.* vertaggen. — *alts.* tôgian, *zeugen, wirken; darnach kann* fartôgian *bedeuten: verkehrt machen, was hier passt.* vertôgen *könnte auch aus* vertôren *entstellt sein.*
vertọren, *erzürnen.* ẹuen vertôren. *(Schwelm.)* ênem den kopp vertôren, *einen böse machen.*
vertôrnen, *erzürnen. — ô d. i.* ài *nach Iserl. aussprache, sonst sinkt* orn *zu* ârn *herab. zu* torn, *zorn.*
vertọteln, *mit kleinigkeiten vertun.*
vertrecken, *1. verziehen, seine wohnung verändern. 2. fehlerhaft erziehen.* sik vertrecken, *1. sich verziehen, vom gewitter. 2. sich verziehen, von schmerzen. vgl.* sik vertaihen.
vertrẹen, *zertreten.* sik vertrẹen, *fehltritte machen, eigentlich und figürlich.*

spr.: en pęrd med vêr faiten vertriat sik wǫl, geswîge dann en menske med twêen.

vertrôsten, *vertrösten.*

vertucken, *durch einander wirren, von fäden.* dat gârn es gans vertuckd. *vgl.* tuck.

sik vertüadern, *sich verstricken, sich verwickeln. spr.:* dai spalkert as en kranken hânen, dä sik in der hêe vertüadert hęt. — *N. westf. mag. I, 276:* tüddern *heisst sowol anbinden als sich verwickeln. meckl.* intüdern, *verwickeln. ostfr.* tüddern. *nds.* tûren. *nd.* tûder, *strick an einem pfahl. engl.* tether, *weideseil. Firm. I, 442:* tüdderhault.

vertürlüren, *mit kleinigkeiten vertun.*

vertuschen, *unterdrücken, machen dass etwas verschwiegen bleibt.*

vertûsken, *vertauschen.*

vertwîweln, *verzweifeln.*

verunseln, *verunreinigen. (Paderb.)*

verûwen, *verüben.*

sik verfangen, *sich verfangen, von einer krankheit der kühe.* use kau hęt sik verfangen, vi könnt de buoter nitt krîgen. — *einen schlimmen sinn drückt schon alts.* farfahan *aus im Helj. 8443:* an auoh farfengun cristes lera = *zum schlimmen verdrehten sie Christi lehre.*

verfällig, *was im verfall ist.* en verfällig hûs. — *Kil.:* vervalligh, ruinosus, caducus.

vêrfaüter, *m. eidechse.* — *dän.* fiirbeen. *tyr.* quâtrpeatschl. *Mda. XV, 52.*

verfęrd, *adj. ptc. erschreckt.*

sik verfęren, *erschrecken.*

verflauken, *verfluchen.* — *alts.* farflôcan.

verföern, *1. verfüttern. 2. überfüttern.* — *v. Höv. urk. 112:* vervowert (*spr.* verfouert).

verfôren, *verführen.*

verfraisen, *erfrieren.*

verfręten, *verschlemmen. ptc.* verfręten, *gefrässig.*

verfucken, *verwirren.* verfuckeln *(Siedlingh.)*

verfumfaien, *verliederlichen, verpfuschen, verleumden.* — *holl.* verfomfooijen, *verpfuschen. nds.* verfumfeien. *zu* fumfei *(ton der geige).* fumfeien, *zum tanz aufspielen, daher verjubeln. Mda. III, 374. vgl.* fumfit.

verwachten, *erwarten.*

verwachtens *für* verwachtend, *gewärtig.* sik verwachtens sin.

verwaigen, *verwehen.*

verwâr, *m. verwahrung.* in verwâr hewwen.

verwarborgen, *verbürgen. v. St. XVIII, s. 1069.*

verwâren, *verwahren, die aufsicht über etwas haben.* sik wǫt verwâren, *sich etwas aufheben.*

verwæren, *überwinden. Weddigen.*

verwassen, *verwachsen.*

verwâtern, *kein ehrliches haar an jemand lassen.* — *Kil.:* verwaet, *fland. j.* ban. anathema, excommunicatio. verwaeten, interdicere sacris.

verwaüsten, *verwüsten.* — *mwestf.* verwoysten.

verwendbrôd, *n. eine art kuchen aus weissbrotschnitten und eiern.* — *in Baiern:* weckschnitten; *in Hessen:* gülden schnitten; *vgl. Vilmar. Kil.:* verwendtbrood *j.* ghewendtbrood, panis ouis maceratus. verwendt, revolutus.

verwesselinge, *f. 1. verwechselung. 2. seelenwanderung.*

verwesseln, *verwechseln.*

verwidden (verwîen), *weit machen.*

verwisken, *adj. ptc. verwichen, verflossen.*

verwîlen, *zu lange weilen. s.* verîlen.

verwinnen = verwinden. *1. überwinden. 2. verschmerzen.*

verwintern, *durch den winter zerstört werden.* de planten hett verwinterd.

verwîsen, *wegweisen.*

verwit, *m. verweis.*

verwîten, *vorwerfen, verweisen.* ên iesel well dem annern 't sackdręgen verwîten. *anders:* hä siat nix, wann hä et ichtens verwîten *(verwinden)* kann; *von leiden, schmerzen, die einer hat. ?* verbîten. — *alts.* witan, imputare. *mhd.* verwîzen.

sik verwünnern, *sich wundern.* sik verwünren. *1670.*

fęse, *f. fase, faser, federchen.* — ę = i. *ahd.* fesa, *f.* festuca. *Kil.:* vaese *j.* vese. *Teuth.:* vese, scheevE. festuca.

fęseken, *n. fäschen.*

fęselsch = bærsch; *vom schweine. (Weitmar.)* — ę = a-i. *vgl.* fâsel.

fęsen, *fasern abstreifen, von bohnen, erbsen.*

vesperstücke, *n. vesperbrot. Op de âlle hacke:* en gutt vesperstücke met kaese.

vespertîd, *f. vesperzeit.* dat häldt van vespertîd bit de hauner opflaiget.

vesselen, *? v. St. XIII, p. 1297:* umme unse Staid vesselen und vyschen. *urk. von 1363.*

fêste, *f. für* fêrste, *first.* — *ags.* fyrst.

festunge, *f. festung.*

fętken, *n. fässchen.* — ę = a-i.

fett, *1. fett.* so fett as en snâgel. fett as en âl. *Gr. tüg 6. fig.:* en fetten Imen snfen. fett lachen. *2. trunken.* hä es fett. — fett *ist zusammengezogen aus* feitit, *wie hd.* feist *aus* feizit. *eine ähnliche vocalverkürzung zeigt* hett *(heisst) für* heitit. *wie zur erhaltung der kürze der konsonant verdoppelt wurde, so wird beim zusammenstoss zweier konsonanten (durch elision des vocals) kürze hervorgerufen. alts.* fet, feit, feitit.

fett, *n.,* **fette,** *n. 1. fett. 2. öl, lampenfett. 3. eine wünschenswerte sache.* hai swemmt im fette bit âwer de âren. dà hęs du din fett! *bedeutet:* κατ᾽ ἀντίφρασιν: *so, nun bist du schön angelaufen! vgl. Firm. I, 388 (von Xanten):* heie non ou fett?

fettede, *f. 1. das fettsein. 2. dünger.*

fetten, *fettmachen, schmalzen, von speisen.*

fettkammer, *f.* **fettkämmerken,** *n. schülergefängnis. (Hemer, Elsey und anderwärts.) — der name ist entlehnt von gefängnissen, welche so hiessen. Münst. beitr. II, p. 152:* „ei qui præest custodiæ captivorum in Betthenkamere *(l.* Vetthenkamere) tantum.“ *Hameln., op. geneal. hist. 1324:* ibi enim debebant munitissimæ custodiæ dictæ „die fette kammere“ tradi et servari usque in reditum Electoris. *es ist hier von dem gefängnisse zu Arnsberg die rede. der ausdruck scheint auch hier antiphrastisch.*

fettke *(pl.* fettkes), *ackersalat. (Altena, Schwelm.) — vergl. den botan. namen* fedia.

fettmännken, *n. hiess der berg. halbe stüber. in* „en dick fettmännken“ *ist* dick *ein pleonastisches epitheton ornans, wie es die volkssprache häufig zeigt. von einem geizhalse wurde gesagt, wie H. bemerkt:* hä blift oppem fettmännken dôd. *vgl.* kassemännken, pêtermännken.

fettmolle, *f. fetter maulwurf, wie man auch sagt:* so fett as en mölleken. hä liət dà as ne fettmolle.

fettschliter, *krämer in fettwaaren. Weddigen.*

fêwer, *n. fieber. — lat.* febris.

fêze, *ferse. (Siedlingh.)*

fi! *pfui!* fi a fi! *ein lebhafteres* fi! — *vgl. das mhd.* fi tâne! fi tâne fi! fi tâne fâ! *pfui dich an. Bgh.:* pfy dy an!

vi, vî, *wir. (Iserl., Dortm., im Berg.) — goth.* veis. *alts.* wi. *mwestf.* wi, wî. *ein märk. brief von 1572 hat schon die form* fy.

fick di fack *im rätsel vom besen.*

ficke, *kleidertasche. K.*

fickel, *n. 1. ferkel. 2. schwein überhaupt. (Warburg.) — vgl. Kil.:* vigghe, porcellus.

fickeln-Tüens *heisst st. Antonius, weil er in der viehseuche hilft. (Marsberg.)*

fickfacker, *windbeutel, unzuverlässiger mensch. K.*

fickfackerigge, *f. windbeutelei, blauer dunst. — holl.* fikfakkereij, *zu* fikfakken. *vgl. Danneil unter* fickfacker.

fick fack fuse *im rätsel vom honig:* achter unsem hûse, dà stêt ne fick fack fuse, dà dritt se in, dà sèkt se in, dà stippt se ock med brôe in. *(Marienh.)*

fiəkel, *f. (K.:* feckel), *für* firkel, *1. die stange, auf der die hühner übernachten,* haunerfiəkel. *2. die trense oder das kleine netz am ende des brustschlitzes eines hemdes,* flöhfiəkel, *sonst auch der stock, die gestalt oder brust des hemdes genannt. — alts.* fercal, obex.

fiəkeln *für* firkeln, *geisseln, züchtigen.* dęn heff eck fiəkelt, *den habe ich (mit worten) hergenommen. K. — Radlof II, 214:* verkelde. *engl.* to firk.

fiəkeln, *saufen.* dai kann fiəkeln. *vgl.* picheln.

viəl, *viel. rda.:* viel dait me oppen wagen. hä es wol so vǫ̈l, *er leistet, kann was. — goth., ahd.* filu. *alts.* filo. *vgl.* völl. vǫ̈l, vull.

viəlmûl, *n. fig.: grossmaul.*

viəlwind, *m. naseweis.* dat es en rèchten viəlwind.

viəlwindsk, *naseweisig.* häld de viəlwindske snûte, *sei nicht naseweis.*

fiəmelte, *f.* = fehmolle. *(Remsch.)*

fier, *f. pl.* fiern = nôte, *nuthe, nuss.*

fieren, *die bretter eines beschusses mit dünnen zwischenbrettchen dicht machen.*

fiəsel, *m. für* fissel, *fäserchen, fetzen. s.* fussel.

fiəseln *für* fisseln, *1. fäsern, zerfetzen. 2. fein regnen (im Lüdensch. und berg.). — ahd.* wiselôn *(für* viselôn), resecare. *holl.* vezelen, *fäsern. berg.* fisselen *mit doppelt weichem* s.

fiest, *m. fist,* species des crepitus.

figg, *abgeneigt, feindselig.* he dait so figg. — *es hängt mit* fi! *und ahd.* fien, odisse *zusammen.*

figgend, *m. feind.* dà kann de figgend ǫ̈wer gân, *liegende gründe sind sicher. — alts.* fiund.

viglant, *1. rührig. 2. vigelant, schön. vgl.* wacker.

viglante, *f. ein kuhname.*

viglét, *violett, veilchenfarben. für* vigolett; g *eingeschoben, um den hiatus zu füllen. aus* viola.

viglétte, villette, *f. 1. nelke. 2. ein kuhname. — H. meint, es sei aus* caryophyllus *entstanden.*

vigline, *f. geige. spr.:* med gewåld kamme 'ne vigline am aikenbôme kort slån, *mit gewalt lässt sich alles durchsetzen.*

Fike, *Sophie.*

fikesbône, fiksebône, *f. vitsbohne, besser fitzbohne.* de fikesbônen un de swine dä håldt viel vam sunnenschîne. — *Kil.:* vitse, *wicke,* vicia. *Teuth.:* vijcksbone, lupinus.

fiks, *adj. und adv. schnell, gewandt. spr.:* bowen fix un unner nix.

fiks, *m. 1. hundename. 2. eine schelte.*

fiksefakse, *f. schnickschnack, posse. syn.* fakse. — *R. V.:* visevase. *wie* vise *und* vase *(fakse) in der fig. bedeutung genommen sind, mag die vergleichung von* burræ, *possen; ital.* borra *scheerwolle, haarflocke; span.* borras, *possen, lappalien lehren. Kil.:* viesevase, phantasma.

file, *f. feile. — ahd.* fihala.

filen, *feilen.*

fillås, *n. schindaas. der bauer leidet nicht, dass jemand ein stück vieh so schilt; er meint, dann käme es bald an den abdecker.*

fillen, *1. das fell abziehen. 2. quälen. — alts.* fillian.

filler, *m. 1. abdecker. rda.:* sô! nu giet de filler noch twê un en halwen stûwer mær før 't fell! *sagt man zu dem, der sich reckt. 2. quäler.*

filler, *m. für* filder, *1. kleiner schmetterling. (Hemer.) 2. schmetterling überhaupt. (Meinerzagen). — ahd.* fifalter *oder* fifaltra; *s.* fifälter. filder *wird auf ein altes* fildan, fald *zurückgehen, aus dessen* fald *das verbum* falden *und* falder *(falter, schmetterling) entsprang.* filder *für den kleinen,* falder *für den grossen schmetterling. syn.* hippendaif, molkentôwer.

fillerblate, *f. 1. schindermesser. 2. stumpfer säbel. Must. 14. s.* blote.

fillerte, *f. 1. kleiner schmetterling. (Hemer.) 2. schmetterling überhaupt.*

fillète, *s.* viglette.

fillkûle, *f. schindgrube.*

fillplaas, *schindanger. K.*

fils, *m. fels. (Hattingen.)*

fils *für* filt, *m. filz. — Teuth.:* vylte, filtrum.

filsse, *n. feilspäne, feilstaub. — Teuth.:* vylsel, limatura.

filte, *f. schmetterling überhaupt. (Herscheid.)*

fin *(compar.* finner, *superl.* finst), *1. zart, klein.* so fin as hårpûder. *2. schön.* so fin as en gemåled bild. bai well ein fin, dä maut lien pîn. dä alltîd fin es, es nümmer fin. giəf em dat fine hänneken! *die schöne hand ist die rechte. 3. hoch, von der stimme. 4. schlau.* ik hewwe em en finen spiəld. *5. bigott.* dat es en finen med growen opelegen.

Fine, Fînken, *Christophine.*

finger, *m. finger. fig.:* de finger nægest den dûmen, *der nächstfolgende nach der hauptperson.* me kann ne ümmen finger draigen, *er ist sehr fügsam. namen der finger bei kindern:* Dûmeling, Johann, Langmann, Lêpold, Pippmüsken. *(Schwelm).* Dûmeling, Fingerling, Langmann, Swandmann (Sandmann), klaine Kappeditsmann. Dûmeling, Fingerling, Langmann, Swankmann, klaine Dimmelitsmann. Lüsekäpper, Pottschräpper, lange Martin, Goldfink, Lingeling. *vgl.* vørfinger.

fingerhaud, *m. 1. fingerhut. ein Iserl. dienstmädchen äusserte sich über ihre geizige brotherrin:* wänn use frau men könn, se laite im fingerhaue koken un med der naigenåtel eten. *2. eine giftpflanze.* rôe fingerhaud. *syn.* oligblaume, pisspott. *3.* blåen fingerhaud, campanula. *(Brilon). syn.* klockenblaume.

fingerhaudsmeker, *m. fingerhutsmacher. s.* knûtelndraiger.

fingerhaudsmüəle, *f. fingerhutsfabrik.*

fingerling, *zeigefinger. s.* finger.

finke, *f. 1. fink.* goldfinke, baukfinke *u. s. w. 2. =* stippen, *fleckchen. 3. euphemist. ungeziefer, laus.*

finke, *f. in* mistfinke *und* stinkfinkennest. — *Frisch:* mistfink, *unflätiger mensch; vgl.* lichtfinke. *es ist mir unsicher, ob das wort hier ebenfalls euphemistisch zu verstehen ist.*

finksken, *n. kleines körperchen. vgl.* finke 2.

finne, *f. 1. pocke, blatter im gesichte. 2. finne im schweinefleische. — ags.* finne. *Wigg. 2. scherfl. p. 52:* olde vinne, *eine schelte.*

finnekîker, *m. 1. finnenschauer. 2. schadenfroher mensch. spötter, der in* *einer unverdächtigen handlung schlechtes aufspüren will.*

finnen *für* finden *(prœt.* fand, fund, *pl.* fänten, fünten; *ptc.* funnen), *finden.*

finnig, *1. finnig, vom schweinefleische. 2. fig.: schadenfroh, bissig. wer sich den schein der aufrichtigkeit gibt und im herzen spöttisch ist. — holl.* vinnig. *Kil.:* vinnigh, grandinosus rancidus, corruptus, acer, asper, crudelis, saevus, vehemens. *Teuth.:* vynnich, gardich.

finseln, *spötteln.*

finsen, *heimtückisch lachen. — R. V.:* vinsen, fingere. *Teuth.:* vynsen, glijasen. *s.* füntern.

finster, *n. pl.* finsters, *fenster. rda.:* ik sitte hîr bęter as en bûr im finster. *(Unna.) — syn. im Münsterl.* deluchte. *lat.* fenestra. *mnd. pl.* de fensteren.

finsterlucht, *bemalte fensterscheibe. in früheren jahren schlossen die hochzeiten, besonders in den städten, damit, dass jeder gast im hause des bräutigams eine fensterscheibe einschlug und dafür eine mit namen und wappen bemalte scheibe schenkte. es wurde für üble vorbedeutung gehalten, wenn bei der hochzeit nichts zerbrochen ward. in Dortmund findet man noch in alten häusern derartige bemalte scheiben. K.*

viôle, *f. 1. viole.* gęlle viôlen, *goldlack.* mûərviôle, *mauerviole, die wildwachsende art desselben. 2.* ne àlle viôle, *ein altes weib. — Tappe 110*[b] *führt die holl. rda.:* „lath violen sorgen" *an.*

viôlken, vijôlken, *n. veilchen. syn.* môerviöilken. *(Weitmar.)*

fipken, wipken, *n. pl.* fipkes, wipkes, *lüge, märchen, posse.* ênem fipkes vǫrmaken, *einem etwas aufbinden wollen. — vgl. engl.* fib *und* foppen. *nds.* wipjen.

fipprig, *unstät, flatterhaft. Danneil.*

fir, fier, *flügge.*

firdag, *m. feiertag.*

firen, *feiern. — alts.* firion.

firk *für* fiderik, *m. fittich. — v. d. H. Germ. X, 153:* vederich.

firlefanz, *geberde, wird in dieser bedeutung auch unserer gegend angehören, da es der sonst plattdeutsch dichtende Burchard in einem hd. gedichte gebraucht: „der fuchs macht einen firlefanz und wedelte mit seinem schwanz"*

fis. *1. von personen, besonders die es genau nehmen mit der reinlichkeit bei zubereitung der speisen, denen leicht ekelt. 2. von saubergewaschenem weisszeuge, namentlich baumwollenzeug, das leicht schmutz annimmt.* witt tûg es fis. — *Laurenb.:* dat vyse jumferntûg. *holl.* vies, *empfindsam, fein, lecker. ostfr.* fis, *prüde, wählerisch, lecker, zimperlich gegen widerwillen erregendes. vielleicht ist* fis = fisk = figisk, *so dass es mit* fi, figg, fien *zusammenhängt. Kil.:* vies, phantasticus, morosus.

fischbunge, *s.* bunge.

fisen, *1. pfeisen, ton von etwas schmorendem, z. b. äpfel = dithm.* grûstern. *(Elsey.) 2.* = fisten. I hett hir nix te melden, sagg de swêne. wann de mutte fiset, könn I âmen seggen. ik daue min węrk, un düt es en àld rècht omme howe.

visite, *f. besuch. — ital.* visita.

visitenpinsel, *m.* penis; *vgl.* pinsel = penicillus, peniculus.

fisk, *m. fisch.* wenn de fiske oppem drögen sind, dann spattelt se am mêsten. grote fiske frętet de klainen.

fiskedik, *m. fischteich.* hä stiaket mi doch kainen fiskedik an. — *Tappe 15*[b]*:* a westphalis effertur in hunc modum „den fische dick anstecken". Utuntur autem hac paroemia tunc potissimum, cum inimicum, dira extremaque minitantem, se contemnere videri volunt.

fisken, *fischen. spr.:* fisken un jägen makt hungrige mägen un fluadrige blâgen.

fisker, *m. fischer.*

fiskeraiger, *m. fischreiher.* wann de fiskeraiger 'et wâter op flûget, dann hält hä wâter.

fiskerigge, *f. fischerei. — mwestf.* vysscherygge *(copie einer urkunde von 1441).*

vispeln, *flistern. — ahd.* huispalôn, sibilare. *mhd.* wispeln. *schwed.* hviska. *ags.* hvispljan, susurrare.

vispeltüten, *pl. gewäsche, weismacherei. s.* wispeltûten.

fissel, *etwas durch feine spaltung abgetrenntes, faser.*

fissel, *f. fistelgeschwür.* ne fissel am tâne. — ss *für* st. *lat.* fistula.

fisseln, *fein regnen oder schneien. bergisch, auch hessisch, Vilmar.*

fisseln, *fein spalten. — fr.* fêler *für* fesler, fissiculare.

fissematenten, *pl. ausflüchte, umstände, finten, chicane.* fissematenten geldt der nitt. fissematenten maken, *umstände machen. F. r. 40. — Gr. tüg 83:* sau visematänten (= gefilz met dęm blage) heww' ik min lęwen nitt mackt. *Cöln. jahrb. IV, Koelhoffsche chronik p. 518:* it is ein viserunge *(gedicht, phantasie)* ind ein visimetent *(narrentei, gewäsch). im osnabr. sind* tenten *kniffe, künste (vom mwestf.* intent, *absicht. Soest. Dan. 125). es steckt in unserm* äffentinten = *narrentei. der erste teil muss das wertlose, nichtige bezeichnen. wahrscheinlich bezeichnet es die manipulation des besprechenden und zauberers. s.* wispeltüten.

fisenülle, *f. weibliche scham. cf.* nelle.

fist, *m. (Teuth.:* vijst), bombus.

fisten *(præt.* fêst). *einen wind streichen lassen. spr.:* me kann med fisten kaine mêsen locken. — *Teuth.:* vijsten, bombizare. *für* fisen, *hd. pfeisen, vgl.* kakelfiste.

fitâne, *s.* fi *und* futtâne.

fit, *m. nagelring. — ostfr.* fit. *zu einem verlorenen* fitan, *fett werden, schwellen.*

fit fit *und* fit fit mâken. *K. S. 85. Fr. 10.*

fits fits! *anruf an schweine. (Marienh.) daher im berg.* fits, wits *für schwein.*

fitschen, *n. schweinchen. (Marienh.)*

fitschen, *1. schnell hingleiten. 2.* = juffern smiten. — *1 hinter f fällt in nd. mda. zuweilen aus; daher vergl.* flitschen.

fitse, *f. 1. gebind, ein beim haspeln abgeteilter kleiner strang garn, deren 10 ein stück machen. 2. fenstergehänge, vgl.* gefitse. — *ahd.* fiza. *osnabr.* fisse. *nds.* fitzel.

fitsenband, *n. (berg.* fitsenbengel, *m.), das band, durch welches die* fitzen *kenntlich gemacht werden.*

fitsliputsli, *ein weiter nicht bekanntes medicament; es wurde von einem verstorbenen apotheker zu Altena ausgegeben.*

fif, fiwe, *fünf.* bat dat es, dat es dat: fif un drai sind achte. hä hęt fiwe vǫr. — *alts.* fif.

fifalter, *m. schmetterling. (Eckenhagen.)*

fifau, *m. schmetterling.*

fifault, *schmetterling. (Remsch.)* — *Teuth.:* capelle, pennenvogel, vivalter.

fifte, *fünfte.*

fiftian, *fünfzehn.* kuorte fiftaine maken, *kurzen process machen. Spargitsen.*

fiftig, *fünfzig. — mwestf.* fevtig.

fläbbe, *f. 1. maul, unterlippe. 2. maulschelle. — nds.* flappe. *vgl. dän.* flab, *engl.* flap, flapmouthed. *Teuth.:* lebbe, onderste lyp.

fläbben, *maulschellen geben.*

flabbsnûte, *herabhängendes maul, maulaffe. K.*

flabes, *m.* = flaps 2. *köln. auch* maske.

flachte = flęke. *(Fürstenb.) — Kil.:* vlechte, crates. *osnabr.* flechte, *seitenbrett am mistwagen.*

vläck, *lau, etwas warm. — ags.* vläc, remissus, tepidus.

flackerig, *unbeständig, vom winde. (Asseln.)*

flackern, *flackern, eigentlich: sich unbeständig hin und her bewegen. — Kil.:* vlacken, spargere flammam, vibrare instar flammæ; coruscare.

fladderig, *flatterig, unbeständig, vom winde. leicht, lose, locker, nachlässig, unkleidsam, unbeständig. K. syn.* flackerig.

fladdern, *1. flattern. 2. ausplaudern. — vgl.* blodern, plodern, *plaudern. dän.* pladder, *geschwätz. ital.* flatare. *syn.* flatschen.

fladdern, *pl. junge fische, bleier (oder* oklen, *v. Steinen), weissfische.*

fladrûse, *f.* (fladuse. *K.) weibermütze. jede weibliche kopfbedeckung mit dem nebenbegriff des schlechten, unpassenden, geschmacklosen,* dormeuse. *K. — altm.* fladûse. *meckl.* fladduse. *Frischbier 895: „*fladruusch *bezeichnet eigentlich eine stark beputzte, bänderreiche haube."*

vlâge, *f. 1. schicht, luftschicht.* ne warme vlâge. — *ostfr.* flage. *2. krankheitsanfall, vorübergehender fieberanfall, syn.* anflǫg. — *holl.* flaag. *3. gemütsstimmung, laune.* ik drâp 'ne gerâde bi ner guaden vlâge. — *es setzt ein altes* wlâga *voraus. Kil.:* vlaeghe, nimbus, repentina et præceps pluvia, procella, tempestas.

vlâgesken, *n. geringer krankeitsanfall.*

flaige, *f. fliege.* ęm hinnert alles, sogâr de flaige an der wand. ne flaige an der wand kann ne ęrgern. dat es ne flaige! *von einem leichten, männersüchtigen frauenzimmer. naturgeschichte!*

flaigenswamm, *m. fliegenschwamm. (Büren.)*

flaim. et worte my flaim füär den augen. *schwänke p. 162.*

flaiske, *f. grosse fackel am lichte. — für den vocal vgl.* draisk *(driesch),* laisch *(liesch), was auf ein altes* fliska, fliuska *führt.*

flait, *pfiff (vgl.* flott). dà froge ve 'n flait *(= gar nichts)* nà. *Galant. 25.*

flaiten *(præt.* flôt, *pl.* flüaten; *ptc.* flǫten;

præs. et flütt), *fliessen.* in Saust sall et gistern düchtig fløten hewwen. — *alts.* floitan.

flåk, *adj. und. adv. 1. flach. 2. fehl, verkehrt.* et es ęm flåk slågen, *es ist ihm fehl geschlagen. eigentlich vom spielen mit geld od. von der alten weise des lossens.* wen dat kårn flåk slån soll, *wenn es nicht geraten sollte.*

flåken, *n., auch* flåk, *n. (Hagen), die bildseite einer münze beim münzwerfen (H.:* lischen, fösskon stęken). *Dortm.:* flåk *oder* têk *beim münzwerfen. K. fällt die münze so, dass das* flåk *oben liegt, so hat der werfende verloren, während oben liegendes* têken *(die seite, welche die wertbezeichnung enthält) gewinnt. in alten zeiten waren die losshölzer gespaltene rundhölzer, an denen wol die runde oder bastseite durch kerbe bezeichnet. daher die namen. vgl. Ztschr. f. d. myth. III, 303. s.* fössken.

flæme, *seite an der kuh? s.* flęme. — *Kil.:* vlome, abdomen.

flamme, *f. 1. flamme. 2. geliebtes frauenzimmer.*

flammen, *flammen. schwur:* dat mag flammen.

flämmen, *krammetsvögel.*

flammnigge, *funkelneu.*

flämsk, *plump, grob, gross.* dat es en flæmsken kærl. *ein* flamsch *gesicht = ein sehr finsteres.* en flamschen kerl, *mensch von hervorragender grösse und körperstärke. K. — eigentl.: vlämisch, flamandisch. mhd.* vlæmisch. *Shakesp.:* flemish. *nds.* vlæmig, vlæmisch.

flân, *n. =* fladen, *fladen. — Teuth.:* vlade.

fländern, *durchfall haben.*

flankenhaller, *m. der in die seite (quere) kommt.*

flankerêren, *flankieren im rätsel.*

flapp, *m. klapp, schlag. — engl.* flap.

flappen, *schlagen.* geflappt, *nicht klug. — engl.* to flap. *fr.* frapper.

flapps, *m. 1. mund, lippe. s.* flåbbe. *2. narr, windbeutel, laffe. s.* flåbes, lapps.

flaske, *f. flasche.*

flâske, flätske, *f. 1. lappen, stück. 2. besonders breiter dünner körper. zu Fürstenb. von fleischstücken an einer schnittwunde oder von brandblasen. vgl. Op de alle hacke 4. — ahd.* flâz, *flach. Marienh.:* plätsche. *altmärk.* flatsche.

fläskenappel, *m. kürbis. — Dortm.:* flaschappel.

flass, *n. flachs. beim flachssäen wird gesagt:* wann use bûr nione fine linen büxe anhęt, dann kriffe nion flass.

flassmaier, *m. kind mit flachsfarbenen haaren.*

flassraüwe, *f. rübe, welche zwischen flachs gezogen ist.*

flassfinke, *f. hänfling.*

flasswęrm, *m. engerling. (Fürstenb.) ebenda auch* speckwęrm.

vläts, *m. ein physisch, häufiger moralisch hässlicher mensch, ein schmutziger mensch, ein unverschämter mensch, ein grobian. — v für w. vgl. ags.* vlætan, foedare. *Münst. gesch.-qu. III, 33:* wlaten enen *= anckeln. ostfries. (obs.)* wlat, wlunt, *verunreinigt.*

flatschen = fladdern.

flatschnåt = klätschnåt. *(Velbert.)*

vlätsig *für* vlatisk, *schmutzig, hässlich (phys. und moral.). das wort ist in Iserlohn ungemein häufig.* so vlätsig as ne hucke. — v *für* w. *s.* vläts. tsig *für* tisk, *wie in* politsig. *vgl. Hennynk d. H. 19ª:* vlätischeit, *unflätigkeit.*

vlatsnickel — vläts.

vlattêren, *schmeicheln, gute worte geben.* hä lätt sik vlattêren. — *aus franz.* flatter, *dieses ist aber nach deutschem* wlartôn *gebildet. nds.* lartjen *steht für* wlartjen *d. i.* wlartjan. *ags.* fleardjan. *Kil.:* vlaeden *j.* vleyden, blandiri, adulari.

vlau, *matt, ohnmächtig, besonders vor hunger; gleichgültig.* iot en biotken, du könns süss vlau wèren. *in Velbert:* vløu wèrden *= ohnmächtig werden.*

vlauen, *flau werden. (Gemarke.)*

flaüch = flaud, *nach vielem regen, wenn allerwärts wasser fliesst und die quellen reichlich geben. s.* vlô.

flaud, *f. 1. flut. 2. spec.:* vi hett flaud, *wenn nach vielem regen überall quellen hervorbrechen. — alts.* fluod. *zu ags.* flôvan, *ahd.* flawjan (fluitare).

flaudkasten, *m. am schutzbrett* (schütt). et tûht då as im flaudkasten.

flauk, *m. fluch.*

flauken, *fluchen.* flauken as en køldriwer. — *alts.* fluokan.

vlaum, *trübe, vom wasser.* im vlaumen wâter es et beste fisken. — *es steht für* wluom. *ahd.* flaum (sordes) *für* wlaum. *nds.* glaum *für* ge-luom. *Luth. (Ezech. 32, 2):* glum *für* ge-luom. *Teuth.:* gloym, onclair. *dän.* flom, *flutwasser (als gewöhnlich trübe). vgl. noch Laiendoctr.:* wlame. *ostfr.*

wlemelse. *Huspost. 27. p. trin.:* lath de werlt men seker syn vnde hen ghan, alse hedde se nûwerle nen water wlônich (*l.* wlômich) gemaket. *Bgh. anm. z. bib. ps. 68, 31:* gelick wo de grothen hengeste dat water thotreden vnde wolmich (*für* wlomich) maken, dat ydt nicht tho drinckende docht. *vgl.* flaim.

vlaumen, vlaümen, *trüben. spr.:* bat de suəge vlaümet, dat maüt de fickel entgellen. bai süht so from ût, as wänn bai noch nû en węterken vlaumet hädde. et es kain wâter so hell âder et vlaümet sik wǫl ens. — vlaümen = wluomian. *Bugenh. bib. Hesek. 32, 2:* wlömen *für luth.* glum machen. *bei Wolke 94:* flömen. *Radl. II, 274:* wlömet. *Wolke:* glömen. *Teuth.:* van der seycken dat gloem of grontsop.

vlause, *f. posse, spass. (H.: Soest.) — es scheint mit nd.* lôs (*schurkisch*) *zusammen zu hängen.*

flechte, *f. flechte.*

flechten (*præt.* flocht, *ptc.* flochten *oder* flechted), *flechten. — ags.* flihtan.

flechten, *laufen. wol verderbt aus* flüchten.

fleddern, *pl. flittern.*

flêge, *tüchtig, kräftig, schön. s.* flüg. dat es ne flêge katte wôren.

flęke, *f. seitenbrett an mistwagen. — für* flaki (*flanke*), *seite, mnd. auch* vlak, *n. Kil.:* vlaeck *j.* horde.

flęme (fleeme), *seite. F. r. 81.*

flemme, *ein kräftiges, vollbusiges, üppiges mädchen. K.*

flęrk, *m. für* fliderik, *flederwisch. — zusammengezogen wie* hęrk (*hederich*). *eingeschobenes* l *wie in* flǫtens. *s.* firk.

flês, flêsk, *n. fleisch.*

flêshochtid, *f. hochzeit, wo den gästen warme speisen vorgesetzt werden. vgl.* kæsehochtid.

flêssack, *m. fleischsack d. i. hemd.*

flessen, *1. flächsen. 2. fein.* he dait so flessen. *vgl.* haien. — *Teuth.:* unschende, vlessen, smeyckende.

flêstân, *m. fleischzahn.* du maus di den flêstân ûtrecken.

fliddig, *1. schmutzig. 2. fig.: hässlich.* en fliddigen kæl. — *köln.* fliedig, *unrein.*

flick, *n. tuchschnitzel.* snider wipp op bǫr 'et flick op. — *mhd.* vlëk, frustum, panni.

flicke, *f. speckseite. — ags.* flicce, succidia. *Teuth.:* vlyck of syde specks.

flicken, *m. fleck, lappen.*

flicken, *1. ausbessern. 2. fig.:* he flicket ęm wǫt am lęer.

flicken *für* fliggen *in der rda.:* sik innen iəsel flicken = *grob werden, auch in Schwelm. — Huspost. 27 na Trinit.:* sik in de husssorge flicken (*hüllen, stecken*). *es entstand aus st. form.* vlihen, componere.

flickern, *flimmern, schimmern.* flickern un flackern. (*Brilon.*) — *engl.* to flicker.

flickstern, *glitzern, schimmern, z. b. von fixsternen.*

flickstęrn, *herumschwärmen.* flikstert un fûlänzert. *K. S. 65. vgl.* flǫkster.

fliəgel, *m. pl.* fliəgels, *1. dreschflegel. 2. fig.: von menschen, s.* kriegel. *teile des dreschflegels sind:* handhâwe, käppelsse (hâud), wǫrgel (middelband), klüppel.

flimern = glǫren. *Gr. tüg 6.*

flinschen, *liebkosen. — Aachen:* flensche, *schmeicheln.*

flinse, *f. flacher streif, flaches stück, z. b.* flinse speck. — *vgl. hd.* flinse *oder* fliese = *steinplatte. mhd.* vlins. *ags.* vlint, *feuerstein. der flins dürfte von seiner eigenschaft, sich in flache stücke spalten zu lassen, den namen haben. gerade deshalb und wegen seiner schärfe und härte war er den alten wichtig zur bereitung von schneidewerkzeugen.*

vlir, *m. und n., pl.* vlirs, vliren, *1. im pl. lider, augenlider. 2.* = vlitsen, *grillen, albernheiten, launen, mutwillen.* he hęt so êgene vliren an sik. de fliren jücket us. *K. S. — nds.* vlirren.

flirenblaumen, *pl. fliederblumen. —* flir = flidder, *flitter, was flattert. s.* fleddern.

flirenkrûd, *n. fliedermus.*

flirentê, *m. fliederthee.*

flispern, *flistern. K. S. 41.*

flit, *m. fleiss.* med flit, *geflissentlich, absichtlich.*

flite, *f. fliete, lasseisen, lanzette der wundärzte. rda.:* dat es so scharp as ne flite.

flitsche, *f.* = splenterbüsse. (*Velbert.*)

flitschen, *in* wâterflitschen = ne juffer smiten. (*Velbert.*) — *syn.* fitschen, *was auch H. verzeichnet.*

vlitse, *f. für* wlitte, *1. pfeil, doch kaum anders als in dem zusammengesetzten* vlitsenbǫgen. — *vgl. ostfr.* flitse, *pfeil. fr.* flèche. *ital.* freccia. *2. grille, albernheit (H.: seltsame anschläge, launen, einfälle, syn.* ixen). bat sid dat fǫr dumme vlitsen. hä hęt allerlai vlitsen im koppe.

vlitsenbogen, *m. bogen zum abschiessen von* vlitsen.
vlitsig, *grillenhaft.*
flodâmme, *f. 1. flordame*, schüttenblaume, besperis matronalis. *2. kuhname.*
vlöi = vlaum. *(Fürstenb.)*
flöien, *flössen, bewässern. (Fürstenb.)*
flöck, **flück** = flügge, *munter.* he kiket so flück. *(westmärk. und berg.)*
flöh, *f. floh. fig.:* bat söll me dai de floihe jagen! *Must. 25.* hai hęt kaine flöhe *(lust)* dertau. — *vgl. span.* malas pulgas.
flöhjagd, *f. flohjagd.*
flöhknappen, *n. flohknicken.*
vlöhnken, *ein verb. diminut., liebkosen, jemand schmeicheln*, med ümmes. — *Hans Sachs:* flöhnen. vlên *vom antichr. in* „vlên un vruchten" *kann nur schmeicheln bedeuten, s. v. d. H. Germ. X, 173. holl.* vleijen. *oberd.* fleien. *goth.* gathlaihan. *ags.* flean. *hd.* flehen.
flöhflękel, *f. trense am hemde. s.* fiękel.
flöhfänger, *m. flohfänger. spr.:* ôk all guod, sagg de flöhfänger, dà hadde ne lûs griepen.
flömen, *pl.* = blaume, *vom fett. (Fürstenb.)*
flǫg, *1. flug. spr.:* krig ik diok nitt opdem flǫe, dann krig ik diok oppem trǫe. *2. was fliegt oder verfliegt. spr.:* en dröpn es en drǫg un en fist es en flǫg, dai àwer int berre dritt, dai finget wat. *3. kraftlose triebe der gewächse. vgl.* flǫghâr. — *zu* flǫgen, *ptc. von* flaigen.
flǫghâr, *n. flaumhaar, milchhaar.*
flǫgspiern, *pl. in:* dai junge hęt dai rôen flǫgspiern oppem koppe. *(Arnsb.) flaumhaare. Op de àlle hacke 14.*
floite = swęwe. *K.*
flǫkster, *f. ein flatteriges frauenzimmer. H.: sehr lebendiges, flüchtiges, leichtsinniges frauenzimmer. — vgl. ahd.* flogazjan, volitare. *dän.* flokkes, *umherschwärmen. s. engl.* spinster *und unser* flickstern.
flot, *m. fliessendes wasser, bach; daher im Iserl. limitenbuche:* „über das feld nach dem Bräcker fluss *(bach)*", *welcher fluss die scheidung bis nach der Bräcker rolle weiset.*
vlöt, *seicht, nicht tief, vom bach, ackerkrume, teller.* me maut dà vlöt buggen, *man muss da nicht tief pflügen.* vlöte springe, *quellen, die nicht tief liegen, daher leicht versiegen. — vgl. nds.* vlöte. *Teuth.:* vlote, ondyep.
flǫt, flǫtens *für* fǫtens, *sogleich. (Hagen.) s.* fǫltens.
flôte, *f. flössgraben.*
flöten, *1. flössen, wässern.* de wiese flöten. *2. verloren gehn, bankerott sein.* flöten gån. hai es flöten. flöten es hai.
flott, *m. pfiff.* en flott ôk! = ik well di wat flaüten.
flott, *m. rahm, saure milch mit dem rahme. — ags.* flêt, fliet. *nds.* flott. *Kil.:* vloten, vlieten het melck, cremorem tollere.
flǫtten, *flöten.* wà 't dem vǫgelken van es, dà flǫttet et van.
flucht, *f. 1. flucht. 2. verlegenheit.* he was in der flucht. hä was in êner flucht. hä kwâm in de flucht. *3. schaar vögel, ebenso holl. und ostfr.* ne flucht dûwen. *4. ein teil des spinnrades. 5.* fluchte, *hausflur. K.*
flüchter, *m. und f., flieger; auch* **flüchterin**, *flatterhaftes, leichtes frauenzimmer. syn.* flǫkster.
fluoder, *m. für* fludder, *fetzen. — vgl. holl.* floddern, *flattern, schlottern.*
fluoderig, *zerfetzt, zerlumpt.*
fluodriân, *m. lump. vgl.* àdriân, bollriân, dummerjân, trampeljân, uodriân, herodriân, kollriân. — *vgl. schwed.* hjon.
flüog, *m. flug.*
flüot, *m. fluss, entzündung.* ik hewwe en flüot oppen ôgen.
flüotkrallen, *pl. flusskorallen, bernsteinperlen, weil man glaubt, sie seien gegen flüsse (rheumatismen) dienlich.*
flügge, flück, *zum fliegen fähig. — ahd.* flucchi.
flüggop, *1. ein riechsalz,* liq. ammonii caust. *2. ein flüchtiges frauenzimmer. (Elsey.)*
flunkern, *grosstun, übertreiben, aufschneiden, prahlen.*
flûræsken = glörâsken. *K.*
flurbus, *verlust. (grafsch. Limburg.)*
Flüringen *bei Balve. der name entstellt aus Frühlinghausen.*
flürk, *flügel. K.*
flüsken, *n. flaumhärchen.* kain fluisken es stân bliawen. *Op de àlle hacke 9. — vgl. ostfr.* flûs, *büschel wolle, haare.*
fluspern, *flistern, leise sprechen. Grimme.*
flüster, *f. pl.* flüstern, *faser. — altm.* fluster. *ostfr.* flûsen, *wolle, werg zupfen.*
flüsterholt, *n. zerfasertes birkenholz.*
flute = fudde.
föbber, *m. in* dannenföbber, *tannenzapfen.*

födde, *f. entfernung, ferne. spr.:* de födde brenget de swödde.
födder, *ferner, weiter. — alts.* furthor. *mnd.* forder.
föer, *n. 1. futter. 2. unterfutter. wortsp.:* bårum kann en snider kain pęrd siu? hä fræt allet föer op.
föeringe, *f. fütterung.*
föern, *1. füttern.* so lange me 't rücken föert, wiemelt et am stęrte. *2. mit unterfutter versehen.* se brûket mi de müske nitt föern, *zurückweisung eines zudringlichen liebhabers. (Soest.) vgl.* müske.
föersnier, *m. futterschneider.*
fǫgen, *auf eine unliebsame weise thätig sein, 1. von strengen hausfrauen, welche viel umherlaufen, um das gesinde anzutreiben. 2. schulmeistern.* hä es ümmer an mi te fǫgen. bat hęste nu wier te fǫgen. *3. durch alle winkel stöbern, auch syn. von* suaigen.
fǫke, *f. in* windfǫke, *ort der dem winde sehr ausgesetzt ist.* dat hûs stêt an der windfǫke. — *es ist wol aus dem ptc. von* fiukan (vento agitari) *gebildet. vgl. hd. fauchen. Teuth.:* vocken, weyen, flare.
fôlen, *stinken. (Lüdensch.)* — fôlian : fiulan, *faulen* = dôpiau : diupau.
fôlen, foilen, *dummes zeug schwätzen. F. r. 43.*
fôleri, foilerei, *albernes geschwätz. Must. 93.*
fôlefuat, *schwätzer.* àlle fôlefuat. *auch bei Grimme. Op de àlle hacke 4:* foilefutt.
folge, *f. folge.* dat es kaine folge, *das folgt nicht.*
folge, *f.* = swęwe. *(Fürstenb., Siedlingh.)*
folgen, *folgen.*
volk, *n. 1. volk. 2. gesinde.*
volkspott, *m. kochtopf für das gesinde.*
völl, *viel. (Hattingen, Schwelm.)*
fǫltens, *sogleich. Weddigen. s.* flǫtens.
fonkenellenblad *für* fontanellenblad. *epheublatt. — Frisch I, 285:* fontanellkügelein, globulus in fonticuli vulnere; plerumque ex hedera arborescente.
fǫnsch, *falsch, tückisch, hämisch, bissig. K. — ostfr.* fûnsk. *Danneil 58:* fünsch = lûnsch.
foppen, *1. zum besten haben. 2. täuschen.*
föpper, *m. einer der foppt. K. S. 108.*
fôr, *f. fuhre.*
fǫr, *f. pl.* fǫren, *1. furche die der pflug zieht. — Teuth.:* voire als en ploich buwet. *2. schmaler weg zwischen gartenbeeten und grundstücken; vgl.* grundfǫr, fǫrstên, hôfǫr. et es nitt an der fǫr wassen. ût der fǫr, *derb. s. Mda. III, 242, nr. 28. — ahd.* furah. *Seib. urk. nr. 1127:* voren, *furchen* = *äcker. Bugenh. bib. Hos. 10, 5:* varen = *furchen.*
fǫr, fǫ̂r, vǫr, vôr, *præp. und adv. I. præp. mit dat. und acc. 1. mit dat. = vor. a. örtlich.* vǫr dem hûse. de kaie gätt vǫr 'me hêren. *b. zeitlich.* dat was vǫr miner tîd. *c. ursächlich.* vǫr angest. dat vergêt as snê vǫr der sunne. *2. mit acc. a. örtlich.* he geng vǫr de dǫr. *richtung der rede:* he sagg fǫr *(zu)* mi. *b. stellvertretend.* he kennt wǫl speck vǫr spǟne = *er weiss wol speck von spänen zu unterscheiden. preis:* fǫr *(für)* ênen däler. *daher = wie, als wäre es:* se lätt 'ne fǫr hai un fǫr strôh lôpen. lôp fǫr hâsen un fösse = *lauf wie ein wildes tier.* he schandte ne fǫr en bedraiger. *vgl. Seib. qu. 275:* schalte se vor ketters. ênen fǫr en läppken brûken. *c. bestimmung, nutzen.* de braif es fǫr din vâr. de rock es fǫr alldäges *(sc.* gebrûk). he lîot sik ben fǫr üm te slâpen. dat es fǫr in te riwen. *vgl. mittelengl. (Maunder.)* for to *mit infinit. und* fir *mit infinit. (im kreise St. Wendel), welche dem franz.* pour *mit infinit. entsprechen. d. rücksicht, die nicht genommen wird, trotz:* hä gêt fǫr wind un węer. *rücksicht, die genommen wird:* das es fǫr en jungen in siuem àller allet müeglike. *II. adv.* fǫr un nâ, *vor und nach.*
vǫr, *vorn.*
vǫran, *voran.* mâk vǫran! wannêr mâket se nu vǫran? *wann machen sie nun hochzeit?*
vôr âne, *vorn.* hai sittet vôr âne.
vǫraf, *vorab.*
vǫrband, *m. vorband, ausbund auf waarenpäckchen.*
vǫrbedrif, *n. vorgeschichte.* en vǫrbedrif es kain ächterbedrif; en ächterbedrif es en fǫrt.
vôrbinner, *m. vorbinder, schurz.*
fôrd, fôr, *f. furt, durchfahrt.*
fǫr dat, *1. in anbetracht dass.* fǫr dat he mäu 8 jâr àld es, es hai en grôten jungen. *2. eher als dass.*
vǫrdauen, *1. vortun, vormachen. 2. vortun, vorbinden.*
vǫrdauk, *m. vortuch, schürze.*
vǫrdêl, *m. vorteil.*
fǫrdern, *fordern. bedeutet nie fördern.*

forelle. Sünte Kàtrîne styget de forelle ûtem Rhyne. *auch* firelle.
vȯren, *vorn.*
vôren, *fahren.*
vȯrên, *voreinander.* vȯrên setten.
fȯrenhüpper, *m. seele eines grenzstein-verrückers, die als irrlicht umgeht.*
vȯrends, *von vorn, an der vorderseite.*
fȯrensaüker, *feldmesser. (Hellweg.) weil er bei grenzstreitigkeiten aufsucht, wo die furche herlaufen muss.*
vôrellern, *pl. voreltern.*
vȯrêrst, *vorerst, zunächst.*
fȯrgang, *m. grenzbegang. (Bochum.)*
vȯrgang, *m. vorgang.*
vȯrgänger, *m. vorgänger.*
vôrgrîpen, *1. vorgreifen. die arbeit vor (für) jemand tun.*
vȯrhaiger, *vorschnur, schmetze, die vorderste schnur an der peitsche.*
vôrhàllen, *vorhalten.*
vôrhâmer, *m. grosser hammer der schmiede.* — *Kil.:* veurhamer, tudes, malleus major.
vôrhaups *für* vôrhôps, *an der spitze des haufens, vorzüglich.*
vȯrhewwen, *vorhaben.* hai hẹt et guod vȯr, wänn ênen wær, dä et me ächten hell. hai hẹt et guod vȯr, män sin vôrsatt wèrd te lichte mȯr.
vôrkaugen, *vorkauen.*
fȯrke, *f. 1. gabelförmiges holz. 2. zweizinkige heugabel. (Fürstenb.) 3. mistgabel.*
vȯrkind, *n. vorkind.*
vôrkîe, *f. vorkette. spr.:* bä uose Drücken *(Gertrud)* henküomt, dä mait de vôrkien rappeln = *sie muss einen bauer haben, der mehr als ein pferd hält.*
vôrkôp, *n. vorkauf.*
vôrkôper, *m. vorkäufer.*
vȯrkuomen, *vorkommen.* dat küomet mi gans spanisk vȯr.
vôrküren, *vorsprechen.* vȯrküren mackt kain uåküren.
fȯrkwans, *s.* ferkwans.
vȯrlaigen, *vorlügen.*
fôrlôn, *m. fuhrlohn.*
vôrlôp, *m. vorlauf beim branntweinbrennen.* — *holl.* voorloop. *Kil.:* veurloop, scheutwijn, leckwijn.
vôrlôpen, *vorlaufen.*
vôrmâken, *1. vormachen. 2.* ênem wọt vôrmâken, *einem etwas weismachen. 3.* dem kinne wọt vôrmâken, *das kind unterhalten.*
vȯrmâls, *vormals.*
fôrmann, *m. pl.* fôrlû, *fuhrmann, fuhrleute.* en àllen fourmann es en guodden wäägewîser. *(Lüdensch.)* àlle fôrlû hært gêrn klatschen.
vȯrmünner, *m. vormund, auch fig.* — *ahd.* munt, *f., aufsicht, schutz.*
vȯrnẹmen, *vornehmen.* sik vȯrnẹmen, *sich vornehmen.*
vȯr nix, *für nichts, vergeblich, umsonst.*
vȯrnst, *superl. von* vȯren, *vorderst.* he was de vȯrnste.
vȯrop, *voranf.*
vȯrpand, *n. vorderpfand.* — *Kil.:* veurpand van t' kleed.
vȯrpẹrd, *n. vorderpferd.*
vôrrâd, *m. vorrat.*
fȯrraisende, *name einer sorte dünnbier im märchen.*
vȯrrẹken, *vorrechnen.*
sik vȯrsaihen, *sich vorsehen.*
vȯrsat, *m. vorsatz.*
vȯrschaiten, *vorschiessen.*
vȯrschîn, *m. vorschein.* taum vȯrschîn kuomen.
vȯrschöpsel, *n. offene vorhalle vor der niedertür an bauernhäusern auf dem Hellwege.* — *Dasypod.:* vorschopff, vestibulum.
vȯrschrîwen, *1. vorschreiben. 2. befehlen.*
vȯrseggen, *vorsagen.*
vȯrsetten, *vorsetzen.* sik vȯrsetten, *sich vorsetzen.*
fȯrsk, *m. pl.* fȯrske, *frosch.* du bis so kâld as en fȯrsk. ik fraise äsen fȯrsk. — *Tappe 115ᵇ:* forsch.
fȯrskegȯddelse, *froschlaich.*
fȯrskegöwelse, *n. froschlaich.*
vȯrslân, *vorschlagen.*
vȯrslag, *m. vorschlag.*
vȯrslẹger, *m. vorschläger in der schmiede.*
vȯrsnappen, *vor jemand hersprechen.*
vȯrspann, *m. vorspann.*
vȯrspannen, *vorspannen.*
vȯrspenner, *m. vorspänner.*
vȯrstân, *vorstehn.*
fȯrst, *m. frost.* he hẹt den fȯrst in den têwen.
fȯrstbân, *frostbahn.*
fȯrstên, *m. grenzstein. Iserl. limitenb.:* am wege stehet ein vorstein.
vȯrstellen, *vorstellen.* dä well wọt vȯrstellen, *der will viel gelten.* sik wọt vȯrstellen, a. *wie im hd.*, b. *viel gelten wollen.* dä stellt sik wat vȯr, un friotet de brôdkrüomeln ût der taske. *(Weitmar.)*
fȯrsterig, *fröstelnd, leicht kälte empfindend.*
fȯrt, *m. furz.* dat sid lû, dä maint se wæren krank, wänn se mâl en fȯrt verkærd sitten hett. alle fȯrt lang

= alle nåse lang, *jeden augenblick.* hä måket ütem fort en duonerslag, *vgl.: aus der mücke einen elephanten,* mountains of molehills, d'un oeuf un boeuf. dat es en kærl as en fort in der löchte. *vgl. Bugenh. Summaria:* „Alcoran dat ys einen dreck in de laterne.“ *hd. umfahren, wie ein furz in der laterne. — Tappe 169[b]:* fort.

vǫrtassen = vǫrgripen.

fǫrtediokel, *m. furzdeckel, eine benennung, die ehedem zum spotte den schössen am frauenzimmerwämmschen gegeben wurde.*

fǫrtemannshûs, *n. after. ein komischer ausdruck im kinderrätsel. s.* tenterling.

fǫrten, *furzen. — mhd.* verzen.

vǫrtuateln, *vorschwatzen.*

vǫrfinger *in* „ten vǫrfingern liggen, — heffen,“ *vor den fingern liegen, so dass es bei der hand ist. — Kil.:* veurvingher *ist zeigefinger.*

vǫrût, *voraus.*

fǫrwęg, *m. fuhrweg.*

vǫrwes, *vorwärts. — alts. Helj. (Koene) 4470:* forthwerdes.

foss, *m. pl.* fösse, *1. fuchs.* hai slæpet as en foss. *(Iserl.)* bå de foss liot, då dait 'e kainen schaden. et es gerade as de foss im winfat. he es drǫwer hęr, as de foss ǫwer de hennen. dat es nitt foss, dat es nitt håse. dai wuont in Håwerspanigen, bå sik foss un håse guode nacht segget = *er wohnt sehr abgelegen.* dat hęt de foss męten un den stęrt taugiowen. de foss bitt am schęrpsten ût sinem loke. dat es en dummen foss då män ên lok wêt. en foss sunner nücke, dat es en dûsendglücke. *beispielspr.:* a. se es mi te krumm, sagg de foss, då såt de katte med 'ner worst oppem bôme. b. de drôwen sid sûer, sagg de foss, as hä nitt derbi konn. c. et es män en ǫwergang, sagg de foss, då tröcken se ęm 't fell ǫwer de åren. d. wann kaine kuomt, dann we'k ock kaine, harre de foss saggt, då harre med me stęrte annen bęrbôm kloppet. e. et dämpet all; wann 't briont, dann giot et en fûr, sagg de foss, då schêt he oppet is. f. vêr spêrs stått der all, sagg de foss, då woll he en hûs buggen; hä lagg sik oppen rüggen un holl sine schoken in de locht. g. et was mi doch män spass, hadde de foss saggt, då hadde in der hast en bęrenblad fǫr ne bęr ansaihen; wann de ock wærs ne bęr węst, ik hädde di doch nitt fręten. h. ik hewwe nione tid, sagg de foss, då såg hai den jæger kuomen. *2. pferd mit fuchsfarbenen haaren, fuchs. 3. rothaariger mensch. 4. kupfermünze (chem.) = 1/4 stüber, vgl.* kraigenfösse. *5.* gęle fösse, *goldstücke.*

fǫss, *adj.* en fossen kærl. *K.*

fǫsse, *stärke, körperkraft.*

fossig, *fuchsfarben.*

fösken, *n. 1. füchslein. zu Büren wird beim klumpsackspiel gesungen:* süh di nitt üm, dat fössken dat küomt, et bitt diok in de bêne. *2. fuchsfarbenes pferdchen. 3. rothaarige person. 4.* fössken smiten, *ein spiel, welches im werfen von kerbhölzern besteht. (Aplerbeck.)* fössken stęken *oder* lischen, *ein spiel, welches im werfen von münzen besteht. (Schwelm.) vgl. das unter* fläken *gesagte.*

fosstappen, *m. fuchseisen.*

fossfalle, *f. fuchsfalle.*

föte, *f. 1. läufische hündin. 2. schelte für ein männersüchtiges frauenzimmer. — Eichw. spr. 559:* na de föte töbn, *auf die buhlerin warten. vgl.* tôwesche tiowe.

vöttig, *vierzig. — neben* fiortig *(für* fiwartig) *gab es auch ein* fiartig. *aus* fiortig *setzte sich* foirtig *und weiter (assimiliert)* föttig *um. vgl. berg.* viärzig.

fotse, *s.* fuotse.

fowârd *in:* et es hir fowârd, *von einer erwärmten stube. — ?* forward.

fracht, *f. fracht.*

vrächtung, *einfriedigung von weiden und ackerland. K.*

vraddek, *m. dichte und krause staude.*

frågæs, *m. fragarsch, einer der zuviel fragt. vgl.* pråläs.

fråge, *f. frage.*

frågen, *præt.* fraug, frôg, *oder schwach* frågede *(Herstelle:* frode), *ptc.* fråged, *seltener* frǫgen *(Iserl.:* frögen, *wie hier auch der infinit. lautet), fragen.* då werd wennig nå frögen. *(Iserl.)* hai hęt der nitt viol nå frǫgen. ik frågede nitt mær dernå asse nå me müggenstioke. vam frågen werd me wis, van åller werd me gris. då fråget un wǫl wêt, då êget kain gǫd beschêd.

vraid = vrêd. vraide buoter. *(Fürstenb.)*

vrail, *m.* = wailekuüppel. — *mwestf.* wredel, *zu* writhau.

vrailen, *umdrehen* = wailen. duone vrailen, *fest drehen.* dat vraikle sik, *da musste man gewalt anwenden.* dat hęt sik vraild, *wird gesagt, wenn etwas durch drehen schaden gelitten hat.*

fraiser *(præt.* frôs, *pl.* früosen; *ptc.* fręren; *præs.* frûses, frûset), *frieren.* et frûset dat et knappet. hä frûset as en witten rûen, — as en snider. — *mhd.* vriesen.

fraiserig, *fröstelnd.*

fralle, *f. forelle. (Fürstenb.)*

vrampel, *m. knorriges stück holz, wo ein ast gesessen hat.* — *vgl. ags.* hrimpan, rugari. *nds.* vrampe, *m. grober mensch.*

vrampelig, *knorrig, vom holze, von brettern. gegensatz:* gæwe.

vrampeln, *knorren zeigen.* dat holt vrampelt.

vrängede, *f.,* **vränge,** *f. halskrankheit der schweine.*

sik vrangen, *sich balgen, mit einander ringen.* — *vgl. ahd.* wringan; raue, lucta.

vrangen, *pl. eine schweinekrankheit* = vrängde. *(Alberingw.)*

vrängen, vrengen, *drücken.* dat gêt em vrengen af, *das drückt ihn, wird ihm schwer, verwundet, schmerzt ihn.* sik vrängen, *sich drücken, sich hemmen.* et vränget sik. — *vgl. hd.* engen *und* pfrengen.

vrängwęrtel, *f. grüne niesswurz,* helleb. viridis, *weil sie gegen die* vrängde *der schweine gebraucht wird.*

franige, *f. faseriger saum, borte, franse.* — *ital.* frangia. *fr.* frange. *holl.* franje. *vgl.* vrundsel, vræse.

frank, *frei, in der alliterierenden formel:* fri un frank.

frankensadel, *ein den ganzen rücken des pferdes bedeckender sattel, um lasten darauf zu legen. K.*

frankforter węg, *m. milchstrasse. (Driburg.)*

franzbrôd, *n, grauer stuten. (Weitmar.)*

franzousenstrâte, *f. milchstrasse. (Nieder-Massen.)*

fræse, frêse, *f. krause.* — *zunächst fr.* fraise = *ahd.* freisa, frêsa, fimbria.

vrâsen, *m. rasen.* — *ahd.* waso. *fr.* gazon. *vgl.* vrail.

sik vrasseln, *sich balgen, ringen.* — *ags.* vrâxljan, luctari, vræstljan, luctari. *nordfr.* wrasseln, *ringen, sich balgen, kämpfen.*

sik vrassen, *sich balgen.*

frât, *m. 1. frass. 2. fresser.*

frætig, *gefrässig.*

frætsk, *gefrässig.*

frats, *m. eigensinniger, verkehrter mensch.* — *ags.* frât, perversus. *ahd.* fraza, obstinatio.

fratsig, *eigensinnig, verkehrt.* du fratsige junge! *schilt wol die mutter. was im männlichen charakter* fratsig *ist, ist im weiblichen* kwängelig. — *vgl.* pratzig *(bei Wallraf):* „köpfig, zörnig: wilne graue Adolph vame Berge, den god gnedig syn sal, was zu zyet eyn pratzig man."

frau, *f. frau.* et es kaine frau so rike, se gêt 'ner kau te glike. et es lichte frau te wären, äffer nich so lichte mòder te wären *(zu gebären).*

fraüken, *n. 1. schmeichelwort* = *frau. 2. kosewort* = *kleines mädchen.*

fraumenske, *n. pl.* fraulü, *frauenzimmer.*

frèch, *1. frech. 2. mutig, kühn, dreist. spr.:* de hâne es frèch op siner miste. *3. hart.* de buoter es frèch = *die butter lässt sich nicht gut schmieren.* de stèner sid frèch = *die steine lassen sich schwer zerschlagen. 4. herbe, vom geschmacke.* — *goth.* friks. *ags.* frëk, fräk. *mwestf.* frack.

vrechten, *zäunen, eigentlich schutz verschaffen.* — *für* wrahtian.

vrêd, vraid, *1. was sinnlichen oder geistigen einwirkungen viel widerstand leistet.* vrêd flès, *zähes fleisch.* vraide buoter, *harte butter, s.* vraid. hä häldt sik vrêd, *sein körper trotzt allem.* hä es vrêd oppem tâne, *er hat haare auf den zähnen. Weddigen:* ferect, *fest, dauerhaft (von personen). 2. was rauh oder stark auf anderes einwirkt.* vrêd węer. *F. r. 99.* vrêe locht, *rauhe luft.* en vrêd wif *kann sein: a. deren körper viel erträgt,* b. *die hart und gefühllos ist und* c. *per conseq. die ihrer umgebung das leben sauer macht.* — *alts.* wrêth.

vredde, *f. wird von Giffenig (nachr. v. Iserl. p. 79) angeführt und für einen alten namen der buche erklärt; es ist aber* = vridde.

Vreddenberg, Vredbergh *sind ältere namen des Freudenberges (Fröndenberges) bei Iserlohn. nicht von* vredde *(buche), wie Giffenig meint, sondern von* writhan *(einfriedigen, absondern) wird der berg benannt sein.*

fréien, *freien, auch von sachen die man wünscht.* ek hêff lange derno getreit.

vrensken, *wiehern, vom hengste.*

frętbalg, *m. fressbalg (schelte).*

frete, *f, fresse.* ik slâ di glik in de fręte.

fręten *(præt.* frât, *ptc.* fręten), *fressen. fig.:* bat hęt dai fręten? bai hęt knôpe âne ösen *(geld)* mâket.

frẹter, *m. fresser.*
frẹterigge, *f. fresserei.*
frẹtewẹrk, *n. 1. ungeziefer an pflanzen. 2. krebsschaden. — vgl. mnd.* wildtwerck. *mhd.* vrete, locus saucius.
frẹtling, *m. fresser. spr.:* wösslinge sid frẹtlinge.
frẹtpål, *fresser.*
frẹtpost, frẹtpåst, *fresser. K. S. 41.*
frẹtsack, *m. fressbeutel. reim von Renninghausen:* ' aier in den frẹtsack. *vgl.* dicksack.
fri, *adj. und adv. 1. frei. 2. beraubt, ohne, mit genit.* aller schęmde fri. *3. immerhin.* ik well all fri dà hen gån (tören); *vgl. R. V. 4. ziemlich.* vi hett se fri kriagen. *5. oft.* fri wọt *= oft was, viel = mnd.* vaste wat. *— Heinzerl. p. 32: adv.* fräi, *wie sonst vielfach. ein ausdruck des bekräftigens. vgl. Vilm. 109:* fräi bål, *recht bald.*
fridag, *m. freitag.* fridag hêt sin aparti wẹer. wänn twê fridäge in êne wẹke fallt, kristu din geld; *vgl. engl.* when two sundays come together.
vridde, vredde, *f. ein dichter krauser strauch oder baum. Iserl. limitenb.:* eine alte böcken fredde, eine alte bocke fridde, zwey bocken fridden, eine alte kurtze böcken fridde, eine abgeschlagene beucken krumme fridde. *wenn es da auch heisst:* eine kruse fridde, *so ist* kruse *pleonast. epithet. — zu ags.* vrithan, torquere, *unserem* vrien.
vriddig, *dicht und kraus.*
fridig, *zufrieden.* fridig med wat. *— Schüren chr. p. 126:* vredig.
vriamel, *f. striemel.*
vriameln, *zu striemeln reiben. — nds.* vrimen *=* vriwen, wriwen. *ähnlich unserem* vriemeln *ist* ribbeln, *als frequentat. von reiben, s. Vilmar.*
vriamelsoppe, *f. eine gewisse nudelsuppe (striemel = nudel). — Vilmar wird dieselbe unter dem namen* ribbelsuppe *meinen.*
vrien *für* wriden, *drehen.* ne wîad vrien *(im Schwarzenburgschen). — Teuth.:* dreyen, wryten, tornare, circulare.
frien, *m. für* friden, *frieden, zufriedenheit, ruhe.* dai hẹt doch sinen frien nitt, *der ist doch nicht zufrieden (glücklich).* lätt ne med frien, *lass ihn in ruhe.*
frig, *frei.* op frigger sträte. *s.* fri.
friggedåler, *m. freithaler, vermögen des freiers oder der gefreiten, dessen belang gewöhnlich zu hoch angegeben wird.* ganze draihunderd friggedålers måket hunderd gemaine. *Gr. tüg. 22.*
vriggeln, *hin und her rütteln, um etwas festes, z. b. einen nagel, loszumachen. —* wrig, *verdreht, verkehrt. engl.* wry *führt auf* wrigan *=* wringan. *davon ist* vriggeln *das frequentativ. ostfr.* friggeln, wriggeln, wrickeln. *Schamb.:* rickeln. *holl.* wrikken, vrikken. *nds.* brickeln. *man vgl. noch den heutigen schifferausdruck: das boot mit dem ruder* wricken, fricken.
friggen, *1. freien.* hä hẹt sine frau bim månenschine frigget. friggen nà *(Paderb.) 2. von sachen: etwas gern haben mögen.* friggen un baidrögen geschüht fake ummesüss. dai de dochter friggen well, dai mant de möer strîken; *vgl. engl.* he that would the daughter win, must with the mother first begin. frigg din nåbers kind, dann wêstu, bat du finds, kôp din nåbers pẹrd, dann wêstu, bat du hẹs.
frigger, *m. 1. freier.* he gêt op friggers faiten, *er freit. 2. die spinngewebe in der stube, von denen man bei Büren sagt:* wy welt düsse friggers herütjågen, dann kuamt de annern herin; *vgl.* brödläken *in einem Paderborner märchen.*
friggeråt, *freierei.* friggeroth, *f. F. r. 18.*
friggeråtschaft, *freierei.*
friggerigge, *f. freierei, freiwerbung.*
frikadelle, *f. fleischkloss. — Frisch:* frikellen. *fr.* fricandeau.
frikårte, *f. freikarte im karnüffelspiel.*
frîlik, *freilich.*
frimelle = fêmolle. *(Siedlingh.)*
vringen *(præt.* vrang, *ptc.* vrungen), *(wäsche) ausringen, (die hände) ringen. — ahd.* hringjan. *vgl.* vriggeln.
frirîksch, *freireichsstädtisch.*
frisk, friss, *1. frisch. 2. schön.* schön un frisch sett opn disch un friat dervan.
friske, *pferdename.*
frismölkig, *frischmilchen.*
vrissen, *m. milchwurm. syn.* kwådsêr. *ostfr.* wressem.
vrist, *wrist am fusse. (Fürstenberg.) syn.* wist.
vriwen *(præt.* vrêf, *ptc.* vriawen), *reiben. das reiben mit einem reibeisen heisst* riwen. *s.* stöten.
friwel, *1. ausgelassen. Must. 78. 2. kurzweilig. — ostfr.* frewel, *üppig, verwegen,* audax.

frizèch, *m. freizech, von einer hochzeit, wo von den gästen keine gaben genommen werden.*

frô, *froh.* hai es so frô as hänseken taum dausse. so frô as en kuckuk; *vgl.* gay as a lark. — *mhd.* vrô.

frô, *adj. und adv. (compar.* frögger, *superl.* fröggest), *früh; vgl.* frôg, frügge. — *Tappe 134b:* froe. *ahd.* fruo.

fröchten *für* förchten, *fürchten.*

fröchten, *pl. furcht.*

früchten, *fruchten.* et well nitt fröchten.

frôd, *klug, weise. (selten.)*

frôg = frô. — *holl.* vroeg.

frôgede, *f. frühe.* — *holl.* vroegte.

frogge, *f. frau. (Medebach).*

sik frûggen, *sich freuen. K. S. 99.* fröggede sik en loäk in de müsse. *N. l. m. 60.*

frûggerhen, *früherhin.*

frôjär, *n. frühjahr, frühling.*

frôlen, *n. pl.* frôlens, *fräulein, von adlichen unverheirateten damen.*

frollen, *weinen, heulen. (a. d. Ruhr), von kindern. Weddigen. syn.* lollen.

frönd, *m. freund.* — *alts.* friund. *mwestf.* frund, vrend.

fröndlik, *freundlich.* sau fröndlik as en mairôseken. *Gr. tüg. 31.*

fröndskop, *f. 1. freundschaft.* dat blitt in der fröndschop. *2. concret, als anrede: freund.* hært mäl, fröndskop! *3. verwandtschaft.* se sind noch fröndschop an us. — *alts.* friunt, *ahd.* friunt *bezeichnen auch verwandte. vgl. dän.* frändskap, *verwandtschaft. Riehl, familie s. 142 f.: „dem bauern fallen die begriffe der verwandtschaft und freundschaft auch sprachlich noch ganz zusammen. freundschaft in der bauernsprache ist blutsfreundschaft. ein freund ist jedenfalls ein vetter, wäre er das nicht, so müsste man ihn durch das geringere prädicat eines guten freundes unterscheiden.*

frone, bûerfrône, *noch zu anfang dieses jh. in unsern dörfern. der vrone war früher das, was anderwärts* bode *(Iserl. urk.:* nuntius) *hiess, der zum auspfänden gebraucht wurde.*

frôtiges, *frühzeitig.*

frugge, *f. frau.* — *mwestf.* frowe. *s.* frogge.

frügge = frô. de früggen knollen, *die frühkartoffeln.*

früemd, *fremd.*

früemde, *f. fremde.*

vruntsel, *f. runzel.*

vruntselig, *runzlich.*

vruntseln, *runzeln.* — *holl.* fronselen, frousen. *fr.* froncer. *vgl.* rûseln *und* schruntselen.

fuch, *m. abendliche zusammenkunft der mädchen zum spinnen.* oppen fuch gân. *(Marienh.)* — fuch = fuck.

fuchen, *viel zu den „fuchen" gehn.* he fuchet wat, *er geht viel dahin.*

fucht, *feucht.* — *ahd.* fiuhti. *mhd.* viuhte. *ags.* fuht; *Kerkhoerde:* fucht. *ostfr.* fucht.

fucht, *tapfer, auch Dortm. aus der parochie Hemer wird berichtet, dass eine frau Ate Husemann sich mit einem besen (oder einer mistgabel) bewaffnet auf die kanzel stellte und den aufgedrungenen misliebigen geistlichen abwehrte. da haben denn die, welche es mit unserer heldin hielten, gerufen:* Ate hàld di fucht. *hatte* fucht *die bedeutung frisch oder gehört dieser ausdruck zu alts.* fehton?

füchte, *f. fichte.*

füchtemännken, *n. entspricht dem* hêdmannken *bei Iserl. (Marsberg.)*

fuchtig, *feucht.* — *holl.* vochtig. *ostfr.* fuchtig. *aus dieser adjectivbildung erklärt sich hd. feuchtigkeit.*

fuchtigkait, *f. feuchtigkeit.*

fuck, *m. 1. schnelle bewegung, flug, schnelligkeit, geschick, erfolg.* dat hęt fuck = dat hęt Ard, *das geht rasch und gut von statten. Spr. u. sp. 21:* da kräig dai sake fuck. dat füer hęt kaine rèchte fücke, *sagt man vom feuer, welches nicht recht brennen will. 2. spass, spott.* eu fuck vam duener, *ein spass.* bat sid dat fọr fücke *(spässe, streiche).* se driwet den fuck med ênem, *sie verspotten ihn, treiben ihren spass mit ihm. vgl.* fucken, fuksen, fuckedille, dillenfuck.

fuckedille, *f. unordentliches, nachlässiges frauenzimmer, weil sie alles „verfuckt".*

fuckeln, *rasch etwas tun.* bat fuckels du dà in der ecke?

fucken, *rasch zu stande kommen.* et well nitt fucken, *es will nicht schnell von der hand gehn. spr.:* dat hęt fucket, siet de haufnägel taum pęrre.

fücker, *m. in:* en riken fücker. — *hd.* fuckig, *geizig. Wallr.:* fucker, *handelsmann;* fucken, *handeln.*

füdde, **flute**, *liederliches frauenzimmer. Weddigen.*

fuddek, *m. nur in:* he stinket as en fuddek, *s.* fulk, lûsefuddek.

fudden, *m. lappen, lumpen, fetzen.* schüötelfudden. — *holl.* vodde, *f. ostfr.* fudden, *auch schlechtes frauenzimmer.*

fuddensträte, *eine strasse in Iserlohn.*

fuddig, *schlaff, weich.* — *holl.* voddig, *lumpig, liederlich.*

fûdeler, *m. betrüger, beim spiele.*

fûdelerigge, *f. betrügerei im spiele.*

fûdeln, *betrügen im spiele.* sek fûdeln, *sich heimlich hinbegeben, schleichen:* wir fudeln uss en di kellerstrapp un sûpen dem bûren den fussel af.

vuogel, *m. pl.* vüögel, *1. vogel.* kain vuogel was ǫwer den wàld flogen = *es war durchaus keine bahn durch den schnee.* bunte vüögel in den kopp krigen = *hoffärtig werden; vgl. das braunschw.:* 'n voggel in'n kopp krien. ênem de vüögel oppen bômen wîsen, *wird von einem gaudiebe gesagt, aber auch von einem mädchen, welche einen schönen korb gibt:* dai nâsewîse gôs vanner dêrne wiese us ja de vüögel oppen bômen. *2. das taubenmännchen. vgl.* antvuogel.

vuogelhêrd, *m. vogelherd.*

vüögeln, *obsc. vögeln.* — *Lacombl. arch. VI. s. 333 wird sogar der bulle ein* vogleuochse *genannt.*

vuogellîm, *m. vogelleim.*

vuogelfänger, *m. vogelfänger.*

vüäl *(westmärk.) viel, setzt wie berg.* völ *ein* fuli *voraus.*

füölen, *n. füllen. fig.:* dat pęrd hęt en füllen kriegen, *es hat seinen reiter abgeworfen.*

fuosel, *m. fusel. berg.* fussel *(doppelt weiches s) bedeutet eigentlich schlechtes, geringes.* fusel, *schlechter rauchtabak (westrich). F. völkerst. III, 458.*

fuot, *f. der hintere,* posteriora. du gios de fuot węg un schiss dǫr de ribben. fuot in fuot dat lîet sik guod. — *mhd.* vut, cunnus. *nds.* futje, muliebria, *was die eigentliche bedeutung unseres wortes scheint.*

fuoten, *arschpauken.*

fuotenne, *n. das breite ende des eies.*

fuotse, *f. schelte für ein schlechtes mädchen. vgl.* fotse. — fueze = mueze, *s.* mütsken. *es ist also* pars pro toto. *vgl.* „sei kein fozenhut!" = *sei nicht weiberhaft feige. Luther:* pozenhut = eunuchus. *dabei sagt er: das erste wort bezeichnet das wovon sie frauen heissen.*

faggen, *streichen. N. l. m. 93.*

faggenhêe, *werg, als prästation von höfen.*

fûke, *f. spitzer korb von binsen, um fische zu fangen, reuse; vgl.* bunge. — *altfries.* fûke, rete. *holl.* fuik.

fuksen, *hin und her werfen.* dat gêt as wänne der Dêwel ne katte fukset.

fûl, *1. faul, phys. und moral.* hä es in fûler êrde, use Hęrgod vergiewe ęm sine sünne! *er ist tot und begraben.* de fûle liet àder driogget (? driappet) sik dôd. ęm es so fûl dertau. fûl tau wat sîn, *(nicht: träge sein, sondern) etwas nicht achten, lächerlich od. dumm finden; vgl.* dünne. he hęt et fûle fûwer. he tûht den fûlen. ik was nitt fûl, *ich säumte nicht.* ik mi nitt fûl, krêg ne bim arme un dæ ne vǫr de dǫr. *2. mürbe.* so fûl asse drîte (drîtefûl) *wird von zeug, mispeln u. a. gesagt; vgl. Tristr. Shandy 8 p. 214:* they *(sc.* the breeches) are as rotten as dirt. *so wird* fûlbôm *offenbar vom mürben holze gesagt, da die jungen zweige der so genannten gewächse* (rhamnus frangula *und wilder schneeball) leicht brechen. dasselbe ist bei der schwarzerle der fall, welche ags.* fulanbeám *hiess. 3. schmutzig, unsauber: so die* fûle gasse *zu Iserlohn benannt.* — **unser** fôlen (foilen), *stinken, führt auf* fiulan, *faul.*

fûlbôm, *m. 1. faulbaum,* rhamnus frangula. *2. gemeiner schneeball,* viburnum opulus. — *ags.* fulanbeám *ist schwarzerle. s.* fûl.

fûlbômen, *vom faulbaum.*

fûlbômen, *etwas faules, schlechtes bekommen. s.* kǫrbômen.

fûlen, *faulen.*

fulk, *m. in der rda.:* steukt as en fulk, *vielleicht = aas. — Teuth.:* vuylick, cadaver; vuylick, prûle, ayss. *Heinzerling, Siegerl. p. 91:* „fulch, *m. ein fauler mensch, wo durch vocalausfall* ch *unmittelbar hinter* l *zu stehen kam." holl.* vuilik *zu* vuil *(faul).*

vull, *1. voll.* de bęrg es jà med rôwers vull *(märchen).* dat sittet so vull as kaff an der wand. *2. trunken. 3. viel.* vull lû wàren dâ. *vgl.* viel, völl, füel.

fûllde, *f. eigentlich* fülle, *bedeutet jetzt düngung, fettung.* de fûllde om lanne.

fülle, *f. hölzernes schöpfgefäss mit einem stiele.* — *alts.* ful, *schöpfgefäss.*

fülle, *f. fülle.* de hülle un de fülle.

füllen, *1. füllen. 2. schöpfen; vgl.* opfüllen.

vullop, *vollauf.* se hett vullop.

vullkuomen, *vollkommen.*

vullmann, *m. voller, d. i. trunkener mann.* vullmann, dullmann. *vgl. den familiennamen* Vollmann.

vullscherig, *1. vollständig, woron alle teile da sind. 2. vollscherig, ausgewachsen.*

vullwassend, *adj. ptc. erwachsen (mit 20 jahren). — vgl. mwestf. (1555):* vollwessig.

fûlwammes, *n. faulpelz, faulenzer.*

fummeln, *1. tappen, fühlen, tasten, liebkosen, streicheln. 2. pfuschen. — Weddigen:* füemeln, *visitieren (die taschen). holl.* fommeln, *tasten, befühlen. engl.* fumble. *dän.* famle. *nds.* fammeln, fimmeln, fummeln. *s.* fammelerigge.

fump, *m. pl.* fümpe, *puff. (Altena.) vgl. köln.* fumpen, *klappen, puffen, passen.*

fumfit, *m. versehen, irrtum.* en fumfit maken, *etwas durch sorglosigkeit versehen. (Altena.) vgl.* verfumfeien. — *Seib. urk. nr. 560 (a° 1314) nennt unter den zeugen einen* Hartmodus Fumfite. *vgl.* killefits.

fündling, *m. findling. — Tappe 69ª:* fündeling.

funke = füke. *(Schwerte.)*

funke, *m. funke.*

funke, *1. name einer ganz bunten (schwarz und weissen) kuh. 2. pferdename. vgl.* fink.

funkelnigge, *nagelneu. — holl.* fonkelnieuw. *engl.* fire-new.

funkelnagelnigge, *nagelneu.*

funkelôn *für* fundlôn, *m. findelohn, fundlohn. — vgl.* fungen = funden, *Mend. hexenproc. v. 1592.*

funkenkopp, *m. kopf einer feuerröhre (ofenpfeife), worin sich die funken totschlagen.*

fünkern, *lodern. F. r. 95.*

fünsken *für* fünksken, *n. fünklein.* fünsken lewet noch *(ein kinderspiel).*

fünte, *unwohl, eigen.* et es mi so fünte. *(Fürstenb.)* de kaiser käk fünte *(unwillig)* van der seyt. *N. l. m. 103.* het wör mi so fünte, *ich wurde so verlegen. (Siedlingh.)*

fünter, *betroffen.*

fünter, *abfall vom draht.*

fünterig, *1. heimtückisch.* hä het so 'n fünterig lacken an sik. *2. scheu, der nicht zum vorschein kommen will. (Siedlingh.) — ostfr.* fünsk, *boshaft, vgl.* fundjan, tendere, gefundian, inquirere. *vielleicht bezeichnet* funder *einen feindseligen laurer.*

fünterlachen. *heimtückisch lachen. (Hemer. Elsey.) —* fünter *aus* füntern: *vgl.* smuaderlachen, *ostfr.* smüsterlachen.

füntern, *1. neugierig, zudringlich zuschauen. 2. verlegen werden. K. —* t *in solcher lage häufig für* d. *vgl.* gefundjan, inquirere. *vgl. alts.* fundon, tendere, cupidum esse. *engl.* to be fond of.

für, *n. feuer.* dat es jà en fûr as wann it en ossen bràen wollen. dat billige fûr, *gewitter. (Dortm.)* dat wille fûr, *s.* wild. wenn fûr un strôh bi ên kommt, dat briant. wann fûr in àlle schûren kömmt, dat briant deste slimmer. — *unsere alten pflegten, wenn jemand für erhaltenes feuer dankte, dies abzulehnen mit den worten:* „för fûr maut me nitt danken; fûr es hillig.“ *ähnliches noch jetzt in Thüringen.*

furgeln, *drauf los streichen (die geige). F. r. 54.*

fûr-jö, fuier-jau, *feuer! Gr. tüg 65.*

fûrkîpe, *f. messing- oder kupfergeschirr zur aufnahme von glühenden holzkohlen, um die füsse darauf zu wärmen. s.* kîpe.

fûrmûser, *m. rotwangiger mensch. kräftige rotwangige dirne (flamme). K. — vgl. dän.* rödmusset. *Auerb. dorfg.: „er ward rot wie ein feuerdieb.“ das scheint falsch gedeutetes* mûser (mûsen, *mausen, stehlen) zu sein. in* mûser *kann nur ein wort stecken, welches im ital.* muso, *fr.* museau *seine verwandten hat. vgl.* blàmûser, kàlmûser.

fürn, *iltis, frettchen. (Wald im Berg.) vgl. ml.* furectus, *woraus* furet *und* frett.

fûrpinnken, *n. reibhölzchen, also neugebildet.*

fûrslag, *feuerzeug. — auch holl.*

fürster, *m. förster.*

fûrwisch, *m. gerät des bäckers. (Fürstenb.)*

fûse, *f. spindel, in:* kunkelfûse. — *zu alts.* fûs. *fränk.* funs, *schnell. fr.* fuseau.

fûsen, *mit der faust schlagen. — contrah. aus* fuhisôn, *vgl.* klinkefîsten.

fûske, *fast. Weddigen.*

fussel, *m. fusel. s.* fussel.

fusseln = fisseln *(doppelt weiches s). s.* fussel.

fûst, *f. pl.* fûste, *faust,* vör fûste weg, *alles wie es vorkommt.* dat lätt as wamme ne fûst oppen ôge liat. — *aus* fuhisôn *mit* t *abgeleitet und so zu* pugnus *passend.*

fûst, *viel.* de harre all fûsten de köppe intrẹen. *Firm. I, 343. (Paderb.)*
fûstedicke, *faustdick.* dai bẹt et fûstedicke ächter de âren.
fûstkæse, *m. faustkäse, handkäse. ein oft sehr scharfer käse von walzenform und der grösse einer faust.*
fûststoppen, *eine hochzeit, auf der nicht öffentlich gegeben wurde.*
fûting, *m. ein vogel, dessen stimme fût ist. (Weitmar.)*
futtâue = fitûne. *K. S. 66. F. r. 9. (Siedl.)*
futtern, *schelten, donnerkeilen. — wol aus dem fr.* foudre, *donnerkeil.*

W

wabbel, *f. fleisch oder fett, welches sich hervordrängt. — syn.* kwabbel; *vgl. an.* quabb, pinguedo. *Richey:* quabbel. *s.* wabbeln.
wabbelig, *wabernd (syn.* kwab-belig), *leer.* et es mi so wabbelig im magen. *K.* —
wabbeln, **wabbern**, *sich hervordrängen, von fleisch oder fett. — hd.* wabeln, wabern, *sich hin und her bewegen, verwandt mit* weben. *nds.* waweln.
wachelmẹker, *m. hamenmacher. s.* wachelte 1.
wachelstrûk, *m. wacholder. — Teuth.:* wachelberen. *vgl. Ravensb.:* quakelberen.
wachelte, *f. der alte breite fuhrmannshamen.*
wachelte, *f. wachtel. s.* wachtelte.
wachelte, *n. wacholder.*
wacheltenkërschen, *pl. wacholderbeeren.*
wacholler, *m. wacholder. — Kil.:* wachalder, wacholder, granum juniperi.
wacht, *f. 1. wache.* he gêt geràde dọr de wacht, *er lässt sich nichts anfechten. 2. wachstube. — alts.* wachta. *Kil.:* wachte, waecke.
wachtelte, *f. wachtel. (Hemer.) — syn:* wachelte, kwabbelfett; *vgl.* wack di wack; *der vogel wird seinen namen vom schlage haben. ahd.* wahtala, quattala.
wachten *(præs.* he wächt; *præt.* wocht; *ptc.* wachten *oder* wachtet), *warten, wofür berg.* wâren = warden. dà es wọl op te wachten, äffer nich drop te smachten *(sc. auf eine erbschaft). — mwestf.* wachten *(Seib. qu. II, 352:* wachteden). *Kil.:* wachten, expectare.
wachtfeddig, *fertig zur wache, wachsam, munter.*
wack di wack, *wachtelruf. (Albringw.) — syn.* küppkenblick küppkenblick kauwau! smit mi nitt.
wackelig, *unfest, wankend. — ahd.* wanchilig.
wackeln, *nicht fest stehn, wanken. — ahd.* wanchiljan. *Teuth.:* waglen.
wackeln, *prügeln. versetzt aus* walken.
wacker, *adj. 1. munter, wach.* so wacker as ne fuə. *2. schön.* en wacker mẹken. *adv. schnell, hurtig.* kuəm wacker. — *ags.* vacor. *ahd.* wackar, vigilans, vigil.
wackerig, *wach.*
wackernelle, *ein kuhname. — Kil.:* quackernellecken, puella venusta, lepida, lasciva. *s.* nelle.
wadbrâe, *f. wade, eigentl. wadenfleisch. — ahd.* wado, *n.* sura; brâto, *mhd.* brât, lumbus, caro. *Kil.:* waede, waeye *j.* braede, bracye. *Teuth.:* braide an en beyn.
wâg *(? wåg), wagnis, wagstück.*
wâg, *tiefe stelle im flusse. — alts.* wâg, *m.* fluctus. *mwestf.* wâge, *f. vgl. fr.* vague, *hd.* woge.
wâg, *ein steingewicht für stabeisen im märk., 124 köln. pfd. 8 = 1 karre.*
wâge, *f. 1. wage. 2. teil des wagens. (Fürstenb.) alts.* wâga.
wâgehals, *m. waghals.*
wâgen, *1. sich bewegen.* hen un hẹr wâgen, *sich hin und her bewegen, hin und her geschaukelt werden.* herümme wâgen, *umherschlendern, umherstreichen. 2. umgehen, von gespenstern.* hai waget un spauket us suss. *Grimme, galant. 8. — mnd.* wagen. *Kil.:* waegen, moveri; *vgl. alts.* wagian, commovere. *Teuth.:* waghen, waglen, swancken, neutraliter.
wâgen, *m. pl.* wâgen *und* wâgens, *1. wagen. 2. wagengestirn.* de wâgen, de plaug, de siəwenstærn, o mouder, o mouder, bat hä'k ne so gern. *(Wesselberg.)*
wâgen, *wagen.* ik well 't drop wâgen, *ich will es wagen.* bai den hâsen faugen well, maut den rûen wâgen. ne versọpene mûs es lichte te wâgen, *sagt wol der tierarzt bei krankem vieh, das man schon verloren gibt, wenn noch*

ein letzter versuch damit gemacht werden soll. bä nitt wâget, gewinnt nitt.

wâgenpümel, *mistkäfer. (Siedlingh.) — syn.* päenwimmel — *versetzt aus* pagenwimmel, *wie* funkelküse *(Breckerf.) für* kuukelfüse.

wâgenspǫr, *f. wagenspur.*

wâgentrân, *m. wagengeleise. s.* trân.

wâhs, *n. wachs.*

wai, *wer. s.* bai.

waie *für* waide, *f. weide*, pratum. — *alts.* wêtha. *mnd.* weide, *mwestf. auch* weyne *(urk. des h. Hemer), vgl. Seib. qu. II, 375:* to weynen, *weidlich.*

waier, *m. fächer. — Kil.:* waeyer *zu* waeyen, ventilare.

waifen, *prügeln.* einen *(der sich der obrigkeit widersetzt)* um die gewalt waiften *(für* waifen). *Alten. stat. — nds.* weifen, *schwingen, prügeln.*

waige, *f. wiege.* he kann an der waige saihen, wann et kind kacken well *(von überklugen leuten).* dat es iäme an der waige nitt sungen. *(Lüdensch.) — Kil.:* wieghe. ai *in* waige, *wie in* flaige *(fliege) für altes* ia.

waigebeddeken, *n. wiege (ammensprache).*

waigen, *wehen.* de wind waiget wǫl snêhôpe binên, âwer kainen dicken nacken. — *ags.* vâvan. *Kil.:* waeyen. *Teuth.:* waigen, wynden, stormen.

waigen, *wiegen. — Kil.:* wieghen.

waigenstâlen, *m. 1. gestell der wiege. s.* stâlen. *2. pars pro toto: wiege bei hochzeiten.* fǫr den waigenstâlen wat giowen.

waigestrôh, *n. wiegenstroh.* du büst noch nitt oppem wandhǫveschen brauke węst; du hęst et waigenstrôh noch nitt afschudt.

waike, wêke *(berg.* wêke), *f. docht. — mwestf.* wyke, weke, weyke = *lunte. ags.* vêoce, *f. engl.* wick.

waileklüppel, *m. windelbaum. s.* wailen.

wailen, *windeln, mit einem knüttel festdrehen (zur befestigung der wagenladung). — holl.* wielen, *drehen; vgl. ags.* hveol *(engl.* wheel), *Kil.:* wiel, *rad. syn.* vrailen. *Teuth.:* waelen, vestigen, binden.

wainig, wennig, wianig, *wenig. — ahd.* wênac. *Kil.:* weynigh.

waite, waiten, *m. weizen. — alts.* hwêti. *ahd.* hweizi.

waitengrand, *m. grobes weizenmehl.*

waitenkliggen, *pl. weizenkleien.*

waitenmęl, *n. weizenmehl.*

wâken, *wachen. — alts.* wacon. *vgl.* wacker.

wal, *wol. — alts.* wala.

wâl, *f. wahl.* bai de wâl hęt, hęt ock de kwâl. — *Kil.:* waele.

wâlberte, *f. waldbeere, heidelbeere.* — wâld, *wald;* bere, *beere. syn.* hêberte.

wâlbertensnaise, *f. 1.* = klucht, *ein spaltholz, in welches heidelbeersträucher gesteckt werden. 2. eine schmehle, an welche heidelbeeren geschnürt sind.*

wâld, *m. pl.* wäller, *wald, wird fast nur als eigenname gebraucht, z. b.* Bälwer wâld. — *alts.* wald.

wâldhaüg, *m. das hauende eines gefällten baums, welches nachher abgesägt wird.*

wâldin, *name eines jagdhundes. Gr. tüg 59.*

wâldlôper, *m. waldläufer.*

wâldmann, *name eines jagdhundes.*

wâlhêd, *eine waldstelle mit heidelbeeren.*

wâlmai, *ausgelaufene heidelbeersträucher.*

wall, *m. wall. — alts.* wall, murus.

wällemai, *f. gemeinwald, wozu hudeplätze und fischerei gehören können.* — dat die vysche in der waldemeyne gefangen syn. *Alten. stat. Seib. urk. 755:* wyscherye *(fischerei)* dat waldemeyne is. *ibid. 585:* de pascuis que waldemene seu bewede *(l.* vewede, *viehweide)* wlgariter appellantur. *Iserl. arch. nr. 9:* woldemeyne tho der stades van Lon voweyde. *zeitweilig hiess aller gemeindebesitz so.*

wallen, *in bewegung sein. — alts.* wallan.

wâllen = walden, *walten.* God wâlle uns! es en guod gebęd, me besmęrt der de schon nitt med.

wallunge, *f. wallung.* de wallunge im blaud. *Sieg.:* walm, *aufwallen des siedenden wassers.*

walnnət, *f. walnuss, welsche nuss. — v. Hör. urk. 112:* wallnot.

walpschûte, *f.* = warpschûte.

walfisk, *m. walfisch. — ahd.* hual. *ags.* hvâl.

wamme, *f. wampe, beim rindvieh. — alts.* wamba. *engl.* womb.

wammes, *n. wamms.* med der tîd küomd Hęrmen int wammes. — *Kil.:* wambeys. *mhd.* wambs, *zu* wamba. *syn.* kaputt.

wämmse, *pl. prügel. zu* wämmsen.

wämmsen, *prügeln. syn.* wǫt oppet wammes giowen.

wampeln = wankeln, *wackeln.* ik wampele ne metter talgen.

wampeltǫgesk, *launenhaft, von pferden, die nicht gleichmässig ziehen.* — wampel = wankel, *ahd.* wanchal, *ags.* vancol, instabilis, vacillans. *nds.* wankeltǫgig.

wân, *1. toll, ausgelassen, von menschen und vieh.* en wânen kêrl. *2. ausser-*

ordentlich, *ausgezeichnet*, *gross*. en wânen ossen. wâne köppe (*kohlköpfe*). *adv*. wân, wâne, *ausserordentlich*, *sehr*. de stọwen sid nitt wâne gròt. — *alts*. wan, *welches in* wanam *und* wanlik *steckt*. *die scheinbar so verschiedenen bedeutungen des wortes begreifen sich, wenn man als grundbedeutung ansetzt: das was auffällt, erstaunen und verwunderung erregt. die heutige form verlangt ein alts*. wau, *nicht* wân. *könnte es mit* wan *deficiens zusammenhangen und* wân (*schön*) *ein anderes wort sein? vgl*. wanumelon *für* wacnumon lòhon, *zu den schönen hainen*.

wand, *n*. *gewebtes zeug*. — *alts*. wâdi, giwadi. *nwestf*. wand. *s*. baierwand, linewand.

wand, *f*. *pl*. wänne, *wand*. ik hewe ne pine, ik woll wọl de wänne 'rop springen. — *alts*. wand.

wandeljûde, *m*. *hausierender jude*. — *aus* wandalon, mutare. *vgl*. paudeln.

wandgọr, *m*. *maulwurf*. vi hett wandgọren im gâren. (*Unna*.) — *ags*. vand, grnmulus a talpa ejectus. *s*. gọr, gür.

wandlûs, *f*. *wanze*. *um 1200 kam dieses ungeziefer bei Köln vor*. *Caes. Heisterb. D. M. II, 215 erzählt, dass ein küsterweib eine wanze* (cymex qui vulgo pediculus parietinus dicitur) *in die hostie gebacken habe*. wann dat nitt batt fọr de wandlûse es, dann wêt ik nitt, bat bẹter es, sagg de kèrl un stâk sin hûs an. hai es so wacker as ne wandlûs dä et krûz tebrọken hẹt.

wandwọrm, *m*. *maulwurf*. (*Werl*.) — *ags*. vandvyrpe. *vgl*. wandgọr *und* wenneworm.

wanênnen, *woher*. — *aus* hvanan an endion. *vgl*. bänênnen, *wo*, hä van ennen, *woher*. *s*. enne.

wânerigge, *f*. *wahnes benehmen*.

wank, *m*. *stoss oder zug, der durch übergewicht verursacht wird*. — *Teuth.*: wanck, afrat.

wann, *m*. *wanne, schwinge*. en wann es kain kûkenkọrf (*wortspiel mit wann* = *wenn*). ik wûnske der brûd so viol kinner, dat se se oppem wann kann an de sunne drẹgen. — *lat*. vannus, *fr*. van. *Teuth.*: wan tot sayde.

wann, *wenn*, *wann*. — *alts*. hvan.

wannær, *wann?* — *alts*. hwan ȇr. *mwestf*. wanneyr, wanner, wannehr. *s*. bannèr.

wannær, **vannær**, *neulich*. — *alts*. ȇr hvanne, antehac. *mnd*. wanner, *ehedem*.

wannel = wandel, *m*. *wandel*.

wannemüəle, *f*. *werkzeug zum reinigen des getreides*.

wannen, *getreide reinigen mit der wanne*. wannen es kain dọrsken. — *Teuth.*: wannen, ventilare, expaleare.

wannenflicker, *m*. *korbflicker*. — *fr*. vannier.

wanner, *auch* **dann un wanner**, *dann und wann, zuweilen*. (*Deilingh*.)

wannste = *wann du*. wannste mi oppen kopp stellst, dann fällt mi noch kain penning ût der fuət.

wanschapen, *unvernünftig*, *toll*, *unbedacht*. *K*.

te wansten, *zum wenigsten*. — *vgl*. *hd*. *winzig und das folgende*.

en wänt = en lück, *ein wenig*. — *vgl*. wenk, wink, *wenig*.

wâpen, *n*. *wappen*. meckelnbọrger wâpen = *ochsenkopf bezeichnet die stellung, in der der kopf zu beiden seiten von den armen gestützt wird. das* â *im worte ist unorganisch, sollte* â *sein; s. das folgende. hd. wappen ward dem nd. entlehnt*.

wâpen, *n*. (*Iserl.*: weäupen), *waffe*. med gewẹr un wâpen. o wê o wê o wâpen, ek hoffe vanner nacht nich slâpen (*scherzrede*). wâpen raupen, *zu den waffen rufen*.

wâpenraüper, *m*. *der zu den waffen ruft*.

wâr, *f*. *waare*. sô liət de wâr, *so stehen die sachen*. — *Tappe 108*[b]: wahr. *ags*. vare.

wâr, *wahr*.

wâr = *was*, *zu* sin. (*Schwelm*.)

wær, *kleines geschwür am auge, gerstenkorn*. — *vgl*. wêu, wiəne, wọrmken. *Kil.*: wier *j*. weer, nodus, callus.

wær *oder* **füllenwær**, *besteht aus einem ringe um das bein des füllens, einer kette und einem knüttel daran*. — *vgl*. *Kil.*: wieren, gyrare, circuire.

waranzig, *gewis, eine beteuerung; eigentlich wahrhaftig, wie in* waräftig es Gọd. *aus dem hd., wie viele beteuerungen und flüche*.

wârd, *n*. *pl*. wârde, wærde, wære, *wort*. en wârd es kain dödslag. he hẹt en gròt wârd. he blitt bi sinem wârde as de hâse bi der trumme. se es med ẹm im wârde, *sie gilt als seine verlobte*. dann hẹste en wârd = en æren (*vorwand*).

wærd, **wêrd**, *wert*. — *alts*. werth.

Warden, *Werden a. d. R*. *V. St. I, 369*.

wârdgefecht, *n*. *wortgefecht, wortwechsel*.

wâren, *auf etwas hinsehn, etwas beobachten.* dat kind wârt ęm de ôgen im koppe. — *alts.* warôn, observare.

wâren, *1. warten.* wâr ens! *warte einmal. (südwestf. und berg.) 2. abwarten.* sai hett iäme 't enge wart *(Lüdensch.)* — *alts.* warôn, manere, durare.

wâren *für* warden, *hüten, verwahren.* wâr dîne sâken! *kümmere dich um deine sachen!* ik sall mi wǫl wâren, da'k et nitt anrôre. sô nau kamme sik nitt wâren, *so genau kann man sich nicht in acht nehmen; vgl. Scherert.:* so nawe schal he sik nich waren = so gau sall he nitt sîu. he wârt sik wǫl, *er nimmt sich wol in acht.* he wârt sik derfǫr. du mausti wâren fǫr mærtenlocht un aprillenwind, dann blistu en schôn kind, *sagt man wol zu mädchen. (Brackel.)* wâr di! *hüte dich!* = *weit gefehlt!* — *alts.* wardon, vigilare; wardon imu, sibi cavere. *Herf. R. B. p. 14:* warden.

wæren, *Iserl.:* wêrden (*præs.* wære, wêrs, wêrd, *pl.* wêrd; *prœt.* wôr, *pl.* wôren; *ptc.* wâren), *werden.* God hęt di geschâpen un mi lâten wæren. *in* lâtt mi med wæren! *lass mich zufrieden! liegt auch wol unser verbum; vgl. jedoch* gewæren. — *alts.* werthan. *mnd.* gewerden.

wârm (*comp.* węrmer, *superl.* węrmst), *warm.* wârm sitten, *vermögend sein; s.* dicke.

wârnęmen, *1. wahrnehmen. 2. benutzen.* he niomt sik dat wâr, *er benutzt die gelegenheit.*

wârpe, *f.*, **werft**, *n. aufzug beim gewebe. (Siedlingh.)* — *ags.* vearp. *ahd.* waraf.

warpschûte, *f. wurfschaufel. syn.* walpschûte. — a = ai *vor* r. *Lud. v. Suthen:* warpen, *werfen. Hildesh.:* schöute, grabscheit. *Kil.:* werpschoepe, ventilabrum. *Bugenh. Math. 3, 12:* worpschüffel.

Warren, *Werden a. d. R.; s.* Warden. — *alts.* Werthina. *mwestf.* Werden. *vgl.* warith, *mwestf.* warder, *werder.*

wârschauen, *warnen.* — *schauen hier transit. wie* to shew. *Teuth.:* warschouwen, *warnen. ostfr.* wârschauen. *holl.* waarschuwen.

wârseggen, *wahrsagen.*

wârsegger, *m. wahrsager.*

wârtêken, *n. wahrzeichen.*

wârwulf, *m. (Fürstenb.:* wârwulf), *wärwolf.* dai sûht ût as en węrwulf, *von sträubigen, wirren haaren. (Alberingw.)* — *das* â *unserer form, wofür auch* ę *gehört wird, kann alt sein. wahrscheinlich ging dieses* a *aus* ai *hervor; vgl. bei Lud. v. Suthen:* warder, warpen, barg, rave, gegenwardig. *ags.* vërevulf. *engl.* werewolf = *mannwolf. zu goth.* vair, *alts.* wer, *ags.* vër, veor. *für das alter spricht besonders ags.* vare *in compos. wie* Hatvare.

wârwalwen, *als wärwolf umgehen.*

wâse, *f. tante. (Marsberg.)* — *nds.* wase. *vgl. Gr. wb. s. v.* base.

wäske, *f. wäsche.*

waskehäld, *n. waschkufe. syn.* wäsker. — *s.* häld.

waskeholt, *waschholz. syn.* kloppespân.

wasken (*prœt.* wosk, *ptc.* wasken), *waschen.* bai wäsket de hâsen un de fösse, sagg de frau, dà lait se ęre kinner ungewasken lôpen. sik wasken *mit positivem sinne:* dat tûg wäsket sik guad. *die reimhafte formel:* wasken un plasken *auch bei K. fastnachtsp. 971[16]:* ick waske, plaske und melcke de koye. — *alts.* wascan, wosk. *mnd.* waschen, wnsch.

waskeplett, *waschlappen. (Siedlingh.) s.* plett.

wäsker = waskehäld. *(Fürstenb.)*

wass, *n. wachs. s.* wâhs.

wass, *n. gewächs in:* graswass, wisewass, wildwass. — *vgl. ahd.* walıso, wahs. winwahs (vinetum).

wassbâr, *wüchsig, wo es gut wächst.*

wassdauk, *n. wachstuch.*

wassdom, **wassdum**, *n. wachstum.* — *alts.* wahsdôm.

wassen (*prœt.* woss, *ptc.* wassen, *berg.* wâhssen), *wachsen.* in de êrde wassen, *bald sterben.* dai wässet as ripe gęrste. — *alts.* wahsan, wohs; giwahsan.

wasskêrze, *f. wachskerze.*

wässling, *m. wüchsling.* wässlinge sid frętlinge. *knabe von 11—14 jahren. K.*

wæstern, *wanken, stolpern. (Schwarzenburgisch.)* — *vgl. nds.* weistern, *wild herum laufen, unser* bæstern.

wat, *1. fragendes was.* wat mainstu? *adjectivisch:* wat tîd es et? *welche zeit ist es? wie viel uhr ist es? vgl. mwestf.* wat mannêren? *in welcher art?* wat steden? *an welchen orten? 2. für warum.* ik wêt nitt, wat hê ümmer nà Hagen gêt. *3. für etwas.* ik wêt wat nigges. *s.* wǫt. *vgl. Sp. f. d. upst. 896, wo Ettmüller bemerkt, dass diese verwendung des* wat *aus dem nd. ins hd. (was) übergegangen ist. s.* bat. *4. einige.* op wat (wǫt) stien stêt de rogge guad.

wâte, *sensenei̇sen. s.* blękwâten. *syn.* swâr, *f.* — *alts.* huat, acer.

wâte, *f. für* warte, *warze. (Hörde.) syn.* watte, wâtel. — *ags.* vеart. *ahd.* warza. *Teuth.:* wratte.

wårtel, *f. für* wartel, *warze. vgl.* râte *und* râtel. *s.* wâte. *wie bei* bård, gåren *muss das å im* r *seinen grund haben.*

wâter, *n. pl.* węters, *1. wasser.* hai es so wîse, hä hărt de pîre im wâter hausten. wann 't wâter ǫwer den drüdden stên flütt, es et wier raine. 't wâter tęrt, segget de waskewîwer. in söskem wâter fänget me söske fiske, *d. h. mädchen, die sich zu leichten burschen halten, kommen zu fall oder werden unglückliche ehefrauen.* bå 'et wâter ênmâl berflütt, då saüket et op en annermâl wier, *d. i.* principiis obsta! de stillsten węters hett de depsten grünne, *d. i. in den stillen steckt mehr gutes oder schlechtes, als man auf den ersten blick meint.* hä lätt ôk gêrne Gǫdes wâter ǫwer Gǫdes land gân. et es kain wâter so hell âder et vlaümet sik wǫl ens. hai langet ęm 'et wâter nitt, *d. i. er nimmt es nicht mit ihm auf. 2. harn.* he moch sin wâter mâken. dem ênen werd 'et wâter im gläse, dem annern im holsken besaihen. ik well ęm 'et wâter besaihen, *d. i. ich will ihn prügeln.*

wâteremmer, *m. wassereimer.*

wâtergaidling, *m. wasseramsel,* cinclus aquaticus. *im altwestf. wird dieser vogel* bikistarn *(bachstaar) geheissen haben. syn.* kęlwitte. *s.* gaidling.

wâtergail, *eine pflanze.*

wâtergraün, *n. eine pflanze, welche gekocht und auf geschwüre gelegt wird.*

wâterhainken, *n. eisvogel. (Balve.) syn.* isfuəgel.

wâterhäxe, *f. gespenstiges wasserweib, nixe. vgl.* mummelke, watermann, lollemann.

wâterig, *wässerig.*

wâterjuffer, *f. wasserjumfer, libelle.*

wâterkâld, *wasserkalt, nasskalt.*

wâterlâen, *n. wasserladen, d. i. wassersucht. — Kil.:* waterlådinghe.

wâterlǫe, *f. wasserlote.*

wâtermann, *wassermann, der die kinder ins wasser zieht. (Brilon.)*

wâterpass, *horizontal.*

wâterrad, *n. wasserrad.*

wâterratte, *f. wasserratte.*

wâtersark, *n. cisterne.*

wâtersmiəte, *f.* = baise. *(Fürstenb.)*

wâterflecken, *m. wasserfleck.* dat es en wâterflecken, wann de sunne drop schînt, dann giət et en lǫk, *d. i. das zeug ist fadenscheinig.*

watte, *f. für* warte, *warze.*

wau wau, *m. wärwolf, popanz.*

wau wau, *stimme des hundes. — Teuth. hat* wuwen *für bellen.*

waud, *f. wut.*

waüden, *wüten. — alts.* wôdian.

wauken, *1. ertrag geben; daher 2. wuchern, von gewächsen. 3. wucher treiben. auch bei H. — steht unsere form für* waukern, *dann gehört sie zu* wuokar, *ags.* vôcor, *goth.* vokrs, *gewinn. wahrscheinlicher ist, dass sie unmittelbar aus* wakan, wuok *rührt. vgl. das folgende.*

wauker, *m. pl.* waukers, *wucherer.* kårnwaukers, *H.:* kårnwaükers. — *mnd.* wǫkener, *doch auch* wôker, *huspost. Magd.; sonst ist* wôker = *wucher, zins, huspost. Teuth.:* woicker van hoiftguede, usura.

waukęwe, *f. maikäfer. steht es für* wauk-, waud- *oder* wauhkewe? *am wahrscheinlichsten steckt darin ein* wuoh, *ags.* vôh, *vgl. die mit* vôh *gebildeten ags. composita. der begriff: „böser, schädlicher käfer“ ist sehr passend.*

waul *in der schelte:* du waul! *etwa: du schwein! man sagt so zu kindern, welche sich beim essen beschmutzen, oder durch dick und dünn laufen. — alts.* wôl (= wuol), pestis, lues, *passt der form nach; aber die verwendung unseres wortes rät ein altwestf.* wuol = *schwein anzunehmen; vgl. ags.* vala, *m. eber. dies würde mit* waülen *(wühlen) zusammenhängen, wie nds.* waul, *n. ausgeeggtes unkraut bedeutet. vgl. Vilmar:* woelbrâke, *wüster, unordentlicher mensch. s. auch unser* waulepęper.

waülen, *wühlen.*

waulepęper, *m. schmutzige, unreinliche speise. s.* pęper.

waülepęper, *m. schelte für das kind, welches in den speisen wühlt.*

wausepęper, *m. etwa breiverwüster. schelte für ein kind, das nicht satt werden kann. (Marsberg) — vgl. dazu ags.* calovosa, ebrius *(bierverwüster). dass* wuosan *(zu* wasan) vastare *ausdrückte, lehrt das adj.* wuosti. *s. noch osnabr.* wôsebrâke *und* wose *(? sud) bei Seib. westf. urk. 720, 19. ags* vôs, *n. sud.*

waüste, *wüste. — altwestf.* wuosti, wosti,

dann woeste, woyste *lieferte den im Süderlande oft vorkommenden hof- und familiennamen* Woeste. *er entstand aus* woeste hove, mausus desertus sive non vestitus. *ein namensvetter im kr. Altena sagte:* et giət hîr so viel Woesten as bår op der katte.

waüstenigge, *f. wüstenei.*

wåfel, *f. waffel. der kurze vocal von waffel ist eben so unorganisch wie der in waffe. vgl. engl.* wafer, *oblate. fr.* gaufre. *zu ahd.* wôba, *wabe.*

wåfelîsern, *n. waffeleisen.*

wê, *ausruf weh!* o wê!

wê, *krank, wund.* ik hewe en wêen faut.

wê, *n. weh, übel, krankheit.* dat böse wê, *die fallende sucht.* dat rôe wê, *die rote ruhr. — alts.* wê.

webbe, *n. gewebe. — ahd.* weppi. *alts.* webbi, *n. engl.* web.

wechelte, *f. wacholderbeere, wacholderstrauch. nebenformen:* węchelte, wękelte. *die form mit* ch *konnte wol erst dann entstehen, als dem worte* te *angehängt war. das* ch *rührt nämlich, wie bei* echelte, süchelte *vom folgenden* t; *es ist lautabstufung ohne unmittelbare anlehnung. wie dem* echelte *ein älteres* egala *(ahd.* ekala), *dem* süchelte *ein älteres* sugila *oder* sukila *(ags.* hunigsucle) *zu grunde liegen, so unserm* wechelte *ein altes* wegala *oder* wekala *= wacholderbeere, dann mit weglassung von* strûk *= wacholder (man vgl. das wol verderbte ahd.* wahegelari = bacha). *mir scheint nun, dass ein altes* wagal, wakal *(zu* wegan) *einen runden, leicht rollenden körper, daher eine beere bezeichnete; vgl. ags.* vägel. *darnach würde die gewöhnliche auffassung von* wachal *in* wachaltra *abzuweisen sein.*

wecht, *n. mädchen. (westliche Mark.) s.* wicht, wêiht. — *Teuth.:* wycht, kynt, puer.

week, *pack von 30 risten flachs nach dem ersten stossen.*

weeke, *f.* = welle, hessel. 'ne weeke buəter.

wecken, *wecken. — goth.* wakjan *alts.* wekkian.

weeker, *assimiliert aus* welker, *welcher, pron. interog.*

weekęr, *das vorige zusammengezogen mit* ęr *(ihrer). — schon bei Verne (Seib. qu. 1, p. 22) findet sich* welckere.

wêdage, *pl. wehtage, schmerzen. — ahd.* wêtage. *nd.* wêdage.

wedde, *f. wette.* bat gelt de wedde? *d. i. willst du mit mir wetten? — ahd.* wetti. *ags.* vedde, pignus.

wedden, *wetten. — altn.* vedhja, pignore certare. *ags.* veddjan.

wedder, *weder.*

węer, *n. für* weder, *wetter.* bai dem węer well entgån, maut nitt lange stille stån. he båd üm guod węer, *d. i. er gab gute worte. — alts.* wedar. *ags.* veder. *Kerkhoerde:* dat hillige weder *= gewitter. s.* wêtter.

węerhâne, *m. wetterhahn.* as sik en węerhân wendt un kêrt, so es de weld un de mêrt *(märz).*

węerlêchen, *wetterleuchten. —* lêchen *für* lêken. *Rauchfuss (1538):* wetterlaich, fulgur. *altes* lêken, laiken *bezeichnet in zusammensetzungen die anfangende gleichsam spielende tätigkeit, so z. b. im ags.* winterlæcan, *vgl. ags.* læcan, ludere. *?* schûlaiken *für* schûllaiken, *versteckt spielen, statt in die schule zu gehen.*

węerlüchten, *wetterleuchten. (auch zu Fürstenb.)* he süht et ân as de gôs 'et węerlüchten. *s.* löchten. — *Teuth.:* wederlichten, blyxemen.

węerlûnsk, *wetterlaunisch, von hunden. Brockermann (Osnabr.) wendet es auf das glück an.*

węerpårte, *f. der nordwestliche himmel. Grimme K. S. 38.*

węerrauge, *f. wetterrute, d. i. milchstrasse. (Hovestad.)*

węerstrâte, *f. wetterstrasse, d. i. milchstrasse. (Köln. Sauerl.)*

węertêken, *n. wetterzeichen, d. i. regenbogen. (Hovestad.)*

węerwicke, *f. ein aufgehängter tannzapfen, der das wetter anzeigt. — ags.* vicce, saga, incantatrix. *s.* wicken.

węerwicker, *m.* = węerwicke.

węg, *m. 1. weg.* en guoden węg ümme mâket kaine krümme. dǫr de kaustallsdǫr gêt ôk en węg nâ Köllen, *d. i. es gibt viele wege zu einem ziele.* ik well ęm wǫl de węge wisen, *d. i. ich will ihm schon bescheid sagen.* hä gêt den ünnersten węg, *d. i. er gibt nach. 2. seite.* bai kiket en annern węg. håld et dęn węg! — *vgl. engl.* this way.

węg, *weg, fort.* hä raüpet in ênem węg (continuo). *verba mit* węg: węgdauen, -gân, -giəwen, -hûen, -leggen, sik węg lûern *(wegschleichen)*, -mâken, węg setten, -smiten, -stuppeln, -flaiten *(wegfliessen)*, -fôren *(wegfahren)*, -waigen *(wegwehen)*, -witschen *u. a.*

wêge, *f. zusammengewehter schnee. vgl.* waigen, *wehen.*

wegebrêd, *n. wegerich,* plantago. — *ahd.* wegapreita. *ags.* vegbræde. *engl.* wegbrede.

wegen, *præpos. wegen.* wegen miner, *meinetwegen.*

wegesken, *n. wägelchen; vgl.* blęgesken (blâge), kręgesken (krâge).

weggebrî, *m. milchsuppe mit weissbrot (oder reis). (Aplerbeck, grafsch. Limburg.)* s. wigge.

wéi, *f. wecke, weissbrot. aus* wegge, *wie* ei (ovum) *aus* egg.

wéiht, *n.* = wicht, *mädchen.*

wêk, *weich, schwach, gelind.* et es so wêk asse buoter, — as en mollfelleken. wêke vüogel hett ock wêke snęwel. hai hęt 'ne wêke sîd an sin möer; *vgl. engl.* weak side. węk węer, *gelindes wetter.* węke winter, fette kęrkhǫwe. — *alts.* wêk, mollis, debilis; *zu* wîkan.

wêke, *f. das einweichen.* in de wêke setten.

wêke = waike, *docht.* — *schwed.* weke.

węke, *f. woche.* — *ahd.* wecha. *ags.* vice, veoce. *alts.* wika. *dem* weoce *entspricht unsere form; zu* wikan, *weil der wechsel ein weichen ist.*

wękelte = wechelte.

wêkolter, *m. wacholder. (Velbert.)* — *ahd.* wahhaltra.

wêken, *1. weich werden. 2. weich machen, erweichen.* ik kann nix an ęm wêken. — *alts.* wêkon, mollire.

wêklik, *1. weichlich, was nicht viel vertragen kann. 2.* = kwäbbelig, *von speisen.*

weld, *f. welt.* de weld hängt an kainem hår, *d. i.* et gêt so nich. dat es jå de weld nitt. allerwelds junge. — *alts.* werold. *mnd.* werld.

węldâge, *pl. 1. wohlsein, wohlleben. 2. mutwille.* plâget di de węldage? — *Kantzow:* weldage.

weldrûe, *m. gespenstiger hund.* — *vgl. Gr. myth.* walten = *spuken, umgehen (am Harz), oder* weld = *welt.*

węlgen, *ausgelassen, wohlig sein, von menschen und tieren. aus* węlig, *vgl. ags.* velegjan.

welhœrig *für* swelårig, *fig.: harthörig, unfolgsam. syn.* swialårig, ballhårig.

węlig, *ausgelassen, wohlig, von menschen und tieren.* — *ahd.* welag, walag, dives. *ags.* velig, dives, abundans, *zu* vela, veola, divitiæ. *dän.* vælig, *mutig, feurig, von pferden. B. Waldis:* weilig, *von pferden. auf Rügen:* so wæhlig as en piert. *Voss Luise:* wählige kinder. *nds.* wælig.

welke, *pl. welche, einige. neben* wecke, weske.

welle, *f. 1. welle des wassers. 2. walze, cylinder, besonders die ackerwalze; syn.* klaute. *3. walzenförmiges oder länglichrundes stück, z. b.* ne welle buoter; *hier ist syn.* wecke, hessel. *vgl.* welter, welte.

wellen *(præt.* woll, *ptc.* wollen), *walzen, mit der walze (dem wellbaum) über den acker fahren.* — *ahd.* wellan, *walzen. ags.* villan (veall, vullon), rotari. *v. Hör. urk. 112:* van gerste te wellen. *vgl.* wiolen.

wellen, *schweissen, in hämmern.* — *vgl. ags.* veallan *und* vellan, ebullire, fervere. *ein* wellen = *quellen, wie es zu Rheda vorkommt, scheint in hiesiger gegend zu fehlen.*

wellen, *einen wall bilden.* et wellet, *sagt man, wenn der schnee vom winde zu haufen geweht wird. ein solcher schneehaufen heisst eine* wege. *dieses* wellen *scheint von* wall *abgeleitet, wie ags.* veallan (vealled = muratus) *von* veall *oder* vall.

wellen *(præs.* ik well, du wost *[Paderb.:* wutt = *mnd.* wult, *anderwärts* west], he well, *pl.* vi wellt; *præt.* ik woll; *ptc.* wellen *und* wollt), *wollen.* nê, dat wock (wolde ik) åwer nitt gærne! *das muss ich mir verbitten! für werden:* se mainde, se woll ne hewen dâ dropen, *sie meinte, sie würde ihn da getroffen haben. prægnant:* se well en kind, *sie ist schwanger.* ård lätt van ård nitt, de bock well ûtem gåren nitt. hai well ęm dran, *er will ihn hernehmen, vgl. fr.* il lui en veut. wann he di wot well, dann kuom un segg et mî. et well em nich, *sein unternehmen glückt ihm nicht.* wann et wall well, dann giot twüalf aier drüttion küken. *(Lüdensch.)* da well geld sîn = ci vogliono danari.

wellerhölter, *pl. mit stroh und lehm umwickelte hölzer zur zimmerdecke.*

wellern, *wellerhölzer machen, die zimmerdecke mit solchen bereiten.*

wellig, *gut, erwünscht.* ne wellige såke. — *ags.* vilge, gratus.

węlmaud, *m. mutwille.* plâget di de węlmaud? — *vgl. ags.* vël, vëla, bene.

węlmaüdig, *mutwillig, ausgelassen.*

welte, *f. ackerwalze. (Marienh.)*

welten, *walzen.* — *ags.* veltan, volvere.

welter, *m. ackerwalze. (Balve.) syn.* welle. buəterwelle. *Grimme. vgl.* weltern.

weltern, *walzen. — goth.* valtjan. *ahd.* walzjan. *ags.* veltan, volvere. *Soest. Dan.:* sik weltern.

welwen, *wölben. — ags.* hvealfjan.

wẹme, *f. pastorat oder kirchengut. — ahd.* widamo, dos, vidamjan, dotare. *zu goth.* vidan, *ags.* vedan, jungere. *mnd.* wedeme. *mwestf.* wedenhove, *f. pastorathof. Kantz.:* wedome, *bewidmung. schon im Soest. Dan. erscheint* weme.

wēn, *kleines geschwür am auge. syn.* wiənn, wær. — *ags.* hvân, calamitas, *vgl.* vânjan. *engl.* wen, *auswuchs, knorren, geschwulst.*

wẹnde, *f. gewöhnung.*

wendke, **wenke**, *kittel. s.* wenneke. — *osnabr.* wentken, *zu* wand, *gewand.*

wendunge, *f. richtung, gegend.* in dẹr wendunge, *in der gegend. — ags.* vendung; *vgl. lat.* regio, *richtung, dann gegend.*

wenk, *m. wink.* he gaf mi en wenk. *syn.* ôge.

wenken *(præt.* wenkede, *ptc.* wenket; *auch* wank, wunken), *winken. — ags.* vincian.

wenneke, *halb wollener, halb leinener weiberunterrock. s.* wendke. *(Marsberg.) — nds.* wenneke.

wennen, *gewöhnen, besonders vom vieh, welches an den hirten gewöhnt wird. auch Helj. 4735 (Koene) sieht man, wie der ausdruck von der herde, die sich an den hirten gewöhnt, hergenommen ist:* habda im thero liudio so filo giwenid mit is wordon, that im werod mikil folc folgoda. *nach Gr. d. spr. II, 651 liesse sich unser* wennen *aus* weniau *erklären:* un *aus* ni. *so entstände ein alts.* wennan, *wie das ags. wirklich* vennan *zeigt.*

wennen *für* wenden, *wenden. — alts.* wendian; *in einer urk. von Wetter (1355) und sonst öfter im mnd. ist* wenden = *gehen.*

wennewọrm, *m. maulwurf. (Nieheim.) s.* wandwọrm.

wệr, *f. geschäftigkeit, unruhe.* se wæren all in der wệr, *man war schon im hause geschäftig; syn.* gewach. *vgl.* sik wẹren. — wẹre, *f. entspricht dem mwestf.* werad, *beschäftigung, unruhe, syn. von* arbeid, *Seib. urk. nr. 983; dazu stellt sich münst.* wehrig, *unruhig.*

wèrd, *wert.* et es 100 dâler wèrd, so guəd as êuen foss.

wèrd, *m. wirt.* me findt in aller weld den wèrd âder den gast, *d. i. man findet überall etwas auszusetzen.* bi uns maut de wèrd vọrop. *s.* hûswèrd. — *alts.* werd, spousus. *Tappe 67*[b]*:* werdt.

wẹrdwiəse, *localname bei Hemer. —* wẹrd = *ahd.* warid, insula.

wẹren, *1. wehren.* wẹr di medm klainen stöcksken, *d. i. weise es nicht von dir!* wẹr mi de heunnen, de rûens daut mi nix, *sagt der regenwurm im rätsel. 2. waffnen, rüsten.* gewẹrd, *gerüstet. — goth.* varjan. *alts.* werian. *3.* sik wẹren, *sich anstrengen. dem* wẹren *wird ein weiterer begriff als* defendere, *etwa sich rühren, zu grunde liegen. das* ẹ *vor* r *rührt aus* a + i, *wie* wẹrd = warid. *daneben kann in einer andern mundart* ê *daraus entstanden sein, so dass auch* weir (in der weir laten, *urk. von 1397*), possessio, clausura, domus *hierher gehört.*

wẹrhaftig, *wehrhaft, fig.: nachhaltig, sättigend, vgl. fr.* pièce de résistance. wẹrhaftig brôd = dil brôd.

wẹrk, *n. werg. (Weitmar, Marienh.) syn.* hêe. *das* k *wie in* twẹrk. — *ahd.* wërah, werh, stuppa.

wẹrk, *n. 1. werk, arbeit.* hêren befẹl es knechte wẹrk. se hẹt ẹr vulle wẹrk. bat me verspârt an de wẹrke, dat zirt in der kẹrke, *d. i. arbeite nicht in dem besten anzuge, dann dient er lange für den kirchgang. 2. sache, gegenstand.* he es guəd im wẹrke, *er ist wohlhabend; syn.* wọlstâend. gârenwẹrk, schauwẹrk, flêswẹrk, frẹtewẹrk. *3. schmerz in:* môerwẹrk, *magenkrampf. — alts.* werk. *Lud. v. Suthen:* wark. *ags.* veorc, värk, *arbeit, schmerz. schwed.* värk, *schmerz.*

wẹrkeldag, *m. werktag, arbeitstag; vgl.* drögeldauk, swingelbrẹd, wiskeldauk.

wẹrkstie, *f. werkstätte.*

wẹrmaud, *m. wermut,* artemisia absinth. *syn.* wẹrmai *(Brilon),* würmai *(Fürstenb.) — ahd.* werimuota. *ags.* vermod, vyrmvyrt *(vgl.* mucgvyrt). *engl.* wormwood. *mnd.* wormete. *nd.* wörmt. *es ist fraglich, ob das ahd.* werimuota *in* weri-muota *oder* werim-uota *zu zerlegen.* vyrmvyrt, *wie* mucgvyrt, *bezieht sich auf die insecten, welche so häufig an den artemisiaarten vorkommen. auch deutsches* wọrm *wird für ungeziefer aller art gebraucht.*

wẹrmde, *f. wärme.*

wẹrmefrau, *wartefrau bei neugebornen kindern.*

wẹrmen, *wärmen.*

wẹrmöi, artemisia. wille wẹrmöi, *beifuss,* artemisia vulgaris. *(Bollwerk a. d. Volme.)*

wẹrre, *n. insel im flusse oder bache, ufer. — ahd.* warid. *ags.* varôd, veardh, litus. *auch Beda h. eccl. V, 12 lehrt, dass* warid *ufer bedeutet. unser* wẹrre *entstand aus dem dativ von* warid. *s.* wẹrdwiese.

wẹrste, *f. reihen, rist, riss, teil des fusses, welches der ferse gegenüber ist. syn.* wersche, warsche. — *ags.* vrist. *engl.* wrist. *dän.* vrist. *ahd.* rist.

wẹrf, *n. gewerbe, gelenk, stelle, wo sich etwas drehen lässt, scharnier* (charnière); *des menschlichen körpers (gelenk). — altw.* hwërf. *ags.* hvirf, hveorf, vertibulum, *zu* hveorfan. *s.* wẹrwen.

wẹrfen, *trächtig werden, von einer kuh. es ist nicht etwa ein platthd.* werfen, *sondern = dem folgenden* wẹrwen. winnen *und* werfen *sind syn., wie sie bei v. St. VI, 1813 alliterierend vorkommen:* de endte wat se durch den thun mitt dem schnavel kann winnen undt werffen, wider hefft se kein recht. *s.* winnen.

wẹrwen *(præt.* warf, *ptc.* wọrwen), *werben, erwerben. — goth.* hvairban. *alts.* huërban. *mwestf.* werven *(erwerben).*

werweltopp, *m. wirbel, spitze. — Teuth.:* des hoiftes scheydel off werveltop.

wẹrwer, *m. werber.*

wẹrwickel, *tannzapfen.*

wẹsendlik, *wesentlich.* dat kind es all so wẹsendlik, *d. i. es zeigt die anfänge seiner vernünftigen natur. vom ptc.* wesend.

wesk *für* welk, *pron. interr. welch; pl.* weske, *welche, einige. der lautprocess ist hier ähnlich dem, der engl.* which *hat; vgl.* sösk.

wesk ên *oder* **wesker ên,** *subst. pron. interr. welcher. — engl.* which one.

wessel, *m. 1. wechsel. 2. wechselbrief. — ahd.* wehsal. *alts.* wehsal, wesl. *mnd.* wyssel.

wesseln, *wechseln. — alts.* wehslan.

wesselte, *f. weichselkirsche, sauerkirsche. — ahd.* wihsela. *ital.* visciola. *Teuth.:* wessel kerssen, cerasum dulce.

west, *m. westen. s.* ôst.

weste, *f. weste.*

westen *in localnamen:* westenhiolwęg.

westenknôp, *m. westenknopf.* et gêt ẹm nitt in de westenknôpe sitten, *d. i. man fühlt die schwere arbeit in den gliedern.*

westentaske, *f. westentasche.* dai kiket med ênem ôge nàm hiemel un med dem annern in de westentaske, *d. i. ein pietist.*

wester, *westlich in localnamen:* Westerbûr, *westliche bauerschaft.* Westerhọf *wie* Osterhọf. — *alts.* westar, ad occasum versus; westan, ab occidente. *früher war bei uns* westlang *(adj.) für westlich, westwärts gelegen in gebrauch. so in einer urk. von 1320 des arch. Hemer:* drey schepelzede in der westlange wayne *(westlichen weide), vgl. ags.* vestlang *(adv.), westwärts.*

Westfâlen. *schon 1437 ward es so ausgesprochen, denn bei Tross samml. merkw. urk. s. 22 steht* Westfolen. *das* a *muste also lang sein.*

Westick, *Westig.* Westwig *bei Iserlohn hiess so bezüglich des haupthofes Hemer. vgl. auch Werd. hebereg.:* Westwig *(Westdorf) nördlich der Ruhr. s.* Suutick.

wẹterig, *wässerig.* mâket mi de muud nitt wẹterig.

wẹterken, *n. wässerlein.* wẹterken, ik hæ̂r di wọl flaiten un kann di doch nitt genaiten.

wetten, *wetzen. s.* wâte. — *ags.* hvettan.

wètter, *wetter in* alle wètter. *das verzeichnis der flüche unser niedern stände enthält viele hd. formen wie diese. — Münst. chr. III, 144:* hillige wetter *= gewitter.*

wètterseh, *platthd. in:* de wèttersche junge, *der verwünschte junge.*

wettstên, *m. wetzstein. — ags.* hvetstân.

wêwê, *n. verletzung, wunde (ammenspr.) — ahd.* wêwo. *ags.* vâvâ. *vgl.* a á, ba bá, da dá, hêt hêt, pi pi, wau wau.

wệwen, *weben. — ags.* vefjan, vebban *zu* vëfan.

wệwer, *m. weber.* dat gârn es all bim wệwer.

wî, *wir. s.* vi.

wibbeln, *wimmeln. — Frisch:* wibeln.

Wibbelwerde, *Wibbelingwerde — Schüren chr.:* Wibbelinckwerde. *vgl.* Wippo, Wibbo, *name, davon* Wibbeling.

wicht, *n. mädchen.* saite mẹlk un stûtenbroud, dà tömme *(zicht man)* dat klaine wicht med grout. *(Werdohl.) im Paderb.* wichter, *dienstmädchen, während* luiters *töchter des bauern. s. N. p. m. 83. syn.* wecht, wèiht. — *alts.* wiht, *f. oder m. wesen, ding. ags.* viht. *nhd.* wicht, *m.*

wicke, *f. s.* węerwicke, slawicke.
wicke, *f. wicke.* wicken es guod perreföer, hâwer es noch bęter *(mit anspielung auf* wicken, *wahrsagen und haben).*
wickel, *m. 1. etwas gerolltes.* bim wickel krigen. *2. windel. — ahd.* wichili. *nhd.* wickel.
wickelband, *n. windelband.*
wickeln, *wickeln. Gr. tüg 83:* met ner selfkante heww' ik alle mine blagen wickelt un gloiwet ments: use Hęrmen is nitt schaif gewickelt.
wicken, *wahrsagen. — vgl. ags.* viccjan, veneficiis uti. *Dorow denkm. 69:* wicken. *nach Grimm hängt* wicke *mit goth.* veihan, sacrare *zusammen.*
wickenfüer, *m. wickenfutter.*
wicker, *m. wahrsager.*
wickerauge, *f. wünschelruthe. syn.* glücksrauge. *— nds.* wickraue.
wickerigge, *f. wahrsagerei. — mnd.* wickerye, *zauberei.*
wickersche, *f. wahrsagerin.*
wickewîf, *n. wahrsagerin.*
wîe *für* wîde, *f. weide,* salix. *syn.* wiege. *— ahd.* wîda.
wîd *(compar.* widder, *superl.* widdest), *weit.* dai sûht nitt widder as ęm de nâse stêt. wid van der hand es en guoden schûot. von wîd un sîd, *vgl. ags.* side and vide, *Dorow denkm. 79:* wyde und syde. so wîd aş = *bis:* ik geng med so wîd as Sümmern, *vgl. engl.* as far as. *— alts.* wîdo, wîdor, wîdost.
widd, *entblösst, beraubt, ausgebeutet (nur prædicativ).* hai es widd, *er ist seines geldes, seiner habe beraubt. man könnte an* witt *(weiss) und an das abschälen eines zweiges oder an das abhäuten eines tieres denken. wahrscheinlicher ist, dass hier ein* widd = *lat.* viduus, *fr.* vide, vuide *vorliegt, woraus deutsches* widdemann, widdefrau *gebildet wurden.*
widde, *f. weite.*
widdemann, *m. wittwer. s.* widd.
sik widden, *sich weiten.* dat widdet sik as 'ne strickhǫse.
widders, *adv. weiter.*
widderster, *adv. weiter.* ik dachte widderster an nix. *es ist adverb. comparativform, durch comparatives* der *aus* widders *weiter gebildet; vgl.* dûrder, æger *für* ærder.
widdefrau, *f. wittwe.* 'ne widdefrau drieget en lang klêd, dâ triət er jêderên op, *d. i. sie ist schutzlos.* de êne ûm den annern es drǫwer hęr ûm ne widdefrau unner de fûtte te drücken. *s.* widd.
widlöftig, *weitläufig. — durch lautabstufung entstand aus* hlôpan *ein* hlôft *(ahd.* hlouft), cursus, *wie es sich in* brûdloft, brûdlocht, brûdlöchte *zeigt. daraus ging* löchtig *und mit verderbtem vocale nds.* witlechtig *herror. kürzung des vocals vor ft ist in unserer mundart gewöhnlich.*
widsklanke, *f. grüner zweig der gedreht wird, um damit etwas zusammen zu binden. (Fürstenb.) vgl.* wiəd *und* klanke.
widumlecht, *n. irrlicht. syn.* irrlöchte, wipplöttschen.
wiəbel, *m. käfer in* pęrrewiəbel. *— alts.* wifil, wibil. *ags.* vifil, vibil.
wiəbelbûne, *f. wibbelbohne, kleine saubohne. sie ist wol so genannt von käfern, vgl. Kil.:* weuel, boonworm, midas; vermiculus in fabis nascens. *vgl.* tickebäunen. *(Ravensb.)*
wiəd, *f. wiede, weidenschlinge.* to tâlı as ne wiəd. *s.* hecke. smiəd hängt sine dǫr anne wiəd. *— goth.* vidus. *ags.* vidhdhe, *f. mnd.* wede. *Rich.:* wede. *mwestf.* widden, *pl. weidenschlingen.*
wiəder, *wider.* dat hält wǫt wiəder, *d. i. das ist dauerhaft.*
wiəderhall, *m. echo.*
wiəderlik, *widerlich. — Kantz.:* wedderlix, *widerspenstig.*
wiədermaud, *m. widerwille. Müller p. 28. — vgl.* weddermot *(Wigg. I. scherfl. 45) als gegensatz von* leve *und* dult.
wedderspennisk, *widerspenstig. — Kantz.:* wedderspennig.
wiəderspiəl, *n. widerspiel. — Kantz:* wedderspil, *gegenteil.*
wiəderwârd, *n. pl.* wiəderwâre, *widerwort.*
wiəderwärdig, *der jemandem das widerspiel hält. — Kantz.:* wedderwerdig.
wiəderwille, *m. widerwille, subjectiv und objectiv.* bai sinen willen siət, maut sinen wiəderwillen hæren.
wiege, *f. weide,* salix. *s.* bindwiege, knappwiege, kǫrfwiege. *— ags.* vidig, vilige. *Schueren:* wylllghe.
wiegen, *adj. weiden.* ne wiegen rauge.
wiəgen, *bewegen.* wann de bûr nitt maut, wieget he wedder hand noch faut. me kann sik nitt riegen of wiegen. he slaug so lange drop atte sik wiegen konn: twê duəne binên un dâ in der midde noch ênen tûsken. *— goth.* vagjan. *ags.* vegan.

wiəgenbôm, *m. weidenbaum.*

wiəgenplänter, *m. weidensetzling.*

wiek, *knöterich. (Lünern.) syn.* huckenpol.

wiəke *für* wiətke. *(Marienh.)*

wiəlen, *1. trans. wellen, mit der welle bearbeiten. 2. intrans. verweht werden, so dass sich wellen bilden, vom schnee.*

wiəmel, *m. käfer. s.* päenwiəmel, snurrwiəmel. *vgl.* wimmel.

wiəmeln, *wimmeln, sich bewegen, wedeln.* dat kriəmelt un wiəmelt hir van ampelten. hai wiəmelde an der unnermûle *(unterkiefer), von einem besprechenden, der nur murmelt.* so fäke as de rûə am stęrte wiəmelt.

wîen = wiegen.

wîen *für* widden, *weiten.* dat widt sik.

wiəne, *f. auswuchs, geschwulst an pferden und rindvieh. — goth.* vinna, *f. leiden. vgl.* wên.

wiənig, wainig, wennig *(comp.* wenniger, *superl.* wennigst), *wenig. vgl.* niəne, naine, nenne.

wiəplig, *unruhig. (Siedlingh.) Grimme K. S. 95. syn.* wispelig.

wiəpske, *f. wespe.* me maut niəne wiəpsken tęrgen, dann stęket se ęm ok nitt. *syn.* wiəpsche *(westl. Mark)*, wepsche *(Berg)*, wiəspe *(Hoerde)*, wiəspelte *(Velbert). — lat.* vespa. *ahd.* wafsa, wefsa. *ags.* väps.

wier *für* wieder, *wieder.* dà saih ik nitt nà wier, *das kümmert mich nicht.*

wîerbrêngen, *wiederbringen.* hen es hen, un wierbrengen mâket freude.

wîerhâlen, *wiederholen.* he hęt et am dôe wierhâlt, *er ist sterbenskrank gewesen.*

wierkrigen, *wiederbekommen.*

wîerseggen, *wiedersagen.* segg et mi men: ik segg et nümmes wier as den schaulkinnern un kęrklüen.

wîerwârd = wiəderwârd. wenn usse dochter kaine wierwærde wüste, dann wær se lange ne hôr gewest.

wiəse, *f. wiese.* wiəsen un gærne grüggelt, *d. i. sie verkommen, wenn sie nicht gepflegt werden. syn.* wische. — *ahd.* wisa. *mwestf.* weze. *unser iə ging aus dem bestreben hervor, die kürze zu wahren, ohne s zu verdoppeln.*

wiəsebôm, *m. wiesbaum, zum befestigen der heuladung. — Tappe 232b:* wirssboem, *s. r.. syn.* wingebôm.

wiəseküəm, *m. kümmel der auf unsern wiesen wächst.*

wiəsel, *n. wiesel (Unna.) syn.* hęrmel. — *ahd.* wisala. *ags.* vesle.

Wiəsel, *Wesel.*

Wiəserhof, *name einer wiese bei Hemer. — ags.* viser, *wiese.* **Wisuraha** = *Weser, d. i. wiesenfluss. bei uns heisst die Weser:* Wiəser; *vgl. Gr. d. spr. s. 656.*

wiəsewass, *n. wiesewachs. — Seib. urk. 511:* wezewassz.

wiəspe, *f. wespe. (Hoerde.)*

wiəspelte, *f. wespe. (Velbert.)*

wiəte, *f. meist nur im pl.* wiəten, *unkraut. s.* kraigenwiəten, *hahnenfuss,* taierwiəten, *queckenweizen. unser wort ist wohl eins mit alts.* wiod, *ags.* veód, *engl.* weed. *für t statt d gibt es analogieen genug. alts.* wiod *entstand aus* wid. *wenn neben* wiəten *wahrscheinlich auch hie und da ein* witten *vorkommt, so ist das ebenfalls in der ordnung. am fränk.* widemânôth *ist kein anstoss zu nehmen. ableitung von* wide, wiod *ist* weden, *Kil.:* wieden, *gäten. Teuth.:* wyeden, gheden.

wiəten, *(præs.* wêt, wês, wêt, *pl.* wiətet; *præt.* wuste *oder* wuss; *ptc.* wiəten *oder* wust), *wissen.* ik wêt, he gêt hen, *d. i. er geht gewiss hin, vgl. Gr. gram. III, 242.* de koffikaune wêt noch wǫt, *sie ist noch nicht leer.* wà wüste, dà wünne. dai hęt mi wǫt te wiəten dân, *der hat mich recht gequält. gehört dieses* wiəten *hierher, oder ist es die alts. rda.:* te witie giduan? *das letztere scheint der vocal von* witi *abzuweisen. das ptc.* wiəten *gehört offenbar zu einem stv.* witan, *woraus auch* wêt *hervorging. vgl. Mda. IV, 505.*

wiətenskop, *f. wissenschaft, wissen.* jêdes dingen hęt sine wiətenskop.

wiətke, *f. käsewasser. — der Hort. sanit. hat:* kesewater effte waddeke; *ein Mendener hexenprotocoll von 1592:* wetteke. *Teuth.:* wack, wedick, hoey. *nds.* waddeke, wake, waddik. *Voss Wylle de winter awend:* waddik. *wahrscheinlich ist der alts. mannsname* Waddik *spitzname und dasselbe wort. vgl. ags.* veaht (humidus). *engl.* wet. *dän.* waadt *(nass).*

wiətkepinn, *m. eine schelte; vgl.* drælepinn, drögepinn, juffernpinn, twiənkepinn, wisepinn. — *dän.* gniepind, *knicker, geizhals.* pinn *und* pind *stehen hier fig. für* penis *und dieses wieder als pars pro toto wie* ærs, kunte, nelle, fuət, fuətse.

wiətkesack = dickemelksbûl. *der name wurde früher den Ober-Hemerschen als schelte gegeben, weil sie mit geronnener milch versehen zum frohn-*

heumachen nach dem Kalthof gezogen waren.

wiəwel, *m. webel. im eiersingen zu Marienheide:* frau gead uns siewene, dà gäffe med uàm wiəwel. so blå as en wiəwel. *(Siedlingh.) vgl.* weibel *(gerichtsdiener), feldwebel.*

wiəwelte, *f. blauer käfer.* et es so blå as ne wiəwelte. — *Vilmar:* wiwwelblò. *Henneb.:* wibel, *schwarzblauer mistkäfer. s.* wiəbel.

wîewespe, *f. espe,* populus tremula. *(Alberingw.) syn.* äspe, koltkutte. — *die weide nennt man zu Alberingw.* wige. *offenbar bedeutet das wort: weidenespe. sein* wespe *deckt das merkmal auf, nach welchem der baum* espe *genannt ist. zunächst steht ahd.* aspa *für* apsa *(ags.* äpse), *weiter ist anlautendes* w *abgefallen.* wapsa *schliesst sich an* wippen *und drückt lat.* tremula *aus. vgl.* biəwen as en äspenlòf, *zittern wie ein espenlaub. verwandt sind unser* wispelig, *ital.* vispo, *welche ebenfalls mit versetztem* s, *ursprünglich voll bewegung, unruhig ausdrücken müssen. auch* vespa, wiəske *ist hierher zu ziehen.*

wîewinde, *f. weidenwinde, ackerwinde,* convolvulus segetum; *syn.* wiewinge *(Fürstenb.).* — *ags.* vidhvinde. *engl.* withi wind. *Kil.:* wedewinde, *(vetus)* haedera.

wîgen, *præs.* hä wîget; *præt.* waug; *ptc.* wọgen; *præt.* et wieget; *præt.* wòg, *pl.* waûgen *(Brackel),* wûəgen; *ptc.* wẹgen *(Iserl.), 1. wiegen. 2. wägen, das gewicht bestimmen. die formen gehen sehr durcheinander.*

wigge, *f. wecke, fast nur in compos.:* hètewigge, wiggebrî. — *urk. v. 1453:* wegge. *v. St. XXI, s. 1355:* wann de weite ein marck gilt, so sall die wegge wigen ein silver punt, und gilt die weite mehr oft min, so sall die wegge wiegen mehr oft min. *engl.* wedge. *holl.* wig *(keil).*

wiggebrî, *m. s. v. a.* weggebri. *(Albringw.) syn.* timpenbrî.

wiggebund, *kräuterbündel, der am krautweihtage geweiht wird.*

wîggen, *weihen.* — *alts.* wîhian.

wiggepöttken, *n. eine auf lehmigen rockenäckern häufig vorkommende becherförmige flechte, die mit körnchen gefüllt die fruchtbarkeit des nächsten jahres anzeigen soll.*

wiggewâter, *n. weihwasser.*

wikbild, *n. weichbild. — mwestf. 1206:* wicbilede. *bei grenzbegehungen soll man vor dem an der grenze stehenden heiligenbildern gesagt haben:* vọr düssem bille maût-vi wîken, *d. h. hier ist die grenze (volksetymologie).*

wîken *(præt.* wêk, *ptc.* wiəken), *weichen,* cedere. — *alts.* wîkan.

wikse, *f. 1. wichse für lederwerk. 2. schläge, vgl. schmieren. zu* wachs, *wie das folgende platthd.*

wiksen, *1. wichsen. 2. prügeln.*

wil *oder* **wil dat,** *weil. s.* wile.

wilbert, *n. wildpret. Soest. schrae, van bruytlachten, 13:* wilbred *(nicht wie bei Seib.* willrede *zu lesen).*

wild, *1. wild, nicht gezähmt.* de wille bær, *der wilde eber, ags.* vild bär. willegaus, *f. wildgans. (Fürstenb.) 2. wild, nicht cultivirt, wildwachsend.* de wille haie, *die wilde haide.* de wille fillette, *die wilde nelke.* wille vitesbôn, *eine pflanze.* willen likefîn, *eine blume.* wille melle, *wilde melde.* wille mandelkrûd, *eine pflanze.* wille more, *wilde möhre.* wille stockrôse, *wilde malve. 3. wild, aufgebracht.* hai wôr wild. *4. lebhaft, munter.* en willen jungen. *5. besondere verwendungen:* wille swîn *oder* wille sûe, *kellerassel; syn.* wulweslûs. dat wille fûr, *a. ein wildes frauenzimmer:* dat es en wild fûr. *b. eine krankheit, der rotlauf. c.* he sûht ût as 'et wille fûr, *d. i. rotwangig, kräftig und gesund; s.* wildfûr, wildwass. — *alts.* wildi. *ags.* vild.

wildnisse, *f. wildnis.*

wildschâpen, *wildbeschaffen, d. i. ganz u. gar verlassen.* wildschâpen allène.

wildfeng, *m. wildfang.*

wildfûr, *n. wildfeuer, so nennt der aberglaube funken, die zuweilen auf dem bette gesehen werden und einen sterbefall bedeuten sollen. (Ergste.)*

wildwass, *n. wildwachs, sehnen, flechten. — im ags.* waxgeorn (edax) *scheint* wax *fleisch zu bedeuten. darnach wäre* wildwass *das wilde d. h. ungeniessbare fleisch. es muss einen etymolog. zusammenhang geben zwischen* waldan *(regieren) und* wild. wildwass *kann daher sein =* waldwass *(ahd.* waltwahso) *und ein gewächs des animalischen körpers bezeichnen, welches die bewegung der glieder beherrscht und vermittelt.*

wile, *f. weile, zeit.* ne guəde wile. lauge wile, *langweile.* lauge wile nitt, *bei weitem nicht. s.* unnerwîlen. de wile dat, *während dass, unterdessen;*

vgl. d. sele troist: wile dat he levede. — *alts.* hulla.

wîlen, *für* wîlend, *während. Must. 3.*

wilk = welk. *(Fürstenb.)*

wîlken, *n. weilchen, kleine weile.*

will will! *lockruf an die gänse. (Fürstenb.)*

wille, *m. 1. wille = wollen.* van willen, *eigenwillig:* kinner van willen sid üøwel te stillen. de guade wille werd ôk betâlt. *2. wunsch, freude, befriedigung.* de kau dait ẹm wọt te willen, *sie gibt viel milch.* me hẹt recht sinen willen derâne had. dat geng alle nâ wunsk nu willen. he wêt ẹm nix te wellen, *er erkennt keine verbindlichkeit gegen ihn an.*

willig, *willig.*

wylligen, *willig machen. Alten. stat.:* wylligen dat gerichte durch eine wylligynge *(handsalbe)* von 4 schilling.

wîme, *f. rauchfang zum räuchern. (Köln. Süderl.) s.* wîmen. *Teuth.:* wyme to vleysch. *holl.* wieme, *f.*

wîmen, *m. das stangen- oder lattengerüst, an welches fleisch, speck und würste zum räuchern gehängt werden. des wortes eigentliche bedeutung ist stangengerüst, lattengestell überhaupt, da es anderwärts (z. b. Münst. gesch.-qu. III, 163:* honerwieme; hounerwîmen *[Fürstenb.], auch nds.) das gestell bezeichnet, worauf hühner übernachten. offenbar liegt goth.* vidan, *ags.* vedan (jüngere) *zu grunde.*

wîmen *in* augenwîmen, *pl. augenbrauen. (Fürstenb.)*

wimmel, *m. schmetterling. (Warburg.)* — *aus* wibhil. *vgl.* wiomel, wiowelte.

wimpeln, *ein ausdruck beim garbenbinden.*

wîn, *m. wein.* vam wîne kritt de bûr lûse. — *lat.* vinum. *ags., alts.* vîn.

wind, *m. wind, luft.* he wêt ümmer, bâ de wind hẹrküomt. de wind waiget wọl rôe backen, âwer kainen dicken nacken. he hẹt kainen wind mær. an 'n wind setten, *den mieter auf die strasse setzen.*

windai, *n. ei ohne schale.*

windbârt, *dachrand nach der windseite.*

windeltrappe, *f. wendeltreppe; vgl. ags.* vindelstân, lapis tortus.

windhüøpig, *von pferden gesagt.*

windlâe, *f. windlade, schlagfenster.* — *Seib. nr. 924:* windelade.

windlasche, *f. einsatzstück am ärmel eines hemdes, lasche, zwickel, vgl. Frisch holl.* lasch, *f. vgl.* laisk *und Richey:* winnlasche, *weil dadurch die weite gewonnen wird.*

wîndrûwe, *f. 1. weintraube. 2. weintraube als kuhname.* — *ahd.* wîntrûpo.

windschâpen = wildschâpen. windschâpen allêne, *mutterseelenallein.* — *vgl. alts.* armscapen.

windseln, *? winden. K. S. 63.* — *Teuth.:* wentzelen, volvere, volutare.

winpsk, winds, *windisch. 1. windschief, von brettern, die sich gezogen haben. 2. krumm, von beinen.* — *vgl. ahd.* wintscapan, tortipes.

windfọke, *f. (Elsey:* windfocke), *windecke.* dat hûs stêt an der windfọke, *d. i. es ist dem winde sehr ausgesetzt. vgl. den ortsnamen* Wintgaten *bei Schwelm.*

windfuagel, *m. windvogel, papierner drache.*

windwackeln, *windelweich schlagen.* dai maut noch windwackelt werden.

wingebôm = winsbôm *(Siedlingh.)* = windebôm.

wingern, *wimmern. (Möhntal.)* — *ostfr. und nds. ebenso.*

wingesk *für* windesk, *verkehrt. Fr. 4. vgl.* windsk.

winkel, *m. 1. winkel,* angulus. *2. arbeitzimmer, werkstätte.* de dêrus gâtt oppen blankwinkel. *3. kramladen, bes. specereiladen; s.* smẹrwinkel. — *ags.* vincel, angulus. *holl.* winkel, *ecke, werkstätte, kramladen.*

winkelêr, *m. winkelier, krämer.* — *holl.* winkelier.

winkelswâren, *pl. kramwaaren, specereiwaaren.*

winkeltû, *pl. winkelzüge. (Fürstenb.)*

wînkôp, *m. weinkauf.* he verkôpet ne im sacke un giet ẹm dann vam wînkôp te drinken. — *mwestf.* wînkôp, *wein, der bei verkäufen getrunken ward.*

winne, *f. 1. pocke im gesichte,* snogwinne. *2.* = wian. *(Elsey.)*

winne, *f. für* winde, *winde.*

winne, *der mistel. (Bünderoth.) warum? weil er schmarotzer,* medfrẹter *ist wie die* winne.

winnen *(præt.* wand, *ptc.* wunnen), *winden.*

winnen *(præt.* wann, wunn, *ptc.* wunnen), *gewinnen. 1. kinder; vgl. mwestf.* et en were dat sey kinder vnder en ander wannen. *2. vom erbpachtsverhältnisse.* — *mwestf.* wynnen ind werven. *alts.* winnan. *s.* gewinnen.

winnig, *windig.* — *ags.* vindig.

winnnâtel, *f. winnbrief.* nâtel = *lat.* notula.
winranke, *f. weinrebe.*
winrêwe, *f. weinrebe.* — *ahd.* winarëba
winrûte, *f. raute*, ruta graveolens. *das bestimmwort* win *erinnert an den spruch: raute und salbei machen dir die becher frei, lat.:* salvia cum ruta faciunt tibi pocula tuta.
winter, *m. winter.* — *goth.* vintrus. *alts.* wintar.
winterächtig, *winterlich. s.* ächtig.
winterdag, *m. winterzeit.* bi winterdag, *des winters, im winter; vgl.* summerdag; *aber kein* fröjâr *oder* hęrwest *wird so gebraucht.*
wintergrään, *n. wintergrün. 1. preisselbeere. 2. mistel. (Warburg.) syn.* zupp, kraigensnuader, winne. *3. vinca.*
winterhôp, *m.* = trędhôp.
winternęrig, *mit wintervorräthen versehen. Gr. tüg. 3.*
winterrogge. dai arme winterrogge op dem felle, dai stêt nitt ût bat ick ûtstân mot. *(Arnsberg.)*
wintershârn, *n. waldhorn, aus einem ausgehöhlten weidenaste.*
winterfillette, *eine blume.*
winterwêk, *wer die winterkälte nicht gut erträgt.*
wintseln *für* winteln, *sich drehen.* — *Kil.:* wintelen, wentelen, volutare. *s.* windseln.
wintûesk *für* windtûrsk, *querköpfig.* en wintûesken rûen. *(Möhnetal.)* tûrsk, tûrig = terig, tierig, *artig, geartet; vgl.* wispeltûrig.
wippe, *f. 1. schwankender gegenstand oder standort; daher:* hê stêt op der wippe, *er ist dem bankrott nahe. 2. schaukel. 3. wippe beim krippen der flussufer.*
wippebrank, *m. schwankender bruchboden.*
wippelstærtken, *bachstelze. (Siedlingh.)*
wippen, *schwanken, schaukeln, sich auf und nieder bewegen.* sik wippen, *sich schaukeln; s.* opwippen, *vgl.* wupp.
wippgalgen = hiemelmêsen, pimpelmêsen.
wippken, *n. posse.* mâk mi kaine wippkes.
wipplüttschen, *n. wippleuchtchen, irrlicht; vgl. ostfr.* wiggellüchtje *von* wiggeln, *wackeln, schwanken.* — *westfr.* wipplöcht.
wippop *in:* suider wippop *(hüpfauf)*, bêr 'et flick op, blâs de lampe ût, gâ nâ bedde!
wippöpken, *n. kinderausdruck für aufhüpfende gegenstände.*
wipps, *name für einen kater; vgl. ital.* vispo; *unser* wispeln; *ostfr.* wippsk, *beweglich, unruhig.*
wippstęrt, *m. 1. unruhiger mensch. 2. im Paderb. (Nieheim): bachstelze, welche auch nds.* wippstêrt, *zu Liberhausen:* wüppstêrt, *zu Rheda:* queckstert, *bei uns* biakstęrt *heisst; vgl. ital.* coditremola.
wirkelig, wirkerig, *welk. aus* lk *ward* rk. — *ahd.* welh, *welk.*
wirt, *m. in:* dat dank di min wirt! *man weiset dadurch eine bemerkung als überflüssig, weil sich von selbst verstehend, zurück.* wirt *vertritt hier teufel, henker. vgl. Grimm wb. s. v.* danken 5. — *platthd. für* wêrd, wêrd.
wis, *bis. (Paderb.)*
wîs, *wissend, kundig.* he es dat nitt anners wîs, *er kennt das nicht anders.* he daüt as he wîs es, *er tut wie er es versteht.* me maut den kinnern nitt te viel wîs mâken, *man muss sie nicht verwöhnen.* me maut ęm dat nitt wîs maken, *man muss ihn nicht damit bekannt machen, oder: man muss ihn nicht daran gewöhnen.* — *alts.* wis, gnarus.
wisberte, *f. stachelbeere, eigentlich essbare beere, von* wist, *speise.*
wîsche, *f. wiese. (Schwelm.)* — *mwestf. (1396):* wissche. *schwed.* vestenr. *bei v. St. stück XXI, s. 1357:* wische; *syn.* wiese. *Schamb. glaubt, es sei aus* wiseke *entstanden, dann liesse sich unser* wiopske, wiopsche *aus* wipsa (vespa) *vergleichen.*
wischemälk, *dicke milch.*
wîse, *f. 1. weise. 2. melodie.* dà gêt ne hôge wîse op.
wîse, *weise, aber meist im tadelnden sinne:* dat es en wîsen: dâ hært 'et gras wassen un de flôe hausten.
wîsemôer, *f. weisemutter, d. i. hebamme. syn.* bâmôme, hiawelsche. — *vgl. fr.* sage-femme. *Teuth.:* wyse moeder, hevelmoeder.
wîsen *(prt.* wês, *ptc.* wiosen), *zeigen.* dat well ik di wol wîsen. hai sall di wol wot anners wîsen. de vögel op dem bôme wîsen, *von keinem danke, keiner vergütung wissen wollen.*
wîsen *(ptc.* gewîset), *weisen.* dat es en gewîset węg, *ein leicht zu findender weg. (Kierspe.)* — *alts.* wisian, *ptc.* gewisid.
wîsenâse, *f. naseweis.* — *mhd.* nasewîse, *feines geruchs. vgl.* stôtwînd.
wîsenâsig, *naseweisig.*

wîsepinn, *m. überkluger mensch, ein tadel.* — *osnabr.* wisepint. *vgl.* wiatkepinn.

wiser, *m. 1. zeiger an der uhr. 2. handweiser. 3. weisel. (kr. Altena.)*

wisheid. hä wëit van luter wisheid nitt wat hâi sien *(sagen)* well.

wisk, *m. wisch, bundel.* ströwisk; *vgl.* wisken. — *engl.* whisk, wisp. *daneben westfr.* wip; *vgl.* rispa, to rip.

wiskeldauk, *m. 1. taschentuch. 2. halstuch. für* 1 *vgl.* wękeldag.

wisken *(præt.* wusk, *ptc.* wusken; *auch schw.), wischen. fig.:* dâ konn hai de nâse an wisken. — *vgl. hd.* wischer; *alts.* hosk.

wispel, *f. 1. unruhiges kind; vgl. ital.* vispo. *s.* wiawespe. *2. mistel.*

wispelig, *munter, lebhaft, unruhig.* — *ital.* vispo.

wispeln, *unruhig, lebhaft sein.* — *holl.* wispelen.

wispeln, *wispern, flüstern, vom besprechen. s.* vispeln, bewispeln, bewispern. — *ahd.* hwispalôn. *ags.* hvisprjan.

wispelte, *f. wespe. K. S. 114.*

wispelte, *f. mispel.* — *nds.* wispel. *lat.* mespilus.

wispeltǫrig, *unruhig, flatterhaft.* tǫrig, *entweder zu fassen, wie unter* wintûesk *angegeben, oder* = tuderig, *geartet, nach ags.* tudor.

wispeltûrig, *wankelmütig, unbeständig. holl.* wispelturig.

wispeltûte, *f. wirbelwind. (Ebbegebirge.)* tûte *bezeichnet die duten- oder trichterförmige windhose,* wispeln *die bewegung derselben.* — *vgl. Ravensb.:* fameltûten, *fabel.*

wispeltûten, *pl. blendwerk, gerede. syn.* fissematenten. *es wird eigentlich das unverständliche gemurmel und die manipulation des besprechenden bezeichnen.* — *Zumbr. (Münster) hat* mispeltûter. *vgl. unser* riameltâtri, *berg.* remeltütt, *unverständliches zeug; osnabr.* tûtertâtern, *unverständliches zeug schwatzen; unser* tütterütütt.

wispern = wispeln 2.

wisse, *adv. gewiss, sicher.* wisse wǫl.

wist, *wrist am fusse. (Siedlingh.)*

Withöft, *familienname Weisshaupt.* — *alts.* huit hôbhid.

wits *in der beteuerung:* Gǫds blits un der wits.

witt *(compar.* witter, *superl.* wittest), *weiss.* **dauk witt maken** *für* **blêken.** *ebenso Teuth.:* wyt maken, bleycken. so witt as de wand, — as snê. he es so witt as ne dûwe, *er hat weisses haar.* he werd wǫl witt, wann et snigget. he gêt am witten stöcksken, *er bettelt; vgl.* il est réduit au bâton blanc. he hęt et bit taum witten stöcksken bracht. *bemerkenswerte composita, bei denen der ton auf* witte *ruht, sind:* kialwitte, *weisskehle, wasserstaar (kr. Altena), vgl. nds.* wittkêleken; *die kuhnamen:* klêwitte *(weissklee),* nörwitte *(weissenter).* — *alts.* hult. *cf.* spiggewitt, spielwitt.

wittbrôd, *n. weissbrot.*

wittbüxe, *f. weisshose, einer der in leinwandhose geht.*

wittdårn, *m. weissdorn.*

Witte, *familienname und kuhname.*

witteler, *m. weisser, tüncher.*

wittelker = witteler. *(Siedlingh.)*

wittelkwast, *m. pinsel zum weissen, tünchpinsel.*

witteln, *weissen, mit kalk tünchen.* — *ahd.* wizjan. *dän.* hvitte, *holl.* witten.

witten, *weiss werden, von der leinwand.*

Witten, *stadt an der Ruhr.* de hêr van Witten = *schnee, vgl.: da kommt der herr von Witten mit schnellen schritten; s. Rochh. naturmythen s. 5: der herr Weiss.*

witterunge, *f. 1. wetter, witterung. 2. witterung, jägerausdruck. wie in* gewitter *weicht das* tt *von* d *in* weder (węer) *ab.* — *ebenso nds.*

witterunge, *f. zorn.* he was in der witterunge. — *vgl. ags.* hviting, candefactio, *zu* hvitjan.

wittkopp, *m. 1. weisskopf. 2. kuhname.*

wittlöchten, *eine jägerlaterne aushängen, vermittelst eines weissen gegenstandes die richtung kenntlich machen. in der anekdote* „köster löcht witt“ *verlangt der pastor von dem im dunkeln zu rasch voranrennenden köster, dass er sein hemd aus der hose hängen lasse.*

wittmûl, *n. weissmaul, kuhname.*

wîf, *n. pl.* wiwer, *weib.*

wiweken, *n. pl.* wiwekes, *weibchen.* he wêt nitt mær, of he männeken âder wiweken es *(vom trunkenen).*

wiwesmensk = fraumensk, *weibsbild. (Siedlingh.)*

wochten = wachten. *(Hamm.)*

wocke, *f. bündchen flachs, welches auf den wockenstück gebracht werden soll.* wocke *und* rocke = wrocke, *wie* wasen *und* rasen = wrasen (vrasen). — *ahd.* wrist, wist, rist, rocco, rocho (colus) *demnach* = wrocho, brocho. *man darf in diesem worte nicht den begriff* stock *suchen. als participial-subst. führt es auf* wriukan, *welches aus* wrikan *entspringen musste. ags.* vrēcan, *noch heute als* wricken *(schifferausdruck) gebräuchlich, bedeutet stossen. man erinnere sich nun, wie hd.* stoss *(stoss acten) und nd.* stôt *(stück leder zum flicken, kurze weile zeit) gebraucht werden, und die eigentliche bedeutung von* wocke *als kleines bündel, handvoll wird nicht zweifelhaft sein. als participial-subst. kann das wort mehrere geschlechter zeigen. — vgl. Hoefer z. b. Waldis verl. sohn p. 156.*

wöckelsche, *ein stab, um welchen die* flassdiste *gewunden wird. (Fürstenb.)*

wockenbraif, *m. binde von pergament oder starkem papier, um den* wocken *zusammen zu halten. man wird früherhin oft beschriebenes pergament* (braife) *dazu benutzt haben.* wocketenbraif. *(Siedlingh.)*

wockenstock, *m. der stock, um welches der* wocken *gewunden wird.*

weckete, *f. spinnrocken.*

wǫl, *wol.* dat we'k wǫl dauen. du kanns wǫl lachen, *du hast gut lachen.* wǫl låten ôk *oder* gelåten ôk, *keineswegs.* wǫl dat, *ja freilich.* wǫl an is guod fǫ̈r ne enge hǫse. *(Halver.) ein betontes* wǫl *bedeutet: zu, sehr, über.* dat es wǫl grôt, *zu gross.* wǫl ripe, *zu reif, überreif; vgl. das verstärkende* bien *im franz. — alts.* wola.

wǫl ær, *wol eher, das ist ehemals, sonst, früher.*

wǫldât, *f. wohltat.*

wǫl dat, *wiewol. vgl. Laiendoctr. s. 29. Lübben mitteilungen p. 22.*

wǫl ens, wǫl es, *wol einmal, d. i. zuweilen; syn.* all ens.

wǫl gebǫren, wǫlgebǫren es guod, àwer wǫlgehàllen noch bęter.

wǫllęwer, *m. wohlleber. s.* behelper.

wolke, *f. wolke. — alts.* wolcan.

wolken, *sich wie wolken bewegen, wallen, wogen.* dat kårn wolket. wolke *ist verwant mit* walken *(treten, gehen) und* wallen.

wolkenbürst, *m. wolkenbruch. — Teuth.:* wolkenborst; *vgl. Verne (Seib. qu. I, 36):* im sulfften jare *(1323)* is thom Aeldenberghe ein wolcke geborsten.

wollen. im willen un wollen lęfen, *vollauf haben.*

wǫl mål, *wol mal, d. i. zuweilen, einigemale.*

wǫlmaüdig, *wohlgemut.*

wǫlop, *wohlauf.*

wǫlståend, *wohlstehend, wohlhabend.* op christag bäcket jèdermann, te ôstern bäcket men bai kann, bai Pingsten bäcket es en wǫlståenden mann. *es ist vom backen der eisenkuchen (fladen) die rede. syn.* wàrm in der wulle. — *vgl. ital.* benestaute.

wǫnen = wuonen. *(Schwelm.)*

wôrd, *f. der fruchtbarste boden, gewöhnlich in unmittelbarer nähe einer ansiedlung, daher meist zu gärten benutzt.* wôrd : wurth *wie* dôrd : durth, fôrd : furd. — *Helj. (Koene) 4950:* endi im thiu wurth bihagot *ist gedankenparallele zu dem vorigen:* thar it ge grund habit. *F. Dortm. urk. nr. 445:* huys hoff vnd woyrd. *von Lappenb. Brem. qu. s. 85 wird* wurd *„hoch gelegenes land“ erklärt, was eine* wurd *nicht notwendig zu sein braucht. der begriff ist, wie noch heute zu Rheda:* waurd = wössig land. *Reuter reise na Belligen 184:* wurth, worth *ein gewöhnlich nahe bei der hofstelle belegenes eingehegtes stück land.*

wǫ̈rgel, *m. riemen, welcher das käppchen* (käppelse) *am schlägel des dreschflegels mit der handhabe verbindet; syn.* middelband. — *alts.* wurgil, wurigil = *würgeseil.*

wǫ̈rgeln, *würgen.*

wǫ̈rgen, *würgen. — ahd.* wurgjan.

wǫrm, *m. pl.* wǫ̈rme, *1. wurm.* êr dat geschüt gêt ęm en grainen wǫrm af. *2. raupe, s.* giftwǫrm. *3. wurm am finger, syn.* middel, wǫrmtêken. — *goth.* waúrms. *alts.* wurm, serpens.

wǫrmætig, *wurmfrässig, wurmstichig.*

wǫrmen, *würmer suchen, von schweinen.*

wǫ̈rmken, *n. 1. würmchen. 2. bedauernd vom einem leidenden kinde:* dat armo wǫ̈rmken. *3.* en wǫ̈rmkeŋ am ôge = wên. *4.* en geldwǫ̈rmken *wird ein kind genannt, wenn es grosse sparsamkeit zeigt.*

wǫrmkrûd, *n. 1. wurmkraut, wurmmittel. 2. rainfarn,* tanacetum vulgare, *dessen blüten oder samen als wurmmittel in gebrauch waren; syn.* rainert.

wǫrmmęl, *n. wurmmehl.*

wǫrmmüll, *n. wurmmehl.*

wǫ̈rpel, *m. pl.* wǫ̈rpels, *würfel. s.* würpel.

wǫ̈rpeln, *würfeln.*

wǫrmtêken, *wurm am finger. auch zu Rheda.*

worst, *f. wurst.* he smitt med 'ner worst nà 'ner speckside. dà es nix inne as warme wörste.

worsteband, *bindfaden zum einbinden einer wurst. (Fürstenb.)* s. druəm.

worstegörte, *f.* = krôse. *(Fürstenb.)*

worstehærnken, *n. wursthörnchen, wursteisen.*

worsten, *1. wursten, wurst machen. 2. sich anstrengen. (Siedlingh.)*

worstepinn, *m. ein dorn zum schliessen der enden einer wurst.*

wort, *f. wurz, nur noch als ert in compos., z. b.* rainert *(rainfarn), anderwärts* rainewörte. — *alts.* wurt.

wortel, *f. 1. wurzel. 2. mohrrübe. — ahd.* wurzala.

wortelbûk, *kraftloser mensch mit schwammig dickem bauch. K.*

worteln, *wurzeln, sich körperlich anstrengen, abmühen, z. b. beim anziehen enger stiefel. — mnd.* worstelen. *holl.* worstelen. *nd.* wurtjen. *berg.* woschten, *d. i.* worsten.

wösserling = wässling.

wössig, *wüchsig; syn.* wassbâr.

wot, *etwas, einige.* ik well di wot medbrengen. et was so warm, et was wot, *es war sehr warm.* hai was so swart, et was nitt wot *(etwas, wenig), er war sehr schwarz.* es dat nitt wot! *ist das nicht schlimm, arg! ebenso Liliencr. hist. volksl. 324, v. 9[2]:* is dat nicht wat. et maut wot *(betont: etwas, nicht viel)* sin, de billigkait het God geschâpen, *man muss mass halten.* wot *(einige)* gengen weg, wot bliowen noch dâ. — *alts.* huat. *ags.* hvät. *interrogatives* huat *ward zu* wat, *dann zu* bat; *das* a *des indefin.* huat *ward unter dem einflusse des* hu *zu* à, h *ward zu* w.

wubbeln, *waschend über den körper hin und her fahren.*

wuənaftig, *wohnhaft. — mnd. urk. von 1390:* wonhachtig, *sonst auch* wonaftig.

wuənen, *wohnen. knechte und mägde bei uns sagen lieber:* ik hewe dâ un dâ wuənt, *als:* ik hewe dâ un dâ daint. *vgl. die ausdrucksweise in den vereinigten staaten von Nordamerika. — alts.* wonian, wonon.

wuəninge, *f. wohnung. — holl.* woning.

wullbâr, *m. im fastnachtsgebrauche zu Hoerde: ein kerl mit erbsenstroh umwickelt und einem feuereimer auf dem kopfe. er wurde am seile umhergeführt und musste dann und wann brüllen. man nannte ihn auch einfach* bâr. *s.* wullekærl.

wulle, *f. wolle.* he sittet recht warm in der wulle. he welle kaine wulle dręgen, *er will nicht taugen; vgl. engl.* he is a sort of ne'er-do-wool.

wullekærl, *name einer kinderscheuche zu Hemer:* de wullekærl kritt di! *in diesem jahrh. ward aus* wullekærl *ein* bullekærl. *in der Ihmerter becke heisst sie:* wollekærl; *vgl. altn.* Ullr = *Wodan.*

wüllen, *wollen.* wüllen bônen, *wollbohnen.* wüllen dauk, *wolltuch.*

wullenspenner, *m. wollspinner nennt man einen vogel, der sein nest mit wolle füttert.*

wüllenwämsekes, *pl. ein gericht grosse bohnen, bereitet aus jungen schoten, die wie vitsbohnen geschnitten werden.*

wüllenwewer, *m. wollweber.*

wund, *wund. — alts.* wund.

wunne, *f. wunde. — alts.* wunda.

wunne, *f. wonne. — alts.* wunnia.

wunner, *n. wunder. = alts.* wundar.

wunnerbârlik, *wunderbar.*

wunnerlik, *wunderlich.*

wünnern, *wundern. — alts.* wundroian.

wunsk, *m. wunsch.* nà wunsk un willen.

wünsken, *wünschen.*

wulf, *m. pl.* wülwe, *1. wolf,* lupus. bai tüsken wülwen es, maut der ock med hûsen. *in der ersten hälfte des 18. jahrhunderts gab es im Balver walde dann und wann noch wölfe, die man* hölting hölting *anrief. der letzte wolf unserer gegend ward in der Limburger waldung im 18. jahrhundert erlegt. es war eine wölfin, deren jungen ein jäger aufgefunden hatte und wegtrug. er soll die ihn verfolgende mutter von einem baumaste aus mit einem knopfe erschossen haben. 2. harige grasraupe, bärraupe. (Balve); syn.* graspuddel. *3. fig.:* geldwulf, kârenwulf. *4. nasenschleim. 5. krankheit am schwanze des rindviehes. es wird dagegen hineingeschnitten.*

wulwen, *1. rauben wie ein wolf. 2. gierig sein; vgl.* ærdenwulf. *3. den werwolf machen; vgl. Seib. III, p. 370:* wulffen.

wulwerigge, *f. gier.*

wulwesklâwe, *f. bärlapp. s. oben* wulf *für bärraupe. — engl* wolfsclaw.

wulweskûle, *f. wolfsgrube. häufiger localname.*
wulweskûse, *m. keule zur wolfsjagd.*
wulweslûs, *f. kellerassel. syn.* wille swîn.
wulwesranke, *f.* = wulwesklâwe.
wulwig, *gierig.*
wupp, *m. schnelle bewegung.* et was men en wupp. in ênem wupp. *s.* wupptig. — *ags.* svipe, *schnell. engl.* swoop *V. St. III, 488:* wuppen un swuppen, *schwanken wie auf dem wasser.*
wupp, wuppti, *schnell, im nu. K.*
wüppeln, *schwappen.*
wüppstert = wippstert. *(Liberh.)*
wupptig, *rasch, schnell. es drückt den raschen vorgang einer handlung aus.* — *Turk, en plattd. laid v. 6:* un wupptig wupptig ümmer wupp! *mecklenb.* wupti wupti rin. *vgl.* snupptig, *welches aus* swupptig *entstanden scheint, und* kawupptig. *s.* bups.
würde, *f. würde.* dat blitt in sinen würden = *in guter beschaffenheit.* dat es ût sinen würden kuomen = *ist abgenutzt, verdorben.* as he noch recht in sinen würden was = *im wohlstande.*
würmai, *wermut. (Fürstenb.)*
wurmelig, *wurmstichig. (Paderb.)*
würp, *lot kaffee. K. S. 28. 5 bohnen, 1/4 lot. (Siedlingh.)*
würpel, *m. würfel.*
wût, *f. wut. platthd. zu Iserl. s.* waud. — *ahd.* wuot.
wüten, *wüten. platthd. zu Iserlohn. s.* waüden.
wutts = wupps. sau as en wutts was hai ümme de ecke. *Gr. tüg 80; s.* wipps.
wutschen, *schnell vorbei eilen, sich rasch aus dem staube machen. K.*

Z

zage, *bange, feige.* — *Theoph. (Ettm.) 48.*
zällen, *geben.* zäll héer! *gib her! (Eckenh.) für* zullen, *zollen, vgl.* väll = vull, *voll.*
zappig, *nass, triefend.*
zasenrock, *m. rock von sarsche. Grimme.* — *fr.* sarge, serge. *s.* schassen.
zèch, *m. gelag.* en zèch hàllen, *der einladung zu einem* zèche *folge leisten.*
zemmelig, *säumig.*
zemmeln, *säumen, zögern, s.* semmeln. — *vgl. altn.* sems, tardatio.
zerpeling, *ein fischname.*
zigæner, *m. zigeuner; syn.* haide. — *ital.* zingaro. *türk.* zingani. *s.* sigæner.
zie, *f. ziege. (Fürstenb.)*
zienblaume, *f. weisses waldhänlein,* anemone nemorosa. *(Brilon.)* — *vgl. Schiller z. tier- und kräuterbuch II, s. 29.*
zienhère, *m. ziegenhirte. (kr. Altena.)* et nödigste et ērste, hadde de zienhère saggt, dā hadde ērst sin wîf prüögelt un dann de zien ûtem gāren wert.
zienlaid, *n.*, **ziegelaid**, *n. art bräune bei ziegen. (Fürstenb.)*
zienland, *n. ziegenland.* int zienland gân, *in ohnmacht fallen. (Fürstenb.) s.* siegenhiemel.
zilge, *verzagter, banger mensch. wird wol aus* ziege *verderbt sein. s.* hitte.
zimbert, *vgl. märk. gebräuche. F. Dortm. 3, 226. Seib. qu. 2, 292.*
zimpe, *kuhname.*
zimpen, zimpern, *weinen.* lachen un zimpen hanget an ênem timpen. — *vgl. schles.* himpern, *weinen mit verschlossenen lippen.*
zîpel, *f. zwiebel.*
zipellôk = smällôk. *(Siedlingh.)*
zîpelsrîge, *f. spöttisch: eine reihe von etwas.*
zîpelworst, *zwiebelwurst. (Siedlingh.)*
zipp, *m.* = timpen.
zippelig, *bänglich.*
zippelmamsellken, *n. zimperliches, bängliches frauenzimmer. Gr. tüg 50.*
zippke, *eine art süsser apfel von länglicher gestalt.*
zirbeln, *im kreise herumgedreht werden.*
zücheleriggé, *f. auszehrung.*
zücheln, *kränkeln, besonders an der auszehrung.*
zockeln, *schlendern, langsam gehn.*
zocks, *m. dummer mensch. auch bei H.*

zoppe, *f. 1. suppe;* s. soppe. *2. portion, soviel man in den topf tut.*

zoppen, *eintunken.*

zoppenbard, *eine schelte.*

zöppeln, *aus dem eintunken ein spiel machen und dabei verschütten; von kindern.* hä zöppelt sik wat bìen, *von einem angehenden trunkenbolde. auch* züppeln, *oft absetzen beim trinken, von kindern.*

zücheln, *weinen wollen.*

zuchelte, *f.* = süchelte.

zuckeréi, *f. cichorienkaffee.*

zuckkälveken = pruts. *(Siedlingh.)*

zhe zùe zhe! hü drank! *lockruf, wenn schweine zum futter kommen sollen.*

zulfern, *schluchzend weinen;* s. sulfern *und* hulwern.

zupp, *mistelstrauch. (Eckenh.) vgl.* zopf.

zuppæs, *rückwärts, hoppend.* s. suppæs

zuppen, *zurückgehen, hoppen.* s. süppen.

Erschienene Schriften des Vereins für niederdeutsche Sprachforschung und deren Inhalt.

Verlag von Diedr. Soltau, Norden und Leipzig.

A. Niederdeutsche Denkmäler.

I. Das Seebuch

von Karl Koppmann, mit einer nautischen Einleitung von Arthur Breusing, mit Glossar von Christoph Walther.

130 S. Preis 4 Mk.

Es ist dies ein praktisches Handbuch für Steuerleute aus dem fünfzehnten Jahrhundert. Es enthält die Segelanweisungen für die Europäischen Küsten und Meere nördlich von der Strasse von Gibraltar bis zu der Mündung des Finnischen Meerbusens und erstreckt sich, abgesehen von der Witterungskunde, der Betonnung der Wasserstrassen und der Beleuchtung der Küsten, bereits auf alle Punkte, die von irgend welchem Belange für die Sicherheit der Schiffahrt sind.

Die Ortsnamen des Seebuchs sind vom Herausgeber Dr. Koppmann erklärt, während Direktor Breusing den Inhalt vom nautischen Standpunkte aus einer eingehenden Würdigung unterzogen und Dr. Walther den Wortvorrath des Seebuchs zusammengestellt hat.

Dieser erste Band der Denkmäler bietet den Geographen ein der Geschichte der Nautik bisher unbekanntes Quellenwerk, den Historikern der Hansestädte eine feste Handhabe bei der Erklärung mittelalterlicher Namen und den Sprachforschern ein für die Erkenntniss der deutschen Seemannssprache äusserst wichtiges Material dar.

II. Gerhard von Minden

von W. Seelmann.

206 S. Preis 6 Mk.

Mit diesem Namen ist belegt die nächst dem Reineke Vos bedeutendste Dichtung der mittelniederdeutschen Litteratur, eine aus Westfalen stammende Sammlung von Fabeln und Erzählungen, als deren Verfasser gewöhnlich der Dekan Gerhard von Minden genannt wird, von dem das Vorwort berichtet, dass er im Jahre 1370 den Aesopus deutsch bearbeitet habe.

Das hier zum ersten Male vollständig herausgegebene Werk, dessen baldige Veröffentlichung J. Grimm schon vor fünfunddreissig Jahren dringend gewünscht und auf das er wiederholt aufmerksam gemacht hat, ist nur in einer einzigen, stellenweis stark verderbten Handschrift erhalten. Der Herausgeber, Dr. W. Seelmann in Berlin, hat sich mit Heranziehung der von ihm als Quelle des Dichters nachgewiesenen Werke bemüht, einen lesbaren Text herzustellen und schwierige Stellen in den Anmerkungen zu erläutern. Eine ausführliche Einleitung handelt von der litterargeschichtlichen Stellung Norddeutschlands vor der Reformation, der handschriftlichen Ueberlieferung und dem Versbau des Dichters, der, wie nachgewiesen wird, Gerhard nicht gewesen sein kann. Eine angehängte Wortlese giebt Erklärungen der schwierigsten Wörter.

III. Flos unde Blankflos

von Stephan Waetzoldt.

Erstes Heft. Text. 57 S. Preis 1 Mk. 60 Pfg.

(Als Anhang: **De verlorne Sone [Robert der Teufel]** und **De Segheler.**)

Der Herr Herausgeber bietet hier zunächst den recensirten Text von Flos unde Blankflos sowie die hier zum ersten Male herausgegebene Dichtung De verlorne Sone (Robert der Teufel) und das Fragment De Segheler zunächst ohne Einleitung und kritischen Apparat.

Ein zweites Heft wird binnen Kurzem herausgegeben; es soll eine auf Herkunft und Geschichte des Märchens und seiner dichterischen Gestaltungen sich richtende Einleitung zu Flos unde Blankflos und zum vorlornen Sone sowie den nicht unbeträchtlichen kritischen Apparat zu Flos unde Blankflos enthalten.

B. Jahrbuch des Vereins für niederdeutsche Sprachforschung.

I. Jahrgang. 1875.

131 Seiten. Preis 3 Mk.

Inhalt: Einleitung von *A. Lübben.* Zur Charakteristik der mittelniederdeutschen Litteratur von *A. Lübben.* Hamburger mittelniederdeutsche Glossen von *C. Walther.* Zwiegespräch zwischen dem Leben und dem Tode von *W. Mantels.* Lobgedicht auf die Stadt Braunschweig von *F. G. H. Culemann.* Rostocker historisches Lied aus dem Accisestreit 1566 von *K. E. H. Krause.* Aus einem niederdeutschen Pfarrherrn von Kalenberg von *W. Mantels.* Die niederdeutsche Sprache des Tischlergewerks in Hamburg und Holstein von *E. Chemnitz* und *W. H. Mielck.* Mundartliches im Reineke Vos von *C. Walther.* Miscellen aus dem Sachsenlande von *J. Wedde.* Schwerttanz von *K. Koppmann.* Hanschen un hot von *K. Koppmann.* Reimlust im 15. Jahrhundert von *K. Koppmann.* Zum niederdeutschen Kalender von *K. Koppmann.* Kleine Beiträge von *C. Walther.* Die ‚English Dialect Society' von *R. Dahlmann.* Niederdeutsche Bibliographie für die Jahre 1874 und 1875 von *R. Dahlmann.*

II. Jahrgang. 1876.

180 Seiten. Preis 4 Mk.

Inhalt: Ueber die Grenzen des Niederdeutschen und Mittelfränkischen von *W. Crecelius.* Niederdeutsche Predigt des 15. Jahrhunderts über 'non sum' von *K. E. H. Krause.* Medicinalia pro equis conservandis von *A. Lübben.* Reimsprüche von *A. Lübben.* Winterklage von *L. Strackerjan.* Niederdeutsches in Handschriften der Gymnasialbibliothek zu Halberstadt von *Gustav Schmidt.* Pädagogischer Spruch vom Ende des 16. Jahrhunderts von *H. Smidt.* Zu den historischen Volksliedern von R. von Liliencron, von *A. Lübben.* Zu Schiller-Lübben mnd. Wörterbuch von *K. E. H. Krause.* Für Mundartenforscher von *Johan Winkler.* Antworten auf Fragen des mnd. Wörterbuchs von *F. Woeste.* Varia aus Wiener Handschriften von *Carl Schröder.* Fragment des Seebuchs von *Gustav Schmidt.* Brunsilgenholt, Brizilien im Mittelalter von *K. E. H. Krause.* Vom Holze des heiligen Kreuzes von *Carl Schröder.* Irmin und St. Michael von *K. Koppmann.* Wert und Benutzung der Magdeburger Bibel für das mnd. Wörterbuch von *F. Woeste.* Das Gothaer mittelniederdeutsche Arzneibuch und seine Pflanzennamen von *W. H. Mielck.* Noch einmal das Zwiegespräch zwischen dem Leben und dem Tode von *W. Mantels.* Friesisches im Ditmarschen? von *C. Walther.* Ein drittes Blatt aus dem niedersächsischen Pfarrherrn von Kalenberg von *W. Mantels.* Causales wenn oder wann von *C. Walther.* Bibliographie von *R. Dahlmann.*

III. Jahrgang. 1877.

183 Seiten. Preis 4 Mk.

Inhalt: Die Buchstaben ø und ẟ in Wismarschen Stadtbüchern usw. des 14. Jahrhunderts von Dr. *F. Crull.* Zum mnd. gh von *K. Koppmann.* Liebesgruss von *K. Koppmann.* Lebensweisheit von *C. Wehrmann.* Das Fastnachtsspiel Henselin von *C. Walther.* Eine Münstersche Grammatik aus der Mitte des XV. Jahrh. von *E. Wilken.* Brunsilgenholt von *K. E. H. Krause.* Dyt ys dy erfindunge und wunderwerke des hilligen sacramentes tho der Wilsnagk von *Gustav Schmidt.* Niederdeutsches in Handschriften der Gymnasial-Bibliothek zu Halberstadt von *Gustav Schmidt.* Rummeldeus von *K. Koppmann.* Braunschweigische Fündlinge von *L. Hänselmann.* Caput Draconis und die Kreuzwoche von *K. E. H. Krause.* Krude von *Wilh. Mantels.* Das Mühlenlied von *H. Jellinghaus.* Zwei plattdeutsche Possen von L. Lauremberg von *H. Jellinghaus.* Die Deminutiva der niederdeutschen Ausgabe von Agricola's Sprichwörtern von *Friedr. Latendorf.* Kinderspiele in Südwestfalen von *F. Woeste.* Südwestfälische Schelten von *F. Woeste.* Aberglaube und Gebräuche in Südwestfalen von *F. Woeste.* Der Flachs von *J. Spee.* Flachsbereitung im Göttingenschen von *K. E. H. Krause.* Dat Flas von *H. Köhler.*

Nachträge von *Wilh. Mantels.* Friedrich Woeste von *K. Koppmann.* Urkundenbuch der Berlinischen Chronik. Berlin. 1869. Berliner Todtentanz von *A. Lübben.* Van de Schelde tot de Weichsel von *A. Lübben.* Bibliographisches von *W. Crecelius* und *C. Walther.*

IV. Jahrgang. 1878.

122 Seiten. Preis 4 Mk.

Inhalt: Antonius Liber von Soest als grammatiker von *Crecelius.* Zwei mnd. Arzeneibücher, Cod. Chart. Goth. 980 und Cod. Wolfenb. 23,3 von *Karl Regel.* Aus dem Vocabelbuche eines Schülers von *A. Lübben.* Wie man in Brandenburg spricht von *Mauss.* Zum Umlaut von *A. Lübben.* Essener Glossen von *Crecelius.* Spieghel der zonden von *A. Lübben.* Ein lateinisch-deutsches Gebetbuch des 15. Jahrhunderts von *H. Deiter.* Zeitlose von *W. H. Mielck.* Statuten und gebräuche der ‚Kopmann- unde Schipper-Bröderschaft' zu Stade von *K. E. H. Krause.* Aus dem „Westfälischen Magazin" von *O. Weddigen.* Dat Boddermåken von *Heinr. Carstens.* Recepte für bereitung von kräuterbier von *W. Crecelius.* Bruchstück eines mnd. kalenders von *K. E. H. Krause.* Hans van Ghetelen aus Lübeck von *K. E. H. Krause.* Zu ‚Gerhard von Minden' von *R. Sprenger.* Zu den historischen Volksliedern von R. von Liliencron von *R. Sprenger.* Zum Berliner Todtentanz von *R. Sprenger.* Das Hundekorn von *A. Lübben.* Ostfriesisches Urkundenbuch von *A. Lübben.*

V. Jahrgang. 1879.

190 Seiten. Preis 4 Mk.

Inhalt: Die Sprache des deutschen Seemanns von *A. Breusing.* Wo de sele stridet mit dem licham. (Visio Philiberti.) Von *Wilh. Seelmann.* Mittelniederdeutsche Osterlieder von *K. Bartsch.* Lateinisch-niederdeutsche Hexameter von *K. Bartsch.* Jesu dulcis memoria. (Tagzeiten der heiligen Anna.) Von *J. G. Müller.* Aus dem Gothaischen Arzeneibuche von *Karl Regel.* Erklärendes Wörterverzeichnis der Lüneburger Sülze von *K. E. H. Krause.* Anhang. Strassen, Oertlichkeiten, Kirchen etc. in Lüneburg, auch der nächsten Umgebung, so viel sie öfter genannt werden von *Demselben.* Zum Fastnachtspiel Henselin von *C. Walther.* Die Sprache des deutschen Seemanns. Nachtrag. Von *A. Breusing.* Zu Laurembergs Scherzgedichten von *R. Sprenger.* Zu Gerhard von Minden von *R. Sprenger.* Alte Kanoneninschriften aus dem 16. Jahrhundert von *A. Menz.* Errata und Nachträge zu Jahrbuch IV und V.

VI. Jahrgang. 1880.

181 Seiten. Preis 4 Mk.

Inhalt: Fastnachtspiele der Patrizier in Lübeck von *C. Wehrmann.* Ueber die Lübecker Fastnachtspiele von *C. Walther.* Arnt Buschmans Mirakel von *Wilhelm Seelmann.* Die niederdeutschen, noch nicht weiter bekannten Handschriften der Bibliothek zu Wolfenbüttel von *A. Lübben.* Tractaet inholdende vele kostelycke remedien off medecynen weder alle Krancheyt der Peerden von *Heinrich Deiter.* Marien Rosenkranz von *K. Bartsch.* Ein historisches Kirchenlied Abraham Meyer's vom Jahre 1559 von *C. Walther.* Dei Haunrn von *Heinr. Carstens.* Datt Brondbakk'n. Ein lateinisch-deutsches Vokabelbuch von 1542 von *H. Holstein.* Zur mnd. visio Philiberti von *R. Sprenger.* Bockshorn von *R. Sprenger.* Braunschweigische Fündlinge von *Hänselmann.* I. Kalenderorakel. II. Fragment eines Dramas von Simson, mit Glossar von *C. Walther.* Etwas über niederdeutsche Familiennamen von *A. Lübben.*

VII. Jahrgang. 1881.

172 Seiten. Preis 4 Mk.

Inhalt: Aus Kopenhagener Handschriften von *H. Jellinghaus.* Der Appingadammer Bauerbrief vom 2. Juni 1327 in niederdeutscher Uebersetzung von *H. Deiter.* Zur mnd. visio Philiberti von *Herman Brandes.* Dat waterrecht nach einer Emder und Auricher Handschrift von *H. Deiter.* Bruchstück einer Unterweisung über die zehn Gebote von *R. Sprenger* und *A. Lübben.* Arnt Buschman von *W. Crecelius.* Ueber Sprach- und Gaugrenzen zwischen Elbe und Weser von *H. Babucke.* Das Paradies des Klausners Johannes von *A. Lübben.* Johann Rist als niederdeutscher Dramatiker von *Karl Theodor Gaedertz.*

C. Korrespondenzblatt des Vereins für niederdeutsche Sprachforschung.

Jahrgang I-VI.

Je 100 Seiten. Preis 2 Mk.

Beiträge zu demselben lieferten die Herren:

Gymn.-Direktor Babucke, Bückeburg.
Direktor K. Bauer, Arolsen.
Professor R. Bechstein, Rostock.
Pastor Karl Bertheau, Hamburg.
Lehrer T. H. de Beer, Amsterdam.
Archivar W. v. Bippen, Bremen.
Professor Dr. A. Birlinger, Bonn.
Dr. Alois Brandl, Berlin.
Rathsherr O. Brandenburg, Stralsund.
Oberlehrer L. Bröcker, Hamburg.
Lehrer H. Carstens, Dahrenwurth.
Prakt. Arzt C. R. Casper, Hamburg.
Realschullehrer Th. Colshorn, Hannover.
Gymn.-Professor W. Crecelius, Elberfeld.
Dr. med. C. Crull, Wismar.
Senator F. G. H. Culemann, Hannover.
Oberlehrer R. Dahlmann, Leipzig.
Gymnasiallehrer Dr. H. Deiter, Emden.
K. Eggers, Meran.
Archivar L. Ennen, Köln.
Oberlehrer P. Feit, Lübeck.
Bibliothekar E. Förstemann, Dresden.
Bürgermeister O. Francke, Stralsund.
Schulvorsteher H. Frischbier, Königsberg.
Gymn.-Lehrer H. Fuhlhage, Minden.
Dr. J. H. Gallée, Haarlem.
Kreisschulinspektor Dr. Grabow, Oppeln.
Gymnasiallehrer Dr. B. Graupe, Berlin.
Archivar H. Grotefend, Frankfurt a. M.
Professer Klaus Groth, Kiel.
A. C. von Halen, Hamburg.
Pastor W. Hansen, Northeim.
Privatdocent P. Hasse, Kiel.
Rektor Dr. H. Hemme, Einbeck.
Direktor Dr. R. Hoche, Hamburg.
Professor A. Hoefer, Greifswald.
Gymn.-Professor H. Holstein, Verden.
Archivar Dr. K. Höhlbaum, Köln.
Gymn.-Professor L. Hölscher, Herford.
Oberkammerrath Dr. Janssen, Oldenburg.
Oberlehrer H. Jellinghaus, Kiel.
Syndikus A. Jugler, Hannover.
Professor H. Kern, Leyden.
Gymnasialprofessor Dr. W. Knorr, Eutin.
O. Knoop, Bromberg.
Dr. K. Koppmann, Hamburg.
Lehrer H. Köhler, Hamburg.
Reinhold Köhler, Weimar.
Gymn.-Direktor K. E. H. Krause, Rostock.
Gymn.-Lehrer J. F. Kräuter, Saargemünd.
Gymnasialprofessor J. Kürschner, Eutin.
Baudirektor H. Langfeldt, Rostock.
Oberlehrer F. Latendorf, Schwerin.
A. Lechleitner, Barop.
Privatdocent Dr. F. Lindner, Rostock.
Professor Dr. Loersch, Bonn.
Bibliothekar Dr. E. Lohmeyer, Kassel.
Bibliothekar A. Lübben, Oldenburg.
Gymn.-Professor W. Mantels, Lübeck.
Professor Dr. E. Martin, Strassburg i. E.
Bibliothekar Dr. O. Matsen, Hamburg.
Gymnasial-Direktor Meier, Schleiz.
Rechtsanwalt Metz, Minden.
Gerhard Meyer, Uelzen.
Schuldirektor E. Michelsen, Hildesheim.
Apotheker W. H. Mielck, Hamburg.
Lehrer A. Mindt, Warwisch.
L. Mohr, Strassburg.
Gymn.-Lehrer Dr. Mohrmann, Hannover.
Lehrer B. P. Möller, Hamburg.
Gymn.-Lehrer W. Mummenhof, Recklinghausen.
Gymn.-Lehrer K. Nerger, Rostock.
F. W. Oligschläger, Solingen.
Gymn.-Lehrer J. Oosting, Deventer.
Rektor C. Pauli, Uelzen.
Gymn.-Professor Dr. J. Peters, Leitmeritz.
O. Preuss, Detmold.
Dr. Prien, Leipzig.
Gymnasialprofessor Karl Regel, Gotha.
Kreisgerichtsrath A. Römer, Altona.
Dr. O. Rüdiger, Hamburg.
F. Sandvoss, Rom.
Oberlehrer A. Sartori, Lübeck.
G. A. B. Schierenberg, Meinberg.
Gymn.-Direktor G. Schmidt, Halberstadt.
Dr. E. Schröder, Witzenhausen.
Gymn.-Lehrer H. Schults, Schleiz.
Gymn.-Lehrer C. Schumann, Burg.
Rektor Seitz, Marne.
Bibliothekskustos Dr. W. Seelmann, Berlin.
H. Sohnrey, Nienhagen.
Gymn.-Lehrer J. Spee, Köln.
Dr. med. Sprengell, Lüneburg.
Realschullehrer R. Sprenger, Northeim.
Schuldirektor K. Strackerjan, Oldenburg.
Botho Graf Stolberg, Ilsenburg a. H.
Privatdocent Dr. P. Strauch, Tübingen.
Gewerbeschul-Direktor A. Stuhlmann, Hamburg.
Lehrer Sundermann, Norden.
Dr. A. Theobald, Hamburg.
Dr. jur. J. F. Voigt, Hamburg.
Oberlehrer Fr. W. Wahlenberg, Köln.
Bibliothekssekretär C. Walther, Hamburg.
Dr. G. Wenker, Marburg.
Prakt. Arzt J. Winckler, Haarlem.
Fr. Woeste, Iserlohn.
Stud. phil. C. Wulff, Kiel.
Kaufmann A. N. Zacharias, Hamburg.
Musikdirektor D. Zander, Neustrelitz.

www.ingramcontent.com/pod-product-compliance
Lightning Source LLC
Chambersburg PA
CBHW021117270326
41929CB00009B/928
9783337310585